우리가 어느 예술가에 관해 알려면 그 사람의 작품을 더 깊이 탐구해야 하듯이, 창조주 하나님에 관해 더 잘 알기 위해서 우리는 그분이 만드신 우주 만물을 제대로 공부해야 할 것이다. 그런데 이를 위해서는 과학과 신학 양쪽에서 올바른 지식과 관점을 가지고 접근해야 한다.

"기원 이론: 현대 과학과 신학이 말하는 우주와 생명의 시작에 관한 이야기"라는 긴 제목을 가진 이 책은 하나님이 창조하신 세계를 이해하고 이를 통해 하나님에 관해 더 잘 알게 도와주는 역할을 훌륭하게 해내고 있다. 천문학, 물리학, 지질학, 화학, 생물학 등 현대 과학이 밝혀낸 지식들을 왜곡 없이, 일반 독자들이 소화할 수 있는 눈높이에서 소개하면서 동시에 그 안에서 신학적 의미를 발견하도록 도와준다.

저자들은 책의 앞부분에서 과학과 신학을 대하는 두 가지 모형을 소개한다. "파이 모형"에서는 인간의 과학 지식이 발전함에 따라 인간 지식의 파이에서 하나님께 남겨진 조각이 점점 작아지게 되는, 소위 "틈새의 하나님"이 남게 되는 반면, "케이크 모형"에서는 빵 전체를 크림이 덮고 있듯이 인간이 발견하고 알아낸 과학 지식의 모든 면에서 하나님이 섭리하시고 그 운용을 주관하신다고 설명한다. 이후에 이어지는 내용에서 저자들은 우주, 지구, 생명 등 자연과학의 각 영역에서 얻어진 지식들을 "파이 모형"이 아닌 "케이크 모형"의 관점으로 이해할 수 있도록 과학과 신학의 두 가지 창으로 친절하게 해설해주고 있다.

이 책을 읽는 동안 마치 친절한 관광 안내원을 통해 하나님이 만드신 자연을 새롭게 바라보는 듯한 느낌을 가질 수 있었다. 피조물인 우주와 지구와 생명 시스템이 지닌 과학적 속살들을 흥미진진하고 자세하게 설명 듣고 배우면서 거기에 덧붙여 신학적 의미도 함께 설명 듣는, 흔치 않은 기회로 읽는 내내 흡족한 마음이었다. 책의 분량으로 보아, 그리고 책이 다루는 내용으로 보아, 쉽게 읽고 치워 버리기보다는 한 학기 동안 조금 긴 호흡으로 교과서 한 권을 정독하는 학생의 마음으로 읽고 토론하면 매우 유익한 책이 되리라 생각하며 기쁜 마음으로 추천한다.

권영준 연세대학교 이과대학 교수

기원에 대한 방대한 과학적 연구를 상세하고 친절하게 설명하며, 다양한 입장의 신학적 해석을 놓치지 않으면서도 진영논리나 이분법에 갇히지 않고 창조론을 훌륭하게 견지하는 보기 드문 수작이다. 특히 생명의 기원과 인간의 기원을 다루는 부분에서 이 책은 진화라는 자연적 현상이 두려움의 대상이 아니라 하나님의 창조 수단일 수 있음을 객관적이고 균형 잡힌 시선으로 보여주는 동시에, 과학은 말하지 못하지만 신학은 말할 수 있는 영역, 이를테면 창조의 목적과 의미의 경계를 함부로 침범하지 않는다. 과학이냐 신앙이냐를 묻는 것은 시대착오적이며 무지에 의한 오류다. 창조주와 피조물, 그리고 창조세계의 완전한 이야기를 알기 위해서는 자연과 성경이라는 두 책이 모두 필요하기 때문이다. 독자는 이 책을 통해 과학은 하나님의 창조를 폐하는 게 아니라 그 신비를 오히려 드러내는 훌륭한 도구라는 사실, 그리고 모든 그리스도인을 보다 깊고 풍성한 신앙으로 견인하는 탁월한 길잡이라는 사실을 알게 될 것이다. 나아가 "구속의 하나님"만이 아닌, 잊혔던 "창조의 하나님"을 재발견하는 은혜를 입을 수 있을 것이다.

김영웅 기초과학 연구원 선임 연구원, 『과학자의 신앙 공부』와 『닮은 듯 다른 우리』 저자

휘튼 칼리지는 성경의 권위를 인정하는 기독교 전통 안에서 현대 과학 이론을 수용하는 문제를 두고 20세기 중반부터 최근까지 오랜 시간 동안 진지한 고민을 전개해 온 공동체다. 이 유서 깊은 학문 공동체에서 최근 20년 동안 과학 교양 수업에서 다룬 내용을 바탕으로 하고 있다는 사실만으로도 이 책은 충분한 신뢰와 관심을 받을 만하다. 특히 금세기에 접어들어 현대 과학 이론을 토대로 한 "빅 히스토리" 논의가 활발하게 전개되고 있음에도 불구하고 기독교 내 논의는 여전히 현대 과학의 수용 문제를 두고 찬반 논쟁에 매여 있는 경우가 많다는 사실을 고려할 때, 성경과 신학의 관점에서 빅 히스토리를 적극적으로 품는 방안을 제시하는 이 책은 기원 문제를 둘러싼 국내 논의를 한 단계 도약하게 만드는 의미 있는 작품이다. 이 책은 과학 이론에 대한 막연하고 미심쩍은 시선을 거두어들이고 현대 과학의 실제 내용을 진지하게 들여다보려고 마음먹은 기독교인들에게 큰 유익을 가져다줄 것이다. 특히 교회나 기독교 학교의 창조론 교육 담당자들은 이 책에서 과학 시대 창조신앙 교육이 나아갈 방향에 관한 중요한 통찰을 배우게 될 것이다.

김정형 연세대학교 연합신학대학원 종교철학 부교수

"현대 과학은 반기독교적"이라는 근거 없는 주장이 팬데믹처럼 퍼져가고 있다. 불안과 두려움을 먹고 사는 근본주의와 형이상학적 자연주의를 숙주로 삼아 해악의 바이러스는 건강한 신앙과 지성을 공격하고자 한다. 하지만 견실한 신앙의 이해는 진리에 대한 사랑과 추구를 동반한다. 감사하게도 기독교 명문대학으로 알려진 휘튼 칼리지에서 올바른 성서해석과 신학, 그리고 주류 과학 이론에 근거하여 우주·지구·생명·인간의 기원에 관한 교양강좌를 이미 오래전부터 제공하고 있었다니, 놀랍고 부럽기만 하다. 이제 과학과 신학은 서로를 적으로 여길 필요가 없다. 진리는 어디서 발견되든 하나님의 진리다. 신앙의 진리와 과학의 진리를 존중하고 사랑하는, 성숙하고 책임 있는 신앙인에게 이 책을 진심으로 권하고 싶다. 이 책 한 권이면 충분하다.

박영식 서울신학대학교 교수, 『창조의 신학』 저자

그리스도인들은 현대 과학을 어떻게 받아들여야 할까? 단순한 대답보다 깊이 있고 체계적인 탐구를 원하는 사람들에게 딱 맞는 책이 출간되었다. 휘튼 칼리지가 과학 교재로 사용해 온 이 책을 통해, 기원을 다루는 현대 과학의 진수를 맛보는 동시에 성경과 신학을 바르게 이해하는 길을 안내받을 수 있다. 천문학과 우주론, 지질학과 생물학, 그리고 인류학과 유전학을 포함한 현대 과학의 방대한 내용과 함께 그리스도인으로서 어떻게 과학을 이해하고 수용해야 하는지 진중하게 제시하는 이 책을 모두에게 추천한다. 특히, 현대 과학의 혼란스럽고 도전적인 내용들 때문에 끊임없는 질문과 고민에 시달린 사람들이라면 큰 도움을 받을 것이다. 대학의 과학 교양 수준인 훌륭한 책이 번역되어 무척 고무적이며 이 책을 통해 현대 과학을 배우는 그리스도인들이 더 많아지기를 기대한다.

우종학 서울대학교 물리·천문학부 교수

자연과학과 신학의 대화를 주제로 하는 책들을 읽다 보면 저자들이 창조에 대한 성서와 교회의 가르침을 현대 자연과학의 진술들과 연결하는 데 있어서 그다지 성공적이지 않다는 것을 종종 발견하곤 한다. 자연과학에 익숙하지 않은 독자들에게 우주와 생명의 진화에 관한 과학 지식을 전달하기 위해 애를 쓴 나머지 이를 신론과 창조론, 인간론 등의 핵심적인 메시지와 연결하는 일을 소홀히 하게 되는 것이다. 반면 이 책은 우주와 지구, 생명과 인간의 기원에 관한 전문적인 과학 이론들을 충실히 전달하면서도 이를 삼위일체론, 창조론, 인간론 등에 담겨 있는 교회의 핵심적인 신앙고백들과 너무나도 능수능란하게 연결시키고 있다. 이 책을 찬찬히 살펴본 독자라면 창조자 하나님과 피조세계에 대해 놀랄 만큼 새롭고 깊은 통찰력을 얻게 될 것이다. 참으로 오랫동안 기다려왔던 그런 종류의 책이다.

이용주 숭실대학교 기독교학대학원 교수

은하와 별과 행성으로 채워진 광대한 우주, 그 가운데 우리 인간의 보금자리인 지구와 그 지구 위에서 살아가는 생명들, 그리고 이 모든 것들을 궁금하게 여기며 살아가는 우리 인간 스스로에 이르기까지, 기원에 대한 과학은 우리 자신과 우리를 둘러싼 모든 것을 대상으로 삼아 그 출발과 변화해 온 과정을 연구하는 과학을 일컫는다. 과학이 우리가 향유하는 문명 전반을 떠받치고 있는 지금, 만물이 하나님의 창조로 이루어졌다고 고백하는 신앙을 지닌 우리에게 모든 것의 기원에 대해 밝혀주고 있는 과학은 과연 어떤 메시지를 주고 있는가? 모든 것이 과학적인 설명과 인식이 아니면 받아들여지지 않는 현실 속에서 우리가 신앙 안에서 받아들이는 세상은 과연 과학이 설명해 주는 세상과 합치되는 세상인지 궁금하지만, 발전하는 과학의 시대임에도 불구하고, 신앙과 과학에 대해 균형 잡힌 이해를 추구하는 우리에게 잘 정리된 자료와 이해를 제공하는 대중 과학 서적은 찾기 어렵다. 이러한 상황 가운데, 본서는 대중 과학서라고는 믿어지지 않을 만큼, 기원에 관련된 최신 과학의 성취들을 매우 치밀하게 소개하는 경이로운 프로젝트를 성공적으로 수행해냈다. 더욱이 각각의 주제별로 성경과 신학적인 관점에서의 의미를 모색하고 질문과 대답을 추구하는 지난한 노력을 쉬지 않고 있다는 것도 본서의 놀라운 특징이라 할 수 있다. 본서를 통해 차근차근 각 주제에 대한 과학의 개념과 내용을 공부해 나간다면, 단언컨대 현대 과학에 대한 깊이 있는 이해를 얻을 수 있을 것은 물론이고, 비로소 그 과학적 이해와 우리들의 신앙적 이해 사이의 대화를 시작할 수 있게 될 것이다. 그 대화들을 나누다 보면, 하나님이 지으신 모든 만물에 깃든 하나님의 계획과 의도가 무엇인지, 누군가의 일방적인 가르침을 맹종하는 것이 아니라 스스로 묻고 답을 찾는 길을 걷고 있는 우리 자신을 발견하게 될 것이다.

장승순 미국 조지아 공과대학교 재료공학과 교수

미국의 대표적 기독교 대학인 휘튼 칼리지에서는 창조와 진화에 대해 어떻게 강의할까? 이제 그 강의를 경험할 수 있다. 이 책은 1996년부터 휘튼 칼리지에서 "기원 이론"이라는 제목으로 개설해 온 강의의 교과서 같은 책으로서 말로만 들어왔던 과학과 신학 사이의 복음주의적 대화의 정수를 보여준다.

이 책이 다루는 주제들의 범위와 깊이는 그야말로 한 권으로 된 "창조론 대강좌"라고 부르기에 부족함이 없다. 우주의 기원을 다루는 천문학과 우주론, 생명의 기원을 다루는 화학, 지구와 태양계의 기원을 다루는 지질학, 종의 기원을 다루는 생물학, 인간의 기원을 다루는 자연인류학과 유전학 뿐 아니라 이 모든 논의를 복음주의에 가장 걸맞게 다루는 성경 및 신학의 관점 또한 매우 밀도 있게 논의한다. 포괄적 창조 교리를 면밀히 설명하고, 창조를 하나님의 목적에 따라 이루어가는 창조세계의 "기능적 완전성"과 하나님의 창조를 매개하는 창조세계의 "봉사적 행동"이라는 개념을 가지고 과학과 신학 사이의 대화를 매우 성공적으로 이끌어낸다. 또한 책의 맨 마지막에 이르러 "피조성의 윤리" 아래 창조세계를 돌봄, 과학 교육, 이웃과의 대화를 성찰하는 것은 과학의 성실성, 정직성, 전문성을 타협하지 않으면서도 이 모든 논의가 그리스도인이 이웃을 사랑하고 섬기는 일이라는 사실을 보여준다는 점에서 감동적이기까지 하다.

이 책의 바탕이 된 강의의 수강생들을 향한 "여러분의 질문은 우리에게 도전을 제기했고 여러분의 격려는 우리를 축복했고, 여러분의 수강은 우리에게 영예였습니다"라는 저자들의 헌사는 경직되고 편협한 "창조"와 "과학"에 대한 독선 속에 이 주제에 대한 어떤 질문도 정죄를 초래하고 다른 견해와의 대화에는 저주의 악담을 발하는 한국 기독교의 상황과 너무나 대조가 되며 부럽기까지 하다. 그러나 우리도 할 수 있다. 문화를 바꾸기 위해서는 비판에 그치지 않고 새로운 문화를 창조해야 한다. 삼위일체 하나님의 사랑의 역사로 이루어지는 창조를 과학과 신학 어느 것도 포기하지 않고 논의할 수 있는 문화를 새롭게 창조하고 싶은 사람들이라면 철저하게 신학적이면서도 철저하게 과학적인, 그리고 동시에 그 둘 사이의 정직하고 성실한 대화의 본보기를 보여주는 이 책을 반드시 읽어야 할 것이다.

전성민 밴쿠버기독교세계관대학원 원장, 유튜브 민춘살롱 운영자

우주와 생명의 기원에 대한 탐구는 신앙과 이성을 지닌 인간의 경이로운 질문이다. 우주와 자연의 장구한 시간 안에서 인간은 찬란한 생명의 꽃으로 잠시 피어나고 저문다. 저 적막하고 광활한 우주와 이 생명의 춤과 약동 앞에서 그 기원을 찾는 물음은 매우 신학적이며 과학적이다. 신학은 인간 너머의 창조주를 조명하고 과학은 여기 저편의 우주의 탄생과 기원을 탐구한다. 이 책의 공동 저자인 과학자들과 신학자는 휘튼 칼리지 학부생을 대상으로 기원에 관한 과학과 신학 과목을 20년 이상 가르쳐 왔으며 그 내용을 이 책에 집약하였다. 이 책은 우주의 기원, 태양계와 지구의 기원, 최초 생명의 기원, 생물 종의 다양성의 기원, 인간의 기원에 관한 현재의 표준적인 과학 이론을 소개하고 그 신학적 함의와 이론적 가교를 담아낸다.

백 년 전 미국 스콥스 재판 이후 우주와 생명의 기원에 관한 여러 해석의 갈등이 일어났다. 그 세월의 성찰과 반성이 각인된 이 책은 성서의 유산과 현대 과학의 최신 성과가 매우 긴밀하게 연결되어 있음을 유익하게 제시한다. 이 책은 우주와 생명 진화의 기원을 해명하는 현대 과학과 창조신앙 간의 대화에 관심을 지닌 독자들에게 깊은 통찰과 구체적인 지식을 선사할 것이다.

전철 한신대학교 신학대학원 원장, 조직신학 교수

본서는 획기적인 책이다. 대표적인 기독교 대학에서 뛰어난 교수진에 의해 여러 해 동안 사용된 매력적이고 현장에서 검증된 이 내용들은 확실히 그리스도인 학생들에게 중요한 새 자료다. 본서는 최고 수준의 학문을 일반인이 접근할 수 있는 수준으로 추출했으며 철학, 신학, 성경 연구에서 나온 데이터뿐만 아니라 물리학과 생물학에서 나온 데이터도 종합적으로 다룬다는 점에서 독특하다. 본서는 이 중요한 분야에서 내가 추천하는 몇 권 안 되는 책에 포함될 것이다. 본서를 적극 추천한다.

제프 하딘 위스콘신 대학교 매디슨 캠퍼스 레이먼드 E. 켈러 교수 겸 통합 생물학과 학과장

본서는 기원에 관한 논의에서 가장 명쾌하고 유용한 설명들 중 하나다. 이 책의 주제는 성경 해석 틀, 여러 기독교 전통의 해석에 대한 묘사, 과학의 여러 분야에서 사용되는 접근법들과 증거의 유형들, 그리고 삼위일체적인 사고와 이해를 강조하는 당대 최고의 몇몇 신학 연구를 포함한다. 본서는 지난 수십 년 동안의 창조세계 돌봄 신학의 통찰에도 의존한다. 깊이와 접근의 용이성으로 인해 넓은 독자층에 추천한다.

자넬 커리 고든 칼리지

성경에 따르면 하나님이 만물―우주, 태양계, 지구, 그리고 생명 자체―을 창조했다. 많은 그리스도인이 과학이 그들의 신앙을 훼손한다고 오해해서 과학을 회피하거나 더 심하게는 과학을 공격한다. 본서는 최고의 주류 과학을 기독교의 관점에서 살펴보고 그런 두려움이 근거가 없음을 보여주는 책이다. 교실에서 탄생한 본서는 대학들을 위한, 그리고 성경과 과학 사이의 관계 문제에 관심이 있는 모든 그리스도인을 위한 완벽한 교과서다.

트렘퍼 롱맨 3세 웨스트몬트 칼리지 성서 연구 저명 학자 겸 명예교수

빼어나게 고안된 이 교과서는 과학과 기독교 사이의 관계를 고려할 때 "전쟁"에 관해 생각하는 것이 얼마나 어리석은지를 다시 한번 보여준다. 본서의 저자들은 일류 과학자들과 매우 존경받는 성경 학자다. 그들은 합심해서 현대의 신자들이 왜 확립된 과학 연구를 두려워할 것이 없는지, 그리고 왜 정통 기독교 신앙이 과학자들이 발견한 것들을 명확히 해 줄 점이 많은지를 명확하고, 참을성 있게 그리고 접근하기 쉬운 언어로 설명한다. 본서는 수업 교재로서 완벽한 책이지만 일반 독자들을 위한 통찰도 가득한 책이다.

마크 놀 『복음주의 지성의 스캔들』(*The Scandal of the Evangelical Mind*, IVP 역간) 저자, 『진화, 과학, 그리고 성경』(*Evolution, Science, and Scripture*) 공동 편집인

인간이 다양한 형태의 개선과 유전자 편집을 통해 우리 자신을 근본적으로 변화시킬 수 있는 능력을 통해 환경에 미치는 영향과 인간의 미래의 형태를 포함한 중요한 존재상의 문제에 세상이 직면해 있는 현시점에서 과학적 방법, 발견과 진보, 그리고 기독교 신앙 사이의 관계에 관한 신실하고, 설득력이 있고, 섬세한 논의에 대한 필요가 절실하다. 그 주제들은 현대 우주의 모든 학문 분야를 다룬다. 따라서 이런 논의들은 교육학상의 헌신의 토대로서 시작해야 하며, 이런 논의들이 성공하기 위해서는 참으로 여러 학문 분야를 망라해야 한다. 이것은 쉽게 할 수 있는 간단한 일이 아니며 좀처럼 하품이 나는 틈새를 남겨두지 않는다. 본서는 이 분야의 중대한 틈새를 메우고 중요한 분야들을 대표하는 저자들의 오랜 기간에 걸친 강의와 학문 연구, 그리고 대중과의 교류 경험에서 우러난 유익을 제공한다. 본서는 과학과 기독교에 관한 깊이 있는 성찰을 통합하려는 대학 강의 과정을 위한 표준적인 교과서가 될 마땅한 자격이 있다.

스탠리 P. 로젠버그 옥스퍼드 대학교 위클리프홀 학문과 기독교 집행 이사 겸 신학과 종교 교수

Understanding Scientific Theories of Origins

Cosmology, Geology, and Biology in Christian Perspective

Robert C. Bishop,

Larry L. Funck,

Raymond J. Lewis,

Stephen O. Moshier,

and John H. Walton

Understanding Scientific Theories of Origins

Cosmology, Geology, and Biology in Christian Perspective

기원 이론

현대 과학과 신학이 말하는
우주와 생명의 시작에 관한 이야기

로버트 C. 비숍, 래리 L. 펑크, 레이먼드 J. 루이스,
스티븐 O. 모시어, 존 H. 월튼 지음

노동래 옮김

새물결플러스

(1996년부터) 휘튼 칼리지 SCI 311 과정인 기원 이론의
과거의 학생들과 미래의 학생들에게 헌정합니다.
여러분의 질문은 우리에게 도전을 제기했고,
여러분의 격려는 우리를 축복했으며,
여러분의 수강은 우리에게 영예였습니다.

목차

그림 목록

표 목록

심화 학습

어떤 입장이 가장 신뢰할 만한가?

왜 창조에 대한 삼위일체적 접근법이 중요한가?

성령의 능력 부여의 예로서 성육신

창조세계의 창조자, 통치자, 유지자 그리고 구속자로서 그리스도

오해되는 과학 용어들

고대의 석의와 신앙의 규칙

일치주의 대 역사성

뉴튼과 분광기

극초단파와 원격 통신

외계의 지적 생명 탐사

무작위성은 법칙과 같다.

태양-지구 사이의 거리 파악하기

표준 촉광

귀납법과 빛의 규칙성

최선의 설명에 이르는 추론과 거리 측정

코페르니쿠스로 말미암아 우주에서 인간의 특별한 지위가 상실되었는가?

지구중심설이 옳지 않다는 갈릴레이의 증거

뉴턴의 만유인력 법칙

해왕성 발견에서 얻은 교훈

우주론적 적색 이동

초대질량 블랙홀들과 은하 형성

호일과 미세조정 그리고 무신론

코페르니쿠스 원리와 평범

미세조정과 변하는 자연의 상수

지질학 현장 학습

복수의 작업 가설 방법

충돌하는 세상들?

운석에 대한 묘사

지구-달 시스템의 독특성

우리가 자연법칙이 변하지 않음을 증명할 수 있는가?

신약성서와 홍수

방사능의 위험

퇴적암, 화석, 그리고 홍수 지질학

판 이동이 급격했는가(격변적이었는가)?

선캄브리아기 암석들이 창조 주간의 증거인가?

홍수 지질학과 고생대 층서

층서 주기와 홍수 지질학

공룡과 홍수 지질학

빙하기와 홍수 지질학

성경과 기원들에 관해 다양한 관점을 지닌 책들

아우구스티누스와 그의 씨앗 원리

다른 생명 형태의 가능성은 어떠한가?

아미노산과 단백질

핵산

양친매성 지질

생물학적 정보 분자에 관한 기본 사항

가수분해

산화환원 반응, 물질대사, 그리고 화학 삼투 작용

시퀀스 공간과 확률

후추나방의 흑색증 사례

다윈의 계통수의 기원

코딩 DNA와 비코딩 DNA

과도기 화석이 없는가?

다섯 발가락을 가진 공룡에서 세 발가락을 가진 새로의 진화

미토콘드리아와 색소체의 기능

에른스트 헤켈과 배아 발생

제임스 샤피로와 자연적 유전 공학

신약성서와 인간의 기원

얼마나 많은 뼈가 충분한가?

반복성 DNA와 게놈에 들어 있는 전이 인자

유전자에 들어 있는 엑손과 인트론

하나님의 삼위일체적 생명

간략한 전기

헨리에타 스완 레비트(1868-1921)

아서 에딩턴(1882-1944)

조르주 르메트르(1894-1966)

로버트 밀리컨(1868-1953)

지질학자이자 복음주의자 애덤 세지윅 신부(1785-1873)

존 레이(1627-1705)

윌리엄 페일리(1743-1805)

테오도시우스 도브잔스키(1900-75)

ADP	adenosine diphosphate	λ	wavelength; decay constant
ANE	ancient Near East	lbs	pounds
ATP	adenosine triphosphate	LINE	long interspersed nuclear elements
BIF	banded iron formation	LUCA	last universal common ancestor
c	speed of light	m	meter
ca.	circa	m	mass
CAS	collective autocatalytic sets	Ma	million years ago
cm	centimeter(s)	mer	unit
d	distance	mm	millimeter
DE	directed evolution	MRCA	most recent common ancestor
DNA	deoxyribonucleic acid	mRNA	messenger RNA
E	energy	NE	naturalistic evolution
ee	enantiomeric excess	nm	nanometer
ENCODE	Encyclopedia of DNA Elements	NT	New Testament
evo-devo	evolutionary development	NTE	nonteleological evolution
f	frequency	OEC	old-Earth creationism
F1	first filial	ON	oxidation number
ft	feet	OT	Old Testament
G	free energy	PE	planned evolution
Ga	billion years ago	RNA	ribonucleic acid
$GULO$	gulonolactone oxidase	rRNA	ribosomal RNA
h	Planck's constant	SETI	Search for Extraterrestrial Intelligence
H	Hubble constant	SG	spontaneous generation
HGT	horizontal gene transfer	SINE	short interspersed nuclear element
ID	intelligent design	$T\frac{1}{2}$	radioactive parent half-life
in	inches	tRNA	transfer RNA
ka	thousand years ago	v	velocity; wave speed
km	kilometer(s)	WGD	whole-genome duplication
L	luminosity	YEC	young-Earth creationism

서론

우리는 왜 기원에 관한 또 다른 책을 쓰는가? 한 가지 이유는 그리스도인들과 비그리스도인들 사이에서 기원에 관한 관심이 많기 때문이다. 더 큰 이유는 우리가 진실이 중요하다고 믿기 때문이다. 아우구스티누스와 마찬가지로 우리는 "선하고 참된 모든 그리스도인은 진리가 어디에서 발견되든 간에 그것은 그(녀)의 주님께 속한다는 것을 이해(해야) 한다"[1]고 믿는다. 모든 진리는 하나님의 진리이며 그것은 성경에서뿐만 아니라 과학, 역사, 예술에서도 발견된다. 하나님의 창조세계는 다면적이며, 우리가 창조세계에 관한 진리를 파악하기 위해서는 지식의 다양한 모든 분야가 필요하다. 과학은 우리의 기원 이해에 크게 기여할 수 있다. 시편 저자가 시편 104편에서 자연에 대한 관측을 통해 하나님의 성품과 사랑에 관한 통찰을 얻었듯이, 현대의 과학 연구는 우리로 하여금 이 통찰을 심화하고 확장하여 만물의 창조주이자 구속자에 대한 우리의 시각을 확장하게 만들 수 있다.

본서는 천문학과 우주론(우주의 기원), 화학(생명의 기원), 지질학(지구와 태양계의 기원), 생물학(종의 기원) 및 자연 인류학과 유전학(인간의 기원) 분야에서 기원에 관한 주류 과학 이론을 다루는 책이다. 그러나 본서는 이런 이론들과 그 이론들을 지지하는 증거 및 추론에 관한 책 이상

이다. 본서는 기원 과학에 관한 성경 및 신학의 관점에 관한 책이기도 하다. 우리는 성경이 신자들의 신앙과 실천을 위한 권위 있는 하나님의 말씀이라고 믿는다. 영감을 받은 하나님의 계시인 성경은 우리의 맥락과는 다른 역사적-문화적 맥락에서 쓰였지만, 우리가 어떻게 이런 과학 이론들을 이해하고 그것들과 관계를 맺어야 하는지에 관한 통찰을 준다. 우리가 하나님의 창조세계가 우리에게 계시하는 것을 진지하게 취하려고 노력하면서 성경을 권위 있는 책으로 진지하게 받아들이고 그 원리에 따라 책임 있게 산다는 것은 고상한 소명이자 도전이다. 우리는 본서가 이 소명이 매우 도전적이라는 것과 그것을 잘 수행하기 위해 모종의 엄밀성이 필요하다는 것을 전달하기를 바란다.

그리스도인은 지구나 우주의 나이가 왜 중요한지 또는 하나님께서 모든 것을 하셨다면 생명이 어떻게 시작되었고 종이 어떻게 다양화되었는지가 왜 중요한지 의아해할 수도 있을 것이다. 모든 것이 6일 동안에 일어났든 여러 누대에 걸쳐 일어났든 간에 하나님이 창조주라면 그 사실로 충분하지 않은가? 독자들은 이런 질문에 관해 책 한 권 분량의 답변을 읽고 있지만 간략하게 말하자면 진리가 중요하므로 그런 질문이 중요하다. 우리는 하나님의 창조세계에 관한 진리를 발견함으로써 우리가 살고 있는 창조세계와 그것과 우리의 관계에 대한 이해뿐만 아니라 하나님에 대한 우리의 지식, 경외감, 경탄이 향상된

---

1   Augustine, *On Christian Doctrine* 2.18.28, in *The Nicene and Post-Nicene Fathers*, trans. J. F. Shaw, first series, vol. 2 (Grand Rapids: Eerdmans, 1988), 545.

다고 믿는다. 더욱이 과학에 관한 문제들이 종종 복음에 걸림돌이 되고 있는데, 우리는 더 많은 그리스도인이 과학—특히 기원 문제—에 관해 이해할수록 그들이 이런 장애물이 없이 복음에 관해 대화할 기회가 더 많아질 것으로 믿는다.

본서는 우리가 기독교 교양 교육과 우리가 사는 세상에 대한 좀 더 넓은 이해에 귀중하다고 여기는 독특한 목적을 지닌다. 본서는 저자들이 휘튼 칼리지에서 20년 동안 과학 전공이 아닌 학생들에게 과학 교양 과정인 기원 이론들을 가르친 경험에 바탕을 두고 있다.[2] 우리의 경험에 비추어 볼 때 기원에 관한 과학의 설명과 성경의 설명 사이에 긴장이 있다는 인식은 다음과 같은 경우에 해소된다. (1) 성경 텍스트들의 문화적-역사적 맥락이 이해되고, (2) 창조의 포괄적인 삼위일체 교리가 탐구되고 적용되며, (3) 과학과 신학의 힘과 한계가 적절히 정의되고 양자 간의 역사적 관여가 논의된다. 이것이 하나님의 창조세계를 진지하게 여기는 한편 성경의 영감과 권위를 진지하게 여기는 것이 의미하는 바의 일부다.

우리가 본서에서 기원에 관한 모든 이론을 다루지는 않는다. 본서는 기원에 관해 경쟁하는 이론들이 간략히 개괄되고 그 이론들 각각에 대한 찬반 논거들이 검토되는 "네 가지 관점" 책이 아니다. 그런 책들이 몇 권 있는데 그것들은 귀중하지만 나름의 한계도 있다. 본서는 우주, 지구, 생명, 생물의 다양성, 그리고 인류의 창조에 대한 현재의 최상의 과학 이론들을 상세하게 제시하는 데 초점을 맞춘다. 우리의 목표는 독자들이 기원 문제에 관한 현대 과학 연구의 정교함을 탐구하고 과학적 이해와 패러다임(paradigm)의 전환으로 이어진 증거와 추론들을 이해하게

2   그 과정의 내용과 교수법의 상세한 요약이 Stephen O. Moshier, Dean Arnold, Larry L. Funck, Raymond J. Lewis, Albert J. Smith, John H. Walton, and William R. Wharton, *Perspectives on Science and Christian Faith* 59 (December 2007): 289-96에 보고되었다. www.asa3.org/ASA/PSCF/2007/PSCF12-07Moshier.pdf.

만드는 것이다. 역사적 자료는 과학적 아이디어가 어떻게 발달했고 어떻게 신학과 상호작용했는지 이해하는 데 도움이 되기 때문에 본서는 역사적 자료도 포함한다.

"네 가지 관점" 책들이 차지할 위치가 있지만 그런 책의 한계 중 하나는 그런 책은 형식 때문에 과학자들이 천문학, 생물학, 화학, 지질학 분야에서 실제로 수행하는 과학 연구를 설명하지 못한다는 점이다. 따라서 그런 책들은 독자들에게 기원에 관한 특정한 과학적 질문에 관해 선택하도록 맡겨두지만 잘 추론된 결론을 내릴 준비를 제대로 시켜주지 못하는 경향이 있다. 따라서 그런 책은 의도치 않게 독자들에게 과학적 진리가 다수결 투표를 통해 결정된다는 그릇된 인상뿐만 아니라 과학과 과학 연구 절차에 관한 오해를 남겨줄 수도 있다. 이와는 대조적으로 우리는 여러 기원과 관련된 실제 과학과 과학자들이 그들의 결론을 개발하는 절차를 소통하고자 한다.

현재 평신도 독자가 접근할 수 있는, 빅뱅에서 인류에 이르기까지의 기원에 관해 성경의 관점과 신학의 관점으로 설명하는 충분한 과학적 내러티브는 존재하지 않는다. 세속적인 관점에서 과학적 기원 이야기의 구성 부분들을 다룬 서술들은 신앙의 문제에 관해 최상의 경우에 불가지론적이고 최악의 경우에는 적대적인 경향이 있다. 한편 기독교의 관점에서 이 주제에 관해 저술하는 많은 저자는 일치주의 해석(섹션 4.3-4.5)을 지향하는 경향이 있다. 그들은 성경의 설명에 대한 해석과 과학의 분석을 조화시키기 위해 양자 중 하나 또는 모두를 바꾼다. 다른 저자들은 창세기 1장 이해에 관한 특정한 주해나 변증적인 의제에 매우 강하게 몰두한 나머지 과학적 데이터와 관여할 때 현대 과학 연구의 복잡성이나 많은 장점을 고려하지 않는다. 우리의 책은 성경의 영감과 권위를 진지하게 받아들이면서 창조세계를 통한 하나님의 계시를 존중하고 경의를 표하려고 노력함으로써 이 틈을 메꿀 것이다.

서구의 많은 사회에서 사람들은 흔히 과학과 종교는 갈등 관계에 있고 늘 그래왔다고 생각한다. 독자들이 사

려 깊은 기독교의 맥락에서 과학 이론들을 해석하고 그것들을 이해하기 위한 성경적 및 신학적 원리들을 개발하게 만드는 것이 이 책의 또 다른 목표다. 잘 해석되면 성경과 창조세계가 충돌하지 않는다는 것이 우리의 근본적인 가정이다.

우리는 본서에 수록된 내용이 다양한 독자에게 다양한 정도의 도전을 제기하리라는 점을 안다. 특히 교회에서 성장했거나 기원에 관한 주류 과학 이론들에 대한 "기독교적 대안"으로 인정된 문헌들만 읽은 독자는 본서가 도전적일 뿐만 아니라 아마도 불온하다고 생각할 것이다. 우리는 이런 대안 중 몇몇에 관해 간략하게 언급하지만 이런 언급은 몇몇 기독교 진영에서 인기 있는 이런 대안들이 신학적으로나 과학적으로 매우 부적절함을 밝히는 데 초점을 맞출 것이다.

본서의 저자들 중 일부는 그런 진영에서 성장했거나 이전에 젊은 지구 창조론 같은 대안들에 큰 영향을 받았다. 따라서 우리는 덜 명확하고 더 복잡해 보이는 주류 과학 이론들에 비해 기원 문제들에 관해 명확하고 깔끔한 답변을 제시하는 것으로 보이는 이런 대안들에 큰 매력이 있음을 이해한다. 하지만 우리는 성경과 창조세계에 나타난 하나님의 계시에 성경적으로 책임 있는 자세를 취하려면 주류 과학 이론들을 그리스도의 몸이 종종 대했던 것보다 훨씬 더 진지하게 대해야 한다고 믿는다. 역사적으로 그리스도인들은 과학적 조사를 통해 하나님의 창조세계에 대한 이해를 키워왔다. 마찬가지로 그들은 그 이해에 상응하여 성경에 대한 그들의 이해와 해석을 발전시켜왔다. 우리가 아우구스티누스 및 역사상 존재했던 다른 그리스도인들과 더불어 모든 진리는 하나님의 진리라고 믿는다면 이렇게 기대될 것이다. 창조세계에 대한 우리의 과학적 이해와 신학적 이해가 성장한 것에 비추어 성경에 대한 우리의 이해를 재고하는 것은 건전한 성경 해석 원리들과 일치한다(1장).

본서는 여섯 개 부와 마무리하는 후기로 나뉜다. 각의 부에는 자신의 전문 분야에 상응하는 주 저자가 있다. 우리는 본서가 각 저자의 독특한 음성을 왜곡함이 없이 가급적 통일적으로 읽히게 만들려고 노력했다. 본서는 전체적으로 독자에게 기원의 과학에 대한 상세한 그림과 더불어 이 과학 분야들과 그것들이 하나님의 창조 행위 및 구속 행위에 어떻게 들어맞는지에 대한 기독교적 이해를 제공할 것이다.

1부는 창조세계에 관한 지식을 추구하는 데 필요한 뼈대를 만들기 위해 몇몇 성경 해석 원리들과 포괄적인 삼위일체적 창조 교리를 전개한다. 이어서 우리는 지식의 성격 및 특히 자연과학과 신학이 어떻게 지식을 획득하는지에 대한 이해로 시선을 돌린다. 우리는 과학과 신학을 어떻게 관련시킬 것인가에 대한 논의로 1부를 마무리한다.

2부에서 우리는 현대 빅뱅 우주론을 조사한다. 빛과 빛의 속성에 관한 논의를 시작으로 우리는 천문학자들이 어떻게 빛을 사용해서 천문학상의 물리적 객체들 사이의 거리와 우주의 나이를 추론하는지를 이해하게 된다. 우리는 계속해서 빅뱅 우주론과 정상 우주론 및 전자를 확인한 증거를 논의한다. 이어서 별들이 어떻게 행성들의 조성과 생명에 필요한 요소들을 만들고 우리의 우주가 생명을 위해 얼마나 정교하게 조율된 놀라운 현상으로 이어졌는지가 논의된다. 우리는 우주의 팽창, 다중 우주, 그리고 우주론과 신학이 협력해서 우주에 관한 우리의 이해에 무엇을 공헌할 수 있는지에 대한 약간의 논의로 2부를 마무리한다.

3부는 태양계와 지구의 기원에 초점을 맞춘다. 우리는 2부에서 묘사된 우주적 사건들과 과정들을 통해 창조된 원소들이 어떻게 우리의 태양, 행성들, 그리고 행성들의 달들로 만들어졌는지를 배운다. 우리는 지난 오백 년 동안의 지질학 발달을 검토함으로써 지구의 역사를 탐구한다. 그 과정에서 암석의 순환에 나타난 지질학적 과정의 시간 규모와 지질학적 시기를 측정하는 방법, 그리고 세계적인 지질학적 판구조론 모형에 대한 이해를 만난다. 독자들이 지구의 역사에 관한 과학의 설명과 성경의 설명 사이의 역사적 관계에 대해 이해하게 되면 지구의 나이와 창세기 홍수에 관한 현대의 논쟁을 적절한 맥락 안에서 보는 데 도움이 될 것이다.

4부는 과학에서 가장 어려운 문제 중 하나인 생명의 기원을 논의한다. 문제의 어려움으로 말미암아 광범위한 추측과 다양한 대안들이 등장했다. 우리는 현재의 이론들을 논의하기 위한 무대를 세우기 위해 역사적 관점과 생명 과학의 기본적인 몇몇 화학 원리들에 관한 논의로 시작한다. 우리는 이어서 비유기체인 시작 물질들로부터 생명의 유기적인 조립 단위들(building blocks)의 기원 및 생물학적 정보분자들의 기원과 중요성을 포함한 핵심적인 주제들을 다룬다. 다음에 생명의 기원에 대해 현재 인기가 있는 몇 가지 모형들이 고려된다. 우리는 생명의 기원의 확률 문제와 이 문제에 대한 다양한 응답의 철학적·신학적 함의로 4부를 마무리한다.

5부에서 우리는 생명의 풍성한 다양성의 기원을 고려한다. 우리는 생물의 다양성의 목록을 작성하려는 초기의 노력부터 시작해서 생물의 다양성의 기원에 대한 설명의 하나로서 다윈의 진화 이론 발전을 살펴본다. 이 이론을 더 잘 이해하기 위해 현생 생물들과 화석에서 발견되는 증거와 관련하여 진화가 고려된다. 유전에서 새로 발견된 내용들이 지난 세기의 진화에 대한 새로운 종합 안으로 통합되었으며, 유전자들과 과정들의 유전적 변이, 발생 및 재사용에 대한 새로운 이해에 힘입어 새롭게 확대된 종합이 진행 중이다. 현재의 진화 이론에 대한 이해의 함의들이 창조세계의 기능의 완전성 및 창조세계가 생명의 계속적인 번성에 이바지하는 방식으로 적응하는 창조세계의 봉사적 행동과 관련하여 고려된다.

우리는 6부에서 인간의 기원을 다루는데 성경에 수록된 인간의 창조 기사에 대한 탐구로 시작한다. 우리는 화석 기록과 현대 생물학에서 관측되는 과학적 증거를 논의하는데, 이런 증거에는 인간의 게놈과 몇몇 화석의 형태에 기록된 증거가 포함된다. 이런 증거에 기초한 결론들이 요약되고, 과학적 결론의 함의들이 성경의 기사, 창조 교리 및 인간 안에 있는 하나님의 형상의 맥락에서 탐구된다.

마무리하는 후기에서 우리는 새로운 창조, 창조세계를 돌봄, 과학 교육, 그리고 동료 그리스도인들 및 비그리스도인들과 과학 및 기독교에 관한 효과적인 논의에 관해 생각함에 있어서 본서의 몇몇 함의를 살펴본다.

각 장은 주로 공동 저자 중 한두 명이 썼다. 로버트 C. 비숍은 2-4, 6-10, 18(모시어와 공동 집필), 28(루이스와 공동 집필), 32, 33장(루이스와 공동 집필)을 썼다. 존 H. 월튼은 1, 5, 13, 29장을 썼고 스티븐 O. 모시어는 11-12, 14-17, 18(비숍과 공동 집필), 30장을 썼다. 래리 L. 펑크가 19-23장을 썼고 레이먼드 J. 루이스가 24-27, 28(비숍과 공동 집필), 31, 33장(비숍과 공동 집필)을 썼다.

본서는 교과서로서 또는 과학과 신학 및 양자의 관계에 대한 이해를 심화하는 데 관심이 있는 사람들에게 전체로 읽히도록 고안되었다. 그렇지만 본서는 1부를 읽고 특별히 관심이 있는 다른 부분들을 마무리하는 후기와 더불어 읽는 방식으로도 유용하게 사용될 수 있다. 각 장은 다뤄지는 주제들의 개요인 "이 장에서 다루는 내용"으로 시작한다. 추가로 각 장에는 독자에게 이 본서에서 논의되는 특정한 측면들과 인물들에 관해 알려주는 "심화 학습" 및 "간략한 전기" 글 상자가 포함되어 있다. 독자들이 책을 읽을 때 본문에서 사용된 핵심 용어들을 찾아봄으로써 내용을 상기할 수 있도록 뒷부분에 용어해설이 제공된다.

본서 같은 거대한 기획에 기여한 많은 사람에게 우리의 감사를 표하고자 한다. 우리는 먼저 몇 년 동안 초안을 읽고 유익한 많은 의견을 제시한 우리 학생들에게 감사하고 싶다. 휘튼 칼리지 과정의 현재 교수팀으로서 우리는 과거에 관여했던 동료들, 특히 앨 스미스, 데렉 시그널, 빌 와튼, 그리고 리처드 슐츠에게 빚을 졌다. 다음과 같은 많은 동료가 원고 초안의 일부를 읽고 그것을 크게 향상

시켰다: 딘 아놀드, 매트 베푸스, 알렉산더 볼랴나츠, 마크 코르테즈, 스티븐 더치, 크리스틴 폴치, 캐럴 힐, 티머시 라슨, 벤저민 맥파랜드, 로널드 넘버스, 조슈아 올슨, A. J. 폴라렌즈, 마이클 로버츠, 데이비드 보스버그, 킴 월튼. 그림에는 다음과 같은 분들이 귀중한 도움을 주었다: 조이 라크, 재커리 모시어, 조슈아 올슨, 조너선 월튼, 티머시 월킨슨. 본서를 쓰는 긴 시간 동안 참아주었을 뿐만 아니라 지원해 준 우리의 가족, 친구, 편집팀에게 우리는 영원히 감사한다.

　　　　　　　　　　　　서론

1부   여행의 출발

1장

성경 해석 원칙과 방법

본서의 많은 장은 다양한 과학이 기원들에 관해 뭐라고 말하는지를 탐구한다. 이 내용이 중요하기는 하지만, 많은 그리스도인은 성경을 진지하게 취하면 과학자들을 통해서 도출된 몇몇 결론을 미리 배제한다고 믿기 때문에 과학을 통해 제공된 정보에 관해 의구심을 품는다. 따라서 우리가 과학과 성경 사이에 갈등이 존재하는지, 그리고 갈등이 존재한다면 어디서 존재할 수 있는지 결정하기 위해서는 성경이 뭐라고 주장하는지를 주의 깊게 고려할 필요가 있다.

우리가 성경을 권위 있는 문서로 인식할지라도 성경의 주장들은 해석을 통해서만 이해될 수 있다. 번역조차 해석을 필요로 한다. 여러 사람이 여러 해석을 제안할 때 우리가 어느 해석이 옳은지 어떻게 결정할 수 있는가? 때때로 우리는 다른 해석들이 우리에게는 덜 그럴듯해 보이지만 성경을 진지하게 취하는 관점에서 지지될 수 있는 경우에도 우리가 선호하는 해석만을 선택할 수 있다.

믿을 수 있는 성경 해석은 우선 텍스트를 주의 깊게 읽는 가운데 수행된 건전한 석의(釋義)를 통해 지지된다. 즉 해석이 그럴듯하다고 여겨지려면 문법, 구문, 그리고 단어의 의미와 용법이 정확하게 평가되어야 한다. 석의는 영감되거나 직관적인 과정이 아니라 추론 과정이며 따라서 비판적 사고와 증거 개발을 통해 견인된다. 해석이 느슨하거나 피상적인 성경 읽기만을 제공한다면 텍스트를 무시하거나 단순히 텍스트의 기본적인 표면적 요소들을 취해서 그것들을 자신이 이미 결론지은 내용과 일치하게 만드는 잘못을 저지를 수 있다.

둘째, 신뢰할만한 해석은 성경의 다른 텍스트들 및 건전한 신학의 교의와 일치할 것이다. 때때로 계시가 시간이 지남에 따라 진보하기도 하지만, 우리는 어느 정도 일관성과 통일성도 기대한다. 진보가 모순을 낳을 것으로 예상되지는 않을 것이다. 따라서 예컨대 우리는 골로새서 1장 같은 신약성서 구절들에서 무로부터의(ex nihilo) 창조에 대한 좋은 증거를 발견한다. 이는 창세기 1장과 모순되지 않지만 창세기 1장이 다룬 개념도 아니다.[1] 골로새서에서 바울의 권위는 쉽게 받아들일 수 있지만, 창세기 저자

---

[1] 무로부터의 창조 교리는 모든 것이 존재론적으로 하나님께 의존한다는 하나님의 비우연성(noncontingency)을 역설하기 위해 해석 역사에서 개발되었다. 우주에는 시작이 있다. 이 교리는 플라톤과 영지주의자들의 철학에 반대한다. 좀 더 자세한 정보는 D. T. Tsumura, "The Doctrine of Creation *Ex Nihilo* and the Translation of Tohu Wabohu," in *Pentateuchal Traditions in the Late Second Temple Period*, ed. A. Moriya and G. Hata, *Journal for the Study of Judaism Supplements* 158 (Leiden: Brill, 2012), 3-21을 보라.

의 권위 역시 높은 존중을 받아야 한다.

셋째, 신뢰할만한 해석은 건전한 성경 해석 원칙들에 토대를 두어야 한다. 앞으로의 논의를 위한 준비로서 우리는 몇몇 원칙을 살펴볼 필요가 있다.

1.1. 원칙들

1.1.1. 권위는 인간 저자의 이해와 의도에서 발견된다. 우리는 성령의 역사를 통한 하나님의 권위가 성경의 원천임을 인정한다. 그러나 우리는 하나님께서 인간 저자에게 권위를 부여하셔서 그 저자의 메시지가 하나님의 권위를 지닌다는 것도 이해한다. 더욱이 우리는 인간 저자를 통해서만 하나님의 권위를 지니는 메시지에 접근한다. 설사 하나님이 인간 저자가 전달한 내용보다 더 많은 의미를 지니고 있더라도 우리로서는 (권위 있는 다른 저자가 추가적인 의미를 계시하지 않는 한) 그것을 알 길이 없다. 그러므로 타당한 성경 해석은 제안된 해석이 고대의 인간적 출처가 전달한 것으로부터 도출할 수 있는 의미(훗날의 권위 있는 음성을 통해 확대될 수도 있다)를 밝힌다는 것을 보여줘야 한다.

1.1.2. 텍스트는 그것이 결코 의미한 적이 없는 것을 의미할 수 없다. 이에 대한 추론으로서 하나님의 권위가 부여된 곳은 고대 저자의 의도이기 때문에 권위 있는 주장들은 그 저자의 의도에서 도출된다. 우리는 성경에 수록된 진술들이 우리가 오늘날의 과학에서 알고 있는 내용과 수렴하는 것으로 보일 수 있는 방식을 식별할 수 있을지도 모른다. 이런 진술들에서 우리는 우리가 말씀에서 볼 수 있는 진리와 우리가 세상에 관해 진리라고 믿게 된 내용 사이에 양립 가능성을 발견할 수도 있다. 그러나 양립 가능한 진리를 발견하는 것이 권위 있는 주장들에 대한 탐구와 똑같은 것은 아니다. 우리는 성경이 우리가 빅뱅 우주론과 일치한다고 생각하는 몇몇 진술을 한다고 믿을 수도 있지만, 빅뱅 우주론이 성경의 권위 있는 주장들 중 하나

라고 주장하는 것은 받아들일 수 없다. 우리는 하나님이 고대 저자는 알지 못했지만 미묘하게 그 텍스트 안에 빅뱅에 대한 허용을 집어넣었다고 믿을 수도 있지만, 하나님이 그렇게 의도했다는 것을 우리가 어떻게 아는가? 결국 정상 우주론을 믿었던 그리스도인들 역시 그들이 성경의 진술들에서 그것에 대한 지지를 발견했다고 생각했다. 성경은 과학의 변덕에 종속될 수 없다. 우리는 해석사의 모든 시대에서 자신의 믿음과 성경 텍스트 간의 연결을 추구한 사람들을 발견할 수 있다(예컨대 영지주의자들은 성경에서 자신들의 믿음에 대한 모든 종류의 지지를 발견했다). 우리가 성경에서 빅뱅 우주론과 일치하는 구절들을 발견할 수 있을지도 모르지만, 성경은 빅뱅 우주론에 관해 권위 있는 주장을 하지 않는다. 설사 우리가 장래의 어느 날 빅뱅 우주론이 더 이상 과학적으로 받아들일 수 없음을 발견한다고 하더라도 그것이 성경이 틀렸음을 증명하지는 못할 것이다. 하나님의 권위는 인간 저자의 이해에 부여되었고 성경은 결코 의미하지 않았던 것을 의미할 수 없으므로, 성경의 권위 있는 주장을 탐구할 때 우리는 인간 저자의 이해에 전념한다.

1.1.3. 성경은 우리를 위해 쓰였지만 우리에게 쓰이지 않았다. 세상—모든 시대, 모든 장소의 모든 인간—에 자신을 계시하는 것이 하나님의 계획이었다. 하나님은 이 일을 다양한 방식으로 달성할 수도 있었지만, 지혜롭게도 특정한 문화와 특정한 시대에 그리고 특정한 언어로 전달하기로 선택했다. 이는 우리가 이 계시에서 유익을 얻고 하나님께서 우리를 위해 공급하신 것을 얻기 위해서는 우리가 고대의 맥락과 언어를 간파해야 함을 의미한다. 우리는 음식이 저절로 우리에게 올 것으로 기대하지 않는다. 우리는 음식을 얻기 위해 가게에 가야 한다.

1.1.4. 성경의 맥락은 고대 세계에서 발견된다. 우리가 현대의 사고방식을 이 고대 텍스트에 맹목적으로 부과하면

여러모로 성경을 잘못 해석하기 쉽다. 고대 세계의 사람들은 우리가 생각하는 방식으로 생각하지 않았다.[2] 이는 정교함의 문제가 아니라 문화의 문제다. 우리는 다른 관점, 우선순위, 관심사를 가치 있게 생각한다. 예를 들어 우리는 개인주의에 신경을 많이 쓰는 반면에 그들은 부족과 가족의 정체성에 훨씬 더 신경을 썼다. 인간의 본성은 보편적이지만 문화는 그렇지 않다. 그들에게 향해진 소통은 우리의 사고방식과 관련이 있는 것이 아니라 그들의 문화의 사고방식과 관련이 있다.

1.1.5. 단어들의 의미는 그 단어들의 용법에서 발견된다.
이 점은 어느 문화에나 해당한다. 단어의 용법이 새로운 방향을 취하면 단어의 의미가 달라질 수 있다. 성경의 저자들은 우리에게 많은 책을 남겼지만 사전은 남기지 않았다. 우리는 히브리어와 그리스어 단어들이 어떻게 사용되는지를 관측함으로써만 그 단어들이 무엇을 의미하는지 배울 수 있다. 틀릴 수 있고 해석을 실행하는 번역자들이 선택한 단어들만 조사하면 우리는 오도될 수 있다. 우리는 성경을 진지하게 취할 때 성경을 원래 언어의 토대에서 해석해야 한다는 점을 인정한다. 단어들은 저자가 그것들을 사용해서 의미했고, 그(녀)의 직접적인 동시대의 청중이 자기가 무엇을 의미했는지 이해하리라고 기대한 것을 의미한다.

1.2. 성경 해석을 과학적 조사와 관련시키기 위한 원칙들
우리는 성경의 주장들을 이해하려고 하기 때문에 성경 해석과 과학적 조사가 어떻게 교차하는지와 관련된 몇몇 원칙도 탐구해야 한다.

---

2   우리는 **고대 세계**를 이집트, 레반트, 메소포타미아(수메르인, 바빌로니아인, 아시리아인) 문명을 포함하는 고대 근동을 지칭하는 것으로 사용한다. 고대 그리스와 로마는 고대 세계가 아니라 고전 세계의 일부일 것이다.

1.2.1. 세상에서 하나님의 역할에 관해 생각하는 방식. 현대 세상에서 사는 우리는 **자연법칙과 자연과학**의 관점에서 생각하는 경향이 있다. 이와 대조적으로 우리는 자연 세상에 개입하고 그것의 원칙 밖에서 일하는 하나님의 초자연적인 행동으로 여기는 것은 보류한다. 이렇게 생각하는 데 장점이 있을 수도 있지만, 우리는 그것은 고대 세상의 사람들이 생각한 방식이 아니라는 점을 깨달아야 한다. 그들은 자연적인 원인이나 자연법칙의 관점에서 생각하지 않았다. 그들에게는 하나님이 모든 것에 관여했고 아무것도 "자연적"이지 않았다. 인과관계 범주에 관한 그들의 사고방식은 아리스토텔레스적이지 않았다. 그 결과 오늘날 우리가 보유하고 있는 기적들과 개입이라는 언어는 그들에게는 이치에 맞지 않았다. 우리는 기적을 자연적이지 않고 초자연적인 어떤 것으로 정의하는 반면에, 그들은 모든 것을 초자연적인 활동으로 생각했을 것이다. 우리는 하나님의 개입에 관해 말하는 반면에, 그들은 개념상 신화화했을 것이다. 즉 그들은 일어나는 모든 일에 이미 하나님이 계신다고 믿었다. 개입 개념은 하나님이 일반적으로는 자연 과정 밖에 있다고 가정한다. 구약성서는 하나님의 주목할 만한 행동을 신적 능력과 자기 백성에 대한 신실함을 보여주는 "표적과 기사"(signs and wonders)로 부른다. 하나님은 자연적인 인과관계 안에서나 그것을 우회할 때 모두 적극적으로 활동한다(섹션 2.4를 보라).

1.2.2. 자연적인 것과 초자연적인 것. 따라서 우리는 성경의 다양한 지점에 등장하는 하나님의 적극적인 역할에 관한 진술들을 반드시 "자연적"으로 설명되지 않는 것으로 해석할 필요가 없다(비록 때때로 자연적으로 설명되지 않을 수도 있지만 말이다). 마찬가지로 과학적 탐구의 특정한 측면에서 우리가 자연적인 설명을 제시할 수 있다는 이유만으로 하나님의 관여가 배제되는 것도 아니다(2장과 4장을 보라). 우리는 원인들을 자연적인 것(과학이 설명할 수 있고 따

라서 하나님을 배제하는 것들)과 초자연적인 것(과학이 설명할 수 없는 것)으로 나뉘는 파이로 생각할 수 없다. 이처럼 결함이 있는 모형은 "틈새의 하나님"(God of the gaps)으로 불리는데, 이 모형에 따르면 하나님이 점점 축소된다. 그런 모형 대신 과학이 낮은 층은 조사할 수 있지만 어떤 것이 발견되거나 설명되더라도 하나님이 관여하는 윗 층이 그 모든 것 위에 덮인 여러 층의 케이크 모형을 생각해보라. 시편 139:13이 이 모형을 예시할 수 있다. "주께서 내 내장을 지으시며 나의 모태에서 나를 만드셨나이다."[3] 이 대목에서 하나님의 관여를 긍정한다고 하더라도 자궁에서 태아가 성장하는 것에 관한 우리의 이해가 무효로 되지는 않는다. 발생학이 성경의 주장과 충돌하지 않는다. 발생학자가 자궁에서 태아가 성장하는 것에 관해 배우는 모든 내용은 우리가 하나님이 어떻게 일하는지 이해하도록 도와준다. 그것은 "또는"의 사례가 아니라 양쪽 "모두"의 사례다(섹션 2.4.3을 보라).

1.2.3. 과학이 성경을 이기는가?
과학이 성경을 이겼고, 우리가 해석을 과학의 발견사항에 일치시킬 필요가 있는가? 첫째, 성경의 진리는 타협될 수 없음을 확언할 필요가 있다. 진리는 진리이며, 과학 이론을 수용하기 위해 성경의 의미를 희석한다면 우리가 성경에 폐를 끼치는 것이다. 그러나 해석은 복잡한 과업이며, 종종 성서 외부의 정보 성장에 힘입어 우리가 과거에 주목되지 못했던 문제들(지구가 태양 주위를 돈다는 발견 등)을 고려하여 성경 해석을 재평가했던 것도 사실이다. 설득력 있는 과학적 발견이 성경의 주장과 모순되어 보일 때에는 언제나 우리가 성경의 주장을 올바로 해석했는지를 탐구해 볼 가치가 있다. 과학적 발견들은 우리가 전에는 질문할 생각을 하지 못했을 수도 있는 텍스트에 대해 질문하도록 도움을 줄 수 있

다. 그런 경우 과학이 성경을 이기는 것이 아니라 재평가를 자극한다. 그 결과 성경에 대한 이해가 수정된다고 하더라도 그런 수정은 석의, 신학, 성경 해석학의 조사를 거칠 필요가 있다.[4]

1.2.4. 성경은 세상이 일상적으로 작동하는 방식에 관해 새로운 계시를 제공하지 않는다.
마지막으로, 우리는 성경이 자연 세계의 일반적인 메커니즘이나 과정에 관한 새로운 계시를 수록하고 있지 않다고 제안한다. 성경은 하나님이 자연주의적으로 해석될 수도 있는 것을 대체했을 수도 있는 역사적 사건들을 보고하지만, 이 대목에서 우리는 성경이 규칙적이고 일반적인 현상을 다루는 것에 관해 언급하고 있다. 그런 경우 성경은 구약성서의 고대 세계나 신약성서의 고전 세계와 일치하는 관점에서 세상과 세상의 운행을 논의하지, 그들의 사고를 우리의 사고와 비슷하게 향상시키지 않는다. 두 가지 예가 우리로 하여금 이 원칙을 이해하도록 도움을 줄 것이다.

고대 세계에서 사람들은 뇌의 생리 기능에 대해 이해하지 못했다. 우리에게 알려진 "뇌"에 해당하는 히브리어 단어는 존재하지 않는다. 이집트인들이 사망한 사람의 정수(精髓)를 보존하기를 원했을 때 그들은 미라화 과정에서 중요한 내장을 조심스럽게 떼어내 그 내장을 카노포스의 단지 안에 넣어 두었다. 이 내장들은 그들이 "자아"가 거주한다고 믿은 기관들이었다. 이와 대조적으로 뇌는 코를 통해 추출되어서 쓸모없는 것으로 버려졌다. 하나님이 인식 과정에 관해 이스라엘인들과 의사소통했을 때 그분은 그들에게 심장, 신장, 간과 창자들의 독특한 기능을 알려주고 뇌에 관해 설명함으로써 그들의 생리학상의 이해를 향상시키지 않았다. 대신 하나님은 그들이 알았던 생리학을 사용하여 고대의 관점에서 그들에게 말했다. 그렇다고 해서 하나님이 생리학에 관한 어떤 관점을 긍정하는

---

3 Robert Alter, *The Book of Psalms: A Translation with Commentary* (New York: W. W. Norton, 2007), 481.

4 추가 논의는 본서의 섹션 4.3, 4.4를 보라.

종종 과학과 성경에 대한 다양한 입장(그리고 이런 입장들을 후원하는 기관들)은 그들이 예컨대 지구의 나이나 진화 모형 채택 여부 같은 과학적인 주제들을 어떻게 다루는가를 토대로 평가된다. 그 입장이 얼마나 전통적인지가 또 다른 요인이 될 수도 있다. 우리는 어떤 입장의 신뢰성은 그 입장의 해석 원칙의 건전성과 그 원칙들이 적용되는 일관성에 근거해야 한다고 제안하고자 한다. 이 접근법에서는 해석 원칙이 신중하고 일관성 있게 실행될 경우 진화를 긍정하는 입장이 진화를 부정하는 입장보다 (성경적으로 및 신학적으로) 좀 더 타당하다고 판단될 수 있을 것이다.

것이 아니기 때문에, 이 점이 성경의 무오류성(이는 성경이 긍정하는 모든 점에서 옳다고 주장한다)에 문제가 되지는 않는다. 성경은 권위 있는 과학을 계시하지 않는다. 생리학은 계시의 초점이 아니다. 그것은 단지 효과적인 소통을 위한 틀일 뿐이다. 성경은 생리학에 관해 권위 있는 주장을 하지 않는다.

고대 근동에서 사람들의 우주 지리학에 관한 견해는 우리의 견해와 달랐다. 그들은 지구가 평평하며 우주의 중심이라고 믿었다.[5] 그들은 하나의 대륙만 알았고 단단한 하늘이 위의 물을 떠받치고 있다고 믿었다. 고대 근동인들은 태양, 달, 별들과 새들이 모두 단단한 하늘 내부의 동일한 영역에 속한다고 믿었다. 그 고대 세계에서는 모든 사람이 이렇게 믿었는데, 하나님은 이스라엘인들에게 새로운 정보나 설명을 줌으로써 우주 지리학에 관한 그들의 생각을 변경하지 않았다. 대신 성경의 소통은 고대 근동 세계에서 유행했던 익숙한 개념들을 사용했다. 다시 말하거니와 하나님은 새롭고 권위 있는 우주 지리학을 계시하지 않고 익숙한 것들을 사용해서 세상에 대한 주권적인 통제를 소통했다. 따라서 성경은 우주 지리학에 관한 권위 있는 어떤 주장도 하지 않는다. 따라서 성경은 우주 지리학에 관한 어떤 과학적인 주장과도 충돌할 가능성이 없다. 다행히도 우리가 우리의 혈액 펌프(즉 심장)가 인식 과정에 관여한다는 과학적 증거를 찾을 필요가 없듯이 지구의 기둥, 지역적인 태양, 단단한 하늘 또는 그 위의 물 같은 것들에 대한 과학적 증거를 찾을 필요가 없다. 우리가 성경의 텍스트를 자세하게 조사해봐도 하나님이 이스라엘인들에게 그들이 자연 세계의 규칙적인 작동에 관해 이미 생각하고 있던 내용을 바꾼 정보를 주었다는 예를 발견하지 못한다. 새로운 계시의 초점은 이스라엘의 하나님 야웨가 세상을 관리하고 있으며, 그분은 사람들이 고대 세계에서 신에 관해 생각한 것과는 다른 존재임이 이해되어야 한다는 것이었다.

1.3. 과학 시대에 성경의 주장들을 책임 있게 해석하기

이 원칙들이 우리가 무엇을 모색해야 하는지와 무엇을 기대해야 하는지에 대해 우리에게 방향을 줄 것이다. 우리는 성경에서 단지 양립할 수 있는 진리를 찾는 것이 아니라 권위 있는 주장을 찾는다. 우리는 이런 주장에 대한 우리의 이해를 과학적 주장의 요구에 조건 지을 용의는 없지만, 필요할 때마다 기꺼이 해석이라는 과업으로 돌아와 우리가 질문할 필요가 있는 것들을 묻고 있는지를 확인할 것이다. 우리는 새로운 정보에 대응해서 우리의 해석을 재평가할 용의가 있지만, 우리의 석의나 신학을 타협할 생각은 없다. 성경의 주장에 우선권이 부여되겠지만, 우리는 정신을 바짝 차리고 물어야 할 새로운 질문을 인식하게 되면 우리의 해석을 수정할 용의가 있어야 한다. 우리는 일반계시의 사용이 특별계시에 대한 설명을 제공

5　몇몇 학자는 사 40:22("땅"[circle of the earth])을 마치 그 표현이 구체를 가리키는 것처럼 해석했다. 하지만 그 표현은 구체가 아니라 원반을 가리키며 고대 근동에서는 흔히 지구가 원반이라고 믿었다.

하도록 허용하지 않도록 엄격하게 통제된 방법론을 채택할 것이다(즉 우리는 현대 과학을 사용해서 성경 텍스트를 과학적으로 정교하게 읽지 않을 것이다). 우리는 현대의 관점과 질문들을 고대 텍스트에 부과하는 흔한 관행에 가능한 모든 방법으로 저항하고, 그 텍스트가 스스로 말하도록 허용할 것이다. 마지막으로, 우리는 성경의 주장들을 과학의 테두리 안으로 밀어 넣으려는 경향에 대해 엄격하게 도전할 것이다.

2장

포괄적 창조 교리와 과학 연구에 대한 함의

많은 그리스도인이 과학이 성경과 경쟁하거나 하나님의 필요를 제거하는 설명을 제공한다고 믿기 때문에 자신들이 과학—특히 우주론, 지질학, 그리고 진화—으로 말미암아 위협받는다고 생각한다. 앞 장은 과학에 대한 그리스도인들의 두려움을 어느 정도 다루는 몇몇 기본적인 성경 해석 원칙들을 소개했다. 이 장에서 우리는 앎에 대한 방식으로서 과학이나 신학에 관해 논의하기 전에 이런 두려움을 신학적으로 다룰 것이다.[1]

우리가 그리스도인답게 그리고 과학에 대한 두려움 없이 생각하기 위해서는 견고한 신학적 기초가 필요하다. N. T. 라이트가 말하듯이 신학은 "하나님이 어떤 분인지에 관해 똑바로 생각하려고 노력한다."[2] 하나님의 창조세계를 이해하려는 우리의 노력에서 가장 두드러진 신학의 요소 중 하나는 포괄적인 성경적 창조 교리다. **포괄적 창조론**은 단지 창세기 1장만이 아니라 성경 전체에서 도출하는 창조 교리다.

그리스도인들이 과학에 대해 지니는 많은 갈등은 18세기 자연신론의 영향 아래 형성된 양자택일의 곤경에서 나오며, 과학-종교 논의에 널리 퍼져 있다. 그 입장은 **자연에서 일어나는 사건들은 매개되지 않은 하나님의 개입의 결과이거나, 하나님의 개입이 없는 자연 과정의 결과로** 본다.

창조와 아래에 묘사된 매개된 신적 행동의 다양한 형태에 대한 삼위일체적인 이해가 상실되자, 확실히 18세기의 대다수 종교 사상가들은 자연에서 사건들이 어떻게 발생하는지에 관해 이 두 가지 가능성만을 생각할 수 있었다. 양자택일해야 하는 곤경의 영향 아래에서는 하나님의 존재와 창조세계 안에서의 활동을 제거하는 많은 과학적 설명들이 등장한다. 포괄적 창조 교리는 이 양자택일해

---

[1] 이 장에 수록된 자료의 이전 버전이 Robert C. Bishop, "Recovering the Doctrine of Creation: A Theological View of Science," parts 1-5, BioLogos, January 1, 2011에 수록되어 있다. 자료는 다음 사이트에서 볼 수 있다. https://biologos.org/resources/scholarly-articles/recovering-the-doctrine-of-creation-a-theological-view-of-science.

[2] N. T. Wright, *Simply Christian: Why Christianity Makes Sense* (New York: HarperCollins, 2006), 148(『톰 라이트와 함께하는 기독교 여행』, 한국기독교생회출판부 역간).

야 하는 곤경이 그릇된 선택, 즉 추론의 논리적 오류를 제시한다는 것을 보여준다. 특히 하나님이 창조세계를 통해 그것이 다양한 방식으로 봉사하도록 작동한다는 봉사 형태의 매개된 행동이 창세기 1장과 시편 104편에 화려하게 나타나는데, 이는 특히 중요한 성경적 관점이 선택지에서 빠졌음을 보여준다.

더욱이 종합적 창조 교리는 현대의 과학 탐구 발전에서도 일익을 담당했다. 과학적 방법은 원래 창조세계의 질서와 기능을 발견하고 이해하기 위해 고안되었다. 이는 창조세계와 하나님 사이의 구분 및 창조의 계속되는 과정이 중요하다고 믿을 신학적 토대가 있었기 때문이다.[3] 훗날 형성된 양자택일 곤경과 달리 17세기 과학 혁명가들은 이런 과정들을 하나님이 창조세계에서 정상적으로 일하는 방식으로 믿었기 때문에 이 과정들이 중요했다.

그러므로 그리스도인들이 창조 교리를 좀 더 완전하게 이해하면 두려움 없이 과학적인 설명을 고려하는 데 자신감을 가질 수 있다. 본서는 당신이 포괄적 창조 교리의 관점에서 과학적 기원 이론을 탐구할 때 두려움을 자신감으로 바꿔줄 것이다.

2.1. 창조 교리의 배경

우리는 먼저 **교리**에 관해 몇 마디 해 두고자 한다. 교리는 지루하고, 수정될 수 없고, 고정되어 있고, 압도적인 것으로 들린다. 기독교의 맥락에서 교리는 구속이나 창조 같은 하나님의 실재의 몇몇 특성에 관해 성경에 기초해서 신학적으로 이해한 것이다. 창조 교리는 성경 전체에 대한 우리의 해석에서 도출되지만, 창조세계에 관한 우리의 경험과 숙고와도 관련이 있다(4장). 우리는 창조 신학—그것이 우리가 실제로 이야기하는 내용이다—에 관해 말하거나 많은 혼란의 위험을 무릅쓰고 창조 이론에

관해 말할 수 있지만, 역사적으로 "창조 교리"라는 어구가 널리 사용되고 있다.

더욱이 교리들은 실제로 수정될 수 있다. 예를 들어 국가들은 자기 나라의 군사 교리를 정규적으로 수정한다. 창조 교리의 역사는 핵심적인 기본 사항들을 유지하면서 변화해온 역사다. 그리스도인들의 사고의 역사에서 창조 교리의 요소들의 많은 내용이 치열한 싸움을 벌이고 이겼다가 지고, 회복되고, 재해석되었다가 다시 지고, 회복되고 한층 발전하기를 거듭해왔다. 아래 요소들의 많은 내용이 당신에게 놀랍거나 새로운 것으로 보일 수도 있다. 18세기 이후 창조 교리가 상당히 쇠퇴해서 현재 그리스도인들은 대개 많이 위축된 형태만을 생각한다.[4] 교리는 우리의 이해를 표현하기 때문에 우리의 이해가 성장함에 따라(또는 몇몇 경우 오해가 성장함에 따라) 교리도 차츰 변할 수 있다.

이 점이 가장 중요한데, 우리는 한편으로는 어떤 교리에 찬성하고 교리를 갖고서 연구하는 것과 다른 한편으로는 독단적으로 되는 것을 구분해야 한다. 예컨대 알베르트 아인슈타인의 일반상대성 원리는, 당신이 그렇게 부르기를 원한다면, 그 물리학자의 중력 교리다. 물리학자들은 계속 그 이론에 관해 연구하고 그것을 발전시키지만, 물리학자들이 중력 교리에 관한 그들의 이해에 관해 독단적으로 되는 순간 그들은 그 이론에 관해 자기들이 배울 수 있는 모든 것에 관해 배우는 데 개방적이기를 멈춘다. 그리고 그들은 창조세계에 관해 더 많이 배운 후 필요해질 수도 있는 그 이론에 대한 재해석이나 발전에 대해 개방적이기를 멈출 것이다. 이와 유사하게, 그리스도인이 창조 교리의 이해에 관해 독단적으로 되면 그 교리에 대한 이해에서 성장하는 데 마음이 열리기를 그치게

---

3 Robert C. Bishop, "God and Methodological Naturalism in the Scientific Revolution and Beyond," *Perspectives on Science and Christian Faith* 65 (March 2013): 10-23.

4 그가 의도한 주제는 아니지만 James Turner의 역작 *Without God, Without Creed: The Origins of Unbelief in America* (Baltimore: Johns Hopkins University Press, 1986)는 18세기와 19세기 동안 창조 교리가 많이 쇠퇴했음을 드러낸다.

된다. 마찬가지로 그들은 우리가 성경과 창조세계에 관해 계속 더 배움에 따라 필요해질 수도 있는 창조 교리의 재해석이나 발전(섹션 4.2를 보라)에 대해 더 이상 마음이 열리지 않을 것이다.

기독교의 다른 교리와 마찬가지로 창조 교리에도 그것 자체의 발전 역사가 있다.[5] 창조 교리는 단순히 성경 텍스트들이나 자연 세계 한쪽만을 관측해서 추론된 것이 아니다. 그 교리는 초기 기독교 신학자들이 성경 텍스트, 그들이 그 안에서 살고 있던 문화의 그리스 자연철학, 그리고 창조세계에 대한 그들의 경험과 씨름함에 따라 여러 세기에 걸쳐 다듬어졌다. 예컨대 당시의 그리스 자연철학은 우주가 영원하다고 주장했다. 이 기독교 사상가들이 영원한 우주 개념과 현저하게 대조되는 무로부터의 창조에 대한 성경적 이해에 도달하는 데 약 두 세기가 소요되었다.[6] 기독교의 다른 모든 교리와 마찬가지로 창조 교리는 역동적이며 성장하고 있다. 하지만 그것은 또한 성경, 창조세계, 그리고 원칙적으로 예수의 인격과 사역에 나타난 신적 계시에 대한, 실수할 수 있고 불완전한 인간의 반응이기도 하다.

우리가 본서에서 창조 교리에 많은 시간을 할애하겠지만, 교리들을 조각들(창조 교리, 섭리 교리, 구원 교리, 종말 교리 등)로 나누는 우리의 경향은 다소 인위적임을 명심하라. 유한한 존재인 우리는 하나님과 신적 행동의 완전함이라는 위대한 교리를 이해하기 위해 애쓰고 있다. 유한한 이해로 인해 우리는 하나님에 관한 전체 교리를 좀 더 관리하기 쉬운 구성 부분들로 잘라야 한다. 그러나 우리는 이 장에서 볼 수 있는 바와 같이 교리의 모든 조각은 다른 모든 교리를 상호 관통하고 그것들에 관해 알려준다는

점을 기억해야 한다. 예컨대 하나님의 지속적인 창조 사역의 많은 부분은 창조세계에 나타난 하나님의 섭리와 이어진다. 마찬가지로 하나님이 창조하지 않았더라면 섭리, 구원, 성화도 없었을 것이다.

마지막으로, 이 장의 나머지 부분을 읽을 때 당신은 기독교의 다른 창조 교리가 있는지 궁금해질 수도 있을 것이다. 우리는 요소들을 유지하거나 빠뜨림으로써 좀 더 완전한 창조 교리나 축소된 창조 교리를 만들어낼 수 있다. 예를 들어 미국의 많은 그리스도인은 19세기 이후 창조 교리에 (1) 하나님이 무로부터 창조했고, (2) 하나님이 6일(이 날들의 길이가 얼마이든 간에) 동안 창조했다는 두 요소만 있다고 믿는 것으로 보인다. 더욱이 현대의 그리스도인들은 하나님을 삼위일체의 창조주라기보다 일원적인 창조주로 생각하는 경향이 있었다. 만일 당신이 이것을 창조 교리에 대한 당신의 기준으로 취한다면 당신이 읽게 될 완전한 형태의 창조 교리는 당신에게 매우 다르게 보일 것이다.

2.2. 창조세계의 독특한 본성

복음주의자들은 영감과 성경의 권위를 고수한다. 하지만 대다수 복음주의자는 앞서 언급된 바와 같이 다소 협소한 창조 교리 관점을 취한다. 현대의 이 이해는 초기 기독교의 목회자-신학자들을 통해 개발된 포괄적 창조 교리에 나타난 모든 영광을 희미하게만 반영한다. 우리는 아래에서 이 놀라운 교리의 요소들을 간략히 살펴볼 것이다.

2.2.1. 창조주/창조물 구분.
근본적인 출발점 중 하나는 창조주와 창조물 간의 구분이다(예컨대 롬 4:17). 우리는 종종 이것을 당연하게 여기고 이 점이 창조 교리에 얼마나 중요한지를 깨닫지 못한다. 하나님의 삼위일체성은 우주의 창조된 특성과 현격히 다르다.[7] 종종 간과되는 이 구분

---

5 예컨대 Colin Gunton의 매우 유용한 조사인 *The Triune Creator: A Historical and Systematic Study* (Grand Rapids: Eerdmans, 1998)를 보라.

6 구약성서에서 창조와 제조를 가리키는 히브리어 단어들은 무로부터의 창조를 가리키는 데 사용되지 않는다(섹션 5.2를 보라).

7 세상의 본성, 인간의 본성 또는 창조물의 본성에 관해 말할 때 우리는

아마도 창조에 대한 확고한 삼위일체 접근법의 가장 귀중한 점은 그 접근법이 우리로 하여금 중대한 함정을 피하는 적절한 방식으로 하나님과 창조세계 간의 성경적인 관계를 생각하게 해준다는 점일 것이다. 지난 몇 세기 동안 사람들은 너무도 쉽게 하나님이 세상에서 활동하지 않거나 멀리서 간헐적으로만 개입한다는 모종의 이신론이나, 하나님과 창조세계 간의 구분이 지워지지는 않는다 하더라도 혼동되는 모종의 범신론에 빠졌다. 이와 대조적으로 삼위일체의 관계적 성격은 우리에게 창조세계에 대한 하나님의 관계를 초월성과 친밀성의 관계로 생각할 수 있는 길을 제공한다. 우주는 삼위일체와 구분되는 속성과 아울러 성부로 말미암아 성령을 통해 성자 안에서 어떤 존재가 되라고 부름을 받은 바로 그 존재가 될 자유를 갖고 있다. 즉 성부는 창조세계에게 신적 부름에 응답할 수 있는 자체의 독특한 실재를 부여한다. 한편 만물은 성자를 통해 창조되고 성자에 의해 구속된다. 더욱이 만물은 성령을 통해 그것들이 되라고 부름을 받은 특정한 것들이 되고 신적 부름에 응답할 수 있게 된다. 성령은 모든 창조물에 활기를 부여하고 그것들을 완전하게 한다. 창조세계에 대한 이 삼위일체적인 관계는 우리로 하여금 성자를 통해 유지되고 성령을 통해 완전하게 되어 성부를 찬양하는 창조세계의 선함을 단언할 수 있게 해준다.

수 세기 동안 그리스도인들은 창조세계의 완전한 실재뿐만 아니라 그것의 선함을 긍정하기 위해 애써왔다. 때때로 우리는 창조세계가 하나님보다 덜 실재적이라거나 물질적 실재는 영적 실재보다 덜 선하다는 그리스의 개념에 빠져들었다. 창조세계는 하나님의 자유롭게 하는 사랑 때문에 자체의 실재를 가진다. 창조된 실재의 완전함은 새 창조에서 드러날 것이다(33장). 사랑의 본질은 서로 자유롭게 주고받는 관계 안에 들어가 있는 것이다. 이 점은 삼위일체에서 완벽하게 예시된다. 삼위일체가 하나의 신적 본성을 지닌 세 위격 사이의 사랑의 친교라는 점은, 하나님은 사랑이기 때문에(요일 4:8) 창조세계를 향해서 사랑으로 말미암아 형성되지 않은 것은 아무것도 하지 않는다는 것을 암시한다. 따라서 창조에 대한 삼위일체 접근법은 우리로 하여금 창조세계가 하나님께 사랑을 받는다는 것과 그것이 창조세계와 성경에 계시된 것처럼 독특한 본성을 지니도록 창조되었다는 것을 단언할 수 있게 해준다. 삼위일체가 창조에 관한 그리스도인들의 사고에 핵심적이지 않았더라면 그들은 창조의 긍정적인 측면들을 명확히 표명하고 단언하기가 훨씬 더 어려웠을 것이다.[a]

---

[a] Colin Gunton, *The Triune Creator: A Historical and Systematic Study* (Grand Rapids: Eerdmans, 1998.

의 함의 중 하나는 삼위일체 하나님이 창조세계가 신성과는 다른 종류의 존재를 가질 것을 의도했다는 점이다. 하나님은 창조세계를 자신과 같은 무한한 존재나 삼위일체적인 본성을 지닌 존재로 만들지 않았다. 더욱이 성부는 창조세계를 독특하게 불러서 성령을 통해 완벽해지는 존재로서 성자 안에서 어떠한 존재가 되도록 정한다. 이는 성부가 우리 각자를 불러서 성령의 완벽하게 하는 사역을 통해 그리스도 안에서 독특한 존재가 되도록 창조한 것과 다르지 않다. 그러므로 창조세계는 신적이지도 않고 무한

한 신적 존재를 공유하지도 않는다. 비록 전체 역사를 통틀어, 그리고 전세계적으로 문화들이 창조세계를 신성시하는 경향이 있었지만 말이다.[8] 이렇게 신성시하기가 쉬우므로 성경은 이를 엄중히 경고한다(예컨대 신 4:15-19).

성경이 신과 창조세계를 구분하는 데는 중요한 몇 가지 신학적 함의들이 있다. 그중 하나는 범신론이 창조세계의 특성이나 창조세계에 대한 삼위일체의 관계의 본질을 제대로 포착하지 못한다는 것이다. 범신론은 하나님과 우주 사이에 차이가 없다, 즉 그들은 같다는 견해다.

더욱이 우주가 독특하게 창조되었다는 점이 가치가

모종의 본질주의 형태를 암시하는 것을 의미하지 않는다. 우리가 의미하는 것은 특정한 성질을 지닌 **창조된 존재**로서 창조물의 본성이다. 창조된 본성이 필연적으로 정적이고 불변하는 것은 아니며, 목적론적이고 성자 안에서 이뤄지는 새 창조를 지향한다.

8 John North, *Cosmos: An Illustrated History of Astronomy and Cosmology* (Chicago: University of Chicago Press, 2008).

있다고 인정된다. 즉 우주는 하나님이 우주가 지니도록 의도한 속성과 기능을 지니고 있다. 결국 모든 것이 "매우 좋다"는 하나님의 선언(창 1:31)은 모든 창조세계가 가치가 있다는 선언이었다. 창세기 1장과 2장에 등장하는 히브리어 단어 **토브**(*tov*)는 종종 "좋다"고 번역된다. 그 단어는 완벽함을 의미하지는 않지만, 솜씨와 잘 기능하는 것을 포함하여 문맥에 따라 다양한 의미를 갖고 있다.[9] 구약성서에서 흔히 사용되는 용법 중 하나는 적절하게 기능한다는 의미다. 예컨대 "사람(*adam*)이 홀로 사는 것이 좋지(*tov*) 아니하니 내가 그를 위하여 돕는 배필을 지으리라"(창 2:18).[10] 인간은 이 배필이 없으면 완전히 기능하거나 창조된 본성과 역할의 **기능**에 적절하게 부합하지 못한다. 창세기 첫 두 장의 맥락에서 반복되는 후렴구 "좋다"는 주로 적절하게 기능하고, 의도된 대로 작동하고, 할당된 목적을 이행한다는 의미다(섹션 5.2.3을 보라). 처음부터 창조세계는 하나님이 의도한 대로 기능한다(기능할 것이다). 우리는 본서의 여러 곳에서 이처럼 기능을 잘하는 몇 가지 예를 볼 것이다. 아마도 가장 중요한 점으로서, 창조세계는 새 창조에서 성자 안에서 만물을 완성하는 하나님의 언약이 펼쳐지기 위해 의도된 대로 기능한다(33장).

그리고 우리는 특히 예수의 성육신에서 창조세계에 대한 하나님의 사랑을 본다. 하나님의 창조세계가 사랑받는다는 데 대해 더 높은 어떤 확인이 있을 수 있는가?[11] 삼위일체의 제2위—그분을 통해 모든 것이 창조된 분—가 똑같이 창조된 본성을 취했고 그 질서—성자가 태초에 확립했고 축복했으며 성령을 통해 사랑과 가치의 대상으로서 구속받는 질서—에서 거주했다.

창조주와 창조물 사이의 구분이 함의하는 마지막 요점은 신학자들이 창조세계가 **우발적 합리성**(contingent rationality)으로 부르는 것을 지녔다는 것이다. 창조세계는 다음과 같은 두 가지 측면에서 조건적이다. (1) 창조세계는 완전히 의존적이며 성자가 그것을 유지하기를 그치면 즉시 사라진다. (2) 하나님은 어떤 종류의 우주도 만들 수 있었지만 이 특정한 우주를 만들기로 작정했다. 하나님은 모종의 필요나 결핍으로 말미암아 창조한 것이 아니고, 강요나 필요도 없었다. 오히려 하나님은 충만한 삼위일체의 사랑으로 자신의 영광과 창조세계 자체의 유익을 위해 특정한 종류의 창조세계가 존재하게 했다. 그러므로 창조세계는 자체의 합리성—자체의 특정한 질서, 구조, 기능성—을 갖고 있으며, 우리는 적어도 부분적으로는 그것을 이해할 수 있다.

창조주와 창조물의 구분은 과학 탐구에도 많은 함의가 있다. 첫째, 창조세계가 하나님께 중요하기 때문에 그것에 관한 연구는 성부께 찬양을 가져오는, 가치 있는 인간의 활동이다. 둘째, 창조된 질서의 우발적 합리성은 우리가 그 질서에 관해 배우기 위해 창조세계를 조사해야 함을 암시한다. 이것이 바로 과학자들이 밝혀내고 이해하기를 원하는 대상이다. 하지만 과학자들은 종종 이 질서와 그것의 이해 가능성 모두 하나님에게서 오는 좋은 선물임을 깨닫지 못한다. 셋째, 창조세계의 합리성은 그것에 대한 과학적 탐구에 중요한 동기부여를 제공한다. 우리는 창조세계의 구조와 기능의 많은 것을 파악할 수 있다. 사실 본서의 목적 중 일부는 당신으로 하여금 과학자들이 창조세계의 질서를 어떻게 파악하는지 이해하고 그 지식을 사용해서 하나님의 창조세계에 관해 한층 더 이해하도록 도와주는 것이다. 넷째, 삼위일체에 대한 모든 창조물의 의존성은 만물이 우리에게 하나님과 그분의 창조세계에 관해 가르쳐 줄 가능성이 있음을 암시한다. 이 점은 기독교 예배와 직접 연결되는 과학 연구에 또 다른 동

---

9   *Tov*는 텍스트의 문맥이 그렇게 명시하지 않는 한 일반적으로 도덕적으로 선함을 의미하지 않는다. 창 1:31에서 "매우 좋다"고 번역된 히브리어 **토브 메오드**(tov me'od)조차 도덕적 선함이나 심지어 모종의 완벽함이 아니라 가치 있음, 적합함, 또는 아름다움이라는 의미를 갖고 있다(예컨대 창 24:16; 민 14:7).

10   Robert Alter, *The Five Books of Moses: A Translation with Commentary* (New York: W. W. Norton, 2004), 22.

11   St. Athanasius, *On the Incarnation*, trans. Penelope Lawson (Crestwood, NY: St. Vladimir's Seminary Press, 1998).

기부여를 제공한다.

2.2.2. 창조세계는 기능의 완전성을 갖고 있다. 하나님이 창조세계에 부여한 기능의 완전성은 바로 우리의 코앞에 있으면서도 창조 교리의 잊힌 요소 중 하나다. 창조세계는 성부가 성자 안에서 성령을 통해 의도한 것을 성취할 수 있도록 그것 자체가 되고 그것의 구성 부분들을 만들 수 있는 인과관계상의 역량을 갖고 있다. 창조세계의 기능의 완전성은 창조세계가 그것 자체(즉 하나님이 아닌 어떤 것)가 되게 하려는 삼위일체의 목적에서 유래한다. 그것은 또한 신적으로 매개된 행동의 봉사적 형태와 밀접하게 관련된다(섹션 2.4.3을 보라). 창조세계에서 하나님의 활동 대다수는 창조세계의 속성과 과정을 통해 일어난다(예컨대 창 1장; 시 104편; 139:13). 실제로 몇몇 초기 기독교 사상가(예컨대 아우구스티누스)는 기능의 완전성 개념을 사용해서 창조세계가 신적 실재의 왜곡이나 희석이 아니라고 주장했다. 즉 창조세계는 하나님에게서 나온 모종의 축소되거나 희석된 유출물이 아니다. 대신에 창조세계는 질서와 일관성을 지닌, 독특하고 기능하는 창조물이다. 이것이 창조세계의 우발적 합리성의 일부다.

그러나 우리는 이 대목에서 조심해야 한다. 창조세계의 기능의 완전성이 매우 잘 작동하고 매우 일관성이 있다 보니 우리는 하나님이 창조세계에 관여한다는 것을 잊고 창조세계가 스스로 작동하는 것으로 생각하는 경향이 있다(앞서 언급된 양자택일 곤경을 기억하라). 창조세계의 기능의 완전성은 하나님으로부터 독립적이지 않다. 하나님이 그것을 유지하지 않는다면 기능의 완전성이 없을 것이고 창조세계도 없을 것이다. 앞으로 살펴보겠지만 성자가 만물을 유지하는 일에 관여하는데, 여기에는 창조세계의 기능의 완전성이 포함된다. 더욱이 이 기능의 완전성이 창조세계가 모종의 독립적인 창의성이 아니라 하나님의 창의성을 반영하여 자신의 다른 구성 부분들을 만들어낼 수 있게 해준다. 그것은 창조세계가 상호봉사하는 방식으로

매개된 신적 활동 형태다(섹션 2.4.3을 보라). 이것은 성령으로 인해 가능해진 창조세계의 상대적인 자유에서 나오는, 신의 부름에 대한 창조세계의 응답이다. 성경에서 창조세계 안의 창의성과 다양성이 언급되는 곳마다 성령이 결정적으로 관여한다(섹션 2.4.2를 보라). 상대적인 자유를 가진다는 것은 창조세계 안의 사물들이 신적 부름에 대해 단 하나의 필연적인 반응을 하는 것이 아니라 일련의 가능한 반응을 한다는 뜻이다. 따라서 우리가 창조세계에서 발견하는 다양성과 창의성은 진짜다. 마지막으로, 기능의 완전성은 창조, 구원, 성화에서 삼위일체의 목적에 이바지한다.

창조 교리의 이 요소는 과학적 조사에서 매우 중요하다. 자연의 발달과 관련된 규칙성에 관한 연구는 창조세계의 기능의 완전성에 비추어 볼 경우에만 이치에 맞는다. 이 개념은 다른 요인들과 더불어 과학 혁명과 과학적 방법론 발전에 중요한 역할을 했다.[12] 더욱이 기능의 완전성은 하나님의 성품이 표현된 것이다. 하나님은 변덕스러운 하나님이 아니라 질서의 하나님이다. 마지막으로, 하나님이 창조세계에 **특정한 종류**의 기능의 완전성—우발적 합리성—을 주었다는 것은 우리가 이 질서 있는 기능성의 특정한 성격을 발견하기 위해 그것을 조사해야 함을 암시한다. 성경은 임신을 하나님이 태에서 아이를 짜거나(시 139:13) 토기장이인 하나님이 아이들을 빚는(욥 10:8-9) 것으로 묘사하지만, 우리가 이 짜는 것이나 빚는 것이 어떻게 일어나는지를 이해하기 위해서는 생물학, 생리학 등에서 창조세계의 상대적 자유와 얽힌 창조세계의 기능의 완전성에 대한 자세한 과학적 조사가 필요하다.

2.2.3. 창조세계는 유한할 것으로 의도되었다. 창조 교리는 우리에게 하나님이 창조세계가 유한할 것을 의도한다고 가르친다. 이 점은 창조주와 창조세계 간의 구분 및 하

---

12 Bishop, "God and Methodological Naturalism."

나님이 창조세계가 신적 존재와는 구분되는, 자체의 존재가 되게 하려는 목적의 또 다른 함의다. 삼위일체는 무한한 존재이지만 창조세계는 유한한 존재다. 삼위일체는 스스로 존재하지만 자연은 의존적이다. 삼위일체는 전능하지만 창조세계는 능력이 유한하다. 자연은 삼위일체의 사랑 안에 시작이 있는 반면에 하나님은 시작이 없다.

우리는 성경 전체에서 창조세계가 유한하다는 것을 본다. 예컨대 창세기 1장은 자연이 신의 인도와 형성을 필요로 한다고 묘사한다. 창조세계의 유한성은 주기와 계절(시 104:19-23; 전 3장)에서만이 아니라 시편 104:2, "주께서 하늘을 휘장 같이 치시며"[13] 같은 강력한 구절에도 나타난다.

창조세계의 유한성은 나쁜 것이 아니다(인간들은 때때로 한계 개념에 분노하지만 말이다). 성부는 유한한 창조물(예컨대 이스라엘의 처음 세 왕)을 통해 목적을 달성하기를 원한다. 실로, 창세기 1장은 모든 창조물, 즉 유한한 사물들이 의도된 대로 기능하고 있다고 강력하게 인정한다. 가장 놀라운 일은 성육신인데, 이 사건에서 하나님은 그리스도 안에서 유한한 인간의 본성을 취해 유한성과 한계에 상상할 수 있는 최고의 가치를 부여했다.

자연이 유한한 존재라는 점은 과학 탐구에도 중요하다. 창조세계가 삼위일체의 무한한 존재를 지녔다면 그것의 속성과 과정이 유한한 우리의 마음에 이해될 수 없을 것이다. 자연을 조사하고 이해할 가능성이 없을 것이고 따라서 과학도 없을 것이다.

2.3. 창조세계에 나타난 하나님의 주권

모든 창조세계에 대한 하나님의 주권이 대다수 그리스도인에게 명백해 보이지만, 우리는 대체로 이 신적 속성이 창조 교리에서 수행하는 역할을 깨닫지 못한다. 마이클

포스터는 창조 교리 계시가 서구의 전통에서 정치적 및 기타 형태의 "주권 개념에 대한 이해를 형성한 원천"이라고 최초로 주장한 사람 중 한 명이다.[14] 성경은 고대 근동의 다른 모든 창조 신화 및 우주론과 달리 자연의 모든 것이 한 분 하나님께 굴복한다고 묘사한다. 삼위 하나님은 만물의 창조주이자 통치자다. 더욱이 성경은 일관성 있게 하나님이 만물을 통제한다고 묘사한다. "보라, 주 여호와께서 장차 강한 자로 임하실 것이요 친히 그의 팔로 다스리실 것이라"(사 40:10). "그가 하늘들을 천막 같이 펴신다."[15] 그리고 다음과 같은 구절도 있다.

우리 조상 이스라엘의 하나님 여호와여,
주는 영원부터 영원까지 송축을 받으시옵소서.
여호와여, 위대하심과 권능과 영광과 승리와 위엄이 다 주께 속하였사오니
천지에 있는 것이 다 주의 것이로소이다.
여호와여, 주권도 주께 속하였사오니
주는 높으사 만물의 머리이심이니이다.
부와 귀가 주께로 말미암고
또 주는 만물의 주재가 되사…(대상 29:10-12).

이 구절들은 구약성서에 전형적이며, 만물에 대한 하나님의 주권에는 예외가 없다. 초기 그리스도인들은 하나님의 주권을 드러내는 구절로 그런 구절들을 인용했다.[16] 창세기 1장에서 요한계시록 22장까지 하나님은 만물의 왕이

---

13 Robert Alter, *The Book of Psalms: A Translation with Commentary* (New York: W. W. Norton, 2007), 362.

14 Michael B. Foster, *The Political Philosophy of Plato and Hegel* (Oxford: Clarendon, 1935), 180-204.

15 Alter, *Book of Psalms*, 362.

16 Peter Bouteneff, *Beginnings: Ancient Christian Readings of the Biblical Creation Narratives* (Grand Rapids: Baker Academic, 2008), 13-14. 하나님의 창조 행위의 수단과 시기에 관한 현재 우리의 관심에 비추어 볼 때, 창 1장에 등장하는 창조의 "날들"을 언급하는 다른 구절은 출 20:11과 31:17뿐이라는 점이 우리에게는 이상하게 보일 수도 있다. 흥미롭게도 창조의 "날들"이 신 5:12-15에서는 반복되지 않는다. 구약성서 저자들과 청중에게 어떻게 창조되었는지는 하나님의 주권만큼 중요한 사항이 아니다.

자 통치자다.

하나님의 주권이 과학에 미치는 중요한 함의 중 하나는 하나님이 모든 자연 과정을 다스린다는 것이다. 따라서 과학자가 과정들에 관해 말하는 것은 그저 성자를 통해 유지되고 그의 주권에 굴복하는 무언가를 묘사할 뿐이다.

창조세계에 대한 하나님의 주권이 모종의 필요성 아래서 작동하는 결정론적인 기계와 같음을 암시하지 않는다는 점을 우리가 인식할 필요가 있다. 우리는 하나님의 자발적인 사랑이 창조의 토대임을 명심할 필요가 있다(아래의 논의를 보라). 부모들은 자녀들에게 자발적인 사랑을 실천해서 자녀들에게 상대적인 자유를 주어 그들이 발전하고 성장하게 한다. 마찬가지로 하나님은 자유롭게 하는 사랑의 동기에서 창조세계에 상대적인 자유를 주어 그것이 성자 안에서 부름을 받고 성령 안에서 능력을 부여받은 바대로 발전하고 성장할 수 있게 한다. 자연에 대한 하나님의 언약적 충실성이 창조세계의 상대적 자유를 가능한 선물이 되게 만든다. 나아가 하나님이 창조세계에 주는 상대적 자유는 인간의 자유를 가능하게 만드는 조건 중 하나다.[17]

인간이 성장하고 발전할 때 자유 안에서 넘어지고 분투하듯이, 발전에 있어 창조세계의 자유의 특징은 창조세계의 불완전성이다. 하나님이 불완전한 창조세계가 유한하고 창조된 존재로서 아들 안에서 부름을 받은 존재가 되도록 그것에게 부여한 상대적 자유 때문에 하나님의 선한 우주에서 질병, 지진, 고통, 그리고 죽음이 출현한다. 삼위일체 하나님이 자연에게 생물을 낼 자유를 줄 때(창 1:11, 20, 24), 창조세계는 아직 불완전하며 자신을 만드는 데 참여함을 통해서 및 성령을 통해서 완성된다. 실로 창세기 1장을 완성된 일에 관한 설명으로 읽으면 창조의 종말론적 요점, 즉 창조세계는 "처음부터" 모종의 지점으로 가고 있다는 점을 놓치게 된다.

창세기 1장을 완료된 창조로 읽으면 창조세계에 나타난 삼위일체의 행동의 매개된 성격(섹션 2.4를 보라)과 성경 전체에 걸쳐 있는 창조, 구원, 성화 사이의 풍부한 병행(섹션 2.5.3을 보라) 역시 놓치게 된다. 이 종말론적 요점은 처음부터 무로부터의 창조에 암시되어 존재한다(섹션 2.5.2를 보라). 즉 창조세계가 성령의 완전하게 함을 통해 성자 안에서 부름을 받은 존재가 되게 하려는 성부의 목적은 자연이 자신이 되어 가는 데 참여할 수 있음을 의미한다(섹션 2.4.3을 보라). 거대한 수소 가스 구름들이 은하들이 되는 데 참여한다(섹션 9.1을 보라). 가스, 먼지, 얼음, 그리고 기타 물질들이 태양계의 형성에 참여한다(본서의 11장을 보라). 식물, 동물, 곤충들 모두 그것들이 만들어지는 데 참여한다(본서의 5부를 보라). 하나님이 창조세계에 자신이 되어가는 데 참여하도록 은혜롭게 부여한 이 상대적 자유로 말미암아 불완전한 창조세계에서 질병, 지진, 고통, 그리고 죽음이 출현한다.[18]

하지만 이 중 어느 것도 창조세계에 나타난 하나님의 주권이나 섭리적 사역 밖에서 일어나지 않는다. 때때로 그리스도인들은 하나님의 창조 행동과 섭리를 너무 엄격하게 범주화해서 하나님의 사역에 나타난 창조세계의 참여를 가렸다. 창조세계의 지속적인 완성에서 우리는 신적 창조 행위와 섭리가 삼위일체 창조주의 애정이 깃든 주권 아래 뒤얽힌 것을 본다. 장 칼뱅이 경고했듯이 "하나님을

---

17 Colin Gunton, The Promise of Trinitarian Theology, 2nd ed. (London: T&T Clark, 1997), 137-57을 보라.

18 타락이 우리가 잘 이해하지 못하는 방식으로 창조세계에 영향을 주지만, 악이 창조세계에 침입해서 성자 안에서의 창조세계의 우발적 질서와 완성을 교란한 것처럼 보인다. 어떤 의미에서는 성자의 구속 사역이 없이는 질병, 지진, 고통과 죽음이 무질서에 참여해서 창조세계의 불완전성이 새 창조 안에 있는 생명과는 반대 방향으로 향하도록 영향을 받았다. 예컨대 암에서는 종양 세포들이 숙주 세포뿐만 아니라 다른 종양 세포들과 협력해서 숙주 내의 변하는 환경에 적응해서 암 생태계의 생존을 확보한다. 창조세계의 봉사적 성격과 그것의 기능의 완전성이 생명보다는 파괴와 죽음으로 이끄는 결말을 가져오도록 선택했다.

단번에 그의 일을 끝낸 순간적인 창조주로 보는 것은 차 갑고 메마른 해석일 것이다." 그는 계속해서 다음과 같이 주장한다. "그분을 창조주이자 보존자로 알아야 한다.… 그분은 자신이 만드신 만물을, 심지어 작은 참새까지도, 유지하시고, 자양분을 주시고, 돌보신다."[19] 성자는 만물 의 계속적인 창조자, 구속자, 통치자 그리고 유지자다("심 화 학습: 창조세계의 창조자, 통치자, 유지자 그리고 구속자로서 그 리스도"를 보라). 운명에 관한 칼뱅의 논의에서 이 뒤얽힘이 계속되는데, 그는 그 대목에서 꽃들과 열매들의 계속적인 생산에 나타난 태양의 봉사적 성격과 자연 과정에 대한 하나님의 관여를 묘사한다.[20] 이 과정들은 하나님이 그것 을 통해 창조세계에 봉사해서(섹션 2.4.3을 보라), 창조세계 가 성자를 통해 유지되고 성령을 통해 에너지를 제공받는 창조세계의 계속적인 완성에 자유롭게 참여할 진정한 실 재와 힘을 부여받게 되는 수단이다.[21]

2.3.1. 무로부터의 창조.

창조세계가 **무로부터** 만들어졌 다—자연을 만든 어떤 원재료도 없다—는 것은 삼위일체 가 공간, 시간, 법칙, 물질 등을 창조했다는 것을 의미한 다. 초기의 목사-신학자들은 그리스 자연철학이 영원한 우주를 강조하는 데 맞서 싸우는 과정에서 창조주와 창조 물 사이의 구분 및 요한복음 1:1-3, 고린도전서 8:6, 골로 새서 1:16, 히브리서 11:3, 그리고 요한계시록 4:11 같은 다양한 구절에서 창조가 무에서 비롯되었음을 추론했다. 우리가 당연하게 여기는 창조 교리의 이 요소는 도달하기 가 쉽지 않았다. 그것은 아타나시오스(296년경-373년)가 말한 바와 같이 그리스도인들로 하여금 그들의 교육과 세 상에 깊이 스며든 그리스 철학의 개념에서 나온 그릇된

개념과 다르게 생각할 것을 요구했다.

무로부터의 창조의 신학적 중요성은 아무리 강조해 도 지나침이 없다. 우선, 그것은 하나님의 주권의 직접적 인 표현이다. 자연 안에 있는 모든 것이 하나님에 의해 만 들어졌고 자기의 창조주께 종속한다.[22] 더욱이 삼위 하나 님은 다른 어느 것에도 의존하지 않는 비의존적 존재인 데, 이 점은 의존적 존재인 고대 근동의 신들과 대조된다.

무로부터의 창조의 또 다른 중요한 함의는 목적이 없 는 창조물은 있을 수 없다는 것이다. 창조는 하나님 편에 서 볼 때 우연이 아니었다. 자연을 향한 신적 의도 중 하 나는 성부가 그것을 성자 안에서 예정한 존재가 되는 것 이다. 또한 창조세계는 단순히 신적 의지와 힘의 산물만 이 아니다. 근본적으로 자연은 하나님의 사랑의 발로다. 신적 사랑은 (성자를 통해) 만물을 창조하고 유지하는 데 서 및 (성령을 통해) 창조세계가 완벽해지도록 능력을 부여 하는 데서 나타난 삼위일체의 성실성에 표현된다. 자연을 향한 하나님의 사랑은 삼위일체 하나님의 존재와 신적 사 랑의 언약적 성격(예컨대 렘 33:25)에 기초한다. 따라서 창 조세계는 일시적이거나 하나님께 하찮은 존재가 아니다 (33장을 보라).

하나님의 삼위일체적 사랑이 창조의 토대이며 삼위 일체의 사랑의 친교는 자발적인 사랑이기에 창조는 성부, 성자, 성령의 자유로운 행동이다. 이 점은 창조주와 창조 물 사이의 구분과 연결된다. 즉 창조세계는 의존적이면서 도 독특한 본질을 갖고 있다. 삼위일체의 사랑의 친교 외 에는 창조세계보다 먼저 존재하는 것이 없었기 때문에 하 나님의 자발적인 사랑의 결과 창조세계는 절대적으로 자 유로운 선물로서 우발적 합리성을 갖는다.[23]

---

19 John Calvin, *Institutes of the Christian Religion*, ed. John T. McNeill, trans. F. L. Battles (Philadelphia: Westminster, 1970), 197-98(『기독 교 강요 세트』, 생명의 말씀사 역간).

20 Calvin, 198-99, 205-7.

21 Calvin, 221-22.

22 이는 물질적 실재와 영적 실재 모두를 포함한다. 우리가 전자에 초점 을 맞추기는 하지만, 후자(예컨대 천사들) 역시 삼위일체 창조주께 의 존한다.

23 이 점이 창조세계가 타락에 참여했다는 것이 무엇을 의미하는지에 관 해 어느 정도 빛을 비춰줄 수 있다. 삼위일체의 사랑의 친교에서 성부, 성자, 성령은 서로에게 자신을 완전히 그리고 자발적으로 내준다. 이

마지막으로, 무로부터 만들어진 창조물은 특히 취약하다. 창조세계는 의존적이고 유한한데, 이는 그것이 스스로 존재를 유지할 수 없음을 의미한다. 창조세계는 하나님의 끊임없는 보존적 돌봄이 필요하며, 그 돌봄이 없다면 그것은 존재하지 않는 상태로 돌아갈 것이다. 이 대목에서 무로부터의 하나님의 창조와 창조세계의 존재와 질서를 유지하는 일반 섭리가 명확하게 연결된다.[24]

2.4. 창조세계에서 하나님의 행동은 매개된다.

이 점은 아마도 창조 교리 중 가장 미묘하고 정교한 요소이자 현대 그리스도인들에게 가장 모호한 요소일 것이다. 하지만 이 점은 창조세계에 대한 하나님의 관계와 창조세계에서 나타나는 하나님의 행동을 이해하는 데 매우 중요하다. 자연에서 하나님의 행동이 중재된다는 것은 창조세계에서 신적 행동은 다른 무언가를 통해 형성되거나 일어남을 의미하기 때문이다. 창조세계에서 하나님의 활동이 매개된다는 것이 힘이나 능력의 결핍을 암시하지 않는다. 오히려 이 점은 우리가 성경에서 발견하는 신적 행동의 **의도적인 패턴**이며 창조세계를 향한 삼위일체의 사랑에 대한 실제적인 표현이다. 신학자들은 성경에서 신적 명령, 성자와 성령의 관여, 그리고 창조세계 자체의 봉사라는 세 가지 형태의 매개된 신적 행동을 적시한다.[25]

것이 하나님의 생명인데, 창조세계가 하나님께 자신을 완전히 그리고 자유롭게 내어주므로 그것은 삼위일체 안의 생명을 추구한다. 창조세계가 하나님께 자신을 완전히 내어주는 데서 떨어지는 한 그것은 성부, 성자, 성령의 친교 안에서 발견되는 생명의 반대인 죽음의 길을 추구한다.

24 고대 이스라엘인들은 창 1-2장을 창조주로서 하나님의 존재를 증명하거나 하나님이 어떻게 창조했는지에 관한 질문에 대답하는 것으로 이해하지 않았음을 우리가 이해할 필요가 있다. 그들은 이미 창조주로서 하나님의 존재를 전제했고 하나님이 창조한 수단에 관한 문제에 관심이 없었다. Claus Westermann, *Creation*, trans. John J. Scullion (Philadelphia: Fortress, 1976), 5장을 보라. 따라서 이스라엘인들은 창 1-2장과 다른 고대 근동의 창조 기사들 사이의 대조를 그들의 신앙을 위한 변증 형태로 보지 않고 하나님이 어떤 분이시고, 그들과 하나님 사이의 관계와 하나님의 백성으로서 그들의 정체성은 무엇인지에 관한 **선포**로 보았다.

25 예컨대 Gunton, *Triune Creator*를 보라.

2.4.1. 신적 명령. 우리가 창세기 1장에서 하나님이 명령을 발하고 창조세계가 이 신적 명령에 반응하는 것을 발견하듯이, 이 형태의 하나님의 매개된 행동은 우리에게 다소 낯익은 요소다. 창세기 1장과 다른 곳에서 신적 명령 또는 말씀을 발하는 것은 창조세계가 그리스도 안에서 예정된 대로 형성되도록 계획, 질서, 목적이 작동하는 것을 가리킨다. 창조세계는 전 세계의 많은 종교의 창조 기사가 설명하는 것처럼 신에게서 발산된 것이 아니다. 그것은 고전 그리스 시대의 이오니아학파나 피타고라스학파 자연 철학자들이 믿었듯이 추상적인 합리적 원칙이나 우주적 원칙을 통해 질서가 잡힌 것도 아니다. 대신에 창조세계는 삼위일체 하나님의 사랑의 의도와 목적을 통해 존재한다. 신적 명령이 수단이 되어 그것을 통해 창조세계에서 신적 사랑, 능력, 그리고 지혜가 작동하는 방식으로 말이다.

2.4.2. 하나님의 "두 손". 창조에 관한 그리스도인의 사고에서 종종 잊히기는 하지만, 창조의 매개에 언제나 성자와 성령이 관여한다. 이레나이우스(125년경-202년)는 성자와 성령을 하나님의 "두 손"으로 부른 것으로 유명하다. 이 이미지는 아주 적절하다. "우리의 손은 행동하는 우리 자신이다. 따라서 우리가 그림을 그리거나 다른 사람에게 우정의 손을 내밀 때 그 행동을 하는 존재는 우리 자신이다. 이 이미지에 따르면 성자와 성령은 행동하는 하나님이며 그분이 세상에서 존재하고 행동하는 방식이다."[26]

---

26 Colin Gunton, *Father, Son and Holy Spirit: Toward a Fully Trinitarian Theology* (London: Continuum, 2003), 10. 이레나이우스에 따르면 인간은 "하나님의 형상을 따라 지어졌고 그의 손, 즉 성자와 성령을 통해 만들어졌다. 하나님은 성자와 성령에게 '우리가 사람을 만들자'고 말했다"(*Against Heresies*, trans. Dominic J. Unger and John J. Dillon [New York: Paulist, 2012], 4 [서문, 섹션 4]; 섹션 5.6.1과 5.28.4도 보라). 아퀴나스도 자신의 방식으로 삼위일체의 각 위격이 창조세계를 만들 때 그들 각각의 독특한 인과관계에 따라 독특하게 행동한다는 것을 강조한다(*Summa Theologica* [Notre Dame, IN: Christian Classics, 1948], 1.45, 65-66). 이레나이우스와 달리 아퀴나스는 각각의 위격이 창조 행위에서 관여하는 독특한 방식에 관해 많이 말하기를 좀 더

동시에 이레나이우스의 이미지에는 성자와 성령이 성부에게 종속한다거나 성부에 비해 열등하다는 암시가 없다. 오히려 손이라는 이미지는 언제나 창조에 완전히 관여하는 삼위일체의 세 위격들의 독특한 역할들을 강조하고자 한다.[27] 그리스도인들은 수 세기 동안 성자와 성령이 창조에 어떻게 관여하는지를 명확하게 이해하기 위해 애썼고, 종종 창조에서 일어나는 모든 것의 다른 매개자들(예컨대 플라톤의 형상, 인과율, 창조된 물질, 또는 좀 더 최근에는 자연법칙)을 모색했다. 그러나 성경은 성자와 성령을 창조의 주된 매개자로 묘사한다.

우리는 성자가 창조에 다양한 방식으로 관여하는 것을 본다. "만물이 그에게서 창조되되 하늘과 땅에서 보이는 것들과 보이지 않는 것들과 혹은 왕권들이나 주권들이나 통치자들이나 권세들이나 **만물**이 다 그로 말미암고 그를 위하여 창조되었고, 또한 그가 **만물**보다 먼저 계시고 **만물**이 그 안에 함께 섰느니라"(골 1:16-17, 강조는 덧붙인 것임). "태초에 말씀이 계시니라. 이 말씀이 하나님과 함께 계셨으니 이 말씀은 곧 하나님이시니라. 그가 태초에 하나님과 함께 계셨고 **만물**이 그로 말미암아 지은 바 되었으니 **지은 것이 하나도 그가 없이는 된 것이 없느니라**"(요 1:1-3). 이 구절들 및 다른 구절들에서 우리는 성자가 창조 세계의 발생, 유지, 통치 및 구속에 관여함을 알 수 있다.

옛적에 선지자들을 통하여 여러 부분과 여러 모양으로 우리 조상들에게 말씀하신 하나님이 이 모든 날 마지막에는 아들을 통하여 우리에게 말씀하셨으니 이 아들을 **만유의 상속자**로 세우시고 또 그로 말미암아 **모든 세계[우주]를 지으셨느니라**. 이는 하나님의 영광의 광채시요 그 본체의 형상이시라. 그의 능력의 말씀으로 **만물**을 붙드시며 죄를 정결하게 하는 일을 하시고 높은 곳에 계신 지극히 크신 이의 우편에 앉으셨느니라(히 1:1-3).

마찬가지로 성령도 창조에 관여한다. "태초에 하나님이 천지를 창조하시니라.…하나님의 영은 수면 위에 운행하시니라"(창 1:1-2).[28] "주의 영을 보내어 그들을 창조하사 지면을 새롭게 하시나이다"(시 104:30).[29] 이 구절들에서 "영"(영어 원서에서는 "숨, 호흡")으로 번역된 히브리어 **루아흐**(*ruah*)는 "숨", "바람" 또는 "영"을 의미할 수 있다. 고대 이스라엘인들은 이 점을 이해하지 못했겠지만, 신약성서 저자들은 그런 텍스트들에서 추가적인 의미를 이해했다. 이런 해석들은 성령의 사역에 대한 참조 구절을 추가한다(이는 성경이 성경을 해석한다는 잘 알려진 원칙의 예다). 성경에 따르면 생명, 갱신, 창의성, 다양성이 있는 곳마다 언제나 성령이 관여한다(예컨대 시편들; 겔 47:1-12; 벧전 3:18). 예수가 언급한 바와 같이 "생명을 주는 존재는 성령이다"(요 6:63, 개역개정을 사용하지 아니함). 니케아 신조는 이 점을 다음과 같이 잘 포착한다. "우리는 성령을 믿는다. 그분은 주님이시고 생명을 주는 분으로서 성부와 성자에게서 나오신다."

성령은 특수화하는 생명의 수여자인데, 이는 삼위일체의 세 번째 위격이 모든 창조물에게 그것에 독특한 생명을 준다는 뜻이다. 더욱이 성령은 자연의 만물에 활기를 주어서 그것들이 성자에게 반응할 수 있게 해준다. 이 의미에서 성령은 모든 창조물—공간, 시간, 법칙, 물질, 에너지, 영, 모든 특수한 것—에게 생명을 주고 창조된 모

꺼리는 것으로 보인다. 그러나 Bruce D. Marshal, "Putting Shadows to Flight: The Trinity, Faith, and Reason," in *Reason and the Reasons of Faith*, ed. Paul J. Griffiths and Reinhard Hütter (New York: T&T Clark, 2005), 55-60을 보라.

27 너무 문자적으로 해석하면 손이라는 이미지는 성자와 성령의 기능을 폄하할 수도 있다. 이레나이우스는 그런 문자적 해석을 의도하지 않았다. 마찬가지로 우리도 그 이미지를 너무 문자적으로 취하지 않도록 조심해야 한다. 매개된 행동에 대한 훌륭한 설명은 언제나 수단들의 기능을 강조하고 각각의 수단에 독특한 형태의 기능이 있음을 인정한다. 이것이 창조에서 성부, 성자, 성령의 관여에 관해 이레나이우스가 소통하려고 의도한 내용이다.

28 Alter, *Five Books of Moses*, 17.
29 Alter, *Book of Psalms*, 367.

든 것들이 그리스도 안에서 성부의 목적을 성취할 수 있게 해준다.[30] 이것은 창조세계를 완벽하게 하는 성령의 사역에 대한 표현이다(섹션 2.5.2를 보라). 예수의 세례와 시험에서 우리는 성령이 그리스도의 삶을 어느 특정한 방향, 즉 완벽을 향하도록 힘을 주고 에너지를 불어넣는 것을 볼 수 있다. 실로 우리는 예수가 성령을 통해 아버지께 완벽하게 드려졌다는 것을 안다(히 5:9). 마찬가지로 성령은 궁극적으로 아들 안에서 아버지께 완전하게 드려지도록 우리의 삶과 창조세계의 모든 것 안에서 역사한다(롬 8:21; 골 1:19-20).

이 대목에서 요점은 구약성서와 신약성서의 인간 저자들이 창조에 대한 삼위일체의 관여를 의식적으로 신학화했다는 것이 아니다. 오히려 성경 전체, 삼위일체에 대한 우리의 이해, 그리고 삼위 하나님이 성경의 궁극적인 저자라는 우리의 믿음에 비추어 특정한 성경 텍스트를 읽을 때 우리는 성부, 성자, 성령이 창조세계에서 독특한 방식으로 협력하여 일한다는 것을 알 수 있다. 예를 들어 시편 33편의 저자는 성자와 성령을 염두에 두지 않았지만, 계시의 점진적인 성격과 삼위일체 교리에 비추어 볼 때 시편 33:6에서 창조 때 삼위일체의 모든 위격이 관여했다고 보는 것이 불합리하지 않다. "여호와의 말씀으로 하늘이 지음이 되었으며 그 만상을 그의 입 기운(ruah)으로 이루었도다."[31]

이와 관련해서 성육신은 성자가 자연과 어떻게 자유롭게 관련을 맺는지에 관한 중요한 통찰을 제공한다. 우주는 성자를 통해 자유롭게 창조되었으며, 성육신에서 우리는 우주 안에서 그리고 우주와의 자유롭고, 사랑하고, 인격적인 상호작용을 본다. 그리고 성부는 자발적으로 성

자를 세상에 보냈고, 예수는 자기에게 성부의 뜻을 행하도록 에너지를 부여하고 그 일을 할 수 있게 하는 성령에게 자발적으로 그리고 완전히 의존했다. 그리스도가 성령을 통해 세상에서 행동하는 데는 중세의 많은 철학자들과 신학자들이 상정했던 많은 매개물(예컨대 플라톤의 형상들이나 숨겨진 본질)이 필요치 않았다. 예수는 성령을 통해 세상의 물질을 통해 물질적 실재에서 행동할 수 있었다(예컨대 물을 포도주로 바꾸고 병자들을 치유했다). 그리고 영지주의 가르침과 달리 예수의 육체적 본성은 진정한 것이었고 그는 그 육체를 가지고 성령의 능력 주심을 통해 세상에서 행동했다(예컨대 요리하고, 먹고, 아이를 안아주었다). 성육신에는 많은 신비가 있지만 우리는 예수가 에너지를 부여하고 능력을 주는 성령의 사역으로 말미암아 완전히 그리고 참으로 인간이었다고 자신 있게 말할 수 있다.

마찬가지로 성육신은 모든 창조물의 진정성과 상대적 자유에 대한 예를 제공한다. 창조세계는 그리스도 안에서 그런 존재가 되라고 부름을 받은 존재가 될 능력을 부여받는데, 그것은 논리적 함의로서 인과관계를 통한 것이 아니다. 오히려 그것은 자유롭고, 예측할 수 없고, 효과적인 능력부여다("바람은 자기 마음대로 분다", 요 3:8). 그리고 성령이 예수의 시신을 부활한 몸으로 변화시킨 데서 우리는 성령이 자연을 성자 안에서 되도록 부름을 받은 존재로 변화시키고 완벽하게 하는 데 관여한다는 것을 알게 된다. 콜린 건턴은 이렇게 말한다.

창조주와 창조물 사이의 관계에 대한 삼위일체적 해석을 강조하는 요점은 그것이 우리로 하여금 하나님과 창조된 질서 사이의 간극을 메움이 없이 세상을 향한 과거의 창조적인 신적 작용과 계속적인 신적 작용 모두를 이해할 수 있게 한다는 것이다. 즉 창조 교리는 타자를 그것의 독특한 실재로 확립하는 것과 관련이 있다. 그 실재는 신의 자기 소통이 아니라 신이 세상을 타자로 만드는 것이다. 그것이…인격적이고, 의지를 가지고, 의도적이고, 일관성이 있

---

30 예컨대 칼뱅은 "…만물을 유지하고, 만물을 성장하게 하고, 천지 만물을 소생시키고…만물에게 자신의 에너지를 불어 넣고 만물에 본질과 생명과 그리고 운동을 주입하는 성령"에 관해 말한다(*Institutes of the Christian Religion*, 138).

31 Calvin, 114.

고 사랑하는 기능의 함의를 지니도록 말이다.[32]

이레나이우스의 하나님의 두 손 이미지는 우리로 하여금 창조 및 창조세계에 나타난 하나님의 활동을 완전히 삼위일체적이고 기독론적으로 이해하게 한다.[33]

마지막으로, 우리가 창조세계가 성자 안에서 되도록 부름을 받은 존재가 되게끔 능력을 주고 에너지를 부여하는 성령의 역할을 진지하게 받아들이면, 우리는 빅뱅 우주론에서 작동한 과정들이나 종의 진화가 자연을 그것의 정해진 운명을 향해 점진적으로 움직이게 만드는 요소라고 생각하는 함정을 피할 수 있다. 우리가 실제로는 은하 형성이나 생명의 다양화에서 진화상의 특정한 전개가 하나님이 그것에 대해 정한 방향으로 움직이고 있다고 말하지 못한다. 모든 창조물은 우리와 마찬가지로 자신의 수단과 자신의 힘으로는 하나님이 그것을 향해 의도한 바를 이루지 못한다. 즉 목적은 하나님이 자연에 부과하는 것이지 그것 안에 자율적으로 내재하는 것이 아니다. 창조세계가 성자 안에서 부름을 받은 존재가 되기 위해서는 성령이 능력을 줄 필요가 있다.

2.4.3. 봉사적 행동. 자연에서 매개된 신적 행동의 세 번째이자 가장 미묘한 형태는 성경 전체에서 나타나지만, 그것은 통상적이고 일상적이어서 보통 사람의 눈에는 잘 보이지 않는다. 창조세계의 다양한 부분 또는 특성들은 창조세계의 다른 부분 또는 특성에 대한 매개자 또는 봉사자 역할을 하도록 부름을 받고 그럴 능력을 받는다. 자연은 이런 식으로 성부가 그것에게 성령의 능력 주심에 따라 성자 안에서 어떠한 존재가 되라고 부르는 바로 그 존재가 되는 데 참여한다. 예컨대 창세기 1장에서 하나님이 "땅은 풀과…나무를 내라", "물들은…번성하게 하라", "땅은 생물을… 내라"고 말했다(창 1:11, 20, 24).[34] 땅과 물들은 단지 생명을 재생산한 것이 아니라 생명을 내었다. 즉 생명을 **발생시켰다.** 창조세계는 다양한 생물들을 내고, 수와 다양성 양면에서 증식하도록 부름을 받았다. 창세기 1장은 우리가 삼위일체 창조주가 수단들을 사용해서 땅 위의 생물들을 형성했음을 이해하도록 도움을 준다(창 2:19과 비교하라). 마찬가지로 성령은 창조세계가 생명을 내고 다양화하며 생물들을 낼 수 있도록 에너지를 주고 능력을 부여한다.[35] 우리는 성부가 어떻게 우리를 부르고 우리로 하여금 성령을 통해 다른 사람을 섬길 수 있게 하는지 잘 알고 있다. 마찬가지로 성부는 창조세계를 부르고 그것이 성령을 통해 스스로를 섬길 수 있게 한다. 이 점이 창조 교리 중 가장 소홀히 취급되고 가장 덜 이해된 요소 중 하나이기 때문에 우리는 이 점을 충분히 전개하고 보여줄 것이다.

위대한 창조 시편인 시편 104편은 창조세계가 신적 부름, 인도와 능력의 부여하에 창조세계를 섬기는 예로 가득 차 있다.

> 구름으로 자기 수레를 삼으시고 바람 날개로 다니시며
> 바람을 자기 사신으로 삼으시고 불꽃으로 자기 사역자를 삼으시며…
> 여호와께서 샘을 골짜기에서 솟아나게 하시고 산 사이에

---

32 Colin Gunton, "The End of Causality? The Reformers and Their Predecessors," in *The Doctrine of Creation*, ed. Colin Gunton (Edinburgh: T&T Clark, 1997), 81-82.

33 비록 견고한 삼위일체 교리가 종종 **경륜적 삼위일**체―예컨대 성부가 성자를 보낸 것처럼, 성경이 특정한 행동들을 삼위일체의 구별되는 위격에 돌리는 것―에 의존하지만 이는 제1위 우위설이나 다른 형태의 삼위일체의 세 위격 사이의 존재의 독특성 또는 열등성을 암시하지 않는다. 그리고 삼위일체의 어떤 위격도 다른 위격들과 독립적이거나 자율적으로 행동하지 않는다. 어떤 신적 행동에서든 하나님은 언제나 모든 위격이 참여하며, 이런 행동들은 언제나 사랑과 목적의 의견일치 가운데 수행된다.

34 Alter, *Five Books of Moses*, 18.

35 이 점은 생명의 기원 논의(4부)에 대한 함의가 있다. 과학자들이 궁극적으로 자연 과정들이 최초로 자기를 복제하는 분자들과 최초의 생명 형태들의 기원으로 이어졌다고 판단할 수 있다고 할지라도, 우리가 여전히 성자가 이 수단들을 사용해서 생명을 창조했고 성령이 이 최초의 형태들에 생명을 주었다고 말해도 무방하다(섹션 23.2.5를 보라).

성육신은 우리에게 성령이 어떻게 만물에게 에너지를 주고 능력을 부여해서 그것들이 부름을 받은 존재가 되게 하는지에 관한 통찰을 준다. 성령은 육신에 예수를 잉태시켰고 예수의 몸의 성장에 에너지를 주고 그 몸이 마리아의 태에서 만들어지도록 능력을 주었다. 예수는 겸손하고 순종적인 삶을 살도록 이끄는 성령의 힘에 자발적으로 그리고 완벽하게 의존했기 때문에 성부께 순종하는 완벽한 삶을 살았다. 그리고 예수는 자발적으로 성부가 그에게 행하라고 하는 것만 하고 말하라고 하는 것만 말했다. 이것은 예수로 하여금 완전히 그리고 전심으로 성부를 따를 수 있게 해준 성령을 통해 이루어졌다. 예수의 모든 기적은 성령의 힘을 통해 일어났다. 예수는 성령을 통해 성부에 의해서 부활했다. 요컨대 예수는 성령을 통해 지탱되고, 성령을 통해 완벽해지고, 성령을 통해 성부의 목적을 실현하고, 성령을 통해 살고 죽고 다시 살아났다.

유사한 방식으로—쿼크에서 유기체, 그리고 은하들에 이르기까지—창조된 만물은 성자 안에서 어떠한 존재가 되라고 부름을 받은 바로 그 존재가 되고 성부의 목적을 성취할 수 있도록 성령을 통해 에너지와 능력을 부여받는다. 성령은 창조물이 완전하게 그것의 본성을 발휘하고, 완전하게 부름을 받은 바로 그 존재가 되게끔 작용한다. 그리고 성령의 이 관계는 궁극적으로 언약적 사랑에 토대를 두고 있으므로, 이것은 창조된 만물에게 상대적인 자유가 주어진, 능력을 부여하는 관계. 물론 인간의 죄성—성령의 인도와 반대로 가고 우리 자신의 힘으로만 행동하려는 경향—은 십자가와 성령의 완전케 하심을 통해 다뤄지는 실재다. 따라서 인간은 우리의 죄악된 본성이 완전히 그리고 최종적으로 제거되는 특정한 형태의 완벽을 필요로 한다. 쿼크들과 은하들은 죄악된 본성을 갖고 있지 않지만—예수의 부활한 몸을 통해 보여지듯이—그리스도 안에서 새로운 창조물이 되기 위하여 다른 형태의 완벽함을 필요로 한다.

흐르게 하사
각종 들짐승에게 마시게 하시니 들나귀들도 해갈하며
공중의 새들도 그 가에서 깃들이며 나뭇가지 사이에서 지저귀는도다.
그가 그의 누각에서부터 산에 물을 부어 주시니 주께서 하시는 일의 결실이 땅을 만족시켜 주는도다.
그가 가축을 위한 풀과 사람을 위한 채소를 자라게 하시며 땅에서 먹을 것이 나게 하셔서
사람의 마음을 기쁘게 하는 포도주와 사람의 얼굴을 윤택하게 하는 기름과 사람의 마음을 힘있게 하는 양식을 주셨도다.
여호와의 나무에는 물이 흡족함이여, 곧 그가 심으신 레바논 백향목들이로다.
새들이 그 속에 깃들임이여, 학은 잣나무로 집을 삼는도다.
높은 산들은 산양을 위함이여, 바위는 너구리의 피난처로다.
여호와께서 달로 절기를 정하심이여, 해는 그 지는 때를 알도다.
주께서 흑암을 지어 밤이 되게 하시니 삼림의 모든 짐승이 기어나오나이다.
젊은 사자들은 그들의 먹이를 쫓아 부르짖으며 그들의 먹이를 하나님께 구하다가…
이것들은 다 주께서 때를 따라 먹을 것을 주시기를 바라나이다.
주께서 주신즉 그들이 받으며 주께서 손을 펴신즉 그들이 좋은 것으로 만족하다가
주께서 낮을 숨기신즉 그들이 떨고 주께서 그들의 호흡을 거두신즉 그들은 죽어 먼지로 돌아가나이다.
주의 영을 보내어 그들을 창조하사 지면을 새롭게 하시나이다.[36]

여기서 우리는 나무들과 산의 바위들이 동물들을 위한 은신처를 제공하고, 물과 풀들이 식물들과 동물들을 위한

36 시 104:3-4, 10-21, 27-30, in Alter, *Book of Psalms*, 363-67.

영양과 음식을 제공하며, 낮과 밤 및 계절의 순환이 식물과 동물들의 생계를 떠받치고, 사자들은 사냥을 통해 하나님으로부터 자신의 음식을 구하는 것 등을 볼 수 있다(욥기의 다음 구절들과 비교하라. 38:25-27, 39-41; 39:5-8, 27-30; 40:15-23). 또는 다음과 같은 예수의 진술을 보라. "공중의 새를 보라. 심지도 않고 거두지도 않고 창고에 모아들이지도 아니하되 너희 하늘 아버지께서 기르시나니…"(마 6:26). 새들은 다양한 종에 따라 씨앗, 식물, 곤충, 벌레, 설치류 등 다양한 음식을 먹는다. 종에 따라 음식을 찾는 전략이 다르지만, 예수는 이들의 먹이를 찾는 행동을 모두 성부가 새들에게 음식을 제공하는 것으로 묘사한다. 즉 성부가 창조세계에서 활동함으로써 창조세계는 새들의 사냥과 시체를 먹는 것을 통해 새들에게 필요한 음식을 공급한다. 시편 저자와 예수는 모든 창조물에게 음식을 공급하는 데 대해 공히 하나님께 찬양과 영광을 드리는 자세를 보인다. 특히 하나님의 활동 중 "그 인자하심이 영원하기에 모든 육체에게 먹을 것을 주시는" 분인 "여호와께 감사하라, 그는 선하심이로다"라고 권고하는 시편 136편과 비교하라.[37] 시편 저자뿐만 아니라 구약성서의 모든 저자는 발생하는 모든 일에 하나님이 현존하고 적극적으로 관여한다고 보았다.

창조의 봉사적 성격은 삼위일체가 창조세계에 성자와 성령에 참여해서 창조세계를 낼 수 있는 역량을 부여했음을 의미한다. 성자는 정적이고 탄생, 성장, 쇠퇴, 죽음의 순환을 기계적으로 반복하는 창조세계를 만들지 않았다. 성부의 목적 수행에 대한 이런 식의 참여가 창세기 1장에 나타난다. "하나님이 이르시되 '땅은 생물을 그 종류대로 내되 가축과 기는 것과 땅의 짐승을 종류대로 내라' 하시니 그대로 되니라. 하나님이 땅의 짐승을 그 종류대로, 가축을 그 종류대로, 땅에 기는 모든 것을 그 종류대로 만드시니 하나님이 보시기에 좋았더라"(창 1:24-25).[38] 창세기 1:24은 땅이 신적 명령에 반응해서 생물을 낸—발생시킨—반면 창세기 1:25은 하나님이 이 생물들을 만든(또는 아마도 재생산과 다양화의 기능을 확립한) 것으로 묘사한 것을 주목하라.[39] 창세기 1:20-21도 비슷하다. 한번은 땅과 물이 생물들을 내고 그것들을 유지한다고 말하고, 다음번에는 하나님이 생물들을 내고 그것들을 유지한다고 말하는 텍스트가 정신 분열적이라서 그렇게 말하는 것이 아니다. 오히려 이 텍스트가 전하는 메시지는 창조세계가 다양한 생물을 내고 그것들을 유지하도록 부름을 받고 그럴 능력을 부여 받았지만, 이것은 또한 하나님의 활동이기도 하다는 것이다. 시편 104편이 하나님을 찬양하는 바로 그 패턴대로 말이다.[40] 성자는 성령의 능력주심을 통해 창조세계를 창의성이 있는 존재로 만들었다.

창세기 2:4은 창세기에서 11번 나오는 히브리어 어구 **엘레 톨레도트**(ʾelleh toledot, "~의 족보는 이러하다", "~의 계보는 이러하다", 또는 "이것이 ~의 내력이다"로 번역된다)가 처음 등장하는 구절이다. 이 어구들이 그 어구 앞에 나오는 텍스트와 뒤에 나오는 텍스트를 어떻게 연결하는지에 관해 성경 학자들 사이에 다소 논란이 있다. 하지만 11번 중 10번은 계보와 관련이 있다(섹션 29.1을 보라). 따라서 얼핏 보면 문학을 구성하는 장치로서 **엘레 톨레도트**(ʾelleh toledot)가 창조된 모든 것을 남김없이 포함할 것을 의도한 어구인 "천지"와 관련하여 등장하는 것이 이상하게 보일 수도

---

37 Alter, 469-72. 이 대목에서 하나님의 지속적인 생명 창조 사역과 섭리적인 생명 유지 사역이 중복된다. 그러나 우리는 하나님이 풍성하게 창조세계를 통해 생명에 섭리적으로 봉사하기 때문에 우리가 창조세계의 풍성한 자원을 우리의 욕망을 위해 적절하다고 생각하는 대로 사용하고 소비할 수 있다고 결론짓지 않도록 주의해야 한다. 이것은 하나님의 선한 창조세계를 우리의 자기중심적인 목적을 위해 남용하는 것이다(33장을 보라).

38 Alter, *Book of Psalms*, 18.

39 John Walton, *The Lost World of Genesis One: Ancient Cosmology and the Origins Debate* (Downers Grove, IL: InterVarsity Press, 2009, 『창세기 1장의 잃어버린 세계』, 그리심 역간).

40 예컨대 Mark Noll and David Livingstone, "Introduction: B. B. Warfield as Conservative Evolutionist," in *B. B. Warfield: Evolution, Science and Scripture, Selected Writings* (Grand Rapids: Baker Books, 2000), 13-44을 보라.

있다. 그러나 우리가 창조세계의 봉사적 활동을 자연을 통해 매개된 신적 활동의 한 형태로 볼 경우 창세기 2:4에 나타난 성경의 공식은 이후에 등장하는 것들과 병행한다. 이 공식은 이후에 나오는 내용이 하늘과 땅을 통해 발생하는 것 또는 하늘과 땅에서 발달하는 것을 묘사함을 가리킨다. 이 대목에서 강조점은 천지가 만들어진 수단이나 과정에 있는 것이 아니다. 여기서 재생산의 수단이 아니라 조상과 후손을 강조하는 계보의 설명이 어떻게 기능하는가가 유비의 대상이다. 창세기 1장에서와 마찬가지로 그 텍스트는 창조세계가 참으로 생명과 다양성을 내는 한편, 삼위일체가 창조세계를 통해 생명과 다양성을 낸다는 것을 보여준다.[41]

어떤 활동이 한 사람에게 돌려지지만 다른 사람들을 수단으로 하여서 수행되는—매개되는—활동의 많은 예가 있다. 예를 들어 창세기 41:47-49은 이집트에 7년 동안 풍년이 들었을 때 토지의 소출을 "요셉이 모으고" 많은 곡물을 "요셉이 저장했다"고 말한다. 그러나 요셉은 확실히 자기가 직접 이집트 전체를 돌아다니며 이 일을 하지 않았다. 오히려 그의 계획과 지시에 따라서 많은 일꾼이 곡물 창고를 짓고 백성이 창고로 가져온 풍성한 곡물을 모아 그것들을 다가오는 흉년에 대비해 비축해두었다. 또 다른 예를 들자면 역대상 21:29은 모세가 성막을 만들었다고 말하지만, 그의 "만듦"은 이스라엘 백성이 재료를 제공하고, 기술자와 솜씨 좋은 노동자들이 개별적인 요소들을 만들고, 많은 사람이 최종 산물을 조립하는 것을 통해 매개되었다. 이 예에서 출애굽기 35-36장은 하나님이 브살렐과 오홀리압 같은 기술자에게 모든 기물을 설계하고 만들 지혜와 능력을 주었고, 그들은 다른 이스라엘인

들을 통해 그 일을 완수하는 식으로 매개된 행동의 패턴이 계속된다고 명시적으로 말하는 것을 주목하라. 달리 말하자면 성령이 기술자와 솜씨 있는 노동자들에게 그들이 받은 기술과 지혜로써 그들이 하라고 부름 받은 일을 수행하도록 능력을 주었다.[42]

우리는 성경에서 행동들과 사건들이 하나님의 백성의 삶 속에 계시는 하나님께 돌려지지만 인간을 통해 매개되는 많은 예를 발견한다. 예컨대 이스라엘의 역사에서 벌어진 전쟁들에 대한 묘사를 고려해보라. 신명기 20:4에 따르면 이스라엘 백성은 전쟁에 임할 때 적을 두려워하거나 그들로 말미암아 놀라지 않아야 한다. "너희 하나님 여호와는 너희와 함께 행하시며 너희를 위하여 너희 적군과 싸우시고 구원하실 것"이기 때문이다.[43] 때때로 하나님은 우박을 통하는 것 같이 이례적으로 매개된 방법을 통해 이 전쟁들에서 "싸웠다"(수 10:10-11). 그러나 하나님은 대체로 이스라엘 군인들을 통해 싸웠다(예컨대 신 29:6-7; 삼상 11:11-13). 예를 들어 사무엘상 14장은 하나님이 어떻게 요나단과 그의 무기를 든 자의 능숙한 기습 공격을 통해 블레셋 사람들을 큰 공포에 빠뜨렸는지를 기록한다. "나를 따라 올라오라, 여호와께서 그들을 이스라엘의 손에 넘기셨느니라.…이스라엘에 이 큰 구원을 이룬 요나단이…그가 오늘 하나님과 동역하였음이니이다"(삼상 14:12, 45-46).[44] 모든 예에서 성경의 기사들은 하나님이 인간을 통하든 다른 수단들을 통하든 매개된 방식으로 싸우는 것으로 묘사한다.

---

41 예컨대 창 2:5-6은 다음과 같이 진술한다. "여호와 하나님이 땅에 비를 내리지 아니하셨고 땅을 갈 사람도 없었으므로 들에는 초목이 아직 없었고 밭에는 채소가 나지 아니하였으며, 안개만 땅에서 올라와 온 지면을 적셨더라"(in Alter, *Five Books of Moses*, 20-21). 여기서도 우리는 시 104편에서 언급된, 비와 땅에서 나오는 식물 간의 밀접한 연결 관계에 나타난 창조세계의 봉사적 성격을 본다.

42 신 10:3을 출 37:1과 비교하라. 모세가 언약궤를 "만들었지만" 그는 브살렐의 기술과 매개를 통해 그렇게 했다.

43 Alter, *Five Books of Moses*, 976-77.

44 Robert Alter, *The David Story: A Translation with Commentary of 1 and 2 Samuel* (New York: W. W. Norton, 1999), 78, 84. 이 맥락에서 이스라엘이 자기들이 구하는 "우리 앞에 나가서 우리의 싸움을 싸울" 왕을 선포하는 삼상 8:20과 비교하라. 물론 왕들은 대개 외로운 전사로 출격해서 서로 싸우거나 혼자서 적의 군대를 상대하지 않았다. 오히려 왕이 자기 백성을 위해 싸우는 것은 그가 이끈 군대의 형태로 바로 이 백성을 통해 매개되었다.

또 다른 예로 에베소와 그 지역의 다른 도시들의 그리스도인들에게 바울이 다음과 같이 진술한 말을 고려해보라. "[그리스도께서] 오셔서 먼 데 있는 너희에게 평안을 전하시고 가까운 데 있는 자들에게 평안을 전하셨다"(엡 2:17). 이 설교는 바울과 그의 여행 동료들이 한 것이다. 우리는 다시금 매개된 행동 개념을 본다. 즉 예수가 바울과 다른 그리스도인들을 통해 설교한다.

이것이 성경 전체에 등장하는 패턴이다. 창조세계에서 하나님의 활동은 자연의 생물 부분이든 무생물 부분이든 간에 창조세계를 통해 발현된다. 창세기 1-2장과 창조 시편들은 창조세계를 통해 봉사적으로 매개된 신적 행동의 예(예컨대 재생산, 음식과 피난처 제공)로 가득 차 있다. 생태학적인 예들은 창조세계의 봉사적 특성에 대한 특히 강력한 예다. 우리들 대다수는 어떻게 벌새와 꿀벌 같은 다양한 곤충들이 꽃들을 찾아와 당분을 먹는지 잘 안다. 그 과정에서 그것들은 꽃가루를 이 꽃에서 저 꽃으로 옮겨 수정할 수 있게 해준다. 이것이 새들과 곤충들이 자신의 정상적인 먹이 활동을 통해 꽃 피는 식물들에게 봉사하는 방식 중 하나다.

시편 104편이 자연의 일반적인 봉사적 작동의 아름다움과 장엄함을 강조하는 것을 보여주는 또 다른 생태학적인 예는 식물들의 생존에 매우 중요한 씨앗의 분산이다. 예컨대 설치 동물인 중앙아메리카 아구티는 브라질 호두를 주워다 나중에 사용하기 위해 비밀 저장소에 모아둔다. 이 호두들이 잊히면 새로운 장소에서 발아해서 새로운 브라질 호두나무로 자라 이 나무들이 존재하는 영역을 넓힐 수 있다. 그러나 이 호두 열매들이 같은 종류의 나무들에 너무 가까운 장소에 저장되면 이 나무들과 그 호두 열매들의 경쟁으로 말미암아 호두 열매들이 발아할 가능성이 훨씬 작아진다. 아구티는 자기의 저장소들이 다른 동물들에게 습격당하는 것을 피하려고 호두 저장소를 여러 차례 옮기는 경향이 있는 것으로 밝혀졌다(어떤 경우는 열여덟 번까지 옮겼다). 숨겨졌던 호두들이 더 자주 옮겨

질수록 그것들은 다른 동종의 나무들로부터 더 멀리 퍼질 가능성이 있다. 아구티가 자기가 숨겨 놓은 호두를 보호하려고 하는 노력이 먹히지 않고 남겨진 호두에게 더 좋은 발아 조건을 만들어준다.[45] 씨앗의 분산은 아구티 같은 생물의 일반적인 사냥과 먹이 활동을 통해 매개된다.

또는 남아메리카 판타나우 습지의 사과 달팽이를 생각해보라.[46] 이 달팽이는 모든 종류의 죽은 식물, 세균 뭉치 등을 먹어서 판타나우의 풍부한 식물 성장에 거름을 제공하는 질소를 재순환시킨다. 이 달팽이는 이 거대한 생태계의 건강과 유지에 중요한 역할을 한다. 특히 사과 달팽이는 죽은 식물을 먹고 재순환시킴으로써 판타나우의 식물과 동물의 다양성을 매개하여 이 생태계에 봉사한다.

신적으로 매개된 행동의 봉사 형태에 관해 우리가 주목해야 할 점 두 가지가 있다. 첫째, 이 형태의 매개된 행동은 성경의 영감과 권위에 관한 기독교 공동체의 이해에도 중요하다. 성경은 우리에게 주어진 하나님의 말씀이다. 따라서 그것은 신의 책이다(딤후 3:16). 동시에 하나님의 말씀은 인간에 의해 그들의 개성과 역사적 환경을 통해 쓰였다. 따라서 성경은 인간의 책이기도 하다(벧후 3:15-16). 즉 하나님은 성경을 성령으로 말미암아 능력을 부여받은 인간 매개자를 통해서 썼다(섹션 1.1.1).[47] 이것은 자연에 나타난 하나님의 매개된 행동의 예다. 둘째, 창조세계 안의 그런 매개된 행동은 우리로 하여금 과학 연구가 우리의 삼위일체 창조주에 관해 좀 더 많은 통찰을 드러낼 뿐만 아니라 창조세계가 (기본적인 입자에게까지) 창조세계에 봉사하는 깊이를 드러낼 수 있다는 것을 알게 해준다.

---

45 Ben T. Hirsch, Roland Kays, Verónica E. Pereira, and Patrick A. Jensen, "Directed Seed Dispersal Towards Areas with Low Conspecific Tree Density by a Scatter-Hoarding Rodent," *Ecological Letters* 15 (December 2012): 1423-29.

46 "Enter the Apple Snail," "Waterworlds," 에피소드 4, *Secrets of Our Living Planet*, Gavin Maxwell and Paul Williams 감독, BBC, www.bbc.co.uk/programmes/p00vl33r.

47 Benjamin Breckinridge Warfield, *Inspiration and Authority of the Bible* (Phillipsburg, NJ: Presbyterian & Reformed, 1980).

2.4.4. 동시에 작용하는 세 형태의 매개된 행동. 신적 행동의 이러한 세 가지 양식 또는 형태—신적 명령, "두 손", 봉사 행동—가 서로 양립하지 않거나 경쟁하는 것으로 생각되지 않아야 한다. 성경은 이 세 가지가 협력하여 작동하는 것으로 묘사한다. 그것들은 모두 신적 행동의 형태들이므로 서로 연결되어 있다. 신적 명령은 하나님이 모든 창조물보다 우월하다는 것을 나타내고, 성자와 성령이라는 두 손은 모든 창조물 안에 하나님이 내재함을 나타내며, 봉사 행동은 하나님이 창조물에게 준 속성과 과정을 나타낸다. 하나님이 자연에게 생물을 내라고 명령하고 자연은 서로에게 봉사하는 방식으로 반응해서 성자의 유지하는 감독과 성령의 에너지와 능력 부여 아래 생명을 발생시키고 다양화한다. 실로 하나님의 명령은 창조세계의 기능의 완전성이 성령을 통해 능력을 받아 신적 명령을 수행함에 있어서 완전하게 참여할 수 있음을 암시한다. 그 그림은 삼위일체를 창조세계의 초월적인 왕이자 주권자이면서 동시에 하나님의 존재와 능력을 통해 생명을 낳고 유지하는 자연의 솜씨 있는 창조자로 묘사한다.

따라서 우리는 성경 전체에서 하나님이 수단들을 통해 신적 목적을 이루는, 일관성이 있는 매개된 행동의 패턴을 본다. 우리는 하나님이 창조, 구원, 성화를 다룰 때 이 매개된 행동의 패턴이 유지될 것으로 예상해야 한다 (섹션 2.5.3을 보라).

2.5. 창조세계에서 하나님의 계속되는 행동

일각에서는 최초의 창조 기사(창 1:1-2:4)가 끝났을 때 하나님이 창조를 마쳤다고 생각하는 전통이 계속되고 있다. 따라서 삼위일체의 이 세 가지 형태의 매개된 행동들이 창조세계의 기원 때에만 일어난 것이 아님을 우리가 강조할 필요가 있다. 그것들은 하나님이 자연에 관여하는 데 대한 지속적인 표현이다.[48] 예컨대 창조세계의 시작 때

신적 명령이 현존해서("하나님이 이르시되…") 우주에 구조와 질서 그리고 기능을 부여했다. 그러나 명령을 통해 매개된 하나님의 활동은 창조세계의 지속적인 유지와 인도에도 관여한다("~이 있으라"와 "땅은 ~를 내라"). 땅과 바다는 지금도 생물들을 내고 있다. 따라서 신적 말씀은 계속 아들을 통해 창조세계를 조직하고 질서를 부여하며 그것의 기능을 떠받친다. 사실 창조의 시작 때 발해진 하나님의 명령은 현재 자연을 유지하고 인도하는 명령과 동일하다.

> 그것들이 여호와의 이름을 찬양함은 그가 명령하시므로 지음을 받았음이로다.
> 그가 또 그것들을 영원히 세우시고 폐하지 못할 명령을 정하셨도다(시 148:5-6).

> 이는 하늘이 옛적부터 있는 것과 땅이 물에서 나와 물로 성립된 것도 하나님의 말씀으로 된 것을 그들이 일부러 잊으려 함이로다.…이제 하늘과 땅은 그 동일한 말씀으로 불사르기 위하여 보호하신 바 되어 경건하지 아니한 사람들의 심판과 멸망의 날까지 보존하여 두신 것이니라(벧후 3:5, 7).[49]

마찬가지로 성자와 성령도 창조세계의 시작에서뿐만 아니라 그리스도 안에서 그것의 운명을 계속 유지하고 인도하는 데도 활발하게 관여한다. 그리고 이 대목에서 행동의 신적 명령과 봉사 형태가 묘사된 점을 주목하라("하나님의 말씀으로", "물로").

---

48 이 점에서 창조 교리와 신의 섭리 교리가 상당히 겹친다.

49 베드로가 이어서 말하는 바와 같이 이 불들은 하나님이 하늘과 땅과 원소들이 "불에 풀어질"(벧후 3:10) 새 창조세계를 가져오는 것의 일부인 경건하지 아니한 사람들의 심판과 멸망의 불이다. 무언가가 해체되는 데는 많은 방법이 있는데, 이 경우에는 경건치 않고 순수하지 않은 모든 것이 해체된다(예컨대 불을 사용해서 순금의 찌꺼기를 태운다). 계 21:5과 비교하라. "보좌에 앉으신 이가 이르시되 '보라, 내가 만물을 새롭게 하노라.'" 성자가 대체하는 창조세계를 만드는 것이 아니라, **만물을 새롭게** 한다. 벧후 2:5-7은 현재의 창조세계가 해체되어 무로 돌아가는 것을 암시하지 않는다.

하나님의 신적 말씀이 자연의 계속적인 발전을 조직화하며, 하나님은 "태초에" 시작한 것을 성자와 성령을 통해 완성할 것이다. 창조세계에서 하나님의 매개된 행동이 계속되고 있음을 진지하게 받아들일 때 두 가지 함의가 있다. 첫째, 창세기 1:1-2:4은 결코 최종적이고 완성된 창조세계에 대한 묘사가 아니다. 이 텍스트는 그리스도 안에서 완성되고 있는 하나님의 창조 프로젝트 과업의 시작과 계속적인 패턴을 묘사한다. 이 패턴은 세 가지 형태의 매개된 행동 모두와 관련이 있다. 하나님의 계속적인 창조와 구속 사역이 없이는 창조세계가 존재하지 않는다. 둘째, 창조세계가 성부가 그것에게 성자 안에서 어떤 존재가 되라고 부르는 것이 되도록 창조세계에 봉사하고 그것에 능력을 주는 규칙성은 과학자들이 연구하는 것과 동일한 규칙성이다. 창조 교리의 관점에서는 과학자들이 명령, 하나님의 두 손, 그리고 자연의 상호 봉사를 통해 매개되는 하나님의 규칙적인 행동을 연구한다.

기독교 안의 다양한 집단이 종종 과학자들이 창조세계에 나타난 하나님의 활동에 대한 대안적인 설명들을 제시하는 것으로 생각하는데, 이는 위에서 논의된 그릇된 양자택일 곤경의 표현이다. 이와 대조적으로, 여러 형태의 매개된 신적 행동이 계속된다는 관점은 우리로 하여금 과학자들이 이 점을 깨닫든 깨닫지 못하든 간에 그들이 사실은 과거와 현재의 하나님의 활동을 조사한다는 것을 알도록 도움을 준다. 이 관점에서 우리는 과학자들이 창조세계에 나타난 하나님의 매개된 활동을 드러내는 것으로 볼 수 있다. 그 관점은 시편 104편 저자가 그러한 매개된 활동으로 인해 하나님을 찬양하듯이 우리의 찬양을 고취할 수 있다(시 148:7-8도 보라). 과학자들이 별들과 초신성들의 행태, 지구의 형성, 아구티와 사과 달팽이의 생태학적 역할을 밝혀낼 때 우리는 창조세계에 나타난 하나님의 사역이 우리의 창조자이자 구속자를 찬양하는 것을 축하할 수 있다.

2.5.1. 삼위일체의 개인적 관여. 우리는 흔히 하나님이 그의 백성 가운데서 어떻게 개인적으로(친히) 관여하는지에 대해 생각한다. 이와는 대조적으로 우리는 삼위일체가 어떻게 창조세계에 친히 관여하는지에 대해 좀처럼 생각하지 않는다.[50] 개인적 관여는 성경의 시작 부분에 묘사된다. "여호와 하나님이 땅과 하늘을 만드시던 날에…"(창 2:4).[51] 영어 성경에서 "주"(Lord)로 번역된 히브리어 단어는 모세에게 계시된 하나님의 개인적 이름인 야웨다. 따라서 창세기 2장에 기록된 두 번째 창조 기사의 앞부분에서 하나님이 창조세계의 모든 측면, 특히 인간에게 친히 관여한다는 암시가 나타난다. 더욱이 창조세계에서 하나님의 행동은 성자와 성령을 통해 매개된다는 사실은 자연에 대한 삼위일체의 관여는 친밀하고 사랑하는 관여라는 점을 암시한다. 이 점은 시편 139:13에 우리에 관해 아름답게 묘사되어 있다. "주께서 내 내장을 지으시며 나의 모태에서 나를 만드셨나이다."[52]

삼위일체는 만물을 만든 것 외에도 자연의 보존과 유지에 친히 관여한다. "이[아들]는 하나님의 영광의 광채시요 그 본체의 형상이시라. 그의 능력의 말씀으로 만물을 붙드시며…"(히 1:3). "우리에게 이른 비와 늦은 비를 때를 따라 주시며 우리를 위하여 추수 기한을 정하시는 우리 하나님 여호와…"(렘 5:24). 하나님은 창조세계를 다스리고 그리스도 안에서 예정된 바대로 그것을 인도하는 데도 친히 관여한다. "여호와께서 그의 보좌를 하늘에 세

---

50 창조세계에 대한 하나님의 인격적 관여에 대해 생각하는 것은 대체로 18세기에 시대에 뒤떨어지게 되었다(Turner, *Without God, Without Creed*). 그때까지는 그리스도인들이 일반적으로 하나님이 자연에 밀접하게 관여하는 것으로 생각하는 경향이 있었다. 그러나 기독교 사상은 항상 하나님의 주권에 대한 그들의 견해가 다소 추상적이고 비인격적인 인과관계 형태로 전락하는 것과 싸워왔다(Gunton, "End of Causality?"; *Triune Creator*를 보라).

51 Alter, *Five Books of Moses*, 20.

52 Alter, *Book of Psalms*, 481. Alter, 426에서 언급하는 시 119:73도 보라: "주의 손이 나를 만들고 세우셨사오니…." 그리고 Robert Alter, *The Wisdom Books: Job, Proverbs and Ecclesiastes* (New York: W. W. Norton, 2010), 48에 언급된 욥 10:8-9도 보라: "주의 손으로 나를 빚으셨으며 만드셨는데…주께서 내 몸 지으시기를 흙을 뭉치듯 하셨거늘…."

예수는 창조세계의 발생과 그것의 기능 부여에 관여한다. "만물이 그에게서 창조되되, 하늘과 땅에서 보이는 것들과 보이지 않는 것들과 혹은 왕권들이나 주권들이나 통치자들이나 권세들이나 만물이 다 그로 말미암고 그를 위하여 창조되었고"(골 1:16; 요 1:1-3과 히 1:8-10도 보라).

그는 창조세계의 계속적인 유지에도 관여한다. "그가 만물보다 먼저 계시고 만물이 그 안에 함께 섰느니라[유지되느니라]"(골 1:17; 히 1:1-3과 고전 8:6도 보라).

예수는 창조세계의 통치와 지배에 관여한다. "그는 몸인 교회의 머리시라. 그가 근본이시요 죽은 자들 가운데서 먼저 나신 이시니, 이는 친히 만물의 으뜸이 되려 하심이요"(골1:18; 예수가 성령의 능력을 통해 창조세계에 대한 지배권을 행사하는 마 14:22-33과 막 6:45-52도 보라).

마지막으로, 예수는 모든—물리적·영적—실재가 새로워지는 창조세계의 구속에 관여한다. "아버지께서는 모든 충만으로 예수 안에 거하게 하시고 그의 십자가의 피로 화평을 이루사 만물 곧 땅에 있는 것들이나 하늘에 있는 것들이 그로 말미암아 자기와 화목하게 되기를 기뻐하심이라"(골 1:19-20; 롬 8:20-21도 보라).

우시고 그의 왕권으로 만유를 다스리시도다"(시 103:19).[53] "피조물이 허무한 데 굴복하는 것은 자기 뜻이 아니요 오직 굴복하게 하시는 이로 말미암음이라. 그 바라는 것은 피조물도 썩어짐의 종 노릇한 데서 해방되어 하나님의 자녀들의 영광의 자유에 이르는 것이니라"(롬 8:20-21). 이 대목에서 바울은 창조세계의 궁극적인 운명이 우리의 운명과 연계되어 있다고 지적한다. 성자는 하늘과 땅의 창조자일 뿐만 아니라 구속자이기도 하다.[54]

창조에 대한 견고한 삼위일체 접근법을 유지하는 것에 관해 가장 중요한 점 하나는 자연에 나타난 풍부하고 개인적인 형태의 매개된 신적 행동을 강조하는 것이다. 따라서 신학적으로 우리는 창조세계 안에서 행하는 하나님의 활동의 개인적인 성격을 이해할 수 있다. 동시에 우리는 하나님이 그토록 사랑하고 과학자들이 연구하는 창조세계가 진정한 실재와 활동을 갖고 있다는 입장(예컨대 창조자와 창조세계 사이의 구분)을 유지할 수 있다.

2.5.2. 창조세계의 목적. 성경이 밝히는 바와 같이 삼위일체는 창조세계를 향한 목적이 있으므로 창조세계에서 계속 일한다. 물론 이 목적들에서 핵심은 신적 영광을 나타내는 것이다. "창세로부터 그의 보이지 아니하는 것들 곧 그의 영원하신 능력과 신성이 그가 만드신 만물에 분명히 보여 알려졌나니…"(롬 1:20). "하늘이 하나님의 영광을 선포하고 궁창이 그의 손으로 하신 일을 나타내는도다"(시 19:1).[55] 하나님의 영광에 대한 이러한 전시는 예배라는 반응을 요구한다. 하지만 바울이 로마서 1장에서 명백히 밝히는 바와 같이 인간은 예배의 초점을 창조주께 맞추지 않고 자연의 경이에 맞춘다.

하나님이 창조세계를 통해서 받는 영광은 이기적인 존재의 "자화자찬"이 아니다. 삼위일체의 어느 위격도 이기적이지 않다. 오히려 그들은 항상 타자에 초점을 맞춘다. 고대 히브리 문화와 고전 시대 그리스-로마 문화는 명예 문화로서, 그 문화에서는 적절한 형태의 영광과 명예를 추구하고 받는 것(예컨대 의로운 행동의 결과 명예를 받는 것)이 미덕으로 여겨졌다. 더욱이 사랑하고 창조하는 것은 하나님의 영광이며, 사람들은 그 영광을 공유하도록

---

53 Alter, *Book of Psalms*, 360.
54 물론 창조세계가 타락에 참여한다는 것이 무슨 의미인지를 완전히 이해하기는 어렵다. 그러나 Colin Gunton이 지적하듯이 "모종의 방식으로 창조세계가 우주적 규모의 원시 재앙을 겪었고 인간의 죄—창조주와의 관계 파열—가 모종의 방식으로 그것을 구성한다"(Gunton, *Triune Creator*, 172).

55 Alter, *Book of Psalms*, 60.

초대받는다. 하나님이 적극적으로 창조세계를 보존하고 그것을 유지하는 행동이 찬양을 초래한다. 요컨대 창조세계는 자신을 사랑하고 영예롭게 하는 하나님께 찬양과 영광을 돌린다. 삼위일체가 서로 영광을 주고받는 것이 각 위격의 본성에 합치하듯이(예컨대 요 17:1), 하나님은 창조세계에 영광을 주고 그것에게서 찬양을 받는다. 자유롭게 하는 하나님의 사랑은 모든 창조세계와 우리의 유익을 위한 것이며, 창조세계가 완전히 영화롭게 되면 새 창조가 완성된다.

창조세계에 대한 하나님의 또 다른 목적은 그의 성전으로 기능하는 것이다. "그의 성소를 산의 높음 같이, 영원히 두신 땅 같이 지으셨도다"(시 78:69).[56] "여호와께서 다스리시니…세계도 견고히 서서 흔들리지 아니하는도다. 주의 보좌는 예로부터 견고히 섰으며…"(시 93:1-2).[57] "여호와께서 이와 같이 말씀하시되 '하늘은 나의 보좌요 땅은 나의 발판이니…'"(사 66:1). 하나님의 성전으로서 창조세계 개념과 신적 통치가 창세기 2:2에서 명시적으로 연결되어 있다. "하나님이 그가 하시던 일을 일곱째 날에 마치시니 그가 하시던 모든 일을 그치고 일곱째 날에 안식하시니라." 고대 근동 문화에서 신은 그들의 성전의 보좌를 차지하고 통치함으로써 "안식했다"(섹션 5.4를 보라).[58] 이 이해는 일을 쉰다는 현대의 개념과 현저히 대조된다(시 132:7-8, 13-14을 보라). 모세의 청중은 창세기 2:2이 건물 하나가 아니라 창조세계 전체가 성전인 곳에서 하나님이 보좌에 앉아 다스린다고 선언하고 있음을 즉각 이해했을 것이다.

종종 간과되는 하나님의 또 다른 목적은 하나님의 사랑을 부어 주는 것이다. 하나님은 "사랑의 관계에서 존재하는 위격들의 친교"이기 때문에 "하나님께는 세상이 필

요치 않으며, 따라서 우리는 하나님이 **순전히 그것 자체를 위해서** 다른 대상을 존재하게 하기를 원했다고 말할 수 있다. 창조세계는 참으로 하나님의 사랑의 산물이지만, 그의 자발적인 사랑의 결과다."[59]

성경적으로 볼 때 창조세계의 모든 것들이 그것 자체를 위해서 만들어졌기 때문에 가치가 있다. 이것이 하나님이 "매우 좋다"는 선언이 의미하는 내용의 일부다. 삼위일체의 사랑에서 창조세계는 그리스도 안에서 독특하게 부름을 받은 존재가 될 자유를 부여받는다. 예를 들어 하나님은 사랑으로 자연의 존재와 자연에 주어진 자유를 수용하는 방식으로 신적 명령을 발한다. 하나님은 "생겨나라!"(Be!)고 말하지 않고 "…이 생기게 하라"(Let there be…), "땅은…을 내라"고 말함으로써 창조세계에 창조물의 창조에 참여할 자유를 준다. 그리고 성자는 창조세계에 (창조주/창조물 구분에서처럼) 하나님이 아닌 실재가 될 은혜를 준다. 마지막으로, 성령은 은혜롭게 자연이 그것 자체가 되도록 에너지와 능력을 부여한다. 창조세계를 향한 성부의 사랑의 은혜는, 당신을 향한 신적 사랑 때문에 당신이 성령을 통해 그리스도 안에서 독특하게 부름을 받은 어떤 존재가 되라고 하는 그분의 사랑의 은혜와 비슷하다. 하나님은 사랑으로 창조세계가 새로운 창조물이 되는 데 참여하게 할 목적을 갖고 있다.

하나님의 사랑에서 직접 흘러나오는 또 다른 목적은 창조세계에 생명이 거주하게 하는 것이다. "내가 땅을 만들고 그 위에 사람을 창조하였으며…"(사 45:12). "그가…그것[땅]을…혼돈하게 창조하지 아니하시고 사람이 거주하게 그것을 지으셨으니…"(사 45:18). 그리고 땅에 인간의 생명만 거주한 것이 아니다. 창세기 1장에서 우리는 하나님이 생물의 다양성을 의도한 것을 볼 수 있다. 자연이 성령의 능력 주심을 통해 만들어진 생명으로 가득 차게 한 것은 모두 하나님의 사랑의 의도였다.

---

56 Alter, 280.
57 Alter, 328.
58 고대 근동 문화에서 성전들은 그들의 신들이 통치한 영역에 대한 축소된 모형 또는 "통제실"이었다.

59 Gunton, *Triune Creator*, 9, 강조는 덧붙인 것임.

그리고 마지막으로—그러나 이것이 가장 하찮은 목적은 아니다—하나님은 사랑으로 창조세계가 인간뿐만 아니라 나머지 모든 창조세계가 완전한 구속의 영역이 되기를 의도한다(롬 8:20-21). 그리스도인들은 때때로 구속을 "영혼 구원"의 관점에서만 생각한다. 삼위 하나님의 구속은 전인—몸과 영혼— 및 창조세계 전체를 위한 것이며, "그리스도 안에서 때가 찬 경륜을 위하여 예정하신 것이니, 하늘에 있는 것이나 땅에 있는 것이 다 그리스도 안에서 통일되게 하려 하심이다"(엡 1:9-10). "아버지께서는 모든 충만으로 예수 안에 거하게 하시고, 그의 십자가의 피로 화평을 이루사 만물 곧 땅에 있는 것들이나 하늘에 있는 것들이 그로 말미암아 자기와 화목하게 되기를 기뻐하신다"(골 1:19-20).[60] 바울은 그리스도의 화해 사역에 "만물"을 포함시킨다. 바울의 문화적·신학적 유산에 비추어 볼 때 이는 일리가 있다. 이스라엘 역사의 어느 시기에도 이스라엘 백성은 구속주 하나님과 창조주 하나님을 구분한 적이 없다. 그들에게 있어서 하나님은 한 분이었다. 따라서 바울은 그런 구분을 하지 않는다. 창조 이야기는 구속 이야기이고, 구속 이야기는 창조 이야기다. 철저하게 기독론적인 창조 교리는 창조와 구속이 그리스도 안에서 결합된다는 것을 인식한다.[61]

창조세계를 향한 구주의 사랑은 여러 방법으로 나타나지만, 그중 하나는 그가 성자가 성령을 통해 구속하고 완벽하게 하는 물질 및 에너지와 동일시되는 것이다. 하나님은 성육신한 성자를 통해 지금 여기서 그리고 모든 곳에서 구속을 이루고 있다. 창조세계는 단지 거기서 인간의 구원 드라마가 펼쳐지는 무대가 아니다. 오히려 창조세계 자체가 구속 드라마의 일부다.[62]

그러나 창조세계에 대한 삼위일체의 긴밀한 관여와 창조세계를 향한 삼위일체의 목적이 과학적으로 탐지될 가능성은 크지 않다. 과학적 방법은 목적을 알아내는 데는 능하지 않다. 대신 과학적 방법은 자연의 속성과 과정을 이해하도록 고안된다(본서의 4장을 보라). 과학은 우리가 하나님의 창조세계에 관해 더 많이 이해하도록 도움을 준다. 그러나 욥기, 시편, 다양한 신약성서 서신들의 저자들은 창조세계 안에 나타난 하나님의 활동과 목적을 알아보는 데 문제가 없었다. 과학만능주의에 집착하는 사람들은 과학적으로 탐지될 수 있는 것만 존재한다고 생각할 가능성이 있지만, 창조 교리는 그렇지 않다고 단언한다.[63] 우리가 그것을 알든 모르든 간에 성부, 성자, 성령은 창조세계—쿼크부터 나라들, 그리고 우주에 이르기까지—의 시작 때와 마찬가지로 지금도 밀접하게 창조세계에 관여한다.

하나님의 영광스럽고 자애로운 목적들의 이 모든 측면에 대한 적절한 반응은 우리의 창조자이자 구속자를 예배하고 찬양하는 것이다.

2.5.3. 창조, 구원, 성화의 병행. 창조에서 나타난 하나님의 행동은 구원과 성화에서 나타난 하나님의 행동과 병행한다는 창조 교리의 또 다른 요소가 18세기 이후 상실되었다.[64] 예를 들어 창조, 구원, 성화는 모두 성자와 성령을 통해 매개된다. 또 다른 예를 들자면 창조, 구원, 성화는 근본적으로 삼위일체의 자유롭게 하는 사랑이 넘쳐흐른

---

60 "땅에 있는 것들이나 하늘에 있는 것들"이라는 어구를 사용하여 창조된 모든 것을 가리키는 것을 주목하라.

61 이 점은 창조의 목적도 제공한다. 성자를 통해 창조되고, 성자의 성육신과 십자가 처형 그리고 부활을 통해 구속된 창조세계는 성령을 통해 성자 안에서 성부를 찬양하는 데서 완성될 것이다.

62 물질계의 구속의 몇몇 함의가 33장에서 논의될 것이다.

63 Edward Feser, "Blinded by Scientism," *Public Discourse*, March 9, 2010, www.thepublicdiscourse.com/2010/03/1174; Ian Hutchinson, *Monopolizing Knowledge: A Scientist Refutes Religion-Denying, Reason-Destroying Scientism* (Belmont, MA: Fias, 2011).

64 Turner가 *Without God, Without Creed*에서 묘사하듯이, 하나님이 창조세계를 다루는 방식과 인간을 다루는 방식이 구분되었는데, 이는 18세기 자연신론과 큰 관계가 있었다. 자연신론에서는 본질적으로 하나님은 최초의 창조 사건 이후 간섭하지 않는다고 생각되었다. 많은 그리스도인이 하나님이 인간의 삶에 밀접하게 관여한다는 입장을 유지하면서도 이런 사고 방식을 따랐다.

데 기반을 두고 있다. 창조라는 하나님의 자애로운 선물은 이미 존재하는 물질에 의존하는 것이 아니고(사실, 물질은 이 선물의 일부), 따라서 주권적인 자유의 행동이다. 마찬가지로 구속이라는 자애로운 선물은 죄인들 안에 존재하는 현재 또는 미래의 공적에 의존하는 것이 아니라 주권적인 자유의 행동이다.

우리는 성경을 조사할 때 이 병행이 다양하게 나타나는 것을 본다. 예컨대 하나님은 공간과 시간 안에서 구원하며, 공간과 시간 안에서 창조한다. 창세기 1-2장은 주로 하나의 공간, 즉 지구에 초점을 맞춘다. 창세기 1장에서 "날"로 번역된 히브리어 단어 **욤**(yom)은 원래의 창조가 즉각적으로 일어난 것이 아니라 어느 정도 시간을 두고 일어난 것임을 암시한다. 더구나 창세기 1장을 출애굽기 14:21-22에 기록된, 이집트로부터 이스라엘이 구원된 것에 대한 묘사와 비교하라. 이 두 기사는 다른 병행들 중에서도 특히 성령 또는 바람이 분 것과 물이 땅에서 갈라진 것이라는 동일한 언어를 사용한다. 창조 기사에 사용된 것과 똑같은 어휘가 이스라엘이 이집트의 종살이에서 구원된 기사에 관여한다. 또 다른 예로 하나님이 별들을 창조하고 그것들의 이름을 부르는 이사야 40:26을 하나님이 자기 백성을 구속하고 그들의 이름을 부르는 이사야 43:1과 비교하라.[65] 그런 병행은 신약성서에서도 계속된다. 예컨대 고린도전서 1:28에서 바울은 그리스도 안의 구속을 통한 새로운 공동체의 창조와 무로부터의 창조 사이에 명백한 병행을 이끌어낸다.

창조에 나타난 하나님의 활동과 구속에 나타난 하나님의 활동을 구분하려는 역사상 최초의 시도는 구원을 물질 세상으로부터의 도피로 생각했던 2세기 영지주의에서 발견된다. 우리는 늘 이런 경향에 대해 경계해야 한다. 요한복음 서론에서 창조와 구원이 그리스도 안에서 결합

하는데, 그곳에서 만물을 창조한 말씀이 구속자로서 창조 세계 안으로 들어온다(요 1:1-13). 이 연결이 예컨대 이사야 42:5-7에서처럼 구약성서에 나타난다. 아타나시오스가 주장했듯이 "당신이 가장 먼저 알아야 할 사실은 다음과 같다: 창조세계의 갱신은 태초에 그것을 만든 바로 그 말씀을 통해 이루어졌다. 따라서 창조와 구원 사이에 모순은 없다. 한 분이신 성부가 두 일 모두에 대해 똑같은 매개자를 활용해서 애초에 세상을 만든 말씀을 통해 세상의 구원을 가져왔다."[66] 창조와 구속은 서로에게 의미를 부여한다. 창조가 없었더라면 구속할 대상이 없다. 구속이 없다면 창조는 종말론적인 목적을 상실한다. 삼위일체 창조자—성부, 성자, 성령—가 삼위일체 구속자이기도 하기 때문에 새 창조에서 창조와 구속이 함께 온다(33장을 보라). 실제로 창세기 2:1-4, 출애굽기 20:8-11, 그리고 신명기 5:12-15에서 창조는 안식일 예배를 통해 구속과 연결된다.

하나님은 또한 공간과 시간 안에서 성화시킨다. "너희 안에서 행하시는 이는 하나님이시니 자기의 기쁘신 뜻을 위하여 너희에게 소원을 두고 행하게 하시나니…"(빌 2:13). "우리가 다 수건을 벗은 얼굴로 거울을 보는 것 같이 주의 영광을 보매 그와 같은 형상으로 변화하여 영광에서 영광에 이르니, 곧 주의 영으로 말미암음이니라"(고후 3:18 NRSV). "그런즉 누구든지 그리스도 안에 있으면 새로운 피조물이라. 이전 것은 지나갔으니 보라, 새것이 되었도다"(고후 5:17). 특히 성령은 공간과 시간 안에서 새롭게 하고 회복시킨다. 우리는 뼈들의 골짜기 환상에서 이스라엘을 회복하는 성령의 사역을 본다(겔 37:1-14).

우리는 특히 이를 예수의 부활에서 본다. "예수를 죽은 자 가운데서 살리신 이의 영이…"(롬 8:11). "[예수가] 육체로는 죽임을 당하시고 영으로는 살리심을 받으셨으

---

65 시 77:16-20에서 창 1:9-10에 나타난 하나님이 물들을 분리하는 것과 출애굽 이미지가 결합하는 것을 시 33:7 및 출 15:8과 비교하라.

66 Athanasius, *On the Incarnation*, 1.1. 장 칼뱅도 비슷하게 지적한다(예 컨대 *Institutes* 1.6.1).

니…"(벧전 3:18). 성화에서 그리스도의 영이 우리의 삶에서 역사하며 성장과 변화를 가져온다. 이 일은 우리 인간의 본성에 적합한 속도로 일어나며, 결코 우리의 인성이 수용할 수 있는 수준보다 빨리 우리를 몰아가지 않는다(때때로 그렇지 않은 듯이 보이지만 말이다). 창조에서도 마찬가지다. 그리스도의 영은 자연의 본성에 적합하도록 자연 과정과 함께 그리고 그것을 통해 일하며, 결코 이 과정들이 수용할 수 있는 수준보다 빨리 움직이지 않는다.[67]

창조, 구원, 성화에 나타난 하나님의 행동 가운데서 특히 중요한 병행은 하나님의 참을성 있는 행동이다. 이 대목에서 우리가 하나님이 앉아서 기다린다고 생각해서는 안 된다. 하나님은 언제나 인내하고, 사랑하고, 의도를 지닌 방식으로 일한다. 우리는 하나님을 사랑이라고 생각하는 데 익숙한데(요일 4:8), 그 사랑은 인내다(고전 13:4). 그리고 우리는 성부가 우리의 삶에서 참을성 있게 역사해서 성령을 통해 우리를 그리스도께 이끈 데 대해 감사한다. 그러나 하나님의 끈기 있는 행동은 구원에만 제한되지 않는다. 시간과 공간 안에서의 하나님의 창조 행위에 관해 생각해보라. 창조세계에 대한 삼위일체의 관계가 근본적으로 자유롭게 하는 사랑의 관계라면 하나님은 조급하거나 서두르지 않는다. 공간과 시간은 참을성 있는 행동을 위한 영역을 형성한다. "주께서 내 내장을 지으시며 나의 모태에서 나를 만드셨나이다"(시139:13).[68] 9개월이라는 임신을 통한 출산은 매우 참을성 있고 신중한 행동이다!

창조세계에서의 하나님의 참을성 있는 행동은 창조세계가 그것 자체가 되게 하려는 신적 목적과 관계가 있다. 성부는 자연을 매우 사랑해서 자연이 그리스도 안에서 창조된 실재에 적합해지도록 부름을 받은 바로 그 존재가 되도록 자연과 함께 일하고 자연에 은혜를 준다. 마찬가지로 성령은 창조세계에 그것의 우발적 합리성에 적합한 방식으로 이 부름을 성취할 능력을 준다. 그리고 창조세계에서 행해지는 하나님의 참을성 있는 행동은 신적 활동이 창조세계를 통해 매개되는 봉사적인 방식("땅은 ~을 내라")에서 나타난다. 삼위일체는 자연에서 활동함으로써 자연이 성부가 자신에게 부여한 우발적 합리성에 적합한 시간 틀에 성자의 감독과 성령의 능력 부여하에 자기 자신이 되는 데 참여하게 한다. 따라서 과학자들이 아프리카 지각판과 유럽 지각판이 충돌해서 알프스산맥이 1년에 평균 1-2밀리미터씩 올라가서 현재의 높이에 이를 때까지 5천만 년이 소요되었다는 것을 발견하면, 우리는 하나님이 자연의 기능의 완전성을 통해 참을성 있게 일해서 우리가 오늘날 보고 있는 알프스산맥을 만든 것을 찬양할 수 있다.

2.6. 기적

확실히 창조 교리는 창조세계에 대한 하나님의 지속적인 관계와 창조세계 안에서의 활동, 즉 우리가 자연에서의 삼위일체의 통상적인 활동으로 부를 수 있는 것에 관해 많은 것을 알려준다. 그런데 우리가 기적으로 부르는 이례적인 활동에 관해서는 어떤가? 기적들은 창조 교리에 어떻게 들어맞는가? 그리고 기적들이 과학 탐구에 어떤 함의가 있는가?

기적에 관한 논의는 대개 자연적인 사건들과 초자연적인 사건들을 구분하는 맥락에서 일어난다. 초자연적인 사건과 자연적인 사건을 정의하기는 까다롭지만, 직관상 자연에는 통상적인 작동 경로가 있는 것으로 보인다. 그렇다면 하나님으로 말미암은 이 통상적인 질서에 대한 개입이나 그 질서의 위반이 "자연적인" 사건 위의 또는 그것과 별도의 초자연적인 사건일 것이다. 이 구분은 성경

---

67 최소한 이것이 하나님이 창조세계를 다루는 일반적인 방식이다. 기적이라는 중요한 범주는 하나님이 창조세계의 과정 밖에서 행동하는 경우다(예컨대 그리스도가 물 위를 걸은 일, 부활 등).

68 Alter, *Book of Psalms*, 481. 이 대목에서 시 119:73과 욥 10:8-9이 도움이 된다. 하나님은 임신, 출생, 아기에서부터 성인, 가족, 친구, 공동체로 자라는 물리적 성장을 통해 참을성 있게 역사해서 성숙하고 완전히 기능하는 성인을 만든다.

의 어느 곳에서도 발견되지 않는다. 고대 근동에서는 아무도 그런 범주를 생각하지 않았다. 더욱이 성경 저자들은 하나님이 모든 것에 관여한다고 생각한다(예컨대 시 104편; 골 1:15-17). 자연/초자연의 구분은 훨씬 뒤에 발전했는데, 사람들은 성경에 기록된 사건들과 인간의 경험을 이해하기 위해 노력하면서 성경에 그 구분을 부과했다. 창조 교리는 우리가 이것이 왜 비성경적인 구분인지 알도록 도와준다. 삼위일체는 언제나 창조세계에서 일어나는 모든 일에 긴밀하게 관여하므로 하나님이 관여하지 않는 사건은 존재하지 않는다.

하지만 신적 개입이라는 개념이 특히 독립적이고 자율적으로 작동하는 창조세계라는 자연신론적 개념의 영향하에 오랫동안 호소력을 지니고 있다. 18세기 이후 기적을 자연법칙의 위반으로 생각하는 것이 일반화되었다(데이비드 흄의 정의). 우리는 이런 유형의 기적을 하나님이 창조세계의 기능의 완전성을 넘어간 것으로 이해할 수 있다. 이는 하나님이 창조세계에서 섹션 2.2-2.5에서 묘사된 통상적으로 매개된 활동과 다른 방식으로 행동하고 있다고 말하는 것이다. 성육신과 부활이 그런 예에 해당할 것이다. 이 간섭주의자 계통의 사고가 앞서 논의된 잘못된 난제에 직접적으로 기여했다. 그런 사고에서는 자연법칙 위반으로서 기적이 가장 대표적인 난제이며, 하나님과 독립적으로 작동하는 법칙이 두 번째 난제다.

그러나 17세기에 현대의 자연법칙 개념이 형성되기 전에 통용된 또 다른 기적 개념은 하나님이 행한 일 가운데 경외와 경탄으로 이르게 한 모든 것이었다(예컨대 아우구스티누스의 정의). 이 기적 개념은 하나님이 부활처럼 창조세계의 기능의 완전성과 별도로 행동하는 것을 포함할 수도 있다. 그러나 그 개념은 예컨대 성령이 자연 과정이 통상적이고 예상된 속도보다 훨씬 신속하게 작용하도록 능력을 부여하는 예도 포함할 수 있다. 마태복음 8:14-15이 그런 사례일 수 있을 것이다. 예수가 베드로의 병든 장모를 만지자 그녀는 신속하게 그리고 완전히 치유되었

다. 인체에는 다양한 병과 상처를 치유할 자연적인 역량이 있다. 이 사례에서 성령이 이런 치유 역량이 이 과업을 훨씬 빠른 속도로 수행하되 여전히 인체의 기능의 완전성의 한계 안에서 수행할 수 있게 만들었다. 이 치유는 매우 이례적이고 발생할 가능성이 크지 않은 사건이었기에, 그렇게 급속한 치유를 목격한 사람에게 경탄과 경외감을 일으켰으므로 기적으로 인정될 수 있을 것이다.

그러므로 자연에서의 하나님의 활동을 모종의 창조세계의 기능의 완전성 위반이나 정지로 제한하는 데는 성경의 근거가 없다. 창조 교리에 나타난 매개된 신적 활동의 풍부한 형태는 우리로 하여금 예기치 않은 치유, 시의적절한 재정적 지원이나 식자재의 기부로 고아원 폐쇄를 면한 일, 가까스로 사고를 피한 일 같은 사례에서 하나님이 창조세계의 기능의 완전성이 완전히 관여하는 방식으로 활동한다고 볼 수 있게 해준다. 그러나 매개된 형태의 신적 활동은 우리로 하여금 삼위일체가 지속적인 중력 작용, 식물의 성장, 별들 내부의 핵융합에도 관여하는 것을 알 수 있게 해준다(시 104편과 비교하라). 조건부 합리적 질서에 대한 기적적인 "위반"이 있을 경우에만 하나님이 자연에서 활동하고 그렇지 않을 경우에는 아무런 신적 관여가 없이 이 질서가 작동한다고 생각하는 것은 실제로 그릇된 선택이다(위에서 묘사된 양자택일 공정). 창조 교리는 삼위일체가 나사로를 죽음에서 부활시킨 사건에서와 마찬가지로 중력이 당신을 지구 표면에 붙어 있도록 유지시키는 데서도 긴밀하게 관여함을 암시한다.

과학적 탐구는 고정되고, 반복될 수 있고, 위반될 수 없는 질서를 전제하는데, 하나님이 자연에 개입할 수 있다면 이 사실이 과학 연구에 어떤 의미가 있는가? 만일 우리가 하나님이 언제 통상적인 질서를 무시하는 뭔가를 할지 확실히 알 수 없다면, 그래도 규칙성을 발견하고 그것을 이해할 유인이 있는가? 포괄적 창조 교리는 우리로 하여금 이 우려가 잘못 제기된 것임을 알도록 도와준다. 창조 교리는 우리가 경험하고 연구하는 규칙성이 진짜이고

하나님이 창조세계 안에서, 그리고 창조세계를 통해서 행동하는 통상적인 방식임을 **확인한다.** 즉 창조세계는 우발적 합리성을 지니고 있다. 이는 연구하고 이해할 실제적인 질서와 기능의 완전성이 있음을 의미한다. 더욱이 자연의 질서와 기능의 완전성은 신실하고 자애로운 창조주를 통해 유지되는데, 이는 이러한 규칙성이 신적 목적을 수행함을 의미한다.

따라서 창조세계의 질서와 기능의 완전성이 진짜이며 하나님이 자연 안에서 활동하는 것에 대한 규범이라고 생각할 신학적 이유가 많이 있다. 과학자들은 획득할 진정한 지식이 있음을 확신하고서 창조세계의 과정들을 연구할 수 있다. 그리고 이런 과정들을 연구할 때 그들은 하나님의 창조세계의 아름다움과 질서를 드러낸다. 이 점은 우리의 삼위일체 창조주께 감사와 찬양을 드릴 이유다! 신학자 토머스 토랜스는 하나님이 창조세계에 자발적으로 우발적 합리성과 상대적인 자유를 부여한 것이 과학 탐구에 대해 가지는 함의를 다음과 같이 요약한다.

우주는 무에서 창조되었을 뿐만 아니라, 우주가 자신에게서 떨어져 무로 변해버리도록 허용하지 않고 그것의 존재의 토대를 자신의 영원한 신실성에 두는 하나님이 우주와 끊임없이 상호작용함으로써 창조물의 성격이 유지된다. 따라서 우주가 자신의 조건적인 상태에서 스스로 할 수 있는 수준 이상의 안정성이 우주에 주어진다. 하나님의 감독 하에 우주가 갖는 이 조건성, 합리성, 자유 그리고 안정성의 결합이 우주에 놀라운 특성을 부여하는데, 이 특성으로 말미암아 우리가 우주에 관해 과학적으로 탐구할 수 있을 뿐만 아니라 그러한 탐구가 우리의 의무가 된다.…[창조세계의] 지속적인 과정들은 고유한 구조로 특징지어지는데, 하나님은 우주를 창조함으로써만이 아니라 그것의 존재를 유지함으로써 이 구조가 **실제적임을 확인한다.** 이는 우주에 대한 하나님의 관계에도 해당하며, 따라서 하나님은 우리에게 신적 인정을 통해 유지되고 있는 이 구조를 존중할

의무를 지운다. 이는 우리가 과학적 탐구를 통해 규명하는 질서 있는 객관적 연결 관계에 적용된다.…그러나 그런 연결 관계는 창조주와의 관계를 통해 창조세계에 객관적으로 존재하는 관계이기 때문에, **우리는 하나님과 우주 사이의 상호작용을 우주의 법칙에 대한 간섭이라거나 상호작용을 통해 하나님이 만든 우주 안에 무질서를 들여온다는 식으로 생각할 수 없다. 오히려 그 반대다. 즉 하나님과 우주 사이의 상호작용은 우주의 우발적 합리성을 강화하고 우주에 내재하는 질서에 일관성을 부여한다.**[69]

토랜스는 계속해서 다음과 같이 말한다.

우리는 또한 우주의 합리적 질서가 자신에게서 유래하는 창조의 신적 매개자인 영원한 로고스로서 성자의 성육신을 이에 비추어 생각해야 한다. 따라서 성육신은 창조세계나 시공간 구조에 대한 침입으로 생각될 것이 아니라 우주에 대한 하나님의 영원한 목적 수행에 있어서 하나님이 자유롭게 선택한 하나님의 합리적인 사랑의 방식으로 생각되어야 한다.

우리는 예수의 기적적인 행동을 자연법칙의 위반으로 볼 것이 아니라 다음과 같이 생각해야 한다.

우리의 세상의 한계, 조건, 객관성 안에서 우리가 "자연법칙"으로 부르는 시공간 구조의 정지와 관련이 있는 것이 아니고, 자연이 나타내는 하나님이 주신 자연 안의 질서를 폐기하는 것은 더더욱 아니며, 죄, 질병, 폭력과 모든 종류의 악을 통해 그 질서를 무너뜨리려고 하는 모든 위협에 직면해서 그 질서를 재창조하고 심화하는 것이다.[70]

---

69 Thomas F. Torrance, *Divine and Contingent Order* (Edinburgh: T&T Clark, 1981), 21, 23, 강조는 덧붙인 것임.

70 Torrance, 23-24.

물리학자인 로버트 보이드는 기적들과 과학 탐구에 대해 우리가 인식하는 문제들은 대개 관점의 문제라고 주장한다. "내가 보기에는 성경이 결코 기적을 '자연에 대한 위반'으로 여기지 않는 것 같다. 나는 기쁘게 자연법칙에서 우리가 하나님의 활동에서 볼 수 있는 규칙성에 대한 우리의 설명을 보며, 사람들이 기적으로 부르는 패턴에 나타난 유별난 특징들도 여전히 하나님의 활동이며 하나님의 관점에서는 전혀 불규칙적이지 않다고 본다."[71] 다양한 형태의 매개된 신적 행동을 강조하는 창조 교리는 하나님이 행동할 때—통상적으로든(기능의 완전성) 특별한 방식으로든(표적과 이적)—하나님이 창조세계에 부여한 특성이나 과정이 위반되지 않는다는 것을 우리가 알도록 도움을 준다. 하나님은 결코 창조세계의 기능의 완전성을 그 안에서 일어나는 모든 것의 전부이거나 궁극적인 목적으로 의도하지 않았다. 다른 한편으로, 하나님이 (예컨대 성육신과 부활에서처럼) 그 기능의 완전성의 일부가 아닌 방식으로 행동할 때 하나님께는 그런 행동에 관해 "부자연스러운" 점이 없다. 그런 행동은 신적 계획과 목적에 완전히 일치한다. 기적들은 필요를 충족하는 하나님의 목적에 부합하고 특히 만물의 창조주와 구속자에 대해 증언하는 방식으로 창조된 질서에 추가되었다.

신학적 배경으로서 창조 교리를 살펴보았으니 이제 우리가 창조세계에 관해 아는 방식을 살펴보기로 하자.

---

71 Robert L. F. Boyd, "Reason, Revelation and Faith," in *Christianity in a Mechanistic Universe and Other Essays*, ed. Donald M. Mackay (Chicago: InterVarsity Press, 1965), 117. 유사한 견해는 Tim Morris and Don Petcher, *Science and Grace: God's Reign in the Natural Sciences*(Wheaton, IL: Crossway, 2003)를 보라.

3장

기원 문제를 추구함에 있어 지식과 신앙

당신이 깨닫든 깨닫지 못하든 간에 앞의 두 장은 지식에 관한 내용이었다. 결국 해석 원칙과 창조 교리는 지식의 주요한 부분이다. 우리가 그런 지식을 어디서 얻는가? 창조 교리의 경우 그 지식은 성경과 창조세계를 통해 우리에게 계시되며, 이 두 원천에 대한 우리의 연구를 통해 매개된다. 과학도 창조세계와 그것의 기원에 관한 지식을 발견한다. 우리가 이런 종류의 지식이 주장하는 바가 무엇을 의미하는지 이해하려면 지식과 아는 방식에 관해 생각하기 위한 틀이 필요하다. 이에 관해 살펴보고 나서 우리는 4장에서 지식에 대한 과학적 방식과 신학적 방식에 관해 구체적으로 살펴볼 것이다.

3.1. 지식의 정의

우리는 일반적이고 기술적이지 않은 것으로 보이는 지식의 정의부터 시작할 것이다. 만일 당신이 인식론 수업을 듣는다면 철학자들이 수 세기 동안 지식에 관해 다양

한 정의를 추구해왔음을 알게 될 것이다. 이런 정의들에는 다양한 종류의 문제들이 있다(어떤 문제는 본질상 어느 정도 기술적이다). 무엇이 문제인지 그리고 그런 문제를 교정하기가 얼마나 어려운지를 알아내는 데 한 학기가 할애될 것이다. 그러는 동안 당신은 지식을 정의하는 것과 관련된 역사와 문제들을 배울—지식을 얻을—것이다! 지식에 대한 명확한 정의가 없어도 우리가 지식을 가질 수 있는 것으로 보인다.

이렇게 말하는 이유는 논란이 없는 지식 이론에 관한 합의가 없어도 인간이 많은 것을 안다는 점을 지적하기 위함이다. 실제적인 제안으로서, 우선 우리의 일반적인 삶의 방식과 일상에서 만나는 일들을 대처하는 것과 관련된 지식을 생각해보라. **우리가 무엇에 관해 생각하거나 말하거나 그것을 처리할 때 그것이 참으로 사고와 경험의 적절한 토대에 근거할 경우** 우리에게 무엇에 관한 지식이 있다.[1]

---

[1] Dallas Willard, *Knowing Christ Today: Why We Can Trust Spiritual Knowledge* (New York: HarperOne, 2009[『그리스도를 아는 지식』, 복있는사람 역간]), 15에서 각색했음. 우리는 다양한 기술적 이유로 이 대목에서 우리와 관련이 없는 내용을 나타내는 단어를 빠뜨렸다. Willard는 영적인 지식이 과학적 지식이나 다른 형태의 지식에 비해 허약한 토대에 기초하고 있는가라는 문제를 잘 다룬다. 이 책을 James Turner의 *Without God, Without Creed: The Origins of Unbelief in America* (Baltimore: Johns Hopkins University Press, 1986)와 함께 읽으면 영적 지식에 반대하는 편견이 어떻게 발달했는지와 그 편견이 현재 미국 문화에서 어떤 역할을 하는지를 이해할 수 있을 것이다.

이 정의는 지식이라는 말이 실제로 무엇을 의미하는지 및 지식이 인간의 활동에서 어떻게 나타나는지에 관해 많은 것을 포착한다. 우리는 언제나 지식에 대한 적절한 토대와 경험을 활용한다. 예를 들어 우리가 나무판에 못을 박을 때 망치를 인식하고서 그것을 적절하게 사용한다면 우리에게는 망치에 대한 지식이 있다. 또는 당신이 국제선 공항에 도착해서 수하물의 내용에 관해 질문을 받을 때(예컨대 당신이 짐을 쌌는지, 언제 어디서 짐을 쌌는지, 수하물이 잠시라도 당신의 시야에서 벗어난 적이 있는지 등) 공항의 그 절차는 당신의 수하물의 안전에 관한 지식을 확인하기 위한 적절한 형태의 사고와 경험에 맞춰진 절차다. 우리가 산수의 규칙, 질서, 힘에 관해 생각하고 그것을 통해 작업한다는 토대에서 산수에 대해 말하고 산수를 사용할 때 우리에게는 산수에 대한 지식이 있다. 당신은 정확히 세어봄으로써 당신의 호주머니에 동전이 몇 개 들어 있는지를 안다. 또는 누군가가 당신에게 물어보고 당신의 말을 들음으로써 당신이 어떤 맛을 내는 아이스크림을 가장 좋아하는지를 알 수 있다.

사고와 경험의 토대가 부적절하면 지식이 존재하지 않는다. 예를 들어 [범죄 수사에서 인종이나 민족의 특색을 분석하는] 프로파일링은 적절한 사고나 적절한 경험에 기초한 것이 아니다. 그런 프로파일링에는 어떤 지식도 존재하지 않는다. 오히려 편견과 이념적 편향이 작용한다. 사람들이 사고와 경험의 적절한 토대를 사용하지 않을 때 프로파일링이 일어난다. 마찬가지로 우리는 문헌 비평에 적절한 사고와 경험의 토대를 적용하는 방법으로는 시험관 안에 들어 있는 화학 물질의 구성 물질에 관한 과학적 질문에 답변할 수 없다. "사고와 경험에 대한 적절한 토대"라는 어구가 우리가 추구하는 종류의 지식(예컨대 과학적, 신학적, 심미적, 역사적, 인간적 지식)에 대한 토대의 맥락상의 적실성을 정하기 때문에 지식에 대한 우리의 정의

는 얼핏 보기에는 다소 수수하지만 잘 작동한다.[2]

우리는 2장에서 창조 교리가 창조된 모든 것에 진정한 속성과 과정이 있다고 가르친다는 것을 보았다. 우리가 어떤 대상을 그것이 참으로 요구하는 방식으로 대하기 위해 그것의 속성과 과정을 발견하려면 사물들을 그런 속성과 과정에 적절한 방식으로 알게 될 방법이 필요하다. 인간이 천편일률적인 방법으로 알게 된다고 생각할 이유가 없다. 더욱이 과학적, 역사적, 신학적, 심미적 지식 등 다양한 지식이 있다. 각각의 형태의 지식에 적절한 사고와 경험의 토대가 있다. 본서에서 우리는 주로 과학적 지식(과학자들이 발견하거나 명확하게 하려고 노력하는 것)과 신학적 지식(신학이 발견하거나 명확하게 하려고 노력하는 것)에 초점을 맞출 것이다. 본서의 뒷부분에서 우리는 천문학, 생물학, 화학, 지질학 및 물리학에 적절한 사고와 경험의 형태에 관해 어느 정도 자세하게 다룰 것이다.

우리는 알게 되는 다양한 방식을 추구함으로써 지식을 얻는다. 예를 들어 자연과학은 명백히 자연을 연구하지만, 자연과학의 연구 방법은 특정한 종류의 증거와 적절하게 연결된다. 방법과 증거 사이의 이 연결 관계가 과학자들이 뭔가를 안다고 말하는 주장의 토대를 제공한다. 우리는 본서에서 이런 연결 관계를 많이 언급할 것이다.

그러나 지식이 방법과 증거의 연결만은 아니다. 그런 연결 관계 안에서 생산된 모든 지식은 **전제**라 불리는 특정한 형태의 지식에도 의존한다. 전제는 지식의 다른 부분이 의미가 있거나 사실이려면 꼭 필요한 가정이나 믿음으로 특징지어질 수 있다. 우리가 가정하거나 의존할 수 있어야 하는 여러 사항이 존재한다. 그렇지 않으면 우리는 어떤 지식도 가지기 시작할 수조차 없다. 우리가 현재

---

2   이것은 맥락주의로 알려진 인식론 접근법의 예다. Michael Williams, *Problems of Knowledge: A Critical Introduction to Epistemology* (Oxford: Oxford University Press, 2001)를 보라. 맥락주의는 상대주의와 혼동되지 않아야 한다. Robert C. Bishop, *The Philosophy of the Social Sciences* (London: Continuum, 2007), 17장을 보라.

의문이 제기되는 믿음이나 아이디어들을 조사하는 반면에, 의문이 제기되지 않는다고 가정해야 하는 많은 사항이 있다. 훗날 우리가 전제하고 있는, 잠정적으로 의문을 제기하지 않았던 아이디어나 믿음 중 하나에 의문이 제기될 필요가 있을 수도 있다. 우리는 결코 동시에 양자를 할 수는 없다. 요컨대 우리는 뭔가를 전제하지 않고서는 아무것도 알 수 없다.

당신은 당신의 부모님이 "돈을 벌려면 돈이 필요하다"고 반복해서 말하는 가정에서 자랐을 수도 있다. 이 원칙은 확실히 사실이다. 예를 들어 당신이 일하러 가기 위해 자동차에 기름을 넣기 위해서는 기름값을 지불할 돈이 있어야 한다.…돈을 벌기 위해서는 돈이 필요하다. 지식도 비슷하다. 지식을 만들어내거나 발견하려면 지식이 필요하다. 전제는 이 특별한 위치를 차지하는 부류의 지식이다. 다른 어떤 지식이 가능하기 위해서나 우리가 어떤 것이 실제로 무엇인지를 이해할 수 있으려면, 우리가 그 지식의 진실성이나 기본적인 신뢰성을 가정해야 한다.

과학의 분야들도 마찬가지다. 그것들도 전제들에 기초한다. 과학자들이 자기가 연구하고 있는 세상의 특징들에 관해 뭔가를 알 수 있는 유일한 방법은 지식을 만들어내는 다른 활동에서의 방법과 유사하다. 과학자들은 심지어 지식 비즈니스에 종사하기 위한 전제 조건으로서 특정한 종류의 전제를 만들어야 한다. 과학적 탐구 근저에 자리한 가장 기본적인 전제들은 탐구를 가능하게 하지만 탐구가 특정한 결론으로 향하도록 편향시키지는 않는 전제여야 한다.

3.2. 과학의 전제들

이런 전제들은 두 범주로 나뉠 수 있다. 첫 번째 범주는 물리학자들이 물리학 연구를 위해 가정해야 하고, 화학자들이 화학 연구를 위해 가정해야 하며, 생물학자들이 생물학을 연구하기 위해 가정해야 하는 식의 전문적인 전제들이다. 우리는 학문 분야에 특수한 이런 전제들 몇 가지를

본서의 뒷부분에서 다룰 것이다. 두 번째 범주는 일반적으로 과학적 탐구를 가능하게 만드는 전제들로 구성된다. 아래의 목록은 모든 것을 망라하지는 않지만, 우리가 본질적인 전제 대다수를 살펴보도록 도움을 주기에 충분할 것이다.

- 잠정적 진실/조건부 확실성이 있을 수 있다.
- 외부 세계가 존재한다.
- 감각 인식은 기본적으로 신뢰할 만하다.
- 이성은 기본적으로 신뢰할 만하다.
- 자연은 균일하게 행동한다.
- 자연은 일관성이 있는 패턴을 보인다.
- 자연은 이해될 수 있다.
- 자연에 대한 지식은 대체로 세계관과 무관하다.
- 인간은 보편적인 탐구 역량을 공유한다.

우리는 이제 이 항목들 각각을 살펴볼 것이다.

3.2.1. 잠정적 진실/조건부 확실성이 있을 수 있다. 과학자들은 알려질 진실이 있다고 가정한다. 그러나 과학적 조사는 잠정적 또는 조건부 진실이라는 특정한 **종류**의 진실을 겨냥한다. 과학자들이 추구하는 이런 종류의 진실은 우리가 현재 알고 있는 내용으로 말미암아 조건이 정해진다는 의미에서 잠정적이다. 이것은 **합리적인 의심이 없는** 형태의 지식이다. 이 점이 당신에게 놀랍게 다가올지도 모르지만, 합리적인 의심이 없는 지식이야말로 경험적 연구 방법이 산출해내기에 적합한 유일한 종류의 지식이다. 그런 방법은 절대적 확실성을 산출하는 데 능숙하지 않다. 예컨대 경험적 방법을 사용해서 절대적 확실성을 가지려면 전지(全知)가 필요하다. 우리가 어떤 사항에 대한 절대적 확실성을 달성하려면 그것과 관련이 있는 모든 증거를 수집하고 그것에 미칠 수 있는 모든 영향을 이해해야 할 것이다. 전자의 속성에 관해 알게 되는 예를 들어 보

자. 우주에는 10^{80}개의 전자가 존재하기 때문에 모든 전자를 조사해서 전지를 달성하는 것은 불가능하다. 대신에 경험적 방법은 우리의 능력 범위 내에서 우리가 알 수 있는 바를 말해 주는 데 뛰어나다. 과학자들은 우리로 하여금 현재 우리가 알고 있는 것을 수정하게 만드는 새로운 발견으로 이끄는 경험적 방법에 항상 마음이 열려 있다. 이런 종류의 의심의 여지가 없는 지식—우리가 현재 그 주제에 관한 현재의 지식을 의심할 맥락상으로 좋은 이유가 없는 지식[3]—이 과학이 계속 연구하는 지식이다. 따라서 우리는 절대적 확실성을 달성하지는 못할지라도 전자에 대한 우리의 지식에 높은 수준의 자신을 가질 수 있다.

실제로 그런 잠정적 지식이 상당히 흔하다. 예컨대 법률의 맥락에서 합리적인 의심이 없다는 기준이 사용된다(예컨대 증거의 우세함[preponderance of evidence]). 확실성을 위해 요구되는 전지는 대개 달성될 수 없다. 그러나 검사가 적절한 증거에 기초한 주장을 펼칠 수 있고 피고가 검사의 주장을 의심할 맥락상으로 적실성 있는 이유를 제기하지 못하는 한 [피고가 유죄라는] 지식을 위한 법적 기준이 충족된다. 물론 과학의 경우에서와 마찬가지로 기소에 의문을 제기할 적실성 있는 새로운 증거가 발견되면 그 사안은 재검토되고 전에는 잘 지지되었던 법적 판단이 재평가된다. 사법 시스템이 종종 사안을 바로잡고 실수가 발생하면 우리가 그것을 발견할 수 있으므로 우리는 그 시스템을 신뢰한다. 과학에 대해서도 마찬가지다.

또는 의료 분야에 관해 생각해보라. 의사들과 간호사들은 진단과 처치에서의 지식에 대해 합리적인 의심이 없음이라는 기준을 사용한다. "확실성 수녀회 병원"과 "합리적인 의심이 없는 성 마리아 병원"이라는 두 병원을 고려해보라. 확실성 수녀회 병원에서는 의사들과 간호사들이 진단과 처치를 함에 있어 확실성의 기준에서 지식을 적용하는 반면에, 성 마리아 병원에서는 의사들과 간호사

들이 합리적인 의심이 없는 지식 기준을 적용한다. 두 병원의 환자들의 결과를 비교하면 당신은 확실성 수녀회 병원에 간 환자 중에서는 치료를 받지 않더라도 스스로 나을 수 있었을 사람 외에는 살아서 그 병원을 떠나는 사람이 매우 적다는 것을 발견할 것이다. 이는 의사들과 간호사들이 진단을 내리기 전에 확실성을 추구하고 처치를 처방하기 전에 확실성을 모색하기 때문이다. 의료의 맥락에서 그런 확실성은 좀처럼 달성되지 않는다. 환자들은 결코 진단과 처치를 받지 못할 것이다. 확실성 수녀회 병원과는 대조적으로 성 마리아 병원에서는 진단과 처치에 합리적 의심이 없는 기준을 지향하고 처치 결과에 따라 조정하기 때문에 환자의 치료 결과가 다른 좋은 병원의 결과와 비슷하다.

과학, 법률, 그리고 의료의 경우 중요한 것은 단지 논리적인 가능성이 아니라 **맥락상으로 적실성 있는** 현상이라는 점을 주목하라. 예컨대 과학자들은 그들이 연구하고 있는 맥락 안에서 물리적으로 가능한 것들에만 초점을 맞춘다. 논리적 가능성은 너무 광범위하고 그것 자체로는 거의 적실성이 없으므로 과학자들은 결코 논리적 가능성에 초점을 맞추지 않는다(섹션 4.7을 보라).

뉴턴의 중력 법칙은 이것이 과학에서 어떻게 작동하는지에 대해 역사적인 좋은 예다. 18세기와 19세기에 과학자들은 당시의 증거가 가리키는 한 뉴턴의 법칙이 진리라고 주장했다. 당시 알려진 뉴턴의 법칙에는 경험적으로 중요한 한 가지 난제만 있었다. 뉴턴의 중력 법칙은 수성의 태양 근일점이 전진하는 율을 잘못 예측했다.[4] 당시에는 누구도 이 예외를 어떻게 설명해야 할지를 몰랐다. 뉴턴의 법칙의 다른 모든 예측은 당시 가능했던 관측 범위 안에서 옳은 것으로 보였다. 20세기 초에 아인슈타인이

---

3 Williams, *Problems of Knowledge*, 13–14장과 비교하라.

4 근일점은 행성의 궤도에서 태양에 가장 가까운 지점이다. 수성의 경우 그 궤도가 정확하게 되풀이되지 않으며, 따라서 근일점이 실제로 관측될 수 있고 계산될 수 있는 율로 공전 궤도 상에서 전진한다(섹션 7.3, 그림 7.3을 보라).

그의 일반상대성 이론(섹션 7.3을 보라)에서 중력에는 뉴턴의 법칙 이상이 있음을 보였다. 뉴턴의 법칙은 자연이 아인슈타인의 이론을 통해 묘사된 대로 작동하는 특별한 경우의 방식임이 판명되었다. 과학자들은 아인슈타인의 연구와 그 연구의 경험적 테스트를 통해 배운 내용에 기초해서 중력이 어떻게 작동하는가에 관한 그들의 생각을 수정해야 했다. 그리고 그들은 수성의 근일점의 정확한 전진 비율을 계산할 수 있었다. 그들의 지식이 업데이트되었고 중력에 대한 그들의 과학적 이해가 진보했다.

그리고 과학자들이 이제 그들이 중력에 관해 아는 모든 것을 확신한다고 당신이 생각하지 않도록 말해두자면, 그 지식 역시 우리가 지금까지 아는 내용에 기초한 잠정적인 것이다. 사실 물리학자들은 오늘날 19세기 뉴턴의 중력 법칙 사례와 유사한 상황을 직면한다. 우리는 (중력에 대한 우리의 최상의 이론인) 아인슈타인의 일반상대성 이론이 기본 입자 차원에서 (기본 입자에 대한 우리의 최상의 이론인) 양자역학에 동의하거나 서로 조화되지 않는다는 것을 깨닫는다.

그러므로 과학자들은 우리가 현재 알고 있는 것이 앞으로 이루어질 새로운 발견 때문에 미래의 어느 시점에는 변할 것으로 예상한다. 그 변화는 사소한 것이거나 온건한 정도이거나 중대한 것일 수 있다. 아무튼 과학자들의 현재 지식은 지금까지 발견된 증거를 통해 정당화되는 신뢰 수준에서 잠정적이다. 따라서 과학자들이 진리에 대해 말할 때 그들은 자기들이 현재 알고 있는 바에 기초해서 현재 확신하고 있는 것을 의미한다. 그들이 그 점을 명백히 밝히지 않을 수도 있지만, 앞으로 새로운 발견들이 이루어져서 그들이 현재의 최상의 아이디어들조차도 수정하거나, 재고하거나, 재해석하거나 심지어 폐기할 수밖에 없을지도 모른다고 가정된다. 역사적으로 그런 경우는 드물지만 우리는 간혹 지금까지의 연구 결과를 깨끗이 잊고 완전히 새로 시작해야 한다. 대체로 과학자들은 우리가 새로운 내용을 발견함에 따라 기존의 아이디어들을 재작업하고, 가다듬고, 확장한다. 과학자들은 뉴턴의 네 번째 추론 규칙의 정신을 따른다. 그 규칙은 우리에게 현재 잘 지지되는 아이디어들을 이 아이디어들과 일치하지 않는, 맥락상으로 적실성 있는 관측이 이루어질 때까지 잠정적으로 옳은 것으로 여기라고 말한다. 그 시점에 우리가 현재 지지되는 아이디어들을 버리는 것은 아니다. 우리는 문제가 되는 개념들을 가다듬고 새로 발견된 예외들의 이유를 이해하려고 노력해서 궁극적으로 설명될 현상에 관한 더 완전한 과학적 이해를 낳는다.[5] 잠정적인 진리의 존재를 전제한다고 해서 절대적인 진리가 없음을 암시하는 것은 아니라는 점을 주목할 필요가 있다. 요점은 우리가 경험적 방법을 채택할 경우 잠정적 진리가 그런 방법이 낳을 수 있는 적실성 있는 진리라는 것이다. 과학자들의 이론적인 아이디어들을 수정하는 것이 과학 연구의 핵심이다. 그러나 그것은 우리가 익숙한 아이디어들에 관해 새로운 사실들을 발견함에 따라 일상의 지식을 수정해야 하는 것과 다르지 않다. 모든 맥락에서 우리는 이것을 학습이라고 부른다. 본서의 뒷부분에서 우리는 천문학, 지질학, 화학, 진화 생물학, 자연 인류학에서 일어난 이런 과정의 몇 가지 예를 보여줄 것이다.[6]

3.2.2. 외부 세계가 존재한다.
외부 세계의 존재는 당신이 당신의 몸 외부의 세계에 관해 어떻게 생각하느냐에 따라 당신에게 명백할 수도 있고 아주 신비로울 수도 있다. 외부 세계의 존재에 관해 철학적 논의가 많이 이루어졌다. 그러나 과학자들은 정신으로부터 상당한 수준의 독립성

---

5 Achinstein, *Science Rules: A Historical Introduction to Scientific Methods* (Baltimore: Johns Hopkins University Press, 2004), 70-75를 보라.

6 천문학에서 과학자들이 잠정적인 지식을 어떻게 다루는지 보여주는 예는 Bertram Schwarzschild, "A Close-Up Look at an Unusually Powerful Gamma-Ray Burst," *Physics Today* 67 (February 2014): 13-15을 보라. 잠정적 지식에 대한 신학적인 옹호는 Colin Gunton, *The One, the Three and the Many: God, Creation and the Culture of Modernity* (Cambridge: Cambridge University Press, 1993[『하나 셋 여럿: 현대성의 문제와 삼위일체 신학의 응답』, IVP 역간])를 보라.

을 지니는 진정한 세계가 존재한다고 전제해야 한다. 사실 세상은 이곳에 인간이 있든 없든 간에 그 모습대로 존재할 것이다. 예를 들어 전자는 우리가 전자에 관해 이론화하고 그것에 대해 실험을 하든 하지 않든 간에, 그리고 심지어 이론화하고 실험할 만큼 충분히 지적으로 발달했든 하지 않았든 간에 전자의 속성을 지닐 것이고 그것이 반응하는 힘들에 반응할 것이다. 인간 지성의 외부에 그리고 인간의 지성이 탐구하고 알아내는지와 무관하게 존재하는 것들이 있다.

그런 세계가 없다면 과학자들이 연구할 대상도 없을 것이고 따라서 과학적 탐구에 종사할 유인도 없을 것이다. 실제 세상을 전제한다고 해서 우리가 그것에 대해 속속들이 다 알게 되리라고 암시하는 것은 아니다. 그러나 연구할 진정한 세계가 있다는 가정은 과학적 탐구에 대한 동기부여에 매우 중요하다.

3.2.3. 감각 인식과 이성은 기본적으로 신뢰할 만하다.
다음의 두 전제는 함께 고려될 수 있다. 앞서 언급된 바와 같이 과학자들은 특정한 종류의 방법-증거의 연결 관계를 통해 지식을 얻는다. 이 모든 방법-증거의 연결은 감각 경험과 이성의 기본적인 신뢰성을 전제한다. 예컨대 통제된 실험이라는 개념 자체가 우리의 감각들이 기본적으로 신뢰할 만하다는 사실에 의존한다. 관측 행위는 우리가 먼저 우리의 감각들이 지식을 습득하기 위한 수단으로서 기본적으로 신뢰할 수 있다고 전제할 때만 이치에 맞는다. 우리의 감각이 완벽해야 한다는 요건은 없다. 그저 기본적으로 믿을 만하면 된다.

추론(reasoning)은 지적인 작업 중 어떤 것에 관해 설명하거나 정당화하거나 달리 적절한 이유나 변호를 제시해서 어떤 것을 이해할 수 있게 만들고 사안들을 철저하게 생각하는 것이다. 과학자들이 이성(reason)의 기본적인 신뢰성을 전제한다는 말은 예컨대 그들이 계산하거나 어떤 것을 이론화할 때 이런 활동들이 계산하고 이론화하며

설명하는 능력이 기본적으로 믿을 만하다고 전제함을 의미한다. 여기서도 우리의 추론 능력이 완벽할 필요는 없다. 그저 기본적으로 믿을 만하면 된다.

감각 경험과 이성은 과학자들이 그것을 통해 지식을 얻는 중요한 수단이다. 감각 경험과 이성이 기본적으로 신뢰할 만하다는 가정이 없다면 과학자들이 할 수 있는 일이 없다. 실로 이 두 가정이 없이는 어떤 사람이라도 아무것도 할 수 없다. 늦지 않게 등교하거나 출근하기 위해 아침에 일어나기나 당신이 식료품을 살 돈이 충분히 있는지 결정하기 등 모든 종류의 지식을 사용하는 일에서 모든 사람이 이 두 가지를 가정한다.

이 대목에서 진정한 외부 세계를 가정하는 것과 연결되는 지점이 있음을 주목하라. 과학을 위한 감각 경험은 과학자들이 관여하는 물질적 또는 물리적 실재와 연결된다.[7] 이는 인간의 감각 경험이 유일한 물리적 실재라고 말하려는 것은 아니고, 단지 과학 연구가 의존하는 감각 경험은 관측할 진정한 세계가 존재한다고 전제함을 지적하려는 것이다.

3.2.4. 자연은 균일하게 행동한다.
우리의 이성과 감각 경험이 우리에게 창조세계에 관해 알려주기 위해서는 몇 가지 전제가 더 필요하다. 과학자들이 사용하는 또 다른 전제는 자연이 균일하다는 것이다. 이 개념은 기본적으로 과학자들이 연구하는 자연법칙과 과정은 우주의 어디서나 그리고 언제나 똑같다는 것이다. 중력은 북아메리카나 아프리카에서도 남아메리카와 달 위 그리고 안드로메다 은하에서 작용하는 것과 똑같은 방식으로 작용한다. 마찬가지로 중력은 태양 주위를 도는 어떤 행성이나 자신의

---

7 누군가가 과학만능주의—과학적 방법만이 진정한 지식을 낳는다고 생각한다—에 매혹되었다면 이 연결 관계는 궁극적으로 과학적 관측이 하나님을 드러내지 않으므로 그런 존재는 없다는 결론에 이를 것이다(궁극적으로 지지되지 않는다). 과학만능주의에 대한 논의는 섹션 3.5를 보라.

별 주위를 도는 외계 행성에 작용하는 것과 똑같은 방식으로 지구와 달 사이에 작용한다. 중력은 우주적인 힘으로서 어제도 있었고 오늘도 있으며 내일도 있을 것이다. 자연법칙을 탐구하고 발견한다는 개념 자체가 창조세계에 이런 종류의 균일성이 있음을 전제하는데, 이는 바로 창조 교리가 창조세계의 기능의 완전성(섹션 2.2.2)과 봉사적 성격(섹션 2.4.3)을 고수하는 데 기초해서 우리가 예상할 수 있는 세계다.

균일성은 과학에 매우 중요한 재현 가능성과 연결된다. 우리는 어떤 과학자가 미국에서 전자의 질량을 측정하고 다른 과학자가 중국에서 전자의 질량을 측정하면(실수가 없다면) 두 과학자가 같은 결과를 얻으리라고 기대한다. 그리고 후에 다른 방법으로 실험이 반복되더라도 같은 결과가 나올 것이다.

이런 종류의 자연의 균일성이 과학 연구를 과학 연구가 되게 만드는 요체다. 우리는 자연이 획일적이라는 것을 증명하지 않는다. 대신 우리는 과학 탐구의 본질에서 자연의 균일성을 전제한다. 자연이 획일적이지 않다면—즉 자연이 계속 변한다면—과학은 파산할 것이다. 오늘 나온 과학적 주장이 내일은 타당하지 않을 것이다. 지식이 거의 없을 것이기 때문에 과학자들이(그리고 그 사안에 관한 한 모든 사람이) 지식과 관련된 일을 하지 못할 것이다.

3.2.5. 자연은 일관성이 있는 패턴을 보인다. 자연이 일관성 있는 패턴을 보인다는 전제는 균일성 가정과 관련이 있지만, 그것과는 다르다. 원인-결과의 연결 관계는 일관성 있는 패턴의 매우 중요한 요소 중 하나다. 예컨대 당신은 매일 당신의 집을 나올 때 문을 열고 집 밖으로 걸어 나간다. 당신은 다시 집으로 들어갈 때 문을 열고 집 안으로 걸어 들어간다. 그것은 신뢰할 수 있는 원인-결과 관계다. 열쇠들은 문을 잠그고 푼다. 문의 손잡이를 돌리고 밀거나 잡아당기면 문이 열리거나 닫힌다. 그런 패턴이 일관

성 있게 계속되지 않는다면 당신이 어떤 날에 성공적으로 당신의 집을 나갔다가 다시 들어오지 못할 수도 있다. 그리고 당신은 미래에 관해 어떤 예측도 할 수 없을 것이다.

과학자들은 이런 패턴을 발견하려고 노력한다. 과학자들은 한 번만 독특하게 일어나는 일회성 사건의 원인과 결과를 발견하려고 노력하지 않는다. 과학의 방법—증거 연결 관계는 이런 사건들을 연구할 수 없다.[8] 과학적 방법은 일관성이 있고 계속적인 패턴을 전제한다. 예를 들어 통제된 실험은 반복해서 수행되어야 한다. 우리는 패턴을 발견하기 위해 통제된 실험을 거듭 수행해서 통계 수치들이 어떻게 작동하는지 살피고, 오류의 출처가 어디인지 알아보며, 가급적 많은 인과관계상의 미묘한 점들을 연구한다. 지속적인 패턴의 존재는 과학 탐구 자체의 본질에 매우 중요하다.

3.2.6. 자연은 이해될 수 있다. 나아가 과학자들은 자연이 이해될 수 있다고 전제한다. 그렇지 않다면 결실을 맺지 못할 것이다. 자연이 적어도 어느 정도라도 이해될 수 있지 않다면 과학자들이 자연을 이해하기 위해 할 수 있는 일은 없다. 자연이 획일적이고 자연에 지속적인 패턴이 있는지가 중요하지 않을 것이다. 우리가 창조세계의 우발적인 합리성을 이해할 수 없다면 과학적 방법은 물리적 세계가 어떤 모습이고 그것이 어떻게 작동하는지에 관해 우리에게 아무것도 설명해주지 못할 것이다.

아인슈타인은 다음과 같이 말했다. "우주에 관해 가장 이해할 수 없는 것은 우주가 이해될 수 있다는 것이다."[9] 아인슈타인은 자기의 오랜 친구인 모리스 솔로빈에게 보낸 편지에서 이 말이 의미하는 바의 일부를 설명한다.

---

8   그러므로 기적들이 대개 일회성 사건들이라면 과학은 그것들을 연구할 수 없다.

9   Albert Einstein, "Physics and Reality," in *Ideas and Opinions*, trans. Sonja Bargmann (New York: Bonanza, 1954), 292.

자네는 내가 (우리가 그런 이해 가능성에 관해 말할 수 있는 한) 세상의 이해 가능성을 기적이나 영원한 신비로 여기는 것을 이상하게 생각할 걸세. 그런데 우리는 아무리 해도 인간의 지성에게 이해될 수 없는 혼란한 세계를 예상할 걸세.…예컨대 뉴턴의 중력 이론을 통해 창조된 것과 같은 질서는 완전히 다르지. 그 이론의 공리가 인간을 통해 제안된다고 하더라도 그런 프로젝트의 성공은 객관적인 세상의 높은 수준의 질서를 전제하는데, 이는 선험적으로 기대될 수 없단 말이야. 그것은 우리의 지식이 확대됨에 따라 끊임없이 강화되는 "기적"일세.[10]

자연이 이해될 수 없다면 과학 탐구 방법은 무기력할 것이다.

3.2.7. 자연에 대한 지식은 대체로 세계관과 무관하다.

과학이 자연에 대한 지식은 대체로 세계관과 무관하다고 전제한다는 사실은 그리스도인들에게는 다소 놀랍게 보일 수도 있을 것이다. 이 주장은 자연에 대한 지식이 세계관과 완전히 무관하다고 보는 것이 아니라, 자연 과학의 탐구는 인간의 정신과 무관한 창조세계의 속성과 과정에 초점을 맞추기 때문에 대체로 세계관과 무관하다고 본다. 대략적으로 말하자면, 우리는 이 점을 과학이 자연의 속성과 과정을 관측할 인간이 없다면 그것들이 어떤 모습을 띠겠는가에 초점을 맞추는 것으로 생각할 수 있다. 예컨대 서로 다른 세계관이 암을 어떻게 다룰지에 관한 우리의 선택에 영향을 줄 수도 있겠지만, 탐지되지 않은 암은 거의 모든 세계관에 무관하게 탐지된 암과 동일한 행태를 보인다.

과학자들이 돼지 독감을 일으키는 H1N1 바이러스의 속성을 발견하려고 노력한다고 가정해보라. 세계관에 대한 비의존성은 북아메리카에 거주하는 그리스도인이 현미경을 통해서 보든, 중국에 거주하는 불교도나 공산주의자가 보든, 테헤란에 거주하는 무슬림이 보든 상관이 없다는 뜻이다. H1N1 바이러스의 속성은 우리의 문화나 세계관에 기초해서 변하지 않는다. 이 점은 아인슈타인이 감동적으로 말한 이해 가능성—인간은 지성에 의존하지 않는 자연 질서를 파악할 수 있다—의 신비의 일부다. 따라서 다양한 세계관을 가진 과학자들이 무엇이 H1N1 바이러스가 창궐하게 만드는지 이해할 수 있게 된다.

창조세계가 어떻게 대다수 세계관과 무관하게 작동하는지에 관한 많은 측면이 있다. 전자의 질량이나 전하량 같은 속성들은 세계관에 의존하지 않는다. 용암과 용암의 대류 흐름의 속성은 세계관에 의존하지 않는다. 별들의 핵에서 일어나는 핵융합 반응들은 세계관에 의존하지 않는다. 그런 목록에 그렇지 않아도 이미 두꺼운 본서에서 다룰 수 있는 수준을 넘어 다른 항목이 계속 추가될 수 있다. 자연에 대한 지식이 대체로 세계관에 무관한 것이 아니었더라면, "올바른" 세계관을 지닌 극소수의 사람을 제외하고 아무도 과학 연구를 할 수 없을 것이다. 그러나 자연에 대한 지식이 세계관에 무관하므로 원하는 사람은 누구나 과학적 탐구를 할 수 있다. 그들이 적절한 훈련을 받고, 세부사항에 주의를 기울이고, 사물들이 어떻게 작동하는지에 대해 기본적인 호기심이 있다면 말이다.

우리는 과학이 자연에 대한 지식은 **대체로** 세계관에 의존하지 않는다고 전제한다고 말했다. 그 전제에 대해 이렇게 이론을 세우는 데는 두 가지 이유가 있다. 첫째, 우리가 논의해온 기본적인 전제들과 일치하지 않는 세계관은 어떤 유형의 지식에도 도움이 되지 않을 것이다. 둘째, 과학 연구나 지식을 폄하하거나 기를 꺾는 세계관이 있을지도 모른다. 그런 세계관은 이 전제 및 과학 탐구 일반과 일치하지 않을 것이다. 그런 세계관은 차치하고, 과학 탐구는 다른 모든 세계관에 열려 있다. 또 다른 주의는 이 전제는 모든 지식에 적용되는 것이 아니라 자연에 대한 지

10 Albert Einstein, "March 30, 1952," in *Letters to Solovine, 1906-1955* (New York: Philosophical Library, 1987), 118. Einstein이 이 모든 기본 전제들에 의존하고 있음을 주목하라.

식에만 적용된다는 것이다. 다른 종류의 지식은 세계관에 **의존할** 수도 있다(예컨대 그리스도를 아는 것도 대체로 세계관에 의존한다).

자연에 대한 지식이 세계관과 무관하다는 점은 사실은 일반은총의 신학적 함의다. 하나님은 대체로 세계관에 무관하게 자연을 연구하는 누구에게나 자연을 통해 자연에 대한 지식을 계시한다. 예컨대 불교도, 공산주의자, 그리스도인, 무신론자인 과학자 모두 표준적인 과학적 도구와 기법들을 적용한다면 전자의 질량과 전하량, 헬륨의 원자 구조, 또는 소금의 분자 구조를 정확하게 판단할 수 있다. 하나님은 비를 의로운 자와 불의한 자에게 모두 은혜롭게 내려주는 것과 같이(마 5:45), 다양한 세계관을 가진 사람들에게 과학적 지식을 나누어 준다.

3.2.8. 인간은 보편적인 탐구 역량을 공유한다.
이 점은 위에 언급된 전제 목록의 마지막 항목으로 이어진다. 인간은 과학 연구에 활용되는 보편적인 탐구 역량을 공유한다. 이는 모종의 우주적이고 영원한 인간의 본성에 관한 주장이 아니다. 대신 그 주장은 우리가 세계와 관여할 수 있는 보편적인 역량을 갖고 있다는 뜻이다. 우리는 식량을 재배하고 거처를 건설하며 사물들을 학습할 수 있는 다양한 종류의 지적 역량, 생물학적 역량, 정서적 역량 등을 갖고 있다. 이런 역량들은 우리가 경험적 탐구와 이론적 탐구에 관여함으로써 이해하는 사람이 되게 해준다. 모든 것이 순조롭게 작동되는 한 인간으로서 과학자들은 그들의 연구를 위한 올바른 소질을 갖고 있다. 그리고 (인간의 모든 역량과 마찬가지로 다른 사람들보다 과학적 탐구에 그 역량들을 더 잘 적용하는 사람들도 있겠지만) 역량을 적절하게 적용한다면 누구든지 과학 연구에 관여할 수 있다. 이 전제는 대학과 대학교 프로그램을 통해 나타난다. 우리가 학생들을 잘 훈련시킨다면 그들은 성공적으로 과학 탐구에 관여할 것이다.

3.3. 상식으로서 과학의 전제들
과학 연구는 과학이 지식을 산출할 수 있게 해주는 중요한 기본적인 전제들에 의존한다. 과학자들이 이 점을 깨닫든 깨닫지 못하든 간에 그들은 연구의 중요한 모든 지점에서 이 전제들에 따라 행동한다. 그러나 당신은 이 전제들의 목록이 우리가 세상에 대해 알고 세상과 관여할 수 있게 해주는 통상적이고 일상적인 방식과 유사하다는 것을 알아차렸을지도 모른다. 과학 연구는 실제로 모든 사람이 일상생활에서 통상적으로 전제하는 사항들과 똑같은 전제들에 의존한다. 물론 우리가 이런 사항들을 명시적으로 전제하지는 않는다. 그러나 우리가 과학 연구는 지식과 관련된 다른 모든 활동과 마찬가지로 매우 기본적인 전제 위에서 이루어진다는 점을 상기할 필요가 있다. 지식을 얻는 수단은 대개 (지식에 대한 우리의 정의에서 "적절한 사고와 경험의 토대"가 각 분야에 적용됨에 따라) 분야마다 다르지만, 인간이 모든 종류의 탐구에서 얻는 모든 지식은 이 가정들에 근거한다.

섹션 3.2는 당신이 일상생활에서 사용해온 상식적인 전제들을 열거한다. 당신이 문을 여닫을 때, 당신이 걸을 때, 당신이 선택을 통해 결정을 내릴 때 이 전제들이 작동한다. 당신이 그 전제들에 대해 끊임없이 생각하지는 않는다. 만일 당신이 이 전제들에 대해 끊임없이 생각한다면 인생에서 얻는 것이 훨씬 적을 것이다. 우리는 기본적으로 이 전제들을 내면화하고 이 전제들이 배경에서 작동하는 가운데 이 세상에서 행동한다. 그러나 보이지 않는다고 하여 마음에서 멀어지지는 않는다. 이 전제들은 언제나 우리의 일상적인 활동 장면 배후에서 자기의 일을 하고 있다. 그것들은 인간이 매일 의지하는, 세상에 대한 배경 지식과 이해의 중요한 부분을 구성한다.

과학자들의 연구 논문과 학위 논문들이 이런 상식적인 전제들을 논의하지는 않지만, 그런 전제들이 없으면 그들이 과학 연구를 하지 못한다. 이 전제들은 인간의 모든 형태의 배움을 위한 전제 조건 역할을 한다. 동시에 그 전제들은 배움이 그것들을 지지할 수 없는 세계관 밖에 놓인 특정한 결론으로 향하도록 편향시키지 않는다(섹션 3.2.7과 아래의 논의를 보라).

3.4. 과학의 상식적인 가정들의 정당성

이 전제들에 관해 매우 중요한 질문이 있다. 과학 탐구는 근본적인 이런 가정들에 의존하는데, 과학자들이 사용하는 방법을 통해 이 전제들이 참이라거나 타당함을 입증할 수 있는가? 그렇지 않다. 사용되고 있는 과학적 방법은 이미 이런 상식적인 가정들을 전제하기 때문이다. 그러므로 과학자들은 언제나 자기들이 의존하는 전제들을 "과학적으로" 입증할 수 없다. 그렇게 하려는 시도는 논점을 교묘히 피하기 또는 순환 논증의 오류를 범하는 처사다.[11] 이는 이 전제들을 정당화하거나 그것들에 대한 동기부여 요인을 찾아내기 위해서는 모종의 다른 토대가 필요함을 암시한다. 우리에게 있는 유일한 참된 자원은 과학 연구보다 좀 더 근본적인 사항이다. 이 지점에서 우리는 세계관에 의존해서 이런 상식적인 전제들의 정당화나 그것들에 대한 동기부여 요인을 발견해야 한다. 과학조차 이 전제들이 과학적인 형태의 탐구를 훨씬 넘어서는 모종의 좀 더 깊은 세계관에 기초해서 정당화된다고 가정한다.

물론 이 전제들 중 자연에 대한 지식은 대체로 세계관과 무관하다는 항목이 있다. 모든 세계관이 지식 게임에 관여할 수 있는 것은 아니다(예컨대 급진적인 회의주의는 지식에 대한 모든 가능성을 회피한다). 이런 상식적인 전제들에 대한 정당화도 마찬가지다. 모든 세계관에 이 전제들을 정당화하거나 그것들에 동기를 부여할 올바른 요소가 있는 것은 아니다. 예컨대 급진적인 회의주의는 이 전제들에 대한 어떤 정당화나 동기부여도 제공할 수 없다.[12] 이 세계관에 따르면 어떤 지식도 가능하지 않고, 그러므로 그런 전제가 존재할 수조차 없다. 정령신앙 형태—정령신앙에서는 자연 안에 있는 모든 것이 자체의 변덕을 따르는 자체의 영을 통해 활성화된다—는 이 전제들을 정당화할 수 없을 것이다. 그런 세계관하에서는 우리가 자연이 획일적이거나, 일관성이 있는 패턴을 보이거나, 이해될 수 있다고 기대할 이유가 없을 것이다.

기독교 세계관이 이 상식적인 전제들을 정당화하거나 그것들에 동기를 부여할 수 있는가? 포괄적인 성경적 창조 교리(2장을 보라)는 이 일을 할 수 있다. 예를 들어 창조자와 창조세계 사이의 구분, 무로부터의 창조, 창조세계가 신성과 구분되는 참된 우발적 합리성을 지니게 하려는 하나님의 목적은 진정으로 존재하는 세상의 존재에 대한 근거가 된다. 이 요소들과 창조세계의 기능의 완전성은 자연의 균일성, 계속되는 패턴, 그리고 이해 가능성의 근거가 된다. 신적으로 매개된 행동은 이 대목에서도 기여한다. 자연의 행동 패턴의 균일성과 지속성은 그리스도를 통해 유지되고 성령을 통해 능력이 부여된다. 그리고 창조세계 안에서의 하나님의 지속적인 자애로운 활동은 자연 과정을 통해 매개되기 때문에 우리가 창조세계의 질서가 우리의 일상의 행동에서뿐만 아니라 과학 연구에서도 지속될 것으로 기대할 충분한 이유가 있다. 더욱이 창조세계의 질서의 이해가능성과 인간의 보편적인 탐구 재능은 창조세계의 기능의 완전성과 우리가 아는 자로 창조되었다는 사실을 통해서 보장된다. 이런 재능 중에서 기

---

11 마찬가지로 W. K. Clifford가 예시한 증거주의—"불충분한 기초에 근거해서 뭔가를 믿는 것은 언제나, 어디서나, 누구에게나 잘못이다"(in *Lectures and Essays* [London: Macmillan, 1901], 183)—는 사리에 맞지 않는다. Clifford가 호소하려 할 증거는 상식적인 전제가 주어질 경우에만 의미가 있다. 우리는 이 전제들이 Clifford가 요구하는 종류의 증거에 근거한다고 믿지 않는다. 오히려 우리는 그런 증거를 이 전제들에 기초해서 평가한다.

12 우리는 급진적인 회의주의자가 지식에 반대하는 논증을 하는 것은 이미 자기들이 부정하는 상식적인 전제들을 전제하는 처사임을 지적한다. 마찬가지로 상식적인 전제들을 거부하는 상대주의적인 세계관을 고수하는 사람들은 그 전제들에 의존해서 자기들의 논거를 명료하게 밝혀야 할 것이다. 이런 수행상의 모순은 급진적인 회의주의나 상대주의에 심각한 문제들이 있음을 가리킨다. Williams, *Problems of Knowledge*를 보라.

본적으로 신뢰할 수 있는 감각 경험과 이성이 있는데, 이 요소들은 창조세계의 기능의 완전성을 반영할 뿐만 아니라 우리로 하여금 그 기능의 완전성을 알 수 있게 해준다.

따라서 기독교 세계관의 일부인 포괄적 창조 교리는 상식적인 전제들을 정당화하고 그것들에 동기를 부여하는 데 필요한 자원을 갖고 있다. 이와 더불어 창조 교리는 이 전제들이 물리적 지식에 대비되는 신학 지식에 어떻게 적용되는지에 관해 생각하기 위한 특정한 종류의 해석상의 도움도 공급한다(예컨대 신학 지식은 하나의 본성을 지닌 세 위격을 지닌 존재에 관한 개인적인 지식이다).

물론 다른 세계관들도 과학 연구가 필요로 하는 상식적인 전제들에 대한 정당화와 그것들에 대한 동기부여를 제공할 수 있다. 피터 애트킨스와 리처드 도킨스가 옹호하는 물질주의적 자연주의 세계관은 어떤가? 그 세계관에 이 전제들, 또는 인간이 가지고 있는 지성과 합리성을 정당화하거나 그것들에 동기를 부여할 자원이 있는가?(아래의 논의를 보라) 우리는 C. S. 루이스 같은 사람이 물질주의적인 자연주의가 그런 토대를 제공할 수 있는 능력에 관해 의문을 제기했다[13]는 점만 지적하고서 이 문제를 독자들의 연습 거리로 남겨둘 것이다. 우리는 과학 연구를 잘하려면 이 전제들이 모두 필요하다는 점을 확실히 해두어야 한다. 이 전제들 중 하나라도 빠지면 과학 연구가 문제에 봉착한다. 따라서 과학 연구 분야에서 발언권을 갖기를 원하는 세계관은 상식적인 이 모든 전제에 대한 정당화와 그것들에 대한 동기부여를 제공할 수 있어야 한다.

과학 연구가 상식적인 전제들에 의존하는 데는 매우 중요한 두 가지 함의가 있다. 첫째, 앎의 과학적인 방식은 우리의 통상적인 앎의 방식을 특정한 방식으로 가다듬은 것을 나타낸다. 그러나 이런 앎의 방식들은 상식적인 전제라는 동일한 토대를 공유한다. 과학은 우리의 통상적인 앎의 방식을 가다듬어 그 방식을 넘어서 특정한 종류의 문제를 묻고 그 물음에 대답할 수 있는 특정한 방향으로 들어간다(4장을 보라). 당신이 본서의 뒤로 돌아가서 과학의 역사와 과학이 수 세기 동안의 자연철학 탐구로부터 어떻게 발전했는지를 살펴본다면, 그 역사는 과학의 많은 앎의 방식이 보통 사람의 앎의 방식과 연결되어 있음을 확인할 것이다.

그러나 이 점은 때때로 사람들이 모든 앎의 방식을 과학적인 앎의 방식으로 착각하게 만들었다. 18세기와 19세기에 뭔가 재미있는 일이 일어났다. 지적 풍토가 연속적으로 그리고 인위적으로 지식 개념을 좁히는 방향으로 전개되었다. 그렇게 전개된 인식론은 매우 얇은 물질적이고 기술적인 형태의 지식과 과학 연구를 지원하지조차 못하는 앎의 방식이다(비록 그 인식론은 종종 과학만능주의의 마법에 걸린 사람들에게 과학적 인식론으로 착각되었지만 말이다. 섹션 3.5.2를 보라).[14] 그러나 앎의 방식을 이렇게 얇은 분석적·기술적 인식론으로 좁힐 마땅한 이유가 없다. 18세기와 19세기에 다양한 지적·사회적 전개에 대해 몇몇 우발적이고 때때로 명확히 잘못된 대응이 이처럼 협소하고 과학적인 앎의 방식을 가져왔다.[15]

따라서 20세기 서구 사회에서 지식은 경험적으로나 논리적으로 입증될 수 있는 물질적인 내용에 관한 것일 뿐이라는 가정이 표준적 가정인 경향이 있다. 이와 대조적으로 영적 지식과 직관적인 지식은 하찮고, 단순한 감

13 다음 문헌들을 보라. C. S. Lewis, *Mere Christianity* (New York: Collier Books, 1952, [『순전한 기독교』, 홍성사 역간]); John Haught, *Is Nature Enough? Meaning and Truth in the Age of Science* (Cambridge: Cambridge University Press, 2006); Thomas Nagel, *Mind and Cosmos: Why the Materialist Neo-Darwinian Conception of Nature Is Almost Certainly False* (Oxford: Oxford University Press, 2012).

14 Turner, *Without God, Without Creed*; Robert C. Bishop and Joshua Carr, "In Bondage to Reason: Evidentialist Atheism and Its Assumptions," *Christian Scholar's Review* 42 (2013): 221-43.

15 그리고 이 부적절한 인식론으로 이끈 우발적인 선택들에 있어서 과학적 전개가 주요인도 아니었다. Turner, *Without God, Without Creed*를 보라.

정의 문제이며 심지어 비합리적이라고 보였다.[16] 과학적인 앎의 방식이나 다른 앎의 방식에서 요구되는 상식적인 전제들은 그렇게 지나치게 협소하고 정당화될 수 없는 인식론과 대조된다.

이 점에 비추어 때때로 기독교 세계관이 실제로 물질주의적·무신론적 세계관보다 과학자들의 전제를 더 많이 지지한다고 생각하기 쉽다. C. S. 루이스가 그렇게 생각했는데, 이런 선상의 사고에는 어느 정도의 장점이 있다. 물론 도킨스 같은 무신론자는 동의하지 않겠지만 단순한 부동의로는 충분하지 않다. 물질주의적·무신론적 세계관이 어떻게 상식적인 전제들을 정당화하거나 그것들에 동기를 부여할 수 있는지를 생각할 책임은 그런 무신론자들에게 있다. 그들은 대개 이것을 당연하게 받아들이지만, 당신은 어디엔가 모종의 전제들이 없이는 주장을 제기하거나 옹호할 수 없다. 이 가정들이 명시적으로 제시되고 그것들의 생존 능력이 조사될 필요가 있다.[17] 그러니 가정들을 명백히 드러내고 논증을 해서 그 결과가 어떻게 나오는지 살펴보라.

3.5. 과학 연구와 신앙

과학 연구가 상식적인 전제들에 의존한다는 사실의 두 번째 함의는 신앙의 지위와 역할을 이해하는 것과 관련이 있다. 19세기 이후 현대 서구의 과학자들은 신앙과 지식을 대조시키는 경향이 있다.[18] 대화나 논증에서 종종 "당신은 그것을 믿음으로 받아들여야 한다"고 말하는 것을 생각해보라. 이 말은 대개 당신이 증명하지 못하는 뭔가를 믿어야 한다는 뜻이거나 당신이 당신의 믿음을 지지할 이유나 증거를 갖고 있지 않다는 뜻이다. 또는 뭔가를 믿음으로 받아들인다는 말은 심지어 현재 사람들이 지니고 있다고 주장하는 증거에 반하는 뭔가를 믿는다는 것을 의미한다.[19]

이것은 **경멸적인 신앙 개념**이고 일종의 근거 없는 도약이다. 그러나 믿는다는 것 또는 신뢰한다는 것이 무엇을 의미하는지에 관한 성경의 관점은 이 개념과는 딴판이다. 예리한 주석에서 윌러드는 다음과 같이 말한다.

> 신앙은 하나님의 선물이기 때문에 일종의 기적이라는 바울과 개신교의 가르침을 오해한 결과 데이비드 흄과 쇠얀 키르케고르 같은 저자들은 기독교 신앙이 지식에 반대한다고 심하게 잘못 생각했다. 신앙이 선물이라고 해서 그것이 본질적으로 지식에 둘러싸이지 않았음을 의미하는 것은 아니며, 신앙이 지식에 반대함을 의미하는 것은 더욱 아니다. 그런 사안에 관한 조잡한 사고가 문화적 의제와 역사적 시대를 뒷받침한다. 그런 사고는 우리 시대에 재앙적인 영향을 끼쳤다.[20]

성경의 관점에서 신앙 또는 신뢰는 언제나 지식에 기초하며 모종의 이유들에 입각한다. 아브라함, 모세, 엘리야, 그리고 사도들의 이야기들에 관해 생각해보라. 그들은 믿음으로 행동했다. 그들은 신뢰했고 엄청난 일을 해냈다. 왜 그랬는가? 그들이 하나님을 **알았기** 때문이었다. 그들에게는 하나님을 아는 지식이 있었는데, 이 지식이 그들이 부름을 받은 일을 할 때 하나님을 신뢰할 이유를 제공했다.[21] 이것이 성령이 그들에게 그들의 소명을 이행할 힘을 준 수단 중 하나였다(창조세계를 통해 매개된 신적 행동). 아브

---

16 Willard, *Knowing Christ Today*.
17 예컨대 Bishop and Carr, "In Bondage to Reason"을 보라.
18 Turner, *Without God, Without Creed*.
19 믿음을 개념화하는 것이 어떻게 이 상태로 쇠퇴했는지에 대한 간략한 역사는 Turner를 보라.
20 Willard, *Knowing Christ Today*, 215 각주 3.
21 Irenaeus in *Demonstrations of Apostolic Preaching* 3과 비교하라: "신앙은 참으로 진짜인 것들 위에서 확립되기 때문에 신뢰는 우리가 대상을 참되게 믿을 수 있으며, 대상을 참되게 믿으므로 우리는 언제나 그것에 대한 우리의 확신을 굳게 유지할 수 있다는 신앙을 낳는다"(Peter Bouteneff, *Beginnings: Ancient Christian Readings of the Biblical Creation Narratives* [Grand Rapids: Baker Academic, 2008], 75에서 인용됨).

람(그의 이름이 아브라함으로 바뀌기 전의 이름)을 생각해보라. 창세기 12장에서 하나님이 아브람을 불러서 그의 고향을 떠나 자신이 그에게 보여 줄 땅으로 가라고 한다. 이 이야기에서 우리는 종종 **아브람이 이미 하나님과 관계를 맺고 있었다**는 점을 깨닫지 못한다. 아브람은 이미 하나님을 알았고 과거의 경험에 기초해서 하나님을 신뢰할 이유가 있었다(시편 71편과 비교하라). 아브람은 자기의 최종 목적지를 알지 못하는 상태에서 길을 떠났지만, 그는 하나님에 관한 자신의 지식에 근거해 신뢰하면서 여행을 시작했다. 이는 지식이나 이유가 없는 상황에서 도약한 것이 아니었다. 마찬가지로 히브리서 11장에 수록된 위대한 믿음의 영웅들은 모두 하나님과 하나님의 약속들에 대한 그들의 믿음에 근거해서 신뢰어린 행동을 했다. 그것이 바로 그들이 "믿음의 전당"에 헌정된 이유다.[22] 신앙은 모종의 도약이라는 개념은 성경적으로 근거가 없다. 오히려 믿음은 당신이 갖고 있는 지식과 이해에 대해 책임이 있다고 생각하는 것이 좋다.[23]

신앙 생활은 하나님에 관한 지식이 제공한 이유들에 기초하여 하나님을 신뢰하는 것과 관련된다는 점에서 당신이 친한 친구를 믿을 이유들이 있기에 그 친구를 믿는 것과 다르지 않다. 이런 이유들은 당신의 친구를 아는 것에 근거한다. 신앙에 대한 기독교의 관점은 신앙을 이유가 없다고 보는 경멸적이고 순진한 문화적인 개념과는 완

전히 다르다. 기독교 신앙은 지식에 근거한다.[24] 좀 더 일반적으로는 사려 깊은 무신론자들은 신앙이 전혀 맹목적이지 않다는 것을 인정해왔다. 예컨대 브루스 셰이만은 "신앙은 신뢰하는 굴복인데 그것은 맹목적인 복종과는 다르다"고 주장한다.[25]

과학자들이 그리스도인들과 유사한 상황에 놓여 있다—그들 역시 믿음으로 행동한다—는 점이 너무도 적게 인식되고 있다. 우리가 살펴본 바와 같이 과학은 상식적인 전제들을 토대로 하고 있으며 그것들이 없이는 기능하지 못한다. 더욱이 과학자들의 연구 방법이 이미 이런 전제들에 의존하고 있으므로, 과학은 이 전제들에 정당화를 제공하지 못한다. 과학자들은 그들이 이 점을 깨닫든 깨닫지 못하든 간에 **과학 외부의** 모종의 다른 지식 영역이 과학 연구를 위한 이 상식적인 토대의 적절한 정당화나 이에 대한 동기부여를 제공했다고 믿는다. 과학자들은 이런 상식적인 전제들에 대한 신앙적 몰두—신뢰의 자세—를 보인다. 이 전제들은 과학자들이 그것들을 믿고서 자신의 연구를 수행할 수 있게 해주는 중요한 지식이다.

믿음과 지식을 정반대로 취급하는 것은 명백히 순진한 처사다. 기독교의 예와 과학의 예가 보여주듯이 믿음은 실제로 지식에 반하지 않고 지식에 의존한다. 실로 믿음과 지식은 언제나 얽혀 있다. 섹션 3.1에서 논의된 지식의 정의를 상기하자면, 지식은 사고 및 경험과 적절한 관계가 있다. 그리고 사고 및 경험에 대한 적절한 모든 관계는 믿음(즉 상식적인 전제들에 대한 신뢰)에 기초하거나 그것을 통해 매개된다. 예컨대 우리가 이성과 감각 경험을 지식에 대한 기본적으로 믿을 수 있는 수단으로 신뢰할 수 있다는 점을 알고 있지 않다면 우리에게 어떤 지식도 있

---

22   히 11:1("믿음은 바라는 것들의 실상이요 보이지 않는 것들의 증거니")을 믿음은 지식이 아니고 따라서 이유에 기초한 토대가 없다고 가르친다고 오해하는 사람이 있다. 그러나 믿음은 하나님의 성품, 사역, 그리고 약속, 즉 하나님에 대한 지식에 뿌리를 두고 **있으므로** 증거와 보장이다. 이것이 바로 구약성서와 신약성서 모두 하나님의 백성에게 그들의 믿음이 하나님과 하나님의 구체적인 사역에 대한 그들의 지식이라는 실재에 뿌리를 두고 있다는 사실을 상기시켜 주는, 하나님의 행동과 약속들을 열거하도록 격려하는 이유 중 하나다. 우리가 아직 보지 아니한 하나님의 약속이 성취될 것으로 믿는 것은 그런 지식에서 도출된 확신 때문이다.

23   도약의 구조가 이미 이 점을 드러낸다. 결국 믿음의 도약은 언제나 일정한 방향을 취하는데, 이 점은 믿음을 행사하는 사람이 이미 도약할 올바른 방향을 알고 있음을 암시한다!

24   불행하게도 많은 그리스도인이 신앙에 대해 성경적으로 이해하기보다는 근거 없는 신앙이라는 순진한 문화적인 희화화를 받아들였다.

25   Bruce Sheiman, *An Atheist Defends Religion: Why Humanity Is Better Off with Religion Than Without It* (New York: Alpha Books, 2009), 191.

을 수 없다.[26] 무언가를 실제로 사고와 경험에 적절한 방식으로 관련시킨다는 것은 우리가 이성과 감각 경험을 지식 획득에 있어서 기본적으로 신뢰할 수 있는 수단이라고 믿는다는 것을 의미한다.

인간의 지식 획득에서 요체는 지식을 얻는 데는 지식이 필요하다는 것이다. 지식은 신뢰 또는 믿음을 위한 적절한 토대이며, 신뢰 또는 믿음은 그것을 바탕으로 지식이 세워질 수 있는, 일종의 지식이다. 과학 연구는 차치하고 인간의 활동은 믿음과 지식의 이러한 얽힘을 벗어날 수 없다. 믿음이 지식에 반하기는 고사하고 지식을 얻기 위해서는 믿음이 필요하다.

사실 존 호트는 철학자인 버나드 로너건의 저술에 기초해서 이해하고 참된 결정을 내릴 우리의 능력에 대한 가장 밑바닥의 기본적인 신뢰가 없이는 지식에 대한 추구가 있을 수 없음을 설득력 있게 주장했다.[27] 과학적 방법들은 이미 비판적 지성의 표현이므로 비판적 지성에 대한 믿음은 과학적 방법을 통해 증명되거나 그 방법에 근거할 수 없다. 대신 비판적 지성은 우리의 기초적인 입장(default position)이며, 우리는 의문을 제기할 맥락상의 적절한 이유를 발견할 경우에만 그 입장에 대해 의문을 제기한다.

환원주의자-물질주의자는 지성은 궁극적으로 우주에 존재하는 만물을 만들어낸 것과 동일한 기본적인 물리적 과정의 산물—즉 지성은 뇌의 기능으로 축소될 수 있고 뇌의 기능은 화학자들과 물리학자들이 연구하는 과정들로 축소될 수 있다—이라고 반대할지도 모른다. 그러나 이 반대는 통하지 않을 것이다. 그럴 경우 지성은 진리를 겨냥하지 않고, 이해하지 못하며, 판단하지 못하는 물리

적 과정 및 화학적 과정의 산물일 뿐이므로 우리가 지성을 신뢰할 근거가 없기 때문이다. 그런 물리적 과정은 추론하고 경험을 명확하게 진술하는 데 필수적인 언어는 차치하고 추론, 의미, 판단 등으로 이어지지 않는다. 진정한 추론, 가치, 의미, 선언, 논증 등(원자보다 작은, 화학적, 생물학적 영역에 존재하지 않는 실체들과 개념들)이 없다면 이성은 존재하지 않는다. 환원주의자-물질주의자의 이런 반대는 자멸적이다.

게다가 이런 이의를 제기하고 그런 환원주의를 생각해내는 것은 이미 모든 상식적인 전제들을 전제하며, 반대자의 비판적 지성의 표현이다. 우리는 여전히 상식적인 전제들—오랜 세월에 걸쳐 이 전제들을 밝혀낸 비판적·성찰적 지성 또는 지식을 가진 모든 사람(환원주의를 신뢰는 사람 포함)을 격려하는, 알려는 기본적인 원동력—에 대한 설명을 지니지 못할 것이다. 다시 말하지만, 사려 깊은 무신론자들은 믿음이 인간의 사고와 관습에 불가피하다는 점을 인정한다. 셰이만에 따르면 "믿음은 사람이 옳은 방향으로 나아가고 있다는 직관이다. 그것은 세상이 우리의 관점에서 이해될 수 있고 진리가 탐구될 가치가 있다는 우리의 확신이다. 믿음은 우리의 경험과 분석 능력에 대한 신뢰이기도 하다. 우리의 추론 역량조차도 우리가 우리의 추론이 진리에 도달할 수 있는 능력을 믿을 것을 요구한다."[28] "나는 이해하기 위해 믿는다"는 아우구스티누스의 신조는 과학 탐구뿐만 아니라 다른 모든 형태의 탐구를 위해서도 항상 그래왔던 것처럼 오늘날에도 맞는 말이다.

3.5.1. 종교적 믿음과 과학적 믿음 사이의 유사성
현대 서구 사회는 종교와 과학에서 지식으로 통하는 것 사이에 큰 틈이 있다는 생각이 팽배하다는 점에 비추어 볼 때 이 말은 다소 이상하게 들릴 것이다. 발달되고 계몽된 우리

---

26 이런 상식적인 전제들에 대한 우리의 신뢰는 우리가 인생의 아주 이른 시기에 획득하는 암묵적인 지식이다. 우리는 이런 지식을 부분적으로는 그 전제들에 기초해서 삶으로써, 그리고 부분적으로는 수 세기 동안 이런 전제들에 관해 철학적으로 및 신학적으로 성찰해온 결실을 물려받음으로써 획득한다. 이에 관한 다소의 논의는 Willard, *Knowing Christ Today*와 Hugh Gauch, *Scientific Method in Practice* (Cambridge: Cambridge University Press, 2003), 특히 4장을 보라.

27 Haught, *Is Nature Enough?*

28 Sheiman, *Atheist Defends Religion*, 191.

의 사고와 태도가 이 문제에서 참으로 틀릴 수 있는가? 이런 질문에 대해 대답할 말이 많은데, 완전히 대답하자면 본서만큼이나 두꺼운 책이 나올 것이다! 하지만 우리는 출발을 위한 고려사항 몇 가지만을 다음과 같이 나열할 것이다.

첫째, 믿음과 지식에 관한 현대의 발달되고 계몽된 사고와 태도는 특히 정보를 토대로 한 것이 아니다. 18세기에 시작된 믿음과 지식이 신앙에서 분리된 역사는 지식이 무엇인가에 관해 점점 인위적으로 협소해진 개념과 중상주의, 자본주의, 삶의 모든 영역의 도구화 및 그런 전개에 대한 종교적 대응과 좀 더 관련이 있었다.[29] 이런 협소화에 관한 많은 가정이 조사되지 않은 채 여러 세대 동안 전해졌다. 믿음과 지식 사이의 그릇된 분리는 잘못된 믿음의 행사이며 역사를 순진하게 이해한 것이다.

믿음이 기독교와 과학에서 기능하는 방식 사이에 얼마나 많은 유사성이 있는지를 살펴보면 신앙을 지식에 대립시키는 현재의 태도가 순진한 처사라는 것을 우리가 알 수 있다. 종교 영역에서는 믿음의 다음과 같은 네 가지 측면이 종종 논의된다.

1. 전제로서의 믿음: 사람들은 특정한 가정들이 증명될 수 없는데도 그런 가정들을 믿거나 신뢰한다.[30]
2. 특정한 아이디어나 믿음을 지지하는 이유들에 대한 지적 수용으로서의 믿음
3. 어떤 인물의 신뢰성에 대한 신뢰로서의 믿음
4. 모종의 삶의 변화로 이어지는 헌신으로서의 믿음

믿음의 첫 번째 측면은 확실히 과학자들이 상식적인 전제들에 의존하는 것과 관련이 있다. 과학자들이 이런 전제 중 어느 것도 과학적 방법을 사용해서 증명할 수는 없지만, 그들은 연구를 수행할 때 이 전제들을 신뢰한다. 그들은 과학이 아닌 다른 영역에서 이 전제들에 대한 어느 정도의 정당화를 찾을 수 있다고 신뢰한다. 그들은 또한 자기들의 비판적 이성이 완벽하지 않다는 것을 인정하지만, 암묵적으로 그 이성을 신뢰한다. 과학자들이 자기의 논증과 결과들을 확신하기 때문에 논문을 발표하는 것은 아니다. 그들은 자기들의 논증에 흠이 포함되어 있을 가능성이 있다는 것과 자기들의 증거 해석이 잘못되었을 수도 있다는 것, 그리고 자기들의 연구 결과가 잘못되었거나 모종의 오해를 반영할 수도 있다는 것을 인정한다. 그들은 자기들이 주의 깊게 연구를 잘했다는 것을 신뢰하고 학계의 동료들이 그 연구를 옳다고 확인하거나 옳지 않다고 확인하리라는 것을 신뢰하면서 발표한다. 이는 잠정적인 지식을 추구하는 삶이다.

더욱이 과학자들은 과학적 조사 절차와 접근법이 지식으로 이끌 것이라고 신뢰한다. 그들에게 과학 연구에 대한 기본적인 신뢰가 없다면 그들은 과학 연구를 시도하지조차 않을 것이다. 이 기본적인 믿음이 매우 근본적이어서 과학자들은 자기들이 과학적인 앎의 방식을 신뢰한다는 사실을 좀처럼 깨닫지 못한다. 마찬가지로 비판적 지성에 대한 그들의 신뢰가 매우 기본적이어서 이 믿음이 거의 언제나 인식되지 않는다. 상식적 전제들의 경우와 마찬가지로 우리가 과학적 방법을 사용해서 비판적 이성이나 과학적 방법이 옳음을 입증할 수는 없다.

믿음의 두 번째 측면인 이유들에 대한 지적 수용도 과학에서 명확하게 나타난다. 예컨대 과학자들은 가설과 이론들을 지지하는 증거를 이런 가설과 이론들에 유리하게 작용하는 이유로 받아들인다.[31] 과학자들은 증거를 통해 지지된 과학적 아이디어들을 신뢰한다. 어떤 과학자도 단순히 가설을 수립해 놓고서 그 가설을 즉시 동료들에게

---

29 Turner, *Without God, Without Creed*.
30 그러나 그 가정들이 좋은 추론을 통해 지지될 수도 있다.
31 그들은 또한 가설들과 이론들이 옳지 않음을 확인하는 증거를 이런 가설들과 이론들을 재평가하고 수정할 이유로 받아들인다.

인정받지는 않는다. 제안된 가설이 검증되고 그것이 특정한 과학 영역의 나머지 이론들과 합리적으로 일관성이 있는지 확인되어야 한다. 그리고 과학자들이 제안된 가설의 예측이 적실성 있는 관측과 실험을 통해 확인되는지 확인해야 한다. 과학적 아이디어를 지지하는 이유들에 대한 지적 수용은 과학 연구에 매우 중요하다.

과학자들은 증거를 수용함에 있어서 이성과 감각 경험의 기본적인 신뢰성과 더불어 자연의 균일성을 신뢰해야 한다. 같은 환경과 같은 장치하에서 수행된 관측이나 실험은 같은 결과를 낳아야 한다. 증거를 기초로 제안된 가설이 받아들여지려면 다른 장소와 다른 시기의 다른 과학자들이 적실성 있는 유사한 조건에서 이 결과들을 재생산할 수 있어야 한다. 증거에 대한 과학자의 지적 수용은 상식적인 전제들을 전제한다.

다른 과학자들이 그들의 작업과 결과를 적절하고 정확하게 보고하리라고 신뢰하는 것은 과학 연구의 중요한 부분이다. 이것은 믿음의 세 번째 측면이다. 과학자 한 명이 과학계에 보고된 모든 이론적 결과와 실험상의 결과를 재생산하는 것은 불가능하다. 따라서 과학자들은 컨퍼런스나 저널에 결과를 발표하는 다른 과학자들의 신뢰성을 믿는다. 물론 이러한 신뢰는 잠정적이다. 과학계가 보고된 결과에 의문을 제기할 이유를 발견하면 그 결과에 대한 신뢰가 철회될 수도 있다.

삶의 변화로 이어지는 헌신으로서 믿음이라는 네 번째 측면은 과학에서 여러 방식으로 나타난다. 예컨대 물리학자들의 이론화는 종종 아름다움, 단순성, 정확성, 일관성, 유용성 같은 과학적 가치들을 통해 형성된다. 그런 가치들은 많은 경우에 암묵적으로 작동하며 당연한 것으로 채택된다. 그러나 곰곰이 생각해보면 이런 가치들은 물리적 세계가 어떤 모습**이어야 하는지**에 관한 확신이다. 따라서 이런 헌신들이 물리적 이론들이 취하도록 **허용되는** 형태를 형성한다. 이런 헌신들을 바꾸면 물리학자들의 이론화도 변한다. 더욱이 과학자들은 그들이 과학적 조사

에 관여할 때마다 상식적인 전제에 따라 행동한다. 따라서 헌신으로서 믿음은 과학자들에게 인식될 수 있는 행동상의 영향을 준다.[32]

그리고 과학자들은 우리가 이런 확신에 대한 건강한 회의주의를 유지하는 한편 그 확신에 대해 용기를 가지는 것이 과학적 조사에 가장 좋다고 믿는다. 그런 신뢰가 지난 수 세기 동안 풍성한 결실을 거둔 것으로 보이지만, 이것이 자연 세계에 관한 지식을 얻기 위한 최상의 방법이라는 보증은 없다. 우리는 우리가 입증할 수 없는 지점에서 신뢰하고 그에 따라 행동한다. 특히 과학자들은 근본적으로 비판적 이성과 알려고 하는 의욕을 신뢰한다. 그런 신뢰가 과학적 조사의 관행과 행태를 발생시킨다. 그래서 과학적 조사와 결론들은 단순히 관측과 논리적 추론의 문제만은 아니다.[33]

3.5.2. 과학만능주의
종교적 믿음과 과학적 믿음 사이의 유사성이 현저한데, 이는 현대 서구 사회의 과학만능주의와 뚜렷이 비교된다. 과학만능주의에 따르면 과학적 방법을 통해 입증되지 않는 한 아무것도 지식으로 여겨지지 않는다.[34] 그러나 과학 연구는 그런 협소한 토대 위에서 수행될 수 없다. 위에 언급된 믿음의 네 가지 측면은 성공적인 과학 연구를 수행하는 데 매우 중요하다. 따라서 성공적인 과학 연구의 수행은 과학만능주의의 지식에 대한 정의—이는 어느 것에도 뒤지지 않는 철학적 견해의 **귀류**

---

32 우리가 아는 한 과학에는 구속에 핵심적인, 값없이 주는 하나님의 선물인 구원하는 믿음과 유사한 것이 없다.

33 Thomas Kuhn, *The Structure of Scientific Revolutions*, 50th anniversary ed. (Chicago: University of Chicago Press, 2012[『과학혁명의 구조』, 까치 역간]).

34 과학만능주의의 예로 Eric Lawton(@Eric0Lawton)의 다음과 같은 말을 제시할 수 있다. "내가 가장 좋아하는 과학적 사실은 과학은 단지 냉정한 사실이 아니라 우리가 **어떤 것이라도** 사실이라는 것을 아는 방법이라는 것이다." 트위터, February 15, 2014, 11:27 a.m., https://twitter.com/Eric0Lawton/status/434770871161344000(강조는 덧붙인 것임). 과학만이 어떤 것이 사실인지 결정할 수 있다는 견해는 철학적 견해다.

법이다—하에서 이루어지지 않는다.

과학만능주의는 또 다른 문제에 봉착한다. 상식적인 전제들은 과학만능주의가 옳지 않다는 명확한 증거이며, 과학만능주의를 옹호하는 진지하고 사려 깊은 철학적 논증을 제시하려는 시도는 과학 연구의 전능성 주장 자체를 훼손한다. 잘 조사해보면 과학만능주의는 이성을 행사하는 것이라기보다는 나쁜 믿음을 행사하는 것—어떤 것에 반하는 강력한 이유들이 있음에도 그것에 헌신하는 것—으로 보인다.[35]

어떤 것을 "구체적인" "데이터"로 이해하는 것도 "구체적인 데이터" 관점에서 지지되거나 정당화될 수 없는 많은 전제에 의존한다. 우리는 또다시 믿음과 지식이 얽혀 있음을 보게 된다. 노벨상을 수상한 물리학자 막스 플랑크는 다음과 같이 말한다. "과학은 믿는 정신도 요구한다. 어느 종류든 과학 연구에 진지하게 관여하는 사람은 누구나 과학의 성전 문 입구에 '**너는 믿음을 가질지니라. 그것은 과학자에게 필수 불가결한 특질이니라**'고 쓰인 것을 깨닫는다."[36] 과학철학자인 필립 키처는 다음과 같이 말했다. "저명한 과학자들의 이론일지라도 과학은 입증된 진리들의 조직체가 아니다. 사실상 모든 과학은 우리가 지식을 확실성이라기보다는 합리적으로 의심할 여지가 없는 수준으로 개발하는 것을 입증할 수 없는 지점에서 믿음을 행사하는 것이다."[37]

과학만능주의의 부적절성을 보는 또 다른 방법은

"찾으라, 그리하면 찾아낼 것이요"라는 예수의 심원한 말씀을 살펴보는 것이다(마 7:7). 만일 당신이 그림이나 시에서 심미적 통찰을 추구하는 데만 초점을 맞추면 당신은 그것을 얻을 것이다. 마찬가지로 만일 당신이 그림을 그리거나 시를 쓰는 데 사용된 재료들에서 과학적 통찰을 추구하는 데만 초점을 맞춘다면 당신을 그것을 얻을될 것이다. 각각의 경우 통찰의 형태와 정도에 자체적인 제한이 있다. 인간이 한 번에 한 가지에 초점을 맞추는 것은 지극히 자연스럽다. 과학만능주의의 실수는 통찰을 위한 중요한 초점은 과학적 초점 한 가지뿐이라고 생각하는 것이다. 그러나 이는 실재의 풍성함에 대해 상상하지 못하는 처사이고 이 실패는 과학 연구에 대해서뿐만 아니라 삶에 대해서도 부당하게 협소한 관점을 낳는다. 과학만능주의를 채택한 사람들은 더 이상 자신이 정한 협소한 한계의 범위를 넘어서 추구하는 데 개방적이지 않다.[38]

과학은 성공적인 경험을 통해 그들의 가정들이 진리임을 입증했다는 점에서 기독교 신앙과 다르다고 이의를 제기하는 사람이 있을 것이다. 과학의 성공적인 경험을 어떻게 정의하는지는 제쳐두고, 이 이의는 상식적인 전제들에 대한 과학자들의 신뢰가 그들의 자연 연구에서 잘 보상받았음을 의미할 수 있을 뿐이다. 다시 말하지만 과학자들은 그들이 어떤 형태의 조사나 증명을 시작하기 위해 전제해야 하는 가정들이 진리라는 것을 보여주거나 증명할 수 없다. 과학적 믿음이 기독교 신앙과 다르다는 이의와는 달리 또 다른 병행이 있다. 즉 그리스도인들의 하나님에 대한 신뢰는 그들이 삼위일체와 관련을 맺음에 있어서 잘 보상받는다. 상식적인 전제들—좀 더 일반적으로 위에 묘사된 네 가지 형태의 믿음—에 대한 과학자들의 확신은 그들의 과학적 삶의 경험과 연결되어 있다. 마찬가지로 그리스도인들의 하나님에 대한 확신은 그들의 종

---

35 Atkins, Jerry Coyne, 그리고 Stephen Pinker 같은 몇몇 과학자와 과학 옹호자들은 (그들이 그것을 깨닫든 깨닫지 못하든 간에) 명시적으로 과학만능주의를 옹호한다. 과학자들의 열정이 종종 그들로 하여금 과학이 세상을 이해하는 유일한 방법이 아님을 잊게 할 수도 있다. 과학자가 아닌 과학 옹호자들은 대개 과학의 능력과 한계를 적절히 파악하지 못함으로써 과학만능주의에 빠진다.

36 Max Planck, *Where Is Science Going?* (New York: W. W. Norton, 1932), 214.

37 Philip Kitcher, *Abusing Science: The Case Against Creationism* (Cambridge, MA: MIT Press, 1982), 32. Michael Polanyi, *Personal Knowledge: Towards a Post-Critical Philosophy*, 2nd ed. (Chicago: University of Chicago Press, 1974), 264-68과 비교하라.

38 과학만능주의에 대한 추가적인 논의는 Ian Hutchinson, *Monopolizing Knowledge: A Scientist Refutes Religion-Denying, Reason-Destroying Scientism* (Belmont, MA: Fias, 2011)을 보라.

교 생활의 경험과 연결되어 있다.

마지막으로 과학자들이 직접 입증할 수 없는 상식적인 전제들에 대한 과학의 편만한 의존은 인간이 상대주의 또는 불확실성에 빠지게 되어 있음을 암시한다. 하지만 상식적인 전제들에 대한 그런 의존이 상대주의 또는 불확실성으로 이어질 수도 있다는 생각은 극단적으로 단순화한 철학적 우려다. 자연 과학이 창조세계를 성공적으로 설명한다는 점과 놀라운 기술들이 우리의 삶과 밀접하게 얽혀 있다는 점으로 미루어 볼 때 우리는 그런 우려를 할 필요가 없다. 실제로 우리는 길을 건너려고 서 있을 때 차량이 다가오고 있으면 그런 극단적 상대주의와 불확실성을 제쳐두고 상식적인 전제들이 제시하는 내용, 즉 만일 우리가 다가오는 차량 앞으로 끼어들면 다칠 것이라는 점을 확신할 수 있다.[39]

3.6. 상식적 전제들, 자연, 그리고 타락

독자들은 타락이 창조세계나 인간의 역량에 어떤 영향을 주었느냐는 질문을 제기할 수 있을 것이다. 타락의 어떤 측면이 과학 연구나 인간의 지식 일반에 중대한 영향을 주는가? 이 문제들은 신학자들과 철학자들이 광범위하게 논의해온 심오한 질문들이지만 우리는 이 대목에서 이 문제들을 간략하게만 다룰 것이다.

먼저 우리는 성경에서 타락과 그것이 창조세계에 끼친 영향에 관한 상세한 정보를 갖고 있지 않다는 점을 주목해야 한다. 니사의 그레고리오스나 아우구스티누스 같은 초기의 많은 목회자-신학자들은 타락과 그것의 영향에 관해 추측했다. 하지만 그들은 성경이 많은 것을 말하지 않은 채 놔뒀고 이 빈 공간을 채우는 것은 신학적으로 위험하기 때문에 이런 추측들은 성경적 진리가 아니라 신학적 사변임을 강조했다.

우리가 포괄적 창조 교리에서 시작한다면, 우리는 타락의 결과가 얼마나 광범위했었을지에 대해 철저하게 논의하기 위한 틀을 지니게 될 것이다. 몇몇 그리스도인들은 타락이 창조세계의 모종의 원래의 완벽성을 완전히 붕괴시켰다고 주장했지만, 성경이나 창조세계에서 그것을 확정된 결론으로 볼 증거가 없다.[40] 예컨대 자연 과정에 관해 창조 전후에 어떤 것이 급진적으로 변했다는 설득력 있는 증거가 없다. 포괄적 창조 교리는 삼위일체가 창조세계의 과정을 통해 일함에 따라 창조세계의 기능의 완전성은 창조의 처음부터 작동하고 있었고, 창조세계가 창조세계에 봉사했다고 주장한다(예컨대 창 1:11-12, 24-25). 더욱이 창조세계가 타락 전에 완벽함을 지니고 있었다는 개념 자체의 많은 부분이 완벽에 대한 그리스의 개념—주로 플라톤의 개념—에서 유래한다.[41] 아마도 창세기 1-3장은 그런 완벽성 개념과 일치하는 것으로 읽힐 수도 있겠지만, 요점은 그런 해석들에서 특정한 성경 밖의 가정들이 작용한다는 것이다. 창세기 1-3장에 대한 인기 있는 많은 석의에서 이런 가정들이 대체로 주목되거나 조사되지 않고 통과된다.[42]

20세기 젊은 지구 창조론 문헌에서 발견되는 전형적인 견해를 고려해보라. 그 견해에서는 창조세계가 6천 년에서 1만 년 전에 창조되었고, 창조는 6일(하루를 24시간으로 본다) 동안 완료되었다고 생각된다. 이 견해의 옹호자들은 타락이 창조세계의 과정을 완전히 교란해서 창조 전후의 창조세계의 성격에 중대한 변화가 생겼다고 생각한

---

39 Gauch, *Scientific Method in Practice*, 4장.

40 실제로, 완벽하던 때가 있었는데 그것이 상실되었고 잃어버린 이 완벽함을 회복하는 것이 목표라는 생각은 성경 텍스트보다는 영지주의를 통해 더 많은 영향을 받았다. Hans Jonas, *The Gnostic Religion* (Boston: Beacon, 1958)을 보라.

41 70인역—교회의 처음 몇 세기 동안 대다수 그리스도인이 사용했던, 구약성서의 그리스어 번역본—을 만든 번역자들이 그들의 몇몇 번역어 선택에서 플라톤의 영향을 받았다는 어느 정도의 증거가 있다. William Loader, *The Septuagint, Sexuality, and the New Testament: Case Studies on the Impact of the LXX in Philo and the New Testament* (Grand Rapids: Eerdmans, 2004)를 보라.

42 창 2-3장에 묘사된 동산의 신성한 공간에 대한 묘사가 외부의 창조된 영역의 어디에도 적용되지 않을 가능성이 있다는 점도 마찬가지다. 29장을 보라.

다. 그러나 그런 견해는 최소한도의 창조 교리 개념—아마도 창조 교리 중 남는 요소들은 하나님이 무로부터 창조했고, 6일 만에 창조했으며, 하나님이 원하는 대로 창조세계에 대해 주권을 행사할 수 있다는 것 정도일 것이다—하에서만 타당하다. 여기에 이 최소주의적인 창조 교리가 남겨둔 부분을 채우는—창세기 1-3장이 물질이 인과적 질서를 묘사한다는 식의—완벽에 관한 대담한 몇몇 철학적 가정들이 덧붙여져야 한다. 이와 대조적으로 포괄적 창조 교리는 그런 식으로 주장된 붕괴가 개연성이 없는 것으로 보이게 만든다. 본질적으로 혹자가 타락 전후의 그런 심각한 붕괴가 있었다고 주장하기 위해서는 성경 텍스트를 해석할 때 성경 밖의 많은 가정을 제공해야 한다. 예컨대 우리는 창세기 3장에서 열역학 제2법칙[43]을 타락의 함의로 해석할 수 없다. 그것은 텍스트에 이 법칙을 억지로 끌어들인 처사다.[44]

로마서 8:20-21에 의존해서 창조세계의 본질에 이런 종류의 급진적인 변화가 일어났음을 지지하는 사람들이 있다. "피조물이 허무한 데 굴복하는 것은 자기 뜻이 아니요 오직 굴복하게 하시는 이로 말미암음이라. 그 바라는 것은 피조물도 썩어짐의 종 노릇한 데서 해방되어 하나님의 자녀들의 영광의 자유에 이르는 것이니라." 이 대목에서 바울이 언급하는 좌절(허무한 데 굴복함)이 여러 물리적 영향 중 특히 타락의 결과 시작된 열역학 제2법칙이라는 것이다. 그러나 이 해석은 다소 의문스럽다. 우선 이 해석은 이 텍스트에 모종의 과학적 함의가 있다고 전제하지만(섹션 4.3을 보라) 이는 텍스트에 추측을 끌어들이는 처사다. 그런 해석은 텍스트와 텍스트의 문맥에서 끌

어낸 추론이 아니다. 더욱이 바울은 어느 곳에서도 자신이 그런 좌절을 생명이 없는 창조세계의 타락한 상태와 동일시한다고 진술하지 않는다. 앞서 언급된 바와 같이 그런 해석은 물리학, 화학, 생물학, 지질학에 타락 전후로 급진적인 차이가 있을 것을 요구한다. 성경 텍스트나 포괄적 창조 교리 어느 곳에서도 이런 식의 함의에 대한 근거가 없다. 그런 해석이 타당해 보이려면 상당한 분량의 철학적 가정과 과학적 가정이 덧붙여져야 한다.

로마서 8장의 맥락에서 바울의 요점은 물리학이 아니라 모든 창조세계를 구속함에 있어서 성령의 사역이다. 실제로 대개 "좌절"로 번역되는 그리스어 단어 **마타이오테스**(*mataiotes*)에는 목표 또는 목적을 달성하지 못한다는 의미가 있다. 성경적으로 볼 때 이 목적은 성령을 통해 성자 안에서 새롭게 창조되어 성부께 찬양을 돌리는 데서 완성된다. 창조세계는 애초에 완벽하게 지어진 것이 아니라 불완전하게 만들어졌다.[45] 인간의 구속이 창조세계의 구속과 연결되어 있듯이 창조세계의 좌절은 우리의 죄와 연결되어 있다. 예컨대 전염병과 세계적으로 유행하는 병의 출현은 통제되지 않은 도시화, 빈곤과 기후 변화 등 인간의 타락과 직접 관련이 있는 요인들을 통해 촉진된다. 바울은 신명기가 인간의 죄를 창조세계의 고통과 좌절에 연결하는 것을 반영하고 있다. 신명기는 또한 이스라엘의 예언자들이 죄와 죄가 그 땅을 황폐하게 만드는 효과에 대해 설교하는 근거를 형성한다(예컨대 호 4:1-3을 보라. 거기서 예언자는 죄를 땅이 마르고 쇠잔해지는 것과 명시적으로 연결하는데, 이는 이어서 물고기와 짐승들의 삶에 나쁜 영향을 준다). 바울에게서는 죄와 창조세계의 복지를 연결하는 구약의 이 배경이 상실되지 않았다. 그러나 로마서 8:20-21을 창조세계에 관한 과학적 함의를 가르치거나 암시하는 것으로 가르치는 현대의 해석자들에게서는 그 배경이 상실된다.

---

43 이 법칙은 열이 저절로 차가운 물리적 객체에서 더 뜨거운 물리적 객체로 흐를 수 없다는 기본 원칙이다. 완벽하게 절연된 체계에서 이는 일을 하는 데 사용될 수 있는 에너지의 양이 감소하거나 기껏해야 일정하게 유지되는 경향이 있음을 의미한다. 때로 열역학 제2법칙은 그렇게 절연된 체계에서 무질서의 증가와 연결되지만 질서와 무질서는 창조세계의 비생물계와 생물계의 발전에서 미묘하게 연결된다.

44 해석 문제에 관한 추가적인 논의는 1장과 4장을 보라.

45 본서의 2장과 Colin Gunton, *The Triune Creator: A Historical and Systematic Study* (Grand Rapids: Eerdmans, 1998) 그리고 *Haught, Is Nature Enough?*를 보라

더욱이 열역학 제2법칙이 없이는 우리가 이해하는 대로의 생명은 전혀 작동하지 않는다. 생명은 차치하고 은하들이 형성되지 않고 별들이나 행성들도 형성되지 않는다. 그 법칙이 없다면 별, 행성, 유기체들이 기능할 수 없다. 요컨대 열역학 제2법칙이 애초부터 작동하고 있지 않았더라면 창조세계의 어느 것도 기능하지 못한다. 열역학 제2법칙의 기원을 타락에 연결시키면 우리는 창조세계의 타락 전후의 본질이 완전히 달라진다고 보게 된다.

확실히 타락에서 인간에게 뭔가가 일어났으며, 인간의 죄성으로 말미암아 창조세계가 여러모로 부정적으로 영향을 받는다. 예컨대 우리는 하나님의 프로젝트가 새 창조로 변하도록 그것을 돌보고 그 프로젝트에 참여하는 대신, 창조세계를 우리의 필요와 욕구를 위한 원재료로 다루면서 그것을 오용하는 경향이 있다. 이는 확실히 창조세계가 그리스도 안에서 부름을 받은 존재가 되고 우리가 그 프로젝트에 참여한다는 하나님의 목적(33장을 보라)이 성취되는 것이 아니라 "좌절"되는 것으로 여겨질 것이다. 우리의 환경 위기는 우리의 타락한 본성이 창조세계에 어떻게 불리한 영향을 주었는지에 대한 명백한 증거다.

붕괴 문제에 이어서 곧바로 죽음과 질병이 타락의 결과인지 여부의 문제가 제기된다. 타락 전후에 중대한 균열이 없다면 죽음과 질병이 창세기 1장에 나타난 창조세계의 정상적인 기능의 일부라는 결론을 피하기 어렵다. 포괄적 창조 교리에 따르면 창조세계는 아직 의도된 새 창조가 되지 못하고 불완전했다. 물론 많은 그리스도인이 타락 전에는 모든 것이 "완벽"했기 때문에 타락 전의 창조세계에는 죽음이 없었다고 성경이 가르치는 것으로 믿는다. 이 대목에서 그리스 철학의 완벽 개념이 강하게 작동하고 있다. 성경의 다른 텍스트들과 더불어 창세기의 처음 두 장은 (우리가 죽음을 유발한 식사의 필요성과 아담의 외로움 등을 무시할 경우) 창조세계에서 최초에는 완벽했는데 재앙을 통해 그 완벽이 상실되었다는 식으로 읽힐 수 있다. 사실 로마서 5:12-14과 고린도전서 15:21-22도 타락

전에는 창조세계에 생물학적 죽음이 없었던 것으로 해석될 수 있다. 엄밀하게 말하자면 이 텍스트들은 인간만을 다루지만 말이다.

하지만 창세기의 앞 장들과 이런 신약성서 텍스트들은 적어도 하나님의 최초의 창조세계가 완벽하거나 완전하지 않았고, 창조세계가 성령을 통해 능력을 부여받아 성자 안에서 부름을 받은 존재가 될 수 있는 **적절한 또는 최상의 출발점**이었다는 견해와 일치한다.[46] 이레나이우스 같은 초기 기독교의 많은 목회자-신학자가 이 견해를 취했고 최초에는 완벽했다는 사고는 성경 텍스트보다는 그리스 철학과 좀 더 관련이 있다고 주장했다. 처음부터 창조세계는 성부, 성자, 성령이 항상 일해왔고 성자 안에서 새 창조로서 완성될 프로젝트였다. 타락은 창조세계가 소명의 경로에서 이탈한 것을 나타낸다. 성령을 통해 그리스도 안에서 이루어지는 구속과 회복은 창조된 만물이 성령을 통해 그리스도 안의 새로운 창조에서 완성된다는 소명과 목적으로 돌아오는 것이다.[47]

더욱이 우리가 2장에서 살핀 바와 같이 히브리어 **토브**(tov, 창 1-2장에서 "좋다"로 번역되었다)에는 적절하게 기능한다는 의미가 있다("완벽하다"는 그 단어의 의미의 범위가 아니다). 창세기 13장, 고린도전서 15장, 그리고 로마서 5장은 생물학적 죽음이 아니라 **영적 죽음**—하나님에게서 영원히 분리되는 것—을 염두에 두고 있다는 해석과도 잘 일치한다.[48] 적어도 그 텍스트들이 생물학적 죽음을 염두에 두고 있다는 해석과 일치하는 것만큼 말이다. 예컨대 예수의 십자가 처형과 부활의 결과가 생명이라고 쓴 바울의 말(롬 5:18)은 그가 생물학적 생명이라기보다는 성령으

---

46 바울이 그의 저술 어디에서도 타락 전의 완벽한 상태를 단정하거나 전제하지 않는다는 점이 도움이 된다.

47 창조세계의 나머지와 달리 인간은 하나님이 우리의 삶에서 은혜롭게 행동하지 않는 한 이 소명과 목적을 거부한다(이 거부가 죄다). 창조세계가 "신음하는" 이유 중 하나는 인간이 우리의 소명을 거부하는 것이다.

48 바울이 율법 때문에 자신의 죽음에 관해 논의하는 구절인 롬 7:9-11 및 갈 2:19-20과 비교하라.

로 말미암아 성자를 통해 성부와 관계를 맺는 또는 하나님의 생명에 참여하는 영적 생명을 의도한 것으로 해석되는 것이 매우 합리적이다. 생물학적 죽음이 예수의 부활 이후로도 신자들 가운데서 지속되고 있으며,[49] 인간이 지구상에 나타나기 오래전에 동물의 생명 가운데서 지속되었다.[50] 더욱이 영적 죽음은 **하나님의 형상**(*imago Dei*)에게만 가능하며, 이것은 아마도 죄를 통해 세상에 들어온 새로운 현상이었을 것이다.

이 텍스트들에서 영적 죽음을 염두에 두고 있을 수도 있다고 생각할 성경적인 이유 네 가지가 있다(섹션 29.2와 비교하라).

1. 만일 타락 전에 아담과 하와 또는 동물들이 뭔가—설사 식물이라도—를 먹었거나, 곤충을 빨아들이거나 밟았거나, 날파리가 그(것)들의 눈에 들어갔다면 생물학적 죽음이 발생했을 것이다. 성경의 모든 텍스트는 타락 전 상태의 기간의 길이를 열어둔다. 그러나 만일 아담이 실제로 모든 동물의 이름을 짓기 위해 그것들을 자기 앞으로 지나가게 했다면 타락 전 상태가 상당히 긴 기간 동안 지속했을 것이고, 그동안 생명을 유지하기 위해 많은 식사가 필요했을 것이다. 고대 근동 문화에서 뭔가의 이름을 짓는다는 것은 뭔가를 안다는 것을 의미했는데, 그 지식을 모으기 위해서는 시간이 필요했기 때문이다.

2. 특히 인간에 관해서는, 다른 고대 근동 문화들에 생명 나무와 유사한, 생명을 주는 식물이 있었다. 생물학적 죽음의 효과를 중화하기 위해서는 생명 나무의 열매를 한번 또는 정기적으로 먹을 필요가 있었다. 아담과 하와가 죽을 수 없는 존재로 창조되었다면 생명 나무는 동산에 불필요하게 덧붙여진 부가물이었을 것이다.

3. 성부가 공중의 새들을 포함한 동물들에게 음식을 주는 데 대해 찬양을 받는데, 동물들은 육식동물(마 6:26; 눅 12:24)과 사자들(시 104:21)을 포함한다. 특히 시편 104편에서 저자는 동물들에게 먹이를 주고 그것들의 숨을 거두고 그것들을 새롭게 하는 것(시 104:27-30)—탄생, 생명, 죽음의 순환—을 하나님이 찬양을 받을 사역으로 열거한다. 이런 성경 텍스트들과 욥기 38-40장 같은 다른 텍스트들은 생물학적 죽음이 창세기 1장에서 창세기가 "매우 좋다"고 선언하는 창조세계의 일부임을 암시한다.[51] 생명 나무의 선물은 인간에게 생물학적 죽음을 피하고 하나님과의 친교를 계속할 수 있는 수단을 제공했을 것이다.

4. 아담과 하와는 선과 악을 알게 하는 나무의 열매를 먹는 날에 죽을 것이라는 말을 들었다. 그러나 그들이 금지된 열매를 먹었을 때 그들은 졸도하거나 그 자리에서 죽지 않았다. 몇몇 초기 기독교 사상가들은 이것을 하나님이 아담과 하와에게 만일 그들이 금지된 열매를 먹으면 죽도록 운명지어진 존재가 되리라고 경고했음을 의미하는 것으로 해석했다. 다른 학자들은 아담과 하와가 원래는 의롭고 도덕적으로 천진

---

49 창조시의 원래의 천진무구함이 폭력이나 우리가 죄로 분류할만한 다른 행동이 없었음을 암시하지 않는다는 것을 주목하라. 율법이 없는 곳에서는 행동들이 죄로 여겨지지 않는다(롬 5:12-14).

50 죄 개념을 가지려면 최소한의 자의식이 필요하다. 따라서 충분한 자의식이 없이 행동하는 동물들은 죄를 짓지 않는다. 이 점이 더 중요한데, 성경은 어느 곳에서도 동물의 행동을 죄가 있는 것으로 묘사하지 않는다.

51 타락 전의 창조세계에 완전히 다른 물리학, 화학, 생물학이 존재했던 것이 아닌 한 생물학상으로 죽음이 불가피했을 것이다. 예컨대 세포의 죽음—세포 소멸—은 정기적으로 발생하는 생물학적 기능이며 지구상의 모든 형태의 생물학적 생명에 필요하다. 흥미롭게도 발생학상의 발달 단계에서 모든 척추동물은 손목들과 갈퀴가 있는 손가락들이 있는 사지를 발달시키는 단계를 거친다. 대다수 종에서 세포 소멸이 이 갈퀴의 막이 사라지게 한다(박쥐의 경우는 예외일 것이다). 이는 창조세계가 발달 과정에서 창조세계에 어떻게 봉사하는지(섹션 2.4.3을 보라)에 관한 현저한 예 중 하나이지만, 그것은 태 안에서 일어나는 생물학적 죽음과 관련이 있다.

무구한 상태로 존재했다고 생각했다. 그들이 불순종하고 금지된 열매를 먹었을 때 그들의 도덕적 천진무구함과 의로움이 상실되었다(예컨대 그들은 선과 악을 인식했고, 자기들이 벌거벗은 것을 깨달았고, 부끄러움을 느꼈다). 그들의 불순종 때문에 아담과 하와는 하나님으로부터 분리되었다. 즉 영적으로 죽었다. 초기 기독교 주석가 대다수는 하나님께서 인간이 생명 나무의 유익을 더 이상 누리지 못하게 막은 것을 자비의 행동으로 보았다. 하나님이 자비롭게 인간이 죄에 사로잡힌 채 영원히 사는 것을 막았다. 요점은 이제 생물학적 과정의 자연적인 경로를 상쇄할 수단이 없어졌기 때문에 생물학적 죽음이 불가피해졌다는 것이다.[52]

이런 내용은 타락 전의 생물학적 죽음에 관한 성경의 함의에 관해 새로운 생각도 아니고 드문 생각도 아니며, 성경 해석을 진화에 맞게 적용시킬 필요로 말미암아 동기가 부여된 것도 아니다. 예컨대 토마스 아퀴나스는 다음과 같이 썼다.

현재 사납고 다른 동물들을 죽이는 동물들이 그 [타락 전의] 상태에서는 사람과 관련해서뿐만 아니라 다른 동물들과 관련해서도 유순했을 것으로 생각하는 사람들이 있다.

그러나 이것은 매우 불합리하다. 마치 현재 다른 동물들의 살을 먹는 사자나 펠리컨 같은 동물들이 당시에는 풀을 먹고 살기라도 했던 것처럼 동물들의 본성이 인간의 죄로 말미암아 변한 것은 아니다. 창세기 1:30에 관한 베다의 주석은 나무와 풀들이 모든 동물과 새들에게 식량으로 주어졌다고 말하는 것이 아니라 몇몇 동물과 새에게 식량으로 주어졌다고 말한다[다른 생물들은 그들의 생존을 위해서 다른 동물들을 먹었음을 암시한다]. 따라서 몇몇 동물들 사이에 자연적인 반감이 있었을 것이다. 그러나 그런 동물들이 이 이유로 인간의 지배에서 벗어나지는 않았을 것이다. 그런 동물들이 현재 그 이유로 하나님의 지배에서 벗어나지 않고 있듯이 말이다. 하나님의 섭리가 이 모든 것을 정했다. 이 섭리에서 인간은 집행자였을 것이다. 인간이 새들을 훈련된 매들의 먹이로 주는 데서 알 수 있듯이 지금도 가축과 관련해서 이 점이 드러나고 있다.[53]

아퀴나스는 각각의 종이 본질적이고 변하지 않는 본성을 갖고 있으며—본성이 바뀌면 종이 바뀐다—따라서 타락 전과 후에 육식동물의 행동에 아무런 변화가 없었을 것이라고 믿었다. 자연에 (갑작스러운 생물학적 변화와 물리적 변화와 관련되었을) 변화가 있었음을 암시하는 성경의 텍스트도 없다. 창조 교리(본서의 2장을 보라)는 창조세계의 기능의 완전성에 변화가 일어났음을 강조하는 것이 아니라 연속성을 강조한다. 실제로 갑작스럽게 바뀐 것으로 보이는 유일한 생물은 창세기 3장에 등장하는 뱀인데, 이 변화는 초식성에서 육식성으로 변화된 것과는 무관하다.[54] 창세

---

52 창 1-3장에는 인간이 처음에는 불멸의 존재로 창조되었다고 암시하는 내용이 전혀 없다(인간이 원래 불멸의 존재로 창조되었다는 생각은 그리스의 완벽 개념에 기초한 추론이다). 초기 기독교의 많은 목회자-신학자는 아담과 하와가 원래 죽을 존재로 창조된 것도 아니고 불멸의 존재로 창조된 것도 아니며, 어느 상태로도 옮겨갈 가능성을 지닌 존재로 창조되었는데, 전자로 옮겨가면 죽음으로 이어진다고 믿었다(Bouteneff, Beginnings). 이 견해에서는 아담과 하와의 반역으로 말미암아 그들이 죽을 존재가 되었고, 그것이 인간 세상에 생물학적 죽음을 가져왔다. 창세기 앞 부분의 텍스트들은 인간이 죽을 존재로 창조되었다고 암시하지도 않는다. 대신 "창세기 텍스트들은 인간이 **생명을 위해서** 창조되었고 따라서 **불멸성을 위해** 창조되었음을 보여준다"(Bouteneff, 6). 이 생명과 불멸성은 새로운 창조에서 만개한다. 따라서 현재의 창조세계에서 죽음은 우리에게 이질적인 것으로 느껴진다.

53 St. Thomas Aquinas, *Summa Theologiae*, trans. Fathers of the English Dominican Province (New York: Burns Oates & Washbourne and Benzinger Brothers, 1922), I, q. 96, a. 1, ad. 2(『신학대전 해설서 I』, 수원가톨릭대학교 출판부 역간).

54 창 3:14은 저주가 뱀에게 선택적으로 적용되었고 다른 생물들에게는 적용되지 않았음을 암시한다. "여호와 하나님이 뱀에게 이르시되 '네가 이렇게 하였으니 네가 모든 가축과 들의 모든 짐승보다 더욱 저주를 받아 배로 다니고 살아 있는 동안 흙을 먹을지니라,'" in Robert Alter, *The Five Books of Moses: A Translation with Commentary* (New

기 1:30이 타락 전에는 육식동물이 없었음을 암시한다고 주장하는 사람이 있겠지만, 이 텍스트는 동물들 가운데서 육식성 행태를 배제하지 않는다. 창세기 1장은 길든 동물들과 길들지 않은 동물들을 구분하며 창세기 1:24은 가축, 기는 것, 들짐승을 구분한다. 더욱이 하나님이 바다와 땅이 생물들을 내게 했을 때(창 1:20-25) 음식에 대한 제한이 언급되지 않는다. 창세기 1:30을 모든 생물의 음식을 식물로 **제한한다**고 해석하는 것은 창세기 1장이 주장하는 내용을 넘어선다. 더욱이 창세기 1:30이 창세기 9장의 시기까지는 육식이 없었다고 암시할 경우 예상할 수 있는 것처럼 땅에 초식성 동물들이 살다가 갑자기 육식성 동물들이 나타났음을 암시하는 화석 증거가 전혀 없다.[55] 다른 한편으로 욥기에 묘사된 하나님의 위대한 창조 담화는 동물들의 육식성 행태가 언제나 하나님의 창조세계의 정상적인 작동의 일부였고 하나님이 이것에 관여한 것처럼 묘사한다(예컨대 욥 38:39-41; 39:26-30).[56]

이것은 매우 크고 중요한 주제이지만 우리가 이 대목에서 지적하고자 하는 바는 설사 우리가 죽음과 질병을 포함하는 창조세계의 과정들을 타락 후에는 다르게 경험한다고 할지라도 그것들이 타락 전후에 똑같이 만들어졌다고 해석할 충분한 근거가 있다는 것이다. 그렇다면 죽음과 타락 사이의 관계는 무엇인가? 한 가지 가능성은 "타락된 상태에서 죽음은 더 이상 사물의 좋은 질서의

일부로서가 아니라 심판과 파괴와 패배로서 우리를 만난다"는 것이다. "죽음은 예수의 구원하는 부활을 통해 정복되었지만, 그것은 또한 창조주인 성령의 행동을 통해 사실상으로도 계속 정복되어야 하고 그렇게 약속된다."[57] 이것이 죽음이 타락 후에 세상에 어울리지 않는, 부자연스럽고 잘못 놓인 것으로 보이는 이유다. 인간의 타락 전에는 죽음이 생명 나무의 열매를 통해 중화되었기 때문이다. 더욱이 새 창조에서는 죽음이 들어설 자리가 없다(롬 6:9; 고전 15:26; 고후 5:1; 딤후 1:10; 계 21:4). 우리가 창조 교리로부터 창세기 1장에 묘사된 창조는 완료되지 않은—불완전하고 완전히 질서 잡히지 않았으며 성령을 통해 성자 안에서 완성을 향해 움직이는—창조라는 것과 인간이 새로운 창조에서 궁극적인 고향을 가지도록 만들어졌다는 것을 인식한다면, 항상 발전하는 창조세계와 새로운 창조에서 그것의 완성 사이에 존재하는 강한 부조화 때문에 죽음과 질병이 극복되어야 할 적이라는 우리의 느낌이 통렬해진다.[58] 타락과 죄가 인간에게 어떤 영향을 주었는지도 크고 중요한 문제다. 그리스도인들은 수백 년 동안 죄가 이성과 감각 경험 같은 인간의 역량에 얼마나 광범위한 영향을 주었는지 논쟁을 벌여왔다. 이 대목에서도 우리는 간략하게 언급할 수 있을 뿐이다. 이성과 감각 경험이 창조세계 연구에 관해 합리적으로 신뢰할 수 있게 기능해왔음이 분명하다. 지난 몇 세기 동안 과학 지식과 기술에서 이뤄진 진보는 그 사실에 대한 방대한 증거를 제공한다. 이는 성부가 햇빛을 의로운 자와 불의한 자에게 비춰주듯이(마 5:45) 자연에 관한 지식을 널리 이용할 수 있게 하는 하나님의 일반은총과 일치한다. 더욱이 전적 타락 교리가 우리가 인간에게 가능한 최고 수준으로 나쁘고 뒤틀렸음을 의미하는 것은 아니다. 그보다는 그

York: W. W. Norton, 2004), 13.

55 육식성 동물의 치아와 턱은 초식성 동물의 그것들과 큰 차이가 있다 (아퀴나스는 이 사실을 알았다).

56 어떤 그리스도인은 인간의 타락이 모든 창조세계를 급진적으로 변화시켜서 전에는 완벽하고 완전했던 창조세계에 엔트로피 증가 법칙, 생물학적 죽음, 그리고 육식이 들어왔다고 가르친다(예컨대 Henry M. Morris, *The Genesis Record: A Scientific and Devotional Commentary on the Book of Beginnings* [Grand Rapids: Baker Books, 1976]를 보라). 그런 가르침은 성경 텍스트에 들어 있는 많은 "여백들"을 채워서 성경이 텍스트가 실제로 주장하는 내용보다 더 많이 말하게 만든다. 게다가 그런 가르침은 동산의 신성한 공간의 특별한 성격이 외부의 질서 잡히지 않고 길들지 않은 나머지 세상과 똑같았다고 가정하는 경향이 있다. 성경 텍스트들은 그런 가정을 지지하지 않는다(본서의 29장을 보라).

57 Colin Gunton, *The Actuality of Atonement: A Study of Metaphor, Rationality and the Christian Tradition* (London: Continuum, 1988), 152-53.

58 Haught, *Is Nature Enough?*, 특히 10장.

교리는 죄가 인간 생활의 모든 측면에 모종의 영향을 주었다는 뜻이다. 하지만 하나님의 일반은총으로 말미암아 죄의 영향이 이성과 감각 경험의 기본적인 신뢰성이나 이 멋진 창조세계의 이해 가능성을 일소하지 않는다.[59]

그렇다고 해서 인간이 항상 이성과 감각 경험을 다른 사람들 및 창조세계의 나머지에 봉사하고, 하나님을 예배하는 방향으로 현명하게 사용한다는 뜻은 아니다. 예컨대 우리는 하나님을 아는 지식 및 그것을 적절히 적용하는 것과 씨름한다. 우리는 과학과 기술을 좋은 용도뿐만 아니라 나쁜 용도에도 사용하며, 종종 창조세계에 관한 우리의 지식을 사용해서 창조세계를 돌보기보다는 그것을 착취한다. 타락한 자연이 인간에게 끼친 영향을 구분하기는 복잡하지만, 타락한 인간의 상태가 우리가 날마다 의존하는 상식적인 전제들이나 우리가 창조세계에 대해 배울 수 있는 역량의 발휘를 훼손하지는 않았다.

3.7. 기적과 자연의 균일성

마지막으로, 당신은 자연의 균일성이라는 기본적인 전제와 기적 사이에 다소의 긴장이 있을 수 있다고 생각했을지도 모른다. 우리는 그 문제에 대해 간략히 말할 필요가 있다. 기적이 자연법칙의 위반 또는 정지라고 보는 지나치게 단순한 견해에서는 자연의 균일성이 위반될 수 있다고 보일 것이다(섹션 2.6을 보라).

우리가 창조 교리에서 살펴본 바와 같이 자연의 균일성은 하나님이 창조세계에 부여한 기능의 완전성—자연의 우발적 합리성에 대한 표현 중 하나다—및 창조세계를 통해 끊임없이 매개된 신적 행동의 봉사적 성격과 관련이 있다. 따라서 자연의 균일성은 삼위일체가 창조세계와 관련을 맺고 그것을 통해서 행동하는 통상적인 방식을 나타

낸다.[60] 이 균일성은 통상적인 배경을 제공해서 우리에게 어떤 것을 기적으로 가려낼 수 있게 해준다. 예컨대 도끼의 머리가 물에 뜨는 것이나 부활은 통상적인 창조 질서의 일부가 아니다. 이런 종류의 기적들—창조세계의 우발적 합리성을 강화하는 것이 아니라 그것을 뛰어넘는 행동들(섹션 2.6)—은 확실히 이 획일적인 질서의 일부가 아니다. 이 세상에 나타나는 하나님의 매개가 때로는 하나님이 이 세상에서 행동하는 통상적인 방식을 넘어서거나 그것과 다르다.

신학적으로, 창조세계의 통상적인 질서의 일관성이 있는 패턴을 넘어서는 이런 기적들은 하나님이 대개, 창조 교리에 나타난 바대로, 자연에서 균일하게 행동한다는 사실에 의존한다. 이와 유사하게, 우리가 앞서 살펴본 바와 같이 과학 역시 창조 교리에 나타난 통상적인 유형의 신적 활동에 의존한다. 더욱이 창조 교리가 암시하듯이 이 통상적인 질서와 그 질서의 패턴들은 성령을 통해 힘을 제공받고 성자를 통해 유지되어서 참되며 지속적이다. 이 점이 과학자들에게 사물의 통상적인 질서를 연구할 수 있게 만들어준다.

그렇다면 무엇이 기적과 자연의 균일성 사이의 긴장이 될 수 있는가? 기적들만 중요하기 때문에 창조세계의 우발적 합리성은 진정한 것이 아니라고 말할 수는 없다. 창조 교리에 비추어 볼 때 그 주장에는 신학적 근거가 없다. 그리고 통상적인 질서를 넘어서는 몇몇 기적이 존재한다고 해서 과학을 연구할 동기가 훼손되는 것도 아니다. 창조 교리가 과학을 연구할 몇몇 동기를 제공하기 때문이다(부활 같은 기적들이 창조세계를 통해 매개된 하나님의 통상적인 활동의 일부는 아니지만 말이다). 그런 기적의 존재가 균일하게 기능하는 창조세계의 존재와 모순되는 것도 아니다. 성경의 기록은 자연의 균일성과 그 균일성 바깥의

---

59 만일 죄가 이것들을 일소했더라면 하나님이 우리에게 죄에 대한 책임을 지우지 못했을 것이다. 죄의 식별과 인식에 이 역량들이 필수적이기 때문이다.

60 이 대목에서도 예수의 성육신한 삶이 이 통상적이고 지속적인 신적 활동에 대한 통찰을 제공한다(섹션 2.4.2를 보라).

기적 모두 삼위일체가 사람들을 다룬 역사의 일부인 세상을 묘사한다.

우리는 기적과 자연의 균일성 사이의 "긴장"이 2장에서 논의된 그릇된 양자택일 곤경을 통해 표현된 물질주의적인 자연주의에서 나온다고 의심한다. 이 관점에서는 하나님이 활동하는 세상과 하나님이 현장에 있지 않거나 존재하지 않는 세상 사이에 참으로 긴장—노골적인 갈등—이 존재한다. 그러나 이 갈등은 과학의 발견물을 성찰한 결과로 나온 것이 아니다. 그것은 이미 하나님이나 영적 영역이 없으므로 기적이 불가능하다고 전제하는 물질주의적 자연주의 세계관의 함수이며, 따라서 "긴장"이 존재한다.[61]

이 주제는 본서에서 자주 등장할 것이다. 과학 이론이나 실험 결과가 물질주의적인 견해나 기적 또는 하나님에 대한 배제로 이끄는 것이 아니다. 물질주의적 자연주의가 성경에 덧씌워져 애트킨스, 코인, 도킨스 등이 지지하는 물질주의적 또는 무신론적 결론을 낳는다. 다음 장에서 명확해지겠지만, 사고와 경험에 대한 적절한 관계에 관한 과학의 견해들과 형이상학적 및 신학적 견해를 구분하는 것이 매우 중요하다.

---

61 이와 관련이 있는 요점—자연법칙 위반이라고 생각되는 그릇된 개념하에서 생기는 갈등이 실제로는 자연에 가장 기본적인 물리학의 원인 외의 다른 원인이 없다는 신념을 반영한다는 요점—은 Jeffrey Koperski, *The Physics of Theism: God, Physics, and the Philosophy of Science* (Chichester, UK: John Wiley & Sons, 2015), 4장을 보라.

4장

과학과 신학의 렌즈를 통해서 본 창조세계

창조 교리 및 지식과 믿음 사이의 관계가 우리가 과학적 기원 이론을 이해하기 위한 배경을 형성한다. 유한한 우리 인간은 결코 창조세계를 완전히 이해할 수 없을 것이다. 더욱이 우리가 과학적 탐구나 신학적 탐구만을 통해서 달성할 수 있기를 바라는 수준 이상으로 창조세계를 좀 더 충분히 이해하기 위해서는 양자가 모두 필요하다. 우리는 우선 구별되는 계시 형태로서 과학 연구와 신학 연구의 성격을 살펴볼 것이다. 다음에 우리는 두 형태의 연구가 서로 어떻게 관련될 수 있는지를 논의할 것이다. 마지막으로 우리는 과학 연구가 제한적으로 기능하는 중요한 이유를 다룰 것이다.

4.1. 두 책 은유

우리는 매우 오래되었지만 유용한 개념인 두 책 은유로

이 장을 시작한다. 하나님이 자연과 성경이라는 두 책의 저자 또는 출처라는 생각은 최소한 오리게네스 시대로 거슬러 올라간다. 아우구스티누스와 갈릴레이 이래 수 세기 동안 학자들은 이 은유를 사용해서 성경과 창조세계에 관한 우리의 지식을 묘사했다.

두 책 은유는 **계시** 개념에 의존한다. 가장 넓은 의미에서 계시는 이해될 필요가 있는 사항에 관해 선물로서 받는 지식을 의미한다.[1] 궁극적으로 이 선물 제공자는 삼위일체 하나님이다. 그러나 그 선물 또는 계시는 자연, 인간, 또는 다른 수단들(예컨대 다큐멘터리, 강의 또는 실험)을 통해 매개될 수도 있다. 우리 현대인들은 계시가 인간의 지식 발견 역량을 훼손할 수도 있다고 생각하기 때문에 계시 개념 자체에 숨이 막힌다. 그러나 기본적으로 계시는 발견 및 배움 개념과 관련이 있는데, 이것들은 우리 모두가 평생 경험하는 것들이다. 두 책 은유는 바로 이 내용에 관한 것이다. 우리가 과학 연구가 왜 계시의 형태인지를 알려면 좀 더 깊이 논의할 필요가 있다.

과학자들은 예컨대 창조세계를 연구함으로써—창조세계에 귀를 기울이거나 그것으로부터 배움으로써—자연에 관해 가르침을 받는다. 이것은 물리적 영역에서 작동하는 계시다. 우리가 3장에서 살펴본 바와 같이 과학 지

---

1   Colin Gunton, *A Brief Theology of Revelation* (London: T&T Clark, 1995).

식은 잠정적이다. 우리가 자연에 관해 새로운 무언가를 배우면 현재 이해하고 있는 내용을 재해석하거나 수정해야 할지도 모른다. 본질적으로 과학 연구는 우리에게 창조세계에 관한 잠정적인 지식을 매개하며, 우리가 그 지식을 발견하고 수정하기 위한 수단이다. 그렇다고 해서 과학자들이 자연을 연구할 때 과학 연구가 지식을 **계시한다**는 뜻은 아니다. 과학자들은 매개가 없이는 자연에 관한 지식에 접근하지 못한다. 과학 연구가 산출하는 지식은 과학자들이 사용하는 도구들과 그들이 전개하는 이론적 구성 개념들의 매개와 관련이 있다. 또한 과학자들의 배경 지식과 전제들이 지식의 발견에서 중요한 역할을 한다.[2] 데이터, 사실, 진리는 자연의 여러 영역을 이해하고자 하는 다양한 과학계의 실험 연구와 이론 작업을 통해 매개된다. 과학자들이 통상적인 연구를 수행할 때 자연은 이런 영역들에서 과학자에게 스스로를 드러낸다.[3]

이 대목에서 핵심적인 사상은 모든 지식은 계시된다는 것이다. 통제된 관측, 독서, 토론 또는 다른 어떤 수단을 통해 드러나든 말이다. 이것이 계시 또는 하나님에 관한 지식의 전통적인 신학적 범주와 어떻게 관련되는가? 신학자들은 대체로 일반계시(자연 계시로도 불린다)와 특별계시(특수계시로도 불린다)라는 두 범주를 구분한다. 일반계시는 자연을 통해 드러난 하나님에 관한 지식이다. 이것은 하나님의 능력, 신성 등에 대한 매우 일반적인 지식이다. 특별계시는 하나님에 관한, 특히 구속, 예수, 메시아에

관한 구체적이고 매우 상세한 지식이다.

창조계시라 불리는 세 번째 범주가 있는데 일반계시의 하위 범주인 이 계시는 다른 범주의 계시에 비해 덜 논의되고 있다. 이것은 자연을 통해 계시된 창조세계에 관한 구체적이고 상세한 지식이다.[4] 신학자들은 주로 하나님에 관한 지식에 관심이 있다. 따라서 그들이 창조계시를 좀처럼 논의하지 않는 것이 놀랄 일은 아니다. 하지만 갈릴레이, 로버트 보일, 아이작 뉴턴(1643-1727) 같은 자연 철학자들은 창조계시에 큰 관심을 보였다.[5] 예컨대 갈릴레이는 그의 운동 연구를 다음과 같이 묘사했다. "**그 손을 통해서 자연의 다른 모든 작용에 나타난 자연 자체의 관습과 절차를 고려함으로써** 자연적으로 가속화된 운동을 조사하도록 **인도되었다**. 자연은 그것을 수행함에 있어서 습관적으로 가장 빠르고, 가장 단순하고, 가장 쉬운 수단을 채택한다."[6] 요한네스 케플러는 1598년 3월 26일 J. G. 헤르바르트 폰 호헨부르크에게 보낸 편지에서 다음과 같이 썼다. "우리 천문학자들은 자연이라는 책에 관해 가장 높은 하나님의 제사장들이기 때문에 우리는 우리 자신의 역량을 자랑할 것이 아니라 하나님을 찬양해야 합니다.…그런 법칙들은 인간의 지성이 파악할 수 있는 범위 안에 있습니다. 하나님은 우리가 그분의 생각을 공유할 수 있도록 우리를 자신의 형상대로 창조함으로써 우리가 그것들을 인식하기를 원했습니다."[7]

포괄적 창조 교리(본서의 2장을 보라)는 우리로 하여금

---

2 Ian Hacking, *Representing and Intervening* (Cambridge: Cambridge University Press, 1983); Thomas Kuhn, *The Structure of Scientific Revolutions*, 50th anniversary ed. (Chicago: University of Chicago Press, 2012); Hugh Gauch, *Scientific Method in Practice* (Cambridge: Cambridge University Press, 2003); Alfred I. Tauber, *Science and the Quest for Meaning* (Waco, TX: Baylor University Press, 2009).

3 과학자들의 실험 연구와 이론 작업, 그들의 배경 지식과 가정들이 자연에 관한 지식을 매개한다거나 그 수단이라는 생각은 새로운 것이 아니다. 이 생각은 실제로 17세기 과학적 사고의 혁명의 일부였다. Robert C. Bishop, "God and Methodological Naturalism in the Scientific Revolution and Beyond," *Perspectives on Science and Christian Faith* 65 (March 2013): 10-23을 보라.

4 예컨대 다음 문헌들을 보라. Herman Bavinck, *Reformed Dogmatics*, vol. 1, Prolegomena, ed. John Bolt, trans. John Vriend (Grand Rapids: Baker Academic, 2003), 341-42; Michael Goheen, "Scriptural Revelation, Creational Revelation and Natural Science: The Issue," in *Facets of Faith and Science*, vol. 4, *Interpreting God's Action in the World*, ed. Jitse M. Van der Meer (Lanham, MD: University Press of America, 1996), 331-43.

5 Bishop, "God and Methodological Naturalism."

6 Galileo Galilei, *Two New Sciences, Including Centers of Gravity and Force of Percussion*, ed. and trans. Stillman Drake (Madison: University of Wisconsin Press, 1974), 153, 강조는 덧붙인 것임.

7 Carola Baumgardt, *Johannes Kepler: Life and Letters* (New York: Philosophical Library, 1951), 44, 50.

창조계시가 과학 신학에 매우 중요함을 알 수 있도록 도움을 준다. 창조세계에서 수행되는 삼위일체의 활동의 많은 부분이 봉사적이고—창조세계의 과정들을 통해 매개된다(섹션 2.4.3을 보라)—하나님이 창조세계에 기능의 완전성을 주었기 때문에(섹션 2.2.2를 보라), 우리는 하나님의 창조세계를 연구함으로써 그것이 어떻게 작동하는지에 관해 많은 것을 배울 수 있다. 먼저 열왕기 4:29-33은 하나님이 솔로몬에게 준 지혜에 대해 말한다. 그는 물고기와 기타 동물들에 대한 연구를 통해 그것들의 적절한 특성에 관해 배웠다. 이 배움이 어떻게 왔는가? 이사야 28:23-29은 우리에게 실마리를 제공한다.

> 너희는 귀를 기울여 내 목소리를 들으라. 자세히 내 말을 들으라. 파종하려고 가는 자가 어찌 쉬지 않고 갈기만 하겠느냐? 자기 땅을 개간하며 고르게만 하겠느냐? 지면을 이미 평평히 하였으면 소회향을 뿌리며 대회향을 뿌리며 소맥을 줄줄이 심으며 대맥을 정한 곳에 심으며 귀리를 그 가에 심지 아니하겠느냐? 이는 그의 하나님이 그에게 적당한 방법을 보이사 가르치셨음이며, 소회향은 도리깨로 떨지 아니하며 대회향에는 수레바퀴를 굴리지 아니하고 소회향은 작대기로 떨고 대회향은 막대기로 떨며, 곡식은 부수는가? 아니라. 늘 떨기만 하지 아니하고 그것에 수레바퀴를 굴리고 그것을 말굽으로 밟게 할지라도 부수지는 아니하나니 이도 만군의 여호와께로부터 난 것이라. 그의 경영은 기묘하며 지혜는 광대하니라.

농부들은 모종의 특별계시를 통해 농업에 관해 배우는 것이 아니라 하나님이 그들이 땅을 경작하고 무슨 일이 일어나는지 관측한 바를 통해 가르쳐 준 것을 통해서 배운다(이는 사자들이 먹잇감을 사냥함으로써 하나님으로부터 먹이를 구하는 것과 다르지 않다). 땅을 경작하는 과정에서 창조세계는 농부들에게 수확을 늘리고 많이 수확하는 방법, 비의 중요성 등을 드러낸다. 또는 창세기 2장에서 아담이 동물들의 이름을 부르는 것을 생각해보라. 고대 근동에서 어떤 사물의 이름을 부르는 것은 그것에 대해 아는 것이었다. 아담이 적절하게 동물들의 이름을 부르기 위해서는 그 동물들을 연구해야 했을 것이다.

하나님은 우리가 자연과 관련을 맺을 때 자연을 통해 자연에 관한 것들을 계시한다. 시편 104편에 자연에 관한 모든 지식이 나열된 것을 생각해보라. 시편 저자는 풀의 성장, 개울의 흐름 유지, 동물들의 집, 밤낮과 계절의 순환 등의 사역에 대해 하나님을 찬양한다. 이 시편은 창조세계를 관측하고 그것을 경험함으로써 배운 지식으로 가득차 있다(욥 12:7-8과 비교하라). 과학자들이 깨닫든 깨닫지 못하든 간에 창조계시는 과학자들을 통해 발견된 지식이다.[8]

이것이 하나님이 창조세계와 성경을 통해 지식을 준다는 두 책의 은유의 배후에 있는 신학적 토대다. 그리고 그런 지식은 각각의 책에 적절한 해석이나 석의 형태를 통해 매개된다.

그러나 여전히 염려하는 사람이 있을 것이다. 자연에 대한 과학적 연구를 통해 드러난 지식은 우리와 창조세계 사이의 관계 및 창조세계를 탐구하는 수단을 통해 매개된다. 그리고 인간은 우리가 자연의 일부라는 사실을 통해 그것을 이해하게 된다.[9] 어떤 사람에게는 자연 세상을 통한 계시가 삼위일체의 행동, 성경, 공동체 및 전통을 통해 매개된 특별계시와 현저히 다르게 보일 것이다. 현대 서구 사회에서 이 우려는 대개 권위의 문제 형태를 띤다. 성경의 권위는 종종 자연에 대한 과학적 탐구와 현격하게

---

8   아퀴나스의 스승인 알베르투스 마그누스 같은 자연 철학자들은 창조계시와 자연에 관한 지식 사이의 연결 관계를 명확히 인식했으며, 이 연결 관계는 17세기와 과학 혁명 시대에도 계속 인정되었다. 그러나 늦어도 19세기 후반 이후 과학자들은 대체로 이 연결 관계를 잊었다. Bishop, "God and Methodological Naturalism"을 보라.

9   Michael Polanyi, *Personal Knowledge: Towards a Post-Critical Philosophy*, 2nd ed. (Chicago: University of Chicago Press, 1974); Charles Taylor, *Sources of the Self: The Making of the Modern Identity* (Cambridge, MA: Harvard University Press, 1992).

대조되는 것으로 생각된다. 성경은 아무튼 우리 인간의 능력을 넘어서지만, 과학 탐구는 인간의 능력에 크게 의존한다. 종종 특별계시는 주어진 것이고—이성 및 경험과는 완전히 다른—"믿음으로" 받아들여지는 것인 반면에 과학적 지식은 이성과 경험을 엄격하게 적용한 뒤에만 받아들여지는 것으로 생각된다.[10]

계시 개념에 대한 현대의 이의를 형성하는, 부정할 수 없는 이 우려에 관해 몇 가지 말할 것이 있다. 첫째, 개념을 명확히 정리할 필요가 있다. 권위를 계시에 대한 해석에 있어서 우리가 지나친 확신을 혼동하는 실수를 저지르지 않아야 한다. 때때로 그리스도인들은 그들의 해석이 실제적인 권위를 가지는 것으로 보일 정도로 특별계시에 대한 자기의 해석을 지나치게 확신한다. 성경에는 권위가 있지만 그리스도인의 성경 해석에는 권위가 없다(본서의 1장을 보라). 마찬가지로 창조세계에는 권위가 있지만 창조세계에 대한 과학적 해석에는 권위가 없다. 궁극적으로 성경과 자연의 권위 모두 삼위일체 하나님 안에서 발견된다.

둘째, 모든 과학 지식은 다양한 수단을 통해 매개된, 계시된 지식이다(섹션 4.2.1을 보라). 그럼에도 불구하고 이 대목에서 특별계시와 창조계시 사이에 유의미한 병행이 있다는 점이 별로 주목받지 못한다. 특별계시를 통해 획득한 지식 역시 예배나 기도 같은 관행, 그 계시에 비추어 살려는 노력, 기독교 공동체가 성경을 이해하게 된 것, 그리고 신조들의 형성과 해석 등을 통해 매개된 지식이다. 달리 말하자면 우리는 특별계시는 매개되지 않은 지식인 반면 창조계시는 매개된 지식이라고 생각하는 실수를 저지르지 않아야 한다. 특별계시를 통해 얻은 지식에도 이성과 경험이 깊숙이 관여한다.

셋째, 창조계시는 일종의 잠정적 권위에도 의존하는데, 이 경우 권위는 자연, 과학자들, 과학계에 주어진다.

예컨대 과학자가 되는 방법을 배우기 위해서조차 학생은 반드시 대학교 졸업자로서 자신이 신뢰하는 과학자와 연구팀 아래서 수습 기간을 거쳐야 한다(대개 박사 과정을 끝낸 연구자로서도 수습 기간을 거친다). 그 학생은 개인적으로 과학자로 발전하는 데 대해 이 과학자와 팀에 권위를 부여한다. 그렇게 하지 않는다면 그 학생은 유능한 과학자가 되지 못할 것이다. 더욱이 어떤 과학자가 다른 과학자들의 연구 보고서를 진지하게 받아들일 수 있으려면 그들에게 모종의 잠정적 권위를 부여해야 한다. 후에 이 권위 부여를 철회할 이유들이 출현할지도 모른다(따라서 잠정적 권위다). 이 점이 중요한데, 자연에 부여된 잠정적인 권위가 없다면 과학자들이 수집하는 데이터가 증거로 인정받을 수 없다. 우리가 15세기에서 17세기 사이에 배운 교훈 중 하나는 자연이 자신에게 적절한 방식으로 우리에게 말하도록—가르치도록—허용해야 한다는 것이다. 그래야만 자연 과학 연구가 참으로 기능을 발휘할 수 있다(섹션 3.1에서 다뤄진 지식의 정의를 상기하라). 이런 식으로 과학자들—그리고 심지어 자연—은 잠정적 권위를 구현하는 책임 공동체를 형성한다. 과학 지식에서 잠정적 권위의 역할이 종종 인식되지 않지만, 그것은 우리가 특별계시를 다룰 때 잠정적 권위의 역할과 유사하다.

이 대목에서 중요한 두 가지 경고가 강조될 필요가 있다. 자신을 모종의 잠정적 권위 아래 두는 것이 불가피하므로 당신은 권위들을 현명하게 선택해야 한다. 그러나 모종의 잠정적 권위 아래 들어간다고 해서 당신이 배울 책임에서 면제되지는 않는다.[11] 그리고 잠정적인 권위를 부여한다고 해서 질문이 질식되는 것을 의미하지는 않는다. 과학이나 신학 또는 다른 연구 분야들은 심오한 질문을 던지고 추구할 때 가장 잘 발달한다. **질문은 언제나 잠정적인 권위와 일치한다.**

---

10 섹션 3.5에서 논의된 믿음과 지식 사이의 그릇된 분리를 상기하라. 해석 원리—해석은 이성을 행사하는 것이다—로서 성경의 권위 개념이 논의되는 섹션 1.1.1과도 비교하라.

11 따라서 계몽주의가 실제로는 모든 권위와 전통을 폐기한 것이 아니라 대안을 채택했는데, 그 대안이 지금까지 편만한 권위와 전통 역할을 하고 있다.

계시에 관한 우려를 다룰 때 네 번째 요점은, 일반적으로 계시 신학은 필연적으로 몇 가지 기독교 교리에 의존한다는 것이다. 예컨대 창조 교리는 자연이 이해될 수 있다고 암시한다. 자연이 이해될 수 있는 한 그것은 **계시와 관련이 있다.** 따라서 우리는 과학 연구가 자연에 관한 지식을 낳으리라고 기대할 수 있다. 우리가 3장에서 고찰했고 앞으로 좀 더 자세히 살펴보겠지만, 우리 인간이 지니고 있고 구현하고 있는 지적 역량은 그것을 통해 창조세계의 우발적 합리성에 관한 지식이 얻어지는 수단이다. 자연과 상호작용함으로써 자연에 대한 지식을 얻을 수 있다는 것이 창조계시의 핵심적인 특징이다. 과학자들은 세상과 상호작용함으로써 세상에 대해 배우는데, 이 점은 성경 텍스트들과 상호작용함으로써 그 텍스트들을 배우는 것과 비슷하다(아래의 논의를 보라).

이에 더하여 우리가 모든 형태의 계시를 알기 위해서는 성령론—성령의 신학 또는 교리—이 필요하다. 결국 성령은 우리가 이 세상에 존재할 수 있도록, 그리고 우리의 역량을 사용해서 하나님이 지으신 두 책을 이해하도록 에너지와 능력을 준다. 그리고 성령이 과학자들이 그들의 사고를 자연에 일치하도록 순응시킬 때 일종의 잠정적 권위 아래 있게 함으로써 그들에게 창조세계에 관한 지식을 인식하고 파악하도록 능력을 부여한다(섹션 3.1을 보라).[12] 물론 이 지식은 결코 최종적인 것이 아니다. 그것은 모든 형태의 지식과 마찬가지로 계속 해석되고 정교화된다. 그러나 그런 지식을 추구할 수 있는 능력 역시 우리의 삼위일체 창조주로부터 우리에게 주어진 선물이다. 이 교리들이 창조계시와 특별계시에서 인간의 지식의 토대를 이루고 그 지식을 밝혀주는 방식은 유사하다. 그런 기독교 교리들이 옳다면, 매개를 통하지 않고 자연을 이해할 수 없듯이 매개 없이는 성경을 이해할 수 없다.

마지막으로, 건튼은 다음과 같이 지적한다. "계시는 인간의 이성에 대해 말하고 인간의 이성을 구성하는데, 창조된 합리성에 고유한 에너지들을 해방하는 방식으로 그렇게 한다."[13] 창조계시는 인간이 창조세계의 우발적 합리성과 상호 관계를 맺고 그것을 발견할 힘을 줌으로써 이 일을 수행한다. 예컨대 과학자들은 현상들을 연구하고, 사실들과 관계들을 밝히고, 생각할 거리를 발견하는 등의 일을 한다. 신학자들과 특별계시도 마찬가지다. 인간의 사고와 행동에 특별계시가 더해져서 창조계시에만 의존할 때에는 입수할 수 없는 요소들을 구할 수 있게 해준다. 우리가 특별계시에 열린 마음으로 귀를 기울이고, 그것과 씨름하며, 그것을 이해하고 그것으로부터 배우고자 할 때 특별계시는 인간의 이성에게 말하고 인간의 이성을 형성한다. 특별계시와 이런 식으로 격의 없는 대화를 하는 것은 우리가 창조계시와 격의 없는 대화를 하는 것과 유사하다. 당신이 읽고 있는 책은 여러모로 이런 격의 없는 대화를 보여준다.

이 모든 점은 계시에 관한 우려의 토대가 되는 이성-계시의 이분법은 계몽주의의 많은 이분법과 마찬가지로 너무 조잡하다고 암시한다.[14] 예컨대 비록 이 점이 현대의 논의에서는 종종 모호해지지만, 고전 그리스 철학자들은 이성과 계시 사이에 현재 대체로 인식되고 있는 수준보다 훨씬 더 밀접한 관계가 있다고 생각했다.[15] 마찬가

---

12 Colin Gunton, *The One, the Three and the Many: God, Creation and the Culture of Modernity* (Cambridge: Cambridge University Press, 1993), 특히 2부.

13 Gunton, 212.

14 몇몇 초기 기독교 신학자들이 이성과 계시를 뚜렷이 구분했다는 것은 사실이다(예컨대 테르툴리아누스). 초기 신학자들은 대개 지식과 행동에 대한 성경의 함의를 이해하기 위해 애쓸 때 이성과 계시로서 성경 텍스트들을 붙잡고 씨름했다. 이성과 계시 사이의 좀 더 강한 형태의 구분이 중세 이슬람과 유럽에서 출현했지만 이런 구분은 현대 계몽주의의 구분 형태를 띠지 않았다.

15 Werner Jaeger, *The Theology of the Early Greek Philosophers* (repr., Eugene, OR: Wipf & Stock, 2003); William K. C. Guthrie, *A History of Greek Philosophy* (Cambridge: Cambridge University Press, 1979), vols. 1 and 2; Stanley Jaki, *The Relevance of Physics* (Chicago: University of Chicago Press, 1970); Harold P. Nebelsick, *Circles of God: Theology and Science from the Greeks to Copernicus* (Edinburgh: Scottish Academic Press, 1985), 1장.

지로 많은 중세 유럽 사상가들은 이성과 계시가 함께 묶여 있다고 생각했다. 역사적으로 이성과 계시가 언제나 정반대인 것으로 생각된 것은 아니었다. 사실 성경 저자들은 그런 엄격한 이분법을 갖고서 글을 쓰지 않았다. 요람 하조니는 구약성서는 계시의 책인 것만큼이나 이성의 책이라고 설득력 있게 주장했다.[16] 그리고 바울은 그의 모든 서신에서 많은 고전 논증 형식을 사용해서 자기의 주장을 펼친다(예컨대 "작은 것에서 큰 것으로" 주장을 펼치는가 하면 유비로부터 주장을 펼친다). 성경의 저자들이 산출하는 정당화는 우리가 과학으로부터 기대하는 의미에서 경험적이지는 않을 수도 있다(예컨대 진리에 관한 진술이나 논증이 시나 우화 형태로 제시될 수도 있다). 그럼에도 불구하고 그들의 정당화는 종종 삶의 많은 합리성과 마찬가지로 논증과 경험에 대한 해석의 결과다.[17] 따라서 이성-계시의 강력한 이분법은 성경에서 유래한 것이 아니라 성경 외적으로 형성된 것이다.[18]

4.2. 두 책을 읽기

두 책 은유가 제공하는 가장 중요한 장점은 아마도 우리가 성경과 창조세계를 이해하게 되는 것은 우리가 물질과학에 관한 책과 심미학에 관한 책을 이해하게 되는 것과 매우 유사하다는 점일 것이다. 그 책들은 다른 목적을 위해 쓰였고 다른 종류의 지식의 원천이지만, 몇 가지 겹치는 점이 있다. 두 텍스트의 독자/해석자로서 우리는 그 책들과 저자들에게 모종의 권위를 부여하고 그 책들이 하는 말을 고려해서 그것들로부터 배운다. 또한 우리는 그 책들과 격의 없이 대화한다. 예컨대 심미학 책에서 좀 더 많이 배우면 우리는 그것을 다른 시각에서 읽을 수 있고, 우리가 배우고 있는 것을 새로운 방식으로 적용할 수 있으며, 물질과학 책과 유용하게 연결되는 것을 볼 수 있다(예컨대 다른 물질들이 심미적 특질에 어떻게 영향을 줄 수 있는지에 대한 통찰). 이 모든 것은 우리가 심미학 책을 통해 얻은 우리의 지식을 재형성한다.

책과 독서 은유는 과학 연구와 신학 연구에서 해석이 매우 중요하다는 점을 암시한다. 흔히 과학적 조사가 해석과 무관한 것으로 묘사되고 있는 점에 비추어 볼 때 이것이 당신에게 놀라워 보일 수도 있을 것이다. 그러나 궁극적으로 과학 연구가 어떻게 해석과 무관할 수 있겠는가? 인간은 해석하는 존재다. 우리는 늘 해석에 관여해서 사물을 이해하게 된다.[19] 해석은 인간이 과학 분야나 다른 분야에서 의미들을 확립하는 주된 방법이다.

그리고 우리는 복수인 **의미들**을 말하고 있다. 골프공을 생각해보라. 골프공은 몇 가지 의미 있는 목적에 유용하게 사용될 수 있다. 예를 들어 그것은 골프 게임이나 공 던지기 놀이에 사용될 수 있으며, 자기방어 무기나 종이 누르개로 사용될 수 있고, 진기한 물건이나 기념품으로 진열될 수도 있다. 이 각각의 용도는 자체의 유용성 및 유용성에 대한 기준을 갖고 있다. 그리고 이 용도들은 독단적이지 않음을 주목하라. 임의로 사용하는 것은 사리에 맞지 않지만, 이 예들은 모두 의미가 있고 목적이 있다.

16 Yoram Hazony, *The Philosophy of Hebrew Scripture* (Cambridge: Cambridge University Press, 2012).

17 예컨대 믿음의 규칙은 성경 해석과만 관련이 있었던 것이 아니라 교회의 생활 및 관행과도 관련이 있었다(심화 학습: "고대의 석의와 신앙의 규칙"을 보라). 하지만 그것은 이성과도 밀접한 관련이 있었다: "그 규칙은 이성에 믿음의 여지를 두는 것을 제한하지 않았고, 믿음을 사용해서 이성에 대한 여지를 두었다." Eric R. Osborn, "Reason and the Rule of Faith in the Second Century AD," in *The Making of Orthodoxy: Essays in Honor of Henry Chadwick*, ed. Rowan Williams (Cambridge: Cambridge Uni versity Press, 1989), 57.

18 James Turner, *Without God, Without Creed: The Origins of Unbelief in America* (Baltimore: Johns Hopkins University Press, 1986). 이것이 그의 주된 요점은 아니지만 Turner는 이 이분법이 성경 외적으로 형성되었음을 탁월하게 드러낸다.

19 Hans-Georg Gadamer, *Truth and Method* (London: Continuum, 1975); Taylor, *Sources of the Self*; Frank C. Richardson, Blaine J. Fowers, and Charles B. Guignon, *Re-Envisioning Psychology: Moral Dimensions of Theory and Practice* (San Francisco, CA: Jossey-Bass, 1999); Robert C. Bishop, *The Philosophy of the Social Sciences* (London: Continuum, 2007); Alasdair MacIntyre, *After Virtue: A Study in Moral Theory*, 3rd ed. (Notre Dame, IN: University of Notre Dame Press, 2007).

이 점이 중요한데, 그 예들은 **다른 방식으로** 의미가 있으며 어떤 의미도 유일하게 "옳은" 용도가 아니다. 단 하나의 정당하고 의미 있는 용도는 없다. 문화 전통에서 우선권을 갖는 한 가지 관습적인 용도(예컨대 골프 게임)가 있을 수 있지만, 이 관습적인 우선권이 다른 정당하고 의미 있는 용도를 배제하지는 않는다.

또는 주전자 안에서 물이 끓는 것을 생각해보라. 우리는 물(H_2O) 분자의 에너지 운동으로서 끓는 과정에 초점을 맞추고 그 과정에 관해 이해할 수 있다. 또는 우리가 후식으로 먹을 과일 젤리를 만들기 위한 준비 과정으로서 끓는 물에 초점을 맞출 수도 있다. 두 가지 이해 모두 특정한 맥락에서 의미가 있고 적절하다. 우리는 우리의 목적에 적절한 맥락에 따라 선택한다.

이 점에서는 과학도 인간의 다른 활동과 다르지 않다. 쿤의 패러다임들은 의미와 관련된 과학적 해석의 예들이다.[20] 또 다른 예로 에너지의 보존을 생각해보라. 에미 뇌터는 에너지 보존 법칙을 시간 역전 대칭(time-reversal symmetry)의 결과로 재해석했다. 이 대칭에는 우리의 물리법칙과 관련해서 다음과 같은 의미가 있다. 당신이 어떤 과정의 영화를 만들고 그것을 거꾸로 돌릴 경우, 물리법칙이 거꾸로 하는 그 과정을 허용하는가? 그 질문에 대한 대답이 긍정적이라면 그 과정은 시간 역전 대칭이다. 그런 과정들은 에너지를 보존한다(그 과정들은 에너지를 창조하지도 않고 파괴하지도 않는다. 그 과정들은 단지 에너지를 하나의 형태에서 다른 형태로 바꿀 뿐이다). 알베르트 아인슈타인은 에너지와 물질이 상호 전환될 수 있으므로 에너지 보존 법칙은 질량-에너지 보존 법칙이 되는 것으로 재해석했다. 그렇다면 에너지가 무엇인가를 해석하는 방법은 여러 가지가 있다.[21] 에너지 같은 기본적인 무언가가 복수의 해석을 허용한다는 점은 이런 종류의 재해석이 언제나 가능함을 의미한다. 그러나 이런 해석들이나 의미들이 물리적으로 의미가 있으려면 그것들이 물리학에서 확립된 경험적 기준 및 일관성 기준을 충족해야 한다.

더욱이 다른 시각에서 보거나 다른 질문에 대응해서 보면 하나의 사건에 다르지만 일관성이 있는 의미가 있을 수 있다. 유전자 변이를 생각해보라. 현대 유전학은 그런 사건에 대한 이론적인 이해를 제공하지만, 이것만이 관심의 대상이 될 수도 있는 유일한 의미는 아니다. 그 사건의 가능한 의미에는 그 변이가 일어나는 맥락도 중요하다. 예컨대 초파리를 연구하는 실험실의 실험에서 일어나는 변이의 의미와 진핵생물의 첫 10만 년에 일어나는 변이의 의미는 동일하지 않다. 또 다른 예를 들자면 어떤 생태학적 틈새에서 일어나는 특정한 변이는 이로울 수 있는 반면에 다른 생태학적 틈새에서 일어나는 똑같은 변이는 중립적이거나 해로울 수도 있다. 더욱이 창조 교리하에서는 변이가 창조세계 안에서의 하나님의 사역 안에서 아마도 하나님의 목적을 수행하는 또 다른 형태의 의미를 발견한다. 이런 의미들 중 아무것도 다른 의미들보다 실제적이거나 정확하지 않다. 그런 의미들은 유전자 변이의 의미들에 대한 다양한 가능성들이다. 탐구의 맥락에 따라 어떤 의미들은 다른 의미들보다 더 두드러진다.[22]

해석들은 좀 더 풍부하거나 빈약할 수 있고, 좀 더 넓거나 좁을 수 있으며, 좀 더 드러내거나 감출 수 있고, 좀 더 포괄적이거나 덜 포괄적일 수 있고, 좀 더 정확하거나 덜 정확할 수 있다. 즉 해석들은 여러 방식으로 좀 더 좋거

20 Kuhn, *Structure of Scientific Revolutions*.
21 Jennifer Coopersmith, *Energy: The Subtle Concept* (Oxford: Oxford University Press, 2010).

22 물리적 사건 및 과정에 대한 해석의 다양성은 하나님이 부여한 창조세계의 우발적 합리성(섹션 2.2.1을 보라)에 중요한 토대를 두고 있다. "자연이 이처럼 다양한 해석의 가능성에 열려 있다는 사실 배후에는 우주의 우발성이 창조주 하나님의 무제한적인 합리성과 자유에 의존한다는 사실이 놓여 있다. 만일 그 우발성이 우주를 신비롭고 이해할 수 없게 만든다면 그것은 우주에 합리성이 없어서가 아니라 우주의 합리성의 정도와 성격이 우리가 그것을 완전하게 이해하고 따라서 그것에 대한 최종적인 공식화에 도달할 수 있는 능력을 넘어서기 때문이다." Thomas F. Torrance, *Divine and Contingent Order* (Edinburgh: T&T Clark, 1981), 39-40.

나 나쁠 수 있다. 해석은 언제나 사안들에 대한 우리의 관심이나 그것들을 이해하려는 목적이라는 맥락과 연결되어 있으므로, 단 하나의 옳고 완전한 해석은 거의 없다. 그리고 맥락이 다르면 다른 종류의 질문, 따라서 다른 형태의 이해가 필요하다. 따라서 우리에게는 언제나 복수의 해석이 필요하다. 특정한 맥락에서는 몇몇 해석이 다른 맥락에서보다 좀 더 적실성이 있지만 말이다. 예컨대 항생물질 내성과 관련된 유전자 변이를 다룰 때 우리가 관심을 보이는 이해는 하나님이 변이를 통해 일할 수도 있는 방식에 관해 생각할 때 우리가 관심을 보이는 이해와 다르다. 이처럼 상이한 두 가지 관심의 맥락이 모순되지 않으며 그런 맥락하에서 생성된 이해가 충돌하지도 않는다는 점을 주목하라. 특정한 탐구의 맥락으로 말미암아 다른 맥락은 우리가 묻고 있는 종류의 질문에 대해 적실성이 떨어질 수도 있다. 그러나 이 탐구의 맥락과 그것이 생성하는 이해는 다른 탐구의 맥락을 대체하거나 축소하지 않는다(예컨대 항생물질 내성의 맥락을 창조세계 안에서의 하나님의 활동에 관한 질문으로 축소하기).

해석은 그것을 입증할 수 있는 것이 아무것도 없이 독자적으로 존재하지 않는다는 점을 인식할 필요가 있다. 해석은 언제나 우리가 어떤 것을 이해할 때 사용하는 배경 지식과 경험에 의존한다. 그리고 이해될 대상—자연이라는 책의 경우 창조세계 및 성경책의 경우 성경—이 있다. 우리가 이해하려고 하는 대상은 무엇이 좀 더 낫거나 나쁜 해석인지, 그리고 좀 더 정확하거나 덜 정확한 해석인지에 대해 제약을 가한다. 따라서 우리가 적절한 이해를 추구하고자 할 때 우리가 어떤 해석을 선택하든 그것을 자유롭게 취하기만 하면 되는 것이 아니다. 우리가 하나님의 두 책 중 하나에서 나타나는 현상에 대한 **책임 있는** 독법을 제공하려면 우리가 이해될 대상에 존재하는 몇몇 지주(支柱)를 반드시 존중해야 한다.[23] 책임은 탐구자

들이 다양한 종류의 의미를 모색하는 과학과 신학 분야에서 이해를 추구하는 인간의 관행에 모종의 형태의 권위가 관련되어 있음을 암시한다.

마지막 예비적 논평으로서, 우리는 아는 방법으로서 신학적 탐구를 정의하려고 하지 않듯이 아는 방법으로서 과학적 탐구를 정의하려고 하지 않는다. 과학 철학에서 지난 수십 년 동안 과학적 탐구의 정수를 추출하는 정의를 구성하기 위해 많은 글이 쓰였다. 이런 노력들은 성공적이지 못했는데, 이는 주로 탐구는 실행의 한 형태이며, 다른 형태의 실행에서와 마찬가지로 과학적 탐구에는 언제나 공식화하는 것은 차치하고 명료하게 표현할 수 있는 수준 이상의 것이 존재하기 때문이다(이 점은 신학적 탐구에도 마찬가지다).[24] 우리는 과학적 탐구 또는 신학적 탐구 같은 탐구의 형태들의 특징을 묘사해서 그것들의 유사성과 차별성이 비교적 명확해지게 할 수 있을 뿐이다. 이 장에서 우리는 하나님의 두 책을 읽는 방법이라는 관점에서 바로 이 일을 하려고 한다.

4.2.1. 자연이라는 책 읽기. 두 책 은유의 기본적인 전제는 창조세계가 자신에 관한 신뢰할 수 있는 지식의 수단이라는 것이다. 이 점은 자연을 참으로 자체의 우발적 합리성을 갖고 있으며(섹션 2.2.1을 보라) 계시하는 존재로 본다는 것이 의미하는 내용의 일부다. 17세기 이후 자연 철학자들과 과학자들은 자연이라는 책을 특히 경험적이고 이론적인 방식으로 읽었다. 신학에서 주된 목표는 창조세계와 그것의 과정들을 **그것 자체의** 관점에서 이해하는 것이다. 17세기 자연 철학자들에게 이것은 하나님이 정해서 창조세계에 부여한 이차적 원인들—자연의 우발적 합리성의 핵심 요소들—을 이해하는 것을 의미했다. 이 이차적 원인들은 창조세계의 기능의 완전성을 구성하는 법

의 정의와 비교하라.

24 Michael Polanyi, *The Tacit Dimension* (Chicago: University of Chicago Press, 2009 [『암묵적 영역』, 박영사 역간]).

23 "사고와 경험의 적절한 토대"를 강조하는, 섹션 3.1에서 논의된 지식

칙, 힘, 속성 그리고 일관성 있는 패턴들이다. 이차적 원인들은 창조세계의 우발적 합리성에 대한 하나님의 자유로운 선택과 창조세계가 하나님의 목적을 이루는 데 진정으로 참여할 수 있는 상대적인 자유 모두를 대표한다. 하지만 확고한 삼위일체의 매개 개념이 없이는 역사적으로 다음의 두 가지 함정 중 하나에 빠지지 않기가 어려웠다. (1) 이차적 원인들이 창조세계 안에서의 삼위일체의 적극적인 활동을 대체한다. (2) 이차적 원인들은 곁길로 제쳐지고 하나님이 만물을 매개되지 않고 존재하게 한다. 이렇게 말하는 것은 2장에서 논의되었던 양자택일 곤경을 피하기가 어려웠음을 보이기 위함이다.

보일은 우리에게 두 책 은유가 작용하는 좋은 예를 제공해준다. "자연이라는 책은 말아 올린 커다란 멋진 양탄자다. 우리는 그것을 한꺼번에 볼 수 없고 그것이 점점 더 펼쳐지기를, 즉 보여지기를 기다렸다가 그것의 아름다움과 대칭을 조금씩 발견하는 데 만족해야 한다."[25] 이 책이 어떻게 읽혀야 하는가? 보일에 따르면 자연 철학자들은 "빈번하게 그리고 주의 깊게 경험과 상의해야 한다. 그리고…그들은 주의 깊게 **그들의 의견을 경험에 순응시키거나** 정당한 이유가 있다면 **경험을 통해 그들의 의견을 교정해야** 한다."[26] 로즈메리 사전트는 보일의 견해를 다음과 같이 요약한다.

> 자연은 전지전능한 저자를 통해 쓰인 "책"이다.…하나님의 이성과 능력은 인간의 능력을 훨씬 넘어선다. 따라서 우리는 그렇게 신적으로 창조된 산물을 순전히 선험적인 토대에서 추론할 수 없다. 오히려 우리는 실제로 무슨 일이 일어났는지를 판단하려면 자연을 바라봐야—자연의 텍스트를 읽어야—한다. 세상은 텍스트와 같다. 그것은 매우 복잡하기는 하지만 일관성이 있는 통일체다. 거대한 우주

의 메커니즘을 이해하려면 그 부분과 나머지 전체 사이의 관계가 알려져야 한다.…보일에게 실험적 방법은 그것을 통해 우리가 자연이라는 책을 "해석"할 수 있는 수단이었다.… **그 실험의 철학은 해석의 방법으로 고안되었다.**[27]

보일에게서 우리는 과학적 조사는 해석 활동의 한 가지 형태임을 본다. 그리고 과학 지식은 과학자의 경험적 활동을 통해 매개되며, 자연은 과학자의 해석과 판단에 대해 잠정적인 권위를 가진다. 우리는 위에서 지식이 특별 계시로부터 어떻게 개발되는지에 관한 중요한 병행으로서 이 두 가지 아이디어를 강조했다.

과학자들은 갈릴레이, 보일, 그리고 특히 뉴턴의 연구를 토대로 자연을 읽기 위한 많은 수단—예컨대 3장에서 언급된 방법-증거의 연결 관계 등—을 보유하게 되었다. 이 대목에서 우리는 추론 방법이라고도 불리는 이런 몇 가지 연결 관계를 간략히 묘사한다.

- 연역법[28]: 타당한 연역적 추론은 전제들이 옳다면 결론도 틀림없이 옳음을 보장하는 패턴에 일치한다. 타당한 연역적 추론은 타당한 패턴을 지닐 뿐만 아니라, 그 전제들도 옳다. 연역법은 일반적인 진리에서 특정한 사실들에 관한 결론으로 이동한다. 과학자들은 대체로 실험을 통해 검증될 수 있는 예측을 도출할 때 연역법을 사용한다.
- 귀납법[29]: 귀납적 추론은 같은 부류의 현상(예컨대 백조들)에 대한 많은 관측에서 그 부류 전체에 관한 그럴 법한 일반화(예컨대 모든 백조는 흰색이다)에 이르는 추론 방법이다. 결론의 강력함은 관측 증거의

25   Robert Boyle, *The Works of the Honorable Robert Boyle*, ed. Thomas Birch (Hildersheim: Georg Olms, 1965 [1772]), 6:796.
26   Boyle, 5:513-14. 강조는 덧붙인 것임.
27   Rose-Mary Sargent, *The Diffident Naturalist: Robert Boyle and the Philosophy of Experiment* (Chicago: University of Chicago Press, 1995), 110-12. 강조는 덧붙인 것임.
28   Gauch, *Scientific Method in Practice*, 5장.
29   Gauch, 7장.

양 및 질과 직접적인 관계가 있다. 이 관측들은 개별적인 사건들이지만 귀납적 추론의 결론은 관측되고 있는 부류의 현상에 관한 일반적인 진리다(예컨대 뉴턴은 귀납적 접근법을 사용해서 일련의 중력 현상을 조사함으로써 그의 중력 법칙의 잠정적인 보편적 진리를 추론했다).[30]

• 귀추법(abduction) 또는 최선의 설명에 이르는 추론:[31] 귀추법 추론은 그럴 법한 결론만을 내놓는다는 점에서 귀납법과 유사하다. 그러나 귀추법은 모두 같은 결론을 향하는 것으로 보이는 **다른 부류**의 현상이나 관측들을 사용함으로써 귀납법과 대조된다(예컨대 교량의 붕괴에서 증거의 다른 범주들은 파괴를 가리킬 수도 있다). 최선의 설명에 이르는 추론은 과학자들이 이론을 세우기 위해 사용하는 주된 수단이다(예컨대 다윈의 진화 이론은 지구상에 나타난 유기체들의 자연적 역사에 대해 최선의 설명에 이르는 추론이다).

물론 추론의 이런 형태들은 과학적 탐구에만 특유한 것이 아니다. 우리는 고전 그리스 철학의 몇몇 초창기 저술에서 그런 추론 형태들을 발견할 수 있다. 과학자들은 이런 형태의 추론들을 자연 세상의 조사와 이해에 있어서 그들의 특수한 필요에 부합하도록 개발하여 사용했다.

19세기 이후 과학적 방법에 관해 말하는 것이 보편화되었지만 과학은 실제로 이러한 방법-증거의 연결 관계를 다양하게 적용한다. 요컨대 우리는 실로 과학적 방법을 갖고 있다. 일반적으로 과학적 지식을 발견하거나 채용하는 방법 또는 전략은 다음과 같은 세 가지 범주로

분류될 수 있다.

• 이론적 또는 개념적 방법: 이 범주는 다음과 같은 요소를 포함한다; 질문들의 형성과 명료화, 가설·모형·이론 개발과 명확화, 경험적 결과를 추론하기 위한 가설·모형·이론의 명료화, 그것이 없이는 어떤 조사도 이루어질 수 없는 배경 지식(예컨대 학문 분야의 탐구를 정의하는 특화된 전제).

• 경험적 방법: 이 범주는 다음과 같은 요소를 포함한다; 결과를 관측하기 위해 개입하거나 간섭하기 위한 도구 및 장치를 사용하는 방법, 실험 및 기타 형태의 관측 고안 및 수행(적절하게 작동하는 실험 도구를 구하기 위한 성실한 작업 포함), 관측되거나 실험될 관심 대상, 과학자들이 관측하고 데이터를 모을 수 있게 해주는 탐지기.

• 분석: 이 범주는 다음과 같은 요소를 포함한다; 데이터, 데이터 처리(예컨대 데이터 수집에서 실험상의 편차의 계산), 데이터 축소(방대한 데이터를 전시할 수 있거나 달리 관리할 수 있는 형태로 전환), 데이터 분석(예컨대 어느 가설 또는 모형의 예측과 데이터를 비교함), 데이터 해석.

이 세 범주에서 세 가지 추론 형태가 모두 사용되는데 본서의 곳곳에 예들이 제시될 것이다. 개념적, 경험적, 분석 방법이 협력해서 완전하거나 최종적인 지식이 아니라 부분적이고 잠정적인 지식을 매개한다(섹션 3.2를 보라).

우리는 과학자들이 자연이라는 책을 읽고 해석하는 방법을 간략하게 요약했다. 이성과 감각 경험의 기본적인 신뢰성이나 자연의 균일성과 이해 가능성 같은 상식적인 전제들 및 단순성, 일관성, 유용성 같은 과학적 가치들, 그리고 특정한 과학적 조사 영역에 관한 구체적인 가정들 모두 해당 과학자가 자연이라는 책을 이해하는 데 기여한다. 이어서 창조세계도 과학자들을 통해 개발된 이러

---

30 I. Bernard Cohen, "Cohen's Discussion of Newton's Methodology," in *Peter Achinstein, Science Rules: A Historical Introduction to Scientific Methods* (Baltimore: Johns Hopkins University Press, 2004), 99-111.

31 Peter Lipton, *Inference to the Best Explanation*, 2nd ed. (London: Routledge International Library of Philosophy, 2004).

이 대목에서 우리는 과학에서 사용되는 몇몇 보편적인 용어들과 사람들이 그 용어들에 관해 가지고 있는 경향이 있는 몇 가지 오해를 설명하고자 한다. 이런 오해들은 주로 같은 용어들이 일상의 맥락에서 사용되는 방식과 과학자들이 특수한 맥락에서 사용하는 방식 사이의 차이에서 비롯된다.

이론(theory). 기본적인 과학적 용법을 포착하는 과학 이론의 일반적인 정의는 **자연 세상의 어떤 영역을 이해하기 위해 사용되는 체계적인 지식체**(사실, 전제, 가설 등)다.

이론들은 완전히 틀림부터 대체로 옳음 및 옳음의 모든 범위에 걸칠 수 있다. 그러나 우리가 3장에서 살펴본 바와 같이 과학자들이 진리라는 말을 사용할 때 그들이 의미하는 바는 그들의 이론이 잠정적으로 옳은 것으로 확인되었다는 뜻이다. 어떤 이론이라도 우리가 향후 발견할지도 모르는 것들로 말미암아 수정되거나 변경될 수 있다. 예컨대 어떤 과학자가 진화 이론이 옳다고 말할 경우, 이 말은 그 이론이 지금으로서는 고도로 확인되었지만 향후 중대하게 변경될 수도 있음을 의미한다. 더욱이 어떤 이론도 전적으로 완전하지는 않다. 과학자들은 계속 이론들을 개발하고 그것들을 명확하게 진술하거나 확장하고 틈새를 채운다.[a] 예컨대 진화 이론은 지난 몇 세기 동안 중대한 변화와 확장을 겪었다(본서의 5부를 보라).

사실(fact). 사실은 합리적인 의심이 없이 확립된—즉 진짜일 가능성이 매우 큰—어떤 것이다. 그러나 이론들과 마찬가지로 사실들 역시 잠정적으로만 참이다. 사실들은 미래의 발견으로 말미암아 수정되거나 뒤집어질 수 있다. 우리는 확실히 사실에 관한 이해나 해석에서 실수할 수 있다. 예컨대 어떤 과학자가 진화가 사실이라고 말할 경우, 그들은 진화에 관한 어떤 메커니즘이나 몇몇 관측이 현재의 최선의 지식에 비추어 참이라고 여겨진다는 것을 의미할 뿐이다.

사실이나 이론이라는 용어에 대해 과학자들이 사용하는 용법과 우리가 일상에서 사용하는 용법을 혼동하는 오해가 흔하다. 일상의 상황에서 우리는 **이론**이라는 단어를 증명되지 않은 *생각*(예컨대 "내 이론은 그 집사가 그것을 했다는 것이다")을 가리키는 데 사용하는 반면에 사실이라는 단어는 확고하게 확립된 것으로 생각하는 경향이 있다. 따라서 일상 상황에서 우리는 몇몇 아이디어가 이론으로 시작했다가 사실로 확립될 것으로 기대한다. 이와 대조적으로 과학에서 이론들은 잘 지지되는 지식의 체계로서 실제로 사실들보다 더 안전한 지위를 지닌다. 이론들

은 사실들에 의미를 제공할 뿐만 아니라 지지되는 상당한 양의 증거를 보유하기 때문이다. 일반적인 과학 탐구에서 과학자들은 이런 이론들을 지지하는 확고한 증거 체계가 존재하지 않는다면 이론들에 노력을 기울이지 않는다.

상승(enhancement). 일상에서 사용될 때 상승은 개선이다. 과학자들이 상승이라는 말로 의미하는 바는 그들이 측정하는 모종의 양(예컨대 화학적 농도)이 증가했거나 강렬해졌다는 뜻이다. 이것은 맥락에 따라 바람직할 수도 있고 그렇지 않을 수도 있다. 예컨대 대기의 온실 가스 상승은 지구의 기후에 매우 바람직하지 않은 영향을 끼친다.

긍정적 추세(Positive trend. 상승 추세). 우리는 일상생활에서 긍정적 추세도 좋은 의미로 본다. 과학자들에게 긍정적 추세는 자동차가 가속할 때 속도가 올라가는 것처럼 상승하는 추세를 의미한다. 적극성(Positivity)은 시간이 지남에 따라 규모가 커지는 것을 가리킨다. 이것 또한 맥락에 따라 바람직할 수도 있고 그렇지 않을 수도 있다. 지구의 대기에서 온실가스 농도의 긍정적인 추세는 바람직하지 않다.

긍정적 피드백(Positive feedback). 일상의 용법에서 긍정적인 피드백은 모종의 칭찬이나 격려 형태이기 때문에 좋은 것이다. 과학자들에게 긍정적인 피드백은 나쁜 것일 수도 있다. 긍정적인 피드백은 자기 강화 사이클로서 뭔가가 그것을 규제하지 않을 경우 붕괴나 재앙으로 이어질 수도 있기 때문이다. 이에 대한 예로 얼음-알베도(반사 계수) 효과를 들 수 있다. 눈은 햇빛을 반사한다(높은 알베도). 눈이 녹으면 좀 더 어두운 바닥이 드러나고 그것은 햇빛을 흡수한다(낮은 알베도). 이는 열이 많이 흡수될수록 더 많은 눈이 녹게 되고, 이에 따라 어두운 바닥이 더 많이 노출되어 더 많은 열을 흡수함을 의미한다.

불확실성(Uncertainty). 누군가가 일상생활의 맥락에서 확신이 없다면 우리는 그들이 망설이거나, 의심하거나, 자신이 없다고 생각한다. 과학의 맥락에서 불확실성은 측정을 통해서 산출된 값들의 범위다. 예컨대 어떤 사람이 호주머니에 들어 있는 잔돈을 힐끗 보고 30센트에서 3센트쯤 많거나 적을 수도 있다고 생각할 수 있다. 그렇다면 호주머니에 들어 있는 잔돈의 범위는 27센트에서 33센트일 것이다. 좀 더 정확하게 측정하면(즉 동전의 액면가를 세어보면) 이 불확실성 또는 값들의 범위가 줄어들 것이다.

오차(Error). 일상의 세계에서 오차(오류)는 실수다. 과학자들

에게 오차는 측정된 값과 실제 값 사이의 차이다. 호주머니 속의 동전들을 세 보면 어떤 사람이 가지고 있는 동전의 양, 가령 30센트라는 참된 값을 알 수 있을 것이다. 누군가가 같은 동전들을 얼핏 보고서 그 양이 27센트라고 짐작할 수도 있을 것이다. 오차는 이 두 값의 차이인 3센트다. 과학자들은 그들의 측정에서의 오차의 원천을 발견하고 그것을 줄이기 위해 열심히 노력한다.

편향(Bias). 우리는 일상의 맥락에서 사용되는 편향을 모종의 왜곡 또는 정치적/이념적 모티프로 생각한다. 과학의 맥락에서 편향은 관측에 나타나는 체계적인 치우침이다. 예컨대 어떤 자동차의 속도계가 일관성 있게 참된 속도보다 시속 5킬로미터쯤 더 빠르게 보여준다고 가정해보라. 이 속도계는 일관성 있게 속도를 더 빠르게 보여주고 있으므로 편향되어 있다.

조작(Manipulation). 일상의 맥락에서 조작은 모종의 불법적인 변경이기 때문에 사람들이 꺼리는 단어다. 그러나 과학의 맥락에서 조작은 단순히 처리(processing)를 의미한다. 데이터를 최소부터 최대에 이르는 서열로 분류하거나 조사하기 위해 데이터를 가시적인 형태로 배열하는 것은 데이터 조작의 예다. 데이터 처리에 불법적이거나 부적합한 요소는 없다.

---

[a] 따라서 어떤 이론에 "틈새들"이 있으므로 그 이론에 반대하는 것은 그 이론의 지위에 관해서라기보다는 그 반대자가 과학 이론을 얼마나 이해하지 못하는지에 관해 더 많이 알려준다.

한 이해에 거들어서 때때로 "점점 따뜻해지는구나!" 또는 "점점 추워지는구나!"라고 말한다. 마지막으로 과학자들 서로가 그들이 수행하는 연구의 엄격성과 정확성에 대해 책임지게 하는 책임 공동체(accountability community)로서 과학계의 역할도 중요하다. 궁극적으로 과학 지식은 과학적 조사와 결과에 적절한 품질 관리를 적용하는 탐구 관행에 관여하는 과학계를 통해 산출된다.

창조세계에 관한 자세한 지식이 자연과의 협력과 자연에 대한 이해 행위에서 배워진다는 점이 창조계시의 중요한 부분이다. 이사야서에 등장하는 농부가 얻은 지식이나 에덴 동산에서 아담이 얻은 지식도 창조세계와 협력하고 그것에 관해 숙고하는 과정에서 계시되었다. 과학 지식도 마찬가지다. 하나님이 부여한 자연의 속성들은 이론적 방법과 경험적 방법 그리고 분석 사이의 복잡한 상호작용 가운데 점진적으로 계시된다. 따라서 과학 지식은 단순한 정신의 구성 개념도 아니고 멀리서 추상적으로 자연을 읽은 것도 아니다. 과학자들이 창조계시의 결실을 원한다면 농부와 마찬가지로 소매를 걷어 올리고 그들의 연구 영역이라는 땅을 파기 시작해야 한다.

4.2.2. 종합: 뉴턴의 탐구 "스타일". 과학적 탐구의 이런 특징들에 대한 예로서 뉴턴의 연구를 고려해보라. 그의

모든 발견 외에 뉴턴은 창조세계를 연구하는 접근법을 개발해서 다듬었는데 이 방법은 지금도 물리 과학 분야의 탐구에 사용되고 있다. I. 버나드 코헨은 그것을 탐구 "스타일"로 묘사하는데, 그 접근법은 위에 묘사된 이론적, 경험적, 분석 특징들뿐만 아니라 증거-방법의 연결도 사용한다.[32]

뉴턴의 출발점은 그가 **현상**—관련 조사자 공동체(예컨대 천문학자들)에서 일반적으로 합의된, 관측된 반복 가능한 효과—이라고 부른 것이었다. 관측된 중력의 효과는 뉴턴에게 현상이었는데, 이런 효과에는 바위들이 바닥으로 떨어지는 것, 지구와 행성들이 태양 주위를 도는 것, 달이 지구 주위를 도는 것이 포함되었다. 그는 귀납법과 훗날 최선의 설명에 이르는 추론으로 인식된 방법을 사용해서 이 현상의 힘(force) 또는 원인을 경험적으로 지지하는 일반화—그는 이것을 만유인력의 법칙으로 불렀다—를 도출했다. 그는 이어서 연역법을 사용해서 그 일반화의 관측할 수 있는 결과들을 끌어내 그 결과를 관측 및 실험과 비교할 수 있게 했다.

뉴턴의 탐구 스타일에서는 수학 모형이 중요한 역

---

32 자세한 내용은 I. Bernard Cohen, *The Newtonian Revolution with Illustrations of the Transformation of Scientific Ideas* (Cambridge: Cambridge University Press, 1980), 1장과 3장을 보라.

할을 했다. 그는 모형이 만들어질 상황의 물리적 특성들에 기초해서 현상의 이상화되거나 단순화된 수학적 모형을 최초로 개발했다. 그는 연역법을 사용해서 모형으로부터 결과를 도출하고 그 결과를 관측치와 비교했다. 뉴턴은 예측치와 실제 관측치가 일치하는 정도에 기초해서 모형으로 되돌아가 그것을 체계적으로 다듬어 좀 더 현실적으로 만들고, 수정된 모형으로부터 예측치를 다시 도출한 뒤 그것을 실제 관측치와 비교했다. 그는 모형에서 나온 값과 실제 관측 대상 현상의 값 사이의 차이가 실험 오차(experimental error) 범위 내로 줄어들 때까지 이 과정을 반복했다.

예컨대 우리가 뉴턴의 중력 법칙을 사용해서 지구 주위를 공전하는 달의 궤도의 모양을 계산하기를 원한다고 가정해보라. 지구와 그 주위를 공전하는 달만을 포함하는 이상적인 우주를 상상하는 것이 이 상황에서 우리가 구축할 수 있는 가장 간단한 수학 모형일 것이다. 뉴턴의 운동 법칙과 중력 법칙에 근거해서 우리는 달의 궤도를 계산하고 그것을 천문학자들의 관측 결과와 비교할 수 있을 것이다. 그러면 우리는 우리가 예측한 궤도가 실제 관측 결과와 대략적으로만 일치한다는 것을 발견할 것이다. 그 모형은 달의 운동을 형성하는 가장 적실성 있는 몇몇 요인들을 포착한다. 하지만 우리는 우리의 모형이 달의 실제 공전 상황에 좀 더 일치하도록 개선할 필요가 있다. 우리는 태양계에 또 다른 천체를 추가함으로써 그 일을 할 수 있다. 태양은 태양계에서 가장 무거운 물리적 객체인데, 화성은 지구―달 체계에 평균적으로 두 번째로 가까운 천체다. 우리의 모형에 달 다음으로는 어떤 천체가 추가되어야 하는가? 우리의 태양계에서 달의 공전 궤도에는 태양의 질량이, 화성이 더 가까이 있다는 사실보다 훨씬 큰 영향을 준다는 것이 밝혀졌다(국지적인 영역에 있는 물리적 객체들에게는 매우 큰 질량이 질량들 사이의 거리보다 더 큰 차이를 만들어낸다. 이 점은 뉴턴의 중력의 힘의 수학적 형태로부터 추론될 수 있다).

이제 우리는 지구가 태양 주위를 공전하고 달이 지구 주위를 공전하는 수학 모형을 갖고 있다. 그러면 우리는 지구, 태양, 달 사이의 중력의 효과를 고려해서 달의 궤도 계산을 되풀이할 것이다. 뉴턴이 컴퓨터를 사용하지 않고서도 훌륭한 대략적인 계산을 수행할 수는 있었지만, 이 세 천체로 이뤄진 모형의 궤도 계산은 상당히 벅찬 일이다. 이제 우리는 달의 궤도에 대한 새로운 예측 결과를 천문학자들의 실제 관측치와 비교할 것이다. 우리의 예측은 실제 관측치에 좀 더 가까워지겠지만 여전히 충분히 잘 들어맞지는 않을 것이다. 우리의 모형으로 돌아오면 태양계에서 두 번째로 무거운 물리적 객체는 목성이다. 목성은 화성보다 상당히 무거우므로 우리의 체계적인 절차에 따르면 우리의 모형을 좀 더 현실적으로 만들기 위해서는 목성의 효과가 추가될 다음번 대상일 것이다. 이 네 천체로 이뤄진 모형은 계산하기가 좀 더 어렵지만 일단 그 궤도가 계산되면 우리는 그것을 실제 관측치와 비교할 수 있을 것이다. 뉴턴 시대에 사용할 수 있었던 도구들과 정확성에 비춰보면 우리의 예측은 천문학자들의 관측치와 실험 오차 범위 내로 잘 일치할 것이다.

뉴턴의 조사 스타일의 목표는 관측된 현상을 일으키는 힘들과 원인들을 발견하는 것이었다. 기본적인 착상은 수학적 모형을 사용해서 관측된 현상으로부터 그 현상의 힘들과 원인들을 추론하기 위해 과학자들이 어디를 봐야 할지를 안내하는 것이다. 이 모형은 태양계에서 행성의 궤도 같은 관측된 효과들에 대한 설명을 제공한다. 이 접근법에서 뉴턴은 힘들과 원인들에 대한 수학적 묘사와 그 힘들과 원인들의 실제 속성들을 분리했다. 첫 번째 단계는 관측된 현상에 토대를 둔 가정들과 정의들에 기초한 수학적 모형을 만드는 것이다. 이 접근법은 우리가 관측하는 현상과 수학적 모형 작업 사이의 체계적인 연결을 만들어낸다. 현상의 힘들과 원인들에 대한 이 수학적 모형으로 무장하고 나면, 두 번째 단계는 자연에서 그것의 속성이 올바른 수학적 관계를 지니는 물리적 힘들과 원인들을 식별하는 것이다. 관측은 우리가 원인과 결과가 조화되는지를 확인할 수 있게 해 준다(이는 최선의 설명에 이르는 추론과 관련이 있다).

뉴턴의 조사 스타일은 체계적인 탐구에서 이론적, 경험적 및 분석 측면과 관련된 자연 연구 방법을 구체화했으며, 그것은 수 세기 동안 다듬어지고 확장되었으며 여전히 모든 물리 과학의 토대를 이루고 있다. 그것은 체계적이면서도 고정된 단계의 순서를 따르기보다는 상당한 창의성을 발휘한다.[33] 이 점이 아마도 뉴턴이 자기가 그토록 사랑했던 창조세계 및 창조주에게 준 최대의 전문적인 유산이자 선물일 것이다. 그것은 창조계시와 창조세계의 기능의 완전성을 강력하고 우아하게 보여준다.

4.2.3. 성경이라는 책 읽기. 두 책 은유는 성경이라는 책 역시 신뢰할 수 있는 지식의 수단임을 전제한다. 이 점은 성경을 권위가 있는 것으로 받아들인다는 것이 의미하는 바의 일부다. 1장에서 우리는 성경 해석의 몇몇 기본 원칙을 소개했다. 이 대목에서 우리는 복잡한 성경 해석의 역사에 관해 간략하게 언급하고자 한다. 이어서 우리는 주로 성경에 초점을 맞추는 신학자들의 신학 탐구 작업을 살펴보고 이어서 신학적 탐구와 과학적 탐구 사이의 몇몇 유사성과 차이점을 도출할 것이다.

성경 해석사는 보편적으로 인식된 것보다 훨씬 복잡하며 그것에 관해 많은 책을 쓸 수 있다.[34] 우리에게 익숙한 것과 같은 종류의 "문자적 해석"은 16세기에 시작되었다. 대규모의 다른 사회적·정치적·경제적·지적 동향과 더불어 종교개혁에 대한 트리엔트 공의회의 대응이 현대의 문자적 해석의 발흥에 중요한 역할을 했다. 16세기 전

에 해석에 대한 지배적인 접근법은 성경 텍스트에 대한 문학적·풍유적(숨겨 있는 영적 의미)·교훈적(도덕적 은유)·유비적(비유) 독법과 관련된 다층적인 해석 형태였다.[35] 종교개혁과 반(反)종교개혁 시대에 문자적 해석이 가톨릭의 접근법과 개신교의 접근법 모두에서 점점 더 소중하게 받아들여졌다. 참된 기독교를 정의하는 적절한 정의, 성경 해석의 궁극적인 권위가 어디에 있는가 등의 많은 논쟁이 발생했다.

르네상스 인문주의자들의 저작 때문에 17세기에 추가적인 발전이 있었다. 예컨대 조지 휴즈의 책 서문에서 우리는 모세의 배경—그의 가계, 출생지, 교육, 저술 시기, 언어 사용, 저술 목적—에 대한 최초의 논의를 보게 된다.[36] 이 접근법이 궁극적으로 모든 주석서의 표준이 되었다. 휴즈는 "신성한 역사"로서 창세기의 적절한 해석에 저자로서 모세의 의도와 그의 역사적 맥락이 매우 중요하다고 보았다. 성경의 인간 저자들은 이전 세기들에는 그렇게 취급되지 않았지만 이제 역사적 시대와 장소에 확고하게 연결되었다. 성경 텍스트에 대한 현대의 문자적 해석에는 그런 역사적 연결이 중요했다. 헨리 해먼드는 1653년에 쓴 "독자에 대한 광고"(Advertisement to the Reader)에서 성경 텍스트의 의미는 우리가 인간의 다른 저술에 사용하는 것과 똑같은 수단을 통해 결정되어야 한다

---

33 훌륭한 과학적 탐구는 숫자별로 어떤 색을 칠할지 정해진 그림에 색을 칠하는 것이라기보다는 유화를 계획하고 그리는 것과 좀 더 비슷하다.

34 예컨대 Alan Hauser and Duane Watson, eds., *A History of Biblical Interpretation*, vol. 1, *The Ancient Period* (Grand Rapids: Eerdmans, 2008); *A History of Biblical Interpretation*, vol. 2, *The Medieval Through the Reformation Periods* (Grand Rapids: Eerdmans, 2009).

35 보편적으로 교회의 첫 몇 세기 동안의 기독교 성경 석의를 특징 짓는 말로 특히 문자적, 풍유적, 교훈적 등의 용어가 사용된다. 그런 용어들은 특정 시대의 공동체들 안에서뿐만 아니라 여러 세기에 따라서도 의미에 몇몇 부정확성과 이형이 있었음을 인정한다. Francis Young은 초기 기독교 목회자-신학자들이 그들의 성경 석의에서 한 일을 묘사하기 위한 좀 더 나은 계획과 어휘가 있을지도 모른다고 주장했다. 그의 *Biblical Exegesis and the Formation of Christian Culture* (Cambridge: Cambridge University Press, 1997)를 보라.

36 George Hughes, *An Analytical Exposition of the Whole First Book of Moses, Called Genesis, and of XXIII Chap. of His Second Book, Called Exodus Wherein the Various Readings Are Observed, the Original Text Explained, Doubts Resolved, Scriptures Parallelled, the Scripture Chronology from the Creation of the World to the Giving of the Law at Mount Sinai Cleared, and the Whole Illustrated by Doctrines Collected from the Text: Delivered in a Morning Exercise on the Lord's Day* (Amsterdam, 1672).

고 주장했다.[37] 이렇게 해서 훗날 역사적-문법적 접근법이라 불리게 된 성경 해석 방법이 시작되었다.

이 변화의 시기 동안 주석가들은 성경을 단지 신앙과 실천에 관한 저술로만이 아니라 역사, 지리, 그리고 자연 철학의 원천으로 다루기 시작했다.[38] 피터 해리슨은 이 변화가 기독교의 낙원의 지리 이해에 어떻게 영향을 주었는지에 관한 예를 제공한다.

현대 초기에 낙원의 지리가…전례 없이 중요해졌다. 에덴동산에 관한 중세와 교부 시대의 석의는 심리적 또는 풍유적 의미로 가득 찬 그럴 법한 아이디어였다. 따라서 낙원은 세 번째 하늘, 달의 궤도 또는 인간의 마음속에 존재하는 것으로 생각되었다. 그런데 이제 지구상에서의 에덴의 위치를 특정하고 그곳의 물리적 특징을 묘사하는 데 상당한 노력이 기울여졌다.[39]

18세기에 계몽주의 사고의 영향 아래 문자주의가 지배적인 해석 방법이 되었다. 계몽주의 사고 자체는 중상주의, 자본주의, 민족 국가의 성장과 관료화 같은 지적·문화적 전개와 개인 및 사회의 개념 변화로 말미암아 형성되었다.[40] 문자주의와 더불어, 성경을 우리의 마음과 정신과 몸을 하나님을 더 깊이 사랑하도록 변화시키도록 형성하기 위해 하나님에게서 비롯된 계시로 읽던 데서 하나님의 진리가 역사적 텍스트 및 기타 비허구적 텍스트에 대한 계몽주의의 기준에 부합함을 우리에게 보여주는, 확인 가능

한 정보로 보는 방향으로 변화가 일어났다.

기독교 역사에서 **문자적** 또는 **문학적** 해석의 역할을 탐구하는 주석가가 너무 적기 때문에 해석의 역사에서 나타난 이러한 전개가 종종 이해되지 못한다. 교회의 처음 몇 세기의 목회자-신학자들에게 문자적 해석은 주로 저자가 그 텍스트를 통해 무엇을 전달했는지를 결정하는 데 초점을 맞췄다. 이 진리를 규명하는 것은 의미가 발견될 다양한 해석 층들뿐만 아니라 저자가 사용한 장르에 대한 이해에도 의존했다. "문자적 해석"은 대개 모종의 영적 또는 풍유적 의미로 여겨졌다. 그런 의미는 문제가 되는 텍스트의 문학적 또는 문자적 의미에 의존할 수도 있고 그렇지 않을 수도 있었다. 해설자는 일단 그런 문학적 의미—의미의 표층(表層)—를 파악하고 나서 대개 그 성경 텍스트가 어떻게 성경의 중심인물인 그리스도를 가리키는지를 살폈다.[41] 문자적 의미는 일반적으로 좀 더 깊이 의미하는 대상인 그리스도를 가리키는 표시로 취급되었다. 사실 이 의미가 그리스도를 드러내지 않았기 때문에 많은 초기 기독교 주석가들은 우리가 이해하는 문자적 의미를 중요시하지 않았다. 즉 초기의 목회자-신학자들은 성경을 대체로 **신학적으로 및 성례전적으로** 해석했다.[42]

그들은 성경 해석에 대한 이 접근법을 사도 바울 및 다른 신약성서 저자들에게 배웠다. 바울은 그의 서신들에서 구약성서를 예표론적, 신학적, 영적, 성례전적으로 해석했다.[43] 바울은 구약성서가 독자들에게 하나님에 관해

---

37 Henry Hammond, *A Paraphrase and Annotations upon All the Books of the New Testament: Briefly Explaining All the Difficult Places Thereof*, vol. 1 (London, 1653).

38 사실 16세기와 17세기 천문학에 관한 성경의 가르침으로 생각된 내용을 둘러싼 논쟁이 태양계의 태양 중심 모형에 관한 불일치에 중요한 역할을 했다. Kenneth J. Howell, *God's Two Books: Copernican Cosmology and Biblical Interpretation in Early Modern Science* (Notre Dame, IN: University of Notre Dame Press, 2003)를 보라.

39 Peter Harrison, *The Bible, Protestantism and the Rise of Natural Science* (Cambridge: Cambridge University Press, 1998), 126-27.

40 Turner, *Without God, Without Creed*.

41 예컨대 알렉산드리아의 키릴로스(378-444)는 이것을 성경의 "신학적으로 문자적인 의미"로 보았다. Paul M. Blowers, "Eastern Orthodox Biblical Interpretation," in Hauser and Watson, *History of Biblical Interpretation*, 2:185을 보라.

42 Peter Bouteneff, *Beginnings: Ancient Christian Readings of the Biblical Creation Narratives* (Grand Rapids: Baker Academic, 2008). Ancient Christian Commentary on Scripture from InterVarsity Press, general ed. Thomas C. Oden도 보라.

43 Bouteneff는 다음과 같이 쓴다. "바울은 유대교의 해석 방법 전반—문자적, 풍유적, 미드라시적—을 취해서 이 도구들을 완전히 새로운 방식으로 사용한다. 그는 그렇게 하는 과정에서 유대인 자신의 언어와 틀로써 유대인들에게 혁명적인 것들을 말한다"(*Beginnings*, 36). 바울의 구약 주석은 그가 훈련을 받은, 유배 후 유대교의 상호텍스트적 주

말하는 텍스트라는 것을 깨달았고 성령의 영감 아래 그것을 신학적 텍스트로 취급했다. 예컨대 고린도전서 10:1-4에서 그는 이스라엘 백성이 갈라진 홍해를 건넌 것을 세례로 해석하고, 그들의 음식과 음료를 그들이 그리스도를 통해 영적으로 자양분을 받는 것을 상징하는 것으로 해석함으로써(다음 구절들을 가리킨다: 출 16장; 17:1-7; 민 20:2-13) 성례를 환기한다. 또는 바울이 신명기 30:11-14이 그리스도 및 그리스도에 대한 믿음을 가리키는 것으로 해석하는 로마서 10:5-8을 생각해보라. 바울은 성찬식에서의 빵과 포도주를 그리스도의 삶과 죽음 그리고 부활 및 성령을 통해 우리에게 주어진 새 생명을 가리키는 표지로 본다. 그리스도는 바울이 구약성서를 해석하는 열쇠였으며 이는 베드로나 다른 신약성서 저자들에게도 마찬가지였다.[44] 초기 기독교 주석가들은 바울, 베드로, 복음서 저자들의 해석 스타일을 추종해서 성경 텍스트들을 더 깊은 (때때로 신비하고 때로는 상징적이고 또 때로는 유비적인) 그리스도라는 실재를 가리키는 표지로 보았다.[45]

이미 고전 그리스 세계에서 텍스트의 다층적 해석을 제공하는 오랜 전통이 있었다. 예컨대 호메로스의 『일리아스』(Iliad)와 『오디세이아』(Odyssey)는 종종 문학적(표층의) 의미와 좀 더 깊은 의미를 모두 가지는 것으로 읽혔다. 따라서 바울과 초기 목회자-신학자들의 다층적인 구약성서 해석은 이 점에서 예외가 아니었다. 초기 기독교 사상가들은 우리가 문자적 해석이라고 부르는 것을 중요시하지 않는 경향이 있었다. 그들은 그런 해석이 하나님이 성경을 통해 그리스도에 관해 전달하는 진리를 이해하는 데 중요성이 가장 적다고 생각했다. 실제로 그들이 고린도후서 3:13-16에 나타난 바울의 예를 따르는 것이 이례적이지 않았다. 이 텍스트에서 바울은 출애굽기 34:29-35에서 모세가 수건을 쓴 것과 그의 유대인 형제자매들의 마음이 굳어진 것 사이의 영적 병행을 끌어낸다. 그들은 눈에 천을 가리고 성경을 읽어서 그리스도가 구약성서의 성취임을 알지 못했다. 카이사레아의 바실레이오스(329-379)는 이 점을 다음과 같이 진술한다.

석 스타일이지만 그는 이 방법을 채택해서 하나님의 아들이 성경 텍스트의 핵심적인 의미임을 밝혔다. 관련 논의는 Richard B. Hays, *Echoes of Scripture in the Letters of Paul* (New Haven, CT: Yale University Press, 1989[『바울서신에 나타난 구약의 반향』, 여수룬 역간])을 보라.

44 누가복음에서 엠마오로 가는 길 기사(눅 24:13-35)는 예수가 구약성서를 메시아—하나님의 아들 관점에서 해석하는 것으로 묘사한다. 이 기사는 초기 기독교 석의가 그리스도를 성경 해석의 열쇠로 보았다는 사실에 대한 또 다른 예를 제공한다(요 5:46도 보라). 초기 목회자-신학자들은 복음서들에 나타난 그런 많은 예에 몰두해서 예수를 구약성서에 예시된 메시아로 보았다. 관련 논의는 Richard B. Hays, *Echoes of Scripture in the Gospels* (Waco, TX: Baylor University Press, 2016)를 보라. 우리는 사도행전에 서술된 선교 여행 도중 누가와 바울이 나눈 대화가 누가의 복음서 저술 및 바울의 서신서 저술에 어떤 영향을 주었을지에 관해서는 추측만 할 수 있을 뿐이다.

45 Manlio Simonetti, *Biblical Interpretation in the Early Church: An Historical Introduction to Patristic Exegesis* (Edinburgh: T&T Clark, 1994), 2-6. 그렇다고 해서 신약성서 저자들이 성령의 영감 아래 구약성서에 서술된 모든 진술이 그리스도를 계시하거나 그를 가리킨다고 생각했다거나(예컨대 민 1장), 구약성서 저자들이 의식적으로 그리스도를 염두에 두고서 글을 썼다는 뜻은 아니다. 그랬다기보다는, 구약성서에 기록된 많은 진술이 성령의 영감 아래 회고적으로 해석되어 그리스도께 적용되었다. 다른 많은 진술은 구약성서가 그리스도 안에 나타난 하나님의 목적 성취를 향해서 나아가는 것의 일부로 이해된 반면에 그런 신약성서 해석들은 이 텍스트들이 읽혔을 때 원래의 고대 근

율법의 깊은 의미 안을 들여다볼 능력을 부여받고, 천을 통해서 보는 것 같이 문자의 모호성을 꿰뚫고 형언할 수 없는 것들의 속으로 들어간 사람은 모세가 수건을 벗고 하나님과 말한 것과 유사하다. 그 역시 문자로부터 성령으로 향한다. 모세의 얼굴에 쓴 수건이 율법의 가르침의 모호성에 해당하는 것처럼 영적 숙고는 주께로 향하는 것에 해당한다. 그렇다면 율법을 읽을 때 문자를 벗어버리고 주께로 향하는 사람—이제 주는 성령으로 불린다—또한 모세처럼 된다.[46]

동 청중이 이해했을 의미를 확장한다.

46 Bouteneff, *Beginnings*, 129에 인용되었음. 흥미롭게도 마르틴 루터도 이 점에 관한 그 자신의 버전을 갖고 있다. 그는 텍스트의 문자적-역사적 의미는 "죽이는 문자"인 반면에 텍스트의 문자적-예언적 의미는 그리스도를 계시함으로써 생명을 전달한다고 주장했다. Mark D. Thompson, "Biblical Interpretation in the Works of Martin Luther," in Hauser and Watson, *History of Biblical Interpretation*, 2:299-318을 보라.

그런 복잡한 성경 텍스트 해석은 초기 그리스도인들의 석의를 바탕으로 중세 때에도 계속되었다. 비록 중세의 해석이 초기 그리스도인들이 말한 내용을 무비판적으로 수용한 것은 아니지만 말이다. 중세의 석의는 그들이 초기 교회의 해석 관행에서 자연스럽게 성장한 것으로 본 4중의 도식을 개발했다. 이 도식에서 첫 번째 층은 **역사적/문자적** 해석이었다. 그들은 **역사적**이고 **문자적**인 이해에 비추어서 텍스트의 가장 명백한 의미를 결정하고자 했다. 중세의 해석자들은 대개 창세기 1장 같은 텍스트들이 몇 가지 문자적 의미를 가질 수 있는데 그중 몇몇은 양립할 수 없다는 입장을 유지했다. 따라서 중세의 대부분 동안 (성경 텍스트의 독법이 이단적이지만 않다면) 어떤 텍스트의 진정한—단 하나의—의미가 있어야 한다는 주장은 없었다.[47] 다양한 문자적 의미들 사이에 긴장이 있더라도 성경의 권위는 의미의 다양성을 포함한다고 가정되었다.[48] 몇 세기 뒤에 이 가정이 재조사되었다.

두 번째 층은 **교훈적** 또는 **훈계적** 해석으로 특징지어질 수 있다(권고). 이 방법은 특정한 텍스트에 나타난 도덕적·윤리적 지시와 격려, 특히 한 사람과 그들의 공동체 및 하나님 사이의 관계에 초점을 맞췄다. 세 번째 층은 종종 **풍유적** 해석으로 불리지만 아마도 **신학적** 해석으로 생각하는 것이 나을 것이다. 이 방법은 종종 풍유를 사용해서 해당 텍스트가 그리스도와 교회를 어떻게 계시하는가에 초점을 맞췄다. 마지막 층은 **유비적** 해석이었다. 이 해석들은 종말론적 또는 궁극적인 결말과 만물의 완성에 초점을 맞추는 경향이 있었다. 중세의 해석자들은 15세기까지 마지막 세 해석의 층들이 역사적/문자적 층보다 중요하다고 여기는 데 의견의 일치를 보였다.

15세기 후반 이후 역사적/문자적 해석 층에 대한 관심이 높아졌다. 16세기에 르네상스 인문주의자들로 말미암아 철학과 문학 연구에 대한 관심이 폭발했다. 성경 연구와 석의에 이 연구들과 기법들이 적용되어 문헌비평이 등장하고 비교 철학과 고대 근동 역사에 대한 관심이 새로워졌다. 같은 시기에 정확성과 합리적 질서에 대한 관심도 커졌는데, 이 점 역시 성경 해석에 영향을 주었다. 이 추세가 계속 이어져 18세기가 되자 텍스트들에 복수의 문자적 의미들이 있을 수 있다는 사고가 그럴 법하지 않다고 여겨지게 되었다. 마지막으로 앞서 언급된, 종교개혁과 반종교개혁의 영향이 있었다.

이 모든 요인으로 말미암아 다양한 해석 형태와 텍스트의 다양한 의미를 추구하는 대신 문자적 및 역사적 해석 형태가 점점 더 강조되었다. 실제로 15세기에서 16세기로 넘어가는 동안 성경 주석은 점점 더 구절들의 문자적 의미에 초점을 맞추고 이 구절들로부터 직접 구원, 종말론, 윤리를 다루었다.[49] 창조를 묘사하는 구절들은 주석에서 가장 마지막으로 문자적 의미로 취급되었다. 16세기 말이 되자 하나님의 계시가 성경 텍스트의 문자적 의미에 나타나 있고 이것이 신학적 진리의 원천이라는 것이 적어도 개신교 진영에서 지배적인 견해였다.[50] 이렇게 해서 성경의 영적 의미가 문자적 의미 안으로 쪼그라들었다.[51] 18세기에 정확하고, 구체적이며, 논리적 수단이나 경험적 수단을 통해 입증할 수 있는 지식에 대한 관심이 점점 커

47 성경 텍스트를 그렇게 다의적으로 읽는 것은 포로 시대 이후 이스라엘에 연원을 둔 것으로서 오랜 역사를 갖고 있다. Bouteneff, *Beginnings*, 17-32과 Richard N. Longenecker, *Biblical Exegesis in the Apostolic Period*, 2nd ed. (Grand Rapids: Eerdmans, 1999), 1장을 보라.

48 문법과 어원 연구가 이런 문자적 의미의 확립에서 중요한 역할을 했다. 그러나 우리는 중세의 주석가들이 우리에게 매우 낯익은 해석 방법과 같은 종류의 역사적-문법적 방법에 관여한 것으로 상상할 유혹에 저항해야 한다. 그런 방법은 아직 생기지 않았다.

49 예컨대 우리는 이런 변화가 마르틴 루터와 장 칼뱅의 주석들에 반영된 것을 볼 수 있다.

50 다른 장르, 비유적인 언어(예컨대 하나님에게 손이 있다고 언급하는 구절들), 그리고 성경의 계시가 인간의 한계를 반영했다는 점이 적절히 고려되었다. Howell, *God's Two Books*를 보라. 예컨대 하나님이 고대 근동의 우주론 이해의 맥락에서 이스라엘에게 말씀하셨다는 사실은 하나님의 은혜에 대한 증언이다. 하나님은 사람들에게 신적 사랑과 목적을 이해하기 위해 새로운 우주론을 배우도록 요구하지 않았다(섹션 1.2를 보라).

51 장 칼뱅은 의미의 추가적인 층을 모색하는 대신 텍스트의 문자적 의미 안에서 영적 의미를 추구한 사람의 뛰어난 예다.

계몽주의가 대두한 이후로는 우리가 성경 텍스트의 문자적 의미를 무시하면 구속받지 않는 해석이 초래될 수 있다고 우려할 수도 있다. 반대로 역사적-문법적 접근법은 해석의 가능성을 제약하는 것으로 보일 수도 있다. 실제로 제약하는 정도가 대단히 큰 정도는 아니지만 말이다. 초기 기독교 해석자들에게는 신앙의 규칙(rule of faith)이 해석에 대한 핵심적인 제약 기능을 했다. 본질적으로 신앙의 규칙은 성경을 삼위일체의 제2의 위격으로서 십자가에 처형된 그리스도의 관점에서 해석하는 것, 즉 그의 삶, 십자가, 부활과 섭리적 규율이 성부, 성자, 성령의 목적을 이루는 것이었다. 이레나이우스, 알렉산드리아의 클레멘스(150-215), 그리고 테르툴리아누스(160년경-220년경)는 신앙의 규칙이 반드시 성경 텍스트에 대한 한 가지 이해를 보장하지는 않는다는 것을 인정하면서도 그 규칙을 따른 목회자-신학자들에 대한 예들이다. 그 규칙은 **사도들의 가르침과의 연속성**을 확보한다.

신앙의 규칙은 성경을 읽기 위한 방법론만이 아니라 하나님을 사랑하는 것과 성경에 계시된 대로 사는 실천과도 불가분하게 연결된 삶의 방식이었다. 예컨대 이레나이우스는 신앙의 규칙이 교회의 일치를 보여준다고 생각했다. 즉 동일한 삼위일체 신앙이 모든 곳의 모든 그리스도인에게 받아들여졌다. 더욱이 삼위일체 신앙은 정통의 경계를 정의했다. 이것은 사도들의 증언을 통해 전해져 온 신앙이었다. 그들의 증언은 그리스도가 그들에게 성경을 어떻게 이해해야 하는지를 가르쳐 준 바에 의존했다. 따라서 그리스도인의 삶과 해석을 인도할 때 바울과 베드로 같은 사도들의 관행이 매우 중요했다. 성령을 통해 살고 부활한 하나님의 아들인, 십자가에 처형된 그리스도가 성경과 삶의 방식 모두에 대한 일관성 있는 이해를 제공했다.

신앙의 규칙은 일종의 자체적인 일관성 점검 역할을 했다. 독자는 사도들을 통해 성도들에게 전달된 신앙이 실제로 성경에 나타나는지를 끊임없이 점검할 수 있었다. 그리고 독자는 성경이 실제로 이 신앙을 계시하는지를 점검할 수 있었다. 더 나아가 신앙의 규칙은 매우 중요한 해석 운동과 관련이 있었다. 신앙의 규칙에 비추어서 성경의 의미는 세월이 갈수록 더 명확해지고 더 깊어졌다. 마찬가지로 성경의 의미가 깊어질수록 신앙의 규칙도 풍부해지고 확장되었다. 성경과 신앙의 규칙 사이에 끊임없는 상호작용이 있었고 그것을 통해 양쪽 모두 한층 더 깊이 이해되었다. 신앙의 규칙은 이런 방식으로 교회를 연합시키고 기독교의 실천, 추론, 해석의 토대를 제공했다.

짐에 따라 현대의 해석자들이 성경 텍스트에 대한 다층적이고 다의적인 해석을 불편해하는 시류가 완성되었다.

종교개혁과 르네상스의 영향으로 다층적, 신학적, 성례전적 해석에서 벗어나 역사적-문법적 해석으로 이동한 것이 의도치 않은 중요한 결과를 가져왔다. 성경은 다른 책들보다 우수하기는 하지만 **그런 책들과 마찬가지로** 역사적인 텍스트로 여겨지게 되었다. 이는 성경이 인간이 쓴 다른 모든 역사와는 **뚜렷이 다른** 저작들의 모임이 아니라 **다른 모든 역사적 텍스트들의 관점에서** 그것들과 경쟁하는 것을 의미했다. 그리고 성경은 역사적 텍스트로서 역사에 대한 당대의 관습에 따라 읽혀야 했다. 역사적 텍스트와 역사적 해석에 대한 계몽주의의 기준이 정해지고 난 뒤로는 종종 **성경이 마치 이러한 계몽주의의 기준에 따라 쓰인 책인 것처럼** 취급되는데, 그것이 현재 우리가 처해있는 지점이다.[52]

그러나 현대의 성경 해석에 무엇이 역사적으로 여겨지는가에 관한 계몽주의의 기준이 적용되면 심각한 문제가 발생한다. "역사적 저술"이 의미하는 바는 시대마다 다르다. 고대 근동에는 우리가 이해하는 식의 역사 저술이 없었다. 고대 근동에서 사건들의 기록된 목적은 "실제로 일어난 일"에 대해 확인 가능한 설명을 제공하는 것이 아니었다. 대신 이 기사들은 일정한 스타일과 공식에 따른 요소들을 사용해서 왕을 합법화하고 현재를 이해하기 위해 과거에 명백했거나 현재 형성되고 있는 결과들을 설명했다. 하나님이 만물의 지배자로 제시되고 이스라엘에게

---

52 계몽주의 기준을 성경 텍스트에 적용한 것과 그것의 몇 가지 영향이 Turner, *Without God, Without Creed*와 Mark Noll, *The Scandal of the Evangelical Mind* (Grand Rapids: Eerdmans, 1994)에서 논의된다.

하나님의 백성으로서 정체성이 부여되는 구약성서에서 이 요소가 계속 나타난다.

전설과 신화가 종종 역사 기술에 복잡하게 얽히면 이는 고전 그리스-로마 시대에 역사적이라는 말이 의미한 바와 달라진다. 첫 몇 세기 동안의 기독교 성경 해석에서 그런 이해가 드러난다. 이는 르네상스 시대에 역사적이라는 말이 의미한 바와도 다르다. 원래의 자료와 원래의 언어(즉 라틴어 번역이 아니라 히브리어와 그리스어)가 새롭게 강조되었다. 그리고 철학이 발달해서 텍스트 분석에 신학보다 철학이 더 적절한 도구로 여겨지게 되었다. 이 점 역시 계몽주의 시대 이후 역사적이라는 말이 의미하는 바와 다르다. 이제 강조점이 "실제로 일어난 일에 관해 확인될 수 있는 설명을 산출하는 데 놓이게 되었다.[53] 따라서 현대의 많은 역사적-문법적 해석은 무심코 일련의 계몽주의 기준과 현대의 독특한 방법론을 **성경 텍스트들의 맥락에 따른 원래의 의미의 권위보다 우위에** 두게 된다.

우리가 텍스트가 계몽주의 기준에 따라 역사적이어야만 진리를 전달하는 것이 아님을 깨달을 필요가 있다. 과학책들은 좀처럼 역사에 관여하지 않지만 세상의 측면들을 진실하게 나타낸다. 마찬가지로 네 복음서들은 현대의 역사적 기준에 일치하지 않지만 구약성서와 신약성서의 맥락에서 세상의 창조주-구속자로서 예수의 정체성과 사명에 관한 진리를 충실하게 전달한다. 신자들은 성경을 현대의 역사적 기준과 기대 속으로 집어넣어야 하나님의 진리를 신뢰할 수 있게 전달하는 권위 있는 텍스트가 된다고 생각할 필요가 없다. 성경의 권위는 역사, 과학 또는 다른 분야에서 확립된 인간의 기준에 일치하는

---

53 역사가 시대마다 어떻게 취급되었는지에 관한 예 두 개가 아래에 간략하게 제시된다. 고대 근동의 예: 시 105편은 이집트에 내린 재앙들을 설명하지만, 순서를 바꾸고 재앙 두 개를 빠뜨려서 하나님의 신적 지배와 구원 사역을 보여주는 목적을 달성한다. 초기 교회 시대의 예: Bouteneff는 다음과 같이 지적한다. "초기 교부들이 사용한 예표론은 바로 그리스도 안의 구원에서 가장 예리하게 그리고 유의미하게 실현된 신적 섭리의 일반적인(그리고 심원한) 의미에 기초한, 역사에 대한 완전히 새로운 이해였다"(*Beginnings*, 176).

것에 의존하지 않고 궁극적인 저자인 하나님께 의존한다(본서의 1장을 보라).

4.2.4. 신학적 탐구. 우리는 위 섹션에서 성경 해석의 역사를 간략히 살펴보았다. 신학자들이 할 일은 성경에서 하나님이 누구인가를 보여주는 원칙들과 패턴들을 이해하는 것이다. 과학자들과 마찬가지로 신학자들은 이 질문들을 제시하고 그 질문들에 대한 답변을 제안하지만, 질문들은 성경의 주제들에 적합하다. 신학자들은 특별계시와 일반계시 모두를 고려해서(몇몇 신학자는 심지어 창조계시도 고려해서) 문법적, 언어적, 문학적, 석의적, 역사적, 신학적 분석이라는 개념적 기법에 관여한다. 신학자들은 대화에 참여하여 성경에 대한 해석 방법론을 형성하며, 성경의 계시는 신학적 해석을 형성하거나 알려준다. 이는 과학자들이 자연 세상에 관해 이론을 세우는 반면에 창조세계로부터 배운 내용이 그들의 이론적 해석을 형성하고 그것에 관해 알려주는 것과 대체로 유사하다.

훌륭한 신학적 탐구는 신학적 아이디어의 역사적 발달에 면밀한 주의를 기울인다. 특정한 과학 분야에 따라서는 과학자들이 자신의 분야에서 일어난 아이디어들의 역사적 발달에 어느 정도 주의를 기울일 필요가 있을지도 모른다. 신학자들은 그들의 해석과 신학의 결과를 추론해서 그것을 성경, 경험, 기독교 사상사와 비교할 수 있다. 신학적 탐구는 통제된 실험 같은 활동에 관여하지 않지만 신학 자체의 개념적, 관측적, 분석적 특징을 갖고 있다. 신학자들이 산출하는 해석과 신학은 완전하거나 최종적인 지식이라기보다는 언제나 부분적이고 잠정적인 지식이다. 신학적 지식은 과학적 지식과 마찬가지로 학계의 지속적인 연구를 통해 매개된다. 마지막으로, 신학 발달의 역사는 신학자들의 지속적인 연구에 거의 언제나 중요하다.

아마도 신학 지식과 자연 과학 분야 지식 사이의 가장 중요한 차이는 신학 지식의 많은 부분이 **인격적**이라는

점일 것이다. 신학 지식은 메시아, 우리와 함께 하시는 하나님, 삼위일체의 세 위격, 영적 공동체의 사람들(예컨대 이스라엘과 신약성서의 교회), 이 사람들과 그들의 상호작용 및 반응의 역사에 관한 지식이다. 이와 대조적으로 자연과학 탐구는 인격체가 아닌 대상을 연구한다. 과학의 연구 대상에 관한 지식은 종종 경험적 또는 계산상의 수단을 통해 입증될 수 있는 구체적인 명제들로 나타내질 수 있다. 인격들과 그들의 관계에 관한 지식은 대개 이런 종류의 지식이 아니다. 로버트 보이드는 이 점을 다음과 같이 말한다. "그리스도인들이 믿는 하나님은 우리가 그것이 옳음을 증명하거나 옳지 않음을 증명할 수 있는 명제의 객체가 아니라 그리스도께 대한 우리의 도덕적 반응에 집중된 조우의 주체다."[54]

우리가 사는 세상을 가급적 완전히 이해하기 위해 우리는 과학 형태의 지식과 신학 형태의 지식 모두를 필요로 한다. 우리가 한 가지 지식에 초점을 맞추고 다른 지식을 배제하면 우리의 세상의 광대한 부분이 빠지게 된다.

4.3. 하나님의 두 책에 대한 일치주의 독법과 비일치주의 독법

당신은 역사책을 시집이나 로맨틱 코미디 책처럼 읽으려고 하지 않을 것이다. 마찬가지로 우리가 위에서 요약한 바와 같이 우리는 자연의 책을 읽을 때 성경책을 읽을 때와 같은 방식으로 읽지 않는다. 좋은 독자들은 그들이 읽는 책의 장르와 주제의 차이를 존중한다. 이렇게 말을 했지만 우리는 종종 역사책을 통해서 습득한 이해가 우리가 읽고 있는 시집의 이해에 어떻게 관련될 수 있는지를 알기 원한다. 19세기 이후 이 점이 특히 곤란한 문제가 되었지만 우리는 종종 자연에 대한 우리의 이해가 성경에 대한 우리의 이해에 어떻게 관련될 수 있는지를 알기 원한다.

두 책 은유의 핵심적인 가정은 하나님이 우리에게 모순되는 두 책을 주지 않을 것이라는 점이다. 물론 사람들은 그들이 다루는 똑같은 분야에서 모순되는 두 책을 쓸 수도 있다. 그러나 기독교의 관점에서 하나님은 진리와 질서의 하나님이지 오류와 혼란의 하나님이 아니다. 하나님이 궁극적으로 두 책의 저자이기 때문에 우리는 두 책이 겹치는 영역에서 조화를 기대할 것이다. 그렇다면 충돌로 생각되는 것들은 성경이나 자연에 대한 우리의 해석에 기인할 것이다.

그러나 19세기 말 이후 과학과 기독교에 대한 많은 논의는 성경의 **진술**과 과학의 진술 사이에 이런 충돌이 발생한다고 가정한다. 무신론 문헌에서뿐 아니라 젊은 지구 창조론에서도 충돌을 이런 식으로 제시하지만, 이는 매우 잘못된 해석이다. 그 관점은 인간이 결코 성경이나 자연에 대해 직접적이고 해석되지 않은 접근을 할 수 없다는 사실을 무시한다. 우리는 항상 이 두 책의 해석을 다루고 있으며, 둘 사이에 충돌이 있을 수도 있는지를 판단할 때 이 해석들의 속성과 품질 그리고 엄격성에 관해 질문해야 한다.

해석되지 않은 성경 텍스트와 과학적 진술 사이에는 충돌이 있을 수 없다. 우리는 성경을 읽을 때 다른 텍스트를 읽을 때와 마찬가지로 상식적인 전제(섹션 3.2를 보라)나 창조세계에 대한 원인-질료 이해(본서의 5장을 보라) 같은 많은 배경 지식을 갖고서 읽는다. 특히 우리는 우리의 성경 읽기를 매개하는 몇몇 신학적 틀을 갖고 있다. 이어서 우리가 그 틀을 통해 성경을 읽을 때 우리의 신학적 틀은 재작업되고 한층 더 명료하게 표현된다. 신학이 성경 해석을 형성하는 한편 성경 해석이 신학을 형성한다. 우리의 번역 작업과 석의조차 언제나 철학적 가정과 신학적 가정이라는 형태의 배경 지식을 통해 형성되는 해석과 관련이 있다.[55]

---

54 Robert L. F. Boyd, "Reason, Revelation and Faith," in *Christianity in a Mechanistic Universe and Other Essays*, ed. Donald M. Mackay (Chicago: InterVarsity Press, 1965), 122.

---

55 Leonard Greenspoon, "Hebrew into Greek: Interpretation in, by,

과학자들에게도 마찬가지다. 해석은 우리의 이론적, 경험적, 분석 관행뿐만 아니라 이런 활동들의 결과 및 자연에 대한 우리의 설명의 요지가 무엇인가에 관한 우리의 이해와도 관련이 있다. 따라서 성경 책과 자연의 책 사이의 충돌은 이 두 책의 **해석**에서 발생한다. 인간의 해석 관행과 하나님이 두 책의 궁극적인 저자라는 개념을 진지하게 취한다면 우리는 과학과 기독교 사이의 충돌이 "성경이 말하는 것"과 "과학이 말하는 것" 사이에 발생하는 것으로 오해하지 않을 것이다.

그러나 이 점이 우리에게 두 책에 대한 우리의 이해를 **어떻게** 관련시킬지를 말해 주지는 않는다. 그 문제에 대한 논의를 시작하기 위해 우리는 과학과 종교 사이의 대화에서 나타나는 두 가지 접근법을 묘사한다. 첫 번째는 **일치주의**(concordism)로 불린다. 이는 성경 텍스트와 과학의 진술이 상관관계가 있다는 것과 성경 텍스트에 과학적 중요성이 있다는 것 또는 우리가 성경 텍스트와 과학적 진술 사이에 밀접한 병행을 발견하리라고 기대해야 한다는 것을 전제하는 해석 틀이다. 일치주의의 함의 중 하나는 성경 텍스트에 틀림없이 모종의 과학 또는 과학적 함의가 있다는 것이다. 이 입장은 우리가 창조세계를 과학적으로 완전히 이해하려면 이 함의들을 진지하게 취해야 한다고 주장한다.

일치주의 성경 독법에는 네 가지 중요한 점이 있다. 첫째, 일치주의 성경 독법은 그 독법의 **역사적·문학적** 이해와 텍스트의 진정성을 확인할 분석적·합리적 도구를 갖춘 현대에 와서야 가능해졌다(섹션 4.2.3을 보라). 따라서 일치주의 독법은 성경 해석학 관점에서 비교적 최근에 나타났다. 둘째, 일부 진영에서는 많은 부분이 창세기 1장 같은 성경 텍스트에 대한 "액면적" 또는 "평범한 의미"의 독법으로 구성된다. 하지만 일치주의 독법은 성경 텍스트를 문자 그대로 취하지 않는다. 그들은 실제로는 성경 텍스트에 대한 과학적 해석을 추구하는데, 이 해석은 텍스트의 원래의 저자나 청중에게 완전히 낯선 해석이다.[56] 사실은 성경 텍스트에 대한 액면상의 또는 평범한 의미의 독법은 이미 해석 및 성경 구절의 언어에 대한 의미 부여에 관여한다. 진정한 문제는 우리의 해석이 그럴듯하고 텍스트를 책임있게 다루느냐다. 고대의 역사적 맥락이 고려되면 현대 과학을 소급하여 성경 텍스트 안으로 들여오는 것은 타당성이 없다. 셋째, 일치주의 독법은 성경의 의미를 권위가 있는 것으로 다룬다고 주장하지만 실제로는 다른 어떤 의미보다 모종의 과학적 조화를 우선시한다. 이 입장은 텍스트보다는 과학이 해석 틀로서 주도권을 가지게 만든다. 하지만 성경의 의미는 현대 과학의 맥락에 놓여 있지 않고 원래의 맥락에 놓여 있다(1장을 보라). 창세기는 원래 이집트에서 400년 동안 노예 생활을 한 후 재건되어 하나님 안에서 그들의 정체성이 필요했던 백성에게 주어진 메시지였다. 과학적 교훈은 그 신적 목적에는 전혀 도움이 되지 않았을 것이다.[57]

마지막으로, 성경의 주장과 과학의 주장 사이에 상관관계나 함의를 요구하는 것은 과학만능주의의 영역으로 들어가 어느 것이든 중요하게 여겨지려면 "과학적"이어야 한다고 요구하는 셈이다(섹션 3.5.2를 보라). 일치주의 접근법은 과학을 성경의 텍스트 안으로 끌어들이는 것을 포함하여 "과학적"이라는 터무니없는 선입관을 갖고 있다. 젊은 지구론자든 오래된 지구론자든 많은 일치주의 옹호자들은 명시적으로나 암묵적으로 과학이 성경 텍스트의 특별계시에서 읽힐 수 있고 실제로 읽혀야 하는 권위를 지닌다고 가정한다. 이런 독법이 계몽주의의 가정과 기준에 얼마나 많이 동참하는지에 비추어 볼 때 이 점은

---

and of the Septuagint," in Hauser and Watson, *History of Biblical Interpretation*, 1:80-113을 보라.

56 이에 관한 논의와 예는 본서의 1장과 5장을 보라.
57 구약성서 정경의 일부로서 창세기의 연대를 포로 시대 이후로 보는 것도 외국 땅에서 70년을 보낸 백성에게 정체성을 회복한다는 유사한 목적에 기여한다.

그리스도인들에게 상당한 문젯거리다.[58] 사실 과학과 성경을 연결하는 일치주의 독법을 추구하는 이유는 무엇보다도 현대에 무엇이 지식으로 여겨지는가에 관한 서양의 이상에 나타난 변화 및 이처럼 변화하는 이상에 대한 반응으로 등장한 다양한 변증상의 관심과 관련이 있다.[59] 일치주의자들은 성경의 권위가 그들의 최고의 가치라는 입장을 유지하지만, 성경의 텍스트에 책임있는 자세를 취하는 대신 과학적 해석과 그들의 일치주의 해석에 궁극적인 권위를 부여함으로써 부지 중에 이 가치를 훼손한다. 그들은 과학적 관심사를 신학적 의미보다 우위에 두는데, 이는 일종의 하향식 해석 접근법이다. 이 접근법은 성경 텍스트가 자체의 역사적·문화적 맥락에서 말하도록 허용하는 대신 과학과 조화를 이루도록 강제한다.

성경 책에 대한 두 번째 광범위한 접근법은 **비일치주의**(nonconcordism)다. 이 접근법은 성경 텍스트와 과학적 진술 사이에 상관관계나 병행을 요구하지 않는 해석 틀이다. 요컨대 이 접근법에서는 성경 텍스트에 명확한 과학적 함의가 있으리라고 기대하지 않는다. 비일치주의 접근법을 채택한다고 해서 성경의 텍스트를 영적 또는 알레고리적으로 해석하는 것을 암시하지는 않는다.

그렇게 하면 텍스트가 다루는 구체적인 실재를 회피하는 처사일 것이다. 오히려 비일치주의 접근법은 이 텍스트들이 다루는 실재를 이해하기 위해 그 텍스트 자체의 맥락의 관점에서 보려고 한다(예컨대 섹션 13.1을 보라). 따라서 인간 저자들이 그 텍스트들의 맥락에서 말하고 있는 바가 성령이 영감을 부여한 내용이고 텍스트의 권위가 부여되는 지점이기 때문에 우리는 그것을 이해할 필요가 있다(섹션 1.1을 보라). 창세기 1장의 텍스트에서 저자의 맥락, 그가 사용하는 장르 등이 성령의 영감과 성령이 하나님의 메시지를 전달하려고 의도한 수단의 일부이기 때문에 우리가 저자가 의미하는 바를 결정할 때 그런 요소들이 중요하다. 마찬가지로 시편 104편에 나타난 시편 저자의 주석이나 요한(요 1:1-3)이나 바울(골 1:15-17)의 논의가 창세기 1장에 대한 우리의 이해를 확대할 경우—시편 저자나 요한 그리고 바울은 모두 성령을 통해 권위 있게 쓰도록 영감을 받았기 때문에—확대된 이 이해들이 진지하게 고려된다. 그러나 이 텍스트들에 대한 우리의 해석은 영감을 받은 것도 아니고 권위가 있는 것도 아니기 때문에 비일치주의 해석은 텍스트들과 그것들의 맥락에 비추어 걸러져야 한다.

비일치주의 성경 독법은 원래의 저자와 청중이 이해했을 이 텍스트들의 의미에 초점을 맞춤으로써 성경 텍스트를 권위 있는 것으로 받아들인다. 비일치주의 접근법에서는 과학이 성경 해석의 의제를 정하지 않는다. 대신 텍스트들과 그것들의 맥락이 해석의 의제를 정한다. 비일치주의 접근법은 성경의 주장과 과학의 주장을 섞는 것을 피하고, 양쪽의 주장의 적절한 맥락에서 그것들을 적절하게 고려하며 양쪽에 합리적인 기대를 한다. 성경의 권위는 텍스트를 원래의 맥락에서 이해하려고 노력하는 비일치주의자들을 인도하는 최고의 가치다.

물론 일치주의 접근법과 비일치주의 접근법 모두 성경의 권위를 존중하고자 한다. 비록 일치주의 접근법은 궁극적으로 그 목표를 훼손하게 되지만 말이다. 그런데도

---

58 때때로 일치주의 성경 독법이 기독교의 역사에서 별로 예외가 없이 표준적인 텍스트 해석이었다고 주장된다. 그런 주장은 성경 해석사(섹션 4.2.3을 보라)를 지나치게 단순화한다. 예컨대 Bouteneff는 창 1-3장과 관련해서 다음과 같이 지적한다. 처음 400년 동안의 기독교 사상가들에게서 "우리는 하나의 독법이나 하나의 방법을 발견하지 못한다(이는 이 내러티브들에 하나의 고정된 틀을 부과하려는 사람들을 당황하게 만들 수도 있다). 그러나 우리는 일관성이 있고 논리정연한 독법의 패턴을 발견하는데 그들의 신학적 특징은 현대의 주류와는 상당히 다르다"(*Beginnings*, ix-x). 이 목회자-신학자들에게 있어서 시기를 추정할 수 있는 시간 틀—6천 년이든 138억 년이든—은 아무런 의미가 없었다. 나이 문제는 신학적 중요성이 없었다. 중요하게 여겨진 요소들은 창조주-구속자로서 그리스도와 그의 성육신, 수난과 죽음 및 부활, 그리고 그가 성취한 구속이었다. 일치주의는 참으로 현대의 합리성 개념뿐만 아니라 계몽주의의 역사성 기준과 문자주의를 구현하는, 전적으로 현대에 나타난 성경 해석 접근법이다.

59 이런 변화들과 우려에 대한 설명은 Turner, *Without God, Without Creed*를 보라. 역설적이게도 젊은 지구 창조론자들이 비판하는 것과 똑같은 원칙과 표준들이 성경 텍스트에 대한 그들의 주장이 진리임을 "증명하는" 수단으로 사용된다.

복음주의 진영과 무신론자의 저술에서는 과학과 신학 문제를 다룰 때 일치주의 독법이 가장 널리 퍼져 있는 것으로 보인다. 비일치주의 성경 해석 접근법을 취했던 초기 기독교 목회자-신학자들이라면 이 상황을 놀랍게 여길 것이다. 그들은 창조 내러티브들을 거룩한 책으로 읽었고 따라서 그것들을 "진실"이라고 생각했다. 그러나 그들은 성경의 내러티브와 관측할 수 있는 세상 사이에서 그들이 관측한 겹치는 부분을 기뻐했지만, 그 내러티브들을 역사나 과학 자체에 나타난 교훈으로 보지는 않았다. 일반적으로 교회의 창시자들은 과학을 맹종하지 않았다. 오히려 창조 내러티브들에 대한 그들의 신학적·훈계적 접근법으로 말미암아 그들은 자유롭게 편견이 없이 과학적 탐구를 즐길 수 있었다.[60]

17세기에 접어들자 일치주의 독법이 비일치주의 독법과 경쟁하게 되었다.[61]

창세기 1:1-2:3과 히브리어 단어 욤(yom)을 고려해보라. "일주일 중 하루"가 욤의 의미를 이해하는 가장 자연스러운 방식이지만, 구약성서에 하나님의 "손"에 관한 많은 언급이 있다고 해서 그것이 하나님에게 신체가 있고 그분이 물리적인 손을 통해 상호작용한다고 암시하지 않는 것과 똑같은 이유로 이 해석은 그 텍스트가 과학적 텍스트인지 역사적 텍스트인지를 결정하기에 불충분하다. 하나님의 손에 대한 성경의 언급에 대해서는 일치주의자와 비일치주의자가 동의하는 경향이 있지만, 일치주의자들은 이미 창세기가 과학 문제를 다룬다는 입장을 전제하기 때문에 창세기에 등장하는 "날"의 함의에 대해서는 비일치주의자와 일치주의자가 동의하지 않는다. 사전의 과학적 헌신이 아니라 저자와 원래 청중의 맥락과 성경의 저자들이 그 텍스트를 다루는 방식이 텍스트의 종류 및 함의를 결정한다.

4.4. 하나님의 두 책에 대한 성경 우선 접근법과 과학 우선 접근법

기독교와 과학 사이에 긴장이 있는 것으로 틀을 짜는 한 가지 방법은 성경 및 자연에 대한 이해에 성경을 우선시하거나 과학을 우선시하는 관점에서 접근하는 것이다. 성경 우선 접근법에서는 과학 탐구보다 성경이 중시되며 과학적 견해가 적실성이 있으려면 성경의 텍스트로부터 도출되어야 한다. 과학 우선 접근법에서는 성경보다 과학적 탐구 방법이 우선시되며 성경 해석이 적실성이 있으려면 과학적 탐구에 바탕을 두어야 한다. 그리스도인들과 비그리스도인들은 너무도 자주 우리가 하나님의 두 책을 관련시킬 때 성경 우선 접근법을 취해야 하는지 아니면 과학 우선 접근법을 취해야 하는지가 핵심적인 질문(또는 갈등 지점)이라고 생각한다.[62] 우리가 이 질문을 다음과 같이 바꿔서 표현하면 그 질문이 잘못되었음이 드러난다. 우리가 하나님의 창조세계에 관해 배울 때 창조계시를 우선시하는가, 아니면 특별계시를 우선시하는가?

마치 특별계시나 창조계시 중 하나가 다른 하나를 대체하기라도 해야 하는 것처럼 하나님의 두 책 사이의 관계를 이런 식으로 틀을 짜는 데는 확실히 무언가 문제가 있다.[63] 우선, 이런 구성은 성경에 반드시 모종의 과학적 결론이 있어야 한다는 일치주의를 전제한다. 그렇지 않다면 우리가 자연에 관한 성경의 주장과 과학의 주장 사이에서 선택해야 한다고 생각할 이유가 없다. 앞서 언급된 바와 같이 이런 태도는 원래 저자의 의도와 원래 청중이 그 텍스트의 의미라고 이해했을 내용의 가치를 떨어뜨린다. 두 번째 문제는 성경 우선 접근법이 창조계시의 유

---

60   Bouteneff, *Beginnings*, 183.
61   예컨대 Howell, *God's Two Books*를 보라.

62   섹션 1.3과 비교하라.
63   자연신학에 관한 우려가 두 책 사이의 우선권에 관한 문제를 이런 식으로 틀을 짜는 이유 중 하나다. 하나님에 관한 우리의 지식을 창조세계에서 찾을 경우, 과거에 그런 일이 종종 발생했듯이, 우리는 하나님에 대한 왜곡된 이미지를 발전시킬 수 있다. 하나님을 아는 지식의 문제에서는 그리스도 안에 나타난 하나님의 자기 계시와 성경의 증거를 주된 권위로 중시할 필요가 있다. 이와 대조적으로 창조세계에 대한 지식에 관해서는 이런 식의 우선권 논란이 문제가 된다.

일치주의는 엄밀히 말하자면 과학적 진술과 성경 텍스트 사이의 관계에 관한 주제다. 그런데도 흔히 일치주의가 텍스트의 역사성과 혼동된다. 성경 텍스트가 모종의 역사적 보고를 제공하는지와 성경의 텍스트가 과학적 주장을 하는지 또는 그런 주장을 할 함의를 갖고 있는지는 별개의 문제다. 누가의 저술은 이 구분에 관한 좋은 예가 될 것이다. 누가복음은 예수의 생애와 사역에 관한 설명을 제공하는 반면에 사도행전은 초기 교회와 바울의 선교 사역에 관한 설명을 제공한다. 누가는 확실히 자기 시대의 기준에 따른 일종의 역사적 설명을 제공한다. 그러나 누가가 어느 곳에서도 자신이 과학적 주장을 하거나 암시한다고 말하지 않는 것을 주목하라.

공식적으로는 일치주의가 텍스트가 역사적이라는 입장을 유지하지 않으면서도 과학적 이해를 위한 함의를 지닌다고 주장할 수도 있다. 이 점은 과학적 주장에 초점을 맞추고 역사는 제쳐두는 현대의 대다수 역사 책들과 비슷하다. 날-시대 해석(섹션 4.5.1을 보라) 같은 오래된 지구 일치주의의 창세기 1장 해석은 그 텍스트가 역사적 보고로 여겨지지 않으면서도 성경의 주장이 과학의 주장과 상관 관계가 있는 예다. 이와 대조적으로 젊은 지구 일치주의 독법은 창세기 1장을 현대의 기준에 일치하는 역사적 텍스트로 다룸으로써 일치주의 해석과 역사적 해석을 혼합한다. 반면에 창세기 1장에 대한 많은 비일치주의 접근법은 그 텍스트를 신학적 역사로 보고 하나님이 만물의 주권적인 창조주임을 확인한다. 그러나 이 접근법들은 장르 및 기타 차이로 말미암아 이 텍스트를 현대의 역사적 설명으로 보지도 않고 과학적 주장에 대한 함의를 가진 것으로 보지도 않는다.

의미성의 가치를 폄하한다는 것이다. 성경 우선 접근법은 창조세계가 그것에 관한 우리의 사고에 정보를 제공해줌에 있어서 계시하는 내용이 있다고 여기지 않는다(예컨대 그리스도인들이 창 1-11장에 대한 특정한 해석으로부터 도출된 창조세계의 나이를 부과함으로써 그 나이가 약 138억 년이라는 우주의 증언을 부인할 때 이런 일이 발생한다). 이와 반대로 과학 우선 접근법은 창조세계에 관한 우리의 사고에서 특별계시의 유의미성을 폄하한다. 과학 우선 접근법은 너무도 자주 중요한 참된 지식은 과학적 방법들이 전달할 수 있는 것만이 중요하다고 생각하는 과학만능주의로 전락한다(섹션 3.5를 보라).

우리가 실제로 말하고 있는 내용은 특별계시와 창조계시를 어떻게 관련지을지에 관한 것이다. 계시의 이런 원천들의 속성과 목적이 다르다는 점을 진지하게 고려하지 않고서 하나를 다른 하나보다 중시하는 것은 너무도 조잡한 처사다. 우리는 유체의 흐름을 이해하려고 할 때 제2차 세계대전의 역사에 관한 책에서 배운 내용을 유체동역학에 관한 물리학책보다 중시하지 않는다. 대신 우리는 유체 흐름의 특성과 그것의 적용에 관해 유체동역학 교과서에서 배우려고 할 것이다. 그 두 책은 서로 다른 지식의 영역을 다루며 다른 목적을 갖고 있다. 그러나 그 책들은 서로 유용하게 대화할 수 있으며, 이 대화를 통해 우리가 어느 한쪽에 초점을 맞추고 다른 한쪽을 희생시킴으로써 얻을 수 있는 수준보다 더 많이 배울 기회를 제공한다.

하나님의 두 책에 대해서도 마찬가지다. 우리는 그 책들에서 얻은 지식이 유용한 대화를 나눔으로써 그것들이 상호 협력해서 우리에게 정보를 제공해주기를 원한다. 특별계시로부터 우리는 자연 안에 있는 만물이 성자를 통해 만들어졌음을 배운다(예컨대 요 1:1-4; 골 1:16). 우리는 이 지식을 과학적 조사에서 발견하지 않는다. 사실 과학적 조사는 만물의 신적 기원을 고려하지 않고서도 창조세계에서 작동하는 과정들에 초점을 맞출 수 있다. 우리는 특별계시와 창조계시를 통합함으로써 과학자들이 **하나님의 창조세계**를 연구하고 있다는 것과 하나님이 자연의 기능의 완전성을 통해 자연에서 어떻게 일하는지를 보여준다는 것을 이해한다(섹션 2.2.2를 보라).

두 책과 그 책들의 해석을 관련시키는 것을 관계를 맺고 있는 대화 상대로 생각해보라. 다른 모든 관계(가령 사업 파트너나 부부)와 마찬가지로 그런 대화 관계는 원만할 수도 있고 그렇지 않을 수도 있다. 다툼과 화해, 상호 도움과 기쁨 등이 있을 수 있다. 우리는 하나님의 두 책과 관여해서 모든 계시로부터 창조세계를 가급적 많이 이해하고 배우기를 참으로 원한다. 만일 하나님이 두 책의 궁극적인 저자라면 우리는 두 책의 초점이 다르지만 두 책 모두 권위가 있는 것으로 여겨야 한다.

4.5. 하나님의 두 책 읽기를 관련시키기 위한 모형들

이제 성경 책과 자연의 책에 대한 우리의 이해를 관련시키기 위한 모형들에 관해 논의해보자. 우리는 하나님의 두 책에 대한 독법을 관련시키기 위한 대다수 접근법을 포착하는 세 가지 계열의 모형들을 논의할 것이다.[64] 본서를 읽어나가는 동안 이 모형들을 유념하라. 그러나 우리는 먼저 하나님의 두 책을 관련시키기 위한 모형 개념에 관해 한 마디를 언급하고자 한다.

그런 모형은 그 관계에 관한 전체적이거나 포괄적인 진리가 아니라 그 관계에 관한 몇몇 부분적인 진리를 포착하는 틀이다. 모형은 특정한 목적을 위해 고안되며, 따라서 우리의 해석 작업을 위한 방향을 제공한다. 또한 모형은 중요한 진리들을 가리거나 왜곡할 수도 있고, 그 모형을 형성한 가정과 목적에 따라서는 중요한 진리에 대한 창을 열거나 그런 진리를 밝혀줄 수도 있다. 따라서 성경 책과 자연의 책을 관련시키기 위한 어떤 모형도 완벽하지 않다. 그러나 우리는 어떤 계열의 모형들이 그리스도 안에서 기독교와 과학의 화해(골 1:20)를 일리가 있게 만드는 더 좋은 방법을 제공하는지 더 나쁜 방법을 제공하는

지에 관해 어느 정도 판단을 내릴 수 있다.

4.5.1. 일치 모형들. 첫 번째 모형은 **일치**(concordance) 계열 모형들이다. 이름이 암시하는 바와 같이 일치 모형들은 기독교와 과학 사이에 조화를 추구한다. 조각 그림 맞추기를 생각해보라. 일치 모형들에 따르면 성경의 주장과 과학의 주장 모두 같은 퍼즐에 몇몇 조각들을 기여한다.[65]

창세기 1장의 특정한 해석에 기초한 6일, 젊은 지구 창조론(Young-Earth Creationism; YEC)이 일치 모형의 예일 것이다. 이 독법에서 창세기 1장에 수록된 사건들의 순서는 창조 사건들의 실제 순서를 반영한다. 또한 창세기 1-11장은 지구 나이가 대략 6천 년에서 1만 년이라고 암시한다. "참된 과학"은 YEC의 주장들을 반영할 터이기에 성경의 진술과 과학의 진술은 똑같은 퍼즐의 조각들에 이바지한다. 두 번째 예는 지질학적 시대들이 창세기 1장의 다양한 날들과 관련이 있는 날–시대 틀일 것이다. 지질학적 시대들이 창세기 1장에 수록된 창조 사건들의 순서와 동일시됨으로써 창세기 1장이 오랜 지구 창조론(Old-Earth-Creationism; OEC) 틀과 관련지어질 수 있다. 지구의 나이가 대략 45억 년으로 여겨지면서도 유기체들이 (비록 반드시 한 번의 활동을 통한 것은 아닐지라도) 하나님으로 말미암아 특별히 창조되었다는 입장이 유지된다. 이 모형에서도 성경의 진술과 과학의 진술이 퍼즐의 조각들에 이바지한다. 비록 이 퍼즐이 YEC의 퍼즐과는 다르지만 말이다.

일치 모형들의 장점이라고 생각되는 점은 그 모형들

---

[64] 이 논의는 Charles E. Hummel, *The Galileo Connection: Resolving Conflicts Between Science and the Bible* (Downers Grove, IL: InterVarsity Press, 1986), 256-64에 의존한다.

[65] 종교와 과학을 관련시키는 갈등 모형에 대한 논의가 흔히 발견된다. 그러나 갈등 모형들은 조화를 전제한다. 갈등 모형들은 극단적인 일치 모형이기는 하지만 조화 계열의 모형이다. 성경의 진술들은 자연에 관해 모든 것을 잘못 진술했다고 해석되고 따라서 성경이 무시되는 경우가 이런 모형의 사례일 것이다. 성경의 진술들이 "자연에 관해 옳게 말하고 있고" 과학의 진술들은 틀렸다고 해석되며 따라서 과학이 무시되는 경우도 그런 예일 것이다. 갈등 모형에서 우리는 성경이나 과학 한쪽이 조각 맞추기 퍼즐에 맞는 조각들을 지니고 있다고 선택해야 한다. 이는 성경 우선 접근법 또는 과학 우선 접근법의 극단적인 형태를 나타낸다(섹션 4.4를 보라).

의 옹호자들이 그 모형을 채택해서 성경에 대한 존중을 구현한다는 것이다. 결국 일치 모형들은 대체로 자연에 대한 우리의 이해에 성경이 기여할—때때로 상당한—역할을 부여하는 것으로 보인다.[66] 그러나 우리가 일치주의 일반(섹션 4.3을 보라)에서 살펴보았듯이 실제로는 과학과의 그런 일치 추구를 가치 있게 여기는 것이 성경의 권위를 대체한다(따라서 이 점은 이 모형의 장점으로 생각되기만 할 뿐이다).

일치 모형들의 핵심적인 약점은 그 모형이 성경을 지혜와 하나님의 구속 사역을 상술하는 고대의 책으로 인식하는 대신 성경을 마치 과학 텍스트 다루듯이 대한다는 것이다. 그래서 이 모형의 옹호자들은 창세기 1장에 등장하는 히브리어 용어들을 과학적 개념들과 조화되거나 그것들을 암시하는 것으로 해석한다. "종류"로 번역되는 **민**(min)을 생물학적 종, 속 또는 적절한 기타 생물학적 분류를 의미하는 것으로 해석하거나, "날"로 번역되는 **욤**(yom)을 지질 시대에 상응하는 것으로 해석하는 것이 이에 관한 예가 될 수 있을 것이다. 현대의 생물학적 개념들이나 지질 시대들은 성경 저자들이나 원래의 청중에게는 말이 되지 않았을 것이다. 갈릴레이는 그가 바로니우스 추기경에게 돌린 인용문으로 구속의 책과 과학책 사이의 구별을 예시했다. "성령의 의도는 사람이 어떻게 천국에 가는지를 우리에게 가르쳐주는 것이지 천국이 어떻게 돌아가는지를 가르쳐주는 것이 아니다."[67] 이것은 일치 모형이 실상은 그 모형의 옹호자들이 정직하게 존중하려고 하는 성경의 권위 자체를 어떻게 훼손하는지에 대한 예다.

일치 모형들의 두 번째 문제는 우리가 이미 살펴본 바와 같이 그 모형들이 성경(또는 성경 텍스트들)과 과학 이론들 사이에 관계나 조화가 있다고 본다는 것이다. 예컨대 그들은 성경이 최근의 창조를 주장한다는 그들의 가정과 빅뱅 우주론이 우주의 나이를 138억 년으로 추정하는 것을 나란히 둔다. 성경의 주장들은 창세기의 앞 장의 "평범한 의미" 또는 "액면상의" 의미로 다뤄지는 경향이 있다. 실제로는 이런 텍스트들에 대한 일치주의 해석은 많은 배경 지식(예컨대 자연에 대한 질료-원인 견해, 현대의 과학 개념들)을 전제한다. 이런 독법은 이 텍스트들에 대한 평범한 의미, 액면상의 독법이 아니다. 일치 모형은 성경 텍스트의 독법 안으로 들여온, 조사되지 않은 많은 철학적·신학적·과학적 가정들에 의존한다.

일치 모형들의 세 번째 문제는 조화 문제다. 표 4.1은 창세기의 첫 번째 창조 기사(창 1:1-2:3), 두 번째 창조 기사(창 2:4-25)와 우리의 현대 과학의 설명에 나타난 사건들의 순서를 제시한다. 창세기가 창조세계에 대한 원인-질료 설명이라고 가정하고서 말이다.[68]

이 표를 보면 우리는 사건들이 일어난 시기(예컨대 언제 식물, 바다 동물, 육상 동물, 인간이 출현했는지)에 관한 세 개의 다른 순서가 있음을 알 수 있다).[69] 일치 모형들이 성경 텍스트들과 과학적 진술들을 같은 그림 조각 퍼즐의 조각들에 이바지하는 것으로 다루려면 그 모형들은 이 세 가지 다른 설명들에 대해 모종의 조화를 제시해야 한다. 우리가 이 주제에 할애된 책들과 논문들을 읽으면 알 수 있듯이 이는 쉬운 과제가 아니다. 이 점이 좀 더 심각한데, 이 작업은 성경 저자들이 창조 사건들을 진지하게 받아들이는 해석의 영감을 취하지 않는다. 즉 하나님에 관한 이 텍스트들과 그것들의 메시지의 성경적 권위가 경시된다.

---

66 성경이 자연에 관한 주장에서 틀린 것으로 일축되는 갈등 모형들은 이에 대한 예외일 것이다.

67 Galileo Galilei, "Letter to the Grand Duchess Christina of Tuscany, 1615," Internet Modern History Sourcebook. August 11, 2018 접속. http://legacy.fordham.edu/halsall/mod/galileo-tuscany.asp. 전형적인 영어의 **오역**은 다음과 같다. "성경은 우리에게 어떻게 천국에 가는지를 보여주기 위해 쓰였지 하늘이 어떻게 운행되는지를 보여주기 위해 쓰인 것이 아니다."

68 이 가정에 관한 논의는 5장을 보라.

69 시편, 욥기, 이사야서에 등장하는 창조에 대한 언급이나 논의도 설명과 해석에 있어서 표 4.1과 다르며 그 책들 사이에서도 다르다. 성경의 저자들은 순서를 올바로 제시하는 데 우리만큼 관심이 없었다. 그들이 우리처럼 순서에 관심이 있었다고 생각하는 것은 이미 우리 현대인의 과학적 관심과 질문을 그들에게 돌리는 처사다.

표 4.1 창세기에 수록된 첫 번째 및 두 번째 창조 기사와 현대의 과학적 설명에 나타난 사건들의 순서 비교(Ga=10억 년 전, Ma=백만 년 전, ka=천 년 전)

창세기 1:1-2:3	창세기 2:4-25	현대 과학
하늘들, 땅, 물들(창 1:1-2)		법칙들, 에너지, 물질, 공간, 시간(13.8Ga)
빛(창 1:3)		별들(13.5Ga)
하늘(창 1:6-8)		태양(4.6Ga)
마른 땅(창 1:9-10)	마른 땅, 강(창 2:5-6)	달, 지구, 마른 땅(4.6Ga)
씨 맺는 식물(창 1:11-12)		대양들(4-4.4Ga)
열매 맺는 나무(창 1:11-12)	아담(창 2:7)	단세포 생물(대략 3.8Ga)
태양, 달, 별들(창 1:14-17)		다세포 생물(600-800Ma)
바다 생물(창 1:20-21)	식물(창 2:8-9)	다양한 바다 생물들과 초기 어류(대략 540Ma)
		씨를 맺지 않는 육상 식물(대략 470Ma)
	육상 동물들(창 2:19)	곤충(대략 400Ma)
		육상 동물(대략 390Ma)
		씨를 맺는 식물(370Ma)
		공룡(210Ma)
		포유동물(180Ma)
새들(창 1:20-21)	새들(창 2:19)	조류(약 150Ma)
육상 동물들(창 1:24-25)		열매 맺는 식물(130ma)
남성과 여성(창 1;26-27)	하와(창 2:21-22)	인간(대략 200ka)

마지막으로, 우리가 구속복 문제라고 부르는 사안이 있다. 당신이 젊은 지구 창조론자처럼 성경에서 시작한다고 가정해보라. 그러면 과학이 그 조각 그림 퍼즐에 이바지하려는 것은 모두 창세기 1장의 이 특정한 해석에 일치해야 한다. 반대로 당신이 날-시대 모형처럼 현대의 과학적 견해에서 시작한다고 가정해보라. 그러면 창세기 1장이 그 조각 그림 퍼즐에 이바지하려는 것은 모두 지질학이 현재 확립해 놓은 내용에 일치해야 한다. 우리는 이런 태도를 성경 우선 접근법이나 과학 우선 접근법으로 인식할 수 있다. 창세기의 설명과 과학의 설명 사이의 특정한 대응이나 상관관계가 한쪽의 구속복 안에 맞춰져야 한다.

4.5.2. 두 영역 모형들 두 번째는 두 영역 계열의 모형들이다. 이 계열에서는 성경 책과 자연의 책은 완전히 분리되어 아무 관계가 없는 별개의 영역들을 다룬다. 조각 그

림 퍼즐 은유를 계속하자면 종교의 영역과 과학의 영역은 다른 조각들을 갖고 있는 다른 퍼즐들이다. 이 둘은 상대의 퍼즐에 맞는 조각들을 갖고 있지 않다. 과학은 자연의 신비를 푸는 데 관여하고 신학은 종교적 영역의 신비를 푸는 데 관여한다. 과학의 영역은 경험적인 사안들, 사물들이 작동하는 방식, 자연의 법칙 등을 다룬다. 반면에 종교의 영역은 신적인 사안들, 도덕, 윤리, 형이상학, 신학 등을 다룬다.

1984년 미국 과학 아카데미의 선언은 두 영역 모형을 훌륭하게 나타낸다. "종교와 과학은 별개이며 인간의 사고의 상호 배타적인 영역이다."[70] 오래되기는 했지만 이

---

70 Committee on Science and Creationism, National Academy of Sciences, *Science and Creationism: A View from the National Academy of Sciences* (Washington, DC: National Academy Press, 1984), 6. 미국 과학 아카데미는 다른 전국적인 단체들과 더불어 2008년에 자신의 견해

진술은 가장 뚜렷하고 명확한 두 영역 견해다. 또 다른 예는 스티븐 J. 굴드의 유명한, 겹치지 않는 교도권이다. 흥미롭게도 자연신론은 두 영역 모형으로서 하나님의 최초의 창조행위를 창조세계에서 지속되는 모든 과정과 분리시킨다. 윤리와 도덕은 종교의 영역에 속하는 반면 창조세계에 대한 연구는 과학에 맡겨진다.[71]

두 영역 모형들의 장점이라고 생각되는 점 중 하나는 그 모형들이 과학의 영역과 종교의 영역을 명확히 분리해서 깔끔하다는 것이다. 그런 모형들의 장점이라고 생각되는 또 다른 점은 그 모형들이 종교를 과학의 도전으로부터 보호하는 듯하다는 것이다. 결국 과학과 종교가 서로 배타적인 영역이라면 과학에서 무슨 일이 일어나든 그것이 종교에 영향을 주지 않으며, 종교에서 일어나는 일도 과학에 영향을 주지 않는다. 실제로 임마누엘 칸트(1724-1804)는 종교를 위한 안전한 피난처를 만든 것이 두 영역 접근법의 장점이라고 생각한 것으로 보인다.

그러나 두 영역 모형에는 심각한 문제가 있으므로 장점이라고 생각되는 것들에는 큰 대가가 수반된다. 첫째, 영역의 뚜렷한 분리는 "종교는 가치 판단과 관련된 것 외의 모든 이론적 표현이 부정된다는 것과 과학은 종교의 넓고 절대적인 관점이 부정된다는 것"을 의미한다.[72] 두 영역은 밀폐되어 서로 차단되었다. 따라서 가치 판단은 종교의 영역에 속하기 때문에 과학은 어떤 가치 판단도 할 수 없다. 그리고 종교는 과학에 어떤 영향도 줄 수 없

다. 두 영역은 서로 비판할 수도 없고 서로 도움을 줄 수도 없다. 그 분리는 인위적으로 명확하다.

두 번째 문제는 이 점으로부터 직접 나타난다. 두 영역이 깔끔하게 분리되었다고 상정되지만, 그 분리가 실제로는 전혀 깔끔하지 않다. 과학에서 가치들이 항상 작동하고 있는데 이는 나쁜 것이 아니다(섹션 3.5.1을 보라). 더욱이 현대 과학은 신학적 기원을 통해 형성되었다.[73] 실제로 과학의 역사는 과학과 종교 사이에 매우 오래되고 때때로 유용한 관여가 있었음을 보여주는데, 이는 고대 이집트 시대까지 거슬러 올라간다. 실제 세상에서는 과학과 종교 사이에 그런 밀폐가 존재하지 않는다.

두 영역 모형들에는 이론적으로 문제가 있다. 기독교의 관점에서는 하나님의 주권이 모든 창조세계에 예외 없이 미친다. 더구나 그런 모형들은 포괄적 창조 교리 및 창조세계에서 삼위일체의 행동이 매개되는 풍부한 방식과 일치하지 않는다.

이런 이유들로 기독교는 대개 두 영역 모형들을 거부한다.

4.5.3. 부분적 견해 모형들.
많은 그리스도인은 일치 모형들에 매력을 느끼는 반면 많은 과학자는 두 영역 모형들을 선호한다. 후자는 비일치주의 접근법이다. 다행히도 우리는 이 두 계열의 모형들에 제한될 필요가 없다. **부분적 영역 모형들**은 세 번째 계열을 이룬다. 이 모형들의 핵심적인 아이디어는 하나님의 두 책의 매개된 계시인 신학과 과학은 많은 측면을 지닌 실재의 두 창들이기 때문에 이 대목에서 우리는 그림 조각 퍼즐 은유를 제쳐둔다.

하나의 예로 그림 4.1에 수록된 두 지도를 고려하라. 첫 번째는 미국 대륙의 토양과 습도 지도이고 두 번째는 지열에너지 지도다. 이 두 지도 모두 매우 흥미로운 어떤 정보를 드러낸다. 이제 우리가 당신에게 이 두 지도 중 어

를 수정해서 과학과 종교에 대해 훨씬 더 미묘하게 논의했다. National Research Council, *Science, Evolution, and Creationism* (Washington, DC: National Academies Press, 2008)을 보라.

71 주: 자연신론은 두 영역 모형이지만, 두 영역 모형이 모두 자연신론적인 것은 아니다. 예컨대 Christopher McCammon이 설득력 있게 주장하듯이 Immanuel Kant는 자연신론자가 아니었기 때문에 Kant의 두 영역 견해는 자연신론적이지 않다. McCammon, "Overcoming Deism: Hope Incarnate in Kant's Rational Religion," in *Kant and the New Philosophy of Religion*, ed. Chris L. Firestone and Stephen R. Palmquist (Bloomington: Indiana University Press, 2006), 79-89을 보라.

72 Henry Stob, *Theological Reflections* (Grand Rapids: Eerdmans, 1981), 40.

73 Bishop, "God and Methodological Naturalism."

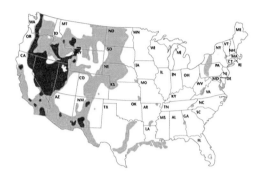

그림 4.1 미국 대륙의 토양 습도 지도와 지열에너지 지도

느 것이 미국의 정확한 지도인지 물었다고 가정하라. 당신은 즉각적으로 이는 속임수 문제임을 알아차린다. 명백히 두 지도는 각각 미국 대륙의 천연자원에 관해 부분적인 견해를 제공한다. 여기서 옳거나 그른 지도는 없다. 이두 지도를 모두 사용함으로써 우리는 미국의 천연자원에 관해 더 많은 정보를 얻을 뿐만 아니라 이 자원들을 관리함에 있어서 직면하는 도전들을 다소 이해하게 된다.[74] 그리고 우리가 특별히 어느 한쪽 지도에 관련된 질문을 하는 것이 아닌 한, 어느 한쪽을 다른 한쪽보다 중시하는 것은 이치에 맞지 않는다.

부분적인 영역 모형들은 이 두 지도와 유사하다. 우리는 성경 책과 자연의 책에서 다른 통찰을 얻어서 하나님의 창조세계를 좀 더 완전하게 이해하게 된다. 이 모형들에는 구속복도 없고 발을 들여놓을 수 없는 경계도 없다. 대신 우리는 자연에 대한 이해에 유용한 다른 관점과 지식 형태를 얻게 된다. 신학과 과학 사이에 어느 정도 겹치는 부분이 있지만 우리는 다른 탐구 목적을 허용할 수 있다. 과학과 신학 모두 창조세계를 탐구하지만, 대체로 과학적 탐구와 신학적 탐구의 목적은 다르며 양자는 다른 종류의 질문을 한다. 각각의 탐구 형태가 창조세계를

다른 방식으로 탐구할 수 있는 자유는 우리가 탐구를 한쪽으로만 제한하거나 한쪽으로 다른 쪽을 뒤엎으려고 노력함으로써 얻을 수 있는 수준보다 더 완전한 이해를 낳는다.

위에서 소개된 관계 유비를 상기하라. 남편과 아내는 서로에 관해 그리고 서로에게서 배울 때 인간으로서 발전하고 서로의 성장에 중요한 역할을 할 수 있다. 이와 유사하게 부분적인 견해 모형들의 장점은 과학과 신학이 서로에 관해, 그리고 서로에게서 배워서 서로의 성장에 기여할 수 있다는 것이다.[75] 두 분야는 자체의 발전 경로를 따르면서도 서로 협력하고 대화하며 서로를 도울 수 있다.

부분적인 견해 모형들에는 상대적인 약점들이 있다. 확실히 우리가 두 책으로부터 얻는 이해들 사이의 관계는 다른 두 계열의 모형들에 비하면 어지럽다(그림 조각 퍼즐 이미지는 더 이상 통하지 않는다). 그러나 실제 세상은 어지럽고 복잡하다. 그런데 우리가 왜 신학과 과학 사이의 관계가 단순할 것으로 기대해야 하는가? 물론 누군가가 과학 지식에 직면해서 성경 텍스트를 너무 빨리 영적으로 해석하거나 은유적 해석을 찾을 위험이 상존한다. 그러면 과학이 그 관계에서 너무 많은 영향력을 행사할 것이다. 그

---

74 이 지도들의 제작에 과학 탐구의 세 측면—이론적, 경험적, 분석적—이 모두 관여했다.

75 신학은 정체되었다는 그릇된 통념이 널리 퍼져 있지만 신학의 역사는 발전의 역사다. 예컨대 Colin Gunton, *The Triune Creator: A Historical and Systematic Study* (Grand Rapids: Eerdmans, 1998)를 보라.

리스도인이자 물리학자로서 글로스터와 브리스톨의 주교인 제임스 클러크 맥스웰(1831-1879)은 신학박사인 C. J. 엘리코트 목사에게 보낸 편지에서 이 부당한 영향 문제를 지적했다.

> 그러나 대다수의 추측적인 과학의 가설들에 기초한 해석들이 창세기의 텍스트들에 고착된다면, 비록 그렇게 함으로써 그것이 오랫동안 이해할 수 없었던 주석가들의 이전 진술들을 제거한다고 할지라도, 나는 그것을 매우 유감스럽게 생각합니다. 과학 가설들의 변화 속도는 성경 해석의 변화 속도보다 훨씬 빠르며, 따라서 해석이 그런 가설에 토대를 둔다면 그것은 그 가설이 매장되고 잊힌 지 오랜 뒤에도 그 가설을 공공연하게 유지하는 데 도움을 줄지도 모릅니다.[76]

맥스웰은 한편으로는 과학의 가설을 사용해서 성경 텍스트의 해석을 견인하는 것을 경고한다. 그는 다른 한편으로는 과학의 가설을 성경에 연결하는 것이 실패한 가설을 계속 살아 있게 할 가능성을 경고한다. 두 사람 사이의 밀접한 관계에는 언제나 부당한 영향의 위험이 도사리고 있다. 적절한 균형을 끌어내는 것이 건강한 관계의 지속적인 부분이다. 신학과 과학 사이의 관계도 다르지 않다.[77]

4.6. 다른 책, 다른 질문

하나님의 두 책을 관련시키는 부분적인 견해 모형들은 창조계시의 목적과 특별계시의 목적은 다르며 그 계시들은 대체로 다른 질문들을 다룬다는 기독교의 오래된 개념에

잘 들어맞는다. 과학적 탐구는 전통적으로 물리적 속성에 관한 질문(예컨대 태양의 질량은 얼마인가? 태양의 표면 온도는 얼마인가?), 물리적 행동에 관한 질문(예컨대 어떤 물리적 과정이 태양의 표면 온도를 유지하는가?), 그리고 형성 역사에 관한 질문(예컨대 어떤 과정이 태양의 형성에 이바지했는가?)에 초점을 맞춘다. 당신이 자라면서 과학자들이 이런 과학적인 질문들을 묻고 대답하는 것을 보았을 것이다. 그리고 자연의 속성, 행동, 형성 역사에 관한 질문들은 확실히 재미가 있고 중요하다.

그러나 이 본질적인 과학적 질문들이 우리가 창조세계에 관해 명료하게 질문할 수 있고 질문해야 하는 합리적인 질문의 전부가 아니라는 점을 주목하라. 우리가 과학적인 질문들에 답변함으로써 태양의 의미가 무엇인가라는 질문에 대한 답을 얻는가? 우리가 하나님의 구속 사역에서 태양의 역할이 무엇인가를 발견하는가? 아니다. 우리는 과학적 방법을 사용해서는 그런 질문들을 다루기 시작하지도 못한다.[78] 우리는 과학적 방법으로는 창조세계를 좀 더 완전하게 이해하는 데 이바지하는 것들의 가치와 의미에 닿지 못한다. 결국 태양은 과학에 비춰 보면 보통의 별들 중 하나다. 우리가 태양이 하나님의 창조세계에서 수행하는 목적을 이해하기 위해서는 과학적 질문들에 대한 답변 이상의 것이 필요하다. 우리가 하나님의 세상과 그 안에서 우리의 위치를 좀 더 완전히 이해하기 위해서는 과학의 창과 신학의 창이 모두 필요하다.

이 상황은 우리가 3장에서 이미 직면한 근본적인 한계를 가리킨다. 즉 과학적 방법에는 하나님의 창조세계에 관한 놀라운 것들을 밝힐 힘이 있지만 상당한 한계도 있다. 예컨대 과학적 방법을 사용해서 그 방법의 토대를 이루는 상식적 전제들이 옳다는 것을 입증할 수 없다. 현대

76　James Clerk Maxwell, *The Life of James Clerk Maxwell: With a Selection from His Correspondence and Occasional Writings and a Sketch of His Contributions to Science*, ed. Lewis Campbell (London: Macmillan, 1882), 394. Maxwell의 진술의 맥락은 태양이 창조되기 전에 빛을 묘사하는 창 1장의 문제다.

77　Robert C. Bishop, "Evolution, Myths and Reconciliation: Part 3," BioLogos, May 19, 2011, https://biologos.org/blogs/guest/evolution-myths-and-reconciliation-part-3.

78　지나치게 협소한 과학만능주의의 관점에서는 그런 질문들이 터무니없거나 무의미해 보인다는 것이 사실이다. 이것이 바로 과학적 조사는 기독교의 적이 아닌 반면에, 과학만능주의는 기독교의 적인 이유다 (철학, 시, 역사 등의 적이기도 하다).

과학적 방법들은 물질이라는 실재를 연구하고, 하나님이 창조한 물리적 창조세계의 속성들과 과정들을 밝혀주도록 고안되었다. 만물이 성자를 통해 창조되고 성령을 통해 에너지를 부여받기 때문에 자연의 물리적 과정들이 연구될 가치가 있으며, 애초에 이것이 바로 과학적 방법-증거의 연결이 고안된 이유다. 자연 과학 탐구는 언제나 스스로를 제한하는 탐구 형태였다. 19세기 중반 이후 많은 사람이 과학 탐구가 창조세계의 물질적인 측면에 제한되는 이 점을 잊어버렸다. 대신에 그들은 이 제한을 실재를 단지 물질적인 것으로 보는 형이상학적인 관점으로 바꿔놓았다. 하지만 그렇게 거꾸로 된 형이상학적 관점을 지지하는 과학적인 증거는 없다.

4.7. 맥락상의 부정 대 논리적 부정

당신은 여전히 우려할지도 모른다. 과학자들이 연구 대상을 창조세계를 물질적인 실재로 제한함으로써 뭔가 빠뜨릴 수도 있지 않을까? 이 질문에 충분히 답변할 몇 가지 요점이 있다. 첫째, 우리가 물질적 실재 너머를 결코 바라보지 않는다면 삶을 의미 있게 만들고 물질적 실재 및 비물질적 실재에 해당하는 중요한 것들을 놓칠 것이라는 점을 인정해야 한다. 만일 우리가 물질적인 실재가 전부이고 지식은 과학이 산출할 수 있는 것뿐이라고 가정한다면 우리는 형이상학적 자연주의와 과학만능주의에 갇힐 것이다. 과학적 방법은 결코 그런 세계관이 진리임을 입증할 수 없으며, 그런 세계관에 의존하지도 않는다.[79] 과학적 방법이 물질적 실재로 연구 대상을 제한한다는 점은 세상에 관한 많은 질문에 대한 답을 알기 위해서는 다른 방법이 필요함을 암시한다. 특히 과학자들이 **창조세계**로서의 맥락에서 연구하는—삼위일체 하나님을 통해 만들어졌고 완성될—속성들과 과정들을 이해하기 위해서는 신학

---

79 Hugh Gauch, *Scientific Method in Brief* (Cambridge: Cambridge University Press, 2012), 89-91, 97-107.

적 탐구가 필요하다.

이 질문을 다루기 위한 두 번째 요소는 과학적 방법은 특정한 종류의 질문들만을 묻고 대답하기 위해 고안되었다는 것이다. 두 책 은유는 과학 탐구의 목적과 신학 탐구의 목적을 구분하고 이 두 형태의 탐구가 추구하는 다른 종류의 질문들을 조직화하기 위한 방법의 하나다. 과학자들이 그들이 묻는 질문들과 사용하는 방법들에 제한을 둠으로써 뭔가를 놓친다는 뜻이 아니다. 오히려 과학자들이 제한된 특정한 목적을 위해 창조세계에 관한 전체 진리의 일부만을 추구하는 것은 부분적인 견해 모형 및 두 책 은유와 일치한다. 그러나 우리가 과학 탐구가 모든 진리에 책임이 있다거나 그것을 추구하려고 한다고 생각하면 과학만능주의에 빠지게 될 것이다.

물질적인 실재와 그 속성 및 과정들에만 초점을 맞추도록 스스로 제한을 부과하는 것은 과학 탐구가 자연을 탐구할 수 있는 능력과도 관련이 있다. 과학이 답변할 수 없는 좀 더 큰 질문들이 있다는 것은 사실이다(비록 과학이 이 좀 더 큰 질문들에 유의미하게 기여할 수 있지만 말이다). 그러나 이 자체 제약은 과학 탐구가 초점을 맞추는 대상과 그것이 채택하는 방법을 통해 물질세계에 관한 풍부한 지식을 산출할 수 있게 해준다. 이 자체 제약은 과학이 그것 자체로는 세계관 문제를 해결할 수 없게 방해하지만, 과학 탐구가 상식적인 전제들을 인정하는 모든 세계관이 공유할 수 있는 지식을 발견할 수 있게 해준다(섹션 3.2을 보라). 이것은 과학이 지닌 중요한 힘인데, 이 힘은 과학 탐구가 물질세계의 속성과 과정에만 초점을 맞추기 때문에 존재한다.

과학적 방법의 한정된 초점은 종종 **방법론적 자연주의**로 불린다. 이는 자연의 책과 그것을 읽는 절절한 방법들에 연계된 방법론적 접근법이다(섹션 4.2.1을 보라). 과학자들은 자연에 존재하는 법칙과 과정 및 그것들이 작동하는 방식을 이해한다는 목적으로 자신을 제한한다. 때때로 그리스도인들은 아마도 그것이 기독교가 틀렸다거나 하

나님이 그림에서 빠지게 되는 것을 암시한다고 오해하고서 그렇게 "좁은" 초점에 관해 우려하거나 불평한다. 그러나 자연의 과정과 법칙 이해에 초점을 맞추는 것은 결코 하나님이 존재하지 않는다거나 삼위일체가 자연에서 활동하지 않는다는 것을 암시하지 않는다. 오히려 과학의 이 초점은 신학적으로 **하나님이 만든 것과 그것이 작동하는 방식을 이해하기 위해** 창조세계를 그것 자체의 관점에서 바라볼 필요로 말미암아 동기가 부여되었다. 창조 교리에 따르면 자연은 기능의 완전성으로 특징지어지는 자체의 우발적 합리성을 지니고 있다(섹션 2.2.2을 보라). 과학적 방법은 창조주/창조물의 구분의 일부로서 창조물의 무결성을 탐구하고 이해하기 위한 수단이다.[80] 과학적 조사는 자연 현상—하나님의 창조세계의 속성과 과정—을 이해하는 것을 목표로 한다. 따라서 과학자들은 창조계시에 호소해서 특정한 종류의 질문을 하고 그 질문에 적절하게 답변을 제시한다.[81]

과학자들이 뭔가를 놓치고 있는 것이 아닌지에 대한 답변의 세 번째 요소는 과학 연구 관행에 대한 조사를 필요로 한다. 당신이 과자 그릇에 과자 하나가 있는지를 판정하기 위한 실험을 한다고 가정해보라. 당신은 친구 한 명에게 당신이 그릇 안에 과자가 놓여 있는지를 볼 수 없도록 과자 그릇을 칸막이 뒤로 숨겨 달라고 부탁한다. 친구는 과자 그릇을 열고 동전을 던져서 앞면이 나오면 그릇에 과자 하나를 넣는다. 동전의 뒷면이 나오면 친구는 과자를 다른 곳에 숨긴다. 친구는 그릇을 닫고 칸막이를 제거한다. 당신이 할 일은 친구가 이 과정을 마친 뒤 그 그릇에 과자가 있는지를 판정하는 것이다. 이것이 우리의 실험 환경이다.

이 실험을 수행하기 위해 3장에서 논의된 상식적인 전제들이 모두 작동한다. 당신은 진짜 과자 그릇과 과자를 다루고 있다. 이성과 감각 경험은 기본적으로 신뢰할 만하다. 그릇에 과자가 있는가라는 문제에는 진실이 있다. 이런 전제들이 작동하고 있다. 또한 이 실험 환경에 비춰볼 때 상호 배타적이고 그 실험의 결과에 대해 맥락상으로 적실성 있는 모든 가능성을 제시하는 두 가지 가설이 있다.

가설 1: 그릇에 과자가 있다.
가설 2: 그릇에 과자가 없다.

이 가설들은 같은 전제들을 공유하고 하나가 참이면 다른 하나가 거짓임을 암시하므로 상호 배타적이다. 과학자들은 과학적 탐구를 할 때 대개 상호 배타적이고 전체적으로 포괄적인 가설을 수립한다. 당신은 과자 그릇을 열어 그 안을 들여다봄으로써 어느 가설이 확인되는지 판정할 수 있다. 그러나 이 관측 절차는 그릇에서 과자를 보는 것은 그것이 존재함을 암시한다고 전제한다는 것을 주목하라. 따라서 과자를 보면 그것이 존재한다고 암시하고, 당신이 그릇에서 과자를 본다면 그 그릇에는 과자가 존재하고 당신은 가설 1을 확인한 셈이다.[82]

이 그릇에 들어 있는 과자 실험은 간단한 것 같지만, 이 실험은 과학자들이 수행하고 문헌에 보고하는 종류의

---

80 역사적으로 이것이 방법론적 자연주의에 대한 원래의 이해다(비록 그 용어가 20세기에 들어와서야 존재하게 되었지만 말이다). 19세기 말쯤에 과학적 조사의 목적에 관한 이 제한이 하나님이나 영적 영역이 없다는 형이상학적 논제인 형이상학적 자연주의와 혼동되게 되었다. Bishop, "God and Methodological Naturalism"을 보라. 그런 혼동의 예는 다음 문헌들에서 발견될 수 있다. Phillip E. Johnson, *Reason in the Balance: The Case Against Naturalism in Science, Law and Education* (Downers Grove, IL: InterVarsity Press, 1998); William A. Dembski, *Intelligent Design: The Bridge Between Science and Theology* (Downers Grove, IL: InterVarsity Press, 1999).

81 사회적 탐구와 행동의 탐구의 상황은 판이하다. 인간을 연구할 때 방법론적으로 자연적인 답변을 제시하려는 시도는 심각한 문제에 봉착한다. 다음 문헌들을 보라. Bishop, *Philosophy of the Social Sciences*; Robert C. Bishop, "What Is This Naturalism Stuff All About?," *Journal of Theoretical and Philosophical Psychology* 29 (2009): 108-13.

82 상식적인 전제들이 없이는 그 실험 환경이나 이런 결론 중 어느 것도 가능하지 않다는 것을 주목하라.

좀 더 복잡한 실험들의 기본적인 사항들을 보여준다.[83] 그 실험에 적실성 있는 전제들이 있다. 비록 과학자들은 그들의 과학 논문에서 상식적인 전제들을 열거하지 않지만, 그 전제들은 언제나 적용되고 있다. 또한 당신은 어떤 물리적 객체를 본다는 것은 그것의 존재를 암시한다고 가정했다. 무엇이 적실성 있는 증거로 여겨지는지도 정의된다. 그 실험 환경의 기초를 이루는 전제들과 가능한 가설들이 이 실험에 어떤 증거가 중요한지를 묘사한다. 마지막으로, 증거(과자 그릇에서 과자를 보는 것)와 결론(가설 1) 사이의 적절한 논리적 연결이 있는데, 이 경우 그것은 연역적 추론 형태(정확하게는 긍정 논법)다.

이 사례는 전제들과 물을 질문들, 그리고 그 질문들이 어떻게 답변될지는 특정한 **맥락**에서 연결된다는 것을 보여준다. 이런 계열의 탐구는 유의미하거나 적절한 질문들은 무엇인가를 정하는 맥락을 대표한다. 이 맥락은 이 질문들에 대해 적절할 수 있는 답변들을 제한한다. 우리의 예에서 과자와 과자 그릇이 존재한다는 것과 과자를 보는 것은 그것의 존재에 대한 표시라는 것과 과자 그릇이 과자를 담을 수 있다는 것 등의 전제들은 물어야 할 질문(그 그릇에 과자가 있는가?)과 관련이 있다. 맥락은 상호 배타적이고 전체적으로 포괄적인 조사를 형성하는, 가능한 가설들을 제한한다.

이것을 배경으로 당신이 그 실험을 수행한다고 가정해보라. 당신이 그릇을 열고 안을 들여다보니 그곳에 과자가 없다. 합리적인 추론은 동전 던지기에서 뒷면이 나왔고 당신의 친구가 과자를 다른 곳에 숨겼다는 것이다. 결국 맥락상으로 적실성 있는 가능성은 가설 1과 가설 2로 표현된 두 가지뿐이며, 당신은 가설 1이 거짓이라는 좋은 증거를 갖고 있다. 하지만 동전 던지기에서 앞면이 나왔고 당신의 친구가 과자를 그릇에 넣었을 가능성이 있지 않은가? 그렇다면 그릇에 과자가 없는 이유는 아마도 하나님이 그 과자를 사라지게 한 것일지도 모른다. 이 질문은 과학자들이 그들이 사용하는 제한된 방법을 통해 연구함으로써 뭔가를 놓칠지도 모른다는 혹자의 우려를 포착하기 때문에 우리를 그 사안의 핵심으로 데려간다.

우리의 두 가설을 살펴보자. 두 가설이 서로를 **맥락상으로 부정**하기 때문에 이 가설들은 상호 배타적이고 전체적으로 포괄적이다. 이것이 의미하는 바는 두 가설이 그 실험의 탐구를 위한 맥락을 형성하는 같은 전제들을 공유한다는 것이다. 유일한 부정은 대안적 가설의 내용들뿐이다. 그 가설들은 과자와 과자 그릇이 존재한다, 과자가 과자 그릇에 담길 수 있다, 과자를 보는 것은 그것이 존재한다는 증거다, 동전 던지기가 과자 그릇에 과자가 있는지를 결정한다 등의 전제들을 공유한다. 그러나 그 가설들은 그릇에 과자가 있는지에 관한 상대편의 주된 주장을 부정한다.

이제 세 번째 가설을 고려해 보라.

가설 3: 하나님이 과자를 사라지게 했기 때문에 그릇에 과자가 없다.

이 가설은 다음 가설들과 비슷하다.

가설 4: 화성에서 온, 하늘을 나는 녹색 우주 유인원이 과자를 훔쳤기 때문에 그릇에 과자가 없다.
가설 5: 과자가 저절로 증발했기 때문에 그릇에 과자가 없다.
가설 6: 과자는 상상으로 만들어진 허구이기 때문에 그릇에 과자가 없다.
가설 7: 당신은 당신이 과자 그릇을 본 인간이라는 꿈을 꾸고 있는, 겨울잠을 자는 곰이기 때문에 그릇에 과자가 없다.

이런 대안적 가설이 무한히 존재한다. 이 모든 가설들

---

83   추가적인 논의는 Gauch, *Scientific Method in Practice*, 4장을 보라.

의 공통점과 그것들이 가설 1 및 가설 2와 다른 점은 무엇인가? 다른 대안적 가설들은 모두 **논리적 부정**(logical negation)이다. 어떤 가설의 논리적 부정은 원래 가설의 맥락이 고려되지 않은 상태에서의 그 가설의 정반대다. 그 대안적 가설들의 어느 것도 가설 1과 가설 2의 전제들—맥락—과 동일한 전제들을 유지하지 않는다는 점을 주목하라. 그리고 이런 논리적 부정은 무수히 많다.

과학자들은 우리가 일상생활에서 그런 논리적 부정을 진지하게 고려하지 않는 것과 유사한 이유로 과학 연구에서 **논리적 부정**을 추구하지 않는다. 당신은 그릇에 든 과자 실험의 맥락상의—물리적으로 적실성 있는—가능성의 수를 이 문장 끝의 마침표의 크기와 유사한 것으로 생각할 수 있다. 이와 대조적으로 논리적 가능성의 수는 우주의 크기와 유사하다.[84] 또 다른 유비로서 유한한 동물인 인간(물리적 가능성을 대표한다)과 무한한 하나님(논리적 가능성을 대표한다) 사이의 대조를 생각해보라.

한정된 자원과 논리적 가능성이 전혀 적실성이 없음에 비춰볼 때 과학자들이나 일상생활에서의 우리는 논리적 부정을 통해 제공된 무한한 가능성을 추적할 여유가 없다. 대신 과학자들은 뭔가를 이해하거나 설명하려고 할 때 맥락상으로 적실성 있는 것에 초점을 맞춘다. 과학적 탐구 방법은 물리적 가능성을 연구하도록 고안되었기 때문에 논리적 가능성으로 들어가는 문이 열리면 실제로는 과학적 탐구가 파괴된다. 논리적 가능성을 연구하기 위한 과학적 방법은 없다. 논리적 가능성은 철학적 탐구 및 다른 형태의 탐구의 기원이다. 논리적 가능성을 물리적 가능성으로 치환하는 것은 과학적 탐구를 철학적 탐구 및 다른 형태의 탐구와 혼동하는 처사다. 이는 방법론적 자연주의의 한계를 보는 또 다른 방법이다. **그것은 과학 연구**

---

84 물론 이것은 물리적이고 맥락상으로 적실성 있는 가능성이 논리적 가능성에 비해 얼마나 제한적인지에 대해 어느 정도 감을 제공하는 것을 목표로 한 느슨한 유비다. 논리적 가능성의 "크기"와 좀 더 밀접하게 연결되려면 우주의 크기가 무한해야 할 것이다.

가 스스로를 맥락상으로 적실성 있는 가능성으로 제한하는 것이다.

과학 탐구에 관여할 때 맥락상으로 적실성 있는 부정만을 고려하는 데는 신학적으로 타당한 이유가 있다. 우리가 3장에서 본 바와 같이 우리의 상식적인 전제들의 근저에 포괄적 창조 교리가 놓여 있다. 더욱이 창조 교리는 창조세계의 기능의 완전성의 가치의 근거가 되고, 우리로 하여금 그 기능의 완전성을 하나님을 위해 창조되었고 하나님이 가치 있다고 여기는 것으로서 그것 자체의 관점에서 이해하도록 동기를 부여한다. 이 점은 가설 3을 배제한다. 과학적 탐구의 맥락은 **하나님이 무엇을 할 수 있는지가 아니라 자연이 어떻게 작동하는지를 이해하는 것**이기 때문이다. 그리고 우리가 스스로를 가설 1과 가설 2가 공유하는 맥락으로 제한한다고 해서 그것이 하나님이 존재하지 않는다거나 삼위일체가 그 실험에서 활동하지 않는다는 것을 암시하지 않음을 주목하라. 그런 함의는 우리가 모종의 형이상학적 자연주의도 가정할 경우에만 부가된다.

섹션 2.6에서 논의한 내용을 상기하자면, 창조세계를 유지하고 자연의 무결성을 통해 일하는 데서 드러나는 창조세계를 향한 하나님의 자비로운 신실성은 과학자들에게 그 기능의 완전성을 이해하고 자연에서 일어나는 사건들을 과학적으로 설명할 때 그 무결성에 호소할 수 있게 해준다. 그리고 찰스 호지가 지적한 바와 같이 우리의 설명에서 그들이 스스로 부과한 제한—방법론적 자연주의—에 기초한 과학적 방법을 버리고 하나님을 끼워 넣는 것은 그리스도인 편에서의 약함을 드러낸다. "우리가 과학을 두려워하거나 과학자들이 그들 자신의 방법에 따라 그들의 조사를 추구하도록 허용하지 않으려는 것은 성경의 무오류성에 대한 우리의 신앙이 약하기 때문이다. 만일 우리가 성경이 틀릴 수 없음을 확고히 믿는다면 우리는 잘 입증된 과학적 사실이 결코 성경의 가르침과 모순될 수 없다는 데 만족할 것이다."[85]

따라서 우리는 과학자들이 자연과 자연의 속성들을 이해하게 되는 특정한 방식—하나님의 창조세계라는 책을 읽는 방식—에 초점을 맞춤으로써 뭔가를 빠뜨릴지도 모른다고 우려할 필요가 없다. 대신 우리는 과학적 탐구를 특별히 한정된 목적으로—즉 창조세계의 기능의 완전성을 그것 자체의 관점에서 과학자들의 능력 범위 내에서 최대로 이해하기 위해—한정된 탐구를 추구하는 것으

로 보아야 한다("뭔가를 실제 모습 그대로 다루는 것은 사고와 경험의 적절한 토대다." 섹션 3.1을 보라). 우리가 이렇게 할 때 우리는 과학자들이 적절한 한계를 지니고 있음을 긍정할 뿐만 아니라, 그들이 창조계시를 통해 하나님의 창조세계에 관해 우리에게 드러내 줄 수 있는 것들에 대해 기뻐할 수도 있다. 그리고 우리는 창조세계에서는 과학적 방법들이 발견할 수 있는 것 이상—성자 안에서 성령을 통해 새로운 창조에서 창조세계를 완성하여 성부를 찬양하는 삼위일체 하나님의 사역(본서의 33장을 보라)—이 진행되고 있음을 인정한다.

---

85 Charles Hodge, Joseph Clark에게 보낸 편지, February 14, 1863, box 11, Princeton University Letters.

2부   우주의 기원

5장

우주의 기원: 창세기 1:1-2:4

이 연구들에서 우리는 창세기, 고대 근동 세계, 그리고 현대 과학의 세계 사이의 접촉면을 탐구할 것이다. 우리는 고대 근동이나 현대 과학이 성경이 무엇을 말해야 하는지를 우리에게 말하게 하지 않을 것이다. 우리는 고대 근동으로부터 성경에 관한 몇몇 아이디어를 얻을 수도 있지만, 고대 근동에서 나온 사고를 성경에 부과하지 않는다. 결국 많은 경우에 하나님의 계시는 이스라엘 백성으로 하여금 그들의 이웃들과 (대개 신학적으로) 다르게 생각하도록 도와줄 의도였다. 그러나 성경에서 우리의 현대의 성향과 다른 사고방식을 보여주는 뭔가를 발견하고 나면, 우리는 고대의 다른 세계에서 관련된 사상이 있는지를 알아보는 데 관심이 생길 것이다.

구약성서는 고대 세계에서 나온 문서로서 고대 세상의 사람들에게 쓰였기 때문에 우리는 고대 세계의 사람들이 어떻게 생각했는지를 알기 원한다. 그들의 인지 환경은 우리의 환경과 다르며 우리에게 직관적이지 않을 것이다. 우리는 그들이 남긴 문헌을 통해서만 그들의 인지 환경에 접근할 수 있다. 지난 150년 동안 이 텍스트들이 고고학자들에게 발견되었고, 그 언어들이 해독되었으며, 그 문헌들이 번역 및 분석되었다. 그 문헌은 방대하지만(예컨대 백만 자가 넘는 설형 문자 텍스트) 우리가 그들의 사고의 모든 측면을 복원하지는 못할 것이다. 그러나 고대 문화의 이 잔존물들은 우리가 그들의 사고방식과 우리의 사고방식 사이의 핵심적인 차이들을 충분히 인식하게 해줄 수 있다.

우리가 성경을 읽을 때 이교도의 신화에 신경을 쓰지 말아야 한다는 이의를 제기하는 사람이 있을지도 모른다. 그러나 바빌로니아인들은 그들의 문헌이 이교도의 신화라고 생각하지 않았다. 그들의 신화는 그들이 알았던 가장 심원한 실재를 대변했고 따라서 그것은 그들에게 진리였다. 그 신화를 통해서 우리는 그들의 몇몇 관점을 복원할 수 있다. 비록 하나님이 이스라엘 백성을 다른 민족들과는 다르게 가르쳤어도 그들은 그런 관점들 중 일부를 공유했을 것이다. 해석자로서 우리는 성경을 이해하고자 할 때 모종의 인지 틀을 사용할 텐데, 우리가 우리 자신의 틀을 사용하는 것보다 고대의 틀을 사용하는 것이 텍스트에 좀 더 충실한 처사다. 결국 이스라엘의 사고는 우리의 사고보다는 고대 이집트인들 및 바빌로니아인들의 사고와 훨씬 더 비슷하다.

우리는 현대의 과학을 고려할 때 우리가 사용하는 방

법에 관해 명확해야 한다. 현대의 과학 개념들이 우리가 성경을 어떻게 해석해야 하는지를 결정할 수는 없지만, 그 개념들은 우리로 하여금 과학적 발견이 주장하는 것과 모순된다고 보일 수도 있는 텍스트들을 재조사하게 할 수도 있다(섹션 1.2, 4.3, 4.4을 보라). 그러나 우리는 언제나 성경이 스스로 말하게 하도록 조심할 필요가 있다. 우리는 과학이나 고대 근동 문헌으로 말미암아 우리의 성경 해석을 재평가하게 될 수도 있으며, 언제나 우리의 석의가 과학이나 고대 근동 문헌과 어떤 관계가 있는지에 관심을 기울일 것이다. 그러나 그 과정에서 줄곧 적절한 해석, 석의, 신학이 유지되어야 한다(본서의 1-2장을 보라).

5.1. 이것은 어떤 종류의 기원 기사인가?

현대의 독자로서 우리는 기원에 관해 특정한 방식으로 생각하는 경향이 있다. 우리는 기원 기사가 우주, 지구, 사람의 물리적 기원에 대한 설명을 제공할 것으로 가정한다. 결국 이것이 바로 현대 과학의 기원 이론들이 하는 일이다. 우리는 창조를 이해할 때 뭔가를 "존재하지 않던" 데서 "존재하는" 상태로 변화시키는 행동으로 여긴다. 따라서 우리는 일반적으로 존재를 물질적 범주로 생각하기 때문에 우리의 사고는 물질적인 것에 초점을 맞춘다. 우리는 이 방향으로 심하게 기울어져 있어서 좀처럼 다른 선택지가 있을 수도 있음을 고려하지 않는다. 그러나 다른 가능성들이 있으므로, 우리는 창세기가 고대 이스라엘인들이 존재라는 말로써 무엇을 의미했는지 그리고 그들이 창세기를 어떤 종류의 기원 기사로 이해했는지에 관해 우리에게 제공하는 단서들을 고려하기까지는 이 문제들을 미결 상태로 둬야 한다.

우리는 "하나님이 무엇을 창조했는가?"라는 신학적인 질문으로 시작할 수 없다. 그것은 쉬운 질문이다. 하나님이 모든 것을 창조했다. 존재하는 것은 무엇이든 신적 창조 활동을 통해 존재한다(본서의 2장을 보라). 그 신학은 (우리의 마음에서 및 이스라엘 백성의 마음에서) 이미 해결되었

다. 우리가 질문할 필요가 있는 것은 "이 기사는 창조 이야기의 어떤 부분을 말하는가?"라는 문학적인 질문이다. 그 질문에 답하기 위해 우리는 그 텍스트를 주의 깊게 살펴보고 그것이 이스라엘의 청중에게 무엇을 전달했을지를 생각할 필요가 있다. 그 작업을 통해서 우리는 그 텍스트의 권위 있는 주장들을 끌어낼 것이다. 우리는 다음과 같은 사항들을 조사할 것이다. (1) 창세기 1장에서 각각의 날에 창조된 것들의 성격, (2) 창조 활동에 사용된 용어, 그리고 (3) 무슨 일이 일어났는지를 결정하기 위한 시점과 종점("전"과 "후"의 묘사들).

5.1.1. 각각의 날 조사. 첫째 날 무엇이 창조되었느냐는 질문을 받으면 사람들은 흔히 "빛"이라고 대답한다. 첫째 날의 기사가 하나님이 빛을 불러낸 것으로 시작했다는 말은 사실이지만 그 결말은 "낮"과 "밤"이다. 따라서 우리는 하나님이 첫째 날 낮과 밤을 만들었다고 생각할 수도 있다. 그렇다면 우리의 해석에 대한 열쇠는 빛과 낮 사이의 관계에서 발견된다. 창세기 1:5에서 "하나님이 빛을 '낮'이라 불렀다"라는 표현이 등장하는데 이는 이상한 진술이다. 혹자는 "왜 하나님이 빛을… '빛'으로 부르지 않았는가?"라고 묻고 싶을 것이다. 그 보고는 낮과 밤이라 부르는 것으로 끝나기 때문에 우리는 그것들을 우선 고려해야 한다. 우리는 하나님이 "낮"이라고 부른 것은 현대 물리학에 따른 빛이 아님을 쉽게 알 수 있다. 고대 이스라엘인들에게는 하나님이 **빛의 기간**을 "낮"으로 불렀다는 것이 확실했을 것이다. 그리고 창세기 1:4에서 빛과 어둠이 분리되기 때문에 그것은 현대 물리학에 따른 빛이 아니다. 그 진술은 빛의 기간과 어둠의 기간이 구분되는 것으로 이해되었을 것이다. 이 선상의 논리는 하나님이 창세기 1:3에서 빛의 기간을 창세기 1:2에 존재했던 어둠의 기간으로 바꾸고 빛의 기간과 어둠의 기간이 교대하도록 정했으며 그것들을 "낮"과 "밤"으로 부른다는 결론으로 이어진다. 그렇다면 우리가 하나님이 첫째 날에 무엇

을 창조했느냐고 묻는다면 우리는 하나님이 낮과 밤을 창조했다고 결론지어야 할 것이다. 그렇다면 우리는 하나님이 시간을 창조했다고 말할 수 있을 것이다. 시간은 사물이 아니며 물질이 아니다. 빛이나 어둠도 물리적 객체가 아니다. 따라서 첫째 날의 창조 활동은 사물을 만들어내지 않는다. 사실 고대 세계에서 이름을 짓는 것은 우리의 관점에서 보자면 일종의 창조 행위다. 하나님이 시간을 창조할 때 그는 사물을 창조하는 것이 아니라 **질서를 창조**한다. 시간은 세상의 물질적 구성 요소와 관련이 있는 것이 아니라 세상이 어떻게 기능하는가와 관련이 있다. 성경 외의 고대 문헌을 조사해보면 이것이 고대 세계의 다른 창조 기사들의 표준적인 초점이기도 하다는 것이 확인된다. 그 기사들은 창조를 사물의 기원이란 관점에서라기보다는 그들의 신들이 우주의 질서를 잡고 우주를 자신들의 통제하에 두는 관점에서 생각하는 경향이 있다.

다른 날들도 이 선례를 따르는가? 둘째 날 하나님은 **라키아**(*raqia'*)를 만들어 물들을 위의 물과 아래의 물로 분리한다. 가장 이른 영어 번역들은 **라키아**를 "창공"(firmament)으로 번역했다. 이 번역 성경들이 나왔을 때 여전히 단단한 하늘이 있는 것으로 믿어졌고 **라키아**가 그 단단한 하늘로 믿어졌다. 좀 더 최근에는 그 히브리어 단어가 "둥근 천장"(vault)으로 번역된다(NIV, ESV; 흥미롭게도 ESV도 각주에서 "덮개"[canopy]로 번역한다). 고대 이스라엘인들이 단단한 하늘이 있다고 믿었음을 의심하는 사람은 별로 없다. 고대 근동 세계의 모든 사람은 그런 단단한 덮개가 위의 물들이 밑으로 쏟아지지 않도록 저지한다고 믿었다. 그러나 그 히브리어 단어 **라키아**가 그 단단한 하늘을 가리키는 단어인가에 관한 질문들이 계속된다. 다른 가능성은 히브리어 단어 **쉐하킴**(*shehaqim*. 욥 37:18; 잠 8:28)은 단단한 하늘을 가리키고 **라키아**는 위의 물들이 아래의 물들과 분리되었을 때 만들어진 거주 공

간(living space)의 거품을 가리키는 것이다.[1] 이 해석에 대한 지지는 창세기 1:14에서 광명체들이 **라키아**에 놓인다는 점에서 발견된다.

하나님이 둘째 날 사물을 만들었는가? 만일 **라키아**가 거주 공간이라면 그것은 이스라엘인들의 관점에서는 사물이 아니다(수소나 산소 분자에 대한 우리의 이해는 고려되지 않을 것이다). 만일 라키아가 단단한 덮개라면 이스라엘인들은 당연히 그것을 사물로 여겼을 것이다. 그러나 우리는 그런 물리적 객체가 실제로 존재하지 않는다는 것을 안다. 따라서 그런 견해는 그 기사를 현대의 관점에서 보려고 하는 사람들에게 더 많은 문제를 제기할 것이다.

하지만 **라키아**에 관해 가장 중요한 점은 그 단어가 개념적으로 기능을 발휘하는 물리적 우주에서 하나님이 질서를 확립하는 또 다른 방식을 나타낸다는 것이다. 인간이 거주할 공간을 만드는 단단한 하늘은 주로 비를 규율함으로써 기후 체계의 구성 요소 중 하나의 역할을 한다. 만들어진 공간은 우리가 그 안에서 살 환경을 형성한다. 날씨를 포함한 우리의 환경은, 시간이 그러는 것처럼, 우주에서 인간의 생활의 주요 기능 중 하나를 나타낸다.

셋째 날 나타나는 마른 땅과 식물들이 하나님이 만든 사물들이기는 하지만, 그 텍스트는 하나님이 그것들을 만드는 것을 이야기하지 않는다. 뭍이 나타나고 이어서 싹이 나는 식물들을 낸다. 이 대목에서도 그 텍스트의 초점은 사물의 기원(즉 물질의 기원)이 아니라 우주가 인간을 위해 기능하도록 우주에 질서를 세우는 것에 맞춰진다.[2] 셋째 날의 초점은 식량을 가져온 작용에 맞춰졌다.

첫 3일에 대한 연구 결과는 그날들이 인간의 존재를 지원하는 다음과 같은 세 가지 주요 기능의 확립과 관련

---

1 J. Walton, *Genesis 1 as Ancient Cosmology* (Winona Lake, IN: Eisenbrauns, 2011), 155-61(『창세기 1장과 고대 근동 우주론』, 새물결플러스 역간).

2 이 대목 및 이 장 전체의 용법에서 **우주**는 현대의 광활한 우주를 가리키는 것이 아니라 세상과 세상의 체계에 대한 고대인의 이해를 가리킨다.

된다는 것이다. (1) 낮과 밤의 교대/시간, (2) 환경/기후, 그리고 (3) 비옥/식량. 그러한 우주의 정돈은 창조의 정점이자 초점인 인간의 출현을 위한 준비다.[3] 그 텍스트에 대한 이 이해는 그 텍스트의 주장들이 물질적인 초점을 제공한다기보다는 주로 누가 우주에 질서를 가져왔으며 그 우주가 누구를 위해 질서가 잡혔는지와 더 관련이 있다고 본다. 마찬가지로 고대 근동에서 사람들은 우주에 질서를 가져온 존재(그들의 신들)에 관심이 있었다. 비록 이스라엘인들은 우리와 마찬가지로 하나님이 물질적 우주를 만들었다고 믿었지만, 성경의 견해는 사물을 만드는 것보다 질서를 잡는 것에 초점을 맞춘다는 점에서 고대 근동의 견해와 유사하다. 그러나 성경은 우주에 질서를 가져오는 다른 원천을 제시한다. 그 존재는 바로 이스라엘의 하나님 야웨다. 따라서 우리는 고대의 텍스트들이 우리가 묻는 것과 똑같은 질문을 하지 않는다는 것을 깨닫는다. 그들은 우리가 관심을 가지는 대상에 관심이 없다. 우리는 그들이 말하는 기원 이야기들이 우리가 그 이야기들에 관해 생각했던 내용이나 우리가 말한다면 선택했을 내용에 관한 것이 아니라 해서 놀라지 않아야 한다. 그러나 우리 자신의 물질적 설명은 대다수의 문화적 맥락에서 무의미할 테지만 그들이 말하는 이야기는 어느 문화, 시대, 또는 장소에서도 의미가 있을 수 있다.

넷째, 다섯째, 여섯째 날들은 방향을 전환해서 하나님이 질서를 가져오는 우주에서 가장 중요한 기능 주체들(functionaries)을 논의하기 시작한다. 이 날들은 기능 주체들과 관련되기 때문에 우리는 사물의 창조에 좀 더 관심이 기울여질 것으로 예상할지도 모른다. 그러나 이 대목에 다소 놀라운 점이 있다. 우리는 우리의 분석을 할 수 있을 때까지 결론을 미뤄둘 필요가 있다.

넷째 날은 태양, 달, 그리고 별들을 다룬다. 해석자들은 오랫동안 넷째 날은 첫째 날에 병행하고, 둘째 날과 셋째 날은 각각 다섯째 날과 여섯째 날에 병행한다고 지적해왔다. 우리는 이 날들의 기사에서 이 기능 주체들이 어떻게 **기능**하는지에 대해 여전히 큰 관심을 기울인다는 것을 발견한다. 즉 그 텍스트는 그 기능 주체들을 물리학이나 생물학 관점에서 묘사한다기보다 그것들이 정돈된 체계에서 수행하는 역할, 특히 그것들이 인간을 위해 봉사하는 역할에 관심을 기울인다.

이스라엘의 청중이 태양, 달, 별들에 관한 구절들이 사물을 만드는 것에 관한 내용이라고 생각했는가? 증거는 그러지 않았다고 암시한다. 달부터 시작해보자. 우리는 달을 암석으로 만들어진 물리적 객체로 생각한다. 달은 지구로부터 약 38만킬로미터 떨어져 궤도를 돌면서 태양 빛을 반사한다. 그러나 이스라엘인들을 포함해서 고대 근동에서는 누구도 그 정보를 알지 못했다. 만일 그들이 달에 관해 그런 물질적인 견해를 가지지 않았다면 그들은 어떤 물질적인 견해를 가졌는가? 현재 우리가 보유하고 있는 (방대한) 정보 상태에 비춰볼 때 그들이 달에 관해 물질적인 견해를 가졌다는 아무런 증거가 없다. 그들은 달을 **사물**로 생각하지 않았다. 이스라엘의 이웃들은 달을 신으로 생각했다. 이스라엘은 달을 빛으로 생각했다.

따라서 이스라엘의 청중은 넷째 날이 물질적 사물의 창조 기사를 제공하는 것으로 여기지 않았다. 그들은 천체들을 하나님이 질서를 가져온 우주의 일부인 빛으로 불렀고 그것들의 기능을 인간을 위한 것(신호, 축하, 날들과 해들, 빛을 줌, 다스림)으로 파악했다. 이 빛들은 하나님이 인간의 존재를 위해 기능하도록 질서를 가져온 우주의 일부다. 이스라엘인들이 태양, 달, 별들을 사물로 여기지 않았다면 그들은 이 기사를 사물의 기원 기사로 여길 수 없었을 것이다.[4] 별들에 관해서 말하자면, 메소포타미아 사람

---

3   이는 창조세계가 모든 창조물에게 봉사하도록 기능하지 않는다는 뜻이 아니라(섹션 2.4.3을 보라) 창 1장에는 특히 압도적인 초점 대상이 있다는 뜻이다.

4   마찬가지로 그들이 "자연적" 범주를 지니지 않았다면 그들은 이 기원 기사들을 자연 과정을 무시하는 것으로 볼 수 없었을 것이다. 그들은 하나님이 우리가 "초자연적"이라고 부르는 곳에서도 우리가 "자연적"

들은 별들이 단단한 하늘 밑바닥에 박혀 있다고 믿었다. 이스라엘인들이 그 견해를 공유했다는 증거는 거의 없다. 그러나 그들은 확실히 별들을 훨씬 더 멀리 떨어져 있는 태양들로 보지 않았다. 우리는 하나님이 그것을 알았고 이스라엘에게는 이런 상세한 내용이 필요하지 않았다고 말할 수 있지만, 그것은 요점이 아니다. 우리는 창세기에서 이스라엘인들이 어떤 종류의 문헌을 제공하는지를 알 필요가 있다. 하나님의 권위는 고대의 저자에게 부여되었고 고대 저자의 이해에 연결되었다는 것을 기억하라(섹션 1.1.1과 1.1.2를 보라). 창세기 기사에 수록된 몇몇 진술이 현대의 물질적 세계에 일리가 있을 수 있다는 것은 사실이지만, 이 대목에서 우리의 관심사는 성경과 양립할 수 있는 진리가 아니다. 그 텍스트의 권위 있는 주장들이 우리의 관심을 끈다. 성경이 과학의 주장과 모순되는 주장을 하는지 결정하려면, 우리는 성경의 실제 주장에 주의를 집중해야 한다.

다섯째 날의 공중 생물들과 바다 생물들은 확실히 이스라엘인들의 마음에서도 우리의 마음에서와 못지않게 사물들이지만, 그 텍스트는 하나님이 단지 물들은 이 생물들로 충만해야 하고 하늘에는 날개 달린 생물들이 날아야 한다고 말했다고 보고한다. 그 텍스트는 그 생물들이 생육하고 번성할 것이라고 덧붙인다. 이 텍스트들은 모두 그것들의 물질적 실체의 기원을 보고하기보다는 질서가 잡힌 우주에서 그것들의 역할과 기능을 다룬다. 따라서 7일의 창조 기사 중 5일까지는 사물을 창조하는 것을 파악하기 어렵고, 그것은 확실히 초점의 대상이 아니다. 이 점은 우리가 창세기 1장을 고대의 텍스트로 읽을 경우 그것이 사물의 기원에 대한 설명을 제공한다고 결론짓기가 어려워지게 만든다.

여섯째 날은 **땅**이 생물을 내어야 한다는 선언으로 시

작하는데(창 1:24), 하나님은 그 수단을 통해 동물들을 **만들었다**(창 1:25). 확실히 이 또한 현대의 과학적 심리를 반영하지 않는 고대의 사고방식이다. 1장에서 논의된 바와 같이 고대 세계의 과학 개념들의 타당함이 검증되어야만 성경이 진리라는 점이 유지되는 것은 아니다. 성경의 텍스트는 그 권위를 자연 세계가 작동하는 메커니즘에 대한 설명에 부여하지 않는다. 성경은 새로운 과학적 계시를 제시하지 않는다.

그 논의가 인간에게 향하면, 우리는 또다시 우주에 질서를 가져오는 조직, 역할, 기능들이 초점의 대상임을 발견한다. 인간은 하나님의 형상이다(본서의 29장과 32장을 보라). 인간은 생육하고 번성할 능력을 축복받는다. 그들은 정복하고 다스릴 과업을 수여받는다. 그럼에도 불구하고 우리는 창세기 1:26에서 하나님이 인간을 "만들었다"는 표현을 발견한다. 이는 앞의 절들(창 1:7, 16, 25)에 사용된 것과 같은 동사인데, 그 동사는 우리로 하여금 이 텍스트가 사물에 초점을 맞춘 물질의 기원에 관한 기사라고 생각하게 만드는 경향이 있다. 우리가 이 동사에 의존해서 물질이 창세기 1장의 초점이라는 결론을 내리기 전에 이 용어를 좀 더 면밀하게 살펴볼 필요가 있을 것이다.

우리가 창세기 1장이 존재론적으로 물질을 다소 부정한다는 것을 의미하는 것은 아니다. 우리는 단지 이 특정한 텍스트의 초점과 그것이 말하고 있는 이야기 부분을 탐구하고 있는 중이다. 우리는 창세기 1장이 고대 근동 전역의 우주론에서 말해진 이야기와 똑같은 종류의 이야기를 말하면서도 자체의 강조점을 지니고 있다는 데 놀라지 않는다. 창세기 1장은 고대 근동의 기사들처럼 질서와 기능의 문제를 다루지만, 야웨가 세상을 자신의 왕국으로 정돈했고 따라서 세상을 다스린다고 단언한다. 더욱이 야웨는 자신을 위해서가 아니라 사람들과 창조세계의 유익을 위해 그 일을 했다. 이 점은 우주가 신들을 위해 질서가 잡혔고 인간은 사후의 보충물이었던—인간은 신들의 필요를 충족시키기 위한 노예 노동 제공자였다—고대 근동

이라고 부르는 곳에서와 똑같이 활동한다고 믿었다. 추가 논의는 섹션 1.2.2를 보고 섹션 2.4.3과 비교하라.

의 기사와 달랐다. 따라서 창세기는 중요한 종류의 기원 이야기에 관해 고대 근동 기사와 동일한 관점을 공유하지만, 우주가 어떻게 작동하도록 고안되었는지와 누가 책임자인지에 대한 제시에서 관점을 달리한다. 창세기나 고대 근동 문헌 어느 것도 사물의 물리적 기원에 초점을 맞추지 않기 때문에 우리는 궁극적으로 창세기 기사가 물질적 우주와 관련해서 어떤 주장을 하는지를 물을 필요가 있을 것이다.

다른 주제로 전환하기 전에 우리는 한 가지를 더 지적하려고 한다. 우리는 아직 일곱째 날을 다루지 않았다.

우리가 창세기 1장을 물질의 창조 기사로 생각할 경우 창조의 6일에 관해 말하는 것이 보편적이기 때문에 일곱째 날을 빠뜨리는 것이 현대의 독자들에게는 이례적이라고 생각되지 않을 수도 있다(초기 기독교의 해석에서도 이렇게 생각되었다). 일곱째 날은 확실히 물질적 우주와 관련이 없으므로 그것은 종종 신학적 추가로 다루어진다. 이 점은 뒤에서 다뤄질 것이다. 그러나 우리는 일곱째 날에 관해 잊을 수 없다. 그것은 7일의 기원 기사를 이해하기 위한 매우 중요한 문제다.

표 5.1 구약성서에서 **바라**(*bara'*)가 등장하는 부분과 이 동사의 직접 목적어

등장하는 구절	직접 목적어	무로부터/재료 없이	새로이/과정 없이	사물로서 만들어짐
창 1:1	하늘과 땅	명시되지 않음	명시되지 않음	모호함
창 1:21	바다 생물	명시되지 않음	명시되지 않음	모호함
창 1:27	사람	명시되지 않음	명시되지 않음	모호함
창 1:27 (2)	사람	명시되지 않음	명시되지 않음	모호함
창 2:3	X	명시되지 않음	명시되지 않음	모호함
창 2:4	하늘과 땅	명시되지 않음	명시되지 않음	모호함
창 5:1	사람	명시되지 않음	명시되지 않음	모호함
창 5:2	사람	명시되지 않음	명시되지 않음	모호함
창 6:7	사람	명시되지 않음	명시되지 않음	모호함
출 34:10	이적	적용되지 아니함	적용되지 아니함	사물이 아님
민 16:30	뭔가 새로운 일(논란의 여지가 있음)	적용되지 아니함	적용되지 아니함	사물이 아님
신 4:32	사람	명시되지 않음	명시되지 않음	모호함
시 51:10	정결한 마음	적용되지 아니함	아니오	아니오
시 89:12	남쪽과 북쪽	적용되지 아니함	적용되지 아니함	사물이 아님
시 89:47	사람	명시되지 않음	명시되지 않음	모호함
시 102:18	아직 창조되지 않은 백성	아니오	아니오	모호함
시 104:30	생물들	아니오	아니오	모호함
시 148:5	천체의 구성원들	명시되지 않음	명시되지 않음	모호함
전 12:1	너	명시되지 않음	명시되지 않음	모호함
사 4:5	연기 구름	적용되지 아니함	명시되지 않음	모호함
사 40:26	별 무리들	명시되지 않음	명시되지 않음	아니오
사 40:28	땅 끝	적용되지 아니함	적용되지 아니함	사물이 아님
사 41:20	사막에 흐르는 강	아니오	아니오	아니오

5.2. 용어: 창조하다, 만들다, 좋다, 하나님이 말했다(공포하는 기능들)

우리는 창세기 1장에서 그 구절에 관한 우리의 잠재의식의 기대에 영향을 주는 몇몇 핵심적인 용어들에 초점을 맞출 것이다. 그러나 우리는 히브리어 단어들을 평가할 것이고 그러는 과정에서 영어 번역들은 히브리어 어휘에 나타난 의미들의 일부만 전달할 수 있다는 것을 깨달을 것이다.

5.2.1. 바라(Bara', "창조하다"). 이 단어가 무로부터의(ex nihilo—재료 없이) 창조를 가리키는가? 그것이 물질적 사물이 만들어지는 것/산출되는 것을 가리키는가? 그것이 자연적인 활동이 아니라 초자연적인 활동을 암시하는가? 그것이 어떤 종류의 존재를 가져오는가? 우리가 하나님이 무엇을 **할 수 있는가**를 탐구하고 있는 것이 아님을 기억하라. 만물이 어떻게 만들어졌든 하나님이 만물을 창조했다(본서의 2장을 보라). 대신 우리의 질문들은 이 단어를 사용하는 이스라엘의 저자를 통해서 무엇이 전달되고 주장되는지, 그리고 이스라엘의 청중은 이 단어를 어떻게 이해했을지와 관련이 있다.

우리가 영어를 다루고 있지는 않지만, 우리는 먼저 우리가 방법론상의 문제들을 이해하도록 도움을 줄 영어의 용법을 살펴볼 수 있다. 우리는 **"창조하다"**라는 동사를 다양한 상황에서 사용할 수 있다. 우리는 위원회나 교과

등장하는 구절	직접 목적어	무로부터/재료 없이	새로이/과정 없이	사물로서 만들어짐
사 42:5	하늘	명시되지 않음	명시되지 않음	모호함
사 43:1	야곱	아니오	아니오	사물이 아님
사 43:7	내 이름으로 불려지는 모든 자	아니오	아니오	아니오
사 43:15	이스라엘	아니오	아니오	사물이 아님
사 45:7	어둠	적용되지 아니함	적용되지 아니함	사물이 아님
사 45:7	재앙	적용되지 아니함	적용되지 아니함	재앙이 아님
사 45:8	하늘과 땅	적용되지 아니함	적용되지 아니함	아니오
사 45:12	사람	명시되지 않음	명시되지 않음	모호함
사 45:18	하늘	명시되지 않음	명시되지 않음	모호함
사 45:18	땅	명시되지 않음	명시되지 않음	아니오
사 48:7	새로운 일, 은밀한 일	적용되지 아니함	적용되지 아니함	아니오
사 54:16	장인(blacksmith)	아니오	아니오	아니오
사 54:16	파괴자	아니오	아니오	아니오
사 57:19	찬양	적용되지 아니함	적용되지 아니함	사물이 아님
사 65:17	새 하늘과 새 땅	명시되지 않음	명시되지 않음	모호함
사 65:18	새 하늘과 새 땅	명시되지 않음	명시되지 않음	모호함
사 65:18	예루살렘	적용되지 아니함	아니오	아니오
렘 31:22	새 일	적용되지 아니함	적용되지 아니함	사물이 아님
겔 21:30	암몬 족속	적용되지 아니함	적용되지 아니함	아니오
겔 28:13	두로 왕	아니오	아니오	아니오
겔 28:15	두로 왕	아니오	아니오	아니오
암 4:13	바람	적용되지 아니함	적용되지 아니함	사물이 아님
말 2:10	언약 백성	아니오	아니오	아니오

과목을 창설한다고 말할 수 있다. 우리는 조리법이나 걸작을 만들 수 있다. 우리는 엉망을 만들 수도 있다. 이 예들은 그 동사의 의미에 대한 이해는 대체로 그것의 직접 목적어를 통해 결정된다는 것을 우리가 인식하도록 도움을 준다. 이것이 의미를 결정하는 용법의 범위다. 히브리어에서도 동사 **바라**의 직접 목적어들이 우리가 어떤 종류의 동사를 다루고 있는지 결정하도록 도움을 줄 수 있다.

표 5.1에 수록된 포괄적인 목록을 보면 우리는 중요한 몇 가지 결론을 내릴 수 있다. 첫째, 골로새서 1:15-17과 히브리서 11:3 같은 구절들이 하나님이 무로부터 창조했다는 우리의 이해에 권위를 부여하기는 하지만, 그 이해가 히브리어 단어 **바라**에 본질적으로 내재된 것은 아니다. 이스라엘인들은 동사 **바라**에서 무로부터의 창조를 추론하지 않았을 것이고 창세기 1장이 그것을 가르친다고 생각하지도 않았을 것이다. 그 동사는 그런 개념을 포함하거나 암시하지 않는다. 우리가 그 동사가 (어떤 맥락에서는) 무로부터의 창조라는 진리와 양립한다고 주장할 수도 있겠지만, 창세기 1장에서 그 단어의 용법은 무로부터의 창조를 주장하지 않는다.

둘째, 우리는 동사 **바라**에 새로운(de novo) 행동을 암시하는 요소가 아무것도 없음을 알 수 있다.[5] 이 단어가 사용된 많은 경우에 우리는 과정이 관여했는지를 알 수 없다. 직접 목적어가 물질이 아닌 경우에는 과정 문제가 적용되지 않는다. 이 점이 가장 중요한데, 약 12건의 사례는 확실히 새로운 행동이 아니다. 이런 점들은 동사 **바라** 자체는 새로운 활동을 암시하지 않음을 보여준다.

셋째, 위의 표의 마지막 열이 우리에게 말해 주는 바를 조사해야 한다. 이 열에서 각각의 구절에 대해 표시된 내용은 논란의 여지가 있다. 그리고 거의 절반의 구절에 대해 "모호함"으로 표시되었다. 이 열에서 우리는 우리가

바라의 직접 목적어가 목적어로서 사물을 언급하고 있는지(즉 대상화되는지) 또는 그 진술이 주로(오로지?) 기능이나 역할이 수행되는 데 관심이 있는 것인지를 결정할 수 있는가라는 문제를 다루고 있다. 앞서 언급된 영어의 예를 사용하자면, 우리가 위원회를 창설할 때(관련된 사람들은 물질적**이지만**) 관련된 사람들의 물질적 존재가 아니라 그 위원회에서의 그들의 역할이 관심 대상이다. 성경의 예에서 이사야 41:20이 하나님이 사막에 강들을 창조한다고 말할 때, 창조되는 것은 물질적인 물이 아니라 물이 사막에 미치는 효과의 결과다. 물은 대상화되지 않으며 이 대목에서 하나님의 창조 활동은 사물을 만들어내서 전에는 존재하지 않았던 것을 존재하게 하는 것이 아니다.

동사 **바라**의 직접 목적어가 물질적 창조로 대상화된다고 결론짓기 위해서는 어떤 종류의 증거가 필요한가? 명확한 예는 물리적 객체성에 초점을 맞춘 수식어를 보여 줄 것이다. 예컨대 "하나님이 공간에 존재하는 하나의 암석으로서 달을 창조했다"라는 진술을 살펴보자. 이 대목에서 달의 물질 구성과 위치가 그것을 대상화한다. 대신 그 진술이 "하나님이 달들(months)의 길이를 결정하기 위해 달을 창조했다"라고 말한다면 달은 대상화되지 않고 지정된 기능과 관련해서 논의된다.

위의 표에서 "모호함"으로 표시된 맥락에서 물리적 객체성과 기능성 중 어느 것이 의도되었는지 확실치 않다. 중요한 점은 절반이 넘는 맥락이 명백히 물리적 객체를 다루지 않거나 그것의 기능적 역할을 가리킬 뿐이라는 것이다. 이 점은 동사 **바라**가 내재적으로 물리적 객체성을 가리키지 않는다는 것과 따라서 단순히 그 동사가 사용되었다고 해서 물리적 객체성이 추론될 수는 없다는 것을 보여준다. 맥락에서 명확히 대상화되는 직접 목적어를 지니는 경우가 한 번도 없다는 점이 더 중요하다. 그렇다면 동사 **바라**가 일관성 있게 주어지는 역할 및 확립되는 기능과 관련이 있다는 결론이 그럴 법할 것이다. 어떤 예도 이 기능상의 초점을 논박하지 않는 반면에 많은 구절이 그 동사의

---

5   De novo는 창조 행위가 신속하고 완전하며 자연 과정이나 선례가 없음과 관련이 있다. 그것은 창조 행위를 자연적인 원인과 효과를 무시한 초자연적인 행위로 나타낼 것이다.

목적어를 물질적으로 이해하는 것을 논박한다.

5.2.2. 아사('Asah, 만들다). 저자나 화자가 이 동사를 사용할 때(창 1:7, 16, 25, 26) 이스라엘인들은 무엇을 추론하는가? 이 동사는 가장 자주 사용된 히브리어 단어 중 하나이기 때문에 훨씬 복잡하다(히브리어 성경에서 2,500번 넘게 나타난다). 히브리어를 배우기 시작하는 학생들이 이 단어를 배울 때 그들은 이 동사가 "하다, 만들다"를 의미한다는 말을 듣는다. 우리는 즉각 "하는" 것과 "만드는" 것은 다른 활동이라고 반응할지도 모른다. 사실 "하는" 것은 과제나 기능과 관련이 있는 반면에 "만드는" 것은 물질적 활동을 가리킨다. 실로 그것이 바로 우리가 창세기 1장의 성격에 관해 이해하려고 하는 점이다.

우리는 **아사**가 물질적 활동을 가리키는 구절들을 쉽게 찾을 수 있다. 그러나 우리는 이 모든 구절에서 전달자가 이 단어를 선택한 의도가 똑같은지를 확실히 해둘 필요가 있다. 즉 **아사**의 모든 맥락이 창세기 1장에 등장하는 **아사**의 논의에 적용될 수 있는가? 우리가 창세기 1장의 진술들을 조사하기 전에 출애굽기 20:9-11부터 시작하는 것이 유용할 것이다. NIV 번역본은 다음과 같이 번역한다. "엿새 동안 너희는 노동하고 너희의 모든 일을 하라[**아사**]. 하지만 일곱째 날은 너희 하나님 야웨께 안식일이다. 그날 너희는 아무 일도 하지[**아사**] 말라.…엿새 동안 야웨가 하늘과 땅과 바다와 그 안에 있는 모든 것을 만들었지만[**아사**] 일곱째 날 그가 쉬었기 때문이다"(개역개정을 사용하지 아니함). 이 대목에서 동사 **아사**가 두 번 "하다"로 번역되었고 한 번 "만들다"로 번역되었다. 물론 이 선택들은 히브리어보다는 영어의 어법과 관련이 있다. 영어에서는 "너희의 일을 만들지" 않고 "하늘과 땅을 하지" 않는다.

궁극적으로 우리는 영어에 관심이 없다. 우리는 히브리어 용법을 어떻게 간파할지를 알기 원한다. 첫 번째 단계는 출애굽기 20:11이 특별히 창세기 2:1-3을 가리킨

다는 점을 인식하는 것이다. "하늘과 땅 및 그것들의 기능체(functionaries)가 다 완성되었다. 일곱째 날 하나님이 그가 해왔던[**아사**] 일을 마쳤고 일곱째 날 그가 해왔던[**아사**] 모든 일을 그쳤다. 그래서 하나님이 일곱째 날 자기가 했던[**아사**] 모든 창조[**바라**]의 일을 그쳤기 때문에 그 날에 신성한 정체성을 부여함으로써 일곱째 날에 복을 주었다."[6] 하나님이 해왔던 일을 그친 것처럼(창 2장) 사람들도 그들이 하는 일을 그쳐야 했다(출 20장). 같은 동사와 같은 명사(일)가 사용된다. 우리는 창세기 2장에서 하나님의 일이 동사 **바라**를 통해 표현된다는 것을 발견한다. 따라서 하나님이 "그의 일을 하는 것"은 하나님이 하늘과 땅을 창조하는 것을 가리킨다(창 2:3). 이로부터 우리는 출애굽기 20:11에 등장하는 하나님의 일은 **바라**의 일을 하는 것을 가리킨다고 결론지을 수 있다. 이 일은 우리가 위에서 분석한 바에 따르면 우주에 기능을 부여하고 질서를 가져오는 것과 관련이 있다. 즉 출애굽기 20:9-11은 물질의 기원에 관해 명시적으로 주장하지 않는다. 그것은 **바라**가 주장하는 만큼 주장할 뿐이다. 동사 **아사**는 **바라**와 다른 뭔가를 주장하지 않는다.

이 해석은 우리가 구약성서 전체에서 관측하는 동사 **아사**의 용법에서 거듭 확인된다. **바라**의 경우와 마찬가지로 맥락상의 정보, 특히 그 동사들의 직접 목적어들이 결정 요인일 것이다. 우리는 또다시 모호한 많은 구절을 발견한다. 따라서 모호하지 않은 구절들이 유용할 것이다. 예컨대 어떤 텍스트가 하나님을 "하늘과 땅의 조물주"로 지칭할 때 우리는 이 표현에 어떤 뉘앙스가 있는지 쉽게 알 수 없다. 이와 대조적으로 텍스트가 하나님을 "별자리들(별들이 아니라 별들의 배열)을 만든"(욥 9:9; 암 5:8) 존재로 지칭할 때 우리는 저자가 물질적 구성이 아니라 질서와 조직화를 염두에 둔다는 것을 확실히 알 수 있다. 따라서 **아사**는 **바라**처럼 내재적으로 물질적이지 않다. 우리는

---

6   John Walton의 번역(개역개정을 사용하지 아니함).

"만들었다"라는 번역으로 말미암아 그렇게 추론할지도 모르지만 말이다.

우리가 이 대목에서 **아사**를 완전히 연구할 수는 없지만 다른 몇몇 예가 이 평가를 확인하도록 도움을 줄 것이다.[7] 예컨대 하나님이 모세와 아론에게 이스라엘 백성을 이집트에서 안도해내게 했다(**아사**)고 언급된다(삼상 12:6). 하나님이 민족들을 만들었고(신 26:19) 사람 안에 속성들을 만든다(욥 10:12). 그는 잔치를 베풀고(사 25:6) 표적과 이적을 행한다(**아사**). 흥미롭게도 하나님이 아담과 하와를 위해 옷을 만든 것을 묘사하는 데도 동사 **아사**가 사용되는데(창 3:21), 옷을 짓는 행위는 아마도 전에 존재하던 물질들 및 과정과 관련될 것이다(즉 무로부터나 새로이 만드는 것이 아니다).

욥기 37:2-13은 재미있는 검증 사례를 제공한다. 그 맥락은 우주에 관한 논의에서 다양한 형태로 나타나는 **아사**의 용법들을 포함한다. 그 맥락에서 그 동사는 하나님이 그가 하기에 적절한 일을 하는 것을 묘사한다. 즉 그는 우주를 운영하는 일에 관여한다. 하나님이 뭔가가 있으라고 공포하는 것은 그가 그것을 일어나게끔 만드는 것이다. 이 구절은 대표적인 다른 많은 구절과 마찬가지로 동사 **아사**가 물질적 과정을 표시한다고 가정될 수 없음을 결정적으로 보여준다.

이에 비추어서 우리는 이제 창세기 1:7에 등장하는 **라키아**(*raqia*; 궁창)라는 어려운 문제를 다룰 수 있다. 우리가 **아사**에 관해 확립한 내용에 비추어볼 때 창세기 1:7은 **라키아**의 창조가 하나님이 그것을 위해 고안한 역할을 수행하게 만든 것을 전달하는 것으로 보인다. 창세기 1:16은 하나님이 태양과 달과 별들을 하나님이 고안한 기능을 수행하게 만든 것을 가리킨다. 창세기 1:25는 하나님이 동물들을 자신이 계획한 목적에 봉사하게 만든 것을

가리킨다. 창세기 1:26은 하나님이 인간을 특정한 목적을 염두에 두고서 만들려고 의도했음을 가리킨다. 위의 어느 구절도 하나님이 만드는(**아사**) 것을 대상화하지 않는다. 그는 그것들을 "만들기"보다는 이 일들을 "한다." 그것이 좋은 영어는 아니지만 히브리어는 그렇게 말한다. 그뿐만 아니라 이스라엘인이 **라키아**(만일 그것이 우리가 사는 공간이라면)나 태양, 달 그리고 별들을 물질적 대상으로 보았다는 증거가 없다. 그렇다면 창세기 1장이 다양한 활동을 하는 하나님에 관한 내용이지만 그는 우리가 "만드는 것"에 관해 생각하는 식으로 만들고 있지 않기 때문에, 우리는 창세기 1:31을 "하나님이 자기가 만든 모든 것을 보았다"가 아니라 "하나님이 자기가 한 모든 일을 보았다"로 번역해야 한다.

따라서 우리는 "그 텍스트가 하나님이 하늘과 땅을 **만들었다**고 말한다. 그러므로 성경은 물질의 기원에 초점을 맞춘다"라고 주장할 수 없다. 맥락상 그 텍스트는 하나님이 하늘과 땅을 만든다(**아사**)고 말하는데, 우리는 그 말이 어떤 종류의 주장인지를 식별하기 위해 연구를 수행했다. 어의(語義) 분석은 이 동사가 물질적인 내용을 주장한다는 결론을 유지하지 않는다. 예컨대 창세기 1:16은 하나님이 "태양, 달, 그리고 별들을 했다"는 것을 나타낸다. 이는 하나님이 질서가 잡힌 신성한 공간에서 그것들에게 각자의 역할을 부여했음을 의미한다. 신학적으로 우리는 하나님이 모든 면에서 조물주이자 창조주라는 것을 전혀 의심하지 않는다. 그러나 창세기 텍스트가 전통적인 많은 해석이 가정하듯이 명확하게 하나님의 활동의 물질적인 측면을 다루는 것은 아니다. 종종 우주에 관해 물질적으로 생각하는 우리 자신의 성향이 이런 해석을 주입시킨다.

만일 우리가 히브리어의 뉘앙스를 영어로 포착하는 단어를 원한다면 나는 "**준비하다**"(prepare)를 추천하고자 한다. 우리가 무엇을 준비할 때 우리는 대체로 어떤 목적을 염두에 두고 그 일을 한다. 하나님도 별자리, 태양, 달,

---

7   좀 더 완전하지만 여전히 제한적인 분석은 Walton, *Genesis 1 as Ancient Cosmology*, 133-39에서 찾아볼 수 있다.

별들, 그리고 **라키아**를 준비한다. 사실 하나님은 하늘과 땅을 자신의 안식(통치)을 위해 준비했다. 이 분석의 끝에서 지적할 중요한 점은 동사 **아사**가 일관되게 인과관계에서 행위자와 관련이 있지만 그 동사가 어떤 수준의 인과관계인지를 명시하지 않는다는 것이다. 해석자들은 하나님이 만들(**아사**) 때 그가 매개되지 않은 원인으로 적시된다고 추론할 수 없다. 그리고 그 활동이 정의상 자연 과정을 우회한다고 가정될 수도 없다. 하나님이 어떤 과정이나 메커니즘을 사용하더라도 그것은 초자연적이다.

5.2.3. 토브.

우리의 용어 연구를 마치기 전에 적어도 간략하게 언급할 필요가 있는 두 단어가 더 있다. 창세기 1장 여러 곳에서 하나님이 자신의 창조세계가 "**좋다**"고 말할 때 그는 어떤 종류의 판단을 내리고 있는가? 해석자들은 종종 "하나님이 모든 창조세계가 좋다고 말했기 때문에…이 있을 수 없었다"라고 말한다. 우리가 빈 곳에 무엇을 채우든 간에, 그 대목에서 판단이 제공된다. 좋다라는 단어가 어떤 고통도 있을 수 없었음을 암시하는가?(그것은 신경계가 없었음을 의미하는가?) 포식이 없었는가? 식물의 죽음이 없었는가? 악화가 없었는가? 우리가 자연에 완전한 조화가 있었다고 결론지어야 하는가? 아담은 불가해한 이해로 충만했는가? 아담과 하와 사이에 말다툼이나 의견의 불일치가 전혀 없이 그들의 관계가 완벽했는가? 모든 것이 "좋았다"라는 진술에서 많은 내용을 추론해낼 수 있는데 그런 해석들에는 신학 이해에 있어서와 물질세계에 대한 이해에 있어서 방대한 함의가 있을 수 있다. 따라서 우리는 "좋다"(*tov*)라는 히브리어 단어를 조사할 필요가 있다.

토브는 다양한 텍스트에서 많은 뉘앙스를 지니고 기능하는 흔한 형용사이기 때문에 이 단어 연구는 또 하나의 복잡한 연구다. 연구자가 저자 또는 화자가 많은 뉘앙스 중 어느 것을 환기하려고 의도했는지를 결정하기 위해서는 맥락상의 요소들에 민감해야 한다. 창세기 1장에서

하나님의 작품이 좋았다는 말이 거듭 등장하는데, 우리가 좋지 않았던 것과 비교할 수 있으면 우리의 이해에 유익할 것이다. 그 비교는 우리가 해석에서 취해야 할 방향을 결정하도록 도움을 줄 것이다. 다행히 가까운 문맥은 좋지 **않은** 뭔가를 적시한다. "사람이 혼자 사는 것이 좋지 않다"(창 2:18). 우리는 즉각적으로 이 말이 완벽, 지혜 또는 고통이나 포식의 결여 같은 범주를 가리키지 않음을 알 수 있다. 그 말은 그 체계가 아직 완전히 기능을 발휘하지 않음을 가리키며 그 상황은 아담에게 협력자를 제공함으로써 교정될 수 있다. 이 점에 비추어 볼 때 우리는 하나님이 무엇을 좋다고 언급할 때 그 말은 그것이 의도된 대로 기능할 준비가 되었음을 의미한다고 결론지을 수 있다. 그렇다면 그 진술은 몇몇 해석자들이 생각한 것보다 훨씬 적은 것을 의미하며 그 진술로부터 도출된 많은 추론을 지지할 수 없다.

5.2.4. 포고를 통한 창조.

이 논의에서 우리가 주의를 기울일 마지막 단어는 그 장 여러 곳에서 되풀이되는, 하나님이 "말했다"는 단어다. 이 진술을 통해 우리는 하나님의 발화된 말씀이 이 구절에서 그의 창조 사역의 가장 보편적인 메커니즘임을 알 수 있다(본서의 2.4과 비교하라). 다행히도 우리가 "**말하다**"라는 동사(히브리어 동사에서 가장 흔한 단어다)를 분석할 필요는 없지만, 우리는 그 단어가 어떤 함의를 지니는지를 고려해야 한다. 첫째, 우리는 하나님의 말씀이라는 메커니즘이 그 결과가 새롭게(de novo) 나타나는 것을 의미하지 않음을 주목해야 한다. 아무리 길거나 어떻게 실행되든 간에 어떤 과정이라도 하나님의 말씀을 통해 시작될 수 있다(섹션 2.4.4을 보라). 둘째, 고대의 우주론에서 우주의 질서를 잡는 것과 그것의 기능들을 통제하는 것은 신적 포고를 통해 수행된다. 신들이 과제들과 역할들을 결정했고 포고를 통해 그것들을 할당했다. 따라서 우리가 창세기의 초점이 물질이 아니라 기능이라는 점을 인식할 경우 창세기는 이런 식으로 고대 근동의

자료들과의 유사성을 보인다. 그리고 하나님의 발화의 효과적인 힘이 오랜 기간에 걸친 직접적인 원인이나 과정을 배제하지 않는다.

5.3. 전과 후

모든 기원 기사는 두 상태 사이의 변화에 대한 설명을 제공하기 마련이다. 창조 활동 전에는 논의의 대상이 존재하지 않았다. 그러다 뭔가가 일어나서 논의의 대상이 존재하게 되었다. 따라서 전과 후가 존재한다. 우리가 전후의 그림들 사이의 관계를 조사해보면 (문화적 또는 문헌적) 맥락에서 창조 활동의 성격을 추론할 수 있다. 예컨대 영어에서 우리가 "위원회 창설"에 관해 말할 때 우리는 어떤 종류의 기원을 염두에 두는가? 위원회 창설 전에 회사가 이미 존재하고, (비록 그것이 최근에야 정해졌을지라도) 과업이 존재해왔으며, 사람이 존재한다(그 위원회가 예컨대 지배 구조 태스크포스일 경우 그 일을 위해 사람들이 신규로 채용되었다 할지라도 그들이 새로 창조되는 것은 아니다). 이 예에서 그 창조 활동은 그 위원회에 사람들을 **임명하는** 것이다. 그것은 포고를 통해서 이뤄지며, 그 포고가 이뤄진 뒤에야 위원회가 존재한다. 위원회가 창설된 후의 그림에서는 전에 존재하지 않던 위원회가 존재한다. 이 창조 행위는 포고, 조직화, 그리고 할당된 기능과 관련이 있다. 우리는 전에 존재하지 않았던 것과 후에 존재하게 된 것을 바라봄으로써 그것이 어떤 종류의 기원일지를 이해할 수 있다. 창세기에 대한 이해에 같은 논리가 적용될 수 있다.

창세기 1장에서 창조 전의 그림은 창세기 1:2에서 주어진다. 그러나 우리는 그 분석을 하기 전에 창세기 1:1의 역할을 고려해야 한다. 그 구절이 독립적이고 예비적인 창조 행위를 보고하는가? 성경에서 우리에게 주어진 정보에 기초해서 우리는 그렇지 않다고 결론지어야 한다. 창세기 2:1은 "하늘과 땅"이 7일 동안에 완성되었다고 말한다. 이 하늘과 땅은 창세기 1:1에 언급된 것과 동일한 "하늘과 땅"이다. 따라서 우리는 하늘과 땅이 그 7일 전에는 창조되지 않았다고 결론지어야 한다(만일 창 1:1이 독립적이고 예비적인 창조 행동을 가리킨다면 천지가 창조의 7일 전에 창조되었다고 보아야만 할 것이다). 더욱이 출애굽기 20:11은 하늘과 땅과 그 안에 있는 모든 것이 7일 동안 창조되었다고 확인하며, 따라서 창세기 1:1이 창조 사역을 가리킬 가능성을 배제한다.

그렇다면 대안은 무엇인가? 우리가 창세기를 대충만 연구해봐도 그 책이 (창 2:4 및 그 책 도처에 등장하는 10회의 다른 경우처럼) 서론적인 공식들을 통해 조직되었음을 알 수 있을 것이다. 저자가 이처럼 서론적인 공식들을 사용하는 관행이 있으므로, 우리가 창세기 1:1이 이런 서론적 공식 중 첫 번째 것이며 그 장이 어떤 내용에 관한 것인지를 가리키는 목적을 수행한다고 결론짓는 것이 논리적이다. 그 구절이 말하는 "시작"(우리말 성경에서는 태초)은 7일 전을 말하는 것이 아니라 7일을 말한다. 이 점은 구약성서의 나머지 부분에서 "시작"으로 번역된 히브리어 단어가 특정 시점을 가리키는 것이 아니라 최초의 기간을 가리킨다는 사실을 통해 확인된다. 따라서 창세기 1:1이 가리키는 시작은 창조의 7일이다. 그리고 그 시작 기간인 7일 동안 하나님이 하늘과 땅을 만들었다. 창세기 1:1은 7일 기사에 대한 문학적 서론을 제공하며 이어서 창세기 1:2이 창조 전의 모습—하나님이 하늘과 땅을 창조하기 전에 어떤 모습이었는지—을 묘사함으로써 그 이야기를 시작한다.

창세기 1:2을 읽을 때 우리는 이미 물질들이 등장함을 즉각적으로 알아차린다. 즉 땅과 바다가 존재한다. 더욱이 그 배경은 어둠이고 영이 현존한다. 땅과 바다가 있다면 저자가 "땅이 형태가 없고 비었다"고 하는 말은 무슨 뜻인가? 우리가 그 질문에 답할 수 있으려면 히브리어 단어들(**토후 와보후**, *tohu wa-bohu*)이 그렇게 번역되어야 하는지를 결정해야 한다. 두 번째 단어는 세 번만 나오는데 항상 **토후**와 함께 나오기 때문에 대체로 해독할 수 없다. 창세기 밖에서 나타나는 두 번의 용례에서는 그 단어가 창세기 1:2과 똑같은 상황을 가리키는 것으로 보인다. 그렇다면 맥락에 관한 정보가 별로 없이는 번역의 근거가 빈약하다. 따라서 우리는 약 20회 등장하는 **토후**에 초점을 맞춘다.

만일 **토후**가 "형태가 없는"으로 번역되는 것이 적절하다면, 그 표현은 원재료가 존재했지만 그것이 아직 형태를 이루지 않았음을 가리킬 것이다. 그 단어가 20회 등장하는 문맥을 분석해보면 놀랍게도 그중에서 어느 것도 형태나 형태의 부재를 암시하지 않는다.[8] 대신 그 용어는 "비생산적인, 질서가 잡히지 않은, 작동하지 않는, 목적이 없는"을 가리킨다(예컨대 다음 구절들을 보라. 삼상 12:21; 욥 6:18; 렘 4:23; 사 40:17; 41:29; 49:4; 59:4). 만일 (우리가 제안해온 바와 같이) 창조가 질서를 가져온다면, 질서가 잡히지 않은 것은 아직 창조되지 않은 셈이다. 즉 그것은 존재하지 않는다. 이집트의 문헌에서 그들은 바다와 사막을 "존재하지 않는" 것으로 말한다. 히브리어 텍스트들은 사막을 **토후**로 말하고 우가리트어는 그 동족어를 사용해서 바다와 사막을 일컫는다. 따라서 우리는 **토후**가 적어도 존재가 물질적 범주라기보다는 질서, 기능, 그리고 역할에 대한 묘사였던 인지 환경에서 "존재하지 않는"을 가리키는 이집트어에 해당한다고 추론할 수 있을 것이다. 이는 우리의 현대 인지 환경에는 직관에 반하는데, 그런 환경에서는 그리스도인들도 물질적 실재가 궁극적 실재라는 계몽주의의 형이상학을 따르는 경향이 있다. 만일 물질적 실재가 궁극적 실재가 **아니라면**, 우리가 계몽주의의 영향을 받지 않은 기원 기사는 물질적 실재가 아니라 궁극적 실재**인** 것에 초점을 맞춘다고 생각하는 것이 합리적이다. 고대 세계와 성경의 맥락에서 궁극적 실재는 질서라고 할 수 있다.

그렇다면 창세기 1:2에서 창조 기사는 이미 존재하고 있는 몇몇 물질(땅, 바다)로 시작하지만, 우주가 질서가 잡히지 않고 기능을 발휘하지 않는 것으로 묘사한다. 우리는 뒤에서 그 텍스트가 어느 수준의 기능성에 관해 말하고 있는지 논의할 것이다. 이 점은 이어서 창조 전의 그림은 물질의 결여가 아니라 질서의 결여를 말한다고 암시한다. 창조(**바라**) 사역은 질서를 가져오는 것을 지향하며, 각각의 날은 (대상이 물질적으로 존재하게 되는 것을 다루는 것이 아니라) 그것을 통해서 질서가 만들어지는 기능과 기능체들을 다룬다.

고대 근동 사람들은 대체로 이런 식으로 생각했는데, 이 점은 우리가 살펴본 바와 같이 성경 텍스트를 통해 지지된다.[9] 고대 근동의 우주론은 우주의 물질적 특성에 별로 관심이 없었다. 더욱이 우리는 고대 근동의 우주론에서 흔히 비질서(nonorder)의 요소들로서의 어둠과 바다에서 시작하는 것을 발견한다. 그렇다면 우리는 하나님이 이스라엘 백성에게 그들의 고대의 인지 환경에서 그들에게 익숙한 관점에서 소통하고 있음을 알 수 있다. 고대인들이 자기들이 현상학의 세계에서 산다고 본 반면에 현대인들은 자기들이 물질적인 세계에서 산다고 본다. 고대 근동을 통틀어 관심은 누가 통제하는지에 초점이 맞춰졌다. 사람들은 우주를 기계로 생각하기보다는 왕국으로 생각했다. 창세기에서 우주는 야웨의 왕국이며 그가 우주를 특정한 목적을 위해 기능하도록 조직한 것으로 나타난다. 창세기 저자는 사물이 어떻게 물질적으로 기능하는지에 관심이 있는 것이 아니라, 그것이 어떻게 왕국으로서 기능하는지에 관심이 있다.

---

8   충분한 논의는 Walton, *Lost World of Genesis One*, 140-46을 보라.

9   그런 사상은 플라톤과 아리스토텔레스의 철학적 영향이 널리 확산되기 전의 고전 세계에서 발견된다. 플루타르코스(*Moralia*, "Placita philosophorum" 1.3)는 클라조메나이의 아낙사고라스(기원전 496-428년, 페리클레스의 스승)가 "처음에는 모든 것이 혼란스러웠다. 하지만 이성(*nous*)이 그것을 나누고 질서를 정돈했다"고 주장했다고 보고한다. M. Eugene Boring, Klaus Berger, and Carsten Colpe, eds., *Hellenistic Commentary to the New Testament*(Nashville: Abingdon, 1995)를 보라. 아낙사고라스는 또한 별들은 지구에서 떨어져 나간 붉고 뜨거운 돌들이고, 평평한 지구가 공기를 통해서 받쳐지며, 물질은 비물질에서 나올 수 없다고 믿었다.

5.4. 하나님의 왕국은 그의 현존을 통해 확립되며 그의 현존은 신성한 공간을 만든다.

성경에서 신성한 공간은 성전을 통해 구분된다. 하나님이 자신의 왕국으로서 우주를 세우기로 했다면, 그는 그 안에서 자신의 현존을 확립하기 위해 우주를 신성한 공간으로 만들 것이다. 이 관점을 통해서 우리는 창세기 1장이 신성한 공간으로서 하나님의 왕국의 기원 기사라고 제안한다. 각각의 날의 활동들은 우주가 이 왕국의 거주자인 사람들을 위해 어떻게 기능할 것인지에 초점을 맞춘다. 이 이해는 그 기사를 성전 관점에서 보는데, 이는 신성한 공간의 표지로서 성막이나 성전 건축과 다소 병행한다. 우리는 이 연결 관계를 우주론 기사가 때때로 성전 건축 기사와 관련되는 고대 근동에서도 볼 수 있다. 고대 근동 사람들에게 우주와 성전은 본질적으로 상호 관련이 있었다. 성경의 텍스트는 특히 일곱째 날의 묘사에서 창세기 기사를 이렇게 이해하는 것을 반영하는 힌트를 포함한다.[10] 일곱째 날은 전통적으로 해석자들에게 변칙으로 보였다. 첫째, 독자들은 하나님이 쉰다는 것이 혼란스럽다고 생각한다. 무슨 일이 벌어지고 있는가? 하나님은 피곤해지지 않으며 잠이 필요 없고 여가 시간을 원하지도 않는다. 하나님이 쉰다는 것이 무슨 뜻인가? 둘째, 7일의 창조 기사를 물질의 기원과 관련된 것으로 읽는 그들의 성향에서는 일곱째 날은 물질적 우주와 아무 관련이 없기 때문에 이바지하는 바가 없다. 따라서 사람들은 창조의 6일에 관해 말하곤 한다.

하지만 사실은 신학적으로 일곱째 날이 그 기사에서 가장 중요한데, 그 중요성은 고대 근동의 개념들에 비추어 강화될 수 있다. 신학적 분석과 고대 근동 연구 모두 하나님이 쉰다는 것이 무엇을 의미하는지에 빛을 비춰줄 수 있다. 이 구절에서 "쉬다"로 번역된 단어(*shabbat*)는 중지와 관련이 있다. 하나님은 자신이 하던 일을 중지한다. 그러나 이 개념은 하나님이 하던 질서 잡는 일의 중지와 관련이 있을 뿐만 아니라 그의 새로운 활동이 무엇일지도 가리킨다. 하나님은 그의 창조 활동**으로부터** 안식(중지)할 뿐만 아니라 우주**에서** 안식을 취한다(출 20:11에 사용된 동사에서 이 측면이 채택되었다). 하나님의 새로운 활동인 우주에서의 안식은 그의 우주 통치를 표현하는 방법이다.

고대 세계에서 신들은 성전에서 쉬었고 성전은 특별히 신들이 그 안에서 쉬도록 지어졌다. 이 쉼은 일차적으로 이완이나 잠을 묘사한 것이 아니었다(신들이 성전에서 그런 일을 하기도 했지만 말이다). 이 점이 더 중요한데, 그것은 성전이 어떻게 그 신의 관할 구역인 우주의 통제실 역할을 하는지를 표현한다. 신들이 성전에서 쉴 때 그들은 그들의 지휘 센터에서 그들의 질서 잡힌 우주 영역에 대한 지배를 떠맡는다. 야웨의 경우 그의 영역은 전체 우주다. 이 지배는 정돈된 우주에 안정성과 매끄러운 기능의 발휘를 가져오도록 의도된다. 이 성전 신학은 고대 근동을 통틀어 확인되며 이스라엘에서도 명백하다. 시편 132편에서 이 모든 요소가 함께 등장한다. 그곳에서 우리는 하나님의 처소인 성전이 그의 안식 장소임을 발견한다(시 132:7-8. 이 명사는 출 20:11에서 사용된 동사와 관련이 있다). 그리고 그 안식 장소에서 그가 왕좌에 앉을 것이다(시 132:14). 하나님이 질서를 잡는 그의 일을 중지할 때 그는 그 일에서는 손을 떼지만 대신 우주를 운영하는 일에 관여한다.[11] "안식"은 (비록 다른 동사들을 사용하기는 하지만) 두 개념을 모두 표현한다. 하나님의 안식은 그의 지배와 관련이 있으며 그것은 안정과 질서를 가져온다. 하나님의 안식은 그가 질서 잡은 우주의 지배에 관여하는 것을 묘사한다.

우리가 안식의 성경 신학을 살펴볼 때 이 개념이 추가로 확인된다. 하나님이 이스라엘 백성에게 자신이 그들

---

10 섹션 2.5.2와 비교하라.

11 섹션 2.5에서 신적 말씀이 계속 창조세계의 질서를 잡고 창조세계를 유지한다는 것을 상기하라. 따라서 하나님이 "쉬고" 있으면 신적으로 마련된 질서가 해체되거나 감소할 것이라는 우려가 있다.

에게 그들의 적들에게서 벗어나 안식하게 해주겠다고 한 말은(예컨대 신 12:10; 수 1:13-15; 삼하 7:11), 하나님이 그들에게 여가 시간이나 잠을 주겠다는 뜻이 아니다. 하나님은 그들이 평화롭게 살 수 있도록 그들에게 안정과 질서를 가져다준다. 그 결과 이스라엘 백성은 그들의 질서 잡히고 안정된 사회에서 좀 더 많은 통제를 행사할 수 있다. 우리는 예수가 "수고하고 무거운 짐 진 자들아, 다 내게로 오라. 내가 너희를 쉬게 하리라"(마 11:28)고 말하는 신약성서에서 같은 개념을 발견한다. 예수가 그들에게 그들의 영혼에 안식을 가져올 자기의 멍에를 메라고 말하기 때문에 이것은 긴장을 푸는 것이 아니다. 예수는 그들에게 하나님 나라—그들이 현재 사는 곳보다 높은 질서의 영역—의 안정성을 제시하고 있다. 신자들이 새로운 수준의 안식으로 들어가는 히브리서 4장에서 같은 아이디어가 이해될 수 있다. 안식은 하나님의 왕국을 새로운 수준으로 경험하는 행태로 유지된다. 그렇다면 우리는 하나님이 가져오는 안식의 반대는 활동이 아니라 불안이라고 결론지을 수 있다(욥 3:26을 보라).

성경에 나타난 안식 신학과 고대 근동의 성전 신학에 기초해서 우리는 일곱째 날이 그 기사에서 가장 중요함을 알 수 있다. 일곱째 날이 없으면 다른 날들은 의미가 없다. 하나님은 자신이 그곳에 처소를 정하고 그것을 다스릴 신성한 공간으로 기능할 준비가 되도록 우주를 정돈하고 자신의 현존을 통해 우주의 안정과 질서를 유지한다.

우리가 집을 짓는 것과 가정을 이루는 것—둘 다 기원 이야기이지만 다른 종류의 이야기다—사이의 차이에 관해 생각하면 이 대목에서의 개념을 이해하는 데 도움이 된다. 집은 물리적, 물질적 구조다. 가정은 그 집이 거주자를 위해 어떻게 기능하는지에 관련된다. 집은 궁극적인 거주자를 염두에 두고 지어진다. 기초가 놓이고, 벽들과 방들이 지어지고, 지붕이 놓이고, 전기·배관·통풍 시스템이 설치된다. 이 모든 요소들은 그것들이 지어지고 난 뒤 기능을 발휘하지만, 사람들이 그 집으로 이사 가서 그것을 그들의 가정으로 만들기 전에는 사용되지 않는다. 사람이 이사 가고 나면 집이 그들을 위해 기능을 발휘하기 시작한다. 그것은 이미 집으로서 존재했지만 사람들이 이사 가고 나서야 가정으로 기능하기 시작한다. 집을 가정으로 만드는 것은 집이 기능하기 시작하는 것 외에 질서와 조직화하는 행동이기도 하다. 집을 가정으로 존재하도록 만들기 위해 상자들에서 물건들이 꺼내지고 가구들이 배치되고 찬장이 정돈된다. 가정의 기원 이야기는 집의 기원 이야기와 다를 것이다. 둘 다 중요하지만 청중에게는 어느 한쪽이 다른 쪽보다 더 흥미가 있을 수도 있다. 가정의 기원을 이야기하려고 하는 사람은 집의 기원에 관심이 없을 수도 있다.

(우주를 우리가 그 안에서 사는 물리적·물질적 집으로 생각한다면) 과학은 집 이야기에 관련된다. 우리가 집 이야기를 이해하는 것이 유용하지만, 그 경우에서의 단점은 집 이야기에서는 우리가 중요치 않다는 것이다. 집은 광대하고 우리는 사소하다. 과학은 우리에게 가정 이야기에 관해 말해 줄 것이 별로 없다.

이와 대조적으로 성경은 (하나님이 건축자라는 점을 명백히 단언하지만) 집 이야기에 별로 관심이 없다. 창세기와 성경의 나머지는 가정 이야기에 훨씬 더 관심을 기울인다. 그것은 누구의 가정인가? 그것은 하나님의 가정이지만, 하나님은 그것을 자신의 명예로운 손님이자 집사인 우리를 위해 기능하도록 만들어서 그것이 우리의 가정도 될 수 있게 했다. 일곱째 날 하나님은 자신이 마련한 가정으로 옮겨가서 자신의 현존을 통해 통치를 시작한다. 이런 식으로 창세기 1장은 신성한 공간으로서 성막이나 성전의 낙성과 흡사하다.

솔로몬이 성전을 준비하고 있었을 때 그는 "집"—물리적 구조—을 짓는 데 7년을 보냈다(왕상 6:38). 그러나 이 7년의 끝에서 혹자는 **성전**이 아직 존재하지 않는다고 말할 수 있었다. 성전에 하나님이 임재하기 전에는 아직 성전이 존재하지 않는다. 그것은 하나님이 임재하고 나서야 성전―하나님이 자기 백성과 관련을 맺는 하나님의 가정―으로 기능하기 시작한다.

창세기 1장에서 하나님은 우리를 위해 한 장소―그가 거하면서 자기의 백성과 관계를 맺으려고 하는 장소―를 준비한다. 예수가 그의 제자들에게 자기가 그들을 위해 한 장소(가정)를 준비하기 위해 그들을 떠난다고 안심시키는 요한복음 14:1-4에서 우리는 같은 원리를 본다. 예수는 제자들에게 "내가 다시 와서 너희를 내게로 영접하여 나 있는 곳에 너희도 있게 하리라"고 말함으로써 그들의 불안을 덜어준다(요 14:3). 그렇다면 창조 기사에서 가장 중요한 아이디어는 하나님이 우리를 위해 그가 우리와 관계를 맺을 수 있는 장소를 준비하고 있다는 것이다. 이 아이디어는 창세기 1장에 대한 최초의 기독교 해석으로 알려진, 안티오케이아의 테오필로스의 저술에서 나타난다. 그는 "아우톨리코스에게 보내는 편지"(*To Autolycus*)라는 기원후 2세기 저작에서 다음과 같이 말한다. "그는 인간을 만들어서 인간을 통해 자신이 알려지기를 원한다. 그래서 그는 인간을 위해 세상을 준비했다. 창조된 자에게는 필요한 것들이 있지만 창조되지 않은 자에게는 아무것도 필요치 않기 때문이다"(2.10).[12] 이런 식으로 창세기 1장은 신학적으로 풍요로운 구절인데 현대의 독자들은 대체로 이 점을 무시했다. 그것은 건설 보고서

---

12 Andrew Louth, "The Fathers in Genesis," in *The Book of Genesis: Composition, Reception, and Interpretation*, ed. Craig A. Evans, Joel N. Lohr, and David L. Petersen, Vetus Testamentum Supplements 152 (Leiden: Brill, 2012), 564에서 취한 정보. 물론 테오필로스는 창세기를 이 장에 제시된 해석과 완전히 조화되게 해석하지는 않는다. 그는 스토아학파 철학자들에게 영향을 받았고 그리스의 철학에 반대해서 논증한다. 그의 텍스트 읽기는 상징적인 해석을 많이 사용한다. 그러나 위에 선택된 인용은 우리가 텍스트에서 보는 몇몇 아이디어가 새로운 것이 아님을 보여준다. 현대의 오랜 지구 창조론 일치주의자들이 구약성서가 그들이 과학의 진리로 여기는 것을 지지한다고 읽는 것과 마찬가지로(섹션 4.5.1을 보라), 초기 교회 역사에서 영지주의자들이 같은 절차를 사용해서 창세기와 영지주의의 진리들이 양립 가능하다고 생각했다 (Louth, 566-67). 우리는 초기 기독교인의 창세기 해석들에 조심해야 한다. 그 해석들은 영지주의에 반대하는 논쟁들로 둘러싸여 있으며, 때때로 매우 사변적인 알레고리 및 상징주의와 관련이 있고, 종종 플라톤, 특히 그의 *Timaeus*를 모방한다.

가 아니라 (신성한 공간이라는) 비전 선언문이자 (인간을 위해 정돈된) 우주의 사명 선언문이다.

창세기 3장에서 인간이 하나님과 같이 되기를 원하고 자신을 질서의 중심이자 원천으로 삼기 위한 조치를 취했을 때 우리가 그 안에서 하나님과 관계를 맺을 수 있도록 하나님이 우리를 위해 마련한 신성한 공간이 몰수되었다. 신성한 공간에 대한 접근뿐 아니라 관계도 상실되었다. 성경과 역사의 나머지는 하나님이 어떻게 그 관계와 그의 현존의 신성한 공간을 회복하기 위해 일하고 있는가에 관한 것이다.

그 과정에서 최초의 조치들 중 하나는 성막을 세우는 것이었다. 우리는 신성한 공간으로서 성막의 낙성식이 거행되기 전날 밤에 모세가 시내 광야에서 장로들과 말하는 것을 상상할 수 있다. 그는 장로들에게 그 순간의 중요성을 강조하기를 원했을 것이다. 타락 후 처음으로 하나님이 신성한 공간에서 그의 임재를 보이시며 자기 백성들 가운데 살려고 하고 있었다. 그 순간은 모세가 그들에게 하나님이 태초에 어떻게 신성한 공간에서 자기 백성 가운데서 살기를 원했고, 사실 우주를 자신의 가정으로 삼고 인간을 자신의 손님으로 삼았는지를 설명해주기에 적절한 순간이었을 것이다. 그들이 신성한 공간으로서 성막의 낙성식을 7일―7일은 성경과 고대 근동 모두에서 때때로 성전의 낙성식과 관련되는 기간이다―동안 거행하려고 하고 있었기 때문에, 모세가 신성한 공간이 창조된 매우 특별한 7일의 관점에서 우주의 신성한 공간의 기원에 관한 이야기를 하는 것이 매우 적절했을 것이다.

우리가 이것이 창세기 1장이 설명된 정확한 배경이었다는 데 대한 확인을 제공할 수는 없지만, 그것은 우리에게 창조 기사를 "가정" 이야기로 생각하도록 도움을 준다. 만일 7일이 집을 가정으로 바꾸기 위해 신성한 공간의 낙성식을 거행하는 것과 관련이 있다면(즉 그 7일 기사가 물질적 우주의 기원 이야기 역할을 하는 것이 아니라 신성한 공간의 기능에 관한 이야기라면) 7일은 물질적 우주와 아무 관련이

없다. 7일은 고대 근동과 성경에서 성전(즉 집)을 건설하는 데 사용된 것이 아니라 성전을 "창조"하는 데—그 집을 하나님의 가정으로 만드는 데—사용되었다.

그렇다면 창세기 1:1-2:4은 어떤 종류의 기원 기사인가? 우리는 하나님의 창조 활동에 사용된 히브리어 단어들이 종종 질서와 조직화 그리고 기능에 관련되는 것을 보았다. 우리는 각각의 날의 묘사가 대상이 아니라 질서와 관련이 있음도 보았다. 우리는 고대 근동에서 우주론과 기원에 관한 일차적인 사고방식 역시 질서와 조직화 그리고 기능과 관련이 있음을 보여줄 수 있다.[13] 우리는 안식 신학과 성전 신학 모두 창세기 1:1-2:4을 집 이야기가 아니라 가정 이야기로 해석할 근거를 제공한다는 것을 보았다. 따라서 우리는 그 질문에 대한 답은 창세기 1:1-2:4이 하나님이 자신의 형상으로 창조한 인간을 위해 기능하고, 하나님이 그곳에서 인간들 가운데 거하면서 그들과 관계를 맺을 수 있는 장소로 고안한 신성한 공간의 기원 기사라고 제안한다.

그렇다면 그 기사는 우리에게 우주의 물리적 기원에 관해 말해 주려고 의도하지 않는다. 7일은 실제로 하루가 24시간인 7일(이것이 히브리어 단어 욤[yom]의 가장 옹호할 수 있는 독법이다)이지만, 그 기사는 그날들이 하나님이 집을 지은 것(물질적 우주를 창조한 것)과 관련되었다고 암시하지 않는다. 대신 그날들은 집에서 가정으로 변하는 것과 관련이 있다. 이 해석에서는 창세기에 나타난 7일이 성전 봉헌의 7일과 병행하며 따라서 하나님이 우주를 만드는 데 얼마나 오래 걸렸는가에 관해서는 어떤 주장도 하지 않는다. 그렇다면 성경은 지구의 나이에 관해 어떤 주장도 하지 않으며 우리는 과학이 제시하는 내용을 자유롭게 고려할 수 있다.

이 해석은 비유적, 상징적 또는 알레고리적 해석이

아니라는 것과 시대 산문이라는 문제에 기초해서 결정을 내리지 않는다는 것을 주목할 필요가 있다. 이 해석은 그 구절을 단지 문학적 구성물이나 단지 대체로 신학적인 뭔가로 다루지 않는다. 성경 텍스트를 읽는 많은 사람이 그것을 문자적으로 해석하기를 원한다. 하지만 우리는 문자적 해석은 문자적 영어에 만족할 수 없음을 깨달아야 한다. 그것은 히브리어 텍스트가 무엇을 말하려고 했는지를 살펴야 한다. 우리가 이스라엘의 전달자가 이 단어들을 말하거나 썼을 때 염두에 둔 것이 무엇이었는지를 결정하기 위해 최선을 다하는 것이 그 텍스트에 대한 가장 문자적인 접근법이다. 그 단어들은 하나님으로부터 이스라엘의 저자에게 주어진 것으로서 그 저자가 자신이 말하고 있다고 믿은 것이 우리가 가지고 있는 텍스트에 대한 가장 문자적인 독법이다.[14] 따라서 우리는 히브리어 텍스트를 살펴보고 그것을 고대의 맥락에서 이해할 필요가 있다. 그것만이 우리가 그 텍스트를 진지하게 읽고 그 텍스트의 권위로부터 유익을 얻는 방법이다. 우리의 의제가 통제하는 가운데 우리가 그 텍스트를 우리의 전통이나 문화를 통해서 읽는다면, 우리는 그 텍스트를 하나님의 말씀으로 대하는 것이 아니다.

구약성서의 나머지 부분은 우주의 창조에 대해 뭐라고 말하는가? 우리의 정보의 대부분은 욥기와 시편 그리고 이사야서에서 모아질 것이다. 이 책들은 매우 시적인 경향이 있지만, 우리는 창조에 관해 시에서 발견되는 진술과 산문에서 발견되는 진술 사이에 중대한 차이가 없다는 점을 주목해야 한다.

첫째, 우리는 물질적 창조에 관한 몇 가지 일반적인 진술을 발견한다. 하나님이 하늘을 펼치고, 땅을 펼치고, 땅의 기초를 놓는다. 이 진술들은 하나님을 물질적인 우주를 창조한 존재로 확인하는 성경의 진술 중 일부다. 동시에 우리는 이 구절들이 시간, 과정 또는 메커니즘에 관

---

13 우리가 이 대목에서 이 점을 보여줄 공간이 없지만, 이에 관한 자세한 제시는 Walton, *Genesis 1 as Ancient Cosmology*, 23-121에서 찾아볼 수 있다.

14 섹션 4.2.3과 비교하라.

해서는 아무 말도 하지 않는다는 것을 주목해야 한다. 사실 몇 구절들은 이것들이 계속적인 활동임을 암시한다(욥 9:8; 37:18; 섹션 2.4를 보라). 그리고 그 구절들은 창세기 1장과는 다른 개념들을 사용한다(예컨대 창 1장에서는 마른 땅이 드러나는 반면에 사 42:5과 44:24에서는 하나님이 땅을 펼친다). 우리가 모순에 관해 염려할 필요는 없지만, 이 진술들 중 어느 것을 사용해서 과학적 이해를 도출하는 것을 조심해야 한다(섹션 4.3-4.5.1을 보라). 그리고 물질적인 진술을 할 때조차 저자가 종종 그의 진정한 관심은 기능에 있음을 보여준다는 것을 인식할 필요가 있다(예컨대 욥 38장; 시 65편). 다른 구절들에서는 하나님의 창조세계의 기능들만 다루어진다.

- 수면에 경계를 긋는다(욥 26:10)
- 빛과 어둠 사이의 경계(욥 26:10)
- 비, 번개, 음식(욥 36:27-33)
- 가정 이야기에서 인간들에게 주어진 역할(시 8:5-8)
- 주께서 지혜로 주의 작품들을 다 지으셨으나(시 104:24)는 구절은 합목적성을 가리킨다.
- 하나님이 그의 영을 보낼 때 동물들이 창조된다(**바라**, 지속적이다, 시 104:30).

둘째, 성경 저자들은 하나님이 창조세계를 다스리는 데 관심이 있으며, 따라서 우주를 내재적으로 물질적인 것으로 보기보다는 왕국의 관점에서 본다는 것이 확실하다(시 29:10; 74:16; 89:9-11; 95:4-5; 사 40:22). 이처럼 우리는 구약성서의 나머지 부분이 우리가 창세기 1장에 대해 제안한 바와 일치한다는 것을 알 수 있다.

왜 우리가 이 입장을 전에는 듣지 못했는가? 왜 다른 사람들은 이 결론에 도달하지 않았는가? 그것은 새로 고안된 입장인가, 아니면 새로 재발견된 입장인가? 우리는 해석사에서 무엇을 발견하는가? 모든 초기 기독교 해석자들과 랍비들이 틀렸는가?

한편으로, 질서와 기능 관점의 우주에 관해 생각하고 성전과 우주를 비교한 고대 근동의 아이디어들을 회복하는 데 관심이 있었던 초기의 유대교와 기독교 저자들을 발견하기가 어렵지 않다. 예컨대 현존하는 최초의 유대교 해석은 벤 시라의 집회서(기원전 2세기)에서 발견된다. 집회서 16-17장에서 그는 "그리고 [그가] 모든 동물에게 영원한 질서를 주시고 시간이 흐름에 따라 다스리신다"고 말하고 "그래서 저들은 굶주리지 않고 수고도 느끼지 않으며 제 구실을 저버리지도 않는다"고 말함으로써(집회서 16:27) 하나님의 창조를 소개한다. 집회서 17장 전체는 인간의 창조에 관한 내용인데 물질성에 관한 유일한 언급은 인간이 흙으로 돌아가며 모든 인간이 흙과 재라는 것뿐이다(집회서 17:1, 32). 그 장의 나머지는 하나님이 인간에게 부여한 모든 기능들을 다룬다.

최초의 기독교 해석은 우리가 이미 지적한 바와 같이 안티오케이아의 테오필로스(기원후 2세기)의 저술 "아우톨리코스에게 보내는 편지"에 등장하는 창세기에 관한 논평에서 발견된다.[15] 1.11에서 그는 "빛은 질서가 잡힌 것들을 드러내기 때문에 빛이 창조의 시작이다"라고 진술한다. 이 빛은 좋다고, "즉 인간에게 좋다"고 선언된다.[16] 이 대목에서 우리는 질서에 대한 관심과 "좋다"는 것이 세상이 어떻게 인간을 위해 기능하는지와 관련이 있다는 아이디어를 접한다.

다른 한편으로, 좀 더 이른 시기의 해석자들은 이 대목의 해석에서 표현된 것과 똑같은 아이디어들에 어느 정도 관심을 보이지만 실수하지 않는다. 즉 그들은 우리가 제시하는 것과 똑같은 해석을 내놓지 않았다. 우리는 현존하는 가장 이른 시기의 기독교 해석과 유대교 해석조차 그리스 문화에 흠뻑 젖었다는 것을 인식해야 한다. 우리 모두와 마찬가지로 그들은 종종 그들의 인지 환경에서 벗

---

15   Louth, "Fathers in Genesis," 561-78.
16   Louth, 564.

어날 수 없었고, 종종 벗어나려고 시도하지도 않았다. 그들은 종종 그 텍스트들을 고대의 맥락에서 읽기보다는 스토아학파와 영지주의 같은 그리스의 문화적 아이디어를 다루는 데 더 많이 관련되었거나, 플라톤(기원전 약 428-약 348년)과 아리스토텔레스(기원전 384-322년)에게 큰 영향을 받았다. 고대 세계를 회복하려는 그들의 시도조차 그들을 바빌로니아의 그리스 문화 제사장인 베로수스에게 데려갈 뿐이었다. 더욱이 그들의 해석학은 흔히 성경의 저자가 염두에 둔 것을 회복하기 위해 노력하도록 고안되지 않았다.[17] 그들은 상징주의와 예표론 그리고 알레고리와 관련된 신학적 경로를 추구했다. 최초의 기독교 저자들 대다수는 히브리어를 읽지 않았고 그것이 중요하다고 생각하지도 않았다. 그러므로 우리는 최근의 해석사에서 창세기를 해석한 방식이 이른 시기의 해석들과 연속성을 보일 것으로 기대하지 말아야 한다(섹션 4.2.3을 보라). 그들의 저술들에서 하나님의 창조를 물질적인 우주의 창조나 문자적인 6일 동안의 창조로 보거나 지구가 젊다고 보는 진술들이 발견된다. 다른 방향을 향하는 진술들도 발견된다. 초기 교회의 해석은 통일적이지 않다. 그러나 그들 역시 그들의 인지 환경과 철학적 환경의 영향을 받았기 때문에 이 문제들에 관해 특정한 방식으로 생각했다. 만일 우리가 그들의 전반적인 창세기 해석들을 살펴본다면 오늘날 우리 중에서 그들의 의견에 동의할 사람이 많지 않을 것이다. (우리가 젊은 지구 창조론자이든, 오랜 지구 창조론자이든, 진화적 창조론자이든 간에) 우리는 여전히 그들의 신학에 동의하지만, 그들의 석의는 우리가 그것에 의존해서 해석할 권위 있는 원천이 아니다.

확실히 우리는 초기 해석자들보다 고대 근동을 이해할 수 있는 자료들에 더 많이 접근할 수 있다. 그들은 자기들이 활용할 수 있는 도구들을 사용했지만, 많은 시기 동안 사람들은 히브리 텍스트로 연구할 능력이나 관심이 없었다. 종교개혁이 일어나기 조금 전에 히브리어 성경이 발견되었을 때, 그 성경이 일부 전통적인 해석에 의문을 제기했고 당시에 받아들여진 텍스트였던 라틴어 불가타 성경과 여러 곳에서 달랐기 때문에 심지어 그 성경에 저항한 사람도 있었다. 하지만 결국 구약성서를 히브리어로 읽는 방향으로 돌아가자 (성경에 대한) 이해가 향상되었다. 마찬가지로 고고학자들을 통해 백만 개가 넘는 설형문자 텍스트들이 발견되어 우리는 이제 그 텍스트들에 접근할 수 있다. 우리가 하나님의 말씀을 그것의 문화적 맥락과 인지적 맥락으로부터 좀 더 완전하게 읽도록 도와주기 위해 하나님으로부터 온 선물인 이 도구들을 사용하지 않는 것은 태만한 처사일 것이다.

우리가 고대 근동의 사고를 발견하려고 노력하고 그러는 과정에서 아마도 전통적인 해석을 제쳐둘 때 우리가 성경을 바꾸려고 하는 것은 아니다. 오히려 우리는 종종 시간이 지남에 따라 자신의 문화와 특정한 의제들에 비추어 텍스트를 읽은 사람들로 말미암아 대체된 텍스트의 원래의 의도를 회복하고자 한다(예컨대 초기 교회는 모든 텍스트에서 메시아에 대한 언급을 발견하려고 했다). 종종 (계몽주의의 범주와 사고방식으로 읽기 같은) 이런 변화들이 오늘날의 우리에게 전통적인 해석이 되었다. 그래서 다르게 생각하는 것이—설사 고대의 사고방식으로 돌아가는 것을 의미할지라도—불편하게 느껴진다.

에라스무스는 천 년이 넘는 기간 동안 전통적인 성경 텍스트가 된 불가타 성경 대신 그리스어 신약성서 텍스트를 회복하려고 노력했을 때 이와 동일한 종류의 비난에 직면했다. 그는 원래의 그리스어 텍스트를 회복하려고 노력했지만, 그의 비판자들은 그가 그들이 알고 있는 성경을 바꾸려 한다고 불평했다.

고대 근동의 자료들을 사용해서 성경을 해석한다고 해서 성경의 텍스트에 고대 근동의 사상을 부과하는 것은

17　Michael Graves, *The Inspiration and Interpretation of Scripture: What the Early Church Can Teach Us* (Grand Rapids: Eerd- mans, 2014)와 Peter Bouteneff, *Beginnings: Ancient Christian Readings of the Biblical Creation Narratives* (Grand Rapids: Baker, 2008)를 보라.

아니다. 우리의 앞선 논의로 돌아가자면, 우리는 하나님의 창조에 관한 텍스트에 현대의 과학적 범주들을 부가하지도 않는다. 성경 텍스트는 그것 자체로 읽혀야 한다. 하지만 고대 근동 문헌과 현대 과학 분야에서의 발전은 우리로 하여금 성경의 텍스트를 다시 살펴보고, 우리가 잘 해석하고 있는지 확인하며, 우리가 전에 묻지 않았던 질문을 하도록 자극할 수 있다. 이처럼 새롭게 형성된 질문들과 해석학을 텍스트에 들여와서 우리의 재분석에 엄격한 석의를 적용할 때 우리는 우리의 노력이 이따금 새로운 통찰을 낳을 수 있다는 데 놀라지 않아야 한다.

6장

전자기 복사와 우주의 크기

본서의 2부에서 우리는 우주론에서 중심 주제인 우주의 기원에 관해 생각하기를 원한다. 그러기 위해 우리는 먼저 몇 가지 원리들과 천문학자들이 우주와 우주의 구성, 크기, 나이에 관해 추론하기 위해 사용하는 측정 기법들(천문학의 방법-증거 연결 관계)에 익숙해질 필요가 있다. 하나님께서 창조한 우주는 그분이 우주에 부여한 특성을 표현하는 많은 규칙성 또는 지속적인 패턴을 지닌, 정돈된 창조세계다. 이 규칙성들은 우주가 하나님이 의도한 대로 기능할 수 있게 해주는 창조세계의 기능의 완전성의 예들이다. 또한 이 규칙성들은 천문학자들이 우주의 기원과 우주가 작동하는 방식을 이해할 수 있는 수단들도 제공한다.

천문학과 우주론의 역사는 매혹적이다.[1] 아쉽게도 우

리는 그 역사를 간략하게만 요약할 것이다. 우리는 다양한 기물들로부터 인간이 선사 시대에도 하늘에 매혹되었고 하늘을 이해하기 위해 노력했다는 것을 알지만, 최초의 상세한 천문학적 관측 기록은 고대 이집트에서 발견된다. 그들이 하늘을 관측한 이유는 우리의 이유와는 판이하다.[2] 마찬가지로 그들의 도구들과 기법들은 우리의 도구나 기법들과 상당히 달랐다. 그러나 20세기 초까지 우

그림 6.1 허블 우주 망원경이 찍은 성단 NGC 290의 사진

---

1   John North, *Cosmos: An Illustrated History of Astronomy and Cosmology* (Chicago: University of Chicago Press, 2008).

2   고대 이집트인들에게는 하늘이 여신 누트(Nut)의 몸이었고 태양과 별들은 신들이었다. 따라서 별들이 빛나는 하늘을 볼 때 그들은 신성을 보았다. 그러므로 하늘에 대한 관측은 신들의 뜻에 관한 지식의 가능한 원천이었다.

리는 우주가 커지거나 줄어들지 않고 더해지거나 빼짐이 없이 언제나 같은 크기였다는 아이디어를 고대 이집트인들—그리고 그 사이의 모든 문화—과 공유했다. 고전 시대 그리스인들에게 있어서 하늘은 변화가 없고 영원한, 완벽의 영역이었다. 그들과 달리 2세기부터 그리스도인들은 우주에 유한한 시작이 있다고 생각했다. 무로부터의 창조 개념이 확립된 때부터 중세를 거쳐 19세기 후반에 이를 때까지 대체로 하나님이 우주를 고정된 크기로 창조했고 지구에서 관측되는 것 이외의 변화나 발전이 일어나지 않는다고 생각되었다.

정적이고 변하지 않는 우주라는 이 그림은 20세기의 첫 1/3 시기에 뒤집어졌다. 우리가 오늘날 이해하는 우주는 우리를 깜짝 놀라게 할 정도로 매우 광대하고 오래되었으며 매우 역동적인 장소다. 우리가 앞으로 살펴보겠지만 현대의 이 그림에 이르는 과정에서 천문학자들과 우주학자들은 새로운 내용을 배움에 따라 우주에 관한 사고를 거듭 수정해야 했다. 이 장과 이후의 몇몇 장들은 어떻게 이 놀라운 발견을 했는지에 관한 이야기를 말한다.

6.1. 빛의 경이

평범해 보이는 빛부터 시작해보자. 물론 빛은 중요하다. 당신이 지금 이 텍스트를 볼 수 있으려면 빛이 필요하다. TV, 영화, 컴퓨터 스크린, 일상의 보행 등에서 빛이 매우 평범하다 보니 우리는 빛이 충분한지 너무 적은지 이외에는 빛에 대해 많이 생각하지 않는다. 그러나 천문학자들에게는 빛이 우주에 관해 배우는 열쇠다. 결국 우리가 하늘에 있는 물체들을 볼 수 있는 이유는 그 물체들이 우리가 탐지할 수 있는 모종의 빛을 내보내기 때문이다. 더욱이 그림 6.1에 등장하는 별들은 그 별들을 방문하여 가까이서 조사할 엄두를 내지 못할 정도로 너무 멀리 떨어져 있다. 이 별들이 만들어내는 빛이 천문학자들이 별들에 관해 알 수 있는 유일한 희망이다.

따라서 천문학은 **관측 과학**이다. 이는 천문학자들이

대체로 연구 대상을 볼 수만 있을 뿐 만지지는 못한다는 뜻이다. 아이들에게 주위의 세상을 이해하도록 도움을 줄 수 있는 과학 도구(kit)들이 많이 있다(예컨대 지질학 도구, 화학 도구, 로켓 도구). 그러나 우주를 한데 모으고, 그것을 운행하게 하고, 무슨 일이 일어나는지 볼 수 있는 우주 도구는 없다. 우리에게 있는 유일한 우주는 이 우주뿐이다. 그리고 우리가 우주에 접근하는 유일한 방법은 우주가 내보내는 빛을 통해 우주를 바라보는 것이다. 본서 1부의 언어를 사용하자면 빛은 우주에 관한 천문학자의 지식을 매개한다. 빛은 계시적이다(4장을 보라).

6.1.1. 빛의 파동의 성질. 빛의 특별한 점은 빛이 파동 같은 특성과 입자 같은 특성을 모두 지니고 있다는 것이다. 따라서 빛은 파동으로 묘사되기도 하고 **광자**(빛의 입자)로 묘사되기도 한다. 우리가 빛의 어려운 이중적 성질을 깊게 다루지는 않을 것이다. 이 점은 양자역학에서 나온 20세기의 발견이었다. 천문학자들은 빛의 파동 같은 특성과 입자 같은 특성에 의존해서 우주가 어떤 모습일지를 이해한다.

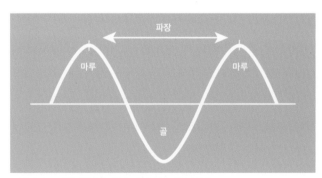

그림 6.2 파동 형태의 예와 전형적인 마루와 골

우리는 우선 빛의 파동 같은 성질에 초점을 맞출 것이다. 파동은 전형적인 패턴을 보이는, 진동하는 또는 굽이치는 현상이다(그림 6.2를 보라). 파동은 에너지가 공간을 통해 전달되는 기본적인 방법이다. 만일 당신이 밧줄을 들고 위아래로 한 번 흔들면 혹 즉 파동이 밧줄 아래로

내려갈 것이다. 밧줄을 잇달아 빠르게 두 번 흔들면 그림 6.2를 닮은 두 개의 파동이 밧줄 아래로 내려갈 것이다. 일정한 간격으로 일련의 그런 완벽한 흔들기를 한다면 마루 사이의 거리가 고정된 일련의 마루와 골이 밧줄 아래로 내려갈 것이다. 여기서 마루 사이의 거리는 당신의 밧줄 흔들기의 주파수와 관련된다. 파동이 밧줄을 통해 이동할 때 에너지가 그 밧줄을 통해 이동한다. 이 사례에서 당신의 흔들기가 밧줄에 부여하는 것이 에너지다.[3]

파장은 마루에서 마루까지 또는 골에서 골까지 측정된 일관된 패턴이다(어느 쪽을 측정해도 파장의 값은 같다). 모든 파동은 대개 λ로 표시되는 특정한 파장이나 종종 f로 표시되는 주파수로 특징지어진다.[4] 주파수는 초당 마루 또는 진동 횟수다. 이 양은 사실 서로 역의 관계에 있다.

주파수 = (파동 속도) / (파장)

또는 기호로 표시하자면

$$f = v/\lambda$$

여기서 v는 파동 속도를 나타낸다. 이 식은 소리, 물, 전자기파 등 모든 파동에 적용되는 지속적인 패턴을 나타낸다. 파장이 짧으면 주파수가 높을 것이다. 반대로 파장이 길면 주파수가 낮을 것이다. 파동의 **진폭**은 파동의 강도이며 파동의 마루의 높이나 골의 깊이로부터 측정될 수 있다(어느 쪽을 측정해도 진폭의 값은 같다).

빛은 이 모든 속성을 공유한다. 물의 파동이나 당신이 밧줄에서 만들어낸 파동과 달리 빛의 파동은 진동을 전

달할 물질을 필요로 하지 않는다. 대신 빛의 파동은 공간에서 전자기장의 진동이며, 에너지의 원천으로부터 에너지를 나른다. 전자나 양성자처럼 전하를 띠는 입자는 전기장을 만들어낸다. 전하를 띤 입자가 움직이면 전기장도 움직이고 그러면 전기장에 변화가 생긴다. 전하를 띤 입자의 운동을 통해 야기된 전기장에서의 변화는 파동으로서 움직이는 전하를 띤 입자로부터 전달하거나(propagate) 복사하는(radiate) 교란이다. 전기장에 변화가 생길 때마다 자기장이 만들어진다. 마찬가지로 자석은 자기장을 만들어낸다. 자석이 움직이면 그 자기장이 변하고 이 변화는 파동으로서 복사한다. 자기장의 변화는 전기장을 만들어내고, 전기장의 변화는 자기장을 만들어낸다.[5] 전자기파는 전하를 띤, 움직이는 입자들과 자석을 진동시킴으로써 만들어지는 복사다. 제임스 클러크 맥스웰이 전자기파를 발견하고 빛이 전자기파임을 입증했다. 우주 공간은 진동하는 전기장과 자기장으로 가득 차 있는데 이것이 우리가 전자기파로 부르는 복사다.

별 같은 천문학의 물체에서는 전자들이 끊임없이 움직인다. 이는 움직이는 이 전자들로부터 전자기파가 우주 공간으로 끊임없이 복사되어 나가고 있음을 의미한다. 천문학자들이 모종의 망원경을 사용해서 궁극적으로 볼 수 있는 것은 별들에서 나오는 이 전자기파 복사다.

6.1.2. 빛의 속도. 그런 별빛이 지구상의 망원경에 도달하는 데 얼마나 오래 걸리는가? 17세기 후반 전까지는 사람들이 빛이 무엇인지 그리고 빛에 유한하든 그렇지 않든 속도가 있는지에 관해 잘 알지 못했다. 만일 빛이 무한히 빠르게 이동한다면 (별처럼) 우주의 어느 한쪽에서 빛을 발산하는 어떤 일이 발생할 경우 당신은 우주의 다른 쪽에서 즉각적으로 그 빛을 볼 것이다. 그런 식의 즉각적인

---

3   당신이 밧줄에서 만드는 파동들은 물질의 저항 때문에 빠르게 소멸한다. 만일 당신의 밧줄이 이상적이라면(즉 그 파동들에 아무 저항을 가하지 않는다면) 당신이 만든 파동들은 결코 소멸하지 않고 밧줄 끝까지 완벽하게 이동할 것이다.

4   때때로 주파수를 나타내는 데 기호 υ가 사용된다.

---

5   전기장의 변화와 자기장의 변화 사이의 이 밀접한 관계가 전기 모터와 전자석을 작동하게 한다.

반응이 고전 그리스 천문학자들 이후 줄곧 최선의 추측이었다. 1676년, 올레 뢰머(1644-1710)가 최초로 경험적으로 빛의 속도가 유한하다고 판단했다. 크리스티안 하위헌스(1629-95)는 뢰머의 측정법을 사용해서 빛의 속도를 초속 209,600킬로미터로 계산했는데, 이는 현대의 값보다는 낮은 값이지만 17세기의 기술로는 놀라운 성취였다!

1860년대 맥스웰의 연구로부터 우리는 빛의 속도에 대한 현대의 값을 알게 되었다. c로 표시되는 이 속도는 빈 우주 공간에서 초당 299,792,458미터다. 과학자들은 대개 이 숫자를 초당 30만킬로미터로 반올림해서 과학적 표시법을 사용해 초당 3×10^8m로 표현한다. 이 속도는 초당 186,000마일에 해당한다. 진공 상태에서 빛의 속도의 불변성은 창조세계의 규칙성 중 하나다(창조세계의 기능의 완전성의 일부다).

유한한 빛의 속도의 중요한 함의 중 하나는 빛이 지구상의 우리의 망원경에 도달하기까지는 시간이 소요된다는 것이다. 예컨대 태양에서 방출된 빛이 지구의 표면에 도달하는 데 8분 23초가 소요된다. 따라서 당신이 지금 본 햇빛은 실제로는 8분 23초 전에 태양을 떠났다. 목성을 반사하는 빛이 우리에게 도달하는 데는 목성이 우리에게 가장 가까운 거리에 있는지 또는 가장 먼 거리에 있는지에 따라 35분에서 52분이 소요된다. 천문학자들은 더 먼 거리에 대해서는 측정 단위로 광년을 사용한다. 광년은 빛이 1년 동안 나아갈 수 있는 거리다. 센타우루스 자리 알파성은 4.3광년 거리에 있다. 이는 빛이 센타우루

그림 6.3. 분광기가 소위 백색광에 포함된 모든 색으로 구성된 다양한 파장들을 분리한다.

스 자리 알파성에서 지구 표면까지 이동하는 데 4.3년이 걸린다는 의미다. 따라서 당신이 지구에서 망원경을 통해 센타우루스 자리 알파성을 볼 때 4.3년 전의 그 별을 본다. 빛의 속도가 유한하기 때문에 천문학자들은 언제나 과거의 천문학의 물체를 본다. 그 대상이 더 멀리 있을수록 우리는 더 오래전의 대상을 본다.

6.2. 전자기파 스펙트럼

우리는 빛이 다양한 파장들에 상응하는 다양한 색깔들로 보인다는 사실에 익숙하다. 당신은 틀림없이 분광기가 빛을 우리가 보는 색깔들에 상응하는 다양한 파장들로 분리하는 그림 6.3 같은 그림을 보았을 것이다. 이렇게 분리된 파장들은 **스펙트럼**으로 알려졌는데, 그것은 파장의 함수로서의 복사의 강도다. 빛의 측정을 묘사하거나 특징짓는 단위는 나노미터인데 이는 10^{-9}m다. 이 단위에 대한 대안적인 표시는 스웨덴의 물리학자인 안데르스 요나스 옹스

심화 학습 **뉴턴과 분광기**

뉴턴은 최초로 색상이 빛의 기본적인 속성임을 보인 사람이었다. 백색광이 그림 6.3에서와 같이 분광기를 통과하면 분광기로부터 정돈된 일련의 색들이 나온다. 뉴턴이 증명할 때까지 분광기가 백색광에 색들을 덧붙이는 것으로 생각되었다. 뉴턴은 두 분광기를 사용해서 그렇지 않음을 보여주었다. 첫 번째 분광기를 통과한 백색광은 색들의 무지개로 나눠졌다. 이어서 뉴턴은 두 번째 분광기를 배치해서 색들로 분리된 빛이 그 분광기를 통과해 다시 백색광으로 결합되게 했다. 이로써 백색광은 색들의 스펙트럼으로 이루어졌고 분광기는 단지 빛이 그것을 통과할 때 이 색들을 분리할 뿐이라는 것이 입증되었다.

트룀(1814-74)의 이름을 딴 옹스트롬인데 이는 나노미터의 1/10이다.[6] 우리가 정상적인 상황에서(시신경, 신경 회로 등이 적절하게 작동할 때) 맨눈으로 탐지할 수 있는 빛의 가시적인 범위는 대략 4,000에서 7,000 옹스트롬이다.

그림 6.4를 보면 가시광선의 대부분은 인간의 눈에 보이지 않는 전자기 스펙트럼의 작은 부분에 놓여 있다. 가시광선보다 짧은 파장들은 그 스펙트럼의 자외선 방향에 놓여 있고 가시광선보다 긴 파장들은 적외선 방향에 놓여 있다. 가시광선의 색들이 다른 것은 우리의 눈과 상호작용하는 파장들이 다르기 때문이다. 이 그림에서 모든 형태의 복사는 전자기파의 예임을 명심하라. FM 신호(전파)든 열(적외선 파동)이든 또는 초록색 빛이든 간에 그것들은 모두 같은 종류의 파동 현상이다. 유일한 차이는 진동하는 전자기장들의 파장(주파수)에 놓여 있다.

우리는 과학적 적용뿐만 아니라 일상생활에서 전파에서 감마선에 이르기까지 전자기 스펙트럼 전체를 활용한다.

• AM 라디오와 FM 라디오 방송은 그 스펙트럼의 전파 부분을 사용하며, 비디오 게임도 마찬가지다.

• 전자 레인지와 휴대 전화기는 그 스펙트럼의 극초단파 부분을 사용한다.

• TV와 디지털 비디오 레코더의 리모콘과 야간 투시 안경 그리고 카메라는 그 스펙트럼의 적외선 부분을 사용한다.

• 태닝 부스(tanning booth)와 많은 살균 절차들은 그 스펙트럼의 자외선 범위에서 작동한다.

• 의학적 엑스레이와 공항 검색은 그 스펙트럼의 엑스선 범위에서 작동한다.

• 모종의 정밀한 수술에 사용되는 소위 감마 나이프는 그 스펙트럼의 감마선 범위에서 작동한다.

전자기 스펙트럼의 구조와 순서는 (위에서 언급된 바와 같이) 빛의 규칙성의 결과다. 인간은 수십 년 동안 이 규칙성들을 적용해서 우리의 세상을 이해하고 세상을 항해할 수 있었다.

위에서 언급된 적용들은 파장의 가장 긴 쪽부터 가장 짧은 쪽까지에 걸친 14개의 순서를 대표한다(그림 6.4를 보라).

지구의 대기가 전자기 스펙트럼의 다른 부분들과 어떻게 상호작용하는지가 천문학자들에게 매우 중요하다. 그림 6.5에서 지구의 대기가 전자기 복사의 어떤 파장은

---

6 Ångström의 태양광선 스펙트럼 연구는 태양의 대기에 화학 원소들 중 수소가 존재한다는 사실의 발견으로 이어졌다.

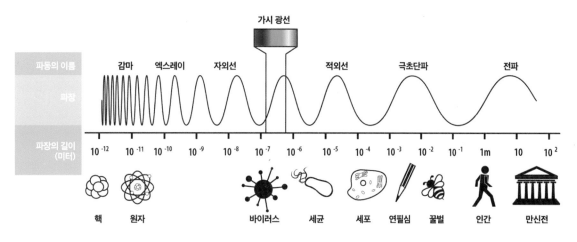

그림 6.4. 전자기 스펙트럼의 파장 비교 및 익숙한 몇몇 물리적 대상들의 전형적인 파장.

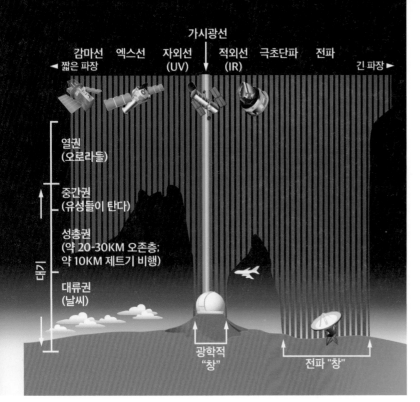

전자기 복사에 대한 우리의 대기의 투명성은 가장 짧은 파장부터 가장 긴 파장에 이르기까지 다양하다.

그림 6.5. 전자기 복사에 대한 우리의 대기의 투명성은 가장 짧은 파장부터 가장 긴 파장에 이르기까지 다양하다.

통과하도록 허용하고 다른 파장들은 봉쇄하는 것을 볼 수 있다. 전자기 스펙트럼의 가장 짧은 파장들인 감마선과 엑스선 그리고 자외선 부분의 대부분은 지구 대기에 흡수되거나 달리 굴절되며, 따라서 표면까지 관통하지 못한다.[7] 이는 지상 망원경들이 그 스펙트럼의 이 부분에 속하는 전자기 복사를 받을 수 없음을 의미한다. 다양한 위성들이 우주 공간으로 발사되어 지구 주위를 돌면서 이 주파수 대역에 속하는 빛을 포착하고 분석한다. 그 스펙트럼의 가시적인 부분은 지구의 대기를 통과하며, 따라서 천문학자들은 지상 망원경들을 사용해서 그것을 분석할 수 있다. 그 스펙트럼의 적외선과 극초단파(UHF) 부분은 다양한 깊이까지 통과하며, 위성뿐만 아니라 높이 비행하는 비행기나 풍선에 탑재된 망원경들을 사용해서 그 스

---

7   자외선에 속하는 대부분의 주파수 대역은 DNA를 파괴할 것이다. 이 점은 모든 종류의 세균을 없애는 살균 장치에는 좋은 현상이지만, 이 파장들이 우리의 대기를 뚫고 들어온다면 생물들에게 좋지 않을 것이다. 지구의 대기는 일반적으로 자외선 스펙트럼 대역 중 생명에 해로운 것들은 봉쇄하는 반면 가장 해가 적은 것들만 통과시킨다. 그렇지 않으면 당신이 지금 본서를 읽을 수 없을 것이다.

펙트럼의 이 부분을 분석할 수 있다. 그 스펙트럼의 UHF에서 대략 FM 대역까지의 전파 부분은 지구의 대기를 완전히 통과하며 특수하게 고안된 전파 망원경을 사용해서 이 주파수 대역의 흥미로운 신호들을 찾고 분석할 수 있다.

전자기파 스펙트럼의 다른 부분들로부터 빛을 모으도록 설계된 다양한 망원경들을 사용해서 은하들을 관측하면 천문학자들은 가시광선만을 통해서 관측할 때보다 은하들에 관해 좀 더 많이 배울 수 있다. 예컨대 그림 6.6은 우리가 게 성운(Crab Nebula)을 다른 파장들에서 보면 다른 종류의 정보를 얻을 수 있음을 보여준다. 그 차이들은 여러 별이 어떤 파장들에서 가장 밝게 빛나는가를 반영한다. 우리의 태양보다 훨씬 큰, 새로 형성된 별들은 그 스펙트럼의 자외선에서 가장 밝게 빛나는 반면에 좀 더 오래된 별들은 가시 광선 부분에서 가장 밝게 빛나는 경향이 있다. 이런 식으로 천문학자들은 은하들의 구조와 진화를 조사해서 그것들의 성격을 좀 더 잘 이해할 수 있다.

6.2.1. 원자 스펙트럼. 그림 6.6은 천문학자들이 같은 대상을 전자기 스펙트럼의 다른 주파수들을 관측함으로써 우주에 관해 더 많이 배울 수 있는 한 가지 방법을 보여준다. 더욱이 어떤 물체의 스펙트럼은 그 물체의 화학적 구성, 온도, 운동에 관한 정보를 포함한다. 천문학자들이 이 정보를 도출하는 방법은 원자들에서의 중요한 규칙성들 및 도플러 이동(Doppler shift)과 관련이 있다. 우리는 이 장에서 원자의 스펙트럼을 논의하고 다음 장에서 도플러 이동을 논의할 것이다.

원자들은 물질의 기본적인 단위이며 양성자와 중성자를 포함하는 핵과 핵 주위를 도는 전자들을 갖는다. 원자의 질량의 대부분은 핵에 위치한다. 다양한 원소들이 존재하는데, 각각 핵에 들어 있는 양성자의 수를 통해 구

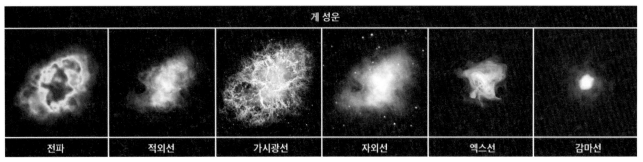

| 전파 | 적외선 | 가시광선 | 자외선 | 엑스선 | 감마선 |

그림 6.6. 6개의 다른 파장으로 본 게 성운

분된다. 그 수가 어느 원소가 어느 것인지를 특정한다. 예컨대 수소에는 양성자 한 개와 그 주위를 도는 전자 한 개가 있다. 헬륨에는 양성자 두 개와 중성자 두 개 그리고 핵 주위를 도는 전자 두 개가 있다. 탄소에는 양성자 여섯 개와 중성자 여섯 개 그리고 핵 주위를 도는 전자 여섯 개가 있다.

원소들에는 다양한 **동위원소**들이 있을 수 있는데, 동위원소에서 양성자 수는 특정한 원소의 표준적인 양성자 수와 같지만 중성자들의 수는 다르다(그림 6.7을 보라). 중수소는 동위원소의 예인데 그것은 중성자가 하나 더 있는 수소다. 방사성 탄소 연대 측정법과 관련이 있는 동위원소는 ^{14}C(탄소-14)인데, 그것은 일반적인 ^{12}C보다 중성자를 두 개 더 갖고 있다.[8] 요컨대 핵과 그 주위를 도는 전자들과 관련된 규칙성의 결과 각각의 원소와 그 동위원소들에는 독특한 특징이 있다. 천문학자들은 이 규칙성에 의존해서 천문학상의 현상들을 조사할 수 있다.

전자들은 어떤가? 전자는 고정된 질량, 전

하량(양성자는 양의 전하량을 띠는 반면 전자는 음의 전하량을 띤다), 그리고 전자를 원자 안에서 매우 정확하고 규칙적으로 기능할 수 있게 해주는 기타 속성들을 갖고 있다. 전자들은 에너지 준위(energy level)로 불리는 것을 점유한다.

우리는 이 에너지 준위들을 핵으로부터 반경의 거리가 다른 구체의 껍질들로 상상할 수 있다. 이 간단한 그림

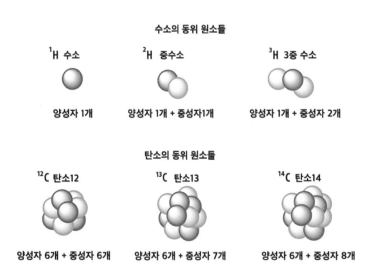

수소의 동위 원소들

^1H 수소
양성자 1개

^2H 중수소
양성자 1개 + 중성자 1개

^3H 3중 수소
양성자 1개 + 중성자 2개

탄소의 동위 원소들

^{12}C 탄소12
양성자 6개 + 중성자 6개

^{13}C 탄소13
양성자 6개 + 중성자 7개

^{14}C 탄소14
양성자 6개 + 중성자 8개

그림 6.7. 원자의 동위원소는 그 원자와 같은 수의 양성자를 지니지만 중성자의 수는 다르다.

---

8 핵 안에 들어 있는 중성자의 수가 실제로는 핵 안에 들어 있는 양성자들과 전자들 사이의 전자기의 힘들에 중대한 차이를 만들지 않는다. 그러나 중성자들의 수는 핵의 안정성에 차이를 만든다. 예컨대 ^{14}C의 핵에 들어 있는 추가적인 중성자 2개가 그것을 불안정하게 만들어서 그것이 질소로 붕괴하는 경향이 있다. 이러한 중성자들의 독특한 특징과 방사성 붕괴 과정의 규칙성이 방사성 탄소 연대 측정에서 일종의 시계 역할로 사용될 수 있다. 본서의 14장을 보라.

에서 취할 요점은 에너지 준위가 핵에서 멀어질수록 그 준위를 점유하는 전자들의 에너지가 높다는 것이다.

각각의 원소는 독특한 에너지 준위들의 세트를 갖고 있다. 양자역학에 따르면 전자들이 핵에서 가장 가까운 에너지 준위에서 시작해서 다른 에너지 준위들을 채

극초단파 복사가 지구의 대기로 말미암아 반사된다는 사실은 원격 통신을 위한 실용적인 수단을 제공한다. 우리는 지구의 표면에서 극초단파들을 대기에 튕기고 다시 표면으로 내려오게 할 수 있다. 따라서 당신이 시카고에서 뉴욕에 있는 친구에게 전화를 걸 때 당신의 전화기에서 대기 가까이 솟아 있는 탑으로 극초단파가 보내지고 거기서 그 극초단파들이 또 다른 탑에 반사되어 당신 친구의 전화기로 보내진다.

우기 위한 특정한 규칙들이 있다. 일반적인 패턴은 다음과 같다. 주기율표의 열에서 아래로 내려가면(각각의 열은 족[group]으로 알려졌다) 전자들로 채워지는 에너지 준위의 수가 증가한다. 주기율표에서 행의 오른쪽으로 이동하면(각각의 행은 주기[period]로 알려졌다) 가장 낮은 에너지를 갖고 있는 가장 바깥쪽의 준위에 전자들이 더해지고 그 준위는 (불활성 기체들이 있는 행의 마지막 열까지) 꽉 찰 때까지 전자들을 수용할 수 있다.[9] 원자 번호의 수가 높아질수록 양성자가 추가되기 때문에 핵의 양의 전하가 증가한다. 한 주기에서 원자 번호가 커지면 이렇게 증가된 양의 전하가 궤도를 도는 전자들을 핵에 더 가깝게 끌어당겨서 전자들에 점유된(또는 전자들에 점유될 수 있는) 에너지 준위들의 평균적인 반경이 작아지는 경향이 있다. 예컨대 헬륨의 첫 번째 에너지 준위의 평균적인 반경은 양성자 두 개의 존재 때문에 수소의 에너지 준위의 평균적인 반경보다 작다.

이 규칙들(과 다른 규칙들)이 각각의 원소에 대해 독특한 에너지 준위와 독특한 전자들의 배열을 가져온다. 첫 번째 에너지 준위는 흔히 바닥 상태로 불리는데, 이는 그것을 점유하는 전자들이 그 원소에 대해 가능한 가장 낮은 에너지를 갖기 때문이다. 전자들은 핵으로부터 평균 반경이 r_1인 구름에서 핵을 둘러싼다. 이 에너지 준위를 점유하는 전자들은 특정한 에너지 E_1을 갖고 있다(대략적인 유비를 들자면 이는 지하층이 없는 아파트와 비슷하다. 사람들은 1층보다 낮은 층을 점유할 수 없다). 두 번째 에너지 준위를 점유하는 전자들은 핵으로부터 평균 반경이 r_2(핵에서 r_1보다 더 멀리 위치한다)인 구름에서 핵을 둘러싸며 이에 상응하는 에너지 E_2(E_1보다 크다)를 갖고 있다(이는 대략 아파트의 2층과 비슷할 것이다. 사람들은 1층이나 2층을 점유할 수 있지만 그 사이에는 아무것도 없다). 이 두 번째 에너지 준위는 첫 번째 들뜬 상태로 불리는데, 그 이유는 곧 명확해질 것이다. 마찬가지로 세 번째 에너지 준위에서 r_3는 r_2보다 크고, E_3는 E_2보다 클 것이다(이는 아파트에서 3층과 유사할 것이다. 사람들은 1층, 2층, 또는 3층을 점유할 수 있지만 그 사이에는 아무것도 없다). 세 번째 에너지 준위는 두 번째 들뜬 상태로 불린다. 전자들이 한 원소에 대해 사용될 수 있는 에너지 준위를 점유할 수 있는 에너지가 남아 있는 한 이런 식으로 계속 진행된다.

양자역학에 따르면 전자들은 하나의 원자에서 자신이 원하는 에너지를 얻지 못한다. 그보다는 에너지가 양자(quantum)로 알려진 불연속적인 양으로만 존재하기 때문에 전자들은 이산적인 에너지 E_1, E_2, E_3 또는 더 큰 에너지만을 가질 수 있다(대략적으로 사람들이 특정한 층들만을 점유할 수 있는 아파트와 유사하다). 이 제한이 앞 섹션의 내용과 결합하면 중요한 결과로 귀결된다. 첫째, 원소들에 대해 일관성이 있는 패턴이 있는데, 원자 번호가 커질수록 바닥 상태와 핵 사이의 거리가 점점 작아진다. 각각의 바닥 상태는 핵으로부터의 거리 때문에 바닥 상태와 관련된 독특한 에너지를 갖는다. 둘째, 그리고 주목해야 할 더 중요한 결과로서, 각각의 에너지 준위 사이의 거리들과 그 준

9　안쪽의 전자 껍질들은 좀 더 복잡한 규칙들을 통해 채워진다.

위에 상응하는 에너지는 각각의 원소에 대해 독특한 패턴을 형성한다. 예컨대 바닥 상태 에너지 E_1은 수소에 대해서는 좀 더 크고 헬륨에 대해서는 좀 더 작다. 첫 번째 들뜬 상태 E_2, 두 번째 들뜬 상태 E_3 등과 관련된 에너지들에 대해서도 비슷하다.[10]

요컨대 일련의 법칙 같은 지속하는 규칙성이 있으며, 그 규칙성에 따라서 각각의 원소는 전자 에너지 준위의 독특한 배열을 가진다. 각각의 원소의 이런 독특한 구조적 특징들은 지문으로 작용해서 천문학자들로 하여금 우주의 어느 곳에서든 원소들과 다른 원소 대비 각각의 원소의 양을 식별할 수 있게 해준다. 논의를 계속함에 따라 당신은 이런 영구적인 규칙성이 천문학자들의 연구에 얼마나 중요한지를 알게 될 것이다.

6.2.2. 빛의 입자의 성질. 양자역학으로 이어진 20세기의 발견 중 하나는 빛이 원자들과 상호작용할 때 연속적인 값을 취할 수 있는 파동으로서 작용하지 않는다는 것이었다. 대신 빛은 주파수와 에너지에 대해 불연속적인 값을 지니는 입자처럼 전자기 복사의 "다발"로서 원자들과 상호작용한다. 이 빛다발은 **광자**(photon)로 불린다. 일찍이 20세기에 알베르트 아인슈타인(1879-1955)이 광자의 에너지는 다음과 같이 그것의 주파수와 관련이 있음을 보였다.

광자 에너지 = (플랑크 상수) × (광자 주파수)

또는 기호로 표현하자면

$$E = hf$$

여기서 h는 플랑크 상수(자연의 상수)이고 f는 광자의 주파수다. 가장 높은 에너지 광자—감마선—는 대략 모기 한 마리의 에너지를 갖고 있다. 얼핏 보면 이것은 별로 많은 에너지가 아닌 것으로 보이지만, 빛의 에너지가 높은지 낮은지는 그림 6.4에 나타난 주파수의 크기에 대비한 것이다. 가시광 영역의 광자들은 모기보다 수십억 배 낮은 에너지를 갖고 있다.

6.2.3. 빛과 원자 스펙트럼. 원자의 전자 에너지 준위와 광자의 에너지는 천문학자들이 별, 은하, 기타 천체의 화학적 구성을 식별할 수 있는지를 이해하기 위한 열쇠다. 그들은 전자들이 바닥 상태에서 들뜬 상태로 또는 그 반대로 움직일 때 원자 안의 전이에서 발산되는 빛을 관측한다. 전자가 특정한 에너지 준위를 점유하기 위해서는 새로운 준위의 에너지에 어울리는 데 필요한 정확한 양의 추가적인 에너지를 얻어야 한다.

전자는 광자를 흡수함으로써 에너지를 얻는다. 그러나 원자에 들어 있는 전자는 정확하게 필요한 양의 에너지의 광자만을 흡수할 수 있다. 정확한 주파수를 가진 빛

---

10 이 구조적인 패턴들은 핵에 들어 있는 양성자 수뿐만 아니라 핵의 궤도를 도는 전자들의 수의 함수다.

심화 학습   외계의 지적 생명 탐사

외계의 지적 생명 탐사(Search for Extraterrestrial Intelligence, SETI) 프로그램은 스펙트럼의 전파 주파수 대역에서 발전된 사회에서 내보낸 메시지가 있는지 알아보기 위해 전파 망원경을 사용해서 하늘을 탐지한다. SETI의 가정 중 하나는 아직 발견되지 않은, 몇몇 먼 행성에 있는 충분히 발전된 문화는 적어도

전파를 발견하고 사용할 수 있을 만큼 과학적으로 충분히 발전했을 것이라는 것이다. 따라서 우리는 그런 신호들을 탐지할 수 있고 그것들에 귀를 기울여야 한다고 생각한다. SETI는 발전된 외계의 지성이 우리의 지성과 충분히 비슷해서 우리가 그런 신호를 인해할 수 있다는 것을 추가로 전제한다.

이 흡수되면 전자는 그 주파수에 어울리는 더 높은 에너지 준위로 들어간다. 아인슈타인의 에너지-주파수 관계 때문에 광자의 에너지는 그림 6.8에서 예시된 바와 같이 정확히 두 에너지 준위 사이의 에너지 차이에 상응한다. 에너지 차이 E_2-E_1에 해당하는 주파수를 가진 광자가 바닥 상태의 전자(에너지 E_1을 가진다)에게 흡수되었다고 가정하라. 그러면 그 전자는 첫 번째 들뜬 상태인 에너지 준위 E_2로 뛰어오를 것이다. 에너지 차이 E_4-E_1에 해당하는 주파수를 가진 광자가 바닥 상태의 전자에 흡수되면 그 전자는 세 번째 들뜬 상태인 에너지 준위 E_4로 뛰어오를 것이다. 광자를 흡수하여 더 높은 에너지 준위로 뛰어오른 전자들을 **들떴다**고 하고 전자가 바닥 상태보다 높은 에너지 준위에 있을 때 그것은 **들뜬 상태**에 있다고 한다.

공간은 광자로 가득 차 있는데 이는 전자기 복사가 어디에나 있다는 뜻이다. 몇몇 광자들은 원자 속의 전자에 흡수될 정확한 양의 에너지를 갖고 있을 것이다. 많은 광자들은 그렇지 않을 것이다. 광자가 정확한 주파수(에너지)를 갖지 않을 경우 그것은 단순히 원자를 통과하고 어떤 전자도 영향을 받지 않는다. 하지만 양자역학에 따르면 전자를 낮은 에너지 준위에서 높은 에너지 준위로 보낼 정확한 양의 에너지를 가진 광자가 원자 안으로 들어

오면 낮은 준위에 있는 전자가 에너지를 흡수해서 적절한 높은 에너지 준위로 도약할 가능성이 있다. 그것은 새로운 준위의 에너지 요구량에 부합하는 광자가 있을 때마다 자동으로 일어나는 과정이 아니다. 이 과정은 확률적인 과정이다. 그러나 태양 표면에 수소 원자의 수가 아주 많다는 점에 비추어볼 때 전자들이 바닥 상태보다 높은 에너지 상태에 있는 들뜬 수소 원자들이 많을 것이다.

들뜬 상태에 있는 전자들은 일종의 반대 과정을 통해―그림 6.9에서 예시되는 바와 같이 정확히 두 에너지 준위 사이의 에너지 차이에 상응하는 주파수의 광자를 방출함으로써―더 낮은 에너지 준위로 떨어질 수 있다. 예컨대 두 번째 들뜬 상태(에너지 준위 3)에 있는 전자가 정확히 E_3-E_2의 에너지 양에 상응하는 올바른 주파수의 광자를 방출하면 그 전자는 첫 번째 들든 상태로 떨어질 것이다. 또는 세 번째 들뜬 상태(에너지 준위 4)에 있는 전자가 정확히 E_4-E_1의 에너지 양에 상응하는 올바른 주파수의 광자를 방출하면 그 전자는 바닥 상태로 떨어질 것이다. 전자가 더 낮은 에너지 준위로 떨어지려면 정확히 올바른 에너지의 광자를 방출해야 한다. 그렇지 않으면 전자는 핵 주위를 돌면서 현재의 에너지 준위에 머무른다. 전자가 적절한 광자를 흡수하는 경우에서와 마찬가지로 전자가 적절한 광자를 방출하고 좀 더 낮은 에너지 준위로 떨

그림 6.8. 정확한 양의 에너지―두 에너지 준위의 에너지 차이―를 가진 광자들(구불구불한 선)은 원자 속의 전자들에게 흡수되어 이 전자들을 특정한 좀 더 높은 에너지 준위로 도약하게 만들 수 있다. 광자가 두 에너지 준위 사이의 에너지 차이에 부합하는 에너지를 가질 경우 그것은 항상 흡수되지 않고 원자를 통과한다.

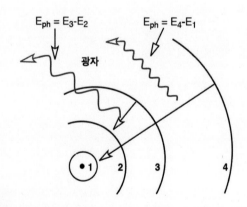

그림 6.9. 두 에너지 준위 사이의 에너지 차이에 상응하는 정확한 주파수의 광자를 내놓음으로써 전자는 들뜬 상태에서 에너지가 낮은 상태로 떨어질 수 있다.

광자의 흡수나 방출 같은 무작위 과정 또는 확률 과정은 때때로 법칙이 없는 현상으로 오해된다. 이는 완전히 틀린 생각이다. 양자역학에 따르면 이 과정들은 일관성이 있는 확률에 따라 일어나는데, 이 확률들은 법칙과 같기 때문에 계산될 수 있다. 이것은 창조세계의 또 다른 영속적인 규칙성이다. 우리가 실험실에서 수소 원자 기체를 가지고 있고 전자들을 바닥 상태에서 첫 번째 들뜬 상태로 보낼 올바른 주파수를 가진 빛을 비춤으로써 이 원자들을 들뜨게 했다고 가정하라. 우리는 양자역학을 사용해서 그것의 전자가 광자를 흡수해서 첫 번째 들뜬 상태로 도약할 수소 원자의 수를 계산할 수 있다(비록 우리가 어느 특정한 원자들이나 전자들이 그렇게 할지는 모르겠지만 말이다). 더욱이 수소 기체 주위에 적절한 탐지기가 있으면 우리는 첫 번째 들뜬 상태에 있는 전자들을 지닌 수소 원자들의 확률 분포를 볼 수 있을 것이다. 그리고 그 확률 분포는 우리의 계산과 일치할 것이다.[a]

그 상황은 또 다른 전형적인 무작위 현상인 방사성 붕괴(본서의 14장을 보라)와 유사하다. 주어진 방사성 물질(가령 ^{14}C)의 표본에 대해 우리는 표본에 들어 있는 어떤 탄소 핵이 다음 24시간 동안 방사성 붕괴를 겪을지 예측할 수 없을 것이다. 그러나 우리는 양자역학을 사용해서 24시간 동안 그 표본에서 평균적으로 **얼마나 많은** 핵이 붕괴를 겪을 것인지 계산할 수 있을 것이고 우리의 계산은 정확할 것이다.

무작위성에 관한 요지는 그것이 **언제나** 고정된 확률 패턴에 부합하는 법칙 같은 현상으로 나타난다는 것이다. 우주에서 법칙과 같지 않은 무작위 현상의 예는 없다. 일반적인 혼동과는 달리 무작위성은 원인이 없고 법칙이 없는 혼돈이 아니다. 더구나 창조 교리에 따르면 광자 흡수 같은 무작위 과정들은 성자를 통해서 그 존재가 유지되고 성령을 통해 그것들의 소명에 따른 기능을 발휘할 수 있게 된다.

창조 교리에 비춰볼 때 우리가 하나님의 작품에서 나타나는 무작위성에 관해 어떻게 생각해야 하는가? 과학자들은 두 종류의 무작위성을 구분한다. 첫째는 **외관상의 무작위성**(apparent randomness)이다. 이것은 우리의 지식의 한계에 기인하는 무작위성이다. 룰렛 휠이나 주사위 던지기 같은 시스템의 결과들은 결정론적이지만, 우리가 정확한 초기 조건이나 그 시스템의 특정한 구성을 모르기 때문에 예측할 수 없다. 역학과 전기 그리고 자기의 일반적인 법칙들이 적용되지만 그 시스템에 관한 몇몇 세부사항에 대한 우리의 지식의 한계로 말미암아 그 시스템들의 결과들이 우리에게 무작위로 보인다.

두 번째 종류는 **환원 불가능한 무작위성**(irreducible randomness)이다. 완전한 세트의 물리적 조건들이 그 시스템 자체에서의 특정한 결과를 결정하는 것이 아니라 결과들의 확률을 결정한다. 하지만 환원 불가능한 무작위성에서 이 결과들은 여전히 고정된 확률에 일치한다는 것이 강조될 필요가 있다. 이 확률들은 이 경우 결정론적인 법칙이 아니라 확률적인 법칙들을 통해 제약된다. 그렇다면 환원 불가능한 무작위성은 우리가 역학 시스템에서 경험하는 결정론적 질서와는 다른 형태의 질서다.

이 구분에 비추어 볼 때 자연에 나타나는 무작위성을 이해할 수 있는 세 가지 방법이 있다.

아마도 자연에서 나타나는 모든 무작위성은 외관상의 무작위성일 것이다. 결정론적인 토대가 존재하지만 인식의 한계들로 말미암아 우리는 모든 조건을 정확하게 알지 못한다. 이 점은 완전히 결정론적인 세상에 적용될 것이다. 그런 세상은 자연신론과는 완전히 일치하지만, 창조세계에서 예수와 성령의 매개 활동과는 일치하지 않을 것이다. 결정론적인 창조세계에서는 자연법칙이 모든 매개를 수행한다. 그것은 또한 하나님이 어떤 것에게 독특하게 그것 자신이 되라고 요구하는 창조세계와 일치하지 않을 것이다. 마지막으로, 만일 창조세계에 대한 삼위일체 하나님의 관계가 사랑의 관계라면, 이는 사랑의 대상이 무엇이 될 것인가에 관해 최소한 어느 정도의 자유를 갖는다는 것을 암시한다.

아마도 우리의 최선의 과학적 묘사에 따르면 환원 불가능한 무작위성이지만, 그렇게 보이는 것은 하나님이 자연법칙을 중지하거나 무시하는 것인 경우가 있을 것이다. 이것은 신적 행동에 대한 간섭주의자의 그림이다.[b] 그러나 그것이 함의하는 바는 창조세계의 기능의 완전성이 창조세계가 하나님이 의도하거나 그것에게 요구하는 것이 되기에 충분치 않다는 것이다. 즉 하나님은 창조세계에게 하나님의 목적을 달성하기에 적합한 우발적 합리성을 주지 않았다. 기능의 완전성에 대한 그런 끊임없는 간섭이나 무결성의 중지 역시 사랑의 방식으로 보이지 않는다. 어떤 부모가 자녀가 무엇을 하려고 할 때마다 자녀의 의지와 능력에 개입하거나 그것을 대신한다고 가정해보라. 그 자녀가 건강하고 번창하는 사람으로 성장하겠는가? 이 관점에서는 우리가 창조세계가 그리스도 안에서 존재하게 되는

데 대해 유사한 질문을 제기할 것이다.

　　아마도 환원 불가능한 무작위성이 있지만 하나님이 자연 과정을 통해 결과들의 확률을 정하는 경우가 있을 것이다. 하나님이 방사성 붕괴 같은 결과들의 확률을 정함으로써 물리적/생물학적 질서를 확립하고, 성령이 이 결과들이 그 법칙들과 완전히 일치하는 방식으로 일어날 수 있게 한다. 이것은 하나님의 활동에 대한 비간섭주의자의 그림이 될 것이다. 이 관점에서는 우리가 성부가 창조세계가 그것 자신이 되고 자신의 기능의 완전성을 통해 참여하도록 의도하며, 성자와 성령이 창조세계 자체의 속성들과 과정들을 통해 성부의 사랑에 영광을 돌리도록 창조세계에서 참을성 있게 행동하고 있다고 이해할 수 있을 것이다.

---

a　올바른 주파수의 광자들이 없을 것이기 때문에 우리는 흡수 스펙트럼을 볼 것이다(아래의 논의를 보라).

b　약간의 논의는 다음 문헌들을 보라. Robert C. Bishop, "Divine Action (Concursus View)"; Jeffrey Koperski, "Divine Action (Engaged-Governance View)," in *Dictionary of Christianity and Science*, ed. Paul Copan et al. (Grand Rapids: Zondervan, 2017), 183-88.

어지는 것은 확률적 과정이다. 양자역학에 따르면 이 방출 과정은 무작위적이다.

　　따라서 우리는 전자들이 특정한 주파수(에너지)의 광자들을 흡수할 수 있다는 것을 안다. 마찬가지로 전자들은 특정한 주파수의 광자를 방출해서 정확한 양의 에너지를 잃을 수 있다. 그리고 우리가 본 바와 같이 각각의 원소의 에너지 구조는 독특하다. 이 규칙성들을 종합하면 우리는 특정한 원자의 전자들에게 흡수되거나 방출된 전자기 복사가 독특하다는 것을 알 수 있다(위에서 언급된 원자의 지문). 그림 6.10에 등장하는 원자 스펙트럼의 예들이 이것을 보여준다. 각각의 원소의 에너지 구조가 독특하다는 점은 각각의 원소의 스펙트럼—지문—이 독특하며, 따라서 화학적 원소들이 독특하게 식별될 수 있음을 암시한다. 그림 6.10에 등장하는 수소, 헬륨, 탄소의 세 스펙트럼을 고려하라. 이 스펙트럼들은 검은 배경에 밝은 선들을 갖고 있음을 주목하라. 이 선들은 들뜬 전자들이 좀 더 낮은 에너지 준위로 떨어지면서 특정한 에너지의 광자들을 **방출**하는 방출 선 스펙트럼의 예들이다. 밝은 선들은 특정한 에너지를 지닌 방출된 광자들이다. 따라서 방출 선들은 매우 예리하다.

　　이제 수소의 방출 스펙트럼을 보라. 첫 번째 밝은 선은 두 번째 들뜬 상태에서 첫 번째 들뜬 상태로 떨어진 전자에 상응하는 주파수를 지닌 광자다. 그다음 방출 선은 세 번째 들뜬 상태에 있던 전자들이 첫 번째 들뜬 상태로 떨어질 때 방출된 광자들을 나타낸다. 광자의 주파수들은 스펙트럼의 오른쪽 끝에서 왼쪽 끝으로 갈수록 짧아지며, 따라서 광자들의 에너지는 오른쪽에서 왼쪽으로 갈수록 작아진다.

　　세 개의 방출 스펙트럼을 비교할 때 세 스펙트럼에서 나타나는 방출 선들이 서로 완전히 다르다는 것을 주목하라. 예컨대 두 번째 들뜬 상태에서 첫 번째 들뜬 상태로 떨어진 전자들에 상응하는 가장 낮은 에너지 방출 선은 헬륨과 탄소의 경우 더 작은 에너지(더 낮은 주파수)를 갖고 있다. 다른 위치에서 일어나는 같은 전이에 대한 방출 선이 다른 이 패턴들은 섹션 6.2.1에서 논의된 다른 에너지 준위 구조에 기인한다. 천문학자들은 분광기로 알려진 도구를 망원경에 장착해서 별들을 보고 원자 스펙트럼들을 구해서 분석함으로써 각각의 별을 구성하는 독특한 원소 구성을 결정할 수 있다. 마찬가지로 범죄 현장 조사자나

그림 6.10. 수소, 헬륨, 탄소의 방출 스펙트럼의 예.

그림 6.11. 수소의 흡수 스펙트럼(위)과 방출 스펙트럼(아래)의 예.

표 6.1. 태양의 전자기 스펙트럼에 포함된 정보를 이용하여 백분율로 표시한, 태양에서 가장 풍부한 원소들

원소	원자 수 백분율	질량 백분율
수소	91.0	70.9
헬륨	8.9	27.4
탄소	0.03	0.3
질소	0.008	0.1
산소	0.07	0.8
네온	0.01	0.2
마그네슘	0.003	0.06
규소	0.003	0.07
황	0.002	0.04
철	0.003	0.1

기타 과학자들은 분광기를 사용해서 미지의 화합물을 식별할 수 있다. 어떤 원소들에 대해서도 두 개의 방출 스펙트럼이 똑같지 않다는 점이 이런 종류의 분석을 가능하게 만든다. 그리고 그 선들의 강도는 천문학자들에게 어떤 물체를 구성하고 있는 화학 원소들의 상대적 함유량에 관한 정보를 말해준다.

그림 6.11에는 수소의 흡수 스펙트럼과 방출 스펙트럼이 예시되어 있다. 매우 뚜렷한 몇몇 검정 선들을 제외하고 전체 스펙트럼을 볼 수 있음을 주목하라. 실험실에서 수소 가스에 백색광을 비추면 이 스펙트럼을 볼 수 있다. 분광기에서 백색광은 색상 전체로 보이고, 검정 선들은 수소 방출 스펙트럼의 흡수 선들과 정확히 같은 위치에 나타난다. 검정 선들은 좀 더 높은 에너지 준위로 올라간 전자들에게 **흡수**되었기 때문에 그 스펙트럼에서 빠진 광자들을 나타낸다. 예컨대 오른쪽에서 첫 번째 흡수 선은 첫 번째 들뜬 상태에서 두 번째 들뜬 상태로 올라가는 전자들에 흡수된 주파수를 가지는 광자들에게서 나온 것이다.

천문학자들은 스펙트럼을 관측함으로써 천체에 관해 많은 것을 배울 수 있다. 예컨대 표. 6.1은 우리 태양의 스펙트럼을 관측함으로써 판정된 원소들의 상대적 함유량을 보여준다. 우리는 별들로부터 나오는 많은 스펙트럼을 분석해서 각각의 별의 성분이 독특하다고 판정할 수 있었다. 또한 천문학자들은 우주에서 가장 풍부한 원소는 수소라고 판정할 수 있었다. 천문학자들이 내린 세 번째 결론은 탄소와 산소같이 생명에 매우 중요한 원소들은 별들 주위에 밀집하는 경향이 있다는 것이다(우리는 그 이유를 뒤에 살펴볼 것이다).

물론 우리가 위에서 예시한 스펙트럼은 잘 통제된 실험실의 표본에서 나온 깨끗한 것이다. 이와 대조적으로 성간 공간(interstellar space)은 더럽다. 예컨대 우리의 탐지기들과 먼 별 사이의 먼지가 스펙트럼을 흐리게 해서 그것을 실험실 스펙트럼에 비해 훨씬 더 흐릿하게 보이게 만들 수 있다. 하지만 광자가 통과하는 먼지나 기타 물질은 스펙트럼에 전혀 영향을 주지 않는다. 어떤 물리적 과정도 원소들의 독특한 패턴을 떨쳐내지 않는다.

6.3. 우주의 크기

고대부터 20세기가 시작할 때까지 모든 사람이 우주는 많은 별들로 둘러싸인 우리의 태양계로 구성되었다고 믿었다. 본질적으로 우리는 은하수가 우주라고 생각했다. 우주가 언제나 같은 크기라고 생각되었기 때문에 천문학은 대체로 행성들과 별들의 목록 작성과 연구 및 그것들 사이의 거리 결정에 초점을 맞췄고, 그 내용이 점점 더 정확해졌다. 우주는 넓다고 생각되었지만, 현재 우리가 알게 된 크기에 비하면 아주 작았다. 빛이 우주가 얼마나 광대한지를 발견하는 열쇠였다.

6.3.1. 시차와 거리. 돌이켜보면 우리는 이제 오래 계속된 이 믿음이 주로 천문학자들에게 별들까지의 거리를 정확

하게 결정할 적절한 수단이 없었다는 사실에 기인했음을 이해한다. 수백 년 동안 이용할 수 있는 유일한 거리 측정 기법은 시차(parallax)로 알려진 효과를 사용하는 것이었다. 이 측정 기법에는 매우 심각한 몇 가지 한계가 있음이 밝혀졌다.

시차는 지구의 움직임에 기인한 하늘의 별들의 외관상의 상대적인 움직임이다. 당신이 산들 근처에서 운전한다면 시차 효과를 경험할 것이다. 고속도로를 운전하다 보면 당신의 자동차에 가장 가까운 산들은 옆으로 움직이는 반면에 먼 곳에 있는 산들은 전혀 움직이지 않는 것으로 보인다. 시차는 당신이 상대적으로 다른 위치에서 사물들을 관측한다는 사실에 기인하는 효과다. 예컨대 우리가 엄지손가락을 얼굴 가까이 올리고, 한쪽 눈을 감고서 다른 쪽 눈으로 엄지손가락을 보고 나서 눈을 한쪽씩 교대로 감았다 뜨기를 반복하면 손가락이 옆으로 움직이는 것처럼 보인다. 팔을 쭉 뻗고 엄지손가락을 올린 후 한쪽 눈을 감았다 뜨기를 반복하면 손가락이 옆으로 그리 많이 움직이는 것처럼 보이지 않는다. 우리의 엄지손가락이 옆으로 움직이는 것처럼 보이는 것은 우리가 각각의 눈을 감았다 뜨기를 반복할 때 손가락을 다른 위치에서 보기 때문이다. 그림 6.12는 움직이는 지구에 대해 시차가 어떻게 작용하는지를 보여준다. 지구가 태양 주위를 공전할 때 우리에게 상대적으로 가까운 별은 훨씬 먼 별들의 배경을 가로질러 이동하는 것처럼 보인다. 운전할 때 근처의 산들이 좀 더 먼 산들에 비해 움직이는 것으로 보이는 것과 비슷하게 말이다.

이 효과가 별들의 거리 측정에 사용될 수 있다. 우리가 관측해서 거리를 결정하기를 원하는 별(그림 6.12에서 붉은 점으로 나타난다)이 있다고 가정하자. 1월 1일에 우리는 망원경으로 그 별의 사진을 찍고 배경 속의 좀 더 먼 별들 대비 그것의 위치를 표시한다. 우리는 6개월을 기다렸다가 지구가 태양의 반대쪽에 있을 때 그 별의 또 다른 사진을 찍는다. 이제 우리는 좀

더 먼 배경의 별들 대비 그 별의 위치를 표시한다. 1월 사진과 7월 사진을 비교하면 우리가 관측하는 별이 배경의 별들을 가로질러 특정한 거리를 이동한 것처럼 보인다. 이 이동은 우리가 사진을 찍을 때 지구의 위치들이 달랐던 데 기인한다. 별이 이동하는 것처럼 보이는 거리는 그림 6.12에 나타난 별의 위치에서 형성된 삼각형의 각인 **시차 각**(parallax angle)과 직접적으로 관련이 있다.

이 시차 각이 측정되면 우리는 삼각법을 사용해서 그 별의 거리를 계산할 수 있다. 우리가 그 별에서 시차 각을 이등분하는 직선을 그으면 그 선이 직각 삼각형의 한 변을 이루고 그 삼각형의 밑변은 1월 1일에 지구와 태양 사이의 거리가 된다. 우리의 망원경에서 그은 선은 그 삼각형의 세 번째 변을 구성한다. 이것은 직각 삼각형인데 우리가 밑변의 길이(지구와 태양 사이의 거리)를 알고, 시차 각을 측정했으며 다른 한 각은 90도임을 안다. 이는 삼각법을 사용해서 그 별의 거리(그 삼각형의 시선 변)를 계산하기에 충분한 정보다. 시차 거리 측정 기법은 두 개의 측정(태양과 지구 사이의 거리 및 시차 각) 및 간단한 삼각법과 관련이 있다. 이 모든 것이 정확하게 이뤄진다면 그 별의 거리에 대한 우리의 추정은 정확할 것이다.

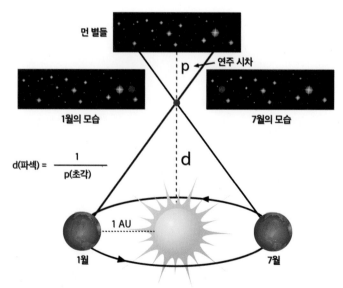

그림 6.12. 시차는 지구의 운동으로 말미암은, 별(붉은 점)의 외관상의 이동이다. 이 효과를 사용해서 별들 사이의 거리를 결정할 수 있다.

시차 거리 측정법은 원칙적으로 이런 식으로 작동한다. 실제로는 이 측정들은 매우 어렵고 비교적 가까운 물체에 한정된다. 16세기와 17세기의 천문학자들은 시차 측정법을 사용해서 지구와 태양 사이의 거리 대비 행성들의 거리를 결정했다. 프리드리히 빌헬름 베셀(1784-1846)이 1838년에 백조자리 61의 거리를 결정한 것이 별의 거리에 대한 최초의 성공적인 시차 측정이었다. 인류는 최소한 아리스토텔레스 시대 이후로 시차 효과에 관해 알고 있었지만, 베셀이 백조자리 61의 거리를 측정할 때까지는 아무도 별들에 대한 시차 효과를 간파하지 못했다. 이 이유 중 하나는 시차 각이 아주 작아서 실제로 그것을 보려면 고성능 망원경이 있어야 한다는 것이다(그림 6.12에 나타난 각의 크기는 그 효과를 보여주기 위해 크게 과장되었다). 그리고 시차 이동이 아주 작다 보니 이 각들은 비교적 가까운 별들에 대해서만 정확하게 결정될 수 있다.

잠시 이에 관해 생각해보라. 고대 이집트, 인도, 남아메리카에서 최초로 천문학적 관측이 시작되었을 때부터 1838년까지 별들이 실제로 얼마나 멀리 있는지 아무도 확실히 알지 못했다. 그렇다고 해서 천문학자들에게 행성들과 태양의 거리에 대한 훌륭한 추정치가 없었던 것은 아니다. 그 당시의 도구들(맨눈 관측. 망원경은 17세기 초에 발명되었다)에 비추어 볼 때 고대, 중세, 르네상스 시기의 행성들과 태양의 거리 추정치는 매우 인상적이다. 그러나 별들은 행성 너머에 놓여 있는데 그 거리는 알 수 없었다. 몇몇 천문학자들과 자연 철학자들은 우리가 시차 효과를 보지 못하기 때문에 별들이 무한히 먼 거리에 있다고 주장한 반면 다른 학자들은 별들이 멀지만 유한한 거리에 있다고 주장했다. 베셀이 성공적으로 시차 측정을 할 때까지 아무도 어떤 주장이 옳은지 결정할 수 없었다.

6.3.2. 거리-광도 관계와 표준 촉광. 시차 측정 기법은 간단하지만 중요한 한계가 있다. 천문학자들이 시차 각을 정확하게 측정할 수 있어야 한다. 지상 망원경을 사용할 경우 그 각이 정확하게 측정될 수 있는 최대 거리는 약 330광년이다. 그보다 멀리 있는 별들을 측정하기 위해서는 또 다른 기법이 필요하다.

우주의 크기 결정에 직접 관련이 있는 빛의 또 다른 규칙성은 빛의 밝기 또는 광도(luminosity)와 빛의 원천으로부터 이동한 거리 사이에 일정한 관계가 있다는 사실이다. 별의 **겉보기 광도**—광도 측정기로 측정된 광도—는 광

심화 학습 태양-지구 사이의 거리 파악하기

17세기 초까지 천문학자들은 시차 측정법을 사용해서 행성들의 거리를 지구와 태양 사이의 거리 관점에서 정확하게 결정하고자 했다. 그러나 그들은 지구와 태양 사이의 거리에 대한 훌륭한 추정치를 지니지 못했다. 행성들의 절대 거리가 아니라 상대적인 거리만 알려졌다. 실제로 당시 태양과 지구 사이의 거리에 대한 최선의 추정치는 800만킬로미터였다(현대의 수치인 약 1억 5천만킬로미터와 비교하라).

천문학자이자 수학자였던 스코틀랜드의 성직자 제임스 그레고리(1638-75)가 1663년 금성의 태양면 통과를 관측함으로써 지구와 태양 사이의 절대 거리가 파악될 수 있다고 제안했다. 이 측정들이 여러 장소에서 이뤄지면 지구와 태양 사이의

거리가 매우 정확하게 파악될 것이다. 불행하게도 그의 아이디어는 잊혀졌다. 1677년 에드먼드 핼리 경(1656-1742)이 같은 아이디어를 제안했고 1716년 이 기법의 세부내용을 출간했다. 그 후 1761년과 1769년의 금성의 통과를 사용해서 천문학자들은 지구의 다른 장소들에서 금성의 시차 이동을 측정해서 지구에서 금성까지의 거리를 결정하고 이어서 지구에서 태양까지의 거리를 정확하게 결정할 수 있었다. 1761년 관측들은 지구-태양 거리를 약 1억 5천 2백만킬로미터로 계산했는데 이 계산의 오차는 오늘날 알려진 거리의 3퍼센트 이내였다. 일단 이 거리가 정확하게 알려지자 행성들의 절대 거리가 계산될 수 있었다.

원이 탐지기에서 떨어진 거리에 의존한다. 광원의 절대 광도 또는 고유 광도는 광원이 표면에서 초당 방출하는 빛의 양이다. 이 **거리-광원 관계**는 간단한 수학적 형태를 갖고 있다. 광도 측정기가 지상 망원경을 통해 측정하는 광도는 그 광원의 절대 광도 또는 고유 광도를 광원의 거리 제곱으로 나눈 값이다.

측정된 광도 = (고유 광도) / (광원으로부터의 거리)^2

또는 기호로 나타내자면

$$L_{measured} = L_{intrinsic} / d^2$$

여기서 L은 광도를 나타내고 d는 거리를 나타낸다. 이 식은 모든 형태의 전자기 복사에 적용되는데 이는 빛의 광도는 통상적으로 광원에서 멀어질수록 감소한다(또는 광원에 가까워질수록 증가한다)는 것을 의미한다. 예컨대 우리가 가정의 손전등과 자동차의 헤드라이트를 비교해보면 거리-광원 관계가 어떻게 작동하는지 다소 감을 잡을 수 있다. 자동차 헤드라이트는 손전등보다 훨씬 밝다. 헤드라이트의 고유 광도가 손전등의 고유 광도보다 높다. 하지만 헤드라이트를 충분히 멀리 옮기고 손전등의 위치는 변화시키지 않으면 헤드라이트와 손전등의 측정된 광도는 같아질 것이다.

광원의 절대 광도가 알려지면 거리-광도 관계로부터 광원의 거리를 결정할 수 있는 방법이 나온다. 알려진 고유 광도를 가진 광원들은 종종 표준 촉광으로 불린다(이것은 촉광을 사용해서 광도를 묘사하는 옛 방식에서 도출된다). 불이 붙은 양초의 고유 광도는 쉽게 결정될 수 있다. 광도 측정기로 겉보기 광도를 측정하고, 거리-광도 관계를 사용해서 양초까지의 거리를 계산할 수 있다(아래의 "심화 학습: 표준 촉광"을 보라). 이 거리-광도 관계는 빛의 영속적인 규칙성이기 때문에 천문학자들이 어떤 별의 절대등급을 결정할 수 있다면 망원경을 사용해서 그 별의 겉보기 광도를 측정하고 그 별의 거리를 계산할 수 있는데, 이것은 연역적 추론의 예다.

천문학자들은 그들의 시차 측정 목록을 사용해서 여러 별에 알려진 거리를 부여할 수 있다. 그들은 또한 이 별들의 겉보기 광도도 측정할 수 있다. 그러면 천문학자들은 거리-광도 관계를 사용해서 양호한 시차 측정이 존재

심화 학습 표준 촉광

거리-광도 관계의 규칙성은 천문학자들이 **표준 촉광** 접근법으로 알려진, 천체의 거리를 결정하기 위한 기본적인 접근법을 제공한다. 이 접근법은 양초가 탈 때 똑같은 양의 절대 광도를 낸다는 사실에서 이름을 얻었다. 따라서 어떤 양초가 타거나 얼마나 멀리서 그것을 보든 간에 그 광원의 강도는 동일하다. 절대 광도를 다양한 거리에서 광도계를 사용해 측정된 광도와 비교함으로써 이 거리들이 정확하게 결정될 수 있다.

우리는 또한 광원에서 떨어진 빛은 광원과 탐지기 사이의 거리의 제곱에 반비례해서 강도가 감소한다는 것을 안다. 이는 엄격히 기하학적인 창조세계의 규칙성이다. 간단한 예로서 당신의 친구가 손전등을 들고 있고 당신은 탐지기를 갖고서 탐지기 앞의 고정된 영역으로 들어가는 광자의 수를 센다고 가정하라. 당신의 탐지기와 손전등 사이의 한 단위의 거리에서 탐지기가 초당 광자 16개가 그 고정된 영역을 통과하는 것을 계수한다고 가정하라. 당신이 손전등과 탐지기 사이의 거리를 두 단위로 늘리면 이제 탐지기는 초당 광자 4개를 계수할 것이다. 이제 그 거리를 네 단위로 늘리면 탐지기는 초당 광자 하나를 계수할 것이다. 거리가 늘어남에 따라 이 패턴이 계속 유지될 것이다. 이것이 바로 자동차나 트럭이 당신에게서 멀어질 때 그것들이 꼬리의 빛이 균일하게 줄어드는 이유다. 이 균일한 패턴 덕분에 과학자들은 그들의 "표준 촉광들"의 알려진 광도를 사용해서 천체의 거리를 매우 정확하게 결정할 수 있다.

하는 모든 별의 고유 광도를 계산할 수 있다. 시차와 표준 촉광 기법들은 물리적으로 독특한 원리들에 기초하므로, 천문학자들은 시차 측정에 비추어 모든 표준 촉광 거리를 점검하고 시차 측정을 할 수 있는 범위 내의 모든 별에 대해 이 두 기법이 일치하는 것을 입증할 수 있다.

천문학자들은 시차 측정법과 거리-광도 관계를 결합해서 같은 고유 광도를 가지는 별들의 집단을 식별할 수 있었고, 이 집단들은 표준 촉광 기법을 사용해서 거리를 측정하기 위한 준거점으로 사용될 수 있었다. 별들은 또한 질량과 스펙트럼에 기초해서 분류될 수도 있는데 별의 질량은 케플러의 법칙들을 사용해서 계산될 수 있다. 우리가 9장에서 살펴보는 바와 같이 특정한 별의 질량이 그 별의 거의 모든 속성을 결정한다. 특히 별의 질량과 그것의 고유 광도 사이에는 직접적인 관계가 있다. 이 모든 정

보가 한데 모여서 최초의 표준 촉광 거리 기법이 나왔다. 이 기법을 통해서 천문학자들은 특정한 별이 특정한 표준 촉광에 속하는 것으로 식별했고, 이로써 시차 각이 너무 작아서 측정할 수 없는 경우에도 그 별의 거리를 결정할 수 있었다.

베셀이 성공하자 천문학자들은 망원경을 개선해서 더 많은 표준 촉광들과 시차 측정을 점점 더 정확하게 산출했다. 이 작업이 계속되고 표준 촉광 별들을 식별함에 따라 천문학자들은 1921년에 은하수에 대해 그들이 확인한 최선의 크기를 직경 12만 광년으로 제시할 수 있었다. 이는 압도적이고 거대한 거리다.

그러나 어느 지점을 넘어서면 시차 각을 측정하거나 천문학자들이 표준 촉광 별들을 식별하기 위해 사용했던 다른 정보를 정확히 결정하기에는 별들이 너무 멀리 존재

심화 학습 귀납법과 빛의 규칙성

빛이 언제 어디서나 이 규칙성들을 가지고 있다는 것을 우리가 어떻게 아는가? 유한한 존재로서 우리는 이 패턴이 우주의 어디서나 그리고 언제나 연속하는지를 관측하기 위해 모든 장소와 시기에서 빛을 연구할 수는 없다. 과학자들은 섹션 4.2.1에서 소개된 방법-증거 연결 관계를 통해서 이 문제를 다룬다. 빛에 대한 많은 이론 연구가 수행되었고 빛이 모든 상황에서 보이는 규칙적인 속성들이 발견되었다. 이와 더불어, 실험실 및 지상의 기타 통제된 상황에서 수행된 연구들은 이 규칙성들이 이 모든 상황에서 유지됨을 확인했다. 우리가 지구의 표면에 있는 모든 빛을 연구할 수는 없기 때문에 과학자들은 귀납법을 통해 이 영속적인 패턴들에 대한 그들의 관측을 일반화해서 빛이 지구의 모든 곳에서 똑같이 행동한다고 추론했다. 과학자들은 이어서 그 잠정적인 결론들을 지구에 가까운 빛(예컨대 햇빛)에 적용했다. 우리는 햇빛에서 나타나는 행태와 우리가 지상에서 만들어 낼 수 있는 빛의 행태 사이에 아무런 차이를 발견하지 못했고, 태양에서 방출된 빛이 지상에서 만들어진 빛과 똑같다는 생각에 일치하지 않는 것을 탐지하지도 못했다. 따라서 우리는 우리의 귀납적인 추론을 우리 우주의 이웃에 확장할 수

있다. 마찬가지로 우리는 이 추론을 우주의 모든 곳과 모든 시기에 확장한다.

당신은 귀납적 결론들이 절대적으로 참임을 입증할 방법이 없는 것처럼 보인다는, 소위 귀납의 문제를 들어보았을지도 모른다. 섹션 4.2.1에서 논의된 바와 같이 이것은 기본적으로 과학적 탐구 방법 대다수에 해당한다. 과학적 탐구는 잠정적으로 참인 결론들만을 낳을 수 있다. 빛의 규칙성이 어느 곳, 어느 장소에서나 보편적으로 참이라는 우리의 결론을 귀납적으로 일반화하는 것도 마찬가지다. 그러나 과학자들은 그런 일반화가 붕괴하는 때를 탐지할 방법을 갖고 있으므로 이런 종류의 잠정적 결론이 그들에게 문제가 되지 않는다. 그래서 과학자들은 혹시 어떤 문제가 발생하는지 보기 위해 빛에 관한 자기들의 가정과 방법을 끊임없이 점검하고 문제가 발생하면 그것을 다룬다. 빛의 규칙성을 검증하는 이런 실용적인 방법들 외에도, 탄탄한 창조 교리는 창조세계의 우발적 합리성과 봉사적인 성격은 우리에게 우리가 창조세계의 어느 곳에서나 그리고 언제나 그런 규칙성을 발견해야 한다고 생각할 이유를 제공한다(본서의 2장을 보라).

한다. 그 당시에 천문학자들이 확신할 수는 없었지만, 그 당시의 표준 촉광 기법은 약 12만 광년의 거리에서 그것의 정확성 한계에 달하는 것으로 밝혀졌다. 이것이 우주의 최대 크기인지를 결정하기 위해 천문학자들은 동일한 거리 제한을 받지 않는 새로운 종류의 표준 촉광을 발견할 필요가 있었다.

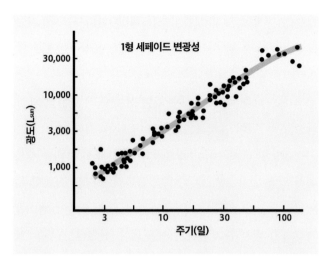

그림 6.13. 헨리에타 스완 레빗을 통해 발견된 1형 세페이드 변광성의 주기-광도 관계. 그 별의 광도의 진동 주기는 그것의 고유 광도와 직접적으로 관련이 있으며, 이 그림에서 태양의 고유 광도 단위로 표시되었다.

6.3.3. 새로운 표준 촉광으로서 세페이드 변광성.

여러 해에 걸친 연구로 1921년의 거리 결정에 이르렀지만 몇몇 천문학자들은 표준 촉광 별에 대한 새로운 후보를 탐색했다. 이 연구는 표준 촉광으로 기능할 매우 유용한 규칙성을 찾아냈다. 오랫동안 몇몇 별들이 밝아졌다가 어두워지고 다시 밝아지기를 계속하는 식으로 그 별들의 광도가 진동한다는 것이 알려졌다(이런 별들의 반경은 광도의 변화와 더불어 팽창하고 수축한다). 이런 별들은 변광성으로 알려졌다. 몇몇 변광성들은 정확한 광도 변화 주기를 보인다. 그

런 별들을 1형 세페이드 변광성이라 한다.[11] 그 별들은 실제로 정확한 리듬을 가지고 크기—사실은 파동—가 변한

---

[11] 규칙적인 광도 진동을 보이는 또 다른 종류의 별들은 거문고자리 RR(RR Lyrae) 변광성이다. 이런 종류의 별들에 대한 거리 측정 기법도 연구되었다.

간략한 전기 **헨리에타 스완 레빗**(1868-1921)

그리스도인 사역자의 딸인 헨리에타 스완 레빗은 오벌린 대학을 다녔고 1892년 후에 래드클리프 대학이 된 여성 대학 교육 협회를 졸업했다. 그녀는 졸업 후 미국과 유럽을 여행하다 청력을 상실했다. 레빗은 1895년 천문대 이사 에드워드 찰스 피커링(1846-1919)이 고용한 인간 "컴퓨터" 부대의 일원으로 하버드 대학 천문대에서 자원봉사 조수가 되었고 1902년 정규직원이 되었다. 이 시기에 그녀는 변광성들을 연구해서 세페이드 변광성의 주기-광도 관계를 발견했다. 그녀는 생애 말년까지 당시에 알려진 변광성의 절반인 2,400개의 변광성들의 목록을 작성했다.

레빗에 관한 이런 사실들 중 일부는 최근에 개작한 "코스모스" 에피소드 8에서 언급되었지만 그녀가 그리스도인이었다는 사실은 전혀 언급되지 않았다. 「파퓰러 어스트로노미」 (*Popular Astronomy*)에 실린 솔론 베일리의 사망 기사는 레빗의 종교 생활을 다음과 같이 요약했다.

그녀는 가까운 가족들에게 헌신적이었고, 친구들을 사심 없이 배려했으며, 일관되게 자신의 원칙에 충실했고, 그녀의 종교와 교회에 매우 성실하고 진지했다. 그녀는 다른 사람들에게서 가치가 있고 사랑할 만한 모든 것을 기꺼이 인정하는 재능이 있었고, 햇빛으로 가득한 성격을 지녀서 그녀에게는 인생의 모든 것이 아름답고 의미로 가득하게 되었다.[a]

---

[a] Solon I. Bailey, "Henrietta Swan Leavitt," *Popular Astronomy* 30 (April 1922): 197.

다. 미국의 천문학자인 헨리에타 레빗(1868-1921)은 이런 종류의 별들을 연구해서 1912년에 주기-광도 관계를 발견했다.[12]

그림 6.13은 1형 세페이드 변광성을 보여준다. 그 그림은 한편으로는 그런 별들이 가장 밝은 광도에서 가장 낮은 광도로 변했다가 다시 가장 밝은 광도로 돌아오는 주기를 완성하는 데 소요되는 시간과, 다른 한편으로는 고유 광도 사이의 상관관계다. 주기는 일(day)로 표시되고 고유 광도는 태양의 고유 광도와 같은 단위로 표시된다. 이 그림에서 우리는 세페이드 변광성의 고유 광도가 밝을수록 진동 주기가 긴 것을 볼 수 있다.

레빗의 주기-광도 관계는 창조세계에 나타난 영속적인 규칙성의 또 다른 예이며 매우 강력한 거리 측정 도구다. 광도의 진동 주기를 정확히 결정하는 것은 전에 발견되었던 다른 거리 측정 기법들을 사용하는 것보다 훨씬 쉽다. 1형 세페이드 변광성들은 천문학자들이 찾고 있던 새로운 종류의 표준 촉광이 되었다. 더 많은 세페이드 변광성들을 발견하기 위한 노력이 계속되었다. 천문학자들이 1형 세페이드 변광성을 찾아내고 그 별의 광도 진동 주

---

12 Leavitt은 1908년까지는 그 규칙성을 발견했고 그것을 1912년에 확인했다.

기를 결정하고 나면 그 별의 고유 광도를 결정할 수 있다. 고유 광도와 망원경을 통해 측정된 겉보기 광도가 주어지면 거리-광도 관계를 사용해서 그 별의 거리를 계산할 수 있다. 1형 세페이드 변광성들은 천문학자들에게 매우 중요한 표준 촉광이 되었다.

최초로 발견된 세페이드 변광성인 세페우스 자리 델타(세페이드 변광성이라는 이름은 이 별에서 유래했다)는 지구에서 가까웠기 때문에 천문학자들은 시차 거리 측정 기법과 세페이드 변광성 거리 특정 기법을 비교해서 양자가 실험 오차 범위 내에서 서로 일치하는지를 확인할 수 있었다. 세페이드 변광성들과 관련된 물리적 가정은 시차 측정의 가정들과 독립적이기 때문에 궁극적으로 그 두 기법은 서로 독립적이다. 과학자들에게는 그런 독립적인 점검이 중요하다. 같은 결과를 산출하는 복수의 독립적인 측정 기법들이 존재할 경우 우리의 결과에 대한 확신이 커진다.

이런 결과들을 갖고서 천문학자들은 알려진 변광성들과 새로 발견된 변광성들에 세페이드 변광성 거리 측정 기법을 적용하기 시작했다. 1918년에 할로 새플리(1885-1972)는 대마젤란은하가 지구에서 16만 광년 떨어져 있고 소마젤란은하는 지구에서 8만 광년 떨어져 있다고 판정할 수 있었다. 새플리의 결과에는 두 가지 놀라운 점이 있다.

심화 학습 최선의 설명에 이르는 추론과 거리 측정

먼 곳에 있는 별들에 대한 복수의 독립적인 측정 결과들이 일치한다는 사실은 특정한 별의 실제 거리에 대한 우리의 확신을 강화해 준다. 이는 섹션 4.2.1에서 묘사된 최선의 설명에 이르는 추론의 예다. 각각의 측정 기법이 다른 특정 기법과 독립적인 물리적 원칙에 의존한다면, 그런 측정 기법은 각기 독립적인 증거의 범주에 부합하는 결과를 산출할 것이다. 천문학자들이 특정한 별의 거리에 관해 일치하는 독립적인 증거들을 더 많이 갖고 있을수록 그 별의 거리가 정확하게 결정되고 있다는 확신이 더 강해질 것이다. 독립적인 측정 기법과 증거들이 일치하는 데 대한 최선의 설명은 그 측정 기법들이 별들의 거리를 참되게 결정하고 있다는 것이다. 그런 독립적인 기법들이 모두 우연히 특정한 별의 거리에 대해 같은 결과를 제시할 개연성은 매우 작다. 더구나 별 하나에 대해 다른 모든 방법이 같은 결과를 낳도록 "조작하는" 데 요구되는 작업량은 진리에 관심이 있는 어떤 한 사람이 투자하기에는 너무도 막대하다. 또한 별 하나에 대해 그런 것들을 조작한다고 해도 다른 별들에 대해 일치가 이루어지리라는 보장이 없다. 그런 일치에 대한 최선의 설명은 다른 기법들이 특정한 별과 지구 사이의 진정한 거리를 측정한다는 것이다.

첫째, 현재 대마젤란은하에 대한 우리의 최선의 거리 추정치는 167,000광년이다. 따라서 새플리의 1918년 결과는 좀 더 정확한 현대의 측정값에 놀라울 정도로 가깝다.

새플리의 결과에서 두 번째로 놀라운 점은 대마젤란은하가 1921년에 확인된 은하수의 최선의 거리 측정치보다 4만 광년 멀리 있다고 판정되었다는 것이다. 이는 은하수가 우리가 전에 생각했던 것보다 크거나 우리 은하 밖에 뭔가가 있음을 암시했다. 새플리의 결과는 우리 은하 외에 다른 은하들이 있다는 최초의 증거로 밝혀졌다.

마젤란은하들은 새플리의 거리 측정 결과가 나오기 전에는 우리 은하에 위치한, 별들의 밀집한 **성운**(stellar nebula)으로서 그곳에서 별의 형성이 일어난다고 생각되었다. 세페이드 변광성 거리 측정법은 강력한 힘이 있어서 천문학자들은 이 방법을 통해 은하수의 크기를 정확하게 결정할 수 있었을 뿐만 아니라 우리 은하 외에 다른 은하들도 있음을 입증할 수 있었다. 하룻밤 사이에 알려진 우주의 크기와 복잡성이 확대되어 우주에 관해 수 세기 동안 받아들여진 믿음들을 뒤엎는 것으로 보였다. 요컨대 20세기의 천문학은 어느 날 밤 잠자리에 들었다가 다음날 일어나 보니 알려진 우주의 크기가 두 배 또는 네 배가 되어있는 것을 발견했다. 수십 년 동안 이 패턴이 계속되었다.

예컨대 가장 잘 알려진 20세기의 천문학자 중 한 사람인 에드윈 허블(1889-1953)은 1924년 주기-광도 관계를 사용해서 안드로메다은하에 있는 별들이 80만 광년 떨어져 있다고 판단했다. 천문학자들은 마젤란은하들의 경우에서처럼 안드로메다가 은하수 안의 성운이라고 생각했지만 허블의 측정 결과는 알려진 우주가 새플리의 앞선 측정 결과에 기초해서 생각되었던 것보다 4.5배 크다는 것을 암시했다. 이후에 허블은 고려할 필요가 있는 몇몇 추가적인 세밀한

사항들을 발견하여 자신의 측정 결과를 계속 수정했다. 좀 더 현실적인 그의 새로운 측정 결과에 따르면 안드로메다은하는 약 200만 광년 떨어진 곳에 위치한다. 알려진 우주의 크기는 또다시 2.5배 커졌다.

6.3.4. 표준 촉광으로서 1a형 초신성.
이런 식으로 계속 진행되다가 1960년대 말에 천문학자들은 세페이드 변광성 거리 측정 기법 및 이 장에서 논의되지 않은 변광성 기법들의 한계에 도달했다. 기본적으로 10억 광년이 1형 세페이드 변광성의 광도 진동 주기를 정확히 결정할 수 있는 한계다. 따라서 1970년대까지 우주의 거리 측정은 10억 광년에서 멈췄는데 이는 상상할 수 없을 정도로 먼 거리다. 그러나 역사는 반복되는 것으로 보인다. 표준 촉광으로서 세페이드 변광성의 자연적인 한계에 도달하자 천문학자들은 자기들이 우주의 크기를 알아냈는지 아니면 우리가 발견할 능력 범위를 넘어서는 또 다른 영역이 남아 있는지 알 수 없었다. 그들은 10억 광년보다 더 멀리 탐색할 수 있도록 가장 밝은 변광성보다 밝은 표준 촉광의 후보를 필요로 했다.

가장 밝은 별보다 더 밝은 별은 무엇인가? 그것은 폭발하는 별이다! 그리고 별의 폭발 중 가장 밝은 것은 초신

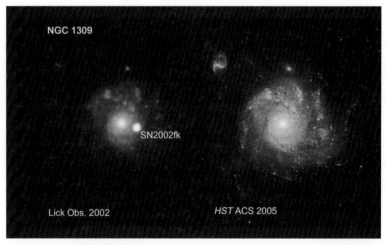

그림 6.14. 2002년 가장 밝을 때 관측된 초신성 SN2002fk와 3년 후—폭발로 인한 밝음이 충분히 가라앉은 후—같은 은하(NGC1309)의 사진 비교. 작은 청록색 원은 그 초신성 폭발이 일어났던 곳을 보여준다.

성이다. 우리는 9장에서 초신성에 관해 좀 더 많이 살펴보
겠지만 지금으로서는 특정한 종류의 초신성이 어떻게 표
준 촉광 역할을 할 수 있었는지에 초점을 맞출 것이다.

그림 6.14는 같은 은하인 NGC1309의 두 사진들을
보여준다. 왼쪽 사진은 SN2002fk로 알려진, 2002년에 폭
발이 일어난 초신성을 보여준다. 이 사진은 캘리포니아주
의 릭 천문대에서 지상 망원경으로 촬영되었다. 한 가지
두드러진 점은 그 초신성이 그 전체 은하보다 몇 배 밝다
는 것이다. 그렇게 빛을 내는 사건은 다양한 망원경으로
쉽게 관측될 수 있다. 이제 그 사진을 3년 뒤 에드윈 허블
의 이름을 따서 허블 우주 망원경으로 이름이 붙여진 망
원경으로 찍은 사진과 비교하라. 작은 청록색 원은 그 초
신성 폭발이 일어났던 곳을 보여준다. 은하 NGC1309는
원래 모습으로 돌아왔다. 이 사진들은 만일 천문학자들이
표준 촉광 용도로 사용될 수 있는 규칙성을 발견할 수 있
다면 초신성이 얼마나 강력할 수 있는지를 보여준다. 물
론 천문학자들은 오랫동안 초신성들과 그것들의 밝기에
관해 알고 있었지만 1990년대 말까지 표준 촉광으로 유
용한 규칙적인 초신성 폭발 패턴이 확인되지 않았다.[13]

1998년에 천문학자들은 1a형으로 알려진 특별한 종
류의 초신성 폭발에 그러한 규칙성이 있음을 확인했다.
이런 폭발은 대체로 그 별의 모든 곳에서 일어나는 탄소
원자의 융합에 의해 견인되어 탄소 폭발로 이어진다. 그
림 6.15에서 위의 도표를 보면 그 폭발의 고유 밝기는 다
소 신속하게 정점에 도달했다가 좀 더 서서히 감소한다.
그 곡선들은 확실히 1a형 폭발의 행태에 일관성이 있는
패턴이 존재함을 암시한다. 1998년 정점의 광도와 광도
곡선(light curve)이 떨어지는 속도 사이에 관계가 있음이
발견되어 그 추정이 확인되었다(기본적으로 초신성이 밝을수
록 광도 곡선이 천천히 붕괴한다). 이 관계를 이용해서 경험에

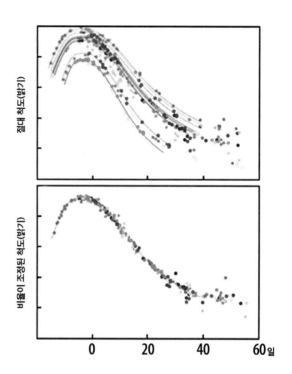

그림 6.15. 위의 도표는 1a형 초신성의 고유 밝기의 상승과 하락을 보여
준다. 시간에 대해 적절히 비율을 조절하면(아래의 도표) 광도 곡선은 1a형
초신성의 행동 패턴을 드러낸다.

기초한 수학적 변환을 통해 위의 도표에 나타난 모든 곡
선이 고유 밝기가 시간이 지남에 따라 어떻게 행동하는지
에 관한 하나의 곡선으로 특징지어졌다. 천문학자들은 이
런 식의 규칙적인 패턴을 사용해서 그것을 거리-광도 관
계와 결합하여 천문학적 거리 측정을 위한 새로운 표준
촉광을 개발할 수 있었다. 즉 그들은 광도 곡선에서 취한
정점의 고유 광도에 상응하는 겉보기 광도를 관측하고 거
리를 계산한다.

천문학자들은 초신성 폭발 관찰기록(protocol)을 사
용한다. 어떤 망원경이 초신성 폭발을 탐지하면 전 세계
의 망원경들에 메시지가 보내져 초신성이 보이는 한 그것
에 대해 가급적 많은 관측이 이루어질 수 있게 한다. 이에
는 지상에 토대를 둔 망원경과 우주에 토대를 둔 망원경
이 포함된다. 그 폭발의 역사가 기록되고 연구된다. 그것
이 1a형으로 밝혀지면 천문학자들은 거리-광도 관계를
사용해서 지구에서 그 초신성까지의 거리를 추정할 수 있
다. 천문학자들은 1a형 표준 촉광들을 사용해서 100억 광

---

13 초신성 관측이 최초로 기록된 연도는 1006년이었는데 그 사건은 중
    국, 유럽, 중동에서 기록되었다. 최초의 체계적인 초신성 연구는 튀코
    브라헤가 1572년부터 수행했다. North, *Cosmos*, 322-23을 보라.

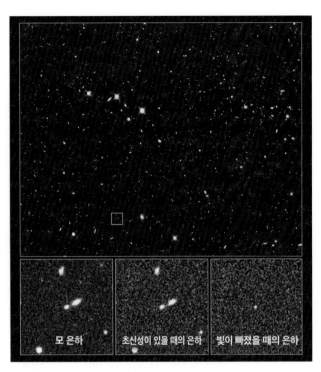

그림 6.16. 100억 광년 넘게 떨어진 곳에서 발생한 은하의 1a형 초신성 폭발을 드러내기 위해 확대된 허블 우주 망원경 사진.

년 떨어진 거리를 계산할 수 있었다.

그림 6.16은 약 103억 광년 떨어진 곳에서 폭발한 초신성의 허블 우주 망원경 사진을 보여준다. 위쪽 사진에서 좌측 하단부의 흰색 작은 정사각형이 아래쪽의 사진들에 확대되었다. 여기서 붉은 선들은 관심 대상인 은하수를 가리킨다. 초신성 1a형 SN UDS10Wil의 밝기를 그 은하의 빛이 빠졌을 때의 모 은하와 비교할 수 있다. 하나님의 우주는 참으로 광대하다!

그림 6.17을 통해 별의 거리 측정 논의를 요약해보자. 이 그림은 몇 가지 천문학적 거리 측정 기법 간의 비교를 보여준다(우리가 이 섹션에서 논의할 수 있었던 방법 외에도 몇 가지 방법이 더 존재한다). 이 기법들 모두 다른 기법들과 겹치는 거리 범위가 있음을 주목하라. 시차 측정 기법이 세페이드 변광성 기법의 정확성을 독립적으로 점검하는 데 사용될 수 있는 것과 마찬가지로 1a형 초신성 기법

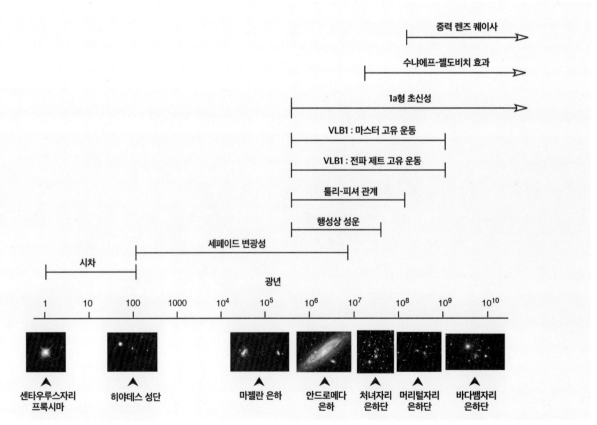

그림 6.17. 다양한 천문학적 거리 측정 기법 비교.

도 다른 몇몇 기법과 겹치는 것을 주목하라. 이 기법들과 관련이 있는 물리 원칙—창조세계의 규칙성—은 독특하며 따라서 이 거리 측정 기법들이 독립적으로 확인될 수 있다. 현재 알려진 모든 천문학적 거리 측정 기법은 같은 상황에 놓여 있다. 천문학자들은 적용되는 측정 기법들이 겹치는 범위에 대해 그 기법들의 측정 결과가 일치하는지를 점검할 수 있다. 그 기법들은 서로 독립적이며 따라서 천문학자들은 거리들을 측정해서 점검할 수 있는 다수의 독립적인 수단을 보유하고 있다. 다수의 독립적인 거리 측정 결과들이 일치하면 천문학자들은 그들이 측정하고 있는 어마어마한 거리에 대해 높은 수준의 확신을 가질 수 있다(위의 "심화 학습: 최선의 설명에 이르는 추론과 거리 측정"을 보라).

다음 장에서 우리는 도플러 이동과 중력에 대한 이해를 탐구해서 천문학자들이 어떻게 우주의 크기가 커지고 있다고 판단했는지를 알아볼 것이다. 원자 스펙트럼이 이 연구에서도 중요한 역할을 했다. 그러면 우리는 우주의 기원에 관한 현대의 이론들에 초점을 맞출 입장에 놓일 것이다.

7장

팽창하는 우주

고대부터 1920년대까지 보편적으로 우주가 어떻게 시작되었든 간에 우주의 크기는 언제나 고정되고 변하지 않는다고 믿어졌다. 우주가 **정적**이라는 말은 바로 이 뜻이다. 우리는 천문학자들이 어떻게 창조세계의 몇 가지 규칙성을 이용해서 우주의 크기와 구성을 판단했는지를 살펴보았다. 그러나 우주가 고대인들이 생각했던 것보다 훨씬 크다고 해서 그것이 우주의 크기가 차츰 변하고 있는지를 알려 주지는 않는다.

이 장에서 우리는 천문학자들이 우주가 **동적**이고 시간이 지남에 따라 팽창하고 있다는 것을 어떻게 발견했는지에 초점을 맞출 것이다. 이 이야기를 하기 위해서 우리는 지구 중심 태양계에서 태양 중심 태양계로의 변화라는, 서양의 우주론에서 가장 근본적인 변화부터 시작할 것이다. 이 변화는 우주의 크기가 결코 변하지 않았다는 사람들의 믿음을 흔들지 않았다. 이 변화는 우주가 어떻게 짜였는지에 관한 우리의 관점만을 변화시켰다. 이어서

우리는 우리가 정적인 우주가 아니라 동적인 우주에 살고 있다는 결론에 이르게 한 과학적 발견들의 역사를 훑어볼 것이다.

7.1. 우주에 대한 지구 중심 모형에서 태양 중심 모형으로의 이동.

정적인 우주에 대한 믿음은 20세기 전의 우리의 모든 관측과 일치했다. 예컨대 고대 이집트와 메소포타미아에서 제사장-천문학자들이 맨눈으로 밤하늘을 보았을 때 그들은 오늘날 우리가 (빛으로 오염된 환경에 있지 않을 때) 보는 바와 같이 똑같은 별들을 보았다. 그들은 우리가 식별하는 것과 똑같은 별자리들을 식별했고(비록 이름을 다르게 불렀지만 말이다), 태양과 달의 규칙적인 운동을 관측했고(비록 그들은 태양이 지구를 중심으로 돈다고 생각하는 **지구 중심** 우주론을 가졌지만 말이다), 행성("방황하는 별")들의 특이한 운동을 주목했다. 고전 그리스 철학자들과 자연 철학자들에게 있어서 완벽하고 변화가 없는 하늘에 대한 균일한 관측상의 경험은 우주가 영원하다는 생각과 연결되었다.

에우독소스(기원전 390-37년경)와 아리스토텔레스의 작품들에 예시된 전통적인 그리스의 우주론은 프톨레마이오스의 모형에서 절정에 도달했다(그림 7.1을 보라). 이 우주론이 수백 년 동안 서양의 사고를 지배했다. 기독교의 발흥으로 그리스의 몇몇 우주론이 재고되었다. 약 2세기에 걸친 투쟁 후 초기 기독교 신학자들은 그리스도가

그림 7.1. 프톨레마이오스 우주 모형 예시. 그것은 지구가 만물의 중심에 고정되어 있고 다른 모든 것은 지구를 중심으로 회전하는 지구 중심적인 우주다.

만물의 창조주라는 사실은 우주가 영원한 것이 아니라 우주에 시작이 있음을 암시한다는 결론에 도달했다. 우주가 창조되었다고 생각하는 이 변화는 나아가 이슬람의 천문학과 자연철학에 영향을 주었다. 창조되기는 했지만 정적이고 변하지 않는 우주라는 개념은 중세와 르네상스 시대 유럽의 사고의 중요 부분으로 남았다.

그림 7.1은 중심에 지구가 있고 달과 태양과 행성들이 그 주위를 돌며, 그것들이 24시간마다 한 번씩 도는 별들의 구체로 둘러싸인 전형적인 프톨레마이오스 우주 모형이다. 이 우주 모형은 17세기까지 서양과 이슬람의 사상을 지배했다. 이 체계의 핵심적인 특징은 달과 태양 그리고 행성들과 별들이 획일적인 원운동을 하면서 움직인다고 믿어졌다는 것이다. 피타고라스(기원전 570-490년) 이후 서구 세계의 거의 모든 사람이 하늘은 완벽의 영역이라고 믿었고, 원은 가장 대칭적인 기하학적 형태로 생각되었기 때문에 획일적인 원운동이 완벽한 운동이라고

믿었다.[1] 이것은 확실히 형이상학인 믿음이었지만, 그 믿음이 천상의 영역에 물리적인 영향을 끼쳤다. 더욱이 피타고라스 이후 서양의 거의 모든 사람이 지구가 구체라고 생각했고, 달과 태양 그리고 행성들도 마찬가지라고 생각했다.[2] 초기 그리스도인들은 이런 천문학적 믿음을 모두 계승하고 그 믿음들을 받아들였으며 17세기까지 성경 텍스트를 그런 믿음에 비추어 읽었다.[3] 천상의 영역은 완벽하다는 표준적인 믿음에 대한 가장 두드러진 예외는 알렉산드리아의 필로포노스(490-570)로서 그는 창조 교리의 명확한 함의 중 하나는 창조된 존재들 사이에 위계가 없다는 것이라고 주장했다. 즉 그는 피타고라스, 플라톤, 아리스토텔레스의 사고와 달리 천상과 지상이 같은 종류의 존재라고 생각했다.

17세기에 우주에 대한 지구 중심적 견해에서 **태양 중심적** 견해로 이동이 일어났는데—때때로 코페르니쿠스 혁명으로 잘못 불린다—그 견해에서는 태양이 중심에 있고 지구는 그 주위를 돈다.[4] 니콜라우스 코페르니쿠스(1473-1543)가 실제로 태양이 정적이고 지구가 그 주위를 돌기는 하지만 태양이 우주의 중심에 위치하지는 않은 **태양 정적**인 모형을 제안했다. 많은 사람이 코페르니쿠

---

1 브라헤가 16세기에 야심적인 천문학적 관측에 착수할 때까지 천문학자들에게는 행성들이 원형이 아니라 타원형으로 움직인다고 결정할 적절한 데이터가 없었다.

2 편평한 지구에 대한 믿음이 중세 시대까지 지속되었다는 것은 계몽주의의 신화다(Lesley B. Cormack, "Myth 3: That Medieval Christians Thought That the Earth Was Flat," in *Galileo Goes to Jail and Other Myths About Science and Religion*, ed. Ronald Numbers [Cambridge, MA: Harvard University Press, 2009], 28-34을 보라). 형이상학적이었고 대칭에 대한 고려에 기초한 것이기는 했지만 구체인 지구를 지지하는 피타고라스의 주장이 당대에 편평한 지구 견해를 이겼다.

3 Christian Wildberg, "John Philoponus," in *Stanford Encyclopedia of Philosophy*, http://plato.stanford.edu/entries/philoponus/(August 16, 2018 접속)와 Richard R. K. Sorabji, ed., *Philoponus and the Rejection of Aristotelian Science* (New York: Cornell University Press, 1987)를 보라.

4 오해하게 하는 제목인 "코페르니쿠스 혁명"에 관해서는 I. Bernard Cohen, *Revolution in Science* (Cambridge, MA: Belknap, 1987), 105-25을 보라.

스가 태양 중심 모형을 최초로 제안한 사람으로 생각하지만, 서양에서 그런 모형을 최초로 제안한 사람은 그가 아니었다. 피타고라스의 추종자인 필롤라우스(기원전 480-400년)가 서양에서 지구가 태양 주위를 도는 태양 중심 체계를 최초로 제안한 인물이었다. 그 모형은 하늘의 완벽성에 관해 사실이라고 믿어진 것과 일치하지 않았기 때문에 많은 추종자를 얻지 못했다. 알렉산드리아의 아리스타르코스(기원전 310-230년)가 좀 더 완전한 태양 중심 모형을 제시했지만, 그 모형은 스토아 학파의 클레안테스(기원전 331-232년)에게 지구가 움직이고 하늘이 쉬고 있는 것으로 제시하는 불경을 저지른다고 비판을 받았다. 바빌로니아의 셀레우코스(기원전 150년경의 인물이다)는 아리스타르코스의 모형을 지지했지만 고전 시기의 가장 영향력 있는 두 천문학자인 히파르코스(기원전 190-20년)와 프톨레마이오스(기원후 100년-170년경)는 그 모형을 거절했다. 프톨레마이오스가 그의 지구 중심 모형을 완성하고 나자 그 모형이 큰 성공을 거두어 태양 중심 사상은 대체로 잊혔다. 소수의 이슬람 천문학자들은 예외였는데, 그들은 11세기에서 13세기까지 몇몇 태양 중심적 사상을 탐구했던 것으로 보인다. 우리는 태양 중심 모형으로 전환한 데 대해 대체로 요한네스 케플러(1571-1630년)와 아이작 뉴턴(1643-1727)에게 감사한다(코페르니쿠스의 연구는 그의 사후 수십 년 동안 발달한 천문학과 자연 철학에 별로 영향을 미치지

심화 학습 **코페르니쿠스로 말미암아 우주에서 인간의 특별한 지위가 상실되었는가?**

당신은 코페르니쿠스의 태양 중심 모형이 우리를 우주의 중심이라는 특별한 지위에서 몰아냄으로써 인간을 강등시켰다는 신화 중 하나를 들어보았을 것이다. 이 생각은 완전히 틀렸다. 코페르니쿠스 전에, 그리고 심지어 그의 시대에도 아무도 지구가 특별하고 특권이 있는 위치에 있다고 생각하지 않았다. 실상은 아리스토텔레스 때부터 서양에서 보편적인 사고는 그것과 정반대였다. 그것은 오늘날에도 여전히 살아 있는 계몽주의의 또 다른 신화다.[a] 예컨대 닐 디그래스 타이슨은 다음과 같이 쓴다.

> 우리가 우주의 중심이라거나, 우주 전체가 우리를 중심으로 돌아간다거나, 우리가 특별한 요소로 만들어졌다거나, 우리가 처음부터 존재해왔다고 주장할 때마다 우리는 그 반대가 옳다는 것을 배운다. 사실 우리는 우리 은하의 시시한 한쪽 구석을 차지하고 있으며, 우리 은하는 우주의 시시한 구석을 차지하고 있다.

그는 이 사실들을 사용해서 우리가 "우주적으로 사소하다"는 자신의 주장을 정당화한다.[b]

이 신화는 실제로 애매함의 오류로 향한다. 두 가지 의미의 중심성이 있다. 첫째는 공간상의 위치로서의 중심성, 즉 우주 공간의 중심에 위치하는 것을 의미한다. 둘째는 하나님의 계획과 목적에 대한 중심성이다. 인간이 하나님의 계획에 있어서 중심적이라고 해서 인간이 반드시 우주 공간의 중심에 위치할 (또는 특별한 재료로 만들어질) 필요는 전혀 없다. 그리고 17세기까지 사실상 모든 사상가가 이 두 가지 개념의 중심성을 명확히 이해했다. 우리가 알기로 이 두 중심성 개념을 최초로 무시한 사람은 시라노 드 베르주라크(1619-55)였다. 베르나르 르 보비에 드 퐁트넬(1657-1757)이 계몽주의를 중심적 위치 상실은 특별함의 상실이나 마찬가지라고 생각하는 방향을 향하게 만든 것으로 보이지만 말이다. 하지만 그것은 논리적 오류다. 그러므로 타이슨처럼 우리가 우주의 중심에 위치하지 않는다거나 우주에 존재하는 다른 모든 것과 똑같은 요소로 만들어졌다고 해서 인간의 특별함을 무시하는 것은 완전히 다른 중심성 개념을 모호하게 만들고, 그 그림에서 하나님의 계획과 목적을 완전히 빼내는 처사다.

[a] Dennis R. Danielson, "Myth 6. That Copernicanism Demoted Humans from the Center of the Cosmos," in *Galileo Goes to Jail and Other Myths About Science and Religion*, ed. Ronald Numbers (Cambridge, MA: Harvard University Press, 2009), 50-58을 보라.

[b] Neil deGrasse Tyson, "The Lives and Deaths of Stars (I)," in *Welcome to the Universe: An Astrophysical Tour*, by Neil deGrasse Tyson, Michael A. Strauss, and J. Richard Gott (Princeton, NJ: Princeton University Press, 2016), 107.

않았다).[5]

프톨레마이오스의 지구 중심 모형이 왜 그렇게 오래 지속되었는가? 그 모형은 입수할 수 있는 최고의 과학적 이해인 아리스토텔레스의 자연 철학과 일치했다. 이 자연 철학의 핵심적인 구성 요소는 아리스토텔레스의 **자연스러운 위치** 이론과 **자연스러운 운동** 이론이었다. 이 견해에서는 흙, 물, 공기, 불이라는 지상의 4원소가 있다. 여기서 흙은 존재의 가장 낮은 등급이자 지상의 원소들 중 가장 밀도가 높은 반면에 불은 가장 높고 밀도가 가장 낮다. 땅이라는 원소의 자연스러운 위치는 우주의 중심이었고 물은 흙 위에 있었다. 반면에 불의 자연스러운 위치는 천상의 영역에 가급적 가까운 곳이었고 공기가 그 아래 있었다. 원소 흙이 그것의 자연스러운 장소에서 옮겨지면 흙의 자연스러운 운동은 우주의 중심을 향해 직선을 만드는 것이다(따라서 우리가 바위를 들어 올려서 떨어뜨리면 그것은 지구의 표면을 향해 떨어진다. 이에 반해 불이 그것의 자연스러운 위치에서 옮겨지면 불은 천상의 영역을 향해 직선을 만든다. 따라서 양초에 점화하면 불꽃이 위쪽을 향한다).[6] 코페르니쿠스의 태양 중심 모형은 그 시대의 최고의 과학과 일치하지 않는 것으로 알려졌다. 아리스토텔레스의 자연 철학이 폐기되고 대체될 때까지 태양 중심적인 우주는 재미있는 수학적 모형 이외의 대상으로는 생각될 수 없었다. 17세기에 진자 시계 같은 정밀 기기들이 개발될 때까지 아리스토텔레스의 자연스러운 위치 이론과 자연스러운 운동 이론은 운동 및 다른 형태의 변화에 대한 우리의 경험을 적절하게 설명했다. 따라서 그의 이론을 다른 이론으로 대체할 맥락상으로 적실성 있는 이유가 없었다. 갈릴레이의 운동 연

구들이 아리스토텔레스의 자연 철학이 옳지 않다는 최초의 명확한, 맥락상으로 적실성 있는 증거였다는 점에서 갈릴레이는 이 대목에서 중요한 역할을 했다("심화 학습: 지구중심설이 옳지 않다는 갈릴레이의 증거"를 보라).

두 가지 중대한 발전이 아리스토텔레스의 자연 철학을 뒤집는 데 중요한 역할을 했다. 첫째, 케플러는 행성들이 완벽한 원으로 움직이지 않고 타원으로 움직인다는 것을 주의 깊게 보여줬다. 둘째, 뉴턴은 지상의 운동과 천상의 운동을 같은 법칙하에서 통일해서 창조 교리에 기초한—존재의 질이나 등급에 관해 천상의 영역과 지상의 영역 사이에 차이가 없다는—필로포노스와 갈릴레이의 통찰이 옳다는 것을 입증했다. 이 발전들이 아리스토텔레스의 견해를 해체하고 우주에 관한 새로운 과학적 견해의 구축을 완성했다. 이로써 태양 중심설을 우주에 대해 실용적이고 현실적인 모형으로 간주할 수 있게 되었다. 뉴턴의 운동 법칙과 만유인력 법칙은 태양이 태양계의 중심에 있어야 함을 최초로 이론적으로 입증했다. 태양중심설에 대한 실험상의 확인은 수십 년 후 베셀의 1838년 시차 측정에서 나왔다(섹션 6.3.1을 보라).

그러나 새로운 태양 중심 모형에서 사람들은 여전히 별들이 태양계를 둘러싼 구체(球體)에 배열되었다고 생각했다. 베셀의 성공적인 시차 측정으로 비로소 최초의 타당한 거리 측정이 이루어졌음을 상기하라. 타당한 거리 측정이 이루어지고 나서야 천문학자들은 별들이 태양계를 둘러싼 구체의 껍질에 배열되지 않았음을 깨닫게 되었다. 하지만 별들이 구체에 배열되지는 않았지만 사람들이 우주의 크기가 고정되지 않았다고 생각할 이유는 없었다.

7.2. 우주 원리

이야기를 진행하기 위해 우주 원리라 불리는, 천문학자들과 우주론 학자들의 연구에서 중요한 역할을 하는 원리를 소개할 필요가 있다. 그것은 경험적인 발견으로서 우리는 이 원리를 지지하는 증거들을 축적해왔다(그것은 증명된 진

---

5 Cohen.
6 코페르니쿠스의 모형이 수학적 호기심 이외의 목적으로는 다뤄질 수 없었던 또 다른 이유는 지상의 원소들의 위계 때문이었다. 천상의 영역은 완벽의 영역이었고 제5원소(quintessence) 또는 에테르로 불리는 다섯 번째 원소로 만들어졌다. 이와 대조적으로 지상의 영역은 불완전하고 존재의 낮은 등급의 원소들로 만들어진 장소였다. 따라서 태양이 우주의 중심에 있고 지구가 하늘에서 태양 주위를 도는 것은 문자적으로 불가능했다.

리가 아니라 잠정적이다. 섹션 4.1을 보라). 요컨대 그 원리는 우주가 동질적이고 등방성(等方性)이 있다고 말한다.

7.2.1. 균질적인 우주.

우주가 **균질적**(homogeneous)이라는 말은 천문학자들이 우주에서 물질의 밀도 같은 속성을 측정할 때마다 그 속성이 점점 더 먼 거리의 척도에서 볼 때 어디에서나 같음을 의미한다. 만일 당신이 우리 태양계만을 본다면 그것은 매우 독특하고 인근의 어느 곳에도 그것과 비슷한 것이 없는 것처럼 보인다. 그러나 당신이 점점 더 먼 거리로 옮겨감에 따라 수소와 헬륨의 평균 밀도, 별들의 분포, 은하수들의 분포가 비슷해진다. 달리 말하자면 높은 수준의 국지적인 변이들이 존재할 수도 있지만 우리가 우주의 점점 더 큰 부분을 볼수록 물질의 밀도는 점점 더 동일한 평균값에 근접해진다. 균질성의 요지는 우주에 특별한 장소는 없다는 것이다. 물질의 평균적인 밀도는 우주 전역에 걸쳐서 대체로 동일하다. 달리 말하자면 가장 큰 척도에서 우주의 밀도와 구성이 같아지는 경향이 있다. 따라서 우리가 거리 척도를 늘림에 따라 우주가 전체적으로 볼 때 균질적이라고 가정하는 것은 매우 좋은 근사치다.

7.2.2. 등방적인 우주.

우주가 **등방적**(isotropic)이라는 말은 우리가 지구의 어느 방향을 보든 점점 더 먼 척도에서 우주의 속성이 동일함을 의미한다. 달리 말하자면 선호되는 방향이 없다. 예컨대 밤에 당신이 하늘을 보면 달이 있는 방향이라는, 특별해 보이는 방향이 있다. 그러나 당신이 점점 더 멀리 바라보고 우주의 더 많은 부분을 취할수록 당신이 바라보는 각각의 방향은 대략 같은 모습으로 보인다. 균질성과 마찬가지로 등방성도 우리가 점점 더 먼 거리 척도로 옮겨갈 경우에만 성립한다. 이 거리 척도들이 늘어날수록 다른 방향들의 관측의 균일성도 증가한다.

당신은 우주가 균질적이라면 우주가 필연적으로 등방적이어야 한다고 생각할지도 모르지만, 이 속성들은 별개의 속성들이다. 당신이 미시간호에 떠 있다고 가정하라. 당신이 그 호수에서 움직이는 모든 곳의 물의 밀도는 동일하고, 당신에게 똑같이 보일 것이다. 이와는 대조적으로 만일 당신이 물결을 수직으로 본다면 물결을 평행하

심화 학습 지구중심설이 옳지 않다는 갈릴레이의 증거

때때로 갈릴레이의 천문학적 관측이 코페르니쿠스의 모형이 옳고 프톨레마이오스의 모형이 틀렸다는 명확한 증거를 제공했다고 생각된다. 그러나 이 생각도 신화다. 갈릴레이가 1632년에 『두 가지 주요 세계관의 대화』(A Dialogue of Two Chief World Systems)를 출간했을 무렵에 대다수 천문학자는 브라헤가 고안한 수정된 지구 중심 모형을 채택했다. 그의 모형은 지구를 태양계의 중심에 두고 태양과 달이 지구 주위를 공전하는 것으로 보았다. 나머지 행성들은 태양 주위를 공전했다. 이 모형은 갈릴레이의 모든 천문학적 증거(관측된 금성의 위상 포함)와 일치했다. 더욱이 그 모형은 아리스토텔레스의 자연스러운 위치 이론 및 자연스러운 운동 이론과도 일치했고 심지어 엄격한 지상/천상의 구분도 존중했다. 그러므로 갈릴레이의 천문학 연구 노력은 당시에 갈릴레이를 제외한 모든 사람에게 지구중심설을 뒤집기에 적절한 증거로 인식되지 않았다(갈릴레이는 편의상 그의 분석과 지동설에 반대하는 주장에서 브라헤의 모형을 빠뜨려서 프톨레마이오스의 모형과 코페르니쿠스의 모형 사이에서 강요된 선택을 하는 오류를 저질렀다). 이와 대조적으로 그의 운동 연구들은 아리스토텔레스의 자연스러운 위치 이론과 자연스러운 운동 이론을 재점검하는 데 필요한 증거를 낳았다.[a]

[a] 당시에 코페르니쿠스와 갈릴레이에 반대하는 설득력 있는 과학적 주장들도 있었다. Christopher M. Graney, *Setting Aside All Authority: Giovanni Battista Riccioli and the Science Against Copernicus in the Age of Galileo* (Notre Dame, IN: University of Notre Dame Press, 2015)를 보라.

게 볼 경우와는 다른 패턴을 보게 될 것이다. 미시간호는 균질적이지만 등방적이지는 않다.

7.2.3. 우주의 균일성.
우주 원리는 가장 넓은 척도에서 우주에 특별한 장소나 특별한 방향이 없다는 개념을 진술하는 공식적인 방법이다. 당신은 어느 곳을 가든, 어느 방향을 보든 같은 종류의 별들과 은하수들 그리고 전자기 복사를 본다. 이 원리의 한 가지 함의는 우주에 중심이 없다는 것이다. 즉 어떤 장소도 특별히 우주의 중심으로 구별될 수 없다. 이 점은 우리가 살펴볼 빅뱅의 특별한 성격과 관련이 있다(8장을 보라).

우주 원리는 자연이 획일적(uniform)이라는 우리의 상식적인 가정을 세련되게 표현한 것이다. 똑같은 법칙들이 우주의 어느 곳에서나 성립한다. 같은 물질이 우주의 어느 곳에서나 발견된다. 자연 상수들이 우주의 어느 곳에서나 같은 값을 가진다. 간단히 말하자면 자연의 특성은 어디서나 똑같다. 신학적으로 볼 때 이 균일성은 창조 교리 및 **존재론적 동질성**(섹션 7.1을 보라), 즉 창조된 모든 것이 같은 질서의 존재인 창조물이라는 개념과 관련이 있다. 그리스의 철학적 사고는 천상의 영역을 지상의 영역보다 중시하고, 영이나 정신을 물질보다 중시하는 경향이 있었다. 이와 달리 성경은 지상의 영역과 천상의 영역 사이에 차이가 없으며, 창조세계에서 영적인 것이 물질적인 것보다 더 좋거나 실제적이라는 식의 위계가 없다고 본다. 이 개념들은 현대 과학의 발달에 매우 중요했다.[7] 우주 원리는 천상의 영역이 지상의 영역과 같은 물질에서 만들어졌고 같은 원리를 통해 작동한다는 개념에 대한 현대의 확장이다. 그것은 창조세계의 우발적 합리성의 일부다(섹션 2.2.1을 보라).

7.3. 아인슈타인의 일반상대성 이론
우주 원리는 아리스토텔레스의 자연 철학과 달리 우주가 위계적으로 질서 잡힌 것이 아님을 암시한다. 그러나 우

---

7   Robert C. Bishop, "God and Methodological Naturalism in the Scientific Revolution and Beyond," *Perspectives on Science and Christian Faith* 65 (March 2013): 10-23.

심화 학습 뉴턴의 만유 인력 법칙

뉴턴의 중력 법칙에 따르면 모든 물체는 다른 물체에 대해 끌어당기는 힘을 행사하는데, 우리는 그것을 중력으로 부른다. 질량 m_1과 m_2를 가진 두 물체가 서로 r의 거리에 있다면, 중력은 그 물체들의 질량의 곱을 거리의 제곱으로 나누고, 우리가 뉴턴의 상수로 부르며 전통적으로 G로 표시하는 값을 곱한 것이다. 뉴턴은 중력 현상의 몇 가지 예(예컨대 지구 표면 가까이에서의 발사 운동, 달의 지구 주위 공전, 행성들의 태양 주위 공전)을 연구해서 그의 유명한 법칙을 개발했다. 이 예들에 기초해서 그는 귀납법을 사용하여 자신의 결론들이 우주의 모든 물체에 대해 성립하도록 일반화했다(섹션 4.2.1을 보라).

그림 7.2에 나타난 중력에 대한 표현을 보면 우리는 어떤 물체의 질량이 커질수록 다른 질량에 가하는 중력이 커짐을 볼 수 있다. 우리는 또한 두 질량 사이의 거리가 멀어질수록 중력의 힘은 어떤 물체의 질량 증가나 감소의 효과보다 훨씬 신속하게

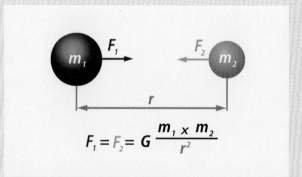

$$F_1 = F_2 = G \frac{m_1 \times m_2}{r^2}$$

그림 7.2. 두 질량 간의 중력을 묘사하는 뉴턴의 유명한 공식.

약해짐을 볼 수 있다. 수성의 궤도의 특정한 특성이라는 예외를 제외하고 이 보편적인 가정은 아인슈타인이 획기적인 발견을 할 때까지는 우리의 모든 이론적 연구 및 실험상의 연구를 통해 확인된 것으로 보였다.

해왕성의 발견은 과학 연구에 관한 몇 가지 중요한 교훈을 보여준다. 첫째, 과학자들은 문제가 있다는 최초의 신호를 만나더라도 지금껏 성공적이었던 이론을 버리지 않는다. 대신 그들은 이론과 관측이 일치하지 않는 이유가 무엇일지를 조사한다. 이론의 어딘가에 잘못이 있거나 실험 장비에 문제가 있을 수도 있지만, 우리가 세상에 관해 알고 있다고 생각하는 것에 뭔가가 빠졌을 수도 있다. 천왕성의 궤도의 경우 다른 것들을 떨쳐내는, 아직 발견되지 않은 추가적인 행성이 있었다. 더욱이 발견되지 않은 행성이 있다는 제안은 검증될 수 있는 가설임을 주목하라. 천문학자들은 뉴턴의 이론을 사용해서 천왕성의 궤도를 [행성이 없을 경우의 이론적인 궤도에서] 떨어져 나가게 만들려면 행성이 있어야 할 곳을 계산하고 이어서 망원경을 사용해서 제안된 행성이 있는지 찾아볼 수 있다.

또 다른 중요한 교훈은 뉴턴의 이론 같은 이론들은 임시방편적인(ad hoc) 가정들이나 개념들과 관련되지 않는다는 것이다. 오히려 체계적인 지식체로서 이론들은 설명이나 예측을 낳기 위한 일반적인 원리와 일반적인 방법을 제공한다. 천왕성의 경우처럼 이 설명이나 예측을 거부하는 불일치가 있을 때 과학자들은 그 불일치 문제에 대한 임시방편적인 해결책을 모색하지 않는다. 오히려 그들은 불일치를 자아낸 적실성 있는 가능성들을 체계적으로 조사한다. 그 이론에서 뭔가 빠져 있음을 입증하는 것은 우리가 뭔가 새로운 것을 배운다는 것을 의미하기 때문에, 확립된 이론에서 체계적인 문제에 봉착하면 과학자들은 그 이론이 옳음을 입증할 때만큼이나 흥분하게 된다.

주 원리 자체는 우주가 언제나 같은 크기였는지 아니면 커지고 있는지에 관해 아무것도 암시하지 않는다. 그렇다면 우리가 어떻게 우주가 실제로 팽창하고 있음을 발견했는가? 한 가지 단서가 아인슈타인이 20세기 초에 제공한, 중력에 대한 새로운 이해를 통해 제시되었다.

7.3.1. 뉴턴의 중력 법칙. 17세기 말부터 20세기 초에 아인슈타인의 발견이 나올 때까지 뉴턴의 중력 이론과 운동 법칙들이 행성들의 운동과 우주의 구조를 이해하기 위한 기본적인 틀을 제공했다. 1800년대와 1900년대에 행성, 혜성, 소행성들의 운동을 이해하기 위해 뉴턴의 궤도역학 분야에서 많은 연구가 수행되었다. 과학자들이 혜성의 궤적을 계산할 때 모든 행성과 태양의 중력을 고려해야 하기 때문에 상당히 어려운 문제들이 있었다.

뉴턴의 중력 이론은 놀라울 정도로 성공적이었다. 알려진 가장 바깥쪽 행성인 천왕성은 한동안 주목할만한 예외였다. 천왕성의 계산된 궤도는 실제 관측된 궤도에서 벗어났다. 이 불일치는 계산의 어려움이나 아마도 뉴턴 이론의 약간의 실패로 설명될 수도 있었을 것이다(이 계산

들이 어떻게 이루어졌는지에 관한 개요는 섹션 4.2.2를 보라). 아무도 천왕성의 올바른 궤도를 계산하는 데 문제가 있다고 해서 그것 외에는 성공적이었던 뉴턴의 이론을 포기하는 것이 현명한 처사라고 생각하지 않았다. 1842년에 메리 서머빌(1780-1872)이 천왕성의 궤도를 교란하는 가설상의 행성이 천왕성의 이론적으로 예측된 궤도와 관측된 궤도 사이의 불일치를 설명할 수 있을 것이라고 제안했다. 훗날 1845년 서머빌의 제안에 영향을 받은 위르뱅 르베리에(1811-77)와 존 C. 애덤스(1819-92)가 독립적으로 뉴턴의 이론을 사용해서 발견되지 않은 이 행성의 질량과 예상되는 궤도를 계산했다. 1846년 9월 23일 르베리에와 애덤스의 계산에 근거해서 천문학자 요한 G. 갈레(1812-1910)가 있을 것으로 예측된 바로 그 지점에서 해왕성을 발견했다.[8]

---

8   적절한 시기 포착이 매우 중요했다. 다행히도 Galle는 Leverrier와 Adams가 그들의 예측을 출간한 직후 관측을 시작했는데 토왕성은 실제로 그들이 예측한 궤도를 벗어났다. 만일 Galle가 해왕성을 찾기를 지체했더라면 그가 해왕성을 발견하지 못했을지도 모른다. 이 점은 과학적 발견에서 운 좋은 발견이 얼마나 중요한 역할을 하는지를 보여준다.

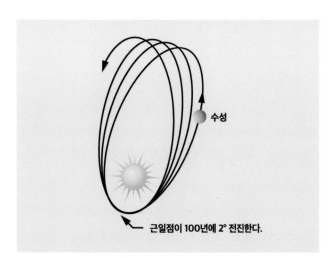

그림 7.3. 수성이 태양 주위를 돌 때 수성의 근일점(태양에 가장 가깝게 접근하는 지점)이 서서히 전진한다. 뉴턴의 이론에 따라 중력이 전진율에 이바지하는 부분은 관측된 전진율의 약 2/3에 지나지 않는다.

해왕성의 발견은 뉴턴의 이론에 있어 엄청난 성공이었다. 뉴턴의 이론과 관측들 사이의 유일한 불일치는 남아 있는 수성의 궤도로 보였다. 그림 7.3은 수성이 공전할 때 수성의 **근일점**—궤도가 태양에 가장 가까워지는 지점—이 어떻게 이동 또는 전진하는지를 보여준다. 관측된 전진율의 일부는 태양계에 존재하는 다른 행성들의 영향으로 말미암아 야기되는 것으로 설명될 수 있었다. 그러나 전진율 중 뉴턴의 이론이 설명할 수 없는 부분이 남아 있었다.

천왕성의 경우에서와 마찬가지로 수성의 근일점 전진이 뉴턴의 법칙하에서 완전히 설명되지 않는다고 해서 그 이론이 잘못되었다고 여겨지지는 않았다. 과학자들이 그 문제를 계속 연구하면 궁극적인 설명이 발견될 것으로 생각되었다. 당시에 누구도 뉴턴의 이론과 수성의 행태 사이의 불일치가 뉴턴의 이론 자체에 한계가 있다는 신호라고 의심하지 않은 것 같다.

7.3.2. 아인슈타인과 특수상대성.

20세기 초 아인슈타인의 연구로 사정이 달라지기 시작했다. 1905년에 그가 어느 논문이라도 노벨상을 탈 수 있었을 논문 다섯 편을 발표했기 때문에 그해는 종종 경이로운 해로 불린다. 그해는 실로 대단한 해였다! 이 논문들 중 한 편은 그의 특수상대성 이론(이 이론은 궁극적으로 그의 일반상대성 이론으로 이어졌다)을 묘사한다.

우리는 아인슈타인이 특수상대성 이론을 연구해서 궁극적으로 그것을 개발한 중요한 두 가지 동기를 논의할 것이다. 첫째는 그가 십대 때부터 "광파를 타면 어떻게 될까?" 같은 특정한 종류의 질문에 매료되었다는 것이다. 당신이 손전등을 켜고 그 광선에 올라탈 수 있다고 상상하라. 당신이 빛의 속도로 여행한다면 상황이 어떻게 될까? 아인슈타인은 어릴 때 품었던 이 질문을 성인이 되어 물리학자가 될 때까지 간직하고 있었다.

두 번째 동기는 물리학 분야에서의 근본적인 질문이었다. 맥스웰이 그의 전기와 자기 이론—흔히 전자기학으로 불린다—을 개발했을 때 과학자들은 맥스웰의 이론과 뉴턴의 이론이 일치하지 않는다는 것을 알았다. 당시에 이 이론들은 물리학에서 두 개의 최고의 이론들이었고 따라서 양자의 불일치는 매우 당혹스러웠다. 난제는 뉴턴의 이론에서는 속도에 한계가 없는 반면에 맥스웰의 이론에서는 한계가 있다는 것이었다. 맥스웰의 이론에 따르면 빛의 속도가 근본적인 속도의 한계다. 아무것도 진공 상태에서 초당 약 30만킬로미터보다 빨리 이동할 수 없다. 그러나 뉴턴의 이론에서는 속도의 제한이 없다. 뉴턴의 이론에 따르면 원칙적으로 어떤 물체라도 어떤 속도로든 이동할 수 있다.[9] 따라서 20세기에 들어와서 우리의 가장 성공적인 이론들이 속도의 한계가 있는지에 관해 일치하지 않는 것으로 보였다. 아무도 이 불일치에 대한 효과적인 해법을 발견하지 못했다. 아인슈타인은 다른 많은 학자들과 마찬가지로 궁극적으로 이 두 이론을 통일시키고 속도의 한계 문제를 해결할 방법이 있을 것으로 생각했다. 그의 특수상대성 이론이 답을 제공했다.

---

9 무한한 속도에 관해서는 몇 가지 다루기 힘든 것들이 있지만 이 대목에서 우리는 그것에 신경을 쓸 필요가 없다.

특수상대성의 재미있는 결과들과 특성들이 많지만 이 대목에서 우리는 한 가지 중요한 측면에 초점을 맞출 것이다. 그 이론의 핵심적인 특징 중 하나는 모든 **가속하지 않는** 준거틀(nonaccelerating reference frames)에서 자연법칙들이 똑같다는 것이다. 이것이 의미하는 바는 동일한 속도로 이동하는—가속하지 않는—모든 종류의 물리적 체계는 동일한 속도로 이동하는 다른 체계와 동일한 물리법칙을 공유한다는 것이다. 이런 종류의 체계들 사이에 운동 법칙이나 전자기력과 중력 또는 자연 상수 또는 다른 어떤 것에도 변화가 없다. 물론 많은 학자가 자연법칙들에 대해 그런 종류의 균일성이 옳다고 가정했지만, 아인슈타인은 세부사항을 규명하고 예측 가능한 결과들을 도출할 수 있었는데, 그 결과들은 후에 확인되었다. 이는 창조세계가 균일하게 작동한다는 상식적인 전제에 대한 또 다른 예다.[10] 가속하지 않는 체계 전체에 걸친 이 균일성의 일부는 물리 법칙들이 동일한 것처럼(이것이 창조세계의 규칙성이다), 빛의 속도가 그런 모든 체계에서 동일하다는 것이다. 이는 아인슈타인이 어릴 적에 품었던 "광선을 타면 어떻게 될까?"라는 질문에 부분적인 대답을 제공한다. 관측자가 빛의 속도로 이동하든 더 천천히 이동하든 간에 물리 법칙들뿐만 아니라 빛의 속도도 동일하게 유지된다. 더욱이 빛의 속도는 광원의 속도와 독립적이다. 예컨대 손전등이 아무리 빨리 움직이더라도 그 손전등에서 방출된 빛의 속도는 똑같이 유지된다. 심지어 손전등이 빛의 속도의 99퍼센트로 움직인다고 할지라도 거기서 방출된 빛은 c의 속도로 움직이고 더 빨리 움직이지 않을 것

이다. 뉴턴의 이론은 손전등의 속도가 빛의 속도에 더해져 전체 속도를 낳는다고 암시한다.

아인슈타인은 뉴턴의 역학이 특수상대성 이론의 특별한 경우임을 보이고 뉴턴의 이론을 맥스웰의 이론과 통합할 수 있었다. 광선 같은 객체가 점점 더 빨리 움직이면 에너지를 획득하기 때문에 어떤 물체도 c보다 빨리 이동할 수 없음이 판명되었다. 그리고 아인슈타인은 에너지와 질량 사이에 다음과 같은 관계가 있음을 보일 수 있었는데 그 관계는 세상에서 가장 유명한 식으로 불리고 있다.

에너지 = (질량) × (빛의 속도)^2

또는 기호로 표시하자면

$$E = mc^2$$

여기서 E는 어떤 물체의 에너지를 가리키고 m은 그 물체의 질량을 가리킨다. 창조세계의 이 규칙성은 손전등의 속도가 높아지면 그것이 운동 에너지의 형태로 질량도 커진다는 것을 의미한다. 그것의 질량이 커질수록 그것의 속도를 높이기 위해서는 더 많은 힘이 필요해진다. 손전등이 빛의 속도에 접근하면 그것의 질량이 무한대에 접근한다. 어느 지점에서는 우주에 그 손전등을 더 빠르게 가속할 충분한 힘이 존재하지 않는다. 따라서 심지어 뉴턴의 역학에서도 궁극적인 속도의 한계가 있다. 우리가 일상생활에서 경험하는 [빛의 속도에 비해] 상대적으로 느린 속도에서는 속도 상승에 따른 질량 증가가 무시할 수 있을 정도이기 때문에, 자동차나 축구공 같은 물체들이 움직일 때에는 질량이 증가하는 것으로 보이지 않는다. 속도가 빛의 속도에 가까워지기 시작할 때(예컨대 스위스에 있는 대형 강입자 충돌기에서 양성자들이 c의 일정한 부분으로 가속될 때) 질량 증가가 인식 가능하게 된다.

본질적으로 아인슈타인은 뉴턴의 역학이 전기와 자

---

10 특수상대성 이론의 몇 가지 추가적인 측면들은 다음과 같다. (1) 우주나 우주에 있는 어떤 물체에 대해서도 선호되는 준거틀이 없다. 이는 누가 움직이고 있고 누가 쉬고 있는지를 구분할 방법이 없음을 의미한다. 물체들 사이의 상대적인 속도들만이 물리적으로 적실성이 있다. (2) 공간과 시간은 독립적인 실체들이 아니라 시공간(spacetime)으로 불리는 하나의 실체에서 서로 얽혀 있다. 물체들의 길이와 시계들이 똑딱거리는 속도는 물체들의 속도와 밀접하게 연결되어 있다. Edwin F. Taylor and John Archibald Wheeler, *Spacetime Physics* (New York: W. H. Freeman, 1992)를 보라.

기를 포함하는 좀 더 넓은 물리학 틀—특수상대성 이론—의 일부임을 보였고, 속도의 한계 문제를 해결했으며, 에너지와 질량 사이에 중요한 관계가 있음을 밝혔다. 뉴턴의 연구가 천상의 영역과 지상의 영역을 하나의 틀 안으로 통합했고 맥스웰의 이론이 전기와 자기 및 빛을 하나의 틀 안으로 통합했듯이, 아인슈타인은 뉴턴의 연구와 맥스웰의 연구의 통합을 제공했다.

7.3.3. 일반상대성 이론.

아인슈타인은 특수상대성 이론을 발표한 후 곧바로 그 이론의 일반화 작업을 시작했다. 이 작업에 10년이 소요되었다. 특수상대성 이론은 비가속 운동에만 적용되는데, 중력은 일종의 가속운동이기 때문에(우리가 의자에 앉아 있으면 우리는 중력이 우리를 아래쪽으로 가속해서 저항하는 의자 안으로 밀어 넣는 것을 느낄 것이다) 중력은 그 이론에 포함되지 않는다. 아인슈타인은 특수상대성 이론을 확장해서 중력을 포함시키려고 했고 따라서 가속하는 틀에도 적용되는 이론을 수립할 필요가 있었다. 결국 획일적인 운동은 가속 운동의 특수한 경우이고 따라서 이 이론의 일반화를 추구하는 것은 중요한 과제였다.

이 대목에서도 아인슈타인에게 기본적인 가정들은 물리 법칙들 및 빛의 속도 같은 근본적인 상수들이 가속하는 모든 체계에서 동일하다는 것이었다. 그러나 아인슈타인의 일반상대성 이론 추구를 위한 핵심 개념은 다음과 같은 **등가 원리**였다.

등가 원리: 관성 질량은 중력 질량과 같다.

관성 질량은 물체에 가해지는 힘을 그것의 가속도로 나눈 값으로 정의된다(뉴턴의 유명한 식 $F = ma$를 상기하라. 여기서 F는 힘이고 m은 질량이며 a는 가속도다). 따라서 관성 질량은 어떤 물체가 힘으로 말미암아 그것의 운동을 바꾸는 데 저항하는 정도다(예컨대 움직이는 자동차가 브레이크를 밟을 때 속도를 줄이는 데 대한 저항). 중력 질량도 있는데 이 질량은 중

력이 어떤 물체를 얼마나 강하게 끌어당기는지를 결정한다. 아인슈타인의 연구 전에 뉴턴이 중력 질량과 관성 질량은 서로 비례함을 입증했다.[11] 등가 원리는 이 두 질량이 **같음**을 암시한다. 그렇다면 그것의 함의는 중력이 실제로 가속도장(field of acceleration)이라는 것이다.

이것이 무엇을 의미하는가? 나무에서 떨어지는 사과를 생각해보라. 사과는 떨어질 때 지구의 중력으로 말미암아 가속되어서 바닥에 부딪힐 때까지 계속 속도가 빨라진다. 이제 그 사과가 주위에 끌어당기는 물체가 없는, 우주의 정지된 로켓 안에 있다고 상상하라. 우리는 이런 상태를 무중력 상태로 부른다(우주비행사들이 국제 우주 정거장에서 떠다니는 것을 생각하라). 그러면 사과가 우주에서 움직이지 않으면서 떠다닐 것이다. 이제 그 로켓이 지구의 중력과 같은 가속도로 위를 향해 가속한다. 사과는 이제 바닥을 향해 떨어지고 바닥에 부딪힐 때까지 계속 속도가 빨라진다. 등가 원리는 로켓이 정지해 있고 지구가 로켓의 바닥에 가까워지더라도 그 사과의 행태는 동일할 것이라고 말한다. 지구의 중력으로 말미암은 가속의 경우와 로켓의 가속의 경우를 구분하는 실험이 로켓 안에서 수행되지는 못할 것이다.

아인슈타인은 엘리베이터를 사용해서 로켓의 예와 같이 기능하는 사고 실험을 했다. 그리고 그는 이 사고 실험으로부터 관성 질량과 중력 질량이 같다는 통찰을 얻은 것이 자신의 가장 행복한 사고였다고 묘사했다.[12] 그것이 아인슈타인에게 행복한 사고였던 이유는 그것이 매우 우아하고 유쾌하기 때문이었고, 그것이 궁극적으로 아인슈

---

11 Newton의 *Mathematical Principles of Natural Philosophy*, book 3, 명제 6, 공리 6을 보라. 이에 관한 논의는 Max Jammer, *Concepts of Mass in Classical and Modern Physics* (Cambridge, MA: Harvard University Press, 1961), 6장을 보라.

12 예컨대 그는 자신의 자녀들에 관해 매우 즐거워했지만, 그들은 그의 가장 행복한 생각의 대상은 아이였다. 이는 실제로 영역을 구분하고 객관화할 수 있는 Einstein의 능력에 관해 뭔가를 말해준다. Walter Isaacson, *Einstein: His Life and Universe* (New York: Simon & Schuster, 2007)를 보라.

타인에게 보여 준 것 때문이기도 했다. 등가 원리는 역장(field of force)으로서의 중력과 가속 준거틀(예컨대 가속하는 로켓)로서의 중력 사이에 차이가 없음을 암시한다. 이것이 일반상대성 이론을 푼 열쇠였다. 아인슈타인은 이 원리를 1907년에 발견했지만, 그의 이 유명한 이론의 함의를 규명하는 데 또 다시 8년이 소요되었다.

등가 원리를 통해서 아인슈타인은 중력의 힘은 물체가 굽은 시공간(특수상대성에서 나오는 공간과 시간의 결합)을 통과해 움직일 때 느끼는 가속도임을 보일 수 있었다. 일반상대성 이론은 어느 지역에서 시공간의 곡률이 그 지역에 집중된 질량 에너지의 양과 어떻게 직접 관련되는지를 묘사한다. 지구 같은 물체가 이 굽은 시공간을 통과해 움직일 때 그 물체의 운동은 그 곡률의 영향을 받는다. 그림 7.4는 이것을 보여주는데, 여기서 질량-에너지가 그릇처럼 주위의 시공간에 구부러져 있고 달이 그 그릇의 측면을 따라서 움직인다. 달이 지구를 도는 궤도는 실제로 굴곡진 지구 주위의 시공간에서 가급적 직선으로 움직이려는 달의 시도다. 시공간을 뒤트는(warp) 것은 총 질량-에너지임을 명심하는 것이 중요하다. 아인슈타인의 질량-에너지 관계는 어떤 에너지라도 시공간의 곡률에 이바지하는 유효 질량을 갖고 있음을 암시한다. 존 아치볼드 휠러(비숍의 스승)는 일반상대성 이론을 다음과 같이 요약했다.

> 물질과 에너지는 시공간에게 어떻게 휠지를 말한다(뒤틀거나, 구부리거나, 잡아당긴다).
> 곡률진 시공간은 물질과 에너지에게 어떻게 그것을 통과하여 움직일지를 말한다.

주위의 어느 곳에도 질량-에너지가 없다면 시공간의 구조에 곡률이 없을 것이다(그 위에 아무것도 없는 트램펄린의 편평함을 생각하라). 그러나 조금이라도 질량-에너지가 있으면 시공간이 굴곡진다(볼링공이 가운데 놓인 트램펄린을 생

각하라). 질량-에너지가 적으면 곡률이 작고 질량-에너지가 많으면 곡률이 크다.

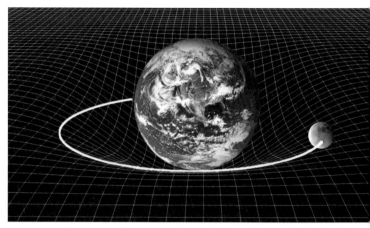

그림 7.4. 시공간 곡률의 예시. 여기서 지구가 시공간을 그릇처럼 뒤틀고 달은 그 그릇의 표면을 따라서 돈다. 달이 시공간 곡률로 말미암아 느끼는 힘이 중력의 힘이다.

뉴턴의 중력 이론은 어떻게 되는가? 그것은 아인슈타인의 이론에서 시공간을 휘게 만들기에는 질량이 너무 작고 속도가 빛의 속도에 비해 아주 느릴 경우의 특별한 경우다.[13] 적절한 한계하에서 우리가 아인슈타인의 일반상대성 이론으로부터 뉴턴의 중력 이론을 회복할 수 있음을 보이기는 비교적 간단하다. 본질적으로 아인슈타인은 몇 단계에 걸쳐 특수한 경우로서 뉴턴의 이론을 포함하는, 좀 더 깊고 포괄적인 이론으로서 좀 더 일반적인 이론을 발견했다. 일반상대성 이론의 특수한 경우로서 뉴턴의 중력 이론을 회복할 수 있는 능력은 일반상대성 이론의 성공 중 하나다. 일반상대성 이론의 또 다른 성공은 뉴턴의 중력 이론으로 설명하지 못하고 남아 있던 수성의 근일점 전진을 설명한 것이었다.

7.3.4. 일반상대성 이론의 몇몇 예측.
시공간의 구조에 대한 모형으로 트램펄린을 생각하고, 당신이 볼링공을 트램

---

13 다른 몇몇 기술적 조건이 있지만, 이 대목에서 우리가 그런 조건에 대해서는 신경을 쓸 필요는 없다.

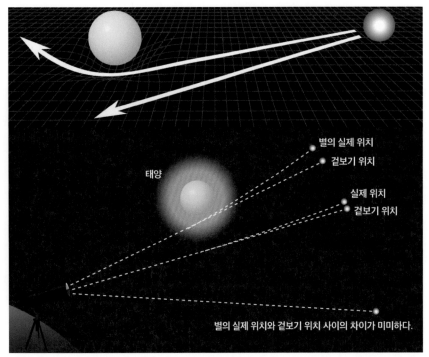

별의 실제 위치
겉보기 위치

태양

실제 위치
겉보기 위치

별의 실제 위치와 겉보기 위치 사이의 차이가 미미하다.

그림 7.5. 일반상대성 이론은 빛이 시공간의 곡률을 따를 것으로 예측한다(위의 그림). 따라서 태양 주위의 시공간의 뒤틀림이 별들의 실제 위치와 외관상의 위치를 태양의 질량에 의해 결정된 양만큼 달라지게 한다(아래의 그림).

펄린의 한 가운데로 던진다고 상상하라. 당신은 트램펄린이 가라앉아 볼링공 주위가 움푹 내려간 것을 알아챌 것이다. 이것은 무거운 물체로 말미암은 시공간의 곡률을 예시한다. 그러나 당신은 또한 당신이 연못에 돌을 던져 넣을 때 생기는 잔물결과 마찬가지로 볼링공이 트램펄린에 떨어질 때 몇몇 파문이 그 트램펄린에 퍼지는 것도 알아챌 것이다. 일반상대성 이론의 예측 중 하나는 질량-에너지에 갑작스러운 큰 변화가 생기면 시공간의 곡률에 변화들이 일어나고 그 변화들이 그 사건의 외부로 잔물결을 일으킨다는 것이다. 이 변화들은 중력파로 알려졌다. 중력파는 아인슈타인의 예측 100년 뒤에 탐지되었다.[14]

또한 일반상대성 이론은 전자기 복사는 에너지이고 질량과 에너지 사이에 관계가 있으므로 빛이 굴곡진 시공간을 통과할 때 빛이 구부러져야 한다고 예측한다. 그

림 7.5는 그 효과를 보여준다. 위의 그림은 별빛이 굴곡진 시공간을 통과해서 태양에 충분히 가깝게 지나가는 것을 보여준다(예시를 위해 그 효과가 과장되었다). 시공간이 무시할 수 있을 정도로만 휘었을 수도 있는, 태양에서 먼 곳에서는 빛이 시공간을 지나는 경로가 직선이기 때문에 빛의 구부러짐이 없다. 아래 그림은 별들을 관측할 때 이 효과가 어떻게 나타나는지를 보여준다. 별의 가시선(可視線)이 태양에 가까우면 시공간의 곡률이 별빛을 구부려서 우리는 그 별의 실제 위치와 다른 겉보기 위치를 관측할 것이다. 가시선이 멀수록 시공간이 덜 굴곡지고 별빛이 덜 구부러진다. 가시선이 태양에서 충분히 멀리 떨어져 있으면 시공간에 곡률이 거의 없고 따라서 실제 위치와 겉보기 위치 사이에 탐지할 수 있는 차이가 없다.

아인슈타인은 가시선이 태양과 가까운 별들에 대해 별빛이 얼마나 굴절되거나 구부러져 보이는지에 관해 예측했다. 그러나 별들을 관측하기에는 태양이 너무 밝기 때문에 그 관측을 위해서는 모든 사람이 1919년의 일식을 기다려야 했다. 그때에야 태양 빛이 차단되어 천문학자들이 가시선이 태양에 가장 가까운 별들을 관측하고 목록에 들어 있는 별들의 관측된 위치를 실제 위치와 비교할 수 있을 터였다. 퀘이커교도이자 당대 최고의 천문학자 중 한 사람이었던 아서 에딩턴(1882-1944)이 이 관측을 수행한 팀 중 하나를 이끌었다. 그는 일반상대성 이론의 예측들이 관측 결과와 실험상의 오차 범위 내에서 일치하는 것을 보일 수 있었다. 이 결과가 발표되자 그것은 세계적인 뉴스가 되었다. 아인슈타인은 최초의 국제적인 과학 유명인사가 되었다. 지금은 상상하기 어려울 수도

14   B. P. Abbot et al., "Observation of Gravitational Waves from a Binary Black Hole Merger," *Physical Review Letters* 116 (February 12, 2016), 061102-1–061102-16.

간략한 전기 **아서 에딩턴**(1882-1944)

에딩턴은 케임브리지 대학교의 플루미안 천문학 교수, 케임브리지 천문대 이사, 영국 학술원 회원이었다. 그는 일반상대성 이론에 중요한 기여를 했고 1919년 태양의 별빛 굴절 확인에 큰 역할을 했다. 그는 1930년 기사 작위를 받았고 1938년 공적 훈장을 받았다.

에딩턴은 평생 종교 생활에 진지했던 퀘이커교도였다(그의 부모도 퀘이커교도였다). 그가 한번은 이렇게 말했다. "과학에서는 종교에서와 마찬가지로 횃불이 우리에게 길을 보여주듯이 진리가 앞에서 비춘다. 우리는 그것에 도달하는 것을 요청하지 않는다. 우리가 추구하도록 허용되는 것이 훨씬 낫다.… 추구가 전면에 놓이지 않는 한 당신은 참된 과학의 정신이나 종교의 정신을 이해하지 못할 것이다."[a]

[a] Arthur S. Eddington, *Eddington and the Unity of Knowledge: Scientist, Quaker & Philosopher*, ed. Volker Heine (Cambridge: Cambridge University Press, 2013), 9, 31.

있지만 아인슈타인은 그 당시의 최고 영화 스타인 찰리 채플린만큼이나 유명했다.

일반상대성 이론은 이 일식 관측들과 수성 궤도를 성공적으로 설명함으로써 그때까지 개발된 최고의 중력 이론이 되었고 여전히 그 지위를 유지하고 있다.

7.3.5. 일반상대성과 팽창하는 우주. 뉴턴의 시기 이래 우주가 정적이고 변하지 않는다고 생각할 매우 강력한 이유가 있었다. 뉴턴의 중력 법칙은 우주가 정적이어야 한다고 암시하는 것으로 보였다. 만일 별들이 중력이 정확하게 균형을 이루도록 정확하게 자리 잡지 않는다면 우주 자체가 붕괴할 것이다. 어떤 별이 완벽한 위치에서 약간 위치를 벗어났다고 상상해보라. 그러면 다른 방향들보다 어느 한 방향으로 좀 더 많은 중력의 끌어당김이 있을 것이다. 그 별에 대한 중력의 힘의 불균형이 그 별이 좀 더 큰 중력의 힘을 받는 쪽으로 가속하게 만들고 일종의 도미노 효과를 일으켜 다른 별들의 중력의 균형이 어긋나게 될 것이다. 궁극적으로 모든 별이 와해될 것이다.[15]

이것이 팽창하는 우주와 무슨 관계가 있는가? 1917년에 아인슈타인은 일반상대성을 전체로서의 우주 연구에 적용하기 시작했다. 그가 이 연구를 하는 것에 관해 생각한 최초의 물리학자는 아니었지만, 그것은 당시에는 소수만이 시도할 수 있는 도전적인 문제였다. 그는 자신의 이론을 사용해서 수학적 우주 모형을 창안했지만 뭔가 곤란한 문제를 발견했다. 일반상대성으로부터 나온 그의 모형은 우주가 팽창하는 경향이 있고 아마도 수축할 것이라고 암시했다. 아인슈타인은 다른 모든 사람과 마찬가지로 우주의 크기가 변하지 않는다고 생각했기 때문에 이 결과에 다소 경악했다. 그는 인위적으로 팽창하는 우주로 보였던 것을 교정하기 위해 우주상수로 불리는 것을 도입했다. 그것은 크기들이 적절하게 선택되어서 아인슈타인의 방정식에 추가될 경우 우주가 팽창하는 경향을 정확하게 상쇄해서 우주를 변하지 않는 크기로 유지될 수 있게 해주는 숫자들에 대한 용어다.

이 사안에서 아인슈타인의 행동에 관해 몇 가지 재미

---

15   Newton은 이 잠재적인 재앙을 알았고, 하나님이 별들을 그것들의 최초 위치에 두었을 뿐만 아니라 계속적으로 개입해서 별들이 서로 끌려가지 않게 한다고 믿었다. 다음 문헌들을 보라. H. W. Turnbull, ed.,

The Correspondence of Isaac Newton (Cambridge: Cambridge University Press, 1961), 3:334-36; Michael Hoskin, "Newton, Providence and the Universe of Stars," *Journal for the History of Astronomy* 8 (June 1977): 77-101.

있는 점이 있다. 이때까지 아인슈타인은 오랫동안 굳어진 견해들을 뒤집는 혁명적인 주장을 좋아했었다. 그의 특수 상대성 이론이 여기에 해당했다. 그는 또한 물리학에서 현상을 변혁한 양자역학의 창시자들 중 한 명이었다.[16] 아인슈타인은 여러모로 완고하고 다루기 어려운 사람으로 보였다. 그러나 이 특별한 발견으로 그는 종전의 태도에서 완전히 돌변해서 자신의 방정식에 우주상수 항을 덧붙이고, 일반상대성으로부터 모든 사람이 수백 년 동안 믿어왔던 정적인 우주를 낳은 모형을 발표했다.

한편, 다른 몇몇 물리학자들은 아인슈타인의 이론에 기초해서 다른 우주 모형들을 연구하고 있었다. 그들은 아인슈타인의 모형이 발표된 직후에 자기들의 연구 결과를 발표했지만, 그들의 모형의 역동적인 행태를 유지했다. 우주가 커지지 않는다는 오래된 믿음이 잘못되었거나 아인슈타인의 일반상대성 이론에 큰 오류가 있는 것이 분명했다. 그러나 그 이론은 대단한 몇몇 경험적 검증을 통과했다. 1921년 당시에 우주가 팽창하고 있다는 관측상의 증거가 없는 상태에서 일반상대성 우주 모형을 어떻게 해야 할지가 명확하지 않았다. 이 결과들은 우주에 대한 우리의 정적인 견해가 틀렸을 수도 있다는 최초의 단서였다. 비록 이 단서가 당시에는 잘 인정되지 않았지만 말이다.

7.4. 도플러 이동

우리가 팽창하는 우주에 대한 경험상의 증거를 얻으려면 **도플러 이동**으로 알려진 효과를 설명할 필요가 있다. 도플러 이동은 19세기에 발견되었지만, 인간은 오랫동안 이 현상을 경험해왔다. 접근하고 있는 기차가 기적을 울리거나 소방차가 사이렌을 울리면 기적과 사이렌 모두 당신을 지나갈 때까지 음조가 점점 더 높아지는 것처럼 들린다. 그리고 당신에게서 멀어질 때는 그 소리들의 음조가 점

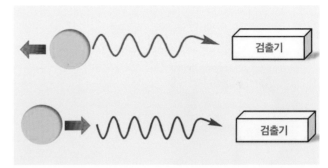

그림 7.6. 도플러 이동은 상대적인 움직임의 효과다. 별 같은 광원이 검출기에서 멀어지면 그것의 빛이 좀 더 붉게 보이는 반면 광원이 검출기를 향해서 움직이면 그것의 빛이 좀 더 푸르게 보인다.

점 더 낮아지는 것처럼 들린다. 이 대목에서 무슨 일이 일어나고 있는가? 음파의 파원(波源, 가령 소방차의 사이렌)이 당신을 향해 움직이고 있을 때는 음파의 주파수가 관측자 대비 접근하는 파원의 상대적인 속도에 비례하여 커진다. 이는 그 소리의 파원이 한 마루의 음파를 방출하고 다음번 마루의 음파를 방출하는 사이에 그 파원이 당신을 향해 움직이기 때문이다. 당신을 향해 움직이는 파원에 대해서는 연속되는 마루들이 더 가까운 것처럼 보인다. 반대로, 음파의 파원이 당신에게서 멀어질 때는 관측자 대비 멀어지는 파원의 상대적인 속도에 비례하여 주파수가 작아진다. 파원이 한 마루의 음파를 방출하고 다음번 마루의 음파를 방출하는 사이에 그 파원이 당신에게서 멀어지기 때문에 연속적인 마루들이 좀 더 넓게 늘어난 것처럼 보인다.

모든 파동은 같은 특성을 공유한다. 따라서 광파 역시 그림 7.6에 예시된 것 같이 도플러 이동을 보인다. 검출기에서 멀어지는 광원에서 나온 빛은 더 낮은 주파수를 가진 것처럼 보이고(파장이 길어진다) 저주파수의 스펙트럼 말단으로 이동한다. 광원이 검출기로부터 좀 더 빠르게 멀어질 때는 가시광선이 좀 더 붉게 보이기 때문에 우리는 이 효과를 적색 이동으로 부른다. 마찬가지로 광원이 검출기를 향해 다가올 때는 그 빛의 주파수가 좀 더 짧은 것처럼 보인다. 접근하는 광원에서 방출된 가시광선은 스펙트럼의 푸른 쪽 끝을 향해 이동하는 것처럼 보이기 때

---

16 그는 훗날 양자역학을 유감으로 생각하게 되었다. Isaacson, *Einstein*을 보라.

문에 이 현상은 청색 이동으로 불린다.

　　방출된 파동의 속도는 파원과 독립적임을 강조할 필요가 있다. 이 효과는 오로지 검출기 대비 파원의 움직임에 기인한다. 파원이 관측자에게서 멀어지는지 또는 관측자에게 접근하는지에 따라 연속적인 파동의 마루들이 검출기에 도달하는 시간이 길어지거나 검출기에 좀 더 빨리 도달한다. 파장의 이동량은 파원의 움직임과 직접적으로 관련이 있다.

　　(파장의 이동) / (파원의 파장) = (파원의 시선 속도) / (빛의 속도)

또는 기호로 표시하자면

$$\Delta\lambda / \lambda_0 = v_r / c$$

여기서 λ_0는 파원에서 방출된 파장을 나타내고 $\Delta\lambda$는 광도 측정기가 탐지하는 파장의 이동량이며 v_r은 파원의 시선 속도다. 이것은 천문학자들이 우주를 연구하는 데 사용할 수 있는, 또 다른 창조세계의 규칙성이다.

　　시선 속도는 시선(line of sight) 방향으로의 속도, 즉 어떤 대상이 우리를 향해 접근하거나 우리에게서 멀어지는 속도다(그림 7.7). 도플러 이동 방정식은 어떤 대상이 검출기를 향해 접근하거나 검출기에서 멀어지는 데 기인한, 파장에서 탐지된 이동과 관련이 있다. v_r이 측정되면 별의 속도 v가 계산될 수 있다. 이것이 경찰이 사용하는 자동차 속도 측정기 배후의 기본적인 아이디어다. 측정기가 당신의 자동차를 향해 전파를 발사하면 그것은 당신의 자동차에 반사되어 측정기로 돌아온다. 이 모든 것은 그림 7.7에 예시된 바와 같이 시선을 따라 일어난다. 도플러 이동 방정식을 사용해서, 원래 전파의 파장과 반사된 전파의 파장을 비교하여 측정된 이동 $\Delta\lambda$로부터 v_r이 추론될 수 있다. 당신의 자동차가 경찰이 발사한 전파를 반사해서 반사된 전파의 파원 역할을 하므로, 당신의 자동차의 움직임은 그 움직임으로 인한 원래의 파장에 이동을 일으킬 것이다. 속도 측정기가 접근하는 당신의 자동차와 적절하게 정렬되면 당신의 자동차의 속도가 정확하게 판정될 수 있을 것이다.[17]

　　천문학자들은 기본적으로 같은 기법을 사용한다.[18] 별들에서 나오는 빛을 관찰함으로써 우리는 별들이 우리를 향해서 다가오는지 아니면 우리에게서 멀어지는지를 결정할 수 있다. 그림 7.8은 이것을 보여준다. 6장에서 살펴본 바와 같이 각각의 원소의 방출 스펙트럼과 흡수 스펙트럼은 독특하다는 것을 상기하라. 천문학자들은 분광기를 사용해서 망원경을 통해 받아진 빛의 스펙트럼선들을 측정할 수 있다. 천문학자들은 예컨대 수소 원소의 각각의 스펙트럼선이 전자기 스펙트럼의 정확히 어디에 위치하는지를 안다. 그들은 그 선들 사이의 정확한 거리도

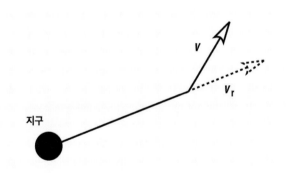

그림 7.7. 시선 속도 v_r은 망원경으로부터 움직이는 별 쪽으로의 시선을 따라 측정된 물체의 속도. 천문학자들은 도플러 이동 측정을 통해 v_r을 결정할 수 있다. v_r을 사용해서 그 별의 속도 v가 계산될 수 있다.

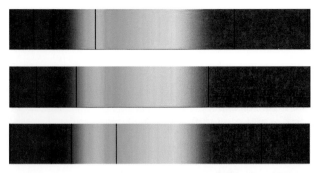

그림 7.8. 수소 스펙트럼의 세 가지 예. 맨 위쪽 패널은 관측자에 대해 정지하고 있는 수소의 스펙트럼이다. 도플러 이동은 전체 스펙트럼의 획일적인 이동으로 나타날 것이다. 만일 그 물체가 관측자를 향해서 접근한다면 그 스펙트럼은 푸른 쪽 끝을 향해 이동할 것이다. 가운데 패널은 관측자를 향해 초속 30,000킬로미터로 다가오고 있는 수소의 스펙트럼을 보여준다. 만일 그 물체가 관측자로부터 멀어진다면 그 스펙트럼은 붉은 쪽 끝을 향해 이동할 것이다. 맨 아래쪽 패널은 관측자로부터 초속 30,000킬로미터로 멀어지고 있는 수소의 스펙트럼을 보여준다.

안다. 더욱이 천문학자들은 아인슈타인의 특수상대성 이론과 그 이론에 대한 검증들로부터 원천이 움직이더라도 원자의 에너지 준위 구조가 변하지 않는다는 것을 안다. 그러므로 은하들의 움직임은 전체 스펙트럼을 그 스펙트럼의 붉은 쪽 끝이나 푸른 쪽 끝으로 균일하게 이동시키는 것 외에는 우리에게 접근하거나 우리에게서 멀어지는 별들로부터 방출된 빛의 독특한 스펙트럼 지문들에 영향을 주지 않을 것이다. 어떤 별이 이동하지 않고 우리와 일정한 거리를 유지하고 있다면, 그 별의 수소 스펙트럼선은 우리가 지상의 실험실에 있는 수소에서 탐지한 선들(그림 7.8의 맨 위쪽 패널)과 정확하게 정렬할 것이다. 이는 창조세계의 규칙성이다. 우리는 또한 광원이 움직이더라도 방출된 빛의 속도는 변하지 않는다는 것을 안다(이는 창조세계의 또 다른 규칙성이다). 도플러 이동에 따르면 파장은 광원의 시선 속도와 직접적으로 관련된 이동을 겪을 것이다(이것도 창조세계의 규칙성이다). 따라서 천문학자들이 어떤 은하를 관측하고 수소의 스펙트럼선이 정확히 같은 간격을 갖고 있지만 균일하게 스펙트럼의 푸른 쪽 끝으로 이동하는 것을 본다면(그림 7.8의 가운데 패널), 그들은 그 은하가 지구를 향해 움직이고 있다고 결론지을 수 있고 그것이 지구에 접근하는 속도를 계산할 수 있다. 마찬

가지로 만일 천문학자들이 수소의 스펙트럼선이 균일하게 스펙트럼의 붉은 쪽 끝으로 이동하는 것을 관측한다면(그림 7.8의 맨 아래쪽 패널), 그 은하가 지구로부터 멀어지고 있다고 결론지을 수 있고 그것이 지구에서 멀어지는 속도를 계산할 수 있다. 따라서 도플러 이동 측정은 창조세계의 몇몇 규칙성을 결합해서 우주에 관해 배울 수 있는 매우 강력한 방법이다. 그림 7.9는 이런 규칙성들에 대한 또 다른 예시로서, 광원이 다른 거리에 위치하는 검출기에 비해서 움직이고 있을 때 스펙트럼선들이 모두 어떻게 균일하게 이동하는지를 보여준다.

7.4.1. 도플러 이동과 팽창하는 우주. 그림 7.9는 퀘이사로 불리는 매우 밝은 물체의 수소에 대한 도플러 이동 측정에서 나온 데이터의 예다. 맨 위쪽의 스펙트럼은 실험실에 대해 정지해 있는 수소에 대해 분광기로 분석한 스펙트럼이다. 다른 네 개의 스펙트럼들은 키트 피크 천문대에서 관측된 퀘이사들에서 나온 것들이다. 그 그림의 아래로 내려감에 따라 각각의 퀘이사 스펙트럼은 붉은 쪽으로 이동한다.

적색 이동은 관례적으로 z로 표시된다. z가 커짐에 따라 수소의 스펙트럼이 균일하게 그 스펙트럼의 붉은 쪽으로 이동하는 것을 보라. 방출 스펙트럼선의 마루가 오른쪽으로 이동할 때 각각의 마루 사이의 거리가 똑같이 유지되므로, 우리는 모든 경우에 그것이 수소임을 알 수 있다.[19] 우리는 광원이 우리에게서 멀어질 때 바로 이런 관

---

19 정지좌표 스펙트럼이 네 개의 퀘이사 스펙트럼과 단위가 다르게 표시됨에 따라 퀘이사 스펙트럼이 '늘어나' 마루들 사이의 거리가 좀 더 먼 것처럼 보일 수도 있다. 퀘이사 스펙트럼들은 키트 피크 천문대의 망원경에서 다른 분광기를 사용해서 측정되었기 때문에 상수 척도 계수(scale factor)가 다르다. 자로 재보면 당신은 마루들이 붉은 쪽으로 이동할 때 첫 번째 마루와 두 번째 마루 사이의 거리가 동일하게 유지됨을 알게 될 것이다. 정지좌표 스펙트럼은 같은 단위로 측정된 것이 아니므로 그것이 나란히 놓여서는 안 된다는 것을 나타내기 위해 그 그림에서 한쪽으로 빼놓았다. 상수 척도 계수를 적용해서 두 분광기의 척도를 맞추면 당신은 정지좌표 스펙트럼의 마루 사이의 거리가 퀘이사들의 스펙트럼의 마루들 사이의 거리와 같음을 알게 될 것이다. 요

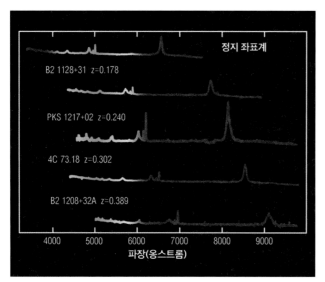

정지 좌표계

B2 1128+31 z=0.178

PKS 1217+02 z=0.240

4C 73.18 z=0.302

B2 1208+32A z=0.389

4000   5000   6000   7000   8000   9000

파장(옹스트롬)

그림 7.9. 다양한 적색 이동(z로 표시되었다)을 보이는, 퀘이사들에서 방출된 수소 방출 스펙트럼. 정지 좌표계(rest frame)의 스펙트럼은 퀘이사들에서 나온 스펙트럼과 단위가 다르게 표시되었음을 주목하라.

측 결과가 나올 것으로 예상한다. 적색 이동의 양으로부터 각각의 퀘이사에 대해 후퇴 속도가 추론될 수 있다. 맨 아래쪽 스펙트럼의 이동은 이 퀘이사가 빛의 속도의 약 1/3의 속도로 지구에서 멀어지고 있음을 나타낸다. 이 데이터에서 주목할 또 다른 점은 각각의 스펙트럼이 적색 이동을 더 많이 할수록(붉은 쪽으로 더 많이 이동할수록) 마루들이 넓어진다는 것이다. 이 현상은 **도플러 확장**(Doppler broadening)으로 불리는 또 다른 도플러 효과다. 이 확장은 관측되고 있는 기체의 온도와 관련이 있으므로 천문학자들에게 또 다른 정보의 원천이다.

도플러 이동의 최초의 몇몇 결과들이 1915년에 베스토 슬라이퍼(1875-1969)를 통해 보고되었다. 그의 연구는 15개의 다른 성운들과 관련되었다(당시에는 은하수에 위치한 것으로 생각되었다).[20] 슬라이퍼는 처음에는 도플러 이동 기법을 사용해서 이 성운들의 회전 속도를 알아내려고 했다. 성운이 회전함에 따라 그 성운에 속한 어떤 별들은 우리를 향해 움직이고 다른 몇몇 별들은 우리에게서 멀어질

것이다. 슬라이퍼는 수소 스펙트럼선에 나타난 다양한 이동들을 측정함으로써 그 성운에 대한 평균 회전율을 추정할 수 있었다. 슬라이퍼는 평균 회전율에 관해 좋은 결과를 얻은 최초의 인물이었는데, 평균 회전율은 이 새로운 기법을 인상적으로 과시하는 데 도움이 되었다.

그 당시에 그런 연구에서 천문학자가 전체적으로 적색으로 이동되거나 청색으로 이동된 성운을 발견하지 않을 것으로 예상되었다. 크기에 변화가 없는 우주에는 체계적인 팽창이나 수축이 없을 것이고 회전 이외의 운동이 있을 것으로 예상되지 않았다. 하지만 슬라이퍼의 1915년 관측 결과는 15개 성운 중 11개가 적색 이동을 보였다. 당시의 예상에 비추어 볼 때 이것은 다소 당혹스러운 결과였다. 그것은 단지 통계적 우연일 뿐이고 좀 더 많은 성운을 관측하면 적색 이동을 보이는 성운의 수와 청색 이동을 보이는 성운의 수가 같아질 것으로 생각되었다.[21] 전반적인 도플러 이동은 그 성운들이 우리의 태양계에서 볼 때 이동하고 있음을 암시했기 때문에 그것은 좀 더 당혹스러웠다. 그 당시엔 이 최초의 이동 측정 결과들이 우주의 특성에 관한 천문학자들의 오랜 믿음이 틀렸다는 증거일 수 있다고 생각하지 않았다.

그때 슬라이퍼가 그의 성운들이 실제로는 먼 은하들이라는 것을 몰랐고 그의 표본의 크기가 비교적 작았기 때문에 그의 이동 관측 결과에 대한 결정적인 해석을 얻기 위해서는 좀 더 기다려야 했다. 1921년까지 그는 자신의 표본의 크기를 25개로 늘렸고 이 중에서 20개가 적색 이동을 일으킨 것을 알아냈다. 이런 도플러 이동 기법을 사용해서 그는 적색 이동을 일으킨 성운들의 대략적인 속도를 구했다. 적색 이동이 우세한 것은 확실히 예상에 어긋났다. 이 성운들이 은하로부터 방출되고 있다는 말인가? 더욱이 몇몇 성운들의 후퇴 속도는 시속 320만 킬로

점은 적색 이동의 정도에 무관하게 다섯 개의 스펙트럼의 구조가 똑같다는 것이다.

20 그것들은 훗날 별개의 은하들로 판명되었다.

21 동전을 15번 던져서 앞면이 11번 나온다면 놀라운 결과이겠지만, 우리는 동전을 100번 던지면 앞면이 나오는 횟수와 뒷면이 나오는 횟수가 기본적으로 같아질 것을 예상할 것이다.

미터에 달했다. 그렇게 빠른 속도도 놀라웠다.

　허블은 슬라이퍼의 결과들을 알고 있었고 그 결과들을 세페이드 변광성 기법(섹션 6.3.3을 보라)을 사용한 자신의 세심한 거리 측정치와 결합해서 슬라이퍼의 성운들이 사실은 은하수보다 훨씬 먼 곳에 있는, 먼 은하들이라는 사실을 명확하게 보일 수 있었다. 그는 또한 1929년에 특히 흥미롭고 중요한 발견을 했다. 그는 은하가 더 멀리 있을수록 스펙트럼이 붉은 쪽으로 좀 더 이동하는 것을 알아차렸다. 이 발견을 통해 그는 다음과 같은 **허블의 법칙**을 알아냈다.

은하의 후퇴 속도 = H_0 × (지구로부터의 거리)

또는 기호로 나타내면,

$v = H_0 \times r$ 이다.

여기서 v는 은하의 후퇴 속도이고, r은 지구에서 그 은하까지의 거리이며, H_0는 허블을 기념해서 이름이 붙여진 비례 상수다. 그 법칙은 어떤 은하가 관측자에게서 멀어지는 속도는 그 은하의 검출기로부터의 거리에 비례한다고 말한다(그림 7.10을 보라). 은하가 멀리 있을수록 더 빨리 멀어진다는 개념은 은하들의 대다수가 적색 이동을 일으켰다는 결과만큼이나 경악스러웠다. 이 결과들은 우주가 팽창하고 있으며, 우주는 정적이지 않고 동적이라는 명확한 징후였다.[22]

　1950년대에 천문학자들은 허블의 법칙을 사용해서

우주의 나이가 10억 년에서 20억 년이고 그 차이는 허블의 상수의 정확한 값에 의존한다고 결정할 수 있었다. 이 차이는 매우 큰 것처럼 보이지만 그것은 실제로는 숫자 1과 2 사이의 차이처럼 2배 차이에 지나지 않는다. 이 두 배 차이는 허블 상수를 결정하는 것의 어려움에 기인한다. 천문학자들이 그들의 측정을 다듬어서 불확실성을 축소시키는 데는 실제로 몇십 년이 소요되었다. 허블의 상수가 메가파섹당 초속 50킬로미터인지 100킬로미터인지에 관해 수십 년 동안 합의가 이루어지지 않았다.[23] 현재 최선의 허블 상수 값은 메가파섹당 초속 67.4 ± 1.4킬로미터에서 메가파섹당 초속 73.8 ± 2.4킬로미터다. 가장 자주 인용되는 값인 72km/s/Mpc을 사용할 때 현재 우

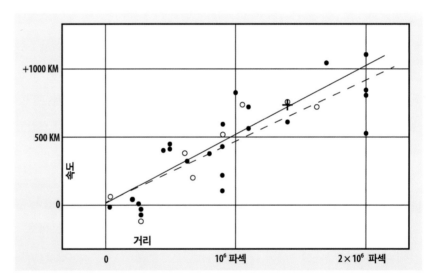

그림 7.10. 은하가 멀리 있을수록 은하의 후퇴 속도가 빨라짐을 보여주는, 1929년에 발표된 허블의 데이터. 속도는 태양의 움직임을 감안해서 보정되었다. 거리는 파섹으로 측정되었고, 별들과 성단에 포함된 성운의 평균 광도로부터 추론되었다. 검정색 원들과 실선은 개별 성운을 사용한 것을 나타내고, 흰색 원들과 점선은 성운을 그룹으로 결합한 것을 나타낸다. 열십자 표시는 거리를 개별적으로 추정할 수 없었던 성운 22개의 평균 거리에 상응하는 평균 속도다.

리 우주의 나이는 거의 138억 년이다. 현대 천문학자들은 134억 광년에 이르는 거리까지 허블의 법칙을 검증할 수 있었고 그 법칙은 지금까지 계속 성립하고 있다. 우주 원

22　우리가 6장에서 간략하게 언급한 바와 같이, 천문학자들은 후퇴 속도를 결정하기 위한 측정을 허블의 법칙과 결합함으로써 은하, 퀘이사, 기타 천체들 사이의 거리를 추론할 수 있음을 주목하라.

23　과학자들은 일반적으로 초속 킬로미터 같은 미터법을 사용한다. 메가파섹은 3.08567758 × 10^{22}미터에 해당하는 거리 단위다.

리가 참이라면 우리는 허블의 법칙이 우주의 가장 먼 곳까지도 성립할 것으로 예상할 것이다. 자연이 그 작동에 있어서 획일적이라는 우리의 상식적인 전제는 참으로 합리적이다.

이제 아인슈타인의 일반상대성 이론으로 돌아가 보자. 일반상대성에 기초한 우주 모형들은 아인슈타인처럼 우주가 팽창하려는 경향을 상쇄하기 위한 우주상수를 추가하지 않는 한 팽창하는 우주를 예측했음을 기억하라. 이런 이론적인 단서들과 허블과 슬라이퍼의 경험적 결과들이 결합되어 우주가 팽창하고 있고 팽창은 우주가 존재한 이래로 계속되고 있다는 결론으로 이어졌다. 따라서 1929년에 천문학계는 우리 은하 외에 다른 은하들이 있다는 발견 및 우주의 광대한 크기를 발견한 것과 관련된 일련의 충격들과 더불어 또 다른 충격을 받았다.

우주 원리로부터 예상되는 바와 같이 우주는 지구의 관점에서뿐만 아니라 모든 곳에서 팽창하고 있다. 우리가 우주의 어느 위치에 가든 허블과 똑같은 측정을 한다면 같은 결과를 발견할 것이다. 거의 모든 은하는 후퇴하고 있고, 은하가 관측자로부터 멀리 있을수록 더 빠르게 후퇴한다. 동등한 기술과 기법에 비추어 볼 때 허블의 상수에 대해 같은 값을 사용하는 천문학자들은 우주의 나이가 약 138억 년이라는 결론에 도달할 것이다.

아인슈타인은 1931년에 허블을 방문해서 허블의 데이터를 검사했다. 그리고 나서 그는 자신의 우주상수를 철회하고 그것을 자기 생애의 가장 큰 실수로 불렀다. 그러나 우리가 9장에서 살펴보는 바와 같이 우주상수의 배후에는 실제로—현재의 우주의 팽창에서 아인슈타인이 예상할 수 없었던 방식으로 역할을 할지도 모르는—적실성 있는 몇몇 물리적 고려사항이 있다.

1931년까지는 관측들과 이론 연구를 통해 우주가 팽창하고 있음이 확실하게 입증되었다. 그러나 당시에는 팽창이 빨라지는지, 느려지는지, 또는 일정한지는 결정할 수 없었다. 그런 질문들에 답변하기 위해서는 훨씬 세심한 작업이 필요한데, 그것은 8장에서 논의될 것이다. 1931년에 천문학자들은 은하가 멀리 있을수록 더 빨리 멀어진다고 말할 수 있을 뿐이었다. 유일한 예외는 우리 은하와 가까운 집단에서 중력상으로 묶인—즉 인력 때문에 서로 끌어당기는—소수의 은하들이다. 이 은하들—안드로메다 은하도 그중 하나다—은 청색 이동을 일으켰다. 먼 훗날 이 은하들은 충돌해서 훨씬 큰 은하를 형성할 것이다. 천문학자들은 규모가 큰 많은 은하는 모두 그런 충돌 과정을 통해 커졌다고 결론지었다. 즉 은하들은 서로 흡수하는 경향이 있는데 은하수도 예외가 아니다. 하지만 우리 은하와 가까운 집단 밖에서는 다른 모든 은하가 적색 이동을 일으킨다.

은하가 팽창하고 있다는 발견에는 중요한 함의들이 있는데, 특히 우리가 우주의 기원에 관해 어떻게 생각해야 할지에 관한 함의도 있다. 우리는 다음 장에서 이런 함의들을 다룰 것이다.

8장

빅뱅 모형과 현대 우주론

우주가 팽창하고 있음을 이해하게 됨으로써 우주에 관한 우리의 믿음에 대한 중요한 방향 재설정이 일어났다. 이제 당신은 시간이 흐름에 따라 천문학과 우주론이 중대하게 변한 것처럼 보인다는 개념에 익숙해졌을 것이다. 왜 그렇게 많은 변화가 있었는가? 한 가지 중요한 이유는 천문학자들이 계속 우주에 관해 경험적인 발견을 한 결과 우리가 우주에 관해 과거에 생각하고 있던 바를 재고할 수밖에 없었기 때문이다(섹션 3.1을 보라). 이 경험적 발견들은 우리가 앞의 두 장에서 논의한 창조세계의 많은 규칙성들을 사용한 결과로서 등장했다. 더욱이 개념적, 경험적, 분석적 요소들이 모두 합쳐져서 우리에게 새롭거나 우리의 그릇된 관점을 수정하는, 창조세계에 관한 지식을 드러낸다. 이것이 바로 창조계시가 작동하는 방식이다(섹션 4.2.1을 보라). 새로운 발견은 우리의 이해를 한층 가다

듣거나 우리의 이해에 도전하는 좀 더 많은 질문과 조사로 이어진다.

8.1. 빅뱅 모형

우주가 팽창하고 있다는 발견은 추구할 새로운 질문들의 문을 열었다. 일반상대성에서 나온 역동적인 모형들과 허블의 연구는 "팽창하는 우주를 영화처럼 '되감으면' 어떻게 될까? 우주의 시작은 어떤 모습이었을까?"라는 질문을 낳았다.

그런 질문 추구는 그림 8.1에서 예시된 바와 같이 우주에 모종의 시작점이 있다는 결론으로 이어졌다. 1931년 벨기에의 사제이자 천문학자인 조르주 르메트르가 훗날 빅뱅 우주론이 될 내용을 제안하는 최초의 과학 논문을 「네이처」에 발표했다.[1] 르메트르의 논문의 요지는 우주에는 틀림없이 시작이 있으며 처음에는 모든 에너지와 공간이 일종의 원시 원자인, 무한히 밀도가 높은 점에 넣어져 있다가 폭발해서 팽창하는 우주를 낳았다는 것이었다. 그는 우주의 그러한 특별한 시작은 신학의 무로부터의 우주 창조 개념과 일치함을 알았지만 그는 전자가 후자의 명확한 증거라고 주장하기를 꺼렸다. 그는 천문학과 신학이 다른 질문들에 대답하며 우주에 대해 동일

---

1   Alexander Friedmann(1888-1925)은 1922년에 그런 제안에 가까운 제안을 했다. Lemaître의 1927년 논문도 허블의 경험 법칙을 예측했지만 많은 독자는 그것을 놓쳤다.

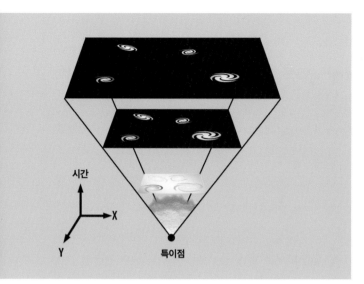

그림 8.1. 빅뱅이 시작하여 팽창하는 우주로 이어짐을 보여주는 그림. 팽창하는 우주를 시간적으로 뒤로 돌리면 우주는 하나의 점으로 수축할 것이다.

한 이해를 제공한다기보다 병행하는 이해를 제공한다고 생각했다(과학과 신학의 관계에 대한 부분적인 견해의 예다. 섹션 4.5.3을 보라).

대략적으로 빅뱅 모형은 우주에 존재하는 모든 물질 에너지와 공간 그리고 시간이 처음에는 한 점에서 시작했다(0의 공간과 0의 시간에서 확장했다)고 전제한다. 모든 것이 이 점에서 폭발했다. 에너지는 창조되거나 파괴되지 않기 때문에 에너지 보존이 유지된다. 비록 질량과 에너지가 아인슈타인의 질량-에너지 등가 관계(섹션 7.3.2을 보라)에 따라 서로 전환되지만, 우주가 시작될 때의 질량-에너지 총량은 모든 시간에 걸쳐 동일하게 유지된다. 예컨대 에너지는 궁극적으로 은하들을 형성한 입자들로 바뀌었다. 엄격하게 말하자면 일반상대성 이론은 이 특별한 최초의 시작점 전에 무엇이 있었는지에 관한 단서를 제공하지 않는다. 그 이론에 관한 한 선재하는(preexisting) 질량-에너지나 시공간 또는 다른 어떤 것도 없었다. 이 점은 빅뱅 폭발을 우리가 경험하는 다른 폭발들과 명확히 구분한다. 그런 폭발은 모두 선재하는 질량-에너지와 관련된다.

빅뱅의 시작점이 특별할 뿐만 아니라 그 폭발도 독특하다. 우리의 폭발 경험에서는 파편들이 이미 존재하는 공간으로 흩어진다. 당신은 빅뱅 폭발을 거대한 질량-에너지가 비어 있는 공간 속으로 거대한 폭발을 일으키는 것(그림 8.2의 위쪽 패널)으로 오도되기 쉽다. 파편의 압력은 균일하지 않고 폭발의 중심에서는 좀 더 높고 중심에서 멀어질수록 좀 더 낮아진다. 이와 달리 빅뱅은 **시공간**

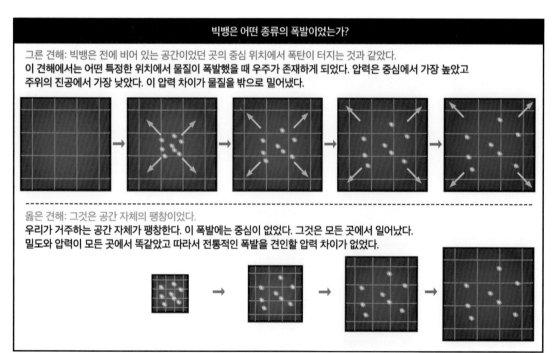

그림 8.2. 빅뱅 폭발에 관해 생각하는 그릇된 방식과 올바른 방식. 위쪽 패널은 그릇된 견해로서, 이 견해에서는 폭발이 비어 있는 공간에서 시작하고 파편으로 그것을 채운다. 아래쪽 패널은 빅뱅 폭발에 관해 생각하는 올바른 방식이다. 그것은 시공간 자체의 폭발로서, 팽창하는 공간의 모든 곳이 균일한 압력의 질량-에너지를 지닌다.

빅뱅은 어떤 종류의 폭발이었는가?

그릇된 견해: 빅뱅은 전에 비어 있는 공간이었던 곳의 중심 위치에서 폭탄이 터지는 것과 같았다.
이 견해에서는 어떤 특정한 위치에서 물질이 폭발했을 때 우주가 존재하게 되었다. 압력은 중심에서 가장 높았고 주위의 진공에서 가장 낮았다. 이 압력 차이가 물질을 밖으로 밀어냈다.

옳은 견해: 그것은 공간 자체의 팽창이었다.
우리가 거주하는 공간 자체가 팽창한다. 이 폭발에는 중심이 없었다. 그것은 모든 곳에서 일어났다. 밀도와 압력이 모든 곳에서 똑같았고 따라서 전통적인 폭발을 견인할 압력 차이가 없었다.

의 **폭발 또는 창조**다. 그것은 폭발해서 팽창하는 공간으로서 모든 곳이 균일한 압력의 질량-에너지를 지닌다(그림 8.2의 아래쪽 패널). 폭발이 시작된 공간의 진정한 중심이 없다. 오히려 공간은 균일하게 시작하고 팽창한다. 이 점에서 우주의 중심을 정의할 방법이 없다. 더욱이 **공간이 그 안으로 팽창해 들어갈 어떤 것도 없음**을 인식할 필요가 있다. 우주가 팽창함에 따라 공간이 창조된다.

맛있는 블루베리 머핀이 대략적인 유비로 사용될 수 있다(그림 8.3을 보라). 어떤 블루베리 머핀도 중심점이 없는, 차원이 없는 점에서 선재하는 물질이 없이 시작하지 않으므로 이것은 불완전한 모형임을 명심하라. 그 머핀의 반죽이 구워진다고 상상하라. 반죽은 구워짐에 따라 블루베리들을 서로에게서 점점 더 떼어 놓는다. 빅뱅 폭발은 어느 정도 이와 비슷하다. 공간은 팽창하는 반죽처럼 팽창해서, 팽창하는 반죽으로 말미암아 서로에게서 떨어지는 블루베리처럼 은하들을 점점 더 멀리 떼어 놓는다. 팽창 비율이 균일함을 주목하라. 예컨대 처음에 0.5센티미터 떨어져 있던 블루베리들은 팽창 후 1센티미터 떨어져 있고 1센티미터 떨어져 있던 블루베리들은 2센티미터 떨어져 있게 되는 식이다. 반죽이 균일하게 두 배로 커지면

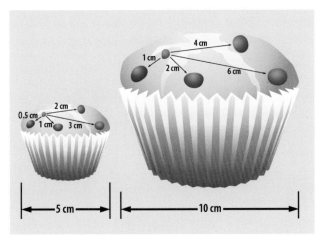

그림 8.3. 빅뱅에 대한 블루베리 머핀 유비. 오른쪽의 블루베리 머핀은 25분 동안 구워진 후 크기가 두 배로 늘어났다. 머핀 반죽은 공간을 나타내며 블루베리는 은하들을 나타낸다. 팽창하는 반죽이 블루베리들을 서로에게서 점점 더 떼어 놓는 것과 마찬가지로 공간의 팽창이 은하들을 점점 더 떼어 놓는다.

블루베리들 사이의 거리는 균일하게 두 배로 늘어난다. 마찬가지로 빅뱅에 따른 공간의 팽창은 어느 곳에서나 균일하며, 이때 은하들은 머핀이 부풀 때의 블루베리들과 비슷한 방식으로 서로의 거리를 두 배로 늘린다. 은하들이 더 멀리 떨어져 있을수록 그것들이 같은 두 배의 비율로 거리를 늘리려면 서로에게서 더 빨리 후퇴해야 한다. 따라서 은하들이 멀리 있을수록 그것들의 후퇴 속도가 빠를 것이다(섹션 7.4.1을 보라).

르메트르가 빅뱅을 무로부터의 창조와 동일시하지 않은 것이 옳았던 이유 중 하나는 빅뱅 전에 무엇이 있었는지가 근본적으로 모호하다는 것이다. 앞서 언급된 바와 같이 일반상대성 이론은 무한한 밀도의 에너지를 지닌, 시공간의 시작점이 있다고 말한다.[2] 그 이론은 시작점 이전에 관해서는 아무것도 말하지 않는다. 한 가지 가능성은 빅뱅 이전에는 문자적으로 아무것도 없었다는 것이다. 또 다른 가능성은 일반 상대성 이론은 이 지점에서 붕괴하며(collapse), 우리가 빅뱅이 어디서 왔는지를 설명하려면 다른 이론이 필요하다는 것이다. 이 두 가지 가능성 모두 최초의 빅뱅에 대해 취할 수 있는 적절한 과학적 태도다.

그림 8.1로 돌아가 보자. 공간의 최초의 폭발을 시작으로 중력이 작용하고 있다. 중력이 작용하는 한 가지 방식은 국지적으로 작용하는 것이다. 질량-에너지의 밀도의 작은 변화가 궁극적으로 은하들의 형성으로 이어졌다(섹션 9.1을 보라). 공간이 모든 곳으로 팽창하기 때문에 질량-에너지는 중력하에서 응집하여 은하들을 형성하고 이 은하들은 공간의 팽창에 따라 퍼져 나간다.

그러나 중력은 전체적으로도 작용한다. 지구의 중력이 우리가 공중에 던진 돌을 도로 바닥으로 끌어 내리듯이, 그리고 막대한 양의 수소 가스의 중력하에서 은하들이 형성되듯이 우주에 존재하는 모든 질량-에너지는 공

---

2 어떤 물체의 밀도는 그 물체의 질량을 그 물체가 점유하는 부피로 나눈 값이다. 만일 우주의 모든 에너지가 한 점을 점유한다면 대략적으로 그 에너지의 밀도는 무한하다.

벨기에의 우주학자이자 가톨릭 사제였던 조르주 르메트르는 종종 빅뱅의 아버지로 묘사된다. 그는 어릴 때부터 과학과 신학에 관심이 있었지만 제1차 세계대전으로 곁길로 빠져 포병 장교로 복무했고 독일의 최초의 독가스 공격을 증언했다. 전쟁 후 1923년에 그는 하급 수도원장으로 서임을 받았고 한동안 아서 에딩턴과 함께 일했다. 르메트르는 메사추세츠 공과대학교에서 이론 물리학 분야에서 박사 학위를 받았고 루뱅 가톨릭 대학교의 교수직을 수락했다.

1927년에 그는 「브뤼셀 과학학회 연보」(Annals of the Scientific Society of Brussels)에 팽창하는 우주의 일반상대성 모형을 프랑스어로 발표했는데 그 논문은 별로 주목받지 못했다. 이전에 발표된 그런 역동적인 우주 모형을 탐구하는 논문들이 있었지만, 르메트르는 확실히 그 논문들을 알지 못했다. 아무튼 그의 논문이 그런 모형들을 일반상대성 이론의 가설적인 연구로 다루지 않고 우주에 대한 물리적으로 현실적인 가능성으로 다룬 최초의 논문이었다. 이때 그는 자기의 모형이 실제 우주가 팽창하고 있음을 예측한다는 것을 깨달았다. 그리고 그는 은하들의 거리와 후퇴 속도 간의 관계를 도출했는데, 허블이 그 관계를 공식적으로 발견했다(섹션 7.4.1을 보라). 1930년에 르메트르는 자신의 논문을 에딩턴에게 보여주었고 에딩턴은 그 논문이 영어로 번역되어 발표되도록 주선해주었다.

과학과 신학에 대한 르메트르의 관심은 그의 생애 동안 계속되었다. 그는 1960년부터 1966년에 사망할 때까지 교황청 과학원 원장으로 일했다.

간에서 끌어당기고 있다. 즉 중력이 공간의 팽창을 억제하고 있다. 우주에 궁극적으로 공간의 팽창을 되돌려서 전체 우주를 하나의 점으로 수축시킬 충분한 질량-에너지가 존재하는지가 1960년대 이후 주요 연구 질문이었다. 일반상대성에 기초해서 우주학자들은 세 가지 시나리오들을 예측할 수 있었다.

첫 번째 시나리오는 **닫힌** 우주로 알려졌다. 질량-에너지의 밀도가 충분할 경우 중력이 공간의 팽창을 극복하고 우주를 도로 하나의 점으로 수축시킬 것이다. 우주는 최대의 크기에 도달했다가 줄어들기 시작해서 휠러가 빅크런치(빅뱅의 반대)로 부른 것으로 귀결될 것이다.

두 번째 시나리오는 **열린** 우주로 알려졌다. 질량-에너지의 밀도가 너무 낮으면 우주의 팽창으로 말미암아 중력이 없어지고, 우주는 영원히 팽창할 것이다. 우주가 계속 커질 것이기 때문에 우주의 최대 크기가 없을 것이다. 팽창률은 낮아지겠지만 우주가 영원히 팽창하는 것을 막을 정도로 팽창률이 충분히 낮아지지는 않을 것이다.

세 번째 시나리오는 **평평한** 우주로 알려졌다. 질량-에너지의 밀도가 너무 높거나 낮지 않고 알맞다면 중력이 기본적으로 공간의 팽창과 균형을 이룰 것이다. 우주의 팽창률이 점근적으로 0으로 낮아질 것이고 우주는 최대의 크기에 도달할 것이다. 공간의 팽창을 중지시키기에 충분한 질량-에너지가 존재하지만, 공간을 수축하기 시작하게 만들기에 충분한 질량-에너지는 존재하지 않는다. 평평한 시나리오에는 주목할만한 특징이 있다. 즉 우주의 질량-에너지 밀도는 우주의 전체적인 곡률을 0으로 만드는 임계값이 있다. 우주학자들이 우주가 "평평하다"고 하는 말은 우주의 전체적 곡률이 0이라는 뜻이다. 국지적으로는 우주에 굴곡진 시공간이 있을 수도 있지만(예컨대 우리 태양계) 전체적으로는 곡률이 0일 것이다.

20세기 후반에 가장 뜨거운 관측상의 질문 중 하나는 우리가 이 세 가지 시나리오 중 어느 것이 가장 개연성이 클지를 결정할 수 있도록 우주의 에너지-질량 밀도를 결정하는 것이었다.

과학자들은 대체로 이 단어를 사용하지 않지만 이 세 가지 시나리오들은, 만일 당신이 그렇게 부르기를 원한다면, 과학적 **종말론**을 나타낸다. 종말론은 사물의 끝이나 궁극적 완성의 신학 또는 이론이다. 과학적 종말론은 우

우주론적 적색 이동

(우리 은하가 속한 국지적인 집단을 제외하고) 모든 은하들의 적색 이동을 관측함으로써 우리는 우주가 팽창하고 있음을 깨닫게 되었다(7장을 보라). 빅뱅 모형으로 이어진 르메트르의 연구와 다른 학자들의 연구는 적색 이동들에 대한 우리의 이해에 미묘한 차이를 덧붙였다. 일단 천문학자들이 우주가 늘어나고 있다는 것을 깨닫자 그들은 이것이 적색 이동 효과로 이어질 것이라는 점을 인식했다. 즉 공간이 늘어남에 따라 빛의 파장이 길어지고 따라서 빛을 붉은 쪽으로 이동시킨다. 이것은 중력 적색 이동으로 알려진 특수한 경우다. 우리가 7장에서 살펴본 바와 같이 중력은 질량-에너지로 말미암은 시공간의 구부러짐이다. 이것은 가속도 장이다. 로켓선 위에 있는 광원이 지구의 중력에 해당하는 가속도인 1그램으로 가속되고 있을 경우, 그 로켓선이 우리에게서 멀어지면 가속으로 말미암아 빛이 적색 이동을 일으킬 것이다. 등가 원리 때문에 그 로켓선의 가속은 지구의 중력장과 같은 효과를 가진다. 따라서 지구의 중력장을 통과하는 빛도 도플러 이동을 일으킨다. 탑 꼭대기에 있는 광원에서 방출된 빛의 주파수와 지구 표면에서 탐지된 빛의 주파수를 비교하는 실험들을 통해 이 효과가 확인되었다. 이는 슬라이퍼와 허블이 측정했던 적색 이동들이 실제로는 지구의 팽창—늘어남—에 기인했음을 의미하는데, 팽창이 먼 은하들을 가속시키는 것이지 은하들이 빈 공간으로 돌진하는 것이 아니다.

리의 최선의 과학적 묘사에 따른 우주의 끝에 대한 이해다. 빅뱅 우주론은 과학적 종말론에 대해 우주의 질량-에너지의 밀도에 따라 다음과 같은 세 가지 가능성을 제시한다. (1) 질량-에너지의 밀도가 임계값보다 높으면 우주는 빅 크런치로 끝나고 모든 물질과 에너지가 하나의 점으로 와해될 것이다. (2) 질량-에너지의 밀도가 임계값보다 낮으면 우주는 영원히 팽창할 것이다. (3) 질량-에너지의 밀도가 임계값과 똑같으면 우주는 최대 크기에서 점근적으로 팽창을 멈출 것이다. 다른 영향이 없다면 이 시나리오들은 우주 안의 생명을 두 가지 다른 운명으로 이끈다. 만일 우주가 닫혔다면(첫 번째 가능성) 어느 시점에 우주의 수축으로 말미암아 생명체에게는 중력이 너무 강하고 온도가 너무 높아질 것이다. 다른 한편 우주가 열렸거나(두 번째 가능성) 평평하다면(세 번째 가능성) 온도가 궁극적으로 우주의 어느 곳에서나 균형을 이룰 것이다. 이 현상은 우주의 열사(heat death)로 알려졌다. 생명은 특정한 온도의 차이에 의존하기 때문에 온도 차이의 결여는 생명의 끝을 가져올 것이다(예컨대 방의 온도와 같은 신체는 시체다).

물론 과학은 창조세계의 궁극적인 목적이 아니라 그

것이 어떻게 작동하는지에 초점을 맞추기 때문에 하나님의 의도와 계획을 고려하지 않는다. 우리가 4장에서 과학적 방법은 의미나 목적 문제를 탐구하기 위해 고안된 것이 아니라고 언급한 것을 상기하라. 따라서 어떤 면에서는 과학적 종말론에 우주의 궁극적인 목적에 관해 중요한 뭔가가 빠져 있다고 하더라도 그리스도인들은 놀라지 않아야 한다. 만일 우리가 하나님의 창조세계에서 생명의 미래를 이해하기를 원한다면, 최고의 과학 이론들과 더불어 신학적 탐구가 필요하다(섹션 4.5.3을 보라). 성경의 관점에서 보자면 우리는 창조세계에 파괴가 아니라 새 창조가 운명지어졌음을 알 수 있다(33장을 보라).

빅뱅의 마지막 함의로서 일반 상대성 이론에 따르면 공간과 시간이 별도의 실체들이 아니라 하나의 물리적 실체인 시공간의 다른 측면들임을 주목하라. 우주의 빅뱅 시작은 빅뱅 전에는 시간이나 공간이 없었음을 암시한다. 공간과 시간 모두 빅뱅으로 시작했고 따라서 물리적으로 말하자면 그전에는 시간이 없기 때문에 "빅뱅 전에 무슨 일이 있었는가?"라는 질문은 논리적으로 이치에 맞지 않는다.

8.2. 정상 모형

20세기의 처음 몇십 년 동안 정상(定常) 우주론 모형들로 알려진 경쟁 모형들이 있었다. 사실 정상 모형들이 빅뱅 모형들보다 먼저 나왔다.

가장 잘 알려진 정상 모형은 1948년 헤르만 본디와 토마스 골드를 통해 제시되었고 후에 프레드 호일을 통해 다듬어졌다. 그들의 모형의 기본적인 동기는 다음과 같았다. (1) 우주가 언제나 똑같게 보이는 것은 남겨둔 채(그래서 정상 상태라는 이름이 붙여졌다) 허블의 적색 이동 측정과 적색 이동 및 후퇴 속도 사이의 관계(섹션 7.4을 보라)를 설명한다. (2) 1940년대의 적색 이동 측정 결과와 관련된 난제를 푼다. (3) 빅뱅 모형에 암시된 우주의 특별한 시작을 피한다.

우주가 항상 똑같게 보였기 때문에 본디와 골드는 우주가 공간적으로뿐만 아니라 시간적으로도 동질적이고 균일해야 한다는 입장을 취했는데 그들은 이것을 **완벽한 우주 원리**로 불렀다. 난제는 우주의 팽창에 대한 측정은 우주의 나이가 약 100억 년에서 200억 년임을 가리키는 것처럼 보이는 반면에 거리 측정은 가장 먼 곳이 최대 20억 광년 떨어진 것처럼 보인다는 점이었다. 이 상황은 우주의 나이와 관측 가능한 가장 먼 은하들의 측정 거리 사이에 10배의 차이가 있음을 암시했다. 천문학자들은 나이 결정에 가깝게 상응할 수십억 광년의 거리를 발견할 것으로 기대했다(가령 우주의 나이가 100억 년이라면 우리가 100억 광년 떨어진 은하들에서 나오는 빛을 볼 수 있어야 하지 않겠는가?). 이 난제는 거리와 나이 사이의 불일치가 1940년대의 거리 측정 기법들의 한계에 기인한 부산물이라고 가정함으로써 풀릴 수도 있을 것이다. 많은 빅뱅 옹호자들이 이렇게 주장했다.[3]

본디와 골드의 모형은 이 난제에 대한 다른 해법을 제안했다. 그들의 모형은 아인슈타인의 질량-에너지 관계(섹션 7.3.2를 보라)에 따라 물질로 전환될 수 있는, 당시에는 알려지지 않은 에너지를 만들어내는 메커니즘을 상정했다. 에너지가 만들어지고 있다면 에너지 보존 법칙이 성립하지 않는다. 이에 대한 본디와 골드의 대응은 우주의 에너지 총량 보존에서 우주의 에너지 밀도 보존으로 옮겨가는 것이었다. 우주에서 만들어지는 에너지의 양이 전반적인 에너지 밀도를 동일하게 유지하는 비율로 팽창하는 우주 전체에 분포하기 때문에 우주의 에너지 밀도가 보존된다(언제나 동일하게 유지된다). 이는 그들의 완벽한 우주 원리를 만족시키고 우주가 언제나 동질적이고 균일하게 해줄 것이다. 하지만 그들의 정상 모형은 에너지 보존에서 에너지 밀도 보존으로의 이동을 필요로 했다. 이는 우리가 에너지를 측정할 때 언제나 에너지를 직접 측정하지 않고 에너지 밀도를 측정한다는 사실로 말미암아 동기가 부여되었다.[4]

이 추론이 그럴듯하다고 생각하는 사람도 있었고 그렇게 생각하지 않는 사람도 있었다. 결국 이것은 매우 중요한 보존 법칙에 대한 근본적인 재해석으로서 많은 사람은 이런 해석이 그 모형에 반한다고 생각했다. 빅뱅 모형에서는 에너지 보존에 대한 그런 변화가 필요하지 않았다. 더욱이 에너지 생산률이 계산되었을 때 그것은 탐지할 수 없을 정도로 너무 작았다. 호일은 그 메커니즘은 평균적으로 런던의 세인트 폴 대성당의 부피에서 1년에 한 개꼴로 원자가 만들어져서 그것이 측정될 수 없을 것으로 추정했다.[5] 과학자들은 일반적으로 제안된 물리적 메커니즘이 탐지될 수 없다면 그것을 의심한다. 에너지 생산률은 그 모형의 핵심적인 예측으로서 그 비율이 반드시 확인되어야 한다. 그리고 어떤 종류의 메커니즘이 실제로 무로부터 에너지를 만들어낼 수 있는가라는 미결 문제가

---

3   측정 기법이 개선되고 새로운 기법이 개발되자 그들이 옳은 것으로 증명되었다(6장을 보라).

4   한 영역의 공간에 대한 에너지 밀도가 측정되면 우리는 에너지 총량을 쉽게 추론할 수 있다.

5   Fred Hoyle, *The Nature of the Universe* (Oxford: Blackwell, 1950), 106.

있다. 물리학자들은 일반적으로 열역학법칙에 근거해서 무로부터의 에너지 창조를 불가능하다고 생각한다(그러나 에너지 보존에서 에너지 밀도 보존으로 이동하면 이런 제약들 중 일부 제약은 수정된다).

그러나 본디와 골드 그리고 호일은 그 모형의 에너지 창조를 상정하고서, 거리-나이 불일치를 설명할 수 있었다. 에너지가 계속 창조되고 있으므로 에너지가 바깥쪽으로 움직이고 궁극적으로 은하들을 형성할 물질로 전환될 것이다. 이런 과정을 통해 은하들은 가속해서 우리의 20억 광년 거리의 창을 떠날 것이다. 천문학자들은 여전히 허블이 보고한 적색 이동을 볼 것이고, 여전히 100억 년에서 200억 년의 우주의 나이로 이끄는 허블 상수를 계산하겠지만 20억 광년의 한계까지만 은하들을 볼 것이다. 그 모형은 당시의 관측과 일치했고 거리-나이 불일치를 해결했으며(또는 해체했으며), 일반적인 우주 원리와 일치했고(예컨대 에너지 밀도가 모든 곳에서 동일하다), 팽창하는 우주에 대해 우주의 정적인 그림을 가급적 많이 유지했다(예컨대 우주에 시작이 없었다).

빅뱅 모형과 달리 본디와 골드 그리고 호일의 정상 모형은 실제로 영원한 우주와 일치했다. 만일 우주가 영원히 에너지를 창조하고 있었다면 100억 년에서 200억 년의 우주 나이를 예측하는 허블 상수는 팽창하는 우주에서 측정의 부산물인 것처럼 보일 것이다.

8.3. 기독교와 우주 모형들

1920년대에서 1960년대 초까지 빅뱅 모형이나 정상 모형을 선호하는 결정적인 증거가 없었다. 천문학자들의 관측은 두 모형 모두에 잘 들어맞는 것처럼 보였다. 따라서 두 모형이 실제로 불일치할 몇 가지 예측을 발견하거나, 어느 한 모형은 설명할 수 있지만 다른 모형은 설명할 수 없는 몇 가지 관측을 발견할 필요가 있었다(이 점에 관해서는 아래에서 좀 더 논의된다). 그러나 천문학자들과 물리학자들이 어느 모형이 더 나은가를 판단하기 위해 사용한 다

른 고려사항들도 있었다. 그중 하나는 그 모형들의 특별한 가정들의 성격이었다. 한편으로 정상 모형은 탐지할 수 없고 독특한 에너지 창조 메커니즘과 에너지 밀도만 보존된다는 것을 가정했다. 다른 한편으로 빅뱅 모형은 독특한 폭발로 이어진 특수한 종류의 기원을 가정했다. 이 가정들을 어떻게 평가하는지에 따라서 우리는 경험상으로 동등한 어느 모형을 다른 모형보다 선호할 수 있다.

많은 과학자는 신학적인 측면도 진지하게 고려했다. 정상 모형의 초기 형태는 1918년에 제안되었다. 수학자이자 천문학자인 윌리엄 던컨 맥밀란(1871-1948)이 이 모형을 소개했는데, 이 모형은 훗날 본디와 골드 그리고 호일의 모형에서 발견되는 많은 요소를 지니고 있었다. 우주에서 물질이 계속 재생되어 항상 생명을 지원하는 상태가 유지되었다.[6] 맥밀란의 우주 모형에는 우주의 시간적인 시작이 없었고 재생 과정이 영원히 지속되었다. 그러나 그 모형은 켈빈 경(윌리엄 톰슨, 1824-1907)이 최초로 제기한 이후—비록 그가 열사라는 용어를 사용하지는 않았지만 말이다—논의와 활발한 연구 대상이 된 우주의 **열사**라는 운명을 피했다.[7]

1930년 쯤에 노벨상을 받은 물리학자인 로버트 밀리컨(1868-1953) 역시 정상 모형 형태를 옹호하고 있었다. 맥밀란과 밀리컨 모두 유명하고 존경받는 과학자였다. 그들이 정상 모형을 선호한 중요한 고려사항 중 하나는 우주의 열사를 피할 수 있는 방법을 발견하는 것이었다. 이는 열사가 어느 시점에 우주에서 생명의 존재가 더 이상 가능하지 않으리라고 암시하기 때문이었다. 그러나 이는 우주에

---

6   Macmillan에게 있어서 이 재생 과정은 공간에 흡수되는 별들을 통해 복사된 에너지가 후에 별들과 행성들을 형성할 수 있는 원자로서 다시 나타나는 것과 관련이 있었다. 이 과정에서 모종의 물질-에너지 보존이 일어났지만 Macmillan은 상대성에 관한 Einstein의 연구를 거부했다. 1928년 James Jeans(1877-1946)가 물질이 계속 창조되고 있다는 정상 모형을 최초로 제안했다.

7   Lord Kelvin, "On a Universal Tendency in Nature to the Dissipation of Mechanical Energy," in *Mathematical and Physical Papers* (Cambridge: Cambridge University Press, 1882), 1:511-14.

간략한 전기   로버트 밀리컨(1868-1953)

로버트 밀리컨은 물리학자이자 노벨상 수상자, 그리고 캘리포니아 공과대학교의 물리학 연구소장이었다. 1930년 미국 과학진흥회 회장 연설에서 밀리컨은 수소가 별들의 복사로부터 다시 채워진다는 자신의 가설이 "창조주로 하여금 계속 그의 일을 하도록 허용한다. 실험상 그 방향을 가리키는 다소의 증거가 있다"고 주장했다.[a] 밀리컨에게 있어 창조세계에서 하나님의 계속적인 활동은 그의 과학과 신학 이해에 매우 중요했다.[b]

[a] Robert A. Millikan, "Present Status of Theory and Experiment as to Atomic Disintegration and Atomic Synthesis," *Nature* 127 (January 1931): 170.

[b] R. H. Kargon, *The Rise of Robert Millikan: Portrait of a Life in American Science* (Ithaca, NY: Cornell University Press, 1982), 144-47.

대한 그들의 기독교적 관점과 연계되었다. 맥밀란과 밀리컨 모두 하나님이 우주에 생명이 충만하게 하려는 목적을 갖고 있다고 주장했다(섹션 2.5.2를 보라). 창조세계가 생명으로 충만하게 되는 목적을 가진다는 것은 모든 형태의 열사와 일치하지 않는 것처럼 보였다. 물질의 계속적인 창조 또는 재생은 우주에서 생명을 지탱하는 일이 유지되게 해줄 것이다. 더욱이 밀리컨은 물질과 에너지의 계속적인 창조는 하나님이 창조세계에 내재하며 그것을 유지하는 데 관여하고 있음을 보여준다고 주장했다. 맥밀란과 밀리컨에게는 정상 모형과 그들의 기독교적 관점이 일치한다는 것이 그들이 그런 모형을 지지하게 된 타당한 고려사항이었다. 밀리컨은 물질과 에너지의 계속적인 창조를 하나님의 지속적인 창조 활동으로 해석하기까지 했다.

그러나 르메트르는 이미 빅뱅 우주론과 무로부터의 창조 사이의 병행을 지적했다. 1940년대에 수학자이자 물리학자인 에드먼드 휘태커 역시 그런 병행 때문에 기독교는 빅뱅 모형과 좀 더 일치한다고 주장했다. 마찬가지로 천체물리학자이자 수학자인 에드워드 아서 밀른이 1940년대와 1950년대에 유사한 고려사항들을 제안했다(비록 그의 빅뱅 이론은 일반상대성을 명시적으로 거절했지만 말이다). 밀른은 열사가 팽창하는 우주에 적용된 열역학의 불가피한 결과가 아니라고도 주장했다(그는 이 점에 관해서 확실히 소수파에 속했다). 그에게는, 맥밀란과 밀리컨에게와 마찬가지로, 열사에 기인한 우주의 종말은 생명을 지탱한 우주의 창조주이자 유지자로서의 하나님과 일치하지 않았다.

빅뱅 모형이나 정상 모형을 지지하는 과학자들은 어느 한 모형을 다른 모형에 비해 선호하는 이유의 일부로 신학적 고려사항을 제시했다. 그러나 종교의 신자들만 비과학적인 이유를 우주론 모형을 지지하는 이유로 제시한 것은 아니었다. 1950년에 저명한 무신론자인 호일은 『우주의 특성』(*The Nature of the Universe*)을 출간했는데, 그 책에서 그는 한편으로는 무신론과 정상 모형 간의 명확한 연결과 다른 한편으로는 기독교와 빅뱅 모형 간의 연결을 도출했다.[8] 호일은 무신론에 대한 헌신이 자신이 정상 우주론을 지지한 이유의 일부임을 명백히 밝혔다. 그가 판단하기에 정상 모형에는 창조주가 필요치 않았지만 빅뱅 우주론은 창조주를 전제했다.[9]

궁극적으로 정상 모형을 제거한 증거를 살피기 전에

---

8   Hoyle의 책에서 정상 모형이 무신론적인 우주론이라는 신화가 시작되었는데, 몇몇 그리스도인은 부지중에 오늘날에도 이 신화를 믿고 있다.

9   그는 또한 그리스도인들이 무신론에 대한 공격에서 빅뱅을 하나님의 존재에 대한 증거로 사용할 것을 두려워했다. 이 두려움에는 충분한 근거가 있음이 판명되었다.

우리는 다양한 옹호자들이 그들의 모형을 지지하는 이유로 제시한 신학적 이유들이 다른 모형에 비해 어느 한 모형을 선택한 유일한 고려사항은 아니었음을 강조하고자 한다. 이러한 신학적 이유들이 그들의 마음에서 결정적인 것도 아니었다(호일은 증거를 통해 정상 모형이 불신된 후 그 모형을 고수한 결정적인 이유로 무신론을 꼽았다). 더욱이 그들의 신학적 이유들은 과학적 출간의 맥락에서 제시되지 않았고 대중 강연 및 저술 그리고 비공식적인 대화에서 제시되었다. 요점은 많은 과학자가 다른 모형을 제쳐두고 어떤 우주 모형을 채택함에 있어서 다른 과학적 고려 및 철학적 고려와 더불어 종교적 이유들이 **긍정적인 역할**을 한다고 보았다는 것이다.

8.4. 빅뱅 모형이 확인되고 정상 모형이 불신되다.

어느 모형이 실제 우주를 더 가깝게 묘사하는지를 해결할 두 가지 종류의 증거가 있다. 그 증거들은 우주 배경 복사 신호와 가벼운 원소들의 상대적 함유량이다.[10]

8.4.1. 흑체 복사.

빅뱅 모형에 따르면 우주는 상상할 수 없을 정도로 높은 온도로 시작해서 우주가 팽창함에 따라 식었을 것이다(기체가 팽창함에 따라 어떻게 식는지를 생각해보라). 빅뱅 후 3분까지는 그것이 너무 뜨거워서—너무 활동적이어서—원자들을 형성할 수 없었다. 이 시점 후 초기 우주의 온도가 충분히 식어서 원시 핵융합(primordial nucleosynthesis)으로 알려진 것이 시작되었다. 양성자들이 중성자들을 포획해서 중수소 핵을 형성하고 양성자들이 양성자들에 융합해서 헬륨 핵을 형성했다. 이 과정이 몇 분 동안 계속되었다. 그러다 천문학자들이 재결합으로 부르는 과정이 시작되었다. 양의 전하를 띤 핵들(양성자들—수소 핵들—중수소와 헬륨)이 전자들을 포획하기 시작했다. 이런 식으로 최초의 원자들이 형성되었다. 3분에서 38만 년 사이에 온도가 너무 뜨거워 광자들이 자유롭게 날아가지 못하고 입자들의 혼합물 안에 갇혔다. 기본적으로 광자들이 방의 벽들에 부딪혀 튕기는 것과 비슷하게 활동적인 모든 입자를 튕겼다. 약 38만 년이 지났을 때 충분한 전자들이 원자들에게 포획되어서 광자들이 더 이상 갇히지 않고 빛이 모든 방향으로 자유롭게 날아갈 수 있었다.[11]

이 빅뱅 모형의 한 가지 예측은 빛이 자유롭게 된 순간에 물질과 에너지를 분배한 흔적을 남겼으리라는 것이었다. 우주학자들은 이것을 우주 배경 복사로 부른다. 그것은 일종의 화석 또는 우주의 나이가 38만 년이었을 때의 우주 초기의 아기 사진이다. 빅뱅 모형은 이 우주 배경 복사가 어떤 모습이어야 하는지에 관해 매우 구체적으로 예측했다. 이 복사의 한 가지 특징은 그것이 흑체 복사(blackbody radiation)와 비슷하게 보여야 한다는 것이다. 파원을 완벽하게 반사하는 복사는 흑체 복사로 알려졌다(과학자들은 19세기 중순 이후 실험실에서 흑체 복사를 연구하고 있었다). 흑체 복사 곡선의 특징적인 형태는 그 복사가 전자기 스펙트럼의 어디에서 위치하는지와 무관하다(이것도 창조 세계의 규칙성 중 하나다).

그림 8.4는 완벽한 흑체에서 나오는 복사가 어떤 모습인지를 보여준다. 별들과 옹기 가마들에서 나오는 복사도 흑체 복사와 같은 행태를 보이기 때문에 그것들에서 나오는 복사도 이 곡선을 닮는다. 그리고 그 곡선은 복사 온도의 함수다. 빅뱅 모형으로부터 빅뱅 후 38만 년 경과 시점의 온도에 비추어 볼 때 그때 생성된 우주의 배경 복사가 오늘날 어떤 모습을 보일지 우리가 정확히 예측할 수 있다(이 복사는 그것이 자유로워진 이후 계속 식었다).[12]

---

10 때때로 은하들의 적색 이동과 우주의 팽창이 정상 모형에 비해 빅뱅 모형을 지지하는 증거라고 묘사된다. 하지만 두 모형 모두 그 증거를 수용할 수 있으므로, 그 증거가 필연적으로 어느 모형을 확인하는 것은 아니다.

11 천문학자들은 이 순간을 우주가 빛에 대해 투명해진 순간으로 묘사한다.

12 Ralph Alpher(1921-2007)가 1948년 박사 학위 논문에서 우주 마이

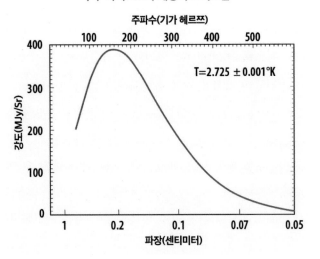

우주 마이크로파 배경의 스펙트럼

그림 8.4. 1965년에 측정된 우주 배경 복사는 전형적인 흑체 복사 곡선 형태를 띠었고 빅뱅 모형의 예측과 실험 오차 범위 내에서 일치했다. 이 그림에 묘사된 곡선은 1989년에 발사된 코비(Cosmic Background Explorer; COBE)에서 측정된 좀 더 정확한 관측에서 나온 것이다.

1960년 무렵까지는 우주 배경 복사 온도가 대략 절대온도 2.725도로 다듬어졌다.[13] 이 온도는 복사를 마이크로파(극초단파) 범위에 위치시킨다(따라서 그것이 마이크로파 복사로 불린다). 문제는 실제로 마이크로파 복사가 존재하는지 및 그것을 어떻게 탐지할 것인지였다.

8.4.2. 우주 배경 복사의 발견. 역설적이게도 우주 배경 복사는 다소 우연히 발견되었다. 벨 연구소는 위성 통신을 위해 전파와 마이크로파를 활발하게 연구하고 있었다. 그들은 1960년 뉴저지주 홈델의 야외에 대형 안테나를 세웠다. 홈델 안테나는 처음에는 상업적 용도에만 쓰였지만 1962년 텔스타 위성이 발사되고 나서 자유롭게 다른 연구에 사용될 수 있게 되었다. 벨 연구소의 두 천문학자인 아노 펜지어스(1933년생)와 로버트 윌슨(1936년생)이

크로파 배경을 최초로 예측했다. Alpher와 Robert Herman(1914-97)은 1948년과 1949년에 발표된 논문에서 세부내용을 논의했다.

13 절대온도 척도가 과학에서 선호되는 척도. 절대온도는 과학 연구에서 그것을 통상적으로 사용되는 화씨온도나 섭씨온도보다 우수하게 만드는 다양한 특성을 갖고 있다.

그 안테나를 전파 망원경으로 사용해서 전파들을 이용하여 은하들 사이의 공간을 관측하기를 원했다. 그들에게는 불행하게도 문제가 있었다. 그들은 그 안테나로 바라본 모든 곳에서 그들이 연구하기를 원했던 공간에서 나오는 전파를 방해하는, 원치 않았던 균일한 마이크로파 신호를 계속 수신했다. 그 마이크로파 복사의 명확한 원천이 없었으므로—그것은 모든 곳에서 균일했다—그들은 그 지역(예컨대 뉴욕)에 마이크로파 송신기가 없다고 결론지을 수 있었다. 그 간섭의 가장 그럴듯한 원천은 그 안테나 자체였다. 그들은 안테나 안에서 사는 비둘기들을 쫓아내고 그 비둘기들의 배설물을 청소하는 등 안테나로 말미암아 야기된 효과를 완화하려고 노력하기 시작했다. 균일한 마이크로파 신호는 일년 내내 결코 변하지 않았다(만일 방향이 있는 파원이 있다면 사계절 동안 마이크로파에 변이가 있었을 것이기 때문에 그들은 태양계나 은하의 다른 방향에 파원이 없다고 결론지을 수 있었다).

펜지어스와 윌슨은 그들의 "문제"를 해결하는 데 도움을 줄 수도 있는 이론적인 설명들을 찾아보기 시작했다. 한편 그들이 모르는 상태에서 인근에 있는 프린스턴 대학교의 물리학자인 로버트 디케(1916-97)가 우주 배경 복사의 흔적에 대한 빅뱅 모형의 예측을 가다듬었고, 그 예측을 실험적으로 확인할 방법을 찾고 있었다. 펜지어스와 윌슨이 딕의 연구실과 접촉했을 때 딕은 자기의 연구를 그들과 논의했고 자기가 찾던 관측이 이미 이루어졌음을 깨달았다!

이 이야기에는 몇 가지 역설이 있다. 그중 하나는 윌슨이 정상 우주론자로 훈련받았고 본디와 골드 그리고 호일의 모형의 지지자였다는 것이다. 펜지어스와 윌슨 그리고 딕은 그 관찰이 빅뱅 모형과 실험상의 오차 범위 내에서 얼마나 잘 들어맞는지를 묘사하는 과학 논문을 공동으로 저술했다. 또 다른 역설은 1950년대에 "가짜" 마이크로파 신호들이 탐지되었지만, 당시에는 아무도 그것들이 원치 않는 잡음이 아닌 어떤 것이리라는 점을 이해할 입

장에 있지 않았다는 것이다. 이 시기에 우주론은 존중할 만한 과학적 탐구라기보다는 취미로 여겨지는 경향이 있었다. 마지막 역설은 펜지어스와 윌슨이 그들이 의도했던 관측을 수행할 수 있도록 제거하려고 골몰했던 이 "간섭하는 잡음"으로 1978년 노벨상을 받았다는 것이다.

윌슨이 정상 모형을 지지했음에도 불구하고 우주 배경 복사 예측의 확인은 빅뱅 모형이 맞고 정상 모형은 틀렸다는 최초의 논박할 수 없는 증거였다. 정상 모형은 임시방편적인 가설들에 의존하지 않고서는 이 복사 신호에 대한 설명이나 예측을 산출할 수 없었다(그리고 과학자들은 임시방편적인 가설들은 이론에 약점이 있다는 신호임을 인정한다).

8.4.3. 가벼운 원소들의 상대적 함유량.
6장에서 천문학자들이 원자 스펙트럼 측정을 사용해서 우주에 존재하는 원소들의 상대적 함유량을 결정할 수 있다고 언급했음을 상기하라. 빅뱅 모형은 초기 우주에서 생성된 가장 가벼운 원소들과 동위원소들의 상대적 함유량에 관해 정확히 예측할 수 있다.

빅뱅 후 약 3분 무렵에 우주의 온도가 충분히 떨어지자 원시 핵융합을 통해 핵을 형성하는 것이 가능해져서(섹션 8.4.1을 보라), 먼저 가장 가벼운 원소인 수소가 형성되었다. 수소의 핵에 들어 있는 양성자는 강한 핵력(nuclear force, 핵 안에서 양성자와 중성자를 결합하는 역할을 한다)을 통

해 중성자를 포획할 수 있는데 이를 통해 중수소 동위원소의 핵을 형성한다(그림 8.5를 보라). 수소 동위원소가 또 다른 양성자를 포획하면 그 결과 헬륨-3(^{3}He)이 형성된다.[14] 헬륨-3 핵이 형성될 수 있는 몇 가지 방법이 있다. 예컨대 두 개의 중수소 핵이 융합하면 헬륨-3 핵이 만들어질 수 있다. 그림 8.5는 이러한 몇몇 포획 과정을 보여준다.

입자 포획을 통한 이 단계적인 핵 구축 과정은 리튬-7(^{7}Li)까지는 비교적 잘 작동한다. 리튬-7은 양성자 세 개와 중성자 네 개를 갖고 있다. 리튬-7을 형성하기 위한 에너지 요구량은 훨씬 많으며 우리는 우주에서 그것을 훨씬 적게 볼 것으로 예상한다. 하지만 만일 리튬-7이 양성자나 중성자를 하나 더 포획하면 그것의 핵이 불안정해져서 두 개의 더 가벼운 핵들로 핵분열한다. 따라서 이러한 포획 과정을 통해 리튬-8이나 더 무거운 원소들을 만들어내는 데는 장애가 있다.[15]

빅뱅 모형을 사용해서 수소 대비 헬륨과 그 동위원소들, 중수소, 그리고 리튬의 상대적 함유량을 계산할 수 있다. 그리고 나서 천문학자들은 빅뱅에서 만들어진 원시의

---

14 강력(strong force)은 전자기력보다 훨씬 강해서 두 개의 양성자들이 서로 밀어내는 경향을 극복한다.

15 당신은 아마도 탄소, 산소, 질소 같이 더 무거운 원소들이 어디서 왔는지 궁금할 것이다. 그 답은 화학 공장으로서의 별들이다(9장을 보라).

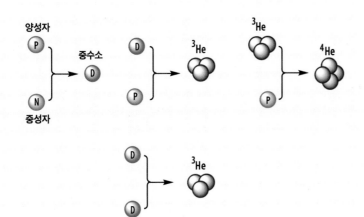

그림 8.5. 입자 포획 과정은 매우 신속하게 발생해서 몇 분 안에 거의 모든 양성자와 중성자가 몇몇 형태의 핵 안에 묶인다. 더욱이 입자 포획을 위한 에너지 요구량은 원소마다 다르다. 수소의 에너지 요구량이 가장 적다. 따라서 가장 풍부하게 만들어진 원소다. 에너지 요구량이 그다음으로 적은 원소는 헬륨이며 따라서 그것은 두 번째로 풍부한 원소이지만 수소보다 훨씬 적으며 계속 그런 식으로 이어진다.

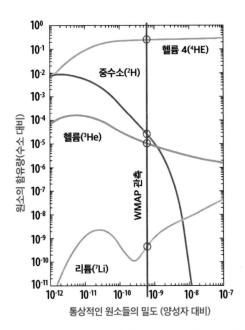

그림 8.6. WMAP 위성 관측을 통해 측정된, 수소 대비 몇몇 가벼운 원자들과 동위원소들의 상대적 함유량. 이 데이터는 빅뱅 모형의 예측과 매우 잘 일치한다.

함유량을 반영할 적절한 천체를 찾아서 관측치를 빅뱅 모형의 예측치와 비교할 수 있다. 그들이 예측과 관측이 잘 일치하기를 희망할 수 있을 정도로 가다듬는 데 수십 년이 소요되었다. 제임스 피블스(1935년 출생)가 중요한 역할을 했는데, 그는 1966년에 빅뱅 모형의 가장 세심한 몇 가지 예측을 했다. 그는 초기 우주에서 생산된 원시 헬륨의 상대적 함유량이 26퍼센트에서 28퍼센트였다고 예측했는데, 이 수치는 관측 결과와 잘 일치했다. 계산이 향상됨에 따라 빅뱅 모형의 예측과 관측 사이의 일치 정도는 점점 더 높아졌다. 1970년대 초까지는 빅뱅 모형의 예측치가 분광 관측과 실험상의 오차 이내로 줄어들었다. 이는 빅뱅 모형의 멋진 성공이었다. 이에 반해서 정상 모형은 임시방편적인 가설에 의존하지 않고서는 이런 예측을 하거나 관측된 가벼운 원소들의 상대적인 함유량을 설명할 수 없었다. 그림 8.6은 수소 대비 몇몇 가벼운 원소들과 동위원소들의 상대적 함유량에 대한 윌킨슨 마이크로파 비등방성 탐색 위성(Wilkinson Microwave Anisotropy Probe satellite, WMAP)의 최근 관측 결과를 보여준다.

가벼운 원소들이 측정되고 우주 배경 복사가 특정되는 사이에 거의 모든 천문학자와 우주학자가 정상 모형이 관측을 통해 지지되지 않는다며 그 모형을 고려대상에서 제외시켰다. 확실히 맥밀란과 밀리컨이 정상 모형을 선호하는 근거로 제시했던 신학적 고려들이나 휘태커가 빅뱅 모형을 선호하는 이유로 제시한 신학적 고려들은(섹션 8.3을 보라) 어떤 모형이 실제 우주가 어떤 모습이었을지에 관해 좀 더 정확한 그림을 제시하는지를 결정함에 있어서 결정적이지 않았다. 빅뱅 모형을 결정적으로 확인한 것은 창조세계가 제공한 증거—창조계시—였다. 소수의 과학자만이 계속 정상 모형을 지지했다.[16]

가벼운 원소들의 상대적 함유량 예측 추구에 대한 한 가지 역설은 호일과 기타 정상 모형 옹호자들이 핵심적인 몇몇 계산을 수행했을 뿐만 아니라, 빅뱅에 기초해서 빅뱅 모형의 옹호자들이 간과한 물리학의 고려사항을 제안하기도 했다는 것이다. 결국 계산에 대한 각각의 수정이 빅뱅 모형의 예측치를 관측치와 일치하게 만들고 정상 모형을 따돌렸다.

8.5. 현대 우주론

현대 우주론에 대한 요약으로 이 장을 마치기로 하자. 물질들은 약 138억 년 전에 뜨거운 빅뱅으로 시작했다. 기본적인 입자들이 핵을 형성했고 후에 원자들을 형성했으며, 원자들은 이어서 은하들과 별들을 형성한 거대한 가스 구름을 형성했고 그동안 줄곧 공간이 팽창했다. 이 그림의 대략적인 윤곽은 1960년대 말 이후 자리를 잡았으며 천문학자들은 1960년대에 100억 년에서 200억 년으로 보던 우주의 나이 추정 범위를 좁혔다. 가벼운 원소들

---

16 일부 그리스도인들은 1960년대에 젊은 지구 창조론의 가르침하에서 빅뱅 우주론을 거절하기 시작했다. Ronald L. Numbers, *The Creationists: From Scientific Creationism to Intelligent Design*, expanded ed.(Cambridge, MA: Harvard University Press, 2006[『창조론자들』, 새물결플러스 역간])을 보라.

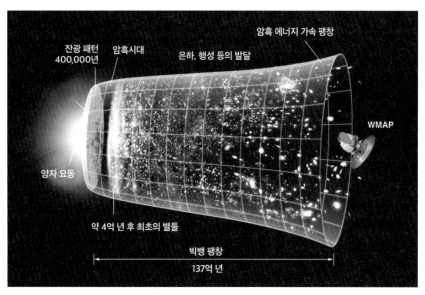

그림 8.7. 현재 우주의 급팽창 빅뱅 모형.

[이미지 내 라벨:]
잔광 패턴 400,000년
암흑시대
은하, 행성 등의 발달
암흑 에너지 가속 팽창
양자 요동
약 4억 년 후 최초의 별들
WMAP
빅뱅 팽창
137억 년

팽창 메커니즘이었다(그림 8.7을 보라).

8.5.1. 우주의 급팽창. 우주론에서 급팽창은 빅뱅 직후 공간이 급격히 퍼진 것을 일컫는다. 윌킨슨 마이크로파 비등방성 탐색(WMAP) 팀이 개발한 그림 8.8을 보면 빅뱅은 왼쪽 끝의 아주 작은 하얀 점으로 표시되어 있다. 그 사건 직후 최초의 빅뱅 출발로부터 시간과 공간이 매우 급격히 팽창하는 것을 보라. 이 팽창은 빅뱅 자체보다 여러 배 빠르다. 급팽창에 기인한 팽창은 우주가 생겨난 지 10^{-35}초에 시작해서 10^{-33}초 되었을 때 그친다(또는 급격히 속도가 떨어진다). 상상할 수 없을 정도로 짧은 그 기간에 우주는 10^{-35}초마다 두 배로 커져서, 급팽창이 시작하기 전 크기의 약 10^{50}배로 불어난다. 대략적인 유비로서 급격히 두 배로 증식해서 아기의 몸을 만들어내는 수정란—두 배우자 사이의 수정 사건을 통해 형성된 진핵세포—을 생각해보라. 급격하게 두 배로 되는 단계는 궁극적으로 속도가 떨어진다(세포가 초기 속도로 계속 두 배로 늘어난다면 엄마가 죽을 것이다).

이는 매우 놀라운 숫자들이다. 이 대목에서 그런 큰 숫자에 대한 감을 주기 위해 예시를 제공해보자. 지구 표면 전체에 1달러짜리 은화를 쌓는다고 상상해보라. 은화 10^{50}개를 쌓으면 높이가 어느 정도나 될 것 같은가? 우리가 전체 수에 가깝게 도달하기도 전에 은화의 질량의 중력 때문에 모든 것이 블랙홀 안으로 파열할 것이다(섹션 9.2를 보라). 공간적인 은유가 시각화하기에 좀 더 쉬울 것이다. 급팽창이 시작되었을 때 원자의 반경(10^{-15}센티미터)보다 짧은 거리를 떨어져 있던 두 점이 대략 지구에서 센타우루스자리 프록시마까지의 거리(약 4.22광년)만큼 떨어져 있게 될 것이다.

의 상대적 함유량 같은 관측과 예측이 잘 일치했는데 때로는 매우 잘 일치했다.

1980년대 초 우주학자들은 우주의 총 질량-에너지 밀도[17] 측정 결과 우주가 평평할 때의 값과 거의 정확히 일치함을 알아냈다. 놀라울 정도로 완벽하게 평평했다. 우주가 실제로 전체적으로 굴곡이 전혀 없을 수 있는가? 질량-에너지 밀도의 값 중에서 빅뱅이 어떻게 평평한 우주를 낳는 값—평균적으로 지구의 부피당 10밀리그램—을 분배해서 중력이 시공간의 대규모 뒤틀림을 야기하지 않게 할 수 있었는가? 빅뱅에서 그 특정한 값이 무작위로 실현될 확률은 대략 화성의 표면에서 무작위 방향으로 화살을 쏘아서 지구 표면에 있는 표준적인 양궁 과녁의 한가운데를 맞힐 확률에 해당한다.

그 결과 몇몇 우주학자들은 정확히 평평한 우주를 만드는 데 필요한 질량-에너지 밀도의 정확한 값이 불쑥 나타나는 것이 아닌 설명을 제공했다. 그 수정은 우리가 현재 급팽창 빅뱅 모형으로 부르는 것으로 이어진, 초기 급

17　당시에 우리가 가시적인 물질 이외에 가능한 기여 요인으로 이해했던 것(예컨대 암흑 물질과 암흑 에너지)을 포함한다. 이에 관해서는 아래에서 논의된다.

급팽창은 우주가 거의 완벽하게 평평하게 보이는 이유를 설명한다. 당신도 경험해 보았겠지만, 고무풍선 같은 것을 들고서 잡아당기면 풍선 면에 있던 주름이나 말린 것이 평평해질 것이다. 급팽창이 모든 공간을 급격히 늘리기 때문에 전체적인 굴곡이 평평해진다. 급팽창 메커니즘이 짧게 켜졌다가 꺼지거나 늦춰지는 물리적인 이유가 있다. 그리고 매우 초기 우주에서의 양자역학에 대한 우리의 이해와 연계된, 그런 메커니즘에 대한 매우 흥미있는 몇 가지 후보들이 있다. 이는 급팽창이 임시방편적인 제안이 아니고 빅뱅 우주론의 물리학의 맥락 안으로부터 동기가 부여되었음을 의미한다.

또한 우리는 우주의 급팽창이 매우 초기의 우주에서 물질의 밀도의 미세한 차이에 기인한 우주 배경 복사에 어떻게 영향을 줄지 예측할 수 있다(밀도가 약간 높은 지역은 밀도가 약간 낮은 지역보다 온도가 약간 높아질 것이다). 천문학자들은 실제로 위성들을 사용해서 이 복사를 관측하여 급팽창의 흔적이 있는지 없는지를 알아본다(빅뱅 후 38만 년 시점을 묘사하는 그림 8.8에서 얼룩이 있는 패턴은 급팽창이 흔적을 남긴 복사의 예상되는 신호를 나타낸다). 우주의 배경 복사에서 급팽창의 신호를 찾기 위해 1990년대에 위성들이 만들어져 발사되었다.

급팽창 메커니즘과 비율들 및 우주 배경 복사를 형성하는 메커니즘에 대한 구체적인 모형들에 비추어서 우주학자들은 비등방성—등방성 즉 모든 방향에서의 동일성(섹션 7.2을 보라)으로부터의 일탈—및 이런 변이들이 어떤 구조를 지녀야 하는지를 정확하게 예측할 수 있었다. 그림 8.8은 플랑크 위성이 2013년에 보고한, 우주 배경 복사에서 관측된 온도의 차이를 전체 우주에 표시한 그림이다. 붉은색은 가장 뜨거운 부분을 나타내고 어두운 청색은 가장 차가운 곳을 나타낸다. 가장 뜨거운 곳과 가장 차가운 곳의 온도 차이는 약 절대온도 1/100,000도다. 우주 배경 복사 온도에서의 차이는 대략 앞의 은화 쌓기 예에서 은화 하나를 끼워 넣거나 빼내는 정도와 같다. 이렇게

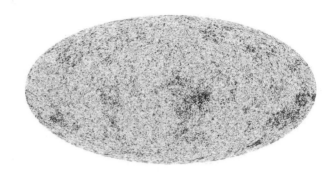

그림 8.8. 우주 전체에 대한 플랑크 위성의 우주 배경 복사 조사. 붉은색은 가장 뜨거운 부분을 나타내고 어두운 청색은 가장 차가운 곳을 나타낸다. 가장 뜨거운 곳과 가장 차가운 곳의 온도 차이는 약 절대 온도 1/100,000도인데, 이는 급팽창 빅뱅 우주론의 예측과 실험상으로 잘 들어맞는다.

작은 차이를 탐지할 수 있으려면 매우 정밀한 기구가 필요하다. 이 데이터에 대한 급팽창 빅뱅 모형의 예측은 가장 간단한 모형들을 배제하지만 좀 더 복잡한 모형들은 이 관측치들과 실험상의 오차 내에서 매우 잘 일치한다.[18]

그림 8.8에 나타난 데이터는 또한 매우 초기의 우주에 물질과 에너지 분포에 모종의 원시 구조가 있었다고 말해준다. 이는 빅뱅 후 38만 년 시점에 수소 가스와 기타 가스들의 분포에 약간의 불균형이 있었음을 의미한다. 이 약간의 불균형이 실제로 우주가 현재의 모습이 된 데 있어서 매우 중요하다. 만일 물질과 에너지가 똑같이 균일하게 분포되었더라면 결코 은하들과 별들이 형성되지 않았을 것이기 때문에 당신이 지금 이 책을 읽고 있지 않을 것이다. 은하들과 별들로 응축된 거대한 가스 구름들을 형성하기 위해서는 중력이 미세한 밀도 차이를 필요로 했다. 이는 우리가 다음 장에서 살펴볼 미세조정의 예 중 하나다.

현재의 우주론에 대한 요약을 마치기 위해 우리는 우주의 팽창에 대한 최근의 이해에 관해 뭔가를 말할 필요가 있다. 섹션 8.1에서 질량-에너지 밀도에 따라 우주에

---

18 또한 전체 우주에 대해 차이가 매우 작음을 주목하라. 플랑크 위성 조사는 우주 원리가 가장 큰 우주의 크기 척도에서도 잘 성립한다는 우리의 확신에 가세한다(섹션 7.2을 보라).

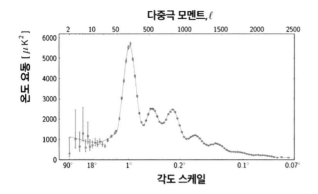

다중극 모멘트, ℓ

온도 요동 [μK²]

각도 스케일

그림 8.9. 플랑크 위성 데이터의 또 다른 제시. 붉은 점들은 위성의 관측치이고 붉은 선들은 실험상의 오차를 나타낸다. 푸른 선은 데이터에 대한 최적의 적합을 보여준다. 본문의 텍스트가 설명하듯이 이 데이터에 나타난 각각의 마루는 전에는 알려지지 않았던 우주의 특성에 관한 단서를 품고 있다.

예측된 세 가지 운명이 있다고 언급되었던 것을 기억하라. 1980년대의 관측치는 우주가 평평하고 우주의 팽창률이 낮아져 점근적으로 0에 접근함을 나타내는 것으로 보였다. 그러나 또 다른 놀라운 전개가 모든 사람을 기다리고 있었다.

섹션 6.3.4에서 논의된 1a형 초신성 거리 측정 기법을 기억하는가? 1998년 무렵 천문학자들은 100억 광년에서 150억 광년의 몇몇 가장 정확한 거리 측정을 위해 1a형 초신성들을 표준 촉광으로 사용하고 있었다. 물론 천문학자들은 평평한 우주에 대해 기대되는 바와 같이 계속 우주의 팽창 속도를 연구해서 팽창이 늦춰지고 있는지를 알아보기 위해 이런 초신성들에 대해 적색 이동도 측정하고자 했다. 관측된 내용은 모든 예상에 어긋났다. 가장 먼 1a형 초신성들의 적색 이동 측정 결과는 우주의 팽창률이 낮아지고 있는 것이 아니라 팽창이 **가속**하고 있음을 나타냈다. 이는 우주에 관해 배울 뭔가 새로운 것이 있음을 의미하기 때문에 과학자들을 흥분시키는, 당혹스러운 결과였다.

섹션 8.1에서 언급된 세 가지 과학적 종말론에 우리는 이제 우주의 팽창이 영원히 계속 가속한다는 네 번째 종말론을 덧붙여야 한다. 이 가속이 다음과 같은 이유로

전에는 보이지 않았다. (1) 약 200억 광년 밖에서는 팽창률이 가속하는지 감속하는지를 구분하기가 실제로 불가능하다. (2) 1a형 초신성을 통해 매우 먼 거리를 정확하게 측정하는 방법이 발견되지 않았다. 요지는 현재 우리의 최선의 측정 결과는 중력이 공간의 확장과의 주도권 다툼에서 지고 있음을 나타낸다는 것이다.[19]

이 결과들은 빅뱅이 공간을 펼치는 것과 중력의 힘이 그 팽창을 중화하는 것 외에 다른 뭔가가 진행되고 있음을 암시한다. 또 다른 미지의 힘이 있을지도 모른다. 우리는 플랑크 위성 데이터에서 약간의 힌트를 볼 수 있다. 그림 8.9는 플랑크 위성 데이터를 다른 방법으로 제시한 것이다. 첫 번째(가장 큰) 마루를 보면 이 마루의 각도상 위치(아래 축)는 우주의 평평함과 관련이 있다. 그것은 거의 정확하게 0의 전체적 곡률에 상응하는 형태를 지닌다.

왼쪽에서 두 번째 마루는 우주에 있는 일반 물질의 다른 종류의 물질들에 대한 상대적 밀도와 관련이 있다. 일반 물질의 밀도가 높을수록 두 번째 마루가 첫 번째 마루와 세 번째 마루에 비해 작아진다. 이 상대적 크기는 양성자, 중성자, 전자 같은 일반 물질이 우주에 있는 물질의 4.9퍼센트만을 구성함을 나타낸다(그림 8.10을 보라). 세 번째 마루는 우주에 있는 비상대적인 물질의 총 밀도를 측정하는데, 그 밀도로부터 두 번째 마루를 사용해서 양성자들과 직접 상호작용하지 않는 물질의 양이 추론될 수 있다. 이는 우주에 존재하는 별난 암흑 물질의 양을 측정한 값이다. 우주학자들은 "별난" 물질이라는 말을 알려진 입자가 아닌 형태의 물질이라는 의미로 사용한다. 그것은 화학자들이 다루고 있고 천문학자들이 수백 년 동안 관측해왔던 일반 물질과는 완전히 다르다. 우주학자들은 "**암**

---

19 우리 은하와 가까운 지역적 집단에 속한 은하들은 모두 청색 이동을 보이는 바 그것은 그 은하들이 서로를 향해 움직이고 있음을 의미한다는 것을 기억하라. 가속률에 따라서는 우리의 지역 집단의 중력이 공간의 팽창에 극복되어 우리의 지역 집단이 먼 미래에 붕괴하는 것이 아니라 떨어져 나갈 수도 있다.

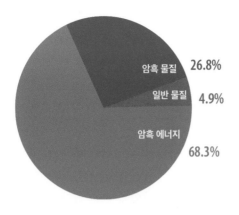

그림 8.10. 최근의 플랑크 위성 조사를 통해서 본 보통 물질, 암흑 물질, 암흑 에너지의 분포.

흑"물질이라는 말을 이런 종류의 물질은 전자기 복사와 전혀 상호작용하지 않는다는 의미로 사용한다. 그것은 빛을 내보내지도 않고 흡수하지도 않는다. 그것은 명백히 중력의 힘을 통한 상호작용의 형태일 뿐이다. 1a형 초신성을 사용한 독립적인 측정치는 암흑 에너지 백분비에 대한 우주 배경 복사 측정치와 잘 일치한다.

그림 8.10은 2009년에 발사된 플랑크 위성의 데이터에서 나온 가장 최근의 몇몇 결과를 보여준다. 이 결과들에 따르면 우주는 4.9퍼센트의 일반 물질과 26.8퍼센트의 암흑 물질, 그리고 68.3퍼센트의 암흑 에너지로 구성되어 있다. 암흑 에너지는 명백히 중력을 극복하고 공간의 확장이 가속하게 만드는, 현재로서는 미지의 힘을 나타내기 위해 사용하는 용어다. 현재 다양한 분야의 과학자들이 암흑 물질과 암흑 에너지가 무엇일지를 이해하기 위해 노력하고 있다.

이 대목에서 아인슈타인의 우주상수가 재등장한다 (섹션 7.3.5를 보라). 그의 원래의 우주론 논문으로 돌아가면 우주상수는 실제로 어느 정도 중력을 중화하고 공간을 펼칠 수 있어서 우주의 팽창률이 높아지게 만드는 힘을 나타낸다. 따라서 아인슈타인은 일반상대성을 순화해서 정적인 우주를 만들게 하려고 노력하다가 부지 중에 암흑 에너지에 대한 명분을 주장했는지도 모른다.

9장

별들의 생애와 죽음 그리고 미세조정

매우 초기의 우주에서 원자 원소들이 단계적으로 만들어진 방식에 비추어 볼 때 가벼운 원소들의 상대적 함유량은 빅뱅 우주론을 선호하고 정상 우주론을 불신하는 결정적인 증거였다. 7장에서 묘사된 포획 과정을 통한 원자들의 형성에 한계가 있음을 기억하라. 8개의 핵입자(양성자나 중성자)를 지닌 원자는 내재적으로 불안정하며 더 가벼운 원자들로 쪼개진다. 그렇다면 나머지 모든 원소는 어떻게 만들어졌는가?

오랫동안 이 문제는 천문학자들과 물리학자들에게 수수께끼였다. 핵융합의 발견 및 1930년대에 별들은 점점 더 무거운 원소들을 만든 핵융합 반응으로부터 나왔다는 깨달음으로부터 탄소, 산소, 철 그리고 더 무거운 다른 원소들이 어디서 왔는가에 대한 답이 나왔다. 그 답은 별들에서 발견된다. 별들은 철까지의 좀 더 무거운 모든 원소를 만드는 공장이다. 철보다 무거운 원소들이 만들어지

려면 별의 생명이 다한 후 별의 폭발이 필요하다.[1] 그리고 별들의 폭발을 통해 더 무거운 원소들이 공간에 배포되어서 궁극적으로 행성들의 형성을 위한 원재료가 된다. 이는 하나님이 창조세계 안에서 창조세계가 창조세계에 봉사하도록 일하고 있는 놀라운 예다(섹션 2.4.3을 보라).

9.1. 별들과 은하들의 탄생

어떻게 별들이 없던 우주에서 모든 곳에 별들이 존재하게 되었는가? 별들은 은하들에서 형성되며 은하들은 중력의 끌어당김을 통해 형성된다. 은하의 형성에 관해 우리가 아직 이해하지 못하는 세부사항들이 있지만 은하수 같은 나선 은하에 대한 기본적인 형성 과정은 다음과 같다. 7장에서 우주의 초기(우주의 나이가 약 38만 년이었을 때)에 우주의 가스(90퍼센트 이상이 수소다) 밀도 차이에 상응하는 미세한 온도 차가 있었다고 언급되었음을 상기하라(그림 9.1, 첫 번째 패널). 가스 밀도가 좀 더 높은 지역들은 중력으로 말미암아 좀 더 많은 가스를 끌어당긴다. 더욱이 우주가 팽창함에 따라 이렇게 밀도가 높은 많은 지역이 서로에게서 떨어지고, 거대하고 분리된 덩어리들을 형성한다

---

[1]   철보다 원자 번호가 큰 원소들의 절반은 초신성 폭발에서 만들어진다고 믿어진다. 다른 절반은 죽음의 소용돌이에서 중성자별들의 충돌로 말미암아 야기된 소위 킬로노바 폭발에서 만들어진다. Adrian Cho, "A Spacetime Tremor and a Celestial Light Show," *Science* 282 (October 20, 2017): 282-83을 보라.

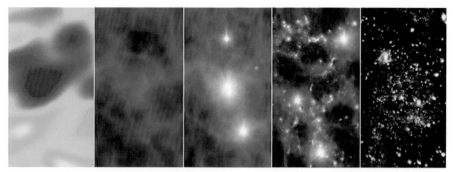

그림 9.1. 약 38만 년 된 우주에서 질량-에너지 밀도의 미세한 차이가 수소 가스의 거대한 구름들을 붕괴시켜 은하들을 형성했다. 각각의 패널은 중력을 통해 견인된 이 과정의 단계를 보여준다.

형성이 시작되었다. 형성되고 있는 은하 안에 거대한 수소 가스 구름들이 있다. 이 구름들에는 밀도의 차이가 있다(그림 9.2 [a]). 천문 단위는 지구와 태양 사이의 평균 거리인데, 좀 더 밀도가 높은 가스의 대표적인 집단은 지구와 태양 간 거리의 5,000배 크기다.[2] 좀 더 크고 밀도가 좀 더 높은 이런 지역들은 가스 성운으로 불리며 별들의 탄생 장소가 된다.[3] 성운 안의 이 하위 지역들의 크기와 밀도에 따라 다양한 크기의 별들이 형성된다. 은하 형성과 유사한 과정에서 충분히 높은 밀도를 가진 하위 지역은 중력으로 말미암아 안으로 붕괴하기 시작할 것이고 가장자리보다 중심으로 좀 더 많은 가스가 집중될 것이다(그림 9.2 [b]). 중심의 가스가 중력으로 말미암아 수축되면 그것이 뜨거워진다. 이곳이 별이 형성되는 장소다. 중력은 가스를 중심으로 붕괴시키는 경향이 있는 반면에 열은 중력의 작용에 반대하는 경향이 있다(가스가 뜨거울수록 압축하기 어렵다). 먼지 알갱이들이 가스와 섞여

(그림 9.1, 두 번째 패널). 그런 덩어리들은 궁극적으로 빅뱅으로부터 약 10억 년 뒤에 은하들을 형성했다.

어느 덩어리의 질량이 임계값에 도달했을 때 그것이 붕괴하기 시작해서 천문학자들이 **원시은하**로 부르는 것을 형성했는데, 이것은 은하를 형성하는 과정에 있는 가스 덩어리다. 원시 은하들이 계속 붕괴함에 따라 가스 내에서 충돌이 생겨 중력의 힘 아래서 원시 은하들의 가장자리가 아니라 중심에 좀 더 많은 가스가 모이게 되었다. 또한 중력붕괴 동안 회전하는 물체가 계속 회전하는 경향을 일컫는 각운동량 때문에 거대한 가스 구름이 회전하기 시작했다. 각운동량이 유지되어야 했는데, 이는 가스가 수축함에 따라 더 빠르게 회전함을 의미한다. 피겨 스케이팅 선수가 빙판에서 팔을 펴고 회전하는 것을 생각해보라. 팔들이 몸쪽으로 붙으면 스케이팅 선수는 훨씬 빠르게 회전한다. 수축 과정이 계속됨에 따라 별들이 형성되기 시작해서 은하들을 비추었다(그림 9.1, 세 번째 패널). 이 과정의 최종 결과는 다양한 형태와 크기의 은하들의 형성이었다(그림 9.1, 네 번째와 다섯 번째 패널). 좀 더 작은 은하들은 중력으로 말미암아 좀 더 큰 은하들에 끌려가는데, 이는 천문학자들이 오늘날에도 관찰하는 성장 과정이다.

은하 형성 과정에서 다소 유사한 과정을 통해 별의

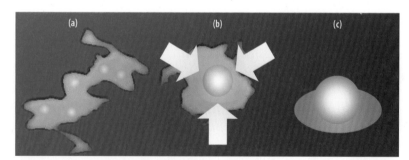

그림 9.2. 중력은 별들의 형성에서도 핵심적인 역할을 한다. 주위보다 밀도가 약간 높은 거대한 가스 구름(패널 a)으로 시작한 이 가스 구름들이 중력의 영향으로 붕괴해서 별과 그 별 주위를 공전하는 가스와 먼지의 얇은 원반을 형성한다(패널 b와 c).

---

2   형성되고 있는 은하들에는 이 크기 또는 이보다 큰 크기의, 밀도가 높은 지역들이 많이 존재한다. 따라서 원래의 원시은하가 얼마나 컸을지에 대한 약간의 감을 잡을 수 있게 해준다.

3   별들이 형성되기 시작하면 천문학자들은 이것들을 별들의 보육원(stellar nurseries)으로 부른다.

있는데, 이 알갱이들은 가스를 식히고 잠재적으로 행성들을 형성할 수 있는, 가스 분자들을 끌어당기는 지역적 중심을 형성하는 경향이 있다(11장을 보라).[4] 이 냉각은 가스 분자들이 좀 더 천천히 움직여서 가스의 붕괴를 촉진함을 의미한다.

만일 전체 가스 덩어리가 조금이라도 회전한다면 각운동량 보존 때문에 수축 과정이 진행될 때 회전이 계속될 것이다. 중력과 이 회전 과정이 중심 바깥의 나머지 가스를—별이 형성되고 있는—중심 주위를 도는 원반으로 평평해지게 만들 것이다. 피자 반죽이 공중에서 돌 때 얇은 원반으로 평평해지듯이 말이다(그림 9.2 패널 [c]).[5] 얇고 회전하는 이 가스 원반이 행성의 형성이 일어날 수 있는 곳이다.[6]

가스의 대부분은 중심에 모이고 중력의 작용 아래 한층 더 붕괴해서 충분한 질량이 되면 별을 형성한다. 가스가 계속 붕괴함에 따라 그것은 뜨거워지고 중력에 저항하는 압력을 만들어낸다. 핵융합 반응이 시작되기에 충분할 정도로 심부 온도가 높은 이 반응에서 나온 열에 기인한 압력이 중력의 인력을 상쇄할 것이다. 별이 탄생한 것이다! 별의 잉태 기간은 수백만 년이 소요될 수도 있다. 또한 별은 원반에 있는 나머지 가스에 영향을 주는, 입자들과 에너지의 흐름인 항성풍(stellar wind)을 방출하기 시작한다. 그 태양풍이 원반에 수집되지 않은 가스를 치우고 원반을 그 별에서 어느 정도 거리로 밀어냄으로써 그

원반에서 회전축에 수직 방향으로 있는 가스가 한층 더 압축되게 한다. 조건들이 맞아떨어지면—우리는 현재 올바른 조건들이 무엇인지 알지 못한다—행성계(planetary system)가 형성될 수 있다. 천문학자들은 우리 은하에서 많은 행성계를 발견했으며, 행성계 형성에 대한 상세하고 일반적인 이론을 수립하는 것은 현재 활발한 연구 영역이다.[7] 우리의 태양계 형성은 11장에서 논의될 것이다.

9.2. 별들의 생애와 죽음

별의 생애는 별의 내부에서 일어나는 융합 과정을 중심으로 전개된다. 핵융합 반응은 막대한 양의 에너지를 만들어낸다.[8] 이 에너지는 그 별의 핵심을 붕괴시키려고 시도하는 중력의 힘을 상쇄한다. 핵융합 반응의 중력 상쇄를 통해 달성된 안정은 그 별의 총 질량에 따라 수십만 년에서 수백만 년 또는 그보다 훨씬 오랜 기간 동안 지속될 수 있다.

핵융합 과정은 좀 더 가벼운 핵들을 결합해서 좀 더 무거운 핵을 형성한다(섹션 8.4.3을 보라). 핵 안에서 서로를 밀어내는 양성자들의 수가 증가함에 따라 핵들을 결합해서 새롭고 더 무거운 핵을 만드는 데 필요한 에너지가 늘어난다. 수소 핵(한 개의 양성자) 한 개와 중성자 한 개를 융합해서 중수소를 형성하는 데는 가장 적은 에너지 양이 요구된다. 중수소 핵 한 개와 양성자 한 개를 융합해서 헬륨-3(^{3}He)을 형성하는 데는 중수소를 형성하는 데 필요한 에너지 양의 두 배를 약간 넘는 에너지가 필요하다. 리튬을 형성하는 데 필요한 에너지는 헬륨-3을 형성하는 데 필요한 에너지의 약 두 배다. 핵이 철보다 무거워지면 핵융합을 통해서 만들어진 에너지가 핵을 융합하는 데 필요

---

4 먼지 알갱이들은 가스 안에 들어 있는 열을 적외선 복사의 형태로 새나가게 한다. 따라서 천문학자들은 적외선 빛을 받아들이는 망원경을 사용해서 우주에서 행성 형성의 신호들을 찾아볼 수 있다(섹션 6.2를 보라).

5 평평하게 되는 이 과정은 회전에 기인한 원심력에 기인하는데, 이것 역시 수축에 반대하는 경향이 있다. 이 힘들은 가스가 돌고 있는 축을 중심으로 수직으로 작용한다. 가스는 회전축 방향으로 가장 급속하게 붕괴하고 회전축에 수직 방향으로 가장 서서히 붕괴한다. 마찬가지로 회전하는 피자는 얇은 원반으로 급속히 평평해진다.

6 자력도 별이 형성되는 동안 가스 구름의 붕괴에 영향을 준다. 중력, 열, 각운동량과 자력의 상호작용은 매우 복잡하며 지속적인 연구 영역이다.

---

7 본서를 집필하고 있는 현재 천문학자들은 2,300개를 약간 초과하는, 태양 외의 별들을 공전하는 행성들을 발견했음을 확인했다. 이 행성들은 태양계 밖 행성(extrasolar planets) 또는 외계 행성(exoplanets)으로 알려졌다.

8 지구의 표면은 태양으로 말미암아 만들어진 에너지의 총량의 일부만을 받는다.

한 에너지 양 아래로 떨어진다.

　더 무거운 원소의 생성이 성공적이려면 핵융합 과정에서 융합되는 좀 더 가벼운 핵들의 에너지 합계보다 많은 에너지가 나와야 한다. 탄소, 질소, 산소를 만들어내는 데는 헬륨이나 리튬 동위원소들을 만들어내는 데보다 많은 에너지가 소요된다. 별들은 융합에 이용할 수 있는 충분한 에너지를 갖고 있어서 별들은 ^{7}Li 장애(섹션 8.4.3을 보라)를 극복할 수 있을 뿐만 아니라 탄소, 질소, 산소 같은 원소들을 만들어 낼 수도 있다. 별에서 일어나는 융합은 철에 이르기까지 계속해서 점점 더 무거운 핵들을 만들 수 있다. 철보다 원소 기호가 큰 원소들의 형성은 실제로 만들어내는 원소보다 더 많은 에너지를 사용하기 때문에 철은 별들이 자신의 생애에 만들어 낼 수 있는 가장 무거운 원소의 한계다. 별 하나가 철에 이르기까지의 좀 더 무거운 원소 각각을 얼마나 많이 만들어낼지는 별의 총질량에 의존한다. 별이 철의 핵심을 형성하고 나면 사점(death point)에 도달한다. 별이 겪게 될 이런 식의 죽음 역시 그 별의 총 질량에 의존한다.

　별의 총 질량이 그 별의 거의 모든 속성을 결정한다. 예컨대 별의 총 질량이 그 별이 형성되는 데 얼마나 오랜 기간이 소요될지를 결정한다. 만일 질량이 매우 큰 별이라면 실제로 1백만 년보다 덜 걸릴 수도 있다. 다른 한편으로 **태양질량**(solar mass)의 별, 즉 우리 태양과 같은 질량의 별은 최초의 빛을 내기까지 약 1천만 년이 소요될 것이다.[9] 별의 질량은 그 별의 생애의 길이도 결정한다. 태양질량을 가진 별의 예상되는 생애는 약 100억 년이다. 우리 태양의 나이는 현재 약 46억 년이므로, 태양이 생성된 뒤로 예상되는 태양의 생애의 절반에 약간 미치지 못하는 기간이 경과한 셈이다. 별은 질량이 클수록 더 밝다. 별의 질량은 그 별이 생애 동안 연료를 얼마나 안정적으로 또

그림 9.3. 별의 질량이 별의 생애주기를 통제한다. 좀 더 가벼운 별들(0.08에서 10 태양질량)은 왼쪽 주기를 따라 세 시 방향의 가스 구름에서 시작해서 시계 반대 방향으로 진행한다. 좀 더 무거운 별들(12 이상의 태양질량)은 오른쪽 주기를 따라 아홉 시 방향의 가스 구름에서 시작해서 시계 방향으로 진행한다.

는 고르게 연소하는지를 결정한다. 예컨대 우리 태양 같은 태양질량 한 단위의 별은 생애의 대부분의 기간 동안 매우 안정적인 비율로 수소를 연소한다. 그러나 훨씬 육중한 별은 생애의 짧은 부분 동안 안정적으로 수소를 연소하는 경향이 있다. 하지만 태양보다 덜 무거운 별도 에너지를 생애의 비교적 짧은 부분에 안정적으로 연소하는 경향이 있다. 따라서 오랜 기간의 안정적인 에너지 생산에 적합한 별의 질량이 존재한다.[10]

　이 점이 가장 중요한데, 별의 질량은 그림 9.3에서 설명하는 바와 같이 그 별의 생애주기를 결정한다. 별의 생애주기에는 많은 세부사항과 미묘한 점들이 있다. 이 대목에서 우리는 대략적인 윤곽을 요약할 수 있을 뿐이다. 행성들은 태양질량의 1퍼센트보다 가벼운 가스의 질량을 형성할 수 있다.[11] 태양질량의 1퍼센트에서 8퍼센트 사이의 질량은 대개 갈색 왜성을 형성하는데, 갈색 왜성의 온도는 행성들의 온도보다 높지만 핵융합 과정을 점화

9　천문학자들은 우주에 있는 물체들의 질량을 측정하기 위한 단위로 우리 태양의 질량—태양질량—을 사용한다.

10　매우 오랜 기간에 걸쳐 서서히 변하는 에너지 생산이 지구에 생명이 존재할 수 있게 한 요소다. 태양계가 생명이 존재할 수 있게 하는 측면에 관한 추가적인 요소는 섹션 9.3을 보라.

11　목성은 태양계의 나머지 행성들에 비하면 매우 크고 무거울지도 모르지만, 그것을 실패한 별로 특징지어도 무방하다. 목성은 중력붕괴가 수소 융합이 시작되기에 충분한 온도를 발생시킬 만큼 충분한 질량을 갖고 있지 않다.

할 만큼 충분히 높지는 않다. 핵융합이 점화되어 별을 형성할 수 있는 최소 질량은 태양질량의 8퍼센트다. 태양질량의 8퍼센트에서 10배의 질량을 가진 별들은 대개 그림 9.3의 왼쪽 주기를 따라 붕괴하는 가스 구름(세 시 방향)에서 시작하여 시계 반대 방향으로 진행한다. 이런 별은 모두 생애의 끝에 적색 거성 단계를 보일 것이다. 몇몇 별은 소위 행성상성운(planetary nebulae)을 형성할 수도 있으며, 모든 별은 백색왜성으로 생을 마감한다.[12] 별이 적색 거성 단계에서 백색왜성으로 변화하는 과정은 매우 격렬한데, 이는 신성으로 불린다.[13] 별의 바깥쪽 층들이 방출되며 그 별의 일생 동안 그 별로 말미암아 형성된 좀 더 무거운 원소들 중 일부를 가져간다. 남는 것이 적색 거성의 핵인데, 그것은 좀 더 작은 백색왜성에서는 헬륨과 탄소를 포함하고 좀 더 큰 백색왜성에서는 산소, 네온, 그리고 나트륨을 포함한다.[14]

태양질량의 아홉 배를 약간 넘거나 그보다 큰 쌍성계의 별들은 그림 9.3의 오른쪽 주기를 따라 붕괴하는 가스 구름(아홉 시 방향)에서 시작하여 시계 방향으로 진행한다. 그것들은 적색초거성(두 시 방향) 단계를 거친 후 우주에서 가장 화려한 폭발인 초신성에서 생을 마감한다.[15] 25에서 30의 태양질량을 지닌 별들에게 있어 초신성의 폭발은 중성자별로 알려진 특별한 종류의 물체를 남긴다. 중성자별들은 이름이 암시하는 바와 같이 많은 수의 중성자들로 이루어진 별들이지만 그 혼합물에는 몇몇 일반적인 원소들도 있다. 기초 입자물리학의 표준 물리학에 따르면 초신성 안의 전자들이 양성자와 결합해서 중성자와 중성미자로 불리는 입자를 만든다. 이 질량 범위의 초신성들은 많은 중성미자들을 만드는데 여기에 많은 에너지가 소요되며 중성자가 남는다. 중성자가 양성자와 전자로 전환하기에 충분한 에너지는 존재하지 않는다. 남아 있는 중성자별은 백색왜성보다 반경이 훨씬 작지만 밀도는 훨씬 높다. 예컨대 태양질량의 세 배만큼 무거운 중성자별은 시카고 크기의 반경을 지닐 것이다.

태양질량의 25배에서 30배보다 무거운 별들은 초신성 폭발 후 블랙홀로 생을 마감한다. 블랙홀은 공간에서 중력이 너무 강해 빛을 포함하여 아무것도 피할 수 없는 지역이다. 질량-에너지 관계(섹션 7.3.2을 보라)로부터 빛은 에너지로 말미암아 사실상 질량을 가진다는 점을 상기하라. 이는 빛이 중력의 영향을 받고 따라서 빛의 경로가 골곡진 시공간(섹션 7.3.3을 보라)으로 말미암아 뒤틀린다는 것을 의미한다. 블랙홀은 공간 중 빛이 완전히 갇혀서 탈출할 수 없는, 믿을 수 없을 정도로 심하게 뒤틀린 지역이다. 그래서 휠러는 그 지역이 어떤 빛도 방출하지 않기 때문에 이처럼 중력이 강한 현상을 "블랙홀"로 불렀다.[16] 앞서 언급된 태양질량의 세 배인 중성자별의 예는 중력의 힘 아래서 붕괴하여 블랙홀을 형성하기 전의 질량 한계에 거의 도달했다. 만일 그것의 질량이 태양질량의 3.2배라면 그것은 블랙홀이 될 것이다.

앞서 언급되었듯이 별들은 화학 공장으로 생각되는 것이 좋다. 별의 폭발은 별에서 형성된 화학 원소들을 퍼뜨림에 있어 중요한 역할을 한다. 그림 9.4는 게 성운 사진이다. 이 성운은 1054년에 중국의 천문학자들에게 관

---

12 이런 구조들은 행성과는 아무 관계가 없기 때문에 **행성상성운**은 오도하는 용어다. 그것들은 원래 20세기 초에 좀 더 작은 망원경을 통해 보았을 때 천왕성이나 해왕성과 같은 청록색을 띤 것으로 보였기 때문에 행성상성운으로 불렸다. 실제로 보인 것은 별이 적색 거성 단계에서 백색왜성으로 격렬하게 변화함에 따라 그 별에서 방출된 물질이다.

13 신성은 훨씬 큰 별들의 폭발인 초신성과 혼동되지 않아야 한다.

14 쌍성계—서로의 주위를 도는 두 별—의 일원이 아닌 좀 더 큰 별들 역시 백색왜성으로 끝나지만, 철보다 원소 기호가 큰 많은 종류의 원소들을 만들어내는 격렬한 폭발인 소위 헬륨 껍질 섬광을 통해서 백색왜성이 된다.

15 태양질량의 10에서 12의 질량을 지닌 별들은 그림 9.3의 왼쪽 주기와 유사한 생애 궤적을 따르지만 중성자별을 남기는 전자 포획 초신성으로 끝난다.

16 당신은 블랙홀이 빛을 방출하지 않는다면 천문학자들이 어떻게 그것이 존재한다는 것을 알 수 있는지 궁금할 것이다. 블랙홀들이 별들의 움직임에 주는 영향 때문에, 우리는 우리가 이해하는 중력과 별들의 움직임의 규칙성을 사용해서 블랙홀들의 존재와 그것들의 질량을 추론할 수 있다.

그림 9.4. 게 성운은 1054년 중국의 천문학자들에게 관측된 초신성 폭발의 잔해다. 그 성운은 지구에서 6,300광년 떨어져 있으므로 기원전 5246년에 초신성 폭발이 일어났다. 그 성운의 중심에는 초당 30회 회전하는 중성자별이 놓여 있다.

측된 초신성 폭발에 기인했다.[17] 그런 성운은 초신성 폭발이 만들어내는 방대한 양의 가스와 파편들을 보여준

다. 별에서 만들어진 철에 이르기까지의 원소들은 초신성 자체에서 만들어진 원소들과 더불어 초신성으로 말미암아 먼 거리로 분출된다. 예컨대 게 성운에 있는 물질은 시간당 평균 480만킬로미터가 넘는 속도로 움직이고 있고 10광년에 걸쳐서 퍼져 있다. 초신성은 화학 원소, 특히 생명에 필요한 원소들의 매우 효과적인 배포자다.

초신성 폭발은 우주 공간의 먼 거리에 좀 더 무거운 원소들을 배포할 뿐만 아니라 철보다 무거운 모든 원소의 절반까지 만들어낸다. 초신성 폭발로 나오는 거대한

---

17 당시 중세 철학자들과 이슬람 철학자들은 이 초신성을 알아차리지 못했다. 이 초신성은 하늘에서 밝게 빛나는 새로운 별로서 나타났다가 짧은 기간 후에 사라졌을 것이다. 이 초신성을 관측하지 못한 것은 관측 기술의 차이와는 아무 관계가 없다. 그 실패는 하늘은 변하지 않는 완벽한 영역이라는 당시의 근본적인 믿음 때문이었다. 이 믿음 때문에 중세 천문학자들과 이슬람 천문학자들은 하늘에서 일어난 변화를 인식하지 못했다(사실 그 초신성은 약 23일 동안 낮에 맨눈으로 볼 수 있었다). 중국인들은 하늘이 변하지 않는다고 믿지 않았고 따라서 그런 "맹목"이 없었다.

에너지는 매우 빠른 속도로 가스와 파편들을 외부로 내보내기만 하는 것이 아니다. 팽창하는 파편 구름도 충격파를 경험하는데, 충격파는 매우 빠른 압축-감압 사건으로서, 철보다 무거운 원소들을 만들기에 충분한 에너지를 갖고 있다.

별들의 폭발은 천문학자들이 망원경을 은하의 어디로 향하든 왜 그렇게 많은 주기율표상의 원소 스펙트럼을 관찰하는지를 설명해준다. 은하수에서는 50년마다 거대한 별의 초신성 폭발이 일어나며 따라서 우리 은하는 세기마다 약 두 번의 초신성 폭발을 경험한다. 그래서 수십억 년 동안 많은 무거운 원소가 만들어지고 배포되었다. 또한 행성들과 생명을 만들기 위한 원재료들도 별들과 초신성들에서 만들어진다. 철, 규산염, 탄소, 그리고 지구의 형성에 필요한 다른 원소들은 45억 년 전보다 훨씬 전에 있었던 별들과 초신성 폭발에서 만들어졌다. 이 점은 별들과 초신성들이 태양계와 생명에 필요한 물질을 만들고 배포함으로써 창조세계가 창조세계에 봉사하는 현저한 예다. 우리가 태양계의 형성에 이른 모든 조건을 알지는 못하지만, 이런 조건 중 하나는 확실히 전에 존재했던 별들과 초신성들을 통해 만들어진, 행성의 형성을 위한 원재료의 적절한 배합을 지니는 것이다. 또 다른 조건은 태양계가 형성될 지역이 너무 많은 초신성과 너무 가깝지 않아야 한다는 것이다. 그렇지 않으면 이런 초신성의 폭발들이 태양계를 형성하는 데 필요한 중력붕괴를 방해할 것이다. 행성계는 적절한 원재료가 존재하고, 거대한 가스와 파편 구름이 추가적인 초신성 폭발로 방해받지 않고 별들과 행성들을 형성할 수 있는 중력붕괴를 경험할 수 있는 지역에서만 형성될 것이다.

9.3. 미세조정과 골디락스 우주

태양계들이 형성되기 위해서는 그런 조건들이 충족되어야 한다는 점은 이 일이 아무 곳에서나 일어날 수 없음을 암시한다. 더욱이 우리 태양계에서 한 단위의 태양질량을 가지고 있고, 주위에 생명이 거주할 수 있는 궤도상에 지구를 만들 가스가 있는 별이 존재한다는 것은 천문학자들이 **미세조정**으로 부르는 것에 대한 하나의 예다.

우리는 많은 사람이 골디락스 우주로 부르는 곳에서 살고 있다. 이는 과학자들이 우주는 생명이 존재하기에 딱 알맞은 것처럼 보인다는 우리의 발견을 묘사해온 한 가지 방식이다. 우리는 수십 년에 걸쳐서 생명을 지지하는 우주(life-affirming universe)를 위해 절묘하게 균형을 이룬 것처럼 보이는 근본적인 상수들과 자연법칙들을 발견

심화 학습 초대질량 블랙홀들과 은하 형성

1990년대에 천문학자들은 은하들의 중심에 초대질량 블랙홀(supermassive black hole)이 존재한다는, 오래 품어온 의심을 확인하기 시작했다. 초대질량 블랙홀의 질량은 태양질량의 수백만 배에서 수십억 배다. 예컨대 은하수는 지구에서 약 27,000광년 떨어진 중심에 4백만 태양질량의 블랙홀을 갖고 있다. 천문학자들은 또한 초대질량 블랙홀이 은하들의 형성에 중요한 역할을 한다는 것도 깨닫게 되었다. 그런 블랙홀의 질량은 나선형 은하의 중심의 팽대부(central bulge)의 질량에 대해 1:700의 일정한 관계를 가진다(즉 중심 팽대부는 언제나 중심의 블랙홀보다 700배 무겁다). 초대질량 블랙홀의 질량과 은하의 바깥쪽 지역에 있는 별들의 궤도 속도 사이에도 일정한 관계가 있다. 초대질량 블랙홀 중력의 인력은 은하들의 가장자리에서 가장 약하지만 중심부에 있는 블랙홀의 질량이 클수록 가장 바깥에 있는 별들의 궤속 속도가 빠르다. 초대질량 블랙홀은 자신의 은하에서 첫 세대 별들의 형성에 중요한 역할을 했다. 초대질량 블랙홀들은 너무 가까워지는 모든 물질과 에너지를 삼키기만 하는 것이 아니라 은하의 질서를 만들어내기도 한다. 은하수의 중심에 있는 초대질량 중심 블랙홀은 그 은하의 진화와 구조에 중요한 역할을 했다.

해왔다. 창조 교리에서 창조세계에 대한 하나님의 목적 중 하나는 창조세계가 생명으로 가득 차는 것이었다는 점을 기억하라(섹션 2.5.2을 보라). 신학적으로, 우리는 창조세계가 생명을 지지하리라고 기대할 것이다. 현대의 과학적 조사는 그 기대를 확인하고도 남는다.

미세조정의 많은 예가 있다. 예컨대 우주 배경 복사는 절대온도 10만분의 1도 차이만 있을 정도로 균일한데(그림 8.8을 보라), 이는 빅뱅 후 38만 년 무렵 우주의 물질과 에너지의 미세한 차이를 반영한다. 물질과 에너지의 최초 분포가 완전히 균일했더라면 어떤 대규모의 구조도 형성되지 않았을 것이다. 은하, 별, 태양계들이 없었을 것이다. 완벽하게 균일한 분포에서는 중력의 힘과 압력이 정확히 상쇄되어서 은하의 형성을 위한 씨가 뿌려지지 않았을 것이다. 그런 우주에서는 어떤 생명도 존재하지 않을 것이다. 밀도 차이가 10만분의 1도보다 훨씬 컸더라면 중력의 재앙이 발생해서 우주의 물질과 에너지의 많은 부분이 초대질량 블랙홀들로 귀결되었을 것이다. 이 경우에도 은하, 별, 그리고 생명이 거주할 수 있는 행성이 없었을 것이다. 따라서 은하, 별, 생명을 지탱할 수 있는 행성을 형성하는 우주가 존재하기 위해서는 매우 정확한 밀도 차이가 있어야 한다.

미세조정의 또 다른 예는 전자, 양성자, 중성자들의 질량과 전하량 같은 근본적인 상수들의 크기다. 전자들과 양성자들은 같은 크기의 반대 전하량을 갖는다. 전자와 양성자의 전하량 크기가 조금만 달라도 화학 결합이 우리의 우주에서 작동하는 방식으로 작동하지 않을 것이고 생명의 존재가 불가능할 것이다. 생명을 뒷받침하는 화학 반응(본서의 3부를 보라)이 존재하지 않을 것이다. 중성자와 양성자는 거의 같은 질량을 갖는다. 중성자가 약간 무겁다. 중성자와 양성자의 질량비는 1.0013784191이다(4.5 × 10⁻¹⁰의 불확실성이 있다). 이 질량 차이가 아주 정확해야 한다. 그 비율이 조금만 작아도 중성자가 지금처럼 (양성자, 전자, 그리고 중성미자로) 붕괴하지 않을 것이다.

중성자가 양성자보다 약간 가볍다면 중성자가 안정적이고 양성자가 (중성자와 양전자로) 붕괴할 것이다. 그리고 원자들이 형성되지 않을 것이다. 이는 생명을 뒷받침하는 화학 반응이 없음을 의미한다. 양성자들은 전자들보다 1836.15267245배 무겁다(4.1×10⁻¹⁰의 불확실성이 있다). 이 특별한 비율은 정확히 현재의 비율이어야 한다. 그 비율이 조금만 달라도 우리가 알고 있는 생명에 요구되는 화학 반응이 존재하지 않을 것이다. 원자가 없거나 핵입자 포획이 너무 많은 헬륨을 만들어내서, 별들이 너무 빨리 연소하여 생명이 진화하지 못할 것이다.

실제로 우리 우주에서 생명의 존재를 위해 필요한 화학 반응은 이런 많은 요소의 크기에 민감하다. 미세 구조 상수는 광속, 전자 전하량, 플랑크 상수, 전기의 진공 유전율 같은 자연의 기본적인 상수들의 조합과 관련이 있다. 이 비율은 약 1/137.0359다. 이 비율은 전하를 띤 입자들 사이의 전자기력의 세기를 나타내며, 광자들이 전하를 띤 입자들과 어떻게 상호작용하는지를 결정한다. 전자기력의 세기가 현재의 세기보다 조금만 강해도 원자들이 전자들을 공유하지 않을 것이고 따라서 화학적 결합이 없을 것이다(양성자들이 자신의 전자들과 너무 꽉 달라붙을 것이다). 반대로, 전자기 상호작용의 세기가 조금만 약해도 양성자들이 전자들을 포획할 수 없을 것이고 따라서 원자들이 없을 것이다. 미세 구조 상수에 어느 방향으로든 약간의 변화만 있어도 생명을 뒷받침하는 화학 반응이 일어나지 않을 것이다.

좀 더 많은 미세조정의 예들이 있다. 중성자에 대한 양성자의 수 비율이 현재 수준과 조금만 달라도 생명을 뒷받침할 원소들의 적절한 양이 존재하지 않을 것이다. 핵들이 양성자 형태의 양의 전하로 구성되어 있을지라도 강한 핵력(strong nuclear force)이 핵들을 결합시킨다. 강한 핵력이 현재 수준보다 조금만 약해도 양성자들과 중성자들이 결합하지 않을 것이고 수소만 존재하는 우주로 귀결되었을 것이다. 강한 핵력이 현재 수준보다 조금만 강해도 초기 우주가 너무 많은 헬륨을 만들어내서 물이 없는 우주로 귀결되었을 것이다. 수소만 존재하는 우주나 납만 존재하는 우주는 생명을 뒷받침하지 않는다. 양성자와 전자의 수가 적어도 $1/10^{37}$만큼만 달랐더라도 전자기력이 중력을 너무 많이 초과했을 것이고, 별들이 형성되지 못하게 했을 것이다. 중력의 세기가 현재 수준보다 조금만 약해도 물질이 응집해서 행성들에 필요한 무거운 원소들을 만들어낼 만큼 충분히 큰 별들을 형성하지 않을 것이다. 역으로, 중력이 조금만 강했더라면 별들이 핵연료를 너무 빨리 연소해서 지구 같은 행성에서 생명이 발달할 수 없었을 것이다.

지구에 관해서 말하자면, 우리는 이미 우리 태양계의 태양이 수소 연료를 수십억 년 동안 안정적으로 연소해서 생명이 거주 가능한 영역에 유리한 조건을 만들도록 조율되었음을 살펴보았다. 어떤 별의 거주 가능 영역은 공전하는 행성이 충분한 에너지를 받아서 생명을 뒷받침하기에 충분할 만큼 따뜻하고, 물이 안정적으로 순환하는 영역이다. 지구는 이 거주 가능 영역에서 태양 주위를 공전한다. 지구의 공전 궤도가 현재 궤도의 2퍼센트만 크거나 작아도 물의 순환이 불가능해져서 생명이 존재할 수 없게 될 것이다. 태양은 태양의 성운에서 행성들을 형성할 무거운 원소들을 충분히 가질 수 있을 만큼 초신성 폭발에 충분히 가깝지만, 초신성의 잔해에서 나오는 생명을 위협하는 방사선을 피하고 다른 별들의 중력 작용으로 말미암아 행성의 형성이 방해받지 않을 정도로 충분히 먼 곳에서 형성되었다.[18] 지구 표면의 중력이 현재 수준보다 0.1퍼센트 약하다면 수증기가 지구의 대기에서 탈출해서 지구에 생명에 필수적인 분자가 없어지게 될 것이다. 반대로 지구의 표면 중력이 0.1퍼센트 강하다면 메탄과 암모니아가 너무 적게 탈출해서 생명이 생존할 수 없게 될 것이다.

9.4. 인류 원리

미세조정의 이런 예들은—다른 많은 예와 더불어—매우 정밀한 수치와 관련이 있다(전자와 양성자의 질량 비율 같이, 이런 수치 중 몇몇 수치의 값이 처음에는 하찮아 보일지라도 말이다). 물리학자들은 1940년대에 이런 "우연의 일치들" 중 몇 가지와 우리 우주의 화학 반응에 대한 그것들의 관계를 알아차리기 시작했다. 1970년대까지는 더 많은 이런 예들과 그것들이 생명과 밀접한 관계가 있음이 발견되었다. 이런 연결 관계가 많다 보니 인류 원리로 알려진 다음과 같은 내용이 공표되기에 이르렀다. "탄소에 기반하고, 우주를 관찰할 수 있는 지적 생명 형태로서의 우리의 존재는 우주가 생명을 위해 미세하게 조정되었음을 암시한다." 이 원리는 1973년 코페르니쿠스 탄생 500주년을 기념하는 일련의 심포지엄 동안에 우주학자 브랜던 카터가 폴란드에서 제안했다.[19]

어떤 면에서는 인류 원리가 평범해 보이는 측면이 있다. 우리가 존재하기 때문에 우리는 생명을 위해 미세조정되지 않은 우주를 관찰할 것으로 기대하지 않는다. 우주가 미세조정되지 않았더라면 우리가 여기서 그 미세조정을 관찰할 수 없을 것이다. 사실 과학자들이 20세기의 수십 년 동안 발견한 내용은 우주가 실제로 어떻게 생명을 지지하는가다. 이런 관찰은 가장 큰 관찰 중 하나일 가능성이 있는 관찰로 확장된다. 만일 최초의 빅뱅이 약간 강했더라면 우주가 너무 빨리 팽창해서 은하들과 별들을 형성하지 못했을 것이다. 반대로, 빅뱅이 다소 약했더라면 별들이 형성될 수 있기 오래전에 빅 크런치로 귀결되었을 것이다. 어느 방향으로든 우주에 이런 가능성들을 논의할 지적인 생명체가 출현하지 않았을 것이다.

---

18 은하수에서는 별들의 1퍼센트만 이 조건들을 충족하는 것으로 추정된다.

19 기술적으로 이는 약한 인류 원리로 알려졌다. 강한 인류 원리는 우주가 그것의 역사의 어느 단계에 탄소에 기반한 생명체의 발전에 필요한 이런 속성들을 가져야만 한다고 진술한다. 탄소에 기반한 생명체에 초점을 맞추는 것은 생명을 뒷받침할 수 있는 다른 화학적 기반이 없다는 사실에서 나온다(섹션 19.7, 23.1.1.1을 보라).

호일이 1965년에 정상 모형이 실패했음을 인정하기는 했지만 그 실패가 그의 무신론을 흔들지는 않았다. 대신 그가 개인적으로 곤혹스러워했던 것은 별들이 핵융합 과정에서 신속하게 탄소를 만드는 것을 가능하게 해주기 위해 탄소의 원자 배열을 안정시키는 특정한 에너지가 있다는 그의 발견이었다. 이 메커니즘은 매우 안정적이어서 탄소는 우주에서 네 번째로 많은 원소다. 이 사실이 너무 놀라워서 호일은 1981년 11월호 캘리포니아 대학교 동창회 잡지에서 다음과 같이 인정했다. 그것은 "지성이 탄소 원자를 설계했음이 틀림없다는 증거처럼 보였다.…우리가 그 사실들로부터 계산하는 숫자들이 너무 압도적으로 보여서 나는 이 결론을 거의 의심할 수 없다."[a] 훗날 그는 다음과 같이 썼다.

우주에 목적이 있는가라는 문제는…우주가 사고의 산물인지에 관해 모든 사람의 마음의 뒤에 놓여 있는 궁극적인 질문이다. 내 개인 의견이 있지만 나는 그것을 정확한 논거를 통해 뒷받침할 수 없음을 인정한다. 우주에는 당신이 우주에 괴물 같은 우연의 일치들이 있었다고 말하거나(그럴 수도 있었을 것이다), 대안적으로 우주에는 그것에 순응하는 목적을 띤 시나리오가 있다고 말해야만 하는 많은 측면이 있다.[b]

호일이 결코 자신의 무신론을 포기하지는 않았지만, 그는 현대의 많은 무신론자와 달리 자신의 의심에 관해 정직했다.

[a] Fred Hoyle, "The Universe Past and Present Reflection," *Engineering and Science* (November 1981): 8-12.

[b] Fred Hoyle, *The Origin of the Universe and the Origin of Religion*, Anshen Transdisciplinary Lectureships in Art, Science, and the Philosophy of Culture (Wakefield, RI: Moyer Bell, 1993), 83.

이렇게 많은 미세조정—그리고 인류 원리—의 예에 대한 자연스러운 반응은 이 모든 것을 설명할 필요가 있다는 것이다. 창조 교리는 가능한 한 가지 설명을 제공한다. 만일 삼위일체 하나님이 창조세계가 생명으로 가득하기를 의도했다면 우주가 생명을 지지하는 속성을 지닐 것이다. 창조 교리에 따르면 미세조정의 모든 예는 창조세계가 생명의 발생과 유지를 위해 필요한 조건을 제공하는 (창 1:24 같은 구절에 나타난 창조세계의 소명을 완수하는) 봉사적 성격의 예일 것이다. 더욱이 미세조정의 이런 모든 예는 창조세계의 기능의 완전성의 예다.

다중 우주 개념에서 생명이 존재하기에 딱 알맞은 조건에 대해 가능한 또 다른 설명이 나온다. 공상 과학 소설은 다중 우주를 매우 재미있게 사용하지만, 그 개념은 거기서 나오지 않았다. 그것은 관련이 없는 문제들을 해결하려고 했던 물리학자들에게서 나왔다. 미세조정 및 인류 원리와의 연결은 다중 우주 이론들이 개발된 뒤에 주목되었다.

다중 우주 개념은 뜻밖이었다. 1960년대 및 1970년대에 몇몇 물리학자들은 당시 우리의 최선의 이론이었던 기초 입자물리학과 일반상대성에서 나타나는 몇몇 불일치와 미결 문제들에 관해 당혹스러웠다. 기초 입자물리학에서 미결 문제 중 하나는 전자나 쿼크 같은 입자들이 가장 기본적인 입자인지 아니면 그것들이 뭔가 다른 것으로 구성되었는지였다. 또 다른 미결 문제는 중력에 대한 우리의 최선의 이해를 기초 입자물리학에 대한 우리의 최선의 이해와 어떻게 결합할 것인가였다. 물리학자들은 그들이 아인슈타인의 이론을 입자물리학의 영역으로 확장하려고 했을 때, 우리의 최선의 양자역학 입자 이론이 일반상대성과 맞물리지 않는다는 것을 발견했다. 10^{-35}센티미터의 길이가 기초 입자물리학에서는 중요하지만 일반상대성은 그렇게 작은 길이의 규모에서는 상충하는 답을 제시한다. 이 외에 기초 입자물리학의 표준 모형이 그 모형 자체를 넘어서 발견되지 않은 물리학의 새로운 가능성을 가리키고 있다고 생각할 다른 다양한 이유가 있었다.

새로운 물리 현상을 찾아낼 뿐만 아니라 이런 문제 중 몇 가지를 다루기 위해 몇몇 물리학자들은 1970년경부터 끈 이론을 연구하기 시작했다.[20] 끈 이론은 이론 틀로서는 여전히 사변적이었지만 1984년경 물리학의 주변에서 본류로 진입했다. 그 이론의 대략적인 개념은 전자와 쿼크 같은 입자들은 사실은 근저의 끈(또는 끈 같은 구조)에서 발생하는 자극(excitation)이라는 것이다. 기타 줄이 느슨한 유비가 될 것이다. 당신이 기타 줄 하나를 튕겨서 특정한 주파수를 자극하면 당신은 특정한 음조를 듣게 된다. 이와 유사하게 전자는 끈의 특정한 자극일 것이고 쿼크는 다른 자극일 것이다(대략 각각의 기초 입자는 끈의 특정한 자극 또는 "음표"에 해당한다). 광자를 포함한 표준적인 기초 입자들은 모두 끈 이론 틀을 사용해서 묘사될 수 있다. 하지만 물리학자들은 중력자(graviton)라는 특별한 입자도 끈의 자극들일 수 있음을 알아차렸다. 중력자는 좋은 양자역학적 중력 이론이 있다면 물리학자들이 예상할 속성들을 가지고 있었다. 이 발견으로 몇몇 물리학자는 끈 이론이 양자역학과 일반상대성을 통합하는 틀을 제공해서 그들이 가지고 있는 수수께끼 중 하나를 해결할 수 있기를 희망했다.[21]

끈 이론을 개발하기 위한 많은 연구가 이루어졌지만, 아직 검증할 수 있는 결과는 나오지 않았다. 그리고 끈 이론이 물리학자들이 표준 기초 입자물리학에 대해서 가지고 있는 문제들을 해결할 수 있을지도 아직은 불투명하다. 하지만 끈 이론을 연구하는 과정에서 다소 놀라운 함의가 밝혀졌다. 본질적으로 끈 이론은 하나의 우주만 존재하는 것이 아니라 10^{500}개까지 존재할 수 있음을 암시한다.[22] 끈 이론에서는 우주들이 만들어질 수 있는 많은 방법이 있지만, 물리학자들은 가능한 거의 모든 우주의 팽창 메커니즘(섹션 8.5.1을 보라)이 우주 창조 메커니즘으로서 이중의 책무를 수행한다는 것을 알아차렸다. 이 깨달음은 끈 이론과 우주론 사이의 연결을 제공했다.

다중 우주는 모든 우주의 모음이다. 그러나 당신은 가능한 모든 우주가 똑같으리라고 생각하지 않아야 한다. 그것들이 다양한 방식으로 모두 다를 가능성이 있다. 어떤 우주는 우리 우주와 같은 자연의 상수값들을 가지지만 다른 자연법칙들을 가질 수도 있다. 다른 우주들은 우리 우주와 같은 자연법칙들을 가지지만 다른 자연의 상수값들을 가질 수도 있다. 예컨대 양성자와 전자의 질량이 우리 우주에서의 질량과 약간 다를 수도 있다. 몇몇 우주는 우리 우주와 같은 자연법칙과 자연의 상수들을 가질 수도 있지만, 우리 우주보다 크거나 작은 빅뱅을 가질 수도 있다. 다른 우주들은 우리 우주와 약간 다른 물질 및 에너지 분포를 가질 수도 있다. 달리 말하자면 거의 무한하게 다양한 우주가 있을 수도 있다.

다중 우주의 존재를 지지하는 경험적 증거가 전혀 없음을 명심하라. 증거의 결여(및 검증할 수 있는 신뢰할 만한 주장을 하는 다중 우주 이론들의 결여)에도 불구하고 많은 학자가 다중 우주를 믿는 한 가지 중요한 이유가 있다. 천문학자인 브랜든 카가 지적하듯이 "다중 우주가 없다면 우리는 미세조정자 같은 비물리적 설명을 채택할 수밖에 없을지도 모른다."[23] 하지만 다중 우주가 실재한다면 그것이 우리 우주의 미세조정에 대한 가능한 설명을 제공할 것이다. 다중 우주에 대략 10^{500}개의 우주가 있을지도 모른다는 점에 비추어 볼 때, 통계적으로 이 우주들 중에서 하나는 우리 우주와 정확히 같은 자연법칙들, 근본적인 상수들, 시초의 조건들을 지닐 가능성이 크다. 이 추론은 계속해서 그렇게 많은 조건의 결합 중에서 생명을 지지하는 우주가 출현하기 마련이기 때문에 창조주에게 의존할 필

---

20 1960년대에 최초로 개발되었을 때 끈 이론은 강한 핵력의 상호작용에 대한 설명으로서 제안되었다. Joseph Conlon, *Why String Theory?* (Boca Raton, FL: CRC, 2015).

21 이 통합과 완전한 양자 중력 이론을 달성하기 위한 연구가 아직도 진행 중이다.

22 이것은 평균 숫자다. 우주의 수는 1에서 10^{1000}까지 어느 것도 될 수 있다.

23 Brandon Carr, "Defending the Multiverse," *Astronomy and Geophysics* 49, no. 2 (April 2008): 37.

코페르니쿠스 원리와 평범성

우리는 섹션 7.1에서 코페르니쿠스가 인간을 태양계의 중심에 있는 "특별한 지위"에서 몰아냈다는 신화를 논의했다. "특별한 장소가 아니다"는 기본적인 개념은 우주 원리에서 우주의 물리적 특성에 대해 명확히 설명되었는데(섹션 7.2를 보라), 우주 원리는 천문학자들의 작업에 유용한 물리적 원칙이다.

하지만 이 "특별한 장소가 아니다"라는 개념은 코페르니쿠스 원리 또는 평범성의 원리로 알려지게 된 다른 방향에서 발전했다.[a] 19세기에 천문학자들은 우리 태양이 아주 평균적인 별임을 알게 되었다. 20세기에 우리는 우리 태양계가 은하수 팔의 가장자리에 자리 잡고 있다는 것과 은하수가 약 2억 개의 별들을 지니고 있다는 것을 발견했다. 더욱이 은하수는 1,000억 개 또는 그 이상의 은하 중 하나일 뿐이다. 이런 계통의 사고는 우주에 특별한 장소가 없을 뿐만 아니라 인간에 관해서도 특별할 것이 없다고 생각하게 되어 있다.

이 평범성의 원리는 천문학이나 우주론에 대한 우리의 이해에 어떤 기여도 하지 않는다. 오히려 그것은 우주에 적용된 이념적인 견해일 뿐이다. 더욱이 평범성 원리는 조사해보면 지지를 받지 못한다. 예컨대 우리가 우리 태양계가 은하수 중 생명을 지탱하는 구역을 점유하고 있다는 점을 고려할 때 우주에 몇몇 특별한 장소, 즉 생명이 시작되고 유지될 수 있는 올바른 조건들을 갖춘 장소가 있다는 것이 명백해진다. 그리고 코페르니쿠스가 우주에서의 인간의 지위를 "강등시켰다"는 신화와 마찬가지로 이 코페르니쿠스 원리—코페르니쿠스가 결코 인정한 적이 없는 생각이다—에는 "특별하다"는 개념이 모호하다는 문제가 있다. 공간상의 위치에 특별할 것이 없다는 점은 하나님의 계획과 목적에서 인간의 특별한 역할과 아무 관계가 없다.

[a] 이에 관한 논의는 Owen Gingerich, *God's Universe* (Cambridge, MA: Belknap, 2006)를 보라.

요가 없을 것이라고 주장한다. 우리는 우연히 복권에 당첨된 우주에 존재하고 있는데, 탄소에 기반한 모종의 지적인 존재가 생명을 지지하는 당첨자에 존재하게끔 되어 있었다는 것이다.

당신이 이 추론에 만족하든 만족하지 않든 간에 이 추론이 원래 무신론자들이 기독교와 창조 교리를 회피하기 위한 방편으로서 발생한 것이 아니라는 점이 지적될 필요가 있다. 끈 이론은 다른 문제들로 말미암아 동기가 부여되었다. 끈 이론을 개발하는 과정에서 다중 우주에 관한 함의들이 발견되었다. 이런 함의들에 비추어서 사람들은 그것들의 결과를 탐구하기 시작했는데 바로 위에서 묘사된 추론은 잠재적인 결과들 중 하나다.[24]

혹자가 그것을 어떻게 설명하든 간에 인간이 생명을 지지한다는 의미에서 특별한 우주에서 살고 있음을 부인할 수 없다. 이 우주는 올바른 자연의 법칙들과 상수들의 조합과 올바른 종류의 빅뱅을 지니고 있고, 생명을 만들어내고 유지하기에 올바른 나이와 크기를 갖고 있다. 우리가 이에 관해 어떻게 생각해야 하는지가 다음 장의 주제다.

24   다중 우주의 가능한 함의들에 관한 추가 논의는 섹션 10.2을 보라.

10장

우주의 기원에 관한 성경 및 신학의 관점

앞의 몇몇 장의 배경에 창조 교리가 놓여 있었고 그것이 이따금 나타났다. 이제 이 교리를 전면으로 끄집어내서 본서의 1부와 2부에서 논의되었던 여러 아이디어를 결합해보자.

10.1. 창조 교리와 우주론

5장에서 우리는 하나님이 질서가 잡히지 않은 우주에 질서를 잡았다는 것과 우주가 적절하고 완전하게 질서를 잡은 뒤 그것이 매우 좋다고 선언한 것이 강조되었음을 보았다. 천문학자들과 우주학자들은 삼위일체 창조주가 창조세계에 부여한 기능의 완전성을 사용해서 매우 좋고 질서가 잡힌 이 우주를 연구한다(섹션 5.4에서 논의된 집과 가정 사이의 구분을 기억하라). 우리는 이 장에서 현대 우주론과 관련된 창조 교리의 몇 가지 예를 좀 더 자세하게 논의하고 그 함의를 살필 것이다.

창조주/창조물의 구분과 창조세계가 하나님과는 뚜렷이 다르지만 하나님으로부터 독립적이지는 않은 창조세계 자신이 되라는 하나님의 의도부터 시작하기로 하자.

창조 교리의 이 요소들에 기초해서 우리는 창조세계에 발전하고 성장할 역량이 있으리라고 기대할 것이다. 특히 시편 104편, 139:13과 베드로후서 3:5, 7 같은 성경 텍스트들은 창조가 과거의 어느 시점에 완료된 정적인 작업이 아님을 암시한다. 오히려 창조는 삼위일체의 지속적인 관여를 통해 창조세계의 소명을 향해 나아가는 프로젝트다. 이는 20세기 초 몇십 년 동안에 발견된 역동적이고 성장하는 우주와 일치한다.[1] 우주가 시초의 빅뱅에서 팽창한 것은 창조세계의 많은 규칙성이 상호작용한 데 기인한다. 이는 창조세계가 하나님으로부터 구분되는 것이 성부를 통해 우주에 주어졌고 성자를 통해 유지된 기능의 완전성과 분리되어 고려될 수 없음을 의미한다.

수십 년 동안 무로부터의 창조라는 성경의 개념이 빅뱅과 일치한다는 것이 명백했다. 일반상대성은 우주에 특별한 시작이 있음을 예측하며, 양자역학은 공간, 시간, 에너지, 자연법칙이 존재하기 "전에" 물리적으로 무엇이 있었을지에 관해 우리에게 어떤 통찰도 주지 못한다. 사실 현재 가장 잘 받아들여진 물리학 이론들 중 어느 것도 우주가 어떻게 생겨났는지를 알려주지 못한다. 다중 우주 개념들이 빅뱅을 설명하기 위한 가능성을 제공할지도 모

---

1   그런 성경 텍스트들이 역동적이고 팽창하는 우주를 가르친다고 주장할 수 없을 것이다. 우리의 성경 텍스트 이해와 우리의 우주 이해가 일치한다는 것과 이 성경 텍스트들이 몇몇 과학적 함의를 입증한다는 것은 별개의 사안이다(섹션 4.3과 4.4를 보라).

르지만(좀 더 자세한 내용은 아래의 논의를 보라. 섹션 9.4도 보라), 그 가능성을 제외하면 우리의 최선의 물리학 이론들은 빅뱅이 어디서 왔는지에 관해 침묵한다. 교황 비오 12세 같은 몇몇 사람은 빅뱅 개념이 무로부터의 창조에 대한 증거일 수도 있음을 인정해서 호일의 두려움을 실현시켰다(섹션 8.3을 보라). 그러나 많은 사람이 무로부터의 창조와 빅뱅 사이에 기본적인 일치가 있음을 인정했다.[2]

창조 교리에서 발견된 자연에 대한 하나님의 특정한 목적에 근거해서 우리는 우주가 생명을 지지하리라고 기대할 것이다. 근본적인 상수들의 값부터 빅뱅의 정확한 크기에 이르기까지 미세조정의 많은 예는 우리 우주가 생명을 지지한다는 명확한 증거다. 미세조정이 끈 이론 기반의 다중 우주 개념과 일치한다는 점에 비춰볼 때 그리스도인들은 미세조정을 하나님이 우주를 창조했다는 "증거"로 사용하는 것에 관해 조심해야 한다(이에 관해 좀 더 자세한 내용은 아래의 논의를 보라). 그러나 우주의 생명을 지지하는 특성은 우주론이 창조세계가 생명으로 가득 차라는 하나님의 목적과 창조세계의 기능의 완전성 모두를 예시하는 중요한 방식이다. 우리는 다시금 창조세계에 대한 하나님의 목적이 신적으로 부여된 기능의 완전성으로부터 분리될 수 없음을 볼 수 있다.

우주의 기능의 완전성은 우주의 봉사적 성격과도 관련이 있다. 삼위일체가 우주가 자기 모습의 형성에 참여할 수 있는 능력의 근저에 놓인 특정한 창조 질서를 창조하고, 유지하고, 그것에 힘을 부여한다. 물리학 법칙들과 상수들을 통해 제공된 물리적 가능성들은 행성들과 생명에 필수적인 원자들(예컨대 탄소)과 분자들이 실제로 형성되고 기능하도록 화학적 원소들이 만들어지고 결합하는 것을 가능케 함으로써 우주에 봉사한다. 마찬가지로 물리학과 화학을 통해 제공된 규칙성들과 가능성들이 생명과 그것들의 기능을 가능하게 하는 데 필수적인 복잡한 생화학적 화합물과 생물학적 화합물(예컨대 DNA)을 만듦으로써 창조세계에 봉사한다.

성자는 물리학, 화학, 생물학 분야 과학자들의 연구를 감독하고 성령은 우주의 이런 특성들이 성부로부터 기능하라고 요구받은 대로 기능하도록 에너지를 부여하고 그렇게 할 수 있게 해준다. 그러므로 창조 교리 관점에서는 물리 법칙들과 자연의 상수들을 통해서 가능해진 물리적 가능성들은 우주의 생명을 지지하는 특성에 문자적으로 봉사한다. 창조세계의 이 기능의 완전성은 은하들, 별들, 행성들 그리고 궁극적으로 생물의 다양성을 낳음으로써 창조세계에 봉사하는데, 이는 모두 성자를 통해 감독되고 성령을 통해 능력이 부여된다. 과학자들이 그들의 도구를 사용해서 이 의미를 탐지할 수는 없지만, 특별계시는 우리로 하여금 과학자들이 연구하는 우주에서 삼위일체의 창조 활동과 섭리 활동을 볼 수 있게 해준다(시 104편).

이 맥락에서 생각해볼 또 다른 한 가지는 창조세계에 대한 하나님의 목적 중 하나는 우주가 자신의 모습 형성에 진정한 공동 참여자가 되는 것이라는 점이다(섹션 2.2.1을 보라). 창세기 1:24이 자연에게 생명을 발생시키고 유지하라고 요구한다는 점과 창조세계의 목적 중 하나는 그것이 생명으로 가득 채워지는 것이라는 점을 기억하라(섹션 2.5.2를 보라). 창조 교리의 관점에서 우리는 창조세계의 미세조정의 생명을 지지하는 특성이 성자와 성령이 생명을 만들고 유지하며 그것에 능력을 부여하는 일에 우주가 공동으로 참여하는 것과 직접적인 관련이 있음을 알 수 있다.[3]

---

2   사실, 교황청의 천문학자들과 논의한 뒤 비오 12세는 그의 이전 입장을 수정했으며, 증거라기보다는 일관성 관점에서 더 많이 얘기했다.

3   하나님이 생명을 지지하지 않는 우주를 만들고 그 안에 생명을 두었을 수도 있지만, 그랬더라면 삼위일체가 그 창조세계의 기능의 완전성에 반해서 그 안에 생명을 부여해야만 했을 것이다. 이와 달리 자애로운 성부는 생명을 지지하고 또한 성자와 성령을 통해 생명을 만들고 유지하고 번성할 수 있게 하는 데 자유롭게 참여할 수 있는 창조세계를 만들었을 것이다.

기독교의 일부 진영에서는 천문학자들이 우주에 대해 추론하는 막대한 나이와 거리가 사실은 오류라고 주장하는 것이 인기를 얻게 되었다. 대신 그들은 우주가 천문학자들이 추론하는 것보다 훨씬 젊고 훨씬 작다고 주장한다. 그들은 빛의 속도가 시간에 따라 변하는데 과거에는 지금보다 더 빨랐다면 천문학자들의 나이와 거리 결정 방법이 오도하는 결과를 보고할 것이라고 주장을 이어간다. 그럴 경우 우주가 실제보다 훨씬 오래되고 큰 것처럼 보일 것이다.

지난 몇십 년에 걸친 미세조정에 관한 발견들은 이런 식의 논거를 옹호할 수 없게 만든다. 만일 빛의 속도가 조금이라도 변한다면 우리가 우리 우주에서 경험하는 화학 반응이 불가능할 것이고, 아무도 여기서 그런 논쟁에 관여하고 있지 못할 것이다. 생명에 필요한 탄소와 산소 같은 화학 원소들을 형성하기 위한 화학 결합이 작동하지 않을 것이고 (행성들은 차치하고) 어떤 별도 형성되지 않을 것이다. 따라서 만일 당신이 생명을 지지하는 우주를 기대한다면 변하는 빛의 속도에 의존해서 천문학자들의 나이와 거리 결정을 무시하려는 노력은 소용이 없을 것이다. 더욱이 그런 의존은 창조 교리(예컨대 우주가 지속적인 기능의 완전성을 갖고 있다는 것과 우주가 성부가 그것에게 되라고 요구하는 것으로 발전하고 있다는 것, 그리고 창조세계가 창조세계에 봉사한다는 것)에 일치하지 않는다.

10.2. 다중 우주와 새로운 무(New Nothing)

앞서 언급된 바와 같이 우주가 생명을 위해 세밀하게 조율되었다는 관찰이 반드시 그것이 창조주로 말미암아 설계되었음을 암시하는 것은 아니다. 그것은 다중 우주의 일부인 다양한 우주 창조 메커니즘의 결과일 수도 있다고 주장되어왔다. 물론 천문학자들은 현재 다중 우주가 존재한다는 관측 증거를 발견하지 못하고 있다. 그러나 우리는 우주가 생명을 지지하는 이유를 창조 교리나 다중 우주로 설명할 수 있는 두 가지 가능성이 있다고 주장할 수 있을 것이다.

지식을 얻는 방법을 과학 연구에 제한하면 심원한 모호성에 빠질 수 있다. 한편으로 리처드 도킨스 같은 무신론자들은 다중 우주를 우리 우주의 "창조자"로 봄으로써 이 모호성을 해결할 수 있다. 그러나 이렇게 모호성을 해소하는 것은 추가적인 모종의 형이상학(또는 신학), 즉 **형이상학적 자연주의**를 덧붙임으로써만 달성된다. 이것은 자연(즉, 물질, 힘, 동물 등)을 넘어서는 어떤 것이 있음을 부인하는 철학적 견해다. 형이상학적 자연주의는 초자연적인 것은 아무것도 없고 따라서 신, 영혼, 영들이나 초자연적인 영역이 없다는 입장을 유지한다. 물질과 물질적인 것들이 상호작용하는 힘들/법칙들만 존재한다. 이는 과학적 조사를 통해 입증될 수 없는 세계관, 즉 믿음의 입장이며 이 입장에서는 오히려 과학적 조사의 **해석**에 형이상학적 자연주의가 사용된다. 예컨대 도킨스가 『만들어진 신』(The God Delusion, 김영사 역간)에서 (예컨대 다중 우주 이론들이 창조주에 의존하지 않고서 우주의 기원을 설명할 수 있으므로) "과학"이 신이 존재하지 않을 가능성이 크다는 것을 입증했다고 주장한 것은 과학적 조사가 실제로 할 수 있는 영역을 넘어선 주장이었다. 대신에 그는 (아마도 부지중에) 그의 형이상학적 헌신에 의존해서 하나님이 존재할 것 같지 않다는 그의 해석으로 나아가고 우주론에서의 모호성을 그가 선호하는 형이상학적 믿음에 우호적인 방향으로 해결한다.

이 대목에서 도킨스는 과학 우선 접근법(섹션 4.4을 보라)에 의존해서 과학적인 방법과 지식을 다른 모든 것보다 중시한다. 도킨스는 과학이 진리의 유일한 권위로 기능한다고 생각한다. 그러나 우리는 도킨스에게는 단순히 과학만이 아니라 과학과 형이상학적 자연주의의 결합이 진정한 권위 역할을 한다는 것을 알 수 있다.

물리학자인 로렌스 크라우스가 최근에 우주들에 대

한 양자 설명이 있으므로 하나님으로 말미암은 무로부터의 창조가 필요치 않다고 주장함으로써 이런 선상의 추론을 한 걸음 더 내디뎠다. 그는 양자 중력을 통해 공간이 창조될 수 있다고 주장한다. [그 주장에 따르면] 양자역학 법칙들(기술적으로는 양자장론)이 이 공간에서 입자들을 창조할 수 있다. 따라서 물리학은 결국 이 무(nothing)로부터 뭔가가 나올 수 있다고 말하는 것처럼 보인다.[4] 거기서 뭔가가 나온다는 점을 제외하고 이는 무로부터의 창조에서 말하는 무(선재하는 물질, 양자 중력, 에너지, 공간 등이 없다)가 아니다. 빅뱅에서는 우리의 우주 공간이 폭발하기 전에 많은 것이 존재했다. 즉 몇몇 물리 법칙들, 에너지가 있었고 우리 우주의 공간은 아니지만 다중 우주에 다른 종류의 공간(시간에 대해서도 비슷하다) 등이 있었다. 이는 상당한 무엇인 **새로운 무**다.

크라우스는 철학자들과 신학자들이 무의 의미를 물리학자들의 무 개념과 혼동했다고 주장한다. 그러나 이 주장은 과학은 차치하고 철학이나 신학의 역사를 별로 이해하지 못한 소치다. 특히 토마스 아퀴나스가 수 세기 전에 지적한 바와 같이 우리는 존재에 관해 두 가지 종류의 질문을 할 수 있다. 첫 번째 질문은 "우리 우주와 그 안에 존재하는 모든 것이 어디서 왔는가?"다. 이 질문을 기원 문제(existence question)로 부르기로 하자. 두 번째 질문은 "무엇이 존재하는 것의 존재를 가능하게 만들고 그것이 존재하도록 유지하는가?"다. 이 질문을 실존 문제(being question)로 부르기로 하자. 이 두 질문은 별개의 질문들이며 각각에 대해 답변될 필요가 있다.

스티븐 호킹, 크라우스 등이 선전하는 새로운 무는

4   Lawrence Krauss, *A Universe from Nothing: Why There Is Something Rather Than Nothing* (New York: Free Press, 2012[『無로부터의 우주』, 승산 역간]); Ross Andersen, "Has Physics Made Philosophy and Religion Obsolete?," *The Atlantic*, April 23, 2012, www.theatlantic. com/tech nology/print/2012/04/has-physics-made-philosophy-and-reli gion-obsolete/256203/. Stephen Hawking과 Leonard Mlodinow는 *The Grand Design* (New York: Bantam Books, 2010[『위대한 설계』, 까치 역간])에서 비슷한 주장을 했다.

우리 우주를 발생시켰을 수도 있는, 검증되지 않은 양자 모형을 펼침으로써 기원 문제의 한 형태를 다룬다. 그러나 이 설명은 기원 문제의 좀 더 절박한 형태인 "이 새로운 무가 어디서 왔는가?"에 답변하지 않는다. 그리고 "무엇이 새로운 무의 존재를 가능하게 만들고 그것이 존재하도록 유지하는가?"라는 실존 문제는 전혀 다뤄지지 않는데, 이는 아마도 이 질문이 인식되지도 못했기 때문일 것이다.

공정하게 말하자면 크라우스 등은 왜 우리 우주와 같은 우주가 있는가라는 문제에 초점을 맞췄다. 이는 완벽하게 정당한 과학적 책무인 기원 문제다. 비록 이 질문에 대해 제안되는 과학적 답변들이 때때로 확인된 우리의 최선의 이론들과 동등한 것처럼 제시됨에도 불구하고 그것들은 순전한 사변이라는 점을 우리가 인식해야 하지만 말이다. 과학자들에게는 이 모형들 중 어느 것에 대해서도 증거를 입수할 방법이 없다. 하지만 지성의 역사에 대해 공정을 기하자면 크라우스 등은 이 형태의 기원 문제가 존재에 관해 물을 수 있는 논리정연한 유일한 질문이 아니라는 점을 인정해야 한다. 지식을 얻는 모든 방법이 인위적으로 지식을 얻는 과학적인 방법으로 좁혀지지 않는 한, 우리는 실존 문제뿐만 아니라 다른 형태의 기원 문제도 명심해야 한다. 오랫동안 철학적 사고와 신학적 사고에서 실존 문제가 기원 문제보다 더 근본적인 것으로 여겨졌다. 실존 문제는 과학적 조사가 **제시하기에 적합하지 않은** 궁극적인 설명을 요구하기 때문이다(섹션 4.7을 보라). 과학만능주의에 지배되는 사람들은 과학적 질문들만이 의미가 있다고 생각한다.

궁극적인 실존 문제에 답하는 세 가지 일반적인 방법이 있는데 그것들 모두 오래되었다.

첫째, 자연발생설(spontaneous generation)이 있다. 이 견해에서는 새로운 무가 아무런 이유 없이 절대적인 무—다중 우주나 법칙 또는 아무것도 없는 상태—에서 생겨났다. 우리는 이 답변을 채택하는 사람을 알지 못하며, 도킨스나 크라우스 같은 형이상학적 자연주의자들은 확실히 이 설명을 옹호하려고 노력하지 않는다.

두 번째 답변은 영원한 에너지 가설이다. 이 견해에서는 에너지(또는 양자장)가 언제나 존재했고 존재하는 모든 것을 가져왔다. 그렇다면 에너지는 영원성, 자존성(self-existence), 창조성, 전능 등의 속성을 가진다. 이는 모두 신성의 고전적인 표시다. 따라서 인격적인 신적 존재는 아니지만 일종의 신성을 전제한다. 크라우스 등은 우주에 관한 모든 기원 문제에 대한(그리고 함의를 통해 실존 문제에 대한) 답변으로 이것을 제시한다. 칼 세이건의 말을 바꿔서 말하자면 다중 우주가 현재 존재하고, 과거에 존재했고, 미래에 존재할 모든 것이다.[5] 영원하고 창조되지 않은 새로운 무는 단지 오랫동안 맹목적으로 존재해오고 있는 것이 아니다. 그들의 최선의 노력에도 불구하고 도킨스와 호킹 그리고 크라우스는 신성을 피하지 못했다. 그들은 다른 종류의 신성을 채택했을 뿐이다. 우리는 빅뱅 크런치 사건의 영원한 순환이 있다는 순환 우주 모형들에 대해서도 같은 평가를 내릴 수 있다. 이런 순환 모형들에 대한 경험적 증거를 구할 방법이 없을 뿐만 아니라 그것들은 단지 영원한 에너지 가설의 또 다른 형태일 뿐이다.

세 번째 답변은 유일신론의 답변이다. 비물질적인 영원한 창조주가 새로운 무를 만들었고 아마도 그 새로운 무를 통해서 우주를 창조했다(예컨대 요 1:1-3; 골 1:15-16).

그리스도인들은 창조 교리에 의존해서 세 번째 답변의 노선을 따라 과학적 모호성을 해결할 수 있다. 포괄적 창조 교리에 비추어 볼 때 최선의 우주론에서 이론들은

우리의 신학적 믿음과 일치한다. 과학적 결과 자체는 하나님이 존재하며 우주에서 활동하고 있음을 "증명"하지 않지만, 이 결과들은 포괄적 창조 교리와 완전히 일치한다. 다중 우주조차도—그것이 사변적이기는 하지만—창조 교리 관점에서 이해될 수 있다. 그것은 성자와 성령 그리고 창조세계 자체를 통해 신적으로 매개된 행동을 통해서 생명을 지지하는 우리의 우주를 만들기 위해 일하는 수단일지도 모른다(섹션 2.4를 보라). 결국 당신이 영원한 선택지를 채택하지 않는다면 에너지, 자연법칙들, 그리고 다중 우주가 어딘가로부터 와야 했다. 기독교는 실존 문제에 대해 세 번째 답변의 한 형태를 제공한다.

10.3. 형이상학적 자연주의 진단

도킨스, 크라우스, 그리고 기타 무신론자들이 "과학"으로 속여 넘기는 형이상학적 자연주의를 진단하는 한 가지 방법은 그것이 본서 2장의 서두에서 논의되었던 양자택일이라는 그릇된 곤경—자연에서 일어나는 사건들은 하나님의 매개되지 않은 간섭의 결과이거나 하나님 등의 관여가 없는 자연 과정의 결과다—을 어떻게 반영하는지를 주목하는 것이다. 이렇게 강요된 선택은 과학과 종교에 관한 모든 무신론자의 저술의 특징이지만, 그것은 기독교 저작(예컨대 젊은 지구 창조론 문헌 및 지적 설계 옹호론자들의 저작)에서도 상당히 널리 퍼져 있다. 이것은 무신론 저자들이 그 곤경의 두 번째 문제의 관점에서 해결하는 그릇된 선택이다. 즉 그들은 매개되지 않은 개입—명확하게 자연 질서의 외부에서 오는 개입—의 증거를 보지 못하기 때문에 자연 과정이 우주에서 작동하는 유일한 요소임이 틀림없다고 주장한다. 우리가 이런 그릇된 선택을 가정하지 않는 한 확실히 그런 무신론자들이 밀어붙이는, 우주는 "자연적인 시작"을 가지고 있었다—즉 우주의 시작은 법칙과 같아야 했다—는 개념이 하나님이 우주를 창조하지 않았다는 결론을 인가하지 않는다. 하지만 우리가 2장에서 살펴본 바와 같이 이 선택에는 다양한 형태의 매개된

---

5   Carl Sagan, *Cosmos* (New York: Random House, 1980), 1(『코스모스』, 사이언스북스 역간)에 수록된 원래 표현은 다음과 같다. "우주(cosmos)가 현재 존재하고, 과거에 존재했고, 미래에 존재할 모든 것이다." Sagan의 주장은 본질적으로 계 4:8("주 하나님, 곧 전에 계셨고 지금 계시고 장차 오실 분")에서 "하나님"을 "우주"로 대체한 것이다. Sagan의 주장은 우주에 대한 숭배일뿐만 아니라 삼위일체 하나님을 자연으로 대치한 놀라운 예다. Colin Gunton, *The One, the Three and the Many: God, Creation and the Culture of Modernity* (Cambridge: Cambridge University Press, 1993)를 보라.

신적 행동이라는 적어도 한 가지 선택지가 빠졌다(따라서 그것은 그릇되었다). 확실히 과학을 하나님의 존재와 창조세계에서의 활동을 부인하는 증거의 원천으로 사용하려는 무신론자들의 시도는 근본적으로 잘못되었다.

신학자인 벤저민 브레킨리지 워필드(1851-1921)는 명확하게 이 세 번째 선택지를 취한 사람의 예다.[6] 그는 다음과 같이 주장한다.

> 물론 유신론은 두 번째 원인들(과학자들이 연구하는 기능의 완전성)과 다투지 않는다. 유신론은 직접적인 신적 행동을, 하나님이 만든 힘이자 "그렇게 할 수 있는 존재"가 그렇게 만들었기 때문에 실제로 작동하는 참된 힘인 자연적인 힘의 작동으로 대체하지 않을 것이다. 그러나 유신론은 두 번째 원인들이 하늘의 군대와 지상의 거주자들 사이에서 자신이 즐거워하는 일을 하는 살아계신 하나님으로 대체되도록 허용할 수도 없다.[7]

대신 워필드는 포괄적 창조 교리에 의존해서 **콘쿠르수스**(concursus, 동시 발생이라는 뜻의 라틴어 형태)라 불리는 것을 옹호했다. 이는 자연과 역사에서 일어나는 모든 사건은 완전히 자연적인 사건이고 **또한** 완전히 신적 사건이라는 개념이다. 이는 신적으로 매개된 행동의 봉사적인 방식이다. 하나님은 창조세계에서 일어나는 모든 것이 완전히 자연적이고(창조세계의 기능의 완전성의 지속적인 패턴에 따라 일어난다) 완전히 신적인 것이 되도록 창조세계와 함께 또는 창조세계를 통해 일한다. 삼위 하나님이 기능의 완전성을 통해 창조세계에 봉사하도록 일하고 성령이 창조세계에 에너지를 부여하고 능력을 주어서 그것이 성자 안에서 자신의 소명을 이행하게 하기 때문이다. 하나님은 대개 자연법칙과 창조세계의 과정을 위반하거나 정지시키지 않고 그것들을 통해서 일한다(2장을 보라).

워필드는 대안들을 제안하는 것이 아니라 과학—주로 진화—에 대한 신학적 해석을 제공하고 있음을 명백히 밝혔다. 그는 소의 품종을 개량하는 가정에서 자랐다(그의 부친은 소 품질 개량의 권위자였다). 따라서 품종 개량은 그의 요점을 전개하기 위한 좋은 예였다. "인간이 비둘기, 새, 양의 다양한 품종을 개량할 수 있다. 그런데 인간이 개량하는 품종들이 종종 [비약적으로] 올 수도 있다. 그러나 그것들은 모두 다루어지는 물질을 작동하는 힘들에서 설명을 발견할 수 있다. 동인들의 사슬에서 인간의 인도하는 손은 발견되지 않으며 모든 동인은 진화하는 대상 안에서 발견될 수 있다."[8] 동물의 품종 개량에서 인간이 관여한다는 점이 명백하지만 가령 유전 차원에서의 과학적 조사는 작동하고 있는 일반적인 원인들과 과정들만을 드러내고 인간이 관여했다는 표시는 드러내지 않는다. 인간은 창조세계의 규칙성과 별개로 일하는 것이 아니라 그 규칙성을 통해서 일하며, 인간의 그 손은 과학적 분석과는 다른 방법을 통해 알려진다. 마찬가지로 하나님은 창조세계의 규칙성을 통해서 일한다. 따라서 종의 기원이나 우주의 기원에서 그리스도인들은 과학자들이 수행하고 있는 연구를 취해서 신학적으로 하나님이 그 모든 것을 통해 신적 목적을 성취하도록 일하고 있음을 알 수 있을 것이다. 봉사적 형태 같은 신적 행동의 매개된 형태는 과학적 수단을 통해서가 아니라 신학적 수단을 통해서 인식된다(시 19:1-4; 104편). 이것이 우리가 창조세계에서 나타나는 하나님의 일반적인 활동이 하나님의 존재에 대한 과학적 증거로 나타나리라고 기대하지 않아야 하는 신학적 이유다(무신론자들과 지적 설계 옹호자들 모두 신의 존재에 관해 과학적 증거 논쟁에 빠지는 잘못을 저지른다).[9]

---

6   Mark A. Noll and David N. Livingstone, *B. B. Warfield: Evolution, Science, and Scripture: Selected Writings* (Grand Rapids: Baker Books, 2000)를 보라.
7   Noll and Livingstone, 162-63에 인용되었다.
8   Noll and Livingstone, 233.
9   Robert C. Bishop and Joshua Carr, "In Bondage to Reason: Evidentialist Atheism and Its Assumptions," *Christian Scholar's Review*

또한 도킨스, 크라우스 등이 선호하는 형이상학적 자연주의란 선택지는 과학적 조사에 부적합한, 지나치게 협소한 인식론에 의존한다.[10] 이 인식론은 지식은 과학적인 방법을 통해서 구체적으로 입증될 수 있는 것뿐이라는 입장을 유지하므로 사실상 과학만능주의와 구별할 수 없다. 이 입장에서는 어떤 것이 과학적인 방법을 통해 입증될 수 없으면 그것은 틀렸거나, 의미가 없거나, 그 단어의 가장 나쁜 의미에서 주관적이다. 많은 기독교 변증가들이 무신론자들과 협소한 인식론을 공유한다. 기독교 변증가들은 과학이 하나님을 증명한다고 주장하는 반면에 무신론자들은 과학이 하나님의 존재를 논박한다고 주장한다. 그러나 1부에서 논의된 바와 같이 이는 과학적 조사와 지식 일반의 특성을 잘못 묘사한다.

예컨대 모든 과학적 조사가 의존하고 있는 상식적인 전제들은 과학적인 방법을 통해 입증될 수 없다(3장을 보라). 더욱이 과학적 방법은 증명하기 위해 고안되지 않았다(4장을 보라). 따라서 과학적 논증에 기반을 둔 종류의 변증가(무신론자와 지적 설계 옹호자)는 지식이 무엇인가에 관한 혼동과 과학적인 앎의 방법에 대한 이해의 결여를 드러낸다. 그리스도인들이 지식에 대한 협소하고 과학적인 이해를 지식을 추구하기 위한 운동장으로 삼도록 허용한다면, 그들은 기본적으로 두 손을 뒤로 묶고서 토론에 관여하는 셈이다. 우리가 1부에서 살펴본 바와 같이 무엇이 지식으로 여겨지는가에 관해 이처럼 인위적으로 제한적이고 궁극적으로 자멸적인 견해에 동의할 이유가 없다. 이것이 우리가 창조세계에서 나타나는 하나님의 일반적인 활동이 하나님의 존재에 대한 과학적 증거로 나타나리라고 기대하지 않아야 하는 철학적 이유다.

우리는 형이상학과 신학이 결여된 과학은 하나님의 존재와 창조세계에서의 활동에 관해 모호하다고 주장한다. 우리가 이렇게 기대해야 하는 한 가지 중요한 이유가 있는데 그것은 바로 과학이 다소 세속적이라는 것이다. 천문학, 우주론, 그리고 물리학조차도 궁극적으로 세속적인 것들에 관한 학문이다. 그 학문들은 우주가 어떻게 정돈되고 작동하는지를 연구한다. 천문학자들이 산출하는 놀랍고 인상적인 사진과 우주론이 제공하는 압도적인 우주에 대한 이해에도 불구하고 이런 학문은 하나님의 존재와 활동에 관해 말할 수 있는 올바른 요소를 갖고 있지 않다.

우리는 4장에서 이 점을 지적했다. 과학적 방법은 논리적 가능성이 아니라 **맥락상으로 적실성 있는 물리적 가능성**에 초점을 맞추도록 고안되었다(섹션 4.7을 보라). 과학 자체로는 하나님의 존재나 인생의 의미 같은 중요한 문제들을 다룰 수 없다. 천문학, 우주론, 물리학은 그것들이 그런 더 큰 문제들로 향하는 창으로 기능할 수 있도록 힘을 줄 세계관을 필요로 한다. 창조 교리는 그리스도인들이 이런 과학들을 적절한 관점에 두도록 도와준다. 이와 대조적으로 형이상학적 자연주의는 이런 과학들을 지나치게 과장해서 천문학, 우주론, 물리학만으로는 정당화될 수 없는 결론에 이른다. 이 비교는 창조 교리와 형이상학적 자연주의 중 어느 것이 과학적 조사와 그 결과를 이해하기 위한 더 좋은 틀인지를 결정하기 위한 수단 중 하나를 제공한다.

우리가 두 틀의 장점들 사이에서 판단할 수 있게 해줄 또 다른 비교는 다음과 같은 질문을 하는 것이다. 우리가 출발점으로 창조 교리나 형이상학적 자연주의를 채택한다고 상상하라. 어느 것이 세상에서 겪는 우리의 전체 경험을 더 잘 이해하게 만드는가? 이 대목에서 이 세상에서 우리의 경험을 이해하게 만든다는 것은 과학적 설명을 의미하지 않는다. 우리의 전체 경험은 과학적 설명이 제공하기를 바랄 수 있는 것보다 훨씬 많은 부분에서 이해될 필요가 있다. 다시 말하거니와 과학적 설명만이 이해하게 만드는 유일한 형태라고 생각하는 것은 과학만능주

42 (2013): 221-43; James Turner, Without God, *Without Creed: The Origins of Unbelief in America* (Baltimore: Johns Hopkins University Press, 1986).

10   Bishop and Carr, "In Bondage to Reason"을 보라

의에 사로잡히는 처사다. 우리가 세상에서 겪는 전체 경험을 이해하기 위해서는 인격적인 만남과 심미적 이해 및 역사적 이해도 필요하다. 과학적 분석은 이 거대한 프로젝트에 이바지하는 이해의 한 가지 형태일 뿐이다.

창조 교리는 우리가 왜 상식적인 전제들이 적절한 동기부여와 정당화를 지니고 있는지 이해할 수 있게 해준다. 창조 교리는 또한 우리가 지식을 얻는 과학적 방법은 인간이 활용할 수 있는 많은 지식 습득 방법 중 하나에 지나지 않는다는 것을 알게 해주고, 지식을 습득하는 다른 많은 방법과 그 방법들의 기여를 평가할 수 있게 해준다. 더욱이 창조 교리는 사람들의 종교 경험을 그것 자체의 관점에서 이해할 수 있게 해준다.[11] 이 점이 중요한데, 삼위일체적 창조 교리는 사랑은 단순히 호르몬의 반응이나 주관적인 상태가 아니라 삶과 실존의 본질이며 우리 존재의 핵심에 놓여 있음을 우리가 알도록 도움을 준다. 삼위일체 공동체의 중심에 사랑이 있으며 삼위일체의 실존이 우주의 실존을 가능하게 한다. 그리고 창조세계의 봉사적 성격에 비추어볼 때 사랑이 창조세계에서, 그리고 인간들에게서 가장 주목할만하게 다양한 방식으로 나타나는 것은 놀라운 일이 아니다.

만일 우리가 형이상학적 자연주의에서 시작한다면 그것이 세상에서 겪는 우리의 전체 경험을 이해하는 데 어떻게 기여하겠는가? 그것이 어떻게 우주에서 사랑이 출현한 것을 드러내겠는가? 이해하기 위한 이 두 가지 시도가 완료된 뒤 두 틀이 어떻게 비교되는가? 이 비교는 형이상학적 자연주의 대비 창조 교리의 생존력에 관해 판단하기 위한 추가적인 통찰을 제공할 수 있다.

적어도 천문학, 우주론, 물리학 같은 과학은 창조 교리와 형이상학적 자연주의 중 어느 것이 실재를 더 잘 파악하는지에 관한 판단에서 경미한 역할만 수행한다는 점이 명백하다. 도킨스, 크라우스 등의 무신론자들은 19세기 말의 그들의 선배들과 마찬가지로 하나님의 존재에 대한 과학의 잠재적 함의를 과대평가했다.[12]

10.4. 창조 교리와 우주론 해석

워필드는 몇몇 그리스도인들이 지난 몇십 년 동안 매우 곤혹스러워했던 우주론과 진화 같은 과학에 어떻게 관여할 수 있는지에 대한 모형을 제공한다. 이 모형은 보일과 뉴턴이 17세기에 사용했던 모형 및 밀리컨과 휘태커가 20세기에 사용했던 모형과 유사하게(섹션 8.3을 보라) 현대 과학을 신학적으로 해석한다.[13] 이것은 과학과 신학을 관련시키기 위한 부분적 견해 모형의 한 형태다(섹션 4.5.3을 보라). 이 모형은 현대 과학에 대한 "기독교의 대안"을 발견하려고 노력하는 대신 포괄적 창조 교리를 사용해서 이런 과학들을 해석하고 추가적인 통찰을 발견한다. 섹션 10.1은 창조 교리가 어떻게 우리가 현대 천문학, 우주론, 그리고 물리학에 이 과학들만으로 드러내는 것보다 훨씬 많은 것들이 진행되고 있음을 알도록 도움을 주는지에 관한 몇 가지 예를 제공한다.

추가로 예를 들자면 종종 과학적으로 지구는 2,000억 개의 은하들의 바다에서(그리고 아마도 상상할 수 없을 정도로 많은 우주 중 하나의 우주에서) 평균적인 은하의 가장자리에 있는 평균적인 별—아마도 평균 아래의 별—을 공전하고 있다고 주장된다. 엄격한 과학적 관점에서 이 점은 거의 논쟁의 여지가 없다. 그것은 결국 우주 원리의 반영이다(우주에 선호되는 장소나 방향이 없다(섹션 7.2를 보라).

그러나 은하수에서 지구의 위치는 생명을 지지한다. 지구는 우리 은하의 중심(과 그것의 초대질량 블랙홀)에서 방

---

11 Robert C. Bishop, "Psychology and Revelation," *Research in the Social Scientific Study of Religion* 23 (2012): 241-42.

12 Turner, *Without God, Without Creed*; 그리고 Timothy Larsen, *Crisis of Doubt: Honest Faith in Nineteenth-Century England* (Oxford: Oxford University Press, 2008).

13 Robert C. Bishop, "God and Methodological Naturalism in the Scientific Revolution and Beyond," *Perspectives on Science and Christian Faith* 65 (March 2013): 10-23.

출된 복사로부터 멀리 떨어져 있다. 그 복사와 너무 가까운 곳에 있으면 생명이 존재할 수 없을 것이다. 지구는 또한 행성의 형성을 불가능하게 만들 격변으로부터도 멀리 떨어져 있다. 더욱이 지구는 행성의 형성과 행성의 궤도들을 방해할 다른 별들이나 인근의 별들의 보육원과 너무 가깝지 않다. 그리고 섹션 9.3에서 지적되었듯이 태양은 약 100억 년 동안 안정적인 양의 에너지를 생산하기에 딱 맞는 크기다. 따라서 우리는 지구의 위치에 관해 뭔가 특별한 것이 있다고 말할 수 있다. 이 점도 우주 원리와 일치한다. 우주 원리는 가장 먼 우주적 규모에는 성립하지만 몇몇 국지적인 예외도 있기 때문이다.

창조 교리를 통해 우리는 이 대목에서 창조세계가 생명으로 가득 채워지라는 하나님의 의도와 연결된 계획과 목적이 작동하고 있음을 추가로 알 수 있다. 지구상에 생명이 존재하기 위해서는 나선 구조를 지닌 은하수 크기의 은하가 필수적이다. 은하수의 나머지는 "쓸모없는" 것이 아니고, 단지 아름다움을 위해 존재하는 것도 아니며, 은하수 안에 태양 주위를 도는 지구를 뒷받침할 수 있는 지역이 있도록 보장한다. 즉 은하수의 크기와 구조가 지구와 태양이 우리가 시편 104편에서 보는 예와 같은 방식으로 존재할 수 있게 만들어주는 알맞은 조건들을 제공함으로써 지구와 생명 일반에 봉사한다. 천문학, 우주론, 그리고 물리학은 우리에게 생명을 지지하는 은하의 물리적 조건에 대한 통찰을 제공한다. 창조 교리는 우리가 이 조건들이 삼위일체 하나님의 사랑과 돌봄의 표현임을 알도록 도움을 준다.

19세기 말에 과학과 종교가 언제나 싸웠다는 신화가 구축되어서 많은 그리스도인이 당대의 과학을 기독교의 대안들로 대체하려고 했기 때문에, 위에서 설명된 입장은 다소 평범한 것처럼 보였다.[14] 무신론자들과 현대의 미디어 역시 이런 종류의 대안이나 현대 과학의 대체를 기대한다(그것이 잘 팔리는 책들과 강력한 신문 잡지의 주제가 된다). 그리스도인들은 포괄적 창조 교리를 채택함으로써 이렇게 굳어진 기대들과 이런 기대에 힘을 제공하는 그릇된 양자택일의 곤경을 깨뜨리고 현대 과학에 관해 적대적으로 생각하는 것이 아니라 그리스도인답게 생각할 수 있다. 시편 104편에서 시인은 수 세기 전에 실제로 신학적으로 통찰력 있게 자연 연구에 관여하기 위한 패턴을 마련했다. 우리가 현대의 우주론 및 기타 과학에 대한 신학적 이해에 그런 수준으로 관여할 수 있는지가 오늘날 우리가 맞닥뜨리고 있는 도전이다.

마지막으로, 당신은 우리가 과학만으로 우주, 은하수, 태양, 그리고 지구가 생명을 위해 설계되었다고 결론지을 수 있는지 궁금할 것이다. 기독교의 진영들에서 1980년대 말 이후 설계와 설계에 대한 과학적 증거로 상정되는 것에 대한 관심이 되살아났다. 설계와 지적 설계 운동에 대한 현대의 관심에 대해서는 할 말이 많은데, 그 운동의 주장 중 많은 내용은 탄탄한 진리, 과학, 또는 종교의 개념과 잘 들어맞지 않는다.[15] 그러나 이 대목에서 우리는 설계 개념 자체에 대해서만 초점을 맞추고자 한다. 현재의 설계 논쟁은 18세기의 설계 논쟁이 그랬던 것처럼 공학 관점에서 본 하나님 개념에 의존한다. 이 관점에서 창조주는 숙달된 기술자로서 지혜와 힘을 적용해서 창조세계를 만든다. 아마도 그것은 창조주에 대한 철학적 그림이겠지만 자연 세계에 친밀하게 관여하는 자애롭고 구속하는 창조주로서 성경의 하나님 모습과는 잘 어울리지 않는다.

어떤 설계자 개념이 하나님에 대한 성경의 그림 및 포괄적 창조 교리에 더 잘 들어맞을 수 있겠는가? 우리가 설계에 관해 예술 공연 감독의 관점에서 생각한다고 상상해

---

14   Timothy Larsen, " 'War Is Over, If You Want It': Beyond the Conflict
      Between Faith and Science," *Perspectives on Science and Christian Faith*
      60, no. 3 (September 2008): 147-55.

15   Kenneth R. Miller, *Only a Theory: Evolution and the Battle for America's
      Soul* (New York: Viking, 2008).

보라. 좋은 감독은 연주자들의 성격, 재능, 기술을 통해 그 공연의 목적을 달성하도록 그들을 지도하고 격려해서 일할 것이다. 예컨대 당신이 잘 아는 감독이 감독하는 연극을 보고 있다면 그 감독의 지문이 확실히 보일 것이다. 이와 반대로 그 감독에 대해 잘 알지 못하고 그 감독의 열망, 목표 또는 가치 등에 관한 부당한 가정을 하기를 원치 않는 사람에게는 그의 지문이 명백하게 보이지 않을 것이다.

하나님의 프로젝트로서의 창조세계는 만들어진 기계보다는 예술 공연을 훨씬 더 닮았다. 정밀함과 타이밍은 공학만의 영역이 아니다. 예술 작품도 그런 정밀함을 필요로 한다. 극장의 무대와 의상, 소품의 배치와 사용, 조명, 대사 전달과 중지의 타이밍, 행동하는 순간과 행동하지 않는 순간의 정확성의 설계와 실행에 관해 생각해보라. 감독은 이 모든 사항에 대해 중요한 인도와 영감을 제공해서 그 작품의 목적을 달성하는 데 기여한다.

자연은 하나님에 익숙한 사람과 익숙하지 않은 사람에게 위의 예와 똑같은 모호성을 갖고 있다. 서로 다른 이 두 청중은 그 공연을 아주 다르게 해석한다. 이것이 이 장에 묘사된 성경의 모호성이다. 더욱이 예술 공연을 감독하는 개념은 신적으로 매개된 행동의 "두 손" 형태 및 봉사 형태와 잘 어울린다. 성자는 그 공연을 인도하는 감독이고, 성령은 그 공연에 대한 에너지와 능력의 부여자이며, 창조세계 자체의 특질들과 역량들이 공연을 수행해서 은하들과 별들과 행성들과 생명을 만들어낸다. 과학은 창조세계가 이런 공연을 어떻게 수행하는지에 관해 많은 것을 우리에게 말해줄 수 있는 반면에, 창조 교리는 하나님이 그 공연을 가능하게 만들고 우주적 규모의 예술 프로젝트, 즉 새 창조를 완성하고 있음을 우리가 알도록 도움을 준다(33장을 보라).

10.5. 창조 교리와 목적론

포괄적 창조 교리는 창조세계에 목적이 있으며 창조세계가 그 목적을 향해 움직이고 있음을 밝혀준다(2장을 보라).

과학적 탐구 방법은 목적과 의미를 발견하도록 고안되지 않았기 때문에 과학적 탐구는 목적을 밝혀주지 않는다(섹션 4.7을 보라). 경험적, 이론적, 분석적 방법은 자연의 과정, 속성, 법칙들을 탐구하는 데는 좋은 수단이지만 창조세계를 향한 하나님의 계획과 목적에 관해서는 별로 말해주지 않는다. 과학적 방법에는 목적론이 없으며 그것은 베이컨, 갈릴레이, 케플러, 가상디, 보일, 뉴턴 등이 현대 과학을 발전시킨 이후 존재하게 되었다. 형이상학적 자연주의나 과학만능주의의 영향 아래 있다면, 우리는 과학적 탐구가 목적론이나 목적을 밝혀주지 않기 때문에 우리가 목적이 없고, 의미가 없고, 인도되지 않은 우주에서 살고 있음이 분명하다고 결론짓기가 쉽다. 그러나 이것은 과학적 지식과 통찰만 있으면 된다고 가정하는 과학만능주의에 기초한, 성급한 일반화로 알려진 오류다. 과학적 탐구에 목적론―최종 원인―이 전혀 없는 것은 아니라 해도 대체로 없다고 해서 결코 우주에 의미가 없음을 암시하는 것은 아니다. 과학적 탐구는 정당한 설명 목적의 의미, 목적, 가치를 다루지 않고 거기서 물러난다.[16] 과학적 조사가 목적론을 피한다는 사실은 과학적 지식이 제한적이며 목적론적인 신학적 지식 및 다른 형태의 지식에 보완적임을 암시한다.

몇몇 그리스도인은 시편 19:1-4과 로마서 1:20 같은 구절들에 근거해서 자연신학의 형태로 이 모호성에 대해 반박하기를 원한다. 이 구절들은 인간이 창조세계를 통해 하나님을 볼 수 있다고 말하는 것처럼 보이며, 따라서 과학적 조사가 하나님을 우리에게 좀 더 객관적인 방식으로 계시하고 있음이 분명하다는 것이다. 우리가 계속 말한 바와 같이 과학적 방법들은 이 부담을 지도록 고안되지 않았다. 이 점이 좀 더 중요한데, 그런 성경 구절의 자연 철학을 위한 함의를 추구할 때 우리는 그런 구절의 문

---

16 Robert C. Bishop, *The Philosophy of the Social Sciences* (London: Continuum, 2007), 특히 6장.

화적 맥락을 명심해야 한다. 다윗과 바울은 모든 사람이 모든 곳에서 하나님의 표지를 보는 문화에서 글을 쓰고 있었다. 문제는 **어떤 신**(들)이 세상에서 활동하고 있어서 인간이 "변명할 수 없는가"였다.[17] 바울이 로마서에서 그의 논의를 계속하듯이, 바울이 사람들이 창조주 하나님을 자연 신들과 기타 우상들로 바꾼다고 주장할 때 이 맥락을 염두에 두었음이 분명해진다. 다윗이나 바울은 과학에 기초한 자연 철학을 다루지 않았다. 오히려 그들은 하나님이 창조세계에서 일하고 있다는 사실이 불신자들에게는 흐려져 있지만, 살아계신 하나님에 대한 지식이 어떻게 신자들로 하여금 이 사실을 명확히 알 수 있게 하는지를 다루고 있다. 창조세계에 나타난 창조주를 올바로 보는 데 있어서 포괄적 창조 교리가 필수적이다.

창조 교리는 창조세계에 관하여 천문학과 우주론이

---

17   우리는 이 통찰에 대해 Wilson Poon에게 감사한다.

보지 못하는 심오한 진리를 회복할 수 있게 해주는데, 그 진리는 창조세계를 향한 하나님의 목적은 언제나 성자 안에서의 새 창조였다는 것이다(33장을 보라). 이 관점에서 우리는 우주가 의미 없는 메커니즘이 아니고 의미 없는 가정이 아님을 알 수 있다. 더욱이 우주는 구속을 벗어나지 않는다. 우주는 자신의 모습이 되어가는 데 참여할 상대적인 자유와 역량을 갖고 있지만, 이 자유가 어떤 경로를 취하든 간에 창조세계는 성자 안에서 성령을 통해 성부를 찬양하도록 완성될 것이다. 과학적 조사가 밝혀낼 수 있는 것 이상이 자연 안에서 그리고 자연과 함께 진행되고 있다. 이는 우리가 과학이 창조세계에 관해 우리에게 드러내는 모든 놀라운 것들로 인해 하나님을 찬양할 수 있다는 것뿐만 아니라, 우리가 날마다 의미와 목적이 풍성하게 부여된 세상에서 살고 있음을 알 수 있다는 것을 의미한다. 만물이 이미 그리스도 안에서 화해를 이루었다(골 1:20)!

3부   지구의 기원과 지질학적 역사

11장

지구와 태양계의 기원

우리는 우주의 역사에서 우리 태양계의 별(우리 태양), 행성들, 행성들의 달들, 소행성들, 그리고 혜성들이 형성될 때를 살펴보는 것으로 3부의 전체적 주제인 지구의 기원과 역사에 대한 탐구를 시작할 것이다. 태양계의 기원 이론들은 특히 17세기에 망원경이 발명된 후 행성들에 관한 신뢰할 수 있는 천문학 데이터가 수집됨으로써 출현했다. 18세기 유럽의 자연 철학자들인 에마누엘 스베덴보리, 임마누엘 칸트, 그리고 피에르시몽 라플라스는 현대의 이론과 매우 가까운 초기의 개념들을 제안했다. 태양계가 어떻게 발전했는가에 관한 우리의 현재의 이해 역시 그것들로부터 태양, 행성들, 달과 위성들, 그리고 다른 천체들이 형성된 물질들의 운동들과 상호작용들을 시뮬레이션(simulate)하는 컴퓨터 모형링에 기반한다. 지난 25년 동안 우리는 우리 은하에서 다양한 단계의 형성을 보여주는 행성계들(행성들을 거느린 별들)의 사진들을 입수했다. 이 사진들 중 일부 관측은 놀라우며 모든 행성계가 똑같은 방식으로 형성되지는 않는다는 것을 암시한다. 태양계의 형성에서 창조세계의 규칙성들과 그것들의 역할에 대한 우리의 이해는 아직도 갈 길이 멀다. 이제 로봇 탐사선들과 탐사 로버들이 우리 태양계의 행성, 달, 소행성, 혜성들을 탐사해서 그것들의 기원에 관한 필수적인 지질학적 정보 및 화학적 정보를 제공한다. 금세기의 중반 전에 인간은 달에 다시 발을 딛고, 소행성들을 여행하고, 화성을 탐사 및 식민지화하기 시작할 것이다. 다른 세상의 기원에 관한 단서를 탐구하는 일이 어떠할지를 상상해보라("심화 학습: 지질학 현장 학습"을 보라).

11.1. 태양계의 형성

현대의 태양계의 기원 이론을 다루기 위해 태양계의 기본적인 특성들이 설명된다. 이번 섹션에서 기본적인 특성들이 묘사되고 다음 섹션에서 현대의 이론에 도달한 가설들이 설명된다.

11.1.1. 태양계의 기본적인 특성들. 천문 관측은 태양, 행성들, 달과 위성들의 궤도, 회전, 구조적 특성들에 관한 정확한 정보를 제공한다.

궤도의 특성은 다음 사항들을 포함한다.

- 태양계는 대략적으로 같은 평면에서 궤도를 도는 행성들이 있는 평평한 원반이다.
- 태양 주위의 행성들의 궤도들은 거의 원형이며 태양의 자전 면에 가깝다(그림 11.1).

- 태양계 위에서 보면 모든 행성은 시계 반대 방향으로 태양 주위를 돈다. 대다수 행성은 시계 반대 방향으로 자전한다. 금성과 천왕성은 예외로서, 시계 방향으로 자전한다.

자전의 특성은 다음 사항들을 포함한다.

- 태양과 행성들의 자전축은 모두 (장난감 팽이가 돌 때 기울고 동요하는 것처럼) 기울어졌다. 대다수 행성의 축의 기울기는 30도 미만이다(그 행성의 적도 평면과 공전 평면 사이의 각으로 측정된다).
- 태양은 태양계의 모든 질량의 99.9퍼센트를 차지하지만 행성들의 총 각운동량의 4퍼센트만 차지한다.
- 행성 주위의 달들(종종 위성들로 불린다) 역시 더 큰 태양계의 시계 반대 방향의 운동을 모방한다.

태양계의 구조적 특성은 다음 사항들을 포함한다.

- 태양에서 바깥쪽으로 연속적인 행성들의 거리들은 티티우스-보데의 법칙을 통해 묘사된, 수학적으로 규칙적인 방식으로 증가한다. 그 법칙은 대다수 행성에 대해 실제 거리로부터 5퍼센트 미만의 오차 안에서 성립한다. 그 법칙은 화성과 목성 사이의 소행성대 궤도에 행성이 있을 것으로 예측한다. 그 법칙은 태양에서 해왕성까지의 실제 거리를 서툴게 예측한다.
- 가장 안쪽의 행성들인 수성, 금성, 지구와 화성은 암석 물질로 구성되었고, 철, 산소, 규소가 풍부하다. 이 **지구형** 행성들의 밀도는 세제곱센티미터당 3.9-5.5그램이다. 이에 비하여 순수한 물은 세제곱센티미터당 1그램이다.
- 가장 바깥쪽의 행성들인 목성, 토성, 천왕성과 해왕성은 휘발성 화합물들로 구성된 **거대 기체** 행성들이

며 암석 핵을 둘러싼 수소와 헬륨이 풍부하다. 바깥쪽 행성들의 밀도는 세제곱센티미터당 0.7-1.9그램이다.

태양계의 형성에 관한 현대의 설명은 과학자들이 어떻게 이론을 구성하는지에 관한 좋은 예를 제공한다. 우리는 과학 이론을 사실, 법칙, 전제, 추론, 그리고 창조세계의 몇몇 영역을 이해하는 데 사용되는 검증된 가설들을 포함한 체계적인 지식체로 묘사했다. 따라서 태양계의 기원 이론은 위에서 검토된 물리적, 화학적, 천문학적 특성들 모두를 설명해야 한다. 이론을 만드는 과정의 처음에는 같은 일련의 증거로부터 일들이 어떻게 일어났는지에 관해 여러 생각이 있을 수 있다. 이 접근법은 **복수 작업가설 방법**으로 알려져 있다(이것은 섹션 4.2.1에서 언급된, 최선의 설명에 이르는 방법-증거의 연결의 한 형태다). 미국의 지질학자인 토머스 C. 체임벌린(1843-1928)은 이 접근법의 철두철미한 옹호자였다. 그 역시 태양계 형성에 대한 가설을 갖고 있었는데, 그 가설은 부분적으로만 옳은 것으로 판명되었다.

11.1.2. 미행성체 가설. 체임벌린과 그의 시카고 대학교 동료인 포레스트 레이 몰튼(1872-1952)은 거대한 별이 우리 태양을 지나가면서 그 별과 태양 모두로부터 물질이 나와서 그것들 사이에 뜨겁고 가스 상태인 원소들의 필라멘트가 형성되었다고 상상했다. 그 떠돌이별이 지나간 뒤 태양으로부터 늘어난 물질이 **미행성체**(planetesimal)로 불리는 암석 물체 또는 얼음 물체로 응축되었다. 궁극적으로 미행성체들이 충돌하여 행성들과 그것들의 달들이 형성되었고 달들이 궤도 운동을 하게 되었다. 이 가설에는 문제들이 있어서 20세기 초에 포기되었다. 예컨대 떠돌이별이 우리의 태양을 지나간 증거가 없다. 우리 은하에서 그렇게 서로 만나는 경우는 극히 드물다. 체임벌린과 몰튼은 그 시대에 거대한 망원경들로 발견되고 있던 흐릿한

그림 11.1. 위: 상대적 직경을 보여주는 우리 태양계의 행성들의 이미지. 아래: 태양 주위의 외행성들(수성, 금성, 지구는 포함되지 않는다)의 궤도. NASA 웹사이트의 태양계의 눈(Eyes on the Solar System)은 태양계에 대한 시각적, 상호작용적 여행을 제공한다. http://eyes.nasa.gov/를 보라.

나선형 물체들을 그들의 가설과 같은 방식으로 인근의 태양계가 형성되는 예들로 생각했다. 나선형 물체들은 태양계들이 아니라 좀 더 먼 은하들로 밝혀졌다. 더욱이 물리학의 원리들은 필라멘트에 있는 뜨거운 기체들이 거대한 행성으로 응축되어 태양 주위에 안정적인 궤도를 만드는 것을 지지하지 않을 것이다.

11.1.3. 성운 가설. 칸트 및 18세기의 다른 자연 철학자들이 옹호한, 미행성체 가설의 주요 경쟁 가설은 별들 사이의 가스와 먼지구름이 붕괴되어 태양과 행성들이 형성되었다고 보았다. 그 구름이 중심 쪽으로 수축함에 따라 입자들이 충돌하여 궁극적으로 대다수 입자가 같은 방향으로 회전하게 되었다. 중력이 질량의 대부분을 회전하는

1972년 8월 두 사람이 해들리 릴이라는 장소에서 암석들을 수집하고 있었다. 그들에게 그날은 전형적인 날이 아니었다. 그들은 밝은 햇빛 아래 일하고 있었고 그때 지구상의 어딘가에서는 낮이었지만 해들리 릴은 달에 있었다. 오랜 기간의 훈련으로 이 우주 조종사들은 유능한 달 탐사자가 되어 있었다. 그들이 우주선에서 나와 탐사한 둘째 날 데이브 스콧은 그들이 지금까지 수집했던 돌들과 다른, 재미있게 생긴 암석을 발견했다. 그는 자기 동료 제임스 어윈을 불렀다. "이보게, 저 돌 좀 보게나!" 어윈은 이렇게 대답했다. "와! 저 광택 좀 보게! 거기 꼬여 있는 모습도 거의 보이는데." 어윈이 그 발견에 기뻐하고 있을 때 스콧은 지상의 우주 관제소에 연락했다. "우리가 방금 무엇을 발견했는지 짐작해 보세요. 우리가 방금 무엇을 발견했는지 짐작해 보세요! 나는 우리가 찾으러 온 것을 발견했다고 생각합니다. 저기 조개껍질이 쌓인 듯한 흰 모래사장과 같은 곳을 보세요. 그것이 투명하고 한 뭉치로 되어 있어서 나는 그것이 뭔가 사장석에 가까운 것이라고 생각합니다.…그것은 거의 모두 플라주예요. 아주 멋지네요."[a] 그 임무의 절차에 따라서 그 암석에는 샘플 15415라는 번호가 부여되었다.

스콧은 사장석이라는 광물로 구성된 화성암인 사장암 조각을 들고 있었다. 지구상의 사장암은 일반적으로 매우 오래된 것이다. 예컨대 다양한 방사성 연대 측정 기법(14장을 보라)에 기초해서 뉴욕의 애디론댁산맥의 사장암 기반암의 나이는 11억 6천만 년에서 11억 5천만 년으로 추정된다. 호주의 웨스턴오스트레일리아 나리어산에 있는, 더 오래된 지구의 사장암의 나이는 약 37억 3천만 년으로 추정된다.[b]

지질학자들이 달에서 사장암을 발견하기를 희망한 데는 몇 가지 이유가 있었다. 그들은 아폴로 11호가 착륙

그림 11.2. 아폴로 15호 샘플 15415, 창세기 암석의 조각. 이 사장암은 매우 성긴 사장석, 장석, 석영 결정이 성긴 상태로 구성되어 있다.

한 곳이 가장 오래된 달의 지각 중 일부를 포함할 것으로 예측했다. 그들은 또한 달의 기원에 관한 다양한 가설들을 테스트하고 있었다. 한 가지 아이디어는 지구, 달, 운석(우주에서 지구로 떨어진 암석들)이 대략적으로 같은 시기에, 그리고 태양계 역사의 초기에 같은 물질로부터 형성되었다는 것이었다. 그렇다면 가장 오래된 지구의 암석과 달의 암석 그리고 운석들의 나이가 비슷할 것이다. 그 샘플이 승무원들과 함께 지구로 돌아오기도 전에 미디어의 기자들은 그것을 창세기 암석(Genesis Rock)으로 부르기 시작했다.

샘플 15415를 창세기 암석으로 부름에 따라 그것은 좀 더 넓은, 인간의 창조세계 이해 프로젝트에 강력하게 연결되었다. 일반 대중, 미디어, 우주 비행사, 그리고 과학자들조차 그 연결을 받아들였다. 아폴로 15호 탐사 후 제임스 어윈은 그의 삶을 기독교 복음 사역에 헌신했다. 그는 창세기 암석 복제품을 가지고 다니면서 전 세계의 청중에게 발표할 때 자주 그것을 언급했다. 그의 메시지는 달을 창조한 하나님과의 개인적인 관계를 추구하는 것은 우주 시대에도 여전히 적실성이 있다는 것이었다. 창세기 암석 이야기는 우리에게 창조세계에 관한 과학적 연구가 그것을 얼마나 더 놀랄만한 것으로 만드는지, 그리고 성경의 설명과 과학의 설명은 그것들의 영역과 목적이 다름에도 불구하고 기원에 대한 우리의 이해에 있어서 그것들이 얼마나 움직일 수 없이 연결되어 있는지를 상기시켜 준다.

실제로 창세기 암석은 아폴로호 탐험(1969-1972)에서 수집한 샘플 중 가장 오래된 달의 암석 중 하나로서 약 40억 년 전에 형성된 것으로 추정된다(그림 11.2). 아폴로 16호 승무원들은 더 오래된 43억 6천만 년된 사장석을 수집했다. 가장 오래된 지구의 암석들과 운석들의 나이는 달에서 가져온 암석들의 나이에 비해 어느 정도인가? 지구에서 가장 오래된 암석들로 알려진 캐나다의 노흐-듀-퀘벡 지역에 있는 암석 지대의 나이는 42억 8천만 년이다. 호주 서부의 암석에서 나온, 지구에서 가장 오래된 광물의 나이는 43억 6천만 년이다. 운석들의 나이는 45억 3천만 년에서 45억 8천만 년이다(일반적으로 평균값으로 45억 6천 7백만 년이 취해진다). 지구, 달, 그리고 운석들의 기원에 대한 과학적 설명은 이 나이들의 범위와 지구, 달, 운석이 지니는 물리적 특성을 고려해야 한다. 사실 그것들의 나이와 특성은 전체 태양계의 기원에 대한 이론적 설명에 들어맞아야 한다.

방사성 연대 측정을 통한 암석들의 나이 결정은 우리 태양계에 있는 행성들의 기원 이해와 지구의 연대적 역사 규명에 필수적이다. 그러나 과학자들은 방사성 연대 측정과 수억 년이 넘는 암석들의 나이에 관해 얼마나 확신하는가? 방사성 연대 측정은 14장에서 설명된다. 이 장에서 우리는 다른 종류의 증거에 기초해서 태양계 형성에 대한 현대의 이론을 살펴본다.

[a] E. Jones, ed., Apollo 15 Lunar Surface Journal, www.hq.nasa.gov/alsj/a15/a15.spur.html, revised 2017에서 베낀 글.

[b] J. S. Myers, "Oldest Known Terrestrial Anorthosite at Mount Narryer, Western Australia," *Precambrian Research* 38 (1988): 309-23. 글 상자의 많은 내용은 Stephen O. Moshier, "The Genesis Rock," BioLogos, October 21, 2014, https://biologos.org/blogs/archive/the-genesis-rock에 최초로 수록되었다.

구름의 중심을 향해 끌어당겼고, 각운동량 보존 때문에 구름이 붕괴되어 회전하는 원반이 되었다. 그 구름의 중심에서 질량의 수축으로 우리 태양이 형성되었고 회전하는 원반에 있던 암석과 얼음의 충돌들에서 행성들이 집적되었다. **성운 가설**로 알려진 이 일반적인 시나리오는 우리 태양계 및 그 너머에 대한 지질학적 관측 및 천문학적 관측과 가장 잘 어울리는 것으로 보인다.

우리는 우주 공간의 분자운(molecular cloud)부터 시작한다. 우리 은하의 공간 대부분은 거의 비어 있으며 1세제곱센티미터에 원자를 대략 한 개 포함하고 있다. 그러나 우리 은하는 흩어진 기체와 먼지로 구성된 많은 성간운(interstellar clouds)을 포함한다(그림 11.3). 이 구름에 들어 있는 덩어리의 대부분은 기체 상태의 수소(H_2)와 헬륨(He)이며 수소, 탄소(C), 질소(N), 산소(O), 암모니아

그림 11.3. 오리온자리 분자운 복합체 내의 배아 행성계. 새로운 별이 형성되고 남은 가스와 먼지의 원반들이 태양계를 낳는다.

(NH₃), 일산화 탄소(CO) 분자 및 복잡한 유기화합물이 포함되어 있다. 그 구름에 들어 있는 덩어리의 매우 작은 부분(1퍼센트 미만)은 흩어진 암석 먼지에 존재하는 규소(Si), 철(Fe), 마그네슘(Mg), 알루미늄(Al), 황(S), 그리고 칼슘(Ca) 같은 좀 더 무거운 원소를 포함한다. 섹션 9.2에서 우리는 초신성 사건들이 철보다 무거운 원소들을 만들어낸다는 것과 분자운들로부터의 물질의 중력붕괴가 별들을 형성한다는 것을 묘사했다. 따라서 행성들과 태양계의 기원은 우리 태양과 같은 질량의 별들의 일반적인 형성에 연결되어 있는데, 이는 창조세계가 창조세계에 봉사하는 예다.

분자운이 왜 붕괴하기 시작하는가? 입자들 사이의 중력의 끄는 힘이 주요한 힘이지만, 작은 입자들이 충돌할 때 그것들은 붕괴를 방해하는 방식으로 흩어지는 경향이 있다. 수축이 일어나려면 분자운에 입자들의 충분한 질량과 밀도가 있어서 안쪽으로 끄는 힘이 바깥쪽으로 흩어지는 힘을 초과하는 조건이 갖춰져야 한다. 최근에 많은 과학자는 붕괴를 유발할 추가적인 외부의 힘이 있음이 틀림없다고 제안했다. 그들의 아이디어들은 인근의 큰 별들에서 나오는 강렬한 복사와 태양풍, 가스 구름들의 충돌, 또는 인근의 초신성 사건에서 비롯된 충격파를 포함한다.[1]

붕괴된 분자운으로부터 회전하는 원반이 발달했다는 추정은 우리 태양계의 궤도상의 속성, 즉 태양의 회전과 행성들의 궤도 운동이 거의 같은 평면에서 같은 시계 반대 방향으로 움직인다는 점과 일치한다. 회전하며 붕괴하는 구름 안의 입자들의 각운동량 보존은 그 덩어리를 점점 더 빨리 회전하는 원반 안으로 평평하게 들어가게 만든다. 스케이트 선수가 팔을 안으로 끌어당김으로써 더 빨리 회전하듯이 말이다. 이 상태에서는 안쪽으로 끄는 중력이 바깥쪽으로 나가려는 원심력과 균형을 이룬다.

입자 충돌 빈도가 증가하면 운동 에너지가 열에너지로 바뀌어 원반의 온도가 섭씨 수천 도로 올라간다. 질량의 대부분이 축적되는 곳이자 중력붕괴로 인한 압축 때문에 가장 뜨거운 곳이기도 한 원반의 중심에 원시 별이 형성된다. 지상의 전파 망원경들과 허블 우주망원경은 원시별 발달 모습을 포착했다. 별 주위의 가스와 먼지 원반들

1 M. Gritschneder et al., "The Supernova Triggered Formation and Enrichment of Our Solar System," *Astrophysical Journal* 745 (2011): 22.

심화 학습   복수의 작업 가설 방법

T. C. 체임벌린의 복수 작업 가설 설명은 1897년 「지질학 저널」(*Journal of Geology*)에 게재되었다. 그는 서문에서 다음과 같이 쓴다.

> 자연 현상에 대한 우리의 지식을 증가시키기 위해 고안된 과학 연구는 적어도 세 가지의 다른 지적 방법을 따를 수 있다. 이 방법들은 지배적인 이론 방법, 작업 가설 방법, 복수의 작업 가설 방법으로 불릴 수 있다. 처음 두 가지가 가장 널리 보급되어 있지만 그것들은 적실성 있는 데이터를 간과하는 비효과적인 연구로 이어질 수 있고 종종 그렇게 된다. 대신 복수의 작업 가설은 연구를 조직화하는 좀 더 효과적인 방법을 제공한다.[a]

체임벌린의 연구의 관심 영역은 미국 서부의 고대 호수 퇴적물부터 행성들의 형성까지 미쳤다. 그는 태양계 형성에 대한 이전의 설명들을 알고 있었지만, 관측에 근거하여 대안적인 가설을 제공함으로써 과학자들로 하여금 각각의 아이디어를 좀 더 주의 깊게 살피고 거기서 유용한 정보를 끌어내 좀 더 강력하게 의견의 일치를 보이는 견해에 이르게 했다.

www.gly.uga.edu/railsback/11111misc/MWHReprise2.pdf에서 체임벌린의 복수의 작업 가설의 축약판을 읽을 수 있다.

a T. C. Chamberlin, "The Method of Multiple Working Hypotheses," *Journal of Geology* 5 (1897): 837-48.

을 지닌 많은 원시별은 원반 평면의 중심에 수직이고, 반대 방향으로 발사하는 물질의 흐름이라는 특색을 띤다(그림 11.4). 이 기둥들에서 나오는 **양극의 유출**은 붕괴하는 원반을 통해 공급된 원형별로부터 질량을 가져가며 그것과 함께 상당한 양의 각운동량을 가져가서 원형별을 임계 회전(critical rotation) 아래로 유지한다. 별이 형성되는 동안 유출에 기인한 질량 상실로 말미암아 그것의 회전 운동량이 줄어들 수도 있다. 그것이 우리 태양의 회전이 행성들의 좀 더 높은 궤도 각운동량을 통해 예측된 수준보다 느린지를 부분적으로 설명할지도 모른다. 원시별 수축이 계속되면 핵에서 온도와 압력이 높아져 수소가 헬륨으로 융합되도록 방아쇠를 당긴다. 이 지점에서 수축이 중지되고 원시별은 별이 된다.

11.2. 미행성체에서 행성으로

별 주위 원반으로부터 행성이 형성된다는 이론은 원래 천문학자인 카를 프리드리히 폰 바이츠제커(1912-2007)와 조지 가모프(1904-68)를 통해 제시되었고, 지상 망원경과 우주 망원경의 태양계와 우주 관측 결과를 통해 뒷받침되었다.[2] 안쪽의 행성들은 얇은 대기를 지닌 좀 더 작은 암석 덩어리라는 것과 바깥쪽의 행성들은 암석 핵을 지닌 수소와 헬륨의 거대 기체 행성이라는 것을 기억하라. 수축이 끝나고 원반이 초기 태양 주위에서 다소 안정적으로 회전하게 되자 그 원반이 식기 시작했다. 그 원반 안의 온도는 태양에 가까운 곳에서는 섭씨 2,000도 이상이고 현재 목성 궤도 근처에서는 섭씨 0도(빙점) 정도다. 별 주위 원반에 있는 원소들로부터 궁극적으로 행성들을

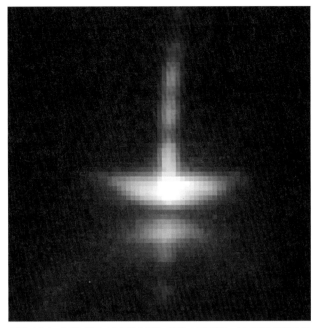

그림 11.4 허빅-하로 30(HH 30)은 뜨겁고 붕괴하는 분자운(성운)의 작열하는 두 개의 절반 사이에 위치한, 직경 640억 킬로미터의 별 주위 원반의 중심에서 형성되고 있는 젊은 별이다. 성운 회전축을 따라 반대 방향의 양극의 유출이 녹색의 사브르 검처럼 보인다. 이 사진은 허블 우주 망원경의 광역 행성 카메라 2(WFPC2)를 통해 입수되었다.

만든 고체 광물과 얼음 생성 과정은 **응축**(condensation)으로 불린다. 발전 중인 태양계에 있는 물질들은 응축 서열에 따라 각각 다른 온도에서 형성되었다. 산화물(예컨대 첨정석, $MgAl_2O_4$), 철-니켈 합금, 그리고 규산염(예컨대 휘석, $CaMgSi_2O_6$) 같은 암석을 형성하는 광물들은 섭씨 1,500도에서 1,000도 사이에서 응축한다(표 11.1을 보라). 이 내열성 물질들은 별 주위 원반이 식음에 따라 원반의 전역에 응축할 수 있지만, 좀 더 가벼운 원소들이 풍부한 휘발성 물질은 원반의 뜨거운 중심에서는 응축할 수 없다.

그 원반에서 응축된 물질의 알갱이들은 궁극적으로 **응고**(coagulation)라 불리는 과정에서 좀 더 큰 입자들로 달라붙는다. 회전하는 원반 안의 난류(turbulence)가 와전류(eddy currents)를 만들어서 입자들을 직경 0.1킬로미터에서 10킬로미터 크기의 미행성체라 불리는 좀 더 큰 덩어리로 한층 더 응집시켰다. 다른 역학상의 요인들이 넓은 별 주위 원반을 미행성체들이 집중된 동심원 고리들로 분화했다(그림 11.5와 11.6을 보라). 가장 큰 미행성체들은 **중**

2   이 섹션의 참고 자료들은 다음 문헌을 포함한다: Ian Wright and David A. Rothery, "The Origin of the Solar System," in *An Introduction to the Solar System*, rev. ed., ed. David A. Rothery, Neil McBride, and Iain Gilmour (New York: Cambridge University Press, 2011), 281-314; Donald Prothero and Robert Dott Jr., *Evolution of the Earth*, 8th ed. (New York: McGraw-Hill, 2009); David J. Stevenson, "A Planetary Perspective on the Deep Earth," Nature 451 (2008): 261-65.

표 11.1 태양 성운에서 형성되는 화합물들의 응축 연속물

암석을 형성하는 광물	화학식	응축 온도(섭씨)
강옥(corundum)	Al_2O_3	1485°, 내열성이 매우 높음
페로브스카이트(perovskite)	$CaTiO_3$	1374°
첨정석(spinel)	$MgAl_2O_4$	1240°
니켈-철 합금	$CaMgSi_2O_6$	1198°
휘석(pyroxene)	Mg_2SiO_4	1177°
감람석(olivine)	Ni, Fe	1171°
알칼리 장석(alkali feldspar)	(Na, K) $AlSi_3O_8$	727°
트롤라이트(troilite)	FeS	426°
수화된 미네랄(hydrated minerals)	(가변적임)	277°~57°
분자화합물(수화된)		
물	H_2O	-93°
암모니아	$NH_3 \cdot H_2O$	-153°
메탄	$CH_4 \cdot 6H_2O$	-203°
질소	$N_2 \cdot 6H_2O$	-203°, 휘발성이 매우 높음

출처: Mike Widdowson, "The Internal Structure of the Terrestrial Planets," in *An Introduction to the Solar System*, rev. ed., ed. David A. Rothery, Neil McBride, and Iain Gilmour (New York: Cambridge University Press, 2011), 47.

그림 11.5. 별이 형성되고 남겨진 먼지의 동심원 고리들과 행성들이 형성되고 있는 장소일 수도 있는 고리들 사이의 틈새들을 보여주는, 젊은 별 HL 타우리 주위의 별 주위 원반 이미지. 그 별은 아마도 형성된 지 1백만 년이 지나지 않았을 것이고 지구에서 약 450광년 떨어진 곳에 있을 것이다. 아타카마 대구경/소구경 전파 망원경 집적체들이 이 모습을 포착했다.

력 집속(gravitational focusing)으로 불리는 과정을 통해 다른 미행성체들을 끌어당기기에 충분한 질량을 가졌고, 궁극적으로 좀 더 큰 **행성 배아들**(planetary embryos)을 만들었다. 남은 행성 배아들의 충돌로부터의 과열 성장 국면이 태양 주위의 독특한 궤도를 도는 4개의 안쪽 지구형 행성들을 형성했다. 미행성체 개념은 체임벌린과 몰튼의 행성 형성 이론에서 옳은 부분이었다. 비록 그들이 태양계를 형성하기 위한 물질이 떠돌이별과 상호작용함으로써 태양에서 나왔다고 본 데 관해서는 틀렸지만 말이다.

이 대목까지 묘사된 지구형 행성들의 형성은 팝콘볼(튀긴 옥수수 알갱이들을 옥수수 시럽을 발라 공 모양으로 뭉친 덩어리)을 만드는 것과 비슷하게 들리지만, 그 과정은 좀 더 복잡하고 행성들의 내부 구조에 반영된다. 행성 배아들은 직경이 수천 킬로미터에 달할 만큼 큰 것도 있었다. 좀 더 작은 미행성체들의 계속된 충돌로 행성 배아에 들어 있는 많은 물질은 용해된 (뜨거운 액체) 상태로 있었다. 거대한 충돌들 사이의 덜 격렬했던 기간들에 마그마 바다 위에 얇은 지각이 형성될 정도로 충분한 냉각이 이루어졌다. 몇몇 과학자들은 화성이 본질적으로 그것의 궤도 고리 안의 추가적인 거대한 충돌로부터 성장하지 않은 행성 배아라고 생각한다(그림 11.7을 보라).

행성 배아들이 충돌했을 때 두 천체가 완전히 용해되곤 했다. 그 천체들 안의 대류를 통한 용해와 느린 냉각 덕분에 천체들 안의 화합물들과 원소들이 분리될 수 있었다. 철과 니켈처럼 좀 더 무거운 원소들은 천체들의 중심 쪽으로 가라앉아 좀 더 가볍고 규산염이 풍부한 마그마로 둘러싸였다. 궁극적으로 주어진 궤도 고리 안에 있는 모든 행성 배아는 그 궤도 고리에서 가능한 가장 큰 행성만 남을 때까지 합체된다.[3] 컴퓨터 모형링을 통한 행성 형성 시뮬레이션은 행성 배아가 형성되는 데 수만 년에서 수십

---

3   천문학자들은 이제 목성의 궤도가 태양계 역사의 초기에 상당히 변해서 다른 행성들의 궤도를 변화시키고 연속적인 고리들 사이에 원시 행성 물질들을 재분배하는 영향을 주었다는 것을 이해한다.

만 년이 소요되고 지구형 행성들이 최종적으로 지구의 크기나 금성의 크기를 달성하는 데는 1억 년까지 소요된다고 제안한다.

차별화(differentiation)라 불리는 행성 발달의 최종 국면 동안에 지구형 행성들에 들어 있는 물질들이 핵, 맨틀, 지각으로 분리된다(그림 11.8을 보라). 그렇게 독특한 구성 지대를 만들기 위해서는 그 행성들이 최초에 거의 용해된 상태로 존재해야 한다. 행성 배아들의 충돌들은 확실히 핵의 물질과 맨틀의 물질을 초기에 분리하는 데 충분한 열을 만들어냈다. 그러나 각각의 고리에 있는 행성이 그것의 최종 크기에 가까워짐에 따라 행성 배아의 수가 줄어들어 충돌이 적어졌다. 중력 수축과 조석력(행성들과 달들 사이의 중력 인력)도 지구형 행성들에서 다소의 내부 열을 만들었다. 이 역학 과정들에서 나온 잔여 열은 행성이 식음에 따라 소실되었지만, 지구형 행성에는 좀 더 완전한 차별화를 증진하고 화산 작용 및 지진 같은 지속적인 역동적 지질 과정을 야기하는 내부 열의 원천도 있다. 그 원천은 알루미늄, 우라늄, 토륨, 그리고 칼륨 동위원소들의 **방사성 붕괴**다(이는 14장에서 검토된다).

우리 은하의 젊은 별들을 관측하면 우리는 별이 강력한 태양풍을 방출하는 **T-타우리 국면**(T-Tauri phase)이라 불리는 발달 단계를 볼 수 있다(그림 11.5에 묘사된 별이 이티-타우리 국면에 있다). 우리 태양의 역사에서 이와 유사한 강력한 태양풍 기간이 지구형 행성들이 형성되고 있던 원반의 안쪽 부분에서 수소, 헬륨, 물 그리고 기타 기체 같은 휘발성 물질들을 쓸어가고 그 행성들의 원시 대기를 제거했을 가능성이 있다. 태양계 바깥쪽의 행성 배아들은 바깥쪽 고리들에 풍부하게 있던 기체들과 휘발성 화합물들을 끌어당겨 암석과 금속으로 이루어진 핵들을 둘러싼 수소, 헬륨 기체와 얼음의 거대한 행성들을 구축했다(그림 11.9를 보라). 크기와 구성으로 미루어 볼 때 거대 기체 행성들은 아마도 지구형 행성들보다 형성에 더 긴 기간이 소요되었을 것이다.

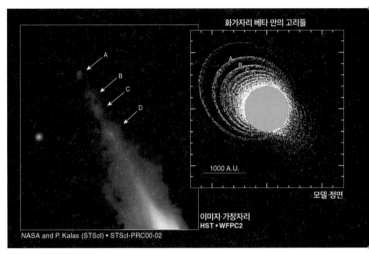

화가자리 베타 안의 고리들

1000 A.U.

모델·정면

이미지·가장자리
HST • WFPC2

NASA and P. Kalas (STScI) • STScI-PRC00-02

그림 11.6. 화가자리 베타 주위의 부착 고리의 단면도 모습. 먼지와 미행성체일 수도 있는 것들이 그 별을 도는 독특한 고리들(A-D)에 집중된 것처럼 보인다.

그림 11.7. 화성은 태양계 안에서의 위치로 미루어 예상할 수 있는 것보다 작으며 전형적인 행성 배아를 닮았을 수도 있다. 그림 11.1에서 화성의 크기를 지구의 크기 및 금성의 크기와 비교해보라.

물론 태양계는 태양과 여덟 개의 행성보다 더 많은 것을 포함한다. 많은 행성은 궤도를 도는 위성(달)들을 갖고 있다. 몇몇 위성들은 그 행성의 중력장(gravitational field)에 포획된 길 잃은 소행성으로 보인다. 태양계 바깥쪽의 거대 기체 행성들 주위의 위성들은 각각의 행성을 둘러싸고 태양계의 발달을 모방한 국지적인 부가 원반에서 형성된 것으로 보인다(토성과 천왕성은 아직도 고리 시스템을 갖고

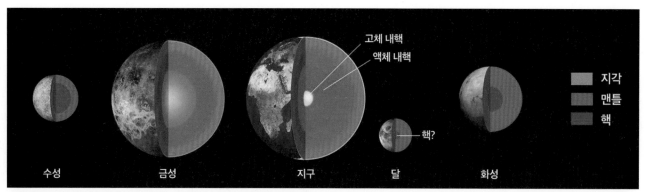

그림 11.8. 지구형 행성들의 내부. 핵들은 철과 니켈로 구성된다. 맨틀들은 규산염 광물이 풍부하며 철, 마그네슘과 칼슘도 많이 함유한다. 지각은 주로 맨틀에 비해 이산화 규소, 나트륨, 그리고 칼륨이 풍부한 규산염 광물로 구성된다.

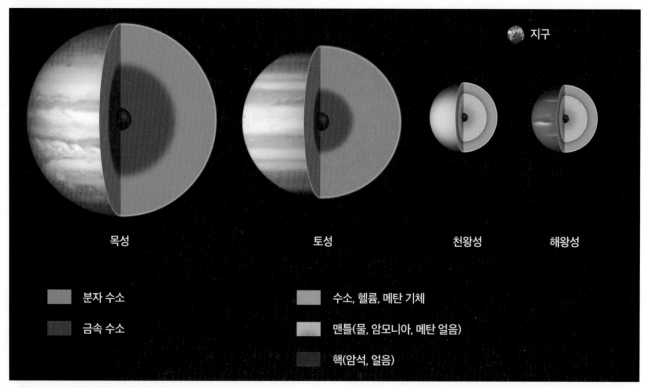

그림 11.9. 태양계 바깥쪽 목성형 행성의 거대 기체 행성들의 내부.

있다). 지구의 달은 태양계 역사의 초기에 지구와 떠돌이 원시 행성 사이의 충돌 후 분출된 물질에서 형성되었을 수도 있다(아래의 논의를 보라).

화성과 목성 사이의 궤도에 있는 수천 개의 소행성들은 본질적으로 목성의 강력한 중력장 때문에 적절한 행성에 합체되지 않은 암석의 미행성체들 및 좀 더 작은 물체들이다.

카이퍼대(Kuiper Belt)는 해왕성 바깥쪽에서 태양 주위를 도는 수천 개의 미행성체 무리다. 카이퍼대는 왜행성인 명왕성을 포함하는데 명왕성은 천문학자들이 그것이 카이퍼대의 나머지 미행성체들과 다른 특별한 점이 없다는 것을 발견할 때까지 정식 행성으로 여겨졌었다.[4]

---

4   2015년 뉴 허라이즌스 탐사선의 명왕성 탐사 임무에서 나온 흥미로운 결과들에는 얼음 산맥과 넓은 평원의 이미지들이 포함되는데, 많은 지질학자는 이를 토대로 명왕성을 행성 지위로 회복해야 한다고 주장한다.

충돌하는 세상들?

1950년에 임마누엘 벨리코브스키는 『충돌하는 세상들』(*Worlds in Collision*)에서 고대의 신화들과 성경으로부터 해석된 재앙적인 사건들이 우리 태양계 형성에 책임이 있다고 제안했다.[a] 그는 금성이 겨우 약 3,450년 전에 목성에서 생겨났고 52년 안에 지구를 가깝게 지나갔으며, 2,800년 전과 2,600년 전 사이에 화성과 지구가 두 번 가깝게 조우했다고 주장했다. 그 책은 지금까지도 인기가 있지만, 과학자들의 대다수는 그의 아이디어가 비과학적이라며 그것을 거부해왔다. 벨리코브스키의 이론에서 요구되는 행성들의 운동은 에너지 보존 법칙과 각운동량 보존 법칙 같은 물리 법칙들에 일치하지 않는다. 지구의 호수 퇴적물 및 대양 퇴적물 그리고 얼음 핵들은 그 조우들이 일어났다고 제안된 시기에 상응하는 지구 전체 차원의 재앙에 대한 어떤 증거도 포함하고 있지 않다. 마지막으로, 금성과 화성의 구성과 태양계 안에서 그것들의 궤도상의 위치는 이례적인 설명을 필요로 하지 않는다.

---

[a] Immanuel Velikosky, *Worlds in Collision* (New York: Doubleday, 1950).

혜성들은 본질적으로 타원형으로, 그리고 종종 행성의 정상적인 공전 평면을 벗어나 태양을 공전하는 얼음 미행성체들이다. 천문학자들은 혜성들이 태양계의 바깥쪽 고리들에서 형성되었지만, 그것들의 대다수가 목성과 다른 거대 기체 행성들의 중력의 영향으로 오르트 구름(Oort Cloud)으로 끌려갔다고 믿는다. 오르트 구름은 수십억 개의 혜성들을 포함하고 있다고 생각되는, 태양계를 둘러싼 특별한 구역이다.

거대한 바깥쪽 행성들과 카이퍼대에 있는 작은 천체들의 중력장들 사이의 상호작용이 그것들의 궤도에 변화를 가져왔을지도 모른다.[5] 목성은 태양 쪽으로 옮겨간 것처럼 보인다. 이 점은 목성이 좀 더 추운 상태(태양에서 더 먼 곳)에서 형성되었을 것을 요구하는 화학적 증거와 일치한다. 토성, 천왕성, 해왕성은 태양에서 바깥쪽으로 옮겨간 것처럼 보인다. 해왕성이 원래는 토성과 천왕성 사이에 있었지만 행성들 가운데 가장 바깥쪽 위치로 옮겨갔다는 몇몇 증거가 있다. 목성과 천왕성의 독특한 시계 방향 회전과 천왕성의 자전축의 극단적인 기울기(수직 방향에서 98°)는 달들이나 행성 배아들의 발달 초기에 그것들과 충돌한 데 기인한다고 설명될 수 있을 것이다.

지구에서의 심(深)우주 관측과 우주 기반 망원경들은 별 주위 원반들의 생성과 등장 및 태양계들의 원시 별들을 둘러싼 부착 고리들에 관한 태양계들의 이미지들을 제공한다(그림 11.5와 11.6을 보라). 물론 이 물체들은 아주 먼 곳에 있어서 우리가 지금 보고 있는 이미지는 실제로는 수백만 년 전에 일어난 것들이다(6장을 보라). 우리가 태양계 형성과 행성 발달에서 많은 단계를 살펴보았지만 모든 단계를 살펴본 것은 아니다. 많은 태양계는 거대 기체 행성들이 그것들의 태양과 매우 가깝게 공전하는 등의 매우 상이한 특성들을 갖고 있다. 확실히 태양계들은 다른 경로를 통해 발달할 수도 있지만 언제나 창조세계의 기능의 완전성이 관여한다는 점을 주목하라(섹션 2.2.2를 보라).

11.3. 핵, 맨틀, 그리고 운석

성운-미행성체 태양계 형성 이론의 중요한 부분 중 하나는 그것이 행성들의 구성과 구조를 어떻게 설명하느냐다. 그런데 지질학자들은 지구 및 다른 행성들의 내부 구조를 어떻게 아는가? 지진과 핵폭발을 통해 방출된 에너지는 행성 전체를 통과해 이동할 수 있는 **지진파**(음파)를 보낸다. 지진파의 종류별로 층들에 있는 고체, 반고체, 용

---

5   Harold F. Levison et al., "Origin of the Structure of the Kuiper Belt During a Dynamical Instability in the Orbits of Uranus and Neptune," *Icarus* 196 (2008): 258–73.

그림 11.10. 운석들의 예: 철 운석, 구립 운석, 무구립 운석과 석철질 운석.

지구의 자기장은 철로 구성된 지구의 핵에 기인한다. 나침반의 바늘은 자기의 북극을 가리키는데 이는 바늘이 지구 표면을 따라서 존재하는 자기장의 강도와 방향에 상응하는 힘의 자력선과 정렬하기 때문이다. 자력은 전자석 주위를 감은 철사 안에서의 전자들의 움직임을 통해 생성된 것 같은, 조직화된 전하량의 움직임에서 비롯된다. 자기장은— 전기 발전기처럼—고체 철로 이루어진 내핵 주위를 도는, 외핵에 들어 있는 용해된 철의 대류를 통해 만들어진다. 지구에서와 마찬가지로 수성 및 거대 기체 행성인 목성, 토성, 천왕성과 명왕성에서도 장력한 자기장이 명백하게

해된 물질을 이동하는 속도가 다르다. 지진 발생 후 지진파의 도달 시간들을 기록하는 지진계는 층들의 두께와 구성을 판단하는 데 사용되는 정보를 포함하고 있어서 (그림 16.1을 보라) 지구 과학자들이 지구의 구성과 구조를 추론할 수 있게 해준다. 지구의 약한 외부 껍질은 **암석권** (lithosphere)이다. 암석권은 대륙의 아래에서는 두께 100-150킬로미터이고 대양의 아래에서는 두께 70-80킬로미터다. 표면에 노출된 암석들로 구성된, 암석권의 윗부분은 **지각**(crust)으로 불린다. 암석권 밑의 맨틀은 두께가 2,750-2,850킬로미터인 층이며 대체로 밀도가 높은 규산염 암석들로 구성된다. 철과 니켈로 구성된 **핵**은 지구의 중심에 놓여 있으며 핵의 반경은 약 3,500킬로미터다. 핵의 바깥 부분은 밀도가 높은 액체다.

다른 지구형 행성들은 지구와 비슷한 내부 구조를 가진 것으로 생각된다. 우리는 (아직) 그 행성들에서 나온 지진 데이터를 갖고 있지 않지만, 그 행성들의 내부에 대한 추정은 그것들의 부피 밀도(bulk density)를 드러내는 천문학적 측정에 기반한다. 부피 밀도는 내부의 구성 및 우리가 그것들의 지각 구성에 관해 직접 관측할 수 있는 것과 관련될 수 있다(그림 11.8을 보라).

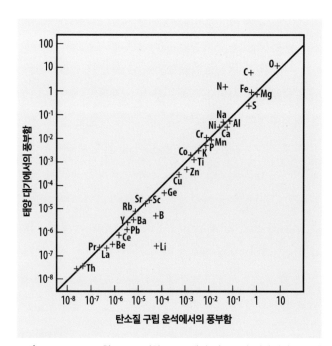

그림 11.11. 로그 척도로 표시한, 규소 대비 원소들의 태양에서의 상대적 함유량과 탄소질 구립 운석에서의 상대적 함유량. 그 값들은 태양이나 운석들에서 규소 원자 106개가 있을 때 각 원소들의 원자의 수를 나타낸다. 원소들을 표시한 점들이 직선에 가깝게 놓여 있다는 사실은 태양과 운석들의 유사성을 보여주며 그것들의 공통 기원을 암시한다.

수집된 운석들에 대한 묘사와 함유량은 아래에 서술된다(그림 11.10의 이미지들을 보라).

철 운석 – 철 운석은 철-니켈 합금의 거친 결정으로 구성된다. 일부 철 운석은 규산염 광물을 상당히 많이 포함한다. 철 운석은 지구에 떨어지는 유성들의 5퍼센트를 차지한다.

석질 운석 – 석질 운석들은 규산염 광물들로 구성되는데, 대체로 감람석과 휘석이다. 석질 운석은 지구에 떨어지는 유성의 약 94퍼센트를 차지한다. 석질 운석은 구립 운석(chondrite), 탄소질 구립 운석(carbonaceous chondrite), 그리고 무구립 운석(achondrites)을 포함한다.

구립 운석 – 구립 운석은 좀 더 정제된 규산염 광물에 내장된 작은 (직경 1mm) 구체(球體)다. 석질 운석의 약 90퍼센트가 구립 운석이다.

탄소질 구립 운석 – 이 구립 운석들은 탄소들, 아미노산을 포함하는 유기 분자 형태로 질량 기준 5퍼센트까지 포함한다.

무구립 운석 – 이 돌들은 화학적 구성에서는 구립 운석들과 비슷하지만 행성 지각의 바위들과 유사한, 맞물리는 결정 구조를 갖는다.

석철질 운석 – 전형적인 철 운석과 석질 운석의 혼합.

나타난다.

우주 공간에서 지구에 떨어지는 암석인 운석들은 지구형 행성들의 내부 구성과 관련된 또 다른 중요한 단서들을 제공한다.[6] 운석들 중에서 일부는 거대한 충격을 준 사건이 발생한 후 우주 공간으로 분출된 달이나 화성의 지각의 파편일 수도 있다. 운석들의 대다수는 소행성대에서 일어난 충돌로 말미암아 만들어진 소행성들의 파편으로 보인다. 소행성들은 본질적으로 정식 행성으로 모아지지 않은 미행성체들이기 때문에 운석들은 태양계의 발달 초기에 형성된 원래의 물질을 대표한다. 운석들을 형성한 광물들과 금속들은 아마도 거기서 태양계가 형성된 원래의 태양 성운에서 나온 물질들의 응축 연속물의 일부였을 것이다(위의 논의를 보라). 운석에는 기본적으로 세 가지 종류—철 운석, 석질 운석, 석철질 운석—가 있다(그림 11.10을 보라).

다른 부류의 운석들의 광물 구성과 화학적 구성은 태양계 안의 다른 특징들과 비교된다. 철 운석들은 지구형 행성의 핵들과 비교될 수 있다. 석질 운석에 들어 있는 구립 운석(chondrule)은 행성들의 형성이 시작되기 전에 원시 태양 성운에서 직접 응축된 것으로 보이며, 따라서 태양계에서 가장 오래된 것으로 추정되는 물질들이다. 탄소질 구립 운석들은 본질적으로 태양과 같은 구성을 지니고 있는데, 이 점은 공통의 기원에 대한 강력한 지표다(그림 11.11을 보라).

11.4. 달에 대한 재고찰

과학자들은 아폴로 달 탐사 전에는 달의 기원으로 다음과 같은 세 가지 가설을 고려했다(복수의 작업 가설이라는 과학적 방법을 상기하라).

1. 포획: 달은 지구의 자기장에 포획되기까지는 행성계를 떠도는 떠돌이별이었는데 궁극적으로 지구 주위의 안정적인 궤도에 정착했다.

2. 분체(fission): 달은 지구가 형성될 때 또는 지구가 형성된 직후에 지구에서 떨어져 나왔다. 아마도 달을 구성하는 물질은 매우 빠르게 자전하는 원시 지구에서 튕겨져 나왔을 것이다. 19세기 말에 찰스 다윈의 아들인 천문학자 조지 다윈(1845-1912)이 달의 직경과 태평양의 넓이가 일치한다는 데 기초해서 이 가

6　I. Wright, "Meteorites: A Record of Formation," in *An Introduction to the Solar System*, ed. D. A. Rothery, N. McBride, and I. Gilmour, rev. ed. (New York: Cambridge University Press, 2011), 315-46.

설을 제시했다.

3. 두 개의 행성: 지구와 달은 같은 물질에서 같은 시기에 두 개의 행성으로 함께 형성되었다.

복수의 가설들의 경쟁에서 등장하는 많은 과학 이론들처럼 궁극적으로는 이 가설들 모두 기각되었지만, 각각의 가설은 현재 달의 기원 이론으로 받아들여지는 것의 일부 요소를 포함하고 있다. 그리고 달에 가서 달의 지각의 샘플을 갖고 돌아온 것이 각각의 가설을 검증하기 위한 필수적인 단서들을 제공했다.

보름달의 전형적인 모습으로 미루어볼 때 달의 지각에 기본적으로 두 가지 유형이 있음이 명백하다(그림 11.12를 보라). 마리아("바다"를 뜻하는 라틴어 *maria*에서 유래함. 단수는 *mare*)는 어둡고, 넓고, 거의 평평하며, 둥근 지역들이다. 마리아는 대체로 감람석, 휘석, 그리고 칼슘이 풍부한 사장석으로 구성된 곱고 투명한 암석인 **현무암**의 층들로 채워진 저지(低地) 또는 분지다(그림 11.13a를 보라). 지구에서 현무암은 하와이나 아이슬란드 같은 대양에 있는 화산에서 분출되며 지구 대양 지각의 대부분을 구성한다. 고지(高地)로도 알려진 달의 테라이("육지"를 뜻하는 라틴어 *terrae*에서 유래함)는 밝고, 산이 많고, 분화구가 많이 있는 지역들이다. 실제로

그림 11.12. 가까운 거리에서의 달의 모습. 무인 탐사선 갈릴레이호가 목성으로 가는 길에 1992년에 찍은 사진.

초기 천문학자들은 달의 바다는 물이 있는 바다이고 고지는 마른 땅이라고 생각했다. 테라이는 아폴로 15호 월면 보행자들을 통해 수집된 창세기 암석 같은 사장암(그림 11.13b를 보라)으로 구성된, 달의 가장 오래된 지각을 나타낸다. 어떻게 구성되었든 간에 달은 틀림없이 마그마 바다로 둘러싸인 작은 철 핵을 가진, 용해된 구(球)로 시작했을 것이다. 냉각으로 말미암아 가까운 쪽은 40-50킬로미터, 먼 쪽은 90킬로미터에 이르는 두께의 사장암 지각

그림 11.13. 대표적인 달의 암석들(왼쪽에서 오른쪽으로): (a) 현무암, 아폴로 15 15016; (b) 사장암, 아폴로 15 15415, 창세기 암석으로도 알려짐; (c) 각력암, 아폴로 16 67015.

이 만들어졌다.

아폴로호 우주 비행사들은 달 표면이 온갖 크기의 충돌 분화구(impact crater) 투성이인 황량한 풍경임을 발견했다. 사실 달의 지각은 오랜 기간에 걸쳐 운석과 미소 운석 그리고 태양풍 안의 전하를 띤 원자 입자(이온들)의 폭격으로 생긴 먼지와 암석 파편들의 층으로 덮여 있다. 달의 이 토양은 레골리스("담요"를 뜻하는 그리스어 *rhēgos*와 "돌"을 뜻하는 그리스어 *lithos*의 합성어다)로 불린다. 오래된 표면들은 폭격에 더 오래 노출되었기 때문에 젊은 표면들보다 화구들 사이의 간격이 좀 더 촘촘하고 레골리스가 더 두껍게 쌓여 있다. 지구와 달은 두껍고 약한 지각을 만들기에 충분한 차별화와 냉각 후 역사의 초기(41억 년에서 38억 년 전 사이)에 **대폭격** 기간을 경험했다. 이 격변적인 충돌들은 각력암(그림 11.13c를 보라)이라 불리는 파편화된 암석

심화 학습 지구-달 시스템의 독특성

지구-달 시스템은 태양계에서 여러모로 독특하다. 가장 독특한 점은 달이 지구의 크기에 비해 상대적으로 크다는 점이다. 다른 모든 행성은 그것들의 위성들보다 훨씬 크다. 달의 기원 및 그에 따른 지구-달 시스템의 궤도상의 역학이 지구의 기원과 지구상의 생명의 장기간의 안정성으로 이끈 조건을 가져왔는지도 모른다. 물리학자인 조지프 스프래들리는 그가 달의 **열 가지 유산**으로 부르는 목록을 만들었다.[a]

1. 그 거대한 충돌 사건이 있었을 때 지구의 자전 주기는 다섯 시간이었는데 기조력의 상호작용으로 그것이 현재의 스물네 시간으로 늦춰졌다. 느린 자전 속도의 이점은 기온의 일교차와 상태를 완화시켜 광합성을 촉진한다는 것이다.

2. 지축이 타원형 평면에 대해 23.5° 기울어진 것은 아마도 달을 형성한 충돌에 기인할 것이고, 지축이 기울어진 것 때문에 계절의 변화가 온건하다. 축이 좀 더 기울어졌더라면 대양이 적도 지역까지 얼어붙었을 것이다.

3. 그 거대한 충돌 전의 지구의 대기는 금성의 대기처럼 이산화 탄소(CO_2)가 더 풍부했을 것이다. 금성에서는 온실가스가 대기와 표면을 물의 끓는 점을 넘는 온도로 가열한다.

4. 충돌한 물체는 지구의 핵에 철을 기여했고, 그것이 빠른 자전 속도와 더불어 강력한 자기장을 만들었다(다른 지구형 행성들의 자기장보다 100배 강하다). 지구의 자기장은 그것이 약했더라면 초고층 대기에서 오존을 제거했을, 태양풍에 들어 있는 높은 에너지를 띤 입자들을 굴절시킨다(이는 창조세계가 창조세계에 봉사하는 예다).

5. 충돌한 물체가 지구의 질량을 10퍼센트까지 증가시켰을 수도 있다. 이로써 중력이 좀 더 강해져서 초기 대기에서 충분한 수증기를 붙들 수 있게 되었다.

6. 그 충격은 아마도 지각이 좀 더 얇아지게 하고 내부를 좀 더 뜨거워지게 해서 판구조론을 위한 조건을 촉진했을 것이다.

7. 지구의 역사 초기에 거대한 대양 조수(현재의 조수 범위보다 수백 배 컸다)가 내륙 깊은 곳의 지표면 암석의 침식을 증진했고, 대양에 생명에 요구되는 무기질이 풍부해지게 만들었다.

8. 달의 조수가 바람의 순환과 표면 온도가 생명에 최적화되도록 지구의 자전을 늦췄다.

9. 조수가 조수 웅덩이들을 만들고, 그곳에서 일어나는 젖음과 증발 주기들이 해수에 영양소를 집중시켜 생명의 기원에 관여했을 수도 있는 원시 핵산 조각의 형성으로 이어진다(본서의 3부를 보라).

10. 달의 중력이 지축의 기울기를 22°에서 25° 사이에서 안정시켜 기후의 계절차를 생명에 유리한 범위로 유지한다. 2016년에 또 다른 달의 유산이 발견되었다.

11. 달의 조력이 지구의 외핵에 있는 유체의 대류 운동을 자극해서 지구의 자기장을 유지했는데, 자기장은 해로운 태양 복사로부터 보호해준다.[b]

---

[a] Joseph L. Spradley, "Ten Lunar Legacies: Importance of the Moon for Life on Earth," *Perspectives on Science and Christian Faith* 62 (December 2010): 267-75.

[b] Denis Andrault, Julien Monteux, Michael Le Bars, and Henri Samuel, "The Deep Earth May Not Be Cooling Down," *Earth and Planetary Science Letters* 443 (2016): 195-203.

을 만들었다.

　대폭격은 넓이 수백 킬로미터, 깊이 수
킬로미터에 달하는 거대 분화구나 분지들
을 만들 정도로 거대한 소행성들 및 혜성들
과 관련이 있다. 달의 맨틀 깊은 곳에 위치한
용해된 현무암 주머니들에서 나온 마그마가
충돌분지 밑의 갈라진 단구로 흘러들어갔
다. 표면까지 차오른 마그마가 분지에 넘쳐
흘러 5킬로미터에 달하는 현무암질의 용암
을 겹겹이 쌓아서 다소 어둡고 평평한 바다
지형을 만들었다.

　지구와 달의 화학적 성질과 궁극적인 나
이의 유사성은 모종의 공통의 기원을 가리킨
다(포획 가설을 기각한다). 달과 지구의 맨틀에
들어 있는 안정적인 산소 동위원소(^{16}O, ^{17}O,
^{18}O)와 티타늄 동위원소(^{47}Ti, ^{50}Ti)의 상대적
인 비율은 사실상 동일하며, 화성, 소행성체,
그리고 운석들로부터의 비율과 상당히 다르
다(화성의 구성은 과학자들이 화성에서 거대한 충
돌이 일어난 뒤 거기서 지구로 옮겨왔다고 믿는 운
석들의 분석에 근거한다). 하지만 달과 지구 전

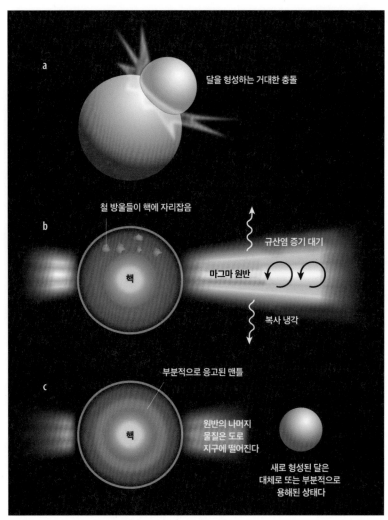

그림 11.14. 달의 기원에 대한 현재의 거대 충돌 가설.

체에 들어 있는 특수한 여러 원소의 상대적인 함유량에는
차이가 있다. 달은 지구보다 티타늄과 알루미늄을 더 많이
갖고 있고 철과 휘발성 원소들 및 화합물들을 덜 보유하고
있는 것으로 보인다. 철로 이루어진 달의 핵의 비율은 지
구의 핵의 비율보다 훨씬 낮다. 이 증거는 달이 지구의 맨
틀-핵의 차별화가 일어나고 나서 얼마 후 지구의 맨틀에
서 나온 물질로 형성된 것과 일치한다. 만일 두 천체가 태
양 성운 안에서 응축된 물질에서 동시에 두 개의 행성으로
형성되었다면 각각의 원소들의 비율이 같을 것이다.

　그렇다면 달이 지구의 맨틀에 있는 물질에서 형성되
었다면 그것이 어떻게 빼내졌는가? 그것이 분체 가설에
따라 지구에서 튕겨 나가려면 지구가 대체로 녹아 있고

두 시간 이내라는 그럴 법하지 않은 자전 속도(두 시간이 하
루다)로 회전해야 했을 것이다. 하지만 그 일이 일어났다
고 하더라도 달이 다른 많은 행성의 주위를 공전하고 있
는 위성들처럼 지구의 적도 평면 주위를 공전해야 할 것이
다. 대신 달의 자전 평면은 지구의 적도에 대해 $18.28°$
에서 $28.58°$ 기울어져 있고 태양을 중심으로 한 지구의
자전 평면(타원형 평면으로 불린다)으로부터 약 $5.1°$만 기울
어져 있다. 지축은 지구의 타원형 평면으로부터 $23.44°$
기울어져 있다.

　과학자들은 **만일** 달이 단순히 지구에서 튕겨 나온 것
이 아니라면 달이 충격으로 "뜯겨" 나갔다고 제안했다.
1975년에 윌리엄 K. 하트만과 도널드 R. 데이비스가 제시

한 거대 충돌 가설은 핵과 맨틀의 차별화가 일어난 뒤 곧바로 떠돌이 행성 배아가 뜨거운 원시 지구를 가격했고 그 행성 주위에 규산염 마그마 고리를 방출했다고 주장했다 (그림 11.14를 보라).[7] 충돌한 물체의 대부분은 원시 지구 안으로 흡수되었고 별 주위의 성운 고리들에서 행성들이 형성되는 것과 유사한 방식으로 마그마 고리에서 달이 응축되었을 것이다. 표준적인 제안은 화성 크기의 물체가 초속 약 15킬로미터의 속도로 지구를 비스듬하게 가격했다고 본다. 컴퓨터 모형에 기초해서 최근에 발표된 연구들은 지구의 자전 속도가 안정적인 행성의 자전 속도 한계인 두 시간-하루에 접근한다면 더 작은 물체가 충돌하더라도 달을 형성하는 데 꼭 맞는 화학 성분을 지닌 물질의 요구량을 방출할 수 있다는 것을 보여준다. 이 컴퓨터 시뮬레이션들은 달이 몇 주 안에 그것의 최종적인 질량으로 합체할 수 있었을 것으로 예측한다.

달이 형성되었을 때는 달이 지구와 더 가까이 있었고, 따라서 조력이 더 강했을 것이며 그 영향으로 지구의 자전 속도가 늦춰졌을 것이다. 지구의 자전 속도는 현재 10만 년에 약 2초씩 계속 늦춰지고 있다. 지구 역사의 다른 시기에 속하는 화석들(몇몇 종의 산호, 쌍각 연체동물, 그리고 남세균 덩어리들 포함)에 나타난 일간 성장선들은 4억 년 전에는 400일이었던 1년당 날짜 수가 현재의 365일로 줄어들었음을 보여준다. 달은 1년에 몇 센티미터씩 지구에서 계속 멀어지고 있다.

11.5. 거주 가능 영역에 위치하는 지구

지구와 달을 포함한 태양계 형성에 대한 현대의 이론은 창조세계의 기능의 완전성(섹션 2.2.2를 보라)인 기본적인 물리 과정과 화학 과정의 맥락에서 이해된 천문학과 지질학에서 나온 증거에 기초한다. 컴퓨터 모형들은 과학자들로 하여금 행성이나 달의 형성으로 이어지는 과정에 필요한 조건, 물질, 시간을 모의 시험함으로써 가설들을 검증하도록 도와준다. 우리는 이제 우리 은하의 다른 부분들에서 태양계들이 형성되는 것을 관측한다(물론 우리가 보고 있는 것은 수백만 년 전에 일어났다).

다른 행성계와 비교할 때 우리 지구는 천문학자들이 행성계의 **거주 가능 영역**(9장을 보라)으로 부르는 곳에서 형성되었음이 확실하다. 이 영역은 행성들이—세균보다 더 정교한 생명체는 아니라 할지라도—생명이 견딜 수 있는 대기와 물이 있는 기후 조건을 뒷받침할 수 있는 곳이다. 대기의 화학적 성분은 물과 이산화 탄소(그리고 잠재적으로 산소)를 포함하며, 행성의 표면에 액체 상태의 물이 존재해야 한다.[8] 별에 너무 가까우면 금성에서처럼 대기에 걷잡을 수 없는 온실 가열이 일어난다. 별에서 너무 멀면 그 행성은 극도로 춥다. 행성의 궤도가 고도로 타원형이면(원형 궤도에서 벗어나면) 그 행성은 별 주위를 돌 때마다 불편하게도 극단적인 기후 사이를 오갈 것이다. 별들이 주계열(main sequence)상에서 점점 더 밝아짐에 따라 거주 가능 영역이 이동할 것이다.

지금까지 관측된 우리 태양계 밖의 행성계들은 우리 태양계와는 판이한 것처럼 보인다. 발견된 대다수 외계 행성들은 지구보다는 목성과 좀 더 비슷한 거대 기체 행성이며, 많은 행성이 매우 불규칙한 궤도를 보인다. "지구 같은" 행성들의 탐색은 지구 크기의 행성들을 식별해낼 기술적 수단의 제약으로 말미암아 복잡해진다. 하지만 지난 20년 동안 발견된 4,000개 이상의 외계 행성 중 지구의 크기에 근접하고 그 행성계의 거주 가능 영역에 위치하는 행성이 몇 개 존재한다.[9] 몇몇 천문학자들은 열 개의 행성계

7   William K. Hartmann and Donald R. Davis, "Satellite-Sized Planetesimals and Lunar Origin," *Icarus* 24 (1975): 504-15.

8   Ravi Kumar Kopparapu et al., "Habitable Zones Around Main-Sequence Stars: Dependence on Planetary Mass," *The Astrophysical Journal Letters* 787, no. L29 (2014): 1-6.

9   Jon M. Jenkins et al., "Discovery and Validation of Kepler-452b: A 1.6 R⊕ Super Earth Exoplanet in the Habitable Zone of a G2 Star," *The Astronomical Journal* 150, no. 56 (2015): 1-19.

중 한 개는 거주 가능 행성을 포함할지도 모른다고 추정하는데, 그 경우 우리 은하에 수십억 개의 거주 가능 행성이 존재할 것이다(그리고 우주에는 은하들이 1,000억 개까지 존재하는 것으로 추정된다). 그러나 거주 가능하다고 해서 실제로 거주한다는 것은 아니며, 결코 지적 생명체가 거주한다는 뜻이 아니다.

이 모든 점은 우리의 고향인 지구의 형성으로 이어진 독특한 조건과 상황을 우리에게 상기해준다. 이 주제에 관한 두 책의 제목—『진기한 지구』(*Rare Earth*)와 『특권을 부여받은 행성』(*Privileged Planet*)—이 이 우주적인 뜻밖의 발견 주제를 반향한다.[10] 포괄적 창조 교리를 통해 정보를

---

10 Peter D. Ward and Donald Brownlee, *Rare Earth: Why Complex Life Is Uncommon in the Universe* (New York: Springer-Verlag, 2000); Guillermo Gonzalez and Jay W. Richards, *The Privileged Planet: How Our Place in the Cosmos Is Designed for Discovery* (Washington, DC: Regnery, 2004).

제공받은 기독교의 견해는 지구의 독특성을 무수한 물질들과 과정들이 우리를 위한 고향을 만드는 데 봉사하는 방식으로 상호작용한 결과로 보고 이것을 축하한다(섹션 2.4.3을 보라). 하나님이 지구의 형성에 섭리적으로 관여한 것은 우주에 드러났고 우리 행성계 및 다른 행성계들에서 입증된 기능의 완전성과 일치한다(섹션 2.2.2를 보라). 행성들의 형성에 대한 우리의 자연적인 설명은 하나님의 관여를 배제하는 것이 아니라, 하나님이 원한 결과를 달성하기 위한 자연 과정의 매개를 반영한다(섹션 2.4를 보라). 우주에서 하나님의 창조 작업이 변덕스러운 간섭과 자연 과정의 중지를 요구하리라는 기대에 대한 성경적 근거가 없다. 하나님이 생물체가 거주하는 다른 행성들을 창조했다거나 창조하지 않았다고 확신할 성경적 근거도 없다.

12장

지질학의 역사적 뿌리: 격변설과 동일과정설

이 장에서 다루는 내용
과학으로서 지질학의 역사적 발전: 지질학에 대한 그리스도인들의 관여 및 지구 역사의 성격에 관한 아이디어 변화에 대한 교회의 반응에 주의를 기울임.
지질학의 기본 원칙들이 지구 역사의 해석에 적용되는 방식
지질학의 격변설과 동일과정설 틀
젊은 지구 창조론으로 대표되는, 현대의 격변설의 기원

이 장의 목적은 지질학의 역사를 개관하고, 암석 기록을 해석하기 위해 지질학자들이 발전시킨 기본적인 지식과 개념들을 소개하는 것이다. 우리가 앞의 장들에서 살펴본 바와 같이 창조세계의 기능의 완전성은 지질학자들이 지구의 구조와 암석들을 이해하는 방식에 중요한 역할을 한다. 암석들과 지구의 구조가 어떻게 형성되었는가에 관한 아이디어들의 출현을 추적하면 우리 시대에 논의되고 있는 지구의 역사에 대해 합의된 견해와 대안적인 견해를 이해하고 평가하기 위한 맥락을 알 수 있다. 그러는 과정에서 다양한 종류의 암석들이 소개되고 간략히 설명될 것이다. 각각의 장에서 암석의 이름이 처음 등장할 때에는 진한 글씨로 표시될 것이다. 이 암석들에 관한 좀 더 많은 정보를 제공하는, 사진이 포함된 용어해설이 섹션 14.3에 포함된다.

12.1. 암석들을 어떻게 볼 것인가?

산봉우리들에 존재하거나 깊은 강 협곡들을 따라 존재하는 암석들은 자연스럽게 노출되었다. 채석장들에 존재하거나 고속도로를 따라 존재하는 볼만한 다른 노출부들은 "부자연스럽게" 만들어졌다. 엔설 애덤스나 빈센트 반 고흐 같은 예술가들은 사진들과 그림들에서 암석들의 아름다움을 포착해서 예술을 통해 자기가 눈으로 본 것을 해석했다(그림 12.1을 보라). 돌들을 수집하는 사람이 많은데 그것은 돌들이 재미있거나 예쁘거나 그것들이 발견된 특별한 장소를 나타내기 때문이다. 그 돌들은 수집된 순간 이전의 시기로 거슬러 올라가는 자체의 이야기를 지니고 있다. 우리는 지질학의 기본적인 방법들을 사용해서 특정한 암석의 이야기(또는 역사)를 해석할 수 있다. 지질학자들은 훈련받을 때 과학적인 눈으로 암석들을 보는 방법을 배운다. 그들은 재료들을 주의 깊게 조사하고 현장에 있는 암석들의 지질학적 맥락을 평가한다. 현대 지질학자들은 실험을 하거나 컴퓨터 모형을 개발해서 지질 과정을 복제하거나 시뮬레이션을 하지만, 현장에서의 관찰은 여전히 지질학 이론의 토대로 남아 있다.

지구와 행성들을 연구하는 지질학은 물리학, 화학, 그리고 생물학에 크게 의존한다.[1] 그리스도인들에게 있어서 지질학은 창조의 서사 드라마 안으로 들어가는 또 다른 창을 제공한다. 창조 교리에서의 봉사적 행동—즉

---

1   지질학은 행성, 달, 소행성, 그리고 혜성들(암석, 얼음 또는 양자)을 포함한 모든 고체에 대한 연구다.

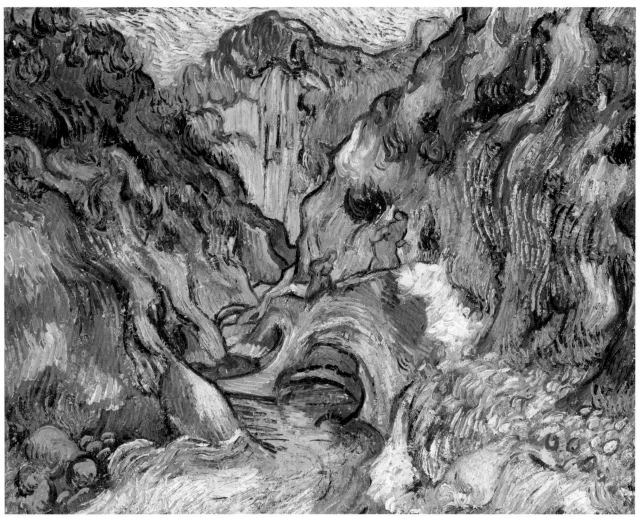

그림 12.1. 인상파 화가 빈센트 반 고흐(1853-90)의 작품 "계곡"(Ravine, 1889)은 프랑스 남부 생 레미 인근의 산지 협곡에 있는 암석들과 야생 식물에 대한 해석이다.

창조세계 자체를 통해 매개된 신적 행동(섹션 2.4.3을 보라)—은 17세기에 과학의 발전을 정당화하는 강력한 논거를 제공했으며, 또한 당시의 과학자들과 신학자들은 그것이 자연이 일관성 있는 패턴을 보이며 이해 가능하다는 과학 연구의 기본적인 전제들(자연의 균일성을 포함한다, 3장을 보라)과도 일치한다고 생각했다. 여러 층의 지층들이 어떻게 형성되었는지를 설명하든, 산들이 어떻게 형성되었는지를 설명하든, 대륙들이 어떻게 지구를 가로질러 움직인 것으로 보이는지를 설명하든 간에 형성에 관한 모든 지질학 이론은 자연의 기본적인 물리 법칙과 화학 법칙에 일치해야 한다.

약 250년에 걸친 지질학 연구의 결과로 과학자들 사이에 지구의 대략적인 역사에 관해 합의가 이루어졌다. 지질학자들은 지구가 수십억 년 전에 형성되었다는 증거를 발견해서 현대 천문학자들의 관찰과 결론을 지지한다. 지구의 지각에 층층이 쌓인 암석들은 그것들이 쌓인 방식에 관한 기록을 보존하는데, 암석의 대부분은 오늘날에도 활발하게 일어나고 있고 관찰될 수 있는 동일한 지질 과정을 통해 형성된다. 현대의 일부 기독교 지도자들은 그 견해가 겨우 수천 년 전에 창조되었다는 그들의 성경 해석과 일치하지 않기 때문에(섹션 4.2.3과 5장을 보라) 자기들의 추종자들에게 그 견해를 거절하도록 촉구한다. 더욱이 성경에 대한 그들의 견해로 말미암아 그들은 지구의 역사에 대한 대안적인 지질학을 모색하는데, 그 입장에서는 세계적인 중대한 지질 사건으로서 창세기의 홍수를 강조한다(13장을 보라). 자금력이 양호한 기독교 단체들이 책, 비디오, 인터넷 자원, 그리고 박물관들을 통해서 그들의 대안적인 지질학을 홍보한다. 현재 활동하고 있는 과학자 중 최근의 창조 견해를 유지하는 사람은 소수파에 속하지만, 2012년에 미국의 개신교 목사 1,000명을 대상으로 실시된 조사에서 그들에게 지구의 나이가 대략 6,000년임을 믿느냐고 물었을 때 그들의 답변은 균등하게 갈렸다.[2] 최근에 창조 문제에 관한 전국적인 투표를 연구한 어느 저자는 아마도 미국인의 18퍼센트만이 지구가 수천 년보다 오래되었다는 주장을 거절하지만, 미국의 복음주의적인 그리스도인들 사이에서는 지구가 젊다고 생각하는 사람의 비율이 훨씬 높을 것이라고 결론지었다.[3]

12.2. 지질학의 최초의 원칙들

고대 문화들은 지구의 자원들을 도구, 무기, 보석, 건축 석재로 사용했다. 대플리니우스(기원후 23-79)가 편찬한 『자연의 역사』(*Naturalis Historia*)는 암석, 광물, 화석들의 기원에 대한 기발한 해석과 더불어 그것들에 대한 묘사를 포함한다.[4] 예컨대 화석 상어의 치아는 인간의 혀를 닮았기 때문에 "혀 돌멩이들"(*glossopetrae*)로 불린다. 플리니우스는 그것들이 하늘에서 떨어졌고 운세를 점치거나 날씨에 영향을 주는 데 유용하다는 대중의 생각을 기록했다. 중세 이슬람 학자들은 산들의 기원(지진과의 연관성을 인식했다) 및

침식과 퇴적물의 바다로의 운반으로 말미암은 산의 운명 같은 지질학 특정 문제를 논의했다. 르네상스 시대 독일의 철학자 게오르기우스 아그리콜라(1494-1555)는 암석, 광석, 화석에 관한 백과사전적인 책들을 통해 기독교 세계인 유럽에서 지구에 관한 과학적 연구의 토대를 닦았다.

17세기 중반 이전 서구 세계에서 고대의 역사는 주로 성경을 읽음으로써 이해되었다. 옥스퍼드 대학교에서 가르친 제임스 어셔 감독(1581-1656)은 창조의 순간을 기원전 4004년 10월 23일 일요일 전날의 해질녘으로 판단했다. 어셔의 계산은 성경의 기록을 성경의 계보 및 보고된 사건들이 일어난 날짜, 그리고 알려진 고대의 다른 텍스트들과 천문학 일람표(astronomical table)와 주의 깊게 대비한 데 기초했다. 1650년에 발간된 그의 책의 완전한 제목은 『구약성서의 연표: 세상의 최초의 기원들, 역사적 시간의 시작부터 마카비 가문의 시작까지 생산된 아시아의 연대기와 이집트의 연대기의 사건들로부터 추론한 내용』(*Annals of the Old Testament, Deduced from the First Origins of the World, the Chronicle of Asiatic and Egyptian Matters Together Produced from the Beginning of Historical Time up to the Beginnings of Maccabees*)이다.

유명한 자연 철학자인 아이작 뉴턴 경(1642-1727)은 창조의 날짜를 기원전 3988년으로 계산했다. 6,000년이라는 시간 틀은 주께는 하루가 천년 같다고 말하는 성경의 두 구절(시 90:4; 벧후 3:8)을 따라 각각의 창조의 날이 1,000년을 나타낸다는 대중적인 생각과 일치했다. 어셔가 제시한 기원전 4004년 창조일은 거의 3세기 동안 킹 제임스 판본을 포함한 많은 성경 판본에서 창세기 1장의 난외나 각주에 포함되었다. 성경에서 취한, 지구의 역사에 관한 또 다른 가정은 지구가 창조되었을 때 및 창세기 6-8장에 묘사된 노아 홍수에서 절정을 이룬 격변적인 과정이 지구의 모습을 형성했다는 것이었다.

르네상스 시기의 초창기에 레오나르도 다 빈치(1452-1519)는 화석들과 암석 지층들을 연구했다. 아쉽

---

2   "Pastors Oppose Evolution, Split on Earth's Age," *LifeWay Research*, January 9, 2012, www.lifewayresearch.com/2012/01/09/pastors-oppose-evolution-split-on-earths-age/.

3   George F. Bishop, Randal K. Thomas, and Jason A. Wood, "Americans' Scientific Knowledge and Beliefs About Human Evolution in the Year of Darwin," *Reports of the National Center for Science Education* 30 (2010): 16-18.

4   플리니우스에게 있어서 화석은 땅에서 파내거나 암석에서 캐낸, 유별난 모든 물체였다. 화석은 "파냈다"를 뜻하는 라틴어에서 유래했다.

게도 그의 메모들(오른쪽에서 왼쪽으로 쓰였다)은 그의 사후 200년 동안 출간되지 않았다. 다 빈치는 그의 스케치북에서 격변적 홍수 개념을 탐구하고 암석에서 추출한 화석들을 주의 깊게 관찰했다. 그는 암석에서 발견된 조개들과 모래들이 고대의 해저에서 축적되었다고 결론지었다. 그는 화석들과 퇴적물들이 홍수의 난류(亂流)로 말미암아 퇴적되었다는 생각을 거절했다.

니콜라스 스테노(1638-87)와 로버트 훅(1635-1703)은 17세기 지질학에 중요한 공헌을 한 두 명의 자연 철학자다. 그들은 모두 객관적인 관찰과 자연원칙 및 과정에 대한 그들의 이해에 근거해서 해석했다. 스테노와 훅은

"혀 돌멩이들"은 사실 상어의 치아들이라고 주장했는데, 모든 화석은 고대 생물체의 잔존물이라는 그들의 생각은 좀 더 심오했다. 훅은 많은 화석이 현대의 형태와 유사하지만 동일하지는 않다는 것을 인식했다. 종들의 멸종 개념은 기독교 세계에 편만한 하나의 창조라는 가정에 대한 초기의 도전이었지만, 멸종은 18세기 말까지는 완전히 확립되지 않았다.

스테노가 토스카나 지방에 노출된 암석층을 관찰한 내용은 현장에서의 지질학 연구의 토대인 **층서학의** 기본 **원칙들**로 조직화되었다. 층서학의 이 원칙들을 그랜드캐니언의 지질학에 적용한 내용이 그림 12.2에 예시되어

그림 12.2. 층서학의 몇몇 원칙이 그랜드캐니언의 어퍼 그래니트 고지(Upper Granite Gorge)에 있는 암석들에 적용된다. 세 종류의 기본적인 암석들이 존재한다. 거대한 화성암들과 변성암들이 강(강은 이 사진에서 보이지 않는다) 바로 위의 협곡 벽들을 형성한다. 퇴적암들이 화성암들과 변성암들 위에 수평으로 놓인 지층들을 형성한다. 강 위의 암석층들은 지층 누중의 원칙에 따라 위로 올라갈수록 젊어진다. 그랜드캐니언의 다른 부분에서는 퇴적암들이 기울어졌는데 원래는 수평 상태였음을 보여준다. 그랜드캐니언 전체를 통해 추적될 수 있는 사암들과 뒤쪽 배경의 봉우리에서 봉우리로 추적될 수 있는 석회암, 사암, 점토암(셰일)을 통해 지층들의 측면 연속성이 예증된다. 마지막으로, 분홍색 화강암 암맥들이 강 위의 벽들에 있는 회색 변성암들을 가로지른다. 이곳의 화강암은 변성암보다 젊지만, 화강암이 퇴적암들을 가로지르지는 않기 때문에 퇴적암들보다는 오래되었다. 기반의 화성암 및 변성암들과 그 위에 놓인 수평적인 퇴적암들의 접촉은 대부정합(Great Unconformity)으로 알려져 있다.

있다.

12.2.1. 지층 누중의 원칙. 우리가 그랜드캐니언에서 보는 것 같은 암석층들의 수직적 서열은 가장 낮은 층에서부터 가장 높은 층까지 순차적 퇴적을 나타내는데, 바닥 쪽이 가장 오래되었고 꼭대기 쪽이 가장 젊다. 스테노는 암석층들이 땅 위나 바다 밑에서 움직이는 물로 말미암은 퇴적물의 퇴적을 통해 형성되었다는 것을 인식했다. 물, 바람, 얼음을 통해 퇴적된 광물 입자들로 구성된 암석들은 **퇴적암**으로 분류된다. 가장 흔한 퇴적암들은 **사암**, **점토암**(셰일), 그리고 **석회암**이다.[5]

12.2.2. 원래 수평 상태의 원칙. 스테노는 기울어진 지층들이 자기가 살고 있던 토스카나 지방 주위의 몇몇 언덕을 형성했음을 주목했다. 그는 이 층들이 원래는 수평이었지만 지각 안에 있는 모종의 동굴 안으로 떨어졌을 것으로 생각했다.[6] 그는 유동체가 퇴적되려면 그 층들이 원래는 수평이었어야 했다고 추론했다. 우리는 이제 지층의 기울어짐은 지구 지각의 깊은 곳에서 압축력으로 말미암아 변형된 결과라는 것과 기울어진 지층들이 표면으로 들어 올려졌다는 것을 안다.

12.2.3. 측면 연속성의 원칙. 침식으로 말미암아 그랜드캐니언에서처럼 암석의 층들이 깎여나갈 수 있지만, 그 협곡의 벽들에 노출된 층들은 [강으로 말미암은] 틈을 가로질러 시각적으로 추적될 수 있다. 이 점은 당신이 암석들 사이의 틈새를 볼 수 있는 위치에서는 명백해 보일 수 있지만, 지질학자들은 침식 때문에 원래 암석의 많은 부분이 제거된 좀 더 먼 곳의 지층들에도 측면 연속성의 원칙을 적용한다. 지질학자들은 먼 곳에 있는 동일한 지층을 연결하는 방법을 **대비**(correlation)로 부른다.

12.2.4. 횡단 관계와 포함 관계. 이 원칙은 스테노가 제시한 것은 아니지만 우리는 그것을 지질학자들의 도구상자에 포함시킨다. 암석들이 언제나 지층으로서 층 위에 층이 쌓이는 것은 아니다. 광부들은 광맥이 암석층들을 비스듬하게 가로지르는 것을 알아본다. 때때로 지층들은 단층으로 불리는 단구(斷口)로 말미암아 분리된다. 광맥이나 단층 같이 암석층(또는 층들)을 가로지르는 것들은 원래의 암석층보다 젊은 것이 확실하다. 때때로 더 오래된 암석이 젊은 암석 안으로 들어가는데, 이는 지질학자들이 **포획**(inclusion)으로 일컫는 것과 유사한 관계다.

스테노는 자연 세계에 대한 세심한 관찰이 성경의 자료와 독립적인, 과거에 대한 통찰을 제공할 수 있음을 보여주었지만 그가 암석층들이 불과 수천 년에 지나지 않는 창조의 시간 틀에 형성되었고 지층들의 일부 또는 전부가 창세기 홍수 동안 퇴적되었다고 가정했을 가능성이 크다. 스테노는 그의 저작에서 자기가 토스카나에서 관찰한 내용과 성경의 내러티브를 관련시키려고 시도하지 않았다. 그러나 화석들과 지층들에 관한 그의 관찰 내용은 창조세계의 기능의 완전성 견해(섹션 2.2.2를 보라)와 일치한다. 그 견해에서는 창조세계의 규칙적인 과정들이 창조세계의 형성에 관한 건전한 추론을 허용한다. 30년 동안 의학, 해부학, 지질학 분야에서 생산적인 활동을 한 후, 스테노는 가톨릭 사제가 되고(루터교에서 개종했다) 궁극적으로 성직에 임명됨으로써 여생을 신학 연구와 사역에 바쳤다.

12.3. 암석의 순환 인식

지질학에서 다음번 진전은 지구의 지각에 있는 암석들의 기원을 설명하려는 시도와 관련이 있다. 브누아 드 마이예(1656-1738)는 고대의 해안선들이 지중해 해안의 육지

---

5   섹션 14.3은 사진이 포함된 용어해설을 포함한다. 본서에서 이 용어해설에 등장하는 암석의 이름이 처음 언급될 때에는 진한 글씨로 표시될 것이다.

6   Gabriel Gohau, *A History of Geology* (New Brunswick, NJ: Rutgers University Press, 1990), 62-65.

쪽에 있었다는 증거를 알아차렸다. 그는 이것을 해수면이 점진적으로 낮아진 데 기인한 것으로 해석했다. 그의 설명은 **원시 암석**으로 불리는, 지각의 가장 오래된 암석들 위에서 지구 전체를 덮었던 원시 바다를 상상했다. 원시 암석들은 결정질이었고(광물결정들이 맞물려 구성된 암석들) 화석이 결여되었는데, 이는 이 암석이 지구에 생명이 출현하기 전에 형성되었음을 암시한다. 전 세계적인 대양이 마르고 줄어듦에 따라 원시 지각에 있던 해저의 산들이 해파(海波)와 풍화작용을 통한 침식에 노출되었다. 차츰 바다가 계속 줄어듦에 따라 침식, 운반, 바다에서의 퇴적물의 퇴적을 통해 원시의 [해저] 고지 주위에 **제2, 제3**의 연속적인 암석층들이 형성되었다. 이 층들은 고대 바다에서 살았거나 바다로 쓸려 들어간 생물들의 화석을 포함했다.

독일의 광물학자인 아브라함 베르너(1749-1817)는 이 기본적인 개념을 진전시켰는데, 암석들을 형성함에 있어서 해수의 추론된 중요성 때문에 그 개념은 로마의 바다의 신 이름을 따서 **수성론**(水成論, neptunism)으로 알려지게 되었다. 베르너는 바닷물이 증발할 때 암염이 형성되는 것처럼 모든 결정질 암석들이 원시 바다에서 생겼다고 믿었다. 드 마이예처럼 그는 원시 산들의 측면에 있는 층을 이루고 있는 암석들은 줄어드는 대양이 원시 바위들을 풍화와 침식에 노출시킴에 따라 원시 바위들에서 나온 광물 찌꺼기(mineral detritus)로 구성되었다고 추론했다(그림 12.3을 보라).

동시에 지구에 관한 다른 이론들도 출현했다. 스코틀랜드의 박물학자인 제임스 허튼(1726-97)은 결정질 암석은 지구의 지각 깊은 곳에서 생성된 뜨거운 지하의 유동체가 냉각되어 형성된다고 믿었다. 그는 결정질 암석인 **화강암**(전형적인 원시 암석이다)이 다른 암석 안으로 관입(intruision)한 것들을 관찰했다. 허튼은 횡단 관계 원칙(섹션 12.2.4를 보라)을 사용해서 녹은 화강암이 좀 더 오래된 암석에 난 틈 안으로 흘러 들어가 그 안에서 냉각되어 단

그림 12.3. James Hutton, "Detailed East-West Section, Northern Granite, Isle of Arran, Strathclyde"(1787년경 수채화로 재생산됨). 산봉우리들은 원시 결정질 화성암을 노출시킨다. 일련의 제2, 제3의 퇴적층이 산들에 맞대서 그리고 지구의 좀 더 평평한 지역에 연장된다. 산 밑의 깊은 마그마의 원천에서 나온 좀 더 젊은 화성암 관입이 좀 더 오래된 화성암과 퇴적암을 횡단한다.

단한 화강암 암맥이 되었다고 추론했다. 그 암맥들은 묻혀있는 거대한 마그마 방들에서 시작했을 좀 더 큰 화강암으로 추적될 수 있을 것이다. 이탈리아의 베수비오산 같은 활화산들이 지구의 깊은 곳에서 나온 용암이 결정질 암석으로 굳어졌다는 증거를 제공했다. 결정질 암석의 기원에 관한 수성론에 대한 이 대안은 로마의 지하의 신 이름을 따서 **화성론**(plutonism)으로 알려지게 되었다. 마그마나 용암에서 결정(結晶)한 암석들은 **화성암**으로 불린다. 일반적인 화성암에는 화강암과 현무암이 포함된다. 초기 지질학자들은 또한 암석들이 묻혀있는 동안 **점판암**(slate)이나 **대리암** 같은 **변성암**(특성이 변한 암석)을 형성할 수 있다는 것을 알게 되었다.

허튼은 암석들을 해석하는 지도 원리는 자연 과정의 균일성이라고 믿었다. 허턴의 제자인 존 플레이페어(1748-1819)는 이 원칙을 다음과 같이 요약했다. "지구의 모든 변혁의 한가운데서 자연의 섭리는 균일했고…자연의 법칙들만이 일반적인 변화에 저항했다. 강들과 암석들, 바다들과 대륙들은 모두 변해 왔지만, 이 변화들을 이끄는 법칙들과 그것들이 복종하는 규칙들은 언제나 똑같이 유지되어 왔다."[7] "현재는 과거에 대한 열쇠다"라는 말

7   John Playfair, *Illustrations of the Huttonian Theory for the Earth* (London: William Creech, 1802), 421-22.

은 **동일과정설**(uniformitarianism)로 알려지게 된 이 원칙에 대한 좀 더 유명한 진술이다.

허튼은 자신이 영국 제도를 여행하면서 관찰한 지질 과정들과 특징들에 기초해서 새로운 지질 과학에 대변혁을 일으킨 다른 아이디어들을 전개했다. 에든버러 동쪽의 스코틀랜드 해안에 있는 시카 포인트의 한 노두(outcropping)는 조화되지 않는 접촉면으로 분리된, 방향이 다른 두 개의 사암층을 보인다(그림 12.4를 보라). 지질학자들은 조화되지 않는 이 접촉면을 **경사 부정합**(angular unconformity)으로 부른다. 낮은 쪽의 사암층들은 수평면에서 80°도 기울어져 있다. 이 층들은 끝이 잘렸고, 수평면에서 약 10° 기울어진 또 다른 사암층들로 덮였다. 허튼은 낮은 쪽의 층들이 고대 바다에서 퇴적되어 지하 깊이 묻혀서 굳어지고, 지구 깊은 곳의 힘들로 말미암아 기울어진 뒤, 표면으로 융기되었고, 해수면까지 침식되었음을 깨달았다. 기울어진 층들 위의 표면은 틀림없이 해수면 아래로 가라앉거나 꺼져서 지각 안에 묻힌 새로운 모래층들로 덮이고 암석으로 굳어지고 접힌 뒤(하지만 그 밑의 층들보다는 덜 접혔다) 표면으로 융기되어 현재 북해의 해안선을 따라 침식을 경험하고 있을 것이다. 그는 또한 느슨한 모래층들이 해안 위로 나온 기반암을 덮은 것을 언급했다. 그는 새로운 모래층들이 언젠가는 자체의 묻힘, 굳어짐, 기울어짐, 융기의 여정을 경험할 것이라고 추론했다. 이 관찰들과 해석들로부터 나온 심오한 함의는 암석 기록에서 지질 활동의 순환이 명백하다는 것이었다. 암석의 순환은 지질학에서 가장 기본적인 개념의 하나로서, 지구의 지각 안에서 일어나는 암석의 변형에 대한 묘사를 제공한다. 14장은 암석의 순환(rock cycle)에 대한 좀 더 자세한 탐구를 포함한다.

19세기 자연과학자들이 화석들을 수집하고 그것들을 함유한 층들의 서열을 결정함에 따라 그들 사이에 지구 역사의 순환에 관한 개념들이 인기가 있었다. 그들은 전체적으로 연속적인 퇴적암들에 몇몇 부정합이 있다는 것은 반복적인 퇴적과 융기의 기간이 있었음을 나타낸다는 것을 인식했다. 하지만 그 순환들의 빠르기, 즉 속도는 여전히 논란거리였다. 동일과정설에 따르면 그 순환들은 오랜 기간에 걸친 정상 상태의 암석 순환(또는 재순환)의 진전을 나타냈다. 부정합들은 단순히 암석이 오랜 기간에 걸쳐 제거된 것이다. 다른 자연과학자들은 부정합들을 지구의 역사에서 반복된 재앙적인 격변 또는 변혁의 증거로 해석했다. 이 견해는 **격변설**(catastrophism)로 알려지게 되었다. 프랑스에서는 해부학자이자 고생물학자인 조르주 퀴비에(1769-1832)가 코끼리와 비슷한 마스토돈처럼 자기가 연구한 많은 화석에 상응하는, 현재 살아 있는 생명체가 없다는 것을 깨달았고 따라서 그것은 지구의 그런 변혁 동안에 일어난 멸종의 증거라고 생각했다.

12.4. 딥 타임의 발견

화성론자인 제임스 허튼은 암석의 순환에서 일어나는 에너지와 물질의 변화에 관해 현재 우리가 알고 있는 것보다 훨씬 적게 알았지만, 자기가 관찰한 변화를 달성하는 데 요구되는 시간의 양에 충격을 받았다. 시카 포인트를 따라서 노출된 것 같은 경사 부정합들은 고대의 조산(mountain building) 순환들과, 융기들 사이의 기록되지 않는 방대한 시간(본질적으로 암석 제거의 시기들)을 나타내는 조화되지 않는 접촉면들을 드러냈다. 암석 기록에 나타난 경사 부정합들을 만들기 위해 요구되는 상상할 수 없이 방대한 시간의 양은 허튼의 가장 기억할만한 다음과 같은 말에 영감을 주었다. "그러므로 우리의 현재의 탐구의 결과는 우리가 시작의 흔적이나 끝의 전망을 발견하지 못한다는 것이다."[8]

종종 **딥 타임**(deep time)으로 불리는 거대한 지질 연대

---

8 James Hutton, "Theory of the Earth; or an Investigation of the Laws Observable in the Composition, Dissolution, and Restoration of Land upon the Globe," *Transactions of the Royal Society of Edinburgh* 1, no. 2 (1788): 209-304.

그림 12.4. 북해 해안선을 따라서 있는 스코틀랜드의 시카 포인트. 두 세트의 기울어진 암석들 간의 조화되지 않는 접촉면은 경사 부정합으로 불린다. 낮은 쪽의 사암은 북동쪽으로 80° 기울어졌다(거의 수직이다). 이 측정은 경사(dip)로 불린다. 낮은 쪽의 사암은 북15°서의 주향(strike)을 가졌다. 주향은 암석층의 기울어진 평면과 상상의 수평 평면 사이에 형성된 선의 방향이다. 위를 덮은 사암은 북45°서의 주향과 북서쪽으로 10°의 경사를 가졌다. 지질학자들은 주향과 경사를 사용해서 기형의 지층에 대한 3차원 형태를 결정한다.

의 척도는 행성의 나이가 불과 몇 천 년에 지나지 않는다는 보편적인 성경 해석에 도전했다. 하지만 19세기 초에서 중반까지의 선도적인 지질학자들은 독실한 기독교 신앙을 신봉했다. 케임브리지 대학교의 초기 지질학 교수인 애덤 세지윅(1785-1873)은 성직자 가정 출신의 성공회 사제였다. 부상하고 있는 지질학에 중대한 공헌을 한 또 다른 성공회 성직자로는 옥스퍼드 대학교 교수 윌리엄 버클랜드(1784-1856)—그는 최초의 공룡 화석 메갈로사우루스를 묘사했다—와 조셉 타운센드(1739-1816) 그리고 윌리엄 코니비어(1787-1857)가 포함된다. 스코틀랜드 자유 교회(장로교)를 설립하도록 도움을 준 휴 밀러(1802-56)는 일반 대중을 위한 지질학 책을 많이 썼고 많은 고생물학적 발견에 기여했다. 대다수 저자들은 창세기의 기원들에 관한 기사를 지질학적 기록과 조화시키기 위해 널리 유행하고 있던 두 가지 접근법의 이형들을 표현했다. **혼돈-회복 견해** 또는 **틈새 견해**에서는 지질 기록이 현재 세계의 재질서 부여/재창조(창 1:2-31)의 6일을 뛰어넘는, (창 1:1에 암시된) 정해지지 않은 혼돈의 기간에 해당한다. **날-시대 견해**에서는 창세기의 날들이 암석 기록에서 보이

는 바와 같이 매우 긴 지질 시대의 기간으로 해석된다.[9] 밀러는 창세기 1장을 하나님이 창조 역사에 대한 일종의 시간 경과의 요약으로서 모세에게 보여준 환상으로부터 압축적으로 기록된, 창조에 대한 모세의 환상으로 이해했다. 19세기 말까지 (보수적인 신학교와 교파를 대표하는) 대다수 신학자와 교회 지도자들은 오래된 지구론을 취했고, 1885년 뒤에 출간된 거의 모든 영어 성경들에서 어셔의 기원전 4004년 창조의 날에 대한 언급이 제거되었다.[10]

희한하게도 틈새 견해나 날-시대 견해의 창세기 해석은 지구의 역사에 대한 동일과정설 해석이나 격변설 해석 중 어느 것과도 조화될 수 있었다. 그 시대의 많은 그리스도인 지질학자들이 창세기 1장에 나타난 창조 사건들의 연대기를 지질 주상도와 비교하려고 시도했다. 다른 한편으로 세지윅은 이러한 일치주의를 거절하고 다음과 같이 썼다. "그러나 만일 성경이 삶과 신앙의 규칙—우리의 도덕적 운명에 관한 기록—이라면 그것은 자연 과학에 관한 계시가 아니며(나는 이 점을 반복한다), 그 계시인 체하

---

9   이는 성경의 기사를 지질학과 관련시키는 일치주의 접근법의 예다(섹션 4.3, 4.5.1을 보라).

10   Martin J. S. Rudwick, *Earth's Deep History: How It Was Discovered and Why It Matters* (Chicago: University of Chicago Press, 2014), 360.

지도 않는다."[11]

영국에서 격변설은 창세기 홍수의 지질학적 증거를 찾는 **홍수** 지질학의 형태를 띠었다. 좀 더 오래된 기반암에 9미터 이내 두께로 쌓인 퇴적물의 고립된 표면 퇴적물은 **홍적토**(diluvium)로 불린다. 이 퇴적물들은 북반구 전역에서 관찰되었고 홍수의 잔존물을 나타낸다고 생각되었다. 버클랜드는 자신이 연구한 동굴에서 나온—그는 그것을 **대홍수 전**의 하이에나 뼈들로 해석했다—것들을 포함한 증거로써 이 견해를 진척시켰다. 궁극적으로 스

위스 태생의 박물학자인 장 루이 아가시(1807-73)가 버클랜드에게 홍적기의 퇴적물들이 사실은 빙하 시대의 증거라고 설득했다. 그리스도인 지질학자들과 신학자들은 19세기 중반까지는 대체로 격변설과 어셔의 연대기 및 창세기 홍수의 증거를 찾으려는(또는 심지어 기대하는) 시도를 포기했다.

12.5. 지질 주상도와 화석 기록

새로운 지질학자들이 유럽 전역에 걸친 암석들을 묘사하고 지도를 작성하기 시작함으로써 일반적인 층서의 연속에 상세한 내용을 덧붙였다. 스테노의 일반적인 층서학 원칙들을 적용한 지질학자들은 유럽 전역의 층서의 서열들은 유사한 특징을 공유한다는 것을 발견했다. 실제로 많은 대륙에서 가장 오래된 퇴적암들은 좀 더 오래되고

---

11 이는 기독교를 지질학과 관련시키는 비일치주의의 예다(섹션 4.3을 보라). Michael B. Roberts, "Adam Sedgwick (1785?1873): Geologist and Evangelical," in *Geology and Religion: A History of Harmony and Hostility*, ed. Martina Kölbl-Ebert, GSL Special Publications 310 (London: Geological Society, 2009), 159에서 인용함.

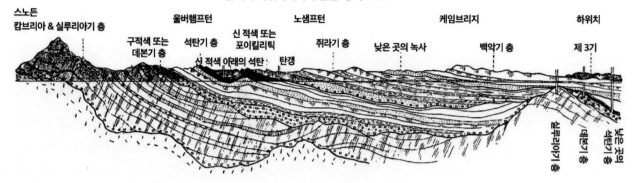

스노든에서 하위치까지의 단면도, 약 320km

스노든
캄브리아 & 실루리아기 층

구적색 또는
데본기 층

울버햄프턴

석탄기 층

신 적색 또는
포이킬리틱

노샘프턴

신 적색 아래의 석탄   탄갱

쥐라기 층

케임브리지

낮은 곳의 녹사

백악기 층

하위치

제 3기

실루리아기 층   데본기 층   석탄기 층   낮은 곳의
녹사

그림 12.5. 20세기 초 그림에 묘사된 웨일스와 중앙 잉글랜드 사이의 지하 지질. 여러 층서 시스템들이 지질 시대와 관련된 이름으로 식별된다(그림 12.6을 보라). 이 시스템들은 대개 부정합이라는 조화되지 않는 접촉면으로 경계를 이룬다. 이 지도를 그린 사빈 바링 굴드 신부(1834-1924)는 성공회 사제, 학자, 찬송가 작사자였는데 그의 찬송가 작품으로는 "믿는 사람들은 주의 군사니"(Onward Christian Soldiers, 새찬송가 351장)가 있다.

침식된 화성암이나 변성암 위에 퇴적되어 대부정합(그림 12.2, 그랜드캐니언에서 본 모습)으로 알려진 부정합 접촉면을 형성한다. 좀 더 젊은 층서의 연속물은 다른 부정합들로 말미암아 규칙적으로 중단되는데, 이는 암석의 융기나 해수면 변화를 암시한다 (그림 12.4, 스코틀랜드 시카 포인트에서 본 모습).

지질학자들은 독특한 세트의 화석들이 전체적으로 연속적인 층서에서 다른 층 위의 층에 나타난다는 **화석 연속의 원칙**(섹션 12.2에 묘사된 층서의 네 가지 원칙에 추가된다)도 알게 되었다.[12] 윌리엄 스미스(1769-1839)는 운하 발굴 감독자로 일할 때 화석 연속의 원칙을 사용해서 영국 전역의 퇴적암들의 순서를 결정했다. 그는 화석들이 암석들이 어디서 발견되든 간에 그 암석들의 상대적인 위치 또는 나이를 보이는 데 사용될 수 있음을 발견했다. 스미스의 연구는 1815년 영국 최초의 지질도 출간으로 이어졌다(세부사항을 실은 최초의 지역적 지질도로 간주된다). 퀴비에의 유럽 대륙의 고생물 연구는 척추동물들로부터의 증거

를 통해 화석 연속의 개념을 크게 진척시켰다.

19세기 동안 화석 기록에 대한 연구로부터 동물의 생명의 거대한 연속이 드러났다. 대부정합 위의 가장 오래된 퇴적암들에 있는 화석들은 껍데기가 있는 무척추동물들을 포함한다. 초기 지질학자들은 대부정합 아래의 몇몇 퇴적암들은 확실히 화석들을 포함하고 있지만, 섬유상 남세균으로 만들어진 물결 모양 구조 및 쌓아 올린 구조를 포함한 미세균과 다세포 연체동물의 희귀한 흔적과 자취만을 포함하고 있다는 것을 인식하지 못했다. 지질 기록에 나타난 동물의 전반적인 순서를 가장 오래된 것부터 가장 늦게 등장한 것 순서로 나열하자면 다음과 같다: 원시적인 연체 해양 동물, 껍데기가 있는 해양 무척추 동물, 어류, 양서류, 파충류, 포유류, 그리고 마지막으로 조류.[13] 초기 양서류들은 오로지 (바다나 호수의) 물속에서 살다가 육지로 옮겨 간 최초의 동물이다.

지질 주상도의 공식화는 19세기 초 잉글랜드와 웨일스의 암석들의 현지 지도 작성으로 시작되었다. 지질학자들은 층서의 순서를 연속적인 층서 **시스템**으로 세분하기 시작했다. 세지윅은 캄브리아 시스템의 상부 한계와 하부 한계를 정의했는데 그것은 공교롭게도 영국의 층서 주

---

12 화석 연속의 원칙은 동물상 연속으로도 알려져 있지만 동물상은 동물의 생명을 일컫는다(식물상 등을 제외한다). 지구의 역사에서 다른 시기에 살았던 지구상의 생명을 대표하는 **표준 화석**(index fossils)으로 알려진 독특한 화석의 연속은 Charles Darwin이 생물학적 진화 이론을 형성하기 전에 인식되었다. 확실히 Darwin은 화석의 연속을 자신의 이론에 이바지하는 증거로 인식했다.

13 섹션 4.5.1에 수록된 표 4.1과 비교하라.

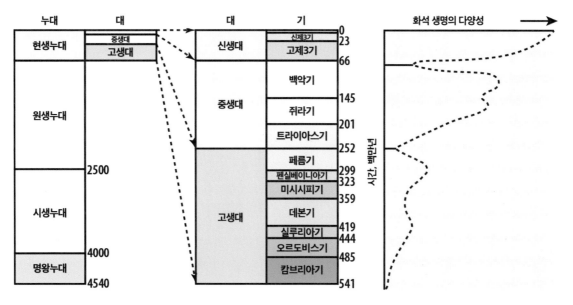

그림 12.6.   좌측: 누대, 대, 기로 구분 및 세부 구분하고 백만 년 단위로 경계 연대를 표시한 지질 연대표. 우측: 존 필립스가 다른 지질 시대들에서 나온 화석 수집물들에 기초해 추정한 화석 동물 생물의 다양성. 필립스는 그가 고생대, 중생대, 신생대로 명명한 세 가지 익숙한 생명의 대(era)들을 인식했다. 고생대와 중생대의 끝 무렵에 생물의 다양성이 급격히 떨어지는 것을 주목하라. 이것은 현재 생명의 역사에서 중대한 대량 멸절로 인식된다.

상도의 바닥에 있는 조개 화석을 함유하는 최초의 암석들을 포함했다. 다른 지질학자들의 연구는 그 위에 있는 시스템들, 즉 오르도비스, 실루리아, 데본, 석탄, 페름 등(그림 12.5를 보라)을 정의했다. 그 사이에 층서 시스템이 퇴적된 시간 간격은 지질 시대(geologic periods)로 불린다. 따라서 캄브리아 시스템의 암석들은 캄브리아기 동안에 퇴적되었다.

지질 시대의 연속적인 서열은 지질 연대표(그림 12.6, 좌측을 보라)의 형성으로 이어졌다. 표준 화석을 이용해서 기(period)들은 지질 시대의 좀 더 좁은 구간으로 세분되었다. 이렇게 해서 기들은 세(epoch)들로 세분되고, 세들은 절(age)들로 세분된다. 1841년 고생물학자인 존 필립스(1800-74, 윌리엄 스미스의 조카)는 자연과 화석 생물의 다양성에서, 대두되고 있는 지질 연대표 안의 기들의 집단에 상응하는 패턴을 인식했다(그림 12.6, 우측을 보라). 그는 다른 기들로 구성된 **고생대**(고대 생명), **중생대**(중간 생명), **신생대**(새로운 생명)라는 세 개의 대(era) 개념을 개발했다.

지질 연대표는 그 서열의 어느 지점에 있는 암석들이 정확히 얼마나 오래되었는지를 알 수 있기 전에 개발되었

다. 20세기에 방사성 연대 측정 방법이 출현함으로써 화성암들의 정확한 나이를 구할 수 있게 되었다(11장과 14장을 보라). 지층들 사이에 끼어 있는 화산 용암류와 화산재 퇴적물 그리고 마그마는 퇴적암들의 나이의 한계를 정하는 데 특히 유용하다. 현재 방사성 연대 측정법 외에 퇴적암들의 연대 추정에 사용될 수 있는 다른 방법들이 있다. 절대 연대 추정 방법들은 적절히 적용될 경우 지층들의 서열의 누중과 일치하며, 지질 시대들에 숫자를 부여할 수 있게 했다(그림 12.6을 보라).

12.6. 현실주의: 동일과정설 재정립

영국의 지질학자인 찰스 라이엘(1779-1875)은 그의 세 권 짜리 책 『지질학 원리』(*Principles of Geology*, 1830-33)에서 지질 과정을 생생하게 묘사하고 암석 형성과 지형 발달을 설득력 있게 해석해서 동일과정설을 증진했다. 찰스 다윈은 비글호의 항해(1831-36) 때 그 책의 제1권을 가져갔는데, 그 책이 자연의 역사에 관한 자신의 생각을 구성한다는 것을 발견했다. 그는 다음과 같이 썼다. "그 책의 큰 장점은 그것이 사람의 마음의 색조를 바꾼다는 것과, 따라

서 그 책을 읽은 사람이 라이엘이 보지 않았던 것을 볼 때도 부분적으로는 라이엘의 관점을 통해서 본다는 것이다."[14]

라이엘의 동일과정설 제시는 자연법칙들이 지구의 역사가 진행되는 동안 변하지 않았다는 방법론적 전제로 시작한다. 이 견해는 창조세계의 기능의 완전성(섹션 2.2.2를 보라) 및 과학 연구를 가능하게 해주는, 우리가 3장에서 상식적인 전제로 불렀던 것들(자연에 나타나는 패턴들의 균일성과 일관성을 포함한다)과 일치한다. 그러나 라이엘은 지구의 역사에서 지질 과정의 진행 속도와 중대한 조건들이 변하지 않았다고 믿었다. 관측된 대다수 지질 변화는 느리기 때문에 점진주의(점진적 형성) 개념이 동일과정설과 결부되었다. 라이엘은 지구의 역사가 정상 상태의 순환들의 진행이며 재앙적인 격변이나 사건들로 말미암아 중단되지 않았음을 예리하게 보여주었다.

라이엘의 저술이 나오고 지질 형성 및 지형에 대한 동일과정설의 설명이 성공한 후 지질학자들은 일반적으로 단순히 격변적 과정을 주장하는 것을 의심의 눈초리로 바라보았다. 그러나 20세기에 지질학자들을 통해 연구된 많은 특성은 전통적인 설명에 도전하는 것으로 보였다. 최초의 주목할 만한 예외는 수백 제곱 미터에 걸쳐 거대한 물결 모양으로 보이는, 워싱턴주 동부의 채널드 스카브랜즈(Channeled Scablands, 수로가 난 화산 용암지대)라 불리는 독특한 지형과 관련이 있었다(그림 12.7을 보라). 물의 움직임이 수로 안이나 해안에 접근하는 물결 아래서 느슨한 모래에 낯익은 물결무늬를 만든다. 시카고 대학교의 지질학자인 J. 할렌 브레츠(1882-1981)는 채널드 스카브랜즈가 마지막 빙하 시대의 끝에 얼음 호수들에서 빠져나오는 빠르고 깊은 물의 거대한 홍수로 말미암아 매우 신속하게 형성되었다고 제안했다. 지질학계가 그런 격변적인 홍수와 급속한 지형의 형성이 자연적일 수 있다는 그의 해석을 받아들이는 데 30년이 넘게 소요되었다.

지구의 역사에서 지구 전체적인 격변은 약 6,600만 년 전인 중생대 말기에 발생한 공룡들 및 다른 생명들의 멸종과 관련이 있다. 먹이의 원천, 기후, 또는 해수면 변화 같은 좀 더 전통적이고 좀 더 점진주의적인 멸종 가설들은 결코 만족스럽지 않았고, 증거를 통해 잘 뒷받침되지도 않았다. 몇몇 대륙의 중생대 층 꼭대기에서 이례적인

---

14   Charles Darwin, "To Leonard Homer," August 29, 1844, Darwin Correspondence Database, www.darwinproject.ac.uk/entry-771. Darwin은 그가 항해 중에 있을 때 그 책의 제2권과 제3권을 자신에게 보내게 했다.

그림 12.7. 컬럼비아강의 서쪽 산호초를 가로지르는 거대한 물결 모양 지형, 워싱턴주 퀸시 소재. 북동쪽 방향으로 약 1,400미터 높이에서 본 전경.

의 역사에서 경험되지 않았고 라이엘의 엄격한 동일과정설에서 예측되지 않은 사건들과 상태들을 대표한다.

현대 지구 과학자들은 여전히 방법론적 동일과정설을 사용해서 지질학적 특징들을 해석하지만 그들은 라이엘이 주장한 지질 과정의 속도와 조건들의 불변성이란 가정을 거부한다. 동일과정설과 자연의 격변설의 이러한 결합은 **현실주의**(actualism)로 불린다. 우리는 이제 지구의 역사에서 조건들이 현재와 판이했던 적이 있었다는 것을 이해한다. 이는 특히 지구 역사의 첫 번째 10억 년에 해당하는데, 그때에는 지각을 변화시키는 화산 활동과 판구조 과정에 사용될 수 있는 열이 더 많았고, 대기에 이산화 탄소가 풍부하고 산소가 부족했으며(화학적으로 줄어들었다), 지구는 태양계를 형성하고 남은 파편들에게 자주 폭격을 받았다(11장을 보라). 지질학자들은 약 4억 년 전에 육상 식물들이 널리 나타나기 전에는 기반암들의 풍화 속도가 달랐을 것으로 믿는다.[17] 그리고 이제 폭풍의 활동이나 중력류(gravity flow. 그림 12.8을 보라)를 통해 깊은 물에서 퇴적된 사암 같은 대다수 퇴적물 축적은 점진적이라기보다는 간혹 일어나는 것으로 이해된다.

점토층이 발견된 뒤 1980년에 격변설 가설이 제안되었다. 그 점토는 지구의 지각에서는 드물지만 운석들에서는 좀 더 흔한 이리듐 원소의 함유 비율이 높다. 어느 연구팀이 거대한 소행성 충돌이 전 세계에 이리듐이 풍부한 암석 재 구름을 살포했다고 제안했다.[15] 그 후 10년 동안 재앙적 충돌을 입증하는 좀 더 많은 증거가 출현했다. 중생대 층 꼭대기의 다른 층들에 있는 미세한 다이아몬드들과 변형된 광물 결정들은 갑작스러운 충격을 통해 형성된 것으로 보였다. 다른 층들에 있는, 탄소가 풍부한 입자들의 집중은 전 세계적인 화재들을 암시했다. 궁극적으로 멕시코의 유카탄 반도의 지표면 아래서 석유를 탐사하던 중에 직경 160킬로미터의 분화구가 발견되었다. 몇몇 과학자는 그 충돌이 실제로 최종적인 멸종보다 수십만 년 전에 발생했으며, 200만 년도 더 전에 인도 중부에서 일어난 화산 분화 역시 대량 멸절로 이어진 상태에 기여했다고 믿는다.[16] 하지만 그 운석 충돌이나 화산 분화는 인간

12.7. 현대의 격변설과 홍수 지질학

20세기에 새로운 기술들과 연구 프로그램들이 전에는 숨겨 있던 것들을 보고 도달하기가 거의 불가능했던 것으로 보이는 곳에 갈 수 있는 수단들을 제공함으로써 다른 과학들과 더불어 지질학도 발전했다. 미국에서 지질학을 발

15 Luis W. Alvarez, Walter Alvarez, Frank Asaro, and Helen V. Michel, "Extraterrestrial Cause for the Cretaceous-Tertiary Extinction," *Science* 208 (1980): 1095-1108.

16 Gerta Keller et al., "More Evidence That the Chicxulub Impact Predates the K/T Mass Extinction," *Meteoritics & Planetary Science* 39 (2004): 1127-44.

17 육지 식물들은 암석의 풍화를 자극하고 토양을 생성하는 데 기여했지만, 뿌리들은 침식을 방해하기도 했다.

전시킨 많은 연구 프로그램들은 특히 제2차 세계대전과 그것에 이어진 냉전 시기 동안의 국가 안보 문제들과 관련이 있었다. 잠수함 운영을 위한 정확한 해저 지도들이 대두되는 판구조론 이론과 관련된 발견들로 이어졌다. 무기 경쟁을 통해 진전된 핵 과학은 좀 더 정확한 방사성 연대 측정 기법들에 기여했다. 핵폭탄 실험을 탐지하기 위해 채용된 세계적인 지진계 네트워크는 지구의 내부를 해석하는 데도 유용했다. 에너지 수요 증가를 충족하기 위한 석유 시추를 통해 지구의 얕은 지각이 한층 더 드러났다. 미국과 소비에트 연방 사이의 우주 경쟁은 인간의 달 탐험과 태양계의 행성들을 연구하기 위한 무인 탐험 우주

선들로 이어졌다. 이 모든 노력들은 지구와 우주가 아주 오래되었음을 지지하는 증거를 계속 가져다주고 있다.

현대 세계에서 과학의 중요성과 도덕적이고 인도적인 과학 탐구 관행에 유대-기독교 신앙의 가치가 필요하다는 믿음 때문에 20세기 초-중반의 성경학자들은 신앙과 과학 사이의 관계에 관심이 많았다. 다윈의 진화론에 관해 표명된 우려들은 그 이론이 성경의 기사들과 모순된다는 인식과 관련되었다기보다는 그 이론의 철학적·사회적 적용이 무신론이나 인간 생명의 존엄성을 떨어뜨리는 정책들(예컨대 우생학이나 인종주의)을 조장한다는 것과 더 관련되었다. 하나님의 계시된 말씀으로서 성경의 권위를

그림 12.8. 석탄기 암석 안의 중력류 퇴적물, 더블린 근처의 아일랜드 해안. 좀 더 어둡고 얇게 깔린 점토암은 외해의 깊은 물(물의 흐름에서 나오는 에너지가 별로 없다)에서 서서히 축적된다. 좀 더 밝고 두꺼운 사암층은 좀 더 많은 모래를 포함하는 좀 더 얕은 퇴적물로부터 나온 퇴적물과 물의 중력류로 말미암아 다소 갑자기 해저에 퇴적되었다. 지진이나 폭풍이 그 흐름을 격발했을 수도 있다. 사암층의 기저부는 모래와 물의 거친 현탁액이 해저를 급히 지나갈 때 생성된, 아래쪽의 점토암과의 문질러진 접촉면을 보인다. 사암은 그 흐름의 전진하는 쪽 뒤에 급속하게 퇴적되었는데, 몇 분 안에 퇴적되었을 수도 있다. 그 위를 덮고 있는 점토암의 아래에 있는 사암의 상부는 직선이다. 그 점토암은 1년에 몇 밀리미터의 속도로 계속 축적된다. 이런 층들은 현대 대양들의 해저 협곡들의 끝에 있는 심해 선상지에서 발견된다.

믿는 복음주의 그리스도인들 사이에서는 틈새 해석이나 날-시대 해석이 계속 인기가 있었다(섹션 12.4에 수록된 이 견해들에 관한 설명을 상기하라). 인기 있는 스코필드 관주 성경은 틈새 견해를 옹호했다. 초기 복음주의자들은 지구의 역사와 나이에 대한 지질학의 설명이 창세기 기사와 모순되는 데 대해 관심이 없는 것으로 보였다.[18] 기독교 목사들과 신학교 교수들이 쓴, 기독교 근본주의 운동의 토대로 여겨진 "근본주의 총서"(The Fundamentals, 1910년에서 1919년 사이에 발표되었다)라는 방대한 논문 모음집에서 우려는 별로 나타나지 않는다.[19]

스코틀랜드 장로교 사역자이자 신학교 교수인 오어(1844-1913)는 "근본주의 총서"에 대한 가장 저명한 기고자 중 한 명으로서 그 책에 논문 네 편을 기고했다. "과학과 기독교 신앙"(Science and Christian Faith)에서 오어는 기원에 관한 과학적 설명과 성경의 설명 사이에 긴장이 있다는 인식에 관해 다음과 같이 언급한다.

천문학에서와 마찬가지로 지질학도 지구가 오래 되었고 점진적으로 형성되었음을 드러냈다. 이 대목에서도 처음에는 의문과 의심이 일었는데 이는 그런 상황에서는 당연하다.…창세기 1장의 의도가 참으로 지구와 하늘들의 창조 "날짜"를 알려 주는 것이었다면 그 반대는 답변될 수 없을 것이다. 그러나 천문학의 경우에서와 마찬가지로 이제 사정들이 더 잘 이해되고 있고, 세상이 이전의 연대기가 제시했던 6,000년보다 훨씬 오래되었다는 것이 명백하다고 해서 성경을 읽을 때 불안해하는 사람은 별로 없다. 지질학은 누대들에 걸친 시간 동안 세상이 어류와 조류와 파충류와 포유류로 가득찬, 인간이 거주할 곳으로 준비되게 한 창조주의 작동의 방대함과 경이로움에 관한 우리의 개념을 확장한 것으로 생각될 뿐이다. 그동안 산들이 융기되고 계곡들이 파내지고 귀금속의 광맥들이 지구의 지각 안에 심어졌다.[20]

성경이 6일에 걸친 최근의 창조와 세계적인 홍수를 요구한다는 믿음이 근본주의 기독교와 밀접한 관련이 있는 교파인 제칠일안식일예수재림교회에서 유지되었다. 최근의 창조와 세계적인 홍수를 증진하는 그들의 신학은 그들의 창시자인 엘런 G. 화이트(1827-1915)의 환상들에 기초했다.[21] 이 교리들을 따라서 제칠일안식일교회 신자인 조지 맥크리디 프라이스(1870-1963)가 새로운 종류의 성경적 격변설 옹호자가 되었다. 프라이스는 오래된 지구를 지지한 동일과정설 지질학을 거절하고 지질 주상도를 한 번의 세계적인 홍수에 일치하도록 재해석했다. 그의 견해에 따르면 생물학적 진화는 화석 증거를 통해 뒷받침되지도 않고 최근의 창조의 시간 틀에서 가능하지도 않다. 주류 과학 저널들에서 그의 책들을 검토한 사람들은 지질학 분야에서의 그의 훈련 결여가 부적절한 지질학적 해석으로 이어졌다고 언급했다. 프라이스가 선도적인 기독교 대학들의 과학 교수들을 설득하려고 한 노력에도 불구하고 그들조차 프라이스의 격변설을 거부했다.[22] 그럼에도 불구하고 1930년대와 1940년대에 제칠일안식일교회를 뛰어넘어 홍수지질학과 창조론을 증진하기 위한 근본주의 기관들이 점점 더 많이 조직되었다.

존 휘트컴(1924-2020)과 헨리 모리스(1918-2006)의 『창세기 홍수: 성경의 기록과 그것의 과학적 함의』(The Genesis Flood: The Biblical Record and Its Scientific Implications)의

18 Ronald N. Numbers, *The Creationists: From Scientific Creationism to Intelligent Design*, expanded ed. (Cambridge, MA: Harvard University Press, 2006); Michael Roberts, Evangelicals and Science (London: Greenwood, 2008); Davis A. Young and Ralph F. Stearley, *The Bible, Rocks and Time: Geological Evidence for the Age of the Earth* (Downers Grove, IL: InterVarsity Press, 2008, [『성경 바위 시간』], IVP 역간).

19 R. A. Torrey et al., eds., *The Fundamentals: A Testimony to the Truth*, 12 vols. (Chicago: Testimony, 1910-1915).

20 James Orr, "Science and Christian Faith," in *The Fundamentals*, 4:100-101.

21 Numbers, *Creationists*, 90-93.

22 Numbers, 88-119.

표 12.1. 현실주의 지질학 견해와 창조론-홍수 지질학 견해에서 본 지구의 지질학적 역사에 관한 기본 개념 비교

현실주의 지질학(고대의 창조)	창조론자-홍수 지질학(최근의 창조)
• 지구는 수천만 년에 걸쳐 발달하는 태양계의 원시 행성 원반에서 형성된다.	• 결정질 기반암은 6천년 전 자연법칙을 따르지 않는 과정을 통한 창조 주간을 나타낸다(오래된 것으로 보이는 창조를 허용한다).
• 가장 오래된 지구 암석의 나이는 거의 40억 년이다.	• 에덴동산에서의 타락 사건이 물리적 죽음을 포함한 창조세계의 붕괴와 분해의 시대를 가져왔다.
• 지구의 지각은 역동적이다. 판 구조가 지각을 재생하고 조산(造山) 및 퇴적의 패턴을 통제한다(15장을 보라).	• 지각이 격변(대양 분지의 절개, 화산 분화, 변형, 변성)하고 대기의 수증기, 지하 동굴, 또는 맨틀 상부에 있는 깊은 구역으로부터의 홍수 물 방출이 수반되었다.
• 지구 속의 열이 마그마를 생성하는데 이 마그마가 해양 지각과 대륙 지각을 만들고 변성을 통해 거대한 지각 암석체를 변화시킨다.	• 홍수가 일어난 해에 계속적인 퇴적이 이루어졌다. 퇴적물들은 홍수 물이 물러감에 따라 급속히 퇴적된 홍수 전의 땅의 파편들을 나타낸다.
• 퇴적물이 대륙 지각과 대양 지각 위에서 다양한 시기와 다양한 장소에 축적되어 퇴적암 층(지층)들을 형성한다.	• 화석의 연속은 시간 경과에 따른 좀 더 복잡하거나 움직일 수 있는 생물들의 점진적인 익사와 매장 및 홍수 전 생태계의 다양한 높이에서의 익사 순서에 기인했다.
• 퇴적은 대체로 간혹 일어나며, 층들 사이에 시간 간격이 있다는 증거가 있다.	• 지각의 융기와 홍수 물이 새로운 대양 분지로 빠진 것이 현재의 지형을 만들었다.
• 화석의 연속은 지구의 역사 동안 생명의 (진화적) 변화를 나타낸다.	

출간으로 훨씬 많은 근본주의 그리스도인과 복음주의 그리스도인에게 홍수 지질학이 소개되었다.[23] 그 책의 저자들은 조지 맥크리디 프라이스의 주제들과 논거들을 진척시켜서 암석들과 지층들의 기원에 대한 대안적인 격변설 해석을 제시했다. 저자들은 동일과정설이 창조에서 하나님의 직접적이고 매개되지 않은 역할을 무작위적이고 자연적인 과정으로 대체했다고 생각했기 때문에 동일과정설이 그들이 이해한 창조 교리와 전혀 일치하지 않는다고 믿었다. 다른 저술에서 그들은 창세기 3장의 사건이 일어나기까지는 창조세계에서 우리가 오늘날 경험하는 것 같은 붕괴(또는 엔트로피 증가)가 작동할 수 없었을 것이라고 제안했다.

모리스는 창조지질학 연구를 위한 창조 연구소(Institute for Creation Research)를 설립하고 젊은 지구 창조론을 중요한 문화적·정치적 세력으로 만들기 위한 노력을 이끌었다. 그 운동은 20세기의 마지막 30년 동안 공교육에 "창조 대 진화" 과목을 포함시키기 위해 노력했다. 그러나 이런 시도들은 대개 주 법원과 연방 법원들이 그

과목의 동기가 종교적이고 과학적 가치가 부족하다고 판단함으로써 좌절되었다. 21세기 초의 선도적인 젊은 지구 창조론 기관은 "창세기에 나타난 답"(Answers in Genesis)으로서 그 기관은 켄터키주 피터스버그에 창조 박물관(Creation Museum)을 운영한다.[24]

아마도 암석 순환 개념이 지구의 역사에 관한 현대의 현실주의 견해와 창조론-홍수 지질학 견해를 비교하기 위한 최적의 지점을 제공할 것이다. 18세기 말 이후 지질학자들은 지구의 지각에 보존된 여러 차례의 암석 형성, 변화, 파괴의 순환에 관한 증거를 문서화했다. 사실 19세기의 동일과정설과 격변설은 이 순환들에 대한 증거와 딥 타임의 불가피성을 인정했다. 창조론자-홍수 지질학자들은 지구의 역사를 6,000년으로 압축함으로써 전체 암석 기록을 한 번의 순환으로 설명해야 한다(표 12.1을 보라).

최근의 창조 견해는 인기가 있지만, 전국적인 조사와 투표에서 드러나는 바와 같이 오늘날 복음주의 그리스도인들 가운데 결코 보편적이지 않다. (이 장의 서론에서 묘사된) 어떤 조사는 기독교 개신교 사역자들이 최근의 창조와 고대의 창조 사이에서 균등하게 나누어짐을 보여주

---

23 John C. Whitcomb and Henry M. Morris, *The Genesis Flood: The Biblical Record and Its Scientific Implications* (Philadelphia: Presbyterian & Reformed, 1961).

24 Answers in Genesis의 사장인 Ken Ham은 Henry Morris에게 배웠다.

었다. 2014년에 실시된 전국적인 조사에서 성인들의 약 37퍼센트는 자신을 젊은 지구 창조론자로 밝혔지만, 주의 깊은 질문을 던진 결과 29퍼센트만 자신의 입장을 확신했고 그중에서 60퍼센트는 창조가 6일 만에 일어났다고 믿었다.[25]

암석의 순환 및 한 종류의 암석으로부터 다른 종류의 암석으로의 변화에 대한 인식으로 딥 타임 개념이 나오게 되었다. 마찬가지로 현지의 지도 작성과 층서 분석을 통해 지구의 오래되고 복잡한 역사가 이해되었다. 따라서 현실주의 견해와 창조론–홍수 지질학 견해 사이에는 현격한 차이가 있다. 20세기 전의 동일과정설 지질학자와 격변설 지질학자 모두 오래된 지구를 받아들였고, 지구에 대한 우리의 지식 및 지구의 역사를 어떻게 해석할 것인지에 중대한 기여를 했음을 상기하라. 19세기와 20세기 초의 성경학자들은 일반적으로 딥 타임의 지질학적 함의들을 받아들였고 그 함의들이 기원에 대한 성경의 설명과 충돌하는 것으로 보지 않았다(표 12.1의 왼쪽 열을 보라).

지난 50년 동안 최근의 6일 창조와 홍수 지질학을 강조하는 새로운 성경적 격변설에 대한 갱신이 널리 퍼졌다(표 12.1의 오른쪽 열을 보라).

우리 시대의 많은 성경 교사들과 사역자들이 계속 노아 홍수와 지질학을 연계하고 있으므로 우리는 13장에서 창세기에 나타난 성경의 텍스트를 살피고 그 텍스트의 의미를 탐구해서, 이 텍스트가 지질학과 지구의 역사에 대한 이해에 적용될 가치가 있는지 조사할 것이다. 14장은 암석의 순환 및 지질 과정과 관련된 시간의 규모에 대한 상세한 묘사를 포함한다. 그리고 본서에서 언급되는 암석들의 사진을 포함하는 용어해설도 수록된다. 15장은 지구의 역사를 산정하는 데 사용되는 암석의 나이 결정 방법을 다룬다. 16장은 지질학의 기본 원칙과 암석 형성 과정에 의존해 판구조론을 제시한다. 판구조론은 지구가 어떻게 작동하는가에 관한 현대의 이론으로서 우리는 이 틀을 통해 지구의 역사를 해석하고 이해한다. 17장은 지구의 간략한 역사 및 그것을 해석하는 데 사용되는 증거를 제시한다. 18장은 지질학과 지구의 역사에 관한 성경의 관점과 신학적 관점을 고찰한다.

---

25 Jonathan P. Hill, "The National Study of Religion and Human Origins (NSRHO) 2014," BioLogos, https://biologos.org/up loads/projects/nsrho-report.pdf(April 16, 2018 접속).

13장

창세기의 홍수

홍수는 고대 근동에서 잘 문서화된 사건이다. 홍수가 고대 근동의 문헌에서 널리 증명된다는 것은 그 이야기가 실제로 일어난 사건임을 확인하는 데 도움이 된다. 고대 근동판 이야기들(가장 중요한 것은 길가메시 서사시와 아트라하시스 서사시다)과 창세기에 수록된 이야기의 비교는 기술적인 의미에서는 유익하지만 이 장의 목적에는 그렇지 않다. 어느 한쪽이 다른 쪽을 차용했다고 주장할 이유가 없다. 그런 식의 결론에 이르기에는 그 내러티브들이 충분히 유사하지 않다. 유사성은 신적으로 계획된 홍수, 배 만들기, 소수의 생존, 그리고 결말의 예배 행위라는 내러티브의 일반적인 흐름에 놓여 있다. 신의 동기, 신의 계획(고대 근동 문헌들에서는 모든 사람이 멸망하게 되어있었다), 홍수의 기간, 그리고 특히 신들의 본성에 대한 묘사 등 차이점들이 더 많다. 이 모든 기사들은 고대 근동 세계에서 경험한 사건에 뿌리를 두고 있으며 각각의 문화는 자신의 믿음에 비추어 그 사건을 해석하고 기록했다.[1]

성경의 홍수 기사 배후에 (단지 신화적이거나 문학적으로 꾸며낸 이야기가 아닌) 실제 사건이 있었다고 믿는 사람들에게는 그 홍수의 범위를 이해하는 여러 가지 방법이 있다.[2]

- 우리가 알고 있는 세계를 완전히 덮은 세계적인 홍수
- 고대 근동의 "보편적"이라는 말에 대한 이해에 따른 보편적인 홍수
- 고대 세계의 넓은 지역에 영향을 준 홍수
- 과장되게 묘사된 국지적인 홍수

마지막 방법은 왜 큰 배가 필요할지 또는 왜 동물들이 홍수에서 살아남기 위해 모여질 필요가 있을지를 설명하지 못하기 때문에 쉽게 제쳐둘 수 있다. 그것은 텍스트의 데이터를 적절하게 설명하지 못하고 신학적 근거를 만족시키지도 못할 것이다.

다른 세 가지 방법은 다음과 같은 세 가지 차원에서 평가될 수 있다.

1. 텍스트의 신빙성
2. 과학적 신빙성

---

1   이 주제에 관한 좀 더 자세한 논의는 Tremper Longman III and John H. Walton, *The Lost World of the Flood* (Downers Grove, IL: InterVarsity Press, 2018[『노아 홍수의 잃어버린 세계』, 새물결플러스

역간])를 보라.

2   Davis A. Young and Ralph F. Stearley, *The Bible, Rocks and Time: Geological Evidence for the Age of the Earth* (Downers Grove, IL: InterVarsity Press, 2008).

3. 물류상의 신빙성

13.1. 텍스트의 신빙성

텍스트의 보편적인 언어가 전 세계를 덮고 모든 생명을 근절한 홍수에 대한 가장 강력한 지지를 제공한다. 이 점은 특히 창세기 7:19-23에 해당한다. 우리는, 우리가 저자가 정확히 무엇을 의도했는지를 복원하려고 노력하고 있다는 이해하에서 그 텍스트에 접근해야 한다. "'모든'이 언제나 '모든'을 의미하는가?" 그것은 속임수 질문처럼 들린다. 하지만 이 질문을 하는 것은 그 텍스트의 명확한 의미를 회피하려는 것이 아니다. 오히려 우리는 그 텍스트가 전달하려고 의도한 것을 이해하기를 원한다.

히브리어 단어 **콜**(*kol*)은 "모든"으로 번역되는 단어인데 창세기 7:19-23에서 여덟 번 나온다. 그것은 흔한 단어로서 구약성서에서 5,500회 나온다. 우리가 **콜**이 모든 개인을 지칭하는 것이 아니라 수사적으로 쓰인 예를 하나만 발견하더라도 그것은 그 단어가 수사적으로 쓰일 수 있음을 나타낼 것이고, 따라서 그 단어에 내재된 보편적인 주장을 완화할 것이다. 실제로 수사적으로 사용된 몇몇 경우가 적시될 수 있다. 출애굽기 9:6에서 그 텍스트는 이집트의 모든 가축이 전염병으로 죽었다고 말한다. 하지만 출애굽기 9:19에서 이집트인들은 우박이 내릴 것이기 때문에 들에 있는 가축들을 집으로 들여놓아야 한다. 창세기 41:57은 "그리고 기근이 모든 곳(베콜 하아레츠[*bekol ha'arets*])에 심했기 때문에 온 세상(**콜** 하아레츠[*kol ha'arets*])이 요셉에게 곡식을 사러 이집트로 왔다"(개역개정을 사용하지 아니함)고 말한다. 아무도 이 텍스트를 읽고서 사람들이 대서양을 건너 요셉에게 음식을 사러 왔다거나 호주에도 기근이 있었다는 결론을 내리지 않는다. 이 예는 번역에서 두 번째 변수도 보여준다. **하아레츠**(*ha'arets*)라는 단어는 "세상, 지면" 또는 "땅"(심지어 아주 작은 구획의 땅)을 가리키는 데 사용될 수 있다. 그렇게 사용될 수 있는 이유는 고대 세계에서는 사람들이 자기들이 구체에서 살고 있다는 것과 다른 대륙들이 있다는 것을 알지 못했기 때문이다. 따라서 그들의 마음에서 "땅"은 곧 "지면"**이었다**. 이것은 그들이 물이 **하아레츠**를 덮었다고 말했을 때 그들은 우리가 같은 어구를 사용할 때 생각하는 것과는 판이한 어떤 것을 생각하고 있었음을 의미한다. 우리는 단어들은 사람들이 그 단어들을 사용해서 의미한 바를 의미한다는 것을 상기해야 한다. 우리는 그들의 용어들에 그들이 사용했던 것보다 넓은 범위의 의미를 적용할 수 없다(섹션 1.1.2와 1.1.4를 보라). 텍스트의 신뢰성과 권위는 그들이 그 텍스트를 어떻게 이해하는가와 밀접하게 연결된다(섹션 1.1.1을 보라).

우리는 그 텍스트가 우리가 건성으로 읽고서 가정했을지도 모르는 방식으로 세계적인 홍수를 주장하지 않을 수도 있음을 알 수 있다. 동시에 그 홍수가 국지적인 현상이었더라면 그 텍스트가 사리에 맞기가 어려울 것이다. 만일 그 홍수가 강을 따라서 들어서 있는 소수의 마을에만 영향을 주었더라면 배를 준비하거나 동물들을 모아들일 필요가 없었을 것이다. 노아는 왜 그저 그 지역을 떠나기만 하지 않았는가? 만일 그 홍수 기사가 실제 사건을 반영한다고 여겨져야 한다면 우리는 그 홍수의 규모가 거대했음을 인정해야 한다. 비록 우리가 그 범위를 정의하는 데 어려움을 겪겠지만 말이다.

성경 기사에 따른 홍수의 범위에 관해 무어라 말할 수 있는가? 그 텍스트는 높은 산들이 잠겼다고 말한다. 그 홍수가 세계적인 것이 아니었다면 어떻게 산들이 잠길 수 있었는가? 결국 사람들은 유사하게 행동하기 마련이다. 우리는 이것이 수사적인 과장이었을 가능성을 고려해야 한다. 예컨대 초기의 아카드어 텍스트는 사르곤의 지리학(Sargon Geography)이 "모든 땅"을 하나씩 거명했다는 주장을 언급하며 "우주의 왕인 사르곤이 하늘 아래의 모든 땅을 정복했다"고 결론짓는다.[3] 사르곤의 지리학에서 나온 이 진술은 문자적으로 그리고 참으로 하늘 아래의 **모든** 땅을 가리킬 수 없다. 성경이 요점을 강조하기 위해 유사한 수사를 사용하지 못했을 이유가 없다.

그리고 우리는 성경이 홍수의 물들이 산들을 "덮었다"고 말한 것이 무슨 의미였는지를 고려해야 한다. 우리가 단순히 그 텍스트를 "문자적으로" 읽어야 한다고 말하는 것으로는 소용이 없다. 문자적인 독법을 요구하는 것은 성경을 하나님의 말씀으로 읽으려는 욕구를 반영하지만, 가능한 많은 해석 중 어느 것이 정확히 문자적인지를 밝혀주지 않는다. 오히려 우리의 해석 원칙은 텍스트를 저자가 의도한 의미로 읽는 것이다(섹션 1.1.1을 보라). "덮다"(창 7:19)로 번역된 히브리어 동사는 **카사**(ksh)다. 때때로 그 동사는 사람이나 풀들이 땅을 덮는 것을 묘사하는 데 사용된다(민 22:11; 잠 24:31). 그 동사가 때로는 가리는 것을 지칭하는 데 사용된다(대하 5:8, 그룹의 날개들이 언약궤를 가림; 시 147:8, 구름이 하늘을 가림). 물이 그 동사의 주어인 경우(그런 경우는 구약성서에 13회 나온다), 가능한 여러 뉘앙스가 있다. 다섯 번은 물이 이집트의 군대를 덮어(출 14:28; 15:5, 10; 시 78:53; 106:11) 이집트 군대를 "궤멸시킨" 것을 가리킨다. 다른 네 번은 창조세계와 자연에서의 물을 가리킨다(시 104:6, 9; 사 11:9; 합 2:14, 예컨대 "물이 바다를 덮음 같이").

남은 두 번의 용법에는 특별한 주의가 요구된다. 욥기 22:11에서 하나님의 심판이 은유적으로 물이 덮는 것으로 묘사된다(엘리바스가 욥에게 "홍수가 너를 덮는다"고 지적한다). 우리는 창세기에 묘사된 홍수를 은유적으로 보지 않는 경향이 있지만, 이 구절은 물이 뭔가를 덮은 이미지에는 우리가 달리 기대하는 것보다 많은 유연성이 있을지도 모른다는 것을 보여준다. 구약성서에서 **카사**가 마지막으로 사용된 곳은 욥기 38:34, 예레미야 46:8, 그리고 말라기 2:13이다. 이 텍스트들은 잠기게 하는 물에 관해 말하는 것이 아니라 불어나거나 흠뻑 적시는 물에 관해 말한다. 예레미야서는 나일강의 연례 홍수가 "땅을 덮는" 방식을 언급하는데, 이는 확실히 온 땅을 잠기게 하는 세계적인 홍수를 가리키는 것이 아니다. 이 예들은 창세기 7장에 나오는 **카사**가 적시게 하거나 불어났음을 의미할 수도 있으며 반드시 온 땅을 덮은 것은 아님을 보여준다.

우리는 창세기 7:20에 표현된 단어들에서 다른 종류의 텍스트 문제를 직면하는데 NIV 성경은 "물이 올라가서 산들을 15규빗(6m를 조금 넘는다)보다 깊이 덮었다"고 번역한다. 히브리어의 어순은 다음과 같다. "15규빗 **밀레말라**(milma'lah) 물들이 불어났고 산들을 덮었다." 이 용법과 구문론적으로 병행하는 용법에서 **밀레말라**는 대개 "위쪽으로"로 번역된다(겔 1:11, 날개들이 위쪽으로 펴진다; 수 3:13, 16, 위쪽에서 흘러내린 물들). 고대 이집트에는 나일강의 홍수의 높이를 측정할 수 있는 표시를 포함하는 특별한 바위가 있었다.[4] 히브리어 텍스트에 대한 이 분석을 토대로 우리는 창세기 7:20이 실제로는 물이 산들의 꼭대기를 6미터 덮은 것이 아니라 산들의 중턱의 6미터까지 차올랐음을 의미한다고 결론지을 수 있다.

하지만 그렇다면 물이 줄어든 결과 산들의 봉우리들이 보이게 되었다는 창세기 8:5은 무엇에 관해 말하는가? 이 동사의 이 형태는 숨겨져 보이지 않거나 흐릿하던 것이 볼 수 있게 될 때 사용된다. 혹자는 산의 봉우리들이 물로 말미암아 숨겨 있었다고 결론지을 수도 **있지만** 그것이 유일한 가능성인 것은 아니며, 텍스트가 명시적으로 그 결론을 지지하지도 않는다. 창세기 8:4에서 방주가 머물고 창세기 8:5에서는 방주가 머문 지 약 45일 후에 산들의 봉우리들이 볼 수 있게 된다. 우선 그 텍스트가 개

---

3   Wayne Horowitz, *Mesopotamian Cosmic Geography* (Winona Lake, IN: Eisenbrauns, 1998), 67–95.

4   오늘날 우리는 홍수의 수위에서 강들의 최고 수위에 관해 말할 때 유사한 개념을 갖고 있다.

13장 창세기의 홍수   **269**

별적인 산이 아니라 산들(즉 산맥)에 관해 말하고, 둘째 창세기 8:4에서 "위에"(on)로 번역된 전치사가 종종 "기대어"(against)를 의미하기 때문에 우리는 방주가 특정한 산의 봉우리에 머물렀는지를 알 수 없다. 따라서 그 방주는 아라랏의 산들에 "기대어" 머물렀을 수도 있다.

하지만 그 텍스트는 산들의 봉우리들이 45일 후에야 보이게 되었다고 말한다. "산들의 봉우리들"로 번역된 어구는 구약성서에서 다양한 방식으로 사용된다. 그 어구는 언덕 꼭대기를 언급할 수 있다(수 15:8-9; 삼상 26:13; 왕하 1:9). 그 어구는 고지대를 언급할 수 있다(삿 9:25). 그것은 예배 사당이 있던 언덕들을 가리키는 데도 사용된다(높은 곳들, 예컨대 겔 6:13; 호 4:13). 이에 비추어 우리는 물이 산들의 중턱 아래로 줄어듦에 따라 방주가 산맥에 접하여 머물렀고 고지대들을 볼 수 있게 되었다고 생각할 수 있을 것이다. 대안적으로, 그것은 물이 빠짐에 따라 볼 수 있게 된 저지대에 있는 언덕들의 꼭대기였을 수도 있다.

몇몇 독자들에게는 이 해석이 우리가 명백한 것을 피하려고 몹시 애를 쓰고 있는 것처럼 들릴 것이다. "왜 텍스트를 있는 그대로 읽지 않는가?" 그러나 번역본에서 단어들이 우리에게 표면상으로 말하는 듯 보이는 것이 반드시 히브리어에서 저자가 의미했던 것은 아니다. 우리는 텍스트를 자신 있게 번역하고 그 텍스트의 수사의 성격을 이해할 때까지는 그 텍스트가 **실제로** 무슨 뜻인지 알 수 없다. 만일 단어들이 다른 것들을 의미할 수 있다면 그 가능성들 중의 하나가 저자가 의도한 것일 수도 있으므로 우리가 그런 가능성들을 탐구할 필요가 있다. 둘째, 고대 이스라엘인들은 우리가 세상을 이해하는 방식과 다른 방식으로 세상을 이해했다(5장을 보라). 더욱이 그들에게도 문학상의 관습이 있었는데 그것이 반드시 우리가 사건들을 문자적으로 나타내는 것과 일치하지는 않는다. **만일 우리가 우리의 인식, 기준, 관습을 텍스트에 강요한다면 우리가 텍스트를 "있는 그대로" 읽는 것이 아니다**(섹션 1.1을 보라).

우주 지리에 대한 우리의 이해는 고대 근동 세계에서 유행하고 이스라엘인들이 믿었을 이해와 다르다. 하나님은 그들의 우주 지리를 수정하기 위한 계시를 제공하지 않았고, 모든 증거는 이스라엘인들이 그들 주위의 물리적 세계에 관해 그들의 이웃과 동일한 견해를 공유했음을 암시한다(5장을 보라).

그들은 모두 아래의 물들과 위의 물들이 있었고 후자는 단단한 하늘을 통해 지탱된다고 믿었을 것이다. 그들은 해와 달과 별들이 물체라는 것을 몰랐다. 이스라엘인들은 그것들을 하늘에 있는 빛으로 생각했다(그리고 그들의 이웃들은 그것들을 신들로 생각했다). 그들은 다수의 대륙들을 몰랐고 하나의 대륙이 원반 모양이라고 믿었다. 그렇다면 물리적 세상을 이런 식으로 생각한 사람들은 홍수를 우리와는 다른 관점으로 묘사할 것이다. 사실 그들의 묘사가 우리 자신의 관점에서 묘사하는 데 큰 도움이 될 수 있다면 그것은 놀라운 일일 것이다.

한 예가 우리로 하여금 특정한 종류의 관습에서 다른 종류의 관습으로 옮겨가는 것의 도전들을 이해하도록 도움을 줄 수 있을 것이다. 피카소는 인간의 얼굴을 충격적인 방식으로 제시한 입체주의 초상화로 유명하다. 우리는 그의 모형들이 누구였는지 알고 있고 그들 중 몇 사람의 사진들을 갖고 있어서 그들이 "실제로 어떤 모습이었는지"를 안다. 피카소의 초상화들은 특정한 종류의 관습의 결과이고, 사진들은 다른 종류의 관습의 결과다. 둘 다 같은 주제를 제시하지만 다른 가치와 우선순위를 염두에 두고 제시한다. 우리가 피카소의 초상화가 그 그림의 모형처럼 보이지 않는다고 말할지도 모르지만, 그는 사진도 여러 면에서 그 대상 인물처럼 보이지 않는다고 이의를 제기할지도 모른다(예컨대 사진은 2차원이고 축소되었으며, 팔이나 다리에 대한 어떤 단서도 주지 않는다). 만일 혹자의 목표가 누가 그 사람을 만나면 알아볼 수 있도록 제시하는 것이라면 사진이 선호되는 매체일 것이다. 그러나 피카소가 초상화를 그릴 때 그것은 확실히 그의 목표가 아니었다. 그는 자기의 초상화들이 사진이 포착할 수 없는 실재를 포착할 수 있다고 믿었다. 두 매체 모두 자신의 방식으로 실재를 나타내지만 다른 관점에서 다른 측면을 강조하여 제시한다. 만일 우리가 그 초상화로부터 사진을 재구성하려고 한다면 결국 성공하기를 바랄 수 없을 것이고 피카소가 자기가 선택한 관습을 통해 포착하려고 했던 진실을 완전히 지우게 될 것이다. 그럼으로써 우리는 그가 해놓은 것을 망치고 그가 이루기를 원했던 바를 달성하지 못할 것이다. 이와 유사하게 우리는 반 고흐의 "별이 빛나는 밤"(Starry Night)에서 (허블 망원경을 통해 확인된) 하늘의 지도를 재구성하려고 시도하지 않을 것이다.

마찬가지로 우리가 홍수 기사를 읽을 때 그 텍스트는 우리에게 고대 세계의 관점, 관습, 우선순위로써 그 세계의 관점, 관습, 우선순위를 반영하는 문학적 초상화를 제시한다. 비록 우리가 우리의 과학적 관습에 따라 수문학적·지질학적 사건을 재구성하고 싶을지라도, 우리는 그 텍스트가 우리의 기대에 따라 작동하도록 강요하려고 시도하지 말아야 한다.[5] 그렇게 하면 저자가 일어난 일들을 전달하기 위해 선택한 방식에서 발견되는 진리를 말살할 위험이 있을 것이다. 그 사건을 재구성하는 것은 해석자로서 우리의 일이 아니다. 우리의 일은 그 사건에 대한 저자의 해석을 이해하는 것이다.

구약성서의 다른 곳에서 우리는 저자들이 무언가 가공할만한 것을 묘사할 때 과장을 사용하는 것을 발견한다. 예컨대 예레미야애가 2:22에서 시인은 우리에게 예루살렘 멸망에서 "아무도 피하거나 살아남지 못했다"고 말한다. 그러나 우리는 많은 사람이 그 땅과 유배지에서 살아남았다는 것을 안다. 그는 재앙을 과장되게 제시하면서 보편적인 수사를 사용하고 있다. 그리고 스바냐 1:2-3에서 다가오는 유다와 예루살렘의 멸망은 "땅 위에서 모든 것", 심지어 물고기와 새들까지 포함하는 보편적인 용어

로 묘사된다. 인간의 멸망은 전체적이다. "내가 모든 사람을 땅 위에서 진멸할 때." 저자는 몇몇 사람은 생존하리라는 것을 알면서도 보편적인 수사를 사용한다. 같은 방식으로 창세기의 저자는 홍수가 실제로는 보편적이지 않다는 것을 알지만, 중요성과 영향이 크기 때문에 보편적인 수사를 사용하는 데 거북함을 느끼지 않는다.

우리가 뭔가 중요한 일이 일어났음을 의심하지 않아야 한다는 것을 주목하라. 실제 과거에 실제 사건이 일어났다(우리가 피카소의 그림 속 인물처럼 보이는 사람을 알지 못한다고 해서 그가 진짜 사람을 그린 것이 아니라고 생각한다면 부주의한 처사이듯이 말이다). 그 사건은 확실히 대규모의 사건이었지만 성경의 텍스트에서는 그 사건 자체가 요점이 아니다. 그 사건은 특정한 신학적, 문학적 목표를 염두에 두고 묘사된다. 그리고 우리는 그 신학이 건전하다는 것을 확신할 수 있다. 즉 하나님은 정당한 목적으로 홍수를 보냈다. 하나님은 의도적으로 자신이 창세기의 앞장들에서 세웠던 질서를 파괴하고 나서 질서를 재확립한다. 홍수 사건이 고대 근동 세계에 알려지기는 했지만, 홍수에 대한 이러한 신학적 설명이 성경의 기사와 수메르 및 바빌로니아의 기사들 사이의 가장 큰 차이다.

우리가 성경의 홍수 기사가 과학적 결과들을 가지는 역사적 주장을 한다는 것을 의심할 이유가 없다(예컨대 홍수 물이 특정한 지역에서 특정한 높이까지 올라갔다). 하지만 문화적 거리와 우리가 받은 텍스트의 문학적 관습 때문에 우리의 관점에서는 그런 결과들이 무엇인지는 대체로 불분명하다. 우리가 아브라함이나 에스더에 대한 문학적 묘사를 뛰어넘어 마이어스-브릭스 MBTI 성격 유형을 구성할 수 없듯이, 우리는 그 홍수에 대한 문학적 묘사를 뛰어넘어 그 사건에 대해 과학적인 현대의 프로필을 구성할 수 있으리라고 기대하지 말아야 한다. 우리는 그 기사가 사실임을 확신할 수 있지만, 저자가 그것이 과학적으로 어떻게 사실인지에 관한 상세한 세부내용에 관한 정보에 관심이 없었기 때문에 우리가 그것을 파악하기 어려울 수

---

5   과학적 관습들은 17세기부터 서구의 문화에서 매우 중요해졌다(섹션 4.2.2를 보라).

도 있다. 서술자의 관점에서 가장 중요한 사실들은 명료하다. 성경은 우리를 오도하지 않았고, 우리가 그 텍스트를 수문학적·지질학적 관점에서 묘사하지 못한다는 사실이 그 텍스트의 소통이나 신뢰성에 대한 장애가 되지 않는다. 우리는 성경이 참임을 **증명**하기 위해 과학적인 논거에 의존할 필요가 없다. 우리는 과학적으로 그것을 입증할 수 있는지를 불문하고 성경이 참임을 단언하며, 성경이 우리에게 우리가 원하는 정보를 주지 않을 수도 있음을 인정한다. 우리가 성경이 참임을 확고히 하려는 노력에서 우리에게 일리가 있어 보이는 관점에서 그 사건을 재구성하기보다는, 그 텍스트가 강조하는 요점을 믿는 것이 더 중요하다.

13.2. 과학적 신빙성

거대한 홍수의 지질학 및 수문학과 관련된 문제들은 12장에서 과학적 각도로 탐구되었다. 이 대목에서는 거대한 홍수를 뒷받침하는 지질학적 데이터가 없다고 말하는 것으로 충분하다. 더욱이 어떤 고고학적 증거도 그런 홍수를 뒷받침하지 않는다.[6] 인간의 정착 생활에 관한 가장 이른 시기의 고고학적 증거는 약 1만 년 전으로 거슬러 올라간다. 인간의 정착지의 유물은 대규모 홍수가 있었을 경우 필연적으로 그 홍수에 수반했을 실트암 층으로 말미암아 중단됨이 없이 1만 년 전부터 현재까지의 전 기간에 걸쳐 있다. 거대한 홍수에 대한 물리적 증거가 없음에 비추어 우리는 그 텍스트가 실제로 주장하는 것과 주장하지 않는 것에 대한 우리의 이해를 가다듬도록 자극된다.[7]

13.3. 물류상의 신빙성

성경 텍스트의 언어에 나타나는 몇몇 유연성과 고고학적 증거 부재 외에, 우리는 세계적인 홍수에 대한 물류상의 문제들도 고려할 수 있다. 이 대목에서 우리는 큰 공을 들임이 없이 물류상의 몇 가지 문제들을 간략히 언급할 것이다.[8] 동시에 세계적인 홍수를 지지하는 사람들이 많은 문제에 대한 설명들을 제안했다는 것도 지적되어야 한다.

- 지구 전체가 5,100미터 깊이(아라랏산의 높이)로 덮이려면 추가로 3×10^{18}톤의 물(약 30억 세제곱 킬로미터의 물)이 필요했을 것이다. 대기와 대양에 존재하는 물을 합해도 그렇게 많은 물은 존재하지 않는다.

- 그만큼의 물이 대기 중에 존재했더라면 대기의 압력이 현재 수준보다 840배 높았을 것이고 따라서 햇빛이 지구의 표면에 도달할 수 없었을 것이다.

- 방주에 동물이 몇 마리 있었든 간에 우리를 청소하는 것은 고사하고 겨우 여덟 명이 날마다 그 모든 동물에게 먹이를 주는 것이 불가능했을 것이다.

- 모든 동물과 사람에게 1년 동안 공급하는 데 필요한 민물은 방주의 많은 부분을 차지했을 것이다.

- 세계적인 홍수가 일어났다면 모든 물이 짠물이 되었을 것이기 때문에 민물고기들이 생존할 수 없었을 것이다.

- 호주에서만 발견되는 동물들이 홍수 후에 호주에(또는 홍수 전에 방주로) 갈 수 있었던 시나리오를 제시하기 어려울 것이다.

- 150일 만에 5,100미터에 이를 정도로 홍수가 심했다면, 물이 하루에 30미터 이상, 시간당 거의 1.5미터 높아져야 했을 것이다. 그런 급격한 수위 상승이 가

6　더 많은 정보와 철저한 분석은 Lloyd R. Bailey, *Noah: The Person and the Story in History and Tradition* (Columbia: University of South Carolina Press, 1989)을 보라.

7　홍수가 주요 지질학적 특징들에 대한 과학적 설명으로 인용될 경우에도 그것은 중대한 문제들에 부딪힌다. 12장과 Carol Hill and Gregg Davidson, eds., *The Grand Canyon, Monument to an Ancient Earth: Can Noah's Flood Explain the Grand Canyon?* (Grand Rapids: Kregel, 2016[『그랜드캐니언, 오래된 지구의 기념비』, 새물결플러스 역간])을 보라.

8　더 많은 정보와 문서는 John Walton, *Genesis, New International Version Application Commentary* (Grand Rapids: Zondervan, 2001), 322-24를 보라.

신약성서에서 홍수에 대해 언급하는 구절은 소수에 지나지 않는데, 그중 어느 것도 홍수의 지리적 범위에 관해 진술하지 않는다. 누가복음 17:27은 사람들이 어떻게 날마다 그들의 삶을 살다가 갑자기 심판을 맞게 되었는지에 관해 말한다(마 24:38-39과 비교하라). 누가는 미래의 심판 역시 불시에 사람들에게 들이닥칠 것이라고 지적한다. 베드로후서 2:5은 하나님이 노아를 살려 줬다고 언급하며 베드로후서 3:5-6은 세상(홍수의 범위에 관한 특정한 주장이라기보다는 가장 넓은 의미에서의 **코스모스**[kosmos])이 물에 잠겨 멸망했음을 지적한다. 홍수에 대한 언급이 이렇게 적은 점으로 미루어 우리는 신약성서가 우리가 홍수의 범위에 관한 과학적 질문들에 답하도록 도와줄 정보를 거의 제공하지 않는다는 것을 알 수 있다. 더욱이 신약성서 저자들이 홍수 이야기를 통해 전달하려는 요점이 반드시 창세기가 홍수 이야기를 통해 전달하려는 요점이 아닐 수도 있음이 지적되어야 한다. 두 해석 모두 타당하지만, 그것들이 반드시 같은 해석 경로를 취하는 것은 아니다. 그 기사는 복수의 의미를 가질 수 있다.

능하고 5개월 동안 유지될 수 있었다고 하더라도, 급류가 생성되어 방주 안에서의 생존을 불가능하게 만들었을 것이다.

- 오늘날 방주를 찾는 사람들은 아라랏산의 높은 곳에 올라가기 위해 매우 정교한 등산 장비를 사용해야 했고 때때로 그 노력을 포기해야 했다. 노아와 그의 가족, 그리고 코끼리나 하마 같은 동물들이 그 산을 어떻게 내려올 수 있었을지를 상상하기 어렵다.

- 만일 방주가 일곱째 달 열이렛날 여전히 물에 잠긴 아라랏산 정상에 좌초했고(창 8:4), 열째 달 초하룻날에 산들의 봉우리가 보이게 되었다면(창 8:5) 물이 75일 동안 4.5미터만 줄어든 것이다. 하지만 [다음 해] 첫째 달 초하룻날 지구가 말랐기 때문에(창 8:13) 다음 75일 동안 물이 5,100미터 줄어들어야 했을 것이다. 그렇게 급속한 배수는 거대한 소용돌이와 흡입을 야기했을 것이다. 그리고 우리는 대양들이 이미 가득 찼기 때문에 그 모든 물이 어디로 갔는지 질문할 수 있을 것이다.

- 창세기 8:11에서 비둘기가 계곡으로 내려가서 올리브나무의 잎을 가져왔다(그 나무는 고도가 낮은 곳에서만 자란다). 비둘기가 어떻게 5,100미터 높이를 날아서 방주로 돌아왔는가? 비둘기들은 물리적으로 이런 고도에서 날 수 있는 신체 구조를 갖추고 있지 않다. 비둘기들의 날개가 기능하기에는 공기가 너무 희박하다.

기적을 끼워 넣어서 우리가 이 대목에서 조우하는 모든 물류 문제를 처리하는 것은 합리적인 관행이 아니다. 우리는 텍스트가 기적에 대해 말하지 않는 곳에서 기적을 상정하기를 삼가야 한다. 앞서 제시한 것 같은 해석상의 대안들을 고려하는 것이 좀 더 적절하다.

13.4. 신학적 맥락과 문학적 맥락

마지막으로, 창세기에 수록된 홍수 내러티브 수사의 역할과 그것의 신학적 요점이 고려되어야 한다. 과학적 주장과 신학적 주장을 조사하는 것 외에 우리는 문학적 맥락에도 주의를 기울일 필요가 있다. 이 대목에서 학자들이 창세기 1-3장(창조)과 창세기 6-9장 사이의 많은 병행을 적시해왔는데 그것은 문학의 관점에서 볼 때 서술자가 홍수를 재창조로 제시하고 있음을 암시한다.

- 창세기 1:2에서 그 기사는 물에 덮인 땅으로 시작하는데, 그것은 질서의 부재를 나타낸다. 창세기 7:19-20에서 우주적인 물이 다시 땅을 덮음에 따라 땅이

무질서로 돌아간다.

- 창세기 1:2에서 우리는 하나님의 영 또는 하나님의 바람이 물 위를 운행했다는 말을 듣는다. 창세기 8:1에서 같은 히브리어 용어가 사용되어 물을 물러나게 하는 바람을 묘사한다.
- 창세기 1:9과 창세기 8:5에서 마른 땅이 드러나는데 두 절에서 같은 단어가 사용된다.
- 창세기 8:15-19에서 노아와 그의 가족 그리고 가족들이 방주에서 "나온다." 창세기 1:24에서 하나님이 땅이 생물들을 내라고 말할 때 같은 동사가 사용된다.
- 창세기 1-3에서 하나님이 질서―평형―를 확립한다. 홍수가 그 평형을 무너뜨렸지만 그 여파로 평형이 회복되었다.
- 사람들이 죄를 지었을 때 그것은 하나님의 질서 잡힌 세상에 무질서를 들여왔다. 그 무질서의 결과는 노아의 시대를 특징지은 폭력이었다. 하나님은 사회적 무질서(disorder)에 대해 우주적 비질서(nonorder)로의 복귀로 대응했다.
- 하나님은 창세기 1장에서 질서와 안식(rest)을 가져왔다. 사람들은 불안(unrest)을 가져왔다. 노아의 아버지는 노아에게서 안식이 회복되리라는 희망으로 노아의 이름을 지었고(창 5:29), 홍수 후 안식과 질서의 재확립으로 그 희망이 실현되었다.
- 창세기 1:28-30의 축복이 창세기 9:1-7에서 되풀이된다(변화가 있지만 반향이 명백하다).

이 모든 병행은 홍수 사건을 제시함에 있어 서술자의 의도를 밝히는 데 도움이 된다. 우리는 서술자가 하나님에 대한 특정한 그림을 제시하는 것과 하나님이 무질서에 대한 교정 수단으로서 어떻게 비질서를 사용하는지를 보여주는 것에 초점을 맞추고 있음을 발견하는데, 그 초점은

홍수의 지리적 범위에 영향을 받지 않는다. 서술자들이 보편적인 수사를 채택해서 우주적인 재앙으로서의 홍수의 영향과 의미를 묘사했다고 해서 그것이 그들이 홍수의 물리적 범위나 지리적 범위를 우주적으로 여겼다는 의미는 아니다. 우리는 정복이 완료된 것으로 묘사되는 여호수아 21:43-45에서 이에 대한 충분한 증거를 구할 수 있다. 이 묘사가 수사적이라는 것은 사사기의 앞쪽 장들에 나타난다. 이미 언급된 것처럼 예레미야애가 2:22과 스바냐 1장 모두 논의된 사건들이 보편적이지 않은 맥락에서 보편적인 수사를 사용한 예를 보여준다.

홍수는 창세기의 서론 부분(창 1-11장)에서 핵심적인 역할을 한다. 우리는 성경을 진지하게 받아들이기 때문에 성경이 홍수에 관해 주장하는 것을 발견하는 데 관심이 있다. 그 기사의 신학적 주장들을 이해하는 것이 그 기사의 과학적 주장일 가능성이 있는 내용(그런 문학 작품에서는 명백하지 않을 수도 있다)을 이해하는 것보다 중요하다. 그 텍스트 안에 나타난 소통은 늘 그렇듯이 고대 세계라는 원래의 맥락에 맞춰졌기 때문에 그 기사의 주장들이 우리에게 즉각적으로 명료하게 드러나지 않을 수도 있다(섹션 1.1.3을 보라). 우리는 세계적인 홍수에 관해 궁금해하지만, 고대 근동 세계에서 사람들에게는 지구 개념이 없었고 그들은 자기들이 사는 대륙 너머의 대륙들도 알지 못했다. 그들의 묘사는 세상에 대한 그들의 이해에 기초했는데, 그들의 이해는 필연적으로 근대 이전의 것이고 범위에 있어서 상대적으로 국지적이다. 내러티브 보고의 인지 환경과 문학적 관습의 차이로 말미암아 우리가 그 문화에 맞춰진 텍스트의 언어를 사용해서 우리의 현대 과학 이해를 반영하는 어떤 것으로 전환하기 위한 토대로 사용할 수 있는 능력도 훼손된다. 텍스트에 대한 그런 접근법은 그 텍스트가 강조하고 있는 신학적 진리로부터 우리의 주의를 흩뜨린다.

14장

암석의 순환과 지질 과정의 시간 척도

암석의 순환 개념은 지구의 지각에 존재하는 암석들과 그 구조들에 대한 조사 및 지표의 지질 과정의 관측에서 출현했다(12장을 보라). 명백한 몇 가지 과정은 화산 활동, 지진 활동, 풍화, 침식, 퇴적물 운반과 퇴적을 포함한다. 지구의 깊은 곳에서 일어나는 지질 과정은 지하의 마그마방(magma chamber)들에서 일어나는 화성암의 결정(結晶) 및 퇴적암의 경화(응고)와 변형에 대한 제임스 허튼의 해석 같은, 현장의 암석들과 구조들에 대한 관측으로부터 추론된다. 초창기 지질학자들은 퇴적암들에 함유된 광물 입자들은 좀 더 오래된 화성암 기반암에서 유래했을 수 있음을 이해했다. 지질학자들은 지구의 지각 깊은 곳에서 열과 압력으로 말미암아 다른 암석들이 변형되어 형성된 세 번째 유형의 암석인 변성암을 알아차렸다.

암석의 순환에 나타난 이런 지구 과정들(Earth processes)은 시편 104편에서 시적으로 예시된 바와 같은—그리스도로 말미암아 유지되는—창조세계의 기능의 완전성을 반영한다. 창조주가 화산을 폭발시켜 산을 만지

자 산이 연기를 낸다. "여호와께서 샘을 골짜기에서 솟아나게 하시고 산 사이에 흐르게 하사", "그가 그의 누각에서부터 산에 물을 부어 주시니 주께서 하시는 일의 결실이 땅을 만족시켜 주는도다."[1] 창조세계가 규칙적인 방식으로 창조세계에 봉사해서 생명이 번성할 수 있는 장소들을 만들고 그곳들을 채운다(그러지 않으면 생명이 번성하지 않을 것이다). 하나님의 손(하나님이 손을 가진 듯이 표현된다)은 보이지 않으며 만일 야웨가 자신을 우리에게 계시하지 않았더라면 우리가 그 손을 깨닫지 못했을 것이다.

이 장에서 당신은 암석들을 생성하고 변화시키는 지질 과정에서의 암석의 순환과 시간 척도(timescale)들을 배울 것이다. 흔한 암석들의 사진과 묘사를 섹션 14.3에서 찾아볼 수 있다.

14.1. 암석의 순환 설명

지질학자들은 지구의 지각 안에서 및 지표 위에서 일어나는 물질들의 복잡한 순환과 과정들을 추론했는데, 그것이 우리에게 창조세계의 기능의 완전성에 대한 명백한 예를 제시한다. 이 대목에서 단순화한 암석의 순환 내러티브를 살펴보자(그림 14.1을 보라). 깊은 지각 안으로 주입된 마그마는 화강암 같은 거대한 심성암(深成岩)들을 형성한

---

1   Robert Alter, *The Book of Psalms: A Translation with Commentary* (New York: W. W. Norton, 2007), 364, 368.

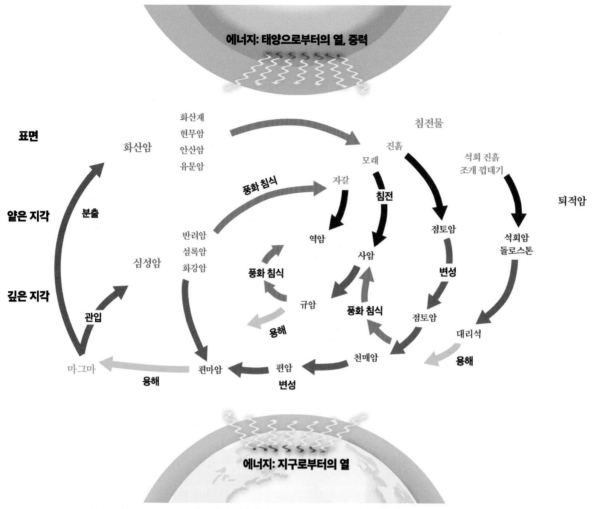

그림 14.1. 지구의 지각 안의 암석의 순환은 지구의 표면과 심층에서 일어나는 물질들의 변화와 관련이 있는데, 이때 에너지는 태양과 지열 그리고 중력으로부터 공급된다. 암석과 퇴적물은 일반 서체로 표시되고 암석을 형성하는 과정들은 고딕체로 표시된다. 이 그림에 나타나는 암석들은 섹션 14.3의 용어 해설에서 예시된다.

다. 지표로 밀고 들어간 마그마는 화산 분화와 작열하는 용암류로 귀결된다. 조산 동안의 융기는 화강암을 지표로 들어 올리고 그것은 지표에서 풍화와 침식을 겪는다. 화강암에서 나온 퇴적물 입자들이 물의 흐름을 통해 바다로 운반되고, 그것들은 바다에서 해저 아래의 두꺼운 층들로 퇴적된다. 퇴적물층들은 압축되고 퇴적암으로 교결된다. 지구 내부의 힘들(지진을 일으키는 힘과 동일한 힘들)이 퇴적 층들을 단층 구획들과 물결 모양의 습곡들로 변형시킨다. 지구의 지각 깊은 곳의 고온 고압 상태에서 화성암과 퇴적암은 여러 형태의 변성암으로 바뀐다. 몇몇 변성암들은 녹아서 거대한 마그마를 형성하고 그것이 냉각되어 화성

암이 된다.

암석의 순환에서 물리적, 화학적 암석의 변형을 추동하기 위해서는 일을 할 수 있는 능력으로 정의되는 에너지가 요구된다. 궁극적으로 두 가지의 열에너지 원천이 관련된다. 지열은 지구가 형성되고 남은 열(11장을 보라)과 더불어, 지각과 맨틀 안에서 일어나는 동위원소 방사성 붕괴로부터 지구 안에서 만들어진다. 지구에서 흐르는 열은 다음과 같은 일들을 일으킨다. (1) 습곡된 지층들에서 드러나고 지진 중에 경험되는 바와 같이 지각 안에서의 암석들의 이동과 변형을 일으킨다. (2) 화산 분화에서 드러나는 바와 같이 암석들을 용해해서 마그마를 만든다.

(3) 암석의 변성을 일으킨다. 둘째, 태양으로부터의 열이 지표면에서 암석을 풍화시키는 화학적·물리적 반응에 필수적이다. 중력과 운동 에너지는 퇴적물 입자들을 지표면의 퇴적물이 생성되는 곳에서 퇴적물이 축적되는 곳으로 운반하는 데 중요한 역할을 한다.

14.2. 암석의 순환은 얼마나 빠른가?

암석의 순환에 나타난 지질 과정의 시간 척도는 현장에서의 관측과 실험실에서의 실험을 통해 알려진다. 화산 분화와 강의 퇴적물 퇴적은 관찰될 수 있지만, 몇몇 과정들은 지각 심층에서의 암석의 형성처럼 과거에 물질들이 어떻게 형성되었는가에 대한 이해를 필요로 한다. 지질학자들은 현미경과 지구화학 연구 도구들을 사용해서 암석의 기원에 대한 단서들을 조사한다. 실험실의 실험들은 과거의 상태 또는 지표 밑 깊은 곳의 상태를 시뮬레이션하도록 수행된다. 예컨대 암석의 변성과 관련된 조건을 알아내기 위해 가루가 된 광물들에 높은 온도와 압력이 가해진다. 컴퓨터 모형들도 암석 형성 과정의 조건과 시간 척도를 시뮬레이션하는 데 유용하다. 지질 과정과 형성의 시간 척도(속도)들의 많은 예가 아래에 묘사된다.

14.2.1. 마그마의 냉각. 화산 분화에서 지각 하부 안으로 주입되거나 표면으로 올라온 마그마는 맨틀 상부나 지각 하부에서 만들어진다. 지각은 주위의 단단한 암석들보다 밀도가 낮기 때문에 유체 마그마는 지각을 통해 올라온다. 마그마 기둥들이 지각을 통해 올라와서 그 위의 암석을 부수고 녹임으로써 위쪽으로 뚫고 올라간다. 이 기둥들은 1년에 1미터에서 50미터 이내의 속도로 상승해서 수직으로 수 킬로미터의 거리를 올라갈 수도 있다. 맨틀 상부와 지각 하부의 일정한 부분이 집중적으로 가열되면 지각이 국지적으로 용해되어 지각의 얕은 층 안으로 관입하는 마그마의 원천을 제공할 수도 있다. 장기적으로 주위의 지각이 녹아서 마그마가 늘어나면 거대한 마그마방

이 형성된다. 그것들은 결정(結晶)하여 **심성암체**(pluton)로 불리는 넓은 암석체를 형성한다. 많은 산맥의 아래에서 겹치는 여러 심성암들이 **저반**(batholith)으로 불리는 좀 더 넓은 화성암 덩어리들을 만든다. 예컨대 시에라네바다 저반은 전체적으로 넓이가 100킬로미터이고 길이가 625킬로미터이며 깊이는 최소 16킬로미터인 화강암 심성암 덩어리다. 산맥들 아래의 온도 조건하의 거대한 마그마에서 나오는 열 흐름에 대한 이론적인 모형들을 사용해서 추정한 결과, 시에라네바다 마그마 덩어리는 하나의 균일한 고체로 냉각하는 데 최대 300만 년까지 소요되었을 것으로 보인다. 그러나 현장의 증거와 심성암의 방사성 연대 측정은 그것들이 동시에 하나의 거대한 마그마방으로 형성된 것이 아니라 1억 5천만 년 이상의 기간에 걸쳐 여러 개의 좀 더 작은 마그마방들로 형성되었음을 암시한다.[2]

옐로스톤 국립공원은 지표면의 겨우 5-17킬로미터 아래에 묻힌 녹은 암석과 고체 광물들의 거대한 방(두께가 2킬로미터를 넘는다) 위에 놓여 있다. 그 방에서 나오는 열이 옐로스톤 공원의 (올드 페이스풀[Old Faithful] 같은) 유명한 간헐천 분화와 온천들을 위한 에너지를 공급한다.[3] 지표면에 가까이 있는 옐로스톤 마그마는 그 공원 안과 주위의 많은 용암류와 화산 퇴적물에서 드러났듯이 그 지역에 화산의 위험을 제공한다. 이 암석들에 대한 방사성 연대 측정 결과는 약 210만 년 전과 130만 년 전, 그리고 64만 년 전 무렵에 중요한 분화가 있었음을 보여준다. 그곳의 지각 아래에 있는 맨틀 상부는 이례적으로 뜨거운 것으로 보이며, 이에 따라 옐로스톤 마그마방은 200만 년 넘게 녹은 상태를 유지해왔다. 지질학자들은 옐로스톤의 서쪽에서 과거에 옐로스톤 마그마방과 유사한 마그마방들의

---

2 Davis A. Young and Ralph L. Stearley, *The Bible, Rocks and Time: Geological Evidence for the Age of the Earth* (Downers Grove, IL: InterVarsity Press, 2008), 314-34, 372-75.

3 Hsin-Hua Huang et al., "The Yellowstone Magmatic System from the Mantle Plume to the Upper Crust," *Science* 15 (2015): 773-76.

분화와 냉각으로 형성된 심성암체들과 용암류들을 발견했다. 방사성 연대 측정 결과 이 화성암체들은 옐로스톤에서 멀어질수록 오래되었음이 밝혀졌다.[4]

14.2.2. 산의 융기와 제거. 지구 표면에 있는 심성 화성암들과 변성암들은 딥 타임에 대한 증언이다. 10-25킬로미터 깊이의 지각에서 형성되는 이런 암석들은 조산 및 그것과 동시에 발생하는 침식 동안 표면으로 융기되었을 것이다. 융기 속도는 산맥마다 다르지만 일 년에 1-2밀리미터가 전형적이며 최대치는 1년에 12밀리미터다.[5] 시에라네바다산맥의 화강암질 심성암들은 지표면의 10-20킬로미터 아래서 2억 년에서 9천만 년 전 사이의 기간에 형성되었다. 그 화강암을 해수면에서 4킬로미터까지 끌어올린 그 산맥의 융기는 약 5백만 년 전에 시작되었다.

침식은 융기 중에 발생해서 융기가 그친 뒤에도 계속되며 궁극적으로 이전의 산맥들을 해수면 수준으로 평탄하게 만든다. 애팔래치아산맥 중앙에 있는 그레이트스모키산맥 같은 오래된 산맥은 1년에 0.25-0.3밀리미터의 속도로 침식되고 있다.[6] 히말라야산맥 같이 좀 더 젊은(그리고 좀 더 높은) 산맥은 1년에 2-5밀리미터의 속도로 침식된다.[7] 이 속도에 근거할 때 지각 아래의 깊은 곳에서 형성된 화성암 및 변성암이 융기되었다가 해수면 수준으로 침식되는 데 1천만 년-1억 년이 걸릴 것이다.

14.2.3. 암석의 풍화와 토양층. 기반암이 해수면 위로 노출되면 물리적 풍화 및 화학적 풍화를 겪는다. 표면 위에 제한된 침식이나 퇴적이 있으면 풍화된 기반암 위쪽에 토양이 발달할 수 있다. 가장 두꺼운 토양은 따뜻하고 습한 기후에서 형성된다. 지역적인 조건에 의존하는 토양의 형성 속도는 1년에 0.0013-100센티미터다.[8] 예컨대 어떤 습지대 소택지(沼澤地) 안의 2미터 두께 토양은 3천 년에 걸쳐 형성되었다. 이와 대조적으로 열대 아프리카에 있는 어떤 1미터 두께의 토양은 75,000년에 걸쳐 형성되었다.

암석 기록에 매장된 고대의 토양들은 **고토양**(paleosol)으로 불린다. 지질학적으로 최근의 고토양들은 마지막 빙하 시대 이후 형성된 하안단구 퇴적물에서 인식된다. 이런 토양들은 종종 인간이 거주한 증거를 포함한다. 사우스다코타주 배드랜드스의 노출된 지층들에서는 좀 더 오래된 고토양들이 풍부하며 잘 발달되어 있다. 그곳에서 지질학자들은 80개가 넘는 고토양층들을 발견했다.[9] 층서 기록에 존재하는 고토양은 아래의 암석층과 위의 암석층 사이에 최소 수천 년에서 수만 년 동안 퇴적이 이루어지지 않은 기간이 있었다는 증거다.

점토암 및 기타 이암(mudrock)에 포함된 점토 광물들은 화성암들에서 결정하지 않는다. 화학적 풍화는 화성암들에 들어 있는 장석, 운모, 기타 광물들을 다른 점토 광물들로 바꾸며 그것들은 토양으로부터 침식되어 궁극적으로 바다로 운반되고 그곳에서 점토암이 퇴적된다. 이와 대조적으로 사암과 실트암에서 압도적 광물인 석영은 암석이 화학적 풍화를 겪는 동안 변하지 않는다. 점토암들은 지구의 지각에서 가장 풍부한 퇴적암이기 때문에 (50퍼센트를 넘는다), 그것의 함의는 지구의 지각에서 가장 풍부한 암석에 들어 있는 진흙은 먼저 토양층이 만들어지

4   Robert B. Smith and Lee J. Siegel, *Windows into the Earth: The Geology of Yellowstone and Grand Teton Parks* (London: Oxford University Press, 2000).

5   Lon D. Abbott et al., "Measurement of Tectonic Surface Uplift Rate in a Young Collisional Mountain Belt," *Nature* 385 (1997): 501-7.

6   A. Matmon et al., "Erosion of an Ancient Mountain Range, The Great Smoky Mountains, North Carolina and Tennessee," *American Journal of Science* 303 (2003): 817-55.

7   Emmanuel J. Gabet et al., "Modern Erosion Rates in the High Himalayas of Nepal," *Earth and Planetary Science Letters* 267 (2008): 482-94.

8   S. W. Buol et al., *Soil Genesis and Classification*, 4th ed. (Ames: Iowa State University Press, 1997), 179-94.

9   Greg J. Retallack, *Late Eocene and Oligocene Paleosols from Badlands National Park, South Dakota*, Special Paper 193 (Boulder, CO: Geological Society of America, 1983).

고 나서 그것이 퇴적되었다는 것이다. 어느 시점에 지구에 존재하던 토양이 모두 동원되었다고 하더라도 이 모든 암석을 위한 충분한 점토를 공급할 수 없었을 것이다. 현대 홍수 지질학자들이 믿듯이(섹션 12.7을 보라) 지구의 지각에 있는 모든 점토암이 세계적인 홍수 때 퇴적되었으려면, 그에 상당하는 양의 점토가 창조의 주간과 홍수 사이의 천 년 동안에 만들어졌어야 했을 것이다.

14.2.4. 퇴적 속도. 퇴적은 기능의 완전성의 또 다른 명백한 예다. 퇴적물은 다양한 육상 및 해양의 환경에서 축적된다. 퇴적 환경은 사막의 사구(砂丘), 강모래, 사주(砂洲), 갯벌, 해변, 삼각주, 산호초를 포함한다. 직접 관찰을 통해 퇴적 속도들이 추정되어왔지만, 그 속도는 특정한 과정과 지역적인 조건에 크게 의존한다. 예컨대 산호의 성장 속도나 해변의 모래 축적 속도는 일정치 않다. 하지만 관찰에 기초한 추정치는 우리에게 이런 환경들에서 퇴적물이 축적되는 데 필요한 시간 척도를 가늠할 수 있게 해주는데, 우리는 그런 추정치를 통해 다양한 지층들이 형성되는 데 얼마나 오래 소요될지에 대해 이해할 수 있다. 우리는 삼각주, 해변, 탄산염 환경, 그리고 심해의 네 가지 환경에서의 퇴적 속도를 조사할 것이다.

14.2.4.1. 삼각주. 강의 하구에 모래나 진흙이 운반되면 삼각주가 형성된다. 퇴적물이 바다로 운반됨에 따라 삼각주가 전진해서 해안선을 바다 쪽으로 밀어낸다. 현대의 삼각주 환경에서 퇴적 속도는 강을 통해 운반되는 퇴적물의 양과 퇴적물이 바다에 도달하고 나서 조류와 파도가 그것을 분산시키는 효과에 따라 천차만별이다. 연간 350톤의 퇴적물을 바다로 가져오는 미시시피강은 약 천 년 동안 뉴올리언스에서 현재의 하구로 약 120킬로미터 전진했다. 이에 따라 멕시코만의 좀 더 깊은 물들에 축적되었던 좀 더 오래된 퇴적물들 위에 두꺼운 모래와 진흙층이 퇴적되었다. 사우스웨스트 패스에 있는 지류를 통해

지난 200년 동안 퇴적된 모래층은 길이 8-10킬로미터, 두께 20-80미터다.[10]

그러나 미시시피강 삼각주의 역사는 천 년 이전으로 거슬러 올라간다. 위성 이미지들이 현재의 삼각주 양쪽에 버려진 삼각주들이 있는 것을 보여주듯이 그 강은 과거에 반복적으로 방향이 바뀌었다. 그 지역의 지표면 아래에 있는 퇴적물들을 조사하기 위한 방대한 원통형 표본 추출 결과, 과거 6천 년 동안 최소 여섯 번의 삼각주 진전이 있었음이 드러났다.[11] 더욱이 멕시코만 북부의 퇴적 역사는 6천 년을 훨씬 넘는다. 현대의 미시시피강은 현재의 해안에서 일리노이주 남부에 이르는, 약 1,600킬로미터에 걸친 넓은 저지를 점진적으로 채워온 가장 최근의 하천 시스템일 뿐이다. 이 저지의 가장 오래된 퇴적물들은 백악기 시스템에 속하며 약 1억 5천만 년 전 공룡 시대의 생명의 증거를 포함하고 있다.

14.2.4.2. 해변. 텍사스 걸프 코스트에 있는 갤버스턴섬은 보초도(堡礁島) 퇴적 환경의 좋은 예다. 일련의 넓은 사주에서 해변의 위와 앞에 모래가 퇴적된다. 해풍이 해변 뒤쪽에 사구들의 줄을 만들어 놓는다. 현대의 해변 뒤쪽에 있는 여러 줄의 고대 해변 둑들은 파도와 연안류가 해변에 계속 모래를 추가함에 따라 섬 전체가 바다 쪽으로 이동했음을 암시한다. 이 고대 해변 둑들에서 발견된 목재의 탄소-14 연대 측정은 갤버스턴섬이 지난 3,500년 동안 4킬로미터(천 년 동안 1.2킬로미터) 전진했음을 보여준다.[12] 그 섬이 바다 쪽으로 커짐에 따라 사암으로 경화될

10 H. R. Gould, "The Mississippi Delta Complex," in *Deltaic Sedimentation: Modern and Ancient*, ed. James P. Morgan, Special Publication 15 (Tulsa, OK: Society of Economic Paleontologists and Mineralogists, 1970), 3-30.

11 James M. Coleman, "Dynamic Changes and Processes in the Mississippi River Delta," *Geological Society of America Bulletin* 100 (1988): 999-1015.

12 Hugh A. Bernard and Rufus J. LeBlanc, "Resume of the Quaternary Geology of the Northwestern Gulf of Mexico," in *The Quaternary of*

경우 세계 전역의 많은 사암층과 비슷해질, 5-10미터 두께의 모래층이 만들어졌다.

14.2.4.3. 탄산염 퇴적 환경.
바하마 섬들은 플로리다의 대륙 연변부를 넘어 대서양에서 문자적으로 자라고 있는 거대한 둑의 일부다. 바하마의 해변들과 석호(潟湖) 바닥 위의 퇴적물들은 대부분 생물학적 원천에서 나온 탄산칼슘으로 구성된다. 무척추 동물들과 바닷말들이 탄산염 광물 방해석(calcite) 및 아라고나이트(aragonite)으로 구성된 껍데기들과 체절(신체 구획)들을 형성한다. 산호초들은 거기서 막대한 양의 탄산염 퇴적물들이 만들어지는 해양 환경이다. 멋진 바하마 해변의 하얀 모래도 어란석 입자(ooid)로 불리는 작은 탄산칼슘 구체들로 구성된다. 바하마 뱅크에 깊숙이 구멍을 뚫어 채취한 원통형 암석 표본은 표면에 퇴적되고 있는 것과 똑같은 물질로 만들어진 석회암을 보여주었다. 이것들은 모두 바하마 뱅크가 6킬로미터 두께의 탄산칼슘이 퇴적된 것임을 나타낸다.[13]

탄산염 퇴적물이 퇴적되고 있는 다른 장소들로는 플로리다 남부 해안, 카리브해의 많은 섬과 중앙아메리카의 해안, 페르시아만 남부, 동남아시아의 많은 해안선, 호주와 그곳의 그레이트 배리어 리프가 포함된다. 환상(環狀) 산호섬들은 고대의 화산섬들 위에 탄산염 퇴적물이 두껍게 축적된 해양의 섬들이다.

탄산염 퇴적물은 많은 해안을 따라 천 년에 0.5-2미터의 속도로 축적된다. 산호초들은 탄산염 퇴적물을 가장 빨리 만들어내서 천 년에 2-6미터의 속도로 축적한다.[14]

테네시주에 있는 오르도비스기 석회암층은 서로 약 4미터 떨어진 고대 화산재의 두 층을 보여준다. 화산재층들에 들어 있는 광물들의 방사성 연대 측정은 두 분화(449.8 ± 2.3백만 년 전과 448.0 ± 2.0백만 년 전) 사이에 약 180만 년의 시차가 있었음을 암시한다.[15] 이 데이터로부터 우리는 백만 년당 2미터의 퇴적물이 축적되었다고 추정할 수 있다. 이 속도는 현대에 관찰된 탄산염 퇴적물의 축적 속도보다 다소 느리지만, 4미터의 석회암은 두 분화 사이의 2백만 년 동안 계속적으로 퇴적된 것이 아니라 간헐적으로 퇴적되었을 가능성이 크다.

14.2.4.4. 심해.
깊은 해양은 퇴적이 참으로 서서히 일어나는 환경 중 하나다. 표면의 해수에는 육지에서 유래하여 강한 바람을 통해 운반된 점토 입자들과 물에서 사는 **플랑크톤**이라는, 석회질과 규산질의 미생물이 떠다닌다. 점토 입자들과 죽은 플랑크톤은 천천히 움직이는 눈보라처럼 해저에 가라앉아서 붉은 점토나 백악질의 개흙을 형성한다. 붉은 점토의 침전 속도는 천 년에 1-4밀리미터로 추정되며, 규산질 개흙은 천 년에 1-10밀리미터로 추정된다.[16] 세계 전역의 대양에서 추출한 심해 퇴적물 표본들—해저 밑으로 몇 킬로미터에 이르기도 한다—은 부유물에서 퇴적한 유사한 패턴들을 보인다.

14.2.5. 퇴적물에서 암석으로: 매몰.
퇴적암을 만드는 과정은 퇴적물의 퇴적에서 끝나지 않는다.

주로 석유와 가스 탐사 때 실시하는 해양 시추는 멕시코만 같은 해분(海盆)에서 퇴적물이 암석으로 바뀜을 보여준다. 이 바다 밑에는 미국의 걸프 코스트에서 멕시코의 유카탄반도에 이르기까지 줄곧 6킬로미터에 달하

the United States, ed. H. E. Wright Jr. and David G. Frey (Princeton, NJ: Princeton University Press, 1965), 137-86.

13 Robert N. Ginsburg, ed., *Subsurface Geology of a Prograding Carbonate Platform Margin, Great Bahama Bank: Results of the Bahamas Drilling Project* (Tulsa, OK: Society for Sedimentary Geology, 2001).

14 Paul Enos, "Sedimentary Parameters for Computer Modeling," in *Sedimentary Modeling: Computer Simulations and Methods for Improved Parameter Definition*, ed. Evan K. Franseen et al., Kansas Geological Survey Bulletin 233 (1991): 70-74.

15 200만 년과 230만 년의 신뢰구간으로 말미암아 두 연대가 겹친다는 것을 주목하라. 그것은 두 연대가 2백만 년보다 더 가까울 수도 있지만 결정된 신뢰구간의 최대 범위 안에 있음을 의미한다.

16 Enos, "Sedimentary Parameters for Computer Modeling," 74-76.

는 사암, 점토암, 석회암, 그리고 소금이 놓여 있다. 해저 밑의 첫 100미터의 퇴적물은 축축하며 잘 굳어지지 않았다.[17] 그 아래에서는 퇴적물 입자들 사이로 물이 빠져나가고 압축되어 굳어진다. 매장되어 있는 동안 가열되면 유기물이 좀 더 단순한 탄화수소 분자들로 변화되어 석유와 가스가 만들어진다. 모래 크기의 입자들 사이의 구멍이 작은 광물들로 부분적으로 또는 완전히 채워져 퇴적물이 암석으로 교결된다. 이런 식으로 점토층들은 점토암으로, 모래층들은 사암으로, 그리고 탄산염층들은 석회암으로 변한다. 매장되어 있는 동안 퇴적물이 이처럼 점진적으로 암석으로 변하는 것은 세계의 전역에서 반복적으로 관찰된다.

다른 퇴적암들은 좀 더 급속하게 형성된다. 석회암은 해저에 사는 무척추 동물의 조개들과 석회질 해조의 분해물로 구성된다. 방해석과 산석 형태의 탄산칼슘은 녹기 쉽다. 담수나 해수에서의 물의 pH(산도-알칼리도)와 온도 변화는 이 광물들의 용해나 침전을 야기한다. 플로리다 해안이나 바하마 섬에 있는 것 같은 해변암(beachrock)은 탄산염 퇴적물로 구성된 석회암의 일종이다. 퇴적물의 입자들 사이에 탄산칼슘 결정이 침전해서 암석을 교결시킨다. 그 암석들은 깨진 유리병이나 쇳조각을 함유할 정도로 최근에 굳어진 것도 있다. 다른 석회암들은 수백만 년에 걸쳐 발생한 매몰, 융기, 재매장의 순환들을 반영하는, 여러 세대의 교결에 대한 증거를 포함한다.

14.2.6. 변성. 암석의 순환에 나타난 기능의 완전성에 대한 우리의 마지막 예는 변성이다. 변성암은 열과 압력으로 말미암아 다양한 방식으로 변화된 암석들이다. 관입하는 마그마나 지각의 표면에 영향을 주는 큰 운석의 높은 압력으로 말미암아 암석이 가열되면 신속한 변성이 일어난다. 대부분의 변성암은 오랜 기간에 걸쳐 수천세제곱킬로미터에 걸친 암석들에 고온과 고압이 가해져서 만들어진다. 이런 조건은 지구의 지각 깊은 곳(10-30킬로미터 사이)에서 일어나는데, 그곳의 온도는 섭씨 200-1,200도이고 압력은 2-10킬로바다(해수면에서 대기의 압력은 1바[bar] 즉 0.001킬로바다). 이처럼 대규모의 지역적 변성은 원래의 암석의 광물 구성과 조직을 변경시키는 과정에서 비롯된다. 재결정은 암석 안에서 결정 구조를 재조직하고 화합물들을 뜨거운 유동체들로 교환하는 것과 관련된다. 실험실에서의 실험을 통해 파악된 독특한 온도와 압력에서 녹니석, 백운모, 석류석, 각섬석 같은 새로운 광물들이 형성된다. 변성암 광물들을 현미경으로 관찰하면 광물들이 커짐에 따라서 온도, 압력, 주위의 유동체 화합물의 변화를 반영하는 화학적 띠 모양 구성이 드러난다. 변성 중에 암석체에 가해지는 스트레스가 결정들을 엽리(foliation)로 불리는 2차원의 물결 모양으로 정렬하고 변형한다.

변성 속도는 계량화하기 어렵다. 몇몇 실험실의 실험은 (광물 구간에서 암시된 바와 같이) 수십만 년에 걸친 변화의 파동을 암시한다. 훨씬 느린 변화 속도를 암시하는 다른 실험들도 있다. 컴퓨터 모형들의 시뮬레이션은 암석체에 고온의 조건이 가해지면 1년에 0.5-6밀리미터의 속도로 변함을 제시한다. 광물들에 들어 있는 다른 화학 물질 구간들에 대한 고해상도 방사성 연대 측정을 사용해서 결정 성장에 소요되는 시간이 추정된다.[18] 수천 세제곱 킬로미터의 암석에 적용된 실험 증거, 컴퓨터 모형, 방사성 연대 측정은 지역적 변성의 최고점에 도달하는 데 수천만 년이 소요됨을 암시한다.

---

17 사실 시추자들은 퇴적물을 "검보"(gumbo)로 부르는데, 검보는 쌀, 닭, 해초, 소시지가 섞인 걸쭉한 수프다.

18 Kevin W. Burton and R. Keith O'Nions, "High-Resolution Garnet Chronometry and the Rates of Metamorphic Processes," *Earth and Planetary Science Letters* 107 (1991): 649-71.

14.3. 사진이 포함된 암석 용어해설

이 용어해설에 수록된 각각의 사진은 그 암석 표면의 10센티미터 x 10센티미터를 보여준다. 그림 14.1에 등장한 대다수 암석이 이 용어해설에 포함된다.[19]

14.3.1. 화성암. 화성암들은 마그마에서 결정한다. 화성암은 마그마가 화산 용암류로서나 분화 때의 쇄설물로서 지구의 표면에 분화할 때는 빠르게 형성될 수 있다. 화산암들에 들어 있는 결정들은 지표면이나 지표면 바로 아래의 낮은 온도에서 빠르게 형성되기 때문에 작은 경향이 있다. 깊은 지각 안으로 주입된 마그마가 매우 느리게 냉각되어 거친 결정들이 형성되도록 허용될 때 심성암이 만들어진다.

감람암(Peridotite)은 맨틀 상부의 성분을 대표한다고 생각되는 휘석 및 감람석의 조립질 광물들로 만들어진 초고철질의 심성암이다. 감람석과 휘석은 그 암석이 어두운 색을 내게 하는, 철-마그네슘 규산염 광물이다. 초고철질 암석의 총 암석 규산염(SiO_2) 성분은 (무게로) 45퍼센트 미만이다.

반려암(Gabbro)은 칼슘이 풍부한 사장석·장석 및 휘석과 감람석으로 구성된, 조립 결정질의 고철질 암석으로서 해양지각의 깊은 곳을 형성한다. 고철질 암석의 총 암석 규산염(SiO_2) 성분은 (무게로) 45-55퍼센트다. 화학적으로 반려암은 현무암의 심성암 등가물이다.

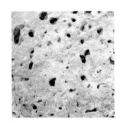

현무암(Basalt)은 칼슘이 풍부한 사장석·장석 및 휘석과 감람석으로 구성된, 세립 결정질의 고철질의 어두운 화산암으로서 해양 지각의 상부를 형성한다. 고철질 암석의 총 암석 규산염(SiO_2) 성분은 (무게로) 45-55퍼센트다. 화학적으로 현무암은 반려암의 화산암 등가물이다. 존재할 수도 있고 존재하지 않을 수도 있는 구멍(기공)들은 냉각하는 도중에 용암에서 방출된 가스에 기인한다.

안산암(Andesite)은 나트륨이 풍부한 사장석·장석, 휘석과 각섬석, 운모로 구성된, 세립 결정질의 회색 화산암으로서 주로 안데스, 카스카데스, 일본 같은 화산 벨트에서 형성된다. 안산암의 심성암 등가물이 섬록암(diorite)이다. 안산암과 섬록암의 총 암석 규산염(SiO_2) 성분은 (무게로) 55-65퍼센트다.

---

19   휘튼 칼리지 지질학 수집품에서 취한 암석 표본, Joshua Olsen의 사진.

화강암(Granite)은 석영, 칼륨, 사장석·장석, 각섬석, 운모로 구성된, 조립 결정의 밝은 심성암으로서 대륙의 지각에 흔하다. 화강암은 조산 사건 중에 깊은 지각의 암석이 녹아서 형성된다. 규장질 암석의 총 암석 규산염(SiO_2) 성분은 (무게로) 65퍼센트를 초과한다. 화학적으로 화강암은 유문암의 심성암 등가물이다.

화강섬록암(Granodiorite)은 화강암과 비슷하지만 칼륨 장석보다 사장석을 더 많이 함유하는 조립 결정의 심성암이며, 대륙 상부 지각의 평균 성분을 대표한다.

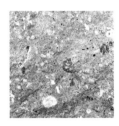

유문암(Rhyolite)은 석영, 칼륨, 사장석·장석, 각섬석, 운석으로 구성된, 세립 결정의 밝은 규장질 화산암이다. 규장질 암석들의 총 암석 규산염(SiO_2) 성분은 (무게로) 65퍼센트를 초과한다. 화학적으로 유문암은 화강암의 화산암 등가물이다.

14.3.2. 퇴적암.　퇴적암들은 바람, 물, 얼음으로 말미암아 퇴적된 입자들로 구성된다. 퇴적물들은 육지에서 깎여 나와 바람에 불리고 강물을 통해 바다로 옮겨져 해저에 퇴적된 후 서서히 암석으로 변한다. 퇴적물들은 해양 무척추동물의 껍데기나 식물들에서 나온 유기체 잔해에서 유래할 수도 있다.

역암(Conglomerate)은 석영결정이나 암석의 파편으로 구성된, 조약돌 크기의 둥근 입자들을 포함하는 퇴적암이다. 역암 퇴적물은 충적 선상지와 강의 퇴적물에 퇴적되며, 일반적으로 융기된 지형에서 가까운 곳에 존재한다.

사암(Sandstone)은 석영과 기타 광물들로 구성된, 모래 크기(직경 2-1/16mm)의 입자들을 포함하는 퇴적암이다. 좀 더 모난 모래 알갱이들은 강의 퇴적물에서 형성된 경우처럼 퇴적물의 원천에서 가까움을 나타낼 수도 있다. 아주 둥글고 분류된(같은 크기를 의미함) 모래 알갱이는 해변과 연안 해양의 환경에서 축적된다.

실트암(Siltstone)은 일반적으로 석영으로 구성되고 대개 진흙과 섞인, 실트(silt) 크기(직경 1/16-1/256mm)의 입자들을 포함하는 퇴적암이다. 강들을 통해 바다로 옮겨진 실트는 해안에서 멀리 떨어진 깊은 곳에 축적되는 경향이 있다. 그곳의 해저는 폭풍이 물기둥을 휘저을 때만 교란된다. 본서에 수록된 이 암석의 사진은 완족류 화석을 포함하고 있다.

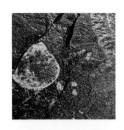 **이암**(Mudstone)은 실트와 점토(점토는 직경이 1/256mm 미만이다) 입자로 구성된 퇴적암이다. 점토암(Shale)은 벗겨질 수 있는 얇은 층들을 형성하는, 점토가 풍부한 일종의 이암이다. 점토 퇴적물은 범람원, 개펄, 깊은 바다 같이 물의 흐름의 에너지가 낮은 환경에서 축적된다. 본서에 수록된 이 암석의 사진은 완족류 화석을 포함하고 있다.

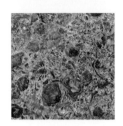 **석회암**(Limestone)은 주로 탄산칼슘으로 구성된 생화학적 퇴적암(방해석)이다. 석회암에는 화석들이 흔하다(이 표본에도 많이 들어 있다). 우리는 현미경을 통해 조립질 석회암에 들어 있는 대다수 입자가 부러진 화석 잔해에서 유래했음을 알 수 있다.

 **고회암**(Dolostone)은 주로 마그네슘-칼슘 탄산염(백운암[dolomite])으로 구성된 생화학적 퇴적암이다. 대부분의 고회암은 석회암이 매장된 후 (방해석에서 고회암으로) 화학적-광물학적 변화를 거쳐 만들어진다. 이 표본에 나 있는 구멍들은 그 암석에서 용해되어 빠져나간 화석들이 있던 자리다 (중앙에 산호가 들어 있다).

 **유기적 퇴적암**(organic sedimentary rock)들은 토탄, 갈탄, 석탄처럼 탄화한 목재 물질로 구성된다.

14.3.3. 변성암. 변성암은 대체로 화성암이나 퇴적암이 매우 깊은 곳에 묻혀 오랜 기간에 걸쳐 높은 열이나 압력을 받아 광물의 구성과 암석의 모양에 변화가 생길 때 형성된다.

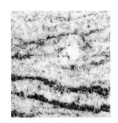 **편마암**(Gneiss)은 화강암에서 유래한 조립질 결정의 줄무늬 모양 변성암이다.

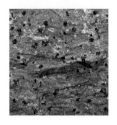 **편암**(Schist)은 실트암이나 실트질 점토암에서 유래한, 물결-줄무늬 변성암이다. 암석에 들어 있던 점토 광물들이 암석 안에서 비늘과 같은 운모로 성장하여 변형되고 줄무늬 모양으로 정렬한다.

 **점판암**(Slate)은 점토암에서 유래한, 얇은 층들로 이루어진 변성암이다.

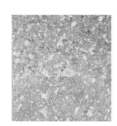 **규암**(Quartzite)은 석영 사암에서 유래한, 밝은 색상의 매우 단단한 변성암이다.

 **대리석**(Marble)은 석회암이나 고회암에서 유래한 변성암이다.

15장

오래된 암석들: 지질학적 시간 측정

현재 45억 5천만 년(또는 4.55 Ga)으로 이해되고 있는 지구의 나이는 사실 이론의 문제라기보다는 측정의 문제다. 물론 측정치를 얻는 데는 이론적인 측면들이 있다. 따라서 연대 측정 방법들과 관련된 기본적인 가정들이 검증되어야 한다. 지구의 나이 추정을 위한 초기의 시도들은 고도로 이론적이었고 종종 검증하기 어려운 가정들에 의존했다. 따라서 계산 방법에 따라 답변의 범위가 넓었던 것도 놀랄 일이 아니다. 그러나 19세기 말에 방사성 원소들과 그것들의 속성이 발견되자 지구의 나이뿐만 아니라 이 원소들을 함유하고 있는 개별적인 암석들의 다양한 나이도 측정할 수 있게 되었다. 방사성 붕괴와 관련된 창조세계의 규칙성을 발견한 덕분에 지질 주상도는 최종적으로 지질 연대의 척도가 되었다.

이 장에서 우리는 방사성 연대 측정의 이론적 기초를 다루고, 그 방법들에 적용된 이론적 가정들의 타당성을 검증하며, 그 방법들이 어떻게 작동하는지에 대한 몇

몇 예를 제시할 것이다. 우리가 모든 방법을 다루지는 않겠지만 당신은 지구와 태양계의 역사에 대한 통찰력을 제공함에 있어서 이런 방법들의 중요성을 충분히 이해하게 될 것이다.

15.1. 지구의 나이 추정을 위한 초기의 시도

우리가 12장에서 배운 바와 같이 초기 지질학자들은 지구의 지각에 보존된 퇴적암의 두께를 통감했다. 예컨대 지층 누중의 원칙을 사용해서 미국의 콜로라도 고원 지역 일대의 암석층을, 애리조나주 그랜드캐니언의 바닥에 있는 가장 오래된 층부터 유타주 브라이스캐니언에 노출된 가장 젊은 층까지 전체 두께를 계산하면 약 8,230미터다. 멕시코만 밑의 퇴적물과 퇴적암의 두께는 12,200미터를 넘는다. 이 층들이 현대의 퇴적물들과 비슷한 속도로 축적되었다는 동일과정설의 가정을 따를 때, 우리는 적어도 이 지층들이 축적되는 데 아주 오랜 시간이 소요되었으리라고 추정할 수 있을 것이다. 수백만 년에서 수억 년의 다양한 기간이 계산되었다. 존 필립스의 1860년 추정치는 캄브리아기의 바닥에서 플라이스토세(홍적세)까지 9,600만 년이었다.[1] 물론 이 접근법에는 다음과 같은 많은 문제가 있었다.

---

1   M. J. S. Rudwick, *Earth's Deep History: How It Was Discovered and Why It Matters* (Chicago: University of Chicago Press, 2014), 232.

- 지구의 어느 곳에도 퇴적암들의 완전한 기록이 없다.
- 퇴적암들은 여러 환경에서 다양한 속도로 퇴적된다.
- 그 계산은 퇴적 기록 안의 간격을 나타내는 부정합들을 무시한다(퇴적물이 제거되었거나, 퇴적되지 않았다).
- 그 계산은 가장 오래된 퇴적암 아래의 화성암과 변성암의 나이를 고려하지 않는다.

하지만 19세기에 이런 식의 작업에 기초해서 딥 타임이 제안되었을 때 그것의 함의는 도발적이었다.

지구의 나이를 추정하는 또 다른 접근법은 해양의 소금 함유량을 고려하는 것이었다. 해양에 들어 있는 소금은 주로 육지에 있는 암석들의 화학적 풍화에서 나온다. 암석들이 풍화할 때 광물들은 방해석처럼 완전히 녹거나, 장석 광물이 점토 광물로 바뀌는 것처럼 용해되는 원소들의 부산물로서 다른 광물로 변한다. 강들이 용해된 고체(용액에 존재하는 원소)들을 바다로 나르고, 그것들은 해수에 들어 있는 다른 원소들과 섞인다. 전형적인 강물에 용해된 고체 함유량은 평균적으로 리터당 100밀리그램이다. 전형적인 해수에 용해된 고체 함유량은 리터당 33,000밀리그램에서 37,000밀리그램이다. 1899년에 아일랜드의 지질학자인 존 졸리가 나트륨이 바다에 유입되는 속도를 추정해서 해양이 현재의 염도에 도달하는 데 9천만 년에서 1억 년이 소요되었다고 계산했다.[2] 그러나 이 계산에도 다음과 같은 문제들이 있다: (1) 우리는 다양한 자연 과정들이 바다에 고체를 공급하거나 바다에서 고체를 제거한다는 것을 안다. (2) 이 과정들은 균형을 이루는 것으로 보이며, 해양의 염도는 적어도 과거 5억 년 동안 상당히 일정했다. 이에 대한 증거는 해저에서 형성된 고대의 광물들에 갇힌 해수의 염도를 포함한다.

지구화학자들은 원소마다 해양에 있는 물질의 농도 및 그것이 더해지고 제거되는 속도에 따라 체류 시간이 다르다는 것을 알아냈다. 철은 체류 시간이 가장 짧은 원소 중 하나로서 그 기간은 겨우 200년이다. 이 기간은 해양에 존재하는 모든 철 분자가 200년을 지속한다는 뜻이 아니라 해양에 존재하는 모든 철 원소의 평균 체류 시간이 200년이라는 뜻이다. 물 분자들은 3,500년의 기간에 걸쳐 (대체로 강물 유입, 강우, 증발, 바다 얼음 형성을 통해) 들어오고 나가는 순환을 한다. 칼슘의 체류 시간은 백만 년이지만, (그곳의 파티가 언제 끝날지 모르는) 해양 체류의 왕은 염화물로서 그것의 체류 시간은 1억 년이다. 최근의 창조를 옹호하는 현대의 몇몇 학자들은 지구의 나이가 수십억 년이라면 바닷물이 "좀 더 짤" 것이라고 주장하며, 체류 시간을 바닷물의 나이에 대한 지표로 해석한다.[3] 하지만 체류 시간은 지구의 나이와 아무 관계가 없다.

매우 높이 평가받는 19세기 말의 또 다른 지구 나이 추정은 지구 내부로부터의 열 손실 계산에서 나왔다. 켈빈 남작으로도 알려진 영국의 물리학자 윌리엄 톰슨은 지구가 2천만 년에서 1억 년에 걸쳐 원래의 용해된 상태에서 현재 상태로 냉각되었을 것으로 생각했다. 톰슨은 내부 열의 유일한 원천은 행성이 창조되고 남은 것이라고 믿었다. 20세기가 시작될 때 내부 열의 또 다른 중요한 원천이 발견되자 그의 계산이 틀렸음이 드러났다. 방사능이라는 그 원천은 지구의 절대 나이 및 현대의 지질 물질 연대 측정을 최종적으로 결정하는 열쇠가 되었다.

15.2. 방사능의 발견과 방사성 연대 측정법

19세기의 마지막 10년에 빌헬름 콘라트 뢴트겐 같은 물리학자들이 우연히 특정한 원소들이 보이지 않는 엑스선

---

2   Rudwick, 233.

3   John D. Morris, *The Young Earth* (Green Forest, AR: Master Books, 2000), 85-87에 수록된 바다의 성분을 사용한 지구의 나이 논의와 Frank J. Millero, *Chemical Oceanography* (New York: Taylor and Francis, 2006), 95-98에 수록된 바닷물에 들어 있는 원소들의 체류 시간에 대한 설명을 비교하라.

을 방출한다는 것을 발견했다(섹션 6.2를 보라). 앙리 베크렐은 우라늄염에서 나온 엑스선이 고체 물질을 통과할 수 있음을 발견했다. 마리 퀴리는 우라늄과 토륨을 연구했고 또 다른 방사성 원소인 폴로늄과 라듐을 발견했다. 어니스트 러더퍼드는 방사 알파 및 베타 입자와 감마선 방출과 관련이 있음을 알아냈다. 방사에 관한 이 선구적인 연구 덕분에 원자의 기본 구조를 이해할 수 있게 되었다. 알파 입자들은 헬륨 핵(양성자 두 개와 중성자 두 개)으로 구성된다. 베타 입자들은 전자들이다. 감마선들은 본질적으로 앞선 실험들에서 발견된 엑스선들이다. 러더퍼드와 프레더릭 소디는 방사성 원소들의 원자들이 감마 복사 및 열의 배출과 더불어 알파 입자와 베타 입자를 방출함으로써 다른 원소들의 원자들로 변하는 것, 즉 붕괴하는 것의 이론을 세웠다.

방사성 원자는 **방사성 핵종**(radionuclide)으로도 불린다. 핵종은 그 원자의 핵 안에 들어 있는 중성자와 양성자의 특정한 수다. 섹션 6.3.1에서 동위원소들은 특정한 원소에서 원자의 질량수가 다른 원자들이라고 설명되었던 것을 상기하라. 모든 원소는 방사성 핵종인 동위원소들을 갖고 있다. 예컨대 다양한 우라늄 동위원소들에는 (원자의 질량수를 통해) $^{234}U_{92}$, $^{235}U_{92}$, 그리고 $^{238}U_{92}$가 포함된다.[4]

이 모든 동위원소는 방사성 핵종이다. 원자 번호가 83보다 큰 원소들의 모든 동위원소는 방사성 핵종임이 밝혀졌다. 많은 원소는 붕괴하지 않는 안정적인 동위원소들을 갖고 있다. 예컨대 산소의 모든 동위원소 ^{16}O, ^{17}O, 그리고 ^{18}O는 안정적인 핵종들이다.[5] 탄소 동위원소들은 혼합되어 있다. ^{12}C와 ^{13}C는 안정적인 핵종인 반면에 ^{14}C

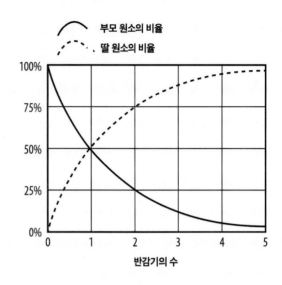

그림 15.1. 부모 방사성 핵종의 붕괴 곡선과 방사능 붕괴에 의해 만들어진 안정적인 딸 원소의 성장 곡선. 만일 특정 물질에서의 부모 동위원소와 딸 동위원소의 비율이 25퍼센트 대 75퍼센트라면 그 물질이 형성된 이후 2번의 반감기가 지난 것이다.

는 방사성 핵종이다. 방사능 붕괴를 통해 만들어졌다는 말은 그 동위원소가 방사능 붕괴의 산물임을 의미한다.

러더퍼드 등은 그들의 실험에서 장기적으로 방사능 붕괴로 만들어진 **딸** 원소의 방사능이 비례적으로 증가함에 따라 원래의 방사성 **부모** 원소의 방사능은 감소한다는 것을 관찰했다(그림 15.1을 보라). 부모 방사성 핵종과 방사능붕괴로 만들어진 안정적인 딸 동위원소는 지수 함수에 따른 변화 패턴을 따른다. 그들은 모든 방사성 원소에 대해 특정한 **붕괴율 상수** λ를 결정할 수 있음을 알아냈다. 특히 붕괴상수는 "특정한 시간 안에 그 방사성 핵종의 원자들이 붕괴할 확률을 진술한다."[6] 붕괴와 성장의 이 패턴에서 우리가 하나의 어떤 부모 원자가 상응하는 딸 원자로 붕괴할지를 예측할 수 없음을 주목할 필요가 있다. 그러나 붕괴상수 λ로부터 원래의 부모 원자들의 수의 절반이 붕괴하는 데 걸리는 시간을 결정할 수 있다. 붕괴상수는

---

4   이것은 특정한 원소의 원자 번호와 원자 질량수에 대한 화학적 약칭이다. 예컨대 $^{238}U_{92}$는 원자 번호 92(핵에 들어 있는 양성자 수로서, 이는 우라늄의 모든 동위원소의 원자 번호다)와 원자의 질량수 238(그것의 핵에 들어 있는 양성자와 중성자 합계)인 우라늄 동위원소임을 나타낸다.

5   화학 문헌에서는 동위원소들의 원자 번호를 포함하지 않고 ^{16}O처럼 원자 질량을 나타내기 위한 위첨자만을 포함하는 것이 흔한 관행이다.

6   Alan Dickin, *Radiogenic Isotope Geology* (Cambridge: Cambridge University Press, 1995), 12-13.

라돈 가스는 반감기가 겨우 3.8일인 방사성 불활성 기체. 독자들은 이미 방사능에 노출되면 화상, 유전적 돌연변이, 암 같은 해로운 영향이 있음을 알 것이다. 실제로 흡입된 라돈 가스는 위험할 수 있다. 따라서 기반암이 라돈을 발생시키는 원소들을 포함하는 것으로 알려진 지역에서는 거주지에 라돈이 축적되었는지를 테스트한다. 마리 퀴리는 라돈 및 기타 방사능 원소들에 평생 극단적으로 과도하게 노출된 뒤 1934년 백혈병으로 사망했다.

$T\frac{1}{2}$ = $ln2/\lambda$ 또는 $0.693/\lambda$의 관계에 따라 방사성 부모 집단의 절반이 붕괴하는 데 걸리는 시간과 관련이 있다. $T\frac{1}{2}$ 값은 방사능 붕괴를 하는 부모의 반감기로 알려져 있으며 창조세계의 규칙성을 나타낸다.

예컨대 라듐($^{226}Ra_{88}$)은 붕괴상수가 4.273×10^{-4}/연인데, 이는 해마다 평균적으로 1,000만 개의 원래의 집단 가운데 4,273개의 $^{226}Ra_{88}$ 원자들이 붕괴할 것임을 의미한다. 이에 상응하는 라듐의 반감기는 1621.8년이다. 만일 어떤 물질에 1,000만 개의 라듐 원자들이 함유되어 있다면 1621.8년 후 그 물질은 500만 개의 라듐 원자들을 함유할 것이다. 라듐의 방사능 붕괴를 통해 만들어진 딸 원소가 라돈이다.

1905년에 러더퍼드는 이 원리들을 사용해서 방사능 원소들을 포함하는 모든 광물의 절대 나이를 결정할 수 있음을 알아냈다. 방사성 부모 원소에서 방사능 붕괴로 생기는 딸 원소로 변하는 상수 λ와 특정한 물질에 들어 있는 그 원소들의 비율을 안다면, 우리는 그 물질 안에서 딸 원소가 얼마나 오래 축적되어왔는지를 결정할 수 있다.[7] 방사성 붕괴로 귀결되는 과정들은 모두 창조세계의 기능의 완전성의 일부인 규칙성들의 예다(섹션 2.2.2를 보라).

15.2.1. 방사능 붕괴 계열. 방사능 붕괴는 불안정한 원자의 핵종 안에서 저절로 일어나는 변환과 관련이 있다. 핵에서 양성자와 중성자 전부가 상실되거나 원자의 질량수에 영향을 줌이 없이 핵 안에 들어 있는 양성자와 중성자의 비율이 변한다. 붕괴할 때마다 핵에서 감마 복사 및 열과 더불어 입자들이 방출된다. 방사성 핵종으로부터 안정적인 동위원소로의 몇몇 변환은 하나의 단계로 일어난다. 다른 변환들은 방사능을 통해 생긴 안정적인 딸 동위원소가 만들어지기까지 부모 방사성 핵종이 일련의 불안정한 딸 방사성 핵종들로 붕괴하는 복수의 단계를 거친다. 중간의 각각의 변화들에서는 독특한 붕괴상수를 지닌 불안정한 방사성 핵종들로부터 입자들이 나오고 복사 에너지가 방출된다. 우리는 지질학적 물질들의 연대 측정에 좀 더 널리 사용되는 붕괴 계열을 탐구하기 전에 다른 종류의 붕괴 과정들을 간략히 살필 것이다.

알파 붕괴는 양성자 두 개와 중성자 두 개로 구성된 입자를 방출해서 그 동위원소의 원자 질량수를 4만큼 감소시키고 원자 번호를 2만큼 감소시킨다. 예컨대 $^{238}U_{92}$는 알파 방출을 통해 붕괴해서 토륨 $^{234}Th_{90}$을 형성한다.

다른 붕괴 과정 세 가지는 핵에 들어 있는 양성자나 중성자의 변환과 관련된다. **음의 베타 붕괴**는 중성자가 양성자로 변한 뒤 핵에서 음의 전하량을 띤 베타 입자, 즉 본질적으로 전자를 방출하는 것과 관련이 있다. 위의 예에서 $^{234}Th_{90}$은 불안정한 방사성 핵종으로서 음의 베타 방출을 통해 프로탁티늄 $^{234}Pa_{91}$ 동위원소로 붕괴한다. 부모 동위원소와 딸 동위원소의 원자 질량수는 같지만, 핵에서 양성자를 얻은 결과 새 원소가 만들어지고 원자 번호가

---

7 이 사례에서 우리는 모든 딸 원소들이 부모 원소의 붕괴에서 유래했다는 것과 방사능 붕괴가 시작된 이후 다른 과정들을 통해 추가되거나 상실되지 않았다는 것을 가정한다. 이 문제의 중요성은 이 장의 뒤에서 다뤄진다.

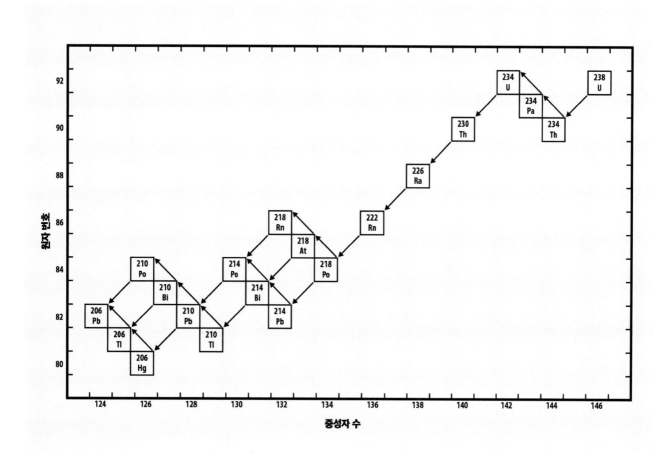

그림 15.2 ^{283}U 계열에서 ^{206}Pb에 도달하는 붕괴 단계들. 중간의 방사성 핵종들의 알파 방출과 음의 베타 방출의 결합을 주목하라.

1만큼 커진 것을 주목하라. **양의 베타 붕괴**는 양성자가 중성자로 변한 뒤 핵에서 양의 전하를 띤 베타 입자가 방출되는 것과 관련이 있다. **전자 포획**(electron capture)은 칼륨 $^{40}K_{19}$에서 아르곤 $^{40}Ar_{18}$으로 붕괴하는 사례에서처럼 전자를 포획해서 양성자가 중성자로 바뀌고 그에 따라 원자번호가 1만큼 작아지는 것과 관련이 있다. 몇몇 방사성 핵종은 여러 형태의 붕괴를 할 수 있다. 예컨대 $^{40}K_{19}$는 음의 베타 방출을 통해 $^{40}Ca_{20}$으로 붕괴한다.[8]

붕괴 계열은 부모 방사성 핵종과 방사능 붕괴를 통해 생긴 안정적인 딸 핵종 사이에 일어나는 모든 변환을 묘사한다. $^{40}Ar_{18}$은 방사능 붕괴를 통해 생긴 안정적인 핵종

이기 때문에 $^{40}K_{19}$에서 $^{40}Ar_{18}$로의 붕괴는 하나의 단계로 일어난다. $^{238}U_{92}$는 $^{234}Th_{90}$으로 붕괴하지만 우리는 딸 동위원소 역시 불안정한 방사성 핵종으로서 $^{234}Pa_{91}$로 붕괴한다는 것을 살펴보았다. 그리고 그 계열이 안정적인 딸 동위원소인 납 $^{206}Pb_{82}$에서 끝날 때까지 좀 더 많은 붕괴 단계들이 일어난다(그림 15.2를 보라). 또 다른 동위원소인 우라늄 $^{235}U_{92}$는 여러 단계를 통해 또 다른 안정적인 딸 동위원소인 납 $^{207}Pb_{82}$로 붕괴한다. 하나의 단계와 여러 단계에 대한 붕괴상수들과 반감기들이 밝혀졌다(표 15.1을 보라). 반감기가 수백만 년이나 수십억 년이라 할지라도 방사성 동위원소의 붕괴상수를 정확히 결정하기 위해 반감기 전체가 경과할 때까지 기다려야 하는 것은 아니다(섹션 15.4를 보라).

---

8   본 더 정확하게 표현하자면 $^{40}K_{19}$는 전자 포획이나 양의 베타 방출을 통해 $^{40}Ar_{18}$로 붕괴할 수 있고, 음의 베타 방출을 통해 $^{40}Ca_{20}$으로 붕괴할 수 있다. $^{40}K_{19}$의 11.2 퍼센트만이 $^{40}Ar_{18}$로 붕괴한다.

표 15.1. 방사성 연대 결정에 사용된 붕괴 계열과 반감기

부모 방사성 핵종	딸 방사성 핵종	반감기(연)	효과적인 연대 측정 범위
사마륨 ^{147}Sm	네오디뮴 ^{143}Nd	1,060억 년	1억년
루비듐 ^{87}Rb	스트론튬 ^{87}Sr	488억 년	1,000만 년 초과
레늄 ^{187}Re	오스뮴 ^{187}Os	430억 년	1억년 초과
루테늄 ^{176}Lu	하프늄 ^{176}Hf	359억 년	2억년 초과
토륨 ^{232}Th	납 ^{208}Pb	140억 년	1,000만 년 초과
우라늄 ^{238}U	납 ^{206}Pb	447억 년	1,000만 년 초과
칼륨 ^{40}K	아르곤 ^{40}Ar	12억 5천만 년	10,000년 초과
우라늄 ^{235}U	납 ^{207}Pb	7억 400만 년	1,000만 년 초과
탄소 ^{14}C	질소 ^{14}N	5,730년	100-80,000년

출처: G. Brent Dalrymple, *The Age of the Earth* (Stanford, CA: Stanford University Press, 1991), 80.

15.3. 지질학적 물질에 함유된 동위원소들

암석, 광물 또는 고대의 나무나 뼛조각의 나이를 결정하기 위해 그것들에서 측정된 방사성 핵종들은 일반적으로 그 물질에서 가장 풍부한 원소들이 아니다. 우라늄-납 방법과 토륨-납 방법을 사용하는 연대 측정을 위해 지르콘 광물($ZrSiO_4$)이 흔히 표본으로 검사된다. 우라늄과 토륨은 그 광물의 결정 구조에서 무게로 0.0001퍼센트에서 1퍼센트만을 차지하며, 지르콘 원소를 대체하는 미량(微量) 원소로 존재하기 때문에 지르콘의 화학식에는 들어 있지 않다. 지르콘은 지구의 지각에서는 풍부하지 않지만, 대부분의 화강암에서는 흔하며 광물의 퇴적물에 농축될 수 있다. 안정적인 ^{85}Rb와 방사성 핵종 ^{87}Rb는 암석을 형성하는 장석($KAlSi_3O_8$)이나 운모 같은 광물들에서 칼륨을 대체하는 동위원소들로서 이런 광물들에 대해서는 루비듐-스트론튬 방법이 널리 사용된다. 암석을 형성하는 많은 광물에 칼륨이 포함되어 있으므로 칼륨-아르곤 방법이 널리 사용된다.

　　마그마나 용암이 응고할 때처럼 광물이 형성될 때 방사성 시계가 시작되고, 그 광물 안에서 부모 동위원소들이 붕괴함에 따라 딸 동위원소들이 쌓이기 시작한다. **봉쇄 온도**(Blocking temperature)는 광물 결정 구조 안에 들어 있는 원자들이 "안에 갇히는" 온도다. 특정한 광물의 봉쇄 온도 위에서는 동위원소들이 결정 구조에서 발산되어(새어) 나갈 수 있다. 다른 원소들과 화학 결합을 할 수 없는 불활성 기체인 ^{40}Ar은 특히 그렇다. 이 일이, 암석이 변성하는 동안처럼, 그 암석이 원래 결정한 뒤에 일어난다면 딸 동위원소들이 상실되었기 때문에 측정된 연대는 그 암석이 실제로 결정한 시기보다 젊을 것이다.

15.3.1. 동위원소 구성 측정. 특정한 물질에 들어 있는 다양한 원소들의 원자 수를 계수하는 일은 화학 실험실에서 잘 갖춰진 여러 방법과 도구들을 통해 이뤄질 수 있다. 방사성 연대 측정을 위해서는 동일한 원소들의 동위원소들과 다른 원소들 사이의 매우 작은 원자 질량상의 차이를 고려할 필요가 있다. 질량 분석의 결과는 특정한 물질 안에 들어 있는 동위원소들의 상대적 질량을 측정하는 것과 관계가 있으므로—그것은 부모 동위원소와 딸 동위원소의 비율을 직접적으로 반영한다—방사능 연대 측정에 질량 분석 방법이 사용된다. 질량 분석계는 물질에서 추출된, 전하를 띤 동위원소들로 구성된 광선을 만들어내는 도구다. 그 광선은 진공 상태에서 곡선을 이룬 관을 통과한다. 그 관을 따라서 위치하고 있는 전자석이 전자장

을 만들어 동위원소들을 굴절시키고 그것들의 원자 질량에 따라 별도의 흐름들을 분류한다(좀 더 무거운 동위원소들은 좀 더 가벼운 원소들보다 그 관의 직선 경로로부터 덜 굴절된다). 관의 끝에 있는 수집기가 각각의 흐름들에 있는 동위원소들 수를 세고 각각의 동위원소 값들의 스펙트럼을 만들어낸다. 방정식에서 이 값들이 사용되어 부모 동위원소의 비율과 딸 동위원소의 비율 및 그것들의 붕괴상수로부터 표본의 나이가 결정된다.

질량분광기를 통해 도출된 방사성 연대는 그 결과가 반복될 수 있는 범위 안에서 있을 법한 한계를 반영하는 표본 오차와 더불어 보고된다. 예컨대 그랜드캐니언에 있는 화강암에 대해 루비듐-스트론튬 방법에서 도출된 연대는 10억 5,500만 년 ± 4,600만 년으로 보고된다. 그것은 그 화강암의 진정한 연대가 10억 900만 년과 11억 100만 년 사이라는 수용할 만한 신뢰구간이 있음을 의미한다. 연대 측정에 채택된 붕괴 계열과 도구들의 민감성에 따라 이 분석 오차는 보고된 연대의 0.2퍼센트에서 2.0퍼센트에 달할 수 있다. 개별 표본들에 대한 방사성 측정 연대는 언제나 표준 오차와 더불어 보고되어야 한다.

영국의 지질학자인 아서 홈즈는 일찍이 그의 책『지구의 나이』(*The Age of the Earth*)에서 방사성 연대 측정법 사용을 옹호했다. 이전에 그는 노르웨이에서 나온 데본기의 암석에 대해 3억 7,000만 년의 나이를 얻었다(우리는 현재 이 연대가 3억 5,900만 년에서 4억 1,900만 년의 데본기의 범위에 합리적으로 위치한다는 것을 안다). 당시에 그는 가장 오래된 시생 누대의 암석들이 16억 년이나 되었을 수도 있다고 제안했다. 다음 세기에 다듬어진 방법들(홈즈는 많은 방법을 예견했다)이 지질학적 시간 척도를 확장했다. 표 15.2는 다양한 지구상 및 지구 밖의 물질들로부터 측정한 방사성 연대의 예들을 포함한다. 지질학적 시간 척도의 누대, 대, 기의 나이들은 그림 12.6에 제시되어 있다.

15.4. 방사성 연대 측정의 타당성 검증

방사성 핵종의 붕괴상수 결정은 매우 노동 집약적이고 시간이 많이 소요되는 작업이다. 첫 번째 단계는 고농도의 방사성 핵종을 함유하는 매우 순수한 물질을 준비하는 것이다. 한 가지 방법은 가이거 계수기(Geiger counter) 같은 검출기를 사용해서 여러 달 또는 여러 해에 걸쳐 붕괴율을 모니터링하는 것이다(각각의 찰칵거림은 한 번의 붕괴 사건을 나타낸다). 실험 기간 동안의 붕괴 변화율을 사용해서 붕괴상수가 계산된다. 또 다른 방법은 시간 경과 후 정제된 물질 안에 축적된 딸 동위원소의 양을 측정하는 것이다. 루비듐-스트론튬 붕괴상수에 대한 최근의 검증은 순수한 과염소산루비듐($RbClO_4$) 배치를 만들고 30년 후 그 물질에서 ^{87}Rb 대 ^{87}Sr의 비율 변화를 측정하는 방식으로 수행되었다.[9] 수십 년 동안 도구의 감도가 개선되어 방사성 연대 측정에 사용되는 붕괴 계열의 붕괴상수의 값들이 좀 더 정확해졌다. 붕괴상수들은 100년 전에 최초로 측정된 후 변했다는 증거가 없기 때문에 창조세계의 규칙성 중 하나다.

극단적인 온도, 압력, 화학 반응, 전기 에너지, 자기장처럼 붕괴상수에 영향을 줄 수도 있는 조건을 알아보기 위한 시도들이 이루어졌다.[10] 몇몇 방사성 핵종에 대해 0.05퍼센트 미만의 변이가 관측되었다(그리고 소수의 방사성 핵종에 대해서는 변이가 1.7퍼센트를 넘지 않았다). 알파 붕괴는 핵과 핵을 둘러싼 전자구름들 사이의 큰 거리를 통해 보호되는 핵 안에서 일어나기 때문에 좀 더 견고하다. 전자 포획의 붕괴 과정은 핵과 핵에 가장 가깝게 돌고 있는

---

9 Ethan Rotenberg et al., "Determination of the Decay-Constant of ^{87}Rb by Laboratory Accumulation of ^{87}Sr," *Geochimica et Cosmochimica Acta* 85 (2012): 41-57.

10 다음 문헌들에 수록된 붕괴상수의 안정성에 관한 논의를 보라. Davis A. Young and Ralph F. Stearley, *The Bible, Rocks and Time: Geological Evidence for the Age of the Earth* (Downers Grove, IL: InterVarsity Press, 2008), 396-404; G. Brent Dalrymple, *Ancient Earth, Ancient Skies: The Age of the Earth and Its Cosmic Surroundings* (Stanford, CA: Stanford University Press, 2004), 58-60.

표 15.2. 다양한 지질학 자료와 유기체 자료로부터 측정된 나이들의 예. 이 나이들은 한 번의 측정값을 나타내는데 그것은 동일한 물질에 대해 다른 방법들로 측정한 나이나 나이의 범위와 일치한다. 다양한 방법들이 포함되는데 몇몇 목록은 다른 방법들을 사용한 나이들 사이의 일치를 보여 준다.

지질학적 물질	나이	비고
운석[a]	4.55 ± 0.07 Ga(십억 년) 4.51 ± 0.03 Ga	납-납 루비듐-스트론튬
가장 오래된 달의 고지 지각[a]	4.46 ± 0.04 Ga	네오디뮴-사마륨. 아폴로 15호를 통해 수집된, 반려암의 일종인 노라이트는 가장 오래된 수집물 중 하나다.
가장 오래된 지구의 물질[a]	4.374 ± 0.006 Ga	우라늄-납. 변성된 사암 역암에서 나온 지크론, 호주 잭힐스 소재
화성의 게일 분화구에 있는 이암[b]	4.21 ± 0.35 Ga	큐리오시티 로버(Curiosity Rover)에 장착된 분광기를 사용한 칼륨-아르곤 방법
가장 오래된 지구의 암석[a]	4.031 ± 0.003 Ga	납-납, 우라늄-납. 캐나다 노스웨스트주의 아카스타 편마암
달의 바다 분화구[a]	3.57 ± 0.05 Ga	루비듐-스트론튬. 아폴로 11호를 통해 수집된 현무암
그랑 테턴 국립 공원 변성 반려암[c]	2.85 ± 0.15 Ga	루비듐-스트론튬
피크스 피크산 화강암[d]	1.085 ± 0.025 Ga	우라늄-납
셰넌도어 국립공원 화강암[e]	1.060 ± 0.005 Ga	납-납. 올드래그산 화강암
아카디아 국립공원 화강암[f]	419 ± 2에서 424 ± 2 Ma(백만 년) 418 ± 5 Ma	우라늄-납 아르곤-아르곤. 캐딜락산 화강암
요세미티 국립공원 화강암[g]	102 ± 2 Ma	우라늄-납. 엘 캐피탄 화강암
와이오밍주 데빌스 타워[h]	49.04 ± 0.16 Ma	아르곤-아르곤. 향암(phonolite)
콜럼비아 고원 현무암[i]	15.48 ± 0.22 Ma	아르곤-아르곤. 그랜드 론데 현무암 용암류
하와이 마우나 케아 화산[j]	375 ± 50 ka(천 년)	칼륨-아르곤. 가장 오래된 용암류 중 하나
가장 오래된 세인트헬렌스산 화산 쇄설물(화산재)[k]	37.6 ± 1.3 ka	쇄설물 안에 밀폐된 목탄의 ^{14}C
일리노이주 글렌 엘린 소재 마스토돈 뼛조각[l]	11,700 ± 60년	^{14}C, 조정하지 않음(조정된 범위는 13,650년에서 13,450년임)
고대 이집트의 성채에서 나온 목탄(대략 기원전 1480-1150년 사이에 점유됨)[m]	3,090 ± 40년	^{14}C, 조정하지 않음(조정된 범위는 기원전 1430-1270년임)

[a] 출처: G. Brent Dalrymple, *Ancient Earth, Ancient Skies: The Age of the Earth and Its Cosmic Surroundings* (Stanford, CA: Stanford University Press, 2004).

[b] 출처: K. A. Farley et al., "In Situ Radiometric and Exposure Age Dating of the Martian Surface," *Science* 343 (2014): 1247166, pp. 1-5.

[c] 출처: John C. Reed Jr. and R. E. Zartman, "Geochronology of Precambrian Rocks of the Teton Range, Wyoming," *Geological Society of American Bulletin* 84 (1973): 561-82.

[d] 출처: Diane R. Smith et al., "A Review of the Pikes Peak Batholith, Front Range, Central Colorado: Al 'Type Example' of A-Type Granitic Magmatism," *Rocky Mountain Geology* 34 (1999): 289-312.

[e] 출처: D. W. Rankin et al., "Zircon Ages of Felsic Volcanic Rocks in the Upper Precambrian of the Blue Ridge, Appalachian Mountains," *Science* 166 (1969): 741-44.

[f] 출처: R. A. Wiebe et al., "Enclaves in the Cadillac Mountain Granite (Coastal Maine): Samples of Hybrid Magma from the Base of the Chamber," *Journal of Petrology* 38 (1997): 393-423.

[g] 출처: T. W. Stern et al., "Isotopic U-Pb Ages of Zircons from the Granitoids of the Central Sierra Nevada, California," *United States Geological Survey Professional Paper* 1185 (1981).

[h] 출처: Genet I. Duke, Brad S. Singer, and Ed DeWitt, "40Ar/39Ar Laser Incremental-Heating Ages of Devils Tower and Paleocene-Eocene Intrusions of the Northern Black Hills, South Dakota and Wyoming," *Geological Society of America Abstracts with Programs* 34, no. 6 (2002): 473.

[i] 출처: T. L. Barry et al., "New 40Ar/39Ar Dating of the Grande Ronde Lavas, Columbia River Basalts, USA: Implications for Duration of Flood Basalt Eruption Episodes," *Lithos* 118 (2010): 213-22.

[j] 출처: Stephen C. Porter, Minze Stuvier, and I. C. Yang, "Chronology of Hawaiian Glaciations," *Science* 195 (1977): 61-63.

[k] 출처: Donal R. Mullineaux, "Pre-1980 Tephra-Fall Deposits Erupted from Mount St. Helens, Washington," *U.S. Geological Survey Professional Paper* 1563 (1996).

[l] 출처: 미발표 분석, 휘튼 칼리지.

[m] 출처: 미발표 분석, 휘튼 칼리지.

전자들 사이의 상호작용과 관련이 있어서 작은 변이에 다소 더 취약한 것처럼 보인다. 원자로와 입자 가속기만이 자연적인 붕괴상수를 "뒤엎는" 방식으로 원자핵을 변경하는 데 필요한 엄청난 양의 에너지를 생성할 수 있다. 이런 상태들은 지구상이나 다른 행성들에서는 존재하지 않으며, 매우 초기의 우주에서만 존재했다. 동위원소 주위의 모든 전자가 떨어져 나간다면 붕괴상수에 급격한 변화가 일어날 수도 있다. 몇몇 안정적인 동위원소들조차 이런 식으로 방사성 원소가 될 수 있다. 이런 조건이 실험실에서 조성될 수 있지만 그런 조건은 별들의 깊은 곳에서만 자연적으로 일어난다.

그러나 붕괴상수들이 오랜 기간에 걸쳐 변화되었다면 어떻게 되는가? 최근의 창조 옹호자들은 붕괴상수들이 과거에는 "더 빨랐다"면 수백만 년 된 것으로 보이는 암석들이 수천 년밖에 되지 않았을 수도 있다고 주장한다. 붕괴상수가 변하지 않는다는 사실의 타당성을 지지하는 몇 갈래의 증거가 있다. 방사성 붕괴 속도의 변화는 기본적인 핵물리학과 우리가 아는 우주의 특성의 변화에 상응할 것이다. 즉 붕괴상수는 우주가 작동하는 방식에 필수적이며 창조세계의 기능의 완전성의 일부다. 붕괴상수의 변화가 우주에 미치는 영향은 질량의 끌어당김을 묘사하는 중력 상수나 빛의 속도 같은 물리학에서의 다른 상수들의 변화와 비슷할 것이다. 사실 방사성 붕괴상수들은 다른 핵 상수들에 의존한다. 우리가 관찰하는 별들은 우리 태양과 동일한 핵 과정들을 보이며, 방사성 붕괴상수들이 그 별들의 빛이 우리에게 도달하기까지 소요되는 수억 년에서 수십억 년 동안 변하지 않았다는, 간접적이지만 상당한 증거를 제공한다.

붕괴속도의 변화 개념은 방사성이 붕괴하는 동안 방출된 빛 문제를 다루지 않는다. 방출이 동위원소의 에너지 준위를 흥분시키기 때문에 각각의 붕괴 사건마다 열을 방출한다. 지구에서 흘러나오는 31조 와트(또는 31테라와트)의 열 중에서 적어도 50퍼센트는 ^{238}U, ^{232}Th, 그리고 ^{40}K의 지속적인 붕괴에서 나온다.[11] 이 계산은 원래 지각과 맨틀에 존재하는 이런 방사성 핵종의 부존량 추정에 근거했다. 지구 안에서 붕괴를 통해 생성된 반중성미자(지구 중성미자[geoneutrino]로 불린다)를 포획하기 위해 설계된 최근의 실험은 이런 방사성 핵종들에서 나오는 열의 기여를 확인하고 좀 더 정확하게 계량화했다. ^{238}U와 ^{232}Th를 통해 20테라와트가 기여된다.[12] 지구에서 나오는 열의 흐름은 45억 년이라는 지구의 나이와 일치한다. 최근의 창조 옹호자들이 주장하듯이 만일 붕괴 속도가 과거에는 좀 더 빨랐고 지구가 참으로 몇천 년밖에 되지 않았다면 그렇게 짧은 기간에 일어난 모든 방사성 붕괴를 통해 지구가 완전히 녹은 상태로 유지되기에 충분할 만큼 너무 많은 열이 생성되었을 것이다.[13] 더욱이 (다양한 젊은 지구 창조 시나리오에 따른) 창조 주간의 초기 또는 노아 홍수 전의 가속화된 붕괴를 통해 생성된 방사능은 지구상의 생명에 치명적이었을 것이다.

한 가지 방법만 있거나 복수의 방법들이 다른 연대를 제시할 경우 방사능 연대 측정은 의심쩍을 것이다. 가장 많이 연구되는(그리고 가장 오래된) 지구상의 암석 중 하나는 그린란드 서부에 있는 아미트소크 편마암으로서, 그 암석의 나이가 다섯 가지 방법을 통해 추정되었다(표 15.3을 보라). 그 암석이 형성된 후 다섯 개 계열 각각의 붕괴상수가 변했더라면 연대가 일치하기는 불가능할 것이다. 아미트소크 편마암은 여러 광물이 봉쇄 온도보다 높은 온도를 경험한 변성암이다. 하지만 우라늄 방법에 사용된 지르콘의 봉쇄 온도는 섭씨 1,000도(그 암석의 녹는 온도에 가깝다)보다 높다. 변성이 개별 광물들로부터 동위원

---

11 A. M. Hofmeister and R. E. Criss, "Earth's Heat Flux Revised and Linked to Chemistry," *Tectonophysics* 395 (2005): 159-77.

12 T. Araki et al., "Experimental Investigation of Geologically Produced Antineutrinos with KamLAND," *Nature* 436 (2005): 499-503.

13 Young and Stearley, *Bible, Rocks and Time*, 398-400. 젊은 지구 창조론의 방사능 연대 측정 비판과 지구의 역사에서 가속된 붕괴의 열 문제 측면은 섹션 18.3.4에서 좀 더 논의된다.

표 15.3. 다양한 방사성 연대 측정법을 통해 측정한 아미트소크 편마암의 지질학적 나이. 각각의 값은 7개에서 25개 사이의 표본들에 대한 분석을 대표한다. 납-납 방법을 제외한 이 붕괴 계열들의 반감기는 표 15.1에 제시되었다. 납-납 방법은 다른 붕괴 계열들로부터 나온 납 동위원소들의 비율을 사용하는 방법이다.

방법	나이(십억 년)
우라늄-납	3.60 ± 0.05
납-납	3.56 ± 0.10
납-납	3.74 ± 0.12
납-납	3.62 ± 0.13
루비듐-스트론튬	3.64 ± 0.06
루비듐-스트론튬	3.62 ± 0.14
루비듐-스트론튬	3.67 ± 0.09
루비듐-스트론튬	3.66 ± 0.10
루비듐-스트론튬	3.61 ± 0.22
루비듐-스트론튬	3.56 ± 0.14
루테튬-하프늄	3.55 ± 0.22

출처: G. Brent Dalrymple, *The Age of the Earth* (Stanford, CA: Stanford University Press, 1991), 140-41.

소들을 발산하게 만들었을 수도 있지만 그것들은 바위 안에 잔류한다. 따라서 루비듐-스트론튬 방법은 아미트소크 편마암 같은 변성암에서 나온 모든 암석 표본에 대해 효과가 있다. 35억 5,000만 년에서 37억 4,000만 년이라는 아미트소크 편마암의 연대 범위는 1억 9,000만 년이 넘는 그 암석의 형성과 변성 역사를 반영할지도 모르지만, 확실히 여러 방법들이 그렇게 오래된 암석들에 대해 일치하는 연대를 제시한다. 복수의 방법들로부터 나온 연대가 일치한다는 관찰은 붕괴 속도가 일정하다는 가정을 지지한다.

암석의 연대 추정의 암묵적인 가정 중 하나는 연대가 측정되는 때(D) 존재하는 딸 동위원소의 수뿐만 아니라 그것이 형성되었을 때(D_0) 광물 안에 들어 있던 딸 원소들의 수도 안다는 것이다. 지르콘은 그것의 결정 구조가 그것이 형성될 때 납을 거부하며, 따라서 이 경우 $D_0 = 0$이고 그 광물 안에서 측정된 모든 납은 우라늄이나 토

륨의 붕괴를 통해 축적되었기 때문에 우라늄-토륨-납 방법에 매우 유용한 광물이다. 그러나 변성과 풍화에 기인해서 지르콘에서 납이 상실되어 그 광물의 실제 나이보다 더 젊은 나이를 제공할 수도 있다. **콩코디아**(concordia) 방법으로 불리는, 그것을 시험하는 방법이 있다.

지르콘은 ^{238}U과 ^{235}U를 함유하고 있어서 같은 광물의 연대 측정을 위한 두 가지 방법을 제공한다. 우라늄-납 계열에 대한 콩코디아 도표(concordia plot)는 폐쇄계(붕괴를 통한 것 외에는 그 암석 안에서 동위원소의 추가나 손실이 없다)에서 부모 동위원소 대 딸 동 원소 비율 $^{238}U : ^{206}Pb$와 $^{235}U : ^{207}Pb$가 시간이 지남에 따라 어떻게 변하는지를 보여준다. 변성을 경험하지 않은 달의 암석에서 관찰한 우라늄-납 비율들은 콩코디아 곡선(그림 15.3을 보라)에 매우 가깝게 위치한다. 지구의 오래된 많은 화성암은 봉쇄 온도 위에서 어느 정도의 변성을 경험해서 방사능을 통해 생긴 납을 상실했다. 예컨대 미국 남동부의 애팔래치아산맥에 노출된 별도의 장소들에 있는 화산암들은 우라늄-납 콩코디아 곡선 아래의 직선을 따라 일치하지 않는 연대와 도표를 제공한다(그림 15.4를 보라). 현장의 관계들과 기타 지질학적 증거는 그것들이 변성되기 이전 거의 같은 시기에 형성되었음을 암시한다. 그 직선을 오른쪽으

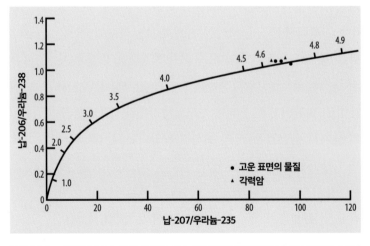

그림 15.3. 아폴로 11호 착륙 지점의 달 토양 파편과 발견물에 나타난 우라늄-납 비율은 콩코디아 도표 상에서 46억 년에서 47억 년 사이의 일치하는 나이를 보여준다. 곡선 위의 숫자들은 십억 년 단위의 나이들이며, 시간 경과에 따른 우라늄-납 비율의 변화를 나타낸다.

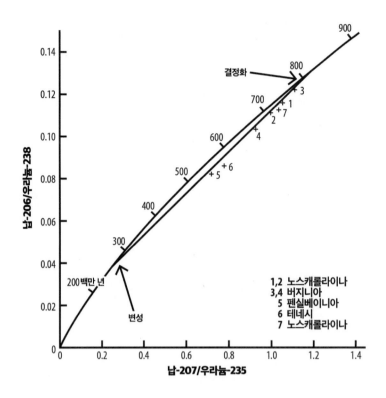

그림 15.4. 애팔래치아산맥 지역 암석에 함유된 우라늄-납 비율 콩코디아 도표. 곡선 위의 숫자들은 백만 년 단위의 나이들이며, 시간의 경과에 따른 우라늄-납 비율의 변화를 나타낸다.

로 외삽(外揷)하면 그 화성암체가 형성된 시기에 대한 합리적인 연대(8억 년을 약간 초과한다)에서 콩코디아 곡선과 교차한다. 그 직선을 왼쪽으로 외삽하면 그 화성암체가 변성을 겪은 합리적인 연대(약 2억 5천만 년)에서 콩코디아 곡선을 교차한다.

실행 가능한 방사성 연대 측정 나이를 결정하고 암석이나 광물이 형성되었을 때 그 안에 들어 있던, 방사능을 통해 생긴 딸 동위원소들의 최초의 양을 알 수 있는 또 다른 방법이 있다. 몇몇 원소들은 방사능을 통해 생긴 동위원소(붕괴의 산물이다)와 안정적인 동위원소(결코 붕괴하지 않으며 붕괴의 산물이 아니다)를 모두 가진다는 것을 상기하라. 스트론튬은 이런 원소의 예로서 안정적인 ^{86}Sr과 ^{87}Rb-^{87}Sr 붕괴 계열의 방사능을 통해 생긴 ^{87}Sr을 갖고 있다. 일반적으로 같은 원소의 안정적인 동위원소와 방사능을 통해 생긴 동위원소의 혼합물을 함유하는 마그마, 지

하수, 해수 같은 유동체에서 광물들이 침전한다. 광물들이 형성될 때 그것들은 이런 동위원소들의 혼합물을 함유하게 되는데 그것은 비율(예컨대 ^{87}Sr:^{86}Sr)로 나타내질 수 있다. 그 유동체 안에 있던 부모 방사성 핵종의 원자들도 암석이 형성될 때 그 안의 광물들 안으로 편입된다. 시간이 흐르면서 부모 동위원소의 붕괴에 따라 그 광물 안에 들어 있는 딸 동위원소의 양이 기하급수적으로 증가할 것이다. 그 광물 안에 들어 있는 딸 동위원소와 동일한 원소의 안정적인 동위원소는 변하지 않을 것이다. **등시선 방법**(isochron method)은 안정적인 동위원소의 양 대비 광물에 들어 있는 부모 동위원소와 딸 동위원소의 양을 비교한다. 예컨대 광물이 형성될 때 그것은 어떤 ^{87}Rb:^{86}Sr 값을 가지겠지만, 그 값은 그 광물이 형성되었던 유동체의 ^{87}Rb:^{86}Sr 값과 같을 것이다. 시간이 지남에 따라 이 값들이 변해서 ^{87}Rb:^{86}Sr의 값은 감소하고 ^{87}Sr:^{86}Sr의 값은 증가할 것이다. 이 방법을 위해서 동일한 암석으로부터 몇 가지 광물들과 심지어 암석 전체의 표본들이 측정되고 그것들의 ^{87}Rb:^{86}Sr과 ^{87}Sr:^{86}Sr 값들이 그래프상에 표시된다(그림 15.5를 보라). 그래프상의 점들은 최초의 ^{87}Sr:^{86}Sr을 지나가는 직선상에 위치하며, 그 직선의 기울기는 암석의 나이를 반영한다(암석이 형성된 후 시간이 지남에 따라 기울기가 커진다).

그림 15.6에 제시된, 달에서 수집된 현무암의 루비듐-스트론튬 등시선 도표를 고려해보라. 35억 9,000만 년 ± 5,000만 년은 전체 암석과 이 동위원소들을 함유하는 그 암석에 들어 있는 세 가지 광물—티탄철석, 휘석, 사장석—에서 ^{87}Rb, ^{87}Sr, 그리고 ^{86}Sr 구성을 측정한 데서 도출되었다. 티탄철석은 휘석이나 사장석보다 ^{87}Rb을 훨씬 많이 함유하고 있다. 따라서 전체 암석의 ^{87}Rb 함유비가 세 가지 광물들의 함유비 범위의 중간에 위치하는 것이

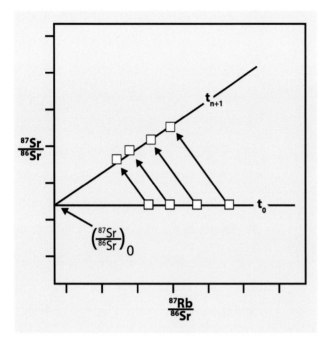

그림 15.5. Rb-Sr을 사용한 등시선 도표 방법의 예. 유동체로부터 광물들이 형성될 때(t_0 시점) 그것들은 동일한 ^{87}Sr:^{86}Sr 값들을 가지지만, ^{87}Rb:^{86}Sr 값들은 다르면 수평선상에 위치한다. 시간이 지남에 따라 ^{87}Rb가 ^{87}Sr로 붕괴하기 때문에 그 비율 값들이 변한다. 그 암석이 수집되어(t_n+1 시점) 분석될 때 그 점들은 표본들의 최초의 ^{87}Sr:^{86}Sr 값인 $(^{87}Sr$:$^{86}Sr)_0$의 값을 지나가는 직선상에 위치한다. 직선의 기울기는 표본들의 나이를 반영한다.

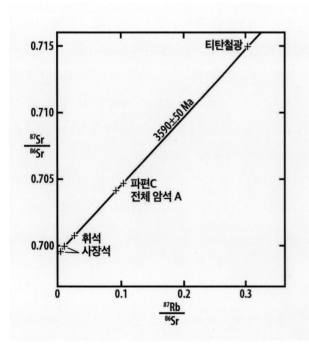

그림 15.6. 아폴로 11호 승무원이 수집한 달의 현무암의 Rb-Sr 등시선 도표.

놀랄 일이 아니다.

요컨대 방사능 연대 측정 기법에 대한 우리의 모든 테스트는 방사성 붕괴 과정이 창조세계의 기능의 완전성의 표현이라는 우리의 이해에 일치한다.

15.5. 지구와 태양계의 궁극적인 나이

지구와 달에 있는 가장 오래된 암석들은 아마도 그것들의 원시 지각에서 형성된 "최초의 암석들"보다 젊을 것이다. 지구의 지각에서 일어나는 역동적인 과정들은 암석들을 재순환시키는 경향이 있다. 달의 표면에 일어난 충돌들은 가장 오래된 지각의 방사성 연대 시계를 재설정할 수 있다. 운석들이 아마도 태양계 형성 이후 변하지 않은 암석에 대한 최상의 원천을 제공할 것이다(11장을 보라). 운석들에 대한 표준적인 방사능 연대 측정 방법들은 45억 년에서 46억 년 사이에 밀집하는 나이를 산출한다.

납 동위원소들을 사용한 창의적인 방법이 태양계의 궁극적인 나이, 즉 최소한 태양 성운에서 고체들이 최초로 응축된 시기 문제에 적용되었다.[14] 우리가 살펴본 바와 같이 납의 두 가지 동위원소들은 우라늄 방사성 핵종의 붕괴—^{238}U에서 ^{206}Pb로 및 ^{235}U에서 ^{207}Pb로 붕괴한다—로 생긴 딸 동위원소들이다. 동위원소 ^{204}Pb는 방사성 붕괴의 산물이 아니다. 초기 태양계 응축물에 함유된 납은 세 가지 동위원소들을 모두 포함했는데, 시간이 지나도 그 물질 안에 들어 있는 ^{204}Pb의 양은 고정된 반면에 부모 우라늄 방사성 핵종의 붕괴에 따라 ^{206}Pb와 ^{207}Pb의 양은 증가했다. 이 방법을 위해서 운석들에서 계산한 $^{206}Pb/^{204}Pb$와 $^{207}Pb/^{204}Pb$ 비율들이 등시선 그래프 위에 표시되었는데, 그 비율들은 각각의 비율의 가장 원시적인 값을 원점으로 하는 직선상에 위치했다. 이런 유형의 그래프에서 나이가 늘어날수록 직선의 기울기가 덜 가팔라

---

14 C. C. Patterson, "The Age of Meteorites and the Earth," *Geochimica et Cosmochimica Acta* 10 (1956): 230-37.

그림 15.7. 두 개의 화산재층 데이케(Dk)와 밀브리그(Mb) K-벤토나이트층. 테네시주 글레이드빌 근처에 노출된 오르도비스기 석회암에서 발견되었다.

진다. 이 접근법을 사용한 다양한 연구에서 등시선 나이들이 45억 5,000만 년으로 수렴했다.

15.6. 퇴적암들의 지질학적 연대

대다수 퇴적암에 들어 있는 광물들은 일반적으로 좀 더 오래된 암석에서 나오기 때문에(14장에 묘사된 암석의 순환을 상기하라), 퇴적암들은 방사성 연대 측정에 도전을 제기한다. 동굴 지층들에 들어 있는 방해석 같이 해수나 지하수에서 침전한 광물들로 만들어진 몇몇 화학적 퇴적암들은 이에 대한 예외다. 퇴적암들이 화산재나 용암류로 덮여 있다면 그 암석의 지질학적 나이가 결정될 수 있다. 테네시주에 있는 오르도비스기의 석회암 지층은 각자로부터 약 4미터 떨어진 고대 화산재의 두 층을 특징으로 한다(그림 15.7을 보라). 화산재층들에 들어 있는 광물들을 ^{40}Ar-^{39}Ar 방법으로 연대를 측정한 결과 그것들의 나이가 4억 4,980만 ± 230만 년과 4억 4,800만 ± 2백만 년으로 추정되었다.[15] 표준 오차에 따라 나이들이 겹친다는 점은 두 연대가 180만년보다 가까울 수도 있지만 결정된 신뢰구간의 최대 범위 안에 있음을 의미한다. 지질학자들은 이미 수십 년 전에 이 암석들의 지역적 층서 서열(섹션 12.2.1, 지층 누중의 원칙을 보라)과 그 암석들의 진단상의 화석들의 함유(섹션 12.5, 화석 연속의 원칙을 보라)를 기초로 그것들이 오르도비스기 동안에 퇴적되었다고 결정했다.[16]

15 Kyoungwon Min, Paul R. Renne, and Warren D. Huff, "^{40}Ar/^{39}Ar Dating of Ordovician K-bentonites in Laurentia and Baltoscandia," *Earth and Planetary Science Letters* 185 (2001): 121-34. 본서의 본문에서 설명되지 않은 ^{40}Ar/^{39}Ar 방법은 표본 안의 ^{40}K의 붕괴로 생성된 ^{40}Ar의 양을, 원자로에서 중성자들로 충격을 가함으로써 만들어진 ^{39}Ar의 양과 비교한다. 그 충격은 표본에 들어 있는 모든 ^{39}K에서 ^{39}Ar을 만들어낸다. ^{39}Ar은 반감기(269년)가 짧기 때문에 자연에서는 발견되지 않는다. 그 표본을 단계적으로 가열해서 가열을 통해 방출된 ^{40}Ar과 ^{39}Ar의 상대적인 양을 측정한다. 가열 단계마다 그 동위원소들이 일정한 비율로 방출된다면, 그것은 ^{40}Ar이 ^{40}K의 붕괴를 통해 생성되었고 그 암석이 형성될 때 암석 안에 잉여 ^{40}Ar이 없었음을 의미할 것이다. 이는 타당한 나이를 얻기 위해서는 그 물질이 형성되었을 때 딸 동위원소의 원래의 양을 알아야 한다는 요건에 대한 또 다른 테스트다.

16 Stig M. Bergström et al., "The Greatest Volcanic Ash Falls in the Phanerozoic: Trans-Atlantic Relations of the Ordovician Millbrig and Kinnekulle K-Bentonites," *The Sedimentary Record* 2, no. 4 (2004): 4-7.

세계 전역에 존재하는 이 암석층의 연구에 기초한 오르도비스기는 4억 8,500만-4억 4,400만 년 전에 일어났다. 이 예는 (19세기 초 지질학이 시작된 이후) 지질학적 시간 척도로 이어진 지역적인 층서학 연구와 고생물학 연구가 방사능 연대 측정을 통해 어떻게 확인되는지를 보여준다.

퇴적암 연대 측정의 또 다른 예는 동아프리카 지구대에 축적된 지층들과 관련된다. 그 암석들은 **호모 하빌리스, 호모 에렉투스, 호모 루돌펜시스**, 그리고 **파란트로푸스 보이세이** 같은 인간 화석들을 포함하고 있어서 특별한 관심을 받는다 (30장을 보라). 이 생물들의 화석화된 뼈의 연대는 추정될 수 없을 것이다. 그러나 물리 인류학자들에게는 다행스럽게도 그들은 화산 활동이 활발한 땅에서 살았다. 대체로 사암과 이암으로 이루어진, 500미터에 달하는 일련의 지층 안에 연대를 추정할 수 있는 몇몇 화산재와 용암류 층들이 존재한다(그림 15.8을 보라). 그 층들에 대한 칼륨-아르곤 방법을 통한 나이와 아르곤-아르곤 방법을 통한 나이가 일치하며, 이 층들의 바닥에서 꼭대기로 갈수록 나이가 차츰 줄어든다. 우리는 지구의 이 지역에서 살았던 생물에 대해 6부에서 다시 살펴볼 것이다.

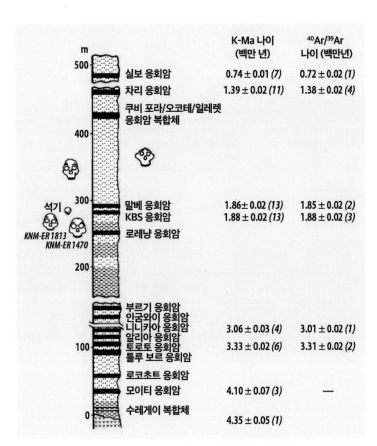

그림 15.8. 동아프리카 지구대에서 취한 500미터의 층서 단면 기둥은 인간 화석들의 상대적인 위치와 연대를 추정할 수 있는 화산재 응회암(기둥의 검정색 부분)을 보여준다.

15.7. 탄소-14

약 8만 년이 되지 않은 뼈, 나무, 목탄 등 고체 유기물들은 방사성 탄소(^{14}C) 방법을 통해 연대가 추정될 수 있다. ^{14}C에서의 붕괴 서열은 우리가 살펴보았던 다른 계열의 붕괴 서열과 다른데, 이 계열의 붕괴에서는 대기 중에서 안정적인 질소가 불안정한 ^{14}C로 변환하고 다시 ^{14}N으로 붕괴한다. 이 계열에서 각 단계는 다음과 같다.

1. 우주선이 대기 상층부의 기체들에 충격을 가해서 자유로운 중성자들을 해방시킨다. 중성자가 ^{14}N 핵과 충돌하면 핵이 중성자를 포획하고 양성자를 쫓아내서 ^{14}C를 만든다. ^{14}N은 대기에서 가장 풍부한 동위원소이기 때문에 언제나 상당한 양의 ^{14}C가 만들어진다.

2. ^{14}C는 대기 중의 산소와 결합해서 $^{14}CO_2$를 형성하고 좀 더 풍부한 $^{12}CO_2$와 혼합된다(대기 중에는 $^{13}CO_2$도 있다). 다양한 종의 CO_2들이 광합성과 먹이그물을 통해 생물권 안으로 통합된다. 유기체들은 ^{12}C와 ^{14}C를 자신의 세포 조직 안으로 흡수해서 대기 중의 $^{12}C:^{14}C$ 구성과 평형을 이룬다.

3. ^{14}C는 음의 베타 방출을 통해 붕괴해서 ^{14}N을 형성하는데, 이 붕괴의 반감기는 5,730 ± 30년이다. 그 유기체가 죽은 후 ^{14}C가 붕괴해서 시간이 지남에 따라 $^{12}C:^{14}C$ 비율이 변한다.

방사성 탄소 연대 측정에 두 가지 방법이 채택된다. 표본으로부터 베타 붕괴율이 측정되어 현재의 유기물의 붕괴율과 비교될 수 있다. 특히 매우 작은 표본에 대해 사용되는 또 다른 방법은 질량분광기를 사용해서 물질 안에 들어 있는 ^{12}C와 ^{14}C의 양을 측정한다. 대기 상층부의 ^{14}C 생성 속도는 일정하지 않기 때문에 측정된 모든 방사성 탄소 연대에 대한 수정이 이루어진다. 이것은 매우 오래된 나무의 연속적인 나이테로부터 탄소 방사성 연대를 구함으로써 이루어질 수 있다(브리슬콘 소나무들은 수천 년을 사는 것으로 유명하다). 예컨대 2,000년 된 나무의 나이테는 2,040 ± 20년의 측정된 나이를 산출할 수 있다. 나무의 나이테, 산호의 연간 성장층, 호상 점토(varve), 동굴 퇴적물(speleothem)에 대한 표본 조사를 통해 측정된 탄소 방사성 연대에 대한 보정 곡선(calibration curve)이 만들어졌는데, 그것은 현재 이전의 수천 년에까지 확장된다. 1963년 시카고 인근에서 발견된 마스토돈의 뼈 표본(그림 17.32를 보라)에 대해 보정이 실시되었다. 측정된 방사성 탄소 연대 11,700 ± 60년은 보정 곡선에서 BP 13,570년에 해당한다.[17]

나무의 나이테들과 호상 점토의 침전물로부터의 방사성 연대 측정을 결합한 일련의 데이터(그림 15.9를 보라)에서 방사성 연대 측정의 무결성이 강력하게 예시된다. 호상 점토층은 규칙적으로 퇴적된 침전물의 층들로서 각각의 점토층은 1년의 축적을 나타낸다. 기후가 온화한 지역에 있는 많은 호수에서 각각의 호상점토층은 점토가 풍부한 밝은 층과 유기체가 풍부한 어두운 층(가을의 유기체 파편 축적을 나타낸다)이라는 "두 가지 색조"의 색상 구조를

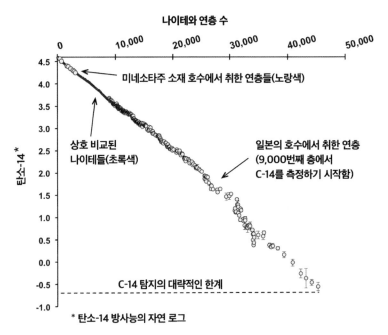

그림 15.9. 나이테들과 호수의 연층들에서 측정한 ^{14}C 함유량 대 나이테/연층들의 수 도표

갖는다. 방사성 연대들은 유기체가 풍부한 어두운 층에서 측정된다. 개별 나무들이 그렇게 오래되었기 때문이 아니라 고대의 목재들에서 나온 나이테들이 기록을 그때까지 거슬러 확장할 수 있으므로 나무의 나이테들은 우리를 약 12,000년 전까지 데려다준다(이는 연륜 연대학으로 불리는 연구다). 일본의 수이게추 호수에 있는 5만 년의 기록처럼 호수의 점토층들은 수만 년 동안의 연속적인 침전을 반영할 수 있다. 그림 15.9는 각각의 나이테나, 연층의 ^{14}C 함유량(나이가 아님) 대비 나이테나, 연층 각각을 센 수(연속적인 연들을 나타낸다)의 도표를 보여준다. 그 데이터의 거의 직선에 가까운 그래프는 ^{14}C 붕괴 과정의 규칙성 또는 그것의 붕괴상수의 일관성을 반영한다. 붕괴상수가 지난 5만 년 동안 좀 더 빨랐거나 좀 더 느렸더라면 그것이 이 곡선에 반영되었을 테지만, 이 그래프에서는 붕괴상수가 변해왔다는 점이 명확하게 드러나지 않는다. 이는 창조세계의 기능의 완전성이 어떻게 과학자들에게 유기물의 나이를 정확하게 결정할 수 있도록 허용하는지에 대한 우아하고 실용적인 예다.

---

17 보고된 모든 탄소 방사성 연대 측정 결과에 대해 지금부터 몇 년 전(before present)이라는 말은 사실은 1950년 전부터를 의미한다. 표준일이 없으면 다른 연도에 측정되어 발표된 연대들을 비교하기 어렵기 때문이다. 20세기 중반부터 발표일이 나타나기 시작했다.

15.8. 지질학적 나이 측정을 위한 다른 방법들

과학자들은 암석과 유기물의 나이를 측정하기 위해 방사능 붕괴 및 반감기와 독립적인 다른 방법들을 개발해왔다. 이 방법들은 지질학 연구와 고고학 연구에 널리 사용된다(표 15.4를 보라).

우리가 천문학을 다룬 2부에서 살펴본 바와 같이 지질학자들은 서로 독립적인 복수의 연대 추정 방법을 사용한다. 초기의 지구 나이를 결정하는 시도는 퇴적암이 축적되는 데 걸린 시간, 바다가 현재의 염도에 도달하는 데 소요된 시간, 또는 지구가 현재의 상태로 냉각하는 데 소요된 시간 같은 지구 과정의 기간 추정에 근거했다. 방사능의 발견으로 개별적인 광물, 암석, 화석화된 유기체의 나이 결정 방법이 개발되었다. 이 방법들은 그것들이 사용하는 붕괴상수의 일관성에 의존하는데, 같은 물질에 대해 다양한 방법을 사용해서 측정한 나이가 일치한다는 점

과 과거에 붕괴상수들이 더 빨랐더라면 지구에 얼마나 많은 열이 방출되었을지를 고려할 때 붕괴상수는 타당하고 일관성이 있음이 확인되었다. 질량분광기는 시료에 들어 있는 부모 동위원소와 딸 동위원소의 비율 측정에 효과적이지만, 방사성 붕괴로 만들어진 딸 동위원소와 그 시료가 형성되었을 때 시료에 들어 있었을 수도 있는 딸 동위원소를 구분하지 않는다. 그러나 시료에 들어 있는 방사능을 통해 생긴 동위원소와 안정적인 동위원소의 그래프를 그리는 등시선 방법은 그 시료의 최초 동위원소의 구성비 문제에 대한 해결책을 제공한다. 콩코디아 방법들은 대체로 변성에 기인해서 시간이 지남에 따라 광물들의 용해로 말미암은 딸 동위원소가 상실된 일련의 시료로부터 합리적인 나이를 결정하는 데 유용하다. 퇴적암들이 연대를 결정할 수 있는 화산재나 용암류 사이에 있을 경우 그 퇴적암의 나이가 결정될 수 있다. 방사성 연대 측정에 사

표 15.4. 지질학적 자료와 생물학적 자료의 연대 측정을 위한 몇몇 대안적 방법들

방법	설명	유효 나이 범위
우주선에 의해 생기는 핵종	높은 에너지의 우주선이 노출된 암석의 표면들에 충격을 가해서 지표면 및 그 바로 밑에 있는 원자들의 핵을 다른 동위원소로 변화시키는데, 그것이 노출된 기간 동안 축적된다. 그 변화 과정을 **파쇄**(spallation)라 부른다. 이 방법은 암석 안에서 이 동위원소들이 다른 동위원소들로 변한 비율을 측정해서 노출 기간을 결정하는 것과 관련이 있다. 빙하 지형의 나이, 대륙빙의 얇아진 연대, 다른 물체들의 노출 기간 측정에 사용된다.	사용된 동위원소에 따라 1천 년-1천만 년
온도상으로 및 광학상으로 자극된 발광 (TSL 및 OSL)	침전물에 들어 있는 방사성 원소들은 이온화하는 복사를 일으켜서 전자들을 결정 구조에서 쫓아내고 그것들을 구조상의 결함 안에 가둔다. 가열이나 적외선 자극은 전자들을 방출하는데, 전자들은 원자 안의 원래 위치로 돌아가면서 광자를 방출한다. 방출된 빛의 강도는 축적된 변화의 양과 시간에 비례한다. TSL은 도자기 소성 시기 연대 측정에 사용된다. 햇빛에 노출되면 쫓겨난 전자들이 제자리로 돌아온다. 햇빛에 노출된 후 매장된 모래는 노출로 갱신된 전자들을 이온화하는 복사를 통해 축적하기 시작한다. 석영이나 장석을 함유하는 모래 침전물에 대해서는 OSL이 사용된다.	30만 년 이내
전자 스핀 공명(ESR)	침전물에 들어 있는 방사성 원소들은 이온화하는 복사를 일으켜서 전자들을 결정 구조에서 쫓아내고 그것들을 구조상의 결함 안에 가둔다. 이 과정은 원자들의 자기장을 점진적이고 시간을 예측할 수 있는 방식으로 변화시킨다.	1천 년-3백만 년
고자기학	광물들에 들어 있는 원자들은 형성 시 지구의 자기장에 들어 있는 방향들을 보존한다. 연속적인 용암류와 제작 연대가 알려진 점토 도기 같은 인공물의 자기를 측정함으로써 자기의 반전 및 자기장의 쇠퇴와 강도의 변화 기록이 확립되었다. 흙 난로와 가마 및 육상과 해양의 화산암들의 연대 측정에 사용된다.	수백 년 이상
아미노산 라세미화법	사후에 세포 조직 안의 아미노산들은 L(좌측)에서 D(우측)로 배열을 변환한다. D/L 값들은 뼈, 조개 껍데기, 달걀 껍데기 같은 물질의 나이와 관련이 있지만 온도에 크게 의존한다.	20만 년 이내
분체 흔적	^{238}U의 알파 붕괴는 주위의 광물들과 흑요석에 극히 작은 손상 흔적을 만든다. 시료에서 흔적의 수에 비례하는 나이가 계수된다.	수십 년-수십억 년

용되는 대다수 붕괴 계열의 긴 반감기로 인해 이 방법들은 대체로 1백만 년보다 오래된 암석들에만 적용된다. 그러나 반감기가 5,730년인 탄소-14 방법은 8만 년까지의 뼈, 목재 같은 탄소 기반 유기물의 연대 측정에 유용하다. 방사성 연대 측정을 보완하고 그 방법의 절대 연대 제공 능력의 틈새를 채우기 위한 다른 방법들이 출현하고 있어서 과거에 대한 좀 더 포괄적인 이해를 제공한다.

적용 범위가 중복되는 다양한 모든 방법이 일치하는 연대 추정 결과를 제시한다는 사실은 지질학자들에게 암석, 화석, 지질 주상도의 연대에 대한 높은 수준의 확신을 준다(섹션 6.3에서 논의된, 적용 범위가 중복되는 복수의 독립적인 거리 측정을 통해 천문학자들이 얻는 높은 정도의 확신과 유사하다). 다른 연대 측정 방법들 사이의 이러한 대단한 일치는 창조세계의 질서가 잘 잡혀 있다는 것과 그 질서가 안정적이라는 것을 보여준다. 지질학자들은 이런 방법들을 사용해서 지구의 속성과 과정에 관한 양호한 지식을 개발할 수 있었다. 연대 측정 방법과 지질학적 과정 사이의 연결은 지구 지각의 역동적인 행동을 통해 놀랍고 눈부시게 드러난다. 우리는 다음 장에서 그것에 관해 탐구할 것이다.

16장

판구조론: 지구의 작동 방식에 관한 이론

이 장은 지구의 작동 방식에 대한 우리의 이해에 필수적인 판구조론이라는 통합 이론의 개관을 제시한다. 다른 과학 이론들과 마찬가지로 판구조론은 실제 현상에 대한 관찰에 근거한다(그 현상들은 발생할 때 관찰된다). "자연 세상의 몇몇 영역을 이해하기 위해 사용되는 체계적인 지식체(사실, 전제, 가설 등)"라는 과학 이론의 일반적인 정의(섹션 4.2.1, "심화 학습: 오해되는 과학 용어들")를 상기하라. 판구조론은 최선의 설명에 이르는 추론의 좋은 예다. 지구의 많은 과정은 지표면 아래 깊은 곳에서 일어나며 우리의 눈에 보이지 않는다. 그 과정들은 측정과 시각화라는 간접적인 방법을 통해 추론되어야 한다. 다른 과정들은 지구 심층의 조건들을 시뮬레이션하기 위한 실험실의 실험을 수행함으로써 추론될 수 있다. 조산이나 심해 침전 같은 몇몇 과정은 매우 서서히 일어나서 우리는 무수히 많은 여러 해 동안 계속되는 것으로 추론되는 전체 과정 중 하나의 순간만을 관찰한다. 지각에 응력(應力, 스트레스)이 쌓여 발생하는 지진 같은 다른 과정들은 좀 더 쉽게 관찰된다. 그러나 그 응력들이 어떻게 만들어지고 지진이 어디에서 일어나는지에 관한 이해는, 입수할 수 있지만 불완전한 일련의 사실들로부터의 추론 및 정교한 이론화와 관련이 있다.

지구의 작동 방식에 대한 이론적인 이해가 기원 이론에 관한 우리의 지식을 어떻게 진척시키는가? 우리는 인간의 몸 연구에 같은 질문을 적용할 수 있을 것이다. 몸이 어떻게 작동하는가에 관한 기본적인 이해에 기초해서 우리는 각각의 몸이 어떻게 자기 역사의 기록을 포함하고 있는지를 인식하기 시작할 수 있다. 뼈들과 치아는 영양, 위생, 질병, 그리고 심지어 그것들의 상태와 화학적 성질로부터 추론될 수 있는 서고 기록을 담고 있다. 각각의 세포 안의 유전자 기록은 조상의 정보를 포함한다. 마찬가지로 지구는 심지어 태양계에서 자신이 형성되기 전까지 거슬러 가는, 자기 역사의 기록을 담고 있다(11장을 보라).

판구조론 이론을 통해 "대륙들과 대양 분지들은 어떻게 형성되는가? 어떻게 산들이 존재하며 어떻게 특정한 지역에 산맥들이 존재하는가? 어떤 지질학적 과정들이 석유나 철광석 같은 천연자원을 만드는가?" 같은 많은 지질학적 기원 문제들이 탐구될 수 있다. 실로 지구의 역사 해석에서 판 구조 과정을 적용하는 것은 이론적인 작업이다.[1] 지질학적 기원에 관한 우리의 관심은 물리적 및

1 　이론과 사실이 과학자들에게 어떻게 사용되는가에 관한 우리의 논의를 상기하라(섹션 4.2.1, "심화 학습: 오해되는 과학 용어들"). 판구조론은 빅뱅 우주론처럼 이론이기는 하지만 그것은 체계적인 지식체이기 때문에 과학자들은 그 이론을 사용해서 지구가 어떻게 작동하는지

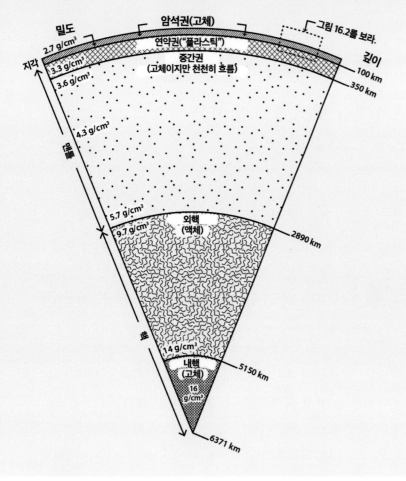

그림 16.1. 지구 내부의 층들의 이름과 물리적 속성이 이 단면도에 예시된다.

역사적 지질학에 할애된 교과서들에서 다뤄지는 것만큼 광범위하지는 않다. 하지만 우리가 지구 지각의 구조를 살펴볼 때 판구조론은 그것이 만들진 방법 및 그 형성 기간을 이해하기 위한 틀을 제공한다. 마지막으로 판구조론이 어떻게 개발되었는지를 배우는 것은 과학이 어떻게 작동하는가에 관한 사례 연구가 된다.

우리가 판구조론을 이해하기 위해서는 먼저 층을 이루고 있는 지구의 구성, 특히 지구의 지각을 좀 더 자세히 이해해야 한다.[2] 아래에 묘사된 층들은 모두 앞의 장들에서 논의된 많은 지질학적 규칙성들에서 비롯되었다. 이는 우리에게 창조세계의 기능의 완전성(섹션 2.2.2를 보라)이 작동하는 구체적인 예를 보여 준다.

를 이해할 수 있다.
2   이 장에서 언급된 암석들은 섹션 14.3의 사진이 포함된 용어해설에서 설명된다.

16.1. 층을 이루고 있는 지구

11장에서 기술된 바와 같이 지구의 내부는 여러 종류의 고체 암석과 용해된 암석의 층들로 이루어졌다. 층들의 두께와 구성은 지진과 핵폭발에서 나오는 지진 음파 연구 및 운석의 구성으로부터의 추론을 통해 파악되었다. 지구의 층들은 삶은 달걀과 비슷하다(그림 16.1을 보라). 지구의 약한 바깥쪽 껍질은 **암석권**(lithosphere)인데, 암석권의 두께는 해양분지 아래서는 50-140킬로미터이고 대륙의 지표면 아래서는 40-280킬로미터다. 암석권은 다양한 성분의 고체 암석으로 구성된다. 지표면에 노출된 암석으로 구성된, 암석권의 상부는 **지각**(crust)으로 불린다. 지구 내부의 달걀흰자 부분은 **맨틀**(mantle)로 불리는, 대체로 밀도가 높은 철과 마그네슘이 풍부한 규산염 암석으로 이루어진 두께 2,900킬로미터의 층이다. 지구의 중심에 있는 달걀 노른자위 부분은 핵으로서 밀도가 훨씬 더 높은 반경 약 3,400킬로미터의 층이다. 핵은 대체로 철과 니켈로 구성된다. 핵의 바깥 부분은 지구의 표면에 존재하는 물보다 밀도가 약 10배 높은 금속 액체다.

16.2. 지각

지질학자들은 지각에 들어 있는 여러 암석의 분포에 예측 가능한 추세가 있는 것을 알아냈다. 대륙 밑의 지각은 해양분지 밑의 지각과는 근본적으로 다르다. 대륙 지각은 주로 화강암으로 구성된다. 해양 지각은 주로 현무암으로 구성된다. 암석의 구성은 해양 지각과 대륙 지각 사이의 많은 차이 중 하나일 뿐이다(그림 16.2를 보라).

지질학자들은 지각과 맨틀을 구성하는 화성암들을 그 암석들의 화학적 성질과 결(texture)에 따라 분류한다(표 16.1을 보라). 맨틀의 암석들은 **초고철질**(ultramafic)이며 지각의 암석들에 비해 이산화 규소(SiO_2)의 구성비는 낮고 철, 마그네슘, 칼슘의 구성비가 높은 특징이 있다. 해양 지각의 현무암과 반려암은 초고철질 암석들보다 이산화 규소가 약간 많고 철, 마그네슘, 칼슘이 약간 적은 **고철질**(mafic) 암석들이다. 대륙 지각의 화강암과 유문암은 그것들의 마그마에 고철질 암석들에 비해 철, 마그네슘, 칼슘을 덜 함유하고 이산화 규소, 칼륨, 나트륨과 용해된 물을 덜 함유하는 **규장질**(felsic) 암석들이다. 안산암과 섬록암 같은 **전이성**(transitional) 암석들은 고철질 암석들과 규장질 암석들의 중간에 해당하는 속성들을 갖는다. 결정의 크기는 화성암이 냉각된 역사와 관련이 있다. 조립 결정들은 마그마들이 지표면 아래에서 서서히 냉각될 때 형성된다. 고운 결정들(종종 맨눈으로는 보이지 않는다)은 지표면에 가까운 곳(지표면의 온도는 지각 깊은 곳에서보다 시원하다)에서 용암이 분출하거나 마그마가 관입하는 동안 결정들이 빠르게 형성될 때 만들어진다.

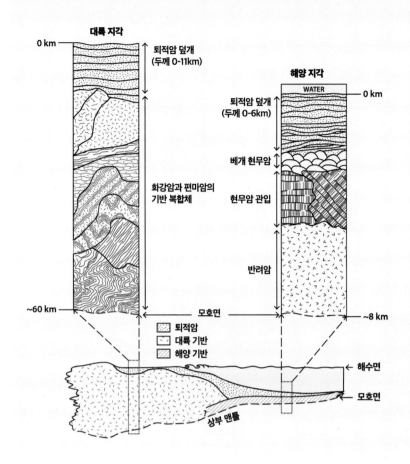

그림 16.2. 이상적인 대륙 지각과 해양 지각의 단면도. 구성과 층의 성격을 보여주는 기둥 포함.

16.2.1. 대륙 지각.
모든 대륙은 특징적인 암석들과 구조들을 공유하며, 많은 대륙이 유사한 형성의 역사를 공유한다. 대륙 지각은 두께가 25-75킬로미터에 달하는데 산

맥 아래가 가장 두껍다. 대륙 지각의 부피의 대부분은 화강암, 섬록암, 편마암 및 기타 변성암들로 구성된다. 대륙 지각의 평균 밀도는 화강암의 밀도에 가깝다(약 2.7g/cm^3. 참고로 액체 상태의 물의 밀도는 약 1g/cm^3다).[3] 우리가 앞

---

3   액체 상태의 물의 밀도는 온도에 의존하는데 섭씨 $4.0°$에서 1g/cm^3에서 물의 끓는 점에서 0.95865g/cm^3까지 달라진다.

표 16.1. 화성암의 분류와 속성. 이 암석들의 사진들이 섹션 14.3.1에 수록되었다.

초고철질	고철질	전이성	규장질	
	현무암	안산암	유문암	세립 결정
감람암	현무암	현무암	현무암	조립 결정
45퍼센트 미만	45-55퍼센트	55-65퍼센트	65-75퍼센트	SiO_2 무게, 퍼센트
◀──── 좌측으로 갈수록 철, 마그네슘, 칼슘 함유량이 증가함. ────				
──── 우측으로 갈수록 나트륨, 칼륨, 용해된 물 함유량이 증가함. ────▶				
──── 우측으로 갈수록 분출의 격렬함(강도)이 증가함. ────▶				
	1,250°-1,000°C	1,000°-800°C	900°-600°C	마그마 온도

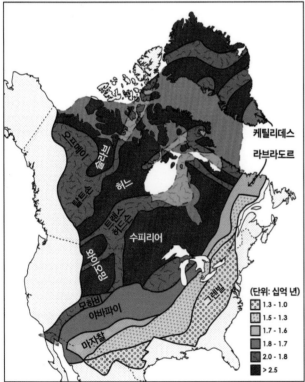

그림 16.3. 위: 북아메리카 대륙괴의 순상지, 탁상지, 조산대의 개요를 보여주는 지도. 아래: 북아메리카 대륙괴의 기반암 지역과 지질 연대 지도. 이 암석들은 캐나다 순상지에 노출되었고 탁상지와 조산대 지역들에서는 덮여 있거나 부분적으로만 노출되었다.

으로 살펴보겠지만, 대륙들은 시간이 지남에 따라 다양한 방법을 통해 물질들이 더해짐으로써 대륙의 가장자리에서 커진다. 따라서 대륙에서 가장 오래된 암석은 대륙의 내부에서 좀 더 널리 노출된 경향이 있다. 지질학자들은 대륙의 가장 고대의 핵심부 또는 중심부를 **대륙괴**(craton)로 부르는데, 대륙괴는 화성암과 변성암으로 이루어져 있다. **순상지**(楯狀地)는 노출된 대륙괴의 넓은 지역이다. 대륙괴 암석들이 좀 더 젊고 변형되지 않은 퇴적암들로 덮인 지역은 **대지**(臺地) 또는 **탁상지**(卓上地)로 불린다. 지질학자들은 퇴적암 덮개 밑에 매장된 화강암들과 변성암들을 **기반**(basement)으로 부른다. 변형된 퇴적암들 및 융기된 화성암과 변성암의 대륙괴 암석들의 산악 지역은 **조산대**(orogenic belts)로 불린다.

북아메리카는 전형적인 대륙이다(그림 16.3, 위). 캐나다 순상지는 대륙의 중심에 위치하는, 노출된 화강암과 변성암의 거대한 저지대다. 탁상지를 구성하는 미국의 중앙부와 캐나다 서부는 화성암과 변성암을 덮는, 거의 평평한 퇴적암층을 특징으로 한다. 애팔래치아 조산대와 코르디예라 조산대는 북아메리카 대륙괴의 탁상지와 순상지를 에워싼다. 조산대에서 침식된 침전물들이 해안 평원과 대륙붕에 퇴적된다.

가장 오래된 대륙의 지각 암석들은 순상지 지역에서 발견된 화강암이 변성된 편마암으로서, 방사성 연대 측정 나이는 38억 년에서 42억 년이며 대륙의 중심으로 갈수록 더 오래되었다(그림 16.3, 아래). 화강암들은 좀 더 오래된 암석들이 녹아서 만들어진 마그마에서 형성되었다. 화강암 마그마는 반복적으로 순환되고 대륙 지각의 하부 안으로 관입해서 차츰 대륙 지각의 부피를 늘렸다.

탁상지와 조산대 지역에 있는 퇴적암들은 일반적으로 5억 5천만 년 이내에 형성되었고 대체로 물속에서 퇴적되었다. 많은 지층이 현대의 해양 동물 및 식물과 유사한 화석들을 포함하고 있다(그러나 모두 멸종된 종의 화석이다). 높은 산에서 발견되는, 화석이 들어 있는 암석들은(심지어 에베레스트산에서도 발견된다) 그것들이 퇴적되어 묻히고 나서 오래 뒤에 조산운동이 일어나는 동안 해수면 위로 수천 미터 융기된 것들이다. 실제로 이 암석들은 조산에 수반하는 변형(단층과 습곡)의 증거를 보여준다. 그러나 대륙괴 탁상지의 평평한 층들은 많은 변형을 경험하지 않았다. 이것은 해수면이 과거에는 좀 더 높았거나, 대륙의 이 부분이 과거에는 좀 더 낮아서 바닷물이 그 부분을 덮었다는 것을 암시한다.

대륙 지각은 해수면이 높을 때 특정한 지역들이 "가라앉아" 침전물이 쌓이게 만들 수 있다. 이 가라앉는 과정은 **침강**(subsidence)으로 불리는데, 침강이 퇴적암이 두껍게 축적되는 **분지**(basin)를 만든다(그림 16.4를 보라). 그 과정은 매트리스 위에 책들을 쌓아 올리는 것과 유사한데, 그때 책들이 쌓이는 곳 주위가 함몰된다. 대륙의 가장자리를 따라 산들이 형성될 때 산악 지대 밑에 존재하는 지각의 특별한 두께로 말미암아 그 지대의 육지 쪽 지각이 함몰된다. 솟아오르는 산맥에서 침식된 침전물이 저지를 채울 수 있으며, 그 분지가 충분히 낮으면 그것이 바닷물로 넘칠 수 있다. 애팔래치아산맥과 로키산맥의 내부 가장자리를 따라서 위치하는 고대의 퇴적 분지들은 이런 식으로 형성되었다. 오늘날에도 산이 많은 이탈리아반도와 크로아티아 사이의 아드리아해 및 이란의 자그로스산맥과 아라비아의 사막 평원 사이의 아라비아만에서 침전물이 축적되고 있다. 대륙의 내부에서 냉각하는 지각은 가라앉아 고대 일리노이 분지와 미시간 분지 같은 원형이나 타원형 분지를 형성하는 경향이 있다. 중앙아프리카의 차드 분지는 활발한 내부 분지의 예다.

대륙의 해안선은 대륙 지각과 해양 지각 사이의 경계가 아니다. 사실 대륙 지각은 대륙붕과 경사면 아래까지 뻗어 나가는데, 이를 합쳐서 **대륙 연변부**(continental margin)로 부른다. 평균적인 대륙 연변부의 넓이는 약 100킬로미터이지만 1,000-1,500킬로미터에 이를 수도 있다. 다수의 넓은 대륙 연변부 밑의 깊은 지각은 대륙괴 기반암

의 연속인, 전형적인 화성암과 변성암 대륙 지각 암석으로 구성된다. 평행 단층들은 지각을 기울어진 구역(block)으로 분리한다. 퇴적암(사암, 점토암, 석회암) 층들이 단층이 생긴 기반을 덮는다(그림 16.5를 보라). (대체로 석유 탐사를 위한) 해양 시추를 통해 드러난 바와 같이 대륙붕을 구성하는 침전물들은 대륙에서의 침식이나 얕은 외해에서 사는 산호나 기타 화석 조개들의 축적에서 유래했다. 침전물의 대부분은 얕은 물에서 퇴적되었는데 이는 과거에 해수면이 유동적이었고 대륙의 가장자리가 점진적으로 침하했음을 암시한다. 북아메리카 동부 및 걸프 코스트 대륙붕을 덮고 있는 퇴적물은 두께 20킬로미터에 달한다. 북아메리카 대륙 가장자리 밑의 단층이 일어난 기반에 퇴적된 가장 오래된 퇴적암은 트라이아스기(2억 5,200만 - 2억 100만 년 전, 그림 12.6을 보라)에 퇴적되었다. 이 퇴적암들에 삽입된 화산 현무암류들의 방사성 연대 측정 나이는 2억 4,800만 - 2억 600만 년이다.

16.2.2. 대양 지각. 심해의 바닥은 대륙만큼 많이 탐구되거나 시료가 채취되지 않아서 해양 지각에 관해서는 덜 알려졌다. 그러나 해양 시추와 지구물리학에 관한 연구로 해양 지각의 기본적인 구조와 구성이 밝혀졌다. 해양 지각은 두께가 5-10킬로미터이며, 대체로 현무암으로 구성된다. 해저 위 현무암이 화산 폭발로 형성되었다는 증거는 **베개 용암**(pillow lava)으로 불리는 해저 지형을 포함한다. 베개 현무암 아래에 판 모양의 가로지르는 두꺼운 현무암 관입이 있는데 이를 **판상 암맥**(sheeted dike)으로 부른다. 해양 지각의 가장 낮은 절반은 반려암으로 구성된다. 반려암은 현무암과 같은 광물 성분을 지니지만 조립 결정질 암석이다.

해저의 많은 부분은 대륙 암석의 침식 또는 해양 생물의 껍데기나 뼈의 축적에서 유래한 침전물로 덮여 있다. 해양 지각에서 침전물의 덮개와 퇴적암은 해양-대륙 지각이 전환되는 부분을 덮고 있는 대륙붕 경사면의 기반

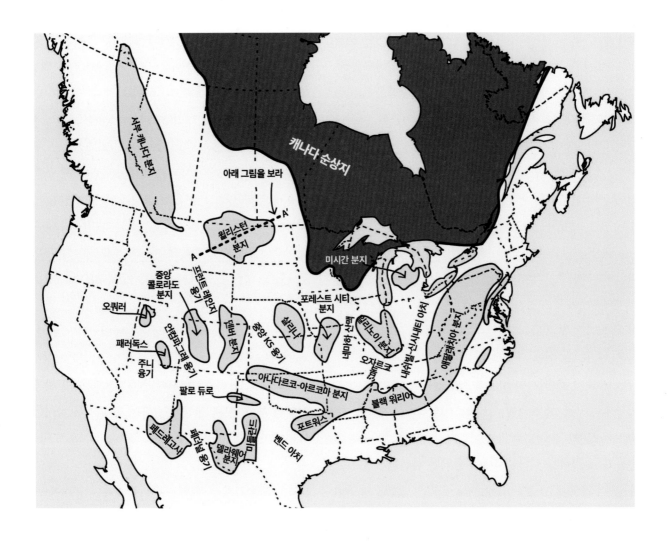

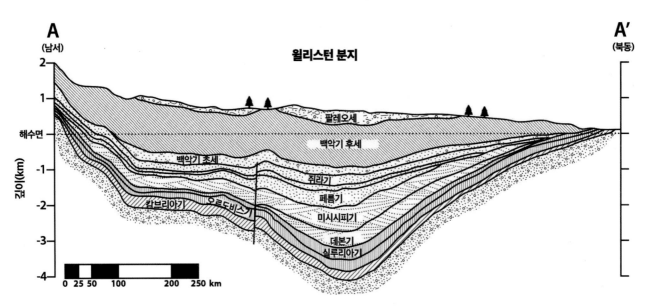

그림 16.4. 위: 북아메리카 퇴적 분지 지도. 분지에서의 퇴적암은 분지를 둘러싸고 있는 탁상지와 조산대 지역에 있는 퇴적암보다 훨씬 두껍다. 아래: 윌리스턴 퇴적 분지의 지각 단면도. 지각이 침하해서 5억 년에 걸쳐 지역적으로 4킬로미터까지 축적될 수 있었다.

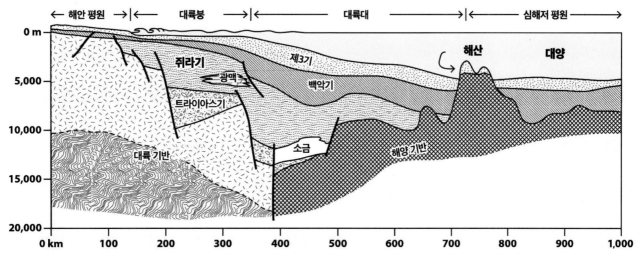

그림 16.5. 메인주 해안에서 바다 쪽 방향으로 발달한 북아메리카 동부 대륙붕의 단면도. 수직 방향과 수평 방향의 단위의 극단적인 차이를 주목하라. 수직 방향의 과장이 없다면 그 횡단면이 너무 얇아서 상세한 내용이 묘사될 수 없을 것이다.

에서 가장 두껍다.

심해 바닥의 지도들은 해양분지의 기원과 관련이 있는 세 가지 중요한 지형을 드러낸다(그림 16.6을 보라). 평균적인 해양의 깊이인 3.8킬로미터 부근에 놓인 심해 바닥의 좀 더 평평한 지역의 대부분은 **심해 평원**(abyssal plains)으로 불린다. 해산(海山)들은 심해 평원에서 올라온, 물속에 가라앉은 화산의 봉우리들이다. **해령**(midocean ridge)과 **고지대**(rise)는 일반적으로 해양분지 중앙 근처의 해양 표면 아래에서 뻗은 계속적인 산악 지대다. 몇몇 해양 기반의 가장자리를 따라, 특히 환태평양 주위에서 깊이 10킬로미터가 넘는, 길고 좁은 **해구**(ocean trench)들이 발견된다. 해양 지각 위의 침전물과 퇴적암의 두께는 베개 현무암들이 해저에 노출된 해령에서 멀어질수록 두꺼워진다.

16.3. 판구조론

20세기 후반 지질 과학에서의 가장 큰 진전은 판구조론의 조직화였다. 판구조론은 대륙, 해양분지, 산악 지대, 화산 활동 및 지진 활동 지대 등의 기원을 성공적으로 설명한다. 판구조론의 기본적인 아이디어는 암석권(고체 지각과 상부 맨틀)이 지구의 바깥쪽 껍질을 형성하는 하나의 계속적인 층이 아니라는 것이다. 암석권은 마치 지구의 바깥쪽 껍질이 금이 간 것처럼 불규칙한 판들로 구성된다. 암석권의 판들은 지구의 가장 활발한 화산 및 지진 지대에 상응하는 판의 경계들을 통해 개괄된다(그림 16.7을 보라). 판의 경계들은 모형 세계 지도에서 깊은 해구, 해령, 주요 단층, 단층 시스템, 그리고 활발한 산악 지대들을 따라 찾아볼 수 있다. 이 판들은 정적인 것이 아니라 서로에 대해 움직이고 있다.

16.3.1. 초기의 증거: 대륙 이동설. 판구조론은 대륙 이동설로 알려진 초기의 아이디어에서 발전했다. 대서양의 지도가 처음 만들어진 이후 양쪽의 대륙들이 조각 그림 맞추기의 조각들처럼 잘리면 맞춰질 수 있음이 관찰되었다. 독일의 과학자인 알프레트 베게너(1880-1930)가 1915년에서 1930년까지 대륙 이동설을 옹호했다. 그는 대서양 남부와 인도양 주위의 대륙들에서 나온 암석과 화석 데이터를 수집했다(그림 16.8을 보라). 그의 설명은 최선의 설명(섹션 4.2.1을 보라)에 이르는 추론의 아름다운 예다. 베게너가 판게아(Pangaea)로 부른, 고대의 초대륙이 존재했다는 증거는 다음 사항들을 포함한다.

• 남아메리카 동부, 남아프리카 공화국, 인도, 남극 대

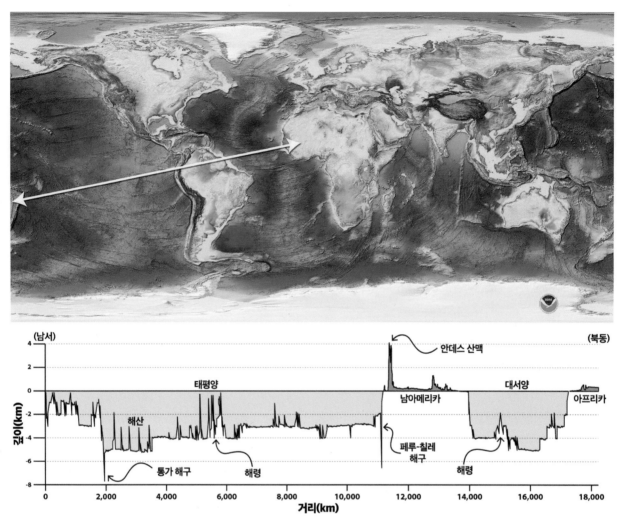

그림 16.6. 위: 대륙들과 대양 분지들의 물리적 모형 지도. 아래: 흰색 화살표를 따라 통가 해구와 남아프리카공화국 동부 사이의 대륙들과 해양분지들의 고도와 깊이 변화를 보여주는 단면도.

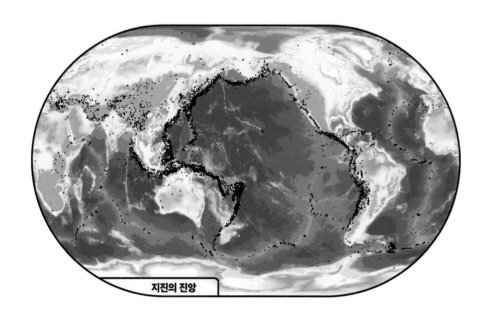

그림 16.7. 지진의 진앙 지도. 진앙은 그 위에서 지진 에너지가 표면 아래에서 배출되는, 지구의 지표면이나 해저 위의 지점이다. 진앙의 패턴이 그림 16.6에 묘사된 산악 지대, 해구, 해령들의 분포와 어떻게 겹치는지를 주목하라.

퇴적암, 화석, 그리고 홍수 지질학

현대 홍수 지질학(섹션 12.7을 보라)의 옹호자들은 대륙들에 존재하는 수직 방향으로 연속적인 두꺼운 층들이 창세기의 홍수 동안 퇴적된 증거라고 믿는다. 그들은 해수면 훨씬 위에 있는 지층들이 해양 생물의 화석을 포함하고 있으며, 따라서 홍수 동안에 대륙들을 덮었던 높은 수위의 물로 말미암아 퇴적되었음이 분명하다고 주장한다. 홍수 지질학자들은 홍수 물이 대륙 위로 얼마나 높이(깊이) 올라갔는지에 관해 의견을 달리한다. 몇몇 학자는 물이 현재의 산맥들 위로 올라갔다고 생각한다(그들 중 일부 학자는 방주가 아라랏산 꼭대기 또는 인근의 봉우리 근처에 정박했다고 확신한다). 다른 학자들은 홍수의 후기에 물이 깊어지는 해양분지로 빠질 때 대륙들이 융기했다고 주장한다.[a]

이 장에서 우리는 지구의 해양 지각과 대륙 지각이 어떻게 창조세계의 규칙성과 기능의 완전성을 통해 상하좌우로 움직이는지를 탐구한다. 때로는 신장력(extensional forces)이 대륙 지각을 잡아당겨서 (데스 밸리와 사해에서 명백히 볼 수 있듯이) 그것

이 얇아지고 해수면 아래로 가라앉는다. 오늘날 해수면 아래의 대륙 지각 위에 매우 두꺼운 침전 퇴적물과 퇴적암이 축적된 곳들이 많이 존재한다. 이에 대한 예로는 대서양과 멕시코만, 영국과 노르웨이 사이의 북해, 호주와 파푸아뉴기니 사이의 카펜테리아만, 그리고 남중국해 등을 둘러싼 넓은 대륙붕 모두를 포함한다. 향후 판들의 측면 운동이 풍부한 해양 생물 잔해가 함유된 이 바다 퇴적물을 해수면 위로 올릴 수 있다.

---

[a] 홍수 지질학을 홍보하는 영향력 있는 책들은 다음과 같다. John C. Whitcomb and Henry M. Morris, *The Genesis Flood: The Biblical Record and Its Scientific Implications* (Philadelphia: Presbyterian & Reformed, 1961); Steven A. Austin, *Grand Canyon: Monument to Catastrophe* (El Cajon, CA: Institute for Creation Research, 1994); Andrew A. Snelling, *Earth's Catastrophic Past: Geology, Creation and the Flood* (Dallas: Institute for Creation Research, 2009); Leonard Brand and Arthur Chadwick, *Faith, Reason, and Earth History: A Paradigm of Earth and Biological Origins by Intelligent Design*, 3rd ed. (Berrien Springs, MI: Andrews University Press, 2016).

류, 그리고 호주 남서부의 해안과 내부를 따라 지도를 그린 암석 유형은 놀라울 정도로 비슷하다. 특히 중요했던 것은 특정한 지질 시대의 암석들에서 널리 퍼진 대륙의 빙결에 대한 증거였다. 만일 대륙들이 남극 지역에서 결합해 있었더라면 이런 퇴적물의 분포는 별도의 얼음층들이 현재 위치의 대륙들에서 개발되었을 경우보다 훨씬 합리적이다.

- 이렇게 먼 대륙들에서 발견된, 화석화된 육상 식물들과 동물들은 깊은 대양들을 건너 옮겨갈 수 없었을 것이다.

- 북반구에서 북아메리카 동부와 북유럽의 산악 지대는 이 대륙들이 결합한다면 (그린란드와 북유럽 사이의 틈새를 메움으로써) 연속적인 산맥을 형성하는 것으로 보인다.

- 극 지방의 대륙들은 열대 해양 환경에서 살았던 생물의 화석이 함유된 암석들을 포함한다. 그 대륙들은

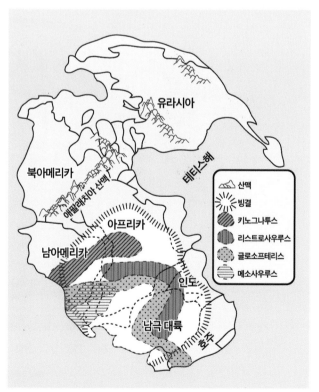

그림 16.8. 베게너가 현대의 대륙들이 과거에 결합되어 있었던 증거로 인식한 지질학적·고생물학적 패턴이 포함된 초대륙 판게아의 지도.

초대륙이 찢어진 뒤 적도 지역에서 옮겨갔을 것이다.

돌이켜보니 베게너는 지구의 역사에 대한 인간의 지식에 대한 전반적인 기여로 노벨상을 탔어야 할 정도의 과학적인 연구를 했다. 문제는 (지구과학 분야에는 노벨상이 없다는 슬픈 사실 외에도) 당시의 많은 지질학자가 베게너의 대륙이동 가설을 받아들이지 않았다는 것이었다. 그들은 베게너가 대륙들이 지구의 표면을 가로질러 움직이는 메커니즘을 제시하지 않았다는 이유로 그의 가설을 받아들이기를 거절했다.

16.3.2. 해양 지질학과 지구 물리학에서 나온 증거. 제2차 세계대전 기간 동안 및 그 이후 해저 지질학에 관한 연구가 번창했다. 예컨대 잠수함의 항해 및 탐지를 위해 해양 침전물 구성과 자기의 속성에 대한 정확한 심해 지도와 정보가 필요했다. 한 가지 발견은 해령과 심해 해구 같은 해저 지형에 상응하는 해안 지진대의 분포였다. 1950년대 중반이 되어서야 지질학자들과 지구 물리학자들은 그들의 관측과 베게너의 대륙이동 아이디어를 연결하기 시작했다.

해령은 **해저 확장**(seafloor spreading)의 증거를 제공했다. 얕은 지진과 열하 화산 활동은 해령을 따라 발생한다. 해양 지각 나이의 결정은 해저 기반암은 해령에서 대륙쪽으로 멀어질수록 나이가 많아진다는 것을 드러냈다. 중앙 해령과 가까운 해저 기반암의 나이는 몇백만 년에 불과한 반면 대륙 가장자리와 가까운 해저 기반암의 나이는 1억 6천만-2억 8천만 년이다. 이 증거는 해령 양쪽의 암석권이 반대 방향으로 당겨짐에 따라 새로운 해양 지각이 중앙 해령에서 만들어진다는 것을 보여주었다(그림 16.9를 보라). 심해 시추는 해양 지각에 퇴적된 침전물이 해령에서 멀어질수록 두꺼워진다는 것을 밝혀냈다. 지각이 중앙 해령에서 멀리 밀려날수록 침전물이 축적될 시간이 더 많

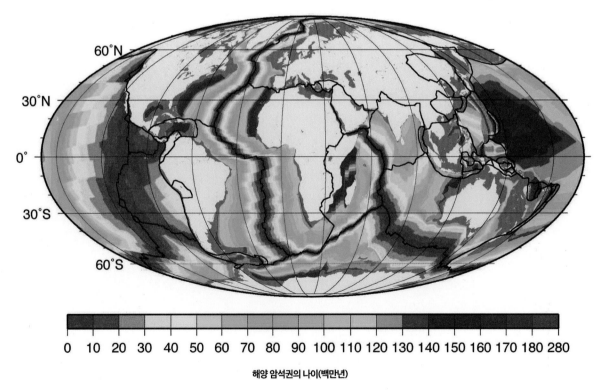

해양 암석권의 나이(백만년)

그림 16.9. 심해 시추와 해양 자기 측정을 통해 결정된 암석권의 나이(백만 년)를 보여주는 지도. 해양 암석권은 중앙 해령을 따라 가장 젊고 해령으로부터 해양분지 가장자리로 대칭적으로 멀어질수록 나이가 증가함을 주목하라.

았기 때문이다.

만일 판들이 떨어져 나갔다면 몇몇 판들은 틀림없이 움직이다가 충돌했을 것으로 예상하는 것이 합리적이다. 해구들은 오래된 해양 지각의 암석권 **섭입**(subduction)의 증거를 제공했다. 해구는 두 판이 수렴해서 한쪽 판이 다른 쪽 판 밑으로 움직여 맨틀 안으로 돌아가는 곳에서 형성된다.

해구들은 대개 남아메리카 서부의 안데스산맥 같은 화산 지대나 일본과 인도네시아 같은 화산섬과 나란히 위치한다. 이 지역의 화산들은 격렬한 분화를 일으킨다. 해구의 육지 쪽에 위치한 맨틀에서 마그마가 생성되고 있다. 안산암을 만드는 마그마의 화학 성분은 부분적으로 용해된 해양 지각이 물로 포화된 해양 침전물과 혼합된 것과 일치한다(물을 가하면 실제로 암석의 녹는 온도가 낮아진다). 이 지역에서는 지진도 흔하고 격렬하며, 해구에 가까운 곳에서 맨틀 쪽으로의 경사면을 따라서 지진의 진앙이 깊어진다.

음식 접시들을 식기 세척기로 가져가는 카페테리아의 컨베이어 벨트가 역동적인 암석권에 대한 좋은 유비다. 컨베이어 벨트는 접시들이 움직이고 있는 암석권을 나타내고, 대륙 지각과 해양 지각은 벨트 위에 있는 접시들 사이의 공간이다(그림 16.10을 보라). 식당의 직원이 접시들을 가져가지 않는다면 궁극적으로 판들—초대륙의 집합체(또는 이 경우 하나의 초대륙)—이 충돌할 것이다. 화산 호상열도(volcanic island arc)들은 좀 더 큰 대륙들과 충돌할 수 있다. 대륙의 조각들이 좀 더 오래된 대륙에서 떨어져 나와 떠돌다가 궁극적으로 다른 대륙과 충돌할 수 있다. 그런 잔존 화산섬과 대륙 조각들은 **지괴**(terrane)로 불린다. 그것들은 카페테리아 컨베이어 벨트 위에서 벗어난 컵이나 접시들과 같을 것이다. 많은 산맥이 좀 더 큰 대륙과 연속적으로 충돌한 지괴들로 구성된다. 이러한 지괴 첨가 과정을 통해 대륙들이 커진다.

16.3.3. 어떻게 암석권 판들이 움직이는가? 베게너 시대의 지질학자들이 대륙들을 그렇게 멀리 움직이게 할 수 있는 메커니즘이나 원동력을 상상할 수 없었기 때문에 베게너의 대륙 이동설을 거절했음을 상기하라. 산악 지대의 암석과 지층들의 이동에서 볼 수 있듯이 지각의 수직 이동과 제한된 수평 이동은 가능하다는 데 일반적인 합의가 이루어져 있었다. 해저 확장과 섭입의 발견은 세계적인 규모의 암석권 판 이동의 증거를 제공했다. 판들을 움직이는 데 필요한 에너지는 지구를 형성하고 난 다음 맨틀 안에 남아 있는 열과 방사능 원소들이 붕괴할 때 생기는 열(이 열이 대부분을 차지한다)에서 나온다. 열은 대류 과정을 통해 핵에서 지각 쪽으로 움직이는데 그것이 맨틀 물질을 서서히 순환하게 한다(비록 어느 한 시점에서는 우리가 그 물질의 상태를 고체로 묘사하겠지만 말이다). 좀 더 뜨거운 맨틀 구름들이 핵과 맨틀의 경계에서 위로 움직여 해령이나 좀 더 고립된 열지점 쪽으로 이동하고, 좀 더 차가운 맨틀은 섭입 지대 아래의 핵-맨틀 경계 쪽으로 움직인다. 맨틀 순환 과정은 맨틀 안의 열 분포를 보여주는 데 사용될 수 있는 지진파를 통해 연구된다. 맨틀 상부의 암석권 바로 밑에 있는, **연약권**(asthenosphere)으로 불리는 하위층은 지진학에서 나온 또 다른 중요한 발견이었다. 연약권의 맨 위쪽 구역에 있는 물질은 반고체 상태이며 유연하게 행동한다(즉 연약권은 쉽게 변형된다). 이 구역이 고체 암석권이 고체 맨틀 위로 움직일 수 있게 하고, 섭입한 해양 지각의 판을 받아들인다.

16.3.4. 오늘날의 판 이동. 우리의 지구가 역동적인(끊임없이 변하는) 행성이라는 사실이 지구가 왜 현재의 모습을 띠게 되었는지를 설명해준다. 산을 융기시킬 판구조론적 힘이 없다면 바람과 물의 침식이 우리의 행성을 평평한 공으로 풍화시켰을 것이다. 지구가 결코 판 구조 운동을 경험하지 않았더라면 수증기를 우리의 대기로 계속 재공급해줄(또는 장엄한 열대 섬 낙원들을 만들) 화산들이 없었을

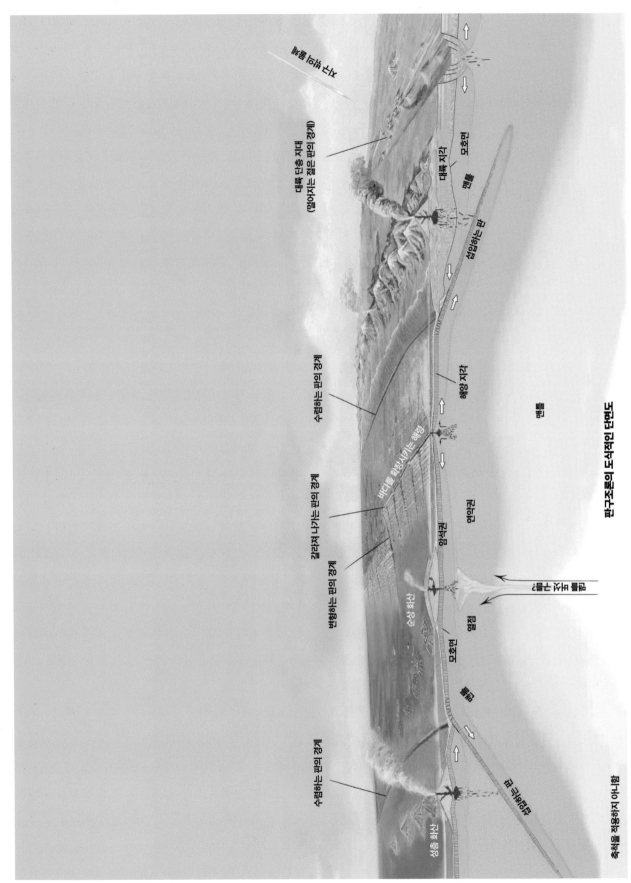

판구조론의 도식적인 단면도

발산하는 판의 경계

갈라져 나가는 판의 경계

수렴하는 판의 경계

바다를 확장시키는 해령

순상 화산

모호면

열점

맨틀은 녹는가?

암석권

연약권

맨틀

해양 지각

수렴하는 판의 경계

성층 화산

침강하는 해구

섭입하는 판

대륙 지각

모호면

맨틀

대륙 단층 지대
(벌어지는 젊은 판의 경계)

곡류 하천

그림 16.10. 해저 확장과 섭입이 섬임이 주요 판 구조 과정을 보여주는 개념도. 축척을 적용하지 아니함.

판 이동이 급격했는가(격변적이었는가)?

판들이 과거에는 훨씬 빨리 움직였을 것이라는 젊은 지구 창조론 옹호자들의 가설이 있다.[a] 컴퓨터 모형에 근거한 그 아이디어는 불과 몇천 년 전에 일어난 세계적인 격변 기간에 가속화된 맨틀의 대류가 대양의 분지들을 확장할 수 있었을 것이라고 주장한다. 순전히 이론적인 관점에서 볼 때 그 가설은 암석권이 맨틀 위를 그렇게 빨리 움직였을 경우 발생했을 막대한 양의 열과 지진 에너지를 고려하지 않으며, 해양 지각에 반려암과 베개 현무암이 구분되어 쌓인 것과 일치하지 않는다. 거대한 암석권 판들이 그렇게 빨리 움직이려면 맨틀 상부의 암석이 현재 수준보다 훨씬 약했어야 할 것이다. 그것은 지금도 우리가 현재 관찰하는 수준보다 약하고 뜨거울 것이다. 이 점이 더 중요한데 해저에서 나온 물리적 증거는 그 가설을 지지하지 않는다. 해저가 급격하게 확장되었다면 해령에서 멀어질수록 해양 지각 위의 침전물과 퇴적암의 두께가 늘어나는 현상이 관측

되지 않았을 것이다. 각각의 개별적인 화산이 커졌다 다시 바닷속으로 가라앉는 데 수천 년이 소요되기 때문에 하와이-엠페러 해저 산열(Hawaiian-Emperor seamount chain) 및 유사한 지형들은 그렇게 급격하게 형성될 수 없었을 것이다. 해저 산열에 있는 산호섬은 추가로 수백만 년 동안 성장한 수백 미터의 산호로 덮여 있다. 컴퓨터 모형이 해저의 급격한 창조와 이동을 시뮬레이션할 수는 있겠지만 해저의 암석들과 지형들은 그 가설을 지지하지 않는다.

[a] Stephen A. Austin et al., "Catastrophic Plate Tectonics: A Global Flood Model of Earth History," Institute for Creation Research, 1994, www.icr.org/article/catastrophic-plate-tectonics-flood-model/; Walt Brown, *In the Beginning: Compelling Evidence for Creation and the Flood*, 8th ed. (Phoenix: Center for Scientific Creation, 2008).

것이다. 판 구조 운동이 없다면 우리의 행성은 현재의 모습과는 판이할 것이고 생물이 거주하지 못하는 곳이 될지도 모른다. 세계적인 규모의 이 과정들은 창조세계의 기능의 완전성과 하나님이 어떻게 창조세계가 자신의 모습을 형성하는 데 참여할 수 있게 해주는지에 관한 성경의 개념을 반영한다(섹션 2.4.3을 보라).

우리는 이제 위성 기반 항법 시스템(GPS)의 도움으로 판들의 이동률을 측정할 수 있다. 메릴랜드주는 1년에 약 1.7센티미터의 속도로 대서양 중앙 해령으로부터 멀어진다(그림 16.11을 보라). 그러나 고대의 암석 기록도 현대의 데이터에 비교되는 확장 속도에 관한 정보를 제공할 수 있다. 북아메리카의 대륙 연변부 바로 위의 해양 지각의 나이(방사성 연대 측정 및 고대 자기 연대 측정을 통한 나이. 그림 16.9를 보라)는 약 1억 5천만 년이다. 대서양 중앙 해령 인근의 암석의 나이는 1백만 년 이내다. 이 두 지점 사이의 평균 거리는 약 4,800킬로미터다. 거리를 기간으로 나누면 1년에 약 3센티미터의 확장 속도가 나오는데, 이 숫자는 위성 관측 결과와 일치한다. GPS 데이터에 기초해

작성된 그림 16.11에서 화살표는 판들이 발산 경계에서 수렴 경계로 움직이는 방향을 가리킨다.

하와이 해저 산맥에 있는 화산암들의 나이도 판 운동의 속도 측정에 사용될 수 있다(그림 16.12를 보라). 활화산이 있는 유일한 섬은 그 산맥에서 주된 섬인 하와이다. 하와이 북서쪽 산맥에 있는 섬들은 화산 활동이 그치고 해양 과정이 섬들을 풍화시켜 아래로 내려가게 했기 때문에 좀 더 오래되었고 좀 더 작다. 사실 그 산맥은 물 아래로 사라지는데, 물 아래에서 일련의 해산으로 계속되다 간헐적으로 산호섬으로 해수면을 뚫고 나온다. 이 해저 산맥에 대한 설명은 태평양판이 북서 방향으로 움직임에 따라 맨틀의 고정된 열점 위에서 화산 활동이 지속되었다는 것이다. 이것을 간단하게 보여주는 방법은 불타는 촛불 위로 유리판을 천천히 움직여서, 그 판에 남겨진 불꽃의 그을음이 해저 산맥을 나타낸다고 생각하는 것이다. 다양한 섬들의 방사성 연대 측정 나이는 하와이에서부터 시작했을 때 다음과 같다. 하와이섬 70만 년, 마우이섬 백만 년 미만, 몰로카이섬 130만-180만 년, 오

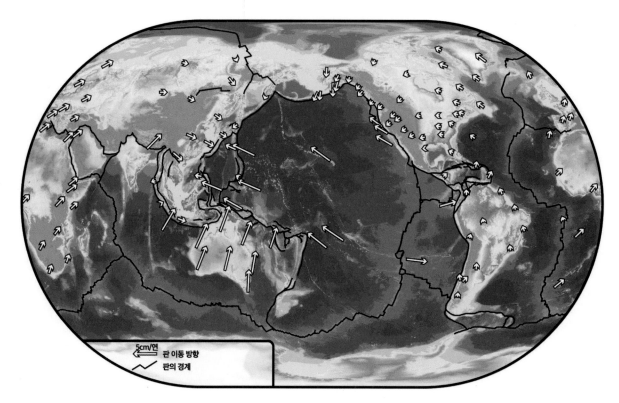

그림 16.11. 전 세계의 GPS 기지국에서 도출된, 판 운동의 방향과 속도를 보여주는 지도.

아후섬 220만-230만 년, 카우아이섬 380만(?)-560만 년, 미드웨이섬 2,700만 년. 열점이 맨틀에서 고정된 채로 유지되었다고 가정하고 하와이섬과 미드웨이 섬 사이의 거리를 2,700만 년으로 나누어 도출한 판 이동 속도는 1년에 약 9센티미터다. 하와이가 일본 쪽으로 움직이는 이 속도를 GPS로 측정한 값은 1년에 8.3센티미터의 이동을 암시한다.

16.3.5. 지질학 역사에서 판 이동. 베게너는 고대의 기후를 암시하고 따라서 그 암석이 형성되었던 위도의 근사치를 알려주는 암석의 증거를 사용해서 판게아의 지도를 그릴 수 있었다. 빙하 활동의 증거가 있는 암석들은 극 지방에 있었음을 암시한다. 판게아의 중앙 부분에 있는 석탄 퇴적물은 고대의 적도 부분에 상응한다. 바람에 의해 형성된 사암들과 석고(증발암) 퇴적물들은 북위와 남위 30°의 건조한 기후 지대와 일치한다. 그러나 베게너의 시대

이후 지질학자들은 고대의 암석들이 형성된 고대의 위도를 사실상 거의 정확하게 특정하는 방법을 발견했다. 지질학적 시대에 걸쳐 이동하는 지질학적 판들 위에서의 대륙들의 변하는 위치를 보여주는 지도들이 그려졌다(17장에 이런 종류의 지도 몇 장이 포함되었다).

지구의 자기장에 들어 있는 자력선들(lines of force)은 적도의 지표면에서는 평행이지만 자기의 극점으로 갈수록 가팔라지는 경향이 있다. 화성암에서 형성되는 철을 함유한 광물들은 마그마가 냉각될 때 자신을 자기장에 정렬하여 자화한다. 암석들은 자기의 북극을 가리키는 **편각**(declination)과 위도상의 위치(극에서 떨어진 도수)에 상응하는 **복각**(inclination)을 보존하는 **잔류 자기**(remnant magnetism)를 포함한다. 북극을 향하는 방향이 시간이 지남에 따라 변한 것으로 보였기 때문에 암석에 보존된 자기의 방향에 관한 최초의 연구는 혼란스러웠다. 또한 북극을 방황하는 경로들도 여러 대륙들의 암석마다 달랐다.

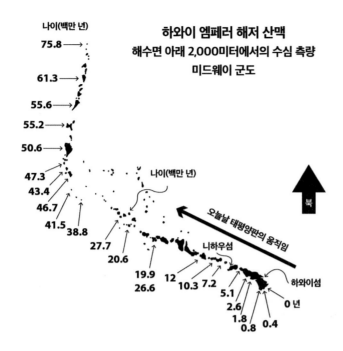

하와이 엠페러 해저 산맥
해수면 아래 2,000미터에서의 수심 측량
미드웨이 군도

나이(백만 년)

75.8 →
61.3 →
55.6 →
55.2 →
50.6 →
47.3
43.4
46.7
41.5 38.8
27.7
20.6
19.9
26.6 12 10.3 7.2
5.1
2.6
1.8 0.4
0.8

나이(백만 년)

오늘날 태평양판의 움직임

니하우섬

하와이섬

0 년

북

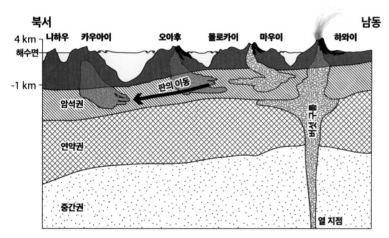

북서   남동
4 km 니하우 카우아이   오아후   몰로카이   마우이   하와이
해수면
-1 km
        암석권   판의 이동

        연약권

        중간권
                                          열 지점

그림 16.12. 하와이-엠페러 해저 산맥(섬들과 해산들)의 화산암 나이를 사용해서 태평양판의 확장 속도를 결정할 수 있다.

위: 해수면 2,000미터 아래의 윤곽을 보여주는 섬들과 해산들의 지도. 백만 년 단위로 표시된 화산암들의 나이는 현재 활발하게 화산 활동이 일어나고 있는 곳의 북서쪽으로 갈수록 섬들과 해산들을 만들었던 화산 활동이 오래전에 발생했음을 보여준다.

가운데: 움직이는 태평양판 아래의 고정된 열점 위에서 섬이 형성된 모형을 보여주는 해양 지각의 단면도

아래: 섬과 해산의 화산암들의 방사성 연대 측정 나이 대 킬라우에아섬부터의 거리 그래프. 선형 추세는 판의 이동 속도가 7,500만 년 동안 대체로 일정했음(약 8.6센티미터/연)을 보여준다.

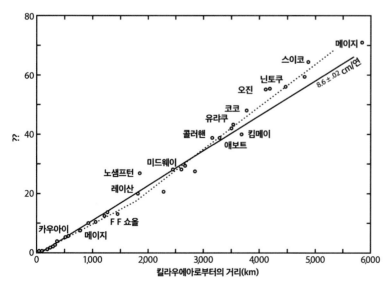

메이지
스이코
닌토쿠
오진
코코
유라쿠
콜러핸   킴메이
          애보트
미드웨이
노샘프턴
레이산
카우아이   FF 쇼올
  메이지

8.6±.02 cm/연

킬라우에아로부터의 거리(km)

그러나 과학자들은 잘못된 관점에서 문제를 바라보고 있었다. 극점들이 방황하는 것이 아니었다. 대륙들이 움직이고 있었다. 고자기 데이터는 전체 지질 시대에 걸쳐 일어난 대륙들의 이동을 추적할 수 있는 수단을 제공했다.[4] 다양한 나이의 암석들에서 취한 많은 고자기 측정값을 사용해서 대륙들의 변하는 위치들이 결정되었고 합리적인 고지리 지도들이 만들어졌다.

판게아 초대륙은 약 3억 년 전에 몇몇 대륙들이 서로를 향해 이동하다 충돌한 후 형성되었다. 대륙들이 서로 가깝게 이동하자 대륙들 사이에 있던 해양 지각들이 몇몇 대륙들의 가장자리에 있던 해구 밑의 섭입대 안으로 소멸되었다. 대륙들은 거대하고 부력이 있으므로 섭입될 수 없다. 대륙 충돌로 산맥들이 만들어졌다. 북아메리카 동부의 애팔래치아 산맥과 우아치타 산맥은 판게아를 만든 대륙 충돌 기간에 형성되었다. 산맥이 형성된 뒤 맨틀 안의 힘들이 초대륙이 해체되어 멀어지게 했다. 아프리카와 유럽이 아메리카에서 멀어질 때 대서양 해양분지가 만들어졌다. [멕시코의] 바하칼리포르니아주부터 알래스카까지의 북아메리카 말단 서부 지역은 고생대 말과 중생대 동안 북아메리카 서부와 충돌한 많은 암층(호상열도와 대륙 조각들)으로 구성되어 있다.

---

4   고자기 데이터는 암석이 형성된 곳의 이전의 위도를 밝혀주지만, 이전의 경도는 밝혀주지 않는다. 우리가 암석이 형성된 경도를 파악하기 위해서는 대륙들이 과거에 취했을 수도 있는 합리적인 경로에 관해 가정해야만 한다. 해양 지각은 해령을 따라 형성될 때 시간에 따른 자기의 속성들이 암석에 보존되는데, 그것을 해저의 지도로 표시하면 일련의 평행한 "자기대"(magnetic stripe)들이 만들어진다(그림 16.9를 보라). 이러한 해저 자기대들의 패턴들은 지질학자들이 해저 확장 속도와 대륙들의 이동 경로를 결정하는 데 도움을 준다.

지질학자들은 히말라야산맥은 인도-호주판이 4천만 년 전부터 시작해서 유라시아판을 향해 움직일 때 인도 하위 대륙이 아시아와 충돌하여 형성되었다고 판단했다. 융기된 지역은 수렴하는 대륙들 사이의 해양분지가 좁아지고 폐쇄됨에 따라 압착되고 융기된 해저의 암석들을 포함한다.

다음은 지질학자들이 창조세계의 규칙성에 근거해서 추론할 수 있는 내용들의 몇 가지 예다.

- 대륙 지각과 해양 지각에서 발견되는 암석의 유형, 나이, 구조의 패턴
- 지질학적 판의 경계와 화산이나 지진 같은 역동적인 (그리고 위험한) 지구 과정 사이의 관계
- 지금은 대양들로 말미암아 분리되었지만, 과거에 연결되어 있었을 때를 반영하는 대륙들의 지질학
- 지질학적 시대 동안 전 세계의 대륙 지각 이동과 해양분지 확장을 기록한 암석의 자기

창조세계의 규칙성에 대한 연구와 대륙들과 해양분지에 대한 지구물리학 연구가 결합되어서 지구가 어떻게 작동하는지에 대한 기본적인 이해가 갖춰졌는데, 이는 창조 계시가 작동하는 강력한 예다(섹션 4.1을 보라). 판구조론은 지각판들의 움직임이 어떻게 해양분지를 만들고 폐쇄하는지 및 판들의 충돌이 지구의 역사에서 어떻게 산악지대들과 초대륙을 만들었는지를 설명한다. 이제 우리는 "지구를 읽고" 지질 시대 동안 지구의 지각에 일어난 변화의 논리정연한 역사를 개발할 수 있다.

17장

암석과 화석에서 지구의 역사 읽기

이 장은 11장에서 시작한 지구의 이야기를 계속한다. 앞의 몇 장은 우리로 하여금 우리 행성의 복잡하고 놀라운 역사를 좀 더 의미 있게 이해하도록 준비시키기 위한 배경을 제공했다. 우리는 지구 과학자들이 어떻게 암석의 순환과 지구의 유구한 역사를 발견했는지를 살펴보았다(12, 14장). 우리는 지구 과학자들이 어떻게 방사성 연대측정법 등을 사용해서 암석의 나이를 결정하는지를 보았다(15장). 그리고 우리는 판구조론이 어떻게 지구의 여러 대규모 지형들의 형성에 대해 통일적인 이론을 제공하는지를 조사했다(16장).

이를 기초로 우리는 지구가 45억 년 동안 어떻게 변했는지를 이해하기 위해 지구의 지질학적 역사에 나타난 일곱 가지 장면을 고찰할 것이다. 우리는 지구의 지각에서 다양한 암석들을 생성하고, 제거하고, 순환시킨 역동적인 과정들—이는 창조세계의 기능의 완전성이 작동하는 것을 나타낸다(섹션 2.2.2를 보라)—이 오랜 시간을 통해 어떻게 지구의 표면을 형성했는지를 살펴볼 것이다. 지구

과학자들은 지구 역사의 많은 부분을 성공적으로 해석(또는 재구축)했으며 대륙의 성장과 역사, 거대한 산맥의 상승과 하강, 사라진 해양분지의 시작(opening)과 종료(closing)에 대한 증거, 그리고 사막, 습지 숲, 강, 산호초 같은 고대 환경의 잔존물을 보존하는 지층들을 발견했다. 좀 더 놀라운 사실은 지구 역사의 대부분 동안 지구에 생명이 거주했다는 점인데, 미생물에서 시작해서 궁극적으로 좀 더 복잡하고 놀라운 생물들이 거주하게 되었다. 많은 사건, 과정, 그리고 심지어 지질학적 과거의 생명조차도 인간의 문화가 활용하고 개발한 자연자원을 만들었다. 지구 역사의 특정한 일화들을 보존하는 많은 암석과 구조들이 북아메리카의 국립공원들에 드러나 있다.

우리가 우리의 세상에서 당연하게 생각하는 많은 것이 먼 과거에 일어난 규칙적이고 있을 법하지 않은 사건들의 결과이기 때문에 지구의 역사에 대한 우리의 이해를 심화시켜주는 발견들은 언제나 놀랄 만하다.[1] 지각판들이 확장하고 충돌해서 금속 자원들을 광상(ore deposit)들에 집중시키지 않았더라면 우리가 어떻게 살 수 있겠는가? 로키 산맥을 현재의 높이로 올리기 위해 얼마나 많은 지진이 필요했겠는가? 간헐적인 대량 멸종이 없었더라면

---

[1] Neil Shubin은 *The Universe Within: Discovering the Common History of Rocks, Planets and People* (New York: Pantheon Books, 2013)에서 먼 과거의 사건들과 상태들이 오늘날 우리의 세상과 우리의 몸에 어떻게 반영되었는지를 멋지게 탐구한다.

오늘날 동물의 왕국과 식물의 왕국은 어떤 모습을 보일 것인가?

창세기에서 하나님은 자신의 창조세계가 좋다고 말했다(tov. 섹션 2.2.1과 5.2.3을 보라). 하나님이 어떤 것을 좋다고 지칭하는 것은 그것이 하나님이 의도한 대로 기능할 준비가 되었다는 뜻이다. 그 말은 창조세계가 완벽하거나, 어질러지지 않았거나, 심지어 모든 곳이 안전하다는 것을 의미하지 않는다(용암류에 너무 가까이 가지 말라). 지구의 선함(tov-ness)은 암석의 순환 및 판구조에 내재된 기능의 완전성에 반영되었고, 지구의 지질학적 역사에 보존되었다.

지질학적 시간이 수천 년에서 수백만 년 그리고 수십억 년에 달하도록 우리의 사고를 조정할 필요가 있다. 우리는 이런 시간에 대해 Ga(십억 년), Ma(백만 년), 그리고 ka(천 년) 같은 기호를 사용할 것이다. 이 대목에서 12장에 등장하는 지질학적 시간 척도를 돌아볼 필요가 있다(그림 12.6을 보라). 19세기의 지질학자들은 그들이 화석 생명의 최초의 증거로 인식한 것을 포함하는 가장 오래되고 변성되지 않은 퇴적암 지층이 캄브리아기 동안에 퇴적되었다고 언급했음을 기억하라. 그들은 모두 화성암이거나 변성암이고 화석을 포함하지 않는 것으로 보이는 좀 더 오래된 모든 암석을 선캄브리아기의 것으로 분류했다. 20세기 중반 방사선 연대 측정 덕분에 선캄브리아기가 지구 역사의 대부분을 포함한다는 것이 밝혀졌다.

현대의 지질학적 시간 척도에서 명왕누대, 시생누대, 원생누대가 선캄브리아기에 해당한다. 명왕누대는 지구의 기원부터 시작에서 다소 인위적으로 40억 년에서 끝난다. 몇몇 저자와 기관들은 그 끝을 38억 년으로 잡는다. 원래의 아이디어는 시생누대의 시작이 지구의 지각에 보존된 가장 오래된 암석의 나이를 표시한다는 것이었다. 이 시기는 새로운 발견들이 현장에서 이루어지고 실험실에서 확인됨에 따라 변한다.

17.1. 서막: 명왕누대에서 시생누대의 시작까지(46억-38억 년 전)

우리는 11장에서 우주에서 온 운석들은 태양계를 형성한 원래의 물질을 대표하며 그것의 연대는 46억-45억 년임을 배웠다. 가장 오래된 달의 암석은 45억-44억 년 전에 만들어졌음을 암시한다. 만일 달이 지구가 떠돌이 행성 배아와 충돌한 후 지구에서 분출된 물질로 형성되었다면(섹션 11.4를 보라) 가장 오래된 지구의 지각은 틀림없이 44억 년 전까지의 핵-맨틀 차별화 과정 후에 형성되었을 것이다.

43억 7,400만 년 ± 600만 년된 것으로 추정되는, 가장 오래된 지구의 광물은 암석 순환의 초기 변혁에 대한 증거를 제공한다.[2] 이 지르콘 결정은 호주의 변성된 역암에서 추출되었다. 그것은 초기 지각의 마그마방에서 냉각된 좀 더 오래된 화강암에서 형성되어 (지금은 사라진) 고대 산맥의 표면으로 융기되었다가, 화성 기반암으로부터 침식되어 물길을 따라 현대에 발견된 위치로 운반되어 다른 침전물들과 함께 퇴적되어서 역암이 되었다(퇴적 연대는 약 30억 6천만 년 전으로 추정된다). 따라서 그 역암은 지각 깊은 곳에 묻혀 변성되었고 또 다른 조산 기간 중 지표면으로 돌아왔다. 이러한 가장 오래된 광물들에 대한 지구화학적인 연구를 통해 지구 과학자들은, 달을 형성한 충돌 이후 지각이 급속히(약 1천만 년 동안) 냉각되었고 따라서 43억 년 전 무렵에는 대기 중에 있던 수증기가 농축되어서 지구의 표면에 액체 상태의 물로 축적될 수 있었다고 결론 지을 수 있었다.[3]

오늘날의 지구에 비해서 최초의 지각은 대륙 지각의 흔적이 없는 해양 지각과 좀 더 비슷했다. 해양 지각은 반

---

2   John W. Valley et al., "Hadean Age for a Post-Magma-Ocean Zircon Confirmed by Atom-Probe Tomography," *Nature Geoscience* 7 (2014): 219-23.

3   John W. Valley et al., "4.4 Billion Years of Crustal Maturation: Oxygen Isotopes in Magmatic Zircon," *Contributions to Mineralogy and Petrology* 150 (2005): 561-80.

려암과 현무암으로 구성되었고, 전형적인 대륙 지각은 화강암이나 비슷한 화학 성분을 지닌 암석들로 구성되었음을 상기하라(표 16.1을 보라). 반려암과 현무암은 상부 맨틀에서 만들어진 마그마에서 생성된 고철질 화성암이다. 감람암 같은 맨틀 암석은 철과 마그네슘이 풍부하며 이산화 규소(SiO_2) 함유량이 무게로 45퍼센트 미만이다(섹션 14.3.1에서 감람암에 대한 설명을 보라). 반려암과 현무암을 형성하는 마그마는 무게로 45-55퍼센트의 이산화 규소를 함유한다. 최초의 대륙들

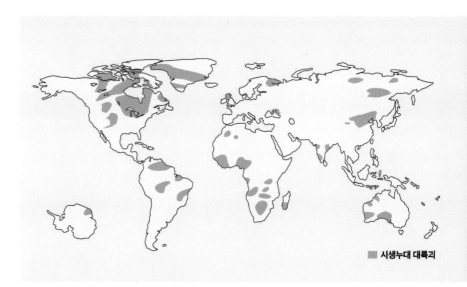

그림 17.1. 전 세계의 시생누대 대륙괴 분포

은 이산화 규소 함유량이 좀 더 많은 화성암의 작은 꼬투리(pod)들이었을 수도 있지만, 현무암과 반려암에 비해 철과 마그네슘을 덜 함유하고 칼륨, 나트륨, 이산화 규소를 훨씬 많이 함유하는 (무게로 65퍼센트 초과) 화강암의 성분과는 달랐을 것이다. 반려암과 현무암이 용융점에 이르면 최초로 녹는 광물들은 이산화 규소의 농도가 높은 반면에 철과 마그네슘이 풍부한 광물들은 융해에 저항하는 경향이 있다. 만일 이 액체가 뜨거운 암석 덩어리에서 제거되면 그 마그마는 화강암과 반려암/현무암 사이의 성분을 지닌 암석으로 결정할 것이다. 규장질의 화성암인 화강암은 대체로 융해된 좀 더 오래된 변성암이나 퇴적암의 혼합물을 포함하는 마그마로부터 형성되며, 적어도 한 번의 완전한 암석 순환의 회전을 필요로 한다.

초기의 대륙으로 이어진 지구 지각에서의 화강암 축적은 다양한 과정과 관련이 있을 수도 있다. 달과 지구의 지표면은 약 38억년 전까지 큰 소행성이나 혜성과 좀 더 작은 운석들로 연타당했다. 달의 바다 분지들은 대폭격 후기(41억-38억 년 전)로 알려진 이 시기의 증거를 제공한다. 충돌로 생긴 열이 원래의 지각의 일부를 녹여서 이산화 규소 함유량이 좀 더 많은 마그마를 만들었을테지만, 아마도 화강암을 만들지는 않았을 것이다. 초기의 판구조

운동이 고철질의 지각을 섭입대에 있는 맨틀 안으로 재순환하기 시작했다(그림 16.10)을 보라. 섭입대 위의 화산 활동이 해저 화산 산맥들과 궁극적으로 일련의 화산섬들을 만들었다. 이 섬들의 물리적·화학적 침식이 그 섬들 주위의 바다 및 섭입대 해구들에 축적된 침전물을 만들었다. 초기 고철질 지각과 축축한 침전물이 컨베이어 벨트 섭입대를 따라 맨틀 안으로 끌려 내려져 화강암질 마그마를 만들었다. 화강암질 마그마의 꼬투리들이 냉각되어서 지구 전역에 흩어진 초기 소대륙들 안으로 병합되었다. 이런 최초기 대륙들(**대륙괴**로 불린다)의 자취만이 남아서 지구의 선캄브리아기 순상지의 암층 모자이크 안에 들어가 있다(그림 17.1을 보라).[4]

화산 활동이 맨틀과 초기 지각 안에 용해된 기체들을 방출해서 이산화 탄소(CO_2)와 질소(N_2)가 풍부하고 약간의 수증기(H_2O 증기), 암모니아(NH_3)와 메탄(CH_4)을 함유한 대기를 만들었다. 현대의 화산에서 유사한 농도의 기체들이 분출된다. 바닷물에 녹아 있거나 대기에 흩어져있는

---

4   Karl E. Karlstrom et al., "Long-Lived (1.8-1.0 Ga) Convergent Orogen in Southern Laurentia, Its Extensions to Australia and Baltica, and Implications for Refining Rodinia," *Precambrian Research* 111 (2001): 5-30.

화합물들과 원소들을 산화시키기에는 자유로운 산소(O_2)의 수준이 너무 낮아서 초기 대기는 환원성이었다고 한다. 초기 대기가 적어도 약하게 환원성이었다는 증거가 있다. 초기의 이산화 탄소 농도가 아마도 현대의 지표면의 압력보다 100배 이상 높은 기압에 기여했다.[5] 대기가 주로 이산화 탄소로 이루어진 금성의 표면 압력은 오늘날 지구의 표면 압력의 약 93배다. 이산화 탄소의 온실 효과가 금성의 표면 온도를 섭씨 467도(화씨 872도)로 유지한다.

초기 지구는 오늘날의 금성만큼 뜨겁지 않았다. 많은 이산화 탄소에 기인한 온실 효과가 있었지만, 액체 상태의 물이 풍부했고 심지어 침식된 침전물을 분지로 운반했다는 증거가 있다(위의 지르콘 결정 이야기를 상기하라). 이 시기에는 태양이 열을 약 25퍼센트 적게 발산했는데, 지질학자들은 많은 얼음이 지구의 육지와 해양의 표면을 덮고 있었을 것으로 생각한다.

많은 행성 지질학자들은 지구의 수계(지구의 모든 얼음, 물, 수증기)에 존재하던 물의 많은 부분이 후기 대폭격 기간 중 얼음으로 된 혜성들을 통해 지구에 전달된 것으로 생각한다. 달을 형성한 격변적인 충돌 전에 상당한 양의 물이 존재했었다면 그 충돌 기간에 상당한 양의 물이 소실되었을 것이다. 달의 극 지대 충돌 분지에서 물의 얼음이 발견되었는데 이 물은 아마도 혜성과의 충돌에서 왔을 것이다. 혜성들은 아마도 초기 대기에 이산화 탄소 형태로 남게된 상당한 양의 탄소를 지구의 표면에 가져왔을 것이다.

38억 년 전 무렵 지구는 (산재하는 소대륙들의 특징을 이루는) 초고철질에서 고철질의 딱딱한 원시 지각과 (오늘날의 지구상의 생명 대다수에 해로왔을) 이산화 탄소가 압도적으로 두껍고 뜨거운 대기 아래서 김을 내는 해양을 뚫고 튀어나온 화산 산맥들이 특징이었을 것이다. 암석 기록에 간단한 생명이 약 5억 년 전에 출현했다는 증거가 있다(이 점은 4부에서 좀 더 자세하게 논의될 것이다). 지구의 역사 이야기에서 첫 번째 장면이 등장할 무대가 갖춰졌다.

17.2. 장면 1: 시생누대말 최초의 대륙(30억-25억 년 전)

시생누대(40억-25억 년 전)는 지구 역사의 1/3을 차지하는데, 그 기간 중에 대륙들이 성장했고 대기의 상태가 환원성에서 산화성으로 바뀌었으며 단순한 생명이 출현했다. 캐나다 순상지의 슈피리어 프로빈스는 지질 과정과 상태

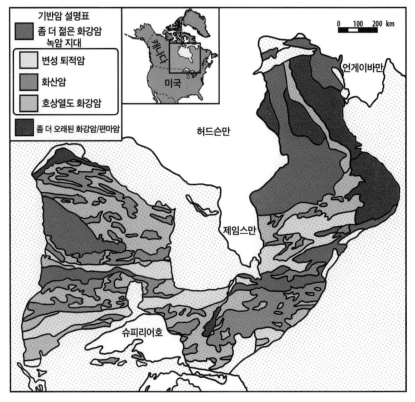

그림 17.2. 캐나다의 허드슨만과 미국의 5대호 북부 사이에 있는 캐나다 순상지의 선캄브리아기 슈피리어 프로빈스 기반암의 지질지도. 이 지도는 캐나다 순상지에 노출된 많은 지질 지구 중 하나를 상세하게 나타낸 것이다(그림 16.3의 아래 그림과 비교하라). 색깔들은 "기반암 설명표"에 나타난 바와 같이 다른 암석 단위들을 나타낸다.

---

5   N. H. Sleep, "The Hadean-Archean Environment," *Cold Spring Harbor Perspectives in Biology* 2, no. a002527 (2010): 1-14에 수록된 시생누대 대기 개관.

그림 17.3. 미시간주 어퍼 반도의 시생누대 베개 현무암. 베개 구조는 용암이 해저 위로 흘러 차가운 물 속에서 급격히 냉각될 때 형성된다.

의 증거를 담고 있다. 시생누대 지각은 화강암-편마암 기반암(변성된 화강암 몸체) 및 녹암 지대로 불리는 화산암과 퇴적암층들로 구성된 변형된 구조가 특징이다(그림 17.2를 보라).

녹암 지대는 좀 더 오래된 화강암-편마암으로 구성된 소대륙들의 가장자리에 있는 좁고 깊은 물 속의 분지에서 형성되었다. 화산 산맥들은 아마도 좁은 분지들을 소대륙들에서 떼어내고, 분지들을 채운 용암과 침전물을

제공했을 것이다. 대개 녹암 지대에서 가장 오래된 지층들은 베개 현무암(그림 17.3을 보라)을 포함하는 해저 초고철질에서 고철질 용암들이며, 좀 더 규장질의 용암들로 덮여 있다. 이 지층들은 두꺼운 진흙 사암, 점토암, 쳐트(부싯돌로도 알려진 작은 결정의 석영) 지층들로 덮였고 후에 규암, 점판암, 그리고 편암으로 변성했다. 녹암 지대 층에서 두께가 20킬로미터나 되는 곳도 있다. 그 층들은 인접한 소대륙들이 충돌해서 그것들이 좀 더 넓은 대륙의 땅덩이들로 경합할 때 변형되었다. 발전된 방사성 연대 측정법과 현장의 관계들에 대한 세심한 분석을 통해 지질학자들은 심성 작용, 화산 활동, 침전, 변형, 그리고 변성을 통한 지각 형성의 역사를 규명했다(그림 17.4를 보라).

시생누대 퇴적암들은 **적철광**과 **자철광** 그리고 쳐트로 구성된, 몇 밀리미터에서 센티미터의 얇은 층의 독특한 퇴적물인 호상철광층(banded iron formation, BIF)도 포함한다(그림 17.5를 보라). 그런 퇴적물은 현재의 지구에서는 형성되지 않으며 20억 년보다 젊은 암석들에는 대체로

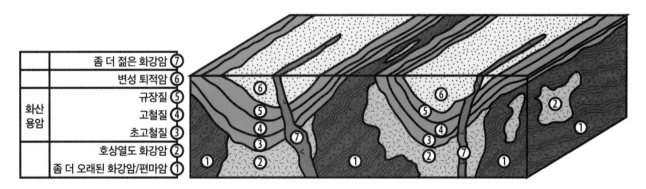

화산 용암	좀 더 젊은 화강암 ⑦
	변성 퇴적암 ⑥
	규장질 ⑤
	고철질 ④
	초고철질 ③
	호상열도 화강암 ②
	좀 더 오래된 화강암/편마암 ①

그림 17.4. 이상적인 녹암 벨트 층서와 구조를 보여주는 블록 모형도. 색깔들은 그림 17.2에 나타난 기반암 유형들에 상응한다. 녹암 지대의 습곡된 화산암층과 퇴적암층(3-6)이 좀 더 오래된 화강암-편마암 지각(1,2) 위에 퇴적되었고, 좀 더 젊은 화강암(7)에 관입되었다. 이곳에서의 지질학은 지층 누중 원칙, 원래 수평 상태 원칙, 그리고 횡단 관계에 대한 뛰어난 예를 제공한다(섹션 12.2를 보라).

존재하지 않는다. 현대의 지구에 호상철광층이 없다는 사실은 동일과정설의 초기 옹호자들이 이해했던 그 이론의 한계의 예를 제공한다(12장을 보라). 사실 호상철광층이 현대의 해양에서 형성되지 않는 이유는 철이 너무 빨리 산화되어서 산화철 광물은 덜 집중된 퇴적물에서 형성되는 경향이 있기 때문이다. 호상철광층은 약한 환원성인 선캄브리아기의 대기와 해양에서 간헐적으로 산소가 첨가(초기 광합성 세균이 이에 기여했을 수도 있다)되어 산화철 침전물이 해저에 층을 이루어 가라앉을 때까지 자유로운 철이 물속의 기둥에 축적될 수 있었다는 증거다. 니켈 함유량

그림 17.5. 약 15센티미터 길이의, 광택이 나는 호상철광층 조각. 은색 띠들과 오렌지색 띠들은 각각 자철광과 적철광이다. 붉은색 띠들은 쳐트(작은 결정의 석영)다.

또한 높은 호상철광층은 철광의 중요한 원천 중 하나다.[6] 시생누대 암석들에 들어 있는 다른 광석들은 금, 은, 구리, 아연, 납, 백금, 그리고 크롬 같은 금속들을 많이 포함하고 있다.

몇몇 시생누대 쳐트질 퇴적물은 미생물 화석 세포들을 포함하고 있으며 광합성 세균(단세포 원핵생물, 본서의 4부와 5부를 보라)의 구조와 배열을 보여준다. 이런 화석 중에서 가장 오래된 것의 연대는 35억 년 전으로 추정된다. 30억 년 전 무렵에는 지구의 표면에 실 같은 모양의 남세균(cyanobacteria)이 많았는데 그것들은 스트로마톨라이트로 불리는, 층을 이룬 돗자리 구조와 기둥 구조를 만들었다(그림 17.6을 보라). 자유로운 산소가 없는 상태에서 이 세균들은 광합성 과정에서 황화 수소를 사용했다. 현대의 스트로마톨라이트 구조는 염도가 높은 석호(潟湖)나 빠른 해류를 보이는 해협에서 자란다(그림 17.6, 오른쪽을 보라). 남세균을 먹어서 두꺼운 돗자리나 기둥 구조의 발전을 방해하는 다른 유기체들이 존재하기 때문에 오늘날에는 대다수 해양 환경에서 그것들이 풍부하지 않다. 스트로마톨

---

6   슈피리어 프로빈스 호상철광층은 북아메리카의 5대호 지역에 철강 산업과 자동차 산업이 확립된 직접적인 이유 중 하나다.

그림 17.6. 왼쪽: 볼리비아의 원생누대 지층에서 나온 광택이 나는 스트로마톨라이트(화석 남세균) 조각. 시료의 길이는 약 25센티미터. 오른쪽: 호주 샤크만에 있는 썰물 때의 현대의 스트로마톨라이트.

라이트들은 시생누대 말과 현생누대 초의 석회암 퇴적물에서 많이 발견되는 바와 같이 25억 년 전 무렵 지구의 해양에 널리 퍼졌었다.

지질학자들은 스트로마톨라이트를 함유하는 석회암 퇴적물의 출현과 함께 암석 기록에서 호상철광층이 대체로 사라진 것이 우연의 일치가 아니라고 믿는다. 스트로마톨라이트를 구축한 풍부한 남세균은 광합성을 통해 해양과 대기에 있던 이산화 탄소를 산소로 바꾼 지극히 작은 공장들이었을 것이다. 실 같은 모양의 남세균들에 인접한 해양 침전물의 기공에 들어 있는 물속 이산화 탄소의 감소는 석회암을 만들 탄산칼슘($CaCO_3$)의 침전에 유리했을 것이다. 대기 중에 들어 있는 산소와 해수에 용해된 산소의 증가는 한때 호상철광층 퇴적에 유리했던 상태를 변화시켰을 것이다. 이산화 탄소가 기반암의 풍화를 통해 배출된 화합물들과―공식 $CaSiO_3 + CO_2 \rightarrow CaCO_3 + SiO_2$에 따라―화학 반응을 일으켜서 대기 중의 이산화 탄소 수준도 줄어들었을 것이다. 이렇게 해서 25억 년 전 무렵 바닷물에 녹은 산소와 대기 중에 존재하는 산소가 상당히 늘어났지만 여전히 산소의 농도는 현재 농도의 50퍼센트에 못미쳤다. 지구 대기의 이산화 탄소 감소가 표면 온도에 미치는 온실가스 효과를 줄였다. 29억 년 전의 암석들에 들어 있는 빙하 퇴적물은 첫 번째 세계적 빙하기의 증거다.

17.3. 막간: 대륙들이 계속 커지다(25억-10억 년 전)

그림 17.7에 묘사된 일련의 개념도들이 보여주는 바와 같이 원래의 시생누대 대륙들 사이 지각판의 상호작용으로 원생누대 동안 대륙들이 좀 더 커졌다. 20억 년 전에 활발한 산악 지대가 현재 캐나다 순상지에 들어 있는 슈피리어 프로빈스와 슬레하와 프로빈스 같은 흩어진 작은 시생누대 대륙들을 에워쌌다(그림 16.3의 아래쪽 그림을 보라). 그림 17.7의 지도에서 검정색 기(삼각형)가 표시된 곡선들은 섭입대들을 나타내며, 기들은 지배적인 지각판들의 위에 표시되어 있다. 15억 년 전 소대륙들의 충돌로 마자찰 조산운동 기간에 새로운 산악 지대, 화강암질 마그마, 그리고 지역적인 변성이 만들어졌다(화살표들은 판의 이동을 나타낸다). 그랜드캐니언의 이너 고지에 있는 편암과 화강암 기반암은 이 기간에 변성되고, 변형되고, 관입되었다(그림 12.2를 보라). 대륙들의 이러한 수렴으로 지질학자들이 컬럼비아(또는 누나)로 부르는 최초의 초대륙을 만들었을 수도 있다. 12억년 전 무렵에 긴 열곡(rift)들이 대륙 조각들을 떼어 놓아서 오늘날 아프리카와 아라비아 사이에 있는 홍해를 닮은 좁은 해로들을 만들었다. 해로의 가장자리를 따라―몬타나주 글레이셔 국립공원에 노출된 15킬

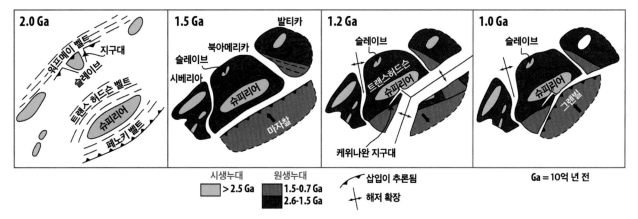

그림 17.7. 20억-10억 년 전까지 캐나다 순상지의 증대를 보여주는 일련의 개념도. 10억 년 전의 지도를 그림 16.3과 그림 17.2에 나타난 캐나다 순상지 지도와 비교하라.

로미터 두께의 벨트 슈퍼그룹 지층들 같은—퇴적암들(사암, 점토암, 그리고 석회암)이 축적되었다. 10억 년 전에 또 다른 대륙 충돌이 그렌빌 조산운동을 일으켜 또 다른 산악 지대와 거대한 화강암질 마그마가 만들어졌고 지역적 변성이 일어났다.

25억-10억 년 전 사이에 지각의 발달과 더불어 지구의 대기도 변하고 있었다. 광합성이 대기 중 산소 수준의 상승을 촉진했고 이산화 탄소 수준이 계속 감소함에 따라 산소의 수준이 현재의 1퍼센트에서 10퍼센트 사이에서 움직였다. 17억 년 전에 생성된 것으로 추정되는 암석에서 녹조의 일종일 수도 있는 진핵생물(핵과 세포막으로 경계가 쳐진 세포소기관들이 있는 세포)의 증거가 출현하는데, 이것이 광합성 생물이라는 생물자원에 더해져 대기 안으로 산소를 주입했을 수도 있다.[7] 그러나 해양·바닥의 물에는 여전히 산소가 부족했고 화학적으로 환원이 일어나고 있었다.

17.4. 장면 2: 원생누대 말의 초대륙(10억-8억 년 전)

약 10억 년 무렵에는 시생누대와 원생누대 초에 형성된 대륙들이 수렴해서 하나의 초대륙을 만들었다. 북아메리카 동부에서 일어난, 그렌빌 조산운동이라는 다수의 그리고 거의 동시에 발생한 대륙 충돌로 말미암아 충돌 지대 주변 산악 지대의 아래에서 화강암 심성체의 관입과—(물론 나무들이나 육상 동물들은 없는) 아마도 현대의 인도와 동아시아 사이의 히말라야-자그로스-알프스 산맥을 닮

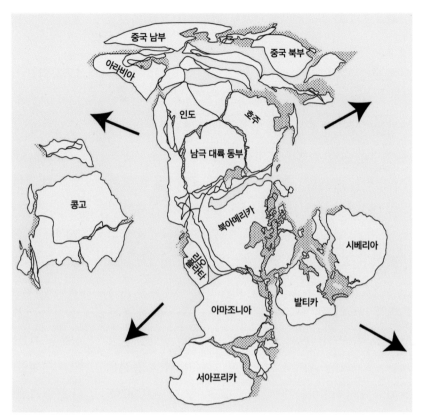

그림 17.8. 8억 5천만 년 전 무렵 세계 고지리. 초대륙 로디니아가 분리되기 시작하고 있다.

은—방대한 지역적 변성이 일어났다. 로디니아로 불리는 그 초대륙은 8억 년 전에 갈라지기 시작하기 전에 적어도 2억 년 동안 존재했다(그림 17.8을 보라). 그렌빌 조산운동 기간에 관입된 화강암은 북아메리카 동부의 여러 곳의 지하에 존재하며 애팔래치아산맥의 블루리지산맥과 스모키 마운틴스의 봉우리들에 노출되어 있다. 균열이 재개되어 로디니아가 갈라졌는데, 이전의 몇몇 시생누대-원생누대 초 대륙들은 온전하게 보존되었지만 다른 대륙들은 별개의 소대륙들로 분해되었다. 균열로 말미암아 대륙들이 멀어짐에 따라 대륙들의 가장자리 주변에 새로운 대륙붕들이 발달해서 사암, 석회암, 점토암 등 두꺼운 퇴적암들이 축적되었다. 이 사례는 그랜드캐니언의 이너 고지에서 명백히 볼 수 있는데, 그곳에는 4,000미터에 달하는, 단층이 진 원생누대 중기에서 말기의 퇴적암과 현무암 용암류가 이전의 마자찰 산맥 뿌리의 깊은 곳에서 형성된 좀 더 오래된 편암과 화강암을 덮고 있다(그림 17.9를 보라).

7   Preston Cloud, *Oasis in Space: Earth History from the Beginning* (New York: W. W. Norton, 1988), 225-30.

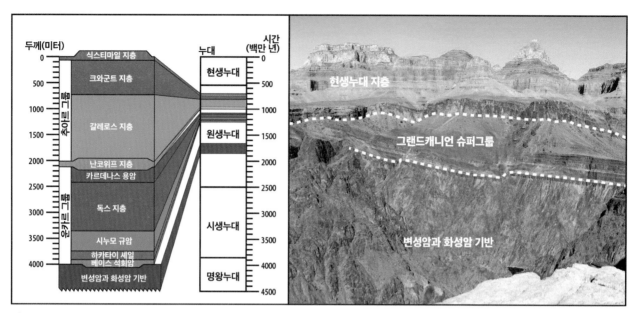

그림 17.9. 그랜드캐니언의 이너 고지에 노출된 선캄브리아 암석들을 통해 대표된 지질 시대의 두께와 지속 기간. 초기 원생누대의 변성암과 화성암들은 마자찰 조산운동 이전 및 도중에 형성되었다. 5억 년 넘게 지속된 융기와 침식 기간 후, 이 암석들은 초대륙 로디니아가 분리되는 동안 및 분해된 후 퇴적된 원생누대 중기와 말기의 두꺼운 퇴적암과 용암류 지층인 그랜드캐니언 슈퍼그룹에 덮였다. 그랜드캐니언 슈퍼그룹 암석들은 묻히고, 기울어지고, 단층이 지고, 융기되고 침식된 후 평평하게 쌓인 현생누대 지층들로 덮였다. 이는 암석 순환의 뛰어난 예다.

17.5. 막간: 살아 있는 행성의 변화(8억-5억 4600만 년 전)

18억-8억 년 전 사이에 지상의 생명의 성격 변화에 관한 증거는 거의 없으며, 따라서 몇몇 지질학자들은 이 기간을 "따분한 십억 년"으로 부른다. 그러나 원생누대의 마지막 2억 6천만 년 동안 퇴적된 암석에서 중대한 변화가 명백히 드러난다. 해양 점토암에서 발견된 황철광(황화 철 광물)에 들어 있는 다양한 미량 원소들의 농도는 해수의 산화 상태를 반영하며 이 기간에 대기 중과 해양의 산소 수준이 계속 상승했음을 암시한다. 7억 1천만 년 전, 6억 3,500만 년 전, 그리고 5억 8,200만 년 전의 대륙에 쌓인 빙하 퇴적물들은 극지방부터 적도까지 해양의 표면이 거의 또는 완전히 얼었음을 암시하는데, 이 상황은 "눈덩이 지구"(Snowball Earth)로 지칭된다. 6억 5천만 년 전 무렵에 형성된 몇몇 암석들은 틀림없이 다세포(후생동물문) 생물이었을 생물들의 흔적들을 포함하는데 그 동물들은 현대의 분류법에 따른 회충류, 자포동물, 절지동물, 연체동물, 극피동물이었거나 그 시기에 독특한, 멸종한 몇몇 그룹이었을 수도 있다. 이런 화석들로 유명한 지역 중 한 곳은 호주 남부의 에디아카라 구릉이지만, 그런 화석은 뉴펀들랜드와 나미비아 같은 다른 장소들에서도 발견된다. 이 시기의 해양 점토암에 퇴적된 황철광 광물들에 포함된, 생물학 과정에 필수적인 미량 원소들의 농도가 점점 더 짙어졌다. 5억 4천만 년 전의 암석들은 작은 관상조직의 **클라우디나**(Cloudina)같이 광물화된 골격이 있는 화석들을 포함한다. 굴의 흔적과 다른 후생동물의 자취가 가장 최근의 원생누대 암석들에서 발견되며, 현생누대(Phanerozoic Eon, "볼 수 있는 생명"을 의미하는 라틴어에서 유래함)라 불리는 지구 역사의 다음 단계를 정의하는 좀 더 복잡한 생명과 생태계의 출현으로 이어졌다.

17.6. 장면 3: 동물 행성의 여명(캄브리아기와 오르도비스기, 5억 4,100만-4억 4,400만 년 전)

현생누대는 찢어진 로디니아의 대륙들이 지구의 전역으로 흩어질 때(그림 17.10을 보라) 캄브리아기와 오르도비스기로 시작되었다. 해저가 1년에 10-13센티미터씩 급속히 확대되어서 세계적인 해령 네트워크 주위의 해양 지각이 흔히 선캄브리아기로 알려진 시기를 구성하는 명왕누대, 시생누대, 원생누대는 지구 역사의 대부분(사실은 88퍼센트)을 차지한다. 이와 대조적으로 젊은 지구(또는 최근) 창조론자들은 지구상의 대부분의 선캄브리아기 암석들이 창세기 1장에 묘사된 최초의 3일 동안에 형성되었다고 믿는다. 놀랍게도 가장 유명한 많은 젊은 지구 지질학자들이 선캄브리아기 순상지들에 보존된 암석들의 서열을 주류 지질학 분야 연구에서 보고한 대로 받아들인다. 그들은 심지어 수십억 년에 이르는 방사성 측정 연대가 사건들의 상대적인 연대에 관한 정보를 밝혀주는 것으로 여기면서도 그 방법의 절대적인 연대는 거절한다.[a] 아래의 내러티브는 선캄브리아기 지질학을 창조 주간과 조화시키기 위한 젊은 지구 창조론자들의 아이디어를 나타낸다.

첫째 날. "태초에 하나님이 천지를 창조하시니라. 땅이 혼돈하고 공허하며 흑암이 깊음 위에 있고 하나님의 영은 수면 위에 운행하시니라. 하나님이 이르시되 '빛이 있으라' 하시니 빛이 있었고 빛이 하나님이 보시기에 좋았더라. 하나님이 빛과 어둠을 나누사 하나님이 빛을 낮이라 부르시고 어둠을 밤이라 부르시니라. 저녁이 되고 아침이 되니 이는 첫째 날이니라"(창 1:1-5).

원래의 무로부터의 (즉각적인) 창조 후 첫째 날부터 넷째 날까지 (급속한 암석 형성으로) 지구를 형성하는 기간이 뒤따랐다. 첫째 날은 명왕누대에서 시생누대 말까지를 구성하며 그때 슈피리어 프로빈스에서 볼 수 있는 것 같은(그림 17.2와 17.4를 보라) 녹암 지대, 화강암-편마암 복합체, 고철질의 화산암들을 포함한 지구의 가장 오래된 지각이 형성되었다. 세계적인 해양이 원시 지각을 덮었다(창 1:2). 현대의 (좀 더 느린) 지질 과정의 속도는 이 기간에 적용되지 않는다. 가속된 방사능 붕괴가 첫째 날부터 셋째 날까지의 암석들을 급속히 나이가 들게 했고 따라서 현재 6,000년밖에 되지 않은 암석들이 수십억 년의 방사성 측정 연대를 낳는다. 시생누대의 스트로마톨라이트들은 세계적인 해양을 채운, 솟아오르는 샘들 근처에 위치한 무기질 구조로 해석된다.

둘째 날. "하나님이 이르시되 '물 가운데에 궁창이 있어 물과 물로 나뉘라' 하시고 하나님이 궁창을 만드사 궁창 아래의 물과 궁창 위의 물로 나뉘게 하시니 그대로 되니라. 하나님이 궁창을 하늘이라 부르시니라. 저녁이 되고 아침이 되니 이는 둘째 날이니라"(창 1:6-8).

둘째 날은 시생누대 말에서 원생누대 초를 포함하며 이날 많은 대륙에서 녹암 지대들이 계속 형성되었다. 첫째 날 형성된 몇몇 암석들이 평평하게 깎였다. 전세계적으로 해양에서 물이 수직 방향으로 크게 움직여 (이제 변성된) 침전물을 좀 더 오래된 지각 위로 분배했고 호상철광층과 금 광석 같은 자원들을 만들었다. 셋째 날이 되기 전에 광범위한 해저 화산 활동이 일어났다.

셋째 날. "하나님이 이르시되 '천하의 물이 한곳으로 모이고 뭍이 드러나라' 하시니 그대로 되니라. 하나님이 뭍을 땅이라 부르시고 모인 물을 바다라 부르시니 하나님이 보시기에 좋았더라. 하나님이 이르시되 '땅은 풀과 씨 맺는 채소와 각기 종류대로 씨 가진 열매 맺는 나무를 내라' 하시니 그대로 되어 땅이 풀과 각기 종류대로 씨 맺는 채소와 각기 종류대로 씨 가진 열매 맺는 나무를 내니 하나님이 보시기에 좋았더라. 저녁이 되고 아침이 되니 이는 셋째 날이니라"(창 1:9-13).

원생누대 중기 초의 암석들이 셋째 날 동안 형성되었다. 마른 땅과 바다의 분리는 원시 지각이 갈라져 최초의 대륙들이 형성되고 물이 해양분지로 빠진 것과 관련이 있다. 이날 최초의 초대륙 인 로디니아가 형성되었다.[b] 출현하고 있는 땅에서 물이 빠짐에 따라 해안선 연안과 열개분지(rift basin)에 침전물이 퇴적되었다. 창세기 2:5-6이 인간이 창조될 때까지 지구에 비가 내리지 않았다고 주장하는 것으로 이해되는 바와 같이, 지표수는 깊은 샘들을 통해 제공되었다.

마그마들은 셋째 날에 계속 깊은 지각 안으로 관입해서 급속히 냉각되었다. 폴로늄 염으로 불리는 암석 광물 안에 들어 있는 미시적인 특징들이 급속한 냉각의 증거로 사용된다.[c] 폴로늄은 세 개의 흔한 동위원소들(^{210}Po, ^{214}Po, ^{218}Po)을 지닌 방사성 원소다. 그것들은 우라늄(^{238}U)에서 납(^{206}Pb)에 이르는 붕괴 계열에서 중간의 붕괴 동위원소로서 마그마 안에 존재한다(그림 15.2를 보라). 폴로늄 동위원소들이 붕괴할 때 그것들은 대개 흑운모나 형석 광물의 결정 구조를 손상하는 알파 입자들과 방사선을 방출한다. 이 손상을 현미경으로 보면 작은 원(halo, 후광)들로 보인다. 폴로늄 동위원소들의 반감기들은 몇 밀리세컨드(1/1,000초)에서 몇 개월까지다. 이 점이 중요한 이유는 젊은 지구 창조론자들이 폴로늄 응축물은 그것이 마그마에서 형성되었을 때 광물 안으로 편입되었음이 틀림없다고 주장하기 때문이다. 반감기가 그렇게 짧음에도 불구하고 광물들 안에 후광들이 있다는 사실은 그 암석이 즉각적으로 또는 불과 며칠 안에 형성되었음을 암시한다고 여겨진다. 흑운모는 (녹는 온도가 낮아서) 화강암 안에서 광물들의 결정 서열에서 늦게 형성된다. 화강암 암체들이 냉각하는 데 몇백만 년이 소요된다면 존속 기간이 짧은 폴로늄은 흑운모가 결정하기 전에 사라질 것이다.

가속화된 방사성 붕괴는 셋째 날 이후 현대의 속도에 가깝게 줄어들어서 방사선이 넷째 날과 다섯째 날 창조된 식물과 동물에 피해를 주지 않게 되었을 것이다. 홍수 때 퇴적된 퇴적암 안으로 관입된 화성암들에 대해 결정된 오래된 연대를 고려할 때 방사성 붕괴 속도는 틀림없이 홍수의 해에 다시 가속되었을 것이다.

넷째 날. "하나님이 이르시되 '하늘의 궁창에 광명체들이 있어 낮과 밤을 나뉘게 하고 그것들로 징조와 계절과 날과 해를 이루게 하라. 또 광명체들이 하늘의 궁창에 있어 땅을 비추라' 하시니 그대로 되니라. 하나님이 두 큰 광명체를 만드사 큰 광명체로 낮을 주관하게 하시고 작은 광명체로 밤을 주관하게 하시며 또 별들을 만드시고 하나님이 그것들을 하늘의 궁창에 두어 땅을 비추게 하시며 낮과 밤을 주관하게 하시고 빛과 어둠을 나뉘게 하시니 하나님이 보시기에 좋았더라. 저녁이 되고 아침이 되니 이는 넷째 날이니라"(창 1:14-19).

넷째 날의 사건들은 원생누대 중기 말의 암석들에 보존되어 있다. 태양과 달이 넷째 날 창조되어서 최초의 해양 조석이 만들어졌다(별들도 그날 창조되었다). 스트로마톨라이트들은 이제 유기체 구조로 해석된다. 대륙들(로디니아)의 계속적인 융기로 높은 산들이 형성되었다. 하구의 삼각주에서처럼 대륙의 가장자리를 따라 높은 산들에서 나온 침전물이 퇴적되었다.

다섯째 날과 여섯째 날의 기사는 지구의 형성과 관련지을 수 있는 정보를 별로 포함하지 않는다. 새들과 물고기들이 다섯째 날 출현하고, 인간을 포함한 육상 생물은 여섯째 날 출현한다. 타락(아담과 하와의 하나님께 대한 불순종의 행동) 이후 인간과 자연에 대한 하나님의 저주가 모든 생명에 대한 생물학적 사망과 (완벽한 것으로 이해된) 선한 창조세계의 부패를 가져왔다. 저명한 몇몇 젊은 지구 창조론자들은 그 저주가 열역학(즉 엔트로피) 법칙과 화학적 과정 같은 현재 관찰되는 자연 과정을 시작했다고 믿는다.[d] 다른 젊은 지구 창조론자들은 이런 자연법칙들이 창조 주간의 끝에 확립되었다고 생각한다.[e]

그랜드캐니언 슈퍼그룹(그림 17.9를 보라) 같은 원생누대 말의 암석들은 창조 주간과 세계적 홍수(창 7장)로부터의 최초의 퇴적 사이의 퇴적암의 퇴적을 대표한다.

분석. 젊은 지구 창조론자들의 지질학과 성경에 대한 일치주의 접근법은 문자적으로 읽은 창세기의 언어를 지구의 역사에 관한 과학적 정보를 포함하는 것으로 받아들이는 강한 헌신에서 나온다(섹션 4.3과 4.4를 보라). 그러나 그렇게 하는 것은 창세기 기사에서 선택된 단어들에 과학적 의미가 있는 것으로 해석하고, 성경 기사의 연대에 부합하는 과학적 데이터를 주의 깊게 선택함으로써만 가능하다.

일반적으로 인정되는 지질학적 시간 척도와 대조적으로 젊은 지구 창조론자들은 (방사선 연대 측정법을 통해 추정된) 선캄브리아기 암석들에 보존된 서열에 다른 지질학적 역사를 극적으로 압축한다. 첫째 날은 명왕누대에서 시생누대 말 또는 약 17억 5천만 년전에 해당하고, 둘째 날은 시생누대 말에서 원생누대 초 또는 약 11억 5천만 년 전에 해당한다. 셋째 날은 원생누대 중기 초 또는 약 3억 년 전에 해당하고, 넷째 날은 원생누대 중기 말 또는 약 3억 년 전에 해당한다. 가장 오래된 지구 광물의 나이는 43억 7,400만 ± 600만 년 전으로 추정된다는 것을 상기하라(섹션 17.1을 보라). 이 광물은 변성된 역암에서 추출된 지르콘이다. 역암은 좀 더 오래된 암석들의 파편들로 구성된 퇴적암이다(섹션 14.3.2를 보라). 그 역암에 들어 있는 다른 지르콘들 중 가장 젊은 연대는 30억 4,600만 ± 900만 년 전이며 따라서 지질학자들은 그 역암의 나이는 그 지르콘의 나이보다 약간 젊은 약 30억 500만 년으로 생각한다.[f] 젊은 지구 창조론자들은 가장 오래된 지르콘의 나이와 그 역암의 형성 사이에 존재하는 13억 2천만 년의 차이조차 무시하고서 그 지르콘이 하루 사이에 화성암에서 비롯되었다가 제거되고 침전물로서 퇴적되었다고 설명한다.

최근의 창조 시나리오는 선캄브리아기 암석에 드러난 몇몇 순차적 과정을 선택적으로 받아들이지만 상식과 암석들의 형성에 관해 분석적으로 결정된 시간 틀(섹션 14.2를 보라)을 거절한다. 예컨대 그랜드캐니언의 이너 고지에서 관측된 변성 편암은 좀 더 젊은 화강암의 암석으로 관통된다(그림 12.2를 보라). 편암은 좀 더 오래된 퇴적암과 화산암들의 변성을 통해 형성된다. 편암을 가로지르는 화강암 암맥은 지각 깊은 곳의 마그마방의 원천이었다. 시생누대 순상지에 있는 녹암 지대 지층들에는 두께 20킬로미터에 달하는 화산암과 퇴적암이 축적되어 있고 좀 더 젊은 화강암이 그것들을 관입하고 있다는 것을 상기하라. 그 지대에 있는 베개 현무암 구조는 용암류가 해저 위로 흘러서 냉각된 뒤 그 위로 또 다른 용암류가 흘렀다는 증거다.

폴로늄 염들은 몇 가지 이유로 화성암들의 즉각적인 형성을 증명하지 못한다.[g] 폴로늄은 젊은 지구 창조론자들이 가정하듯이 마그마에서 직접 결정하는 암석 안으로 들어가지 않는다. 지질학자들은 그 후광들은 대개 화강암이 완전히 냉각된 후 변형하는 동안 깊은 곳에서 뜨거운 유체를 통한 변화를 경험한 화강암 암체에서 발견된다는 것을 발견했다. 그 유체는 우라늄(^{238}U)의 붕괴에서 나온 라돈(^{222}Rn) 동위원소의 응축물을 운반하며, 라돈은 폴로늄의 세 가지 동위원소로 붕괴한다(그림 15.2를 보라). 교대 작용(metasomatism)으로 불리는 변성 과정은 화강암 안에 들어 있는 원래의 광물들을 흑운모를 포함한 새로운 광물들로 교체하는 것과 관련이 있다. 변화하는 유체 안에 들어 있는 폴로늄은 교체 광물 안으로 편입되어 빠르게 후광들을 형성할 수 있다. 광물 미르메카이트(석영이 벌레같이 한데 어울려 성장하는 사장석의 일종)는 원래의 화강암 암체가 열수작용으로 말미암아 변형되었다는 증거를 제공한다.

(반감기가 매우 긴) 우라늄 동위원소들은 화성암 암체의 냉각 역사를 통털어 마그마 및 관련된 유체 안에 존재한다. 유체 안에 있는 우라늄은 수천 년에서 수백만 년에 걸쳐 계속 폴로늄 동위원소들을 생산하고 그것들은 어느 순간에든 광물들 안으로 편입되어 후광을 만들 수 있을 것이다. 우라늄은 특히 냉각의 말기 단계에서 단구(斷口)의 네트워크를 통해 순환하는 유체에 농축되어 있다. 흑운모와 형석을 포함한 거친 광물들은 뜨겁고 압력이 높은 유체와 증기를 통해 열린 단구들 안에서 결정한다. 폴로늄 후광은 이렇게 가로지르는 암맥(거정[巨晶] 화강암 암맥으로 불린다)에 흔하다.

젊은 지구 창조론자들은 오랜 기간에 걸쳐 순차적으로 형성된 것으로 보이는 암석층들이 급속하게 형성되었다고 주장할 뿐만 아니라, 많은 선캄브리아기 암석들이 오래된 것처럼 보이도록 창조되었다고 암시한다. 이와 대조적으로 주류 지질학자들은 선캄브리아기 암석들과 구조들에서 관찰된 특성에 대해 (관측되고 현실적으로 추론된) 자연 과정 및 실험실의 실험과 컴퓨터 모형의 결과들과 일치하는 합리적인 설명을 제공했다(현실주의에 관해서는 섹션 12.6을 보라). 2장에서 살펴본 창조 교리에 비추어 우리는 이 과정들을, 우리의 삼위일체 창조주가 방대한 시간 동안 그것을 통해 일관성 있게 그리고 참스럽게 일하고 있는 수단으로 볼 수 있다.

[a] H. Dickens and A. A. Snelling, "Precambrian Geology and the Bible: A Harmony," *Journal of Creation* 22 (2008): 65-72.

[b] Andrew A. Snelling, "The Geology of Israel Within the Biblical Creation-Flood Framework of History: 1. The Pre-Flood Rocks," *Answers Research Journal* 3 (2010): 165-90.

[c] Robert V. Gentry, *Creation's Tiny Mystery*, 2nd ed. (Knoxville, TN: Earth Science Associates, 1988), 348.

[d] Henry M. Morris, *The Genesis Record: A Scientific and Devotional Commentary on the Book of Beginnings* (Grand Rapids: Baker, 1976).

[e] Danny R. Faulkner, "The Second Law of Thermodynamics and the Curse," *Answers Research Journal* 6 (2013): 399-407.

[f] Aaron J. Cavosie, John W. Valley, and Simon A. Wilde, "The Oldest Terrestrial Mineral Record: A Review of 4400 to 4000 Ma Detrital Zircons from Jack Hills, Western Australia," in *Precambrian Ophiolites and Related Rocks*, ed. Martin J. van Kranendonk, R. Hugh Smithies, and Vickie C. Bennett, Developments in Precambrian Geology 15 (Amsterdam: Elsevier, 2007), 91-111.

[g] Lorence G. Collins and Barbara J. Collins, "Origin of Polonium Halos," *National Center for Science Education Reports* 30 (2010): 11-16.

뜨거워졌으며 해령이 부풀어 오르고 해양의 평균적인 깊이보다 수백 미터 높아졌다. 이로 말미암아 해수가 대륙 위를 덮게 되었고 해양의 사암, 점토암, 석회암들이 대륙 지각 위에 축적될 수 있었다. 수천만 년의 침식으로 많은 원생누대 산악 지대가 평평해졌고 궁극적으로 대륙들은 광대한 내해에 거의 잠기게 되었다.

캄브리아기 퇴적암과 선캄브리아기 암석들(일반적으로 화성암이나 변성암) 사이의 접촉면은 대부정합(Great Unconformity)으로 불리며 그랜드캐니언 및 많은 대륙의 다른 여러 장소들에서 잘 노출되어 있다(그림 12.2와 17.9, 그리고 섹션 12.5에 수록된 설명을 보라). 대체로 캄브리아기-오르도비스기 지층들은 강과 얕은 연안의 해양 환경을 나타내는 사암이, 바닥이 진흙인 강의 어귀에서 좀 더 깊은 바다 환경까지를 나타내는 점토암으로 덮인 후, 그 위에 해양 생물(석회질 바닷말과 무척추 조개)에서 나온 탄산칼슘으로 구성된 얕은 해양 환경을 나타내는 석회암(또는 고회암)이 쌓인 수직의 지층들을 보인다. 캘리포니아주 남동부와 콜로라도주 남서부 사이에 노출된 대부정합 위의 캄브리아기 지층들은 그랜드캐니언을 포함한 이 연속된 층들을 보여준다(그림 17.11을 보라). 애팔래치아 지역(세넌도어 국립공원)에 있는 캄브리아기-오르도비스기 암석들에서, 연속된 유사한 층들이 드러난다.

이 기간에 해수면이 점진적으로 상승해서 모든 대륙에 사암, 점토암, 석회암이 널리 퍼졌다. 이 지층들이 어떻게 형성되었는지를 살펴보기 위해 대륙의 표면을 나타내는, 완만하게 경사진 판을 상상하라. 이제 페인트를 묻힌 붓이 그 판을 따라 낮은 쪽에서 높은 쪽으로 서서히 끌어당겨진다고 상상하라(그림 17.12a를 보라). 판의 낮은 쪽 끝에 처음 칠해진 얇은 페인트층은 "좀 더 오래되었고" 높은 쪽 끝에 칠해진 층은 좀 더 "젊다." 해수면이 모든 대륙에서 높아짐에 따라 해안선이 육지 쪽으로 옮겨갔고 해안과 근해의 모래 퇴적물들이 해안선과 함께 옮겨가 페인트가 위쪽으로 칠해지는 것처럼 모래를 위쪽으로 퍼지게 했다. 그러나 해수면이 상승함에 따라 해안의 모래보다 먼 깊은 물에 퇴적되는 침전물도 육지 쪽으로 옮겨갔다. 다른 색깔의 또 다른 붓질이 처음에 칠한 페인트 위에 두 번째 페인트층을 덧붙였다고 상상하라. 마찬가지로 캄브리아기-오르도비스기에 해수면이 상승하는 동안 해안선이 대륙들의 안쪽으로 옮겨감에 따라 점토암층과 석회암층이 사암층을 덮었다(그림 17.12b-c를 보라). 지질학자들은 해수면이 상승하는 동안 해안선이 육지 쪽으로 이동하는 것을 **해침**(海侵, transgression)이라 한다. 해수면은 오르도비스기 초인 약 4억 천만 년 전에 최고조에 달했다. 이후 세계의 해수면이 낮아져서 서서히 물이 빠진 바다가 대륙들의 가장자리로 돌아갔다. 해안선이 바다 쪽으로 돌아가는 것을 **해퇴**(海退, regression)라 한다. 침식이 북아메리카 전역의 캄브리아기-오르도비스기 초기 지층들의 위쪽에 부정합들을 만들었다. 오르도비스기 지층들은 그랜드캐니언 부근에서는 완전히 제거되었다.

해수면은 캄브리아기와 오르도비스기 동안에 그랬던 것처럼 장기간에 걸쳐 상승하거나 하강할 수 있지만 수백만 년 동안 계속 한 방향으로 변하지는 않는다. 해수면은 수십만 년 동안 한 방향으로 움직이다가 수만 년 동안 방향을 바꾼 후 좀 더 장기적인 방향의 추세로 돌아갈 수도 있다. 해수면 변화의 원인은 해령 화산 활동의 주기, 세계적인 해양 온도, 대륙 빙상의 부피, 대륙 지각의 지역적인 융기와 침강과 관련이 있다. 이 요인들이 어떻게 변하는가에 따라 해수면의 변화 방향과 기간이 달라진다. 우리는 이 점을 그랜드캐니언의 캄브리아기 암석들의 지층 단면도에서 볼 수 있다. 사암, 점토암, 석회암으로 구성된 이 지층들은 케이크 안의 평평한 층들처럼 연속적으로 놓여 있지 않다. 장기간의 해수면 상승(해침)으로 퇴적물들이 육지 쪽으로 확산되었고 단기간의 해수면 하강(해퇴)으로 퇴적물들이 일시적으로 바다 쪽으로 옮겨졌기 때문에 그 지층들 사이의 접촉면은 앞뒤로 꾸불꾸불하게 움직인다(그림 17.11, 삽입된 단면도를 보라).

지구 과학자들은 퇴적암 분지와 대륙붕들의 밑에 보존된 대륙들의 해양 암석 분포 지도를 그림으로써 지난 5억 5천만 년 동안 지구의 해수면에 나타난 특정한 변화들을 파악했다(그림 16.4와 16.5를 보라). 그들은 암석들뿐만 아니라 해퇴 동안 해수면이 낮아졌던 시기를 반영하는 지층들 사이의 부정합들에도 주의를 기울인다. 해수면 변화의 1차 주기(first-order cycle)는 2억 년 이상에 걸친 600미터 범위의 점진적인 해수면 상승 및 하강과 관련이 있다(그림 17.13을 보라). 1차 주기는 초대륙들의 형성 및 분리와 관련이 있다. 2차 주기(second-order cycle)는 1차 주기에 덧붙여지지만, 1천만~8천만 년에 걸친 좀 더 온건한 해수면 변화와 관련이 있다. 3차 주기(third-order cycle)는 2차 주기에 덧붙여지는데 해수면 변화가 좀 더 온건하고 1백만~1천만 년에 걸쳐 일어난다. 2차 주기와 3차 주기는 아마도 해령에서의 화산 활동 주기와 해양분지 확장 속도로 말미암아 야기될 것이다.

북아메리카 전역의 캄브리아기 말과 오르도비스기의 암석을 포함하는 암석의 순환에서 한층 미묘한 4차 및

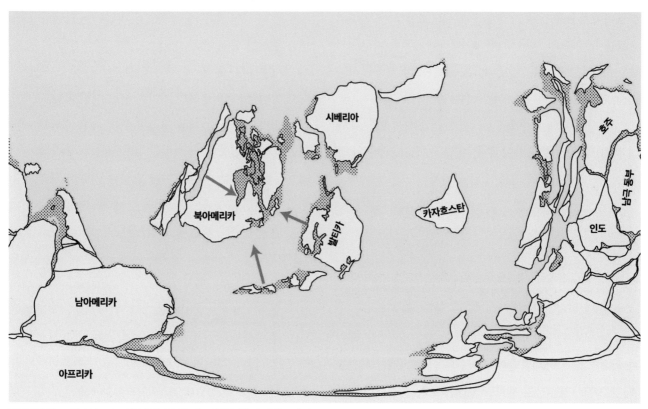

그림 17.10. 약 4억 5,000만 년 전 오르도비스기 끝 무렵의 세계 고지리

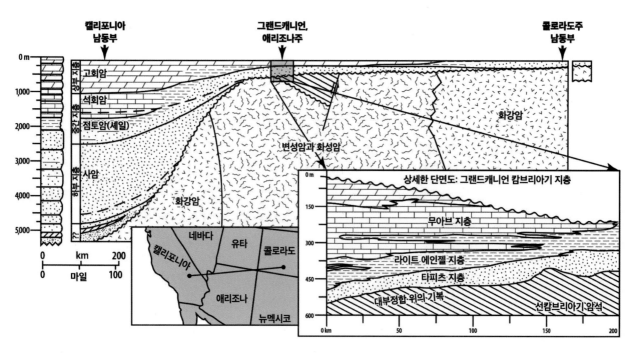

그림 17.11. 캘리포니아주 남동부에서 콜로라도주 남서부까지 미국 남서부를 가로지르는 캄브리아기 지층들. 단면도는 세 곳의 캄브리아기 암석들에 대해 측정한 지질 주상도에 기초했다. 삽입된 단면도는 그랜드캐니언에 있는 캄브리아기 사암, 점토암, 그리고 석회암 사이의 상세한 지층 관계를 보여준다. 캄브리아기의 장기간의 해침 동안 해안선이 앞뒤로 움직인 것을 반영해서 브라이트 에인젤 셰일과 무아브 석회석 사이의 꾸불꾸불한 접촉면 패턴이 있음을 주목하라.

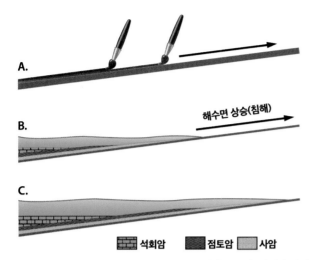

그림 17.12. 장기간의 해침(해수면 상승) 동안 사암, 점토암, 석회암 퇴적물이 넓은 지역의 대륙 지각에 어떻게 쌓이는지에 관한 예시. 설명은 본문을 보라.

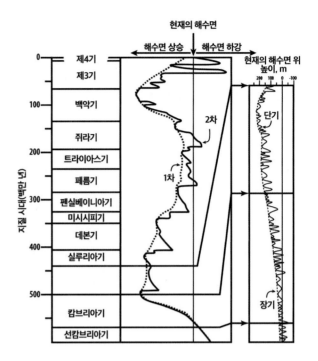

그림 17.13. 현생누대 동안의 해수면 곡선. 1차 주기 곡선은 현재의 해수면 대비 매우 높은, 2억 년 이상에 걸치는 두 주기를 보여준다. 2차 주기는 1천만-8천만 년에 이르는 해수면 변화를 나타낸다. 1천만 년 이내의 기간에 걸쳐 캄브리아기와 오르도비스기의 3차 주기들은 이 그림에 나타난다 (가장 오른쪽 곡선). 수십만 년에서 수만 년에 걸친 4차와 5차 주기들은 이 그림에 나타나지는 않지만 3차 주기 곡선에 덧붙여질 것이다.

5차 해수면 변화가 해석된다. 약 5억 년 전에 해수면이 높았던 기간에 얕은 해양 상황이 고대 북아메리카 대륙의 가장자리에서부터 먼 내륙까지—동쪽에서는 버지니아주 중부에서 위스콘신주 사이까지, 그리고 서쪽에서는 캘리포니아주 남동부에서 콜로라도주 남서부까지—확장되었다. 애팔래치아 지역에서는 캄브리아기와 오르도비스기의 지층들이 조하대(조석 아래 범위), 조간대(조석 범위 내) 그리고 조상대(조석 범위보다 약간 높은 고도) 환경을 대표하는 암석층들이 반복되는 특징을 보인다.[8] 그 암석들은 오늘날 그레이트 바하마 뱅크, 플로리다만, 그리고 페르시아만에서 축적되는 석회화 침전 퇴적물을 닮았다.

반복되는 암석층들의 서열은 해수면이 수만 년 동안 10-20미터씩 변할 때 퇴적물들이 반복적으로 "위쪽으로 얕아졌음"을 보여준다(그림 17.14를 보라). 얇은 역암층들은 각 주기의 시작을 가리키며 해수면 상승과 이전 주기에서부터 퇴적 작업을 다시 시작하는 것을 나타낸다. 해수가 이전 주기의 퇴적물을 약 10-20미터 깊이로 덮고 나

8 Robert V. Demicco, "Platform and Off-Platform Carbonates of the Upper Cambrian of Western Maryland, U.S.A.," *Sedimentology* 32 (1985): 1-22.

서 석회질 침전물이 근해의 산호초 및 석회질 바닷말과 남세균 스트로마톨라이트로 구성된 산호초를 포함하는 해저에 축적되기 시작했다. 석회질 침전물 축적물이 궁극적으로 바다를 채웠고 조간대와 조상대 개펄로 넓은 둑을 만들었다. 해조류 박편으로 이루어진 조상대 진흙 퇴적물을 관통하는 다각형 모양의 건열(crack)은 해수면 바로 위에서 상당한 지표면 노출이 있었음을 암시한다. 그 위를 덮는 역암층은 다음 주기의 해수면 상승을 나타낸다. 각 주기의 해수면 변화량의 차이와 퇴적물의 축적 또는 제거를 규율했을 수도 있는 다양한 지역적 조건 때문에 주기들은 좀처럼 완전하지 않다. 버지니아주 남서부에서는 이 퇴적물들의 두께가 1.6킬로미터나 되는데 400회가 넘는 해수면 변화 주기가 있었고 아마도 퇴적물들은 2,600만

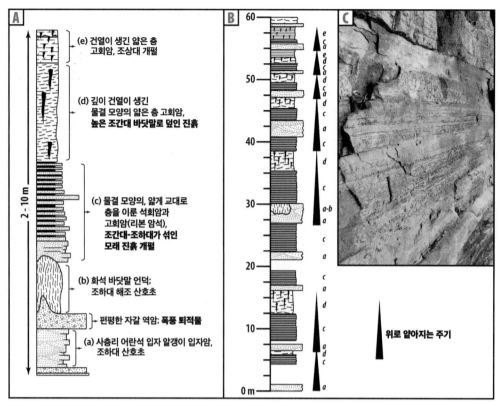

그림 17.14. 메릴랜드주 서부 캄브리아기 말 코노코치그 지층에서의 주기. (A) 연속적인 퇴적층을 보여주는 이상적인 지층 주기. (B) 그 단위에서 명백한 7회 이상의 주기를 보여주는 70미터 단면도(문자들은 A에 나타난 암석 단위들에 상응한다). (C) 버지니아주 남서쪽 코노코치그 지층에서 반복되는 암석층.

년에 걸쳐 퇴적되었을 것이다.[9] 이 규모의 해수면 변화의 정도와 기간은 지구의 태양 공전 궤도 변화 및 지구 회전축의 불안정과 기울기가 합세해서 2만-4만 년의 한난(cold-warm) 기후 주기를 만든 데 기인한 것으로 해석된다(5차 암석 주기를 만들었다). 북반구에서 지난 2백만 년에 걸친 빙하 시대의 진전과 퇴각은 그러한 천문학상의 힘에 기인한 기후 변화와 관련이 있다.

오르도비스기 동안 대륙붕 앞에서 일련의 화산섬들이 발달함에 따라 북아메리카의 동쪽 가장자리가 변하기 시작했다(그림 17.15를 보라). 이 열도는 오늘날 환태평양 서부(일본-대만-필리

9 William F. Koerschner III and J. F. Read, "Field and Modelling Studies of Cambrian Carbonate Cycles, Virginia Appalachians," *Journal of Sedimentary Petrology* 59 (1989): 654-87.

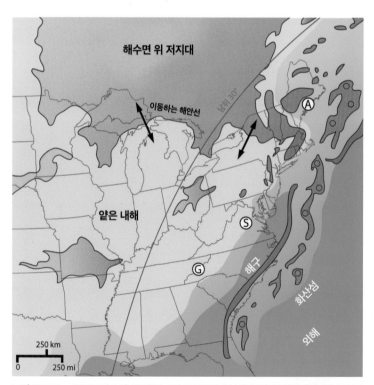

그림 17.15. 오르도비스기 중기(약 4억 7,000만 년 전) 동안 북아메리카 동부의 고지리. 그레이트 스모키 마운틴스 국립공원(G), 셰넌도어 국립공원(S), 아카디아 국립공원(A).

핀)에 있는 화산 열도처럼 우주에서 보일지도 모른다. 이 화산들에서 분출된 재가 오르도비스기의 얕은 내해를 지나 육지 쪽으로 옮겨가서 석회암층들 사이에 벤토나이트 점토 퇴적층들을 형성했다(그림 15.7을 보라). 화산섬들이 커짐에 따라 열도의 무게가 대륙 지각을 밑으로 끌어내려 내해가 깊어졌다. 지각판 구조의 힘들이 궁극적으로 열도를 북아메리카 동부 쪽으로 밀어서 좀 더 많은 조산(造山)과 지역적 변성을 가져왔다(아카디아 국립공원에 노출된 편암 기반암에 드러나 있다). 화산 활동이 그친 뒤 고지대가 침식되어 내해를 채운 침전물이 만들어졌고 오늘날 뉴욕주 중부에서 버지니아주 남서부까지 사암과 점토암이 분포되었다.

오르도비스기의 석회암 및 고회암과 관련된 광물 자원은 미주리주에서 위스콘신주 남서부까지에 이르는 미시시피 밸리와 버지니아주와 테네시주 사이에 펼쳐진 밸리 앤드 리지 프로빈스의 습곡진 암석에 존재하는 납-아연 광석을 포함한다. 윌리스턴 분지의 오르도비스기 암석에서 석유와 가스가 추출된다.

캄브리아기와 오르도비스기의 동물은 해양 생물로 국한되었다. 최초의 육지 식물의 화석 증거가 오르도비스기 말의 암석에서 나타난다. 유전학 연구는 몇몇 식물과 균류가 선캄브리아 누대 말기 동안 아마도 습한 저지대에서 육지에 자리를 잡았다고 암시한다. 캄브리아 초기 해양 동물들은 해면, 빗해파리, 해파리, 말미잘, 편형동물 같은 몸체가 부드러운 무척추동물을 포함했다. 5억 2500만 년 전 바다에서 살았던, 몸체가 부드럽고 껍데기가 있는 유기체는 삼엽충과 기타 절지동물, 다양한 벌레, 해면, 조류, 완족류, 원시 연체동물, 헤엄을 치는 원시 척삭동물, 그리고 현재 살아 있는 종이 없을 수도 있는 다양한 동물을 포함한다. 5억 2,500만-5억 500만 년 전 사이의 이런 동물 그룹의 급속한 다양화는 캄브리아기 대폭발(Cambrian Explosion)로 불린다(섹션 26.3.3.2를 보라). 다양화는 화석 기록에서 연속적으로 새로운 종이 나타나

는 것을 가리킨다. 많은 고생물학자는 폭발이라는 은유가 2,000만 년이라는 지질학적 시간에 적절한지 의문을 제기한다. 오르도비스기 말에 전형적인 얕은 바다는 해조를 뜯어 먹는 달팽이와 삼엽충(그림 17.16을 보라), 갯나리의 정원, 굴을 파고 착생하는 쌍각 완족류, 해면·산호·바닷말로 구성된 산호초, 아래턱이 없는 작은 물고기 떼가 특징을 이루었다. 그러나 캄브리아기와 오르도비스기 동안 동물의 생명이 계속 다양화한 반면에 4억 4,700만-4억 4,300만 년 전 사이의 일련의 대량 멸종으로 해양 생물 종의 수가 80퍼센트까지 줄어들었다.

17.7. 막간: 새로운 산들과 넓은 내해(4억 4,400만-3억 5,900만 년 전)

오르도비스기가 지난 후 8,500만 년 동안 고대 북아메리카의 동쪽 가장자리를 따라서 조산운동이 계속되었다. 해안 밖에 있던 화산 호상열도가 궁극적으로 동부 변두리와 충돌했다(그림 17.15를 보라). 그다음에 소대륙들과의 계속적인 충돌로 현재의 블루리지 산맥 동쪽에 긴 산악 지대가 만들어졌다. 이때 현재 서유럽에 있는 암층들이 뉴잉글랜드와 캐나다 동부에 연결되었다. 메인주의 아카디아 국립공원에 노출된 화강암은 이때 솟아오르는 산들 아래 지각의 깊은 곳에서 형성되었다. 그 충돌로 만들어진 그 산악 지대의 측면과 내해 위에 두꺼운 붉은 사암층이 쌓였다. 이 암석들은 오늘날 펜실베이니아, 뉴잉글랜드, 그

그림 17.16. 삼엽충 화석 **엘라티아 킹기**(캄브리아 중기, 유타주 밀러드 카운티). 표본의 길이는 약 1.5센티미터다.

홍수 지질학자들에 따르면(섹션 12.7을 보라) 화석을 포함하는 퇴적암들은 대개 창세기 6:8에 묘사된 노아의 홍수라는 세계적인 재앙적 홍수에서 비롯된 퇴적물이다. 많은 홍수 지질학자는 홍수 퇴적물이 (대부정합 바로 아래에 퇴적된) 원생누대 말의 가장 위쪽 퇴적암과 그 위의 고생대 퇴적암 및 중생대 퇴적암을 포함한다고 생각한다.[a] 현대 지질학에서 약 7억 년으로 이해되는 퇴적 기간이 1년 미만으로 압축된다. 창조론자 단체인 "창세기에 나타난 답"(Answers in Genesis)은 그 홍수가 기원전 2348년에 일어났다고 믿는다.[b] 고생대 암석들은 홍수의 처음 150일(창 7:24)을 포함하는 홍수 초기의 퇴적물을 나타내는 것으로 생각된다. 그다음 150일 동안 땅에서 물러나는 물(창:3, 5)이 중생대 암석들을 퇴적했다.

홍수 지질학자들은 그랜드캐니언의 대부정합 위의 캄브리아기 퇴적암 위에서 관찰되는 연속적인 층들이 홍수 초기 동안 격변적인 침식과 퇴적을 입증한다고 주장한다.[c] 그곳에서 타피츠층 사암이 브라이트 에인젤층의 점토암으로 덮였고, 그것들이 무아브층의 석회암과 고회암으로 덮였다는 사실을 상기하라(그림 17.11을 보라). 홍수 지질학은 이를 깊은 샘들에서 분출해서 급격히 수위가 상승하는 물이 선캄브리아기 기반암을 강력하게 침식했고 자갈, 모래 크기, 진흙 크기의 침전물 입자들을 만들어냈다고 설명한다. 거친 물의 수위가 상승함에 따라 침전물이 대부정합 표면 위로 가라앉았는데 먼저 거친 자갈이 가라앉고 좀 더 고운 모래가 그 뒤를 따랐다. 수력의 이 분급(sorting) 과정을 물과 크기가 다른 침전물로 채운 병을 흔들어서 관찰할 수 있다(좀 더 무겁고 거친 침전물이 먼저 가라앉는다). 자갈과 모래가 파피츠 사암층의 대부분을 구성한다. 물이 고요해졌을 때 진흙이 가라앉아 브라이트 에인젤 점토층을 형성했다.

이 모형이 직면하는 즉각적인 문제는 그 암석들이 깊은 격류에서 퇴적되었다는 증거를 포함하지 않는다는 것이다. 만일 그런 퇴적이 일어났다면 타피츠 사암이 해저 계곡으로 흘러내린 혼탁한 침전물의 급류로 말미암아 만들어진 깊은 바다의 퇴적물에서 관찰되는, 분급된 자갈에서 모래까지의 여러 지층(점이 층리로 불린다)을 포함할 가능성이 더 크다(그림 12.8을 보라). 오히려 타피츠 사암은 해류 에너지가 온건한 얕은 물에서 퇴적되었음을 암시한다. 이 지층은 얕은 물과 모래 해안 바로 바깥쪽에서 발견되는 현대의 물결무늬와 비슷한 물결무늬를 포함한다. 타피츠 사암은 다각형 건열로 깨진 진흙층들도 포함한다.

이 진흙 건열들은 퇴적층들이 해 아래서 건조될 때 형성된다(따라서 타피츠 사암의 몇몇 층들은 조석 범위의 위에서 퇴적되었다).

타피츠 사암이 바로 아래에 있는 기반암에서 만들어졌다고 보기에는 모래가 너무 많다. 이 많은 모래는 틀림없이 그것이 퇴적된 곳으로부터 멀리 떨어진 곳의 해수면 위에 노출된, 수천 세제곱 킬로미터의 좀 더 오래된 바위가 침식되어 만들어졌을 것이다. 모래 알갱이들이 둥글다는 것은 오랜 기간에 걸친 해류 운반과 파도의 활동을 암시한다.

확실히 브라이트 에인젤 점토암은 그 아래의 타피츠 사암보다 좀 더 깊은 물에서 퇴적되었다. 그래서 주류 지질학자들은 이 두 단위가 오랜 해수면 상승 기간에 형성되었다고 해석한다(그림 17.12를 보라). 하지만 이 지층들이 형성된 곳의 물은 아주 깊거나 격렬하지 않았다. 그 점토암에는 침전물이 형성될 때 해저에 살면서 굴을 만들었던 무척추동물들을 통해 만들어진 얇고 관 같은 구조가 많이 있다. 그것들은 현대 바다에서 벌레들 및 다른 무척추동물들을 통해 만들어진 침전물로 채워진 관들에 비교될 수 있다. 그 관들은 대체로 수평 방향이다. 만일 그 침전물이 급격히 축적되었다면 침전물을 뒤집어쓴 동물들이 그 침전물 위로 탈출하기 위해 노력해서 수직 방향의 굴들을 만들었을 것이다.

그 위에 있는 무아브 석회암은 홍수 지질학에 많은 문제를 제기한다. 첫째, 그 석회암과 고회암을 형성할 석회 침전물이 어디서 왔는가? 홍수 지질학자들은 석회 침전물이 아마도 먼 곳의 좀 더 오래된 석회암에서 씻겨 들어왔을 것이라고 주장했다. 하지만 석회암과 고회암은 물에 녹는 방해석과 고회암 광물로 구성된다. 풍화에 노출되면 그것들은 침전물 입자들을 형성하기보다는 용해된다(그래서 이런 암석들은 대개 동굴들을 특징으로 한다). 둘째, 석회암에 들어 있는 침전물은 바닷물이나 지하수에서 방해석이나 산석(두 광물 모두 탄산칼슘으로 구성된다)의 화학적 침전을 통해 형성되거나, 무척추동물인 조개 또는 산호나 석회질 바닷말 파편(이것들도 탄산칼슘으로 구성된다)이 부서져 형성된다. 전형적인 석회암에 들어 있는 풍부한 화석과 화석 조각은 그 침전물 알갱이 대부분이 해저(또는 오랫동안 축적된 연속적인 해저들)에서 살았던 석회질 동물과 바닷말을 통해 그것들이 퇴적된 곳에 아주 가까운 장소에서 형성되었다는 증거다.

마지막으로 무아브 석회암의 위쪽 접촉면 역시 부정합 노출 표면이다. 무아브 석회암의 상부 표면은 해수면 하락(해퇴) 후 노출되었고 깊이 30미터에 달하는 넓은 골짜기를 만든 강의 수도(river channel)들을 통해 침식되었다. 이 운하들이 침전물로 템플 뷰트 지층(데본기 말)을 채웠다. 미시시피기 동안 해수면이 다시 상승했을 때(해침의 또 다른 예다) 그 위의 붉은 벽 지층이 무아브 지층 부정합을 덮었다.

수백만 년의 "빠진" 지질학적 시간을 나타내는 중요한 부정합들이 전세계의 지질 주상도에 존재한다. 대부정합 위의 그랜드캐니언에 노출된 고생대 지층들 사이에서 부정합 12개가 인식되었다. 대부정합 아래의 원생대 그랜드캐니언 슈퍼그룹에서 부정합 6개가 인식되었다(그림 17.9를 보라).

a Andrew A. Snelling, *Earth's Catastrophic Past: Geology, Creation and the Flood* (Dallas: Institute for Creation Research, 2009).

b David Wright, "Timeline for the Flood," Answers in Genesis, March 9, 2012, https://answersingenesis.org/bible-timeline/timeline-for-the-flood를 보라.

c Stephen A. Austin, *Grand Canyon: Monument to Catastrophe* (El Cajon, CA: Institute for Creation Research, 1994).

린란드, 웨일스, 영국, 스코틀랜드, 그리고 북극해의 노르웨이 섬들에 노출되어 있다(이 암석들은 그림 12.4에 수록된 시카 포인트의 유명한 부정합 위의 상부 사암층들을 포함한다). 따라서 지질학자들은 이 땅덩어리를 오래된 붉은 대륙(Old Red Continent)으로 부른다. 피에몬테와 대서양 중부 주들(버지니아, 노스캐롤라이나, 사우스캐롤라이나)의 해안 지역 밑의 기반암에서 고대 북아메리카 동부에 대한 이 충돌과 기타 충돌들의 증거가 발견된다.

북아메리카 동부에서 이 시기에 형성된 산들은 애팔래치아 산맥의 원래의 융기이며, 오르도비스기(타콘 조산운동)와 데본기(북아메리카의 아카디아 조산운동과 유럽의 칼레도니아 조산운동) 동안의 조산운동의 결과물이다. 내해가 북아메리카의 융기된 동부 지역부터 대륙의 중앙까지 펼쳐졌다. 암석에 들어 있는 화석들은 바다 달팽이, 삼엽충, 산호, 해면(층공충으로 불리는, 사주를 형성하는 종)과 극피동물("바다 백합" 갯나리 포함) 같이 바다에 사는 다양한 무척추동물 군집과 턱이 없거나 턱이 있고 갑옷을 입은 많은 물고기와 상어 종류를 포함한다. 데본기는 종종 물고기의 시대로 불린다. 내해의 좀 더 깊은 부분에 유기체가 풍부한 검은 점토암의 두꺼운 퇴적물이 축적되었는데, 그것은 이 대륙의 동부와 중부의 유전과 가스전에 탄화수소의 원천을 제공했다.

17.8. 장면 4: 초대륙 판게아(3억 5,900만-2억 9,900만 년 전)

지질 시대의 척도에서 현기증이 날 정도로 많은 대, 기, 세 중에 석탄기(3억 5,900만-2억 9,900만 년 전)가 존재한다. 이 이름은 영국에서 상당한 석탄이 매장된 지층을 가리키기 위해 만들어졌다. 석탄층은 버지니아주에서 켄터키주 동부의 애팔래치아 고원과, 일리노이주 남부와 켄터키주 서부의 일리노이 분지에서 채굴되고 있듯이 북아메리카의 해당 시기 암석들에서도 발견된다. 그러나 북아메리카에서 석탄기는 미시시피기(3억 5,900만-3억 2,300만 년 전)와 펜실베이니아기(3억 2,300만-2억 9,900만 년 전)로 나눠진다.

석탄층은 토탄 습지나 늪 같은 습한 저지대 열대 환경에서 수목의 유기체가 축적되어 생긴다. 펜실베이니아기 석탄층의 특징은 현대의 석송 및 속새와 관련이 있는 화석 양치식물 및 씨 없는 식물의 흔적이다. 펜실베이니아기 말에 씨를 맺는 침엽수들이 나타날 때까지 이 시기의 대부분 동안 대다수의 육지 생물은 습한 해안 환경에만 분포했다. 육지 동물들은 다양한 기는 벌레나 날벌레를 포함했다. 무겁게 걸어 다니는 현대의 악어 크기의 양서류와 훨씬 작은 도마뱀 같은 파충류들 위로 65센티미터 길이의 날개를 가진 잠자리들이 날아다니는 것을 상상하라.

바다의 동물은 삼엽충, 완족류, 달팽이, 해면 같이 고생대에 존재했던 낯익은 많은 무척추동물을 포함했다. 육

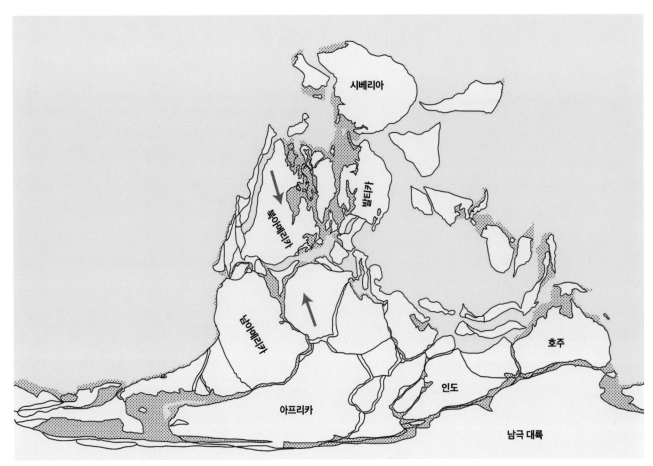

그림 17.17. 미시시피기 말기(또는 석탄기 중기)인 3억 3천만 년 전 세계 고지리.

식동물은 헤엄치는 암모나이트 두족류(현대의 앵무조개를 닮은, 방이 있는 나선형 동물)와 상어를 포함했다. 산호초를 만드는 생물에는 다양한 해면과 석회질 바닷말이 포함되었다.

석탄기 동안 북반구의 로라시아(오늘날의 북아메리카, 서유럽, 시베리아의 대부분)와 남반구의 곤드와나 또는 곤드와날란드(대략적으로 다른 모든 대륙의 퍼즐 맞추기 조각들)라는 두 땅덩어리의 충돌을 통해 초대륙 판게아가 조립되었다. 이를 통해서 생겨난 초대륙은 남반구의 대륙 지각 대부분을 집중시켰고 상당한 육지가 남극 지역 전역에 펼쳐졌다(그림 17.17을 보라). 우리는 16장에서 알프레트 베게너가 산악 지대, 암석 구조, 화석, 그리고 빙하 퇴적물 분포에서 나온 증거를 사용해서 현대의 대륙들이 한때 연결되었음을 보여주었다는 것을 배웠다(그림 16.8을 보라).

연속적인 충돌이 지각을 변형시켰는데, 이 점은 뉴잉글랜드에서 텍사스 서부까지의 북아메리카 기반암에서 지금도 볼 수 있다. 오늘날 노출되어 우리에게 보이는 암석들은 알레게니 조산운동과 우아치타 조산운동 기간에 형성된 산맥들의 깊은 뿌리들뿐이다. 충돌로 말미암아 이전에 대륙들의 가장자리에서 퇴적된 암석들이 단층과 습곡을 일으켜 충돌 지대에 있던 대륙의 지각들이 두꺼워졌다. 수렴하는 대륙들의 거대한 힘이 추력 시트(thrust sheet)로 불리는 거대한 수평 지각판들을 떼어내서, 카드 게임을 할 때 카드들을 섞어서 끼워 넣는 것처럼, 서로를 쌓아 올렸다(그림 17.18, 아래쪽을 보라). 대서양 중부와 뉴잉글랜드의 지형 지구들은 피에몬테, 블루 리지, 밸리 리지, 그리고 알레게니 고원을 포함하는 애팔래치아 조산과 관련된 기반암의 형성과 변형을 반영한다(그림 17.18, 위쪽을 보라).

뉴잉글랜드에서 테네시에 걸쳐 있는 애팔래치아산맥은 판게아를 만든 충돌 후 북아메리카 동부와 서아프리카 사이의 연결 부위를 나타낸다. 아칸소주에서 오클라호마주에 걸쳐 있는 우아치타산맥은 걸프 연안 지역과 남아메리카 사이의 연결 부위를 이룬다. 블루 리지와 피에몬테 고원으로 알려진 기복이 진 언덕 아래의 그레이트 스모키 마운틴스 동쪽의 복잡한 기반암 구조들은 북아메리카와 아프리카의 충돌 전에 북아메리카 동부와 좀 더 작은 대륙 파편들의 암층 및 열도들 사이의 충돌에 관한 증거를 담고 있다(그림 17.19의 a와 b를 보라). 좀 더 큰 대륙들 사이의 궁극적인 충돌(그림 17.19의 c와 d를 보라)이, 좀 더 최근에 인도 하위 대륙이 아시아와 충돌했을 때 형성된 현대의 히말라야 산맥에 비교될 수 있는 높은 산악 지대를 만들었다.

높아지는 애팔래치아산맥과 우아치타산맥에서 침식되어 그 산맥들 인근의 내해 분지들을 진흙과 모래로 채운 침전물들이 두꺼운 점토암과 사암층들이 되었다. 침전물을 내해로 운반하는 강들은 현재의 애팔래치아 고원에서 대륙 중앙의 동부에 이르는 지역에 석탄을 형성하는 광대한 늪지를 지닌 넓은 삼각주 평원을 만들었다(그림 17.20을 보라). 켄터키주 서부에 있는 수직으로 350미터의 퇴적암층에 40개가 넘는 석탄층이 분포되어 있다(그림 17.21의 a를 보라). 그 석탄층들은 **윤회층**(cyclothem)으로 불리는 해양 퇴적암과 비해양 퇴적암이 반복되는 연속지층에 속한다(그림 17.21의 b를 보라). 전형적인 윤회층은 다음과 같은 지층들로 구성된다: (1) 해양 점토암과 석회암, (2) 그 위를 덮은, 전진하는 삼각주를 통해 퇴적된 거친 알갱이의 사암, (3) 그 위를 덮은 수로 사암, (4) 그 위를 덮은 삼각주 상부의 습지와 늪 퇴적물을 나타내는 석탄. 많은 석탄층의 밑에서 발견되는 진흙 바닥 또는 **하반 점토**

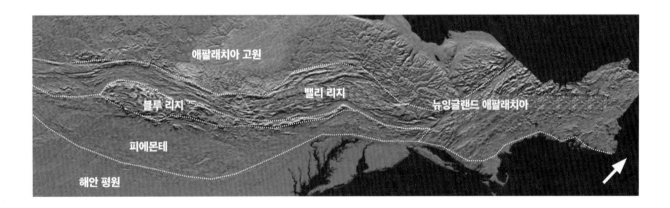

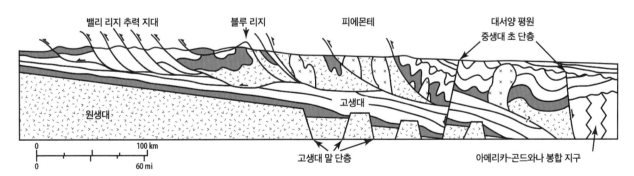

그림 17.18. 위: 애팔래치아산맥 지역의 지형 지구, 북아메리카의 대서양 중부 주들. 아래: 애팔래치아산맥 지역 하부 지각 구조를 보여주는 지질 단면도. 물결선과 사선들은 애레게니 조산운동 중 대륙 충돌의 압축력으로 말미암아 쪼개져 수평으로 이동되어 쌓인 지각들의 잘라진 판들을 나타낸다. 원생대 말의 그렌빌 화강암 지각이 잘라져서 블루리지산맥에 있는 좀 더 젊은 하부 고생대 퇴적암 위로 밀어 넣어졌다. 지표면 아래의 지질은 지구물리학적 방법을 통해 결정되었다.

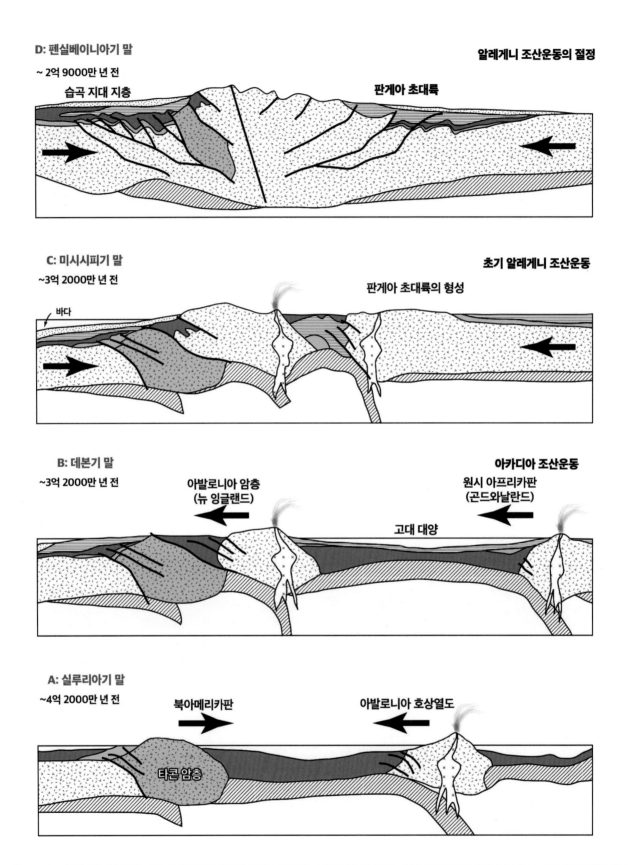

그림 17.19. 북아메리카 동부와 다음 암층들간의 충돌의 진행을 보여주는 암석권의 단면도들: (A) 타콘 암층(실루리아기 말에 묘사된 오르도비스기 충돌), (B) 아발로니아 암층(데본기 말), (C-D) 아프리카(미시시피기 말과 펜실베이니아기 말)

그림 17.20. 펜실베이니아기(석탄기, 약 3억 년 전) 동안 미국 동부와 서아프리카의 고지리. 북아메리카 동부와 서아프리카가 충돌하는 동안 애팔래치아산맥이 형성되었다. 얕은 바다들이 북아메리카 대륙 중부를 덮었고 이동하는 해안선과 광대한 습지들이 석탄 퇴적물을 만들었다. 이 시기에 그 지역을 가로지르는 적도(위도 0°)의 위치를 주목하라. (G)는 그레이트 스모키 국립공원이고 (S)는 셰넌도어 국립공원 뉴리버고지다.

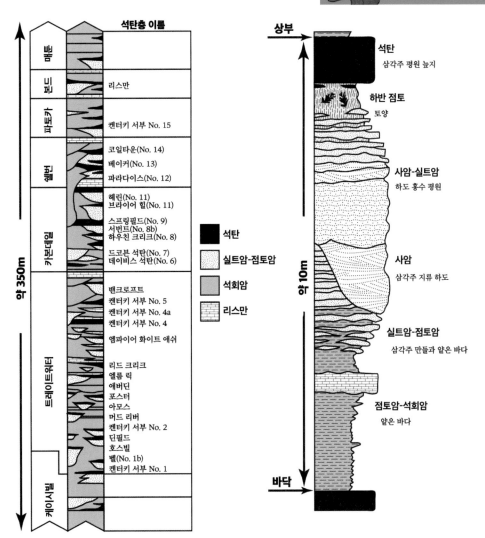

약 350m

석탄층 이름

석탄
실트암-점토암
석회암
리스만

상부

하약 10m

바닥

석탄
삼각주 평원 늪지

하반 점토
토양

사암-실트암
하도 홍수 평원

사암
삼각주 지류 하도

실트암-점토암
삼각주 만들과 얕은 바다

점토암-석회암
얕은 바다

그림 17.21. 왼쪽: 남부 일리노이 분지에 있는 펜실베이니아 지층들의 석탄 함유 단위 지질 주상도. 오른쪽: 애팔래치아산맥과 미국 대륙 중부에서 전형적인 석탄층들 사이의 퇴적물들의 서열을 나타내는 이상적인 윤회층.

이 장에서 우리는 캄브리아기 석회암-고회암 주기(그림 17.14를 보라)와 사암, 점토암, 석탄으로 구성된 펜실베이니아기 윤회층(그림 17.21을 보라)의 고생대 퇴적암에 나타난 층서 주기의 두 가지 예를 살펴보았다. 우리는 이 주기들에 속하는 암석층들을 현대 환경에서 침전된 퇴적물들과 성분, 침전 조직, 바닥 구조, 화석 함유 측면에서 비교할 수 있다. 현대 환경에는 삼각주, 해변, 그리고 탄산염 해안이 포함된다(이들 각각에 대해서는 섹션 14.2.4.1, 14.2.4.2와 14.2.4.3에 수록된 설명을 보라). 층서 주기에서 독특한 암석층들이 반복된다는 것은 층들이 퇴적된 곳에서 환경이 장기간에 걸쳐 예측할 수 있는 방식으로 변했음을 의미한다. 우리가 살펴본 주기들 모두 퇴적 환경이 좀 더 깊은 물(조석의 아래이지만 과도하게 깊지는 않음)에서 아주 얕은 물(해수면 바로 아래나 조석대 수준)로 변하고 이어서 해수면 바로 위(개펄이나 삼각주 평원 습지)로 변한 증거를 포함한다. 그 주기들은 천문학적으로 통제된 세계적 기후 변화와 대륙의 얼음의 양(대륙의 얼음이 많아지면 해수면이 낮아지고, 얼음이 적어지면 해수면이 올라간다)과 일치하는 것처럼 보인다.

깊고 거친 물에서 침전물이 축적된다는 세계적 홍수 개념에 따르면 이처럼 주기적인 퇴적 양식은 불가능하다. 수백 미터에서 수천 미터에 달하는 수직의 암석층들에서 암석 주기가 수십 회 반복된다는 사실은 퇴적물 축적 기간 전체를 통틀어 이 암석층들이 정상적인(현실적인) 상황에서 퇴적되었음을 암시한다. 그것은 일반적인 홍수 지질학이 동일과정설 지질학에 관해 주장하듯이 대다수 퇴적암이 계속적으로 그리고 점진적으로 "한 번에 알갱이 하나씩" 축적되지 않는다는 것도 보여준다. 오히려 층들은 해수면의 규칙적인 변화로 말미암아 퇴적 환경이 육지 쪽으로나 바다 쪽으로 이동함에 따라 간헐적으로 축적된다.

윤회층에 관한 홍수 지질학의 중요한 개념 중 하나는 방대한 석탄 퇴적물들이 육지나 삼각주 평원의 늪과 습지에 형성되지 않았다는 것이다. 그들은 석탄층들은 세계적 홍수의 표면 흐름을 통해 분포된, 가라앉은 통나무들과 초목들의 잔해(토탄)가 압축된 것이라고 주장한다. 사실 몇몇 습지에는 토탄 뭉치가 흔한데, 그곳에서는 유기체가 풍부한 물질(뭉치)이 얕은 연못 위를 문자적으로 떠다닌다. 젊은 지구 창조론자들은 홍수 전 세상의 대륙들의 가장자리에 떠다니는 방대한 숲이 존재했다고 생각한다. 그들은 홍수 동안 이 유기체 뭉치 더미들이 점토층과 모래층 사이에 축적되었다고 주장한다.[a] 그들은 1980년 세인트헬렌스산의 격변적인 분출 때 쓰러진 목재로부터 스피리트호에 형성된 떠다니는 통나무 뭉치를 유사 사례로 지적한다.[b]

대다수 지질학자는 여러 이유로 석탄 형성에 관한 이 모형을 배척한다. 스피리트호에 생긴 상태가 고대 석탄 퇴적물의 범위와 두께만큼 확대될 수 없기 때문에 스피리트호의 유비는 통하지 않는다. 유기체 뭉치들이 그것들의 원천에서 홍수물을 통해 도처로 흩어졌다면 어떻게 북아메리카의 석탄 분지에서처럼 같은 장소에서 40개가 넘는 층들이 우연히 축적되었겠는가?(그림 17.20을 보라) 석탄 지질학자들은 석탄층들 아래에 식물의 뿌리들이 있는 진흙 토양층들(하반 점토)이 있다고 설명하는데, 이 점은 석탄층들이 해저로 가라앉은 것이 아니라 "굳은 땅"에서 발전했음을 암시한다(그림 17.21을 보라). 마지막으로 많은 석탄층이 모래로 채워진, 석탄이 축적된 육지의 습지를 통과해 흘렀던 하천계의 굽이치는 수로로 말미암아 단절된다. 세계적인 홍수 상황에서는 해저의 수로들이 파이고 물에 잠긴 토탄 뭉치들 사이로 굽이쳐 흐를 시간이 없었을 것이다.

---

[a] Steven A. Austin, "Depositional Environment of the Kentucky No. 12 Coal Bed (Middle Pennsylvanian) of Western Kentucky, with Special Reference to the Origin of Coal Lithotypes" (PhD diss., Pennsylvania State University, 1979).

[b] Harold G. Coffin, "Mount St. Helens and Spirit Lake," Origins 10 (1983): 9-17; Steven A. Austin, "Mount St. Helens and Catastrophism," Impact 157 (1986): 4.

(underclays)는 식물의 뿌리들과 토양 구조들의 증거를 포함하는 고대의 토양이다.

석탄기의 윤회층들은 캄브리아가-오르도비스기 바다에서의 석회암 주기 형성과 유사한 해수면의 규칙적인 변화(해침과 해퇴)의 증거를 제공한다(섹션 17.6을 보라). 윤회층에 들어 있는 석탄은 해안의 습지에서 형성되었다. 따라서 그 위에 덮인 해양 점토암은 해수면이 상당히 그리고 갑자기 상승했음을 의미한다. 우리는 해수면이 상승함에 따라 해안선이 육지 쪽으로 이동했다고 생각할 수 있다. 그 후 강들과 삼각주들이 육지에서 비롯된 침전물을 바다로 옮겼고 해안선이 점진적으로 다시 바다 쪽으로 이동했다. 틀림없이 윤회층과 층서에 나타난 석탄들의 수만큼 해수면의 상승과 하락 및 해안선의 전진과 후퇴 과정이 반복되었을 것이다. 석탄기 동안의 해수면 변화가 여러 번 반복되는 빙하 시대 동안 연속된 대륙의 빙하의 전진 및 후퇴와 관련이 있다고 믿을 충분한 이유가 있다. 윤회층 하나의 대략적인 지속 기간은, 해당 지역의 층서에서 윤회층들의 위와 아래에 위치하는 화산재층들에 대해 방사선 연대 측정을 해서 알아낸 두 층 사이의 기간을 그 두 층의 중간에 존재하는 윤회층의 수로 나눠서 추정된다. 2억 3,400만 년에서 3억 9,300만 년 전의 것으로 추정되는 윤회층 하나의 퇴적 기간 범위는, 지구의 태양 주위 공전 궤도상의 규칙적인 변이로 말미암아 영향을 받는 기후 패턴 및 4차 해수면 변화와 일치한다.

17.9. 막간: 생명, 죽음, 그리고 다시 생명(2억 9,900만-2억 100만 년 전)

지구의 역사에서 다음 1억 년 동안 큰 변화가 일어났다. 페름기(2억 2,900만-2억 5,200만 년 전) 동안 육지에서 포유류와 비슷한 두개골 구조를 가진 다양한 동물들을 포함한 양서류와 파충류 동물들이 계속 다양화되었다. 남아메리카와 서아프리카에서 발견된 메소사우루스는 두 대륙이 연결되어 판게아를 형성했다는 증거를 제공한다(그림 17.22를 보라). 도마뱀처럼 생긴 그 작은 파충류 동물은 민물에서 살았고 두 대륙 사이의 대양을 건너 옮겨가지 못했을 것이다.

고생물학자들은 페름기 말의 짧은 기간에 모든 해양 생물의 96퍼센트와 육상 척추동물의 70퍼센트가 사라진 것을 발견했다. 지구의 역사에서 가장 큰 이 대량 멸종은 오늘날의 시베리아 지역에서 계속된 대규모 화산 활동에 기인한 극적인 기후 변화 및 유독성 해양 상태로 야기되

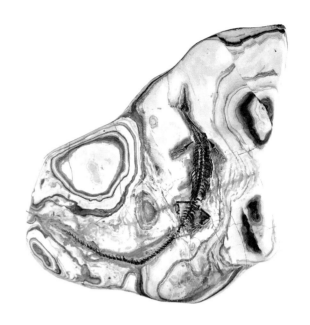

그림 17.22. 브라질의 파라나 분지에서 나온 페름기(2억 7천만 년 전)의 민물 파충류인 메소사우루스 테누이덴스. 이 동물은 길이가 66센티미터에 달했을 것이다.

었을 수도 있다.[10] 대기와 해양에 엄청난 양의 이산화 탄소가 추가되어 해양이 점점 더 따뜻해지고 산성으로 변해서 세계적인 생태계 붕괴가 초래되었다. 몇백만 년의 회복기 이후 육지와 바다에서 새로운 동물 집단들이 출현해서 새로운 생태계가 조성되었다. 파충류 집단은 약 2억 3천만 년 전에 공룡이 출연한 것을 포함해서 트라이아스기(2억 5,200만-2억 1백만 년 전) 동안 다양화되었다.

페름기 말(2억 5,200만 년 전) 무렵에는 침식으로 인해 애팔래치아산맥과 우아치타산맥의 높이가 상당히 낮아졌다. 판게아 밑 맨틀 상부의 뜨거운 지대에 힘이 모여 대륙 지각을 늘어나게 했고 서로 연결된 지구대 골짜기들을 만들었다. 트라이아스기 내내 지각이 계속 늘어나고 아마도 오늘날 동아프리카 지구대의 구조와 유사한 선형 단층 지대를 따라서 쪼개짐으로써 골짜기들이 넓어졌다. 간헐적으로 좀 더 넓은 해양에 연결된 지구대 분지들에 두꺼

10 Douglas H. Erwin, *Extinction: How Life on Earth Nearly Ended 250 Million Years Ago*, updated ed. (Princeton, NJ: Princeton University Press, 2015).

운 소금 퇴적물이 형성되었다. 이런 지구대 골짜기 중 몇 몇은 매우 얇게 늘어나서 그 아래의 대륙 지각이 분리되고 화산 활동에서 나온 현무암 분출물이 그 갈라진 틈의 중앙에 형성되기 시작했다. 궁극적으로 이전의 초대륙의 대륙 지각이 쪼개져 새로운 지각판들과 좁은 해로들이 생겨났다.

17.10. 장면 5: 공룡, 사막, 그리고 화강암(쥐라기, 2억 100만-1억 4,500만 년 전)

쥐라기는 트라이아스기와 백악기 사이에 위치하는, 중생대 중간의 5,600만 년으로 구성된다. 판게아가 계속 쪼개져 북아메리카와 남아메리카-아프리카 사이에 멕시코만과 대서양이 만들어졌다(그림 17.23을 보라). 새로운 해양

분지를 두르는 대륙붕을 따라 두꺼운 소금, 점토암과 석회암 퇴적물들이 축적되었다. 유기 탄소가 풍부한 점토암(대체로 진흙 침전물로 묻힌 해양 바닷말에서 나왔다)과 작은 구멍이 많은 석회암이 결합해서 오늘날 멕시코 동부에서 미국의 걸프만을 거쳐 아라비아와 페르시아만에서 채굴되는 상당한 석유 자원을 만들었다. 침식으로 미국 동부의 애팔래치아-우아치타 고지대들의 고도가 계속 낮아지는 반면에 서부에서는 판구조 활동으로 산맥이 만들어지고 있었다.

동쪽으로 내려가는 섭입대 위로 북아메리카의 서부 가장자리에서 떨어진 곳에 오늘날 일본과 아시아 대륙 사이의 관계와 유사한 일련의 화산섬들이 형성되었다(그림 17.24의 위쪽 그림을 보라). 때로는 섭입하는 해양 지각에 부

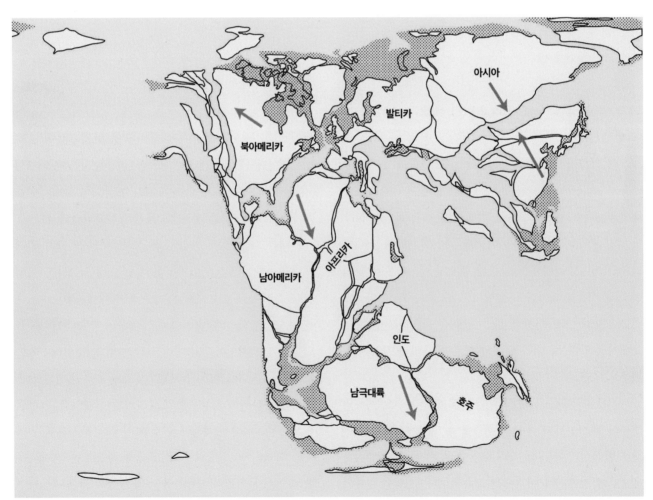

그림 17.23. 약 1억 6,050만 년 전 쥐라기 중기 동안의 세계 고지리.

3부 지구의 기원과 지질학적 역사

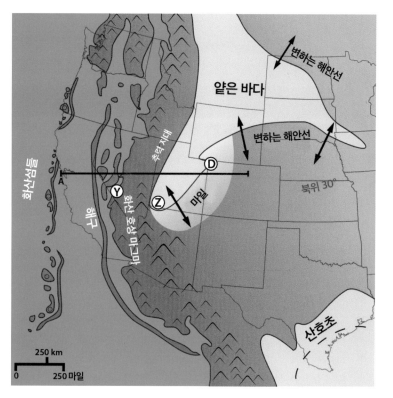

그림 17.24. 위: 쥐라기 말의 초기 동안(약 1억 7,500만 년 전) 미국 서부의 고지리 지도. Y는 요세미티 국립공원이고 Z는 자이언 국립공원이며 D는 다이너소 국가 기념물이다. 아래: 위의 지도에 표시된 A-A' 사이 지각의 단면도. 현재의 캘리포니아주-네바다주 경계 바로 서쪽에 위치했던 해구-섭입대를 통해 표시된 암석판 경계를 보여준다. 화강암 저반들은 섭입대 위의 대륙 지각이 녹아서 해안선을 따라 위치한 화산 산맥들에 폭발하기 쉬운 마그마를 제공해서 형성되었다. 압축으로 호상 마그마(magmatic arc) 동쪽에 추력 지대(thrust belt)가 만들어졌고, 지각이 두꺼워져 추력 지역 동쪽이 함몰하여 내해를 형성했다.

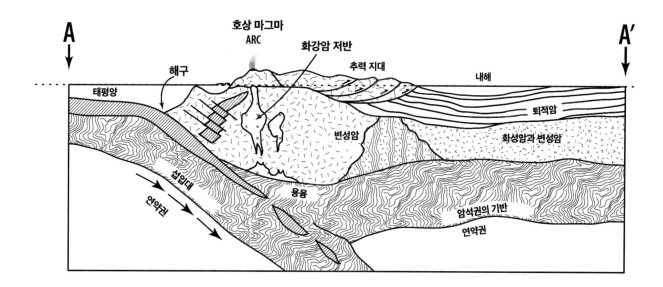

가된 섬들이 북아메리카의 서부와 충돌해서 그것의 서부 가장자리에 육지를 첨가했다(본질적으로 서부 해안선을 네바다주 서부에서 캘리포니아 중부까지 좀 더 서쪽으로 이동시켰다). 북아메리카 아래에서 가라앉는 섭입대 위의 대륙 지각은 용융점까지 가열되어 화강암질 마그마를 만들어냈다. 그렇게 만들어진, 쥐라기 해안선을 따라서 위치하는 화산 산맥 아래에서 결정한 화강암 저반(거대한 심성암체)이 현재 캘리포니아주의 시에라네바다산맥에 노출되어 있다(그림 17.24의 아래쪽 그림을 보라).

해안의 화산 산맥부터 그 내륙 쪽으로는 지각 안의 압축력이 두꺼운 지각판들을 수평 방향의 얇은 판들로 깨뜨려서 애팔래치아산맥 조산운동 기간 중에 지각들이 변

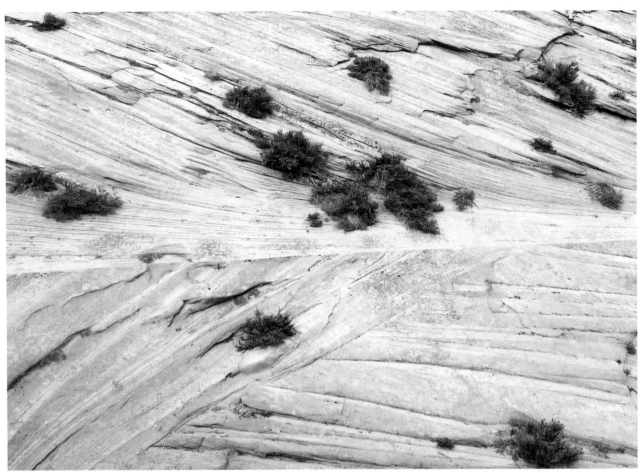

그림 17.25. 자이언 국립공원에 있는 수직 암벽의 두꺼운 사층리 사암층. 세 개의 사구에서 비롯된 퇴적물들이 보이는데, 그중에서 두 개는 사구의 낮은 쪽이 퇴적된 것이고 한 개는 높은 쪽이 퇴적된 것이다(사진의 가운데를 횡단하는 수평 접촉면으로 분리된다). 위쪽 사층리의 기울기는 바람이 왼쪽에서 오른쪽으로 불면서 사구가 이동했음을 암시한다. 이 사진의 수평 방향 거리는 약 10m다.

형되었던 것과 비슷한 방식으로 그 얇은 판들을 서로 쌓아 놓았다. 이로 말미암아 지각이 두꺼워지고 맨틀 쪽으로 가라앉아서 대륙의 지표면이 변형 지대 동쪽 방향으로 낮아지고 때때로 해수면보다 낮은 긴 분지가 만들어졌다. 바닷물이 얕은 분지를 채웠고 북풍이 남쪽 해안 방향으로 불었다. 그 분지의 해안선 주위의 모래가 콜로라도 고원 지역의 많은 부분을 덮는 넓은 사막 바닥을 형성했다. 그 사막 전역에 현대의 북아프리카와 사우디아라비아에 있는 것과 비슷한 거대한 사구들이 들어섰다. 이동하는 사구들이 오늘날 자이언 국립공원과 캐피털리프 국립공원에 있는 협곡 벽들에 노출된 사층리 모래층들을 남겼다(그림 17.25를 보라).

쥐라기의 생명체는 콜로라도주와 유타주의 경계에 위치한 다이너소 국가 기념물 기반암의 원래 위치에 있는 인상적인 공룡 뼈 전시물들로 대표된다(그림 17.26을 보라).[11] 공룡들은 이궁류 파충류 집단이다.[12] 현재 살아 있는 이궁류에는 도마뱀, 뱀류, 악어, 그리고 조류가 포함된다. 다이너소 국가 기념물에 있는 모리슨 지층에서 나온 화석들을 통해 복원된 공룡에는 **알로사우루스, 아파토사우루스, 디플로도쿠스, 바로사우루스, 카마라사우루스, 캄프토사우루스, 그리고 스테고사우루스**가 포함된다. 다른 동물들

---

11 다이너소 국립 기념물 방문자들은 거대한 공룡 뼈들을 포함하고 있는 사각형 타일을 볼 수 있다. 그 기반암이 묻혔던 장소에서 공룡의 뼈들이 발견되었지만, 그 뼈들은 암석에서 추출되지 않았다.

12 이궁류는 두개골 양쪽에 눈구멍 위와 아래로 두 개의 구멍이 있는 파충류를 일컫는 말이다.

에는 다양한 도마뱀, 거북, 악어, 양서류, 그리고 쥐 크기의 포유류인 **글리로돈 그란디스**가 포함된다. 모리슨 지층은 강의 수로가 양치식물과 침엽수로 덮였고 호수와 연못들이 산재한 넓은 범람원을 지나갔다는 증거를 포함한다. 큰 뼈들은 대개 수로 퇴적물에서 발견되는데, 그것들은 아마도 갑자기 불어난 홍수로 쓸려왔을 것이다. 독일의 바이에른주에 있는 같은 시기의 암석들은 조류와 파충류의 특색을 공유하는 유명한 **시조새**(Archaeopteryx) 화석을 포함하여 쥐라기의 다른 많은 동식물 화석을 포함한다.

17.11. 막간: 공룡의 종말 (1억 4,500만-5,600만 년 전)

공룡의 육상 지구 생태계 지배는 백악기(1억 4,500만-6,600만 년 전) 동안 계속되었다. 바다에도 모사사우루스, 어룡, 수장룡, 플리오사우루스 등 헤엄치는 거대한 파충류가 존재했다. 포유류의 다양성은 제한된 수준에 머물렀는데 그것들은 대체로 설치류 크기의 유대류로 생각된다. 백악기 동안 속씨식물(꽃이 피는 식물), 단단한 나무, 그리고 풀들이 출현했다. 바다의 산호초들은 대체로 (현재는 멸종된) 루디스트라는 원뿔 모양의 쌍각 연체동물로 말미암아 구축되었다.

백악기 말에 지구상의 생물 75퍼센트 이상에게 갑작스러운 죽음이 찾아왔다. 백악기 말의 200만 년 동안 현무암질 용암 분출물이 인도 중부의 100만 제곱킬로미터를 넘는 지역을 2킬로미터 깊이로 덮었다. 그 퇴적물 및 그것과 관련된 현무암질 용암류는 테칸 용암대지라 부른다.[13] 대기에 분출된 엄청난 양의 이산화 탄소 및 기타 유

---

13 **트랩**(Trapp)은 "계단들"이라는 뜻의 스웨덴어로서 그 지역의 언덕 경

그림 17.26. 다이너소 국가 기념물에 있는 공룡 뼈들. 이 사진의 수평 방향 거리는 약 5m다.

해 가스들이 세계적으로 장기간의 환경 위기를 조성했고 개체 수 감소와 멸종을 촉진했다.[14] 약 6,600만 년 전 직경 10킬로미터의 거대한 소행성과의 충돌이 최후의 일격을 가했다. 소행성 충돌 가설은 백악기 지층과 그 위의 고제3기 지층을 분리하는 점토층들에서 이리듐 원소의 농도가 이례적으로 높다는 사실이 발견된 데 근거한다.[15] 이리듐은 지구의 지각에는 희귀하지만 많은 운석과 소행성에는 풍부하다. 경계층에서 발견된 다른 입자들에는 충격변성을 통해 변형된 매우 작은, 유리가 녹은 소구체와 석영 실트가 포함된다. 그 충돌은 멕시코의 유카탄반도 해안선 아래 묻힌 직경 약 180킬로미터의 분화구와 관련이 있다. 그 충돌이 데칸 용암대지에 또 다른 화산 폭발을 촉발했을 수도 있다는 최근의 현장 증거가 있다.

공룡 왕조는 끝났지만, 고생물학자 대다수는 현대의 조류가 쥐라기의 수각 공룡들의 자손이라고 믿는다. 그 멸종에서 살아남은 다른 동물에는 소수의 유대류 포유류와 태반 포유류가 포함되었다. 태반 포유류 집단은 가장 많이 다양화되어서 공룡들이 사라진 생태 공간을 채웠다. 이 막간의 끝인 5600만 년 전까지는—비록 고대의 포유류는 현대의 포유류와 닮은 점이 별로 없지만—지구상에 포유류의 현대의 분류상의 대다수 목(order)이 출현했다.

사지의 외형이 계단을 닮은 데서 유래했다.

14 Blaire Schoene et al., "U-Pb Geochronology of the Deccan Traps and Relation to the End-Cretaceous Mass Extinction," *Science* 347 (2015): 182-84.

15 Luis W. Alvarez et al., "Extraterrestrial Cause for the Cretaceous-Tertiary Extinction," *Science* 208 (1980): 1095-1108.

심화 학습 공룡과 홍수 지질학

공룡들은 아동들과 성인들 모두의 상상력을 사로잡고 영화, 많은 그림책, 사실감이 나는 장난감, 그리고 공룡의 뼈들이 진열된 박물관에 영감을 제공한다. 최후의 고대 공룡이 약 6,600만 년 전에 지구를 배회했다는 증거에도 불구하고 많은 젊은 지구 창조론자들은 공룡과 사람이 초기 지구에 공존했을 것이라고 주장한다. 몇몇 학자는 성경에 등장하는 베헤못(거수, 욥기 40장)이 공룡에 대한 사실적인 묘사라고 믿는다. 비록 전통적으로 베헤못은 하마, 악어, 또는 고대 중동 문헌에 등장하는 신화적 생물로 생각되지만 말이다. 몇몇 젊은 지구 창조론 저자는 용의 전설들이 인간의 역사에서 공룡에 대한 고대의 기억을 반영하는 것이라고 자신 있게 쓴다. 젊은 지구 창조론자들은 오랫동안 텍사스주 팔럭시강을 따라서 쌓인 글렌 로즈 지층에 노출된 공룡의 흔적이 인간의 화석도 포함한다고 믿었다. 하지만 그 흔적들은 (젊은 지구 창조론자들과 주류 과학자들 모두의 세심한 연구에 기초해서) 자연적으로 변경된 공룡의 흔적이거나 조각된 날조품으로 밝혀졌다.

공룡의 흔적이 존재하는 것 자체가 홍수 지질학에 문제가 된다. 공룡의 흔적은 공룡의 뼈들과 더불어 중생대에 퇴적된 침전층에서만 발견된다. 예컨대 콜로라도 고원의 그랜드 스테어케이스에 있는 약 1,525미터의 중생대층을 구성하는 대다수 지층은 공룡의 흔적이 있는 층을 포함한다. 이와 대조적으로 그랜드캐니언에 노출된, 좀 더 오래된 고생대 지층들에서는 어떤 공룡의 흔적도 발견되지 않는다. 많은 홍수 지질학자들은 중생대층이 홍수가 일어난 해의 151일째부터 그해 말까지 홍수의 후기 단계에 축적되었다고 믿는다. "물이 땅에서 물러가고 점점 물러가서 백오십 일 후에 줄어들고…물이 점점 줄어들어 열째 달 곧 그 달 초하룻날에 산들의 봉우리가 보였더라"(창 8:3, 5).

a Allan Steel, "Could Behemoth Have Been a Dinosaur?," *Journal of Creation* 15 (2001): 42-45.

b 공룡과 인간이 공존했다는 주장은 젊은 지구 창조론자 문헌에서는 상세히 설명되지 않지만, 그 개념이 아동 도서, 비디오, 전시품과 웹사이트들에서 홍보된다. https://answersingenesis.org/dinosaurs/를 보라.

c Gle Kuban, "The Taylor Site 'Man Tracks,'" *Origins Research* 9 (Spring/Summer 1986): 2-10; Ronnie Jack Hastings, "New Observations on Paluxy Tracks Confirm Their Dinosaurian Origin," *Journal of Geological Education* 35 (1987): 4-15; "Rise and Fall of the Paluxy Man Tracks," *Perspectives on Science and Christian Faith* 40 (1988): 144-55.

17.12. 장면 6: 산들과 포유류들(에오세와 올리고세, 5,600만-2,300만 년 전)

고제3기(6,600만-2,300만 년 전)는 팔레오세(6,600만-5,600만 년 전), 에오세(5,600만-3,400만 년 전), 그리고 올리고세(3,400만-2,300만 년 전)로 나뉜다. 우리는 변화하는 지구의 막간인 5,600만 년 전에서 2,300만 년 전 사이의 두 시기에 초점을 맞출 것이다. 쥐라기 이후 대륙들의 위치의 상당한 이동(그림 17.23을 보라)으로 올리고세 초에는 지표면이 거의 현대의 모습을 띠게 되었다(그림 17.27을 보라). 북아메리카와 남아메리카는 현재 중앙아메리카 남부의 국가들이 존재하는 좁은 해로를 통해 분리되었다. 대서양이 계속 넓어져서 아메리카가 유럽 및 아프리카와 분리되었다. 아마도 현대의 지도와 가장 큰 차이는 동남아시아와 유럽의 지중해 지역 사이에 조각난 섬의 암층들이 분포된 점일 것이다. 그림 17.27에서 판의 이동 방향을 가리키는 화살표들은 이 암층들이 궁극적으로 기존의 히말라야-자그로스-토로스-알프스 산악 지대 및 관련된 고원들과 충돌해서 용해될 것임을 예측한다.

에오세 동안 전에는 해안선을 따라 집중되었던 북아메리카 서부의 마그마 활동이 아이다호주와 애리조나주를 향해 동쪽으로 이동했다. 태평양판이 섭입하는 각도가 낮아져 거의 북아메리카 대륙 암석권 아래쪽으로 미끄러졌을 수도 있다. 이처럼 두 배로 두꺼운 암석권의 부력이 측면의 압축력에 덧붙여져 몬타나주에서 뉴멕시코주의 북동부까지 미국의 북쪽에서 남쪽에 이르는 현대의 로키산맥의 생성을 시작한 융기를 초래했다. 이것은 라라미

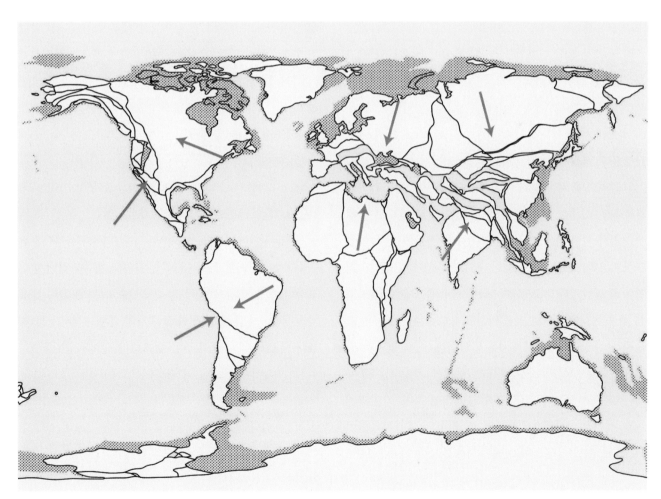

그림 17.27. 약 3,400만 년 전 에오세 말기 동안의 세계 고지리

그림 17.28. 에오세의 어류 파레오두스 엔카우스투스. 와이오밍주 그린 리버 지층에서 출토되었다. 이 표본의 길이는 25.4센티미터다.

데 조산운동으로 알려졌다. 무성한 초목으로 둘러싸이고 물고기들로 가득 찬 넓은 호수들이 젊은 산맥 사이의 저지를 채웠다. 에오세의 호수 퇴적물에 보존된 생물의 다양성과 풍부함은 활력이 넘치는 생태계를 반영한다(그림 17.28을 보라). 몇몇 호수들은 반복적으로 물이 증발되고 다시 채워져 탄산 나트륨(탄산소다석) 층들을 만들었고 그것은 유리, 산업용 화학 제품, 세제, 종이, 섬유 산업을 위해 채굴되고 있다. 습지들이 다른 분지들을 덮었고, 20세기에 북아메리카 대륙 전역에 전력을 공급해온 두꺼운 석탄층을 퇴적했다.

올리고세 때 중생대 전체의 특징이었던 오랜 기간의 세계적인 따뜻한 기후가 좀 더 추운 기후로 변하고 극지방의 빙상이 시작되었다. 계속되는 조산운동에 이어 화산 활동이 일어났고 침식의 힘이 주변의 분지와 평원들에 침전물을 공급했다. 사우스다코타주 배들랜즈에 보존된 화석 생물은 나뭇가지와 잎을 먹는 포유동물과 육식성 포유동물이 살았던 숲의 생태계를 반영한다. 이때 살았던 동물에는 발가락이 세 개인 원시 말, 낙타, 양처럼 생긴 우제류, 코뿔소처럼 생긴 티타노테레, 육식성 육치류, 멧돼지처럼 생긴 **아르카에오테리움**, 토끼, 비버, 육지 거북, 설치류, 조류, 그리고 현대의 영양과 사슴을 닮은(그러나 관련은

없는) 다른 동물들이 포함된다.[16] 사우스다코타주 배들랜즈에 있는 올리고세와 마이오세의 점토 퇴적물이 침식되어 숲의 토양이 화산재 퇴적물과 섞인, 다양한 색깔의 층을 드러냈다(그림 17.29를 보라). 배들랜즈 지층에서 80개가 넘는 다른 토양(고토양) 지평층이 식별된다.[17]

고제3기 초의 지구의 따뜻한 기후는 북반구와 남반구 모두의 대륙들에서 원원류(原猿類, 선[先]원숭이) 영장류가 다양화한 것과 상응한다. 다람쥐처럼 생긴 자그마한 이 동물들은 전세계를 덮은 숲의 나무들에서 살았다. 올리고세 동안 시작된 세계적인 냉각으로 북반구에 있던 숲 지역이 줄어들었고 영장류 집단은 아프리카에서만 번창했다. 에오세 말에 그곳에서 최초기 유인원(anthrpoide) 영장류들이 출현했다. 유인원(anthrpoide)에는 구대륙과 신대륙의 원숭이(monkey), 유인원(ape), 사람이 포함된다. 이집트 카이로의 남서쪽으로 약 100킬로미터 떨어진 나일 밸리의 서쪽에 있는 엘 파이윰 분지의 올리고세 퇴적물에서 **아피디움**과 **이집토피테쿠스**를 포함한 많은 초기 유인원 화석이 발견되었다. 최초의 진정한 유인원(ape)인 **루크와피테쿠스 플레아글레이**는 탄자니아의 루크와 지구대에서 발견되었다.[18]

17.13. 막간: 신제3기(2,300만-260만 년 전)

신제3기에는 마이오세(2,300만-530만 년 전)와 플라이오세(530만-260만 년 전)로 나눠진다. 밀림에 점유되었던 땅이 사바나(초원)에 길을 내주고 나뭇잎을 먹는 동물이 풀을 먹는 동물로 대체된 영향으로 세계의 기후는 계속 서늘해졌다. 말들의 화석은 이 점을 보여준다. 고제3기의 종들은

16 Cleophas C. O'Harra, "The White River Badlands," *South Dakota School of Mines Bulletin* no. 13 (November 1920).

17 Greg J. Retallack, *Late Eocene and Oligocene Paleosols from Badlands National Park, South Dakota*, Special Paper 193 (Boulder, CO: Geological Society of America, 1983).

18 Nancy J. Stevens et al., "Palaeontological Evidence for an Oligocene Divergence Between Old World Monkeys and Apes," *Nature* 497 (2013): 611-14.

그림 17.29. 배들랜즈 국립공원의 지층은 고대의 토양 지평층, 수로 퇴적물, 그리고 화산재 퇴적물 층들을 통해 정의된다.

체격이 좀 더 작고, 발가락이 세 개였고 삼림지대의 나뭇가지와 잎들을 먹는 데 적응된 치아를 가졌다. 신제3기의 말들은 체격이 좀 더 크고, 발가락(발굽)이 하나이며 이산화 규소가 풍부한 대초원의 풀을 먹는 데 적응된 굵은 법랑질의 치아를 가졌다. 좀 더 길고 발굽이 있는 다리들은 개방된 대초원에서 육식동물을 피할 수 있는 민첩성과 속도를 제공했다.

유인원, 침팬지, 인간(호미노이드)을 포함하는 유인원초과(anthropoid superfamily)는 마이오세 동안 아프리카에서 다양화되었다(그림 30.1을 보라). 초기의 유인원에는 **프로콘술, 드리오피테쿠스, 시바피테쿠스**가 포함된다. 중앙아프리카의 마이오세 퇴적물에서 나온 **사헬란트로푸스 차덴시스**는 최초로 알려진 호미닌(hominin)으로서 생물 분류상의 이 족(tribe)은 침팬지들과 사람들을 포함한다. 플라이오세 동안 아프리카 동부에서 다양화된 호미닌은 **아르디피테쿠스 라미두스, 오스트랄로피테쿠스계, 파란트로푸스**를 포함한다(섹션 30.3.1과 30.3.2를 보라).[19]

이 기간에 움직이는 지각판들이 대륙들을 현대의 위치로 밀어 넣었다. 인도는 지각판 위에서 북쪽으로 이동하기를 마치고 아시아 및 그 사이에 있는 많은 소대륙들과 충돌해서 히말라야산맥과 티베트 고원을 만들었다. 거의 같은 시기에 아프리카판이 유럽을 밀어붙여 알프스산맥이 형성되었다. 마이오세 말(650만-600만 년 전)에 초기 지중해가 서쪽과 동쪽의 해양분지로부터 막혔고 소금과 석고를 2,000미터까지 퇴적했다. 또 다른 지각판들의 이동으로 캘리포니아 해안의 대부분을 따라 샌안드리아스 단층이 만들어졌고 방대한 지역의 땅이 펴짐으로써 로키산맥과 시에라네바다산맥 사이에 베이진앤드레인지 프로빈스를 만들었다. 플라이오세 동안 북아메리카와 남아메리카 사이에 육지 다리가 형성되어서 두 대륙 사이에 동물들의 교환이 일어났다. 북아메리카에서 온 태반 포유류들이 남아메리카의 독특한 많은 유대류 포유류와 태반 포유류를 대체했고 그것들의 멸종을 야기했다.

17.14. 장면 7: 빙하 시대(플라이스토세, 260만-1만 년 전)
우리의 마지막 장면에서는 지구가 현대의 모습과 매우 흡사해진다(그림 17.30을 보라). 신제3기 동안의 알프스-히말

---

19 이 주제에 대한 종합적인 논의는 Russell H. Tuttle, *Apes and Human Evolution* (Cambridge, MA: Harvard University Press, 2014)을 보라.

12장에서 우리는 19세기의 많은 지질학자가 최근의 창조 개념을 포기했지만 몇몇 학자는 계속 산재한 몽돌들과 표면의 자갈과 모래 퇴적물이 노아 홍수로부터 퇴적되었다고 믿는다는 것을 논의했다(섹션 12.4를 보라). 그들은 그 퇴적물을 홍적층(diluvium)으로 불렀다. 루이 아가시 교수가 그 퇴적물이 빙하의 과정과 관련이 있다고 결론지은 후 상황이 바뀌었다. 아가시는 지구 역사의 최근에 빙하기가 있었음을 인식했다.

젊은 지구 창조론자들은 빙하기를 그들의 젊은 지구 틀에 편입했다. 지구의 역사에서 일어난 다른 사건들과 마찬가지로 그들은 빙하기를 극적으로 압축한다. 그리고 그들은 여러 번의 빙하 진출을 부인하고 얼음의 축적이 주류 지질학의 현장 연구에서 파악된 것보다 적다고 주장한다.

어떤 젊은 지구 창조론자는 가설적인 기후 변화에 대한 컴퓨터 모형에 기초해서 빙하기가 홍수가 일어난 뒤에 찾아왔다고 제안했다.[a] "큰 깊음의 샘들"(창 7:11)에서 나온 홍수 물은 아마도 해양 지각 깊은 곳에서 나왔을 터이므로 뜨거웠을 것이다. 해령을 따라 위치한 곳의 열수 분출구에서 나오는 유체들은 섭씨 350도에 달한다. 따라서 세계적 홍수의 바다는 뜨거웠을 것이고 홍수 후 바다는 섭씨 30도(해양 생물을 심각하게 위협하지 않았을 이론적인 최대 온도에 상응한다)에 이를 정도로 따뜻했을 수도 있다. 홍수가 일어난 해 강화된 지하의 화산 활동이 초고층 대기가 막대한 양의 화산재로 덮이게 했을 수도 있다(섹션 16.3.4, "심화 학습: 판 이동이 급격했는가[격변적이었는가]?"를 보라). 직관에 반하는 것처럼 보이지만 해양이 좀 더 따뜻해지면 해수의 증발이 좀 더 많아져서 위도가 높은 곳에 눈이 더 많이 올 수 있다(그 컴퓨터 모형들에 따르면 세 배까지 많이 올 수 있다). 대기의 재가 지구로 오는 태양 복사에 영향을 줘서 재가 지구

로 가라앉을 때까지 겨울이 좀 더 길고 좀 더 추워졌을 것이다. 그 저자는 최대의 빙하 축적과 진출은 500년에 걸쳐 일어났고 100년에 걸쳐 빙하가 퇴각했다고 추정했다.

다른 저자들은 빙하기를 역사 안에 위치시키려고 노력했다.[b] 그들의 계산에 따르면 홍수(대략 기원전 2250년으로 추정된다) 후 최소 약 100년의 기간이 지난 뒤 빙하기가 시작되었는데, 그 시기는 하나님이 인류를 온 땅에 흩은 바벨탑 사건(창 11:1-9)이 일어난 시기와 일치한다. 약 250년 후인 빙하기의 끝은 아브람/아브라함 시대의 우르처럼 비옥한 초승달 지대에서 최초의 도시들이 출현한 시기와 일치한다.

빙하기에 대한 젊은 지구 창조론자의 설명은 인정된 전제로부터 특정한 결론에 이르는 연역적 추론이 잘못 적용된 예를 제공한다. 빙하기가 성경에 언급되지는 않지만, 빙하기가 이전에 존재했다는 일반적인 가정은 사실로 인정된다. 빙하기는 최근의 창조 틀에 들어맞아야 하고 세계적인 홍수로 해석되는 창세기 홍수 사건(13장을 보라) 후에 일어나야 하므로 그것은 틀림없이 과학적 증거를 통해 암시되는 것보다 짧았을 것이다. 뒷받침하는 물질적(자연적) 증거가 없이도 직관적인 가치가 있는 급격한 빙하 축적에 대한 가설적인 모형이 구축될 수 있다. 예컨대 위에 묘사된 가설은 뜨거운 해양에서의 침전물 기록이나 기원전 2350년의 세계적인 화산재 축적에 대한 증거를 전혀 갖고 있지 않다.

---

[a] Michael J. Ord, "A Post-Flood Ice-Age Model Can Account for Quaternary Features," *Origins* 17 (1990): 8-26.

[b] Andrew A. Snelling and Mike Matthews, "When Was the Ice Age in Biblical History?," *Answers* 8 (2013): 46-52.

라야산맥 지대의 융기와 대서양과 태평양 사이의 적도 지역 연결이 막힌 것이 해양과 대기의 순환에 영향을 주어서 세계적인 기후 냉각을 촉진했다. 상승하는 산들에서 떨어져나온 풍화된 기반암의 화학 반응을 통해 대기 중의 온실 이산화 탄소가 감소했을 수도 있다(섹션 17.2에서 살펴본 풍화 화학식 $CaSiO_3 + CO_2 \rightarrow CaCO_3 + SiO_2$를 상기하라). 플라이스토세가 시작할 무렵(260만 년 전)에는 두꺼운 대륙

빙상이 (남극을 중심으로 하는) 남극 대륙과 (북극권에 걸쳐 있는) 그린란드를 덮었다. 플라이스토세 동안의 세계적 냉각과 온난화 주기들은 북반구에서 대륙들에 빙상의 전진과 후퇴를 가져왔고 세계적으로 산악 빙하의 성장을 초래했다. 북아메리카, 유럽, 아시아의 빙하 퇴적물 및 심해 침전물 시료에서 수천 년에서 수만 년의 간격을 두고 반복된 여덟 번의 주기가 탐지되었다. 빙하기가 도래할 때마

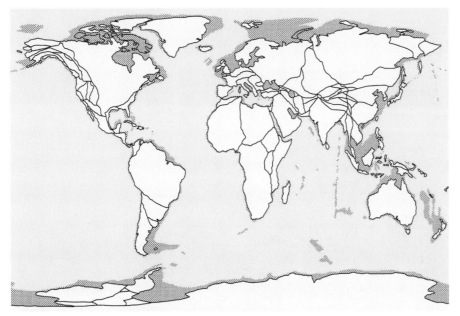

그림 17.30. 약 100만 년 전 플라이스토세 동안의 세계 고지리

12.6과 그림 12.8을 보라).

플라이스토세의 생물에는 약 5만 년 전부터 시작해서 약 12,000년 전에 끝난 멸종을 경험한 대형 포유류가 포함된다. 몸무게가 44킬로그램을 넘는 북아메리카의 거대 동물군에는 짧은 얼굴 곰, 아메리카 사자, 고생물 이리, 사향소, 검치호(劍齒虎)인 **호모테리움**과 **스밀로돈**, 거대한 아르모딜로처럼 생긴 **글립토테리움**, 거대한 비버 **카스테로이데스**, 매머드, 그리고 마스토돈 (그림 17.32를 보라)이 포함된다. 남아메리카 동물군은 거대한 지면 나무늘보인 **메가테리움**과 풀을 뜯어 먹는 낙타처럼 생긴 많은 포유류를 포함한다. 호주의 유대류 동물군과 날지 못하는 큰 새들은 멸종했다. 플라이토스세의 멸종에 대한 설명으로는 급격한 기후 변화, 종들을 초월하는 전염병, 거대한 우주의 물체가 대기에서 폭발해 생긴 우주적 돌풍, 그리고 세계적으로 퍼진 약삭빠른 새로운 종 **호모 사피엔스**의 사냥이 포함된다.

17.15. 종막: 지질학적 기록에 나타난 인간

인류에 대한 분류학의 명칭인 **호모 사피엔스**는 에티오피아의 오모강 유역에서 발견된 암석에 나타난 약 19만 5천 년 전의 화석 기록에 최초로 등장한다. **호모 사피엔스**와 관련된 문화적 증거는 약 5만 년 전까지는 아프리카, 유럽, 아시아와 호주에서 널리 퍼지지 않았다. 그런 증거는 정교한 석기, 물고기와 육상 동물 사냥용 작살, 그리고 심지어 음악을 연주하기 위한 피리들을 포함한다. **호모 사피엔스**는 플라이스토세의 빙하기에서 생존자로서 출현했으며 모든 대륙에서 그들이 도래한 후 멸종이 뒤따랐기 때문에 아마도 동물군 멸종에 대한 최선의 설명일 것이다.

다 두께 1,000미터에 달하는 이런 대륙 빙상에 저장된 물이 전 세계의 해수면을 120미터까지 낮췄다. 빙상의 전진과 후퇴 간격은 우리가 캄브리아기와 석탄기 암석들에서 묘사한 지층 주기의 원인으로 돌린 지구의 공전 변이와 일치한다(섹션 17.6, 17.8을 보라).

광범위한 대륙의 빙결에 대한 증거는 상처난 기반암과 활발한 산악 빙하 안과 그 주위의 퇴적물에 비견할만한 모래, 자갈, 그리고 둥근 바위의 표면 퇴적물을 포함한다. 미국의 5대호는 전진하는 빙상들의 침식력을 통해 형성되었고 얼음이 퇴각하는 동안 녹은 물로 채워졌다. 빙퇴석은 거대한 빙상의 가장자리에서 전진한 이전의 빙하 돌출부(ice lobe)를 동심원 모양으로 형태를 잡게 만드는 모래와 자갈로 구성된, 곡선의 두둑이다(그림 17.31을 보라). 오하이오강, 미주리강, 일리노이강 등 미국 대륙의 중부를 흐르는 현대의 많은 강줄기는 퇴각하는 빙하 돌출부에서 흘러나온 녹은 물을 통해 자리가 잡혔다. 퇴각하는 빙하 돌출부들의 앞에 빙퇴석들과 기타 지형적인 장애물들로 막힌 일시적인 호수들이 발달했다. 오리건주 동부와 워싱턴주에 있는 채널드스카블랜즈는 빙하 호수 미줄라에 저장된 물이 격렬하게 배출되는 동안 형성되었다(섹션

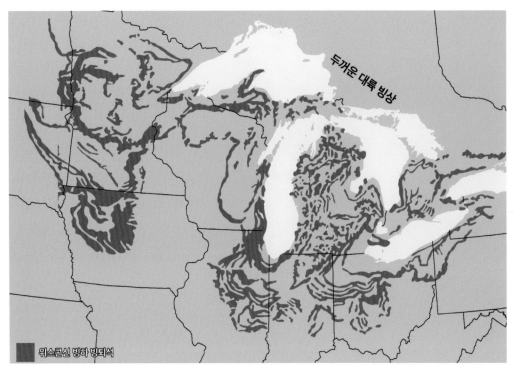

그림 17.31. 5대호와 미국 북중부의 빙퇴석 퇴적물 분포를 보여주는 지도.

그림 17.32. 1963년 일리노이주 글렌 엘린에서 발견된 페리 마스토돈이 휘튼 칼리지에 전시되어 있다. 발굴 장소에서 나온 뼈와 나무는 보정된 탄소-14 방사성 측정 연대가 약 BP 13,500년으로 수렴한다.

그러나 빙하기의 절정 동안 한때 **호모 사피엔스**는 같은 속의 다른 종인 **호모 네안데르탈렌시스**와 공존했다. 네안데르탈인들은 약 4만 년 전에 멸종한 종에 합류했다. **호모 사피엔스**와 기타 호미닌은 6부의 주제가 될 것이다.

지구의 지질학적 역사에 관한 우리의 조사는 창조세계가 자신의 발전에 참여하여(섹션 2.4.3을 보라) 창조세계의 여러 규칙성이 여러 누대에 걸쳐 지구를 어떻게 극적으로 형성하고 재형성했는지에 관한 놀라운 예를 제공한다. 이 역사는 여러 신학적 문제들도 제기하는데 우리는 다음 장에서 그 점을 다룰 것이다.

18장

지구의 역사에 관한 성경 및 신학의 관점

(만일 당신이 본서를 죽 읽어오고 있다면) 우리는 본서의 이 지점까지 빅뱅부터 가장 최근의 빙하기까지 약 140억 년의 우주와 지구의 역사를 여행해왔다. 이 책을 계속 읽어온 것을 축하한다. 지금까지 우리가 강조한 대상은 별빛과 암석이라는 물리적 세계였지만 우리는 곧 생물이라는 생물학적 세계로 향할 것이다. 본서의 3부를 떠나기 전에 과학적 조사를 통해 밝혀진, 하나님의 자연에 관한 책인 창조세계의 기록에 대한 우리의 이해를 풍요롭게 만들어줄 몇몇 성경적 관점 및 신학적 관점을 고려하는 것이 적절하다.

본서의 1장에서 5장까지에서 우리의 목표는 독자들에게 몇몇 배경을 제공해서 그들이 성경 해석의 원칙을 이해 및 적용하고, 과학 연구에 대한 포괄적 창조 교리의 함의를 깨닫고, 기원 문제를 다룸에 있어서 지식과 신앙의 영역을 탐구하고, 기원에 관한 과학의 설명과 성경의 설명을 관련시키기 위한 패턴을 평가하고, 마지막으로 창세기

1장의 의미를 고대 중동의 문화적 맥락에서 발견하게 만드는 것이었다.

이 장에서 우리는 이런 내용 중 몇 가지를 우리가 지구의 역사에 관한 과학적 설명에 관해 배운 바에 적용할 것이다.

18.1. 젊은 지구 창조 견해와 오래된 창조 견해

지질학의 기본 원칙을 소개하는 수단으로서 그리고 (신앙을 고백하는 많은 그리스도인을 포함하는) 과학자들과 신학자들이 딥 타임과 고대의 창조에 관해 쌓여가고 있는 증거에 어떻게 관여하는지를 보여주기 위해 우리는 12장에서 지질 과학의 기원과 초기 역사를 검토했다. 19세기 중반 무렵에는 대다수 과학자들과 성경학자들(심지어 가장 보수적인 교파를 대표하는 학자들도 마찬가지다)이 최근에 창조되었다는 견해를 포기했지만 그 견해는 오늘날 많은 근본주의 및 복음주의 그리스도인 집단에서 강력하게 남아 있다.

15장부터 17장에서 젊은 지구 창조론자들의 몇몇 주장이 다뤄졌지만, 창조 과학이 완전히 다뤄지지는 않았다.[1] 젊은 지구 창조 견해와 오래된 창조 견해 사이의 차이

---

1   젊은 지구 창조 지질학에 관한 자료는 다음 문헌들에서 발견된다: John D. Morris, *The Young Earth: The Real History of the Earth—Past, Present, and Future* (Green Forest, AR: Master Books, 2007); Andrew A. Snelling, *Earth's Catastrophic Past: Geology, Creation and the Flood*, 2

는 확실히 사소하지 않고 놀라울 지경이다. 그림 18.1에 예시된 두 개의 연표가 차이를 보여준다. 젊은 지구 창조론자들은 (선캄브리아기를 통해 대표되는) 지구 역사의 처음 40억 년을 창조 주간과 홍수에 이르기까지의 몇 세기 안으로 압축한다. 세계 전역의 수만 미터에 달하는 고생대와 중생대 암석들은 전통적인 지질학의 이해에서는 수억 년에 걸쳐 축적되었다고 보지만 젊은 지구 창조론에서는 1년 안에 축적되었다고 생각한다. 그 견해에서는 창조 주간의 사건들에 대한 특정한 독법이 2백 년간의 모든 대륙과 해양분지에 대한 현장 조사와 우리 태양계 너머 행성의 형성 관찰에 기초한 지질학 및 천문학의 연구 결과와 일치하지 않는 천체의 출현과 지구의 특성을 결정한다. 젊은 지구 창조론의 옹호자들은 주류 우주론과 지질학이 성경의 창조 기사와 모순되고 하나님을 창조 과정에서 빠뜨린다고 믿는다는 것이 그 이론의 동기 중 하나다. 본서의 2부와 3부에서 우리는 포괄적 창조 교리가 어떻게 우

vols. (Green Forest, AR: Master Books, 2014).

리로 하여금 이 과학들이 창조세계의 기능의 완전성(섹션 2.2.2을 보라)을 드러내는 지점을 인식할 수 있게 만들어주는지를 보여주고, 하나님이 창조세계에서 그것의 봉사적 성격을 통해 일하고 있을 수도 있는 방식(섹션 2.4.3을 보라)을 보여주려고 노력했다.

18.2. 성서와 지질학에 대한 일치주의 독법과 비일치주의 독법

요즈음 그리스도인들은 현대 과학이 어떻게 성경과 관련되는지에 관한 질문이나 답변에 매혹된다. 이 대목에서 염두에 두고 있는 과학은 대체로 기원에 관한 것들이다. 의학, 일기 예보 또는 기타 과학적 추구가 성경과 어떻게 관련되는지에 관해서는 관심이 훨씬 적게 기울여진다. 우리는 4장에서 기원에 관한 과학의 설명과 성경의 설명을 관련시키는 두 가지 기본적 패턴인 **일치주의**와 **비일치주의**를 살펴보았다. 독자가 과학적 정보나 성경의 정보에 어떤 가치를 부여하는가에 따라 각각의 패턴이 다른 방식으로 적용될 수 있다.

18.2.1. 다양한 일치주의 접근법.
일치주의에서는 기원에 관한 성경의 설명과 과학의 설명이 일치 또는 조화된다고 생각되기 때문에, 하나님의 말씀으로서 성경의 권위를 가치 있게 여기는 기독교 전통에서 일치주의가 계속 인기가 있다. 우리는 섹션 4.3에서 일치주의의 목표가 현대 과학(우리가 객관

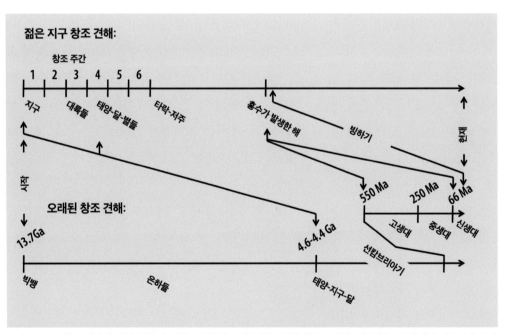

그림 18.1. 창조 역사에 관한 젊은 지구 창조 견해와 오래된 창조 견해의 연표. 젊은 지구 창조 견해에서 지구와 우주의 역사는 6천 년에 불과하다. 오래된 창조 견해에서는 수십 억 년의 우주의 역사가 약 45억 년 전의 태양계의 기원에 선행한다.

적으로 관찰하고 과학적 방법을 사용해서 해석하는 것)과 성경의 기사를 조화시키는 것이기 때문에 일치주의가 현대에서만 가능하다는 점을 지적했다. 성경 텍스트에 대한 "문자 그대로의" 또는 "평이한 의미"의 이해 추구는 성서의 권위를 존중하고자 하지만, 그것은 일반적으로 성경의 언어에 현대 과학의 의미를 부과함으로써 이뤄진다. 일치주의는 다른 어떤 의미보다 모종의 형태의 과학적 조화를 중시하는 경향이 있다.

문자적이고 평이한 의미의 성경 해석을 존중하려고 하는 젊은 지구 창조론 옹호자들은 기원에 관한 현대의 과학 이론들을 거절하거나 대안적인 과학적 의미를 성경 안으로 들여와 읽어야 한다. 몇 가지 예를 들어보자.

하나님이 이르시되 "하늘의 궁창에 광명체들이 있어 낮과 밤을 나뉘게 하고 그것들로 징조와 계절과 날과 해를 이루게 하라. 또 광명체들이 하늘의 궁창에 있어 땅을 비추라" 하시니 그대로 되니라. 하나님이 두 큰 광명체를 만드사 큰 광명체로 낮을 주관하게 하시고 작은 광명체로 밤을 주관하게 하시며 또 별들을 만들고 하나님이 그것들을 하늘의 궁창에 두어 땅을 비추게 하시며 낮과 밤을 주관하게 하시고 빛과 어둠을 나뉘게 하시니 하나님이 보시기에 좋았더라. 저녁이 되고 아침이 되니 이는 넷째 날이니라(창 1:14-19).[2]

많은 젊은 지구 창조론자들은 수억 년에 걸쳐 태양, 지구, 달이 연속적으로 형성되었고 별들이 수십억 년에 걸쳐 만들어졌다는 성운 가설을 거부한다. 창세기 1장의 평이한 의미의 독법은 첫째 날의 지구 창조와 넷째 날의 태양과 달의 창조로 시작하는 것처럼 보인다(섹션 17.6에 수록된 "심화 학습: 선캄브리아기 암석들이 창조 주간의 증거인가?"를 보

라). 하나님이 창조 주간의 후기 또는 타락 후까지 자연 과정들을 확립하지 않았기 때문에 우리가 현재 우주에서 관찰하는 천체 중 어느 것도 자연 과정을 통해 형성되지 않았다.

주께서 꾸짖으시니 물은 도망하며 주의 우렛소리로 말미암아 빨리 가며 주께서 그들을 위하여 정하여 주신 곳으로 흘러갔고 산은 오르고 골짜기는 내려갔나이다. 주께서 물의 경계를 정하여 넘치지 못하게 하시며 다시 돌아와 땅을 덮지 못하게 하셨나이다(시 104:7-9).[3]

세계적인 홍수를 지지하는 어느 저자는 이 구절에 등장하는 "골짜기"가 해양 "분지들"을 의미한다고 해석한다(그는 시인이 명확히 창 1:9-11을 가리킨다는 점을 고려하지 않는다. 거기서 정의된 물과 물의 기능적 경계는 예컨대 물이 **골짜기를 통해** 흐르는 것처럼 이스라엘 사람들이 경험한 방식으로 기능하는 것으로 묘사된다).[4] 마찬가지로 창세기 7:11에 등장하는 "큰 깊음의 샘들"[5]은 대개 심해 바닥의 단구, 열수 분출구 또는 해령으로 인식된다.[6]

이와 반대로, 오래된 창조에 관한 현대 과학의 견해들을 존중하고 그것들이 어떻게 성경의 기사에 일치하는지, 그리고 심지어 성경의 기사를 확인하는지를 보이려고 하는 독자들은 또 다른 일치주의 접근법을 따른다. 예컨대 다음 구절을 고려해보자.

그는 땅 위 궁창에 앉으시나니 땅에 사는 사람들은 메뚜기 같으니라. 그가 하늘을 차일 같이 펴셨으며 거주할 천막 같

---

2   Robert Alter, *The Five Books of Moses: A Translation with Commentary* (New York: W. W. Norton, 2004), 18.

3   Robert Alter, *The Book of Psalms: A Translation with Commentary* (New York: W. W. Norton, 2007), 363.

4   Tom Vail, ed., *Grand Canyon: A Different View* (Green Forest, AR: New Leaf, 2003), 5.

5   Alter, *Five Books of Moses*, 44.

6   Walt Brown, *In the Beginning: Compelling Evidence for Creation and the Flood*, 8th ed. (Phoenix: Center for Scientific Creation, 2008), 7

이 치셨고(사 40:22).

그들은 이 구절이 구체인 지구와 빅뱅을 따른 우주의 허블 팽창 개념을 확인한다고 주장한다.[7] 확실히 이 두 개념 중 어느 것도 이사야에게는 익숙하지 않았을 테지만, 이 해석은 현대의 독자들에게 과학의 영역에서 성경의 권위를 확인해주는 것처럼 보인다.

창세기 1:16-19을 살펴보자면 늦어도 이레나이우스 시대(기원후 2세기 초) 이후 창세기 1장이 역사적이고 연대기적인 창조 기사가 아니라고 주장되어왔다. 창세기의 원래 독자들에게는 첫째 날 빛이 나타나기 전에 태양과 달, 그리고 크고 작은 빛들이 만들어지는 것은 이치에 맞지 않았다. 그러나 현대의 일치주의 독자들은 초기 지구에서 전개된 사건들에 호소할 수 있다. 즉 태양과 달은 넷째 날 전에 이미 만들어졌지만 빽빽한 이산화 탄소가 풍부하던 대기가 수십억 년 전 때부터 원생대와 고생대 때까지 걷힘에 따라 지구의 표면에서 볼 수 있게 되었다.

오랜 지구 창조 일치주의자들은 창세기 1장에 묘사된 "매일의" 사건들이 아마도 24시간의 기간 안에 일어날 수 없었을 것이라고 주장해왔다. 예컨대 남성과 여성 인간이 여섯째 날 창조되었고 창세기 2장에 묘사된 모든 사건이 그날 일어났다면 이 일들이 어떻게 24시간 안에 일어날 수 있겠는가? 막 창조된 아담이 어떻게 모든 동물의 이름을 짓고, 외로움을 느껴 창조세계에서 좀 더 바람직한 조력자인 하와의 창조를 바랄 수 있었겠는가?

초기 지질학자들은 창세기에 묘사된 창조 사건들의 순서를 그들이 지질학적 현장 연구로부터 해석한 사건들의 서열과 조화시키기 위해 애썼다.[8] 19세기에 나온 교과서들은 대개 "모세의 기사"를 그 책의 과학적 내용과 조화시키려고 하는 장들이나 후기들을 포함한다. 딥 타임의 발견(섹션 12.4를 보라)을 고려하기 위해 오랜 지구 창조 일치주의에 대한 몇 가지 접근법이 출현했다. 이 접근법들을 다음과 같이 간략히 요약할 수 있다.

- **혼돈-복원 또는 틈새 견해**. 지질 시대의 누대들은, 아마도 사탄과 반역적인 그의 천사들이 원래의 창조세계를 망친 후 혼돈 상태에 있는 지구를 묘사하는 창세기 1:1을 통해 설명된다. 이후의 6일은 하나님이 인류를 창조하기 전에 사태를 바로잡기 위해 이룩한 일련의 재창조 사건들을 묘사한다. 이 접근법에서는 세계의 지질 및 현대의 지형에 대한 창세기 홍수의 기여가 사소할 수도 있고 중대할 수도 있다.

- **시대-날 견해**. 다양한 시대-날 견해들이 19세기에 인기가 있었고 현대 기독교 변증가들 사이에도 계속 인기가 있다. 대개 날들은 장구한 지질 시대에 해당하는 것으로 해석된다.[9] 또는 창조 기사에 묘사된 각각의 날은 그날 창조 행위들이 선언된 문자적인 24시간이고 실제 창조 행위들은 각각의 날 사이의 장구한 지질 시대 사이에 이루어졌을 수도 있다.[10] 다른 해석자들은 창세기 1장의 창조 사건들이 모세가 시내산에서 보낸 1주일 동안 하나님을 통해 계시된 지질학적 역사를 나타내는 것으로 본다(계시적 날-시대 견해).

- **외관상의 나이 견해**. 젊은 지구 창조론자들은 때때로 창조세계에 있는 몇몇 물체들은 하나님이 외관상 오래된 것처럼 보이도록 만들어졌다는 개념에 호소한다. 이 개념은 창조 주간 동안에 형성된 암석, 행성들 전체, 그리고 먼 별들과 은하들에서 지구로 오

---

7   Hugh Ross, *A Matter of Days: Resolving a Creation Controversy* (Colorado Springs: NavPress, 2004), 142-43.

8   Davis A. Young, "Scripture in the Hands of Geologists (Part Two)," *Westminster Theological Journal* 49 (1987): 257-304.

9   Hugh Ross, *Creation and Time: A Biblical and Scientific Perspective on the Creation-Date Controversy* (Colorado Springs: Nav-Press, 1994).

10   Robert C. Newman and Herman J. Eckelmann Jr., *Genesis One and the Origin of the Earth* (Downers Grove, IL: InterVarsity Press, 1977).

는 빛에도 적용될 수 있다. 그들은 성숙한 상태나 완전히 기능을 발휘하는 상태로 창조된 물체는 자연히 형성의 역사가 있는 것처럼 보일 것이라고 주장한다. 예컨대 에덴동산에 심긴 성숙한 나무들은 정상적인 수액과 영양물의 순환이 있었던 것으로 보이는 나이테를 갖고 있었을 것이다. 이것은 종종 영국의 박물학자인 필립 헨리 고시(1810-88)의 책『옴팔로스: 지질학적 매듭을 풀기 위한 시도』(*Omphalos: An Attempt to Untie the Geological Knot*, 1857년 발행)에 돌려지는 오래된 개념이다. 고시는 출현 중인, 오랜 지구 창조에 관한 지질학의 설명을 성서와 조화시키기를 원했다. 그는 성인으로서 완전히 형성된 아담에게 배꼽(**옴팔로스**는 "배꼽"을 뜻하는 그리스어다)이 있었을 것이라고 주장했다. 외관상의 나이 지지자들은 가나의 혼인 잔치에서 예수가 물을 포도주로 변화시킨 기사(요 2:1-11)도 언급한다. 그들은 연회장이 그 포도주를 맛보고 그것이 동이 난 포도주보다 낫다고 확신했기 때문에 그 포도주가 발효된 포도에서 만들어진 포도주의 모든 특질을 가졌을 것이라고 암시한다. 외관상의 나이에 대한 가장 흔한 비판은, 그 견해가 하나님이 자신의 창조세계에 위조된 역사를 집어넣게 함으로써 하나님을 사기꾼으로 만든다는 것이다. 현대의 지질학자들이나 신학자들은 고시의 견해를 별로 진지하게 고려하지 않았다.[11] 많은 암석과 지질 구조에서 오래된 형성의 역사가 명백하게 드러난다는 데 동의하는 현대의 젊은 지구 창조론자들은 타락한 인간이 창조가 오래전에 일어났다고 결론지을 가능성이 있어서 하나님이 은혜롭게도 창세기에 창조 사건들의 올바른 순서를 제공했다고 제안한다.[12]

그러나 이 견해는 창조세계가 자신의 창조에 하나님과 함께 참여하며(섹션 2.2.1과 2.5.2를 보라), 하나님이 창조세계의 기능의 완전성을 통해 창조한다(섹션 2.2.2와 2.4.3을 보라)는 창조 교리의 중요한 요소들을 부정한다. 마지막으로 창조세계가 오래된 것처럼 보인다는 데 호소하는 견해는 심각한 철학적 문제들에 직면한다. 즉 만일 창조세계가 즉각적으로 창조되었지만 내재적으로는 성숙된 물체들로 가득 차 있다면, 우리가 어떻게 우리의 과거가 사실이며 하나님으로 말미암아 우리가 실제보다 더 나이가 든 것처럼 느끼도록 만들어진 것이 아니라고 확신할 수 있는가?

이 예들에서 우리는 성경에 대한 일치주의 독법에서 오랜 지구 창조 견해와 젊은 지구 창조 견해가 모두 나올 수 있음을 알 수 있다. 확실히 젊은 지구 창조 접근법은 성경이 과학적 탐구보다 중시되는 **성경 우선적**인 태도(섹션 4.4를 보라)를 좀 더 많이 보인다. 일치주의적인 오랜 지구 창조 접근법은 적어도 **과학 우선적**인 태도에 기우는 것처럼 보인다. 일치주의적인 오랜 지구 창조 견해의 비판자들은 성경의 이해가 과학으로부터 도출된다(이는 바람직하지 않은 타협이다)고 주장하지만, 그 견해의 옹호자들은 성경에서 현대의 과학적 의미를 발견하는 것은 성경의 권위와 신적 기원을 확언할 뿐이라고 반박한다. 두 경우 모두에서 일치주의 독법은 과학을 성경의 무오성과 현대 세계에서의 적실성을 옹호하는 변증 도구로서 가치 있게 여긴다. 역설적으로 성경의 의미를 명확히 하기 위해 현대 과학에 의존하는 것은 "과학적" 의미만이 중요하다는 과학 만능주의에서 나온다(섹션 3.5.2를 보라).

18.2.2. 다양한 비일치주의 접근법. 성경에 수록된 기원 기사에 대한 비일치주의 독법은 그 텍스트를 고대의 문화적 맥락 및 성경의 전반적인 메시지에 비춰 이해하는 것

---

11 Martin J. S. Rudwick, *Earth's Deep History: How It Was Discovered and Why It Matters* (Chicago: University of Chicago Press, 2014), 211.

12 John D. Morris, "Did God Create with Appearance of Age?," *Acts & Facts* 19 (1990).

을 선호하고 현대의 과학적 의미와 얽히는 것을 회피한다(1장을 보라). 비일치주의 접근법은 대개 성경의 문헌과 성경 저자들의 고대 문화와의 병행 연구에서 도출된 다양한 측면들의 혼합과 관련된다.

비일치주의 접근법들은 성경의 의미를 발견함에 있어서 문학상 장르의 중요성을 인식한다. 학자들은 창세기 1-3장(심지어 창 4-11장)의 장르의 성격에 관해 의견을 달리한다. 그것은 하나님과 창조세계에서 하나님의 활동을 나타내는 은유와 신인동형론을 포함한 풍부한 비유적 언어를 담고 있다는 점에서 현대의 역사적 내러티브 이해와 다르다. 몇몇 학자는 창세기 1-3장에서 원시 역사를 예술적인 이야기로 전달하는 시적 형태를 인식한다.[13] 또 다른 학자들은 창세기가 고대 히브리인들에게 익숙했을 고대 근동 문화와의 공통적인 우주발생론(cosmogony)을 공유한다는 점을 인식한다(5장을 보라).[14] 하지만 창세기 1장은 그 우주발생론에 대해 명백히 유일신론적인 기원을 옹호하고 있다.[15] 어떤 성서 학자는 성경에 수록된 기원 기사들은 더 이상 현대 과학을 통해 뒷받침되지 않는, 세상에 대한 고대의 과학적 이해를 반영한다고 주장한다. 그럼에도 불구하고 이 기사들은, 종교개혁자 장 칼뱅이 인식하듯이, 하나님이 자신의 진리를 소통하기 위해 고대 세계의 언어와 이해에 자신을 맞출 수 있었고 실제로 규칙적으로 그렇게 했기 때문에 여전히 신적 영감의 권위를 지닐 수 있다.[16]

표 18.1. 창세기 1장에 대해 제안된 문학적 틀

문제(창 1:2)	준비(첫째 날-셋째 날)	거주자(넷째 날-여섯째 날)
어둠	1a 빛(낮)의 창조 1b 어둠(밤)으로부터의 분리	4a 태양의 창조 4b 달, 별들의 창조
물의 심연	2a 궁창의 창조 2b 위의 물과 아래 물의 분리	5a 새들의 창조 5b 물고기의 창조
형태가 없는 지구	3a 물과 바다의 분리 3b 식물의 창조	6a 육상 동물의 창조 6b 인간의 창조

출처: Conrad Hyers, "The Narrative Form of Genesis 1: Cosmogonic, Yes; Scientific, No," *Journal of the American Scientific Affiliation* 36 (December 1984): 208-15.

몇몇 학자는 창세기 1장이 창조를 시작할 때 혼돈의 문제와 6일에 걸친 하나님의 창조 행위에서 그 문제의 해결을 소개하는 문학적 틀을 제공한다고 주장했다(표 18.1을 보라). "태초" 때의 최초 상태는 어둠, 깊은 물, 그리고 형태가 없는 지구를 포함한다. 첫째 날부터 셋째 날은 하나님이 창조를 준비한 행동과 관련된다. 이와 병행하는 넷째 날부터 여섯째 날은 첫째 날부터 셋째 날까지 준비된 공간의 거주자 또는 채움과 관련된다.

고대 근동 문헌에 관한 최근 학계의 연구는 창세기의 창조 기사와 홍수를 이해하기 위한 문화적 맥락을 제공하는 중대한 정보를 제공하고 있다(5장과 13장을 보라). 이 배경은 성경의 기원 기사에는 현대의 과학적 의미가 없으며 그것은 사물의 작동 방식과 형성 과정에 관한 현대의 관심사에는 관심이 없다는 견해를 강화한다. 고대 중동의 독자는 창조 기사를 창조주가 이미 만든 물질들에 기능—신성한 공간에서 사는 인간들에 관련된 기능—을 부여함으로써 목적이 있는 질서를 가져온 하나님의 역할을 드러내는 것으로 이해했을 것이다. 창세기 1장의 내러티브는 성경이 쓰인 당시에 널리 알려졌고 실행되었던 성전 봉헌 제의 모티프를 따른다(5장을 보라). 창세기 1장에서 하나님은 7일째의 자신의 안식(또는 후의 창조세계 통치)을 위해 6일 동안 자신의 우주적 성전을 준비 또는 봉헌한다.

---

13   Charles E. Hummel, *The Galileo Connection* (Downers Grove, IL: InterVarsity Press, 1986).

14   **우주발생론**은 존재하게 된 데 대한 이론 또는 이야기다. 전형적인 고대 근동의 우주발생론들은 혼돈에서 질서로의 이동과 관련이 있다.

15   Conrad Hyers, *The Meaning of Creation: Genesis and Modern Science* (Atlanta: John Knox, 1984); James K. Hoffmeier, "Some Thoughts on Genesis 1 & 2 and Egyptian Cosmology," *Journal of Ancient Near Eastern Religions* 15 (1983): 39-49. 이들 중 몇몇 저자는 한층 더 나아가 창 1-3장에는 이교도의 기원 개념들에 맞선 변증과 유일신론적인 우주발생론도 나타난다고 주장한다.

16   Davis A. Young and Ralph F. Stearley, *The Bible, Rocks and Time:*

Geological Evidence for the Age of the Earth (Downers Grove, IL: InterVarsity Press, 2008), 205-8.

심화 학습   성경과 기원들에 관해 다양한 관점을 지닌 책들

성경과 기원들에 관한 복음주의적 그리스도인 학자들의 다양한 견해가, 일반 독자를 위해 쓰였고 쉽게 구할 수 있는 최근의 많은 책에 나타나 있다. 그중 일부를 소개하자면 다음과 같다.

Carlson, Richard F., ed. *Science and Christianity: Four Views.* Downers Grove, IL: InterVarsity Press, 2000.
Charles, J. Daryl, ed. *Reading Genesis 1-2: An Evangelical Conversation.* Peabody, MA: Hendrickson, 2013.
Haarsma, Deborah B., and Loren D. Haarsma. *Origins: Christian*

Perspectives on Creation, Evolution, and Intelligent Design. 2nd ed. Grand Rapids: Faith Alive Christian Resources, 2012.
Moreland, J. P., and John Mark Reynolds, eds. *Three Views on Creation and Evolution.* Grand Rapids: Zondervan, 1999.
Rau, Gerald. *Mapping the Origins Debate: Six Models of the Beginning of Everything.* Downers Grove, IL: InterVarsity Press, 2013.
Stump, J. B., ed. *Four Views on Creation, Evolution, and Intelligent Design.* Grand Rapids: Zondervan, 2017(『창조, 진화, 지적 설계에 대한 네 가지 견해』 부흥과개혁사 역간).

18.3. 지질학에서의 상식적인 전제

젊은 지구 창조와 오랜 지구 창조 옹호자들 사이의 커다란 차이에 비추어 볼 때 "두 진영이 하나님의 두 책(성경과 자연 세상)으로부터 같은 정보를 보고서 어떻게 그렇게 다른 결론에 도달할 수 있는가?"라는 질문을 하는 것이 부적절하지 않다. 불일치의 많은 부분은 그들이 탐구를 시작할 때 지니는 전제들의 차이로 거슬러 올라갈 수 있다. 3장에서 논의된 바와 같이 전제들은 과학 연구—좀 더 일반적으로 모든 형태의 탐구—에서 참으로 중요하다. 3장에서 우리는 애초에 과학 연구를 가능하게 하는 기본적인 전제들과 다양한 과학 분야들에 특수한 전제들을 구분했다. 이번 섹션의 하위 섹션들은 지구의 기원과 역사에 관련된 과학적 데이터를 해석하는 문제에 영향을 주는 기본적이고 상식적인 전제들에 대한 논평이다.

18.3.1. 잠정적 진리/조건부 확실성.
과학자들이 "진리가 있다"고 가정하기는 하지만 그들은 일종의 **잠정적인 진리**만을 발견할 수 있을 뿐이다(섹션 3.2.1을 보라). 우리의 과학적 데이터가 잠정적이고, 그 데이터를 수집하기 위한 우리의 도구들 및 그 데이터와 도구들에 대한 우리의 해석 역시 잠정적이기 때문이다. 과학자들은 **증거의 우위**에 기초한 **합리적인 의심이 없는 지식**이라는 법정의 옛 격언에 만족한다. 젊은 지구 창조론자들은 자기들이 권위가 있는 성경에서 나온 절대적 진리라고 결정한 것을 충실히 고수하면서 연구를 시작하기 때문에 잠정적 진리라는 전제를 유지하지 않는다. 창세기 1:14-19로 돌아가자면, 그들은 겨우 6,000년 전에 지구가 첫째 날 창조되었고 태양과 달과 별들은 넷째 날 창조되었다고 주장하기 때문에 태양계의 발달에 관한 천문학적 증거와 지질학적 증거를 모두 무시한다. 이 경우 그 전제는 과학 탐구의 영역에 토대를 두는 것이 아니라 기독교 신학의 한 이형에 토대를 둔다. "신학적으로 도출된 전제나 해석 틀이 과학적 결과를 추구하는 탐구에 우선하는가, 그리고 그럴 경우 어떤 전제나 틀이 그러는가?"라고 묻는 것이 합리적이다. 본서에서 우리는 포괄적 창조 교리는 과학적 탐구와 조화되며 그런 탐구를 대체하거나 특정한 방향으로 끌고 가지 않음을 보여주려고 노력해왔다. 오히려 과학적 탐구는 창조계시의 한 가지 형태이며(섹션 4.1을 보라), 포괄적 창조 교리는 삼위일체 창조주가 과학자들이 연구하는 속성들과 과정들 자체를 통해 일하고 있을지도 모르는 방식을 보여준다. 성경이 권위가 있다고 해서 그 사실이 과학 탐구에 대한 성경 우선 접근법(섹션 4.4를 보라)을 암시하지는 않는다.

18.3.2. 외부 세계의 존재.
오랜 지구 창조론자와 젊은 지구 창조론자 모두 참되고 물리적인 세상의 존재에 동의하는 것으로 보인다(섹션 3.2.2를 보라). 과학의 이 기본적인 전

제는 창조 교리—즉 창조세계는 창조주와 구분된다는 것(섹션 2.2.을 보라)과 창조세계는 한계가 있도록 의도되었다는 것(섹션 2.2.3을 보라)—를 통해 동기가 부여되고 철학적으로 옹호될 수 있다.

18.3.3. 감각적 경험과 이성의 기본적 신뢰성.
오랜 지구 창조론자와 젊은 지구 창조론자는 인간의 감각과 이성의 힘이 기본적으로 신뢰할 만하다(섹션 3.2.3을 보라)는 전제의 적용에 있어서는 대체로 일치한다. 그러나 젊은 지구 창조론자의 문헌에는 타락한 인간은 자연 세상의 적절한 관찰 내용을 문서화할 수 있지만, 하나님의 창조 행위를 설명하거나 이해할 때 하나님을 배제하는 방향으로 편향되어 있어서 잘못된 결론을 내리기 쉽다는 회의주의의 저류가 흐르고 있다. 존 모리스에 따르면 "이처럼 능력이 불완전하고 진리에 대한 완전한 욕구가 결여되어 있으며, 논리적 도구가 불완전하고, 관련이 있는 모든 데이터를 발견하고 분별할 능력이나 의지도 결핍되어서 '그릇되게 그렇게 불리는 과학'으로 귀결된다(딤전 6:20)."[17] 우리가 섹션 3.6과 4장에서 살펴본 바와 같이 이 편향이 젊은 지구 창조론자들이 주장하는 것만큼 중대하지 않다고 믿을 충분한 이유가 있다.

18.3.4. 자연의 균일성, 일관성이 있는 패턴, 그리고 이해 가능성.
과학적 설명은 기본적인 자연법칙들 및 이 법칙들이 우주 전체에 걸쳐 일정하다는 확신에 토대를 둔다(섹션 3.2.4와 3.2.5 그리고 3.2.6을 보라). 우리가 이 대목에서 3장에 수록된 문장을 반복할 가치가 있다. "자연법칙을 탐구하고 발견한다는 개념 자체가 창조세계에 이런 종류의 균

일성이 있음을 전제하는데, 이는 바로 창조 교리가 창조세계의 기능의 완전성(섹션 2.2.2를 보라)과 봉사적 성격(섹션 2.4.3을 보라)을 고수하는 데 기초해서 우리가 예상할 수 있는 세계다." 과학 분야에 종사하는 대다수 그리스도인을 포함한 과학자들은 이 자연의 균일성이 현재와 최근의 과거에 적용될 뿐만 아니라, 먼 과거와 빅뱅 이후 우주의 최초의 순간 이래 언제나 적용되는 것으로 본다. 그 전제가 어떻게 검증되는가? 그것은 먼 과거에 일어난 자연의 사건들에 대한 천문학적 관찰과 고대의 지질학적 특성들에 대한 관찰을 현대의 비견할 만한 사건 및 특성과 비교함으로써 검증된다.

지질학에서는 자연의 균일성 및 일관성 있는 패턴에 관련된 특정한 상식적 전제가 있다. 19세기의 **동일과정설**에서 도출된 **현실주의**는 현재 지구를 변화시키도록 작동하는 과정들이 과거에도 작동했다는 전제다. 비록 과거의 과정들이 현재의 과정과 동일할지라도, 현재의 과정의 속도와 강도와는 다른 속도와 강도로 작동했을 수도 있지만 말이다(섹션 12.6을 보라).[18] 주요 지역적 홍수, 거대한 우주 물체들의 충돌, 거대한 화산 폭발 같은 자연의 격변적인 사건들이 그 전제에서 배제되지 않는다. 현실주의는 지구, 달 그리고 기타 행성들의 지질학에 적용된 우리의 이해를 향상시킨 매우 성공적인 전제였다. 현실주의는 알려졌거나 합리적으로 추론된 지질 과정에 따라 암석들을 해석하기 위한 틀을 제공할 뿐이므로, 지구가 오래되었다는 결론을 강요하거나 필연적으로 그 결론으로 인도하지 않는다. 사실 호상철광층(BIF)처럼 현재 지구에서 형성되지 않는 고대의 암석들도 있다(섹션 17.2를 보라). 그 경우 지질학자들은 실험을 통해서나 물리적 또는 화학적 모형링을 통한 추론을 통해 특정한 암석을 만들어냈을 수도 있는, 독특하지만 자연적인 상태를 이해하려고 노력한다. 그리

---

17 Morris, *Young Earth*, 14. 저자가 사용한 인용 부호는 성경의 텍스트에서 직접 인용했음을 암시한다는 점을 주목할 가치가 있다. 사실 딤전 6:20은 다음과 같다. "디모데야, 망령되고 헛된 말과 거짓된 지식의 반론을 피함으로 네게 부탁한 것을 지키라." 때때로 "과학"으로 번역되는 그리스어 **그노시스**(gnosis)는 좀 더 넓은 지식의 의미를 지니고 있으며 17세기에 발전된 현대 과학과는 아무 관계가 없다.

18 Robert L. Bates and Julia A. Jackson, eds., *Glossary of Geology* (Alexandria, VA: American Geological Institute, 1987)에 수록된 내용을 바꿔서 썼음.

고 창조 교리에 따르면 이런 자연 과정의 연구에서 삼위일체 창조주가 관여하지 않는다고 암시하는 것은 아무것도 없다(섹션 2.4를 보라).

젊은 지구 창조론자들은 과학적 기원 이론을 전개함에 있어서 자연법칙의 정지나 "오래된 것처럼 보이는 창조"에 의존해야만 한다. 젊은 지구 창조론자들의 이해에서 신적 행동은 적어도 외관상으로는 창조의 역사에서 기적이고 매개되지 않은 개입으로 제한되는데, 현실주의는 과학적 설명을 자연적인 원인으로만 한정하기 때문에 젊은 지구 창조론자들은 현실주의를 배척한다. 그들은 하나님의 창조 활동은 창조 주간의 끝에 완료되었고 하나님이 그 기간에는 자연법칙의 제한을 받지 않았다고 주장한다. 그것이 사실이라면 저명한 젊은 지구 창조론자들이 창조 주간(본질적으로 선캄브리아기의 대부분)의 지질학적 기록에 신경을 쓰는 것이 놀랍다.[19] 다른 한편으로, 많은 젊은 지구 창조론자들이 고생대에서 신생대까지의 지질학에 대한 설명에서 창세기의 홍수와 관련된 기적적인 행동들을 환기하기를 회피하고 일종의 현실주의를 수용하는 경향이 있다(비록 그들이 자연 과정이 정상적인 수치나 과학자들 대다수가 가능하다고 믿는 수치보다 훨씬 빠른 속도로 작동한다고 제안하지만 말이다).[20]

지구의 역사에서 "초자연적인" 상태에 의존하는 것은 종종 전략적이지만 일반적으로 과학적 전제보다는 신학적 전제에 뿌리를 두고 있다. 예컨대 15장에서 묘사된 일정한 방사성 붕괴율에 대한 증거는 젊은 지구 모형에 문제가 된다. 만일 과거에 붕괴 속도가 좀 더 빨랐다면, 현대의 붕괴율에 기초한 좀 더 오래된 연대는 실제로 해당 암석들에 대해 그릇되게 오래된 나이를 부여한 셈이다. 방사성 연대 측정에 관한 젊은 지구 창조론자 프로젝트에

서 D. 러셀 험프리스는 6천 년 된 암석이 45억년의 붕괴에 해당하는 부모-딸 동위원소 비율을 보이려면 붕괴 속도가 75만 배 빨라야 했을 것으로 추정했다.[21] 물론 지구가 6천 년보다 이전에 창조되었을 수 없다는 신학적 전제 때문에 전통적으로 받아들여진 45억 년의 지구 나이는 불가능하다. 험프리스는 과거에 방사성 붕괴가 가속되었다면 생명에 해로운 방사선을 만들어냈을 것임을 인식했다. 그는 가설적인 제안에서 지구의 역사에서 중대한 생물학적 영향을 끼치지 않으면서 가속화된 붕괴율을 지닌 때가 다음과 같이 세 번 있었을 수 있다고 결론짓는다. (1) 식물이 처음 나타나기 전인 창조 주간의 처음 3일 동안, (2) 만일 방사성 원소들이 지각의 깊은 곳에 있었다면 창조 주간과 홍수 사이의 2천 년, 그리고 (3) 물이 지구 전체를 깊게 덮고 방주의 두꺼운 벽들이 방주 안에 있던 노아와 그의 가족과 동물들을 보호했을 홍수가 난 해.

험프리스는 선택적인 우주 팽창 일화들과 관련된 잠정적인 이론을 제안해서 물리력들을 규율하는 몇몇 상수에서의 경미한 변화가 어떻게 붕괴를 가속할 수 있는지를 설명한다. 그리고 그는 이론적으로 우주의 팽창이 가속된 붕괴로부터 생성된 열을 흩뜨렸을 것으로 상정한다. 그 논문은 혁신적이며 그가 자인하듯이 제안에 있어서 잠정적이다. 하지만 그 논문은 본질적으로 균일성과 일관성이 있고 지속적인 패턴을 보이지 않는, 창조된 세상에 의존한다.[22] 전체 논제가 신학적으로 도출된 전제(성경에 대한 특정한 해석)에 기초한다. 하지만 그의 제안은 창조세계의 기능의 완전성과 봉사적 성격을 통해서 일하려는 하나님

---

19 Harry Dickens and Andrew A. Snelling, "Precambrian Geology and the Bible: A Harmony," *Journal of Creation* 22 (2008): 65-72.

20 Davis A. Young, "Flood Geology Is Uniformitarian!," *Journal of the American Scientific Affiliation* 31 (September 1979): 146-52.

21 D. Russell Humphreys, "Accelerated Nuclear Decay: A Viable Hypothesis?," in *Radioisotopes and the Age of the Earth: A Young-Earth Creationist Research Initiative*, ed. Larry Vardiman, Andrew A. Snelling, and Eugene F. Chaffin (El Cajon, CA: Institute for Creation Research, 2000), 333-79.

22 방사성 연대 측정의 신뢰성을 부정하려는 최근의 젊은 지구 창조론의 조치에 대한 간략한 비판은 Randy Isaac, "Assessing the RATE Project," *Perspectives on Science and Christian Faith* 59, no. 2 (2007): 143-46을 보라.

의 의도(섹션 2.2.1, 2.2.2, 2.4 그리고 2.5를 보라)와 일치하지 않음을 주목하라. 성경에 기초해서 험프리스의 전제들과 함의들에 의문을 제기할 중대한 이유들이 있다. 더구나 그는 지구의 역사에서 이 세 번의 경우에 붕괴가 실제로 가속되었다는 증거를 발견하려는 어떤 시도도 하지 않는다. 사실 아프리카 가봉에 있는 오클로에서 발견된 17억 년 된 암석에 우라늄(^{235}U)의 "일반적인" 붕괴율이 적용된 것으로 알려졌다.[23] 오클로 광산에서 출토된 우라늄 광석에 함유된 ^{235}U, 네오디뮴, 그리고 루테늄의 농도는 수십만 년의 기간에 걸친 자연적인 핵분열 연쇄 반응과 일치한다. 그 핵분열 반응이 일어났던 곳의 암석의 얇은 광맥에 들어 있는 농축 ^{235}U가 주위의 암석을 섭씨 수백 도로 가열했다.

18.3.5. 세계관과 무관한 지식/인간은 보편적인 탐구 역량을 공유한다.
이 마지막 두 가지 기본적인 전제들은 문화나 과학자들의 세계관과 무관하게 공유된 지적 역량 및 과학 탐구의 성공과 일치한다(섹션 3.2.7과 3.2.8을 보라). 그렇다고 해서 성별, 종교, 문화적 배경, 민족성이 다른 과학자들이 과학적 데이터를 보고 언제나 같은 결론에 도달한다는 뜻은 아니다. 사실 좀 더 큰 과학계는 과학적 아이디어들에 관한 활발한 대화를 장려한다(그것은 과학 논문을 발표하게 하는 동료 검토 문화의 일부다). 이 전제들은 다양한 이런 결론들이 과학자의 성별, 종교, 문화적 배경, 민족성과 무관해야 한다는 점을 확인해준다.

젊은 지구 창조론자들은 세계관이 과학적 탐구, 특히 기원 문제에서의 탐구의 결과에 영향을 준다고 강조한다. 즉 어떤 이유에서든 간에 오래된 창조를 믿는 성향이 있는 사람은 지질학적 증거를 보고 자연적으로 지구가 오래되었다는 결론을 내릴 것이다. 젊은 지구 창조론자들은 그들의 젊은 지구라는 전제들이 오래된 지구 전제들만큼 타당하다고 믿는다.[24] 지질학 분야에서 그들은 현실주의(그리고 동일과정설)를 무신론적인 세계관(종종 진화주의로 불린다)과 섞는다. 우리가 위에서 주장한 바와 같이 현실주의의 해석 틀에 필연적으로 오래된 창조로 이끌 요소는 아무것도 없다(물론 증거의 우위가 그리로 인도하지 않는 한 말이다). 좀 더 자세히 살펴보면 젊은 지구 창조론 근저의 가정은 신학(창세기의 특정한 문자적 해석)에 근거하고, 포괄적 창조 교리와 완전히 조화되는 기본적이고 상식적인 과학의 전제에 근거하지 않는다. 우리가 섹션 4.7에서 주장한 바와 같이 이 상식적인 전제들이나 자연 과학 탐구 방법들에 관해 창조세계의 속성들과 과정들에 성부, 성자, 성령이 관여하는 것에 반대되는 요소는 전혀 없다. 젊은 지구 창조론자들이 실제로 반대하는 것은 몇몇 과학자들이 그들의 작업 해석에 들여오는 형이상학적 자연주의와 과학만능주의이지만, 이것들은 자연 과학 탐구에 내재적인 것이 아니라 부가된 것들이다.

18.4. 지구의 역사 재구축에 적용된 과학
인기 있는 젊은 지구 창조론 옹호자인 켄 햄은 그의 청중에게 수백만 년 전에 일어난 사건을 묘사하고 있을지도 모르는 교사나 과학자 또는 박물관 안내인에게 "당신이 그곳에 있었는가?"라고 질문하도록 촉구한다.[25] 다른 그리스도인 저자들은 과학은 직접적인 관찰과 관련된 현대의 맥락에서만 올바로 그리고 확신 있게 연구될 수 있다는 개념을 증진한다. 직접 관찰될 수 있을 때에만 해석이 객관적이고, 반복될 수 있고, 오류임이 증명될 수 있다. 헨리 모리스의 아들이자 저술가인 존 모리스는 다음과 같이 쓴다. "과학은 **현재**에 작동하며 매우 실제적인 의미에서 현재로 제한된다.…그러나 누가 오래 전의 **과거**를 본 적

---

23 Alex P. Meshik, "The Workings of an Ancient Nuclear Reactor," *Scientific American* 293 (January 2005): 82-91.

24 Morris, *Young Earth*, 19-20.

25 Kenneth Ham, "Were You There?," *Acts &Facts* 18, no. 10 (1989).

이 있는가?" 그는 다음과 같이 계속한다. "예컨대 지질학은 과학이다. 존재하는 암석들과 화석들 및 그것들에 작용하는 과정들의 성격을 연구하는 것은 과학이다. 그 암석의 미래를 예측하는 것은 또 다른 문제다. 마찬가지로 역사적 지질학—암석들과 화석들의 관찰되지 않은 과거의 재구축—역시 또 다른 이야기다."[26]

몇몇 그리스도인 저자들은 **운영 과학**(operation science)과 **기원(또는 역사적) 과학**을 구분한다.[27] 운영 과학은 실험실이나 현장에서 수행되는 매일의 과학 연구(원자보다 작은 입자 탐지, 화학 물질을 혼합해서 새로운 화합물을 만들기, 야생생물 생태학, 또는 지질 구조 그리기 등)를 포함한다고 한다. 기원 과학은 천문학적 또는 지질학적 과거에 일어난 사건들을 연구한다. 그것은 앞의 열 장들(6-9장, 11장, 12장, 14-17장)의 거의 모든 내용에 적용된다. 그들은 기원 과학은 고도로 사변적이고, 오류임을 입증할 수 없고, 반복될 수 없다고 주장한다. 운영 과학은 관찰된 규칙성들을 다루는 반면 기원 과학은 과거에 일어난 유일한 사건들을 다룬다는 것이다. 과학자들 대다수는 우주와 지구의 역사를 발견하는 자신의 프로젝트에 그렇게 낮은 지위를 부여하는 것에 반대한다. 과거를 연구하는 과학자들은 범죄—목격자가 없으면 기원 과학과 좀 더 가깝다—의 증거를 모으는 범죄 조사자들이 사용하는 것과 유사한 방법을 통해 작업한다. 확실히 판사들과 배심원들은 증거의 우위에 따라 삶

을 바꾸는 판단을 내릴 용의가 있을 것이다. 마찬가지로 지구 과학자들과 천문학자들은 태양계의 형성과 고대의 암석을 해석할 때 여러 가닥의 증거를 추구한다. 상식적인 전제들 및 천문학과 지질학의 특정한 전제들도 현대의 실험실 연구와 현장 연구에 적용되는 것과 우주와 지구의 역사에서 일어난 사건들에 대한 과학적 연구에 적용되는 것이 다르지 않다. 우리가 본서의 2부와 3부에서 살핀 바와 같이—그리고 우리가 4부에서 살피는 바와 같이—우주와 지구의 연구에 사용된 거의 모든 방법이 현재 시험실이나 현장 연구에서 사용되는 방법과 똑같거나 그런 방법에 기초한다. 따라서 **기원 과학과 운영 과학을 구분할 근거가 없다.**

지질학의 판구조론은 소위 역사적 과학이 객관적이고, 반복될 수 있고, 오류를 입증할 수 있는 탄탄한 토대를 갖추고 있는 예를 제공한다. 우리는 GPS 기술을 통한 측정을 통해 전 세계의 대륙이 천천히 움직인다는 증거를 제시할 수 있다(그림 16.11을 보라). 그런 기술이 100년 전에 존재했더라면 대서양 양쪽에 존재하는 평행한 해안선이 대륙이동의 결과라는 점에 의문이 없었을 것이다. 그러나 당시에는 GPS가 없었고 알프레트 베게너의 이론에 대륙들이 그런 거리를 이동할 메커니즘이 결여되었기 때문에 대다수 과학자, 특히 북아메리카의 과학자들은 그 이론을 거절했다. 그 후 해양 지질 연구에서 혁명이 일어나 해령 주위의 지각이 대륙의 가장자리들보다 젊고, 깊은 지진과 격렬한 화산 활동이 해구와 관련이 있다는 증거가 제공되었다(섹션 16.3.2를 보라). 해저 확장과 해양 지각 섭입 이론들이 출현하고, 조산운동에서 대륙 간 충돌의 역할이 이해되었다. 대서양 중앙 해령에서 북아메리카 대륙붕 가장자리까지의 거리를 그 거리 사이의 해양 지각의 나이 차로 나눔으로써 대서양의 확장 속도가 추정될 수 있고 본질적으로 예측될 수 있다. 그 답은 어디서 측정되는가에 따라 연간 2-2.5센티미터다. 이 범위는 GPS 기술을 통해 측정된 이동 속도와 조화를 이룬다. 이 두 종류

---

26 Ham, 14-15.

27 Norman Geisler and Kerby Anderson, *Origin Science* (Grand Rapids: Baker Book House, 1987), 13-36; Charles B. Thaxton, Walter L. Bradley, and Roger L. Olsen, *Mystery of Life's Origin: Reassessing Current Theories* (New York: Philosophical Library, 1984), 204-14. Geisler와 Anderson은 그들의 기원 과학의 정의를 우주의 시작, 생명의 기원, 그리고 인류의 기원처럼 창조세계의 역사에서 중대하고 유일한 사건들과 관련된 것으로 제한한다. 그들은 고대의 암석들과 화석들에 관해 지질학자들이 행하는 대다수 종류의 역사적 해석에 관심을 덜 기울인다. 하지만 창조 연구소(Institute for Creation Research)와 창세기에 나타난 답(Answers in Genesis)을 대표하는 창조 과학 저자들은 인간의 역사 전에 일어난 사건들을 해석하려는 모든 노력을 운영 과학의 엄격함과 검증 가능성이 적용되지 않는 기원 과학 또는 역사적 과학 범주로 간주한다.

의 측정은 서로 독립적이며 지구의 나이에 관한 사전의 가정에 의존하지 않는다는 점을 주목하라. 우리는 또한 하와이 제도에서 방사성 연대 측정을 통해 결정된 화산암의 나이가 예측할 수 있게끔 증가하는 패턴을 보여주는 하와이-엠페러 해저 산열, 산호섬, 그리고 해산에서 나온 증거(본섬에서 멀리 떨어진 섬들과 산호섬, 그리고 해산일수록 오래 전에 형성되었다)도 살펴보았다(그림 16.12를 보라). 그 열도의 길이와 나이 차에 근거하여 계산한 판 이동은 GPS 기술을 통해 특정된 판 이동에 필적한다. 여기서도 이 측정치들은 서로 독립적이며 지구의 나이에 관한 사전의 가정들과 무관하다. 이것은 역사 과학이 과학적 탐구 일반에 요구되는 예측 가능성 기준과 오류 입증 가능성 기준을 어떻게 충족하는가에 관한 하나의 예다.

천문학 영역에서는, 우주의 속성 및 확장의 증거에 대한 다양한 관찰이 우주의 기원에 대한 빅뱅 모형으로 이어졌다. 빅뱅 모형은 관찰 결과와 일치하는, 우주에 있는 풍부한 빛 원소들을 정확히 예측한다(8장을 보라). 마지막으로 소위 운영 과학 범주에 속하면서도 직접적인 관찰 기준을 충족하지 못하는 현대 과학 프로젝트가 있다. 주요 예는 쿼크와 힉스 보손 같은 물질의 기초 입자를 발견하고 탐지하는 프로젝트를 포함한다. 과학계는 탐지를 위한 실험적 방법이 타당하다고 선언하지만 이 입자들은 실험에서 직접 관찰되지 않는다.

18.5. 창조 교리 그리고 딥 타임 및 지구의 역사와 관련이 있는 기타 신학적 주제

기독교 대학에서 가르치는 우리는 많은 학부생이 본서 2장의 서론에서 묘사된 그릇된 양자택일 곤경의 한 형태인 과학과 신앙 사이, "창조와 진화" 사이에서 선택하는 이원론을 받아들인 채 입학하는 것을 발견한다. 많은 학생이 그들의 문자적, 일치주의적, 젊은 지구 창조 견해와 상충하는 우주와 지구의 역사(그리고 생명의 역사)에 관한 과학적 주장에 회의적이다. 아마도 본서를 사용할 수도

있는 과목이나 자체 학습 프로그램은 학생들에게 과학과 신학 사이의 대화를 촉진할, 성경적 이해와 과학적 지식의 흥미롭고도 도전적인 모든 측면을 좀 더 깊이 파고들 기회를 제공할 것이다. 우리는 학생들이 성경 전체에서 도출된 포괄적 창조 교리에 익숙해지면 그들의 이원론적인 긴장이 완화되고, 그들이 하나님의 말씀의 권위를 존중하며, 과학 연구(및 과학의 기원 이론들)에 공감하는 견해를 지지할 것으로 믿는다. "초점이 어떻게" 및 "얼마나 오래전에"에 관한 세부사항에서 삶을 변화시키는 좀 더 깊은 의미들로 이동한다.

18.5.1. 창조는 언제 일어났는가? 포괄적 창조 교리는 창조가 과거의 어느 시점에 끝났다는 개념을 일축한다. 창조 주간에 지구가 형성되고 생명이 출현했다는 젊은 지구 창조-일치주의 모형을 고수하든 누대들에 걸친 점진적 창조라는 오랜 지구 창조-일치주의 모형을 고수하든 간에 창조는 6일 후에 끝나지 않았다. 2장과 10장에서 논의된 바와 같이 창조 교리는 "창조는 과거의 어느 시점에 완료된 정적인 작업이 아니다. 오히려 창조는 삼위일체의 지속적인 관여를 통해 창조세계의 소명을 향해 움직이는 프로젝트다"라는 진술을 확인한다(섹션 10.1과 33장을 보라). 시편 104편에 묘사된 지질 과정들(예컨대 수문학, 기상학, 화산학)은 창조세계의 기능의 완전성이 어떻게 성자에게 감독받고 성령을 통해 능력을 받아서 창조에 봉사하는지를 보여준다. 창조세계의 지속적인 봉사적 성격과 하나님 형상의 담지자로서 인간에게 주어진 창조세계를 섬기라는 위임은 우리로 하여금 하나님이 우리를 위해 창조한 세계에 대한 봉사에 합류하도록 장려한다(32장과 33장을 보라).

18.5.2. 지구의 역사에서 나타난 죽음과 타락. 도발적인 질문이 많은 그리스도인으로 하여금 젊은 지구 창조 견해를 수용하게 했다. 헨리 모리스를 통해 표현된 바와 같이

"가장 어려운 질문 중 하나는 사랑의 하나님을 믿는다고 주장하는 사람이 어떻게 죄가 세상에 들어오기 전에 수십억 년의 고통과 죽음의 기록이 있는 지질 시대도 믿을 수 있느냐. 이것은 확실히 하나님을 지혜와 능력과 사랑의 하나님이 아니라 낭비와 잔인함의 하나님으로 만드는 것처럼 보인다."[28] 이는 확실히 오랜 지구 창조의 신학적 함의이지만, 방사성 연대 측정 방법이 나온 후에 등장한 새로운 질문은 아니다. 그 주제의 몇몇 측면이 3장(섹션 3.6)에서 다뤄졌지만, 이 주제를 무신론자의 관점에서 틀을 정하는 이 방식이 왜 그리스도인의 이해에 도움이 되지 않는지를 이해하는 데 포괄적 창조 교리가 도움이 된다.[29]

젊은 지구 창조 견해를 채택하더라도 그 문제가 완화되지 않는다는 점을 말해둘 필요가 있다. 하나님이 창조세계에 도대체 왜 그런 낭비와 잔인함을 허용했는가? 그것이 6,000년 동안 지속되었든 20억 년동안 지속되었든 간에 지혜와 능력과 사랑의 하나님을 이해함에 있어서 문제는 똑같다. 진짜 문제는 왜 그런 종류의 얽힘이 없는 창조세계가 아니라 (우리에게) 문제가 되는 봉사의 춤에서 생명과 죽음이 서로 밀접하게 의존하는 종류의 창조세계가 존재하느냐다. 또 하나 말해 둘 점은 우리에게는 그런 질문에 대한 궁극적인 답이 없으며, 우리 그리스도인들이 때때로 스스로에게 말하는 능숙한 대답들("그것은 타락한 천사들 때문이다" 또는 "그것은 인간의 타락 때문이다")은 실제로는 전혀 대답이 아니라는 것이다.[30]

우리는 헨리 모리스 같은 그리스도인들이 무신론자의 틀을 되풀이하는 것은 그들의 창조 교리가 너무 협소해서 그들이 성경의 대안적인 틀을 보지 못하기 때문이라고 주장할 것이다. 포괄적 창조 교리가 우리에게 말해주는 것 중 하나는 창조세계가 자신이 새로운 창조물이 됨에 있어서 창조주와 공동으로 참여한다는 것이다(33장을 보라). 그리고 그 참여는 창조세계의 기능의 완전성을 통해서 오고 그것과 별도로 오지 않는다. 성부와 성자와 성령은 인간이 수 세기 동안 발견해온, 우리에게는 많은 모호성이 있는 목적들을 위한 우발적 합리성이 있는 창조세계를 만들었다. 우리는 성경에서 이 목적들의 몇몇 큰 측면들을 파악할 수 있지만(섹션 2.5를 보라), 생물학적 죽음에 관한 세부사항들과 "그것의 모든 요점"은 새로운 창조의 이쪽에서는 우리에게 파악되지 않는다(그리고 나중에도 우리에게 신비로 남을 수도 있다).

2장에서 언급된 바와 같이 성경의 텍스트들 중에서 특히 시편 104편과 마태복음 6장은 유기체가 다른 유기체를 먹는 것에 관해 말하는데, 결코 이것을 타락의 결과로 돌리거나 그것을 고통이나 낭비로 부르지 않는다. 삼위일체 창조주가 애초에 창조세계를 창조세계에 봉사하도록 만들었다. 이는 생물들이 식물이나 동물을 먹는 습관을 포함한다. 이런 먹는 패턴들에는 희생적인 또는 십자가 같은 형태가 존재한다(5부를 보라). 우리가 자연 다큐멘터리에서 보는 몇몇 죽음들에 충격을 받기는 하지만 우리는 결코 그것이 낭비적이라거나 터무니없는 파괴라는 무신론자들의 견해를 채택하지 말아야 한다.[31] 예수의 십자가상의 죽음은 로마 세계에서 사람이 죽을 수 있는 가장 잔인하고 가장 고통스러운 방법 중 하나였고, 이 죽음은 성자와 세상을 향한 성부의 사랑과 분리될 수 없음을

28 Henry M. Morris, *Defending the Faith: Biblical Christianity and the Genesis Record* (Green Forest, AR: New Leaf, 1999), 75.

29 예컨대 Richard Dawkins, *River Out of Eden* (New York: Basic Books, 1995), 131-32.

30 무신론자의 틀을 채택할 때의 불행한 결과 중 하나는 그리스도인들이 "낭비와 잔인함"을 창 3장에 묘사된 아담과 하와의 죄에 대한 하나님의 저주로 돌리는 궁색한 입장에 처하게 된다는 것이다. 그러나 이는 하나님이 유기체를 저주하고 그들을 약탈자에게 내어줌으로써 그것들의 죽음과 멸망에 책임이 있음을 의미한다.

31 실제로 무신론자들이 실제로 이렇게 믿지는 않는다. 오히려 그들은 우리가 창조세계에서 보는 죽음과 파괴가 복잡한 진화의 드라마에서 유기체들이 그들의 환경과 균형을 이루어 생존하고 번성하는 방식의 일부라고 믿는다. 무신론자들은 최근 또는 오래된 창조 일치주의에 대항하여 논증할 때 낭비와 파괴를 갖고 장난친다. 창조세계에서 아무것도 낭비되지 않으며, 모든 종이 우리가 창조세계에서 관찰하는 견제와 균형을 통해 유익을 얻는다.

기억하라("하나님이 세상을 이처럼 사랑하사 독생자를 주셨으니", 요 3:16).

18.5.3. 하나님의 행성.
과학계에는 지구가 평균적인 은하에 있는 평균적인 태양계에 존재하는 하나의 행성에 불과하다는 견해가 있다. 우리의 태양계에서는 하나의 행성만이 생명을 떠받친다고 하더라도 우주에 존재하는 수십억 개의 행성 중에서 지구는 아마도 평균적이거나 심지어 평범할 수도 있다. 코페르니쿠스 원리로 알려진, 지구가 평범하다는 이 견해는 몇몇 과학자들을 통해 과학적 탐구를 진척시킬 수 있는 전제로 홍보되기도 했다(섹션 9.4의 "심화 학습: 코페르니쿠스 원리와 평범성"을 보라). 하버드 대학교의 천문학자인 오언 깅거리치는 그 견해를 의심하며, 지구에 대해 좀 더 고무적인 견해를 제공한다. 즉 그는 지구가 생명을 지원하고 인간이 번성할 수 있도록 해주는 특별한 속성을 지닌, 우주에서 특별한 장소라고 생각한다. 그는 현대 과학과 기독교 신앙이 어떻게 서로에게 정보를 제공할 수 있는가에 관한 절묘한 예를 들면서 다음과 같이 쓴다.

> 내게는 최종 원인인 창조주 하나님에 대한 믿음이 우주가 지적이고 자성하는 생명의 존재에 적합하게 설계된 것처럼 보이는 데 대한 논리정연한 이해를 제공한다. 많은 물리 상수들이 조금만 변해도 우주가 거주할 수 없는 곳으로 바뀔 것이다. 아무튼 프리먼 다이슨의 말을 빌자면 이것은 우리가 오고 있다는 것을 알았던 우주다. 나는 이런 고려사항들이 창조주가 존재한다는 증거라고 주장하지 않는다. 나는, 내게는 이렇게 이해할 때 우주가 좀 더 일리가 있다고 주장할 뿐이다.[32]

깅거리치는 그의 저서 『하나님의 우주』(God's Universe)에서 미세조정의 발견 범주에 속하는 놀라운 많은 속성을 설명한다(9장과 섹션 10.1을 보라). 이 속성들은 모두 우리가 사는 세상의 창조에 있어서 큰 차이를 만든 우연한 상황들이다. 예컨대 빅뱅 모형은 질량 번호 5인 원자들의 합성을 예측하지 않는다. 초기 우주에 그 질량을 지닌 원자들이 존재했더라면 별들의 내부에서 융해를 통한 좀 더 무거운 원소들이 합성되어 (풍부한 물과 유기화합물에 필요한) 탄소와 산소가 훨씬 적어졌을 것이고, 우리 태양 같은 별들의 생애가 짧아졌을 것이다. 철보다 무거운 원소들은 다양한 종류의 별의 폭발에서 만들어진다(섹션 9.2를 보라). 지구를 만드는 원소들은 별들에서 형성되었고 그런 폭발에서 흩어졌다. 어느 행성에서 여러 원소의 함유량이 그 행성의 속성들을 결정한다. 우리 행성의 열은 주로 지구의 맨틀과 지각에 있는 동위원소들의 방사성 붕괴의 결과이기 때문에, 이 동위원소들의 함유량이 지각판의 이동을 지탱하거나 생명을 양육하기에 너무 뜨겁거나 너무 차가울지를 결정하는 데 매우 중요한 요소였다. 깅거리치와 다른 저자들은 우주와 지구에 대한 미세조정 논거들이 설득력이 있고 포괄적 창조 교리와 일치하지만 그 논거들이 과학적 증거가 아니며 설계에 대한 증거도 아니라고 추론한다. 코페르니쿠스 원리가 과학적 전제가 아니듯이 "우주가 설계되었는가?"는 과학적 질문이 아니다.

지구는 인류가 번성하도록 허용한 환경 조건과 자연 자원을 지닌 놀라운 행성이다. 지질학 지식은 지구가 어떻게 형성되었는지와 지구의 과거에 관한 학문적 질문에 귀중할 뿐만 아니라 재생 가능한 에너지와 재생 불가능한 에너지, 광물, 그리고 현대의 생활을 지탱하는 물질들의 발견과 생산에도 필수적이다. 성경은 삼위일체의 특성에서 창조세계를 창조하고 지탱하며 이 일에 인간을 관여시키려고 하는 하나님을 계시한다. 고전적인 찬송가 "영광의 왕께 다 경배하며"(O Worship the King All Glorious Above)에 다음과 같이 표현된 것처럼 말이다.

---

32 Owen Gingerich, God's Universe (Cambridge, MA: Harvard University Press, 2006), 12.

저 아름답고 놀라운 일이 가득한 이 땅, 다 주의 조화.

그 힘찬 명령에 터잡히나니 저 푸른 바다는 옷자락이라.[33]

---

33 가사: Robert Grant (1779-1838), 1833, 원작 William Kethe(약 1559-1594), 감독교회 찬송 1982에 수록됨(New York: Church Publishing Company Incorporated, 1985).

4부 지구상의 생명의 기원

19장

자연 발생에서 무생물로부터의 발생으로

19.1. 생명의 기원: 궁극적인 궁지

지구는 생명으로 가득하다. 높은 산꼭대기에서 바다 깊은 곳까지, 뜨거운 사막에서 얼어붙은 툰드라까지 이 행성의 표면의 거의 모든 곳에서 생물들이 발견될 수 있다. 생명이 취하는 형태는 생명이 발생하는 위치만큼이나 다양하다. 다세포 생물들은 인간의 눈에 쉽게 인식되는 다양한 종류로 나타난다. 맨눈에는 보이지 않는 단세포 유기체들—세균류와 고균류—은 양과 종류가 훨씬 많다. 우리 중 가장 호기심이 없는 사람 가운데서도 즉각적으로 "이 모든 것이 어떻게 생겨났는가?"라는 질문이 생긴다. 우리는 앞으로 몇 장에 걸쳐 이 질문을 다룰 것이다. 그러나 "그것이 어떻게 시작되었는가?"라는 질문이 먼저 다뤄져야 한다.

앞의 장들에서 우리는 하나님이 어떻게 우주 및 그 안에 우리 태양계와 행성을 만들어냈는지를 논의했다. 우리는 이제 이 행성에서 어떻게 생명이 시작되었는가를 고찰하려고 한다. 가장 간단한 형태의 생명의 창조에 관해서는 아무도 하나님이 그것을 어떻게 실행했는지를 모르기 때문에 말하기 어렵다. 1세기도 더 전에 과학자들이 생명이 어떻게 시작했을지를 숙고했지만, 현재 전문가들 사이에 지구상에 최초의 생물이 나타나게 한 메커니즘에 관한 합의가 거의 없다.

생명의 기원 문제는 소설에서도 나타났다. 도로시 세이어즈(1893-1957)는 그녀의 1930년대 추리소설 『상자 안의 문서들』(*The Documents in the Case*)에서 어느 화학자에게 생명의 기원에 관해 질문한다. 그는 다음과 같이 답변한다. "교질(colloids)을 통해 무기물이나 유기물에서 진화가 일어났을 가능성이 있어 보인다. 우리는 그 이상으로는 알 수 없고—지금까지는—실험실에서 생명을 만들어내는 데 성공하지 못했다."[1] 1930년대 추리소설에서 진술된 내용이 현재의 실재에 대한 좋은 근사치다. 우리는 현대의 저명한 과학자들이 자신이 생명의 기원에 관해 모른다고 인정하는 것을 어렵지 않게 발견할 수 있다. 예컨대 하버드 대학교 자연사 피셔 교수인 앤드류 놀이 2004년에 다음과 같이 말한 것을 고려하라. 놀은 부분적으로는 "지구상에 생명이 어떻게 시작되었는가?"라는 문제에 답변하는 데 전념하는 10년간의 프로젝트인 "생명의 기원

---

1   Dorothy Sayers, *The Documents in the Case* (New York: Brewer and Warren, 1930), 263.

이니셔티브"(Origins of Life Initiative)를 감독하는 위원회에서 일한다. "사실 우리는 이 행성에서 생명이 어떻게 시작되었는지 모른다. 몇 가지 가능한 길들을 말해주는 다양한 실험이 실행되었지만, 우리는 여전히 상당한 무지 가운데 놓여 있다."[2] 그 주제에 관해 많은 논문을 발표한 생명의 기원 이론가인 스튜어트 카우프만은 1995년에 이 점을 좀 더 퉁명스럽게 말했지만 그의 진술은 본질적으로 오늘날에도 맞는 말이다. "자기가 약 34억 5천만 년 전에 지구에서 생명이 어떻게 시작되었는지를 안다고 말하는 사람은 바보이거나 악당이다."[3]

생명의 기원 문제가 왜 대답하기 어려운지를 이해하는 것은 어렵지 않다. 첫 단계는 그 질문이 정확히 무엇을 묻는지를 인식하는 것이다. 즉 "생명의 기원"은 무슨 의미인가? 우리가 보는 대다수 생명은 체격이 큰 다세포 생물이다. 이와 대조적으로 오늘날 최초의 생명의 형태와 가장 비슷하다고 믿어지는 생명의 형태는 우리가 현미경의 도움 없이는 볼 수 없는 단세포 유기체들이다. 언뜻 보기에 이런 미생물들은 좀 더 크고 다세포 형태인 생물들보다 훨씬 단순하다. 그러나 미생물들이 다세포 생물들이 사용하는 것과 똑같은 화학 과정들을 채택하기 때문에 화학적인 관점에서 미생물들은 상당히 복잡하고 정교하다.

생명의 화학 반응을 시작한 물질들—생물들을 살아 있게 만드는 복잡한 과정들에 관여할 수 없는 비교적 작은 분자들—은 아마도 이런 미생물들보다 훨씬 간단했을 것이다. 따라서 진정한 질문은 "어떻게 비교적 간단한 무생물로부터 필연적으로 훨씬 더 복잡한, 우리가 생물이라고 여길 수 있는 것을 얻을 수 있는가?"와 관련된다.

무생물에서 생명으로의 이동은 오래전에 일어난 것

으로 가정되고 그것이 어떻게 일어났는가에 관한 증거는 기껏해야 추정에 지나지 않기 때문에 그 신비는 궁극적인 난제로 불릴 수 있을 것이다. 생명은 지구 행성이 형성되고 나서 얼마 지나지 않은 약 40억 년 전에 출현한 것으로 생각된다. 생명이 없는 물질로부터 또는 화학적 관점에서는 단순한 무기체 또는 유기체로부터 생명이 기원할 때, 생물체로 불릴 수 있는 최초의 실체들은 오늘날까지 생존할 수 없었던 분자 구조들과 관련이 있었을 것이다.

분자들은 특히 지구 행성의 역사에서 때때로 존재했던 극한적인 상황에서는 수명이 제한된다. 이는 고등생물의 상황과 달리 가장 원시적인 형태의 생명의 화석을 탐구하는 일은 무익하다는 것을 의미한다. 그렇다고 해서 단세포 유기체의 고대 화석이 존재하지 않는다는 뜻은 아니다. 앞으로 살펴보겠지만 우리가 약 35억 년 전에 살았던 유기체의 생흔 화석으로 믿는 것들이 발견되었다. 그러나 이 화석들은 크기가 현대의 원핵생물(무핵 단세포 생물)과 비교할 만하다. 고대 화석들은 그것들의 원시적인 선조들보다 컸을 가능성이 크며, 살았을 적에 아마도 화학적 관점에서 상당히 복잡했을 것이다. 이 화석들의 선조들이 어떤 모습이었을지는 접근할 수 없는 과거의 안개에 싸여 여전히 신비로 남아 있다. 그리고 과학자들은 바로 이런 선조들의 성격과 그것들이 어떻게 생명의 기원이 되었는지를 조사하고자 한다. 우리가 예상할 수 있는 바와 같이 가장 오래된 단세포 화석들의 선조에 관한 증거는 기껏해야 간접적이며 매우 다양하게 해석될 수 있다.

따라서 4부의 주제는 "이 지구에서 생명이 어떻게 시작되었는가?"가 아니다. 이 시점에서는 아무도 그 질문에 대한 답을 모른다. 대신 우리는 이 궁극적인 난제의 신비를 풀기 위해 생명의 기원을 연구하는 과학자들이 지난 수십 년 동안 기울여온 노력을 이야기할 것이다. 당신이 예상할 수 있듯이 그 이야기에는 많은 우여곡절과 상충하는 아이디어들 및 그에 수반하는 논쟁들이 관련되어 있다. 과학은 언제나 미완이며, 해당 분야 전문가들의 대다

2   "How Did Life Begin?," Joe McMaster가 실시한 인터뷰, NOVA, May 3, 2004, www.pbs.org/wgbh/nova/evolution/how-did-life-begin.html.

3   Stuart Kauffman, *At Home in the Universe: The Search for the Laws of Self-Organization and Complexity* (New York: Oxford University Press, 1995), 31.

수가 확고하게 확립되거나 보편적으로 합의된 이론에 도달하지 못한 영역에서는 폭넓은 추측과 다양한 의견이 나올 기회가 많다. 생명의 기원 과학은 확실히 그 묘사에 들어맞는다.

이후의 섹션들에서 우리는 제안된 많은 대안 모두를 설명하려고 시도하지 않고 가장 많은 관심과 지지자들을 끌었으며 현재까지 살아남은 대안들에 초점을 맞출 것이다. 이런 분야에서는 갑작스러운 새로운 발견이 등장할 가능성이 언제나 존재하지만, 갑작스러운 변화가 없어도 지속적인 의견의 성쇠나 사고의 수정이 있다. 따라서 여기서 다뤄지는 이야기는 궁극적으로 생명 기원의 신비를 풀기 위한 노력이 현재 상태에 이르게 된, 그 문제에 관한 과학적 사고의 발전을 묘사하는 일련의 시도들과 관련이 있을 것이다. 우리가 2부와 3부에서 살펴본 바와 같이 그 이야기는 창조세계의 규칙성 및 봉사적 성격과 관련이 있다(섹션 2.4.3을 보라).

19.2. 생명의 기원 과학 발달 전: 자연 발생에 대한 믿음

생명의 시작의 신비를 풀기 위한 현대의 과학적 시도 이야기를 다루기 전에 우리가 그 문제의 몇몇 역사적 뿌리를 간략히 얘기할 필요가 있다. 생명의 기원 과학은 무생명에서 생명이 나온 이야기를 말하려는 시도다. 인간은 이것이 어려운 과정이라고 늘 생각해 왔을까? 그렇지 않다. 기록된 역사의 대부분 동안 다양한 철학적 믿음과 종교를 가진 사람들이 생명이 없는 물질로부터 생명이 빠르게(자연발생적으로) 그리고 비교적 쉽게 나타날 수 있다고 생각했다. 달리 말하자면 식물, 벌레, 곤충 그리고 몇몇 경우에는 좀 더 큰 유기체(물고기, 새 등)들이 부모의 관여 없이 생명이 없는 물질로부터 짧은 기간 안에 발생할 수 있다는 개념이 널리 사실로 받아들여졌다. 이처럼 생명이 없는 원천에서 생명이 있는 형태가 갑자기 출현하는 것을 **자연 발생설**(spontaneous generation)이라고 부른다.

과거에 생명이 무생물에서 갑자기 나타날 가능성에 대한 믿음이 흔했던 것이 이해할 만도 하다. 잠시 남겨둔 고기 위에 명백한 원인이 없이 구더기들이 나타나는 것으로 보일 수 있다. 살아 있는 것이라고는 아무 것도 없던 집이나 자연에서 곤충들이나 설치류들이 갑자기 나타날 수 있다. 따라서 자연발생설이 역사상 다양한 설명에서 제시된 흔한 개념이었다는 것은 그리 놀랄 일이 아니다. 생명이 없는 물질에서 생명이 발생하는 것에 관한 이야기들은 고대의 신화들에서 시작되어 19세기까지 계속 반복되었다.

자연 세계를 현대의 과학적 접근 방법과 전혀 다른 방식으로 숙고한 최초의 문명은 그리스도가 이 땅에 오기 몇 세기 전에 그리스에서 발생했다.[4] 초기 그리스 자연 철학자들은 무생물에서 생명이 출현한 것에 관해 언급했다. 예컨대 훗날 기독교 사상가들에게 큰 영향을 준 그리스 철학자인 아리스토텔레스는 생명이 없는 물질로부터 유기체들이 출현하는 과정을 추론했다. 그에 따르면 이러한 생명 발생은 생명이 있는 모든 존재의 특징을 이루는 "형태의 원리" 또는 "영혼"(soul)의 도입을 통해 가능해졌다. 아리스토텔레스에 따르면 영혼은 물질이 아니지만 태양 같은 천체들을 구성하는 "다섯 번째 원소"인 **제5원소**(quintessence)와 밀접하게 관련된 원소의 형태인 "숨" 또는 "뜨거운 공기" **프뉴마**(pneuma)를 통해 지탱된다. 저명한 초기 기독교 사상가인 아우구스티누스는 (땅이 식물과 생물들을 냈다는 창 1장의 언급에 기초해서) 자연 발생이 원래 창조주를 통해 제정된 **"씨앗 원리"**(rationes seminales)를 통해 가능해졌다고 믿었다. 이처럼 그는 자기 시대의 과학을 전능한 창조주에 대한 신학적 믿음의 맥락에서 해석할 수 있었다. 훗날 중세 시대 때 아퀴나스는 아리스토텔레스와 아우구스티누스의 아이디어들을 통합해서 자연 발

---

4 생명의 기원 이해를 위한 탐구의 역사에 관한 뛰어난 세부 조사를 Iris Fry, *The Emergence of Life on Earth: A Historical and Scientific Overview* (Piscataway, NJ: Rutgers University Press, 2000)에서 찾아볼 수 있다. 이 장의 많은 세부내용은 그 텍스트에서 가져왔다.

히포의 아우구스티누스(354-430)는 일반적으로 기독교 역사에서 가장 영향력이 있는 신학자 중 한 명으로 인정된다. 북아프리카의 로마 공동체에서 그리스도인 어머니와 이교도 아버지 사이에서 태어난 아우구스티누스는 젊을 때 방탕하게 지냈고, 성인이 되어서 학자가 되었으며, 궁극적으로 밀라노에서 수사학 교사로서 저명한 지위를 얻었다. 그는 젊은 시절 성년이 되었을 때 영지주의, 조로아스터교, 기독교를 혼합한 페르시아의 종교인 마니교에 끌렸다. 그는 밀라노에서 암브로시우스 주교를 만났는데 암브로시우스는 아우구스티누스의 삶에 큰 영향을 끼치게 되었고 386년에 그를 기독교로 개종시켰다. 아우구스티누스는 개종 후 북아프리카로 돌아가 그곳에서 사제가 되었고 궁극적으로는 396년 히포의 주교가 되었다. 방대한 그의 주석들과 신학 저술들은 현대에도 계속 영향력이 있다.

아우구스티누스의 저작들은 삼위일체에 관한 신학적 연구(De Trinitate)와 창세기 주석(De Genesi ad litteram)을 포함한다. 이 두 저작 모두에서 씨앗 원리(rationes seminales) 개념이 제시되었다. 그것의 라틴어는 "씨앗 같은 원리들" 또는 "원래의 요인들" 등으로 다양하게 번역될 수 있다. 아우구스티누스는 창세기 1:12에 등장하는 땅이 식물과 생물을 낸다는 언급을 하나님이 원래의 창조에서 씨앗 원리를 심은 것으로 이해했다. 이 "씨앗들"이 다소 문자적으로 취해진다면 아우구스티누스가 자연 발생을 언급한 것으로 이해될 수 있다. 예컨대 오늘날 관찰되는, "땅에서 씨앗을 뿌리지 않은 것들"이 나오는 것에 대한 아우구스티누스의 언급이 자연 발생에 대한 믿음을 가리킨다고 이해되어왔다.[a] 다른 한편으로 현대의 다른 해석자들은 아우구스티누스의 씨앗 원리를 좀 더 비유적 또는 신학적 의미로 본다. 예컨대 어넌 맥멀린은 "씨앗 원리"는 일반적인 의미에서의 씨앗들이 아니라고 주장한다. 그는 아우구스티누스가 그것들은 창조주가 원래의 창조에서 행사했지만 모든 살아 있는 것들의 발생에서 계속 기적적으로 행사하는, 원인이 되는 힘들을 의미했다고 이해한다.[b] 앨리스터 맥그래스는 아우구스티누스에 대한 유사한 이해에 근거해서 자연에 나타난 하나님의 창조 행위를 이해하는 현시대의 신학적 접근법을 개발했다.[c] 우리는 맥그래스의 아이디어에 관해 23장에서 좀 더 언급할 것이다.

---

[a] 출처: Augustine의 *De Trinitate*, Howard B. Adelmann, *Marcello Malpighi and the Evolution of Embryology* (Ithaca, NY: Cornell University Press, 1966), 2:750에 인용된 글.

[b] Ernan McMullin, "Introduction," in *Evolution and Creation*, ed. Ernan McMullin (Notre Dame, IN: University of Notre Dame Press, 1985), 8-16.

[c] Alister McGrath, *A Fine-Tuned Universe: The Quest for God in Science and Theology* (Louisville, KY: Westminster John Knox, 2009 [『정교하게 조율된 우주 : 과학과 신학의 하나님 탐구』, IVP 역간]).

생에 대한 믿음에 관하여 추가적인 신학적 지원을 제공했다. 자연 발생이라는 믿음에 대한 철학적·신학적 지지는 17세기까지 계속되었지만 교회의 입장이 언제나 자연 발생을 편든 것은 아니었고 그것을 믿지 않는 반대자들도 있었다. 17, 18, 19세기에 개신교 진영과 가톨릭 진영 양쪽에 자연 발생을 의심하는 사람들과 그것을 지지하는 사람들이 있었다.

그러는 동안 자연 발생에 관한 자연 철학자들의 사상에 미묘한 변화가 생겼다. 예컨대 데카르트(1596-1650)는 자연 발생을 확고하게 믿었지만, 그것을 기계론적인 관점에서 생각했다. 그에 따르면 유성 생식에서 일어나는 것과 병행하는, 생명이 없는 물질에서 일어날 수 있는 기계적 과정으로부터 생명이 자연적으로 발생할 수 있었다. 영국의 자연 철학자인 프랜시스 베이컨(1561-1626)도 데카르트와 유사하게 자연 발생을 목적론적 원인이 없는 자연적인 결과로 보았다. 즉 아우구스티누스나 아퀴나스의 관점과 달리 데카르트와 베이컨이 보기에는 물질 세상 자체가 자연력의 작동을 통해 생명의 형태를 발전시킬 역량을 갖고 있었고 창조주로부터의 직접적인 자극을 필요로 하지 않았다.[5] 하지만 이처럼 철학적인 변화가 일어나는 동안 몇몇 실험 연구가 진행되었고 그중 몇몇 연구는 자

---

5   창조 교리의 관점에서 이는 자연력이 성자와 성령의 매개를 대체했음을 의미한다(섹션 2.4.2를 보라).

연 발생에 의혹을 제기했다. 그중 가장 저명한 연구는 프란체스코 레디(1626-98)의 연구였다. 레디는 고운 천으로 고기를 덮으면 고기 자체 위에서는 구더기가 생기는 것이 방지되는 반면에 천 위에서는 파리가 생길 수 있다는 것을 보여주었다. 이 결과는 확실히 레디에게 생명은 부모의 개입을 통해서만, 즉 파리가 알을 낳음으로써만 생겨날 수 있다는 것을 암시했다.

네덜란드인 안톤 판 레이우엔훅(1632-1723)은 물체를 200배 이상 확대한 현미경을 만든 최초의 인물이었다.[6] 그는 최초로 미생물을 관찰해서 생명체의 자연 발생에 관한 문제를 미생물로 확대했다. 현미경을 사용하여 수행된 다른 실험 연구들에서는 서로 상충되는 결과가 나왔다. 18세기에 이탈리아의 사제 라차로 스팔란차니(1729-99)와 영국의 사제 존 니드햄(1713-81)이 사실상 동일한 실험을 실시했는데 상반되는 결과가 나왔다. 두 사람 모두 고기 수프 같은 유기 용액을 가열하고 용기에 넣고 밀봉한 뒤 미생물이 성장하는지 지켜보았다. 스팔란차니는 고기 수프와 그것을 넣고 밀봉한 용기 안의 공기를 가열하면 냉각한 뒤 어떤 미생물도 형성되지 않음을 보여주었다. 그러나 니드햄은 자신이 가열하기 전에 용기에서 공기의 모든 흔적을 제거했는데 냉각한 직후 미생물이 출현한 것을 관찰했다고 주장했다. 니드햄은 스팔란차니의 강한 가열이 유기물질에 존재하는 "생장력"(vegetative force)을 파괴했다고 주장했다. 스팔란차니는 그런 힘이 없음을 입증하기 위해 다양한 실험을 시도했지만, 간단한 실험으로 그것을 달성할 수 없음이 명백해졌다. 하지만 경건한 신자였던 두 사람이 이 중요한 질문에 대해 정반대의 입장을 지녔다는 사실은 그들의 기독교 신학이 그 과학적 문제에 관해 어떤 결론이든 수용할 수 있었음을 암시한다는 것을 주목할 가치가 있다.[7]

생명력(vital force)에 대한 믿음은 일반적으로 생기론(vitalism)으로 알려진 것의 한 형태인데, 생기론은 유기물—생명을 지탱하거나 살아있게 할 수 있는 물질—과 무기물 사이에는 근본적인 차이가 있다는 개념이다. 유기물과 무기물이 구분되자 자연발생설의 이론적 틀이 정교해졌다. 이처럼 많은 자연 발생 지지자들은 생명이 유기물로부터만 자연적으로 발생할 수 있다는 입장을 유지했다. 그들은 유기물은 비록 죽었을지라도 한때 살아있었기 때문에 여전히 생명력을 갖고 있다고 생각했다. 이와 대조적으로 이 생명력이 없는 무기물은 자연적으로 생명을 발생시킬 수 없다고 생각되었다. 1828년에 독일의 화학자인 프리드리히 뵐러(1800-82)가 무기물에서 시작하여 유기화합물 요소를 성공적으로 합성해서, 그 논의의 반(反)생기론자 측에 기여했다. 이는 유기물질과 무기물질 사이에 근본적인 차이가 없음을 암시했다. 그러나 모든 사람이 납득된 것은 아니었고, 생기론과 자연발생설은 19세기가 한창 진행될 때까지도 계속 널리 지지를 받았다.

19세기에 자연 발생을 둘러싼 논쟁은 색조가 달라져 훨씬 더 경험적인 성격으로 변했다. 이 시기에 유럽에서 대규모의 치명적인 전염병이 퍼져 수천 명이 사망했다. 의사들과 과학자들 사이에 그 질병의 원인에 관한 논쟁이 발생했다. 그 병이 살아 있는 유기체, 즉 현미경으로 볼 수 있는 미생물의 결과였는가, 아니면 발효나 부패 같은 과정에서 생명이 없는 물질이 분해되어 공기, 음식, 물로 퍼진 결과였는가? 부패나 발효의 원인들이 이 맥락에서 논의되었고 자연 발생의 현실성과도 연결되었다. 근본적으로 그 문제는 다음과 같은 방식으로 표현될 수 있었다. 발효와 부패가 미생물의 형성을 야기하는가, 아니면 발효나 부패가 일어나려면 반드시 미생물이 있어야 하는가?

---

6   Paul Falkowski, "Leeuwenhoek's Lucky Break: How a Dutch Fabric-Maker Became the Father of Microbiology," *Discovery Magazine*, April 30, 2015, http://discovermagazine.com/2015/june/21-leeuwenhoeks-lucky-break.

7   이는 우리가 앞에서 빅뱅 모형과 정상 상태 모형에 관한 논쟁에서 보았던 패턴이다(섹션 8.3을 보라).

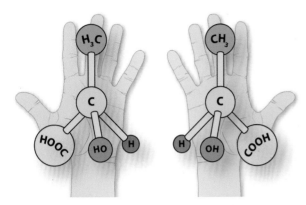

그림 19.1. 젖산의 손대칭성.

1858년에 프랑스의 저명한 생물학자인 펠릭스 푸셰(1800-72)가 끓인 건초에서 뽑아낸 추출물로 실험한 결과를 발표했다. "이형 발생 즉 자연 발생에 관한 논문"(*Heterogenesis or a Treatise on Spontaneous Generation*)이라는 제목의 이 연구는 자연 발생을 강력하게 지지하는 것으로 보였다. 이형 발생(heterogenesis)은 전에 살아있었던 물질로부터 생명이 자연적으로 출현하는 것을 가리킨다. 그는 끓인 건초의 추출물을 끓인 물 안에 넣고 수은 통 안에 담가 냉각시킨 후 인위적으로 생산한 산소 기체를 집어넣었다. 푸셰는 이 절차에 이어 건초 추출물에서 미생물이 형성된 것을 관찰했다. 그는 유일한 해석은 그 추출물에서 미생물이 자연적으로 발생했다는 것이라고 열정적으로 주장했다. 저명한 과학자가 이 연구를 발표한 뒤 격렬한 논쟁이 뒤따랐다. 그 논쟁에 대응해서 프랑스 과학 아카데미는 "소위 자연 발생의 문제에 대해 새로운 빛을 비춰주기 위해 잘 고안된 실험을 통해" 가장 성공적으로 연구한 학자에게 1862년에 2,500프랑의 상금이 걸린 알함베르상을 수여하겠다고 발표했다.

19.3. 루이 파스퇴르: 그의 과학과 자연발생설의 종언

루이 파스퇴르(1822-95)는 프랑스의 저명한 과학자로서 1858년에 그의 경력의 절정에 도달했다. 그는 과학적 이유와 철학적 이유로 자연 발생을 믿지 않았다. 푸셰의 연구와 과학 아카데미의 시상 계획 발표를 듣고서 파스퇴

르는 조사를 시작했는데, 그 조사는 궁극적으로 자연발생설의 부분적인 소멸로 이어졌다. 파스퇴르의 실험 조사를 논의하기 전에 그가 자연발생설을 무시한 과학적 이유들을 간략하게 살펴볼 가치가 있다. 그것들은 우리가 생명의 기원 과학에서 고려할 질문들에 대한 함의가 있다.

파스퇴르의 자연 발생 조사는 자연과 발효의 원인에 대한 그의 관심에서 비롯되었다. 1840년대 말 그의 연구는 포도의 성분이자 발효의 부산물인 타르타르산염들에 집중되었다. 타르타르산은 "손잡이"를 의미하는 손대칭성(chirality, "손"을 의미하는 그리스어 *chiro*에서 유래했다)으로 알려진 속성을 갖고 있다. 타르타르산 분자들은 비대칭 또는 **손대칭**(chiral)이라고 표현되는데, 이는 이 분자들의 거울상들이 왼손과 오른손처럼 똑같지 않다는 의미에서 손과 같다는 뜻이다. 그림 19.1은 좀 더 단순한 분자인 젖산으로 이 점을 보여준다. 왼손과 오른손의 관계처럼 한 분자는 다른 분자의 거울상(mirror image)이지만 그것들은 겹쳐놓을 수 없다. 파스퇴르는 분자 구조를 몰랐지만 타르타르산의 결정들은 인간의 손처럼 비대칭이라는 것을 알았다. 나아가 그는 한 종류의 타르타르산 분자에서 형성된 결정들은 다른 종류의 분자에서 형성된 결정들의 겹칠 수 없는 거울상이라는 것을 알았다. 그는 이전의 연구로부터 이 결정들의 용액은 평면 편광을 예컨대 시계방향으로 회전시키는 반면, 거울상 결정들의 용액은 빛을 시계 반대 방향으로 회전시킨다는 것도 알았다.[8] 빛을 회전시킬 수 있는 물질을 **광학적으로 활성이 있다**고 하며, 그렇게 할 수 있는 속성을 **광학 활성**(optical activity)이라고 한다. 파스퇴르는 왼손잡이 결정과 오른손잡이 결정을 같은 비율로 혼합하여 만들어진 용액은 빛을 전혀 회전시키지 않는다는 것을 보여 줄 수 있었다. 그것들을 **라세미 혼합물**(racemic)이라고 하는데, 그 혼합물은 빛에 대해 반대 방향

---

8 평면 편광은 같은 평면에서 진동하는 모든 광파(光波)를 지닌 빛이다. 예컨대 편광 선글라스는 같은 길로 향하지 않는 파동들을 걸러냄으로써 평면을 편광시킨 빛을 만들어낸다.

으로 작용하는 동일한 분량의 빛을 회전시키는 분자들을 포함하고 있으므로 서로의 작용이 상쇄되어 빛이 회전하지 못하게 만든다.

이 모든 것이 자연발생설의 문제와 어떻게 관련되는 가? 파스퇴르는 타르타르산 같은 화합물이 실험실에서 인위적으로 만들어질 때 라세미 혼합물이 언제나 만들어 진다는 것을 알았다. 달리 말하자면 만일 어떤 화학자가 손대칭성이 없는 물질에서 손대칭성 화합물(손잡이를 보일 수 있는 화합물)을 합성한다면 그 화학자는 왼손잡이 분자 50퍼센트와 오른손잡이 분자 50퍼센트의 산물을 만들어 내고 그 산물은 빛을 회전시키지 않을 것이다. 하지만 파스퇴르는 이 화합물을 생물학적으로 합성한다면 타르타르산이 발효로 생성되는 경우처럼 한쪽 형태의 손대칭성 화합물만 생성되고 빛을 회전시킬 수 있음을 알았다. 발효는 언제나 **광학적으로 활성이 있는**(빛을 회전시키는) 산물을 만들기 때문에 파스퇴르는 발효가 단지 화학적인 과정이 아니라 생물학적으로 야기된 과정이 틀림없다고 결론지었다. 따라서 우리는 연구 대상 시료에 미생물이 존재하지 않는 한 발효를 관찰할 수 없다. 파스퇴르는 발효가 틀림없이 생명의 산물이고 다른 방식으로는 일어나지 않는다고 추론했다. 생명체가 그 화학적 변화인 발효를 야기했다는 것이다. 광학적으로 활성이 있는 물질은 생명체 외부에서 수행된 화학적 합성에서 유래하지 않았기 때문에 생명체는 생명이 없는 화학 과정에서 나올 수 없었다. 이를 근거로 파스퇴르는 푸셰의 연구 결과는 그의 실험에서 모종의 사유로 미생물이 그 건초 추출물을 오염시켰음을 암시한다고 해석했다. 그는 용액 자체에 들어 있는, 생명을 낳는 화학 과정이 아니라 오염이 푸셰가 관찰한 세균, 미생물의 원천이라고 주장했다. 그는 오염의 출처가 공기 중에 있는 미생물이라고 의심했다.

다양한 실험을 통해 파스퇴르는 공기 중에 있는 미생물들이 발효를 일으켰음을 증명하기 시작했다. 한 세트의 실험에서 그는 S자 모양의 목이 달린 플라스크 안에 같

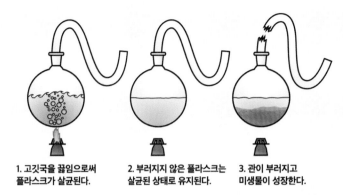

1. 고깃국을 끓임으로써 플라스크가 살균된다.
2. 부러지지 않은 플라스크는 살균된 상태로 유지된다.
3. 관이 부러지고 미생물이 성장한다.

그림 19.2. S자 모양의 목이 달린 플라스크를 사용한 파스퇴르의 실험.

은 유기물질(예컨대 설탕, 소변 또는 비트즙)을 함유한 동일한 용액 두 개를 사용했다(그림 19.2를 보라). 용액들을 끓여서 살균한 다음 용액들을 냉각시킨 후 두 플라스크 중 하나의 목을 부러뜨려서 공기 중 입자들이 용액 안으로 들어갈 수 있게 하고 다른 플라스크의 목은 그대로 두었다. 목이 부러진 플라스크 안에 들어 있던 용액은 빠르게 흐려지고 발효된 반면 다른 쪽 용액은 변하지 않았고 발효의 조짐이나 미생물의 출현이 없었다. 그는 이것을 공기 중의 먼지 입자들이 중력의 힘에 저항할 수 없어서 자연적으로 그 플라스크 안으로 들어갈 수 없기 때문에 목이 부러지지 않은 플라스크 안으로 침전할 수 없었고 그 용액 안에 미생물이 생기게 할 수 없었던 것으로 해석했다. 다른 실험에서 그는 먼지 입자를 걸러내기 위해 면화약(guncotton, 나이트로셀룰로스)으로 막은 관을 통해 공기를 플라스크들 안으로 집어넣었다. 어떤 발효도 관찰되지 않았다. 하지만 이제 먼지 입자들을 함유한 면화약을 용액 안에 적시자 급격히 발효가 일어났다. 1861년 파스퇴르는 이 실험들과 다른 유사한 실험들의 결과를 「자연 과학 연보」(Annals des Sciences Naturelles)에 "공기에 존재하는 조직체에 관해"(On the Organized Corpuscles That Exist in the Atmosphere)라는 제목의 논문으로 발표했다. 그는 1862년에 2,500프랑의 알함베르상을 받았다. 그 논문은 과학뿐만 아니라 철학에도 지대한 영향을 주었다.

푸셰와 파스퇴르 모두 그리스도인이었는데 푸셰는

개신교 신자였고 파스퇴르는 가톨릭 신자였다. 과학사가들은 철학적·신학적 견해가 그들이 실험을 하기 이전 자연발생설에 관한 그들의 개인적인 의견에 일정한 역할을 했고, 그들의 연구 결과에 대한 대중의 수용에도 영향을 주었다고 주장해왔다. 19세기 중반 프랑스에서 자연발생설에 대한 믿음은 물질주의 및 반교권주의와 관련이 있는 것으로 여겨졌다. 따라서 종교적 관점에서 자연발생설에 대한 파스퇴르의 승리는 좀 더 보수적인 신학적 입장의 확인으로 생각되었다. 파스퇴르의 연구가 지지하는 것으로 보였던, 생명은 생명으로부터만 나올 수 있다는 개념은 시초에 생명이 신적으로 유래했다는 믿음을 강화했다. 그것은 또한 당시 유럽에 침투하기 시작한 물질주의적인 생명의 기원에 관한 주장을 반박하는 것처럼 보였다. 파스퇴르의 공개적인 저작과 선언에서 그가 이 해석을 환영했다는 암시가 있다. 다른 한편으로 푸셰는 결코 물질주의자가 아니었지만, 그는 자연 발생이 하나님이 시초에 창조한 방식으로서 하나님이 유기체에게 생명을 위한 역량을 부여했다고 믿었다. 그는 근본적으로 생기론자였고 하나님이 생명을 주는 힘을 통해 계속해서 생명이 자연적으로 존재하게끔 한다고 믿었다. 파스퇴르는 이 견해를 거부했음에도 불구하고 생명이 신적 행동을 통해 발생했다고 믿었다. 우리는 여기서도 두 명의 기독교 신자가 과학적으로 및 철학적으로 중요한 문제에 관해 경쟁하는 입장에 도달한 것을 발견한다.

파스퇴르의 연구에 대한 과학계의 즉각적인 반응은 갈렸다. 몇몇 진영에서는 그것이 푸셰가 주장한 자연 발생—지금 여기서 무생물에서 생명이 갑자기 출현하는 것—이 일어나지 않음을 성공적으로 입증하는 것으로 생각되었다. 좀 더 구체적으로 말하자면 그것은 푸셰가 지지한 특정한 형태의 자연발생설인 이형발생설에 대한 심각한 타격이었다. 이형발생설은 생명이 비록 지금은 죽었지만 한 때는 살아있었던 물질인 유기물로부터만 자연적으로 발생할 수 있다고 주장했다. 파스퇴르의 실험이 성

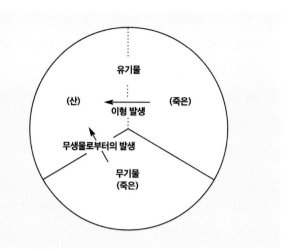

그림 19.3. 생명이 없는 물질이 생명을 가질 수 있게 되는 대안적인 방법들.

공을 거두었음에도 이형발생설은 계속 지지를 받다가, 20년 후 내열성 포자(胞子)들의 발견으로 그 이론을 지지했던 몇몇 실험들에 의문이 제기되었을 때 최종적으로 소멸했다. 그럼에도 불구하고 생명이 생명으로부터만 발생할 수 있는가라는 문제는 많은 학자에게 미결 문제로 남아 있다.

파스퇴르의 실험 결과에도 불구하고 그의 동시대 사람들 중 많은 이들은 여전히 살아있었던 적이 없는 무생물 물질 또는 현대의 화학 용어로 말하자면 무기물에서 생명이 나오는 것이 가능하다고 생각했다. 그림 19.3에 묘사된 바와 같이, 파스퇴르는 한때 살아있었던 물질인 죽은 유기물이 살아 있는 물질로 전환되지 못함을 증명했다.[9] 먼 과거에 생명이 무기물로부터 덜 즉각적으로(서서히, 점진적으로) 기원했을 이론적인 가능성이 여전히 남아 있는 것으로 보였다. 위 그림에서 제시된 바와 같이 이처럼 생명이 무기물로부터 점진적으로 나타난 것을 **무생물로부터의 발생**(abiogenesis, 화학적 진화)이라고 하는데, 이 단

---

9   푸셰와 파스퇴르의 시대에 편만했고 우리가 이 대목에서 사용하고 있는, 유기물과 유기체(죽었든 살아있든 간에)의 동일시는 오늘날 더 이상 사용되지 않는다. 현대 화학에서 유기물은 탄화수소 결합을 지니는 탄소화합물을 지칭하며 **합성** 물질(즉 살아있거나 죽은 유기체에서 획득한 것이 아니라 실험실에서 만들어진 물질)을 포함한다.

어는 문자적으로는 "생명(-bio)이 없는(-a) 시작(-genesis)"을 의미한다. 무생물로부터의 발생 가능성에 대한 긍정적인 의견은 파스퇴르의 동시대인, 특히 영국인 찰스 다윈이 가장 두드러지게 진척시킨 이론인, 지구의 역사를 통틀어 같은 시기에 생명이 점진적으로 나타났다는 이론의 지지자들 사이에 보편적이었다.

19.4. 다윈과 생명의 기원: 무생물로부터의 발생 이론에 대한 초기의 시도

1859년에 파스퇴르가 자연발생설의 소멸로 이어진 연구로 바빴을 때 찰스 다윈(1809-82)이 획기적인 연구서인 『종의 기원』(The Origin of Species, 동서문화사 등 다수 출판사 역간)을 출간했다. 다윈의 출판물은 새로운 생명 형태의 발전을 다뤘다(본서의 5부를 보라). 그의 이론은 일반적으로 하나의 형태 또는 소수의 기본적인 형태에서 지구상의 모든 종이 유래한 진화 과정의 출발점을 가정한다. 이 대목에서 "원시 지구에 어떻게 최초의 형태 또는 형태들이 나타났는가?"라는 질문이 제기된다. 확실히 무생물로부터의 발생이 하나의 대안이 될 수는 있다. 하지만 다윈은 그의 출판물에서 이 문제에 관해 거의 아무 말도 하지 않았다. 사실 『종의 기원』에서 그는 지구 최초의 생명체에 관해 딱 한 번만 명확하게 언급했는데 그것도 그 책의 마지막 페이지에 나온다. 그 후에 발생한 논쟁들에 비춰볼 때 역설적이게도 지구 생명의 발전에서 중요한 이 첫 단계를 다윈은 신적 행동으로 돌린다. "몇 가지 힘을 지니고 있는 생명이 원래 창조주를 통해 몇 개 또는 하나의 형태 안에 숨이 불어 넣어졌다는 이 견해에는 어느 정도 힘과 장엄함이 있다."[10] 공정을 기하자면 다윈이 사석에서 자신이 생명의 기원을 창조 행위에 돌린 것을 후회했다는 점이 언급되어야 한다. 하지만 그는 『종의 기원』의 이후 판들에서 결코 그 진술을 변경하지 않았다.

한편 다른 서신에서 다윈은 거리낌 없이 생명의 기원이라는 주제에 관한 자신의 견해를 진술했는데, 그는 창조 행위에 호소하지 않았다. 과학사가들과 전기 작가들은 다윈의 방대한 서신들에서 생명의 기원 문제에 관한 언급을 찾으려고 했다. 그들의 연구 결과는 그 주제에 관하여 다윈이 언급한 범위가 매우 넓음을 보여준다. 그 언급들 중 일부는 그의 과학계 동료들 사이에 편만했던 견해도 보여주기 때문에 우리가 적어도 몇몇 논평을 언급할 가치가 있다. 그의 과학계 동료 중 많은 이들이 생명의 발달에 관한 다윈의 이론에 함축된 몇 가지 아이디어를 생명의 기원 문제에 열성적으로 적용했다.

독일의 생물학자인 에른스트 헤켈(1834-1919)은 그들 중 한 사람으로서, 다윈의 친한 친구이자 과학적 추종자였다. 헤켈은 무생물로부터의 발생을 완전한 진화 이야기의 결정적인 요소로 보고서 무생물로부터 생물의 자연 발생의 가능성을 열심히 보여주려고 했다. 그는 1876년에 『창조의 역사』(The History of Creation)라는 제목의 책에서 이 아이디어를 제시했다. 헤켈은 다윈에게 그 책을 한 권 보냈는데, 다윈은 그것에 대해 감사를 표하는 답신에서 자연 발생에 관해 다음과 같이 언급했다. "나는 이 후자의 문제가 해결되기를 염원하지만 그럴 가망이 없다고 생각한다네. 그것(무생물로부터의 발생)이 사실로 증명될 수 있다면 그것은 우리에게 가장 중요할 것일세."[11] 다윈이 무생물로부터 생물이 자연적으로 발생했을 가능성을 믿었지만 자기 시대의 과학이 그것에 관한 문제를 해결할 가능성에 관해 비관적이었던 것이 확실해 보인다.

생명의 기원에 관한 다윈의 불확실성을 반영하는 그의 가장 유명한 말은 그의 친구와 주고받은 또 다른 서신에 등장한다. 헤켈에게 편지를 보내기 5년 전인 1871년

---

10 Charles Darwin, *The Origin of Species: By Means of Natural Selection or the Preservation of Favoured Races in the Struggle for Life*, 6th ed. (London: John Murray, 1872), 429.

11 Francis Darwin, *The Life and Letters of Charles Darwin: Including an Autobiographical Chapter* (London: John Murray, 1888), 3:180.

그의 친구인 조지프 후커(1817-1911)에게 보낸 편지에서 그는 다음과 같이 썼다.

> 흔히 최초의 유기체가 나오기 위한 모든 조건이 현재 존재하는데, 그 조건들이 언제든 존재할 수 있었다고 말할 수 있다네. 그러나 설사(그리고 그것은 얼마나 큰 가정인가!) 우리가 단백질 화합물이 화학적으로 형성된—모든 종류의 암모니아와 인산염, 빛, 온도, 전기 등이 존재하는—따뜻한 작은 연못을 상상할 수 있다고 하더라도 아직도 여전히 훨씬 복잡한 변화를 거쳐야 한다네.[12]

이 언급에 비추어 볼 때 찰스 다윈이 생명의 기원 문제가 매우 중요하다는 것을 인식했지만, 근본적인 차원에서 당시의 생명에 대한 과학적 이해의 한계도 인식했음이 명백하다. 그가 언급한 "큰 가정"은 가능한 수준보다 훨씬 많이 상상하지 않으려고 한 것을 반영하는 듯하다. 다윈은 생명의 기원 문제에 관해 과학적으로 침묵하려고 했지만 헤켈과 다윈의 다른 지지자들은 무생물로부터의 자연 발생을 열렬히 홍보했다.

토머스 H. 헉슬리(1825-95)는 영국의 생물학자로서 찰스 다윈의 열렬한 지지자이자 헤켈의 친한 친구였다. 그는 때때로 "다윈의 불독"으로 불리며, 1860년에 옥스퍼드 대학교에서 종종 진화론 대 종교의 대결로 불리는, 새로 출간된 다윈의 이론에 관해 새뮤얼 윌버포스(1805-73)와 벌인 논쟁으로 유명하다. 19세기에는 세포 내부의 생물학적 물질의 성격에 관한 이해가 아직 원시적인 상태에 머물러 있었다. 헉슬리와 헤켈을 포함한 대다수 생물학자는 소위 원형질이라는 세포 안의 물질이 생명의 특징을 결정한다는 입장을 유지했지만 이 물질의 미세 구조에 관해서는 알려진 바가 거의 없었다. 세포핵이나 DNA 같은 세포 내부의 물질은 먼 미래에 발견될 터였다. 이처럼 제한된 생물학적 이해에 기초해서 헤켈은 생명이 무기물과 세포를 구성하는 원형질 사이의 중간 단계 형태로 시작했을 수도 있다고 주장했다. 그는 **모네라**("단순한"을 의미하는 그리스어에서 유래했다)라는 중간 단계 물질이 재생산과 영양 섭취를 할 수는 있지만, 구조가 없는 젤리 같은 물질을 구성했다고 제시했다.[13]

1868년 자기 친구의 가설에 고무된 헉슬리는 아일랜드 근처의 해저에서 준설된 지 약 10년 된 진흙 시료들을 연구했다. 그는 아교질 물질을 관측했는데 그 안에 단단한 물질의 조각처럼 보이는 작은 원형의 판 같은 구조물이 끼어 있었다. 그는 아교질 물질이 "모네라"의 잔존물이고 단단한 조각들이 그 껍질의 잔해라고 해석했다. 자신의 발견을 예견한 헤켈을 기념해서 그는 그 유기체를 **바티비우스 헤켈리이**(*Bathybius Haeckelii*)로 명명했다. 곧이어 다른 연구자들이 비슷한 발견을 보고했다. 헤켈은 그 발견을 열정적으로 수용했고 그것을 일반화해서 해저 전체가 자신이 **우르슐라임**(*Urschleim*, 원래의 점액)으로 명명한 생명체의 얇은 막으로 덮였을지도 모른다고 상상했다. 불행하게도 **바티비우스**는 스티븐 굴드(1941-2002)가 말한 바와 같이 빅토리아 여왕 시대에 발견되어 그 시대 안에 소멸되었다. 1870년대에 추가적인 시료를 찾으려는 해양 탐험에서 새로운 발견이 나오지 않았다. 곧이어 그 진흙 안에 들어 있던 아교질 물질은 과학자들이 진흙 시료를 보존하는 방식임이 발견되었다. 진흙에 알코올을 첨가하는 것이 표준적인 절차였다. 해양 탐험대의 한 대원이 자기가 해양의 바닥에서 채취한 신선한 진흙에 알코올을 첨가할 때마다 **바티비우스**와 비슷한 뭔가가 생기는 것을 관찰했다. 그 탐험대에 참여하고 있던 화학자들은 진흙에 형성된 아교질 물질이 사실은 생물학적인 것이 아니라 알코올의 첨가로 야기된 황산칼슘(석고) 침전물이라는 것을

---

12 Darwin, *Life and Letters*, 3:168-69.

13 그 용어는 오늘날 단순한 유기체에 대한 생물학적 분류의 하나로 살아남았다.

발견했다. 그 탐험의 지휘자는 즉시 헉슬리에게 편지를 썼고 헉슬리는 굴욕을 참고 자신의 실수를 인정했다.[14] 이렇게 해서 자연 세계에서 일어나는 무생물로부터 자연 발생의 증거에 대한 최초의 주장은 틀렸음이 입증되었다.

19.5. 범종설이라는 대안

우리가 생명의 기원 과학에 관한 논의를 20세기로 확장하기 전에 19세기 말에 몇몇 과학자들이 제안한 지구상의 생명의 다른 원천 하나를 간략하게나마 살펴볼 필요가 있다. 그것은 몇몇 신봉자들을 통해 금세기에도 살아남았다.

파스퇴르와 그의 추종자들은 파스퇴르의 연구 결과가 생명은 생명으로부터만 나온다는 것을 의미한다고 해석했다. 파스퇴르나 그의 반대자 푸셰 모두 신적 명령을 통해 최초의 생명이 시작되었다고 믿었다. 지구상에서의 무생물로부터의 발생이 대안적 가설로서 받아들여지지 않는다면 1800년대 말에 신적 창조 사건을 일축한 관찰자들에게는 한 가지 대안만 남게 되었다. 생명은 영원하고—즉 생명은 언제나 존재해왔고—우주의 다른 부분에서 지구로 옮겨왔을지도 모른다. 생명이 지구의 경계 밖에서 유래했고 지구로 옮겨왔다는 이 믿음은 **범종설**(panspermia)로 알려지게 되었는데, 그 단어는 "씨앗들"(sperma)과 "모든 곳"(pan)을 의미하는 그리스어에서 유래했다.

범종설은 생물학자들보다 물리학자들 사이에서 가장 큰 성공을 거둔 것처럼 보였다. 19세기에 이 가설을 신봉한 사람 중 저명한 이는 켈빈 남작이었다. 당대의 많은 범종설추종자들과 달리 켈빈은 그리스도인이었으며 생명이 영원하다는 것을 믿지 않고 신적으로 유래했다고 믿었다. 그는 다윈의 아이디어들에도 회의적이었고 파스퇴르 실험의 "생명은 생명에서 나온다"는 해석을 굳건히 고수했다. 그는 생명이 지구 밖에서 유래해서 행성 간의 충돌을 통해 다른 행성에서 풀려나 운석 형태의 파편에 묻어 지구로 옮겨왔을 수도 있다고 주장했다.

동료 범종론자인 스웨덴의 화학자 스반테 아레니우스(1859-1927)는 켈빈과 달리 생명의 영원성을 믿었다. 19세기 말에는 철학 진영과 과학 진영 모두에서 물질의 영원성이 널리 사실로 받아들여졌다. 아레니우스는 열역학을 근거로 우주가 언제나 존재해왔다고 믿었다. 20세기 초에 그는 물질의 영원성에 관한 자신의 아이디어를 생명의 기원 문제로 확대해서 물질세계에서와 마찬가지로 생명에 시작이 없다고 주장했다. 그는 생명이 항상 존재해왔으며, 따라서 "생명이 어떻게 지구에 나타났는가?"라는 질문만이 중요하다고 믿었다. 아레니우스는 미세한 포자 형태의 생명이 우주의 혹독한 상태를 견뎌낼 수 있었고 별빛의 복사를 통해 추진력을 얻어서 행성들 사이로 운반될 수 있다고 믿었다.

켈빈의 제안과 아레니우스의 제안 모두 강한 비판을 받았고 신봉자가 별로 없었다. 그 결과 범종설에 대한 믿음은 20세기의 대부분 동안 낮은 수준으로 떨어졌는데 20세기 말에 잠시 부흥을 경험했다. 그 가설을 제안하는 저술을 출간한 두 명의 저명한 인물은 노벨상을 수상한 생물 물리학자 프랜시스 크릭(1916-2004)과 천문학자 프레드 호일(그의 다른 연구들은 8-10장을 보라) 및 그의 동료인 찬드라 위크라마싱헤였다. 호일이 범종설을 제안하도록 동기를 부여한 요소는 생명의 극단적인 복잡성과 생명의 기원을 순전히 물리적인 관점에서 상상하기 어렵다는 점이었다. 그래서 호일은 현대의 다양한 이론에 매우 비판적이었고 그 대신 범종설을 제안했다.

그러나 크릭은 다른 접근법을 취했다. DNA 분자 구조를 발견해서 노벨상을 수상한 크릭은 1973년 레슬리 오겔과 공저한 논문에서 유도된 범종(directed panspermia) 개념을 제안했다. 그는 1981년에 『생명 자체』(Life Itself)라

---

14 단단한 원형의 판 같은 조각들은 해양 바닥에 가라앉은 당대의 유기체들에서 나온 바닷말류의 껍질 조각들임이 밝혀졌다.

는 제목의 책에서 그 아이디어를 확대했다. 이런 저작들에서 크릭은 생명이 시작이 없이 영원하다는 옛 주장에 의존하지 않았다. 20세기의 이 무렵에는 빅뱅 우주론이 과학자들 사이에서 사실상 전적으로 수용되어(8장을 보라) 범종설 주장이 영원한 생명에 대한 논거를 방어할 수 없게 되었다. 대신 크릭은 생명의 가장 단순한 형태조차도 매우 복잡하다는 것을 근거로 원시 지구에서 생명이 출현했을 개연성이 아주 작았고 아마도 거의 없었을 수도 있다고 주장했다. 반대로 그 개연성이 매우 커서 거의 확실했었을 수도 있다. 그는 생명의 출현과 관련된 메커니즘이나 원시 지구에 편만했던 상태를 모르기 때문에 이 개연성을 추정할 방법이 없다고 주장했다. 한편 그는 천문학적 증거가 다른 많은 행성의 존재를 암시하는데 그중 몇몇 행성은 원시 지구의 상태와 같거나 그보다 생명의 출현에 훨씬 더 유리한 상태를 갖고 있었을지도 모른다고 생각했다. 이런 점을 고려해서 크릭은 비교적 지구와 비슷한 이런 행성 중 적어도 하나에서 지구가 출현하기 전에 생명이 유래해서 인간과 유사한 의식적인 존재로 진화했다고 제안했다. 그렇게 발전한 문명이 의도적으로 다른 행성들을 감염시키기 위해 해조 같은 간단한 형태의 생명을 수출하기로 결심했다. 이 즈음에 지구가 존재하게 되었고 운이 좋게도 그 생명을 받은 행성 중 하나가 되었다. 따라서 생명이 유도된 범종을 통해 지구상에 나타났을지도 모른다.

과학계에서 크릭의 지위에도 불구하고 그 제안은 그다지 호응을 받지 못했다. 대다수 관찰자들은 생명 기원의 확률과 메커니즘에 관한 질문이 극도로 어렵다는 것을 인정한다. 하지만 지구상의 생명이 지구 밖에서 유래했다고 상정하는 것은 우리가 그 과정에 관련된 상태와 물리적 사건들을 조사하기가 훨씬 더 어려운 곳으로 문제들을 옮기는 처사라는 데 일반적인 합의가 이루어져 있다. 그럼에도 불구하고 지구에서뿐만 아니라 지구 밖에서도 생명이 발생했을 가능성에 대한 관심이 계속 커지고 있다.

사실 지난 수십 년 동안에 지구 밖의 생명을 찾고 지구 및 우주의 다른 곳들에서 생명이 발생하기 위해 필요한 조건들을 조사하는 것을 목적으로 하는, 우주 생물학이라는 완전히 새로운 과학 분야가 발전했다.

19.6 무생물로부터의 발생 가설 소생: 오파린-홀데인 가설

1870년대에 무생물로부터의 발생에 관한 이론적·경험적 연구를 위한 초기 시도가 실패한 후 오랜 동면기가 이어졌다. 무생물로부터의 생명의 기원에 관한 활동과 관심의 재생은 일반적으로 1920년대에 경력을 시작한 러시아와 영국의 두 명의 과학자 덕분으로 돌려진다. 소련의 생화학자 알렉산드르 오파린(1894-1980)과 영국의 생물학자 J. B. S. 홀데인(1892-1964) 모두 그 이야기에서 두드러지는 인물이며, 처음에는 그들이 서로에 대해 알지 못한 채 독립적으로 연구했지만 중요한 실험 연구를 시작하게 한 이론은 두 사람의 이름을 함께 담고 있다.

20세기 초에 생물학의 원형질 이론은 세포의 이해 분야에서의 발전에 길을 내주었다. 세포 분열과 세포 분열에서 일어나는 세포핵 물질의 전달을 통한 생명의 유전적 연속성이 1800년대 말에 알려졌다. 20세기의 처음 몇십 년 동안 생화학이라는 새로운 생물학 분야가 출현했는데, 생화학은 단백질의 특징과 세포 안에서 생명을 지탱하는 화학 반응을 촉진함에 있어서 단백질의 역할에 초점을 맞추기 시작했다. 그러나 복잡성에 대한 이런 분위기에도 불구하고 생물학적 세포는 훗날의 연구에서 입증된 것보다 훨씬 단순해보였다. 어떤 의미에서는 원형질 이론에서 남겨진 근본적인 단순성을 계속 믿은 덕분에 오파린과 홀데인은 1920년대에 생명이 어떻게 무생물로부터 비롯될 수 있었는지를 상상할 수 있었다.

생명의 기원 과학에 대한 이 두 학자의 기여는 과학자로서 그들의 경력 초기에 시작되었다. 오파린은 30세이던 1924년에 "생명의 기원"(The Origin of Life)이라는 제목의 논문을 발표했고,[15] 홀데인은 36세이던 1929년에 같은 제목의 논문을 발표했다.[16] 그들이 보기에 무생물로부터의 생명 발생에서 첫 번째 단계는 필연적으로 출발 물질인 무기물에서 유기물이 형성되는 것이었다. 근본적으로 유기화합물은 탄화수소(탄소와 수소의 원자들만 존재한다)이거나 그것들의 유도체다(다른 종류의 원자들이 포함된다). 무생물로부터 생명의 발생이 시작되려면 탄소와 수소 원자들이 결합한 물질이 아닌 무기물로부터 이런 유기물들이 형성되어야 했다. 오파린은 유기물질이 중금속 카바이드(금속들과 탄소의 화합물)와 수증기(가열된 물[H_2O]의 증기) 사이의 반응들에서 형성되었다고 제안했다. 홀데인은 메탄(CH_4), 암모니아(NH_3), 그리고 물을 포함하는 기체 물질들 사이의 반응들이 당이나 아미노산 같은 단순한 유기 분자들을 형성했다고 제안했다. 두 과학자 모두 단량체(단위체, monomer)—"하나의(mono-) 단위(-mer)"를 의미한다—로 불리는 단순한 분자를 형성하는 이 첫 단계가 무기물의 세계와 유기물의 세계를 연결하는 열쇠라고 보았다.

당시에는 단백질 같은 생체분자의 구체적인 구조에 관해 알려진 것이 별로 없었지만 이런 분자들은 문자적으로 수백 개 또는 수천 개의 원자를 포함하는 매우 큰 분자라는 점이 명백했다. 따라서 필요한 다음 단계는 단량체들이 결합해서 중합체—"많은(poly-) 단위(-mer)"를 의미한다—로 알려진 좀 더 큰 구조들을 형성하는 것이었

---

15 A. I. Oparin, "The Origin of Life," trans. Ann Synge, in John D. Bernal, *The Origin of Life* (London: Weidenfeld and Nicolson, 1967), 199-234(원본은 1924년에 발표되었다).

16 J. B. S. Haldane, "The Origin of Life," in Bernal, *Origin of Life*, 242-49(원본은 1929년에 발표되었다).

다. 오파린은 이런 중합체들이 모여서 가라앉지 않고 물에서 떠다니는 교질의 현탁 물질—극미(極微)의 작은 입자들(또는 원자들에 비하면 상대적으로 대형 분자들)—을 형성했다고 믿었다. 이런 교질 현탁 물질이 더 복잡해짐에 따라 그것들이 응집해서 세포와 좀 더 유사한, 더 큰 구조를 형성했는데, 그것들이 생체 세포들이 생명체에서 달성하는 과정들을 수행함으로써 점진적으로 생명과 같은 특징들을 획득하기 시작했다. 그러나 홀데인은 해양에서 이런 중합체들이 모여서 원시 수프 또는 프리바이오틱(원시의) 수프로 알려지게 된 일종의 수프를 형성했다고 믿었다. 홀데인은 또 다른 20세기 초 생물학의 중요한 발견인, 바이러스로 알려진 극미의 실체에 대해서도 상당한 관심을 보였다. 그는 바이러스를 무생물과 생물의 중간 단계에 있는, 자기 복제를 하는 단순한 분자 구조로 볼 수 있다고 믿었다. 그는 바이러스들이 단순한 분자가 어떻게 재생산—그는 재생산을 생명의 기원에서 중요한 부분으로 보았다—할 수 있는지에 대한 예라고 상상했고 따라서 그 이론에 유전적인 요소를 덧붙였다.

그들의 이론들의 세부적인 내용은 달랐지만, 그들이 공유한 공통점으로 인해 그 이론들은 하나의 틀 안에 포함될 수 있었다. 그 이론들의 저자들은 기원 과학과 그것의 함의에 대해 같은 철학적 전망을 지녔다. 그들은 모두 열렬한 반생기론자였고 우연히 정치적으로 마르크스주의에 대한 선호를 공유한 확고한 물질주의자였다. 이 점이 좀 더 중요한데, 그들 모두 원시 행성에서 다양한 화학적 단계를 통해 (즉각적으로가 아니라) 비교적 서서히 살아 있는 것으로 간주될 수 있는 경계로 이전한 점진적인 과

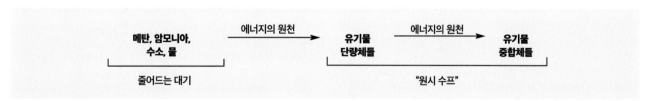

그림 19.4. 오파린-홀데인 가설 개요.

정을 강조했기 때문에 그들의 이론들은 쉽게 하나로 통합되었다. 이후 세대의 생명의 기원 과학자들에게 **오파린-홀데인 가설**로 알려지게 된, 이 두 제안이 결합된 이론은 일종의 이정표가 되었다. 그 이론이 제안되었을 때 생화학과 분자 생물학은 유아 단계에 있었기 때문에 그 당시의 과학은 오늘날의 기준에 비하면 매우 부적절했지만, 그럼에도 불구하고 그 이론은 적어도 무생물에서 생명으로 이르는 잠재적인 화학적 경로들에 관한 실험 연구를 시작하기 위한 이론적인 구조를 제공했다. 오파린-홀데인의 아이디어를 실험적으로 검증하려는 최초의 진지한 시도는 20세기 중반에 시카고 대학교에서 나왔다. 그러나 우리는 이 이야기에서 중요한 다음 단계를 논의하기 전에 그 연구가 무엇에 관한 것인가, 즉 생명이 어떻게 정의되어야 하는가를 간략하게 살펴볼 것이다.

19.7. 생명을 정의하기

당신이 무엇을 찾는지 모른다면 당신이 그것을 발견할 가능성은 크지 않다. 우리가 생명의 기원을 고찰할 때 쉽게 답할 수 없는 중요한 한 가지 질문은 생명 자체의 정의와 관련이 있다. 다양한 생명의 기원 과학자들이 많은 정의를 제안했지만, 어느 정의도 일반적으로 수용되지 않았다. 살아 있는 존재가 보여야 할 생명체로서의 특징들의 관점에서 정의하는 것이 하나의 방법이 될 수 있다.

생명의 기원에 관한 향후 논의를 위한 좋은 틀로서 우리는 노벨상 수상자인 생화학자 크리스티앙 드 뒤브가 몇 년 전에 생명의 시작에 관한 그의 저서에서 제공한 정의를 사용할 수 있을 것이다. 뒤브에 따르면 생명은 "평형에서 먼 상태에서 자신을 유지하고, 환경을 통해 공급된 에너지와 물질의 계속적인 유입의 도움을 받아 성장하고 증식할 능력"과 관련된다.[17]

---

17 Christian de Duve, *Blueprint for a Cell* (Burlington, NC: Neil Patterson, 1991), 4.

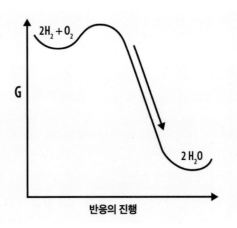

그림 19.5. 물 형성 반응의 자유 에너지 다이어그램.

이 정의는 기본적으로 화학적인 정의다. **평형**(equilibrium)은 이 정의에서 중요한 아이디어를 소개하는 중요한 화학 용어다. 우리는 화학적 평형, 특히 이 용어에서 중요한 **에너지 및 물질**이라는 두 단어와 관련된 평형에 대한 이해를 좀 더 가다듬을 필요가 있다.

어떤 화학 시스템이 "평형에서 먼" 상태에서 작동하고 있다면 전형적인 화학자는 즉각 에너지 다이어그램, 또는 좀 더 구체적으로는 **자유 에너지** 다이어그램의 관점에서 생각한다. 자유 에너지는 G로 표시되는데 그것이 자유롭게 일을 할 수 있는 최대의 에너지이기 때문에 "자유"에너지로 불린다. 그림 15.5의 위쪽에 나타난 것처럼 비교적 G값이 높은 상태에 있는, 수소 기체(H_2)와 산소 기체(O_2)가 2:1의 분자 수 비율로 혼합된 매우 간단한 화학 시스템을 고려해보자. 이 다이어그램에 나타난 바와 같이 수소와 산소 혼합물은 이 상상의 표면에서 작은 함몰 부분에 위치한다. 이 표면의 왼쪽에서 오른쪽으로의 이동은 화학적 변화를 나타낸다. 이런 혼합물은 아무 일도 일어나지 않고 오랫동안 G 표면상의 높은 곳에 위치하는 얕은 함몰 부위에 존재할 수 있으므로 안정적으로 보일 수도 있을 것이다. 하지만 우리가 그것에 작은 불꽃을 가하면 요란한 불과 소리를 내면서 폭발이 일어난다. 다이어그램에서 보면 불꽃이 수소 산소 혼합물을 작은 혹 너머로 밀어내고, 그 시스템은 매우 급격하게 G 표면상의 내리막을

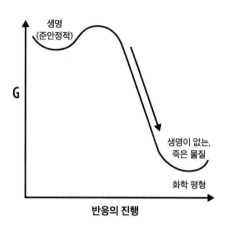

그림 19.6. 평형에서 먼 G 표면상의 생명.

굴러간다. 에너지는 어떤 과정에서든 보존되어야 하므로 자유 에너지 G에서의 감소는 열, 빛 그리고 소리—불과 소음—의 형태로 에너지가 방출되는 결과로 귀결된다.[18] 그 반응의 화학적 산물이 물인데 그것은 다이어그램에 표시된 바와 같이 훨씬 낮은 G에 놓인다.

화학자에게 평형은 가능한 최저의 G에 있는 시스템의 상태로 정의된다. 수소-산소 혼합물에서 평형은 G 표면의 바닥에서 일어나는데, 그 지점에서는 사실상 모든 수소와 산소가 물로 존재한다. 안정성 측면에서, 평형 상태에 있는 화학 시스템이 갈 수 있는 경로는 하나뿐인데 그것은 위쪽으로 가는 경로이기 때문에, 평형 상태는 그 시스템의 가장 안정적인 상태다. 위쪽으로 이동하는 것은 에너지 보존 법칙에 어긋나기 때문에 화학 시스템이 자체로는 그 방향으로 이동할 수 없다. 화학 시스템은 최소 자유 에너지 G 상태에서의 평형 상태에 고착된다. 따라서 화학자는 화학 과정이 자체적으로—즉 외부의 도움이 없이—진행될 때에는, 실제 공간에 있는 공이 언제나 아래쪽으로 구르듯이, 언제나 G 표면의 아래쪽으로 굴러감으

로써 평형을 향해 나아갈 것으로 예상할 수 있다. 우리가 그 과정을 뒤집기를 원한다면 화학 시스템을 언덕 위로 다시 올려놓아서 물을 다시 수소와 산소로 되돌릴 에너지를 그 시스템의 외부에서 공급해야 할 것이다. 그 과정이 가능하기는 하지만 그것은 외부의 도움, 즉 외부로부터의 에너지 공급이 없이는 일어나지 않는다.

드 뒤브가 생명이 평형에서 먼 상태에서 작동하는 시스템이라고 한 말은 살아 있는 것들은 반응 전의 수소 및 산소와 유사하게 G 언덕의 맨 위에서 살고 있다는 의미다. 그림 19.6에 나타난 바와 같이 생명은 수소와 산소 기체들처럼 준안정적인(참으로 안정적인 상태가 아닌) 상태에 있다. 물론 살아 있는 시스템과 수소-산소 혼합물 사이에는 매우 중요한 차이들이 있다. 반응 전의 수소-산소 혼합물은 화학적으로 정적이다. 즉 아무것도 변하지 않는다. 살아 있는 시스템에서는 화학 반응들이 계속 일어난다. 우리는 이 모든 화학 반응들이 개별적으로 수소-산소 반응이 따르는 것과 똑같은 원칙을 따른다고 확신할 수 있다. 달리 말하자면 그 반응들은 평형을 향해 아래쪽으로 달려간다.

그것이 어떻게 가능한가? 확실히, 살아 있는 시스템 안에 있는 모든 것이 아래쪽으로 달려가고 있다면 결국 모든 것이 그 비탈길의 바닥에서 화학적 평형에 도달하게 될 것이다. 만일 이 일이 일어나도록 허용된다면 그 비탈길의 바닥에서는 그 시스템 안에 어떤 생명도 남지 않을 것이다. 즉 죽음이 발생했을 것이다.[19] 화학적으로 및 열역학적으로 말하자면 평형은 죽음에 필적한다. 그렇다면 살아 있는 시스템이 어떻게 화학적·열역학적 관점에서 살아있을 수 있는가? 단순한 대답은 **물질대사**(metabolism)를 통해서다. 물질대사는 살아 있는 시스템을 그것의 위치 에너지 언덕의 꼭대기에서 유지하기 위해 일어나야 하는 계속적인 에너지 투입과 관련된다. 수소-산소 반응에 비

---

18 자유 에너지 G는 물리학에서의 위치 에너지(potential energy)와 유사한 것으로 생각될 수 있다. 공이 아래로 구르면 공의 위치 에너지는 운동 에너지로 전환된다. 이와 유사하게 H_2-O_2 화학 시스템이 상상의 G 표면에서 아래로 굴러 물을 형성할 때 그 시스템의 자유 에너지가 열, 빛, 그리고 소리 형태의 에너지로 전환된다.

19 이것은 8장에 등장하는 열사(heat death)와 유사하다.

유하자면 그것은 물을 분해해서 수소-산소의 반응이 거듭해서 반복되도록 에너지를 계속 투입하는 것에 비견될 것이다.

우리 같은 유기체들이 생명을 영속시키는 반응이 계속 일어나도록 만들기 위한 에너지의 원천은 우리가 먹는 음식 안에 저장된 화학적 위치 에너지다. 녹색 식물에게 있어서 에너지원은 엽록소 분자들을 통해 포획된 햇빛이다. 그러나 어느 경우든 간에 살아 있는 시스템은 외부의 에너지 원천을 사용해서 죽음을 의미하는 평형 상태에서 떨어진 세포 안의 화학 시스템을 견인한다. 드 뒤브의 계속적인 "에너지와 물질의 유입"은 생명이 그것을 통해 자신을 계속 유지하는 물질대사 수단을 일컫는다. 생명의 기원에 관한 과학적 탐구 이야기의 중요한 가닥 중 하나는 물질대사의 기원에 관한 탐구와 관련이 있다.

하지만 그것이 그 이야기의 전부는 아니다. 드 뒤브는 생명의 증식 능력도 언급한다. 생명의 또 다른 중요한 특징은 자신을 재생산할 능력이다. 생명의 기원을 고려함에 있어서, 최초의 살아 있는 실체가 최소한 자신을 닮은 두 번째 생명을 만들어낼 수 없었다면 그것의 죽음으로 그 생명체의 계통이 끝났을 것이라는 점이 명백하다. 따라서 생명의 기원 탐구에 있어서 중요한 두 번째 가닥은 복제를 할 수 있는 시스템에 대한 탐구와 관련된다. 살아 있는 시스템은 물질대사 면에서 자신을 지탱할 수 있을 뿐만 아니라 모종의 방법을 통해 자신을 재생산할 수도 있어야 한다. 대개 이 재생산 과정은 한 세대에서 다음 세대로 모종의 형태의 정보가 전달되는 것과 관련이 있다고 생각된다. 달리 말하자면 살아 있는 시스템이 자신을 복사할 수 있다면, 그것의 특성을 정의한 정보가 재생산되고 그것의 생명 형태가 이후 세대로 넘어간다. 이는 현대의 고등 생명 형태에서 유전자 이동(genetic transfer)으로 묘사되고 있는 과정이다. 따라서 우리는 물질대사 요소에 유전적 요소를 덧붙여야 한다. 생명의 기원을 연구하는 몇몇 진영에서는 종종 생명의 정의에서 중요한 두 요소 중 한쪽을 소홀히 하고 다른 한쪽을 강조해왔다. 그 결과 그 분야에서 **물질대사주의**(mtabolist)와 **유전주의**(geneticist)의 두 진영이 대립하게 되었다.

어떤 유전 물질의 복제에서든 간에 복사 과정에서 변이의 가능성이 존재하기 때문에 복제 능력에는 암묵적인 변화 능력이 포함되어 있다. 세대들 간의 그런 변화 능력이 생명 형태의 진화 능력의 가능성을 허용한다(본서의 5부를 보라). 생명의 기원 과학자의 대다수는 이 진화적 변화 능력을 생명을 정의하는 특징의 하나로 포함하기를 선호할 것이다.

마지막으로, 생명의 특징 목록에 우리가 한 가지 요소를 더 추가해야 하는데, 드 뒤브는 이 요소를 그의 다소 간결한 정의에 포함하지 않았다. 19세기 생물학에서 세포 이론이 발전한 이후 과학자들은 살아 있는 시스템과 외부 세계 사이의 물리적 경계 확립을 생명을 정의하는 중요한 측면의 하나로 여겨왔다. 그 결과 생명의 기원 연구자들이 가상의 최초의 생명이 벽이나 모종의 경계를 통해 자신의 환경으로부터 자신을 분리했을 수도 있는 방법을 찾으려는 명확한 경향이 존재해왔다. 이것이 생명의 정의에서 중요한 측면인지에 관한 의견은 합의가 이루어지지 않았다. 그럼에도 불구하고 환경과 별도로 살아 있는 시스템의 무결성을 확립하고 유지하기 위해 생명의 경계가 필요하다는 믿음이 충분히 보편적이기 때문에, 그것이 설사 우리의 정의에는 포함되지 않더라도 적어도 우리의 고려 대상에는 포함되어야 한다.

요약하자면 생명의 특징을 정의한다고 제안된 세 가지 중요한 요소가 있는데 우리는 논의를 계속할 때 이 요소들을 명심해야 한다. 살아 있는 시스템은 반드시 다음 요소들을 지녀야 한다: (1) 환경으로부터의 물질/에너지 투입을 통한 자기 지탱, (2) 진화상의 변화 능력을 포함하여 모종의 세대 간 정보 전달을 통한 자기 복제, 그리고 (3) 격리 또는 구획화로 불릴 수 있는 수단을 통한 자신의 무결성 유지 능력.

19.8. 생명과 생명의 화학 반응의 필수 요소

한 시스템이 살아있기 위해서는 그것이 얼마나 커야 하는가? 그림 19.7은 우리가 오늘날 관찰하는 생명 형태들의 크기의 범위를, 세포질 요소들과 이 요소들을 구성하는 원자와 분자 구조들의 크기와 비교하여 보여준다. 세로 방향의 척도는 로그 척도, 즉 한 단위의 거리는 10배의 변화에 해당함을 주목하라. 따라서 예컨대 인간의 머리카락의 직경은 전형적인 식물이나 동물 세포보다 10배 클 것이다. 마찬가지로 전형적인 바이러스는 가장 작은 세균보다 10배 작은 반면에 단백질들은 대략 100배 작다.

우리가 오늘날 알고 있는 생명의 구성 요소의 세 가지 주요 형태에 초점을 맞추면 우리는 생명의 조직화를 표로 나타낼 수 있다. 그림 19.8은 생물학적 구조와 생화학적 구조 수준들 사이에서 크기/복잡성 관계를 보여준다. 그림 19.8에 등장하는 다섯 개의 수평 방향 행들은 대략적으로 그림 19.7에 나타난 크기 면에서 가장 작은 다섯 개 단계에 상응하며, 0.1나노미터에서 1,000나노미터까지 이른다는 점을 주목하라(0.1nm = 10^{-10}m이고 1,000nm = 10^{-6}m다). 특정한 구획에 존재하는 구성 요소들은 한 행 아래의 같은 열(column)에 있는 구성 요소들로 구성된다고 생각될 수 있다. 예컨대 유전자들은 DNA로 구성되고, DNA는 뉴클레오타이드(nucleotide)들로 구성된다. 리보솜들은 단백질들과 RNA로 구성되기 때문에 [열들의] 경계에 놓임을 주목하라. 둘째, 셋째, 넷째 열들은 섹션 19.6에 수록된, 살아 있는 시스템에 대해 요구되는 세 가지 주요 기능들과 관련되며 그 열들에 있는 다양한 구성 요소들이 생명을 가능하게 만듦에 있어서 어떻게 봉사 역할을 하는지를 보여준다(섹션 2.4.3을 보라). 둘째 열은 주로 물질대사에 관여하

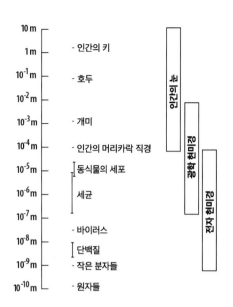

그림 19.7. 유기체들과 그 구성 요소들의 상대적 크기.

는 분자 물질, 단량체와 중합체 즉 아미노산, 단백질과 그것들의 효소 복합체들을 포함한다. 셋째 열은 재생산 과정에 관여하는 단량체와 중합체(RNA, DNA), 즉 유전적인 구성 요소를 포함한다. 넷째 열은 살아 있는 시스템의 경계를 구성하는 세포막을 포함한다. 각각의 열에서 위로 올라갈수록, 가장 아래쪽 줄의 암모니아(NH_3) 같은 단순

그림 19.8. 화학적/생물학적 구조화 수준.

한 분자부터 가장 위쪽의 많은 원자로 구성된 매우 복잡한 것들을 포함하는 상대적으로 큰 세포 구조까지, 크기와 복잡성이 모두 증가함을 주목하라.

생명에 필요한 크기라는 원래의 질문으로 돌아가자면, 그것은 확실히 부분적으로는 "생명의 모든 기능을 떠받치기 위해서는 시스템이 얼마나 복잡해야 하는가?"라는 질문이 된다. 생명의 기원을 연구하는 과학자들은 이 질문에 대해 다른 답변들을 제시한다. 무생물로부터의 생명의 기원은 필연적으로 단순한 분자들을 지닌 밑바닥 수준에서 시작해서 궁극적으로는 맨 위의 세포들로 이동할 것을 요구한다. 가상의 시나리오의 어느 지점에서 어떤 것을 살아 있는 존재로 식별하는 것이 적절한가? 생명의 기원 과학자들은 자주 그 다이어그램 위쪽으로의 역사적 이동에서 생명과 비생명 사이에 선을 그으려고 하는 것은 의미가 없다고 보며 우리는 대신 비생명에서 생명으로의 뚜렷하게 넘어감이 없는 스펙트럼 관점에서 생각해야 한다고 주장한다. 그러나 몇몇 학자는 **"살아 있는"**이라는 말은 기능하는 모종의 세포에만 적용되어야 한다고 주장할 것이다.

지구상의 생명의 중요한 한 가지 측면은 생명의 단일성(singularity)이다. 이 말은, 가장 작은 세균부터 가장 고등동물인 포유류에 이르기까지, 우리가 어떤 유형의 유기체를 생각하든 간에 생명의 과정들의 화학 구조는 생명의 화학 구조의 기능의 완전성(섹션 2.2.2을 보라)을 보이는 현저한 유사성을 포함한다는 뜻이다. 예컨대 모든 생명 형태는 본질적으로 똑같은 20세트의 아미노산들을 사용해서 자신의 단백질을 만들고, 손대칭인 모든 형태는 (글리신만 빼고) "왼손잡이"다(섹션 19.3을 보라). 모든 생명 형태는 소위 핵염기라는 동일한 분자 구조를 사용해서 정보를 담고 있는 분자인 RNA와 DNA를 구성한다.[20] 동일한

당(리보스)이 모든 핵산의 중추의 일부다. 그것 역시 손대칭이며, 오른손잡이 형태만 이용된다. 생명의 모든 형태를 관통하는, 근본적인 화학 구조의 유사성은 모든 생명이 한 번만 시작했거나 여러 번 시작했다면 적어도 한 가지 형태만 살아남았다고 주장하는 사람들에게 강력한 논거 중 하나를 제공한다. 이 아이디어의 당연한 추론 중 하나가, 생명이 출현한 후의 발전에 관한 다윈의 모형을 가정할 경우, 보편적인 최종 공통 조상(last universal common ancestor; LUCA) 가정이다(24장을 보라).

그림 19.8에 묘사된 구조화 그림으로 돌아가 보자. 생명의 화학 구조를 자세히 살펴보면 구조와 기능의 완전성이 놀라운 방식으로 나타난다. 맨 아래 줄에 나타난 바와 같이 생명에 필수적이고 농도가 높은 원소들은 탄소, 수소, 질소, 산소, 인, 황으로서 그것들의 수는 비교적 적다. 이 여섯 개 원소들 외에 좀 더 뒷받침하는 역할을 하는 원소로서 두 번째로 중요한 다른 원소들이 있다. 이런 원소는 주로 이온으로 존재하면서 전하 균형 유지에 관여하는 칼륨, 나트륨, 염소 및 칼슘과 마그네슘을 포함한다. 칼륨과 마그네슘은 실제 생체 부위 안에서 구조적으로 및 단백질 및 핵산과의 상호작용에서 화학적으로 중요한 역할을 한다. 마지막으로 농도가 비교적 낮음에도 불구하고 주로 금속 단백질로 알려진 분자들의 활동 센터로서 불가결한 역할을 하는 미량 원소(trace element)들이 있다. 이 영역에서 기능하는 가장 중요한 금속은 철, 아연 그리고 구리다.

모든 원소 중에서 탄소가 가장 중요한데, 탄소는 독특한 여러 결합 능력으로 인해 생명에 필수적인 특징을 가진다.[21] 탄소는 주기율표에서 가장 재주가 많은 원소라고 할 수 있을 것이다. 탄소는 원소마다 네 개의 결합을 하는데 단일, 이중, 삼중 결합을 사용해서 다양한 방식으로

---

20 우리는 21장에서 정보를 담는 생물학적 분자들에 관해 훨씬 더 자세하게 논의할 것이다.

21 생명에 적합한 탄소의 독특한 속성들이 무신론자인 Hoyle로 하여금 잠시 멈춰서 이 원소가 지성을 통해 설계된 것이 아닌지 생각하도록 했다는 점을 상기하라(섹션 9.4를 보라).

생명이 한 번만 시작했다거나 한 가지 형태의 생명만 생존했다는 결론은 최선의 설명에 이르는 추론(섹션 4.2.1을 보라)의 또 다른 예를 나타낸다. 하지만 그것은 많은 과학 이론의 경우에서 그렇듯이 절대적으로 확신하지는 않아야 하는 결론이다. 예컨대 두 번째 형태의 생명이 발견되면 확실히 이 결론이 무효가 될 것이다. 사실 우리가 한 가지 형태의 생명만 아는 이유는 우리가 다른 형태의 생명을 어떻게 찾아야 하는지를 모르기 때문

일 수도 있다고 주장되어왔다. 이 추론은 지구 밖에서뿐만 아니라 지구에서도 대안적인 형태의 생명을 찾기 위해 진지한 노력이 기울여져야 한다는 주장으로 이어졌다.[a]

[a]　Carol E. Cleland and Shelley D. Copley, "The Possibility of Alternative Microbial Life on Earth," *International Journal of Astrobiology* 4 (2005): 165-73.

결합할 수 있다. 다양한 결합들이 그림 19.9에 나타나 있다(화학자들은 대형 분자들에서 원소 기호를 반복적으로 쓰는 것이 번거로워서 그 그림에 나타난 탄화수소 구조들에 대한 속기법을 개발했다). 탄소 원자들은 다른 탄소 원자들뿐만 아니라 질소, 산소, 수소 원자와도 강한 결합을 형성한다. 탄소 원자들은 방향족으로 알려진 범주를 포함해서 안정적인 고리 구조를 형성할 수 있다. 그 구조에서 원자들은 평평한 변이 다섯 개 또는 여섯 개의 고리들로 배열된다. 이처럼 다양한 결합 특성은 탄소에 유일하며, 많은 생체분자 구조에서 나타난다.

　　그림 19.10에 묘사된 다섯 가지 핵심적인 다른 원소들의 공통적인 결합 패턴 역시 생명의 화학 구조에서 가능한 것을 결정하는 데 도움이 된다. 질소 원자는 탄소 원자 다음으로 재주가 많다. 특히 질소 원자는 변이 다섯 개 또는 여섯 개인 방향족 고리들에서 탄소 원자를 대체할 수 있다. 이것은 특히 RNA와 DNA에서 중대한, 이 중요한 평면 구조들의 화학적 행태를 상당히 변화시킨다. 이런 분자들에서 방향족 고리 안의 질소 원자는 (그림 19.10에 묘사된) 수소 결합에 관여할 수 있다. 수소 결합은 중요한 많은 생체분자에서 일어나는 비교적 약한 결합이며, 주로 그것들의 3차원 형태 결정에 도움을 주는 데 관여한다. 예컨대 유명한 이중 나선 구조에 들어 있는 DNA의 두 가닥은 수소 결합을 통해 유지된다.

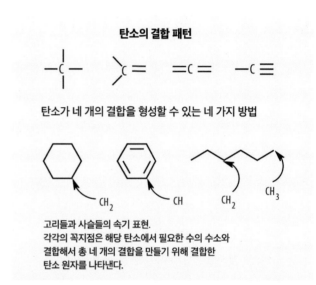

그림 19.9. 탄소 결합의 다양한 방법. 중앙의 육각형은 방향족으로 알려진 특별한 경우다.

　　생명의 존재에 가장 중요한 화합물인 물은 탄소를 포함하지 않는다. 물이 지구상의 생명에 절대적으로 필요하다는 데 일반적으로 합의가 이루어져 있으며, 많은 학자는 만일 지구 밖의 생명이 존재한다면 외계 생명에도 물이 필수적일 것이라고 주장할 것이다. 물에는 독특한 많은 특징이 있다. 물(H_2O)은 탁월한 수소 결합 물질이기 때문에, 수소 결합을 할 수 있는 분자들뿐만 아니라 (**쌍극자**[dipole]로 알려진) 전하 분리가 있는 이온 물질과 분자들에 아주 효과적인 용매다. 많은 생체분자가 위의 묘사 중 하나에 들어맞는다. 따라서 물은 생명을 지탱하는 매우 좋

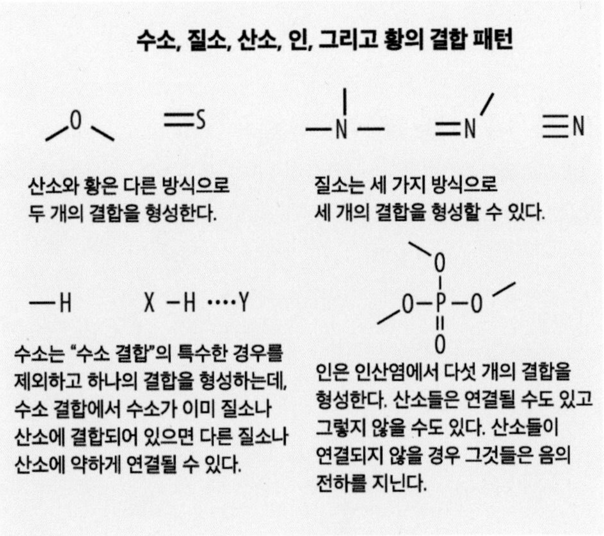

수소, 질소, 산소, 인, 그리고 황의 결합 패턴

산소와 황은 다른 방식으로 두 개의 결합을 형성한다.

질소는 세 가지 방식으로 세 개의 결합을 형성할 수 있다.

수소는 "수소 결합"의 특수한 경우를 제외하고 하나의 결합을 형성하는데, 수소 결합에서 수소가 이미 질소나 산소에 결합되어 있으면 다른 질소나 산소에 약하게 연결될 수 있다.

인은 인산염에서 다섯 개의 결합을 형성한다. 산소들은 연결될 수도 있고 그렇지 않을 수도 있다. 산소들이 연결되지 않을 경우 그것들은 음의 전하를 지닌다.

그림 19.10. 산소, 황, 질소, 수소, 인 결합의 다양한 방법.

은 용매다. 그리고 물은 이상적인 물리적 특성을 가진 것으로 보이는데, 특히 그렇게 작은 분자 구조에 비해 비교적 높은 온도에서 그리고 넓은 온도 범위에서 액체로 존재하며, 고체 형태가 액체 형태보다 밀도가 낮은 매우 이례적인 속성을 갖고 있다. 더구나 물은 덥혀질 때 많은 양의 열에너지를 흡수할 능력을 갖고 있으며 증발할 때 비교적 많은 양의 에너지를 필요로 한다. 이 모든 속성은 생명을 지탱하는 물의 독특한 능력에 기여한다.

물의 용매로서의 예외적인 특성 외에도 우리는 생명의 기원 과학의 몇몇 맥락에서 도전적인 것으로 밝혀진 물의 화학적 성질의 또 다른 측면을 주목할 필요가 있다. 물은 다른 분자들과 반응할 수 있다. 이 점은 물이 결합을 깨뜨리고 새로운 결합을 형성할 수 있음을 의미한다. 물이 이런 종류의 반응에 참여하는 것은 가수분해로 알려졌다(좀 더 자세한 내용은 섹션 22.1.2의 "심화 학습: 가수분해"를 보라). 가수분해 과정으로 말미암아 중요한 대형 분자들이 그것들의 부분들로 깨질 수 있으므로 가수분해로 말미암아 생명의 기원에 부여된 도전이 발생한다. 따라서 생명을 지탱하는 화학 반응에 필요한 RNA 같은 대형 분자들이 물과의 반응을 통해 붕괴될 수도 있다.

생명과 생명의 기본적인 화학 반응—그것들은 창조 세계의 기능의 완전성과 봉사적 성격의 현저한 예다—에 관한 간략한 이 배경을 살핀 우리는 이제 무생물로부터 생명의 기원이 어떻게 일어났을 수도 있는지를 이해하기 위한 과학적 노력에 관한 논의를 시작할 준비가 되었다. 다음 장에서 우리는 오파린과 홀데인의 원시 수프의 기원을 시뮬레이션하기 위한 시도를 통해 이 과학적 노력이 시작한 지점에서 출발할 것이다.

20장

원시 화학: 원시 수프가 나타날 준비

오파인-홀데인 가설에 의하면 최초의 살아 있는 유기체는 생명의 기본적인 구성 요소를 함유한 수용액에서 나왔다. 이 용액은 원시 수프로 알려지게 되었다(섹션 19.6을 보라). 그것이 어디서 생겼는지 그리고 그 장소가 바다 전체였는지, 아니면 다윈의 "따뜻한 작은 연못"과 비슷한 훨씬 작은 웅덩이였는지에 관해서는 합의가 이루어지지 않았지만, 생명이 시작하기 위해서는 그 수프가 필요했다는 점은 널리 인정되었다. 당시의 당면 질문은 "그 수프의 재료, 즉 생명의 구성 요소들이 원시 지구에 어떻게 생겨났는가?"였다.

이 수프는 어떤 모습인 것으로 가정되었는가? 그것은 토마토 퓌레와 유사했는가, 아니면 야채 수프와 비슷했는가? 아마도 어느 쪽도 아니었을 것이다. 토마토 퓌레에는 하나의 주요 재료만 있으며 야채 수프에는 많은 재료가 있지만 그것들은 모두 야채라는 같은 유형이다. 식용 수프 중 원시 수프에 대한 좀 더 나은 비유는 모두 성격이 다른 닭, 달걀, 옥수수라는 세 가지 주요 재료가 사용되는 닭-옥수수 수프일 것이다. 이와 유사하게 오늘날까지 관측된 모든 생명 형태에는 화학적으로 다른 세 가지 주요 성분이 있다. 첫째, 촉매 작용을 통해 생명의 화학 반응의 많은 부분을 가능하게 만드는 데 필요한 단백질이 있다. 단백질은 우리의 수프 비유에서 닭으로 대표될 것이다. 둘째, 계속적인 세포 구성과 재생산에 필요한 지시를 코딩하는 유전 물질인 DNA와 RNA가 있다. 달걀은 그것에 대한 좋은 비유다. 마지막으로 세포막을 만드는 물질이 있다. 이런 분자들에 대한 보편적인 명칭은 지질이다. 우리의 식용 수프 비유에서 옥수수가 지질을 대표한다.

닭-옥수수 수프를 만들려고 한다면 당신은 냉장고에서 닭과 달걀들을 꺼내고 옥수수 캔의 뚜껑을 열 것이다. 달리 말하자면 주요 재료를 준비할 필요가 없을 것이다. 생명의 주요 구성 요소들이 어떻게 원시 지구에 생겨났는지를 상상함에 있어서 오파린-홀데인의 틀을 채택한 생명의 기원 과학자들은 그런 사치를 누릴 수 없었다. 단백질, 핵산, 그리고 지질은 초기 지구에 기성품으로 나타나지 않았을 것이다. 따라서 우리는 이 과학자들이 생명이 원시 수프의 세 가지 구성 요소들과 관련해서 어떻게 시작되었다고 생각하는지를 논의하기 전에 먼저 이 구성 요소들 자체가 어떻게 지구에 존재하게 되었는지를 고려해야 한다.

우리의 수프의 주요 구성 요소인 단백질, 핵산, 그리

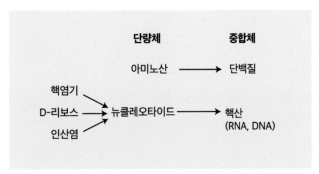

그림 20.1. 생체고분자, 단량체, 그리고 단량체들의 성분들 사이의 관계

고 지질은 그것들 자체가 매우 복잡한 분자—오파린-홀데인 가설에서의 중합체—다. 중합체들을 만들기 위해서는 먼저 그것들을 구성하는 단량체들이 있어야 한다. 단백질과 핵산이라는 구성 요소 중 두 가지는 기차에서 열차의 차량들과 비슷하게 결합한 단량체들의 사슬들로 이루어진다. 단백질을 위한 단량체들은 α-아미노산으로 알려진 비교적 단순한 분자들이다. 핵산들을 위한 단량체들은 뉴클레오타이드로 불리는데, 그것들은 좀 더 복잡하며 그것들 자체가 좀 더 단순한 구성 요소들—핵염기, 당 D-리보스 그리고 인산염—로 구성된다. 이런 관계들이 그림 20.1에 요약되어 있다. 현재의 세포 안에 들어 있는 지질들은 중합체가 아니지만 좀 더 단순한 구성 요소들—글리세롤, 인산염 그리고 지방산들—로 구성된다.

이런 단량체들을 시작하는 물질들이 원시 지구에 어떻게 나타났는지에 대한 탐구는 생명의 기원에서 최초의 실험이 시작된 지점이다. 그 논의를 위한 무대를 마련하기 위해 우리는 두 가지 사전적인 질문을 할 필요가 있다. 생명의 기원을 탐구하는 화학자는 원시 환경에서 어떤 물질들이 이용될 수 있었고 어떤 상태가 편만했었는지에 대한 감이 있어야 비로소 원시 지구에서 이용될 수 있다고 가정된 물질들로부터 화합물이 만들어질 수 있는지를 조사하기 시작할 수 있다. 지구의 상태는 40억 년의 역사 동안 상당히 변해 왔기 때문에(17장을 보라) 최소한 생명이 최초로 출현한 대략적인 시기에 대한 지식이 또 다른 선결 조건이다. 따라서 우리는 "언제 그리고 어떤 상태에서 생명이 시작되었는가?"라는 중요한 두 가지 질문으로 시작하려고 한다.

이후의 논의에서 우리는 창조 교리 관점에서 우리가 화학에서 발견한 기능의 완전성(섹션 2.2.2를 보라)이 어떻게 생명을 위한 생물학적 기초 요소의 기원에 관여했을 수 있는지를 탐구하고 있다는 점을 명심하라.

20.1. 생명의 기원: 언제 그리고 어떤 상태에서 시작되었는가?

지구는 45억 년의 역사 동안 커다란 변화를 겪어왔다. 생명의 시작 시기에 관한 문제에 대한 과학적 답변 자체도 시기에 따라 변화를 겪었다. 우리는 과학의 이 측면의 역사를 다루기보다 생명의 기원에 관한 현대 연구의 대부분의 시기를 다루는, 지난 수십 년 동안의 주요 의견을 대표하는 현대의 견해에 초점을 맞출 것이다.

생명이 언제 시작되었는지 우리가 어떻게 알 수 있는가? 우리가 발견할 수 있는 가장 오래된 화석을 조사하는 것이 그 시기를 입증하는 한 가지 방법일 것이다. 이런 화석들은 지구에서 가장 오래된 암석들에 들어 있는 가장 간단한 유기체인 단세포 유기체의 흔적으로 남아 있을 수도 있다. 고생물학자들은 지난 수십 년 동안 이런 미화석(微化石)들을 찾느라 바빴다. 단순한 세포들의 화석들이 이런 암석들 안에 남아 있으려면 그 암석들이 상당한 기간의 가열이나 광범위한 풍화를 겪지 않았어야 한다. 지구에는 이 기준을 충족하는 매우 오래된 암석들이 존재하는 장소들이 많지 않다. 따라서 시료의 원천이 다소 제한되어 있다. 하지만 호주 북서부와 남아프리카의 동부 지역에서 나온 고대의 암석들을 세심하게 조사한 결과, 살아 있는 유기체의 가장 오래된 기록을 대표한다고 주장된 미화석들이 나타났다.

이 분야의 선구자 중 한 명은 UCLA의 고생물학자인 J. 윌리엄 스코프다. 약 30년 전에 그는 호주에서 나온, 약 35억 년 전의 것으로 추정된 암석들에서 미화석들을

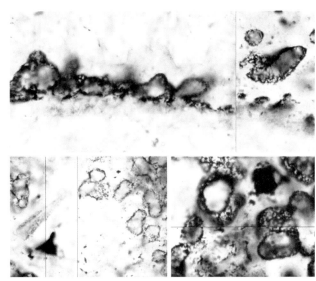

그림 20.2. 호주 북서부에서 나온 미화석(微化石)들.

발견했다고 보고했다.[1] 미화석으로 파악된 구조들은 현미경 아래에서 본 암석의 얇은 조각들 안에서만 탐지된다. 그의 보고는 유사한 조사들을 자극했고 다른 과학자들의 유사한 보고로 이어졌다. 2002년에 옥스퍼드 대학교의 과학자 마틴 브레이저가 스코프가 그 구조를 화석으로 식별한 데 의문을 제기했다.[2] 브레이저는 스코프가 관찰한 구조가 사실은 무기물 결정 구조라고 주장했다. 특정한 유형의 무기물 결정들은 암석 안에서 미생물을 닮은 구조들을 형성할 수 있다.[3] 스코프는 과학 문헌에서 자신의 주장을 방어했고 그 논쟁은 현재 해결되지 않은 것으로 보인다.[4]

---

1   J. William Schopf and B. M. Packer, "Early Archean (3.3-Billion to 3.5-Billion-Year-Old) Microfossils from Warrawoona Group, Australia," *Science* 237 (1987): 70-73.

2   Martin D. Brasier et al., "Questioning the Evidence for Earth's Oldest Fossils," *Nature* 416 (2002): 76-81.

3   1994년에 화성에서 온, 화석을 함유한 유명한 운석이 발견된 것을 주목하면 흥미롭다("The Mars Meteorite," Lunar and Planetary Institute, www.lpi.usra.edu/lpi/meteorites/The_Meteorite.shtml[July 19, 2016 접속]을 보라). 오늘날 이 화석은 생명체를 함유하는 것으로 잘못 생각된 무기물 구조에 불과하다는 데 일반적으로 의견이 일치되고 있다.

4   Schopf-Brasier 논쟁에 대한 좀 더 자세한 설명은 Robert M. Hazen, *Genesis: The Scientific Quest for Life's Origin* (Washington, DC: Joseph Henry, 2005), 33-45을 보라. 최근에 Schopf는 자신의 이전 주장들

스코프-브레이저 논쟁이 계속되는 동안 브레이저의 조수들을 포함한 다른 고과학자(paleoscientist)들은 아프리카와 호주에 있는 매우 오래된 암석들을 계속 조사했다. 이 과학자들이 미화석으로 파악한 구조들의 예를 그림 20.2에서 볼 수 있다. 그 구조들은 약 34억 년 전에 살았던 단세포 유기체의 화석화된 형태라고 주장되는데, 그것들의 나이는 그 화석들이 발견된 암석들의 방사화학적 연대 추정에 기초한다(14장을 보라).[5] 좀 더 최근의 이런 발견들에서 화학 분석 기법이 개선되어 이런 화석 주장들의 타당성을 좀 더 확실하게 평가할 수 있게 되었다고 주장된다. 이런 기법 중 하나는 화석 구조 안의 두 가지 중요한 생물학적 원소인 탄소와 황의 동위원소 구성과 관련된다.

생명의 표시인지 아니면 일종의 화학적 화석인지를 결정하는 데 원소들의 동위원소 구성 변화가 오랫동안 사용되어왔다. 대다수 원소의 원자들은 그것들의 핵에 위치한 중성자들의 수에 따라 질량이 다를 수 있음을 상기하라(섹션 6.2.1을 보라). 따라서 탄소는 주로 원자 질량이 각각 12와 13인 ^{12}C와 ^{13}C 형태로 존재한다. 이산화 탄소에서 생물학적 수단을 통해 유기물질로 탄소가 통합될 때 탄소는 좀 더 가벼운 동위원소가 풍부해진다는 것이 밝혀졌다. 비슷한 방식으로, 특정한 세균이 자신의 물질대사에서 황산염(SO_4^{2-})을 사용할 때 무거운 황 ^{34}S와 가벼운 황 ^{32}S의 비율이 영향을 받는다. 그 화석 구조 자체 안에 들어 있는 동위원소 구성에 대한 고감도, 고해상 검출을 사용하여 그 그림에 묘사된 화석들을 발견한 호주의 고생물학자 데이비드 웨이시와 그의 동료들은 그 화석 안의 동위원소 비율들이 살아 있는 시스템에서 기대되는 비율

을 뒷받침하는 새로운 분석 데이터를 발표했다. J. William Schopf et al., "SIMS Analyses of the Oldest Known Assemblage of Microfossils Document Their Taxon-Correlated Carbon Isotope Compositions," *PNAS* 115 (2018): 53-58을 보라.

5   David Wacey et al., "Taphonomy of Very Ancient Microfossils from the ~3400Ma Strelley Pool Formation and 1900Ma Gun-flint Formation: New Insights Using a Focused Ion Beam," *Precambrian Research* 220-221 (2012): 234-50.

들과 상응한다는 것을 다소 자신 있게 보일 수 있었다. 이 사실과 그 암석의 지질학적 특성 및 탄소의 분광 연구에서 나온 추가적인 증거가 결합되어 이 구조들이 한때 살아있었다는 그들의 믿음을 강화했다.[6]

위에서 묘사한 것 같은 연구들에 기초해서 현재 약 35억 년 전에 생명이 존재했다는 좋은 화석 증거가 있다고 합리적으로 주장될 수 있다. 하지만 그 분야의 많은 과학자는 생명이 그보다 빨리 시작되었다고 주장할 것이다. 이 견해는 주로 위에서 묘사된 것과 유사하지만 작은 화석들보다는 대규모 퇴적물에서 취한 시료들에 대한 탄소 동위원소 연구에 기초한다. 고대 암석에 들어 있는 흑연 형태의 기본적인 탄소 퇴적물들과 석회암 퇴적물에서 발견되는 탄소를 비교하면 명확한 차이가 있다. 흑연 퇴적물들은 일관성 있게 ^{12}C가 풍부했다. 이는 이르게는 고지질학자들이 명왕누대(섹션 17.1을 보라)로 부르는 시기의 끝자락인 38억 년 전에 지구에 생명이 존재했음을 암시하는 것으로 해석되었다.[7]

그렇다면 38억 년 전 지구는 어떤 모습이었는가? 그리고 지구의 대기에는 어떤 기체들이 있었는가? 대양들이 있었는가? 당신은 지구의 기원과 역사를 다룬 11장의 논의로부터 우리가 더 먼 과거로 거슬러 올라갈수록 이런 질문에 대한 답이 덜 확실해진다는 것을 기억할 것이다. 최선의 데이터는 암석들에서 나오는데, 우리가 더 먼 과거를 추적할수록 구할 수 있는, 그렇게 오래된 암석들이 더 적어진다. 대양의 문제에 관해서는 대다수 증거가 긍정적인 답을 암시한다. 즉 많은 물이 있었다. 사실 대다수 전문가는 대양들이 지금보다 훨씬 더 깊었을 것으로 믿는다.

---

6 Wacey et al.
7 동위원소 증거는 35억 년 전이 가장 확고하다. 좀 더 오래된 시료들에서 나온 데이터에 관한 의견은 갈리는데, 그 시료들은 수도 적고 그것들의 타당성에 관해 좀 더 많은 질문이 제기되고 있다. Roger Buick, "The Earliest Records of Life on Earth," in *Planets and Life: The Emerging Science of Astrobiology*, ed. Woodruff T. Sullivan III and John A. Baross (New York: Cambridge University Press, 2007), 254-55을 보라.

38억 년 전은 대략적으로 대폭격 후기의 끝에 해당한다(섹션 17.1을 보라). 달의 표면에서 나온 증거는 약 40억 년 전에서 38억 년 전 사이에 달과 지구 모두 본질적으로 거대한 소행성들인 큰 유성들과의 충돌로 융단폭격을 받았음을 암시한다. 이런 소행성들 중 몇몇은 지구의 대양들을 부분적으로 또는 모두 일시적으로 증발시키기에 충분한 열을 발생시킬 정도로 컸을 수도 있다. 생명의 기원과 관련한 이 사건들의 중요성에 관한 의견은 크게 나뉜다. 어떤 학자들은 생명이 38억 년보다 아주 오래전에 시작되었는데, 한 가지 형태의 생명만 이 폭격에서 살아남았다고 믿는다. 다른 학자들은 생명이 마지막 큰 충돌 후 사물들이 냉각되고 나서 곧 (지질 시대의 척도상으로) 시작되었다고 믿는다. 또 다른 학자들은 탄소 동위원소의 풍부성에 기초해서 생명의 시작이 38억 년까지 거슬러 올라간다는 증거에 관해 회의적이다.

또 다른 핵심적인 질문은 이 무렵 지구 대기의 특성과 관련이 있다. 그것이 산화시키는 성질을 더 가졌는가 아니면 환원시키는 성질을 더 가졌는가?(섹션 17.1과 17.2를 보라) 당시 지구의 대기는 현재의 대기—질소(N_2)와 산소(O_2)가 대부분을 차지하고 물(H_2O)과 이산화 탄소(CO_2)가 약간 있으며 다른 성분은 미미하다—와는 판이했다. 현재의 대기는 대기의 분자들에 수소 원자들보다 산소 원자들이 더 많으므로 산화성 특성이 있다. 산화성 대기와 환원성 대기가 혼합된 상태는 그 상태에 오래 머무르지 못한다. 섹션 19.7에서 논의되었던 산소와 수소 기체의 혼합물을 상기하라. 순수한 수소 기체는 이 맥락에서 궁극적으로 환원성 대기로 생각될 수 있고 산소 분자는 궁극적으로 산화성 대기로 생각될 수 있을 것이다. 그것들이 불꽃이나 화염과 접촉하면 신속하게 반응해서 물을 만드는데, 이는 산화시키지도 않고 환원시키지도 않는 괜찮은 타협이다.

대다수 전문가는 생명이 시작했다고 믿어지는 시기인 명왕누대 끝 무렵의 대기는 산화 쪽 극단과 환원 쪽 극단 사이의 중립적인 어느 지점에 있었을 것으로 믿는다. 가장 현저한 기체들은 농도 면에서 이산화 탄소, 일산화 탄소, 질소, 물, 그리고 아마도 메탄 순이었을 것이다. 주로 공기 중에 이산화 탄소의 양이 많아서 대기의 기압은 현재 수준보다 훨씬 높았을 것이다.

이 시기의 지구 표면 온도에 관한 의견은 다양하다. 태양은 현재 강도의 약 75퍼센트에 지나지 않았을 가능성이 있는데, 이로 말미암아 몇몇 과학자는 세계적으로 대양들이 얼었을 것으로 추측한다. 다른 학자들은 이산화 탄소의 함유량이 아주 많아서 강력한 온실가스 효과를 일으켜 기온이 섭씨 200도에 이르렀을 수도 있다고 믿는다. 따라서 그 범위는 매우 추운 수준에서 매우 뜨거운 수준까지에 걸치는데, 그것이 온대에 머물렀을 가능성은 크지 않은 것으로 보인다. 지표면 온도는 주로 이산화 탄소가 어느 정도로 그리고 얼마나 급격히 탄산염으로 전환되어 지구의 맨틀 안으로 섭입되었는지에 의존하기 때문이다. 그것이 좀 더 일찍 일어났다면 지구는 덥지 않고 추웠을 것이다.

마지막으로, 비록 태양이 전반적인 빛 에너지의 방출 면에서 좀 더 약했다고 할지라도 태양은 스펙트럼의 훨씬 강력한 부분을 훨씬 높은 비율로 방출하고 있었다. 따라서 엑스선과 고에너지 자외선 복사가 현재 수준보다 상당히 강했다. 이 점은 원시 대기에서 원시 화학 반응이 일어날 수 있었을 가능성에 대한 중대한 함의를 지닌다.

요약하자면 많은 과학자가 생명이 시작된 때로 믿는 명왕 누대의 말기에 지구는 매우 습했고(이 행성에 마른 땅이 많지 않았고 대양은 현재 수준보다 깊었다) 매우 덥거나 아주 추웠을 가능성이 있다. 대기는 주로 이산화 탄소, 일산화 탄소, 질소와 물을 포함한 단순한 분자들의 혼합물을 포함하고 있었을 것이고 비교적 높은 수준의 고에너지 복사의 영향을 받고 있었을 것이다.

20.2. 수프의 재료들을 준비하기 위한 시도: 아미노산

오파린-홀데인의 원시 수프 가설은 처음 제안된 후 거의 사반세기 동안 그 상태로 계속 머물렀다. 그동안 세계는 깊은 경기 침체와 세계대전을 겪었다. 아마도 이런 몇 가지 외부 요인으로 말미암아 과학계가 오파린-홀데인 가설을 통해 제기된 근본적인 문제들에 주의를 기울이지 못했을 것이다. 아무튼 20세기 후반이 시작될 때에야 원시 지구의 화학 과정들을 시뮬레이션하기 위해 고안된 실험에서 그 가설을 검증하기 위한 진지한 시도가 이루어졌다.

1953년에 실시된 이 획기적인 실험에서 핵심적인 역할을 한 사람은 시카고 대학교 대학원의 젊은 학생인 스탠리 밀러와 노벨상을 받은 대학교 화학 교수 해럴드 유리였다. 밀러는 오파린의 문헌을 읽었다. 원시 대기에서 유기 분자가 형성되었을 가능성에 대한 유리의 강의를 들은 후 밀러는 유리를 찾아가 이 가설을 검증하기 위한 시뮬레이션을 제안했다. 이 실험은 그의 대학원 졸업 논문의 일부가 될 수도 있었다. 유리는 그 실험이 성공할지가

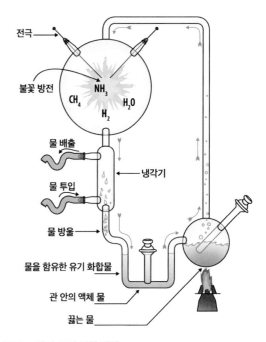

그림 20.3. 밀러-유리 실험 장치.

단백질들은 생화학에서 일하는 말들이다. 단백질들이 사물을 발생하게 만든다. 많은 사람이 생각하기에 단백질이 없이는 우리가 오늘날 알고 있는 생명에서 생명을 지탱하는 가장 중요한 과정들이 일어나지 않기 때문에 단백질 없이 어떻게 생명이 시작할 수 있었을지를 상상하기 어렵다.

단백질은 단량체로 알려진 단위들로 구성된 긴 사슬의 중합체 분자다. 자연적인 단백질의 경우 단량체들은 모두 20개의 α-아미노산들의 선정된 기(group)에서 유래한다. 이 α-아미노산들은 모두 그림 20.4에 예시된 바와 같이 똑같은 기본 구조를 공유한다. 그것들은 이른바 R기라는 곁사슬(side chain)들의 성격에서만 차이가 난다. 문자 R은 수소 원자 하나에서부터 훨씬 크고 복잡한 구조들에 이르기까지 다양한 화학 구조들을 나타낸다.

유사한 R기를 지닌 아미노산들은 유사한 화학적 속성을 보이므로 그것들을 20개의 기(基, group)로 세분하는 것이 유리하다. 우리의 고려에서 가장 중요한 특징은 R기를 통해 부여된 수용성(water solubility)이다. 물을 좋아하는 **친수성**(hydrophilic) R기는 그 아미노산이나 그 아미노산을 포함하는 분자들을 물에 녹게 만드는 경향이 있다. 반면에 물을 싫어하는 **소수성**(hydrophobic) R기들은 반대의 효과를 낸다. 이 α-아미노산들은 결합해서 펩타이드 결합으로 알려진 것을 통해 **펩타이드**를 형성할 수 있다. 그 과정에서 부산물로서 물이 만들어진다(그림 20.5를 보라). 그 결합 과정이 여러 번 반복되어 폴리펩타이드 또는 단백질로 알려진 점점 더 긴 사슬을 만들 수 있다.

당신은 이렇게 긴 사슬이 무작위적이고 뒤섞인 혼란한 상태로 얽히게 될 것으로 예상할 수도 있을 것이다. 몇몇 단백질들은 옆으로 나란히 결합하여 인간의 머리카락 같은 생물학적 구조를 형성함으로써 이 운명을 피하고 그것들의 선형적인 성격을 유지한다. 그러나 많은 단백질은 접혀서 얽힌 무작위 구조처럼 보일 수도 있는 구조를 형성한다. 실제로는 접힘이 잘 정의된 방식으로 일어나서 그 형태가 전혀 무작위적이지 않고 특정한 단백질에 특유하게 나타난다(이는 화학자들이 연구하기에는 도전적인, 창조세계의 기능의 완전성의 한 예다). 단백질이 접히는 방식은 주로 물을 좋아하는 R기들이 용매 쪽으로 펼쳐지는 경향과 물을 싫어하는 R기들이 물을 피해 안쪽으로 움츠리는 경향을 통해 좌우된다(그림 20.6을 보라).

단백질의 형태가 단백질이 기능을 수행할 때 다른 분자들과

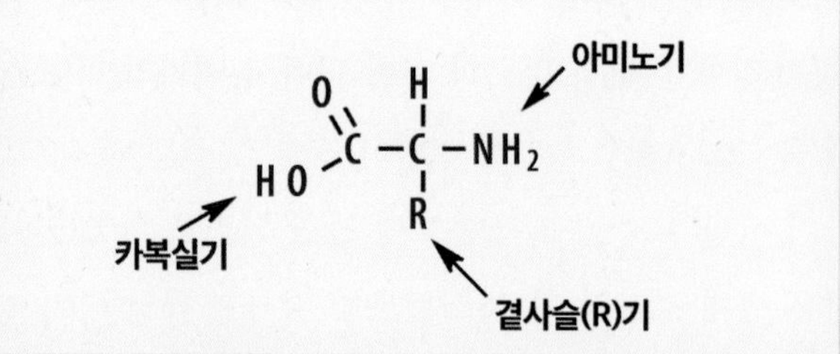

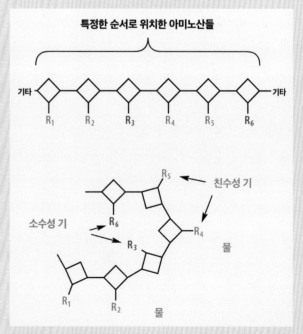

그림 20.4. α-아미노산.

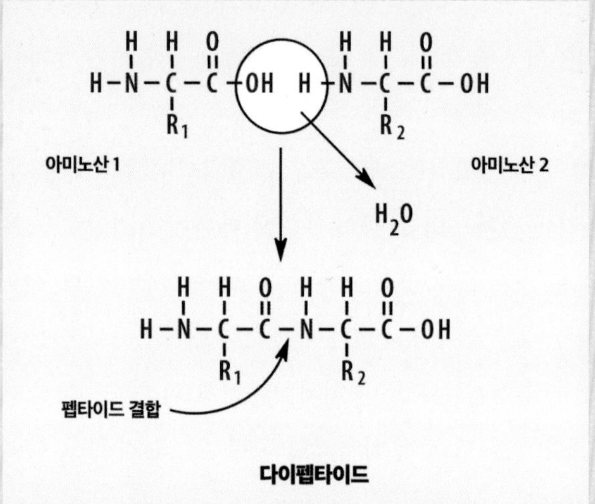

그림 20.5. 아미노산 두 개가 펩타이드 결합을 형성한다.

그림 20.6. 바깥쪽의 친수성 기(초록색)와 안쪽의 소수성 기(갈색)를 보여주는 단백질 접힘.

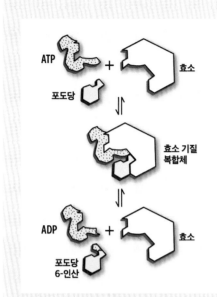

어떻게 상호작용하는지를 결정하기 때문에 특정한 방식으로 접히는 이 능력이 매우 중요하다. 단백질의 형태는 아미노산들의 서열을 통해 결정된다는 점을 주목하라. 따라서 서열이 형태를 결정하고, 이어서 형태가 기능을 결정한다. 단백질에서 R기 하나만 서열에서 어긋나거나 빠져도 그 단백질의 형태가 변하고 기능할 능력이 감소할 수 있으므로 단백질이 올바른 서열을 가지는 것이 중요하다. 단백질의 가장 중요한 기능은 화학 반응들을 촉진하는 것인데, 반응들이 일어나기 위해서는 특정한 분자들이 맞물리도록 요구된다. 그림 20.7은 이런 종류의 조각 그림 맞추기 같은 분자의 상호작용이 어떻게 작동하는지를 보여준다. 단백질은 반응하는 두 분자를 결합해주는 일종의 짝 맺어주기 서비스로 기능한다. 이 사례의 경우 그 복합체에서 ATP(아데노신 3-인산)와 포도당이 결합하는데 그 ATP의 한 조각이 포도당으로 전환되고, 그 산물이 분리되면 단백질이 다시 자신의 일을 하게 된다. 이런 식으로 반응을 촉진하는 단백질들은 반응들의 속도를 높인다. 단백질들이 없다면 대다수 생물학적 반응들이 너무 느려서 생명이 생겨나거나 계속될 수 없을 것이다. 이는 창조세계의 봉사적 성격의 한 예다(섹션 2.4.3을 보라). 화학 반응 과정에서 반응 속도를 높이지만 자신은 변하지 않는 분자들을 **촉매**라 한다. 단백질 같은 생물학적 촉매들을 **효소**라 한다.

그림 20.7. 효소의 작용을 보여주는 그림. 설명은 본문의 텍스트를 보라.

매우 불확실해서 처음에는 내키지 않았지만 마침내 밀러를 그 실험을 시도하는 자신의 연구 그룹에 받아주기로 동의했다.

밀러는 그림 20.3에 묘사된 장치를 고안했다. 원시 지구를 본뜨기 위해서 그는 홀데인이 원래 제안했던 네 가지 기체와 동일한 메탄(CH_4), 암모니아(NH_3), 수소(H_2), 그리고 끓는 단지에서 나온 수증기(H_2O)를 사용했다. 이는 환원성이 강한 대기를 대변했는데 그 선택은 20세기 중반에 유행했던 원시 대기에 관한 의견에 근거했다. 밀러는 물을 끓이고 주기적으로 번개를 본뜬 전기 불꽃을 제공해서 그의 시뮬레이션을 수행했다. 증발과 액화는 자연적인 환경에서 일어날 대기의 물과 액체 상태의 물의 순환을 나타낼 의도였다. 계속 가동한 지 약 1주 후 응축된 물에 그림 20.3에 언급된 것처럼 다양한 유기화합물, 즉 몇몇 아미노산이 함유된 것이 발견되었다.

밀러-유리 실험은 주요 돌파구로 생각되었다. 그 실험은 중요한 생체분자를 만들어 낸 원시 상태를 시뮬레이션하려는 최초의 유의미한 시도를 대표했다. 하지만

그 실험을 하고 난 뒤 10년 이내에 지질학자들은 초기 지구의 대기가 밀러와 유리가 가정한 것처럼 환원성이었는지에 대해 의문을 제기하기 시작했다. 이론적 근거와 경험적 근거에서 대기가 기체 분자에 산소 원자들을 더 많이 포함하고 수소 원자들을 더 적게 포함해서 덜 환원적이었을 것이라는 쪽으로 의견이 이동하기 시작했다. 앞서 언급된 바와 같이 이제 초기 지구의 대기에는 메탄(CH_4)은 많지 않고 이산화 탄소(CO_2)와 질소(N_2)가 많았으며 암모니아(NH_3)는 아주 적었다는 데 의견이 일치한다. 밀러가 메탄을 이산화 탄소로 대체하고 메탄을 질소로 대체해서 실험을 되풀이하자 아미노산 생성은 큰 폭으로 감소했다.

좀 더 산화성인 원시 대기에서 아미노산 생성이 낮을 것이라는 예측으로 말미암아 제기된 문제에 대한 답변 중 하나는, 대기가 지구 전체에 획일적이거나 항상 똑같지는 않았을 수도 있다고 제안하는 것이었다. 그 제안에 따르면 철 원소 같은 환원성 물질이나 화산 폭발에서 나온 환원성 기체에 좀 더 많이 노출되어서 밀러-유리의 시

뮬레이션을 좀 더 닮을 수 있는 국지적인 환경이 가능한 지역이나 시기가 있었을 수도 있다. 사실 역설적이게도 밀러가 2007년에 사망한 후 그의 동료들은 그가 1958년에 이산화 탄소, 메탄, 암모니아 및 환원성 물질 황화 수소(H_2S)로 실시한 시뮬레이션에 기록된 시료들을 연구하기 시작했다. 황화 수소는 썩은 달걀 냄새가 나는 가스로서 일반적으로 화산 배출물에서 발견된다. 그들은 밀러가 1958년에 사용할 수 있었던 것보다 정교한 분석 기법을 사용해서 전에는 관찰되지 않았던 황을 함유하는 아미노산을 포함해서 아미노산 생성이 유의미하게 증가한 것을 입증했다.[8]

두 번째 가능성은 수소 함유량이 원시 대기가 덜 환원성이었다고 주장한 학자들이 가정했던 것만큼 많이 줄어들지 않았다는 것이다.[9] 수소는 매우 가벼워서 좀 더 무거운 다른 원자들에 결합되지 않으면 대기권 밖으로 달아난다. 수소가 좀 더 풍부했던 대기가 상실되었을 때 젊은 지구에서 수소 가스가 달아나는 속도 추정에는 어느 정도 불확실성이 있는데, 그 속도가 오늘날 가정되는 수준보다 느렸다는 주장이 있다. 그랬을 경우 대기는 현재 추정되는 것보다 좀 더 환원성이었을 것이다. 생명의 기원 과학에서 종종 그렇듯이 이 문제에 대해서는 아직 결론이 나지 않았다.

생명이 생겨난 잠재적 장소로서 심해 열수 배출구에 대한 관심이 커짐에 따라 최근 들어 세 번째 가능성이 부상했다. 암모니아(NH_4) 형태의 질소 원천과 기본적인 수소 기체(H_2)를 포함한 환원성 물질들이 초기 대양들의 깊은 곳에서 이용될 수 있었다. 열수 조건하에서 밀러-유리 유형의 아미노산 합성이 성공적으로 이루어졌다.[10] 우리는 섹션 22.6에서 열수 배출구를 좀 더 길게 논의할 것이다.

마지막으로 몇몇 과학자는 원시 수프의 재료들 또는 적어도 그 재료들의 성분들이 지구 밖에서 이미 만들어져서 지구로 왔다고 생각하게 되었다. 당신이 닭-옥수수 수프를 만들고 싶지 않다면 테이크 아웃용 음식을 파는 식당에서 만들어진 수프를 사 올 수도 있다. 마찬가지로 몇몇 생명의 기원 과학자는 원시 지구 환경으로 떨어진 운석, 혜성, 그리고 다른 물질에서 온 소위 외생적인 원천들이 이용될 수 있었다고 믿을 만한 이유를 제시해왔다. 우리는 섹션 20.8에서 이 주제를 다시 다룰 것이다. 요약하자면 원시 대기가 밀러-유리식의 합성에 호의적이었는지에 관한 문제가 있음에도 불구하고 대다수 생명의 기원 과학자는 원시 지구에서 아미노산이 이용되었을 수 있다고 믿는다.

아미노산이 지구에 어떻게 출현했든 간에 한 가지 중요한 문제가 남는다. 20개의 소위 표준적인 α-아미노산(생체에서 사용되는 아미노산) 중 19개는 손대칭이며 현존하는 생명이 이용하는 단백질에서는 왼손잡이 형태의 아미노산만 나타난다. 따라서 남은 중요한 질문은 일반적으로 **동종 손대칭**(homochirality)으로 일컫는 이 한손잡이의 기원과 관련된다. 우리는 섹션 20.8에서 이 질문을 다시 다룰 것이다.

20.3. 수프의 재료를 준비하기 위한 시도: 뉴클레오타이드 성분

밀러와 유리의 선구적인 연구 덕분에 원시 화학 분야에서의 연구 활동이 증가했다. 밀러-유리의 실험 7년 뒤인 1960년 존 오로라는 화학자가 사이안화 암모늄 용액을 계속 가열함으로써 핵산의 성분인 핵염기 중 하나인 아데닌을 만드는 데 성공했다. 사이안화 암모늄은 암모니아

8   Eric T. Parker et al., "Primordial Synthesis of Amines and Amino Acids in a 1958 Miller H_2S-Rich Spark Discharge Experiment," *Proceedings of the National Academy of Sciences* 108 (2011): 5526-31.

9   Feng Tian et al., "A Hydrogen-Rich Early Earth Atmosphere," *Science* 308 (2005): 1014-17.

10   William L. Marshall, "Hydrothermal Synthesis of Amino Acids,"

Geochimica et Cosmochimica Acta 58 (1994): 2099-2106.

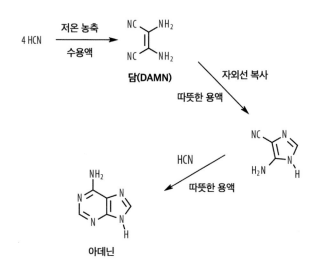

그림 20.8. 원시에 HCN에서 시작하여 아데닌에 이른 경로로 제안된 내용.

(NH₃)와 사이안화 수소(HCN)로부터 형성된 염이다. 오로의 선구적인 연구 이후 다른 화학자들이 단지 사이안화 수소에서 출발해서 아데닌과 구아닌을 만드는 데 성공했다. 원시 지구에서 암모니아가 사이안화 수소만큼 높은 농도로 존재했을 가능성이 낮기 때문에 이 접근법이 선호된다. 화학자가 아닌 사람이라도 이 대목에서 관련된 역설을 인식할 수 있다. 사이안화물은 가장 독성이 강한 물질들 가운데서도 위험하기로 악명이 높다. 사이안화 수소는 방전(예컨대 번개)이 암모니아와 메탄(CH4)을 통과할 때 형성될 수 있기에, 그것은 지구의 초기 대기의 중요한 구성 요소였던 것으로 믿어졌다. 따라서 환원성 대기를 가정할 경우 사이안화 수소가 생명의 중요한 핵염기들 중 두 개인 아데닌과 구아닌이 시작된 물질이었을 수 있다고 주장되었다.

우리가 분자 아데닌(C₅H₅N₅)을 생각해보면 왜 사이안화 수소(HCN)가 선택되었는지를 어렵지 않게 알 수 있다. 아데닌은 사이안화 수소 다섯 개가 같이 꿰매어 있는 것으로 생각될 수 있다. 그림 20.8은 연속적인 실험실의 반응들을 통해서 아데닌 합성이 어떻게 이뤄질 수 있는지

를 나타내는 일련의 단계들을 보여준다.[11] 화학적인 세부 내용으로 들어가는 것은 중요하지 않다. 우리가 주목해야 할 중요한 점은 사이안화 수소에서 아데닌을 얻으려면 두 단계 이상이 필요하다는 것과 필요한 조건 및 반응물이 단계마다 다르다는 것이다. 그것은 마치 당신이 단지 하나에서 여러 단계를 거쳐 닭-옥수수 수프를 만들 때 각각의 단계마다 다른 재료를 사용해서 온도와 같은 조건들을 바꿔가며 수프의 재료 하나를 만드는 것과 유사할 것이다. 생명의 기원 이론가들이 직면한 도전은 원시 지구에서 여러 단지의 합성에서 이런 단계들이 어떻게 일어났을지에 대한 시나리오에 도달하는 것이다.

원시 아데닌의 생성을 위한 실험 과정에 상응하는 것으로 제안된 시나리오 하나는 다음과 같다. (1) 메탄(CH₄)과 암모니아(NH₃) 사이의 반응을 통해 대기 중에서 사이안화 수소(HCN)가 형성된다. (2) 사이안화 수소가 빗물에 녹아 작은 연못 안으로 떨어지고 그것이 겨울에 표면에서 언다(다음 반응은 저온을 필요로 한다). (3) 담(DAMN, 다이아미노말레오나이트릴[diaminomaleonitrile]의 약어)으로 알려진 분자가 형성된다. (4) 담(DAMN)이 봄에 녹은 후 AICN으로 전환된다. (5) 그 연못이 좀 더 많은 사이안화 수소를 함유한 좀 더 따뜻한 물로 흘러 들어가고 사이안화 수소가 AICN과 반응하여 아데닌을 형성한다.

생명의 기원 과학자 중 몇몇 비판자는 이런 시나리오에 대해 의문을 제기했다. 그들은 그 이야기가 매우 인위적인 것처럼 보인다며 반대했다. 좀 더 유명한 비판자 중 한 명인 화학자 고(故) 로버트 샤피로는 그 주제에 관해 「사이언티픽 아메리칸」(*Scientific American*)에 게재된 논문에서 자신의 회의주의를 다음과 같이 표현했다.[12] 그는 수프 비유 대신 골프에서의 비유를 선택했다. 그는 그 상황

---

11 그림 20.8에 나타나지는 않았지만, 반응 서열이 약간 달라지면 구아닌이 만들어질 수 있다.

12 Robert Shapiro, "A Simpler Origin for Life," *Scientific American* 296, no. 6 (February 2007): 46–53.

을 18홀 골프 코스에서 경기하는 골프 선수(각각의 단계 사이의 중간 제품들이 격리되어 있고 산출을 최대화하는, 일련의 한 단지의 합성을 수행하는 생명의 기원 과학자를 나타낸다)에 비유했다. 골프공을 마지막 홀에 올려놓는다는 목표를 달성한 뒤 그 골프 선수는 일련의 자연 현상—지진, 폭풍, 홍수 등—을 통해 그 공이 어떻게 선수의 도움이 없이 스스로 골프 코스에서 경기를 진행할 수 있을 것인지를 상상한다(과학자가 원시 지구에서 자연적으로 일어나는 일련의 사건들이 실험실에서 달성된 것과 똑같은 화학 반응을 달성하리라고 기대하는 것을 생각하라). 사실 이런 반대들이 생명의 기원 과학이 시작된 이래 그것을 괴롭혀왔다.

샤피로의 비판은 생명의 기원 논쟁에서 아주 흔한 현상이다. 초기 지구에 관한 좋은 정보의 결여로 말미암아 자주 가정된 일련의 조건들이나 실험실 시뮬레이션에서 사용된 시작 물질들이 원시의 현실을 공정하게 대표하는지에 관한 논쟁이 벌어졌다. 화학자들이 합성 실험을 수행할 때 반응 상태들을 적절히 조정함으로써 산출량을 최대화하는 것이 표준적인 절차이며, 좀처럼 한 단계에서, 즉 하나의 단지에서 복잡한 합성이 수행될 수는 없다. 따라서 합성하는 화학자는 하나의 반응에서 하나의 산물을 취해서 그것을 다음 용기에 넣고 새로운 세트의 상태들을 채택하여 그 서열의 다음 산물을 만든다. 생명의 기원 연구자들이 원시 지구의 상태를 시뮬레이션하기를 원하지만, 화학 연구의 일반적인 전략들을 따라서 가능한 시나리오들을 상상하는 유혹이 있다. 불행하게도 학자들이 이 유혹에 항상 저항하지는 않았던 것 같다.

염기의 합성을 위한 위의 전략이 받아들여진다고 하더라도, 아데닌과 구아닌은 RNA와 DNA라는 핵산에 사용된 다섯 가지 염기 중 두 개(퓨린들)에 지나지 않는다. 다른 세 가지 염기는 어떻게 생겨났는가? 과거 수십 년 동안 연구자들은 다른 세 가지 염기인 피리미딘들을 만들기 위한 다양한 합성 기법을 제시해왔다. 피리미딘들을 만들어내기 위한 원시 시나리오들이 제안되었고 그중 몇몇 시

나리오는 실험실에서 성공을 거두었다. 비록 그 실험들도 샤피로의 골프 이야기 같은 비판을 받았지만 말이다.

뉴클레오타이드를 만들기 위해 필요한 두 번째 재료는 D-리보스로 알려진 오탄당(five-carbon sugar)이다. 어떤 면에서 원시 물질로 여겨지는 것에서 당들을 만들기 위한 화학 반응은 한 세기 전에 달성되었다. 당들은 탄수화물인데, 이는 탄소(C)와 물(H_2O)을 함유하고 있음을 의미한다. 비록 물은 분자 형태로 존재하는 것이 아니라 수소 이온(-H)과 수산화 이온(-OH)으로 존재하지만 말이다. 가장 간단한 탄수화물은 포름알데히드(CH_2O)다. 그것은 원시의 시작 물질이었을 가능성이 있으며 1861년에 발견된, 다양한 당들로 이어지는 과정인 소위 포모스 반응(formose reaction)에서 시작 물질이다. 포모스 반응은 촉매가 존재하고 강한 염기성(산성의 반대) 상태일 때 가장 잘 일어난다.

원시 D-리보스의 원천으로서의 포모스 반응에는 두 가지 주요 문제가 있다. 첫째, 그 반응이 일어나는 상태는 핵염기들이 형성되었다고 가정되는 상태와 판이하다. 따라서 뉴클레오타이드가 형성될 때 지구에서 D-리보스와 핵염기들이 별도로 생성되어서 궁극적으로 함께 합쳐졌다는 부분이 덧붙여질 필요가 있는데, 이는 앞서 인위적이라고 비판받았다.

아마도 좀 더 심각한 문제는 위에서 다양한 당들이 만들어진다고 지적된 점에 놓여 있을 것이다. 사실 삼탄당($C_3H_6O_3$), 사탄당($C_4H_8O_4$), 오탄당($C_5H_{10}O_5$), 그리고 육탄당($C_6H_{12}O_6$)을 포함한 매우 복잡한 구조들이 형성된다.

이런 각각의 당에는 **다양한** 이형(이성질체[isomer])이 있다. 따라서 D-리보스는 다양한 당들의 많은 성분 중 하나에 지나지 않는다. 확실히 문제는 선택의 문제다. 어떻게 이처럼 다양한 당 중에서 D-리보스가 RNA와 DNA를 형성하기 위한 단량체인 뉴클레오타이드를 만드는 데 사용된 유일한 당으로 선택되었는가?

최근에 붕산(BO_3^{3-}) 염들이 리보스를 안정시키는 것

으로 입증되었다.[13] 모든 당은 자외선의 영향과 기본적인 반응 조건하에서 시간이 지남에 따라 분해되기 때문에 안정화 목적상 리보스가 선호되었을 수도 있다. 붕산염들은 현재의 자연환경에 특히 미국의 서부 같은 건조한 지역에 존재하는 것으로 알려졌으며, 원시 지구의 표면에 존재했을 수도 있다고 생각된다.

　　그러나 우리가 이것이 리보스의 선택성 문제를 완전히 해결한다고 생각하지 않도록, 우리는 평범한 리보스가 아니라 D-리보스가 추구되는 당 분자라는 점을 상기할 필요가 있다. D는 리보스가 손대칭이며 오른손잡이 이형만 생물학적으로 중요하다는 뜻이다. 리보스의 왼손잡이 이형도 선택될 동일한 기회가 있었을 것이다. α-아미노산에도 비슷한 문제가 존재함을 상기하라. 그것들은 하나의 예외를 제외하고 모두 손대칭이며, 살아 있는 유기체들은 왼손잡이 이형만을 만들어서 단백질을 만드는 데 사용한다. 대다수 전문가는 두 질문이 관련이 있으며 하나의 문제를 풀면 다른 문제도 답변되리라고 믿지만, 그 점에 관해서는 섹션 20.8에서 더 다뤄질 것이다.

20.4. 뉴클레오타이드 조립

핵염기들과 D-리보스가 모두 형성되고 모종의 장소에 모아졌다고 가정할 경우 다음 단계는 뉴클레오타이드들의 조립과 관련이 있다. 뉴클레오타이드의 세 번째 성분—우리는 아직 그것에 관해 논의하지 않았다—은 인산염으로 알려진 무기물이다. 인산염 이온의 화학식은 PO_4^{3-}다. 인산염은 한 번에 하나씩 단계적으로 세 개까지 수소 이온 H^+를 덧붙여서 인산(H_3PO_4)을 형성한다. 인산염은 또한 폴리인산염으로 알려진 사슬들을 형성하는데, 그중 생물학적으로 가장 중요한 것들은 이인산염($P_2O_7^{4-}$)과 삼인산염($P_3O_{10}^{5-}$)이다. 이 이온들 모두 인산염 이온

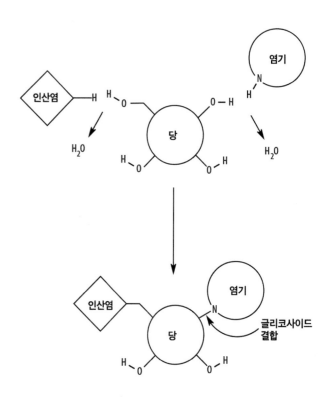

PO_4^{3-}와 유사한 방식으로 수소이온 H^+를 덧붙일 수 있다.

　　인산염의 원천 문제는 중대한 문제가 아닌 것으로 보인다. 폴리인산염을 포함한 인산염들이 화산의 발산물에서 발견되었고 따라서 원시 지구에 그것이 존재했다는 것은 합리적인 가정으로 보인다. 칼슘 같이 원시 지구에서 이용할 수 있었던 흔한 금속을 포함한 많은 금속들의 인산염은 물에 녹지 않는다. 이 속성으로 말미암아 원시 수프에서 인산염의 농도가 제한적이었을 수도 있다. 하지만 인산염들은 산성 용액에서는 좀 더 잘 용해되므로 원시 바다들과 화산 활동으로 인한 물의 원천의 산성도가 높아서 인산염의 농도가 높아졌을 것이다. 산소가 하나 적은 아인산염들도 똑같이 잘 작용할 것으로 제안되었는데, 아인산염은 물에 좀 더 잘 녹는다는 장점이 있다. 후에 아인산염이 산화되어 인산염이 되더라도 심각한 문제가 되지 않을 것이다. 인산염의 또 다른 원천으로 제안된 물질은 **슈라이버사이트** ([Fe, Ni]$_3$P)로서, 그것은 물과 반응하여 포

그림 20.9. 뉴클레오타이드 형성에서 물을 만들어내는 고리의 도해 묘사.

13　A. Ricardo et al., "Borate Minerals Stabilize Ribose," *Science* 303 (2004): 196.

스포네이트(H_2PO^{3-}) 같은 다른 음이온을 형성하는데, 그것은 인산염과 비슷한 방식으로 기능할 수도 있다.

뉴클레오타이드 조립은 고리 두 개를 만드는 것과 관련된다. 당이 염기에 부착되어야 하고, 인산염이 당에 부착되어야 한다. 이 두 고리들이 그림 20.9에 도해로 제시되어 있다. 그 그림에 나타난 바와 같이 고리를 형성하는 두 경우 모두에서 반응의 산물로 물이 만들어진다.

두 경우 모두 그 반응은 에너지 면에서 높은 곳으로 이동하는 반응인데(섹션 19.7을 보라), 이는 에너지 면에서 좀 더 유리한 반응들과 결합하지 않고서는 달성하기 어려움을 의미한다. 당-인산염 고리의 경우 이것은 다양한 수단을 통해 달성되어왔다. 당-염기 고리인 글리코사이드 결합에 대해서는 사정이 다르다. 사실 이 결합은 화학자들에게 매우 도전적이어서 그것은 "불가능한 결합"으로 불렸다.

가장 간단하게 말하자면 물이 문제의 주요 원천으로 여겨질 수 있을 것이다. 그 반응은 에너지 면에서 높은 곳으로 이동하며 물이 산물이기 때문에, 물이 있을 경우 그 결합을 해체하는 역반응이 일어난다. 따라서 일반적으로 지구상에 생명이 출현하기 위해 필요한 실체로 여겨지는 물(H_2O)이 이 경우에는 생명의 기원 과정의 중요한 단계에서 중대한 장애물인 것처럼 보인다. 미국의 화학자인 스티븐 베너는 RNA가 물이 전혀 없는 상태에서 형성되었다고까지 제안했다.[14] 그는 지금까지 논의된 뉴클레오타이드 형성 반응의 용매가 물 대신 포름아마이드(formamide)였을 수도 있다고 제안한다. 포름아마이드는 단순히 사이안화 수소(HCN)와 물(H_2O)을 결합함으로써 얻어지며 물과 유사한 속성이 있다. 그것은 물과 같은 온대 범위에서 액체로 존재하며 물과 매우 유사한 용매 역할을 할 수 있지만 당과 염기 사이의 글리코사이드 고리를 위험에 빠뜨리는 반응성은 없다. 베너는 액체 포름아마이드가 산간의 사막 골짜기에서 형성될 수 있었다고 가정한다. 베너의 연구소에서는 앞서 붕산염들이 리보스를 안정시킨다는 것을 발견했기 때문에 붕산염들도 그 혼합물의 일부로 가정되었다.[15]

최근에 영국의 화학자 존 서덜랜드가 물에서 작용이 계속 일어나도록 하는 다른 대안을 제안했다. 그것도 사이안화 수소와 관련이 있지만 그 대안은 그 이야기에서 훨씬 더 광범위한 역할을 한다. 따라서 그 대안은 별도의 섹션에서 다뤄질 필요가 있다.

20.5. 원시 뉴클레오타이드가 만들어진 대안적 경로

존 서덜랜드는 2009년에 "불가능한 결합"을 돌아서 가는 우회로를 발견했다고 보고했다. 그는 당과 염기를 결합하는 대신 좀 더 단순한 성분들로부터 뉴클레오타이드가 꿰어 맞춰지고 그 과정에서 그 어려운 결합이 형성되는 기법을 고안했다. 좀 더 최근에 그는 사이안화 수소(HCN)를 그 기법의 모든 유기 반응물에 대한 시작 물질로 사용하고 인산염을 그 과정의 다양한 단계에서 반응물질, 촉매 또는 완충제(산도를 통제하는 물질)로 채택하는 시나리오를 제안했다.[16] 이 시나리오가 여러 α-아미노산들에 이르는 경로도 제공한다는 것이 그것의 추가적인 장점 중 하나다.

우리가 예상할 수 있는 바와 같이 사이안화 수소로부터 시작해서 약 30개의 원자를 포함하는 뉴클레오타이드 같이 복잡한 분자를 만들려면 많은 단계가 필요하다. 생명의 기원 합성 유기화학자의 목표는 가급적 반응 상태에서의 변이성을 가장 작게 하면서, 가장 적은 시작 물질을 사용해서, 가장 적은 단계로 합성을 달성하는 것이다. 원

---

14   Steven A. Benner et al., "Asphalt, Water, and the Prebiotic Synthesis of Ribose, Ribonucleosides, and RNA," *Accounts of Chemical Research* 45 (2012): 2025-34.

15   Ricardo et al., "Borate Minerals Stabilize Ribose."

16   Bhavesh H. Patel et al., "Common Origins of RNA, Protein and Lipid Precursors in a Cyanosulfidic Protometabolism," *Nature Chemistry* 7 (2015): 301-7.

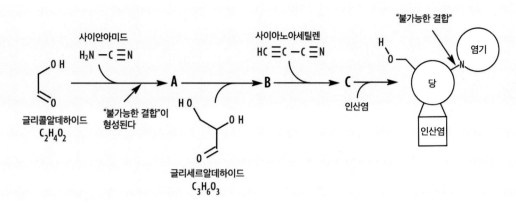

그림 20.10. 서덜랜드 연구소의 뉴클레오타이드 합성 기법.

시 아데닌을 만들기 위한 시나리오에 가해진 비판을 상기하라. 합성 기법이 단순할수록 좀 더 신뢰할 수 있는 시나리오가 고안될 수 있는 가능성이 커진다.

그림 20.10은 도해에 나타난 네 가지 유기물과 무기 인산염이라는 다섯 가지 출발 물질로 시작해서 원시 뉴클레오타이드를 합성하는 서덜랜드 기법의 개요를 보여준다. 서덜랜드 연구소는 이 방법을 통해 성공적으로 뉴클레오타이드를 만들었다. 최종 산물에 도달하기 위해서는 네 개의 단계가 요구되는데 그것들은 각각 화살표를 통해 표시된다. A, B, C로 표시된 세 개의 중간 산물들의 화학적 세부내용은 단순성을 위해 빼뜨렸다. 궁극적으로 당과 염기 사이의 글리코사이드 결합이 되는 "불가능한 결합"이 매우 일찍 형성됨을 주목하라. 마지막 단계에서야 단위들로 구성된 구조가 당과 염기로 인식될 수 있게 된다.

위에서 언급된 바와 같이 사이안화 수소(HCN)는 네 개의 유기 시작 물질을 위한 무기물 원천이다. 사이안화 수소는 어디서 유래하는가? 이전의 원시 물질 제조 기법들(섹션 20.3을 보라)에서는 그것이 번개를 통해 견인된 메탄(CH_4)과 암모니아(NH_3) 사이의 반응에서 나온 것으로 가정되었다. 그러나 이 물질들은 환원성 대기가 없는 곳에서 존재하지 않았을 것이다. 서덜랜드는 일본의 과학자들이 수행한 최근의 연구를 따라 생명이 시작되었다고 가정되는 시기 직전인 약 38억 년 전 무렵 대폭격 후기에,

운석에 들어 있는 탄소를 함유하는 유기물질과 질소를 포함하는 대기의 성분이었을 가능성이 큰 질소 가스($N2$) 사이의 반응으로 사이안화 수소가 형성되었다고 제안한다. 다음 단계에서는 형성된 사이안화 수소가 비를 통해 지구에 내려와서 물웅덩이들에 축적되었다. 이 사이안화물은 철 화합물인 $(Na,K)_4[Fe(CN)_6]$ 형태로 포획되었고, 물이 증발될 때 고체 상태로 남았다. 그 후 어느 시점에 철을 함유한 이 화합물이 운석 충돌이나 지열의 원천을 통해 사이안화칼륨(KCN)과 사이안화칼슘(Ca[CN]2) 같은 좀 더 단순한 염으로 전환되었다. 이 염들이 물에서 녹아 반응을 위한 사이안화 이온(CN^-)을 제공할 수 있었을 것이다.

서덜랜드가 상상한 시나리오에서 시작 물질인 유기물질 네 가지—두 개의 탄수화물 글리콜알데하이드($C_2H_4O_2$)와 글리세르알데하이드($C_3H_6O_3$), 그리고 질소를 함유하는 두 개의 화합물 사이안아마이드와 사이아노아세틸렌—각각은 사이안화 이온(CN^-)으로부터 합성된다. 각각의 경우에 요구되는 상태들은 다르며, 특정한 경우에는 황화 수소(H_2S, 화산의 원천에서 활용할 수 있다) 같은 다른 반응물, 빛 에너지(태양에서 나온다), 무기질 촉매(구리-사이안화물 화합물), 그리고 고온(운석 충돌이나 지열의 원천에서 나온다)과 관련된다.

그림 20.10에 묘사된, 이 네 가지 유기물 시작 물질을 사용한 시나리오는 네 개의 순차적인 단계를 포함한다.

핵산으로 알려진 두 가지 주요 분자 유형이 있는데, 그것들은 처음에 세포의 핵에서 발견되었기 때문에 그렇게 불린다. 그것들은 RNA(리보핵산의 준말이다)와 DNA(디옥시리보핵산의 준말이다)다. 단백질들과 마찬가지로 이 대형 분자들은 다른 "객차들"에 해당하는 단량체들을 함께 결합함으로써 만들어진 긴 기차에 해당하는 중합체들이다. 단백질의 경우 다른 단량체들이 스무 개인 반면 RNA와 DNA 모두의 경우 다른 단량체들이 네 개에 불과하다. 또한 각각의 객차의 성분들도 단백질을 구성하는 성분들과 화학적으로 상당히 다르다.

핵산 단량체들은 다음과 같은 물질들로 구성된다. (1) 인산염, (2) 당(RNA의 경우 리보스이고 DNA의 경우 디옥시리보스다), (3) 네 개의 핵염기들 중 하나(그림 20.11을 보라). 그 염기들 중 세 개인 아데닌(A), 구아닌(G) 그리고 사이토신(C)은 RNA와 DNA 모두에 존재한다. 두 유형의 핵산들에서 네 번째 가능한 염기는 다른데, 티민(T)은 DNA에 존재하는 반면 유라실(U)은 RNA에 존재한다. 핵산들에 존재하는 두 가지 당 모두 손대칭이며, 우리가 알고 있는 생명에는 오른손잡이의 한 가지 이형(D형)만 존재한다는 것을 주목할 필요가 있다.

그림 20.12에 예시된 바와 같이 세 부분이 결합되어 뉴클레오타이드가 형성되려면 물이 제거될 필요가 있다. 섹션 20.5에서 논의된 바와 같이 당-염기 결합은 달성하기 어렵다. 이 어려움을 피하는 대안적인 경로 중 하나는 좀 더 단순한 유기물 시작 물질과 인산염으로부터 온전한 뉴클레오타이드를 만드는 것과 관련된다(좀 더 자세한 내용은 섹션 20.5를 보라).

뉴클레오타이드들이 만들어지고 나면 다음 단계는 중합체인 RNA나 DNA의 형성과 관련이 있다. 그림 20.13에 묘사된 바와 같이 단량체 두 개의 결합은 물 분자의 형성을 포함하며, 중합체가 커짐에 따라 또 다른 단량체를 덧붙일 때마다 이 일이 필요해질 수도 있다. 섹션 20.6에서 논의된 바와 같이 이것은 에너지 면에서 불리한 과정이며 산물로서 물을 만들어내지 않는 활성화된 뉴클레오타이드를 사용함으로써 유리한 과정으로 만들 수 있다.

그림 20.14는 단인산염 대신 삼인산염을 사용한 활성화와 관련된 다이뉴클레오타이드의 형성을 보여준다. 그 그림은 또한 당의 3'으로 표시된 위치와 5'로 표시된 위치 사이의 RNA와 DNA에 존재하는 표준적인 결합도 보여준다. 중합 반응은 위

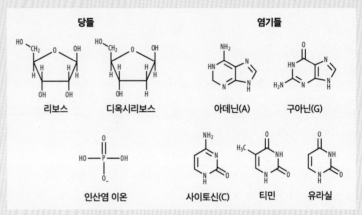

그림 20.11. 핵산 단량체들의 분자 성분, 소위 뉴클레오타이드들.

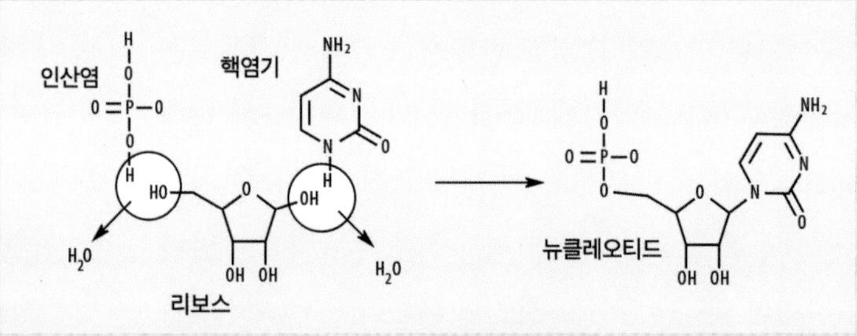

그림 20.12. 인산염, 염기, 당의 결합을 통한 뉴클레오타이드 형성. 이 그림을 단순화하기 위해 몇몇 수소(H) 원자를 빠뜨렸음을 주의하라.

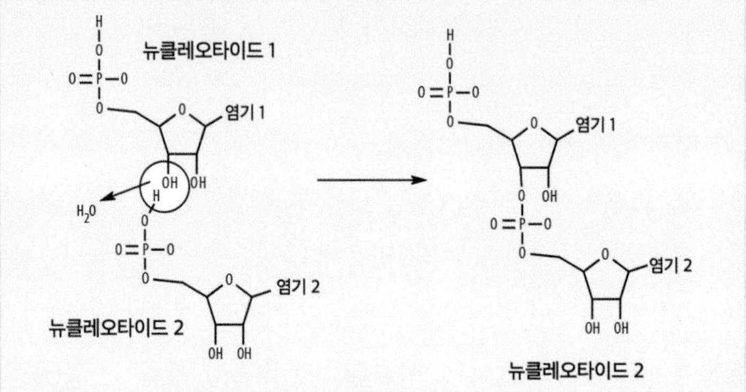

그림 20.13. 다이뉴클레오타이드의 형성.

치 2'와 5' 사이에서도 일어날 수 있지만 생명체에서 단백질(효소)들이 유도하는 중합 반응은 언제나 그림 20.14에 나타난 대로 일어난다.

중합체 가닥의 하나에 있는 핵염기들은 왓슨-크릭 쌍으로 알려진 것을 통해 다른 가닥에 있는 핵염기에 부착할 수 있다. 그림 20.15에 묘사된 것처럼 이것은 수소 결합이라는 고리를 통해 일어난다. 수소 결합은 비교적 약한 결합으로서 강도가 다른 화학 결합의 약 10퍼센트에 불과하다. 그림에서 쌍을 이룬 염기들은 사이토신(C)과 구아닌(G)으로서 그림에 나타난 바와 같이 세 개의 결합을 형성할 수 있다. RNA에 들어 있는 아데닌(A)과 유라실(U)(또는 DNA에 들어 있는 티민[T])은 두 개의 수소 결합만을 형성할 수 있다. 그 결과 사이토신은 구아닌을 선호하고 아데닌은 유라실(또는 티민)을 선호한다. 이는 그림 20.16에 묘사된 바와 같이, 결합된 가닥들 사이의 보완적인 쌍의 토대를 형성한다. RNA와 DNA 모두 두 개의 가닥을 형성할 수 있지만, RNA의 경우 스스로 접혀서 왓슨-크릭 쌍의 스트레치(stretch)들을 형성하는 단일 가닥이 좀 더 흔하며 생물학적으로 좀 더 중요하다.

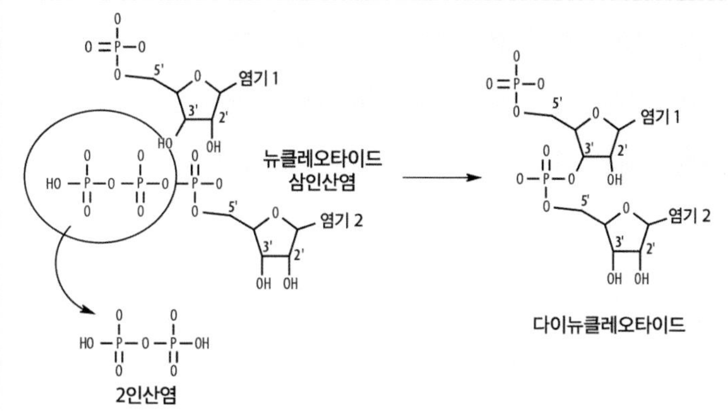

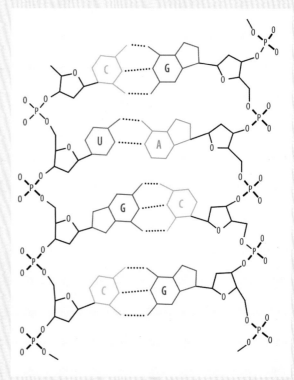

그림 20.14 삼인산염을 통한 활성화를 사용한 다이뉴클레오타이드 형성.

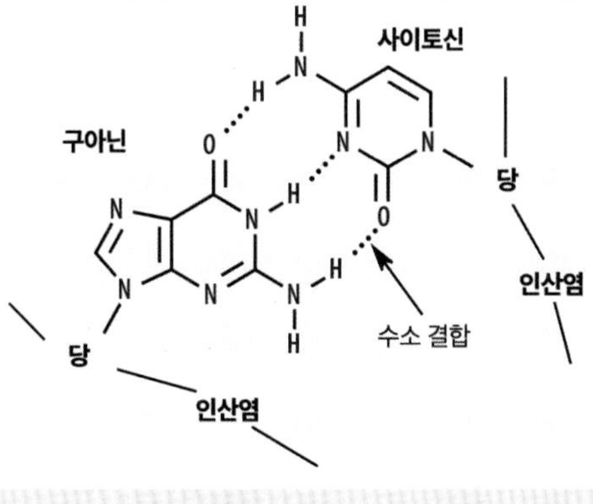

그림 20.15 사이토신과 구아닌 사이의 수소 결합 고리.

그림 20.16. 당-인산염 "등뼈"가 보이는 RNA의 두 가닥 사이의 왓슨-크릭 쌍. 수소 결합에 관여한 질소(N), 산소(O), 수소(H) 원자는 표시되지 않았다.

따라서 그것은 단지 한 개 안에서 합성하는 방식으로 달성될 수 없다. 그러나 다양한 단계들이 발생하기 위한 상태들은 크게 다르지 않다. 그 단계들은 모두 인산염을 통해 통제된 비교적 일정한 pH(산의 농도)에서 발생한다. 그 단계들은 올바른 시간에 올바른 서열로 각각의 시작 물질들이 투입될 것을 요구한다.

서덜랜드의 가상의 원시 물질 생성 시나리오는 **유동화학**(flow chemistry)으로 알려진 기법과 관련이 있다. 두 개의 분리된 흐름이 상상된다. 이 흐름들 중 하나에서 글리콜알데하이드($C_2H_4O_2$)가 사이안아마이드(H_2NCN)와 반응한다(그 반응은 그림 20.10에서 첫 번째 화살표로 나타내며, 중간 산물 A를 만든다). 반응물질들은 그 흐름이 지나가는 지면에서 걸러진다. 둘째 흐름에서는 태양 복사의 영향을 통해 글리세르알데하이드($C_3H_6O_3$)가 형성된다. 그 두 흐름이 함께 지나가서 두 번째 단계인 중간 산물 B 생산이 일어나게 한다. 합쳐진 흐름들이 사이아노아세틸렌(HCCCN)이 형성된 웅덩이 안으로 들어가서 세 번째 단계가 일어나 C를 만든다. 인산염은 완충제 또는 촉매로서 존재해왔는데 이제 반응물이 되어서 최종 산물인 활성화된 뉴클레오타이드를 산출한다.

이 도식이 현실적인가? 그리고 그것이 생명의 기원 과학계에서 받아들여질 것인가? 그것은 두고 볼 일이다. 그 시나리오는 극단적이지 않고 크게 변하지 않는 물의 환경에서 달성된다는 장점이 있다. 그것은 리보스와 핵염기들 사이의 "불가능한 결합" 문제를 피하는 것 외에도, 뉴클레오타이드에서 형성하는 당이 리보스이기 때문에 포모스 합성에서와 같은 복잡한 혼합물에서 리보스를 선택하는 문제도 피한다. 그것은 필요할 때 다양한 반응물이 등장하는 다단계 합성이라는 단점이 있다. 시작 물질은 복수이지만 그것들은 모두 똑같은 원래의 원천인 사이안화 수소(HCN)에서 나온다. 사이안화물 염에서 유기물 시작 물질을 달성하는 데 필요한 상태들은 몇몇 경우 극단적이다(예컨대 사이안아마이드와 사이아노아세틸렌을 만드는 데는 고온이 필요하다). 추가적인 긍정적 측면들은 인산염들이 줄곧 공통적으로 관여하는 물질이라는 것과 몇몇 α-아미노산이 사이안화 수소와 관련된 부(副)반응을 통해 생긴다고 생각될 수도 있다는 것을 포함한다. 마지막으로, 오늘날까지 서덜랜드 방법이 RNA를 형성하는 데 필요한 네 가지 물질 중 두 가지인 사이토신과 유라실을 만드는 데만 성공적이었다는 점이 언급되어야 한다. 서덜랜드 기법을 통해 다른 두 가지 물질의 전구체(선구 물질)가 만들어졌고, 그의 연구소에서는 그것들의 완전한 합성을 달성하기 위해 계속 연구하고 있다.

당신은 서덜랜드 기법의 산물이 인산염을 그림 20.9에 제시된 것과는 다른 방식으로 당에 부착시킨 것을 알아차렸을 것이다. 앞서 언급한 바와 같이 서덜랜드의 산물은 활성화된 뉴클레오타이드로 불린다. 활성화는 그것이 수프를 만드는 과정에서 다음 단계를 위해 에너지적으로 준비가 되었다는 뜻이다. 그 수프의 달걀을 준비하는 마지막 단계에서 이제 뉴클레오타이드 단량체들이 함께 결합되어 중합체들을 형성해야 한다. 마찬가지로 α-아미노산들이 함께 결합되어 수프의 닭에 해당하는 폴리펩타이드(또는 단백질)들을 만들어야 한다.[17]

20.6. 수프 준비에서 다음 단계: 중합체를 만들기 위한 단량체 결합

우리가 그럭저럭 닭(단백질)과 달걀(RNA, DNA)의 구성 요소들을 모았다고 가정하자. 즉 우리는 단량체들(단백질 합성을 위한 아미노산들과 핵산 합성을 위한 뉴클레오타이드들)을 쓸 수 있게 되었다. 우리는 이제 중합체들을 만들 준비가 되었다.

알파 아미노산들은 ("심화 학습: 아미노산과 단백질"에서 설명된 바와 같이) 중합(polymerize)해서 폴리펩타이드나 단백질의 사슬들을 형성한다. 이 과정에는 주목할 핵심적인 측면 두 가지가 있다. 첫째, 중합 과정의 모든 단계에서 물이 만들어진다. 만일 당신이 아미노산 두 개의 사슬을 만들면 물(H_2O) 분자 한 개가 만들어진다. 그것이 아미노산 세 개의 사슬이라면 물 분자 두 개가 만들어지는 식이다. 둘째, 모든 과정은 에너지 면에서 오르막 반응이다. 오르막 반응은 저절로 일어나지 않음을 기억하라. 그것은 정지해 있던 자동차가 갑자기 오르막길을 굴러 올라가는 것에 비교할 만할 것이다. 자동차가 언덕을 오르기 위해서는 가솔린을 연소할 필요가 있는 것처럼 오르막 화학 반응이 일어나려면 외부의 에너지 원천이 필요하다. 생명체

---

17 우리는 폴리펩타이드와 단백질이라는 용어를 교차적으로 사용할 것이다. 엄격히 말하자면 폴리펩타이드는 아미노산들로 구성된 중합체들에 대한 일반적인 용어이고, 단백질은 생물학적인 기능을 가진 폴리펩타이드들이다.

에서는 단백질이 만들어질 필요가 있을 때 물질대사가 그 에너지를 제공하지만, 우리가 가정한 원시 수프는 아직 살아있지 않다. 그렇다면 생명의 기원을 탐구하는 과학자들은 이 어려움에 대한 해법을 어떻게 생각하는가?

화학자들은 반응물의 농도를 증가시키는 것이 오르막 반응이 일어날 가능성을 높이는 한 가지 방법이라는 것을 오랫동안 알고 있었다. 오르막 반응의 바람직한 산물을 좀 더 많이 얻는 두 번째 방법은 다른 산물들을 제거하는 것이다. 단백질 형성의 경우 각각의 단계에서 물이 만들어진다. 물은 용매이기도 하므로 물이 제거되면 반응물의 농도가 높아진다. 따라서 물을 제거하면 반응을 오르막으로 이끄는 위의 두 가지 방법 모두를 달성한다.

액체 상태의 물을 제거하는 두 가지 간단한 방법이 있다. 우리는 물 중 일부를 얼리거나 증발시킬 수 있다. 생명이 시작되었을 때 눈덩이 지구(snowball Earth)를 믿는 사람은 전자를 선호하는 반면에, 지구가 훨씬 따뜻했다고 생각하는 사람들은 물웅덩이들이 형성되어 그곳에서 증발이 일어날 수 있었다고 제안한다. 궁극적으로 우리가 아는 세포 형성과 생명에 이르기까지 다음 단계들이 계속되려면 물이 필요하므로 물은 돌아와야 한다. 그러므로 순환하는 웅덩이들이 형성될 필요가 있는데, 바로 그 일이 대양들에 가까운 소위 조수 웅덩이에서 일어났다. 달이 요즘보다 훨씬 더 가까이 있었을 것이라는 점에 비춰볼 때 원시 지구에서는 그런 조수 웅덩이들이 좀 더 중요했을 수도 있다. 아무튼 생명의 기원을 탐구하는 과학자들은 단백질들이 형성되도록 허용했을 시나리오들을 쉽게 상상할 수 있다. 물론 사안의 성격상 직접적인 증거가 나올 가능성은 크지 않다.

물을 물리적으로 제거하지 않으면서 폴리펩타이드 형성을 견인하는 다른 방법이 있다. 이 방법은 중합체 안의 펩타이드 결합을 형성하는 화학 과정 동안 물을 소비함으로써 물을 제거하는 소위 응축제(condensing agent) 도입과 관련이 있다. 이 방법으로 펩타이드 결합 형성을 일으키는 것으로 알려진 물질 하나는 이산화 탄소의 가까운 친척인 화합물 카르보닐설파이드(COS)다.[18] COS가 물과 반응하면 그것은 이산화 탄소(CO_2)와 황화 수소(H_2S)를 형성하는데, 에너지 면에서 이 과정이 유리하다. COS와 아미노산이 상호작용하도록 허용되면 COS와 물의 반응이 펩타이드 결합 형성에서 물을 산출하는 과정과 결합된다. COS는 이 수단을 통해서 폴리펩타이드 형성을 촉진하는 것이 입증되었다. COS는 화산 발산물에서 발견되는 기체이고 원시 지구에서 화산 폭발이 매우 흔했을 가능성이 크기 때문에 이 과정이 원시 폴리펩타이드의 형성에 기여했을 수도 있다고 제안되어 왔다.

형성되어야 할 또 다른 중합체는 핵산이다. 뒤에서 설명되는 바와 같이 생명의 기원 과학자 대다수는 RNA가 DNA보다 먼저 만들어졌다고 믿기 때문에, 이 대목에서 우리는 RNA에 초점을 맞출 것이다. RNA 사슬 형성 과정은 어떤 면에서는 단백질을 만들기 위한 아미노산들의 중합과 유사하다. 아미노산들의 중합에서와 마찬가지로 단량체 두 개가 결합하면서 물 분자 한 개가 만들어진다. RNA나 DNA 안의 중합체 사슬은 당을 인산염에 결합하고 물 분자 하나를 제거하는 것과 관련된다. 단백질의 형성 때와 마찬가지로 그 과정은 에너지 면에서 오르막 과정이다. 따라서 언덕을 오를 에너지를 공급할 모종의 방법이 상상되어야 한다.

이 경우 가능성이 있는 해법을 발견하기가 그리 어렵지 않다. 단백질에 대해 제안된 방법(용매의 동결이나 증발) 외에, 반응물을 약간 변경하는 것이 제안되었다. 인산염에 수소 원자 대신 활성화기(activating group)가 부착되면 반응이 에너지 면에서 유리해질 수 있다. 예컨대 어떤 뉴클레오타이드에 인산기가 하나가 아니라 세 개가 붙어서 삼인산염을 형성했다고 가정하자. 그러면 한 뉴클레

18 Luke Leman et al., "Carbonyl Sulfide-Mediated Prebiotic Formation of Peptides," *Science* 306 (2004): 283-86.

오타이드의 당을 다음 뉴클레오타이드의 인산염에 결합하는 반응은 물이 아니라 소위 이인산염을 생성할 것이다(자세한 내용은 "심화 학습: 핵산"에 수록된 그림 20.14를 보라). 생물학을 공부하는 학생들은 삼인산염(ATP)을 이인산염(ADP)이나 단인산염(AMP)으로 바꾸는 것이 에너지를 낳는 과정임을 기억할 것이다. 이와 유사하게 뉴클레오타이드에서 삼인산염으로 변화하는 결합 반응은 에너지가 감소하는 방향의 반응이다. 따라서 그 과정은 에너지 면에서 유리해진다. 삼인산염들이 현재, 예컨대 화산 발산물 같은 자연적인 환경에서 발견되는 점으로 미루어 볼 때 그것들이 원시 지구에 존재했을 가능성이 크다고 할 수 있다.

뉴클레오타이드들을 활성화시키는 다른 방법들이 알려졌다. 뉴클레오타이드를 만들기 위한 서덜랜드의 기법에서 활성화된 뉴클레오타이드가 그 산물이었음을 기억하라. 거기서 인산염은 당과 두 군데에서 결합한다(그림 20.10을 보라). 이러한 고리형 결합은 분자 내부에 변형을 가져오고 뉴클레오타이드를 활성화시킨다. 인산염과 당이 형성하고 있는 두 결합 중 하나가 끊어지면 이 뉴클레오타이드는 활성화된 다른 비슷한 뉴클레오타이드의 하이드록시기(OH)에서 자유롭게 결합할 수 있다. 이렇게 해서 생성된 다이뉴클레오타이드(dinucleotide)는 더 복잡한 중합 반응을 진행할 활성화된 반응 위치를 여전히 가지고 있다.

어떤 과정이 에너지 면에서 유리하다고 하더라도 그것이 충분히 빠른 속도로 발생하지는 않는다. 폴리뉴클레오타드 형성을 가속하는(몇몇 연구자는 생명 탄생 전에 이것이 중요했다고 믿는다) 한 가지 방법은 광물 촉매의 사용과 관련이 있다. 광물들은 양전하를 띤 금속 이온들과 음전하를 띤 원자들, 종종 산소를 포함하는 무기 물질들이다. 뉴클레오타이드들은 몇몇 광물의 표면에 쉽게 흡착하거나 들러붙어서 얇은 막을 형성한다. 화학자인 제임스 페리스는 활성화된 뉴클레오타이드들이 특정한 종류의 점토 표

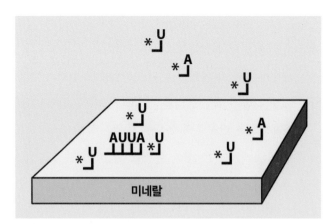

그림 20.17. 폴리뉴클레오타이드 형성의 광물 촉매. *___A와 *___U는 활성화된 뉴클레오타이드들이다.

면 위에 흡착되어서 서로를 발견할 때까지 돌아다니다가 결합됨을 보여주었다(그림 20.17을 보라). 이는 당신이 그것을 보리라고는 전혀 예상하지 않았을 만한 곳에서 나타나는 창조세계의 봉사적 성격의 예다.[19] 이 기법으로 결합 반응을 상당히 가속화시킬 수 있으며, 페리스는 이 기법을 통해 형성된 사슬의 길이가 40개 단위에 달하는 중합체를 관찰하기도 했다. 이 효과는—뉴클레오타이드들이 3차원 용액 안에서 자유롭게 떠다니지 않고 2차원 표면 위에 농축되기 때문에 효과가 크게 향상된다는 점을 제외하고—용매의 증발을 통해서 관찰되는 효과와 비슷하다.

뉴클레오타이드들을 결합할 때 어려운 또 다른 문제가 언급되어야 한다. 리보스가 인산염에 부착할 수 있는 여러 가지 방법이 있다. 실제로 당 분자에 인산염이 부착할 수 있는 위치 세 곳이 존재한다. 그 위치들은 2', 3', 그리고 5'로 번호가 표시된다. 페리스의 실험에서 그는 당의 5'에 부착된 활성화된 인산염을 가진 단량체들을 사용했다. 이론상으로는 그의 활성화된 뉴클레오타이드들 사이의 결합은 한 단량체의 5'와 두 번째 단량체의 2', 3', 또는 5'의 위치 사이에서 일어날 수 있다. 5'의 위치에서 일어난 결합은 인산염과 인산염의 결합에 해당하며 추가적인

19 James P. Ferris, "Mineral Catalysis and Prebiotic Synthesis: Montmorillonite-Catalyzed Formation of RNA," Elements 1 (2005): 145–49.

결합의 가능성을 끝내는 반면에, 2'와 3'의 위치에서 일어난 결합은 리보스에서 일어나는 결합으로서 추가적인 중합이 가능하다. 실제 생명체에서 단백질에 의해 유도되는 결합 반응은 항상 5'에서 3'으로 일어난다. 스스로 중합하도록 허용된 활성화된 단량체들은 이 결합을 선호하지 않는다는 것이 밝혀졌다. 하지만 점토가 촉매가 된 시스템에서 그 결합이 획일적으로 5'에서 3'으로 일어나지는 않았지만 이 결합이 압도적이었고, 5'에서 5'로 일어난 결합은 관찰되지 않았다. 원시 수프에는 그 과정의 촉매 작용을 하는 데 필요한 특정한 단백질이 없으므로, 생명의 기원 과학자들은 어떻게 올바른 결합이 일어났는지를 설명해야 하는 문제를 안고 있다. 페리스의 점토 촉매는 뉴클레오타이드들이 높은 정확도로 올바르게 결합하도록 하는 광물 촉매를 찾을 수 있다는 희망을 갖게 해주었다. 한편 2'에서 5'로의 결합과 3'에서 5'로의 결합을 모두 포함하는 이종 RNA가 기능성을 유지한다는 증거가 있다.[20]

20.7. 수프의 재료들을 준비하려는 시도: 지질

이제 우리가 신경 써야 할 수프 재료는 우리의 비유에서 옥수수에 해당하는 막들을 만드는 데 관여하는 물질 그룹이다. 이 물질들은 소위 **양친매성**(amphiphilic) 지질(脂質)들이다. 양친매성이라는 말은 그 지질들이 물과 지방 또는 기름이 많은 물질 모두(amphi-)를 좋아한다(-philic)는 뜻이다.

그림 20.18은 양친매성 지질이 물에서 어떻게 작용하는지 보여준다. 모든 지질에는 머리와 꼬리라는 두 가지 주요 부분이 있다. 현대의 세포막에 존재하는 주요 형태인 인지질(燐脂質, phospholipid)들에서 머리는 인산염과 글리세린을 포함한다. 꼬리는 지방산(fatty acid)으로 구성되는데, 지방산이 그렇게 불리는 이유는 뚱뚱하기 때문이

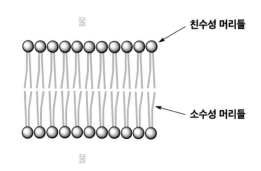

그림 20.18. 물에서 지질 이중층.

아니다(영어 단어 "fat"에는 뚱뚱하다는 뜻과 지방이라는 뜻이 있어서 원서에 이 설명이 있는 것임). 그것이 인간 및 다른 포유류 동물의 지방 조직의 일부가 된다는 사실에서 그 이름이 유래했다.

머리는 물에 녹으며 단백질에 들어 있는 몇몇 R기처럼 친수성이고 문자적으로 말하자면 "물을 좋아한다." 지방산의 꼬리는 가솔린과 기름의 주성분인 수소와 탄소로 구성되어 있다. 모든 사람이 아는 바와 같이 그것들은 물과 섞이지 않는다. 그것들은 소수성이다. 즉 "물을 싫어한다"(이는 그것들이 지방을 좋아한다는 뜻이다). 이처럼 양친매성 지질들은 물과 물을 싫어하는 물질 모두를 좋아한다. 그림 20.18에 묘사된 바와 같이 양친매성 지질들은 두 층의 지질 분자들로 구성된 막들을 형성할 수 있다. 친수성 머리들은 외부에 머물면서 그것들이 좋아하는 물과 접촉하는 반면에, 두 층의 소수성 꼬리들은 안에서 서로 모이는데, 이는 창조세계의 기능의 완전성의 아름다운 예다.

양친매성 지질들이 물에서 알맞은 농도와 알맞은 상태(예컨대 알맞은 pH)로 모이면 이 이중 지질막들은 물속에서 소포(小胞, vesicle)를 형성할 수 있는데 이것은 본질적으로 안에 약간의 물이 포획된 둥근 칸막이다. 그런 소포들은 내부의 내용물에 대한 보호를 제공해 줄 수 있는데 이는 창조세계가 기능의 완전성을 통해 창조세계에 봉사하는 현저한 예다. 그림 20.19는 이중 지질막을 통해 형성된 소포를 반으로 자른 단면도를 보여준다.

20 Jia Sheng et al., "Structural Insights into the Effects of 2'-5' Linkages on the RNA Duplex," *Proceedings of the National Acad emy of Sciences* 111 (2014): 3050-55.

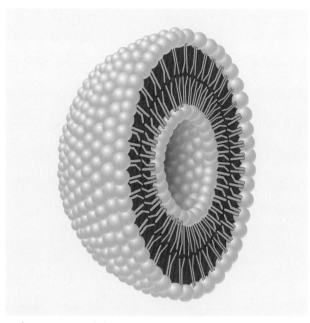

그림 20.19. 소포 단면도.

인산염, 글리세린, 그리고 지방산에서 인지질을 만드는 것은 생명의 기원 과학자들에게 뉴클레오타이드들의 부분들을 결합하는 문제와 매우 유사한 도전을 제기한다. 두 경우 모두에서 물이 제거되어야 하는데, 물이 용매인 원시 수프에서는 그것이 도전을 제기한다("심화 학습: 양친매성 지질"을 보라). 노벨상 수상자인 하버드 대학교의 잭 쇼스택 같은 과학자들은 지방산들 자체가 이중 지질층과 소포 형성에 있어서 지질과 같은 방식으로 기능할 수 있음을 입증했는데, 이 점은 생명의 기원 문제에 중요한 함의가 있다. 우리는 섹션 22.4에서 세포 형성을 위한 시나리오들을 논의할 때 이 연구에 관해 좀 더 언급할 것이다. 이 대목에서 우리의 목적상으로는 지방산들이 인지질만큼 잘 기능할 것으로 가정할 경우 원시 상태에서 어떻게 지방산을 만들 것인가만이 중요한 관심사임을 우리가 인식하기만 하면 된다.

본질적으로 그 문제는 단순한 시작 물질들에서 어떻게 기름을 만들 것인가와 관련된다. 독일의 두 화학자 프란츠 피셔(1877-1947)와 한스 트롭슈(1889-1935)는 1920년대에 일산화 탄소, 수소 기체, 그리고 철이나 니켈 촉매를 사용한 방법을 제안했다. 10년 뒤 국내 및 해외의 연료 공급이 부족할 때 그 방법이 독일의 전쟁 기계에 연료를 제공하는 데 사용되었다. 생명의 기원 과학자들은 현대의 이 합성 과정이 원시 지구에서 일어났을 수도 있음을 인식했다. 젊은 지구에서 시작 물질들과 촉매들이 쉽게 구해질 수 있었고, 기름 같은 사슬들을 만들기에 알맞은 특정한 때와 장소가 있었다고 가정된다. 친수성 머리를 제공하기 위해서는 그 사슬의 끝에 어느 정도의 산소 원자들을 첨가하기만 하면 되지만, 그런 일은 피셔-트롭슈 과정에서도 쉽게 일어날 수 있다.

20.8. 수프의 재료들의 외부의 원천들과 동종 손대칭성의 문제

생명의 기원 과학자 모두가 그 수프의 재료들의 원천이 지구여야만 했다는 것을 인정하는 것은 아니다. 단순한 유기 분자들이 외계의 공간에서 발생해서 유성이나 혜성들을 통해 지구로 옮겨졌을 가능성은 생명의 기원 학계에서 다소 일찍 인식되었다. 밀러-유리의 방법에서 환원성 대기의 타당성에 관한 의문 때문에 그들의 아미노산 생산 방법이 의심을 받았을 때 이 아이디어는 훨씬 더 매력적으로 되었다. 천문학자들이 외계에 존재하는 다양한 유기 물질들의 탐지 방법을 개선함에 따라 그 아이디어는 한층 더 추진력을 공급받았다.

내생적(endogenous)이라고 알려진 지구상에서 기원한 원천들과 구분하기 위해 지구 밖의 원천들은 **외생적**(exogenous)이라고 불린다. 지구 자체가 암석 물질 또는 폭발 유성들의 합체를 통해 형성되었다(11장을 보라). 지구가 존재하고 나서 초기에 지구는 유성들과 혜성들을 포함한 큰 물체들을 계속 끌어당겼다. 앞서 언급된 바와 같이 달에서 가져온 암석에서 나온 증거는 약 39억 년 전(대폭격 후기)에 달이 유성들의 대공습을 받았음을 암시한다. 아마 지구도 비슷한 운명을 겪었을 것이다. 일반적으로 폭격이 점진적으로 줄어들어서 오늘날처럼 비교적 드물게 일어지질은 다양한 물질을 총칭하는 용어로서 그런 물질의 공통적인 특징은 물에 녹지 않는다는 것이다. 세포 형성에 필요한 특정한 유형의 지질들은 양친매성 지질로 알려졌다. 이런 지질들은 물에 녹지 않는 꼬리와 물에 녹는 머리를 가진, 길고 사슬 같은 분자들이다. 현대의 생명체에서 세포막들은 대체로 다음과 같은 세 개의 주요 부분들로 구성된 분자들인 인지질들로 구성된다: (1) 지방산. 지방산은 기본적으로 CH_2 단위들로 이뤄진 중합체로서 긴 탄화수소 사슬과 사슬의 끝에 있는 카복시기($COOH$)로 구성되어 있다. (2) 글리세린. 글리세린의 분자식은 $C_3H_5(OH)_3$다. (3) 인산염 (그림 20.20을 보라). 이것들이 결합할 때 부산물로 물(H_2O)이 생성된다. 인지질의 인산염 머리는 음의 전하량을 띠고 있어서 친수성을 가진다. 즉 그것들은 물에 매우 잘 녹는다. 한편 그것이 부착된 탄화수소 사슬들은 매우 소수성이며 물에 녹지 않는다.

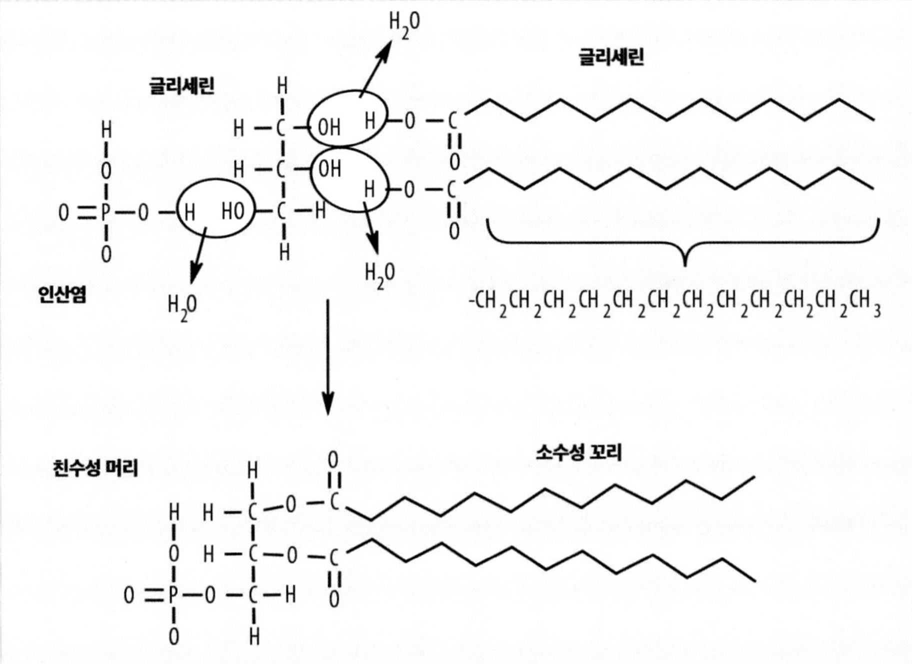

그림 20.20. 지방산, 글리세린, 인산염의 결합을 통한 인지질 형성과 물의 조성.

나는 수준에서 안정화되었을 것으로 믿어진다. 외계에서 온 이런 암석 중 유기물을 지구로 옮긴 암석이 존재했을 수 있는가?

1969년은 과학적 외계 연구에서 핵심적인 해였다.그해 8월에 미국인들이 달에 착륙했고 달 탐험대원들이 달의 암석들을 지구로 가져온 직후에 미국의 다양한 연구소에서 그 암석들에 관한 과학적 연구를 수행했다. 달에서 최초의 보행을 한 지 약 1개월 뒤 외계에서 온 또 다른 암석이 호주에 떨어졌는데 그것은 자체의 힘을 가졌다. 머치슨 운석은 그것이 떨어진 호주 빅토리아주의 작은 마을 이름을 따서 명명되었다. 대다수 운석은 대기 상층부에서 타 버리고 유성으로만 보이지만, 좀 더 큰 운석들은 대기를 뚫고 암석으로서 지상에 착륙한다. 머치슨 운석은 대기를 뚫기는 했지만 그 과정에서 부서져 좀 더 작은 조각들로 호주에 흩어졌다. 그 지역의 거주자들이 재빨리 그 조각들을 주웠는데 그중 많은 조각이 달의 암석을 연구하는 연구소 등 과학 연구소에 보내졌다.

머치슨 운석은 평범한 운석이 아니었다. 그것은 탄소질로 불리는 흔치 않은 집단에 속했는데, 탄소질 암석은 상당한 양의 탄소 원소를 포함한다. 방사성 연대 측정 결과 그것의 나이는 약 46억 년으로, 우리 태양계보다 약간 더 오래되었다(14장을 보라). 최근에 그 운석 조각의 부스러기 및 유사한 다른 운석들을 화학적으로 좀 더 자세히 분석해보니 암석의 조각들에서 생물 기원에 관심이 가는 많은 분자를 포함하여 많은 유기물질이 드러났다. 그 운석의 시료들에서 20개의 표준 아미노산 중에서 전부는 아니지만 몇 개가 발견되었고 표준적이지 않은 아미노산들은 훨씬 더 많이 발견되었다. 막 형성에서 지질로 기능할 수 있는 지방산이 머치슨 시료에서 분리되었다. 따라서 몇몇 학자는 원시 지구에서 지질을 만들어내기 위한 피셔-트롭슈 과정이 필요하지 않았을 수도 있다고 주장했다. 마지막으로, 최근에 RNA와 DNA의 조립 단위인 핵염기 발견이 보고되었다.[21] 원시 수프의 중요한 많은 재료의 존재는 몇몇 과학자들로 하여금 외계를 생명의 시작에 필요한 화학반응의 전구체의 중요한 원천으로 가정하게 만들었다.

머치슨 시료들에서 발견된 아미노산들의 매우 흥미로운 측면 하나는 그것들의 손대칭성과 관련이 있었다. 지구의 모든 생명은 왼손잡이 아미노산으로 작동한다는 점을 기억하라. 머치슨 운석 시료에서 나온 소위 표준적인 아미노산들이 라세미 혼합물이었다는 것은 놀라운 일이 아니었다. 즉 그것들은 똑같은 양의 왼손잡이 분자와 오른손잡이 분자를 포함했다.[22] 놀라운 발견은 몇몇 비표준적인 아미노산들이 오른손잡이보다 왼손잡이 아미노산들을 더 많이 포함했다는 점이었는데, 이런 상태는 **거울상 이성질체 과잉률**(enantiomeric excess; *ee*)로 알려졌다. 이성질체 과잉을 보인 아미노산들이 표준이 아니었다는 사실은, 왼손잡이 분자들의 과잉이 운석 조각들이 복구되어 분석을 위해 연구소로 보내질 때 지구에서 오염된 것이 아님을 의미했다.[23]

그렇다면 이런 비표준적인 아미노산들이 어떻게 이성질체 과잉을 가지게 되었는가? 그 발견이 이루어진 이후 이 문제가 계속 논의되었지만, 결정적으로 답변되지 못하고 있다. 가장 보편적인 제안은 원형으로 편광된 빛의 영향과 관련이 있다. 파스퇴르가 평면 편광된 빛을 사용해서 손대칭성을 연구했음을 상기하라(섹션 19.3을 보라). 빛은 원형으로 편광될 수도 있는데, 이는 광파가 어느 한쪽이나 그 반대쪽으로 돌 수 있다는 뜻이다. 야구팬이라면 누구나 알듯이 커브볼이 있고 스크루볼이 있는데, 그것들의 차이는 회전 방향이다. 마찬가지로 빛은 오른쪽 방향 나선으로 회전할 수도 있고 왼쪽 방향 나선으로 회전할 수도 있다. 보통의 빛은 두 유형을 똑같은 분량으로 갖고 있어서 서로 상쇄되어 전체적으로는 회전이 없다. 몇몇 별들은 한쪽 빛을 다른 쪽 빛보다 많이 방출하는 것으로 생각된다. 머치슨 운석에 들어 있는 아미노산을 만들어낸 우주에서의 반응이 이처럼 원형으로 편광된 빛의 영향하에서 일어났다면 아마도 그 산물의 한쪽 손잡이 형태가 좀 더 빨리 형성되었거나, 그 빛으로 말미암아 한쪽 형태가 다른 쪽 형태보다 좀 더 많이 파괴되었을 것이다.

아마도 생명의 기원 과학자들에게 더 중요한 질문은 다음과 같을 것이다: "특정한 운석에서 나타난 동종 손대칭성의 발견이 '지상의 생명체가 어떻게 동종 손대칭성을 띠게 되었는가?'라는 오래된 질문에 어떤 함의가 있는가?" 지상 생명체의 동종 손대칭성 문제는 그것이 발견된 이래 생명의 기원 과학자들의 흥미를 끌어왔다.

생명의 동종 손대칭성 기원 문제에 대한 답변은 두 개의 범주로 나뉜다. 그것은 우연히 일어났거나 화학적/물리적 메커니즘을 통해 결정되었다. 우연히 일어나는 사

---

21 Michael P. Callahan et al., "Carbonaceous Meteorites Contain a Wide Range of Extraterrestrial Nucleobases," *Proceedings of the National Academy of Sciences* (USA) 108 (2011): 13995-98.

22 "표준"이라 함은 그 아미노산들이 오늘날의 생명체에 들어 있는 단백질에 사용되는 20개에 속한다는 뜻이다.

23 왜 비표준적인 아미노산들만이 이성질체 과잉을 지녔는지 의아할 수

도 있을 것이다. 비표준적인 머치슨 아미노산들은 가운데의 탄소(C) 원자에 부착된 네 개의 기 중 하나로서 수소 원자를 갖고 있지 않기 때문에 비표준적이었다. 표준적인 아미노산들이 시간이 지남에 따라 수소를 잃고 후에 그것을 다시 획득함에 따라 라세미산 형태가 되었을 것으로 가정된다.

건 또는 무작위 사건은 법칙이 없는 혼돈이 아님을 기억하라(섹션 6.2.3, "심화 학습: 무작위성은 법칙과 같다"를 보라). 우연히 다른 형태가 아니라 특정한 어떤 형태가 일어나는 것은 일종의 동결된 사건(frozen accident)에 해당한다. 화학적 환경이나 물리적 환경의 변동(fluctuation)으로 말미암아 일시적으로 어떤 형태가 다소 우세해질 수 있다. 그렇다면 "어떻게 그렇게 작은 차이, 동결된 사건이 확대될 수 있었는가?"가 그다음으로 중요한 질문이다.

머치슨 운석 아미노산 시료들에서 이성질체 과잉이 발견된 것은 생명의 동종 손대칭성이 지구 밖에서 기원했을 수도 있고 우발적이지 않은 것으로 분류될 수 있음을 암시한다. 비록 화학적/물리적 원인은 여전히 다소 불확실하지만 말이다. 그럼에도 불구하고 머치슨 운석 시료들에서 왼손잡이 형태의 우세는 매우 작은 바, 가장 큰 것이 약 17퍼센트이며 대다수는 훨씬 작기 때문에 확대 문제는 여전히 남는다.

확대가 일어날 수 있는 한 가지 방법은 손대칭 물질들의 다른 결정 형태들의 용해성이 다를 수 있다는 사실에 기인한다. 아미노산 같은 손대칭 물질은 다음과 같은 세 가지 형태로 결정화될 수 있다: (1) 왼손잡이 분자와 오른손잡이 분자가 모두 섞여 있는 라세미 형태, (2) 순수한 왼손잡이 형태, 또는 (3) 순수한 오른손잡이 형태. 대다수의 경우 라세미 형태는 순수한 형태들보다 잘 용해되지 않으며, 순수한 형태들은 용해도가 똑같다. 따라서 특정한 형태를 약간 많이 함유하고 있는 용액에서 용매인 물이 증발하면 형성되는 최초의 결정들은 덜 녹는 라세미 결정들이고, 남게 되는 용액은 과잉인 분자가 점점 더 풍부해진다.

물리적으로 이성질체 과잉이 커지면 화학적 측면에서도 이성질체 과잉이 심해진다. 이 일이 일어날 수 있는 여러 방법이 있지만, 각각의 경우에 그것은 왼손잡이 분자 및 오른손잡이 분자가 다른 왼손잡이 분자 및 오른손잡이 분자와 상호작용할 때 다르게 반응한다는 일반 원칙

의 결과다. 두 사람이 악수할 때 그들은 모두 대개 오른손을 사용한다. 어느 한 사람이 왼손을 사용하기로 하면 그 악수가 성공적이지 않을 것이다. 마찬가지로 오른손잡이 분자 A가 오른손잡이 분자 B와 상호작용할 때는 그것이 왼손잡이 분자 B와 상호작용할 때와 다른 방식으로 반응할 것이다. 그런 차이가 이성질체 과잉의 확대로 귀결될 수 있다.

원시 화학 및 원시 물질대사에 나타난 동종 손대칭성의 기원에 대해 여러 방법이 제안되었다. 이러한 제안은 외계에서 수입되었다기보다는 지구에서 일어났을 수 있는 여러 방법이 포함된다. 이런 방법들에 관한 논의는 본서의 범위를 훨씬 벗어난다. 이런 이론적인 가정들의 경험적 타당성을 입증하기 위한 연구들이 계속되고 있다고 말하는 것으로 충분하다.

20.9. 원시 수프가 정말 있었는가?

생명의 기원 과학자 중 많은 진영에서 오파린-홀데인 가설에 대한 믿음이 계속 영향력을 행사하고 있지만, 원시 수프 시나리오의 많은 측면에 관한 문제의 여지가 많다. 위의 논의에서 우리는 그 수프를 준비하기 위한 생명 탄생 이전의 조리법 고안 분야에서 일어난 현대의 진전을 보여주기 위해 노력했다. 많은 경우 그 접근법은 합성 화학의 전형적인 전략을 따랐다. 가령 A와 B 같은 몇 가지 반응물질들이 통제된 상황하에서 혼합되고, 원하던 산물인 C가 반응 후 그 혼합물에서 분리된다. 그다음에 C가 또 다른 세트의 상태하에서 D와 혼합되어 반응하고 E를 산출한다. 원하는 수프의 성분들이 획득될 때까지 여러 단계의 순차적인 반응들이 계속된다. 우리가 앞서 언급한 바와 같이 이 접근법은 현실적이지 않다는 비판을 받아왔다. 수프의 구성 요소들이 별도의 지역에서 준비된 후 올바른 시기에 올바른 상태하에서 합쳐진다는 것은 상상하기 어렵다.

최근 생명의 기원 연구자들은 대안적인 접근법을 주

장하기 시작했다. 각각의 단계에서 소수의 반응물들이 관여하는 전통적인 다단계 전략 대신 이 과학자들은 복잡한 이질적인 혼합물의 많은 반응물질과 관련된 하나의 단지 실험들을 제안했다. 이것이 생명의 탄생 전 지구에서 일어났을 상태와 더 비슷할 것이라고 주장된다. 합성 화학의 이 새로운 하위 분야는 **시스템 화학**으로 알려졌으며, 이 제목의 새로운 학술지가 등장했다. 다양한 연구소들이 이 노선에 다른 연구에 종사하고 있다. 물론 비결은 원치 않는 부반응이 너무 많이 일어나지 않으면서 충분한 농도의 산물들을 만들어낼 올바른 상태하에서 올바른 농도의 반응물의 조합—"골디락스 화학"—을 발견하는 것이었다.[24] 몇몇 진전이 이뤄졌지만, 이 분야에서 일어날 장래의 성취 수준을 예측하기에는 아직 너무 이르다.

자주 제기된 또 다른 문제는 그 수프가 생명이 시작될 수 있기 전에 필요로 한 모든 구성 요소를 포함할 필요가 있었는지와 관련된다. 달리 말하자면 우리의 수프는 옥수수와 닭만을 포함하고 달걀은 나중에 추가되어도 되었는가? 아니면 닭은 필요 없었고 옥수수와 달걀만으로 시작할 수 있었는가? 이 문제에 관해서는 다양한 의견이 있는데 우리는 이에 관해 다음 장에서 살필 것이다.

앞 섹션에서 언급된 바와 같이 필요한 수프 구성 성분의 합성이 지구에서 일어나기 어려웠다면 외계가 원천이란 가정이 남는다. 이 대안은 우리 우주에 존재하는 다양한 유기물에 대한 분광 관찰을 통해 촉진되었다. 물론 가정된 원천이 무엇이든 간에 원시 수프에서 생명의 시작 물질에 대한 직접적인 경험 증거는 구할 수 없다. 따라서

원시 수프는 언제나 가설의 범주에 속할 것이고 사변과 회의에 대한 방대한 여지가 있다. 따라서 이 섹션의 제목에서 제기된 문제에 대한 답변은 아마도 단호할 것이다. 많은 생명의 기원 과학자는 지구 역사의 초기에 원시 수프가 존재했었다는 것을 굳게 확신하는 반면에 그것이 없이 생명이 시작했다고 믿는 학자들도 있다. 우리는 22장에서 생명의 시작에 관해 제안된 다양한 시나리오를 논의할 때 위에서 제기된 모든 문제를 다시 다룰 것이다.

한편 우리가 생명의 시작에 관한 시나리오들을 논의하기 전에 다뤄져야 할 중요한 질문 하나가 남아 있는데 그 질문에 대한 답은 우리의 탐구에 매우 중요하다. 그것은 생명의 시작에 필요한 필수 중합체인 단백질 또는 폴리펩타이드와 핵산의 본질과 관련이 있다. 좀 더 구체적으로 말하자면 제기된 문제는 우리가, 원천이 무엇이든 간에, 형성되었을 수도 있는 생체 고분자들 안에 존재하는 단량체들의 **서열**에 관해 신경을 써야 하는지와 관련된다. 예컨대 RNA에 들어 있는 뉴클레오타이드 염기들이 어떤 서열로 배열되든 간에 의도된 작업을 해서 생명이 존재하게 만드는 데 필요한 기능들을 제공하겠는가? 우리의 앞의 비유로 돌아가자면 화물 열차가 형성될 때 차량들의 배열은 무작위가 아니라 개별 차량들의 궁극적인 목적지에 기초한다. 생체분자, 즉 단백질과 핵산들의 열차도 마찬가지인가? 달리 말하자면 중합체들에 들어 있는 단량체들의 서열이 얼마나 중요한가? 생명이 발생하려면 그것들이 올바른 서열로 배열되어야 하는가? 이는 중요한 질문으로서 우리를 다음 단계의 논의로 데려간다. 그것은 생물학적 정보, 그 기원, 그리고 생체의 기원과 존재에서 생물학적 정보의 중요성 문제들과 관련이 있다. 우리는 이런 문제들을 다음 장에서 다룬다.

24 Matthew W. Powner and John D. Sutherland, "Prebiotic Chemistry: A New *Modus Operandi*," *Philosophical Transactions of the Royal Society B* 366 (2011): 2870-77.

21장

생물학적 정보: 단백질과 핵산

정보는 우리의 일상 경험의 일부다. 당신이 방금 읽은 문장은 당신에게 정보를 전달했다. 인간의 언어는 그것을 통해 인간 사이에 정보가 전달되는 한 가지 수단이다. 원래 이것은 소리를 통해 시작되었지만—언어를 통한 소통—훗날 기록되어서 시각적인 기호를 통한 소통이 일어났다. 어느 경우든 우리는 정보를 통해 우리가 무엇을 의미하는지에 관한 직관적인 감각을 지니고 있으며, 정보를 보면 그것을 인식할 수 있고 확실히 정보의 부재를 인식할 수 있다. "ㅇ루ㅇㅣㄴㅣ ㅈㅂ어ㅇㄴㄴ ㄱ혀ㅓ의ㅁ ㅇ ㅅㅇㅏㄹ ㅇ비라ㅜ"라는 문자들은 이 단락의 처음 문장에 사용된 기호들과 같은 기호들에서 유래했지만 아무 정보를 담고 있지 않다. 주어진 문자들의 서열에서 정보 내용의 존재 또는 부재는 확실히 그 서열 자체에 크게 의존한다.

오늘날 생체의 중요한 특징 하나는 일반적으로 **생물학적 정보**(biological information)로 일컬어지는 것을 보유한다는 점이다. 생명이 시작한 이래 늘 그래왔다고 가정하는 것이 안전해 보인다. 따라서 그 주제가 생명의 기원 문제에서 중요하다. 현대의 세포 안의 생물학적 정보는 주로 두 가지 유형의 생체분자인 단백질과 핵산에 들어 있다고 한다. DNA에서 단백질로의 생물학적 정보 이전이 어떻게 일어나는가를 포함한 이 둘 사이의 관계에 관한 자세한 내용은 아래의 "심화 학습: 생물학적 정보 분자에 관한 기본 사항"에서 제공된다. 당신이 그곳에 제공된 자세한 내용을 반드시 알아야 하는 것은 아니지만, 우리는 앞으로 그곳에서 논의된 단백질과 핵산 사이의 관계의 측면들을 종종 언급할 것이다. 앞의 장들에서와 마찬가지로 우리는 생물학적 정보의 모든 측면에 창조세계의 기능의 완전성(섹션 2.2.2를 보라)이 관여하고 있음을 알게 될 것이다.

21.1. 생물학적 정보 정의하기

우리가 다룰 필요가 있는 첫 번째 질문은 **생물학적 정보**라는 용어의 의미다. 보편적이고 아마도 가장 좋은 접근법은 이 장의 서론에서 우리가 이야기하기 시작한 일반적인 정보 비유를 끌어들이는 접근법일 것이다. 생체고분자 안의 분자 단위들 또는 단량체들의 서열은 일반적인 정보를 전달하는 문자들의 서열에 비교할 만하다. 단백질의 경우 그것은 아미노산들의 서열이다. 핵산들에 대해서는 그것은 그것들의 염기에 따라 변하는 뉴클레오타이드들의 서열과 관련이 있다. 하지만 처음부터 이것은 비유적 사고

이며 일반적인 정보와 생물학적인 정보 사이에는 중요한 차이가 있다는 점을 인식할 필요가 있다.

이 점을 설명하기 위해 우리가 다양한 뉴클레오타이드들에 사용해온 일반적인 첫 글자 표시에 나타나는, 다음과 같은 염기들의 순서로 배열된 가상의 RNA 서열을 생각해보자(G는 구아니딘을 의미하고 U는 유라실을 의미하는 식이다). 세 개의 염기들이 **코돈**(codon)을 구성하는데, 코돈은 RNA "언어"를 단백질 "언어"로 변환할 때 특정 아미노산과 관련된다("심화 학습: 생물학적 정보 분자에 관한 기본 사항"을 보라). 코돈들은 우리가 추적하기 쉽도록 수직선을 통해 분리되었다.

GUU|CAC|GGG|GCG|GGU|CUG|UGU|GCU|GUG|CAC|GGG|GCC|GGU|CUU|UGU|GCG|GUA|CAC|GGA|GCG|GGA|CUC|UGC|GCG

우리는 아래의 표 21.1을 사용해서 이 RNA 서열을 아래에 묘사된 서열 1의 가상의 폴리펩타이드나 단백질 안의 아미노산 서열로 전환할 수 있다(독자들은 저자를 믿거나 표 21.1을 사용해서 스스로 증명할 수 있다).

서열1: Val-His-Gly-Ala-Gly-Leu-Cys-Ala-Val-His-Gly-Ala-Gly-Leu-Cys-Ala-Val-His-Gly－Ala-Gly-Leu-Cys-Ala

이처럼 RNA 서열에 있을 수 있는 모든 정보는 이제 그에 해당하는 단백질 서열로 번역되었다. 이 단계에서는 위의 어느 서열에서도 그 용어의 일반적인 의미에서의 명백한 정보는 없다. 이제 아미노산과 영어 알파벳 문자들 사이에 다음과 같은 동일시를 만들어보자.

Val = T; Gly = E; Ala = 빈 칸; His = H; Cys = D; Leu = N

우리가 필요한 대체를 하면 서열 1은 영어로 다음과 같이 쓰인다.

THE END THE END THE END

단백질 언어를 영어로 번역하니 다소 반복적이기는 하지만 의미 있는 진술이 드러났다. 이것이 서열 1에 들어 있는 우리의 가상의 폴리펩타이드와 그것이 번역된 원천인 RNA가 이 정보를 함유했다는 의미인가? 어떤 의미에서는 그렇다. 우리는 번역할 문자들을 사려 깊게 선택하고 사전에 원래의 RNA 서열을 의도적으로 설계함으로써 영어로 뭔가를 의미한 결과를 얻을 수 있었다. 이 예는 인간의 언어로 표현될 수 있는 일반적인 의미가 특정한 단백질이나 RNA의 서열에 들어 있을 수도 있음을 보여주지만, 아무도 자연적으로 발생하는 RNA나 단백질이 이 의미에서 정보를 담고 있으리라고 주장하는 어리석음을 범하지는 않을 것이다. 그것은 과학 소설에나 등장할 소재다.[1] 확실히 일반적인 의미의 정보를 지닌 RNA나 단백질의 부여는 지적 설계자를 필요로 한다. 그러나 그것이 핵산이나 단백질이 정보를 전달한다고 할 때 의미하는 바인가? 확실히 그렇지 않다. 그렇다면 그것들은 어떤 방식으로 정보를 전달하는가? 즉 생물학적 정보란 무엇인가?

이 질문에 대한 답은 단백질이 생물학적으로 중요한 특정한 반응들의 촉매 작용 같은 특정한 **기능**들을 수행한다는 것과, 이 기능들은 단백질들이 접히는 방식에 따라

---

1   그런 과학 소설 시나리오가 Richard Dawkins의 *River Out of Eden* (New York: Basic Books, 1995[『에덴 밖의 강』, 동아출판 역간])을 통해 상상되었다. 생물학자인 짐 크릭슨이 악한 외부의 힘에게 납치되어 생물학 무기를 만들도록 강요받았다. 일반적인 모든 소통 수단이 차단된 상태에서 그는 악성 독감 바이러스 게놈 안에 메시지를 코딩함으로써 외부 세계와의 소통에 성공한다. 그는 먼저 자신을 감염시키고 사람들이 가득 찬 방에서 재채기함으로써 그 바이러스를 퍼뜨렸다. 그 독감의 물결이 전 세계로 퍼졌고, 자유 세계의 연구소들에서 백신을 만들기 위해 그 바이러스의 게놈의 서열이 분석될 때 크릭슨의 메시지가 발견된다.

정해지는데 그것은 결국 아미노산의 서열에 좌우된다(좀 더 자세한 내용은 섹션 20.2의 "심화 학습: 아미노산과 단백질"을 보라)는 것을 인식함으로써 얻어진다. 서열이 단백질의 접히는 패턴을 규율하고 접히는 패턴이 단백질의 기능을 결정하는데, 그것은 창조세계의 기능의 완전성의 예 중 하나다. 우리가 생물학적 정보로 부르는 것은 본질적으로 단백질의 기능성과 관련이 있다. 화학 분야 노벨상 수상자인 만프레트 아이겐의 말로 표현하자면 생물학적 정보는 "본질적으로 기호의 서열이 우수한 복제 속도, 복제의 질, 그리고 수명을 지닌다는 의미에서의 정보만"을 의미한다.[2]

즉 생체분자의 생물학적 정보 내용은 생체분자가 자연 환경에서 특정한 기능을 수행하도록 해주는 단량체들의 서열을 가지고 있는지에 의존한다. 아미노산의 서열이 폴리펩타이드의 접히는 패턴과 궁극적으로 그것의 기능을 결정한다. 유사한 방식으로 영어 문장에서 문자들의 서열이 그 문장의 메시지를 결정하고 나아가 독자들을 통한 그 메시지의 해석—즉 영어에서 그 메시지의 의미—을 야기한다.[3] 이처럼 폴리펩타이드의 기능은 문장의 의미와 비슷하다.

만일 우리가 어떤 폴리펩타이드가 중요한 기능을 가지고 있지 않음을 발견한다면, 이는 우리가 그 폴리펩타이드가 자신이 생물학적 환경에서 기능할 수 있게 해줄 적절한 서열을 갖고 있지 않으며 따라서 생물학적 정보를 포함하지 않는다고 말하는 셈이다. 만일 그 폴리펩타이드

가 그것이 일어나는 곳에서 생체에 필수적인 기능을 갖고 있다면 그것은 생물학적 정보 담지자(擔持者)다. 따라서 우리의 가상의 서열 1은 생물학적 정보 담지자일 수도 있고 그렇지 않을 수도 있다. 그것은 그 폴리펩타이드가 자신이 위치한 곳에서 가상 생체의 지속적인 존재에 중요한 기능을 가지는지에 의존할 것이다.

논의를 좀 더 진척시키기 위해 그 단백질에 대한 우리의 번역과 단백질의 기능성 정도 사이에 상관관계가 있다고 상상하라. 즉 우리의 번역에 정보 내용이 많을수록 그 단백질이 그것의 생물학적 기능을 더 잘 수행하고 따라서 그것의 생물학적 정보가 더 중요하다고 상상하라. 우리의 첫 번째 예는 끝이 이르렀다는 것만을 말하는데, 그것은 그리 많은 정보가 아니므로 별로 좋은 단백질이 아닐 것이다. 반면에 우리가 "완료 메시지"에 사용한 것과 동일한 아미노산 기들을 사용한 두 개의 아미노산 서열들이 다음과 같이 다른 방식으로 배열되었다고 생각하라.

서열 2: Val-Cys-His-Ala-Gly-Cys-Leu-Ala-Gly-Leu-Ala-Cys-Gly-Val-Val-Ala-Gly-His-Gly-Ala-His-Ala-Leu-Gly

서열 3: Ala-Val-His-Gly-Leu-Ala-His-Gly-Ala-Val-Gly-Leu-Cys-Gly-Cys-Ala-Val-His-Gly-Ala-Cys-Gly-Leu-Ala

이것들이 우리의 이전 암호를 사용해 번역되면 다음과 같은 결과가 나온다.

서열 2: TDH EDN EN DETT EHE H NE
서열 3: THEN HE TENDED THE DEN
(그러자 그는 그 굴을 돌봤다)

가상의 폴리펩타이드에 대한 영어 번역의 의미와 그 단백질의 기능성 사이에 상상의 상관관계가 있다는 우리의 가

---

2   Manfred Eigen, *Steps Towards Life: A Perspective on Evolution* (Oxford: Oxford University Press, 1992), 126.

3   사안을 단순하게 유지하기 위해 우리는 영어에서 메시지의 의미가 맥락에 의존할 수 있다는 사실을 무시한다. 비슷한 방식으로, 단백질의 기능이 세포의 환경에 의존할 수도 있다. 그리고 본질적으로 같은 의미가 다른 영어 문장을 통해 전달될 수 있다는 점도 언급되어야 한다. 예컨대 ["끝, 끝, 끝"을 "the end, the end, the end"로 표시하는 대신] "It's over, it's over, it's over"로 나타낼 수도 있다. 이와 유사하게 다른 서열의 아미노산들이 같은 기능을 하는 유사한 분자 형태로 귀결될 수도 있다. 우리는 이 점을 섹션 21.2에서 다시 다룰 것이다.

생물학적인 성격의 정보를 포함하는 것으로 생각되는 두 유형의 분자들은 단백질들과 핵산들이다. 오늘날 우리가 알고 있는 모든 생명체에서 일어나는 생물학적 정보의 유지와 전달은 이 두 종류의 중합체의 복잡한 상호작용과 관련이 있다. 그림 21.1은 생체에서 및 현대의 생명 형태에서 세대들 간에 정보가 전달되는 방법을 도해로 보여준다.

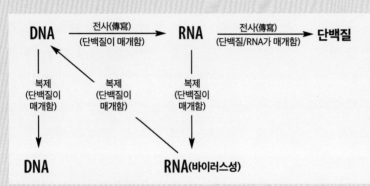

그림 21.1. 생물학적 정보 흐름도.

그 흐름도에서 수직 방향의 움직임은 한 세대에서 다음 세대로 정보가 전달되는 것을 나타낸다. 가장 단순한 사례에서 그것은 세균이 분열할 때처럼 단세포 유기체가 똑같은 세포들로 분열하는 것과 관련이 있다. 고균(archaea)과 세균은 핵이 없는 유기체 범주인 두 유형의 원핵생물이다. 그것들은 핵은 없지만 DNA는 지니고 있으며, 세포가 분열할 때 DNA가 재생산되어야 한다. DNA 재생산 과정은 주형 합성(template synthesis)으로 알려진 것과 관련된다. DNA 분자는 상호 보완적인 두 가닥으로 구성된다(섹션 5에 수록된 "심화 학습: 핵산"에 실린 그림 20.15에 나타난 RNA에서 유사한 구조를 보라). 한 가닥이 특정한 장소에서 아데닌(A) 뉴클레오타이드를 포함하면 다른 가닥은 상응하는 장소에서 티민(T)을 포함한다. 한 가닥이 구아닌(G)을 포함하면 다른 가닥은 사이토신(C)을 가질 것이다. 주형 합성의 첫 단계에서 그 가닥들이 서로 분리된다. 다음 단계에서는 분리된 각각의 가닥 옆으로 보완적인 뉴클레오타이드들이 늘어서고 서로 결합한다. 이렇게 해서 분리된 가닥들이 그것들에 상호보완적인 가닥들을 생성하기 위한 주형 역할을 한다. 이 방법을 통해 DNA 분자 하나에서 새로운 두 가닥 DNA 분자 두 개가 만들어진다. 결국 원래의 DNA 이중 나선에 들어 있던 정보가 두 개의 딸 DNA 분자로—즉 1세대에서 2세대로—전

달되었다. 그 과정은 여기서 암시된 것보다 훨씬 복잡하며 그 그림에 표시된 바와 같이 DNA는 이것을 스스로 달성하지 않는다. 단백질(효소)들이 각각의 단계에서 그 작동에 도움을 주어서 그 과정이 원활하고 효율적으로 일어나게 만든다. 요컨대 DNA는 단백질의 도움이 없으면 재생산을 할 수 없다.

그림 21.1에서 수평 방향의 움직임은 생물학의 "중심 원리"(central dogma)로 알려진 것을 나타낸다. DNA의 뉴클레오타이드 서열에 코딩된 정보는 RNA로 전사된다. 이어서 RNA의 뉴클레오타이드 서열에 코딩된 정보가 단백질의 아미노산 서열 안으로 번역된다. 정보는 왼쪽에서 오른쪽 방향으로만 흐른다. 오늘날까지 자연에서 알려진 이 규칙에 대한 유일한 예외는 소위 레트로바이러스에서만 일어난다. 레트로바이러스들은 감염된 세포의 분자 조직(단백질들)을 사용해서 그것들의 RNA를 DNA로 전사할 능력을 갖고 있다.

그림 21.2는 좌측에서 우측으로 정보 전달이 어떻게 일어나는지를 만화 형식으로 좀 더 자세하게 보여준다. 그 만화에 제시된 과정은 매우 복잡한 것처럼 보이지만, 사실은 많은 세부 내용이 빠뜨려지고 단순화되었다. 1단계부터 3단계까지에서는 전령 RNA 분자로 알려진 RNA 분자가 만들어진다. 그것의 형성은 DNA의 한 가닥이 주형으로 기능한다는 점에서 위에 묘사된 DNA 주형 복사와 다소 유사하다. 1단계에서는 이중 가닥 DNA의 일부가 흩어져 분리된 두 가닥을 노출시킨다. 2단계에서는 각각의 RNA 뉴클레오타이드들이 DNA 가닥들 중 하나인 "복사 가닥"에 보완적인 방식으로(A는 T와, G는 C와 등의 방식으로) 나란히 선다. 이 RNA 뉴클레오타이드들이 다른 쪽과 결합을 형성해서 전령 RNA(mRNA)를 만든다. 3단계에서 mRNA가 리보솜에 전달된다.

4단계는 핵심적인 부분 두 개를 포함하는데 하나는 만화의 안에서 일어나고 다른 하나는 만화의 밖에서 일어난다. 그 만화에 나타난 부분은 리보솜 안에서 일어난다. 리보솜들은 RNA와 단백질로 구성된 매우 복잡한 구조다. 리보솜은 그 안에서 아미노산들이 모여 펩타이드 결합이 형성되는 공장이다. 따라서 리보솜은 단백질 사슬에서 이웃하는 아미노산들 사이의 짝짓기 서비스를 수행하는 거대한 효소로 묘사될 수 있다.

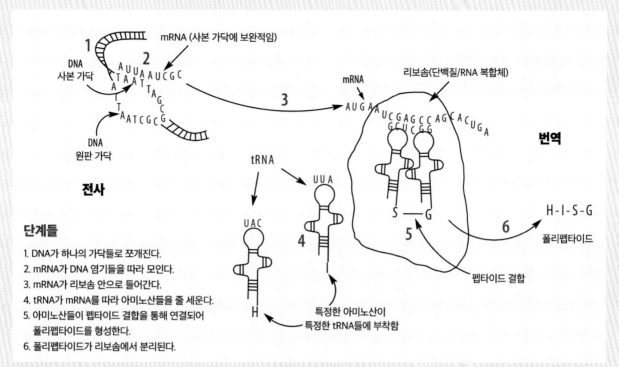

단계들

1. DNA가 하나의 가닥들로 쪼개진다.
2. mRNA가 DNA 염기들을 따라 모인다.
3. mRNA가 리보솜 안으로 들어간다.
4. tRNA가 mRNA를 따라 아미노산들을 줄 세운다.
5. 아미노산들이 펩타이드 결합을 통해 연결되어
   폴리펩타이드를 형성한다.
6. 폴리펩타이드가 리보솜에서 분리된다.

그림 21.2. 현대의 세포에서 일어나는 생물학적 정보 전달 과정을 보여주는 만화. 분리된 DNA 가닥으로부터 mRNA(전령 RNA) 안으로 전사가 일어난다. mRNA는 리보솜으로 정보를 운반하고 거기서 단백질 안으로 번역이 일어난다(문자 H, I, S와 G는 tRNA "인형들"의 "머리들"의 안티코돈 들에 상응하는 아미노산들을 나타낸다).

결합한 아미노산들의 서열은 두 가지 요소를 통해 결정된다. 첫 번째 요소는 전령 RNA상의 뉴클레오타이드들의 서열이다 (1단계와 2단계에서 DNA 서열로부터 전사된다). 두 번째 요소는 운반 RNA(tRNA)의 속성과 관련된다. tRNA들은 만화에서 인형 모형의 분자들로 표시된다. 각각의 tRNA 인형이 그것의 다리들 중 하나에 부착된 아미노산(문자 T, S 등으로 표시된다) 하나를 갖고 있음을 주목하라. 4단계에서 tRNA들이 리보솜의 내부에 있는 mRNA들과 쌍을 이뤄야 올바른 아미노산이 커지는 단백질에 덧붙여질 위치에 있게 된다. 예컨대 그 만화에서 머리에 CGG 서열을 지니는 tRNA 인형은 보완적인 mRNA 서열 GCC 와 쌍을 이루며 G로 표시된 아미노산을 운반한다. 이렇게 해서 mRNA에 GCC가 나오면 그 폴리펩타이드 서열에서 G가 그 자리에 오게 된다. mRNA 서열이 어느 tRNA가 정렬할지를 결정하고, 이어서 tRNA가 그 폴리펩타이드에서 어느 아미노산이 나타날지를 결정한다. 이 쌍이 일어나는 것을 확보하기 위해서는 4단계에서 그 만화에 나타난 것이 일어나기 전에 그 단계의 중요한 두 번째 부분이 만화 밖에서 일어나야 한다. 이는 tRNA 분자의 준비와 관련이 있다. 그것은 특정한 아미노산들을, "머리"에 특정한 세 개의 뉴클레오타이드들을 가진 tRNA에 결합

하는 과정이다. 올바른 아미노산을 가진 머리가 적절한 "인형" 의 다리 하나에 부착하도록 함께 모을 때도 단백질들이 관여한 다. 모든 아미노산에 대해 적어도 한 개의 다른 tRNA가 있으 며, tRNA가 복수인 경우도 있다. tRNA가 자리를 잡고 나면 인 접한 아미노산들 사이의 결합 형성인 5단계가 일어날 수 있다. 6단계에서는 리보솜에서 완성된 단백질(그 만화에서는 작은 네 단 위 폴리펩타이드만 표시되었다)이 방출된다.

이 중요한 4단계에서 6단계까지에서 핵산 DNA와 RNA로 부터 단백질 안으로의 정보 번역이 일어난다. 두 중합체 가족 인 핵산과 단백질의 언어들이 다르므로 그 과정이 번역으로 불 린다. 핵산 언어는 RNA와 DNA 모두의 다른 네 가지 핵염기 에 상응하는 네 개의 문자만을 갖고 있다. 단백질 언어는 20개 의 아미노산들과 관련된다. 두 시스템 사이에 소통이 일어나려 면 RNA/DNA 시스템 안의 염기들과 단백질 시스템 안의 아미 노산들 사이에 대응이 있어야 하지만, 4개는 20개와 조화될 수 없다. 따라서 단백질 시스템 안에 들어 있는 20개의 다른 아미 노산들에 상응하도록 충분히 다른 조합들을 제공하기 위해 핵 산 시스템 안에 들어 있는 염기 세 개의 그룹들이 필요하다. 표 21.1은 mRNA에 들어 있는 (코돈들로 알려진) 세 개의 염기들의

다른 조합들과 그에 상응하는 아미노산들을 보여준다. 네 개의 염기들에서 세 개를 뽑는 데는 64가지 방법이 있으므로 그 도표가 보여주는 바와 같이 그 짝맞추기에 잉여가 존재한다.

요약하자면 세 개의 염기들의 그룹인 코돈들의 사슬에서 DNA에 들어 있는 메시지가 발생하는데 그것은 DNA 언어에서의 문자들로 생각될 수 있다. 그것은 먼저 mRNA로 전사되는데 그것은 코돈들의 서열에서 U가 T를 대체하는 한 가지 경미한 변화만을 수반한다. 그다음에 리보솜에서 그 메시지가 아미노산 서열의 관점에서 단백질 안으로 번역된다. 이 번역 단계에서 핵심적인 행위자는 tRNA(그 만화에 등장하는 인형들)로서 그것들은 표 21.1에 요약된 암호에 기초해서 안티코돈[a](인형의 머리)과 아미노산(인형의 다리) 사이에 결합을 제공한다.

DNA, RNA, 그리고 단백질 사이의 협력 관계와 관련된, 이 복잡한 단백질 생산 메커니즘의 놀랍도록 복잡한 성격은 여러 세대의 과학자들에게 큰 인상을 주었다. 신앙의 눈을 통해서 우리는 그것을 하나님의 창조세계의 이례적인 기능의 완전성의 예로 인식할 수 있다.

표 21.1. mRNA 안의 코돈들과 단백질 안의 아미노산 간의 번역을 위한 교신. U, C, A와 G는 유라실, 사이토신, 아데닌과 구아닌을 나타낸다. 아미노산들은 각각의 안쪽 상자의 오른쪽의 약어를 통해 기호화된다(예컨대 Ala는 알라닌을 나타낸다). RNA에서 GCU, GCC, GCA와 GCG 모두 단백질 안의 알라닌을 의미하는 것처럼 잉여가 있음을 주목하라.

---

[a] tRNA의 머리에 있는 세 개의 염기들의 그룹은 mRNA 안의 코돈에 상응하는 것과 똑같은 서열을 갖는 것이 아니라 그것에 보완적이기 때문에 안티코돈으로 불린다.

정에 비추어볼 때 확실히 서열 2는 완전한 실패인 반면 서열 3은 그 서열 1에 들어 있는 "끝"(THE END)이라는 메시지보다 훨씬 중요한 유의미한 문장이다. 따라서 그것에 해당하는 폴리펩타이드는 비교적 고도로 기능적이라고 여겨지고 비교적 높은 수준의 생물학적 정보를 지니는 것으로(즉 좀 더 유용하다고) 간주될 것이다. 물론 실상은 영어 문장의 의미와 단백질의 기능 사이에 그런 상관관계는 존재하지 않는다. 우리의 상관관계 가정은 생체고분자들 안의 단량체들의 서열이 그 고분자들의 기능을 결정하며 생물학적 정보 내용의 원천이 된다는 점을 설명하기 위한 가설상의 것이었다. 이 예는 생물학적 정보는 달성하기가 그리 쉽지 않을 수도 있다는 것도 암시하지만 이 점에 관

해서는 섹션 23.2에서 다시 다뤄질 것이다.

21.1.1. 핵산의 정보 저장 기능. 핵산은 단백질이 구조의 형성이나 촉매 활동을 하는 방식으로 중요한 기능을 수행하지 않고 비교적 수동적으로 머물러 있으므로, 당신은 DNA나 RNA가 우리의 가상의 예에서 정보를 포함하고 있다고 말하는 것이 적절한지 의아하게 생각할 수도 있을 것이다. 하지만 우리는 다시금 일반적인 정보와 생물학적 정보 사이의 비유를 사용해서 이 질문에 대답할 수 있다.

도서관의 선반에 놓인 책은 의미를 전달할 능력을 갖고 있으므로 확실히 일반적인 정보를 포함한다. 그러나 그 정보가 실현되려면, 즉 그 정보가 전달되려면 그 책이

읽혀야 한다. 그 책이 읽힐 때까지 그 안에 들어 있는 정보는 활동하지 않고 잠복해 있다. 마찬가지 방식으로 우리는 DNA가 잠복 중인 상태로 생물학적 정보를 포함한다고 말할 수 있다. 그 정보가 단백질(이는 의미의 비유다)의 형태로 생물학적 기능을 하려면 DNA가 RNA 안으로 전사되고 단백질 안으로 번역되어야 한다. 그 비유를 한층 더 정확하게 만들기 위해 우리가 그 책을 그리스어로 쓰인 책으로 대체할 수도 있다. 그 책에 잠복해 있는 정보가 영어를 사용하는 독자에게 생생한 의미를 가지려면 그 책이 번역되어야 한다. 마찬가지로 DNA 정보도 RNA를 통해 기능하는 단백질 안으로 번역될 수 있다. 따라서 DNA가 생물학적인 정보를 포함하고 있다고 말하는 것이 적절하지만, 그것은 잠복적인 의미에서다.

요컨대 생물학적 정보는 문제의 생체분자의 기능성에 직접적으로 그리고 내재적으로 의존한다. 단백질과 RNA나 DNA 같은 생체분자들은 개별적인 유기체들과 계승하는 세대들의 지속적인 생명에 필수적이므로 그것들은 세포들이 분열할 때나 새로운 조직이 생성될 때마다 자신의 정보 내용이 전달되게 할 필요가 있다. 현대의 세포에서 이는 DNA 안의 염기 서열을 주의 깊게 복사하는 것을 통해 달성된다. 그 서열의 전달이 그 DNA로부터 번역되거나 전사된 단백질이나 RNA의 이후 세대에서 똑같은 기능성을 확보하기 때문에 이 메커니즘은 정보를 보존한다. 창조 교리 관점에서 볼 때 이런 점들은 창조세계의 기능의 완전성과 창조세계가 창조세계에 봉사하는 것의 예들에 해당할 것이다(섹션 2.4.3을 보라).

21.1.2. 생물학적 정보와 행위자 문제. 우리가 일반적인 (어의상의) 정보가 아닌 생물학적 정보의 의미를 명확히 하고 나면 또 다른 중요한 문제가 떠오른다. 의미 있는 기호의 서열이 발생하는 것은 지성적인 행위자의 활동을 나타낸다는 데 누구나 동의할 것이다. 현재 외계의 지적 생명 탐사(SETI) 프로젝트에서 지적 생명체를 탐사하는 것

은 이 전제에 입각하고 있다.[4] 만일 당신이 어떤 해변에서 "존이 다녀갔다"는 말이 쓰인 암석을 발견한다면 당신은 그것을 바람과 바다의 풍화 효과로 돌리지 않을 것이다. 즉 일반적인 정보의 기원은 지적인 원천을 필요로 한다. 생물학적 정보도 마찬가지인가? 단백질이 생물학적 기능을 하게 만드는 단백질 안의 아미노산들의 서열이 유사하게 지적인 원천을 가리키는가?

어떤 사람이 이 질문에 어떻게 답하는가는 주로 그 사람이 의미론적 정보와 생물학적 정보 사이의 관계를 어떻게 보는가에 의존한다. 예컨대 스티븐 메이어 같은 지적 설계(Intelligent Design) 이론가들은 그 관계가 은유적임을 인정하지만 그것들 사이에 밀접한 상응 관계가 있다고 주장한다.[5] 이를 토대로 메이어는 일반적인 정보나 의미론적인 정보가 지적인 원천을 필요로 하므로 생물학적 정보도 마찬가지라고 주장한다. 또한 메이어 및 기타 지적 설계 이론가들은 생물학적 정보의 기원을 설명하려는 현재의 과학적 노력을 무시한다.

그럼에도 불구하고 지면에 쓰인 기호들의 서열을 통해 전달된 **의미**와 단백질의 서열에 의존하는 구조를 통해 결정된, 단백질을 통해 수행된 생명을 지탱하는 **기능** 사이에는 확실히 커다란 차이가 있다. **정보**라는 말은 두 경우 모두에 적용된다. 그러나 우리는 이 두 유형의 정보 사이의 관계는 매우 느슨한 비유적인 관계일 뿐이고 따라서 생물학적 정보의 기원을 지적인 행위자의 직접적인 행동으로 돌릴 논리적인 필요가 없다고 주장할 것이다. 다른 한편으로 우리는 지적인 행위자가 생물학적 정보를 가져왔을 가능성이 배제될 수 없다고도 주장할 것이다. 이 정보가 발생하게 된 과정은 미결 문제로 남아 있다. 그것이

---

4   SETI(Search for Extra-Terrestrial Intelligence)는 주로 지성을 나타내는 전파 신호를 발견하기 위해 노력함으로써 우주의 다른 곳에서 지적인 생명체를 발견하려는 과학적 노력이다.

5   Stephen C. Meyer, *Signature in the Cell: DNA and the Evidence for Intelligent Design* (New York: HarperCollins, 2009), 387(『세포 속의 시그니처』, 겨울나무 역간).

어떻게 일어났든 간에, 그리고 우리가 그것을 과학적으로 설명할 수 있든 없든 간에, 우리는 창조 교리와 일치하게끔 삼위일체 하나님이 생물학적 정보의 기원에서 적극적인 역할을 했다고 믿는다.[6] 우리는 23장에서 이 주제를 다시 다룰 것이다.

이제 "생명이 시작할 때 생물학적 정보가 어떻게 생길 수 있었는가?"라는 질문을 할 차례다. 앞서 생체분자에 그것이 기능하도록 하는 정보가 주어졌다고 한 주장이 옳다면 추가로 두 가지 질문이 제기된다. 첫째, 원시 지구의 상태하에서 생체분자의 기능성이 어떻게 생길 수 있었는가? 둘째, 생체분자의 복제 과정에서 그것의 존재가 어떻게 유지될 수 있었는가?

21.2. 생물학적 정보의 기원의 확률

생물학적 정보의 출현이 우연히 일어나는 사건일 수 있었는가?[7] 생물학적 정보의 기원 문제에 접근하는 한 가지 방법은 사안을 단순하게 유지하는 것이다. 예컨대 간단한 확률 논거에 기초해서 다음과 같은 계산을 생각해보라. 우리가 원시 수프에서 기능을 발휘하는 단백질 분자 한 개가 나타날 가능성을 결정하기를 원한다고 가정하라. 우리가 정보의 기원에 관해 질문한다면 우리는 단백질의 특정한 기능을 결정하는, 단백질 안의 아미노산들의 특정한 서열의 확률에 관해 물을 필요가 있다. 우리는 고정된 수의 아미노산의 길이를 가진 특정한 단백질을 만들기 위해 노력하고 있다고 가정함으로써 시작한다. 그 아미노산들의 수가 n이라고 가정하자. 우리는 그 아미노산들을 특정한 순서로 얻을 확률을 계산하고자 한다.

20개의 아미노산들이 있으므로 첫 번째 아미노산을 올바로 얻을 확률은 1/20이다. 그리고 우리는 각각의 아미노산이 특정한 위치에 있을 확률이 같다고 가정할 것이다. 두 번째 아미노산을 올바로 얻을 확률도 1/20이다. 두 사건이 모두 일어날 확률을 계산하기 위해서는 각각의 사건들의 확률을 곱해야 하므로 두 아미노산을 올바로 얻을 확률은 $(1/20)^2$이다. n개의 아미노산이 연속해서 올바로 위치할 확률은 $(1/20)^n$이다. 이제 우리는 n의 값을 선택해야 한다. 확실히 아미노산 사슬이 길어질수록 특정한 서열의 확률이 작아지므로 우리는 우리의 운을 개선하기 위해 합리적인 가장 작은 n의 값을 선택할 것이다. 현재까지 보고된 기능을 수행하는 단백질 중 가장 짧은 것의 n 값은 20이며 대다수 단백질의 n의 값은 100 이상이다. 우리는 그 사이의 어떤 값, 가령 $n = 50$을 선택할 것이다. 그러면 50개의 아미노산이 올바른 서열로 배열할 확률은 $(1/20)^{50}$, 즉 10^{-65}으로서 이는 소수점 아래에서 0이 65개나 나오고 나서야 최초로 0이 아닌 수가 나올 정도로 아주 작은 수다.

이제 우리는 다음 수준의 확률 추정으로 넘어간다. 우리는 기능하는 하나의 단백질들이 생체 기능을 할 가능성이 낮음을 알고 있다. 즉 생명을 지탱하는 과정을 수행하기 위해서는 복수의 생체분자가 필요할 것이다. 우리가 얼마나 많은 생체분자를 필요로 하는가? 우리는 다시금 현재의 생물학을 살펴보고 나서 질문할 수 있다. 현재 알려진 가장 단순한 유기체에서 생체 기능을 발휘하는 분자들이 몇 개나 되는가? 기능하는 세포에 대한 최소의 게놈을 규명하기 위해 이론 생물학자들과 경험 생물학자들이 협력해왔다. 즉 그들은 가장 단순한 유기체에 필요한 단백질의 최소의 수를 결정하기 위해 노력해왔다. 그들의 최선의 추정치는 약 250이다. 이 수를 우리의 단백질의 수로 취하고서 그것들이 모두 올바른 순서로 배열할 확률을 얻기 위해서는 각각의 확률을 곱해야 한다. 우리는 그

---

6   지적 설계 가정과 관련이 있는, 생물학적 정보와 다른 종류의 정보 사이의 차이에 관한 좀 더 방대한 논의는 다음 문헌들을 보라. Randy Isaac, "Information, Intelligence, and the Origins of Life," *Perspectives on Science and Christian Faith* 63 (December 2011): 219-30; Jonathan K. Watts, "Biological Information, Molecular Structure, and the Origins Debate," *Perspectives on Science and Christian Faith* 63 (December 2011): 231-39.

7   우연히 일어나는 사건 또는 무작위 사건은 법칙이 없는 혼돈이 아님을 기억하라(섹션 6.2.3을 보라)

단백질들이 모두 비교적 짧다(50개의 아미노산으로 이루어진다)는 이상한 가정을 할 것이다. 그러면 다소 보수적인 가정을 사용해서 원시 수프에서 기능하는 세포가 출현할 확률은 $(10^{-65})^{250}$일 것이다. 그 수는 대략 $10^{-16,300}$이다.

우리가 섹션 19.5에서 만났던 범종론자인 호일과 위크라마싱헤는 그들의 책 『우주로부터의 진화: 우주의 창조론 이론』(*Evolution from Space: A Theory of Cosmic Creationism*)에서 위의 계산과 유사한 계산을 수행했다. 그 계산은 몇 가지 세부사항, 특히 세포의 기능에 필요한 단백질의 수에서 차이가 있었다. 그들은 그 수를 임의로 2,000으로 선택했다. 그 결과 그들의 확률은 $10^{-40,000}$이었다. 수가 이렇게 작을 때에는 그들의 결과와 우리의 결과 사이의 차이는 거의 문제가 되지 않는다. 그들이 이른 결론—아마도 그것을 우리의 결과에도 적용할 수 있을 것이다—은 그렇게 낮은 확률은 "우주 전체가 유기 수프로 구성되었다고 할지라도 접하게 될 수 없었다."[8]

호일과 위크라마싱헤가 옳다면 확실히 무생물로부터의 발생은 가망 없는 원인이다. 하지만 생명의 기원 과학자들은 우리가 그 사안을 지나치게 단순화했다고 주장할 것이다. 우리의 분석에는 아직 미결 상태인 몇 가지 명백한 가정과 숨겨진 가정이 있다. 첫째, 생명의 기원은 점진적인 과정으로 여겨져야 한다. 많은 단백질이 단기간에 비교적 신속하게 발생해서 오늘날 살아 있는 세균들에 비교될 만한 물질대사 시스템을 낳는다고 가정하는 것은 자연발생설의 현대판이다. 해당 분야 연구자들의 현재의 견해에 나타난 생물학적 정보는 복잡성이 증가함에 따라 **점진적인 발전**을 겪었다. 이 점진적인 과정이 발생으로 불릴 수 있겠지만 그것은 확실히 갑작스럽게 나타나는 즉각적인 것은 아니다.

둘째, 동일한 촉매 목적에 기여하거나 한 가지 이상의 역할을 할 수 있는 여러 폴리펩타이드가 있을 수 있다(점진적 발전 개념과 일치한다). 위에서 전개한 우리의 논지는 암묵적으로 하나의 단백질 서열이 하나의 특정한 역할만을 수행할 것으로 가정한다. 다른 많은 서열이 동일한 기능을 달성할 수도 있다는 증거가 증가하고 있는 것으로 보인다. 단백질이 접히는 방식에 관한 연구는 반복되는 두 가지 기본적인 패턴—알파 나선과 베타 병풍—이 있음을 보여주는데, 이것들이 결합될 수 있는 방법은 약 1,000개의 모티프로 제한된다. 따라서 나선이나 병풍 구조를 부여하는 많은 서열이 존재하기 때문에 나선들과 병풍들을 결합해서 달성된 특정한 형태는 다양한 아미노산 서열을 통해 달성될 수 있을지도 모른다. 몇몇 이론가들은 주어진 위치에서 아미노산의 정확한 정체성은 중요하지 않고 그것이 소수성인지(물을 싫어하는지) 친수성인지(물을 좋아하는지)가 중요하다고 주장해왔다.[9] 비슷한 기능을 하는 여러 단백질 사이의 서열 비교는 이 아이디어를 뒷받침하는 것으로 보인다. 기능을 결정하는 것은 서열 자체가 아니라 형태이므로, 이 모든 이유가 필요한 기능을 수행하는 여러 서열이 존재할 수 있음을 암시한다. 이는 원시 수프에서 단백질의 복잡한 집합이 나타날 확률에 관한 호일과 위크라마싱헤의 추정치 $10^{-40,000}$이 실제 확률을 지나치게 과소평가한 것일 수도 있음을 의미한다.

더욱이 큰 단백질 중 많은 것들이 분자들을 맞춰서 구성되는데, 이 분자들 자체가 제한적인 촉매 활동을 할 수도 있다. 그리고 짧은 여러 폴리펩타이드가 촉매로 기능할 수 있다는 증거가 증가하고 있다. 폴리펩타이드들이 짧아지고 그것들의 형태가 덜 분명할수록 그것들의 특수성이 감소하겠지만 말이다. 그럼에도 불구하고 상호작용하는 폴리펩타이드 촉매들의 네트워크가, 현대의 단백질들보다는 짧고 덜 효율적이겠지만, 현재 생체 세포들이

---

8   Fred Hoyle and Chandra Wickramasinghe, *Evolution from Space: A Theory of Cosmic Creationism* (New York: Simon & Schuster, 1981), 24.

9   "심화 학습: 아미노산과 단백질"에서 좀 더 자세하게 논의된 바와 같이 특정 서열에서 아미노산들의 소수성 또는 친수성 특성이 단백질이 어떻게 접히는지에서 핵심 요인이다.

기능하는 방식과 비슷한 기능을 수행했다고 상상할 수 있다.

1993년에 산타페 연구소의 이론가인 스튜어트 카우프만이 상호 간에 촉매로 작용하는 좀 더 짧은 폴리펩타이드들(및 아마도 짧은 RNA 중합체들)의 네트워크들과 관련된 "자기 조직화"를 통해 생명이 시작했다고 상정했다. 그는 오늘날 생체 세포에 존재하는 고도로 질서 있는 시스템들은 아마도 대체로 현대 단백질들의 좀 더 단순한 선구자들인 폴리펩타이드들인 중합체 분자들 사이의 교차 촉매 반응의 결과로 발생했다고 주장했다.[10] 따라서 카우프만은 이 폴리펩타이드들에 들어 있는 아미노산들의 특정한 서열—그것들의 정보 내용—을 강조하지 않고, 그것들이 세포들을 살아있게 만드는 결합된 화학 주기들의 복잡한 네트워크에서 상호 촉매로 작용할 수 있는 능력을 강조했다. 우리는 생명의 기원에 관한 가능한 시나리오들을 다루는 다음 장에서 카우프만의 이론들에 관해 좀 더 논의할 것이다.

카우프만은 "생명의 기원에서 정보를 포함하는 두 유형의 생체분자인 단백질과 핵산 중 어느 것이 우선하는가?"라는 한 가지 중요한 문제를 다루지 않았다. 그는 자신이 상정한 촉매 주기에 단백질과 핵산이 모두 참여할 가능성을 허용했다. 그러나 1993년에는 이미 핵산에서 생명이 시작되었다고 주장하는 학자들과 단백질이 먼저라고 주장하는 학자들 간에 유의미한 분리가 일어나 있었다. 사실 카우프만이 제안한 것 같은 생명 전의 물질대사 주기에 대한 주요 비판자였던 오겔(섹션 19.5를 보라)은 1960년대에 DNA나 단백질보다는 RNA를 가려내 생명이 RNA만으로 시작했을 수 있다고 주장한 몇몇 과학자 중 한 명이었다. 이는 사실상 생물학적 정보가 RNA 형태로 처음 출현했다는 가설에 해당했다. 우리는 이제 RNA

가 먼저였다는 이 제안을 살펴볼 것이다.

21.3. 단백질 대 핵산: 닭이 먼저냐, 달걀이 먼저냐?

밀러와 유리가 1953년에 오파린-홀데인 가설의 가능성을 조사하기 위한 현대의 노력을 시작한 지 10년 안에 생명의 기원 연구자들은 무생물로부터의 발생 이론(20장을 보라)의 세부내용에 관해 면밀한 질문을 하기 시작했다. 이 시기에 역시 1950년대에 크릭-왓슨이 DNA 구조를 발견한 데 자극받아 DNA에 저장된 정보가 단백질 안으로 전환될 때 전사/번역 과정("심화 학습: 생물학적 정보 분자에 관한 기본 사항"에서 개괄적으로 다뤄졌다)의 이해에 많은 진전이 이뤄졌다. 정보 전달에 관한 세포의 메커니즘에 관한 이 통찰을 갖춘 오겔과 생명의 기원에 관심이 있는 다른 학자들은 DNA와 단백질을 결합하는 유전 암호가 어떻게 존재하게 될 수 있었는지를 상상하기 시작했다.

전사와 번역 과정에서 단백질과 핵산 사이의 관계는 최소한 밀접하고 복잡한 관계다. 현대의 세포에서 DNA를 통해 제공되고 RNA를 경유해서 전달된 정보가 없이는 단백질이 만들어지지 않는다. 한편 관련된 모든 과정의 촉매 작용을 하는 단백질의 참여 없이는 DNA와 RNA가 생산되거나 복제되거나 정보를 제공하는 기능을 수행할 수 없다. 그런데 어떻게 그 모든 것이 시작하게 되었는가? 요컨대 한쪽이 없으면 다른 쪽도 존재할 수 없는 것처럼 보인다.

1960년대에 몇몇 과학자들이 핵산들과 단백질들이 동시에 등장해서 오늘날 관찰되는 관계에서처럼 함께 성장하고 발전했을 법하지 않다고 믿기 시작했다. 두 가지가 처음부터 관여했고 함께 발전했을 가능성이 완전히 배제될 수는 없었지만 이 과학자들에게는 그런 시나리오의 확률이 지극히 작은 것으로 보였다. 그들에게는 다음과 같은 두 가지 선택지가 남았다: (1) 단백질이 먼저 등장해서 복제 능력을 획득했고 후에 아마도 단백질의 도움을 받아 핵산이 출현해서 궁극적으로 현대의 관계가 발전했

10 Stuart Kauffman, *The Origins of Order: Self-Organization and Selection in Evolution* (New York: Oxford University Press, 1993).

거나, (2) 핵산이 먼저 등장해서 복제 능력을 획득했고 후에 아마도 핵산의 도움을 받아 단백질이 출현해서 궁극적으로 현대의 관계가 되었다. 그것은 거의 상투어가 되었고 우리에게 원래의 원시 수프 비유를 상기시킨다. 그 선택은 닭(단백질)과 달걀(핵산) 중 어느 것이 먼저 출현했는지를 선택하는 것에 해당한다.[11]

이 선택에 직면한 몇몇 과학자들은 복제 능력이 초기 생명 형태의 주요 기능이었다고 논증한다. 그들은 DNA와 RNA가 **주형** 메커니즘으로 알려진 유사한 방법을 통해 복제하는 반면에("심화 학습: 생물학적 정보 분자에 관한 기본 사항"을 보라), 단백질은 본질적으로 유사한 자기 재생산 능력을 보이지 않는다는 점을 근거로 "달걀 먼저" 선택지를 선호했다. 하지만 그들이 단지 이 선택지를 선택하기만 한 것은 아니었다. 그들은 한 걸음 더 나아가 DNA보다 RNA가 먼저 나타났다고 생각했다.

우리가 단백질 생산 과정에서 RNA와 단백질 사이의 관계를 고려하면 그들이 이렇게 선택한 이유를 이해할 수 있다. RNA는 DNA와 단백질 사이의 중개자다. 전령 RNA(mRNA)는 DNA에서 나온 메시지를 거기서 아미노산들이 합쳐져 단백질을 형성하는 단백질 공장인 리보솜으로 전달한다. 그리고 운반 RNA(tRNA)는 mRNA와 아미노산들 사이의 매개자다. 마지막으로 단백질들이 만들어지는 장소인 리보솜은 RNA와 단백질로 구성된다. 따라서 RNA가 중심 역할을 하는 것처럼 보인다.

과학자들은 RNA가 DNA보다 재주가 많으며 스스로 기능할 가능성이 더 컸을 것으로 추론했다. 게다가 RNA가 단백질들과 다소 비슷한 방식으로 스스로에게 접히는 한 가닥의 중합체라는 점으로 말미암아 그들은 RNA가 단백질과 비슷한 방식으로 기능할, 즉 촉매로서 행동할 능력을 지니고 있을지도 모른다고 생각했다. 따라

서 그들은 세 가지 요인들―현재 정보 전달 패턴에서 중심 역할, 주형 복제에 관여할 수 있는 능력, 촉매로서 상정된 잠재력―을 근거로 RNA가 기능과 출현 순서란 면에서 단백질과 DNA보다 앞섰을 수 있다고 제안했다. 어떤 의미에서 이 과학자들은 최선의 선택은 닭과 달걀 사이의 선택이 아니라 생명이 시작될 때 닭으로도 기능했던 달걀들 중 하나의 선택이라고 제안했다.

RNA가 한때 촉매로 기능할 능력을 가졌다고 해도 일반적으로 현대의 생명체에서는 단백질들이 효소의 역할을 완전히 인계받았다고 믿어진다. 생명 탄생 전의 원시 화학에서 RNA가 촉매 역할을 했다는 제안은 매우 사변적인 것으로 남아 있었다. RNA가 생명 탄생 전에 촉매로서 기능했을 수도 있다는 제안이 나오고 나서 10년이 약간 지난 1982년에 연구소 두 곳이 살아 있는 현대의 유기체들에서 RNA 분자들의 이 능력을 입증했다. 미국인 토머스 체크와 영국의 과학자인 시드 올트먼이 RNA를 통한 촉매 작용을 관찰한 사실을 독립적으로 보고했다.[12] 특히 그들이 RNA 촉매를 관찰한 유형의 반응은 RNA 조각들의 절단과 결합에 관련된 반응이었다. 촉매 능력을 보이는 RNA를 식별하기 위해 **리보핵산**과 **효소** 사이의 결합인 **리보자임**이라는 새로운 단어가 만들어졌다. 이는 창조세계가 창조세계에 봉사하는 예기치 않은 예다. 그것은 매우 중요한 발견이었고 체크와 올트먼은 그 공로로 1989년에 노벨상을 공동으로 수상했다.

체크와 올트먼을 통해 발견된 촉매는 생화학적으로 그다지 중요한 촉매가 아니었다. 그것은 비교될 만한 단백질 촉매들만큼 인상적이거나 효과적이지도 않았다. 하지만 현대의 생명체에서 RNA를 통한 어떤 수준 또는 유

11　최선의 추론에 이르는 설명의 기본적인 구조(섹션 4.2.1을 보라)는 핵산과 단백질이 동시에 출현했다는 결론이 선택지 (1)이나 (2)보다 좀 더 복잡하고 개연성이 낮다는 결론으로 이끈다.

12　Kelly Kruger et al., "Self-Splicing RNA: Auto-Excision and Auto-Cyclization of the Ribosomal-RNA Intervening Sequence of Tetrahymena," *Cell* 31 (1982): 147-57; Cecilia Guerrier-Takada et al., "The RNA Moiety of Ribonuclease P Is the Catalytic Sub-unit of the Enzyme," *Cell* 35 (1983): 849-57.

형의 촉매 활동에 대한 관측은 매우 중요한 것으로 여겨졌고 그것은 더 큰 발견이 이루어지리라는 희망과 기대를 제공했다. 더구나 리보자임의 발견은 생명의 기원에서 RNA가 선행했다는 아이디어를 크게 촉진했다. 갑자기 생명의 기원에서 RNA가 닭과 달걀 모두의 역할을 했을 것이라는 생각이 훨씬 더 합리적으로 보였다. 다른 많은 연구소에서 RNA가 다른 효소 기능을 할 가능성에 관한 탐구가 진지하게 시작되었고 머지않아 수많은 RNA의 촉매 사례가 추가로 보고되었다. 한때 단백질의 도움이 없이 자가 복제를 촉진할 수 있는 RNA 분자들이 있었을지도 모른다는 개념이 인기를 얻었고 1986년 하버드 대학교의 생물학자인 월터 길버트가 이 개념을 묘사한 용어를 만들어냈다. 그는 그것을 RNA 세계(RNA world)로 불렀다.[13] 생명이 단백질의 관여 없이 RNA로 시작했다는 아이디어가 상당한 탄력을 받았다.

---

13 Walter Gilbert, "Origin of Life: The RNA World," *Nature* 319 (1986): 618.

22장

생명의 기원에 관한 대안적인 시나리오들

우리는 이제 생명이 어떻게 시작되었는지에 관한 최근의 그리고 좀 더 널리 받아들여지는 몇 가지 시나리오를 살펴볼 것이다. 우리가 고려할 예들이 모든 유형을 대표하지는 않을 것이다. 몇몇 시나리오를 선택할 필요가 있었다. 그리고 논의된 예들은 서로 배타적이지 않다. 그 시나리오들 사이에 어느 정도 겹치는 점이 있으며, 몇몇 경우 그 시나리오들은 주로 그것들이 강조하는 지점에서 차이가 있다. 우리는 앞 장의 마지막 섹션에서 간략하게 소개되었던 제안인 RNA 세계 가설부터 시작할 것이다. 우리가 이 대목에서 검토할 내용은 창조세계의 기능의 완전성(섹션 2.2.2를 보라)을 보여주며, 생명을 발생케 하고 그것을 지탱하기 위해 창조세계가 창조세계에 봉사할 수 있는 방법들(섹션 2.4.3을 보라)을 포함한다.

22.1. RNA 세계의 기원과 발전

대다수 측면에서 RNA 세계 가설은 오파린-홀데인 가설의 연장이다. 원시 지구의 소위 원시 수프에서 무기물인 시작 물질들로부터 형성된 단량체들이 모여 중합해서 복잡한 생체분자들을 형성했다는 이야기는 여전히 이 가설의 대다수 이형에 등장하는 이야기의 많은 부분을 차지한다. 유일하게 변한 것은 그 수프의 핵심 재료들의 수 또는 그 연극의 배우들의 수가 감소해서 그 비유가 변했다는 점이다. RNA 세계에서는 DNA, RNA, 지질과 단백질 등의 배우들이 같은 비중으로 연기하는 것이 아니라 RNA에게 주연 역할이 주어진다. DNA는 생명의 시작 이야기의 1막에서 완전히 사라지며 단백질이 참여하는 정도는 매우 의심스럽다. 우리가 뒤에서 살펴보겠지만 RNA 세계 접근법을 지지하는 몇몇 생명의 기원 과학자들은 단백질을 완전히 빠뜨리는 것을 선호한다. 다른 학자들은 단백질에 기껏해야 미미한 역할만을 주려고 한다. 마찬가지로 지질들과 그것들의 막 형성은 그 이야기의 미미한 부분에 불과하다. RNA가 주역이 되며, RNA 세계 가설을 받아들이는 사람들에게 생명의 기원 문제는 주로 RNA의 기원 문제 또는 좀 더 정확하게는 RNA 복제자(RNA replicator)의 기원 문제가 된다.

RNA 복제자는 자신의 사본을 만들 수 있는 능력을 지닌 분자다. RNA 세계의 기원 연구는 주로 "어떻게 단백질의 도움이 없이 자가 복제하는 RNA 분자가 생길 수 있었는가?"라는 근본적인 질문에 초점을 맞춘다. 생명의 탄생 이전 분자 유전학의 시작과 생물학적 정보의 기원에 해당하는 RNA 세계의 발전을 논의하기 위해 우리는 먼저 모종의 웅덩이, 아마도 광물 촉매에 접근할 수 있었던 조수 웅덩이에서 뉴클레오타이드들을 공급받을 수 있었을 것으로 가정한다. 이 출발점을 가정할 경우 자가 복제하는 RNA 분자의 기원에 관해 어떤 시나리오가 가능한가?

22.1.1. RNA 세계의 시작에 관한 제안: 분자 생물학자의 꿈. 이 주제에 관해 방대한 연구를 수행한, 두 명의 저명한 RNA 세계 옹호자인 제럴드 조이스와 레슬리 오겔은 어떻게 이 일이 일어났을지를 상상했다. 그들은 자기들이 "분자생물학자의 꿈"으로 부른 것을 묘사한다.[1] 그들의 출발점은 본질적으로 위에서 언급된 가정, 즉 뉴클레오타

---

1 Gerald F. Joyce and Leslie E. Orgel, "Prospects for Understanding the Origin of the RNA World," *The RNA World*, 2nd ed., ed. Raymond F. Gesteland, Thomas R. Cech, and John F. Atkins (Cold Spring Harbor, NY: Cold Spring Harbor Laboratory Press, 1999), 50.

이드들의 웅덩이가 있었다는 것이다. 그들이 이 웅덩이에서 일어났을 수도 있다고 상상한 단계들의 순서가 그림 22.1에 예시되었다. RNA 세계의 기원에 관한 연구의 많은 부분이 이 "꿈"에서 상상된 단계들을 연구소의 실험에서 구현하려는 시도로 생각될 수 있다. 우리는 아래의 논의에서 각각의 단계에 대해 지금까지 이뤄진 진전을 간략하게 요약할 것이다.

단계 A는 그 그림에 나타난 RNA의 구성 요소들을 축적하기 위해 필요한 생명 탄생 전의 원시 화학 반응과 관련된다. 단계 A에서 사용되는 이 시작 물질들의 원시 합성에 대한 실험은 RNA 세계의 고안이나 그 꿈이 상상되기 전에 진행되었다. 우리는 원시 수프를 논의할 때 이미 뉴클레오타이드들의 구성 요소들과 뉴클레오타이드들 자체의 원시 합성에 관한 연구를 다뤘다(섹션 20.3-20.6을 보라).

단계 B는 그 웅덩이의 바닥에서 광물들이 촉매 작용

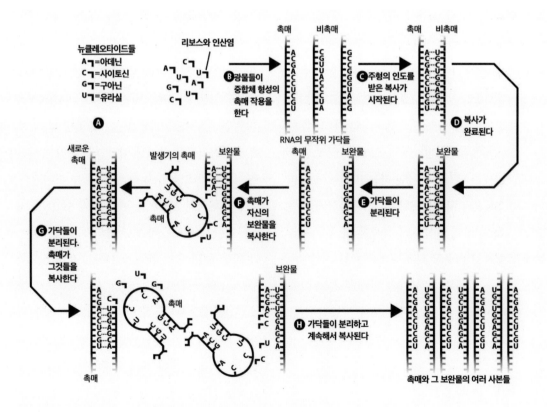

그림 22.1. RNA 세계의 기원에 관한 낙관적인 시나리오(설명은 본문의 텍스트를 보라).

을 한 RNA의 무작위 중합체들 형성과 관련된다. 그 가닥들 중 하나가 우연히 촉매로서의 잠재력을 지닌 염기 서열을 가지게 되는데 이 가닥은 그 그림에서 "촉매"로 표시된다. 단계 B에 관한 연구는 섹션 20.6에서 논의되었다. 지금도 그 연구가 진행되고 있는바, 점토의 표면에서 뉴클레오타이드들의 사슬들을 40개의 단위를 가진 중합체들로 결합하는 데 부분적인 성공을 거둔 것은 중대한 진전을 대표한다. 이 과정의 메커니즘을 조사하고 유사하거나 좀 더 향상된 촉매 활동을 보일 수도 있는 다른 자연적인 과정이 광물의 표면에서 일어나는지를 탐색하기 위한 이 노선의 연구가 계속될 것으로 보인다.

단계 C는 주형 합성의 시작을 나타낸다. 이 단계에서 뉴클레오타이드들이 소위 왓슨-크릭 쌍으로 줄을 서기 시작한다. 즉 현대의 세포들에서 mRNA가 DNA 가닥을 형성하거나 DNA에서 보완적인 염기들이 정렬해서 이중 나선을 형성할 때와 같은 방식으로 U는 A와 줄 서고 G는 C와 줄 서는 식으로 줄을 선다. 단계 C에서 뉴클레오타이드들은 결합되지 않고 RNA 가닥에서 자신의 보완물들과 쌍을 이루기만 했음을 주목하라. 단계 D에서 결합이 완료되어 이제 상호 보완적인 두 가닥이 존재한다. 그러나 이 주형 합성과 위에서 언급된 현대 세포 안의 왓슨-크릭 쌍의 예 사이에는 한 가지 중요한 차이가 있다. 주형 합성을 통한 mRNA의 형성과 DNA의 복사는 효소의 도움(단백질 촉매)으로 수행되지만, RNA 세계의 순수한 형태에서는 어떤 단백질도 이용될 수 없는 것으로 가정된다.

단계 C에서 시작되고 단계 D에서 완료된 합성처럼 단백질의 도움이 없는 주형 합성이 여러 연구소에서 조사되었는데 결과가 성공적인 경우도 있었고 그렇지 않은 경우도 있었다. RNA 세계 연구자들은 소위 활성화된 뉴클레오타이드들이 존재하는 가운데서 다양한 RNA 가닥으로 시작하는 주형 합성을 수행하려고 시도해왔다(섹션 20.6에서 에너지 면에서 아래쪽으로 내려가는 과정을 일으키려면 활성화가 필요하다고 한 내용을 상기하라). 여기서 주요 목표는 보완적인 가닥이 형성될 때 주형 가닥의 서열이 정확하게 복사되는지 관찰하는 것이다. 그리고 섹션 20.6에서 논의된 바와 같이 그 결합이 주형 가닥상의 3'에서 5'로의 결합과 일치하는 것이 매우 바람직하다. 2'에서 5'로의 결합도 가능함을 상기하라. 그 결과는 일관성이 없었다. 그 결합이 항상 3'에서 5'로 이루어지는 것도 아니고, 가장 잘 작동한 활성화 분자가 생명 탄생 전의 최선의 선택도 아니다. 이 대목에서 우리가 세부내용을 묘사하지는 않지만, 단백질 촉매가 없는 이런 종류의 주형 합성의 타당성을 탐구하기 위해서는 확실히 많은 추가 연구가 수행되어야 한다.

한편 일부 과학자들은 이 꿈의 몇몇 어려운 단계들에서 손쉽게 모종의 촉매의 도움을 받았으리라고 주장해왔다. 그중 하나는 RNA 분자들을 만들거나 그 분자들이 기능하도록 도움을 주는 것을 지원할 수 있었을지도 모르는 짧은 폴리펩타이드들이었을 것이다. 즉 그것은 오늘날 우리가 아는 DNA에 코딩된 완전히 발달된 단백질이 아니라, 원시 수프에 무작위로 형성된 좀 더 작고 좀 더 단순한 분자들이었을 것이다. 따라서 이 과학자들에게 있어 RNA 세계는 RNA만을 의미하는 것이 아니라 생물학적 정보 담지자로서 RNA가 우선함을 의미한다. 우리는 이 제안들 중 하나를 다음 섹션에서 다룰 것이다.

단계 C와 D에서 형성된 두 RNA 가닥들은 비교적 약한 수소 결합을 통해 연결된다. 약한 결합은 비교적 쉽게 깨지는데, 아마도 온도가 약간 올라가, 단계 E에서 이 일이 일어난다. 온도가 올라가서 일어나는 가닥 분리를 용해라 한다. RNA 용해 온도는 가닥들의 길이에 의존한다. 가닥이 길수록 용해점이 높다. 요구되는 온도 상승이 너무 크면 RNA가 해체될 수도 있다. 그러면 RNA 가닥의 길이가 제한될 수도 있는데, 촉매에는 비교적 긴 가닥들이 요구된다고 믿어지기 때문에 RNA 가닥의 길이가 제한되면 추가로 복잡한 문제가 제기될 수도 있다.

이 지점에서 제기된 문제들이 회피될 수 있다고 가정

하고 우리는 단계 F로 진행한다. 이 단계에서 촉매 가닥이 접혀서 그것의 염기들의 독특한 서열을 통해 결정된 형태를 이루어 그 가닥의 보완물의 보완물 형성을 촉진할 수 있게 해준다. 그러나 그것의 보완물의 보완물은 그 촉매 가닥 자신이다. 따라서 F 단계에서 자가 복제 목표가 달성된다. 단계 G에서는 새로 만들어진 가닥들이 분리된 후 이제 두 촉매들이 사본들—하나는 보완물의 사본이고 다른 하나는 촉매의 사본이다—을 만드는 데 바쁘게 관여한다. 단계 H는 단순히 여러 번 수행된 과정의 결과를 보여준다. 이제 많은 촉매 가닥들과 그것들의 보완물들이 복제되었다.

실험 연구 면에서 단계 F가 가장 많은 주목을 받았다. RNA 가닥들을 복사할 수 있는 리보자임(RNA 촉매)들을 생산하려고 하는 진정한 소기업이 성장했다. 최초로 발견된 리보자임들은 RNA 가닥들을 자르고 연결할 수 있는 능력을 지녔다. RNA 연구자들은 연결 과정에서 뉴클레오타이드들의 가닥들이 아니라 하나의 뉴클레오타이드들이 관여하도록 이 능력을 확장하기 위해 정교하고 방대한 노력을 기울여왔다. 단계 F에 표시된 것과 비슷한 주형 합성을 촉진할 수 있는 RNA들을 연구소에서 만들어내는 것이 목표다. 만나는 어떤 서열이라도 복사할 수 있는 RNA 분자가 만들어진다면 그것은 확실히 자신 같은 분자도 복사할 수 있을 것이다.

이런 효소들을 만들기 위한 노력은 두 가지 접근법—"분자 공학"과 소위 "시험관 내 진화"(*in vitro evolution*)—의 조합을 포함했다. "*In vitro*"는 문자적으로 "유리에서"를 의미한다. 따라서 그 말은 "삶에서"를 의미하는 "*in vivo*"와 대조되는 실험실 환경에서 이루어지는 연구를 뜻한다. 분자 공학은 화학적 조작과 관련이 있는데, 이는 연구자들이 화학적으로 바람직한 방식으로 기능한다고 입증된 RNA 분자 서열을 활용할 수 있음을 의미한다.

시험관 내 진화는 RNA 분자들이 복사 과정에 관여할 때 그 분자들이 완벽하지 않고 "오류들"을 만들어낸다는 사실을 이용하는 것과 관련이 있다. 따라서 RNA 분자들의 이후 세대들은 분자 서열이 변할 수 있다. 연구자들은 이후의 세대들을 거둬들여서 다른 형태들을 분리하고 그것들이 복사 과정에 관여하는 능력을 비교한다. 연구자는 그렇게 함으로써 최상의 형태를 선택하고 연속적인 세대들에서 리보자임이 사본을 만드는 성과를 계속 개선한다. 이 시험관 내 진화가 어떤 면에서는 삶에서, 즉 RNA 세계에서 일어난 것으로 가정되는 과정의 가속화된 비유로 믿어진다. 이 논제를 지지하는 생명의 기원 과학자들은 최초의 복제자들이 유리한 복사 이형들을 활용함으로써 다윈식의 진화를 겪은 것이 RNA 세계 가설의 또 다른 중요한 측면이라고 믿는다. 이 RNA 연구자들이 자가 복제하는 분자를 만드는 데 성공했는가? 그들은 아직 성공하지 못했고, 그림 22.1에 묘사된 꿈의 관점에서는 성공에 근접하지도 못한 것으로 보인다. 그러나 그것이 올바른 꿈이 아닐 수도 있으며, 연구가 계속되고 있다.

막대한 노력을 쏟아부은 결과 몇몇 주목할 만한 결실들이 나오고 있다. 최근의 진척의 한 가지 예는 하나의 뉴클레오타이드들을 사용해서 자신보다 다소 긴 RNA 분자들의 복사를 촉진할 수 있는 리보자임을 개발한 것이다.[2] 빙수의 온도가 필요하며, 그 리보자임은 특정한 서열만을 복사하고 자신의 서열은 복사하지 않는다. 관련된 리보자임은 약 200단위 길이인데, 그것은 단계 B에서처럼 무작위로 모여서 나타난다고 생각되기에는 너무 긴 것처럼 보인다. 점토 촉매들 위에서 약 50단위 길이의 중합체들만 달성되었음을 상기하라(섹션 20.6을 보라).

22.1.2. 남은 문제들, 뒷받침하는 증거, 그리고 DNA 세계로의 이전. RNA 세계 접근법의 가능성을 입증하려는 이

---

2 James Attwater, Aniela Wochner, and Philipp Holliger, "In-Ice Evolution of RNA Polymerase Ribozyme Activity," *Nature Chemistry* 5 (2013): 1011–18.

런 시도들을 고려할 때 답해야 할 이론적인 몇 가지 문제가 남아 있다. 한 가지 문제는 "RNA 사슬이 촉매로 기능할 수 있으려면 얼마나 길어야 하는가?"라는 문제와 관련이 있다. 두 번째 문제는 "필요한 최소 길이보다 긴, 가능한 모든 뉴클레오타이드 서열에서 어떤 부분이 촉매로 기능할 능력을 가지는가?"라는 질문과 관련된다. 충분히 긴 RNA의 경우 그것이 자가 복제하는 촉매가 되게 할 수 있는 방식으로 접힐 가능성이 얼마나 큰가? 이 두 질문 모두 우리가 앞서 살폈던 생물학적 정보의 성격 및 기원과 관련이 있다. 아무도 이 질문들에 대한 답을 모른다. 우리는 23장에서 이 문제들을 다시 다룰 것이다.

세 번째 질문은 복사 과정의 불완전성 문제와 관련된다. 그 이론에 따르면 일단 RNA 분자가 복제자로서 기능할 수 있게 되면 일종의 다윈식 진화가 가능해진다(24장을 보라). 앞서 논의된 바와 같이 뉴클레오타이드 서열상의 변화가 좀 더 빠른 복제로 귀결될 경우 다음 세대에서 복제의 향상이 가능해진다. 좀 더 빨리 복사할 수 있는 분자들이 다른 이형들보다 더 많이 재생산하기 때문에 생존하는 분자가 될 것이다. 하지만 그것은 복사 과정에 오류들이 있어야 이 개선이 가능함을 의미한다. 복사에서의 오류들이 진보를 가능하게 한다. 이론가들은 오류가 너무 많으면 혼돈과 "오류 파국"(error catastrophe)으로 알려진 결과로 이어진다는 것을 오랫동안 알고 있었다. 복사는 좋아야 하지만 너무 좋지는 않아야 하는데, 다행스러운 중간은 어디에 놓이는가?

그림 22.1에 예시된 과정들에 대한 연구는 그 가설에 대한 뒷받침을 제공함에 있어서 부분적으로만 성공한 반면에, 역설적이게도 RNA 세계 접근법을 지지하는 가장 강력한 증거 중 하나를 제공한 발전이 생명의 기원 연구 학계 외부의 연구에서 나왔다. 약 10년 전에 리보솜의 상세한 내부 구조가 완성되었다. 리보솜은 RNA와 단백질로 구성되었고 그곳에서 아미노산들이 결합해서 오늘날 알려진 모든 생명 안에 들어 있는 단백질들이 만들어지는 공장이라는 점을 상기하라(그림 21.2를 보라). 파악된 리보솜의 내부 구조는 리보솜 안에서 실제로 펩타이드 결합이 형성되는 장소가 RNA들로 완전히 에워싸인 것을 결정적으로 보여주었다. 아미노산들로부터 단백질이 합성될 때 어떤 단백질도 직접 관여하지 않는다. 그 과정은 본질적으로 리보솜 안에서 일어나는 RNA의 작동이다. RNA 세계 이론가들은 이 사실이 RNA가 단백질보다 우선한다는 점을 확실히 보여준다고 주장했다. 그들은 오늘날 생체 세포에서 RNA가 단백질을 만든다면 그것이 일이 시작된 방식일 가능성이 크다고 추론하는데, 이는 최선의 설명에 이르는 추론의 한 형태다(섹션 4.2.1을 보라). RNA 세계 옹호자들은 그 발견을 "결정적인 증거"(the smoking gun)로 부르고 있다. 그들은 그 발견이 RNA의 인도를 받은 단백질의 발달 전에 RNA 자가 복제자가 있었다는 RNA 세계 시나리오와 완전히 일치한다고 주장한다.

RNA 세계 이론가들은 단백질들을 접합할 수 있는 리보솜의 진화를 그림 22.1의 꿈에서 자가 복제의 기원 이후의 다음 단계로 해석한다. 이 세계는 일반적으로 RNA-단백질 세계로 일컬어진다. 이 단계에서 촉매로서의 책임은 RNA가 리보솜에서 접합한 단백질들에게 넘겨주기 때문에 RNA는 촉매 기능은 덜 수행하고 정보 저장 분자로서의 기능을 좀 더 많이 수행하기 시작할 것이다. 이 단계에서는 위에서 언급된 리보솜 RNA(rRNA) 외에 전령 RNA(mRNA)와 운반 RNA(tRNA) 등 RNA의 몇 가지 기능들이 개발되어야 하기에 이 단계의 이야기는 매우 복잡해진다. 이 모든 것이 유전 암호의 진화 맥락에서 일어나야 한다.

이 다양한 단계들에 대한 가설들이 제안되었는데, 그 가설들의 자세한 내용은 본서의 수준을 넘어선다.[3] 오늘

---

3   RNA 세계에서 오늘날의 단백질들의 세계로의 변천에 관한 가설들에 대한 최근의 검토 의견은 David W. Morgens, "The Protein Invasion: A Broad Review on the Origin of the Translational System," *Journal of Molecular Evolution* 77 (2013): 185-96을 보라.

각각의 단량체로부터 두 가지 유형의 중요한 생체고분자인 단백질과 아미노산을 형성하기 위한 반응들에는 두 가지 공통점이 있다. 첫째, 그 반응들은 모두 부산물로 물(H_2O)을 만들어낸다. 그 반응들은 모두 화학적 위치 에너지 다이어그램에서 위쪽으로 진행하는 반응이다(그림 22.2를 보라). 그 화학 과정들은 가역적(reversible)이기 때문에 충분한 시간이 주어지면 반대 방향으로 일어날 수도 있다. 즉 물이 중합체들과 반응해서 그것들을 깨뜨려 단량체들을 재형성할 수 있다. 이 과정은 수용액에서 흔히 일어나는 유형의 화학 반응으로서 이를 **가수분해**(hydrolysis)라 한다. 이 단어는 그리스어 "*hydro*"(물)와 "*lysis*"(분리하다)에서 유래했다.

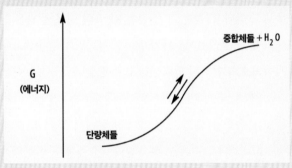

그림 22.2. 단량체들에서 중합체들을 형성하는 자유 에너지 다이어그램.

앞 단락에서 "충분한 시간이 주어지면"이 핵심 어구다. 중합체들이 수용액에서 얼마나 오래 존속하는지는 많은 요인에 의존하는데, 그 요인들 모두 중합체 해체 반응, 즉 가수분해가 얼마나 빨리 일어나는지에 영향을 준다. 촉매들은 그 과정을 촉진하는 데 중요한 역할을 할 수 있다. 예컨대 인간의 소화 시스템에서 우리가 먹는 단백질들은 우리의 몸이 제공하는 효소들의 도움으로 각각의 아미노산들로 해체된다. 우리는 양방향으로 작용하는 것이 촉매의 한 가지 중요한 특징이라는 점을 명심해야 한다. 어떤 촉매가 한 방향으로의 반응을 촉진한다면 그 촉매는 반대 방향으로의 반응도 촉진한다. 이는 촉매가 반응의 방향을 통제하지 못하고 닫힌계(closed system)에서 화학적 시스템을 궁극적인 결과, 즉 화학 평형을 향해 좀 더 빨리 이동하게 만들 수 있을 뿐임을 의미한다. 그렇다면 무엇이 단량체들 ⇄ 중합체 + H_2O 반응을 촉진하는가? 이에 대한 답은 다른 요인들의 수다.

이 요인들 중 하나는 반응물질들 대 산물들의 상대적인 농도다. 단량체들의 농도가 높으면 정반응(foward reaction)이 선호되고 그렇지 않으면 역반응(reverse reaction)이 선호된다. 또 다른 요인은 단량체들을 연결하는 결합의 물에 대한 접근성이다. 단백질들은 그것들의 펩타이드 결합의 많은 부분이 소수성인 내부 영역 안에 잠겨서 물에 쉽게 접근하지 않도록 접히는 경향이 있다. DNA는 단백질처럼 접히지 않지만 대신 두 가닥의 나선으로 발생한다. DNA의 등뼈는 가수분해에 취약하지만, 이중 가닥에서는 반응이 좀 더 느리고 한 가닥 형태에서는 RNA의 반응보다 느린 경향이 있다. DNA는 이중 나선 안에 편안히 머무르면서 물로부터의 공격을 비교적 잘 견디고, 단백질 생산 과정에서 세포 분열에서의 복제나 RNA로의 전사를 기다리는 경향이 있다. 그러나 mRNA와 tRNA 형태의 RNA는 DNA에 비해 훨씬 활동적인 분자다. 이 다양한 기능들에서 RNA는 DNA나 단백질보다 물에 더 많이 노출되며, 이 기능들을 수행하는 과정에서 가수분해되기 쉽다. 이런 의미에서 하나의 부류로서의 RNA 분자들은 단백질들보다 좀 더 허약하다. 설상가상으로 인산염, 염기, 리보스로부터 RNA 단량체들, 즉 뉴클레오타이드들이 형성될 때 물(H_2O)이 생성되기 때문에 그것들 역시 가수분해되기 쉽다. 따라서 우리는 생명 탄생 전의 환경에서 RNA가 어떻게 출현할 수 있었는가를 생각해내야 하는 어려움에 RNA가 일반적으로 생명의 탄생에 필요하다고 여겨지는 액체인 물이 존재할 때 불안정한 경향이 있다는 문제도 추가해야 한다. RNA가 먼저 출현했다는 모형을 선호하는 사람은 반드시 이 문제를 다뤄야 한다. 그것은 물질대사주의자, 즉 단백질이 먼저 출현했다는 모형을 선호하는 사람이 그 접근법을 지지하는 논거로 제기하는 문제다.

날까지 이 수준의 연구는 성격상 대체로 이론적이라고 말해두는 것으로 충분하다. 그 가설을 지지하는 논증은 주로 오늘날의 유기체들에서 작동하는 시스템들의 메커니즘의 세부내용으로부터 도출된다. 궁극적으로 RNA는 DNA와 단백질 사이의 매개자로서의 지위에 도달해야 한다. 달리 말하자면 RNA가 단백질 합성을 위한 코딩 책임을 DNA에게 넘겨주고 단순한 전령과 운반 매체로 돌아가야 한다. DNA의 원천은 RNA 자체이고 필요한 화학적 수정은 리보스에 있는 산소 원자 하나를 제거해서 디옥시리보스를 만들고 유라실(U)을 티민(T)으로 대체하는 것뿐이므로, 이 단계는 실제로 덜 어렵다고 여겨진다.

RNA 세계는 여전히 인기가 있는 접근법이지만 그 접근법에 문제나 도전거리가 없는 것은 아니다. 사실 조이스와 오겔은 자기들의 꿈과 관련된 문제들을 "악몽"으로 묘사했다. 이 저자들은 솔직하게 RNA 세계가 직면한 문제들이 심각하다고 평가했다. 심각한 문제 하나는 위에서 언급된 바와 같이 단량체들의 합성과 관련이 있지만, 촉매가 없는 경우와 RNA가 촉매 기능을 하는 경우 모두 주형 합성에서 해결되지 않은 다른 문제들도 있다. RNA 분자 자체의 상대적인 불안정성이 이런 어려움에 포함된다. 단백질 촉매들이 없는 상태에서 RNA 분자를 합성하기가 어려울 뿐만 아니라, RNA 분자는 열적으로 불안정하며 가수분해(물과의 반응을 통한 해체)되기 쉽다(좀 더 자세한 내용은 "심화 학습: 가수분해"를 보라).

여느 때처럼 위에 묘사된 것과 같은 식의 논란이 있는 문제들은 그 가설들의 가치에 관해 논쟁을 벌일 기회뿐 아니라 추가 연구를 위한 방대한 기회도 제공한다. 대다수 이론가는 전통적인 노선에 따라 이 문제들을 해결하기 위해 노력하지만 몇몇 학자는 좀 더 극단적인 접근법들을 제안했다. 이런 접근법들은 가수분해 문제를 피하기 위해 그 꿈의 첫 단계에서 물이 아닌 용매에 의존하는 방안을 포함한다. 또 다른 대안은 몇몇 합성 문제를 피하기 위해 리보스가 아닌 당과 관련된 RNA 전의 중합체를 상정하지만, 그 접근법은 그 과정에 RNA가 RNA 전의 중합체를 인계하는 것과 관련된 또 다른 단계를 추가한다는 복잡성을 덧붙인다. 이런 대안들은 우리의 논의의 범위를 넘어선다.

마지막으로 RNA가 먼저 출현했다는 접근법에서 문제가 있는 다른 측면 하나가 언급되어야 한다. RNA 분자

들이 존재하게 되고 계속 복제되는 과정은 열역학 측면에서 위쪽으로 이동하는 과정이기 때문에(섹션 20.4를 보라) 에너지원이 존재할 필요가 있다. 이 문제에 대응해서 몇몇 학자는 RNA 세계가 시작되기 전에 이전의 물질대사 시스템이 있었다고 주장하고 있다.

22.2. 원시 물질대사의 제안

좀 더 열렬한 몇몇 RNA 세계 지지자들은 생명이 RNA로부터 시작되었고 RNA 분자들이 최초의 세포 구조에 필요한 모든 화학 반응들을 수행했다는 원래의 가설에 동의한다. 그들은 "RNA 만의 세계"로 불릴 수 있는 곳에서 자가 복제 과정들뿐만 아니라 물질대사 과정들도 수행되었다고 믿는다. 우리에게 생명의 기본적인 정의를 제공해 준 크리스티앙 드 뒤브(섹션 19.7을 보라)는 RNA가 DNA보다 먼저 출현했으며 생명을 향한 진척에서 복제할 수 있는 RNA 분자의 출현이 매우 중요했다는 RNA 세계 가설의 근본적인 주장을 받아들였다. 그럼에도 불구하고 2013년에 사망한 드 뒤브는 RNA만 존재했다는 입장에 의문을 제기했다. 대신 드 뒤브는 RNA 세계가 시작되기 전에 그가 원시 물질대사(protometabolism)로 부른 것이 존재할 필요가 있었다고 주장했다.[4]

드 뒤브는 원시 수프에서 우연히 자가 복제하는 RNA 분자가 출현하는 것은 사실상 기적일 것으로 믿었다. 그는 생명 탄생 전의 화학 반응을 통해 RNA 같은 복잡한 분자를 합성하기가 지극히 어려움을 지적했다. RNA는 확실히 자기 세대의 촉매 작용을 할 수 없었으므로 그는 RNA를 만드는 데는 도움이 필요했다고 추론했다. 더욱이 그는 RNA가 계속 생존하고 진화를 경험하기 위해서는 RNA에게 에너지와 촉매의 조력을 제공할 지원 시스템도 필요했으리라고 주장했다. 그는 RNA의 촉매 활

---

4   예컨대 Christian de Duve, *Life Evolving: Molecules, Mind and Meaning* (Oxford: Oxford University Press, 2002)을 보라.

동이 중요하다는 점을 인정했지만, 촉매 활동이 원시 환경에서 RNA 자신의 존재를 지탱하기에 충분했다는 것을 의심했다. 드 뒤브는 화학적으로 결정된 무생물로부터의 발생을 지지했고 따라서 화학에 뿌리를 둔 대안적인 설명을 추구했다. 그는 RNA의 출현과 지탱, 즉 원시 물질대사로 이르게 했을 수도 있는 화학 반응을 이해하기 위한 단서들은 RNA 세계가 일으킨 물질대사, 즉 우리가 오늘날 알고 있는 생명의 물질대사에 놓여 있다고 생각하기를 선호했다.

22.2.1. 유전과 물질대사의 연결.

드 뒤브는 현대의 물질대사를 원시 물질대사에 연결시키는 가장 강력한 단서들 중 하나로 생물학적 에너지와 생물학적 정보 사이의 명확한 화학적 연결을 지적했다. 이 연결의 중요성을 이해하기 위해 우리는 현대의 생화학에서 에너지 대사의 몇몇 불가결한 요소들을 살펴 볼 필요가 있다. 생명은 유기체에 따라 빛(광합성)과 유기물 및 무기물의 다양한 화학적 원천을 포함한 다양한 에너지원을 통해 평형 상태와는 거리가 먼 높은 에너지 상태로 유지된다(섹션 19.7을 보라). 많은 경우 물질대사 과정들은, 에너지가 분배될 수 있는 형태로 저장되지 않으면 열의 형태로 상실되는 식으로, 큰 에너지 변화를 일으킨다.

본질적으로 현재 모든 생명에서 에너지 저장 형태는 아데노신 삼인산(adenosine triphosphate, 또는 약어로 ATP로 부른다)이라는 분자다(좀 더 자세한 정보는 "심화 학습: 산화환원 반응과 물질대사, 그리고 화학 삼투 작용"을 보라). 드 뒤브는 ATP에서 인산염 두 개를 뺀 것이 RNA의 일부인 네 개의 뉴클레오타이드들 중 하나인 아데노신 일인산(adenosine monophosphate, 약어로는 AMP)인 것이 우연의 일치 이상이라고 주장했다. 사실 섹션 20.6에서 언급된 바와 같이 삼인산염은 이인산염을 방출함으로써 RNA 중합체 형성에서 활성화된 반응물질이 될 수 있다. 더욱이 구아노신 삼인산(guanosine triphosphate, GTP), 사이티딘 삼인산(cytidine triphosphate, CTP), 그리고 유리딘 삼인산(uridine triphosphate, UTP) 역시 정도는 다소 약하지만 ATP와 유사한 방식으로 물질대사 기능을 할 수 있다. GMP, CMP, UMP 세 가지의 단인산염 유도체들은 AMP와 더불어 RNA에 들어 있는 단량체들의 다른 세 가지 뉴클레오타이드들이다. 이처럼 물질대사와 근본적인 정보 저장 분자 모두에 똑같은 생체분자 구조들이 관여하는데, 이는 창조 세계의 질서와 기능의 완전성(섹션 2.2.2를 보라)의 감질나게 하는 예다.

드 뒤브는 에너지 대사와 생물학적 정보 사이의 이 연결이 생명의 시작 당시에 존재했던 에너지 대사와 생물학적 정보의 기원으로 거슬러 올라간다고 주장했다. 따라서 우리는 닭과 달걀 중 어느 것이 먼저인가와 유사한, 에너지와 정보 중 무엇이 먼저인가라는 문제에 직면한다. 달리 말하자면 ATP, CTP, GTP와 UTP의 단인산염들이 RNA에 참여해서 에너지 저장 분자로서의 그것들이 생겨났는가 아니면 삼인산염들이 원시 물질대사에 관여한 결과 RNA가 생겨났는가? 드 뒤브는 정보를 포함하는 최초의 분자로서 원시 수프에서 기적적으로 RNA를 얻는 것보다 원시 물질대사를 통해 삼인산염들(그리고 단인산염들)에 도달하기가 덜 어렵다고 주장했다. 따라서 그는 에너지가 먼저라는 입장을 선택했다.

드 뒤브는 원시 물질대사의 필요성에 대한 중요한 논거를 제공했지만 그것의 구체적인 화학적 경로를 묘사하는 일은 현재로서는 사실상 불가능함을 인정했다. 우리가 거듭 언급한 바와 같이 원시 화학 반응의 직접적인 성격에 관한 잔여 증거는 오래전에 사라졌기 때문에 확실한 지식은 존재하지 않는다. 원시 지구의 물을 매개로 일어난 화학 반응은 어떤 지질 기록에도 보존되지 않았다. 그럼에도 불구하고 드 뒤브는 몇몇 가능성을 상정하기 위한 중요한 시도를 했다.

22.2.2. 어떻게 원시 물질대사를 일으킬 것인가?

원시 물

질대사를 일으키려면 두 가지─에너지원과 반응이 합리적인 속도로 일어나게 만들 촉매─가 필요하다. 우리는 먼저 촉매 문제를 고려할 것이다. 드 뒤브는 오파린-홀데인의 원시 수프 개념을 유지했다. 그는 그 수프의 원천이 밀러-유리 식의 합성을 통해서였든, 외생적이었든, 혜성/운석을 통해서였든 간에 그것은 복잡한 혼합물이었을 것임을 인정했다(그는 그것을 **게미쉬**[gemisch]로 불렀는데 게미쉬는 독일어로 혼합물을 의미한다). 이 혼합물에는 표준적인 것과 비표준적인 것 모두를 포함하는 다양한 아미노산, 그리고 하이드록시기($-OH$)가 아미노산의 아미노기($-NH_2$)를 대체한 하이드록시산 같은 유사한 분자들이 포함되었을 것이다. 그는 대체로 아미노산이지만 몇몇 다른 유형을 포함했을 짧은 중합체 분자들이 형성되었을 가능성을 상정했다. 그는 이 중합체들을 **다합체**(multimer)로 불렀다. 드 뒤브는 이 다합체들 중에서 오늘날의 단백질보다 먼저 나타난 원시 효소들이 발생했을 것으로 제안하고, 뉴클레오타이드들과 궁극적으로 RNA의 출현으로 이어진 화학적 경로를 제공했다. 그는 이 제안이 (다른 대다수 제안과 마찬가지로) 실험적으로 검증되지 않았음을 인정했으며, 그의 말년까지 화학적 실험이 수행되지 않았으므로 그는 다른 학자들에게 자신의 가설들을 검증하도록 초청했다.

드 뒤브는 다합체의 형성을 견인하기 위한 에너지원으로 현대의 물질대사에 나타나는 일종의 분자를 제안했다. 그 분자 유형은 **황화에스터**(thioester)로 알려졌다. 접두사 **티오**(thio)는 언제나 산소 원자(O) 대신 황 원자(S)가 포함된 것을 의미한다. 그는 생명 탄생 전의 세계에서는 상당한 화산 활동이 있었을 것이고 따라서 상당한 양의 황이 있었을 것으로 추론했다. 알코올에서 산소가 황으로 치환된 물질인 티올(RSH)이 산(RCOOH)과 반응하면 황화에스터가 만들어지고 물이 나온다.

$$R'SH + HO-\overset{O}{\underset{\|}{C}}-R \longrightarrow R'S-\overset{O}{\underset{\|}{C}}-R + H_2O.$$

여기서 R과 R'은 다양한 물질이 될 수 있다.

황화에스터들은 오늘날의 물질대사에서 삼인산염들이 기능하는 것과 유사한 방식으로 에너지원으로서 기능할 수 있다. 드 뒤브는 그것들이 ATP 전에 에너지 화폐(energy currency) 역할을 했고 다합체 형성에 필요한 에너지를 제공했다고 제안했다. 그의 제안은 RNA 세계 전의 원시 물질대사나 상호 촉매 작용을 요구한다는 점에서 순수한 RNA 세계 가설과 다르다. 우리는 이제 생명의 기원의 핵심 단계로서 복제하는 유전 시스템의 출현이 우선했다는 것을 강조하는 RNA 세계에서 완전히 떠나는 제안을 살필 것이다. 대신 그 가설은 물질대사 시스템이 비교적 갑자기 출현함으로써 생명이 시작되었다고 제안한다.

22.3. 집단적인 자가 촉매 시스템의 창발적 특성으로서의 생명

우리가 본서에서 고려하고 있는 다양한 생명의 기원 시나리오들은 한 가지 공통점이 있다. 그 시나리오들은 가정된 시작 물질들과 상황으로부터 오랜 기간에 걸쳐 중간 단계를 거쳐, 일정한 정의에 의할 경우 생명체로 여겨질 수 있는 실체가 나타나는, 연속적인 일련의 단계와 관련이 있다. 생명의 기원은 점진적인 과정이라는 것과 무생물과 생물 사이를 구분 짓는 뚜렷한 경계가 없다는 것이 일반적으로 인정되는 합의인 것처럼 보인다. 이 일반적인 패턴에 대한 예외는 우리가 이미 섹션 21.2에서 만났던 이론 생물학자인 스튜어트 카우프만이다. 그가 집단적 자가 촉매 집합(collective autocatalytic sets, CAS) 모형으로 부르는 모형에서는 무생물 시스템이 소위 상전이(phase transition)에서 비교적 갑자기 생물 시스템으로 옮겨간다.

22.3.1. 자가 촉매 시스템의 본질적 특징. 카우프만의 제안의 정수를 이해하기 위해서는 우리가 먼저 자가 촉매가 무엇을 의미하는지를 이해할 필요가 있다. 첫째, **촉매**라는 단어의 의미를 고려해보라. 모든 화학 반응은 정의상 하

나 이상의 원자 또는 원자 집단이 반응물상의 시작 위치에서 생성 물질상의 다른 위치로 옮기는 것과 관련이 있다. 이런 전이들은 대개 그 반응 과정의 일부로서 결합 해체와 결합 형성이 일어날 것을 요구한다. 전이(들)가 일어나려면 반응물질들이 서로 충돌해야 하며, 반응이 성공하려면 충돌하는 동안 결합 해체/결합 형성 과정이 일어날 필요가 있다. 대개 모든 것이 제대로 진행될 가능성은 아주 작다. 이는 대다수 반응에서 충돌들의 작은 부분만이 생성 물질을 만드는 데 성공한다는 것을 의미한다. 그 결과 충돌의 많은 수가 성공적이려면 많은 충돌이 일어나야 하므로 반응들이 비교적 느린 속도로 일어난다. 촉매는 충돌 중 산물을 내는 부분이 증가하도록 결합 해체/결합 형성 과정에서 도움을 주는 일종의 제삼자 도우미로 생각될 수 있다. 그 과정에서 촉매는 자신은 변하지 않으면서 화학 반응을 촉진한다.

자가(Auto-)는 "스스로"를 의미한다. 따라서 **자가 촉매**는 반응의 산물이 그것을 만들어낸 반응 자체의 속도를 높이는 반응을 일컫는다. 사실상 그 산물이 다른 반응물들이 합쳐져 자신과 같은 분자들을 만들도록 돕는다. 간단한 자가 촉매 한 쌍이 그림 22.3에 예시되어 있다. A와 B는 쌍으로 결합해서 AA와 BB로 표시되는 이합체(dimer)들을 형성할 수 있는 두 개의 단량체를 나타낸다. A 두 개가 그 그림의 오른쪽 아래에 표시된 것처럼 충돌하는 동안 이합체가 되는 어려운 과업을 수행해서 AA 분자를 만들었다고 가정하라. 추가로 AA는 우연히도 그 그림의 오

른쪽 위에 표시된 것처럼 B 분자 두 개와 합성물을 형성하기 위한 올바른 구조를 갖고 있다고 가정하라. 그러면 BB가 형성되기가 훨씬 쉬워진다. 다음 단계에서는 AA와 BB가 갈라지고 그 다이어그램의 왼쪽 아래 부분으로 회전하면 BB와 A 단량체 두 개 사이에 유사한 합성물이 형성된다. 이는 BB가 AA의 형성을 위한 촉매 역할을 할 수 있게 만들어준다. AA와 BB로 분리된 후 그 주기의 각각의 부분이 반복될 수 있다. 이처럼 AA와 BB가 자가 촉매 파트너 역할을 해서 서로의 생산을 촉진한다. 원재료 A와 B를 계속 공급하기만 하면 AA와 BB를 많이 만들 수 있다. 생명의 기원 연구에서 자가 촉매의 중요한 예가 최근에 제럴드 조이스의 연구소에서 발생했다.[5] 그것은 그림 22.3에 묘사된 일반적인 개요에서처럼 네 개의 구성 부분으로부터 리보자임 두 개가 서로의 형성을 촉진한 것과 관련이 있었다.

카우프만은 현대의 세포는 자가 촉매에 관여하는 생체분자들(단백질, 핵산, 공통 인자 등)의 복잡한 네트워크로 생각될 수 있다고 논증한다. 그는 이 개념을 예시하기 위해 그림 22.4와 같이 서로 연결된 다이어그램들을 그린다. 이 그림에서 동심의 타원들은 단량체 a 및 b와 이합체 aa 및 bb를 나타낸다. 반응들은 검은 점(마디)들에서 만나는 곡선들로 대표된다. 따라서 a와 b는 합쳐져 ab를 형성하고, 이어서 ab는 또 다른 ab와 합쳐져 baab나 abab를 형성한다. 촉매는 그 촉매들과 그것들이 촉진하는 반응 마디들 사이의 점선을 통해 표시된다. 촉매들은 정반응과 역반응 모두가 좀 더 빨리 진행되게 만들기 때문에 어느 방향으로든 모든 반응이 신속하게 일어날 수 있다.

카우프만은 그 다이어그램에 표시된 것처럼 상호 연결된 촉매 주기들에 관여하는 시스템이 특정한 수준의 복잡성에 도달하면 그것이 갑자기 상전이를 거치게 된다고

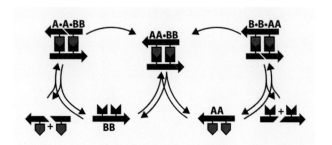

그림 22.3. 자동 촉매 또는 교차 촉매. AA와 BB는 서로의 형성을 촉진한다.

5   Tracey A. Lincoln and Gerald F. Joyce, "Self-Sustained Replication of an RNA Enzyme," Science 323 (2009): 1229-32.

주장한다. 이 용어는 과포화된 용액으로부터 고체 결정이 형성되는 것(또는 액체 상태의 물에서 얼음으로 전이하는 것)처럼 하나의 상(phase)에서 다른 상으로 갑자기 변하는 이미지를 환기한다. 이처럼 그는 생명을 자가 촉매 분자 단위들의 충분히 복잡한 집합의 창발적 속성으로 파악한다. 이 주제에 관해 영향력이 큰 그의 연구에서 그가 직접 한 말을 들어보자.

> 중합체 촉매들의 집합의 복잡성이 커지면 복잡성의 임계점에 도달한다. 이 임계점을 넘어서면 각각의 구성원의 형성이 하위 시스템의 다른 구성원들을 통해 촉진되는, 중합체들의 하위 시스템이 존재할 확률이 매우 높아진다. 그런 중합체들의 집합들은 자가 촉매 작용을 하며 집단적으로 재생산한다. 따라서 내가 제안할 새로운 견해는 아주 단순하다. 생명은 촉매 작용을 하는 중합체들의 예상되고, 집단적으로 자가 조직된 속성이다.[6]

카우프만의 모형에서 생명이 발생하기 위해서는 확실히 풍부한 원시 수프가 요구될 것이다. 이는 자가 촉매 역할을 하는 중합체들의 형성을 위한 원재료들을 공급하기 위해서뿐만 아니라 일단 원시 생명이 형성되고 나서 그것의 생존을 위한 "먹이"를 제공하기 위해서도 필요할 것이다. 그 중합체들은 카우프만이 그 모형을 최초로 제안했을 때에서처럼 그저 폴리펩타이드들이었을 수도 있다. 후

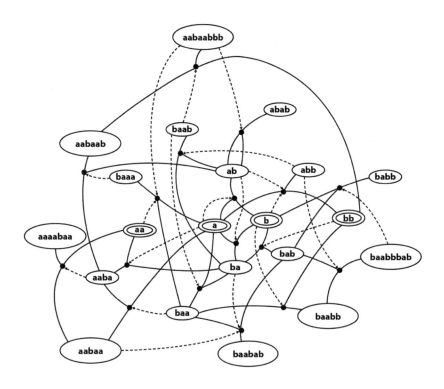

그림 22.4. 가상의 유사 세포 시스템에 존재하는 다수의 자가 촉매.

에 RNA 촉매가 실행 가능한 선택지가 되었을 때 그는 리보솜을 그의 이론 안으로 편입했다. 카우프만의 접근법은 창조세계의 기능의 완전성 외에 다른 어느 것도 필요로 하지 않음을 주목하라. 하지만 충분히 풍부한 수프가 있었을지라도 몇 가지 질문들이 다뤄질 필요가 있다.

22.3.2. 집단적 자가 촉매 집합의 몇 가지 문제들. 첫째, 에너지의 문제가 있다. 우리는 앞서 폴리펩타이드들과 핵산들을 형성하기 위한 중합 과정은 에너지 위치 면에서 위쪽으로 향하는 반응으로서 에너지를 필요로 한다고 언급했다. 카우프만은 그 시스템의 복잡성이 증가하기 위해 필요한 과정인 좀 더 짧은 중합체들에서 좀 더 긴 중합체들이 형성되는 반응이 두 가지 방식으로 일어날 수 있다고 주장한다. 우리는 앞서 그 두 가지를 살펴보았다. 하나는 습기-건기 주기(wet-dry cycle)들에서 탈수를 통해 중합의 산물인 물을 제거하는 방법을 통하는 것이다. 다른 하나는 에너지를 생산하는 반응들과 에너지를 필요로 하는

6   Stuart A. Kauffman, *The Origins of Order* (Oxford: Oxford University Press, 1993), 289.

반응들이 함께 일어나서 전체적으로 에너지 잉여를 낳는 방식인데, 그런 방식은 생존에 유리할 것으로 기대된다.

두 번째 문제는 복제 및 진화적 변화의 가능성과 관련이 있다. 생명의 기원을 위한 자가 촉매 물질대사 시스템(그의 CAS)의 갑작스런 창발 제안은 RNA 세계의 자가 복제적인 유전적 기원과 현저한 대조를 이룬다. 그러나 CAS 가설이 실행 가능하려면, 유전적 특질이 생기기 전에 물질대사가 있었다고 주장하는 다른 모든 생명의 기원 가설들과 마찬가지로, 그 가설이 복제 및 진화적 발달을 다뤄야 한다. 카우프만은 이 문제들에 대해 CAS 생명 형태의 정보는 RNA 게놈에 부여된 것이 아니라 CAS를 구성하는 특정 구성 성분 집단에 부여되어 있으며, CAS에서 변하는 환경 특히 생명체를 살아있게 해주는 먹이 집합의 변화에 대응하여 이 구성 요소들의 구성에서 일어나는 진화적 변화가 일어날 수 있다고 답변한다.

22.3.3. 생명의 시작에서 자가 촉매의 중요성.
위의 모든 내용은 매우 이론적이며, 상호 연결된 자가 촉매 주기들이 어떻게 점진적으로 발생해서 CAS에서 생명이 출현하기 위해 요구되는 상전이로 이어지는 임계점에 도달할 수 있었는지를 보여주기 위한 실험은 제한적으로만 실시되었다. 한편 최근에 이스라엘의 화학자인 애디 프로스가 생명의 기원에서 자가 촉매가 핵심 요인이었다는 아이디어를 옹호했다.[7]

프로스에 따르면 생명의 기원을 이해하기 위한 탐구는 생명 자체의 성격에 대한 이해에 놓여 있다. 그는 생명체를 생명이 없는 물질로부터 구분하는 속성은 생명체가 자가 촉매 복제를 경험할 수 있는 능력이라고 제안한다. 자가 촉매는 산출물이 단지 선형으로 증가하게 만드는 것이 아니라 기하급수적으로 증가하게 만든다는 점

에서 복제에서 일반적인 촉매보다 이례적으로 더 효과적이다. 그는 전투 중에 어느 농부에게 구출된 후 그 농부에게 보상으로 한 가지를 요청할 기회를 준 중국 황제의 전설을 언급함으로써 이 차이를 생생하게 보여준다. 그 농부는 간단한 공식에 따라 자기에게 일정한 양의 쌀을 달라고 요청한다. 그는 장기판 하나를 가져와서 첫날에는 그 판의 첫 번째 사각형 안에 쌀 한 알을 놓아주고, 두 번째 날에는 다음 칸에 쌀 두 알을 놓아주고, 이런 식으로 날마다 다음 칸에 전날보다 쌀알을 두 배씩 늘려달라고 부탁했다. 그 황제는 농부가 아주 하찮은 요청을 하는 것에 놀라며 기꺼이 그러기로 약속했다. 그러나 그는 그 장기판에 놓인 쌀알의 총 수효는 $(2^{64}-1)$개 또는 약 20,000,000,000,000,000,000개라는 점을 깨닫지 못했다. 이 예는 일반적인 촉매를 통해 경험한 선형적인 성장(사각형 하나에 한 개 또는 총 64개) 대 자가 촉매 시스템을 통해 경험된 기하급수적 성장 사이의 차이를 나타낸다.

프로스는 무생물 물질로부터 생명체 물질로의 이동은 자가 촉매 과정을 통해 이례적으로 신속하게 달성되었다고 믿는다. 프로스는 생명을 향한 이동이 (카우프만이 주장한 것처럼) 임계점에 갑자기 도달한다기보다 자신이 **역학 운동의 안정성**(dynamic kinetic stability)으로 부른 것을 통해 가능해진 일련의 단계들을 통해 성취된 점진적인 발전이라고 보는데, 그 발전은 자가 촉매의 결과다. 이 방법을 통한 생명을 향한 진적은 평형과는 거리가 먼 상태인 자유 에너지 곡선의 위쪽으로 향하는 점진적인 이동으로 간주될 수 있다(섹션 19.7을 보라). 따라서 점차 높은 에너지 수준에서 달성된 역학 운동의 안정성은 자유 에너지 곡선 바닥의 평형 상태의 열역학 안정성과 대조된다. 프로스는 자가 촉매를 통한 이 자가 복제 원칙이 생명이 존재해온 동안 줄곧 생명의 특징이었다고 주장한다. 돌연변이를 통한 변화 능력을 통해 생명은 진화를 매개로 다양화되어왔다. 생명이 기원할 때의 분자 수준에서부터 가장 복잡한 다세포 유기체에 이르기까지 스스로를 가장 빨리 복제하

---

7 Pross의 아이디어들에 대한 대중적인 소개는 Addy Pross, *What Is Life?* (Oxford: Oxford University Press, 2012)를 보라.

는 것들이 변화하는 환경에서 살아남는다.

프로스는 자신의 연구가 화학과 생물학 사이의 틈을 메우려는 노력을 대표한다고 주장한다. 어떤 의미에서는 생명의 기원 과학은 모두 시초에 이 전이가 어떻게 일어났는지를 이해하기 위한 추구로 생각될 수 있다. 몇몇 생명의 기원 연구자들의 견해로는 이 전이에서 가장 중요한 단계는 세포가 생겨난 것과 관련이 있었다. 이제 우리는 그들의 견해를 살펴볼 것이다.

22.4. 세포 생명 형성: 구획화

지금까지 우리는 주로 생명의 시작을 준비하는 데 필요한 화학 반응에 초점을 맞춰왔다. 몇몇 연구자들이 보기에 순전히 화학적인 이야기에서 생물학적인 이야기, 즉 생명체로 불려도 무방할 어떤 것을 닮은 특정한 실체의 출현으로의 전이는 생물학의 근본적인 단위라고 할 수 있는 세포의 형성을 필요로 한다.

따라서 몇몇 생명의 기원 과학자들(더 나은 용어가 없어서 우리는 그들을 "구획론자"로 부를 것이다)에게 있어 생명의 기원에서 결정적인 단계는 기능하는 최초의 세포가 존재하게 된 때 일어났다. 이 점은 분자의 자가 복제나 물질대사의 시작에 주의를 집중해온 다른 학자들의 초점과 대조된다. 근본적으로는 구획론자들의 관점과 이런 다른 관점들 사이에 모순이 없으며, 단지 그것들의 강조점이 다를 뿐이다. 그러나 구획론자들에 따르면 세포 형성 또는 구획화로 불릴 수 있는 것에 초점을 맞추지 않으면 생명이 출현한 과정의 중요한 몇몇 근본적인 측면을 이해하지 못하게 된다.

22.4.1. 세포 형성의 중요성. 생물학에서는 세포 구조들이 보편적이다. 우리의 세계에서 참으로 살아 있는 것으로 여겨지는 모든 시스템은 세포 배열을 갖고 있다. 가장 단순하게 표현하자면 세포에는 세포 내부에서 기능을 수행하는 화학적인 부분과 내부의 내용물을 감싸는 외부의 막이라는 두 개의 근본적인 부분이 필요하다고 생각될 수 있다. 우리가 지금까지 논의해온 내용의 많은 부분이 내부의 구성 성분과 관련이 있었지만, 우리는 이제 세포막을 좀 더 면밀하게 살펴보고 피막 형성이 어떻게 일어날 수 있었는가라는 중요한 문제를 논의할 것이다. 그러나 이 문제들을 논의하기 전에 우리는 왜 구획론자들이 피막 형성이 중요하다고 주장하는지를 질문해야 한다.

간단히 말하자면 확산(diffusion) 문제 때문에 생명의 출발점으로서 세포의 형성이 필요하다고 간주된다. **확산**은 용액 안에서 분자들이 모든 방향으로 배회하는 경향을 일컫는다. 공동체로 모이는 경향이 있는 사람과 달리, 용액 안의 분자들에게는 함께 머무는 자연스러운 경향이 없다. 그러나 화학 반응들이 일어나려면 반응하는 부분들이 함께 반응해야 한다. 생명을 시작한 결정적인 과정이 어떤 것이었든 간에 이 점은 마찬가지다. 카우프만의 가설에서처럼 폴리펩타이드들이 자가 촉매 과정에 관여하든, 오겔과 조이스의 가설에서처럼 리보자임들이 자가 복제 과정에서 서로 및 활성화된 뉴클레오타이드들과 상호작용하든 간에, 반응물들이 배회하여 사라지는 것을 방지할 경계가 필요하다. 즉 세포가 형성될 필요가 있다.

많은 생명의 기원 과학자들에 따르면 생명의 시작에서 구획화가 중요한 두 번째 이유가 있다. 이 이유는 생명의 정의에 진화적인 구성 부분을 포함한 것과 관련이 있다. 생명의 정의에 관한 우리의 정의에서 생명의 시작에서 한 가지 중요한 측면은 발달할 능력을 포함해야 한다는 것이었음을 상기하라(섹션 19.7을 보라). 생명의 최초의 형태들은 변화를 겪을, 즉 진화할 능력을 지닐 필요가 있었다. 이 진화 개념에는 유전 정보를 지니는 분자들의 변경을 통해 이후 세대들에서 일어나는 변화가 내재되어 있다. 그런 과정은 이런 유전자들, 유전 정보를 지니는 분자들이 특정한 생물체와 연결될 것을 요구한다. 즉 그것들은 피막이 형성될 필요가 있다.

22.4.2. 원시 세포막. 생명체로 간주될 수 있는 최초의 실체를 가장 간단한 현재의 세포로부터도 구분하기 위해 종종 **원시 세포**(protocell)라는 용어가 사용된다. 그 원시 세포가 어떤 모습이었을지를 정의하는 것이 생명의 기원 과학자들에게 있어서 도전의 큰 부분이다. 우리가 다뤄야 할 첫 번째 질문은 "원시 세포막의 성격이 무엇이었는가?"다.

고균과 세균 같은 단세포 유기체부터 우리의 몸을 구성하는 세포에 이르기까지 현대의 모든 세포는 세포막을 갖고 있다. 세균 같은 대다수 원핵생물은 추가적인 보호와 안정성을 위해 막 외부의 세포벽도 갖고 있다. 생명의 기원 과학자들은 일반적으로 원시 세포에는 세포막만 있고 세포벽은 없었을 것이라는 데 동의한다. 우리는 이미 섹션 20.7에서 현대의 모든 생명에서 세포막은 부분적으로는 양친매성 지질로 알려진 분자들로 구성된다는 것을 살펴보았다. 세포막들이 어떻게 존재하게 되었는지를 논의하기 전에 우리가 이 분자들과 그것들이 형성하는 막들에 관해 복습할 필요가 있다.

양친매성 지질에는 여러 형태가 있다는 점을 상기하라. 현대의 세포들에서 나타나는 양친매성 지질들은 인지질(phospholipid)들로 알려졌다. **포스포**(*Phospho-*)는 인산염이 그 구조의 일부임을 의미한다. 인산염은 글리세롤로 알려진 분자에 부착된다. 글리세롤에는 지방산으로 알려진 긴 사슬들 두 개가 더 붙어있다. 섹션 20.7과 "심화 학습: 양친매성 지질"에서 좀 더 자세히 논의된 바와 같이 글리세롤에 지방산들과 인산염을 부착하려면 에너지가 필요하고 그 과정에서 물이 만들어지므로 그것은 벅찬 과업이다. 그러나 생명의 기원 과학자들, 특히 하버드 대학교의 잭 쇼스택은 지방산들 자체가 인산염과 유사한 방식으로 기능할 수 있음을 입증했다. 지방산들은 적절한 수성 환경에서(그것들의 행동은 수소 이온 농도 지수[pH]에 의존한다) 그림 20.19에 나타난 바와 같이 세포와 비슷한 소포를 형성한다. 지방산들의 머리들은 충분히 친수성이어서 그것들이 막을 형성하는 데 있어 양친매성 지질들로 기능할 수 있게 해준다.[8] 따라서 지방산들은 지질 이중막으로 구성된 소포들을 형성할 수 있는데, 지방산들의 친수성 머리들은 물의 내부와 외부에 접하는 반면에 소수성 꼬리들은 막의 내부를 향해 반대 방향을 가리킨다.

지방산들은 좀 더 단순하고 원시 수프에서 달성하기가 좀 더 쉬우므로 생명의 기원 과학자들은 지방산들이 원시 세포의 막들을 구성했다고 제안해왔다. 하지만 원시 세포 형성에서 지방산들이 인산염들보다 선호되는 이유는 접근의 용이성 때문만이 아니다. 인산염 지질들로 구성된 현대의 세포막들은 이온들(전하를 띤 원자들이나 분자들)과 큰 분자들(예컨대 뉴클레오타이드들)에 상당히 둔감하다. 이런 물질들의 현대 세포들의 안팎으로의 통과는 세포막에 내재된 단백질 분자들을 통해 가능해지고 통제된다(그림 22.5를 보라).

일반적으로 원시 세포가 처음 형성되었을 때 이런 식으로 내재된 단백질을 이용할 수 있었을 가능성이 크지 않다고 생각된다. 현대 세포들에 내재된 단백질들은 고도로 특화된 것처럼 보이며 후에 덧붙여진 것으로 믿어진다. 따라서 대체로 형성된 최초의 원시 세포들은 양친매성 지질들로만 구성되었을 것으로 주장된다.

분자들이 세포 안으로 및 세포 밖으로 움직일 수 있는 것이 중요하므로, 원시 세포막에 단백질이 없었다면 투과성(permeability) 문제가 제기된다. 투과성이 없었다면 원시 세포는 원시 수프에서 그것이 생존과 발전을 위해 필요로 하는 물질에 접근하지 못했을 것이다. 인산염들로 구성된 현대의 세포막들은 단순히 지방산들로 구성된 소포들보다 투과성이 훨씬 작은 것으로 밝혀졌다. 따라서

---

8 지방산들의 몇몇 머리는 그것들이 지질 이중층을 형성하는 데 필요한 pH에서 음의 전하를 띤다. 그 전하로 말미암아 그것들은 좀 더 친수성으로 되고 인접한 머리들과도 연결될 수 있게 된다. pH가 좀 더 높은 산성도 수준으로 조정되면 그 전하가 상실되고 막 형성이 발생하지 않는다.

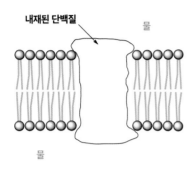

그림 22.5. 내재된 단백질을 보여주는 지질 이중층

지방산들로 구성된 이중 지질막을 가진 원시 세포는 그것의 외부의 원시 수프에서 그것 안으로 중요한 물질이 통과하도록 허용할 만큼 충분히 새기 쉬웠을 것이고, 내재된 단백질들이 필요하지 않았을 것이다. 그러므로 생명의 기원 과학자들은 상정된 원시 세포의 형성에서 지방산들 및 유사한 단순한 양친매성 물질들을 현대의 세포들에 존재하는 좀 더 복잡한 인산염들보다 선호한다. 내재된 단백질들을 갖고 있는 인지질 막들은 좀 더 견고하고 좀 더 재능이 많다는 점을 포함하여 다른 측면들에서는 좀 더 우수하지만, 그것들은 생명의 진화적 발전에서 훗날 덧붙여진 것으로 여겨진다.

22.4.3. 원시 세포 형성 메커니즘에 관한 가설들.

지방산들 및 유사한 단순한 양친매성 물질들을 이용할 수 있었다고 가정하면 다음 질문은 세포 내부의 올바른 물질로 소포들이 어떻게 형성될 수도 있었는지 및 그 올바른 물질이 무엇이었을지와 관련된다. RNA 세계 지지자들은 RNA 분자들이 그 혼합물 안에 포함되었다고 주장할 것이다. 그리고 많은 학자가 드 뒤브에 가세해서 생명이 시작되는 데 필요한 화학 과정이 진행되도록 몇몇 촉매 작용의 도움을 제공할 수도 있는 폴리펩타이드들 및 유사한 분자들이 존재했다고 주장할 것이다. 우리는 본질적으로 "생명이 시작되도록 허용하기 위해 원시 수프에 무엇이 존재할 필요가 있었는가?"라고 묻고 있다. 위의 모든 것을 포함하는, 드 뒤브가 불완전하게 정의한 **게미쉬**(gemisch)가 필요하다는

것과 원시 수프에 양친매성 물질들과 더불어 그것이 존재한다는 것을 가정하자.

양친매성 분자들은 용액에서 농도가 임계 수준 위로 올라가면 즉각적으로 세포와 유사한 소포들을 형성하는 것으로 알려졌다. 몇몇 연구자들은 양친매성 분자 농도가 충분히 높았던 원시 수프의 웅덩이에서 그렇게 자체적으로 만들어진 세포 형성이 일어났을 것으로 제안했다. 소포들이 형성되자 그것들은 **게미쉬**에 들어 있는 다른 분자들을 포획했을 것이다.

약 10년 전에 쇼스택의 연구소는 놀랍게도 소포 형성이 광물의 표면에서 촉진되었을 수도 있음을 발견했다.[9] 촉매 효과를 제공한 유형의 광물이 제임스 페리스의 연구(섹션 20.6을 보라)에서 RNA의 긴 사슬들의 형성을 촉진했던 것과 똑같은 점토였다는 점은 훨씬 더 흥미로웠는데, 이는 창조세계의 기능의 완전성의 흥미로운 예다(섹션 2.2.2를 보라). 더욱이 점토의 표면에서 소포들이 형성될 때 작은 점토 입자들이 떨어져 나가 수프의 다른 성분들과 함께 소포의 내부에 포획된다는 것이 입증되었다. 이 현상은 점토가 촉매 작용을 하는 RNA의 형성과 관련된 RNA 세계 유형의 과정에서 형성되는 소포들이 원시 세포가 될 수 있는 흥미로운 가능성을 제공한다. 형성된 RNA 분자들이 섹션 22.1.1의 이론가의 "꿈"에 묘사된 바와 같이 자가 복제 능력을 가졌다면, 아마도 그 소포는 살아 있는 것으로 간주되고 원시 세포로 식별될 수 있을 것이다. 원시 세포가 이런 식으로 발생했다면 그것은 창조세계의 봉사적 성격에 대한 흥미로운 예도 제공한다(섹션 2.4.3을 보라).

이런 식으로 형성된 RNA들이 자가 복제 능력을 가지고 원시 세포를 만들어냈을 가능성은 얼마나 큰가? 그 질문에 대해 아무도 정확한 답을 알지 못한다. 하지만

---

9 Martin M. Hanczye, Shelly M. Fujikawa, and Jack W. Szostak, "Experimental Models of Primitive Cellular Compartments: Encapsulation, Growth, and Division," *Science* 302 (2003): 618-22.

RNA 자가 복제자가 형성될 가능성은 미미할 수도 있을 것으로 보인다. RNA가 자가 복제자로 기능할 수 있도록 만들어주는 RNA 사슬에서 뉴클레오타이드들의 특정한 배열들은 전혀 알려지지 않았다. 우리는 RNA 세계에 대한 논의에서 이미 연구자들이 RNA 자가 복제자를 만들어냄에 있어 직면한 어려움을 언급한 바 있다. 그런 점들로 미루어 RNA 자가 복제자들은 매우 희귀했을 수도 있는 것처럼 보이는데, 이는 그것들이 형성될 가능성이 매우 낮음을 의미한다. 그 가능성이 지극히 작다면 원시 세포가 성공적으로 만들어지기 위해서는 매우 많은 어려움이 있었을 것이다.

산타 크루즈 소재 캘리포니아 대학교의 노련한 생명의 기원 연구자인 데이비드 디머는 원시 지구에서 원시 세포의 형성 시도가 엄청나게 많이 일어나는 시나리오를 제안했다. 그는 『최초의 생명꼴, 세포 별먼지에서 세포로, 복잡성의 진화와 떠오름』(First Life: Discovering the Connections Between Stars, Cells, and How Life Began)에서 자신의 제안을 묘사한다.[10] 디머는 생명이 화산 근처의 민물 환경에서 시작했다고 제안한다. 그는 바다의 소금에서 나온 고농도의 이온들이 생명을 시작하는 중요한 많은 반응을 방해했을 것이라고 주장하면서 바다의 소금물보다 민물을 선호한다. 그는 열 형태로 에너지를 제공하기 위해 화산 환경을 선택한다. 디머는 생명에 필요한 바람직한 중합체들인 폴리펩타이드들과 핵산을 형성하기 위해서는 부산물인 물이 제거될 필요가 있다고 주장한다(섹션 20.6에 수록된 이 필요성을 상기하라). 중합체 형성을 촉진하기 위한 물의 제거는 건조 과정을 통해 달성될 수 있는데, 화산에서 나오는 열에너지가 이 과정을 견인한다.

소포들이 형성되기 위해서는 수용액에 양친매성 분자들이 존재할 필요가 있다. 디머는 반복된 습기-건기 주기들이 소포들과 중합체들 모두가 형성될 수 있게 만들어주었을 것으로 생각한다. 습기는 옐로스톤 국립공원에서처럼 화산들 주위의 지열이 활발한 인근에 보편적인, 간헐천들의 분출에서 왔을 수 있다. 그 주기의 건기 동안에 중합체 형성이 일어났을 것이고 습기 동안에 소포 형성이 일어났을 것이다. 그는 화산 환경이 있었던 곳마다 지구 전역의 많은 장소에서 이런 주기들이 일어났을 것으로 생각한다. 그 결과 매번 피막이 형성된 중합체 물질(폴리펩타이드, 핵산 등)의 혼합물을 지닌 소포 형성이 수없이 반복되었을 것이다. 그는 이렇게 많은 다양한 소포들이 원시 세포 형성을 위한 많은 실험을 했을 것이라고 추론한다. 따라서 그는 생명을 만들어내는 혼합물이 발생할 가능성이 미미하다고 할지라도 충분한 시도들이 있다면 성공 가능성이 크게 개선된다고 추론한다.

디머는 연구소 및 자연적인 화산 환경 모두에서 자신의 가설을 검증하기 위한 시뮬레이션을 시도했다. 그가 묘사하는 바와 같이 연구소 실험이 좀 더 방대하고 좀 더 성공적이었다. 이 실험들에서 그는 RNA의 단량체들이 산성 물에서 지질 소포들과 혼합되고 섭씨 80도로 데워지는 한편 이산화 탄소의 흐름을 통해 건조되면 20개에서 100개 단위 길이의 RNA와 유사한 중합체들이 형성됨을 입증했다. 다시 물이 첨가되면 안에 RNA와 유사한 중합체들을 지닌 지질 소포들이 재형성된다.

이는 인상적인 결과이며 그의 원래의 가설에 대한 뒷받침을 제공하지만, 그는 조심스럽게 한정하는 논평을 덧붙인다. 디머는 형성된 중합체들은 바람직한 3'에서 5'로 및 바람직하지 않은 2'에서 5'로 연결된다고 언급한다. 이 결합들의 혼합은 이 중합체들이 리보자임과 유사한 촉매 구조로 접히는 것을 어렵게 만들 수도 있다. 그 혼합물에 점토 입자들을 포함함으로써 광물 촉매를 도입하는 것이 바람직한 연결을 조장하기 위한 한 가지 방법이 될 수도 있다. 연구가 계속되고 있으며, 그는 지구에서 생명이 탄

10   David Deamer, *First Life: Discovering the Connections Between Stars, Cells, and How Life Began* (Berkeley: University of California Press, 2011[『최초의 생명꼴, 세포 별먼지에서 세포로, 복잡성의 진화와 떠오름』, 뿌리와 이파리 역간]).

생하기 전의 상태에 관한 계속된 시뮬레이션 노력을 통해 생명의 기원 과학이 생명이 어떻게 최초의 원시 세포 형성을 통해 원시 수프로부터 출현했는지를 발견하리라는 것을 낙관한다.

우리가 다른 예들에서 본 바와 같이 모든 사람이 특정한 생명의 기원 과학자의 낙관주의에 동참하지는 않는다. 지금껏 설명된 제안들과 현격한 대조를 제공하는 다른 제안들이 있다. 예컨대 지금까지 우리의 모든 시나리오는 원시 수프의 존재를 가정했다. 우리는 이제 원시 수프를 포함하지 않는 대안적인 견해들을 고려할 것이다.

22.5. 다른 물질대사론 대안: 오파린-홀데인으로부터의 이탈

생명의 기원 과학자들 모두가 RNA 세계 가설을 받아들이는 것은 아니다. 예컨대 이미 논의된 모형들 중 카우프만의 집단적 자가 촉매 집합(CAS) 모형은 이 점에서 구분된다. 그는 자신의 모형을 RNA가 먼저 출현했다는 접근법에 대한 뚜렷한 대안으로 보았다. 카우프만을 지지하는 학자 대다수는 다른 중요한 집단인 물질대사론자로 분류될 것이다. 물질대사론자들은 RNA 세계의 유전학자들에 대한 대안이다. 물질대사는 유기체들이 자신의 환경에 있는 에너지/물질을 사용해서 생명을 지탱하는 과정들을 수행하는 화학적 수단과 관련이 있으며, 오늘날 물질대사는 거의 오로지 단백질 촉매와 관련이 있음을 상기하라. 따라서 이 이론은 단백질을 선호하며 달걀보다 닭을 선택한다. 얼핏 보기에 이것은 단순히 다른 화학적 대안보다 특정한 하나의 대안을 선택하는 것처럼 보이지만 사실 그 차이는 좀 더 깊이 들어간다. 몇몇 생명의 기원 연구자에게는 닭이 먼저라는 대안의 선택은 단순히 핵산보다 단백질을 선호하는 것만이 아니라 원래의 오파린-홀데인 가설로부터의 이탈이기도 하다.

22.5.1. 하향식 접근법: 모든 생물의 최종 공통 조상. RNA 세계 이론가들은 본질적으로 상향식 접근법을 따랐다. 이

접근법의 논리는 오파린-홀데인 가설에 내재하는데, 그 가설에서는 RNA 세계가 일관성이 있다. 이 접근법을 따르는 연구는 최초의 생명체가 나온 장소인 바다나 조수 웅덩이 안의 원시 수프에서 중합체 구성 요소들과 중합체들의 합성이 기원한 것—RNA 세계에서 RNA 자가 복제자의 탄생—의 타당성을 검증한다.

가장 순수한 형태의 RNA 세계 가설은 오늘날 우리가 아는 생명과 너무 거리가 멀어서 RNA 세계 과학자들이 현재의 생명체의 생화학의 특징들이 초기 생명 형태에 관해 우리에게 무엇을 알려줄 수 있을지를 연구할 유인이 별로 없다. 사실 몇몇 RNA 세계 이론가들은 생명이 시작했을 때 어떤 물질대사가 존재했든 간에 그것은 오늘날의 물질대사와 유사한 점이 거의 또는 전혀 없었을 것이라는 점을 명시적으로 주장한다. 그들의 추론은 현대의 물질대사는 거의 오로지 단백질 촉매와 관련이 있으며, 그들의 견해로는 RNA 세계가 시작되었을 때 단백질이 없었으므로, 그 세계의 물질대사는 현대의 형태의 물질대사와 완전히 달랐을 수 있고 달랐을 것이라는 사실에 근거한다 (우리가 드 뒤브의 예에서 본 것처럼 RNA가 먼저 출현했음을 지지하는 과학자들이 모두 이렇게까지 주장하는 것은 아니다).

이와 대조적으로 하향식 접근법은 간단한 현대의 생명 형태를 조사해서 생명이 어떻게 시작되었을지를 이해하려고 할 것이다. 물질대사론자들은 이 접근법을 취하며, 상향식 접근법을 선호하는 "RNA 먼저" 또는 "오직 RNA" 진영의 과학자들과 현저하게 다를 것이다. 물질대사론자들은 처음부터 단백질이 관여했고, 드 뒤브와 유사하게, 우리가 물질대사에서 연속성을 기대할 충분한 이유가 있을 수 있다고 믿는다.[11] 현대의 예에서는 원시 형

---

11 De Duve는 실제로 폴리펩타이드들과 단백질들을 구분하며 단백질이라는 용어를 RNA로부터의 번역을 통해 형성된 중합체들에 대해서만 사용한다. 따라서 그의 정의에 따르면 RNA 세계가 나타나기 전에는 단백질이 존재할 수 없었으므로 RNA 세계 전의 아미노산들의 중합체들은 폴리펩타이드들로 불릴 것이다.

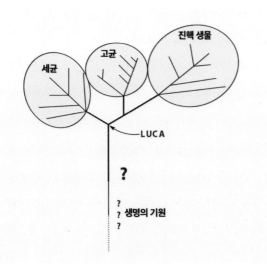

그림 22.6. 생명의 "나무", 모든 생물의 공통 조상(LUCA), 그리고 생명의 기원.

태에 비해 세부적인 내용이 변할 수 있겠지만 단백질 촉매의 근본적인 화학 반응과 기본적인 개요가 비슷하다고 기대될 수 있을 것이다. 이 접근법은 고대의 게놈들을 가지고 있는 것처럼 보이는 현대의 유기체들을 살펴봄으로써 그것들의 조상들이 물질대사적으로 어떻게 기능했는지에 관해 뭔가를 배울 수 있다고 생각한다. 궁극적인 목표는 그것으로부터 다른 모든 지구상의 생명이 발생한 유기체―소위 모든 생물의 공통 조상(last universal common ancestor, 또는 LUCA[그림 22.6을 보라])―의 유전적 특성 및 생화학적 특성을 이해하기 위해 노력하는 것이다. 그 목표를 달성함에 있어서 이 모든 것이 어떻게 시작되었는지에 관한 우리의 이해를 향상시켜줄 단서들이 발견될 수도 있다고 기대된다.

22.5.2. 자가 영양 생명의 시작에 대한 제안. 많은 물질대사론자들에게 있어서 오파인-홀데인을 통해 영감을 받은 접근법으로부터의 이탈은 최초의 생명 형태가 어떻게 자신을 부양했는지에 관한 문제에 대한 답변의 근본적인 변화와도 관련이 있다. 우리가 19.7에서 채택한 드 뒤브의 생명의 정의는 지탱하는 물질/에너지의 원천의 필요를 포함한다는 것을 상기하라. 오파린-홀데인 접근법에

서 일단 생명이 시작되고 난 다음 에너지와 물질의 원천은 거기서 생명이 출현한 원시 수프다. 이는 최초의 생명 형태는 먹어야(환경으로부터 자신을 지탱하는 데 필요한 유기물을 흡수해야) 했을 것임을 의미한다. 이 형태의 식사에 관여하는 유기체들은 **종속영양생물**(heterotroph)로 알려졌는데, 이 말은 "다른"을 뜻하는 그리스어 **헤테로**(*hetero*)와 "영양"을 뜻하는 **트로페**(*trophe*)에서 유래했다. 그런 생물에는 인간을 포함하여 오늘날 우리가 아는 많은 생명체가 포함된다.

많은 물질대사론자들은 완전히 다른 경로를 취한다. 그들은 생명이 애초부터 그것의 물질과 에너지를 원시 수프에서 획득한 것이 아니라 주위의 무기물 세계에서 획득함으로써 시작되었다고 주장한다. 사실 이런 이론가 중 몇몇 학자는 원시 수프의 존재에 의문을 제기할 것이다. 그들은 최초의 생명 형태가 자신의 환경에 존재하는 무기 분자들을 사용하여 무에서부터 필요한 유기물질을 만들었고, 지속적인 에너지의 필요 역시 주위의 무기 세계로부터 공급했다고 주장할 것이다.

이렇게 하는 유기체들이 오늘날 살아 있는데 이런 유기체는 **자가영양생물**(autotroph)로 불린다. "자신"을 뜻하는 그리스어 **아우토스**(*autos*)에서 유래한 오토(auto)가 헤테로(hetero)를 대체했다. 이 범주에 속하는 현대의 많은 생명 형태가 광합성을 수행하며 따라서 광자가영양생물(photoautotroph)로 불린다. 그것들은 이산화 탄소를 먹고 빛 에너지를 사용해서 이산화 탄소를 그것들이 사는 데 필요한 유기 분자들 안으로 통합한다. 하지만 광합성은 훨씬 이후의 발전이고 생명이 시작했을 때 존재했을 법하지 않은 것으로 믿어진다. 좀 더 물질대사론자들의 흥미를 끄는 종류의 유기체는 무기 화합물을 먹이와 에너지원으로 사용하는 유기체인 화학자가영양생물(chemoautotroph)이다. 이 유형의 유기체들이 가장 고대의 것이고 루카(LUCA)와 가장 비슷한 것으로 판명되었다.

22.5.3. 초호열성 루카(LUCA)로부터 생명이 시작되었을 수도 있다는 증거.

그렇다면 루카(LUCA)는 어떤 모습이었는가? 그 질문에 답하려는 과학적 노력은 지난 20년 동안 유기체들의 게놈을 파악하는 능력의 향상으로부터 큰 유익을 얻었다. 게놈은 DNA 안의 염기들의 서열을 일컫는다. 2003년에 달성된 인간의 게놈 파악에 사용된 기법과 유사한 기법들이 지난 20년 동안 비교적 원시적인 많은 미생물을 포함한 다양한 유기체들에 적용되어왔다. 진화 생물학자들은 이 다양한 유기체들의 서열들을 비교함으로써 소위 계통수들을 구성할 수 있었다(24-25장을 보라). 이 계통수들은 유기체들의 DNA 서열에서 관측된 변화를 근거로 현재 존재하는 다양한 유기체들 사이의 조상 관계를 확립하려는 시도에 해당한다. 가장 단순한 세균들부터 복잡한 다세포 포유류들에 이르기까지 다양한 모든 유형의 유기체들의 게놈들을 비교함으로써 루카(LUCA)가 어떤 모습이었을지에 대해 어느 정도 일반화할 수 있다. 예컨대 어떤 유전자가 모든 유기체에서 보편적으로 발견될 경우 그것이 루카(LUCA)에 존재했을 가능성이 크다고 결론짓는 것이 합리적이다. 이런 고찰에 근거해서 루카(LUCA)가 수백 개의 유전자를 소유했을 것으로 추정된다. 그것은 다소 복잡했을 가능성이 있으며 그림 22.6에 묘사된 다이어그램이 암시하듯이 아마도 생명의 시작에서 상당히 멀리 떨어졌을 것이다.[12]

몇몇 과학자들의 견해에서는 계통수들로부터 어떤 상태에서 생명이 시작되었을지에 관한 추가 정보가 도출될 수 있다. 그림 22.7은 약 20년 전에 보고된 계통수 도해를 보여준다.[13] 그 선들에서 점들은 다른 조상 종들을

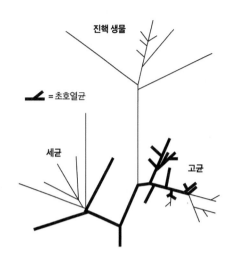

그림 22.7. 계통수. 굵은 선들은 초호열균의 예를 나타낸다.

나타내며, 가까운 것들은 서로 좀 더 가깝게 관련된다. 계통수상의 굵은 선들은 초호열균(hyperthermophile)으로 분류된다.

모두 미생물들인 초호열균들은 섭씨 80도 이상의 매우 높은 온도에서 번성하는 종들이다. 계통수의 가장 깊은 부분에서 열을 좋아하는 이런 종들이 매우 빈번하게 나타나는 점으로 미루어 몇몇 연구자들은 루카(LUCA)가 초호열균이었고 생명이 매우 뜨거운 조건에서 시작되었다고 주장했다. 하지만 모든 학자가 그런 결론에 도달한 것은 아니다. 루카(LUCA)는 초호열성 고균과 세균에 이른 뿌리에서 시간적으로 및 세대상으로 멀리 떨어졌을 수도 있고 그 사이에 많은 일이 일어났을 수 있다. 예컨대 몇몇 학자는 생명이 훨씬 시원한 조건에서 시작했고 좀 더 넓은 온도대의 지역으로 확산되었다고 상정했다. 대폭격 후기 동안 좀 더 온화한 조건하에서만 생존할 수 있었던 유기체들이 전멸하고 호열성 유기체들만 최후의 살균 사건에서 생존했을 수도 있다. 생명이 좀 더 시원한 상태에서 시작했다는 시나리오를 선호하는 과학자들은 이 가능성을 지지할 것이다. 마지막으로, 게놈 데이터로부터 개발된 계통수의 정확한 성격은 분석에서 비교용으로 어떤 RNA나 DNA가 사용되는지 및 특정한 가정들에 의존한

---

12 현재의 의견은 루카(LUCA)가 하나의 종이 아니었다고 주장할 것이다. 유기체들 사이에 많은 유전자의 수평 이동이 많이 일어났음을 지지하는 증거가 있는데(27장을 보라), 이는 수직적인 계통을 지니는 계통도를 다소 문제가 있게 만든다. 루카는 아마도 공통적인 유전자 풀(pool)을 공유하는 세포들의 집단으로 생각되어야 할 것이다.

13 Karl O. Stetter, "Hyperthermophilic Procaryotes," *Federation of European Microbiological Societies Microbiology Reviews* 18 (1996): 149-58.

다는 점이 지적되어야 한다. 모든 계통수가 똑같은 답을 주는 것은 아니다. 그럼에도 불구하고 만들어진 많은 계통수의 깊은 곳에 열을 좋아하는 고대의 유기체들이 나타난다는 점은 많은 과학자에게 생명이 매우 뜨거운 곳에서 시작되었다고 암시한다.

22.5.4. 철-황(FeS) 세계.

독일의 화학자이자 특허 변호사인 귄터 배흐터스호이저는 시원한 원시 수프를 강력히 반대하고 생명이 뜨거운 곳에서 자가영양 방식으로 시작했다고 주장하는 물질대사론자 중 한 명이다. 배흐터스호이저는 지난 25년 동안 자신이 볼 때 생명의 시작에 필수적이었던 광물이 풍부하게 공급될 수 있었을 화산 근처의 수중 환경을 가정하고서 상세한 생명의 기원 시나리오를 점진적으로 개발했다. 그는 특히 황화 철의 활동에 특별한 주의를 기울였는데 따라서 그의 시나리오는 때때로 철-황 세계 또는 화학 기호로 FeS 세계로 불린다. FeS는 가장 간단한 황화 철의 화학식이다(Fe = 철, S = 황).

배흐터스호이저는 생명이 화산 발산물의 결과로 형성된 광물의 표면에서 발생하는 일련의 화학 반응으로서 지구화학적으로 시작했다고 믿는다.[14] 그는 광물 표면에서 일련의 화학 반응으로서 생명을 시작한 실체를 "개척자 유기체"(pioneer organism)로 불렀다. 제안된 탄소의 원천은 모든 무기물—일산화 탄소(CO), 이산화 탄소(CO_2), 그리고 사이안화 수소(HCN)—을 포함한다. 이것들은 모두 화산에서 나온 기체들로부터 원시 지구에 풍부하게 존재했을 가능성이 있다. 이 분자들에 들어 있는 탄소 원자들을 생명을 개시하기 위한 유기물질들 안으로 통합하기 위해서는 탄소가 환원이라는 화학 과정을 거칠 필요가 있다. 우리는 앞서 산화환원 반응에 대한 논의(섹션 20.2를 보라)의 맥락에서 이 과정을 살펴보았다. 이는 오늘날 생명

---

14 Günter Wächtershäuser, "From Volcanic Origins of Chemoautotrophic Life to Bacteria, Archaea and Eukarya," *Philosophical Transactions of the Royal Society B* 361 (2006): 1787-1808.

체의 물질대사 과정의 대다수를 견인하는 반응이다(이 장 끝의 "심화 학습: 산화환원 반응과 물질대사, 그리고 화학 삼투 작용"을 보라).

배흐터스호이저의 접근법에서 생명을 시작하게 하고 그것이 계속되게 하는 데 필요한 모든 반응을 견인하는 환원하는 힘과 에너지의 원천은 주위의 다양한 무기 물질들과 관련된 화학 반응들(이 반응들 역시 산화환원 반응이다)에서 비롯된다고 상정된다. 그것들의 공급은 간헐적이 아니라 계속적이었을 것이고, 그것들의 원천은 화산의 발산물을 통한 지구 자체였을 것이다. 배흐터스호이저와 그의 동료들이 제안한 반응들의 정도와 다양성은 본서에서 논의하기에는 너무 방대하므로 우리는 기본 개요만 요약할 것이다. 이 이론에 그것의 이름이 부여되도록 기여한 최초의 제안 중 하나는 다음과 같은 반응이다.

황화 철(FeS) + 황화 수소(H_2S) → 황화 철(FeS_2) + 수소(H_2) + 에너지

당신은 수소(H_2)가 매우 좋은 환원제임을 기억할 것이다. 따라서 이 반응은 두 가지 목적에 기여한다. 그것은 환원하는 힘의 원천으로서 아래쪽으로 반응이 일어나 다른 반응들이 위쪽으로 일어나는 데 사용될 에너지를 만들어낸다. 그리고 황화 철(FeS) 등의 광물들은 바람직한 반응들을 위한 촉매 표면 역할을 할 수도 있다.

생명이 기능하려면 큰 분자들이 필요한데, 그것은 탄소 하나만을 포함하는 분자들(일산화 탄소, 이산화 탄소, 그리고 사이안화 수소)을 좀 더 큰 중합체 구조들—단백질, 지질, 그리고 궁극적으로 세포의 핵산들—안으로 결합할 것을 요구한다. 오늘날의 생명체들에서 이 과정은 **동화 작용**(anabolism)으로 알려진 물질대사의 일부이며, 광합성을 해서 이산화 탄소를 당으로 전환하는 녹색 식물들에서 가장 흔하게 관찰된다. 배흐터스호이저는 그의 소위 개척자 유기체가 생물을 공부하는 대다수 고등학생에게 잘 알려

진 화학 과정인 크렙스 회로(Krebs cycle)가 반대 방향으로 일어나 일산화 탄소나 이산화 탄소를 통합함으로써 좀 더 긴 사슬들을 만들기 시작했다고 제안한다.

크렙스 회로는 간단한 당, 지방산, 그리고 아미노산들이 산화해서 에너지를 방출함과 더불어 궁극적인 산물로서 이산화 탄소와 물을 내놓은 반응들의 순환적인 순서다. 이는 동화 작용의 반대이며 **이화 작용**(catabolism)으로 불린다. 순환적인 모든 반응 시리즈는 반대의 요건과 효과를 지닌 반대 방향으로도 똑같이 잘 일어날 수 있다. 따라서 반대 방향의 크렙스 회로(그림 22.8을 보라)는 탄소 사슬들을 분해해 에너지를 내놓는 대신, 탄소 사슬들을 만드는 과정에서 이산화 탄소를 사용하고 에너지를 흡수하는 이화 작용을 한다. 우리가 주목해야 할 중요한 사항은 그림 22.8에 묘사된 사슬에서 탄소 원자수의 변화와 이 방향으로 반응이 일어나는 것은 에너지 면에서 위쪽으로 일어나는 반응이라는 점이다. 그 회로가 꼭대기에서 나눠질 때 C_6 하나에서 이산화 탄소 2개가 첨가됨으로써 C_4 분자 두 개가 만들어짐을 주목하라. 따라서 매번 이산화 탄소로부터 좀 더 많은 탄소가 첨가되어 C_6 사슬을 만든다. 이는 좀 더 많은 이산화 탄소가 유기체의 구조 안으로 삽입됨을 의미한다.[15]

크렙스 회로가 반대 방향으로 일어나도록 이끌기 위해 필요한 에너지의 원천은 위에서 보인 철 황/H_2S 반응 같은 무기 산화환원 반응들이다. 철-황 세계의 지지자들은 이 제안을 지지하는 증거로 고대의 몇몇 자가 영양 유기체의 생화학에서 반대 방향의 크렙스 회로가 발생했다는 점을 지적한다. 이 미생물들은 본질적으로 녹색 식물

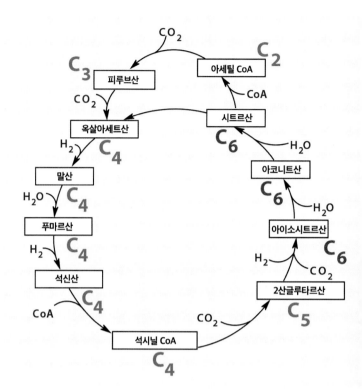

그림 22.8. 회로의 각각의 부분의 탄소 원자 수를 보여주는 역방향의 크렙스 회로.

들이 광합성을 통해서 달성하는 것과 똑같은 화학적 변화를 수행하지만 빛이 아니라 무기 화합물들을 에너지원으로 사용한다. 마지막으로, 배흐터스호이저와 그의 동료들이 반대 방향의 크렙스 회로 같이 복잡한 회로가 생성 단계의 개척자 유기체에게는 다소 도전적인 과업임을 인식했고, 따라서 선구자 역할을 할 수 있는 좀 더 단순한 회로로 이어질 몇몇 단순화를 제안했다는 점이 주목되어야 한다.

지금까지 제안된 모든 시나리오에서와 마찬가지로 철-황 세계 가설에는 지지자들만큼이나 많은 비판자가 있었다. 이 가설의 성공들은 주로 제안된 몇몇 반응들이 합리적으로 생물 탄생 전의 조건으로 여겨질 수 있는 조건하의 실험실에서 일어난다는 것을 실험상으로 입증한 데 있었다. 이 가설의 비판자들은 그 가설의 가장 큰 약점이 어떻게 개척자 유기체의 한 세대에서 다음 세대로 복제가 일어날 수 있는지에 관한 세부내용의 결여에 놓여

---

15 당신이 C_2 분자 조각(아세틸 조효소 A에 들어 있는 아세틸)이 어떻게 철-황 세계 안의 회로 안으로 들어오는지 궁금하게 생각할 경우를 대비해서 탄소 분자들로부터 탄소 조각이 만들어지는 데 대해 다음 반응들이 제안된다.
CO2 + 3 FeS + 4 H2S → CH3SH + 3 FeS2 + 2 H2O(FeS에 의한 CO2의 환원)
2 CH₃SH + CO →CH₃CO-SCH₃ + H₂S (CH₃CO는 아세틸 C_2 조각이다)

있다고 주장할 것이다. 단백질이나 핵산에 들어 있는 정보 내용에 유사한 분자 구조의 구체적인 내용이 없으므로 개척자 유기체가 어떻게 복제될 수 있었을지를 생각하기 어렵다.

철-황 세계 가설의 경우 개척자 유기체는 적어도 처음에는 이차원이라고 상정되므로 복제의 문제는 한 차원을 더하는 데(또는 한 차원이 결여된 데) 있다. 즉 그것은 완전히 구획화하지 않는다. 개척자 유기체는 광물의 표면에서 반응하는 무기 물질들의 조각으로 시작해서 궁극적으로 이중 지질층으로 둘러싸인 조각으로 성장하지만, 그것은 3차원의 세포와는 거리가 멀다(정확하게 말하자면 한 차원이 완전히 결여된다). 3차원 세포는 철-황 이야기의 훨씬 뒤에야 등장한다. 따라서 현재의 세포처럼 세포 분할을 하는 세포들이 없었기 때문에 세포 분할 방법이 일찍 시작될 수 없었다.

최근에 RNA 구획화 이야기와 상당히 다른 또 다른 대안이 출현했다. 그것은 배흐터스호이저의 제안과 유사한 점이 있지만 흥미로운 몇 가지 차이점도 있는 지구화학적 제안이다. 가장 명백한 차이는 철-황 세계 가설에서는 생명의 탄생 장소를 암석의 표면으로 지목하는 반면에, 그 가설은 생명이 암석의 내부에서 시작되었다고 제안한다는 점이다. 이 시나리오에서 생명의 최초 형태는 유기 분자들이 아니라 내부의 광물 벽들을 통해 경계가 지어진 암석 내부의 "세포들"인데, 이는 섹션 22.4.2에서 논의된 전통적인 원시 세포들과는 거리가 멀다. 우리는 이 제안을 다음 섹션에서 살펴볼 것이다.

22.6. 암석 안의 생명: 열수 분출공에 존재하는 부화장

지난 50년 동안의 연구 과정에서 생명체가 발생했을 때 그것이 어디서 시작되었고 물리적 환경은 어떠했는지는 미해결 문제로 남아 있다. 그런 질문들은 확실히 섹션 22.4에서 논의된 피막 형성과 관련된 주제를 포함한 다양한 주제들에 영향을 준다. 약 30년 전에 해양학자들이 심해 탐사 잠수함들을 사용하여 해저에서 열 분출공들을 발견하자 생명이 탄생한 장소에 관한 완전히 다른 가능성이 출현했다.

22.6.1. 심해 열수 분출공: 생명이 시작된 장소인가? 두 유형의 분출공이 발견되었다. 1977년에 발견된 첫 번째 유형은 연기 열수공(black smoker)으로 알려졌다. 그것들은 지각판들이 벌어지고 있는 장소에 존재하는(섹션 16.3을 보라) 바다 밑 화산들에 해당하는 곳에서 생긴다. 이 분출공들에서 해수는 온도가 섭씨 400도를 넘을 수도 있으며, 산성도가 높고 그곳에 금속 이온, 황화 수소(H_2S), 이산화 탄소, 수소 등 다양한 무기물이 풍부하게 존재한다. 두 번째 유형의 분출공은 지각 판 확대 지역에서 수 킬로미터 떨어진 곳에서 생긴다. 2000년에 이런 분출공이 최초로 발견되었는데, 그것은 "잃어버린 도시 열수 벌판"(Lost City Hydrothermal Field)으로 알려졌다. 잃어버린 도시 분출공에서 분출하는 물은 훨씬 덜 뜨겁고(대개 섭씨 40-90도 사이다) 산성이 아니라 염기성이다. 연기 열수공과 잃어버린 도시 분출공 모두에서, 게놈에 근거할 때 고대의 계통을 가진 미생물들이 발견되었다. 이런 심해 분출공들에서 매우 오래된 계통적 유대를 갖고 있는 유기체들이 발견됨으로써 생명이 매우 뜨거운 환경이나 적어도 따뜻한 환경에서 시작되었다는 아이디어가 촉진되었고, 많은 연구자들이 생명이 심해에서 시작되었을 가능성에 초점을 맞췄다.

두 유형의 분출공 모두에서 암석이 형성된다. 열기 열수공에서의 화산 발산물들은 금속 이온 특히 철을 포함한 산성의 물을 만들어낸다. 이 물이 산성이 덜한 좀 더 차가운 물과 섞이면 황화 철이 침전한다. 이 열수 분출공에서 이 황화 철 침전물은 물로 채워진 작은 구멍들을 갖고 있는, 다공성(多孔性)의 커다란 굴뚝 같은 구조를 형성한다. 물의 산성도가 덜한, 해저 화산에서 좀 더 멀고 좀 더 차가운 분출공이 있는 원시 바다에서도 유사한 구조가 형성될 수 있었을 것으로 믿어진다. 그림 22.9는 아

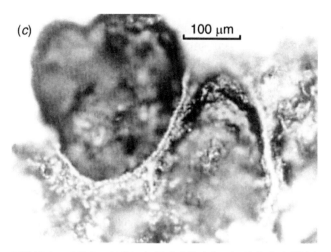

그림 22.9. 아일랜드의 광물 퇴적물에서 발견된 3억 6천만 년 전 황철광 퇴적물의 얇은 부분의 전자 현미경 사진.

일랜드에서 발견된 고대의 황화 철(FeS2, 황철광) 퇴적물의 얇은 부분의 전자현미경 사진을 보여준다. 그것은 약 3억 6천만 년 전에 열수 분출공에서 형성된 것으로 믿어진다. 그것은 대략 생물학적 세포 크기―약 150마이크로미터―의 구멍을 보여준다. 스코틀랜드의 지질학자인 마이클 러셀은 지질학적 지층들에서 찾은 이런 관측 내용과 배흐터스호이저의 아이디어와 유사한 화학적 아이디어를 결합해서 황화 철 안의 이런 작은 구멍들이 원시 바다에서 생명의 시작을 위한 부화장 역할을 했을 수도 있다고 제안했다.[16]

러셀과 그의 동료들은 왜 심해의 암석 지층들이 생명의 시작을 위한 매력적인 장소인지에 대한 몇 가지 이유를 제공한다. 첫째, 그들은 바다 깊은 곳의 위치가 막 탄생한 생명을 표면에 존재하는 위험들로부터 보호했을 것으로 주장한다. 이런 위험에는 고에너지 운석 충돌로 말미암아 야기된 증발과, 약 40억 년 전에는 오늘날과 같은 오존층의 보호가 없었을 것이기 때문에 태양으로부터 나오는 고에너지 자외선 복사가 포함된다. 둘째, 암석 안의 작은 구획들은 생명의 시작에 필요한 많은 조건들을 갖춘 환경을 제공했을 것이다.

16 Wächtershäuser, "From Volcanic Origins."

이런 조건에는 다음과 같은 사항이 포함된다. (1) 생명의 기능을 시작 및 유지하는 데 필요한 화학 반응을 일으키기 위한 안정적인 에너지의 공급. 우리가 아래에서 좀 더 자세히 논의하는 바와 같이 두 가지 에너지원이 있는데, 그중 하나는 물에 녹아 있는 무기물들과 관련된 산화환원 반응이고, 다른 하나는 구멍 안의 염기와 구멍 밖의 산 사이의 pH 차이다. (2) 두 번째 장점은 철-황 세계 가설에서와 마찬가지로 무기 광물이 생명이 시작하는 데 매우 중요한 다양한 화학 반응들의 이상적인 촉매 표면을 제공했으리라는 것이다. (3) 마지막이자 이 가설의 가장 독특한 장점은 봉쇄(containment)다. 그 구멍들은 대체로 생물학적 세포 크기의 공간들을 제공해서 생명이 미리 만들어진 세포막이나 원시 수프 없이도 시작될 수 있도록 해주었을 것으로 여겨진다. 이 행태의 구획화는 원시 세포를 만들 필요 없이 생체분자를 낳은 중요한 과정을 위한 반응물질들을 점진적으로 만들 수 있게 해준다는 장점을 갖는다.

이 가설의 지지자들은 이 형태의 구획화가 원시 수프 시나리오에 내재한 문제들 중 하나를 극복한다고 지적한다. 큰 규모의 바다나 따뜻한 작은 연못에서도 RNA 같은 생체분자들을 만드는 반응들에 필요한 반응물질들의 농도를 얻기가 어려웠을 것이다. 반응물질들이 세포의 차원들로 감금되고 생체분자들을 만드는 화학 반응들이 그 구획들 안에서 계속 일어날 경우에는 소위 이 농도 문제가 상당히 줄어든다. 암석 안의 구획화는 철-황 세계 가설에 대해 제기된 2차원 생명이라는 비판도 피한다. 철-황 세계 가설에서는 중요한 생물학적 실체가 표면에서 분리되면 어떻게 될 것인가라는 어려운 문제가 제기된다. 그것은 돌이킬 수 없을 정도로 상실될 것이다.

22.6.2. 열수 부화장 가설의 몇몇 측면. 러셀과 분자생물학자인 윌리엄 마틴이 생명이 열수 분출공에서 시작되었다는 이론에 대해 생화학적으로 다소 자세한 살을 붙였

다.[17] 고려해야 할 세부 사항이 너무 많지만 우리는 특히 철-황 세계 가설과 비교해서 중요한 몇몇 사항들을 고찰할 것이다. 러셀의 가설에는 비교할만한 이름이 부여되지 않았기 때문에 우리는 임의적으로 열수 부화장 가설이라는 이름을 부여할 것이다.

황화 철 세계 가설과 열수 부화장 가설의 한 가지 명확한 유사성은 그 가설들이 원시 수프 개념을 거부하고 생명이 종속영양생물로 시작한 것이 아니라 화학자가영양생물로 시작했음을 받아들인다는 것이다. 두 가설 모두 하향식 접근법을 강조하고 모든 생물의 공통 조상(LUCA)과 유사한 것으로 믿어지는 고대의 고균과 세균 계통의 물질대사 패턴에서 가급적 많은 것을 배우려고 한다. 이 점에서 열수 부화장 옹호자들은 황화 철 세계 지지자들과는 다른 결론에 도달하지만, 그 점에 관해서는 뒤에서 좀 더 자세히 다룰 것이다. 열수 부화장 가설과 황화 철 가설이 공유하는 근본적인 아이디어는, 생명으로 이르는 화학적 경로가 주로 철과 황으로 구성된 광물들의 표면에서 무기 반응물질들과 관련된 화학 반응의 촉매로 시작되었다는 것이다(이 가설이 옳다면 우리는 이것을 창조세계가 창조세계에 봉사하는 형태의 하나로 인정할 수 있을 것이다).

열수 부화장 가설의 옹호자들은 현대의 열수 분출공들에 두 가지 특정한 고대 계통의 유기체들이 존재한다는 사실이 그것들의 원시적인 물질대사 형태의 중요성을 암시한다고 믿는다. 그들이 고려 대상으로 선별하는 미생물들은 메타노겐(methanogen)들과 아세토겐(acetogen)들이다. 그들이 가능한 후보로 지목하는 메타노겐은 고균으로 분류되는 반면에 아세토겐은 세균인데, 둘 다 열을 좋아하는 호열성이거나 초호열성이다. 그것들의 이름은 그것들이 메탄(CH_4)과 아세트산(CH_3COOH)를 만들어낸다는 사실에서 유래했다. 그것들은 열수 분출공 주위의 해수에서 구할 수 있는 무기 물질을 이용해서 자신의 모든 유기체 구성 부분을 만들고 에너지 필요를 채울 수 있다. 한편, 그것들은 혐기성으로서 산소가 없어도 생존할 수 있다.[18]

메타노겐들과 아세토겐들은 이산화 탄소와 수소 기체를 사용해서 다음과 같은 간단한 반응들을 통해 메탄과 아세트산을 만든다.

$$CO_2 + 4\,H_2 \rightarrow CH_4 + 2\,H_2O \ (\text{메탄})$$
$$2\,CO_2 + 4\,H_2 \rightarrow CH_3COOH + 2\,H_2O \ (\text{아세트산})$$

이 반응들 모두 산화환원 반응이다. 이산화 탄소(CO_2)는 수소(H_2)를 통해 환원된다. 환원된 형태의 탄소는 다른 물질대사 과정들을 통해 미생물들에게 필요한 다양한 유기 분자 안으로 통합될 수 있다. 따라서 어떤 의미에서 이산화 탄소는 미생물들의 먹이로 생각될 수 있다. 동시에 그 반응들은 수소의 강력한 환원하는 힘으로 인해 에너지 면에서 아래 방향으로 일어난다. 따라서 그 미생물들은 바로 이 반응들로부터 그것들의 물질대사 과정을 견인할 에너지를 얻는다. 지구화학자인 에버레트 쇼크는 이것을 "그 안에서 미생물들이 먹을 공짜 점심이 주어지는 장치"로 부른다.[19] 당신은 수소 기체가 어디서 나오는지 궁금할 것이다. 현대의 해저 분출공들에 존재하고 있고 원시 환경에서도 존재했을 가능성이 있는 원천은 사문석화 작용(serpentinization)으로 알려진 알려진, 다음과 같은 지구화학적 산화환원 반응이다.

$$6[(Mg_{1.5}Fe_{0.5})SiO_4] + 7\,H_2O \rightarrow 3[Mg_3Si_2O_5(OH)_4] + Fe_3O_4 + H_2$$

---

17 William Martin and Michael J. Russell, "On the Origin of Biochemistry at an Alkaline Hydrothermal Vent," *Philosophical Transactions of the Royal Society B* 362 (2006): 1887-1926.

18 심해에 존재하는 것과 친척인 다른 메타노겐들과 아세토겐들이 인간의 위장관에도 거주하는 것으로 알려졌다는 점도 주목할 만하다.

19 Everett L. Shock et al., "The Emergence of Metabolism from Within Hydrothermal Systems," in *Thermophiles: The Keys to Molecular Evolution and the Origin of Life*, ed. Juergen Wiegel and Michael W. W. Adams (London: Taylor and Francis, 1998), 73.

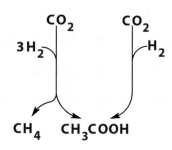

그림 22.10. 단순화된 아세토겐과 메타노겐 안의 물질대사 경로.

(본질적으로 그 산화환원 반응은 $2\ Fe^{2+} + 2\ H^+ \rightarrow 2\ Fe^{3+} + H_2$와 관련이 있다.) 메타노겐들과 아세토겐들이 탄소를 통합하고 에너지를 획득하는 물질대사 경로는 역방향 크렙스 회로보다 오래된 것으로 생각된다. 우드-룽달 경로(그것은 주기가 아니라 경로임을 주목하라)로 알려진 이 경로의 요체가 그 메커니즘의 자세한 내용은 생략된 채 그림 22.10에 요약되었다. 본질적으로 그 미생물들이 이산화 탄소들을 결합해서 탄소가 두 개인 사슬을 만드는 것은 두 갈래의 과정을 따른다. 왼쪽 가지에서는 수소 분자 세 개를 사용해서 메틸(CH_3)기가 만들어지고, 오른쪽 가지에서는 이산화 탄소가 네 번째 수소 분자를 통해 카복실기(-COOH)로 환원된다. 그림 22.10에 나타나지는 않았지만 두 경우 모두 부산물로 물을 만들어낸다. 메타노겐들에서는 때때로 메탄($CH4$)에 이르는 가장 왼쪽의 경로가 일어나 메탄이 만들어진다.[20]

우드-룽달 경로의 왼쪽과 오른쪽 측면 모두에서 도

중에 중간 생성물 형성을 도와주는 단백질 촉매들이 있다. 이 중 많은 효소들은 촉매 활동이 일어나는 장소로서 황화 금속 중심을 가지고 있으며, 금속은 대개는 철이지만 니켈이 포함되기도 한다. 열수부화장 옹호자들은 이것은 이 효소들과 그 경로 자체 모두의 기원을 반영한다고 주장한다. 그들은 그 반응들이 암석 내부의 구멍들의 벽들 안의 황화 금속만을 촉매로 사용해서 시작되었다고 주장한다. 그들은 후에 단백질 자체를 만드는 반응들의 산물들을 사용해서 유기물 상부구조인 단백질 사슬이 덧붙여졌다고 가정했다. 다른 황화 금속으로 촉매 작용이 된 반응들이 암모니아(NH_3)를 아미노산 안으로 통합해서 단백질을 만들기 위한 조립 단위들을 제공했다. 사문석화 반응에서 만들어진 수소가 밀러-유리 유형의 아미노산 생산에 필요한 환원성 환경을 제공한다.

이들 고대 혈통의 미생물들에는 황화 금속 중심을 포

<hr>

20 열수 부화장 옹호자들 사이에 원래의 선조 유기체들에 관해 일반적인 합의가 이뤄진 것은 아니다. 예컨대 Russell은 마음을 바꿔서 이제 모든 생물의 조상(LUCA)이 일종의 우드-룽달 경로를 역방향으로 이용하는 메탄영양생물(메탄 "포식자")이었다고 주장한다. 오늘날 질산염(NO_3^-)이나 아질산염(NO_2^-)을 이용하여 메탄을 산화시켜 생물자원 안으로 통합될 수 있는 유기분자를 만드는 그런 유기체들이 존재한다. Russell은 원시 해양이 지구화학적인 메탄의 원천뿐만 아니라, 이것을 달성할 수 있을 만큼 충분히 많은 양의 그런 질소를 함유하는 산화체들을 포함했다고 주장한다. Wolfgang Nitschke and Michael J. Russell, "Beating the Acetyl Coenzyme A-Pathway to the Origin of Life," *Philosophical Transactions of the Royal Society B* 368 (2013): 1-15을 보라.

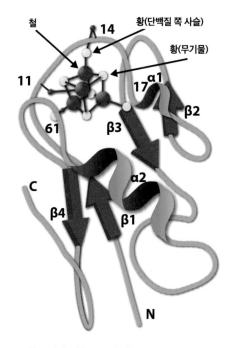

그림 22.11. 황(노란색)화철(붉은색) 활성 부위를 보여주는 금속 단백질의 만화. 철에 부착된 황 원자들의 절반은 무기물로서 그 단백질 사슬에 직접 부착하지 않음을 주목하라. 알파(α) 나선들과 베타(β) 화살표들은 각각 단백질 사슬 접힘 패턴인 알파 나선들과 베타 판들을 가리킨다. 회색 가닥들은 특정한 접힘 패턴이 없는 단백질 사슬들을 나타낸다.

함하는 단백질들이 매우 흔하다. 그것들 중 하나의 구조를 만화로 표시한 것이 그림 22.11에 제시되었다. 이 특정한 경우 철과 황은 Fe_4S_4 단위로 존재하며 철 원자 역시 황을 포함하는 측면 사슬들을 통해 단백질에 연결된다. 본질적으로 열수 부화장 접근법은 궁극적으로 생명의 속성을 지닌 시스템을 낳는 물질대사 반응들이 된 것이 지구화학적 촉매작용으로 시작했다고 제안한다. 그 과정들은 다공성 황화 철을 함유하는 암석들 내부의 구획들에서 그 구획의 벽들이 세포벽의 역할을 하면서 일어난다. 그 암석 벽들은 막 생기기 시작하는 생명 같은 과정들을 주위 환경으로부터 분리해서 생체분자들이 농축될 수 있게 해준다. 그 벽들은 에너지의 잠재적인 원천인, 내부와 외부의 산화환원 반응물들의 농도와 pH 차이를 유지해줬다. 예컨대 열수 부화장 이론가들은 **화학삼투작용**으로 알려진 에너지 수확 과정(자세한 내용은 "심화 학습: 산화 환원 반응, 물질 대사, 그리고 화학 삼투 작용"을 보라)이 일찍 개발되었다고 제안한다.

화학삼투작용은 사실상 모든 형태의 현대의 생명체에서 아데노신 삼인산(ATP)의 형태로 물질대사 에너지를 수확하기 위해 사용되는 과정이다. 열수 부화장 시나리오에서 이 과정은 암석 내부와 외부 해수 사이의 수소 이온(H^+)의 농도 차이(pH 차이)를 이용한다. 막들 사이의 농도 차이는 위치 에너지 차이를 만들어내는데, 열수 부화장 이론가들은 이것이 암석 안에서 생기기 시작한 원시 세포들에게 이용된 에너지원을 제공했을 것이라고 주장한다. 그림 22.12는 열수 부화장 시나리오에서 제안된 과정들이 오랜 시간에 걸쳐 진척되어 생명의 시작으로 이어지는 것을 묘사하는데, 모든 과정이 암석 안의 부화장에서 일어난다. 그것은 바닥에서 중요한 생체 고분자인 단백질들과 핵산들의 재료를 만드는 데 필요한 생명 탄생 전 화학 반응으로 시작한다. 시간이 경과하여 그 다이어그램의 위쪽으로 진행하면 다양한 단계의 화학적 복잡성 증가를 거쳐 궁극적으로 루카(LUCA)에 이르게 된다. 그 모든 과정

에서 반응물질들과 산출물들이 황화 철 무더기 전체에 존재하는 구획들 사이를 통과했을 것이고, 그 무더기 자체도 성장했을 것이라고 제안된다.

그 가설은 미리 수프가 만들어질 것을 필요로 하지 않는 대신 처음에는 지구화학적으로 견인된 과정을 통해 생화학적으로 중요한 물질이 만들어진다고 상정한다.

단백질(특히 금속을 포함하는 금속 단백질) 및 궁극적으로 핵산이 출현함에 따라 이 과정들은 점진적으로 특성상 좀 더 생물학적인 과정이 되었다. 필수 아미노산들과 핵산들을 합성하는 데 필요한 다양한 물질대사 시스템들이 루카(LUCA)를 향해 그리고 그 너머로 이동해갔다고 상정된다. 따라서 생명은 다공성 황화 철 암석 무더기를 통해 스며 나온 지구의 지각에서 나온 유출물에 들어 있는 무기물이 바다의 이산화 탄소에서 탄소를 공급받아 본질적으로 지구화학적인 자가영양 생물체로서 시작했다고 제안된다. 앞서 살펴본 시나리오들에서와 마찬가지로 생명이 시작된 특정한 시점은 정의할 수 없다. 하지만 이 경우 루카(LUCA)는 자유롭게 사는 것이 아니라 암석에 얽매었음을 주목할 필요가 있다.

이 생명의 형태들이 자기들의 암석 요람에서 분리하려면 다양한 능력이 추가로 개발될 필요가 있다. 확실히 그것들이 암석을 떠날 수 있게 되기 전에 비광물 피막이 형성되어야했다. 그림 22.12에서 묘사된 바와 같이 이는 지질 생합성 능력의 발달을 필요로 한다. 그러므로 지구 외부에서 원시 세포가 발달했다거나 생명의 탄생 전에 양친매성 지질이 만들어졌다고 제안하는, 앞서 논의된 이론들과 달리, 열수 부화장 시나리오에서는 암석 안에서 발달하는 시스템 내에서 오늘날 세포들이 사용하는 지질 생합성의 방법을 발견한다. 이 접근법에 따르면 지질 생합성이 도입되는 시점에 분열이 발생해서 원핵생물의 두 가지 주요 형태인 세균과 고균으로 이어진다. 이런 분리를 제안하는 근거는 이 두 형태의 미생물들 사이의 가장 중요한 차이들 중 하나가 그것들의 막 지질의 화학적 형태

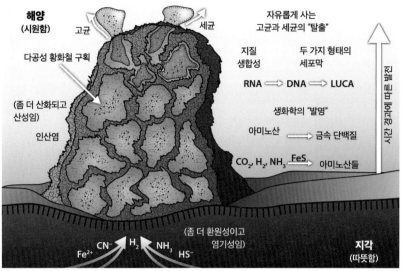

그림 22.12. 생명의 기원에 대한 열수 부화장 시나리오를 보여주는 만화. 지각 내부에 기원하는 따뜻한 유출물이 다공성 암석들을 통해 스며 나와 암석 안의 구멍들의 벽들 안에서 황화 금속을 통해 촉매 작용되어 바닷물과 반응한다. 좀 더 자세한 설명은 본문의 텍스트를 보라.

라는 점이다.[21]

일단 지질을 이용할 수 있게 되면 암석 부화장 안에서 두 형태를 위한 이중 지질막이 형성될 가능성이 있다. 이는 두 형태가 부화장에서 탈출해서 자유롭게 사는 세포가 되어 궁극적으로 오늘날 알려진 원핵생물의 두 개의 주요 영역(domain)을 구성할 가능성을 부여한다.

22.6.3. 열수 부화장 가설에 남은 문제들. 열수 부화장 가설은 다른 접근법들의 몇 가지 난제들을 극복하는, 생명의 기원에 관한 전면적인 설명을 개발하기 위한 야심찬 시도를 대표한다. 그것이 그 주제에 관한 결정적인 의견인가? 그 이론의 창시자들 자신이 가장 먼저 아니라고 대답할 것이다. 그들이 제안한 지구화학적인 촉매에서 자가 복제하고 자유롭게 사는 고균과 세균으로 이동한 경로에 관해 답변되지 않은 문제들이 남아있다.

아마도 가장 심각한 문제는, 기능을 수행하고 복제할 수 있는 RNA 분자를 얻는 것의 어려움 같은, 원시 수프

에서 발달한 RNA 세계 가설을 괴롭혔던 것과 동일한 문제일 것이다. 원시 바다의 열수의 시작은 뜨겁지는 않았다고 하더라도 따뜻했을 것이다. 따라서 RNA의 화학적으로 취약한 특성은 여기서도 문제가 된다. 더욱이 자가 복제할 수 있는 RNA 분자 같은 최초의 생화학적 정보를 지닌 분자가 어떻게 만들어졌는가라는 문제는 오겔-조이스의 "꿈"(섹션 22.1.1을 보라)에서처럼 아직 해결되지 않았다.

그리고 열수 부화장 가설은 생명이 자가영양생물로 시작했다고 주장하기 때문에 지구화학적 촉매가 시작할 시점에 무에서 다양한 생체분자를 만들기 위한 광범위한 효소 조직의 발달을 필요로 한다. 전통적인 오파린-홀데인 이론의 원시 수프와 관련된 장점 중 하나는 시작 물질들이 그 수프 안에 존재하기 때문에 원시 세포가 아미노산, 핵산(그것의 부분들 포함) 등을 만들 수 있는 능력을 지닐 필요가 없다는 것이다. 원시 세포는 그저 생존하기 위해 먹을 수 있는 능력만 있으면 되었다. 이와 대조적으로 열수 부화장 시나리오에서 생명이 자가영양 방식으로 시작되었다는 점은 사실상 발전하고 있는 생명체가 자신의 수프를 만드는 법을 배워야만 했다는 것을 의미한다.

오늘날의 유기체들에 존재하는 동화작용 메커니즘이 가이드로 취해져야 한다면 RNA에서 핵염기들을 결합하는 것은 특히 도전적이다. 섹션 20.3에서 논의된 바와 같이 원시 수프에서 일어났던 사이안화 수소(HCN)를 꿰매는 것과 관련된 생명 탄생 이전의 합성과는 대조적으로 오늘날의 미생물들은 핵염기를 만들 때 사실상 탄소(C)나 질소(N) 원자를 한 번에 한 개씩 만드는데, 이는 그 과정이 훨씬 많은 단계를 취하고 따라서 달성하기가 더 어렵다는 것을 의미한다. 이 모든 도전들을 고려할 때 열수

---

21 고균과 세균 사이에는 DNA 복제에서의 근본적인 차이들도 있다. 이 점은 그것들이 루카(LUCA)로부터 분리된 후 이 기능들이 두 유형에서 독립적으로 발달되었음을 암시한다.

부화장 가설은 반응들을 시작하게 만들 광물들의 촉매 능력과 이 광물 촉매들의 지구화학적 작용에서 생화학적 작용으로 전환하는 것의 타당성을 증명해야 할 부담을 지고 있다. 열수 부화장 가설에 관한 이론적인 저술은 많이 발표되었지만, 실험실의 시뮬레이션을 통해 그 가설의 타당성을 입증하기 위해서는 많은 연구가 수행되어야 한다.

이는 우리가 논의할 마지막 시나리오다. 우리는 이 대목에서 어떤 결론들을 내리는 것이 가장 적절한가라는 질문을 할 수 있을 것이다. 현재까지 우리의 이해에 비춰볼 때 제시된 다양한 시나리오들 중 명확한 승자가 없다고 주장하는 것이 안전하다. 다양한 시나리오들과 관련된 모종의 결합이 정확한 답일 가능성이 존재한다. 또는 참된 답은 "위의 어느 것도 아닐" 수도 있다. 올바른 답은 향후 과학의 발전을 기다리고 있을지도 모른다.

다른 한편으로 그 질문은 궁극적인 의미에서 답변할 수 없다고 믿는 학자들이 있다. 그들은 우리에게 생명이 시작되었을 때 존재했던 분자의 잔존물들은 오래전에 사라졌기 때문에 생명이 어떻게 시작되었는지에 관한 결정적인 증거는 입수할 수 없음을 상기시켜줄 것이다. 윌리엄 마틴이 "설사 당신이 반응기를 만들어 반대편에서 대장균이 튀어나오게 할지라도…당신은 여전히 우리가 그런 식으로 생겨났음을 증명할 수 없다"고 말한 것처럼 말이다.[22] 생명의 기원을 탐구하는 과학자들은 기껏해야 최초의 생물체에 이른 그럴 듯한 경로를 상정할 수 있을 뿐이다. 우리의 목적상 이제 우리는 다음 장에서 좀 더 철학적이고 신학적인 색조를 띠고 있는, 좀 더 일반적인 질문들을 살필 것이다.

---

22 Michael Marshall, "The Secret of How Life on Earth Began," October 31, 2016, www.bbc.com/earth/story/20161026-the-secret-of-how-life-on-earth-began에서 인용함.

심화 학습   산화환원 반응 물질대사, 그리고 화학 삼투 작용

우리는 생명을, 환경을 통해 에너지와 물질을 계속 유입받아 자신을 지탱하는 시스템으로 정의했다(섹션 19.7을 보라). 자기 유지와 관련된 화학적 과정들을 집합적으로 물질대사라고 한다. 물질대사는 필연적으로 생명이 시작했을 때부터 생명의 이야기의 일부이기 때문에 생명의 기원에서 물질대사에 관해 제기된 문제들을 이해하려면 물질대사 과정에 대한 기초적인 이해가 필요하다.

원시 행성에서 활용할 수 있었던 에너지는 오늘날 지구에 존재하는 것과 동일한 많은 에너지원을 포함했다. 이 중 몇 가지는 생명 탄생 전의 합성에 관한 논의에서 우리의 텍스트에 언급되었다. 가장 큰 에너지원은 아닐지라도 가장 큰 원천들 중 하나는 태양 복사다. 중요했을 가능성이 있는 또 다른 원천들로는 운석과 혜성 충돌, 방사능, 화산 폭발, 전기 방전(번개), 그리고 주로 지질학적 및 대기의 기원을 가진 화학 에너지가 포함된다. 생명은 화학적 현상에 의존하므로 마지막 원천은 직접적으로 사용될 잠재력이 있는 반면에 나머지 원천들은 모두 그것들이 화학적으로 유용한 형태로 전환될 수 있는 한에서만 유용하다.

현대의 생물권에서 녹색 식물들의 광합성을 통한 태양 에너지의 포획은 종속영양생물이 소비할 방대한 양의 화학 에너지를 만들어낸다. 생물 탄생 전에 활용될 수 있었던 이 거대한 에너지원은 종종 생명의 탄생을 위한 물질대사 에너지원으로 제안되어왔다. 하지만 광합성 시스템의 복잡성에 비춰볼 때 빛 에너지 포획이 생명 탄생 전에 쉽게 접근할 수 있는 과정으로 보이지 않는다는 이유로, 생명의 기원 학계에서 이 가설의 가능성이 크다고 인정하는 학자는 별로 없다. 광합성을 하는 유기체들은 모든 생물의 공통 조상인 루카(LUCA)가 나온 후에 출현한 것으로 보이며 따라서 루카의 선조들보다 후에 나온 것으로 보인다. 몇몇 과학자들은 최초의 광합성은 무산소 광합성 형태였다고 주장하는데, 그것은 산화된 산물이 산소(O_2)가 아니라 다른 것—아마도 황—임을 의미한다. 훨씬 후 아마도 약 25억 년 전에 산소를 만들어내는 광합성이 출현했을 때 대기의 산소 기체 농도 상승이 대형의 다세포 생명 형태의 번성으로 이어졌다고 믿어진다. 그 전에는 대기 중 산소의 양이 매우 적었는데, 이 사실은 우리가 뒤에서 원시 물질대사를 논의할 때 매우 중요해질 것이다.

결국 생명이 시작될 때의 화학 반응을 견인하는 데 쉽게 활용될 수 있었을 가능성이 있는 에너지원들은 본질상 그것들 자체가 화학적이었다. 이 에너지원들은 직접 왔거나 위에 열거된 다른 에너지원들의 행동을 통해 간접적으로 왔을 수도 있다. 예컨대 뉴클레오타이드 형성에 대한 서덜랜드의 접근법에서 자외선과 운석 충돌이나 화산에서 나온 열이 에너지원으로 제안된다(섹션 20.5를 보라). 확실히 화학 에너지의 중요한 원천 중 하나는 지구 자체. 이 에너지원들의 중요성을 이해하기 위해서는 가능한 화학 반응들의 종류를 간단하게 분류할 필요가 있다.

가장 중요한 반응 유형이자 흔히 가장 큰 에너지를 생성하는 반응은 산화환원 반응(redox reaction)이다. 산화환원(Redox)은 항상 환원(*reduction*) 및 산화(*oxidation*) 모두와 관련된다. 그것들은 선물을 주는 사람 및 받는 사람과 마찬가지로 함께 일어난다. 즉 어느 하나가 없으면 다른 하나도 없다. 우리는 앞서 산화환원 반응을 다뤘다. 거기서 분자의 수소 성분 증가 그리고/또는 산소 성분 감소는 **환원**과 관련이 있는 반면에, 그 반대는 **산화**와 관련이 있었다. 우리는 그 정의를 다소 넓혀서 환원은 **전자의 획득**으로 묘사될 수 있는 반면에, 산화는 **전자의 상실**로 묘사될 수 있음을 인식할 필요가 있다. 이 후자의 정의는 우리로 하여금 전체 과정을 두 개의 반쪽 반응들, 즉 환원 반응과 산화 반응으로 묘사할 수 있게 해준다. 환원제는 전자들의 수여자이고 산화제는 전자들의 수령자이다. 아래의 간단한 예가 이 정의들을 명확히 보여줄 수 있기를 바란다.

산화:

$$H_2 \longrightarrow 2H^+ + 2e^-$$

환원:

$$H_2O$$

$$1/2\ O_2 + 2e^- \longrightarrow O^{2-}$$

아주 기초적인 이 예에서 수소와 산소가 산화환원 반응에 관여해서 물을 형성한다. 그 반응이 실제로 위에서 표시된 경로를 따르지는 않지만, 우리의 논의 목적상으로는 우리가 그것을 첫 번째 단계에서 수소 두 개가 전자 두 개를 내주고(산화) 산소 원자가 전자 두 개를 받고(환원), 그렇게 생긴 이온들이 두 번째 단계에서 결합해서 물을 형성하는 것으로 생각할 수 있다. 우리는 이제 달리 추론해야 하는 경우가 아니라면 화합물에 수소

가 있을 경우 수소 원자가 전자 하나를 잃고 +1의 전하를 띔으로써 그곳에 존재하는 것으로 생각될 수 있다고 가정한다. 마찬가지로 화합물에 산소가 있을 경우 산소 원자가 전자 두 개를 얻어 -2의 전하를 띠어서 그곳에 존재한다고 생각될 수 있다. 이 접근법을 사용해서 우리는 이제 세 번째 원소가 존재할 경우 그것이 얻거나 잃은 전자 수를 결정할 수 있다. 따라서 포름알데히드(CH_2O)에서 탄소는 전하를 띠지 않을 것이다. 분자에는 전하가 없고 수소 두 개에서 비롯된 +2가 산소에서 비롯된 -2와 상쇄되기 때문이다. 포름산($HCOOH$)에서 탄소에는 +2의 전하가 부여될 것이다. 탄소의 전하가 높을수록 그것은 더 산화된 상태다. 이는 우리가 산소를 더 많이 추가하면 더 많이 산화되는(그리고 좀 더 산화성인) 반면, 수소를 더 많이 추가하면 반대의 효과가 있다고 한 우리의 원래의 정의와 일치함을 주목하라. 화학을 공부한 사람이라면 우리가 전하로 부른 것이 **산화수**(oxidation number)와 같음을 알아차릴 것이다. 우리는 지금부터 그것을 기호 "ON"으로 표시할 것이다.

우리가 고려할 필요가 있는 다른 반응들의 대다수는 모종의 산-염기 반응으로 분류될 수 있다. 반응에서 한 분자의 원자의 전자쌍이 다른 분자의 원자에 부착하는(그 과정에서 그것이 다른 분자의 어느 것을 대체하든 그러지 않든 간에) 모든 반응을 포함하도록 산들과 염기들의 정의가 확대될 수 있으므로 반응들을 이런 식으로 분류할 수 있다. 생물학을 공부하는 학생에게는 친숙할 아데노신 삼인산(ATP)의 가수분해가 하나의 예가 될 것이다. 이 반응은 때때로 ATP $\longrightarrow$ ADP(아데노신 이인산) + Pi(Pi는 무기 인산염을 의미한다)로 표기되는데, 이는 오해하게 하는 표기다. 반응 과정에서 물이 관여하기 때문에 ATP + H_2O $\longrightarrow$ ADP + Pi로 표기되어야 한다. 이 때 ATP의 끝부분 인산염 원자에 부착하는 산소에서 나온 전자쌍이 그 반응을 시작한다(따라서 산-염기 반응의 자격이 있다).

우리는 이제 생명의 기원에 관련된 물질대사의 기초에 관해 논의할 준비가 되었다. 아마도 그 문제를 현대 생태계 안의 물질대사의 맥락에 두는 것이 그 일을 위한 가장 좋은 방법일 것이다. 우리가 논의해온 모든 종류의 생체분자들은 모종의 물질대사를 경험하지만 우리는 문제를 단순화하기 위해 육탄당인 포도당($C_6H_{12}O_6$)에 초점을 맞출 것이다. 우선 주목할 점은 포도당 안의 탄소에 할당될 "ON = 0"이라는 점이다. 포도당이 공기 중의 산소를 사용해서 생존하는 유기체인 호기성 유기체에서 물질대사를 거치면 그것은 우선 일련의 단계들을 통해 피루브산으로 전환된다.[a]

$$C_6H_{12}O_6 \longrightarrow 2\ C_3H_4O_3 + 4H^+ + 4e^-$$

확실히 이 반응은 산화 반응이다. 전자들이 상실되며 탄소의 산화수는 2/3로 올라간다. 이 반쪽 반응은 **당 분해**(glycolysis)로 불린다. 에너지가 아데노신 삼인산(ATP)의 형태로 저장되는데 그것은 화폐와 같은 것으로 생각될 수 있다. 집을 팔면 돈이 생기는 것처럼 포도당은 에너지를 만들어낸다. 주택 매도 대금은 비교적 쓸모없는 복권을 구입하느라 낭비될 수도 있고 미국 통화로 환전될 수도 있다. 마찬가지로 포도당에서 나온 에너지는 열에너지로 소비될 수도 있지만, 효소 과정은 ATP의 가수분해를 역방향(ADP + Pi → ATP + H_2O)으로 일으켜 에너지를 ATP 분자의 형태로 저장한다. 이 경우 피루브산 분자로 전환된 포도당 분자마다 ATP 분자 두 개가 얻어진다. 이 ATP 생산은 때때로 "기질(基質) 수준의 인산화"(substrate level phosphorylation) 또는 SLP로 불린다. 당신은 무엇이 환원되는지 궁금할 것이다(**환원**이 없이는 **산화**가 일어날 수 없음을 기억하라). 단기적으로는 그것은 줄여서 NAD$^+$(니코틴아마이드 아데닌 다이뉴클레오타이드)로 불리는 분자다. 그러나 장기적으로는 NAD$^+$의 환원된 형태인 NADH는 단순히 전자 운반자이고 궁극적으로는 전자들이 산소 기체에 전달된다. 따라서 그 답은 산소(O_2)인데, 산소는 수소 이온(H^+)도 삼켜서 물을 형성한다. 전자를 산소에게 전달하는 것은 에너지 면에서 유리해서 **화학삼투작용**(chemiosmosis)으로 알려진 과정을 통해 ATP를 좀 더 많이 만들 수 있게 해주는데, 이에 관해서는 좀 더 뒤에 다룰 것이다.

이와 대조적으로 호기성균처럼 산소를 사용할 수 없는 유기체인 혐기성 유기체에서는 어떤 일이 일어나는가? 그 답은 모종의 발효 작용이다. 예컨대 다음 반응을 보라.

$$C_6H_{12}O_6 \longrightarrow 2\ C_3H_6O_3$$

오른쪽의 화합물은 유산(lactic acid)으로 알려졌다. 유산의 탄소 산화수는 0이다. 이 반응에서는 포도당이 반으로 나뉘기만 했기 때문에 이것은 확실히 산화가 아니다. 그러나 혐기성 유기체에서는 모두 본질상 산-염기 반응인 일련의 효소 작용 단계들을 통해, 산화가 피루브산에 대해서 했던 것과 마찬가지로, ADP와 Pi로부터 포도당 분자 하나당 두 개의 ATP를 생산하기에 충분한 에너지를 만들어낸다. 이처럼 당 분해와 발효는 전자들을 산소에 전달하지 않고서도 에너지 생산/저장에 똑같이 효과적이며 둘 다 ATP 두 개를 만들어낸다.

원시 수프 시나리오를 신봉하고 따라서 생명이 종속영양생물로 시작했다고 주장하는 대다수 생명의 기원 과학자들은 생명이 방금 설명한 것 같은 유형의 발효 반응들을 사용해서 에너지를 생산하는 종속영양생물로 시작했다고 가정한다. 그들은 주위에 산소나 손쉽게 사용할 수 있는 산화제가 없었기 때문에 무산소 과정으로 시작했다고 가정하는 것이 일리가 있다고 추론한다(이는 섹션 4.2.1에 묘사된 최선의 설명에 이르는 추론의 한 형태다). 처음에 에너지 저장 형태가 반드시 ATP였을 필요는 없다. 제안된 또 다른 가능성은 좀 더 단순한 분자인 아세틸 인산염(CH_3CO phosphate)인데, 이 분자에서는 아세틸기가 좀 더 크고 좀 더 복잡한 아데노실을 대체한다. 다른 제안들은 피로인산염(pyrophosphate, 약어는 PPi)이나 드 뒤브의 황화 에스터 제안(섹션 22.2.2를 보라)을 포함한다. 어느 경우에든 기억할 중요한 점은 발효 가정이다.

자가영양 시작을 주장하는 학자는 비교적 기름진 원시 수프가 물질대사를 위한 먹이를 제공했다는 개념을 받아들이지 않기 때문에 다른 대안들을 제시해야 한다. 예컨대 섹션 22.5.4에 묘사된 것처럼 철-황 세계 이론가들은 황화 철(FeS)과 황화 수소(H_2S) 사이의 무기 산화환원 반응이 일산화 탄소(CO)나 이산화 탄소(CO_2)를 탄소의 원천으로 사용해서 물질대사를 시작했다고 제안한다. 열수 부화장 이론가들은 이산화 탄소와 수소만을 사용하는 우드-룽달 경로(섹션 22.6.2를 보라)가 생명의 시작에 밀접하게 관여했다고 제안한다. 그러나 우드-룽달 경로는 ATP를 만들어낼 충분한 순에너지를 제공하지 않기 때문에 이 가설은 약간의 문제를 제기한다. 열수 부화장 가설은 암석의 제한된 구역에서 원시 세포들이 메틸 황화물을 많이 늘렸을 것으로 답한다. 메틸 황화물은 우드-룽달 경로의 왼쪽 가지에서 생산되는 메틸기의 대안적인 원천이다. 이는 반응마다 ATP 분자가 한 개 만들어지게 해주었을 것이다. 하지만 암석 무더기가 메틸 황화물의 원천이었기 때문에 원시세포들은 결코 그곳을 떠날 수 없었을 것이다. 또 다른 에너지원이 필요했는데, 열수 부화장 옹호자들의 제안은 오늘날의 생명체에서 편재하고 우리가 앞서 언급했던 원천인 화학삼투작용이다.

ATP를 생산하는 수단으로서 화학삼투작용은 오늘날의 생명체에서 유전자 암호만큼이나 흔하다. 열수 부화장 옹호자들은 이 사실이 생명 발달의 아주 초기에 화학삼투작용이 모든 생물의 공통 조상인 루카(LUCA)나 그 전의 생명 형태가 에너지를 보존하기 위해 사용했던 추가적인 정황 증거를 제공한다고 주장한다. 그들은 또한 그것이 생명이 심해의 열수 분출공에 있

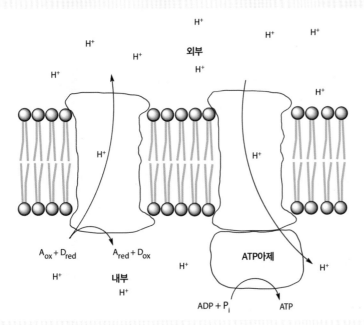

그림 22.13. 화학삼투작용을 보여주는 세포막.

일종의 분자 에너지 변압기다. 따라서 막을 통해 H^+ 이온이 새어나가 산화환원 반응이 일어나 H^+ 이온을 밀어내는 데 기인한 화학적 위치가 상실되지 않고 에너지가 화학적으로 유용한 형태로 저장된다. 그것은 좀 더 높은 중력 에너지를 갖고 있는 물이 아래로 흐를 때 그것의 에너지가 제분소에서 수차를 통해 유용하게 사용되거나, 수력 발전소에서 터빈들을 돌림으로써 저장되는 것과 유사하다. 그러므로 화학 삼투 과정은 H^+ 이온을 세포 밖으로 밀어내는 산화환원 반응에 기인하는 에너지를 사용하고 이어서 그것의 역방향 흐름을 통해 ATP를 만드는 것과 관련이 있다. 그것은 당 분해나 발효에서의 기질 수준의 인산화(SLP)보다 훨씬 효율적이다. 산화환원 반응 에너지는 ATP 형성 과정에서 저장되어 낭비된 에너지가 거의 또는 전혀 없이 소비되는 반면에, SLP에서는 많은 에너지가 낭비된다.

하지만 생명이 열수 분출공에 있는 암석에서 시작되었다는 것이 화학삼투작용 이야기에 어떻게 관련되는가? 열수 부화장 옹호자들은 생물학적 세포들의 선조였던 암석 무더기들 안의 구획들이 단순히 그것들이 존재했던 곳의 수용액 구성의 결과 구획 안과 밖의 H^+ 이온 농도의 차이를 지녔을 것이라고 주장한다. 구획 내부의 물은 사문석화 반응(섹션 22.6.2를 보라) 때문에 H^+ 농도가 낮았을 것이고, 외부는 물과 반응해서 H^+를 만드

는 암석들의 내부에서 시작되었음을 암시한다고 제안한다. 그 이유를 알기 위해서는 우리가 열 분출공에서의 화학삼투작용과 부화장에 관해 기본적인 사실들을 좀 더 많이 배울 필요가 있다.

장벽 반대쪽에서 농도의 차이가 발생하면 화학적 위치 에너지 차이가 발생한다. 그림 22.13은 내부의 수소 이온(H^+) 농도가 외부의 농도보다 낮은 세균의 세포막을 단순화하여 보여준다. 이 경우 장벽은 이중 지질의 특성을 지니는 세포막이다. 농도 차이가 나타나게 되는 메커니즘은 그림 22.13의 왼쪽에 묘사된 화학 반응에 표시된다. D_{red}는 전자를 산화제인 A_{ox}로 전달하는 환원제. 그 과정에서 그것들은 각각 D_{ox}와 A_{red}로 전환되지만, 수소 이온 H^+들이 세포의 안에서 밖으로 전달된다는 점이 좀 더 중요하다. 다양한 현대의 세포들에서 많은 화합물들이 A와 D의 역할을 한다.[b]

그림 22.14는 수반하는 화학적 위치 에너지 차이에 기인하는 소위 자유 에너지 G의 차이를 묘사하는데, 그 그림 역시 H^+가 아래쪽으로, 외부에서 내부로 흐를 수 있을 경우 에너지가 방출될 것이라는 점을 보여준다. 세포에서 이 흐름은 그림 22.13의 오른쪽 막에 내장된 두 엽을 지닌 분자로 그려진 채널을 통해 일어날 수 있다. 이 분자는 ATP아제(ATPase)로 알려진 효소로서, 그것은 다이어그램에 나타난 바와 같이 ADP 및 무기 인산염 Pi와 관련된 ATP 생성 반응에 H^+ 흐름을 연결하는

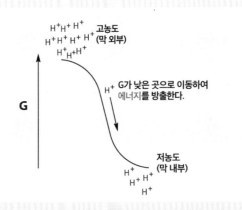

그림 22.14. 이온의 흐름에서 에너지 생산으로 귀결되는 세포 외부와 내부 사이의 자유 에너지(G) 차이.

는 이산화 탄소(CO_2)의 존재 때문에 비교적 H^+농도가 높았을 것이다. 따라서 현대의 세포들에서와 똑같은 환경을 통해 그리고 같은 방향으로 농도 차이 및 그에 따른 위치 에너지 차이가 제공되었을 것이다. 열수 부화장 가설의 옹호자들에 따르면 원시 세포들은 그것들을 활용할 수단을 개발하기만 하면 되었다. H^+ 흐름에서 나오는 에너지를 이용해서 ATP를 만드는 ATP 아제는 다소 복잡한 분자이기 때문에 이것은 결코 작은 과업이 아니다. 열수 부화장 옹호자들은 이 일이 어떻게 일어날 수도 있었는지에 관한 몇몇 아이디어를 가지고 있지만 그것들은 본서의 범위를 넘는다. 물론 훗날 암석 부화장을 떠나기 전에 원시 세포들은 스스로 H^+ 농도 차이를 일으킬 수 있는 산화환원 시스템을 개발해야 했을 것이다. 그 이야기 역시 본서의 범위를 넘는다.

---

[a] 사실은 중성 용액에서 피루브산염($C_3H_3O_3^-$)으로 전환되지만 문제를 단순화하기 위해 우리는 피루브산을 산물로 가정한다. 포도당 후에는 피루브산염이 크렙스 회로에 들어가고 이산화 탄소가 궁극적인 산화 산물이다.

[b] 산소가 존재할 때 그것은 대개 일련의 산화환원 반응에서 최종적으로 전자를 받는 존재다. 그 반응들 중 몇몇은 H^+를 막들로 밀어내며 따라서 우리는 그 이유로 앞서 포도당에서 생산된 NADH가 궁극적으로 그것의 전자들을 산소에게 전달한다고 언급했다.

23장

생명의 기원에 관한 성경 및 신학의 관점

우리 그리스도인들은 하나님의 창조세계에 목적이 있다고 믿는다. 기원 일반과 특히 생명의 기원에 관한 과학적 연구는 목적이 있는 창조 문제를 직접 다루지 않는다(섹션 4.7을 보라). 창조 교리가 이 문제를 명시적으로 다루는데, 이제 우리는 이 주제 특히 생명의 기원과 관련한 주제를 살필 것이다.

23.1. 창조 교리와 화학

우리가 앞장들에서 논의한 바와 같이 창조 교리는 존재하는 만물의 삼위일체 창조주가 이 창조세계에 그것이 만들어진 목적을 달성할 능력인 기능의 완전성을 부여했다는 개념을 포함한다(섹션 2.2.2를 보라). 그렇다고 해서 하나님이 자연신론적으로 최초의 행동에서 일들이 발생하도록 정해 놓고 창조세계가 독립적으로 작동해서 스스로를 만들도록 맡겨두었다는 뜻은 아니다. 오히려 우리는 하나님이 창조세계가 성자 안에서 성령을 통해 능력을 부여받아, 하나님이 주권적으로 의도한 바가 달성될 수 있도록

계속 관여하고 있다고 믿는다. 삼위일체 창조주는 참을성 있게 자연의 속성과 과정들을 통해 일한다(섹션 2.5.3을 보라). 이 창조 과정에 처음부터 목적이 있는데 그것은 종말론적 미래로 계속 이어진다(33장을 보라). 그리고 삼위일체 하나님이 모든 과정에 관여한다. 우리는 과학 연구에서 단지 이 의도적인 창조 과정이 일어나는 물질적 수단들을 이해하기 위해 노력할 뿐이다. 이는 과학의 전문 분야인 반면에 신학은 하나님의 계획들과 목적들을 설명한다. 창조세계를 이해함에 있어서 이 두 형태의 탐구를 결합하는 것은 과학과 신학을 연관시키는 부분적 견해 모형들의 한 가지 예다(섹션 4.5.3을 보라).

창조 교리의 진리에 비추어 볼 때 우리는 창조세계에 대한 연구에서 이 기능의 완전성의 증거를 발견하리라고 기대해야 한다. 물론 우리가 그런 증거를 인식할 수 있는 능력은 과학의 통찰력과 창조세계에 대한 창조주의 목적에 대한 우리의 이해에 의존한다. 확실히 하나님의 목적들 중 하나는 창조세계의 무기물 부분의 기능의 완전성을 통해 생명이 생기게 하는 것이었다. 창세기 1장은 이것을 다음과 같이 표현한다. "하나님이 이르시되 '물들은 생물을 번성하게 하라'…하시고…하나님이 이르시되 '땅은 생물을…내라' 하시니"(창 1:20, 24).[1]

---

[1]   Robert Alter, *The Five Books of Moses: A Translation with Commentary* (New York: W. W. Norton, 2004), 18.

우리는 9장과 10장에서 우주가 생명을 지지하는 특성을 지녔다는 것과 우리의 세계의 이 측면이 창조주의 의도적인 활동 및 창조세계에 봉사하는 창조세계(섹션 2.4.3을 보라)와 완전히 일치한다는 것을 거듭 언급했다. 하나님이 지구에 생명이 발생하도록 의도했다는 점에 비추어, 이제 우리의 관심은 창조세계의 기능의 완전성이 어떻게 그 목적을 달성할 수 있게 하는지에 집중된다. 앞의 장들에서 논의된 생명의 기원 과학에서 우리는 세부적인 내용에 관한 우리의 지식의 불확실성을 강조했다. 이러한 지식의 결여로 말미암아 우리는 하나님의 창조세계의 기능의 완전성이 생명의 기원에서 어떤 메커니즘을 통해 달성되었는지를 확실하게 말할 수 없다. 그럼에도 불구하고 생명의 존재 및 따라서 생명의 시작에 매우 중요한 원소들과 화합물들의 화학 반응의 측면임이 확실하다고 인식된 것들이 존재한다. 이러한 화학적 속성들과 물리화학적 속성들은 지구에 생명이 출현할 수 있게 만든, 하나님의 창조세계의 비유기적인(무생물의) 측면들의 기능의 완전성의 일부로 이해될 수 있다.

23.1.1. 생명의 시작을 위한 화학적 속성들의 기능의 완전성.
생명의 화학 반응에 관여하는 원소들과 그것들의 화합물들의 속성들 중 하나님이 부여한 창조세계의 기능의 완전성의 일부로 간주될 수 있는 것들은 무엇인가? 우리는 이미 이런 속성들 중 몇 가지를 섹션 19.7에서 간략하게 언급했다. 이 대목에서 우리의 목적은 이 아이디어들 중 몇 가지를 확대하는 것이다.

하버드 대학교의 생화학자인 로렌스 J. 헨더슨은 지구에서 생명이 출현한 것에 이상적으로 들어맞는 것처럼 보이는 무생물 세계의 화학적 측면에 관해 최초로 저술하기 시작한 과학자들 중 한 명이었다.[2] 헨더슨의 시대 이후

생명체의 화학 반응에 대한 이해가 크게 향상된 데 힘입어 좀 더 최근에는 그의 연구를 확장한 몇몇 연구가 출현했다.[3] 이후의 저자들을 통해 확대된 헨더슨의 논지는 다음과 같다. "본질적으로 환경(즉 생명체들과 수권[水圈]의 화학적·물리적 특징을 구성하는 다양한 화학적·물리화학적 과정)이 생명이 거주하기에 가장 적합하다."[4]

23.1.1.1. 탄소의 생명을 지지하는 속성들.
생명에 가장 중요한 요소인 탄소의 화학 반응은 시작하기 좋은 지점이다. 탄소의 독특한 점은 그것이 생명에 필수적인 다른 원소들인 질소(N), 산소(O), 수소(H)뿐만 아니라 자신과도 강하게 결합할 수 있는 능력을 갖고 있다는 것이다. 그 결과 탄소는 반복되는 -N-C-C- 연결을 통해 단백질 같은 중합체 구조를 형성하거나 C-C와 C-O의 결합으로 리보스(RNA, DNA의 일부) 같은 당을 형성하거나, 세포막에 들어 있는 이중 지질층의 소수성 부분을 형성하는 긴 탄화수소 사슬을 만들 수 있다.

헨더슨이 강조한 탄소의 화학 반응의 한 가지 측면은 생명 연구에 있어서 탄소의 산화물인 이산화 탄소(CO_2)의 중요성이다. 이산화 탄소는 규소(주기율표 상 탄소"족"에서 탄소 다음의 원소다) 산화물과 달리 주변 환경에서 기체로 존재한다. 이와 달리 이산화 규소는 **규토**(silica)로 알려진, 물에 녹지 않는 고체로서 모래의 주성분이다. 기체인 이산화 탄소는 생명의 기원에 관한 어떤 시나리오에서든 (22장을 보라) 생명 탄생 전의 화학 반응에 쉽게 활용될 수 있었고, 대기와 원시 수역들 사이를 순환할 수 있었다. 수용액 상에서 이산화 탄소는 약산(弱酸)이다. 약산인 이산

---

2 Lawrence J. Henderson, *The Fitness of the Environment: An Inquiry into the Biological Significance of the Properties of Matter* (New York: Macmillan, 1913).

3 예컨대 다음 문헌들을 보라. Michael J. Denton, *Nature's Destiny: How the Laws of Biology Reveal Purpose in the Universe* (New York: Free Press, 1998); John Barrow and Frank J. Tipler, *The Anthropic Cosmological Principle* (Oxford: Oxford University Press, 1986), chap. 8; Alister McGrath, *A Fine-Tuned Universe: The Quest for God in Science and Theology* (Louisville, KY: Westminster John Knox, 2009), chaps. 10-12.

4 Henderson, Fitness of the Environment, Denton, Nature's Destiny, 27에 인용된 글.

464　　　　　4부　지구상의 생명의 기원

화 탄소가 음이온 형태인 중탄산이온(HCO3⁻)으로 존재하여 대개 거의 중성을 띠는 오늘날의 생명체들에게 완충 능력을 제공한다(이산화 탄소 완충 용액의 pH는 약 6.4이고 중성의 pH는 7.0이다). 완충은 생명체에서 산의 농도가 정상적인 수준에서 크게 벗어나지 않도록 방지하는데, 농도가 크게 벗어나면 생물학적 기능에 파괴적인 결과를 가져올 것이다. 이산화 규소는 이산화 탄소의 이런 속성 중 어느 것도 보이지 않는다. 규소가 주기율표상 탄소와 가장 가깝지만 말이다.

탄소의 또 다른 중요한 특징은 탄소가 다른 원소들, 특히 질소 및 산소들과만 아니라 탄소 원자들 사이에서도 많은 결합을 형성할 수 있는 능력을 갖고 있다는 점이다. 이 능력으로 인해 탄소의 다재다능함이 확대되며 탄소가 중요한 많은 생물학적 분자를 만들 수 있게 된다. 이 중 가장 중요한 분자는 RNA와 DNA의 구성부분인 핵염기들이다. 이것들은 생물학적 정보를 저장하는 분자들이므로 생명과 생명의 기원 모두에 매우 중요하다. 무엇이 이 분자들에게 DNA의 이중 나선 구조와 리보자임에 들어 있는 복잡한 RNA의 단일 가닥 구조로 이어지는 왓슨-크릭 쌍에 관여할 능력을 부여하는가? 간단히 말하자면 그것은 염기들이 다섯 개나 여섯 개 원소들이 단일 결합과 이중 결합으로 교대로 이어진 고리들을 가진다는 점으로 설명할 수 있다. 이러한 고리의 구조는 특히 안정적이고 고리를 구성하는 원자들이 동일 평면에 놓이도록 만든다(화학자들은 이 현상을 **방향성**[aromaticity]으로 부른다). 그 분자들은 평평한데 이로 인해 DNA의 경우 "나선형 계단" 구조가 된다. 관련된 핵염기들의 평면적인 성격 때문에 DNA와 RNA 구조의 왓슨-크릭 쌍에서 일어날 수 있는 배열이 가능하다(그림 20.16을 보라). 탄소(탄소 틀에서 간헐적으로 탄소가 질소로 대체된다)만 결합할 때 이 방향성 능력을 보인다.

이 예들은 무기물 창조세계가 생명을 지지하는 속성을 낳는 기능의 완전성의 뛰어난 사례 역할을 하는 탄소의 독특한 결합 속성의 표본일 뿐이다.

23.1.1.2. 물과 수소 결합의 생명을 지지하는 속성들. 존 배로와 프랭크 티플러의 말로 표현하자면 "물은 사실 과학에 알려진 가장 이상한 물질들 중 하나다."[5] 물의 끓는 점, 표면 장력, 물의 특수한 열 등의 물리적 속성들 대다수는 이례적으로 높다. 이 이례적인 속성들 중 많은 속성이 미생물의 존재와 다양성에 매우 중요하다. 우리의 주된 초점은 단세포 생물이기 때문에 우리는 주로 단세포 생물의 존재에 매우 중요한 특징들을 고찰할 것이다. 독자들은 좀 더 큰 유기체들에 적용하기 위해 언급된 내용들을 찾아볼 수도 있을 것이다. 이것들은 모두 창조세계의 봉사적 성격의 강력한 예들이다.

물의 독특한 속성들의 이유를 이해하려면 우리가 물의 분자 구조를 상기할 필요가 있다. 그것은 그림 23.1에 묘사된 바와 같이 결합 각도가 104.5도이고 각각의 원자에 델타(δ)로 표시된 부분 전하가 있는 매우 단순하고 작은 분자다. 물 분자들 사이의 분자 간 인력은 이 부분 전하 때문에 발생한다. 분자 하나에 있는 부분 양전하를 띠는 수소 원자들은 다른 분자들에 있는 음의 전자쌍에 끌려서 수소 결합을 형성한다. 이렇게 작은 분자들로 이루어진 물질 대다수는 대기 상태에서 기체들이다. 그러나 물이 이런 식으로 수소 결합을 할 수 있는 능력으로 말미암아 물은 액체다. 이와 대조적으로 주기율표상 산소의 가장 가까운 친척(질소와 황)의 수소 화합물 암모니아(NH_3)와 황화 수소(H_2S)는 대기 압력에서 기체이고 그것들의 끓는 점은 물의 어는점보다 훨씬 낮다. 암모니아는 수소결합을 할 수 있지만 한 분자에 결합하지 않은 전자쌍이 한 개 뿐이기 때문에 액체상태에서 물의 절반만큼만 수소 결합을 형성할 수 있다. 물은 두 개의 전자쌍과 두 개의 수소 원자의 올바른 짝을 갖고 있어서 수소 결합 능력이 극대화된다. 황화 수소는 올바른 짝을 갖고 있지만 그것의 수소 결

---

5   Barrow and Tipler, *Anthropic Cosmological Principle*, 524.

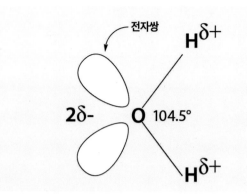

그림 23.1. 물 분자의 구조.

합은 물의 수소 결합보다 약하다.

　이것이 왜 중요한가? 생명은 기체나 고체 상태에서는 발생할 수 없다. 따라서 물이 생명을 지원하는 용매로 기능하기 위해서는 액체여야만 한다. 그러므로 물의 독특한 수소 결합 능력이 생명이 발생할 수 있는 온도의 범위를 결정한다. 그것이 유일한 고려 사항이라면 혹자는 생명을 지탱하는 다른 많은 액체들을 쉽게 떠올릴 수 있을 것이다. 그러나 물은 다른 여러 면에서 그것을 생명을 위한 용매로 선택되게 만든다.

　물의 생명을 긍정하는 또 다른 물리적 속성은 물의 점성(粘性)이다. 물의 점성 값은 이례적으로 크거나 이례적으로 작지 않다. 액체치고는 물의 점성은 비교적 작다. 물은 당밀보다 점성이 1,300배 작고 올리브유보다는 40배 작으며 황산보다는 15배 작다. 그러나 물은 아세톤(매니큐어 에나멜 제거제)보다 점성이 2배 크고, 실내 온도에서 끓는점에서의 암모니아보다 약 3배 크다. 마이클 덴튼은 점도가 너무 작으면 생명체들이 전단력들(shearing forces)에 좀 더 취약해질 것이라고 주장한다.[6] 반대로 점성이 너무 크면 고분자나 세포소기관들의 세포 내 이동이 불가능할 것이다. 그리고 점성이 커질수록 액체 안에서 작은 분자들의 확산이 감소하므로, 물의 점성이 훨씬 컸더라면 영양소의 확산을 통한 세포들의 생명 유지가 훨씬

6　Denton, *Nature's Destiny*, 32-36.

어려웠을 것이다. 따라서 덴튼에 따르면 물의 중간 정도의 점성이 생명을 지지한다.

　생명을 지지하는 물의 특성 중 더 중요한 점은 용매로서의 물의 화학적 속성들이다. 이 대목에서 그림 23.1에서 묘사되고 수소 결합 능력에서 예시된 물의 극성(polarity)이 중요한 요소다. 물은 때때로 보편적인 용매로 불린다. 그러나 물은 금속들을 용해시키는 데는 효과적이지 않으며 누구나 알 듯이 기름과 섞이지 않기 때문에 이는 잘못된 표현이다. 기름 같은 탄화수소들이 물에 잘 녹지 않는 성질(그것들의 소수성)과 전하를 띤 실체들이 물과 매우 친하다는 속성(그것들의 친수성)이 결합해서 양친매성 지질들이 세포의 생명 유지에 필요한 이중 지질 막을 형성하는, 생명을 지지하는 중요한 경향으로 귀결된다(섹션 20.7과 22.4.2를 보라). 유사한 효과가 단백질의 접힘 패턴을 가져온다. 단백질의 접힘 패턴은 대체로 물이 전하를 띠거나 수소 결합한 R기들을 끌어당기고 물이 소수성 R기들을 밀어내는 현상을 통해 결정된다. 이로 인해 소수성 R기들은 단백질이 삼차원 구조 안으로 접힐 때 내부에서 모이게 된다(섹션 20.2의 "심화 학습: 아미노산과 단백질"을 보라).

　물이 참여자의 하나가 아닐 경우 수소 결합은 또한 문자적으로 필수적이다. DNA의 이중 나선 구조와 RNA의 삼차원 구조는 수소 결합 형성의 결과임을 기억하라(섹션 23.1.1.1을 보라). 이 경우 중간적인 수소 결합 강도는 생명을 지지하는 특성이다. 올바른 쌍이 발생하고 가닥들 사이의 분리가 너무 빨리 또는 무작위로 일어나지 않도록 왓슨-크릭 쌍이 구체적이고 안전할 필요가 있다. 따라서 수소 결합은 유기체의 온도에서 그 구조를 유지할 만큼 충분히 강할 필요가 있다. 다른 한편으로 수소 결합이 예컨대 공유결합—이는 수소 결합보다 분해되기 열 배 어렵다—에 비견할 만큼 훨씬 강할 경우 에너지를 훨씬 많이 소모하지 않고서는 전사나 복제 과정에서 복사를 위해 가닥들이 비교적 신속하게 분리하기가 어려울 것이다.

이 모든 예에서 물의 내재적인 속성들과 수소가 산소에 부착하거나 질소가 수소 결합에 부착하는 경향은 창조 세계의 생물 탄생 전 특성의 일부로서, 이 원소들과 화합물들의 기능의 완전성과 봉사적 성격을 보여준다.

23.1.1.3. 왜 인산염이 선택되었는가? 기능의 완전성의 또 다른 예.
지금까지 우리는 생명의 이야기에서 가장 중요한 원소인 탄소, 수소, 질소와 산소의 관여에 초점을 맞췄다. 우리는 이제 여러 맥락에서 결정적인 역할을 하는 또 다른 중요한 물질을 살펴볼 것이다. 인 원소는 물질대사(ATP)와 정보 처리 분자인 RNA 및 DNA에서 인산염의 형태로 나타난다. 우리는 30년 전에 하버드 대학교의 화학자 F. H. 웨스테이머가 쓴 영향력 있는 논문에 의존할 것이다. 그 논문에서 그는 인산염의 중요성 문제를 다뤘다.[7]

웨스테이머는 인산염의 독특한 속성들에 기초해 그 논문의 제목에서 제기된 질문에 답했다. 간략하게 제시하기 위해 우리는 그가 논의했던 내용 중 인산염의 생물학적 중요성의 한 가지 측면—RNA와 DNA의 중심 구조에서 인산염의 역할—만 살펴볼 것이다. 인산염은 뉴클레오사이드들 각각의 당들과의 반응을 통해 두 뉴클레오사이드 사이의 결합을 형성한다는 것을 기억하라(섹션 20.5, "심화 학습: 핵산"을 보라). 그 연결이 그림 23.2에 도식적으로 묘사되었는데, 그 그림에서 우리는 인산염의 결합에 집중하기 위해 당 분자들과 그것들에 부착된 핵염기들에 관한 자세한 내용을 생략했다. 그 결합에서 중심 구조에 들어 있는 원자들을 읽으면 그것들은 C-O-P-O-C다. RNA와 DNA의 화학 반응에서 나타나는 이 결합의 두 가지 중요한 특징이 있다. C-O 결합은 가수분해에 취약해서 물과 반응해 분리된다. 둘째, 위 그림에 묘사된 바와 같이 탄소에 결합되지 않은 산소 원자들 중 하나에 음의 전하가

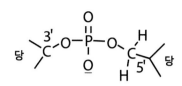

그림 23.2. RNA 또는 DNA 안의 인산염 연결.

있다.

그 전하의 존재는 매우 중요하다. 첫째, 그것은 RNA와 DNA를 물에서 훨씬 더 잘 녹게 만든다. 둘째, 그것은 이 분자들이 세포막들을 통한 확산을 통해 소실될 가능성을 훨씬 낮춰준다. 전하를 띤 실체들은, (식탁의 소금에서 나온) 나트륨 이온들과 염화물 이온들이 휘발유 같은 탄화수소에 용해되지 않는 것과 동일한 이유로, 전하를 띠지 않은 실체들보다 막 내부의 소수성 탄화수소를 통과하기가 훨씬 어렵다. 셋째, 똑같이 중요한 이유로서, 전하의 존재는 가수분해가 일어날 가능성을 줄이며 따라서 수용액에서 핵산을 보존한다. 이 효과의 이유는 가수분해 반응이 물 분자의 음이온 쪽 끝의 산소 이온이 인산염에 부착된 탄소 원자들 중 하나를 "공격"함으로써 일어나기 때문이다. 인근의 산소에 음의 전하가 있으면 침입하는 물의 음의 전하를 띤 산소가 쫓겨나 가수분해 반응이 일어날 가능성이 훨씬 줄어든다.

자격이 있는 원자들 중 인만 위에 묘사된 기능성을 제공한다. 주기율표상 인의 이웃들은 적합하지 않다. 황산염(SO_4^{2-})에는 부착할 장소 두 곳이 있지만 그렇게 부착되면 전하가 남지 않는다. 규산염(SiO_4^{4-})도 두 개의 연결을 형성할 수 있지만 생명체가 일반적으로 발생하는 곳인 pH 값 7.0 근처에서는 산소 원소들에 양의 전하를 띠는 수소 원자들이 부착되어서 전하가 없어질 것이다. 비산염(AsO_4^{3-})은 흥미로운 대안을 제공하지만 두 가지 면에서 거부될 수 있다. 비소(As)는 좀 더 낮은 산화 상태로 존재할 가능성이 큰데 그 경우 비소는 독성이 있다. 둘째로 C-O-A 결합은 C-O-P 결합보다 훨씬 빨리 가수분해된다.

---

7   F. H. Westheimer, "Why Nature Chose Phosphate," *Science* 235 (1987): 1173-78.

23.1.2. 앨리스터 맥그래스의 씨앗 원리 해석. 지구에서 생명이 시작할 수 있게 만든 창조세계의 기능의 완전성과 봉사적 성격을 보여주는 앞의 많은 예가 영국의 생화학자이자 신학자인 앨리스터 맥그래스의 최근 저서에서 논의되었다.[8] 맥그래스는 우리가 섹션 19.2에서 소개했던 주제인 아우구스티누스의 **씨앗 원리**(rationes seminales) 개념의 현대적 확장을 통해 이 아이디어들을 개발한다.

"씨앗 원리"를 뜻하는 **라티오네스 세미날레스**(*Rationes seminales*)는 현재에서뿐만 아니라 원래의 창조사건에서도 생명을 냄에 있어 하나님의 행동을 가리키기 위해 아우구스티누스가 사용한 용어다. 현대의 몇몇 독자들은 현재의 현현에 대한 아우구스티누스의 언급을 생명의 자연적인 발생을 의미하는 것으로 해석했다. 이와 대조적으로 맥그래스는 아우구스티누스를 덜 문자적으로 해석한다. 그에 따르면 "씨앗 개념은 학습에 도움을 주기 위한 개념으로서 그것을 통해 잠복적인 것들이 드러나게 되는, 자연 안의 숨겨진 힘이라는 신학적으로 어려운 개념을 시각화하는…수단이다."[9] 즉 아우구스티누스의 "씨앗"은 하나님이 창조세계에 부여한 잠복하고 있는 잠재력을 나타내며, 그것이 신적 섭리를 통해 훗날 실현되었다.

아우구스티누스의 아이디어에 대한 맥그래스의 현대적인 확장은 확실히 생명의 기원을 위한 창조세계의 기능의 완전성 개념과 궤를 같이한다. 그는 생명이 없는 물질에 내재된 생명을 지지하는 화학적 속성들을 "창발적"(emergent)이라고 보고 "발아에 적절한 환경 상태를 기다리는 아우구스티누스의 잠자고 있는 씨앗 이미지는 특정한 화학적 속성들이 적절한 상황하에서 어떻게 나타나는지를 이해하기에 유익한 비유"라고 주장한다.[10] 이는 창조세계의 기능의 완전성과 그것이 어떻게 신적인 목적을 성취할 수 있는지에 관해 생각하는 또 다른 방식이다.

23.1.3. 대안적인 해석들과 생명의 기원의 확률 문제. 모든 사람이 우리의 세상이 이처럼 생명을 지지하는 속성을 보이는 것을 우리와 같은 방식으로 해석하지는 않는다는 것이 놀랄 일은 아니다. 이런 속성들의 존재를 신적 섭리에 돌리는 그리스도인 중에서 그런 속성들의 발달 측면에서의 역할에 관해서는 커다란 불일치가 남아 있다. 예컨대 지적 설계(intelligent design) 옹호자들 대다수는 그리스도인인데, 그들은 대개 생명을 지지하는 이 속성들을 자기들의 설계 논지를 지지하는 증거로 지목하겠지만 이 속성들을 보인 과정들을 통해 생명이 어떻게 출현했는지에 관해 생명의 기원 이론가들이 제안한 아이디어들에는 반대할 것이다. 따라서 스티븐 메이어는 『세포 속의 시그니처』(*Signature in the Cell*, 겨울나무 역간)에서 생체분자, 특히 DNA의 특별한 능력을 자세히 묘사하는 데 상당한 분량을 할애하지만 생명의 기원을 설명하려는 현대의 모든 과학적 노력에 대해서는 신랄하게 비판한다.[11] 그는 설계자가 생명을 생기게 함에 있어서 채택했을 수도 있는 메커니즘에 관해 어떤 제안도 하지 않는다. 명시적으로 진술되지는 않았지만 기본적인 입장은 명령에 의한 창조(fiat creation), 즉 과정이 없고 중재되지 않은 창조 형태인 것으로 보인다. 이는 창조 교리가 적어도 창조세계의 속성들과 과정들을 통한 성자와 성령의 사역에 초점을 맞추는 것과 대조된다(섹션 2.4.2와 2.4.3을 보라).

메이어와 달리 기독교 단체인 "믿을 이유"(Reasons to Believe)의 공동 대표인 파잘레 라나와 휴 로스는 훨씬 더 노골적이다. 『생명의 기원: 성경 모형과 진화 모형의 대결』(*Origins of Life: Biblical and Evolutionary Models Face Off*)에서 그들은 후기 대폭격 이후 생명의 출현이 환경적으로 타당해진 후 지질 연대에서 생명이 그렇게 갑자기 출현했다는 사실은 인도되지 않은 "자연적인" 과정으로부터 생명이

---

8 McGrath, *Fine-Tuned Universe*.
9 McGrath, 102.
10 McGrath, 142.

11 Stephen C. Meyer, *Signature in the Cell: DNA and the Evidence for Intelligent Design* (New York: HarperCollins, 2009).

시작할 충분한 시간이 없었음을 암시한다고 주장한다. 대신 그들은 "믿을 이유"(reasons to believe, 약어는 RTB) 모형을 상정한다. 그들에 따르면 "그 모형은 생명의 기원을 지구가 형성된 뒤 하나님의 직접적인 창조 행위에 돌린다."[12] 이 접근법 역시 창조 교리가 창조세계의 속성들과 과정들을 통한 성자와 성령의 사역에 초점을 맞추는 것과 현저하게 대조된다(섹션 2.4.2와 2.4.3을 보라).

의견이 분분한 관련 문제 하나는 생명이 시작될 확률과 관련된다. 이 질문에 관해 지적 설계와 믿을 이유의 입장은 공통적인 관점을 공유한다. 메이어와 라나/로스 모두 자연적인 화학적/물리적 과정들만을 통해 생명이 시작할 가능성은 극히 작다고 주장한다. 사실 메이어의 지적 설계 논거는 이 낮은 확률의 주장에 결정적으로 의존한다. 그는 생명이 매우 복잡하다는 것은 생명이 시작될 가능성이 매우 낮다는 것을 암시하며 따라서 설계자를 상정할 필요가 있다고 주장한다.

한편 몇몇 세속적인 학자들은 생명이 비교적 갑자기 출현한 것을 원시 지구에서 생명이 시작될 확률이 매우 높았다고 생각할 이유로 보았다. 예컨대 지구에서 거의 40억 년 전에 생명이 출현했다는 증거에 비추어 피터 워드와 도널드 브라운리는 다음과 같이 주장한다. 생명은 "이론적으로 발생할 수 있게 된 거의 직후에 발생했다. 생명이 우연히 발생하지 않은 한, 그 함의는 초기의 생명 자체—그것은 생명이 없는 물질로부터 합성된다—가 아주 쉽게 형성됨을 암시한다는 것이다."[13] 많은 우주생물학자가 이 견해를 공유하는 것으로 보이며, 그 견해가 통계적 토대에서 지지될 수 있다고 주장되어왔다.[14] 그러나 갑작스런 생명의 출현에 기초해서 생명이 시작될 확률이 높다고 생각하는 가정에 대해, 최근에 순전히 통계적인 토대 위에서 의문이 제기되었다.[15] 데이비드 스피겔과 에드윈 터너는 생명이 시작된 후 지적 존재가 진화하는 데 대략 30억 년이 소요되었다는 사실이 고려되어야 한다고 주장한다. 그들이 통계 분석에서 이 요인을 고려할 때 지구나 지구와 비슷한 행성에서 생명이 시작될 확률은 불확실한 것으로 나타난다. 그들은 극단적으로 낮은 확률이 배제될 수 없다고 주장한다. 그러나 이 접근법들은 기본적으로 통계적이고 현대의 생명 과학의 빛에 비추어 그 문제를 직접 다루지 않는다.

그렇다면 생명의 기원 과학자들은 이 문제에 관해 뭐라고 말하는가? 그리고 생명이 시작될 확률이 매우 높거나 매우 낮을 경우 그것의 철학적/신학적 함의는 무엇인가?

23.2. 생명은 우연의 산물인가, 의도의 산물인가?

스탠리 밀러가 1953년에 원시 상황에 관한 시뮬레이션을 한 이후 생화학과 분자생물학 분야의 발전으로 생명의 복잡성에 대한 우리의 인식이 크게 확대되었다. 이 발견들로 인해 생명이 이 행성에서 어떻게 시작되었는지를 설명하기가 더 어려워졌다. 그 발견들은 지구 또는 지구와 비슷한 행성에 생명이 출현할 확률에 관한 문제도 제기했다. 이 질문들에 대한 응답은 그 질문들의 함의에 관한 좀 더 심원한 철학적/신학적 탐구로 이어진다. 생명의 시작은 우연이었는가 아니면 기적이었는가? 생명이 출현할 확률에 관한 특정한 관점이 이 질문들에 대한 우리의 답변에 어떻게 영향을 주는가?

23.2.1. 생명이 출현할 확률에 관해 덜 낙관적인 과학자들의

12 Fazale Rana and Hugh Ross, *Origins of Life: Biblical and Evolutionary Models Face Off* (Colorado Springs: NavPress, 2004), 42.

13 Peter D. Ward and Donald Brownlee, *Rare Earth: Why Complex Life Is Uncommon in the Universe* (New York: Springer-Verlag, 2000), xix.

14 Charles H. Lineweaver and Tamara M. Davis, "Does the Rapid Appearance of Life on Earth Suggest That Life Is Common in the Universe?," *Astrobiology* 2 (2002): 293-304.

15 David S. Spiegel and Edwin L. Turner, "Bayesian Analysis of the Astrobiological Implications of Life's Early Emergence on Earth," *Proceedings of the National Academy of Sciences* 109 (2012): 395-400.

견해. 생명의 시작은 일어날 가능성이 지극히 낮은 사건이었다는 견해를 취하는 과학자들에는 매우 저명한 개인들이 포함된다. 예컨대 1971년에 노벨상을 수상한 생리학자 자크 모노는 널리 읽히는 『우연과 필연』(*Chance and Necessity*)이라는 제목의 책에서 다음과 같이 썼다. "현재 우리는 생명이 지구에서 단 한 번만 시작했다는 것과 그 결과 생명이 출현하기 전에 생명이 발생할 가능성이 거의 0이었다는 것을 단언하거나 부정할 적절한 근거를 갖고 있지 않다."[16] 모노에 따르면 지구에 생명이 출현한 것은 순전히 뜻밖의 행운이었다. 그의 말로 표현하자면 "몬테카를로 게임에서 우리의 숫자가 나왔다."[17] 유사한 맥락에서 저명한 진화생물학자인 에른스트 마이어는 다음과 같이 쓴다. "생명의 시작이 **거의 불가능하다**는 것을 완전히 깨달으면 이 사건이 얼마나 일어날 성싶지 않았는지를 절실히 알게 된다."[18] DNA 구조를 발견한 공로로 노벨상을 수상한 프랜시스 크릭은 다음과 같이 주장한다. "생명의 시작은 거의 기적인 순간에 나타난다. 생명이 출현하기 위해서는 너무도 많은 조건들이 만족되어야 했다."[19]

진화 과학에 뿌리를 둔 무신론 변증가인 리처드 도킨스는 그의 책 『눈먼 시계공』(*The Blind Watchmaker*, 사이언스북스 역간)에서 생명이 시작할 가능성 문제에 관해 성찰한다. 그는 진화적 발전은 복제할 수 있는 분자 실체를 필요로 한다는 것과 자연선택은 최초의 자가 복제를 한 실체의 기원을 설명하는 데 무력하다는 것을 인정한다. 그는 최초의 자가 복제가가 나타날 확률이 아주 작음을 가정하고 다음과 같이 묻는다. "우리가 상정하도록 허용된 하나의 사건은 **얼마나** 그럴 법하지 않고 얼마나 **기적적**인가?

무엇이 순전히 우연의 일치이고 순전히 기적적인 행운인, 가장 큰 하나의 사건이기에 우리가 우리의 이론에서 그냥 넘어가도록 허용되고서도 우리가 생명을 만족스럽게 설명했다고 말하는가?"[20] 도킨스는 몇몇 학자가 우리 우주에 존재할 가능성이 있다고 믿는, 지구와 비슷한 행성들이 많이 있을 수 있다는 데 호소함으로써 이 질문에 답한다. 그는 지구에서 생명이 발생할 확률이 매우 작은 수, 가령 10억분의 1이라고 할지라도 지구와 비슷한 행성들의 수가 훨씬 많다면 지구에서 생명이 탄생한 경우처럼 생명이 출현할 가망이 없지 않다고 주장한다. 예컨대 지구와 비슷한 행성의 수가 10^{20}개라면 우리 우주에서 생명을 포함하는 행성의 수는 (1/10억) × (10^{20}), 즉 1,000억 개일 것이다. 달리 말하자면 지구에서 생명이 탄생하는 것은 확률이 낮은 사건이기는 하지만 우주 전체를 감안하면 보기 드문 사건이 아닐 것이다. 특히 그는 다음과 같이 제안한다. "우리가 생명의 기원에 관한 특정한 이론을 기각하기 전에 가정하도록 허용되는 행운의 최대의 양은 N중의 하나일 승산을 가지는데, 여기서 N은 우주에 존재하는 적정한 행성의 수다."[21]

메사추세츠 공과대학교의 과학철학자인 로저 화이트는 도킨스의 제안은 우리가 특정한 경우에 받아들일 수 있는 가장 낮은 확률은 $[1 - (1 - 1/N)^N]$임을 의미한다고 해석한다.[22] 화이트가 도킨스의 제안에 근거해서 어떻게 이 식에 이르게 되었는지를 살펴보면 유익하다. 일반적으로 모든 확률의 합은 1이어야 한다.

식 1: 1 = (생명이 발생할 확률) + (생명이 생기지 않을 확률)

16 Jacques Monod, *Chance and Necessity: An Essay on the Natural Philosophy of Modern Biology* (New York: Knopf, 1971), 145.
17 Monod, 146. 몬테카를로는 모나코에 있는 유명한 카지노 이름이다.
18 Ernst Mayr, *The Growth of Biological Thought* (Cambridge, MA: Harvard University Press, 1984), 45.
19 Francis Crick, *Life Itself: Its Origin and Nature* (New York: Simon & Schuster, 1981), 88(『생명 그 자체』, 김영사 역간).
20 Richard Dawkins, *The Blind Watchmaker* (New York: W. W. Norton, 1996), 141.
21 Dawkins, 144.
22 Roger White, "Does Origin of Life Research Rest on a Mistake?," *NOUS* 41 (2007): 453-77.

도킨스의 한정하는 기준을 사용해서 생명이 발생할 확률을 1/N로 대체하고 이 식을 다시 정렬하면 다음과 같은 식을 얻는다.

식 2: (생명이 생기지 않을 확률) = 1 - 1/N

N번의 경우의 수(즉 N개의 적절한 행성)가 있다면 N번의 경우에 생명이 생기지 않을 확률은 한 번의 경우에 생명이 생기지 않을 확률을 N제곱한 것이다.

식 3: (N번의 경우에 생명이 생기지 않을 확률) = (1 - 1/N)^N

이 결과를 **식** 1에 적용하면 다음 결과를 얻는다.

식 4: (N번의 경우에 생명이 발생할 확률) = 1 - (1 - 1/N)^N

행성이 하나뿐이라면 생명이 발생할 확률은 이 기준을 사용할 경우 1일 것이다. 즉 절대적으로 확실할 것이다. 일단 생명이 생겨났는데 N = 2일 경우 하나의 행성에서 생명이 발생할 확률은 0.5이고 둘 중 하나에서 생명이 발생할 확률은 0.75일 것이다. N = 10일 경우 행성 중 적어도 하나에서 생명이 발생할 확률은 0.65다. N = 100일 경우 행성 중 적어도 하나에서 생명이 발생할 확률은 0.63이다. 그리고 N이 커지더라도 그 확률이 그보다 작아지지 않는다.[23] 따라서 지구와 비슷한 행성에서 수용할 만한 시나리오에서 생명이 시작했을 확률은 1 나누기 지구와 비슷한 행성의 수보다 작을 수 없으며, 이 제한조건에 따라 우주에 적어도 한 번은 생명이 생겨날 가망은 거의 세 번

---

[23] 수학에 좀 더 친숙한 독자들에게는 N이 매우 커지면 $(1 - 1/N)^N$이 e^{-1}에 접근하고 그 수치는 0.368임을 보일 수 있다. 따라서 $(1 - 1/N)^N$은 0.632에 접근한다.

에 두 번 꼴이 된다. 다른 식으로 표현하자면 지구와 비슷한 행성의 수에 대한 도킨스의 대략적인 추정치 10^{20}에 근거해서 지구에 생명이 출현할 확률이 1/1,000억이라면 우주에 생명이 출현할 확률은 0.5보다 약간 작을 것이다.

화이트의 식을 다음과 같이 일반화하는 것이 유용하다.

식 5: (생명이 발생할 확률) = 1 - (1 - 1/L)^P

이 식에서 1/L은 전형적인 적합한 행성에서 생명이 발생할 확률을 나타내고 P는 적합한 행성의 수를 나타낸다. L은 1보다 작을 수 없지만(L = 1이라면 지구와 비슷한 행성에서 생명이 나타나는 것이 확실함을 의미할 것이다), 매우 클 수도 있다(이 경우 지구와 비슷한 행성에 생명이 발생할 확률이 매우 작을 것이다). 확실히 P가 L보다 훨씬 크면 우주의 어느 곳에선가 생명이 발생할 확률은 1에 접근하는 반면, L이 P보다 훨씬 크면 그 확률은 0에 접근한다.

도킨스는 생명이 우주 전체에 흔하다는 의견을 표명하는데 아마도 이것이 그 분야의 과학자들의 다수파를 대변할 것이다. 그것은 위의 식으로 표현하자면 L이 P보다 훨씬 작다고 말하는 것에 해당한다. 사실 많은 과학자의 의견으로는 L이 작으면 1일 수도 있다. 그들은 지구에 생명이 출현한 것은 변덕스러운 우연이 아니었고 사실상 불가피했으며 따라서 생명이 우주에도 매우 풍부하다고 믿는다. 이제 우리는 L이 얼마나 작은지, 또는 1/L이 얼마나 큰지를 질문해야 한다. 간단히 말하자면 우리가 지구와 비슷한 행성에서 생명이 발생할 확률에 대해 무어라 말할 수 있는가? 그것이 사실상 확실했는가(L = 1), 아니면 생명이 있을 법하지 않았는가?(L = 매우 큰 수, 아마도 우리의 우주에 존재하는 지구와 비슷한 행성의 수인 P 또는 그보다 큰 수) 아니면 그 중간의 어디쯤이었는가?

23.2.2. 지구와 비슷한 행성에서 생명이 발생할 확률 추

정. 우리는 어려운 과제를 마주하고 있다. 우리의 목적은 지구와 비슷한 행성에 대한 $1/L$을 추정하는 것이다. 지구는 우리가 생명이 어디서 발생했는지 알고 있고 그것에 관해 가장 많은 지식을 갖고 있는 행성이기 때문에 우리가 의지할 유일한 수단은 지구 자체에서 생명이 발생할 확률을 고려하는 것이다. 하지만 우리가 이 지점까지 생명의 기원 과학에 관한 논의에서 언급해온 바와 같이 우리는 원시 지구의 상태에 관한 확실한 지식을 별로 많이 보유하고 있지 않으며, 생명이 어떻게 존재하게 되었는지에 관해서도 확실히 알지 못한다. 많은 가설과 접근법이 있고, 저마다 현재의 과학 환경에서 주도권을 쥐려고 경쟁한다. 그런 가설과 접근법마다 구체성이나 확률에 관한 합리적 판단을 내리기의 용이성이 다르다.

우리는 낙담하여 포기하는 대신 아마도 가장 널리 퍼진 시나리오를 선택하여 그 시나리오의 생명의 기원 이야기에서 일련의 사건들의 확률 문제에 어떻게 접근할지를 고찰할 것이다. 우리는 RNA 세계를 살펴볼 것이다. 우리의 목적은 확률을 부여하는 과업의 어려움을 보여주는 것이다. 관련된 불확실성이 크기 때문에 우리가 확신할 수 있는 수치에 도달하기를 바랄 수는 없지만, 우리가 지구 및 다른 곳에서 생명이 발생할 가능성에 관한 적절한 결론에 대한 몇몇 아이디어를 개발할 수 있기를 희망한다. 좀 더 자세한 측면들은 좀 더 수학적이므로 우리는 그것들을 "심화 학습: 시퀀스 공간과 확률"에서 다룰 것이다. 세부내용에 관심이 있는 독자들은 그 부분을 참고할 수도 있을 것이다.

완전한 RNA 세계 이야기는 여러 단계와 관련이 있으며 버전에 따라 상당히 다를 수도 있다. 지금까지 우리는 특정한 버전의 시작 단계들만 살펴보았다(20-22장을 보라). 그것은 지구상의 한 곳 이상에서 원시 수프가 출현하는 것으로 시작한다. 다음 단계는 이 수프에서 소위 원시 세포라는, 세포와 비슷한 구조의 형성과 관련된다. 아마도 이 원시 세포들 중 몇 가지는 세포 형성과 동시에 또

는 그 후에 형성된, 자가 복제하는 RNA 분자들을 포함했을 것이다. 이 단계에서 촉매 도우미로서 폴리펩타이드(현대의 단백질의 전신)들이 관여했는지는 미해결 문제로 남아 있다. 우리가 22장에서 언급하기만 한 이후의 단계들은 리보솜 RNA의 전신인 일종의 RNA를 통한 단백질 구성의 개시로 시작한다. 이어서 생산된 단백질들이 RNA로부터 촉매 책임의 대부분을 넘겨받기 시작한다. 그다음에는 몇몇 RNA가 DNA로 전환되고 DNA가 RNA 대신 생물학적 정보 저장소가 된다. 모든 생물의 조상인 루카(LUCA)로 이어지는 마지막 단계에서 DNA, RNA, 그리고 단백질의 역할들은 가장 단순한 현대의 세포들에 존재하는 역할들에 비교할 만하게 된다.

우리는 먼저 원시 지구의 상태에서 시작해서 루카(LUCA)에 도달할 확률이 그 지점에 이르는 각 단계의 확률들을 곱한 값과 같음을 인식할 필요가 있다. 따라서 1단계를 마칠 확률이 1/2이고 2단계를 통과할 확률 역시 1/2일 경우 이후의 다른 모든 단계가 절대적으로 확실하게 달성될 수 있다 할지라도(확률들 = 1) 성공할 전체적인 확률은 1/4이다.

지나치게 단순화한다는 위험을 무릅쓰고 우리는 아마도 가장 중요한 단계들인 처음 두 단계, 즉 RNA 자가 복제에 이르는 단계들에만 초점을 맞출 것이다. 이는 다른 모든 단계들이 1에 가깝다고 해도 무방할 확률을 지닌다고 가정하는 셈이다. 아마도 그런 가정의 타당성에 관한 학자들 사이의 의견은 갈릴 것이다. 예컨대 생물학자인 유진 쿠닌은 RNA가 자신의 정보 내용을 단백질들 안으로 번역할 능력을 갖기 시작한 것을 다윈의 진화를 가능하게 만든 획기적인 진전으로 본다. 그는 더 나아가 우리의 현재 지식에 비추어볼 때 우리가 이 단계를 지극히 일어날 성싶지 않은 사건으로 보는 것이 합리적이라고 주장한다.[24] 하지만 사안을 비교적 단순화하기 위해 우리는

---

[24] Eugene Koonin, *The Logic of Chance: The Nature and Origin of*

이후 단계들의 확률이 낮다고 주장될 수도 있음을 유념하면서 초기 단계들에만 초점을 맞출 것이다.

첫 단계를 고려해보라. 중합 반응을 할 준비가 된 활성화된 뉴클레오타이드들을 포함하는 원시 지구의 어느 곳에서 원시 수프가 나타날 가능성은 얼마나 되는가? 물론 이 질문에는 이 단계에 얼마나 오랜 시간이 소요되는가라는 문제가 숨어 있다. 화학 반응들은 지질 시대의 척도로는 비교적 빠르므로, 그 질문은 올바른 수프를 만들기 위한 기회가 몇 번이나 일어났는가와 관련이 있다. 그것은 그 단계가 얼마나 오래 지속되었는가 또는 뉴클레오타이드들과 단백질들 및 그것들의 전신들이 원시 수프 안에서 얼마나 오래 생존했는가에 의존한다. 원시 수프가 지구에 널리 퍼졌는가?(즉 원시 수프 형성을 위한 적절한 조건을 갖춘 장소가 많이 존재했는가?) 아니면 생명이 탄생하기 전 화학적 시작 물질 중 많은 것들이 혜성들과 운석들을 통해서 왔을 수도 있다. 시료들이 제한적이기 때문에 우리는 후자에 관해서 확신할 수 없으며, 유기 분자들이 지구와의 충돌 기간과 관련된 고온에서 살아남았을지는 미해결 문제로 남아 있다. 직접적인 증거가 없으므로 이것들은 모두 추측에 열려 있다.

그런데 통제된 실험실 과정들에서 활성화된 뉴클레오타이드들의 전신을 만들어내는 데 어려움이 있다. 실험실에서 성공한 경우조차 실험실의 성공들에 기초한 시나리오들에 대한 비판이 있었음을 상기하라. 샤피로는 이 시나리오들은 우연한 자연적인 원인들을 통해 골프공이 스스로 경기를 하는 것에 비교할 만하다고 주장했다(섹션 20.3을 보라). 이 모든 이유로 우리는 RNA 중합체를 만들기 위한 전제조건인 단량체들의 수프를 달성할 가능성이 큰지에 대해, 그리고 기능하는 RNA 복제자가 출현하리라고 기대하는 것의 합리성에 대해 의문을 제기할 건전한 토대를 가질 것이다. 1단계의 확률은 매우 낮을 수도 있지

만, 우리의 현재 지식에 근거해서는 확실한 결론에 도달하기 어렵다.

뉴클레오타이드들의 원시 수프를 얻는 것이 벅찬 도전인데, 원시 수프에서 기능하는 복제자를 형성하는 것은 더 큰 도전이다. 더 진행하기 전에 우리는 먼저 우리가 21장에서 제기했던 생물학적 정보가 시작될 가능성 문제를 되묻고 있음을 인식해야 한다. 우리의 목적은 원시 수프에서 기능하는 RNA 분자가 출현할 확률을 평가하려고 시도하는 것이다. 기능성은 중합체 안의 뉴클레오타이드들의 서열에 의존한다. 이것은 21장에서 논의된 생물학적 정보의 정의에 해당한다.

섹션 22.1.1에서 우리가 논의한 조이스와 오겔의 "꿈"에서 RNA 가닥들이 무작위로 형성되어 그중 몇몇 가닥들이 자가 복제 촉매에 관여할 능력을 가지게 되었다고 상정한 것을 기억하라. 이 단계가 성공할 확률이 매우 작다고 믿을 몇 가지 이유가 있다. 첫째, 앞서 섹션 22.1.1에서 언급된, 실험실에서 복제하는 리보자임들을 만들어내려고 한 시도들로부터의 증거가 있다. 이런 노력은 중합 반응을 촉진할 수 있고 따라서 자신과 비슷한 문자들의 사본을 만들 수 있는(즉 자가 복제하는) 리보자임에 도달하기 위한 시도에 있어서 분자 공학과 시험관 내 진화의 조합이었다. 섹션 22.1.1에서 언급된 바와 같이 현재까지 최고의 성과자는 매우 길고(200머[mer, 중합체에서 단위체의 개수를 나타내는 단위]) 자신을 제외한 특정한 서열만 복사할 수 있다. 그 길이는 너무 큰 것으로 보인다. 가정된 RNA 시나리오에서 일어났을 법한 예에 대한 실행 가능한 경쟁자가 되려면 그 길이가 훨씬 작아야 한다. 아마도 작게는 35머나 40머 정도여야 할 것이다.[25] 하지만 현재까지 복제자를 만들어내기 위한 실험 연구로 미루어 판단하건대 이 정도 길이는 분자가 복제자 효소가 되기에는

Biological Evolution (Upper Saddle River, NJ: FT Press Science, 2011).

25 Christian de Duve, *Singularities: Landmarks on the Pathways of Life* (Cambridge: Cambridge University Press, 2005), 83.

너무 짧은 것으로 보이는 반면[26] 더 긴 분자들이 원시 수프에서 발생하는 것은 희망적이지 않다.[27]

이 RNA 세계 시나리오에서 이 단계가 일어났을 가능성에 관해 의심하는 두 번째 이유는 이론적이다. 그것은 원시 수프에서 무작위 조합을 통해 40머 길이의 RNA 복제자가 생길 확률은 보잘것없어 보인다는 사실과 관련된다. 우리는 먼저 40을 선택한 이유들을 살펴봐야 한다. 40머를 선택하게 된 데는 몇 가지 고려사항이 있다. 첫 번째는 복제 과정에서 이중 가닥 RNA들이 용해되어야 한다는 요건과 관련된다(섹션 22.1.1에 설명된 꿈에서 단계 E와 G를 보라). 가닥이 길수록 용해 온도가 높다. 너무 높은 온도가 필요할 경우 RNA가 해체에 훨씬 더 취약해진다. 뉴클레오타이드 40개의 길이는 현재의 추정에 따른 상한에 가깝다.[28]

RNA 복제자가 40머보다 짧을 수 있는가? 그렇지 않다고 믿을 이유가 있다.[29] 첫째, 활발히 촉매 작용을 하는 구조로 접힐 수 있으면서 가장 짧은 RNA는 무엇이겠는가에 대한 고려가 있다. RNA 분자가 약 40머보다 짧을 경우 그것이 촉매 기능을 허용하는 구조 안으로 접힐 수 있을 가능성이 작다. 설사 40머보다 짧은 RNA가 어느 정도 촉매 능력을 가진다 해도 한 세대에서 다음 세대로 복사할 때 오류 전달 문제가 발생할 가능성이 있다(이미 섹션 22.1.2에서 언급되었다). 생리 화학자이자 노벨상 수상자인 만프레트 아이겐을 통해 개발된 이론에 따르면 복제하는 RNA가 다윈의 이론 식으로 진화하기 위해서는 복사에 어느 정도 불일치가 있어야 한다(즉 복사에서 오류가 일어나야 한다). 그러나 오류율이 너무 높으면 RNA들의 그

룹(아이겐은 그것들을 **유사 종**으로 부른다)들이 복사할 수 있는 것보다 빠르게 가수 분해될 것이기 때문에 그것들이 사멸할 것이고, 오류가 그 종들의 많은 구성원들을 빈약한 복사자가 되게 할 것이다. 일반적으로 머의 수가 클수록 복사가 더 정확할 것으로 예상된다. 복제자가 너무 짧으면 복제자 유사 종이 사멸하는 것을 뜻하는 **오류파국**(error catastrophe)으로 이어질 것이다. 이런 고려에 기초해서 로버트슨과 조이스는 40머 길이의 RNA가 충분히 정확하게 복제하는 시나리오를 상상한다. 그리고 나서 그들은 그런 분자가 무작위 서열 RNA 집단 내에서 발생할 것으로 예상될 것인지를 묻는다.

그들의 답변은 시퀀스 공간으로 알려진(시퀀스 공간에 관한 좀 더 자세한 설명은 아래의 "심화 학습: 시퀀스 공간과 확률"을 보라), 적어도 특정한 자가 복제 RNA의 사본 한 개가 포함되는 것을 확보하는 데 필요할 물질의 양 관점에서 주어진다. 이 값은 약 1그램으로 밝혀졌다. 그러나 자가 복제하는 RNA가 스스로를 재생산하려면 또 다른 RNA 분자(자신의 보완물)를 복사해야 한다. 이 점이 고려되면 요구되는 양이 10^{28}그램으로 급증한다. 로버트슨과 조이스가 지적하듯이 이는 지구의 질량에 비교할 만한 양인데, 이 점은 그 가능성이 매우 작음을 표현하는 또 다른 방식이다. 사실 이 저자들은 RNA 복제자가 순전히 무작위적인 과정을 통해 폴리뉴클레오타이드들의 수프로부터 출현할 법하지 않음을 인정한다.

완전히 무작위적인 과정에 대한 대안으로 로버트슨과 조이스는 촉매 자가 복제를 할 수 있는 RNA들을 만들어내기 위한 비주형 반응(untemplated reaction)과 주형 반응(templated reaction)의 서열을 제안한다. 기능하는 RNA 분자들은 다른 접힘 패턴들을 허용하는 "줄기들"(stems)과 "고리들"(loops)을 포함한다. 그림 21.2의 tRNA "인형"은 이를 보여준다. 일반적으로 기능하는 리보자임들은 우리의 tRNA 인형처럼 교대하는 줄기들과 고리들로 구성된다. 그 인형의 몸통, 팔들, 그리고 목은 왓슨-크릭 쌍과 관

26   Gerald F. Joyce, "A Glimpse of Biology's First Enzyme," *Science* 315 (2007): 1507-8.
27   Jack W. Szostak, "The Eightfold Path to Non-enzymatic RNA Replication," *Journal of Systems Chemistry* 3 (2012): 2.
28   Szostak.
29   Michael P. Robertson and Gerald F. Joyce, "The Origins of the RNA World," *Cold Spring Harbor Perspectives in Biology* 4 (2012): 1-22.

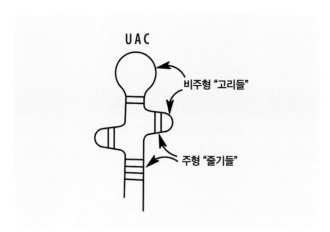

그림 23.3. 교대로 나타나는 RNA의 주형 부분과 비주형 지대들을 보여주는 tRNA "인형".

런된 뉴클레오타이드들의 신장(stretch)인 반면 손들과 머리는 비주형이다(그림 23.3을 보라). 그런 서열들이 번갈아 나타나면 다양한 접힘 패턴이 수반될 수 있다. 그리고 줄기들(몸통들과 팔들) 안의 서열들이 비교적 중요하지 않다면 특정한 촉매 기능에 비주형 지대들만 중요할 것이고, 좀 더 기능하는 RNA들이 존재할 가능성이 커진다. 그러나 그런 방법의 타당성은 다소 사변적이며 그 확률을 평가할 수 없다.

같은 논문의 뒷부분에서 로버트슨과 조이스는 복제자 형성과 관련된 표준적인 RNA 세계의 또 다른 심각한 문제를 논의한다. 오른손잡이 뉴클레오타이드들을 사용하여 주형의 인도를 받은 RNA 사슬들의 합성(그 꿈에서 C 단계)이 왼손잡이 사슬들의 존재로 말미암아 억제된다는 사실이 10년 넘게 알려져 있다. 교차 억제(cross-inhibition)로 알려진 이 현상은 복제자 형성을 위한 가설상의 시나리오를 극복하는 데 또 다른 어려움을 제기한다.

『RNA 세계』(*The RNA World*)의 3판에 수록된 다음 인용문은 RNA 세계 접근법의 개발에서 핵심적 인물인 조이스와 오겔의 의견을 반영한다.

생명의 기원에 관심이 있는 과학자들은 두 부류로 나뉘지는 것으로 보인다. 대개 분자생물학자들이지만 반드시 그

렇지만은 않은 첫 번째 부류는 RNA가 틀림없이 최초로 복제하는 분자들이었고 화학자들이 뉴클레오타이드 합성의 어려움을 과장하고 있다고 믿는다. 그들은 좀 더 현저한 몇몇 화학적인 "뜻밖의 일들"로 말미암아 원시 지구에서 라세미 모노뉴클레오타이드들의 풀(pool)이 형성되었을 것이고, 여러 활성화 기들로 실험이 더 실시되어 광물들과 손대칭성 확대 과정들이 거울상의 교차 억제 문제를 해결했을 것으로 믿는다. 두 번째 부류의 과학자들은 훨씬 비관적이다. 그들은 생명이 없는 지구에서 올리고뉴클레오타이드들이 새로 출현하는 것은 거의 기적이었을 것으로 믿는다(현재 저자들은 후자의 견해를 지지한다). 시간이 어느 견해가 옳은지 말해줄 것이다.[30]

괄호 안의 언급은 제외되었지만 같은 단락이 로버트슨과 조이스가 훗날 쓴 논문에도 수록되었다.[31] 오겔은 2007년에 사망했다.

23.2.3. 대안적 접근법들. 앞서 언급된 현재의 생명의 기원 과학의 논의에 기초해서 그 꿈의 RNA 시나리오를 따라 지구에 생명이 출현할 확률을 쉽게 추정할 수는 없지만 매우 작을 수도 있다고 합리적으로 결론지을 수 있다. "기적에 가까운" 같은 말들은 확실히 0에 가까운 확률 추정과 일치할 것이다. 지구에 생명이 출현할 확률이 $1/10^{20}$(도킨스가 임의로 설정한 한계) 밖에 되지 않지만 알려진 우주의 어느 곳에선가 생명이 발생할 확률이 약 셋 중 둘에 해당할 것인가? 지구에 생명이 출현할 확률이 가령 $1/10^5$로서 $1/10^{20}$보다는 훨씬 크지만 여전히 작을 것인가? 그 경우 지구에서 생명이 발생할 확률은 작지만 적합

30 Gerald F. Joyce and Leslie E. Orgel, "Progress Toward Understanding the Origin of the RNA World," in *The RNA World*, 3rd ed., ed. Raymond F. Gesteland, Thomas Cech, and John F. Atkins (Cold Spring Harbor, NY: Cold Spring Harbor Laboratory Press, 2006), 44.

31 Robertson and Joyce, "Origins of the RNA World," 15.

한 행성의 수가 많다고 가정되기 때문에 우주 전체적으로는 생명이 발생할 확률이 클 것이다. 어느 경우든 RNA 세계 접근법의 교의들을 받아들이는 생명의 기원 과학자들은 그 확률 추정을 높일 대안적인 요인들을 탐색하는 경향이 있다.

실제로 대안적인 제안들이 존재한다. 예컨대 크리스티앙 드 뒤브는 틀림없이 촉매가 RNA 중합체들의 형성을 도왔을 것이라고 제안했다.[32] 그는 원시 수프의 **게미쉬**에서 나온 그의 다합체 외에 금속이 풍부한 표면 등 이러한 촉매 작용의 가능한 몇몇 원천을 제안한다(섹션 22.2.2를 보라). 드 뒤브는 다윈식의 진화를 겪을 수 있는 시스템을 만드는 과정의 궁극적인 단계로서 자가 복제하는 리보자임의 필요성을 완전히 신봉하지는 않았다. 그는 바로 위에서 설명된, 촉매의 도움을 통해 복제될 수 있는 주형 기반 RNA 시스템만으로 만족하는 것처럼 보인다. 이와 대조적으로 좀 더 순전한 RNA 세계 시나리오를 신봉하는 생명의 기원 과학자들은 자가 복제하는 리보자임의 달성을 중요한 단계로 여기고 그것이 생물학적 진화의 시작에 중요하다고 생각한다. 예컨대 로버트슨과 조이스는 그 문제를 또 다른 닭과 달걀의 우선순위 문제란 관점으로 표현한다. "진화가 없이는 자가 복제하는 리보자임들이 생겼을 가능성이 낮은 것으로 보이지만, 모종의 형태의 자가 복제가 없이는 최초로 자가 복제한 원시 리보자임이 진화의 모색을 수행할 수 없다."[33]

유전학자들의 RNA가 먼저라는 접근법에 대한 대안을 주장하는 물질대사론자들은 앞 섹션의 끝 부분에 인용된 조이스와 오겔의 말에 요약된, RNA 세계 지지자들이 직면한 도전들에 대한 정직한 인정을 칭찬하는 경향이 있을 수도 있다. RNA 세계 가설에 존재하는 문제들은 단백질이 먼저라는 접근법을 좀 더 매력적인 것으로 만드는

것처럼 보일 것이다. 하지만 모종의 형태의 유전 분자들이 장면에 등장하기 전에 방대한 물질대사 시스템이 개발된 경우에도 어느 시점에는 RNA나 RNA와 비슷한 분자에 기초한 복제 시스템이 존재하게 되어야 한다. 단백질과 유사한 효소들이 뉴클레오타이드들과 올리고뉴클레오타이드들의 형성을 촉진해서 그것들이 생물학적 정보를 저장하는 분자로 기능할 수 있게 만든 시나리오의 확률을 추정하려고 할 때, 우리는 앞 섹션에서 묘사된 것과 비슷한 도전들에 직면할 가능성이 있는 것처럼 보인다. 어느 시점에서는 기능하는 유전 분자가 반드시 출현해야 하는데, 그것을 물질대사 과정이 확립된 뒤로 미룬다고 해서 그 일이 일어날 확률이 개선될 것이라는 점이 즉각적으로 명백하지는 않다. 더욱이 주형 기반 복제 시스템이 없는 상황에서 물질대사 시스템이 어떻게 자신을 영속화시킬 것인가라는 문제가 남는다.

한편 RNA 세계 시나리오의 수정도 제안되었다. 최근에 쇼스택은 다윈식의 진화를 시작하는 데 촉매 작용을 하는 자가 복제자가 필요하지 않을지도 모른다고 제안했다.[34] 그는 원시세포들에게 선택적인 이점을 부여할 수 있는, 적어도 한 가지 형태의 기능하는 리보자임을 포함하는 원시세포들의 형성이 진화적 발전의 최소 요건일 것이라고 제안한다. 그 리보자임은 복제할 수 있어야 할 테지만, 쇼스택은 드 뒤브와 마찬가지로 주형을 기반으로 한 복사(오겔-조이스의 꿈에서 B 단계와 C 단계)로 충분할 수도 있다고 제안해서 자신의 복제를 촉진할 수 있는 리보자임의 형성 요건을 제외시킨다. 쇼스택은 그런 시나리오가 직면할 모든 도전을 열거한다. 그런 도전은 아주 많다. 사실 그는 그런 도전 중 여덟 가지를 나열한다. 그는 자신의 가설을 검증하기 위한 실험방법뿐만 아니라 왜 그 도전들이 별로 문제가 되지 않을 수 있는지를 논의한다. 섹션 22.1.1에서 논의된 바와 같이 올리고뉴클레오타이드

32   De Duve, *Singularities*.
33   Robertson and Joyce, "Origins of the RNA World," 8.
34   Szostak, "Eightfold Path to Non-enzymatic RNA Replication."

들과 관련된 주형 합성은 현재까지 제한적으로만 성공적이었다. 따라서 쇼스택이 기꺼이 인정하듯이 그의 가설을 확인하려면 앞으로 더 많은 실험 연구가 필요하다.

RNA 세계의 다른 옹호자들은 다양한 형태의 분자들의 협력 대안을 제안한다.[35] 꿈 시나리오에 묘사된 자가 복제하는 한 개의 RNA들이 한 번에 뉴클레오타이드 하나를 복사하는 대신 그들은 여러 RNA들이 협력해서 자가 복제 시스템을 만들어내는 것과 관련된 다양한 대안들을 제안한다. 이 부류에는 카우프만의 집단적 자가 촉매 시스템(CAS, 섹션 22.3을 보라)과 조이스에 의해 개발된 것과 비슷한 자가 촉매 시스템뿐만 아니라, 카우프만의 폴리펩타이드들 대신 RNA들을 사용하지만(섹션 22.3.1을 보라) 리보자임당 RNA 두 가닥 이상과 관련되는 대안도 있다. 폴 힉스와 닐스 레만은 이 노선을 따르는 연구에 관해 낙관적이지만 결국 그들은 예컨대 최초의 리보자임들은 얼마나 길었는가, 생명이 하나의 중합 효소(polymerase)를 통해 점화되었는가, 아니면 무작위적인 자가 촉매 집합을 통해 점화되었는가, 그리고 RNA 세계의 에너지원은 무엇이었는가 등 아직 답변되지 않은 많은 문제를 제기한다.[36]

마지막으로, 낮은 생명의 발생 확률이 많은 시행을 통해 상쇄될 수 있다고 제안하는 학자들이 있다. 우리는 섹션 22.4에서 디머의 그런 제안을 살펴보았다. 디머는 본질적으로 원시 세포의 형성을 시도하는 많은 구획화 사건들이 많은 장소에서 그리고 아마도 장기간에 걸쳐 일어났을 것이라고 제안한다. 그는 특정한 경우의 성공 가능성이 매우 작더라도 시행의 수가 사실상 무한대라면 성공할 확률이 클 수도 있다고 주장한다. 따라서 디머는 지구와 비슷한 행성에서 생명이 출현할 가능성이 상당히 클

수도 있다고 제안한다. 알려지지 않은 내용이 많아서 우리가 그런 제안들을 정확하게 평가하기란 어렵다.

23.2.4. 생명의 기원 과학에 대한 함의. 생명의 기원 과학자들은 자신의 시나리오가 낮은 확률을 예측할 경우 가만히 앉아 있을 수 없다. 앞 섹션에서 예시된 것처럼 지구에 생명이 출현할 확률이 낮다는 이론적 예측에 직면해서 그들은 모두 현재 과학의 원리들과 법칙들(창조세계의 기능의 완전성)에 의해 정해진 한계 내에서 생명의 시작이 이론적으로 좀 더 가능성이 커 보이게끔 만들기 위해 자신이 제안했던 시나리오를 수정할 방법을 모색한다. 생명의 기원 시나리오들이 직면한 확률적 도전들을 해결하려는 노력들에는 암묵적으로 현대 과학 이론과 실험을 통해 생명이 어떻게 발생했는지 이해할 수 있다는 가정이 깔려 있다. 이는 다음과 같은 중요한 질문을 제기한다: 지구에 생명이 발생한 것이 확률이 매우 낮은 사건이었다고 가정할 경우 과학적 조사가 그 사건이 어떻게 일어났는지를 드러낼 것으로 기대하는 것이 합리적인가? 즉 지구에 생명이 출현할 확률이 낮다는 사실이 생명의 기원 과학이 성공할 것이라는 믿음과 조화되는가?

그 질문에 대한 답은 부정적인 것으로 보인다. 과학사학자인 아이리스 프라이는 지구에서 생명이 시작될 확률이 높다는 믿음이 생명의 기원 과학에 관여하기 위한 필요조건이라고 주장했다.[37] 그녀는 과학계가 대략 두 개의 진영으로 나뉘질 수 있다고 주장한다. "법칙 진영"은 적절한 조건하에서 생명의 출현은 개연성이 높고 따라서 과학적으로 설명될 수 있다는 논제의 옹호자들이다. 프라이는 철학적으로 일관성이 있으려면 생명의 기원 과학자들이 이 진영에 속해야 한다고 믿는다. 두 번째 집단은 "거의 기적 진영"으로서 이 진영에는 생명의 시작은 순전

35 Paul G. Higgs and Niles Lehman, "The RNA World: Molecular Cooperation at the Origins of Life," *Nature Reviews: Genetics* 16 (2015): 7-17.

36 Higgs and Lehman.

37 Iris Fry, "Are the Different Hypotheses on the Emergence of Life as Different as They Seem?," *Biology &Philosophy* 10 (1995): 389-417.

히 그리고 단순히 별난 사건이었다고 주장하는 학자들이 포함된다.

생명의 기원 과학계의 구성원들은 종종 위에 제기된 것 같은 문제들을 명시적으로 다루지 않는다. 그러나 그들이 그 문제를 다룰 때에는 프라이의 논제와 일치하는 방식으로 논증한다. 프라이가 인용하는 학자 중 생리학자 해럴드 모로위츠가 있는데 그는 생명의 기원에 관해 많은 글을 썼다. 모로위츠는 생명이 어떻게 시작했는가라는 질문에 다음과 같은 세 가지 답변이 가능하다고 주장한다: (1) 과학 법칙을 통해 설명될 수 없는 신적 행동의 결과, (2) 많은 무작위 사건들의 결과로서 모노가 주장하는 식의 우연에 의해 지배되는 세상에서 본질적으로 독특한 사건, (3) "예측 가능한 방식으로" 발생하는 사건인 "자연 법칙이 작동한 결과로서 결정론적인 사건."[38] 모로위츠는 두 번째 답변이 옳다면 생명의 기원은 과학적으로 이해될 수 없고 실험실의 조건에서 반복될 수도 없다고 주장한다. 따라서 그는 "우리가 생명의 기원에 대해 과학적으로 연구하려면 그 사건이 일반적인 물리학과 화학의 범위 안에서 대체로 결정론적인 사건이라는 세 번째 견해를 채택해야 한다"고 결론짓는다.[39] 모로위츠가 이 논의에서 **확률**이라는 단어를 명시적으로 사용하지는 않지만, 프라이는 모로위츠가 세 번째 선택지를 선택한 것으로 미루어 그가 명백히 "법칙 진영"에 속하며 지구에 생명이 탄생할 확률이 높음을 신봉했다고 주장한다.[40]

프라이는 생명의 기원의 불가피성에 대한 믿음을 거리낌 없이 선언한 또 다른 생명의 기원 과학자로 드 뒤브를 인용한다. 그는 자기의 모형이 "불확실성들로 가득하다"는 점을 인정하지만, 그것은 "확실히 **결정론적**"이고 "만일 그 모형이 옳다면 우리 행성의 초기에 편만했던 상태들이 얻어질 수 있는 우주의 어딘가에서 생명이 같은 방식으로 개발되었을 것"이라고 주장한다.[41] 다른 맥락에서 그는 생명의 기원이 과학적으로 설명 가능한가라는 문제를 제기한다. 그는 생명의 기원을 탐구하는 과학자들은 긍정적으로 답할 것이라고 답변한다. 그는 다음과 같이 주장한다. "이 가설은 모든 과학적 조사의 근본적인 공리이기 때문에 어떤 과학자도 달리 생각할 수 없을 것이다.…어떤 선입관과도 무관하게 과학은 그것이 접근하는 문제들이 해결가능하다는 가정하에서 진행한다."[42]

생명이 어떻게 시작되었는지에 관한 단서를 제공할 수 있는 분자 화석이 남아 있지 않기 때문에 밀러와 유리의 시대부터 생명의 기원 과학자들은 생명의 시작에 이르는 과정들을 재생산하기 위해 그들의 실험실에서 가정된 원시 상태의 시뮬레이션을 실시해왔다. 생명의 기원에 대해 제안된 다양한 시나리오들의 경험적 뒷받침은 이러한 실험실 시뮬레이션들의 성공에 의존한다. 이러한 실험적 접근법에는 모로위츠와 드 뒤브가 명시적으로 밝힌 가정, 곧 생명의 시작은 별나거나 독특한 사건이 아니었고 따라서 (모노가 주장했듯이) 과학적 토대에서 예측될 수 없는 것이 아니라 실험실 시뮬레이션을 통해서 과학적으로 조사될 수 있는 현상이라는 가정이 깔려 있다. 이는 프라이에 따르면 대다수 생명의 기원 과학자들을 "법칙 진영"에 위치시키며, 따라서 그들이 생명이 시작될 확률이 높음을 명시적으로 진술하지는 않을지라도 묵시적으로 믿을 것을 요구한다.

38　Harold J. Morowitz, *Beginnings of Cellular Life* (New Haven, CT: Yale University Press, 1992), 3.

39　Morowitz, 3. 이는 생물학과 생명 자체를 완전히 물리학과 화학으로 환원시키는 견해를 암시하는 것처럼 보임을 주목하라.

40　많은 생명의 기원 연구자들이 실제로는 결정론과 예측 가능성이라는 두 개념 사이에 아무 관계가 없음에도 그것들을 동일시하는 것처럼 보임을 주목하라. 다음 문헌들을 보라. John Earman, *A Primer on Determinism* (Dordrecht: Reidel, 1986), chap. 1; Robert C. Bishop, "Anvil or Onion? Determinism as a Layered Concept," Erkenntnis 63 (2005): 55-71.

41　Christian de Duve, *Blueprint for a Cell: The Nature and Origin of Life* (Burlington, NC: Neal Patterson, 1991), 212-13.

42　Christian de Duve, *Life Evolving* (Oxford: Oxford University Press, 2002), 51.

이론가들은 RNA 같은 생체 고분자에서 주어진 서열(시퀀스)의 확률 문제를 시퀀스 공간 관점에서 다룬다. RNA 같은 선형 분자의 시퀀스 공간은 가능한 다른 서열들의 총수로 정의된다. 중합체에 얼마나 많은 단위(mer)가 있는지, 그리고 그 중합체에 단량체의 종류가 얼마나 많은지를 알면 그 수가 쉽게 계산될 수 있다. 예컨대 그 중합체가 이합체(두 개의 머)이고 표준적인 RNA 분자에서처럼 4개의 다른 뉴클레오타이드가 가능할 경우 그 시퀀스 공간은 다음과 같이 완전히 대표된다.

AA AG AC AU GG GA GC GU CC CA CG CU UU UA UC UG

즉 그 수는 총 16이다. 이 수는 4^2 또는 N^n으로 계산될 수 있다. 여기서 N은 다른 뉴클레오타이드들의 수이고 n은 머(mer)의 수다.

시퀀스 공간은 확률과 간접적으로 관련된다. 뉴클레오타이드들의 혼합물을 함유하는 용액에서 특정 시퀀스 조합의 확률은 시퀀스 공간이 얼마나 큰지에 의존한다. 대략적으로 말하자면 확률과 시퀀스 공간은 역의 관계가 있다. 시퀀스 공간이 클수록 특정 시퀀스의 확률은 작아진다. 하지만 좀 더 정확하게 계산하려면 구체적인 몇 가지 내용을 알아야 한다. 예컨대 특정한 위치에서 어떤 뉴클레오타이드가 나타날 가능성은 뉴클레오타이드에 따라 다를 수도 있다. 그것은 또한 중합체가 형성되고 있는 용액에서 뉴클레오타이드들의 농도에도 의존할 것이다. 앞의 예에서 모든 뉴클레오타이드가 각각의 위치에서 연결되는 동일한 경향이 있고, 용액 안의 모든 뉴클레오타이드의 농도가 같다면 각각의 시퀀스의 확률은 시퀀스 공간에만 의존하고 그것의 역수, 즉 1/16이다.

표 23.1.   뉴클레오타이드 수의 함수로서 시퀀스 공간에서 RNA의 시퀀스 수와 총 질량.

길이, n (뉴클레오타이드들)	시퀀스 수	총질량(그램)
5	1.02×10^3	2.73×10^{-18}
20	1.10×10^{12}	1.17×10^{-8}
30	1.15×10^{18}	1.84×10^{-2}
40	1.20×10^{24}	2.58×10^4
60	1.33×10^{36}	4.25×10^{16}
100	1.60×10^{60}	8.56×10^{40}

시퀀스 공간은 중합체의 길이에 기하급수적으로 의존하기 때문에 중합체의 길이가 커짐에 따라 매우 빠르게 커진다. 이는 중합체가 길어짐에 따라 특정 시퀀스의 확률이 신속하게 아주 작아진다고 말하는 셈이다. 종종 시퀀스 공간은 그것의 총질량 관점에서 표현된다. 이 양은 가능한 시퀀스 각각을 관찰할 합리적인 가능성이 있으려면 얼마나 많은 양의 물질이 존재할 필요가 있는지를 정의한다. 표 23.1은 계산을 위해 RNA의 $N = 4$를 가정하고 A(아데닌)의 질량을 사용하여 n의 전형적인 값들에 대한 시퀀스 공간의 값들과 총질량을 보여준다.

긴 RNA의 시퀀스 공간이 얼마나 큰지에 대한 감을 잡기 위해 언급하자면 태양의 질량은 약 2×10^{33}그램이다. 이는 $n = 100$일 경우 시퀀스 공간은 약 4천만 개의 태양에 맞먹는다는 것을 의미한다.

섹션 23.2.2에서 언급된 바와 같이 두 개의 시퀀스가 요구될 경우 시퀀스 공간은 극적으로 확대된다. 그 이유는 하나의 시퀀스 공간과 다른 시퀀스 공간이 더해지는 것이 아니라 곱해져야 하기 때문이다.

확률이 이런 방식으로 작동함을 상기하라. 어떤 사건이 일어날 확률이 0.5이고 다른 사건이 일어날 확률도 0.5일 경우 두 사건이 일어날 확률은1/2 × 1/2, 즉 1/4이다. 시퀀스 공간은 확률에 반비례하므로 그것도 같은 방식으로 작동한다.

위의 표에 제시된 시퀀스 공간 계산에서 몇 가지 가정이 숨어 있다. 첫째, RNA에서 D-리보스만 발생한다는 것을 상기하라. 그러나 원시 수프에서 L-리보스로부터 똑같은 양의 뉴클레오타이드가 아닌 다른 것이 만들어지리라고 예상할 선험적인 이유가 없다. 이 점이 고려된다면 시퀀스 공간을 계산하기 위한 우리의 공식 N^n에 2^n을 곱해야 하므로 N의 값이 급증한다. 두 번째 가정은 뉴클레오타이드들 간의 연결과 관련된다. 20장에서 논의된 바와 같이 뉴클레오타이드들 간에 연결이 일어날 수 있는 방식은 3′–5′와 2′–5′ 두 가지다. 올바른 연결 3′–5′가 선호되었으리라고 기대할 선험적인 이유가 없다. 이 점이 고려되면 우리의 시퀀스 공간 계산에서 N의 값이 급증할 것이다. 뉴클레오타이드들의 연결 개수는 뉴클레오타이드들의 수보다 하나 적기 때문에 실제 승수는 2^{n-1}이 될 것이다. 40머(mer) 길이에 대해 이 두 변화의 효과가 고려되면 시퀀스 공간은 2.3×10^{28}g이 된다. 이는 지구의 질량에 필적하며 이 요인들이 무시된 위의 표에서 제시된 수치보다 훨씬 크다.[a]

마지막으로, 시퀀스 공간은 뉴클레오타이드들의 한 개의 특정한 시퀀스 탐색을 가정하여 계산된 것임을 우리가 상기할 필요가 있다. 좀 더 많은 시퀀스들이 기능성을 가질 가능성이 크지만, 예컨대 가능한 모든 시퀀스 중 어느 정도나 자가 복제자로서 기능할 수 있을지는 아무도 짐작할 수 없다. 하지만 그 가능성은 아주 작을 것이다.

[a] 우리는 리보스 외의 당들이나 표준적인 4개의 핵염기들 외에 더 많은 핵염기들을 고려하지 않았다. 우리가 가능한 4탄당, 5탄당, 6탄당의 모든 당들과 다른 염기들을 포함시킨다면 시퀀스 공간이 천문학적으로 커질 것이다.

한편 생명이 시작할 확률 문제가 좀 더 넓은 과학계에서는 여전히 미해결 문제로 남아 있다. 생명의 기원 학계 외부의 많은 과학자 및 심지어 내부의 몇몇 과학자들조차 생명의 확실성에 관해 모로위츠나 드 뒤브보다 덜 확신하는 것으로 보인다. 우리는 앞서 생명의 시작은 개연성이 지극히 낮다는 생물학자 쿠닌의 의견을 언급했다. 한편 하버드 대학교의 화학 교수이자 그 대학교의 "생명의 기원 이니셔티브"를 감독하는 위원회의 위원인 조지 화이트사이즈는 두 대안 중에서 선택하는 것의 어려움에 관해 성찰한다.

하지만 액체 상태의 물을 지원하는 표면 상태를 지닌, 새로 형성된 행성에서 생명을 발생시킬 가능성이 얼마나 큰가? 우리는 현재로서는 어떤 단서나 평가할 수 있는 확실한 방법을 갖고 있지 않다. 우리가 알고 있는 것들로 미루어 볼 때 그 답은 "불가능할 정도로 가능성이 작다"와 "절대적으로 불가피하다" 사이의 어느 지점에 놓일 것이다. 우리는 그럴 법한 원시 지구의 상태에서 자연적으로 세포 생명이 출현할 확률을 만족스럽고 확실하게 계산할 수 없다.[43]

23.2.5. 생명의 기원: 그것은 의도적이었는가?

앞의 장들에서 생명의 기원에 관한 우리의 논의는 생명이 **어떻게** 시작했는가를 묘사하려는 과학적 노력에 대한 고찰과 관련되었다. 그 과정에서 우리는 연구자들이 생명이 시작되었을 가능성이 있는 방법으로 제안한 화학 과정들을 다소 자세하게 살펴보았다. 우리는 창조 교리에 기초해서 생명의 기원은 의도적이었음을 강조하면서 이 장을 시작했다. 우리는 이제 좀 더 중요하다고 할 수 있는 "생명이 **왜** 존재하게 되었는가?"라는 질문을 다룰 것이다.

종종 "어떻게"와 "왜"라는 문제들이 합쳐진다. 예컨대 리처드 도킨스의 다음 인용문을 고려해보라.

어떤 물리학자나 심지어 그의 세포들 중 하나의 구조와 행동을 묘사하기 위한 수학은 아직 발견되지 않았다. 우리는 생명체가 어떻게 작동하는지 그리고 그것들이 왜 존재하는지에 관한 일반적인 원칙들 중 몇몇을 이해할 수 있을 뿐이다. 우리는 우리와 복잡한 다른 모든 것들이 왜 존재하는지를 알기를 원했다. 우리는 이제 비록 그 복잡성 자체의 자세한 내용들은 이해할 수 없을지라도 그 질문에 일반적인 관점에서 답할 수 있다.[44]

도킨스가 생명체가 **왜** 존재하는지에 관해 말하는 것이 아니라 그것들이 **어떻게** 작동하는지 또는 **어떻게** 존재하게 되었는지에 관해 말하는 것이 명백하다. 무신론자인 도킨스는 물리적 실재가 어떤 행위자의 의도적인 행위의 결과라는 것을 믿지 않으므로 그에게는 사물이 왜 존재하는지에 관한 문제, 즉 그것들의 존재 목적 자체가 무의미하다. 우리는 그가 **어떻게**와 **왜**라는 말을 합치는 것에 놀라지 않

43 George Whitesides, "The Improbability of Life," in *Fitness of the Cosmos for Life: Biochemistry and Fine-Tuning*, ed. John D. Barrow, Simon Conway Morris, Stephen J. Freeland, and Charles L. Harper (Cambridge: Cambridge University Press, 2004), xvii.

44 Dawkins, *Blind Watchmaker*, 3.

아야 할 것이다. 우리는 사물이 어떻게 발생했는가(그것들을 통해 창조세계가 발생하게 된 속성들과 메커니즘들)와 그것들이 왜 발생했는가(그것들의 목적)라는 질문을 주의 깊게 구분해야 한다.

우리가 앞의 하위 섹션에서 언급한 바와 같이 저명한 몇몇 과학자들은 **우연**이라는 용어를 사용해서 생명의 기원을 묘사했다. 엄밀히 말하자면 우연은 의도적인 사건이 아니다. 어떤 개인이 총상으로 죽으면 언제나 그것이 우연이었는가, 아니면 고의였는가가 중요한 질문이다. 확실히 우연과 고의적인 사건은 상호배타적인 범주다. 우리가 생명의 기원이 우연이었다고 주장하면 동시에 그것은 목적을 지닌 행동의 결과가 아님을 암시하는 셈이다.

우연은 일반적으로 발생 확률이 낮은 사건들이다. 그렇다면 개연성이 매우 작다고 여겨지는 사건들과 의도적인 사건들이 상호 배타적인가? 그렇지 **않다**. 행위자의 의도적인 행동으로 일어난, 개연성이 매우 작은 사건들의 예를 생각하기란 어렵지 않다. 다음과 같은 가상의 예를 생각해보라. 누군가가 차고에서 후진으로 자기들의 자동차를 꺼낸다. 그들은 모르고 있지만 차도에 큰 못이 놓여 있어서 오른쪽 뒷바퀴에 펑크를 냈고 약 1.5킬로미터를 달린 후 그 타이어의 바람이 완전히 빠졌다. 그것은 재수없는 우연한 사건, 즉 확률이 매우 낮은 사건으로 보인다. 그리고 그 운전자는 자신의 십대 자녀가 이따금 음악을 크게 틀어놓는 경향에 화가 난 옆집 사람이 이례적인 형태로 복수하기로 계획하고서 차도에 못을 박아 놓았다는 사실을 모른다. 그 사건은 고의적이었지만 그 운전자에게는 확률이 낮은 사건으로 보였다. 우리가 제기한 문제에서 핵심 단어는 "생각되었다"다. 그 운전자는 그 사건이 개연성이 작다고 생각했다. 그 이웃의 행동은 고의적이었고 운전자의 관점에서는 개연성이 작을지라도 그 사건을 개연성이 매우 크게 만들었다.

생명의 기원 문제로 돌아가 보자. 우리는 지구에 생명이 나타날 확률이 알려지지 않았고, 불가능할 정도로

가능성이 낮은 수준부터 절대적으로 불가피한 수준까지 걸쳐 있음을 보여주기 위해 노력했다. 이것이 생명의 출현의 의도성에 관해 무엇을 말해주는가? 생명은 창조 교리가 단언하듯이 생명이 출현하는 것이 하나님의 의도였기 때문에 지구에 출현했는가? 확실히 현재 상태의 과학은 그 문제를 다룰 위치에 있지 않다. 현재 우리의 무지로 말미암아 그 문제는 해결될 가망이 없다.

그러나 "과학적 탐구나 어떤 상황에서든 의도성 문제를 다룰 수 있는가?"가 좀 더 중요한 문제다. 생명이 시작할 가능성이 매우 작은 것처럼 보이는 한 우리가 그것을 신적 행동에 돌리고 싶을 수도 있을 것이다. 이것이 지적 설계의 옹호자들이 진척시킨 논거임을 상기하라(섹션 23.1.3을 보라). 그들은 지극히 낮은 확률 사건들을 설계자의 행동으로 돌린다. 그 논증의 힘에 매료되는 사람도 있지만 그것은 현재 매우 의문시되고 있는 확률 추정에 의존한다. 도킨스는 지구에서 생명이 출현할 확률이 작을지라도 우주에는 이 작은 확률을 상쇄하기에 충분히 많은 적절한 행성이 존재할 가능성이 있다고 주장했다. 만일 우리 우주에 행성이 많다는 사실에 기초한 논거가 부족하면 우주학자들은 우리 우주에 존재하는 행성의 수보다 많은 우주들이 존재한다고 답변할 수 있을 것이다.[45] 그것은 지나치게 사변적이며 과학의 영역을 떠난 것으로 보인다.

아무튼 우리는 외관상 확률이 낮다고 해서 그 사건이 의도되지 않은 것이었음을 의미하지는 않는다고 주장할 것이다. 박아 둔 못과 펑크가 난 타이어의 예에서처럼 외관상 낮은 확률이 의도—생명의 경우 신적 의도—를 배제하지 않는다. 창조 교리에 비춰볼 때, 생명의 시작이 과학적 토대에서는 확률이 지극히 낮은 것으로 보이고 그것이

---

45 사실 Koonin은 *The Logic of Chance*에서 지구와 비슷한 행성에서 생명이 시작할 확률을 극히 작은 것으로 보고 생명의 시작을 불가피한 것으로 만들기 위한 수단으로 무한히 큰 다중 우주를 제안한다. 이 대목에서 추론은 우리가 생명을 지지하는 우주의 존재에 대해 10장에서 살펴본 것과 유사하다.

우연한 사건이라고 주장한 모노의 말이 옳을지라도 여전히 하나님의 관여가 배제되지 않는다. 하나님이 배제된다고 생각하는 것은 우리가 2장에서 살펴본 그릇된 양자택일의 곤경에 빠지는 처사다. 만물이 성자를 통해 창조되고 성령을 통해 능력을 받았다면 창조세계에서 하나님의 관여 없이 일어나는 일은 없다. 신적으로 매개된 행동의 봉사적 방식(섹션 2.4.3을 보라)과 창조세계를 향한 신적 목적(섹션 2.5.2를 보라)에 비추어 우리는 제안된 모든 생명의 기원 시나리오에서 이 신적 목적들이 실현되게 할 수 있는 방식을 볼 수 있다. 생명을 지지하는 우주의 미세조정(9-10장을 보라)과 화학 반응에 나타난 봉사적인 능력 부여(섹션 23.1을 보라)의 예에서처럼, 신학적으로 우리는 생명의 기원 과학자들의 연구를 삼위일체 하나님이 생명을 생겨나게 하고 생명을 지지하기 위해 일했을 수 있는 수단들을 탐구하는 것으로 볼 수 있다.

따라서 우리는 생명의 시작에 행위자가 관련되었다는 지적 설계 옹호자들에게 동의할 것이다. 비록 우리에게는 다른 과학적, 신학적 이유가 있지만 말이다. 생명의 기원의 의도성은 외관상 낮은 확률에 의존하는 것이 아니라, 창조 교리와 과학 사이의 부분적 견해 모형(섹션 4.5.3을 보라)과 조화되는 이해를 추구하는 신앙의 합리적인 단계다.

그러나 생명의 시작이 불가피했다고 믿는 "법칙 진영"이 옳다고 가정하자. 나아가 향후 생명의 기원 과학자들이 매우 개연성이 높은 사건들의 순서를 통해 지구에 어떻게 생명이 존재하게 되었는지를 설득력 있게 묘사하게 된다고 가정하자. 그것이 생명의 시작이 의도되지 않았다는 결론으로 이어지겠는가? 그것이 하나님을 필요 없게 만들겠는가?

우리는 첫 번째 질문에 대한 답이 **"아니오"**라고 주장할 것이다. "예"라는 답은 그릇된 양자택일의 곤경에 빠지는 것이다. 그리스도인들은 하나님이 개연성이 큰 사건들과 개연성이 작은 사건들 모두에 대해 책임이 있다고 믿

는다. 그러므로 개연성이 큰 생명의 시작도 신적으로 매개된 행동으로 여겨질 것이다. 하나님이 불필요한가라는 두 번째 질문에 대한 답은 좀 더 미묘하다. 섹션 4.7에서 본 바와 같이 우리가 그 지점에서 과학의 조사 영역을 떠나 다른 형태의 탐구를 혼합했기 때문에 하나님은 결코 과학적 설명의 대상이 될 수 없다. 더욱이 우리가 하나님을 과학적 설명 안으로 끼워 넣으려고 하면 과학적 탐구가 왜곡되거나, 우리의 하나님 개념이 너무 작거나, 두 가지가 모두 사실일 것이다. 포괄적 창조 교리는 우리로 하여금 모든 것, 심지어 생명의 화학적 측면에까지 미치는 신적 관여를 긍정하면서도 이 문제들을 피하도록 도와준다. 따라서 그 의미에서 과학적 설명에 하나님이 불필요하다. 그러나 신학적으로 우리는 삼위일체가 전체 이야기의 필요한 구성 부분이며 그중에서 과학적 묘사는 일부분에 지나지 않음을 안다.

그리스도인으로서 우리는 생명의 기원 같은 과학적 탐구의 현재 상태나 미래 상태에 의해 우리의 신앙이 도전을 받을지도 모른다고 두려워할 필요가 없다. 과학 연구가 하나님이 존재하지 않는다거나 관여하지 않았음을 "증명"한다고 주장하는 사람은 누구나 실제로는 과학에 근거한 것이 아니라 모종의 물질주의적 자연주의에 의존하고 있다. 생명이 발생하는 곳마다 하나님이 생명의 원천이다. 과학자들이 생명이 어떻게 발생했고 어떻게 유지되는가에 관해 무엇을 발견하든 그 발견 내용은 창조세계의 봉사적 성격과 기능의 완전성을 묘사할 것이다. 우리는 창조 교리를 통해 신적인 창조 활동 때문에, 그리고 성부, 성자, 성령이 적어도 이 행성에 생명이 존재하도록 의도했기 때문에 물리적 실재가 존재한다고 단언한다. 그러므로 우리는 지구에서 생명이 시작한 것은 우연이 아니었고 삼위일체 창조주가 완전히 의도한 것이었다고 주장한다. 한편 하나님이 우리에게 준 호기심은 우리로 하여금 향후 과학 연구가 생명이 어떻게 발생했을 수 있는지, 그리고 생명이 다른 곳에서도 발생했을 수 있는지에 관해

무엇을 드러내든 그것에 대해 개방적인 자세를 취하도록
동기를 부여한다.

5부 종과 생물 다양성의 기원

24장

진화 이론의 발전

창조 교리로부터 우리는 창조세계에서 생물의 다양성을 보기를 기대할 것이다(섹션 2.4.3과 2.5.2를 보라). 비록 우리가 그 다양성의 폭을 예측할 수는 없을지라도 말이다. 생물학자들은 가장 단순한 세균부터 가장 복잡한 동물과 식물에 이르기까지 약 180만 종의 생물을 묘사해왔다. 과학자들을 통해 새로운 종들이 계속 발견 및 묘사되고 있어서 알려진 종의 수는 계속 늘어난다. 열대 우림과 산호초 같은 특정 지역에서는 특히 다양한 생물이 존재하며 이 지역에서 새로운 많은 종이 계속 발견되고 있는 데서 알 수 있듯이 많은 종들이 아직 묘사되지 않았다. 이 행성에 얼마나 많은 종이 있는지 아무도 모르는데, 현재 이 행성에서 살고 있는 종의 수에 관한 과학자들의 추정치는 3백만에서 1억 이상에 걸쳐 있다. 최근에 발표된 추정치에 따르면 이 수는 9백만에 약간 미달하지만 불확실성의 범위가 넓다.[1]

생물학자들이 많은 연구를 해야 생물의 다양성을 이해하는 과업을 마칠 수 있다. 지구에는 어떤 한 사람이 알 수 있는 것보다 많은 종이 있고, 종마다 매우 큰 유전적 다양성을 갖고 있다. 지구에 있는 생물 다양성의 범위를 이해하기 위한 가장 좋은 방법은 무엇인가? 이 주제에 관한 우리의 탐구에 좀 더 적실성 있는 질문으로서, 이 다양성의 기원은 무엇인가? 생물학자들이 지난 수십 년 동안 생물의 다양성을 묘사하고 분류하는 과제를 다뤄옴에 따라 이 두 질문에 대한 답은 하나로 모아졌다. 그리고 생물의 다양성은 매우 복잡한 반면에 그 다양성을 설명하는 과학적 기원 이론들은 그 모든 것이 일리가 있음을 보여준다.

본서의 5부에서 우리는 생물의 다양성을 설명하기 위해 제안되어온 이론들과 기타 아이디어들을 탐구할 것이다. 현재 인정된 과학 이론은 진화 이론이다. 우리는 생물의 다양성에 대한 과학적 설명으로서 진화 이론이 발달된 방식과, 새로운 정보가 발견되고 통합됨에 따라 이 설명에 대한 우리의 이해가 어떻게 계속 변하고 성장하는지를 탐구할 것이다. 우리는 역사적 접근법을 취해서 과학적 묘사가 어떻게 역사적 맥락, 과학적 발견, 그리고 이 이론의 계속적인 발전을 통해 형성되었는지를 보여주고 그 이론과 그것의 함의를 이해하기 위한 더 나은 맥락을 제

---

1   Camilo Mora et al., "How Many Species Are There on Earth and in the Ocean?," *PLoS Biology* 9 (August 2011): e1001127. doi:10.1371/journal.pbio.1001127. 이 저자들은 870만 종이 있는데 130만 종이 가감될 수 있다고 추정한다.

공하기를 희망한다. 이 이야기에서 성경적인 포괄적 창조 교리를 적용하는 것과 잘못 적용하는 것을 이해할 수 있을 것이다. 그리고 과학적 설명은 자연 세계의 작동 원리를 알 수 있도록 도와주는 잠정적인 묘사들로서 새로운 발견들과 이해들에 근거하여 수정되거나 업데이트된다는 점을 기억하는 것이 유익하다(섹션 4.2를 보라).

24.1. 진화의 정의

진화가 5부의 주요 주제이므로 혼동을 피하기 위해 이 단어의 다양한 의미를 이해하는 것이 유용하다. 몇몇 학자는 진화를 단순히 "시간을 통한 변화"로 묘사했다. 그러나 이 정의는 관찰된 패턴으로서 및 그 패턴으로 귀결된 변화의 메커니즘(또는 메커니즘들)으로서 진화의 복잡성을 묘사하기에 적합하지 않다. 사실 우리가 진화 이론을 탐구할 때 패턴(어떤 것이 어떻게 보이는가)과 메커니즘(그것이 어떻게 그런 식으로 되었는가)을 구분하는 것이 중요하다.

유용한 접근법 중 하나는 **진화**라는 말이 사용되고 정의되는 다양한 방식을 고려하는 것이다. 데보라 하스마와 로렌 하스마는 그들의 저서 『오리진』(Origins)에서 다섯 개의 정의를 제공했는데 이 정의들은 다양한 수준의 변화들을 포함하는 것으로 이해될 수 있다.[2] 첫 번째 수준은 **소진화**(microevolution) 수준으로서 그것은 변화가 새로운 속들로 귀결되지 않는, 유기체들의 집단에서 일어나는 변화로 정의된다. 이런 형태의 진화는 인위적 선택을 통해서 생기는 개체들의 형태의 다양성이나 항생제에 내성이 있는 세균의 발달 같이 쉽게 관찰될 수 있는 패턴들에서 명백하게 나타난다. 이런 종류의 진화는 논란의 대상이 아니며 널리 인정된다. 소진화의 패턴들과 메커니즘들 모두 이번 장과 다음 장에서 좀 더 탐구되는 바와 같이 널리 이

해되고 받아들여진다.

다음 차원은 **장기간에 걸친 변화의 패턴**으로서의 진화인데 우리는 이것을 **역사적 진화**로 부를 수 있다. 이것은 14장에서 간략하게 소개되었고 26장에서 좀 더 면밀하게 조사될 화석 기록에 가장 잘 나타난다. 수백 만 년에 걸친 화석 기록에서 시기에 따라 다른 종들이 다른 시기에 나타나고 간단한 종에서 복잡한 종으로 진보한다는 발견은 19세기 고생물학의 핵심적인 발견 중 하나였다. 과학자들은 역사적 진화가 견고하게 확립되었다고 여기며 화석 기록은 세계적인 홍수에서 비롯된 것이 아니라 오랜 기간에 걸쳐 발생한 변화로 설명하는 것이 낫다고 생각한다(12-13장을 보라). 이름이 나타내는 바와 같이 진화의 이 정의는 변화의 패턴을 묘사하지만, 변화의 메커니즘이나 화석 기록에 보존된 유기체 종류들 사이의 관계에 관해서는 거의 또는 전혀 말하지 않는다.

세 번째 수준은 공통 후예(common descent)로도 알려진 **공통 조상**(common ancestry)으로서, 그 수준은 찰스 다윈(1809-82)이 1859년에 『종의 기원』(The Origin of Species)을 출간했을 때 진화 이론의 주요 부분이었다. 진화의 이 정의는 밀접한 관련이 있는 종들의 기원을 비교적 최근의 공통 조상의 후예로 설명하고, 좀 더 관련이 먼 종들을 좀 더 먼 공통 조상의 후예로 설명하며, 궁극적으로 모든 생명을 보편적인 공통 조상에서 내려온 것으로 설명한다. 대다수 생물학자들은 공통 조상을 생물체에서 보이는 유사성들의 패턴에 관한 유용한 패러다임으로 여기며, 아래에서 설명하는 바와 같이 계통수(branching tree) 사용은 이 패턴들을 나타내는 주요 방식이다. 몇몇 그리스도인들은, 특히 인간이 다른 유기체들과 공통 조상을 공유하는 진화의 패턴에 포함되기 때문에, 공통 조상을 논란이 있는 것으로 본다. 기원의 과학 이론을 이해함에 있어서 공통 조상 개념은 패턴을 묘사하지만 다양한 종이 발생하는 메커니즘은 진술하지 않는다.

종의 기원에 관한 그런 메커니즘은 진화의 네 번째

---

2   Deborah B. Haarsma and Loren D. Haarsma, *Origins: Christian Perspectives on Creation, Evolution, and Intelligent Design*, 2nd ed. (Grand Rapids: Faith Alive Christian Resources, 2011 [『오리진 : 창조 진화 지적설계에 대한 기독교적 관점들』, IVP 역간]).

정의인 **진화 이론**에 포함된다. 이 이론은 앞으로 탐구될 것이다. 다윈이 제안한 주요 메커니즘은 유전적 변이에 영향을 주는 자연선택(natural selection)의 메커니즘이다. 우리가 앞으로 살펴보겠지만 공통 조상과 진화의 메커니즘들은 과학적 진화 이론의 특히 중요한 측면들이다. 따라서 만족스러운 진화 이론은 역사적 진화나 공통 조상 같이 관찰된 패턴이 나타나는 데 대한 현대의 연구 결과에 부합하는, 적어도 하나의 메커니즘을 묘사해야 한다.

데보라 하스마와 로렌 하스마가 제안한 다섯 번째 수준은 **진화주의**로서 진화주의는 진화가 과학적 관점에서 생물의 다양성을 설명할 수 있으므로 하나님이 관여할 필요가 없다고 주장한다. 진화주의는 그것이 위치하는 좀 더 넓은 과학만능주의 틀(섹션 3.5.2를 보라)과 마찬가지로 과학의 적절한 영역인, 자연현상에 대해 자연적인 설명을 제공하는 선을 넘어 자연적인 설명으로부터 초자연적인 결론을 제공한다. 그 과정에서 진화주의는 과학적 탐구의 경계를 넘어 과학의 영역 밖의 문제에 관한 결론을 내리는데 그것은 철학적 견해다. 기원에 관한 우리의 탐구의 이 부분에서 우리는 자연주의적인 진화주의의 짐을 지지 않으면서 진화 이론을 탐구하고 설명할 것이다. 그리고 자연 세계에서 관찰된 증거와 진화가 어떻게 작용해서 생물의 다양성을 가져왔는지에 대해 점점 더 커지고 있는 패러다임을 충분히 탐구하면 진화의 네 가지 다른 정의들이 좀 더 명확해질 것이다.

우리가 진화 이론을 탐구할 때 **창조**와 **진화**라는 용어가 반드시 반대말은 아니라는 점을 깨닫는 것이 유익하다. 진화주의 개념에서는 창조와 진화가 정반대의 견해이고 진화가 궁극적인 설명을 제공하는 것으로 여겨질 것이다. 따라서 진화주의는 과학적 설명과 신학적 설명 중 하나의 선택으로서 양자를 관련시키는 일치 계열 모형의 갈등 모형을 대표한다(섹션 4.5.1을 보라). 마찬가지로 몇몇 창조론자들은 같은 계열의 모형에 해당하는 입장인, 진화와 창조 사이의 이분법으로 시작한다. 갈등 모형의 반대

쪽에 있는 이 접근법들에서는 철학적 또는 종교적 전제들을 사용해서 과학적 결론을 추론한다. 철학적/신학적 추론과 과학적 추론을 구분하는 것이 좀 더 유익하다. 진화는 과학적 현상에 대한 과학적 설명으로서 생물의 다양성이 언제 어떻게 시작되었는가에 관해 답한다고 설명한 로버트 피셔(1920-2013)는 이 점을 간파했다. 진화가 종들이 점진적으로 생겨나게 했다면 이에 대한 주요 대안은 완전히 구분되는 종들의 즉각적인 발생일 것이다. 신학적 또는 철학적 추론 차원에서 창조론은 하나님을 창조주로 보는 초자연적 세계관에 기초하는 반면, 창조론의 반대(스스로 존재하거나 그런 종류의 아이디어)는 하나님이 없다고 말하는 자연주의적 세계관에 기초할 것이다(섹션 10.2 및 10.3과 비교하라). 따라서 창조론에서는 존재하는 것들은 자체적으로 존재하는 것이 아니라 창조세계에 대해 초월적인 하나님으로부터 나왔다.[3] (2장에서 논의한 포괄적 창조 교리에서처럼) 사물이 창조된 방식을 명시하지 않고서도 **창조**를 취할 수 있음에도 불구하고 창조라는 말은 너무도 자주 종들의 갑작스러운 출현에 적용된다. 우리가 구체적인 증거에 기초해서 진화 이론의 발전 및 그 증거가 생물들이 갑자기 출현했는지 아니면 점진적인 과정을 통해 출현했는지에 관해 어떻게 해석되는지를 탐구할 때 **창조**와 **진화**라는 단어들이 어떻게 사용되는지에 대한 이해가 유용할 것이다.

24.2. 진화 이론의 발전

많은 사람이 진화 이론을 다윈의 이론으로 생각한다. 그 이론의 형성 초기에 다윈이 특히 자연선택의 메커니즘을 통해 가장 큰 역할을 하기는 했지만 그의 아이디어는 그의 선임자들과 동시대인들에게 큰 영향을 받았으며, 1859년에 다윈의 이론이 발표된 이후 진화 이론은 큰 변

---

3   Robert Fischer, *God Did It, But How?*, 2nd ed. (Ipswich: MA, American Scientific Affiliation, 1997).

화를 겪었다. 이 장의 나머지 부분에서는 다윈이 제안한 진화 이론의 본질적인 구성 부분을 묘사하는, 선임자들로부터의 몇몇 배경 지식을 고찰하고 생물 다양성의 기원 이론으로서 그 이론의 유용성에 관한 증거를 살펴볼 것이다.

24.2.1. 자연 철학에서 자연사와 자연신학으로.

고대부터 17세기에 현대 과학이 출현할 때까지 자연을 이해하려는 노력은 종종 자연철학으로 불린다. 이 시기에 가장 영향력이 컸던 사람 중 한 명은 아리스토텔레스다. 아리스토텔레스가 많은 해부를 통한 동물 해부학 연구를 포함한 자연 세계를 탐구했을 때 그는 생물체와 다른 사물들을 커다란 존재의 대사슬 또는 존재의 사다리(*scala naturae*)를 따라 분류했다. 이 도식에서 인간은 꼭대기에 위치하고, 무생물은 바닥에 위치하며, 유기체들은 복잡성이나 능력에 따라 배열되는데 인간부터 다양한 동물들과 식물 순으로 이어진다. 여기에 각각의 유기체는 특정한 목적을 갖고 있으며 그 목적을 달성하고 있다는 명제가 수반되었다. 아리스토텔레스의 견해에서는 특정한 종 안의 각각의 유기체가 질료(matter)와 결합한 특정한 종류의 종의 형상(Form), 즉 본성으로 존재했기 때문에 그에게는 종이 영원 불변이었다. 그의 스승 플라톤(기원전 약 427년-약 347년)은 종의 본질적인 정의로서의 형상 개념을 갖고 있었는데, 형상은 비물질적 영역에서 영원히 존재했고 어느 종 안에서 각각의 유기체는 변하지 않는 그 형상을 예시했다.

아리스토텔레스와 플라톤의 아이디어들은 오늘날까지 영향력이 있는데 특히 르네상스를 통해 영향력을 갖게 되었다. 그리스도인들은 많은 분야에서, 특히 종의 영속성을 받아들임에 있어 아리스토텔레스와 플라톤의 생각을 받아들였다. 창세기 기사가 여러 종류의 유기체들이 각각 종류대로 창조된 것으로 묘사하기 때문에 그리스도인들이 창세기가 아리스토텔레스와 플라톤처럼 종의 영

속성을 가르치는 것으로 해석하는 것이 자연스러워졌다.[4] 게다가 그런 패턴은 일상생활에서 관찰될 수 있다. 닭은 닭을 낳고 말은 말을 낳는다. 사과 씨는 자라서 새로운 사과나무가 될 것이고 더 많은 사과를 생산할 잠재력을 지닌다. 따라서 박물학자들은 현재의 종을 분류하되 종은 정적이고 불변하는 본질적인 특성을 갖고 있다는 개념을 갖고서 세상을 탐구했다. 이 본질주의 개념은 종 같은 어느 집단의 모든 구성원이 자기 집단에 본질적이고 그들을 다른 집단과 구분시키는 일련의 불변하는 특징들을 공유한다고 보는 철학적 개념이다.

유기체들을 독특한 종으로 구별시키는 특징들에 대한 이해를 통해 생물의 다양성을 탐구하는 자연사 분야가 17세기에 존 레이(1627-1705)로 말미암아 크게 발전했다. 레이는 경건한 그리스도인으로서 식물, 새, 포유동물, 물고기, 그리고 무척추동물들을 분류하는 저작들을 출간해서 이 유기체들에 적용되어왔던 이름들을 더 잘 조직화하도록 도움을 주었다. 그렇게 하면서 그는 이 유기체들에 대한 관찰을 기초로 제시된 특징에 기반을 두고 유기체들을 분류하는 분류 체계를 적용하려고 노력했다. 즉 그는 미리 생각된 특징들이 분류의 토대로 선택된 "인위적인" 체계가 아니라 이 유기체들에 대한 연구에서 나타난 "자연스러운" 분류 체계를 식별하고자 노력했다. 인위적인 체계들은 쉽게 구성되고, 학습되고, 적용될 수 있지만 그것들은 대개 쉽게 정의될 수 있는 특징들에 기초하기 때문에 다른 면에서는 조화하지 않는 것으로 보이는 유기체들을 같이 분류하는 경향이 있다. 예컨대 날개가 있는 동물들을 같은 집단에 위치시키는 분류 체계는 날아다니는 곤충, 조류, 그리고 박쥐들을 한 범주에 포함시키지만 날개가 없는 동물들은 그 범주에서 제외할 것이다. 그런 분류의 인위성은 포유류인 박쥐들이 다른 포유류와 함께 분

---

4 John S. Wilkins, *Defining Species: A Sourcebook from Antiquity to Today* (New York: Peter Lang, 2009), 7-17.

존 레이는 영국 에식스주 블랙 노틀리 마을 대장장이의 아들이었다. 그의 어머니는 경건한 여성으로 알려졌고 약용 식물 사용에 조예가 있었다. 그는 인근의 브레인트리 소재 문법학교를 다녔고 1644년 장학금을 받고 케임브리지 대학교에서 공부했다. 그는 찰스 2세 치하 왕정복고기의 "대추방령"으로 말미암아 1662년에 케임브리지를 떠나기 전까지 특별 연구원, 강사, 주니어 학생감으로 계속 그곳에서 일했다. 비록 그는 재정 상황이 열악했지만 박물학자인 프랜시스 윌러비(1635-72)의 후원을 통해 식물들과 동물들에 초점을 맞추고 자연사 연구를 계속했다. 그의 식물 연구들에서 레이는 미리 결정된 소수의 특징들에 기초한 인위적인 분류를 사용하는 대신, 식물들의 전반적인 형태에서 비롯된 자연적인 분류 인식에 기초한 분류 체계를 개발했다. 그는 종을 생물 분류의 근본적인 단위로 인식했다. 그는 또한 화석들은 살아 있는 유기체들의 보존된 견본으로 보고 그것들이 지구상의 어딘가에 아직 살아있음이 분명하다고 가정했다. 1689년 정치적 변화로 레이는 자연신학이라는 주제에 관해 저술할 수 있는 자유를 얻어서 『창조 사역에 나타난 하나님의 지혜』 등의 책을 썼다. 이 책들에서 레이는 자연은 하나님의 창조세계로서 연구할 가치가 있는 주제이며, 살기 위한 생물들의 적응은 하나님의 설계를 반영한다는 의견을 표명한다. 레이는 환경에 대한 종의 절묘한 적응이 어떻게 그것들을 창조한 하나님의 지혜에 대한 증거 역할을 하는지에 초점을 맞춘, 설계로부터의 논증의 한 형태를 다뤘다. 특히 『창조 사역에 나타난 하나님의 지혜』는 자연신학에 큰 영향력이 있었다. 그 책은 몇몇 외국어로 번역되었고 1741년까지 여러 번 재인쇄되었다.

류되지 않고 조류 및 곤충들과 함께 분류될 것이라는 점을 통해 예시될 수 있다. 마찬가지로 꽃들을 꽃의 색깔에 따라 분류하는 것은 꽃에 대해 배우는 쉬운 방법이겠지만 꽃잎이 노란 난초들을 꽃잎이 노란 완두콩들과 함께 분류하는 것은 각자의 유사성과 아마도 기원을 반영하는 유용한 분류를 제공하지 않을 것이다. 즉 인위적인 분류 체계는 대개 이 유기체들의 생물학을 이해하는 데 기여하지 않는다. 대신 레이는 전반적인 형태에 관한 경험적 관찰에 좀 더 의존해서 그의 분류 체계를 세웠다.

더욱이 레이는 이 유기체들이 그들의 환경에서 어떻게 기능하는가에 관심이 있었다. 그는 유기체들이 그것들이 사는 환경에 잘 적응된 것을 보았다. 그리스도인으로서 그는 1691년 『창조 사역에 나타난 하나님의 지혜』(*The Wisdom of God Manifested in the Works of the Creation*)에서 그의 아이디어를 명시했다. 이를 통해 그는 창조세계에 관한 연구에서 하나님의 지혜와 힘을 알 수 있다고 주장하는 자연신학의 아이디어에 크게 기여했다. 유기체들은 하나님의 공급을 반영하여 적응함으로써 그것들의 자연적인 서식지에서 잘 살 수 있다. 레이는 생물들이 하나님의 창조물이라고 믿었기 때문에 그것들에 대한 연구는 가치 있는 주제라고 생각했다.

레이의 저작은 2장에 묘사된 포괄적 창조 교리의 많은 측면을 예시한다. 그는 자연이 하나님의 창조물이기 때문에 연구할 가치가 있다는 것을 인식했다. 유기체들의 특징을 관찰하는 것에 기초한 자연적인 분류 체계를 유기체들에 적용하고 이러한 관찰에 따라 집단을 식별하려는 그의 시도는 창조세계의 우발성과, 하나님이 창조세계를 자신과 구분되고 우발적인 특징을 지니도록 만들었기 때문에(섹션 2.2.1을 보라) 그것을 더 잘 이해하려면 그것을 관찰할 필요가 있음을 반영한다. 하나님의 설계의 일부분으로서 유기체들을 살고 번성할 수 있게 해주는, 유기체들의 적응적인 특징에 대한 그의 묘사는 창조주의 섭리적

간략한 전기   윌리엄 페일리(1743-1805)

페일리는 영국 피터스버러에서 태어난 영국의 신학자 겸 철학자였다. 그는 1763년 케임브리지 대학교 크라이스트 칼리지를 졸업했고 1767년 성공회 사제로 서임되었다. 그는 케임브리지 대학교 학생들에게 사용된 교과서들의 저자로 가장 잘 알려졌다. 그의 책 『자연신학 또는 자연의 외관에서 수집된 신의 존재와 속성의 증거』(Natural Theology or Evidences of the Existence and Attributes of the Deity, Collected from the Appearances of Nature)는 1802년에 처음 출판되었고 20세기까지도 사용되었다. 그는 그 책을 시계를 발견하고 시계공을 추론하는 유비로 시작해서 생물, 특히 인간에게서 보이는 훨씬 큰 복잡성에 대해 같은 논리를 적용한다. 그 과정에서 그는 존 레이의 책 『하나님의 지혜』(Wisdom of God)에 언급된 논거를 이용한다.

사랑뿐만 아니라 창조세계의 기능의 완전성도 반영한다(섹션 2.2.2와 2.3을 보라). 화석들에서 발견된 표본들이 지구상의 어디에선가 살고 있음이 발견될 것이라는 가정은 종의 멸종이 하나님의 창조세계에서 문제가 되는 사건일 것이라는 개념뿐만 아니라 지구가 비교적 젊다는 당시의 지배적인 견해에도 기초한다. 이 가정은 성경 해석에 기초하는 것만큼이나 종의 본성을 정적이고 불변하는 것으로 보는 아리스토텔레스의 논리를 구현하는 세계관에 의존하는 것처럼 보인다.

위에서 언급된 바와 같이 레이는 대개 자연에 대한 연구와 인간의 이성을 적용하는 것에 기초해서 하나님에 관해 더 많이 이해하려고 한 자연신학 분야에 기여했다. 이런 식으로 자연신학은 일반계시에 의존하는 경향이 있었다. 이 접근법은 창조세계 이해의 경외감을 일으키는 측면에서 본 하나님에 관해 좀 더 이해하는 데 기여할 수도 있지만 기독교가 기초하고 있는 성경에서 오는 특별계시의 구체적인 측면들은 결여되어 있다. 가장 잘 알려진 자연신학에 대한 설명이 1802년 출판된 윌리엄 페일리(1743-1805)의 책 『자연신학 또는 신의 존재와 속성의 증거』(Natural Theology of Evidences of the Existence and Attributes of the Deity)에 제시되었다. 레이와 마찬가지로 페일리는 그의 유명한 시계공 비유에서 생물들의 복잡성과 기능성을

고려할 때 그 창조주(또는 좀 더 일반적으로는 어떤 창조주)에 의한 설계를 추론하는 논리를 묘사했다.

내가 황야를 지나다 돌에 걸려 넘어져서 돌이 어떻게 그곳에 있게 되었는지 질문한다고 가정하자. 나는 아마도 그 돌이 그곳에 항상 놓여 있었다고 대답할 수도 있을 것이다. 이 답변이 터무니없음을 보이기가 쉽지도 않을 것이다. 하지만 내가 땅바닥에서 시계를 발견하고서 그 시계가 어떻게 그곳에 있게 되었는지 질문한다고 가정하자. 나는 내가 전에 했던 대답, 즉 그 시계가 그곳에 항상 있었다는 대답을 생각할 수 없을 것이다.…틀림없이 언젠가 그리고 어느 곳에선가 우리가 아는 목적을 위해 [그 시계를] 만든 사람, 즉 그것의 구조를 이해하고 그것의 사용을 설계한 사람인 제조자 또는 제조자들이 있었을 것이다.…시계에 존재했던 고안물이라는 모든 표시, 설계의 모든 표현이 자연 안에 존재한다. 자연의 경우 좀 더 크거나 많고, 정도에 있어서 모든 계산을 넘어선다는 차이가 있을 뿐이다.[5]

자연신학의 패러다임과 자연 안의 모든 것이 목적을 띠고

---

5   William Paley, *Natural Theology or Evidences of the Existence and Attributes of the Deity* (London: R. Faulder, 1802), 17.

창조되었다는, 자연신학에 수반하는 가정은 박물학자들이 생물의 다양성 등 자기들 주위의 세상을 해석하는 방식에 영향을 주었다. 그중 몇몇 영향은 종에 대한 인식에서 아리스토텔레스적인 요소를 포함했고 따라서 종이 목적을 위해 만들어졌고 시간이 지나도 변하지 않는다고 생각되었다. 그리고 자연신학의 맥락에서는 자비로운 하나님의 설계 때문에 종이 자기들의 서식지에 잘 적응할 것이며, 변할 필요가 없을 것이라고 가정되었다.

스웨덴의 박물학자인 카롤루스 린나이우스(1707-78)는 생물이 어떻게 명명되고 분류되어야 하는지에 대한 기여로 유명하다. 18세기의 인물인 린나이우스는 존 레이 및 다른 선배들의 연구를 바탕으로 그리고 자연신학의 많은 원리를 적용해서 분류학에 공헌했다. 린나이우스는 유기체들이 지닌 적응에 대해서보다는 분류의 패턴에 더 관심이 있었다. 그의 식물 분류는 식물 재생산 구조라는 미리 생각된 아이디어에 기초한 인위적인 체계였다. 따라서 이런 아이디어들은 존 레이의 아이디어들에 비해 열등한 것처럼 보이지만, 유기체들의 명명과 분류 방법에 대한 린나이우스의 공헌 때문에 그가 레이보다 유명하다. 린나이우스는 한 단어는 속(genus)을 나타내고 다른 단어는 그 속 안에서 구체적인 종을 가리키는, 두 단어의 라틴어 이름을 통해 유기체들을 명명하는 체계를 처음으로 제시했다. 인간에 대해 **호모 사피엔스**(*Homo sapiens*)라 칭하고 밀을 **트리티쿰 애스티붐**(*Triticum aestivum*)으로 칭하는 것처럼 말이다. 이 명칭들은 린나이우스가 명명한 수천 종 중 두 종의 이름이다. 두 이름 명명법은 여러 이름 명명법보다 크게 개선된 명명법이며, 유기체에 대한 이름과 그것의 특징 모두를 제공했다. 흰색 클로버는 이전에는 **트리폴리움 카피툴루스 암벨레라부스, 레구미누스 테트로스페르무스, 콜리 레펜티**(*Trifolium capitulus ambelerabus, leguminous tetrospermus, coli repenti*)로 명명되었었는데 린나이우스는 그것을 **트리폴리움 레펜스**(*Trifolium repens*)로 줄였고 이 이름이 현재 과학자들에게 사용되고 있다. 여러 이름 체계를 사용하면 이름과 묘사를 모두 지니는 데는 유익이 있지만, 묘사된 종의 수가 증가함에 따라 기억하기가 점점 더 번거로워진다.

이 점이 좀 더 중요한데, 린나이우스는 생물들을 오늘날에도 여전히 사용되는 일련의 계층적 범주 안에서 분류했다. 이 범주들을 가장 포괄적인 것부터 가장 덜 포괄적인 순서로 나열하자면 영역(domain), 계(kingdom), 문(phylum), 강(class), 목(order), 과(family), 속(genus), 그리고 종(species)이다.[6] 18세기 중반부터 현재까지 각각의 종 이름은 그 유기체가 속과 종 모두를 명시하며 가장 높은(가장 포괄적인) 수준까지 확대되는 분류의 맥락에서 정의된다. 즉 각각의 종은 특정한 계, 문, 강, 목, 과, 그리고 속 안으로 분류된다. 각각의 범주는 차례차례 포개놓은 계층으로 조직되어서 유사한 종들은 속으로, 유사한 속들은 과들로, 유사한 과들은 목으로 분류되는 방식을 따라 계까지 이어진다. 따라서 각각의 종은 그 위의 좀 더 포괄적인 범주들이라는 좀 더 큰 맥락에서 묘사되고 정의된다. 이 분류 방법의 계층적인 성격이 그림 24.1에 묘사되었다.

린나이우스의 분류 체계는 같은 속에 속하는 두 종은 같은 과에 속하지만 속이 다른 두 종보다 좀 더 비슷하다는 것을 의미한다. 예컨대 회색 늑대와 코요테는 개속과 개과 안의 두 종인 반면에 붉은 여우는 여우속에 속하지만 개과로 분류된다. 따라서 늑대들이나 코요테들은 여우들보다는 서로와 좀 더 비슷하다. 하지만 그것들 각각은 개과 밖의 포유류보다는 서로와 좀 더 비슷하다고 여겨진다. 이러한 계층적 분류는 차이와 유사성의 계층적 성격을 나타내는 간단한 방법으로서 계통수로 예시될 수 있다(그림 24.2를 보라).

린나이우스는 처음에는 종이 원래 하나님에 의해 창조되었기 때문에 정적이고 변하지 않는다고 생각했다. 그

---

6   영역, 문, 그리고 과는 원래 린나이우스의 체계에 포함되지 않았지만 훗날 덧붙여졌고 오늘날의 분류 체계에서 핵심적인 범주들로 사용된다.

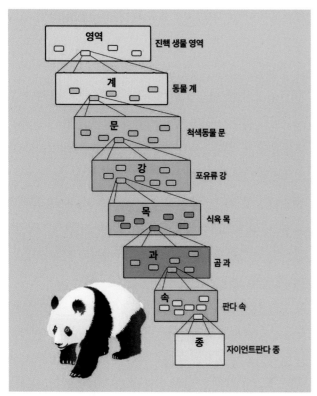

그림 24.1. 판다 곰(*Ailuropoda melanoleuca*)을 예로 사용한 린나이우스의 계층적 분류 범주. 각각의 범주는 그 아래 범주의 하나 이상의 집단을 포함한다.

신학을 통해 표현된 아리스토텔레스의 사상의 영향을 받아 그는 종을 고정되고 변하지 않는 것으로 생각했다. 이 종들이 아리스토텔레스의 견해에서처럼 그것들의 목적을 이루고 있거나 자연신학이 주장하듯이 그것들의 창조주에 의해 목적을 띠고 창조되었다면, 변화가 일어날 이유가 없을 것이다. 린나이우스는 생명을 이 계층적인 분류 안에 질서 있게 위치시키는 것은 하나님이 생물을 질서 있게 창조한 것을 반영한다고 여겼다.

24.2.2. 패러다임의 변화: 자연신학에서 다윈 이전의 진화로. 종의 불변성 개념이 깊이 뿌리박혀서 생물의 다양성에 대한 설명으로서 진화적 변화를 고려하는 데 저항이 있었다. 그럼에도 불구하고 고정된 종이라는 패러다임에 부합하지 않는 현상들이 관찰되어 늦어도 19세기 말에는 그 패러다임이 폐기되었다.

변화의 큰 유인은 점점 성장하고 있던 지질학 분야에서 나왔다. 본서의 앞에서 자세히 논의된 것처럼 라이엘을 통해 좀 더 다듬어지고 자세히 설명된 허턴의 동일과정설은 지구의 나이가 수백만 년에서 수억 년이라는 증거를 제공했다(12장을 보라). 다윈이 박물학자로서 비글호에 승선하기 직전에 출간된 라이엘의 『지질학 원리』(*Principles of Geology*)는 다윈이 이 항해 동안 본 것에 관한 자기의 생

가 식물의 몇몇 종은 종의 선을 넘어 교배할 수 있다는 것을 관찰함에 따라 그의 생애 동안에 그의 견해가 바뀌었고 결국 그는 목이 원래 창조된 불변의 종류를 반영한다고 생각했다. 아리스토텔레스와 마찬가지로, 그리고 자연

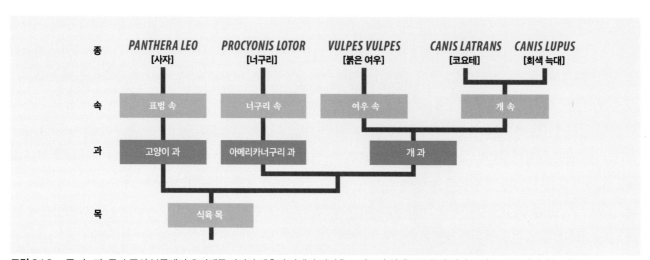

그림 24.2. 종, 속, 과, 목 수준의 분류에서 유기체들 사이의 계층적 관계의 성격을 보여주기 위해 포유류의 몇몇 종의 분류를 나타내는 계통수.

각을 가다듬을 때 그에게 영향을 주었다(섹션 12.6을 보라). 다윈은 라이엘과의 지속적인 교신에 추가로 더 영향을 받았다.

지구의 지층들에 대한 탐구를 통한 지질학의 새로운 이해에 이어서 화석들이 점점 더 많이 발견되었다. 전에 발견된 많은 화석은 전에 살았던 생물들의 잔해로 이해되기보다는 인공물로 여겨졌다. 앞서 언급된 바와 같이 존 레이는 화석들을 한때 살았던 생물들의 잔해로 인식했고 알려진 어떤 생물과도 비슷하지 않은 화석 형태들을 아직 발견되지 않은 종으로 간주한 소수파에 속했다. 이 견해에서는 종이 멸종하지 않을 것이다.

조르주 퀴비에(1769-1832)의 화석 기록과 비교 해부학 연구로 척추동물 고생물학 분야가 창설되었다. 퀴비에는 다양한 척추동물의 화석들을 연구하면서 그가 현생 생물의 해부학에 대해 알고 있는 내용을 토대로 화석들의 형태를 해석할 수 있었다. 예컨대 어떤 생물의 먹이는 그것의 치아의 형태를 통해 파악될 수 있었다. 그러나 먹이와 관련해서 소화나 먹이를 구하는 다른 특징들도 기능해야 한다. 그러므로 생물들은 통합된 전체로 기능할 수 있도록 많은 특징이 변하지 않은 채 특징 하나만 변할 수는 없었는데, 이는 기능의 완전성(섹션 2.2.2를 보라)의 과학적 가치를 보여준다. 퀴비에는 몇몇 화석 생물이 멸종되었음을 인식했다. 예컨대 그는 아프리카 코끼리와 아시아 코끼리는 별도의 현존하는 종들이고 매머드는 양자와 구분되는 종이지만 현재 지구에서 살아 있는 것이 발견되지 않으므로 멸종된 것임을 인식했다. 잘 적응한 종은 멸종하지 않을 것이기 때문에 이는 종들이 창조주로 말미암아 살기에 적합도록 잘 적응되었다는 자연신학의 교의와 어긋난다. 퀴비에는 화석 기록에 종들의 연속성이 존재한다는 것도 알아보았다. 비록 그가 이 연속성을 진보하는 형태로 인식하지는 않았지만 말이다. 즉 그는 시간의 경과에 따른 변화 패턴의 몇몇 측면을 알아보았지만, 이 종들이 공통 조상을 통해 인식될 경우에서처럼 연속적으로 연결되었다는 개념을 거절했다. 퀴비에는 종들의 연속을 지역적 재앙과 다른 곳 출신의 다른 종들의 이주에 기인하는 것으로 보았다. 이 문제에 대한 퀴비에의 입장과 신뢰할 만한 과학자로서 그의 명성이 결합된 것이 다윈이 훗날 여러 갈래의 증거와 그의 진화 이론에 대한 추론을 제시할 때까지 종들의 기원에 대한 진화적 설명에 저항하는 데 중요한 역할을 했다. 19세기 초 화석 증거가 추가로 쌓임에 따라 퀴비에의 입장은 증거에 기초해서 정당화하기가 점점 더 어려워졌다.

다른 과학자들은 고정된 종이라는 패러다임의 제약을 덜 받았다. 조르주 루이 르클레르, 콩트 드 뷔퐁(1707-88) 같은 박물학자들은 유기체들이 변화할 수 있다고 상정하고 이것이 인간과 유인원 사이의 유사성들을 설명할 수도 있다고 추측했다. 그러나 뷔퐁은 어떻게 그런 변화가 일어날 수 있는지에 관한 논리 정연한 메커니즘을 제시하지 않았다. 찰스 다윈의 조부 이래즈머스 다윈(1731-1802)도 생물들 사이의 유사성과 차이에 대해 진화적 설명을 제안했지만 합리적 수단을 제시하지 않았다.

1800년, 프랑스의 무척추동물 고생물학자인 장바티스트 피에르 앙투안 드 모네, 슈발리에 드 라마르크(1744-1829)의 "돌연변이 가설"(transmutation hypothesis)의 등장으로 중요한 발달이 이루어졌다. 라마르크의 가설은 1809년에 출간된 그의 책 『동물 철학』(*Philosophie Zoologique*)에서 좀 더 잘 묘사되었다. 이 가설에서 라마르크는 자연 발생을 통해 새로운 형태의 생명이 출현하는데(섹션 19.1과 19.2를 보라) 이 형태들은 가장 단순한 조직화 수준으로 시작한다고 제안했다. 이러한 새로운 형태의 생명은 이후의 세대들에 걸쳐 가장 단순한 생명에서 복잡한 생명으로 변할 것이다. 라마르크는 동물들이 몸의 사용되는 부분들에 집중된 "신경 액체"(nervous fluid)를 갖고 있어서 그 부분에 새로운 특징이 개발된다고 제안했다. 따라서 사용되는 부분은 개발될 것이고 사용되지 않는 부분은 위축될 것이다. 그러나 특질들이 다음 세대로 전해질

그림 24.3. 라마르크의 획득 형질 이론에 따른 목이 긴 기린의 발달. 기린들은 목을 쭉 뻗었고 획득한 형질을 다음 세대에 물려주어서 점진적으로 목이 좀 더 긴 기린이 되었다.

필요가 있었기 때문에 용불용(사용과 불사용) 원리는 충분하지 않았다. 유전의 메커니즘이 잘 이해되지 않았기 때문에 라마르크는 획득한 특질이 유전될 것으로 제안했다. 그는 다음 단락에서 나타난 바와 같이 기린의 예를 사용해서 이 원리를 예시했다.

> 특정한 형태와 크기의 기린(**카멜로-파달리스**)을 관찰하면 흥미롭다. 포유류 중 가장 큰 이 동물은 토양이 거의 언제나 건조하고 메마른 장소인 아프리카의 내부에서 사는 것으로 알려졌다. 따라서 기린은 나뭇잎을 먹을 수밖에 없었고 나뭇잎에 닿기 위해 계속 노력해야 했다. 기린의 모든 종족에서 오래 유지된 이 습관으로부터 앞다리들이 뒷다리보다 길어지고 목이 길어져서 기린은 뒷다리로 서지 않아도 키가 6미터에 이르게 되었다.[7]

이렇게 목과 다리가 긴 기린은 목과 다리가 좀 더 짧았던 기린으로부터 발달했다. 기린들이 나뭇잎을 먹기 위해 목을 빼는 동안 그것들의 목이 좀 더 길어졌고 이 특질이 다음 세대에 전해졌다. 오랜 기간에 걸친 이 과정이 목이 긴 기린의 발달을 가져왔을 것이다(그림 24.3을 보라).

라마르크와 동시대 인물이었던 퀴비에는 라마르크의 이론이 획득 형질의 유전을 통한 점진적인 변화에서 기대될 과도기적 형태들에 대한 증거의 결핍과 조화되지 않는다고 비판했다. 더욱이 퀴비에는 라마르크의 진화는 동물 해부학의 기능적 상호 의존성에 모순된다고 지적했다. 기능적 상호 의존성은 초식동물들과 육식동물들 사이의 차이를 통해 예시될 수 있다. 고기를 찢거나 풀을 가는 것이 중요하기 때문에 초식동물과 육식동물은 그것들의 치아에 관한 화석 증거로부터 쉽게 구분될 수 있지만, 그것들의 삶의 다른 측면들이 이 차이들에 수반한다. 여기에는 육식동물들이 먹잇감을 사냥하기 위해 요구되는 빠른 속도가 포함되는데, 초식동물에게는 그런 속도가 필요치 않을 것이다(비록 몇몇 초식동물에게는 빠른 속도가 육식동물을 피해 달아나는 데 유용하지만 말이다). 그리고 고기와 식물이 소화되는 방식의 차이로 말미암아 소화관의 길이와 구성에도 차이가 있다. 따라서 유기체의 한 부분이 변하면 기능의 완전성을 유지하기 위해 다른 부분들도 변할 필요가 있다.

획득 형질의 유전에 호소하는 라마르크의 이론은 우리가 현재 유전에 대해 이해하는 내용과 일치하지 않으며, 이 시기에 유전의 메커니즘에 관해 이해된 것이 거의 없었다는 단서를 제공한다.[8] 그레고어 멘델(1822-84)이 1865년 유전의 핵심 원리들을 출간했을 때에도 이 원리들은 20세기 초까지 대체로 무시되었다. 우리가 다음 장에서 살펴보는 바와 같이 멘델의 유전학 통합으로 인해 진화 이론 발전의 패러다임에 변화가 일어났다.

이런 약점들에도 불구하고 유기체들이 어떻게 변할 수 있고 이 변화들이 어떻게 유전될 수 있는지에 관한 메커니즘을 제안함으로써 라마르크의 가설은 중요한 단계

---

7   Jean-Baptiste Lamarck, *Zoological Philosophy: An Exposition with Regard to the Natural History of Animals*, trans. Hugh Elliot (London: Macmillan, 1914), 122.

8   후생적인 현상에 대한 최근의 이해에서 볼 수 있는 바와 같이 어떤 의미에서는 획득 형질이 유전될 수 있지만, 이는 범위와 메커니즘에 있어서 Lamarck의 견해와 다르다.

를 이루었다. 더욱이 이 이론은 유기체가 살 수 있게 만들어줄 특징이 발현할 메커니즘을 제공했다. 이 점은 창조 교리 안의 기능의 완전성 개념과 일치하며, 창조세계에서 실행되는 하나님의 지속적인 활동에 나타난 창조세계에 대한 하나님의 목적의 예를 제공한다(섹션 2.5를 보라). 이 시기의 과학자 대다수는 그런 형질들이 유기체가 자신의 서식지에 잘 적응하도록 특별하게 창조된 것으로 생각했지만, 라마르크는 적응이 일어나 그런 형질이 진화의 과정을 통해 생길 수 있다고 제안했는데 이는 하나님의 매개된 행동의 수단으로 이해될 수 있다(섹션 2.4.3을 보라).

24.3. 다윈의 진화 이론

24.3.1. 찰스 다윈의 배경.

찰스 다윈은 생물 다양성의 기원에 관한 생각이 바뀌고 있던 와중인 1809년에 태어났다. 다윈은 부유한 의사의 아들로 자랐고 그의 부친이 그를 에든버러 대학교에 보내 의학을 공부하게 했지만, 그는 수술의 잔인성에 혐오를 느꼈다(아직 마취가 발견되지 않았다). 그가 에든버러 대학교를 자퇴하자 그의 부친은 그를 지방 교구의 사제가 되게 하려고 케임브리지 대학교의 크라이스트 칼리지에 보냈다. 이 시기에 그리스도인으로 알려진 다윈은 자연사 연구에 마음이 끌렸다. 자연신학의 패러다임하에서는 자연에 대한 연구로부터 하나님에 관해 많은 것을 배울 수 있었기 때문에 교구 사제와 박물학자라는 직업은 양립할 수 있는 것으로 여겨졌다. 사실 다윈은 자연에서 하나님의 능력과 목적이 알려질 수 있다고 보는 자연신학의 패러다임 안에서 훈련받았다. 설계에 관한 페일리의 아이디어는 다윈의 교육과 사고의 일부였고, 그는 페일리의 아이디어가 유쾌하다고 생각했다.[9] 케임브

리지 대학교를 졸업한 후 다윈은 남아메리카 및 다른 지역들의 자연사를 탐구하기 위한 비글호의 세계 항해에 박물학자로(그리고 선장의 식사 동료로) 참여했다. 1831년에서 1836년까지 거의 5년에 걸친 이 여행에서 다윈은 많은 시료를 수집했고 많은 관찰 사항을 기록했다.

1836년, 영국으로 돌아온 후 다윈은 다른 과학자들과 협력해서 자신이 수집한 시료들의 특성을 묘사하고 자신의 노트에 기록된 생각들을 정리했다. 그 항해 동안 다윈이 목격한 몇몇 관찰 내용은 자연신학의 패러다임 안에 맞지 않는 것으로 보였다. 예컨대 그는 멸종한 땅늘보 같은 유기체들의 화석들을 수집했다. 땅늘보는 유럽에서 발견된 생물들을 닮지 않고 남아메리카에서 발견된 다른 유기체들과 비슷했다. 자연신학의 맥락에서는 하나님이 모든 종을 창조세계의 살아 있는 구성원으로서 특정한 역할을 할 수 있도록 훌륭하게 만들었다고 여겨질 터이므로 멸종은 그 맥락에서 골치 아픈 개념이었다. 어떻게 멸종된 생물에게서 하나님의 설계가 실패할 수 있었는가? 더욱이 비록 그것들이 다른 장소에서는 알려지지 않았지만, 남아메리카에는 이런 독특한 종류의 생물들 중 살아 있는 것과 멸종된 것이 모두 존재한다는 사실은 이 동물들이 남아메리카에서 기원했다는 것을 암시했다. 그는 종들이 유사한 종들로 변이를 일으켰거나 진화했다는 설명이 자신의 관찰에 대해 더 나은 설명일 수 있다고 생각했다. 그는 여러 해 동안 자기가 관찰한 패턴들과 이 패턴들을 설명할 수 있는 메커니즘들에 관한 논거를 다듬었지만, 자기의 아이디어들이 당시에 팽배했던 자연신학의 패러다임에 도전했기 때문에 큰 저항에 직면하리라는 것을 알았으므로 그 아이디어들을 출간하기를 주저했다.

다윈은 박물학자인 앨프리드 러셀 월리스가 자신의 아이디어와 비슷한, 자연선택을 통한 진화 이론을 개발했다는 것을 발견하고 자기의 이론을 출간하기로 마음먹었다. 월리스는 1858년 다윈에게 자기의 이론에 관해 편지를 썼고 그들은 그들의 몇몇 아이디어를 1858년에

---

9 "이 책의 논리와 내가 그의 자연신학에 덧붙일 수도 있는 논리는 내게 유클리드만큼이나 기쁨을 주었다." Nora Barlow, ed., *The Autobiography of Charles Darwin 1809-1882: With the Original Omissions Restored* (London: Collins, 1958), 68.

공동으로 출간했다. 이 일이 다윈으로 하여금 그의 연구를 완성하도록 격려했고 그는 그것을 1859년 『자연선택의 방법을 통한 종의 기원, 즉 생존 경쟁에서 유리한 종족의 보존에 관하여』(*On the Origin of Species by Means of Natural Selection, or the Preservation of Favoured Races in the Struggle for Life*)라는 제목의 책을 출간했다(앞으로 『종의 기원』으로 부를 것이다).[10] 이 책에서 다윈은 자기의 이론을 위한 논거들을 결집해서 다양한 원천으로부터의 증거를 묘사하고 제시된 증거로부터 추론들을 이끌어낸다. 다윈이 이 책에서 제시한 세심한 논증이 아마도 이 이론이 그 명칭에 월리스를 포함하지 않고 다윈의 진화 이론으로 알려진 핵심적인 이유일 것이다. 『종의 기원』에서 다윈은 중요한 사항 두 가지를 지적한다. 첫째, 생명의 모든 종은 공통 조상으로부터 변이를 통해 발생했다. 이는 공통 계통인데, 다윈이 그의 책에서 제시하는 논거를 살펴보면 이 패턴이 명백해질 것이다. 둘째, 다윈은 이 변화의 주요 메커니즘이 자연선택이라고 제안한다. 다윈의 이론이 최초로 제안된 진화 이론은 아니었지만, 그것은 설득력 있게 제시되었고 생물 다양성의 기원을 이해함에 있어서 패러다임의 변화를 가져왔다.

24.3.2. 자연선택.

『종의 기원』에서 다윈은 추가적인 메커니즘의 가능성을 배제하지는 않았지만 특히 자연선택이 "공통 조상으로부터의 변이"를 가져올 수 있다고 논증한다. 실제로 그 이후 진화에 대한 다른 메커니즘들이 묘사되어 왔는데 우리는 그것들을 다음 장에서 살펴볼 것이다. 하지만 자연선택은 다윈의 이론의 핵심으로 남아 있는데, 우리가 다윈이 자신의 이론을 뒷받침하기 위해 묘사한 증거를 고찰하기 전에 자연선택의 논리와 설명력을 살펴보면 도움이 될 것이다.

24.3.2.1. 자연선택의 관측과 추론.

다윈은 일련의 관측과 추론에 기초해서 그의 자연선택 이론을 형성했는데, 거의 모든 추론이 최선의 설명에 이르는 추론이다(섹션 4.2.1을 보라). 관측은 누구에게나 반복해서 관찰될 수 있는, 구조나 현상 같은 세부 사항이다. 가령 생물학자는 어떤 동물의 치아의 크기와 형태를 관찰할 수 있다. 추론은 관측의 의미를 설명하기 위해 그 관측을 해석하는 것과 관련된 증거–방법의 연결 고리임을 상기하라(섹션 4.2.1을 보라). 치아의 예로 계속 논의를 진행하자면, 생물학자는 관찰된 동물이 다른 동물들을 먹는 기능을 하는 치아를 가졌는지 식물들을 먹는 치아를 가졌는지를 추론할 수 있다. 관측과 추론은 과학적 묘사가 이루어지는 핵심적인 측면인데, 그것들을 구분할 필요가 있다. 특히 진화에 대한 논의에서 특정한 견해를 주장하기를 원하는 사람들이 종종 추론을 관측과 동일한 방식으로 표현한다.

에른스트 마이어는 다윈의 자연선택 이론을 다음과 같은 다섯 개의 관측과 세 개의 추론으로 요약했다(본서에서는 다른 말로 바꿔 썼다).[11]

관측 1: 유기체들은 자손을 재생산할 수 있고, 그 자손들도 좀 더 많은 자손을 재생산할 수 있으므로 종의 집단 크기는 기하급수적으로 커질 잠재력이 있다.

관측 2: 종들의 집단은 일반적으로 안정적인 크기로 유지되는 것으로 관측된다.

관측 3: 종들의 모든 개체의 생존에 필요한 자원은 한정되었다.

추론 1: 종의 개체들은 한정된 자원을 위해 경쟁하고 소수만 살아남아 다음 세대를 낳는다.

관측 4: 종의 개체들은 형질이 다르다.

관측 5: 이 형질들에 나타나는 변이의 많은 부분이 한 세대

---

10 Charles Darwin, *On the Origin of Species by Means of Natural Selection, or the Preservation of Favoured Races in the Struggle for Life* (London: John Muray, 1859).

11 Ernst Mayr, *One Long Argument: Charles Darwin and the Genesis of Modern Evolutionary Thought* (Cambridge, MA: Harvard University Press, 1991).

에서 다음 세대로 유전된다.

추론 2: 한정된 자원을 차지하기 위한 경쟁과 이후의 생존 및 생식은 무작위적이지 않다. 자연선택은 개별적인 유기체들이 가진 형질의 장점에 기초한 생식 성공의 차이를 통해 일어난다.

추론 3: 여러 세대에 걸친 생식 성공의 차이(자연선택)가 종에서의 점진적인 변화로 이어질 것이다.

세 개의 추론들은 이뤄진 관측에 기초한 합리적인 추론으로 보인다. 하지만 그것을 통해 새로운 종이 발생하는 메커니즘으로서의 자연선택은 즉각적으로 관찰할 수 있는 것을 넘어서는, 제3의 추론의 외삽(extrapolation)에 좀 더 가까움을 주목하라. 귀납법과 최선의 설명에 이르는 추론 모두 이런 식으로 일반화하는 특징이 있음을 상기하라(섹션 4.2.1을 보라). 우리가 진화 이론을 계속 탐구할 때 이 마지막 추론의 외삽이 종의 기원에 대한 설명으로 지지되는지를 탐구하는 것이 유용할 것이다.

24.3.2.2. 자연선택이 순환논법에 의존하는가?   때때로 자연선택은 다윈의 책이 출간되기 전에 허버트 스펜서가 처음 사용한 "적자생존"이라는 말로 요약되는데, 다윈이 이 말을 『종의 기원』의 이후 판들에서 사용했다. 문자 그대로 취할 경우 적자생존은 동의어 반복적인 진술이 아닌가? 즉 가장 적합한 개체들이 생존하는 개체이기 때문에 그것은 순환논법에 기초한 진술이 아닌가? 그러나 리처드 르원틴은 자연선택은 동의어 반복이 아니라고 지적하며 그것을 다음과 같은 세 단계로 나타냈다:

(1) 표현형 변이가 있다. 종의 구성원들이 모두 같은 모양이거나 비슷하게 행동하지는 않는다.

(2) 부모와 자손 간에는 상관관계가 있다.

(3) 표현형마다 멀리 떨어진 세대에서 남기는 자손의 수가 다르다.

르원틴은 "이 세 가지 명제들이 참이라면 집단에 불가피한 진화적 변화가 있을 것"이라고 결론짓는다.[12]

24.3.2.3. 자연선택을 논리적으로 적용하기.   다윈의 이론이 어떻게 구축되었는지에 관해 고려할 몇 가지 요인이 있다. 첫째, 자연선택은 집단 안의 개체들에서 발생하는 유전적인 변이다. 따라서 자연선택이 어떻게 진화로 이어질 수 있는지에 대한 이해는 유전적 변이와 유전에 대한 올바른 이해에 의존할 것이다. 위에서 묘사된 관측 4와 관측 5는 인위적인 선택을 적용한 다른 동물 교배자들의 경험뿐만 아니라 다윈 자신의 개인적인 동물 교배 경험을 통해 다윈에게 알려졌을 것이다(섹션 24.3.3.1을 보라). 그러나 유전에 대한 다윈의 이해는 당시에 팽배했던 혼합 유전(blending inheritance) 개념에 어느 정도 의존했다. 더욱이 다윈은 그의 이론에서 획득 형질의 유전 형태를 배제하지 않았다. 그는 훗날 혼합 유전으로 귀결될, 범생설(pangenesis)로 알려진 유전 메커니즘을 개발했다. 따라서 다윈의 사후에 빛을 보게 된 유전적 변이와 유전에 대한 좀 더 완전한 이해는 우리가 다음 장에서 보는 바와 같이 유전적 변이에 영향을 주는 자연선택을 이해하는 데 유용했다.

둘째, 생명을 위해 좀 더 잘 적응한 유기체들은 이 특질들을 다음 세대들에 넘겨주는 경향이 있을 것이다. 따라서 적합성은 반드시 좀 더 큰 체격이나 좀 더 강한 힘에 의존하는 것이 아니라 생식의 성공에 의존한다. 체격이 크면 적합성이 향상될 수도 있겠지만, 체격이 커지면 큰 체격을 유지하는 데 더 큰 대가가 따른다거나 조작성이 떨어지는 등의 단점이 있을 수도 있다. 오히려 집단 안에서 좀 더 자손이 많은 개체가 자연선택에서 좀 더 적합한 것으로 간주된다. 이처럼 자연선택은 생식 성공의 차이에 기초한다.

---

12   Richard C. Lewontin, "The Bases of Conflict in Biological Explanation," *Journal of the History of Biology* 2 (March 1969): 35-45.

셋째, 개체들은 진화하지 않고 집단들만 진화한다. 개체는 집단의 다음 세대에 좀 더 많은 자손을 남기거나 좀 더 적은 자손을 남길 것이다. 따라서 집단은 좀 더 적합한 개체들의 후손으로 구성될 것이다. 한 개체의 성공은 그것의 환경의 맥락에서 자신의 유전적 구성에 의해 영향을 받으며, 좀 더 적합한 개체들로부터 좀 더 많은 자손이 생산되어 그들이 다음 세대에서 집단의 좀 더 큰 부분을 차지할 것이다. 따라서 자연선택은 개체 차원에서 작동하는 반면 진화는 집단들에서 발현될 것이다.

마지막으로, 진화는 간단한 형태에서 복잡한 형태로 일어날 필요가 없다. 화석 기록과 생물들의 비교 연구에서 간단한 형태에서 복잡한 형태로 진화하는 전반적인 패턴이 명백하지만, 진화의 결과 몇몇 조직의 기능이 상실된 예도 있다. 그러므로 진화는 모든 변화를 포함하므로 다윈의 진화 이론에서 "퇴화" 같은 것은 없다. 아래에 묘사된 흔적 구조에 관한 추론은 이 원리를 예시한다. 자연선택 같은 메커니즘은 차이를 낳는데, 차이가 필연적으로 복잡성의 증가는 아니다.

24.3.2.4. 적응에 대한 설명으로서 자연선택. 메커니즘으로서 자연선택은 자기들의 환경에 잘 적응하는 유기체들이 생기게 할 뿐만 아니라, 세대에서 세대로 변화를 일으키는 방법도 제공한다. 기린의 목이 길게 진화한 것을 목을 뻗어서 획득한 형질에 기인한 것으로 보는 라마르크의 묘사와 대조적으로, 다윈은 목이 긴 기린의 진화를 『종의 기원』 6판에서 다음과 같이 묘사했다.

> 기린은 큰 키, 늘어난 목, 앞 다리, 머리와 혀를 통해 그것의 전체 구조가 나무의 좀 더 높은 가지에 달린 잎을 먹기에 아름답게 적응했다. 기린은 그렇게 해서 같은 지역에서 사는 다른 우제류 즉 발굽이 있는 동물들의 입이 닿지 않는 곳의 먹이를 얻을 수 있다. 그리고 이 점은 틀림없이 기근 시기에 큰 이점이었을 것이다.…따라서 초기의 기린이 있던 자연하에서 가장 높은 곳의 먹이를 먹을 수 있었고 기근

> 시기에 다른 개체들보다 3-5센티미터 더 높이 닿을 수 있던 개체들은 종종 살아남았을 것이다. 그것들은 먹이를 찾아 온 지역을 배회했을 테니 말이다. 자연사의 모든 연구에서 자세하게 측정해본다면 같은 종에 속하는 개체들이 모든 부위에서 상대적으로 큰 경우가 종종 관측될 수 있다. 성장과 변이의 법칙에 기인한 비례적인 이런 작은 차이들이 대다수 종에게는 별로 쓸모가 없고 중요하지 않을 것이다. 그러나 기린의 생활 습성을 고려하면 초기 발달 단계의 기린에게는 사정이 달랐을 것이다. 일반적으로 몸의 한 부분이나 여러 부분이 길어진 개체들이 살아남았을 것이기 때문이다. 이 형질들이 교배되어 같은 신체적 특질을 물려받거나 같은 방향으로 변하는 경향을 물려받은 자손을 남겼을 것이다. 반면에 그 측면에서 덜 유리한 개체들은 가장 죽기 쉬운 개체들이었을 것이다.[13]

이는 라마르크의 진화 이론과 다윈의 진화 이론 사이의 핵심적인 차이를 보여준다. 라마르크의 이론은 개체들이 변화해서 그 변화를 다음 세대에 물려줄 타고난 능력에 의존했다. 그러나 다윈의 이론은 개체에서의 변화가 아니라 집단에서의 변화를 상정한다. 좀 더 짧은 목을 물려받은 개체들은 죽을 가능성이 가장 큰 개체들이기 때문에 그 형질들을 다음 세대에 물려 줄 가능성이 낮았을 것이다. 따라서 라마르크의 이론은 발전을 강조하는 메커니즘을 제공하는 반면, 다윈의 자연선택은 생존 경쟁을 통해 일어난다.

라마르크와 다윈은 기린의 긴 목이 나무의 높은 곳에서 먹이를 얻기 위한 적응으로 발달했다고 여겼다. 이 설명은 자명한 것처럼 보이지만 현재는 지나치게 단순한 것으로 여겨진다. 긴 목과 더불어 다리도 길다. 긴 다리들은 아마도 기린들이 사자 같은 육식동물을 더 잘 피하

---

13 Charles Darwin, *On the Origin of Species by Natural Selection, or the Preservation of Favoured Races in the Struggle for Life*, 6th ed. (London: John Murray, 1876), 177-78.

게 해 주었을 것이고, 긴 목은 기린들이 낮은 곳에서 사는 식물을 먹고 물을 마시기 위해 바닥에 입이 닿을 수 있게 해주었을 것이다. 다른 가설은 긴 목은 수컷들이 긴 목을 이용해서 암컷을 두고 다른 수컷들과 경쟁하기 위한 적응이라는 것이다. 따라서 우리는 진화를 통해서 가능한 적응의 종류를 볼 수 있지만, 이 예는 어떤 특질이 어떻게 진화하고 적응을 가져올 수 있는지에 대한 설명의 지나친 단순화에 주의를 제공한다. 그런 예들은 한 부분만이 아니라 유기체 전체의 기능에 관해 주의 깊게 고려될 필요가 있다.[14]

그럴지라도 자연선택의 원리는 생물의 적응적 특성에 대한 유용한 설명을 제공하는 것처럼 보이는데, 이 점은 다윈이 자기의 이론을 뒷받침하기 위해 묘사한 증거에서 예시될 것이다. 자연선택은 생물들이 살아남는 데 성공한 것을 생물들의 적응과 연결하므로, 생물의 모든 적응은 자연선택을 통해 매개된 진화를 통해 비롯된 것으로 여겨질 수 있을 것이다. 물론 자연선택이 영향을 줘서 이런 적응을 초래했을, 유전된 변이의 원천 역시 이해될 필요가 있을 것이다. 이 주제는 다음 장에서 좀 더 자세하게 고찰되겠지만 우리는 다윈이 창조세계의 규칙성에 초점을 맞춘 것을 주목할 수 있다. 따라서 우리는 그의 연구를 창조세계의 기능의 완전성과 그것이 생물의 다양성에 미친 결과를 탐구한 것으로 이해할 수 있다.

24.3.3. 진화에 대한 다윈의 증거.
다윈은 여러 갈래의 증거를 동원해서 자기의 진화 이론을 뒷받침했다. 이 중에서 몇몇 증거들은 패턴으로서의 공통 조상 개념을 좀 더 강력하게 뒷받침하는 반면에 다른 증거들은 이 패턴을 낳

은 변화의 메커니즘으로서 자연선택을 뒷받침한다. 이런 노선의 각각의 증거 대다수는 다윈의 시대 이래로 여전히 타당하며 이해가 더 진척됨에 따라 진화가 어떻게 작동할 수 있는지에 대한 이해가 좀 더 가다듬어졌다.

24.3.3.1. 인위선택 다윈은 자신이 제안한 진화의 주요 메커니즘이 **인위선택**(artificial selection)과 매우 비슷했기 때문에 자신의 이론을 자연선택으로 불렀다. 바람직한 특질을 가진 유기체들을 선택적으로 교배함으로써 동식물의 많은 품종이 만들어질 수 있듯이 자연선택이 변화와 다양성을 가져올 수 있다. 예컨대 비둘기들의 인위선택에서 혹자는 깃털 색상이나 몸의 형태 같은 특질들을 선택해서 서로 크게 달라 보이는 유형의 비둘기들을 만들어낼 수 있다(그림 24.4를 보라).[15] 그림 24.4에 묘사된, 그렇게 만들어진 비둘기 품종들은 여러 세대에 걸친 교배의 결과일 것이다. 그것은 한 사람이 바람직한 형질을 지닌 동물을 선택하고 이런 동물들만 교배해서 자손을 낳을 수 있도록 허용함으로써 조작되었기 때문에 그 선택은 인위적이다. 이런 후손은 바람직한 형질 측면에서 다를 것이고 이런 형질은 계속되는 각각의 세대마다 한층 더 선택되어 여러 세대 후에는 매우 다른 형태들이 만들어질 것이다. 개나 고양이 같은 반려동물들뿐만 아니라 여러 종류의 가축을 포함하여 길들인 다른 동물들에서도 우리는 유사한 예들을 볼 수 있다. 개들의 품종들의 크기, 형태, 색상 면에서 큰 변이들은 인위선택을 통해 달성될 수 있는 변화의 잠재력을 예시한다.

우리는 길들이기 과정 동안 선택적으로 교배된 재배식물에서도 같은 현상을 볼 수 있다. 재배 식물들은 그것들을 재배하고 음식으로 사용하는 것을 훨씬 쉽게 만들어주는 다양한 형질 면에서 그것들의 야생 조상들과 다르다. 우리는 인위선택의 극단적인 예를 야생 양배추 **브라시**

14 Stephen J. Gould and Richard C. Lewontin, "The Spandrels of San Marco and the Panglossian Paradigm: A Critique of the Adaptationist Programme," *Proceedings of the Royal Society of London. Series B, Biological Sciences* 205, no. 1161, The Evolution of Adaptation by Natural Selection (September 21, 1979): 581-98.

15 Darwin은 비둘기 육종업자였고 전 세계의 동식물 육종업자들과 광범위한 교류를 유지했다.

블루 아울	수녀 비둘기
흑비둘기	요정 비둘기

그림 24.4. 19세기 영국에서 비둘기 품종의 다양성이 잘 알려져 있었고 다윈은 1855년에 비둘기 육종을 시작했다. 비둘기의 이런 품종들은 야생 비둘기로부터 여러 세대에 걸친 인위선택을 통해 개발되었다.

카 올레라케아(*Brassica oleracea*) 종에서 볼 수 있다. 그 종은 그 식물의 다른 부분들을 과도하게 성장하게 만드는 인위선택을 통해 브로콜리, 콜리플라워, 양배추, 케일, 그리고 콜라비 같은 다양한 품종의 재배 식물로 바뀌었다. 이 모든 품종은 여전히 하나의 종인 **브라시카 올레라케아**의 변종들로 분류된다.

다윈은 자연선택을 인위선택과 비슷하다고 묘사하면서 인위선택이 원래의 형태와 아주 다른 형태를 만들어 낼 수 있음을 보일 수 있었다. 따라서 증거의 이 부분에서는 메커니즘으로서의 자연선택 개념이 강조된다. 다른 형태를 띤 연속적인 세대들이 공통 조상으로 거슬러 올라갈 수 있으므로 패턴으로서의 공통 조상 개념도 명백함을 주목하라.

24.3.3.2. 화석 증거. 다윈은 비글호 선상에서 라이엘의 『지질학 원리』를 읽고 지구의 역사를 좀 더 잘 이해하게 되었다. 따라서 그는 지구가 오래되었다는 이해에 근거해서 **화석 기록**을 해석했다. 더욱이 화석 기록은 다윈에게 공통 조상으로부터의 변이를 통해 연결되었을 수도 있는 종들의 연속처럼 보인 패턴을 제공했다. 화석 기록의 불완전한 성격을 알아차린 후, 그는 멸종된 종들이 살아 있는 종들과 같은 지역에서 화석으로 발견되는 전반적인 패턴을 알아차렸다. 이 점에 관해서는 생물 지리학에 관한 다음 섹션에서 좀 더 자세히 설명될 것이다. 따라서 그는 유대류가 지배적인 호주에서 캥거루 같은 유대류 화석이 나오는 것을 예로 든다. 그는 자신이 남아메리카에서 나무늘보, 아르마딜로, 개미핥기 같은 특정한 동물들

을 관찰한 사실도 사용하는데, 남아메리카에서는 현존하는 유형과 멸종한 유형이 모두 존재하지만, 세계의 다른 곳에서는 그런 동물이 존재하지 않는다. 좀 더 오래된 형태에서 좀 더 새로운 형태로 이어지는 이러한 연속은 공통 조상으로부터의 변이로 설명하는 것이 가장 나아 보인다. 그는 화석 기록은 자신의 이론이 옳다면 발견되어야 할 중간 형태들이 별로 많지 않은 것으로 보이지 않는다는 점도 알아차렸다. 이 주제에 대해서는 26장에서 논의될 것이다. 따라서 화석 기록은 주로 공통 조상에 관한 증거를 포함한다. 하지만 화석 기록에서 관찰된 기능들의 추론은 변화와 관련된 메커니즘으로서의 자연선택과 관련될 수도 있다.

24.3.3.3. 생물 지리학. 화석 종과 살아 있는 종들의 지리적 위치의 생물 지리학적 패턴은 다윈에게 진화를 그 현상에 관한 하나의 설명으로 고려하도록 영향을 주었고, 그는 이 패턴을 사용해서 자기의 이론을 뒷받침했다. 그는 기후 조건이 비슷한 지역들이 있음에도 불구하고 신대륙의 식물과 구대륙의 식물들 사이에서보다 신대륙의 식물들 상호 간에 유사성이 더 크다는 것을 주목했다. 따라서 그가 남아메리카의 열대 지역에서 관찰한 식물들은 그가 영국 제도에서 관찰한 식물들과 딴판이었다. 그가 영국 제도의 기후와 좀 더 유사한 남아메리카의 온대 지역에서 식물들을 관찰했을 때 그는 식물들이 명명법(분류)상 영국 제도에 있는 식물들보다 남아메리카의 열대 지역에 있는 식물들과 좀 더 유사하다는 것을 알아차렸다. 이 점은 유사한 서식지에서 독립적으로 만들어진 것이 아니라 지리적 근접성에 기초한 공통의 기원을 갖는다고 좀 더 단순하게 설명될 수 있다.

섬들에 사는 동물상에 대한 다윈의 관찰 역시 다윈이 해양 섬들의 동물들이 특별하게 만들어졌다는 생각에 의문을 제기하게 했다. 그는 육지에서 약 500킬로미터 떨어진 섬들에서는 박쥐들과 사람이 들여온 몇몇 가축 외에는 포유류가 없는 것을 주목했다. 좀 더 설득력이 있는 증거

로서, 그는 그런 섬들에서만 발견되는 종들도 언급했다. 예컨대 그는 남아메리카 서쪽 태평양의 갈라파고스 제도에서 26종의 새들을 발견했다. 그중에서 25종은 고유종(즉 다른 곳에서는 발견되지 않는다)으로 보였지만 이 고유종들은 남아메리카에서 발견되는 새들과 유사해 보였다. 다윈은 이 제도의 고유종들이 독립적으로 만들어졌다기보다 대륙의 본토에서 와서 이 제도를 점유한 조상들로부터 변화 과정을 통해 유래했을 가능성을 고려하는 것이 더 나은 설명일 수 있다고 생각했다. 그러므로 우리는 생물 지리학의 이런 패턴에서 공통 조상에 관한 증거를 볼 수 있다.

24.3.3.4. 계층 분류. 다윈은 린나이우스가 제공한 **계층 분류**가 공통 조상의 증거를 제공한다고 상정했다. 린나이우스의 계층 분류가 유사성의 계층에 기초해서 계통수로 묘사될 수 있듯이, 이 종들의 다양성의 기원이 그림 24.2에 묘사된 것과 같은 식으로 나무의 가지들처럼 갈라진 것으로 묘사될 수 있다. 사실 『종의 기원』에 수록된 유일한 그림은 특정한 종의 집단들 가운데서 어떻게 차이들이 생길 수 있는지를 보여주는 계통수인데(그림 26.2를 보라), 이는 그가 어떻게 별도의 종들이 생길 수 있는지를 고려하기 위해 외삽한 아이디어다. 이 아이디어는 주로 공통 혈통의 패턴에 초점을 맞추지만, 린나이우스의 계통 분류의 의미를 변화시켰다. 계층 분류는 정적인 종들의 창조의 질서를 나타낸다기보다, 좀 더 가깝게 관련된 유기체들은 좀 더 멀게 관련된 유기체들보다 좀 더 최근의 공통 조상을 공유하는 진화의 패턴을 나타내게 되었다. 따라서 같은 속에 속하는 종들은 다른 속에 속하지만 같은 과에 속하는 종들보다 좀 더 최근의 공통 조상을 공유할 것이다. 이처럼 계층적 범주의 패턴은 주로 공통 혈통과 관련된다.

24.3.3.5. 상동 구조. 다윈은 또한 관련된 유기체들에서 나타나는 **상동 구조**가 공통의 기원에서 발달했다고 주장했다. 따라서 다양한 종류의 포유류의 앞다리에는 모

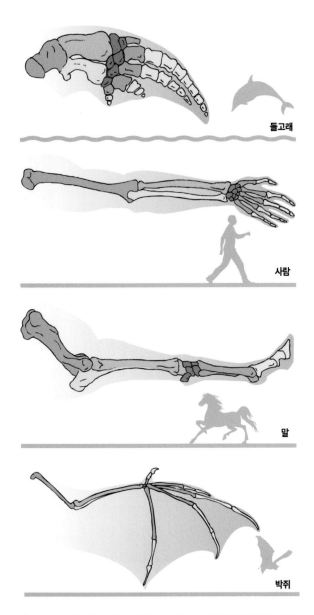

그림 24.5. 뼈들의 유사한 배열을 보여주는 포유동물들의 앞다리들. 뼈 하나(보라색)에 뼈 두 개가 이어지고(오렌지색과 초록색), 이어서 발목뼈(빨간색), 발바닥뼈(파란색), 그리고 발가락뼈(노란색)가 계속된다. 이 기본적인 패턴은 다양한 목적을 위해 적응했다. 돌고래는 수영에 적응했고, 두 발로 걷는 인간은 물건을 쥐는 데 적응했으며, 네 발로 걷는 말은 뛰는 데 적응했고, 박쥐는 비행에 적응했다.

두 윗부분에 하나의 뼈와 아랫부분에 두 개의 뼈, 그리고 일련의 발목뼈들과 일련의 발가락뼈들이 있다. 그러나 이 앞다리들은 구조는 유사하지만 다른 기능을 수행할 수 있도록 형태가 다를 수 있다(그림 24.5를 보라). 따라서 인간은 팔을 물건 쥐기 및 다른 과제들에 사용할 수 있는 반면에 말은 앞다리를 주로 걷거나 뛰는 데 사용하므로 두 발

로 걷는 인간의 팔의 기능과 네 다리로 걷는 말의 앞다리의 기능은 다르다. 더욱이 박쥐의 앞다리는 비행에 적응했고 돌고래의 앞다리는 수영에 적응했다. 모두 포유류인 이 동물들이 앞다리 뼈들의 배열에서 공통의 구조를 가진다는 사실은 그것들이 다른 기능들에 적응했을지라도 공통의 기원에서 생겼음을 암시한다.

우리가 상동 구조를 **상사 구조**와 비교해보면 상동 구조를 더 쉽게 이해할 수 있을지도 모른다. 상동 구조는 공통의 혈통을 통해 생긴 것으로 추론될 수 있는 반면에, 상사 구조는 유사한 기능을 가지지만 우리가 증거를 살펴보면 공통의 혈통에서 유래했다기보다 독립적으로 발생했다는 추론에 이르게 된다. 예컨대 조류의 날개와 박쥐의 날개는 날지 않는 생물들로부터 두 개의 독립적인 진화 계통에서 생겼다고 여겨지기 때문에 그것들은 날개로서 상사 구조로 여겨진다. 즉 조류와 박쥐는 날개가 없던 공통 조상을 공유한다고 생각된다. 그리고 양자의 날개들은 공통의 기능과 구조의 몇몇 공통점을 가지지만, 구조에 중요한 몇몇 차이도 지닌다. 새의 날개들은 깃털을 펴서 비행을 뒷받침할 표면을 제공하는 데 의존하지만, 박쥐의 날개들은 평평해진 날개 조직들이 붙어 있는 긴 뼈들을 펼쳐서 비행 표면을 제공하는 데 의존한다. 이 날개들은 날개로서는 상사 구조로 여겨지는 반면 앞다리로서는 상동 구조로 여겨진다. 이는 조류와 포유류가 네 발(앞다리 두 개와 뒷다리 두 개) 달린 공통 조상을 둔 것으로 여겨지고, 따라서 앞다리들은 공통의 기원을 가진 것으로 추론되기 때문이다. 더욱이 다리 위쪽 뼈 하나, 다리 아래쪽 뼈 두 개, 그 아래의 발목뼈들과 발바닥뼈들 그리고 발가락뼈들이라는 똑같은 기본 구조들이 조류와 박쥐의 날개 모두에서 발견된다. 박쥐에게서는 발가락 다섯 개가 모두 발달한 반면 조류에서는 발가락 세 개만 발달했지만 말이다. 우리는 조류 날개의 구조와 기원에 관해 26장에서 좀 더 자세하게 논의한다.

마찬가지로 다윈은 흔적 구조는 한때 목적이 있었던

상동 구조에서 생겼다고 상정했다. 예컨대 뱀들은 골반과 다리뼈들의 흔적을 갖고 있다. 비록 이 뼈들이 도마뱀 같은 다른 파충류나 다른 네발짐승들에서처럼 걷는 기능을 하지 않지만 말이다. 이런 흔적 구조들은 공통의 혈통을 통해 생긴 뒤 기능을 상실한 것으로 생각되며, 이런 특징들은 상동 구조라는 추론으로 이어진다. 따라서 상동 구조들은 공통의 혈통과 자연선택 모두를 통해 설명될 수 있다.

24.4. 다윈의 결론

앞 섹션에서 본 바와 같이 다윈은 몇 가지 노선의 증거를 동원해서 자연선택을 통한 진화 이론을 묘사하고 뒷받침했다. 다윈의 시대 이후 진화 이론을 뒷받침하는 다른 갈래의 증거들이 묘사되어왔는데 이 중에서 몇 가지 증거는 이후의 장들에서 좀 더 자세하게 다뤄질 것이다. 다윈이 『종의 기원』에서 주장한 것처럼, 이런 노선의 증거에서 나타난 유사성과 차이점의 패턴들은 그 시기 동안 제안된 대안적 설명들보다는 진화 이론과 가장 잘 일치한다.

1836년에 비글호의 항해에서 돌아온 후 1859년에 그의 책을 출판할 때까지 다윈은 자기가 발견한 내용이 논란을 일으키리라는 것을 알았기 때문에 그 내용을 출간하기를 꺼렸다. 그의 이론은 생존 투쟁에 초점을 맞췄기 때문에 다윈은 이것을 전능하고 자애로운 하나님과 관련해서 이해하기 위해 애썼다. 그는 맵시벌과에 속하는 말벌들이 살아가는 방식을 알고 나서 난처해졌다. 포식 기생하는 이 말벌들은 애벌레 같은 다른 곤충들의 유충에 알을 낳는다. 그 애벌레가 성장하고 발달할 때 말벌의 유충들은 그 애벌레 안에서 성장해서 그 애벌레의 내부 기관을 먹어서 그것을 죽인다. 다윈은 이 현상을 설계자로서 하나님께 초점을 맞춘 자연신학의 측면에서 본 하나님에 관한 이해와 조화시킬 수 없다고 생각했다. 이 점은 자연신학의 주요 약점을 보여준다. 우리가 자연에서 관찰한

내용을 기초로 한 하나님의 성품에 관한 이해는 하나님의 성품에 관한 그릇된 이해로 귀결될 수 있다. 맵시 말벌들의 삶의 측면은 창조세계의 봉사적 측면에서 좀 더 잘 이해될 수 있을 것이다(섹션 2.4.3을 보라). 그 맥락에서 말벌의 유충은 다른 동물들이 먹잇감을 잡아먹는 것과 질적으로 유사한 방식으로 애벌레로부터 먹이의 원천을 공급받는다.

더욱이 모든 생물은 복잡한 먹이그물에 참여하는데, 먹이그물은 어떤 생물은 광합성을 통해 생산자가 되고 또 다른 생물은 소비자가 되는 데 기초한다. 말벌의 유충은 애벌레들(그리고 나방이나 나비들)이 그것들이 먹는 식물을 압도하지 못하도록 억제하는 결과를 가져올 수도 있으므로, 그런 생태적인 상호작용은 생물의 공동체에 좀 더 큰 안정성과 회복력을 가져온다. 따라서 맵시 말벌의 예는 창조세계의 기능의 완전성의 맥락에서 좀 더 잘 이해된다. 하나님에 관한 다윈의 의심은 그의 진화 이론을 통한 생물의 다양성 이해에 필연적으로 수반되는 것이 아니라, 적어도 부분적으로는 창조 교리를 잘 이해하지 못한 것을 반영한다.

다윈의 자연선택을 통한 공통 조상으로부터의 변이 이론은 특질들이 세대 간에 유전되는 것과 이런 특질들이 유전된 돌연변이를 보인다는 것에 의존한다. 완전한 진화 이론은 패턴과 메커니즘 모두를 설명할 필요가 있을 것이다. 그 메커니즘의 핵심적인 부분 중 하나는 유전적 특질이 어떻게 한 세대에서 다음 세대로 전달되는가와 관련이 있다. 19세기의 과학자들은 유전에 관해 매우 초보적인 지식을 갖고 있었다. 그 그림은 1865년 출간된 멘델의 발견사항들을 통해 크게 명확해졌지만, 그 발견사항들의 대다수는 20세기 초까지 무시되었다. 유전에 관한 이런 발견들의 타당성에 대한 재발견으로 말미암아 우리가 다음 장에서 보는 바와 같이 다윈의 진화 이론의 패러다임을 바꿀 필요가 생겼다.

25장

현대의 종합적 진화 이론

제안된 진화의 메커니즘은 모두 형질들이 한 세대에서 다음 세대로 유전되는 방식에 의존하므로 19세기 말과 20세기 초에 일어난 유전의 이해 발전은 진화에 대한 설명에 크고 중요한 함의가 있다. 17세기에 현미경이 개발된 이후 세포들이 관찰되어왔음에도 불구하고, 모든 생물은 하나 이상의 세포로 구성되어 있고 세포들은 세포로부터만 나온다고 진술하는 세포 이론은 19세기에야 수립되었다. 생명의 기본 단위로서 세포에 대한 이러한 이해는 유전의 이해에 중요해질 것임을 의미했다. 다윈은 그의 저서 중 한 권에서 세포 이론을 통합하여 그가 범생설(pangenesis)로 부른 사변적인 유전 메커니즘을 제안했다.[1] 범생론에서는 성체의 세포들에서 나온 **배아**(gemmule)들이 다음 세대에 기여한다. 배아들은 해당 유기체 전체에

---

1   Charles Darwin, *The Variation of Animals and Plants Under Domestication* (London: John Murray, 1868).

서 나올 것이고 따라서 그 유기체가 획득한 형태가 다음 세대로 전달될 수 있을 것이다. 이런 식으로 다윈의 범생설은 라마르크의 이론과 유사한 획득 형질 유전의 메커니즘을 제공했다. 더욱이 양쪽 부모 모두 많은 작은 배아들을 다음 세대에 공헌하므로 그것은 혼합 유전으로 귀결될 것이다.

그러나 다른 과학자들은 이 아이디어를 문제가 있는 것으로 보았다. 가장 강력한 반대자 중 한 명은 아우구스트 바이스만(1834-1914)이었는데, 그는 획득된 형질은 다음 세대로 유전되지 않는다는 것을 입증했다. 여러 증거 중에서 특히 바이스만은 생쥐들의 꼬리를 자른 후 교배시켜 그것들의 후손 모두에게 꼬리가 있는 것을 발견한, 단순하고 설득력이 있는 실험을 사용했다. 그는 이 증거를 사용해서 다세포 생물들은 체세포와 별도의 생식 세포를 갖고 있다고 진술하는 그의 생식질(germ plasm) 이론의 전개를 뒷받침했다. 유전은 난자와 정자를 생산하는 생식 세포들을 통해서 일어나며, 체세포들에 일어나는 변화들은 다음 세대에 전달되지 않는다. 이는 오늘날까지 유전에 대한 이해에서 기본적인 개념이다. 바이스만은 다윈의 자연선택을 통한 진화 이론을 강력하게 지지했는데, 그 이론은 다윈이 유전에 대한 설명으로 범생설을 제안한 데서 드러나는 획득 형질 유전 주장에서 이탈하므로, 몇몇 학자는 바이스만이 획득 형질 유전에 대해 반대하고 자연선택을 지지하는 입장을 신다윈주의로 불렀다.

그러나 그레고어 멘델의 완두콩 유전 연구에 대한 재발견으로 유전에 대한 이해에 큰 변화가 일어났다. 멘델이 유전 연구를 수행했을 때 그의 주된 문제 중 하나는 유기체들이 혼합된 유전을 보이는지 아니면 별개의 형질 유전을 보이는지였다. 확실히 무게나 키 같은 양적인 형질에 대해서는 유기체들 사이의 혼합 유전이 쉽게 관찰될 수 있다. 이 일반적인 관측은 유전이 작동하는 방식의 일부로 여겨졌고, 아마도 다윈이 범생설을 제안한 이유 중 하나일 것이다. 멘델은 그의 연구에서 아래에서 좀 더 설명되는 바와 같이 별개의 형질 유전이 발생한다는 것을 발견했다. 그는 유전적 변이의 주요 원천에 대한 설명도 제공했는데, 그것은 자연선택을 통한 진화를 이해하는 데 매우 중요하다. 멘델은 그의 발견사항들을 1865년에 발표했지만 그 내용은 거의 40년 동안 대체로 무시되었다.

1900년대 초에 멘델의 유전학이 재발견되어 유전학의 발견사항들을 진화 이론에 통합할 필요가 생겼다. 생물학자들은 유전학에 대한 이 이해를 종종 현대의 종합적 진화 이론 또는 신다윈주의 종합적 진화 이론으로 불리는 새로운 종합적 진화 이론 안으로 통합했다. "신다윈주의"라는 이름은 바이스만과 월리스를 통해 증진된, 획득 형질 유전에 저항하는 아이디어와 좀 더 연결되기 때문에 현대의 종합적 진화 이론에 공헌한 많은 학자는 그 이름을 피한다. 우리는 이 장에서 "현대의 종합적 진화 이론"이라는 용어를 사용하겠지만 "신다윈주의"라는 이름은 이 종합이 어떻게 공통 조상과 주로 자연선택을 통해 견인된 점진적 진화라는 다윈의 개념을 유지하는 한편 새로운 정보를 통합하는지를 설명한다. 이 종합의 첫 번째 단계는 아래에 묘사되는 바와 같이 집단유전학의 발달에서 일어났다. 두 번째 단계는 1937년에서 1950년 사이에 발전했고 그 뒤 새로운 발견사항들을 통해 계속 다듬어졌다. 사실 현대의 종합적 진화 이론은 오늘날 교과서들에서 진화가 제시되는 주된 방식이다. 우리가 26장과 27장에서 살펴보는 바와 같이 많은 과학자가 새로운 발견사항

들을 한층 더 추가했지만 말이다. 이 장에서 우리는 진화에 대한 이 새로운 이해에 사용된 추론의 몇몇 노선들을 탐구할 것이다. 우리는 먼저 멘델이 유전에 관해 발견한 내용을 살펴본다.

25.1. 멘델의 유전학

멘델의 발견사항들은 유전을 매우 잘 묘사해서 생물학자들은 지금도 그의 아이디어들을 멘델의 유전학으로 부른다. 멘델이 그 발견을 할 당시는 유전자 개념이 발달하기 전이었고, 유전과 관련하여 염색체들의 역할이 발견되기 전이었으며, DNA가 유전 물질임이 발견되기 오래전이었다. 멘델은 완두콩에서 일련의 형질들의 유전을 조사했다. 이 형질들 각각은 두 개의 상태에서 변화를 보였다. 완두콩 식물은 보라색 꽃이나 흰색 꽃, 주름진 씨앗이나 둥근 씨앗, 노란색 씨앗이나 초록색 씨앗 등을 가졌다. 멘델은 꽃의 색깔이라는 형질을 예시로 사용해서 흰색 꽃이 피는 순종 완두콩을 보라색 꽃이 피는 순종 완두콩과 교배시켰다(그림 25.1을 보라). 이 교배에서 나온 씨앗들은 모두 보라색 꽃이 피는 식물들을 생산했다. 1대 자손(F1) 세대에서 꽃의 색깔은 부모(P) 세대의 보라색 꽃을 가진 부모의 꽃의 색깔과 같기에, 첫 번째 교배에서조차 혼합 유전이 일어나지 않는다는 사실이 명백하다. 그는 보라색 꽃의 특질을 우성 형질로 부르고 흰색 꽃의 특질을 열성 형질로 불렀다. 그가 F1 식물 두 그루를 교배시키자 씨앗들은 보라색 3대 흰색 1의 비율로 보라색 꽃이나 흰색 꽃이 피는 식물을 생산했다. 멘델은 그가 사용한 다른 특질들에 대해서도 비슷한 결과를 얻었다.

멘델은 자기가 얻은 결과를 설명하면서 교배에 사용된 각각의 부모가 두 개의 "입자"를 가졌다고 가정했다(우리는 현재 이 내용을 유전자의 두 사본이 두 개의 상동 염색체를 지녔다고 묘사한다). 순종 식물들은 같은 특징을 보이는 두 사본을 가졌다. 생식할 때 각각의 부모는 사본 하나를 다음 세대에 물려준다. 이런 식으로 보라색 꽃들은 P 사

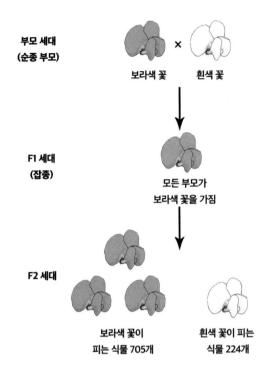

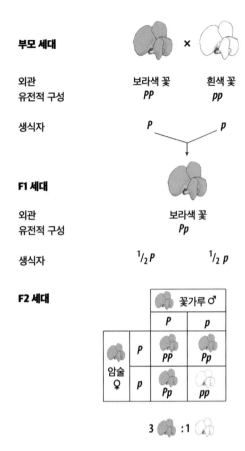

그림 25.2. 멘델의 분리의 법칙. 이는 완두콩에서 나타나는 유전의 패턴을 성공적으로 설명한 모형이다.

그림 25.1. 그레고어 멘델이 수행한 완두콩 교배에서 꽃 색깔의 유전은 보라색 꽃이 피는 식물 대 흰색 꽃이 피는 식물에 대해 약 3대 1의 비율을 보였다.

본(그것이 우성임을 나타내기 위해 대문자를 사용함)을 물려줄 것이고 흰색 꽃은 p 사본(열성임을 나타내기 위해 소문자를 사용함)을 물려줄 것이다. 현재의 유전학 용어로 표현하자면 꽃의 색깔은 특정한 유전자로 말미암아 결정되는데 그 유전자는 대립 유전자로 알려진 다른 형태들로 나타난다. 이 경우 유전자가 꽃의 색깔을 명시하는데 P 대립 유전자는 보라색 꽃 색깔을 명시하고 p 대립 유전자는 흰색 꽃 색깔을 명시한다. F1 세대는 이형(heterozygous)으로서 하나의 P 대립 유전자와 하나의 p 대립 유전자가 있어서 Pp의 유전자형과 보라색 꽃 표현형을 가진다. 유전자형은 한 개체의 유전적 구성을 묘사하고 표현형은 유전자형에 기초한 외관을 묘사한다. 두 개의 F1 식물들이 교배되면 각각의 부모는 P나 p 대립 유전자 하나를 물려줄 수 있고 그림 25.2의 맨 아래에 묘사된 조합을 가져온다. 따라서 식물들의 1/4은 PP 유전자형을 가지고 1/4은 pp 유전자형을 가지며 절반은 Pp 유전자형을 가질 것이다.

PP와 Pp 유전자를 지닌 식물들은 보라색 꽃을 피울 것이고 pp 유전자를 지닌 식물들은 흰색 꽃을 피울 터이므로 보라색 꽃과 흰색 꽃을 피우는 식물의 비가 3:1이 될 것이다. 이처럼 멘델의 모형은 그가 완두콩 식물로 얻은 결과를 설명했다.

멘델은 그가 사용한 일곱 가지 특질 모두에 대해 유사한 패턴을 발견했다. 그의 **분리의 법칙**(law of segregation)은 한 세대에서 다음 세대로 전해질 때 대립 유전자들의 무작위 분리를 묘사했다(그림 25.2를 보라). 이 대목에서 **무작위**는 가능한 모든 결과의 확률이 똑같음을 의미한다. 두 개의 대립 유전자가 있는 이 경우 하나의 생식자(gamete)에서 각각의 대립 유전자가 전달될 확률은 1/2이다. 하나의 결과의 확률이 다른 결과의 확률보다 높다면 비무작위 분리가 일어날 것이다. 멘델은 한 번에 두 개의 특질을 가진 두 식물을 사용한 실험도 수행했다. 그 실험에서 각각의 특질에 대한 분리의 법칙이 성립했는데, 그는 이 특질들이 다음 세대에서 어떻게 결합하는지에 관한 "독립의 법칙"(law of independent assortment)도 개발할 수 있었다. 하지만 그 주제는 본서의 논의 범위를 벗어난다.

멘델은 그가 발견한 내용을 1865년에 발표하고 1866년에 출간했지만 그의 연구는 대체로 무시되었다. 그가 자기의 연구를 다윈에게 보냈다는 증거가 있지만 멘델에게서 온 우편물의 봉투는 확실히 개봉되지 않았고 다윈은 자기가 출간한 어떤 연구에서도 멘델의 발견사항을 통합하지 않았다. 멘델의 발견사항들은 1900년에 재발견되었고 그 안에 포함된 개념들이 유전과 관련된 다른 현상들을 이해하는 데 도움을 주었다. 1880년대부터 진척되고 있던 염색체의 유전에 관한 연구가 명백해졌고 1902년에는 두 명의 과학자 테오도르 보베리(1862-1915)와 월터 서턴(1877-1916)이 독립적으로 염색체 유전 이론을 제안했다. 동물, 식물, 균류 등 진정한 세포핵이 있는 진핵생물들은 세포핵에 DNA와 단백질로 구성된 다수의 선형 염색체를 갖고 있다. 생물들은 종종 염색체들을 쌍으로 지니는데(그렇게 쌍으로 된 염색체들을 지니는 세포핵은 **배수체**[diploid]로 불리는데 $2n$개의 염색체에서 n은 쌍의 수를 나타낸다), 각각의 부모로부터 각 쌍의 염색체 중 하나가 유전된다. 유성 생식 과정에서 감수분열로 알려진 세포핵 분열로 이 쌍들이 분리되어 각 쌍의 염색체 중 하나가 각각의 딸세포로 가는데 이 세포들 안의 세포핵은 n개의 염색체를 가진 **반수체**(haploid)다(그림 25.3을 보라).

인간의 신체 안의 세포 대다수는 배수체로서 $2n = 46$개의 염색체들을 갖고 있다. 난자와 정자는 감수분열을 통해 만들어지며 따라서 각각의 난자와 정자는 $n = 23$개의 염색체가 있는 세포핵을 가진 반수체다. 수정에서 난자와 정자가 결합한 후 두 개의 세포핵이 융합해서 $2n = 46$개의 염색체를 지니는 새로운 세포핵을 형성하는데, 각각의 부모로부터 염색체들의 절반이 온다. 이러한

염색체들의 유전 패턴과 멘델의 유전인자의 유전(genetic inheritance) 원리들 사이의 조화로 말미암아 생물학자들은 멘델의 유전학이 유전에 대한 유용한 묘사를 제공했음을 깨닫게 되었다. 따라서 멘델의 유전학은, 생물들은 우리가 현재 유전자로 부르는 것의 사본 두 개를 갖고 있으며 이 사본들이 유성 생식에서 무작위적인 패턴으로 분리되고 재결합한다고 상정했다는 점에서 선견지명이 있었고, 이는 창조세계의 기능의 완전성의 아름다운 예다(섹션 2.2.2를 보라).

감수분열에서 배수체($2n$) 세포핵 안의 염색체들이 분리되어 반수체(n) 세포핵을 형성할 때(그림 25.3을 보라) 각각의 반수체 세포핵은 원래의 배수체 세포핵들에 포함된 염색체들의 가능한 많은 조합을 포함할 수 있다. $2n$ 세포핵 안의 상동 염색체의 각 쌍은 모친으로부터 물려받은 염색체 하나와 부친으로부터 물려받은 염색체 하나를 포함한다. 그 염색체들이 분리할 때 한 염색체가 포함될 확률과 포함되지 않을 확률은 50퍼센트다. 염색체들의 쌍이 여러 개일 경우 가능한 여러 개의 조합이 나올 수 있다. 이

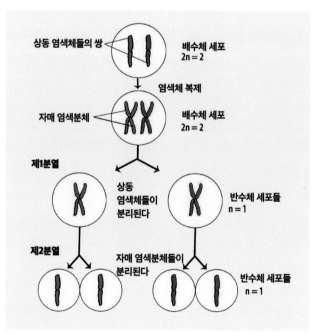

그림 25.3. 두 개의 염색체를 가진 배수체 세포가 분리되어 각각 하나의 염색체를 가진 네 개의 반수체 세포를 형성하는 것을 보여주는 감수분열.

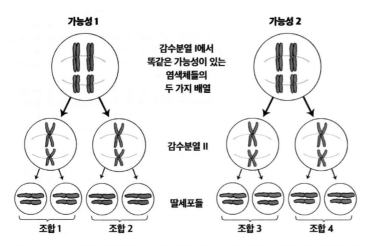

그림 25.4. 네 개의 염색체(2n = 4)를 가진 배수체 세포에서 시작할 때 염색체들의 분리를 통한 감수분열에서 네 개의 염색체 조합이 구성될 수 있다.

점을 그림 25.4에서 볼 수 있는데, 그 그림에서 n = 2일 경우 가능한 염색체 조합 4개가 나온다. 염색체 수가 증가함에 따라 가능한 조합의 수는 기하급수적으로 증가하며 n 쌍의 염색체들에 대해 2^n개의 가능한 조합이 있다.

그림 25.4에서 n = 2개의 염색체가 있을 경우 가능한 조합이 2^2 즉 4개였지만, 인간의 염색체에서처럼 23쌍의 염색체가 있을 경우 2^{23} 즉 8,388,608개의 가능한 조합이 있다. 생식에서는 정자와 난자 모두에 대해 2^{23}개의

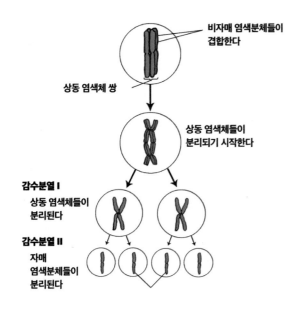

그림 25.5. 감수분열 시 염색체 교차로 상동 염색체들 일부의 교환이 일어나 유전적으로 다른 반수체 세포들의 다양성을 크게 증가시킬 수 있다.

가능한 조합이 있으므로 단지 두 부모로부터 가능한 조합이 2^{46} 즉 70조 개가 넘는 가능한 조합이 존재하므로 변이의 잠재력이 매우 커진다. 그러나 상동 염색체들이—특정한 상동 염색체의 어느 부분이 다른 상동 염색체의 부분과 교환되는—염색체 교차를 경험할 수 있으므로(그림 25.5를 보라) 이렇게 큰 숫자조차 가능한 변이의 수를 크게 과소평가한다. 그 결과 가능한 조합의 수는 헤아릴 수 없을 정도로 많아진다.

유전인자의 유전에 대한 이해는 우리에게 생물의 계속적인 존재에 관한 창조세계의 기능의 완전성을 좀 더 명확하게 알려준다. 유전 정보는 커다란 안정성을 제공하고 많은 종류의 생물에게 그것들을 살 수 있게 해주는 본질적인 많은 특징을 지닌 채 세대에서 세대로 이어준다. 이 기능의 완전성은 이런 식으로 창조세계의 봉사적 성격에 공헌하고(섹션 2.4.3을 보라), 많은 종류의 생명이 계속 존재할 수 있게 해주며, 다양한 종류의 생물이 생태계에서 그들의 생활을 위해 함께 공급하는 방식으로 상호작용한다. 그러나 거기에는 안정성만 존재하는 것이 아니다. 생물이 적응하고 생존할 때 변이의 기능이 유용하다. 그런 변이는 생물들이 새로운 상태에 적응하도록 도울 수 있는 유전적 다양성을 가져올 수도 있다.

25.2. 다윈의 진화 이론의 함의

멘델의 유전학과 유전의 염색체 이론의 결합은 고전적인 유전학의 발달로 이어졌다. 20세기 초에 유전에 대한 이러한 이해가 발달하자 그것은 다윈의 진화 이론에 대해 몇 가지 함의를 갖게 되었다. 멘델의 유전학은 혼합 유전 개념을 잠재웠다. 확실히 신장, 체중, 색깔 등 양적인 특질로 물려받는 많은 유전 형질이 있는데, 그 대목에서는 종종 정규 분포(즉 종 모양 곡선)로 배열되는 연속적인 표현형이 존재하는 것처럼 보인다. 예컨대 동물 육종가들은 좀

더 무거운 개체들을 선택해서 가장 무거운 동물들을 여러 세대 교배함으로써 더 무거운 동물을 얻을 수 있음을 알았다. 하지만 사실은 유전자들의 가능한 조합에 기초하여 가능한 유전자형의 수는 이산적(하지만 아마도 매우 큰 수일 것이다)임에도 불구하고 이 특질들이 두 개 이상의—종종 많은—유전자들의 영향을 받아 그 특질이 외관상 연속적으로 보인다. 혼합 유전에서는 부모의 중간 크기 후손을 얻는 반면 멘델의 유전학에서는 부모로부터의 대립 유전자들의 특정한 조합의 유전을 통해 부모 양측보다 큰 후손을 얻을 수 있으므로 멘델의 유전학은 단순한 혼합 유전보다 발전한 이론이다. 달리 말하자면 혼합 이론은 두 부모 사이의 차이를 없애서 진화의 기회를 감소시킬 것이다. 그러나 멘델의 유전학에서의 이산적인 유전은 세대들 간에 좀 더 큰 변화를 초래할 수 있다.

유전이 이산적인 형질의 상태로 일어난다는 발견은 생물들이 다윈이 『종의 기원』에서 상정한 것처럼 엄밀하게 점진적으로 변화한다기보다 이산적인 단계들로 변화한다는 것도 의미한다. 사실 다윈은 세대들 간의 변화는 무한히 작을 것이라고 말했다. 멘델의 실험 결과들이 발견되기 전에도 비관다발 식물과 관다발 식물 사이의 차이나 무척추동물과 척추동물 사이의 차이처럼 생물들 사이에서 발견되는 큰 차이를 반영하여 진화적 변화에서 큰 도약이 있을 수 있는지를 둘러싸고 논란이 있었다. 좀 더 큰 보폭들은 좀 더 빠른 진화를 가져올 것으로 생각될 수도 있지만, 멘델의 유전학을 통해 묘사된 유전적 변이는 이미 존재하는 유전자들이 재조합된 결과이며 따라서 이 과정에서는 새로움을 낳을 메커니즘이 없다. 따라서 비약적인 변화가 일어날 수도 있지만 변화의 잠재적인 범위는 제한적이다.

자연선택이 유전적 변이에 대해 작동한다는 것을 알게 됨으로써 특질들이 유전되는 방식에 대한 이해가 진화가 어떻게 일어날 수 있는지에 대한 이해에 큰 영향을 끼쳤다. 감수분열과 생식 과정을 통해 일어나는 게놈들의 재조합이 유전자들의 새로운 많은 조합을 제공하기 때문에 멘델의 원칙들과 염색체 이론에 기초한, 유전에 대한 이처럼 새로운 이해는 많은 유전적 변이를 일으킬 수 있는 길을 제공했다. 유전학은 우리가 창조세계의 기능의 완전성과 생물에 관한 봉사적 성격을 더 잘 이해하게 해 준다. 진화적 변화를 유전인자 변화의 발생에 대한 이해와 연결하려는 노력 덕분에 집단유전학 분야가 꽃을 피웠는데, 그것은 현대의 종합적 진화 이론을 위한 많은 토대를 제공했다.

25.3. 현대의 종합적 진화 이론: 집단유전학

멘델의 유전 묘사에는 수학적인 부분이 있었는데, 생물학자들은 곧바로 멘델의 유전학에 대한 새로운 이해를 집단 수준에 적용해서 집단유전학으로 불리는 연구 분야를 만들었다. 다윈의 진화 묘사가 집단 수준에서 일어나는 것으로 시작하는 멘델의 유전학은 집단의 유전인자 구성 및 그 유전인자 구성이 시간이 지남에 따라 어떻게 변할 수 있는지를 묘사하는 데 필요한 이론적 틀을 제공했다. 집단유전학의 복잡한 내용에 대한 묘사는 본서의 범위를 넘지만, 기본적인 아이디어 탐구를 통해 중요한 요점들이 이해될 수 있다.

25.3.1. 하디-바인베르크 원리.
진화 이론과 관련하여 이 분야에서 중요한 발전이 1908년 영국의 수학자 고드프리 H. 하디(1877-1947)와 독일의 내과 의사 빌헬름 바인베르크(1862-1937)를 통해 독립적으로 이루어져서 현재 하디-바인베르크 원리로 불린다. 그 원리에 따르면 진화하지 않는 집단에서 멘델의 분리의 법칙과 대립 유전자들의 재조합만 작용할 경우 그 집단 안의 대립 유전자들과 유전자형들의 빈도는 변하지 않을 것이다. 이는 유성 생식을 통한 유전적 변이가 그것 자체로는 진화를 가져오지 않을 것임을 의미한다. 하디와 바인베르크는 집단이 진화하지 않으려면 여러 조건이 맞아야 하며 이 조건들은 진화적 변화를 묘사하기 위한 다양한 메커니즘을 이해하는 길을 제공한다고 추론했다. 모집단이 진화하지 않는 이 상태는 집단의 대립 유전자의 빈도에 변화가 없는 하디-바인베르크 평형으로 불리게 되었다. 집단유전학의 맥락에서 진화는 집단의 유전인자 구성의 변화로 정의될 수 있음을 주목하라.

하디-바인베르크 평형을 좀 더 잘 설명하고 이해하기 위해 하나는 우성이고 하나는 열성인 두 개의 대립 유전자가 있는 유전자를 고려해보라. 한 집단에서 우성 대립 유전자의 비율은 p로 정의되고 열성 대립 유전자의 비율은 q로 정의되며 $p + q = 1$이다. 즉 이 두 개의 대립 유전자들이 한 집단에 들어 있는 그 유전자의 유전적 변이의 전체 집합을 구성한다. 한 집단의 하나의 유전자 안에 많은 대립 유전자가 존재할 수 있으므로 이것은 상당한 단순화이지만(한 개체는 유전자 하나의 두 사본만을 지닐 수 있고 따라서 두 개의 대립 유전자만 지닐 수 있지만 말이다), 두 개의 대립 유전자가 있는 이 사례를 고려함으로써 수학적 원리가 좀 더 쉽게 이해될 수 있음을 주목하라. 유전자들은 개체들의 유전자형에서 두 개의 사본을 지니므로 우리는 유전자형들의 비율을 $(p + q)^2$ 또는 $p^2 + 2pq + q^2$으로 묘사할 수 있다. 여기서 p^2은 동형 우성인(두 개의 우성 대립 유전자를 지니는) 개체들의 비율을 나타내고, $2pq$는 이형의(우성 대립 유전자 하나와 열성 대립 유전자 하나를 지니는) 개체들의 비율이며, q^2은 동형 열성인(두 개의 열성 대립 유전자를 지니는) 개체들의 비율이다.

완두콩들에서 보라색 꽃들과 흰색 꽃들의 예를 보자면, 우성(보라색) 대립 유전자들의 비율이 0.6이라면 열성(흰색) 대립 유전자들의 비율은 0.4다. 따라서 집단에 100개의 배수체 개체들이 있다면 각각의 개체들이 두 개의 사본을 지니므로 그 집단 안의 개체들은 200개의 유전자 사본을 지닐 것이다. p = 0.6이므로 이 사본들 중 120개는 우성 대립 유전자이고 나머지 80개(q = 0.4)는 열성 대립 유전자다. 동형 우성 식물들의 비율(p^2)은 0.6^2 즉 0.36(= 36퍼센트)이고, 동형 열성 식물들의 비율(q^2)은 0.4^2, 즉 0.16(= 16퍼센트)이며, 0.48(48퍼센트)은 이형($2pq$)이다. 동형 우성 식물들(36퍼센트)과 이형 식물들(48퍼센트)이 우성인 보라색 꽃의 특질을 보일 것이기 때문에 보라색 꽃을 피우는 식물들의 비율은 0.84(84퍼센트)일 것이다.

세 개의 유전자형 모두 독특한 표현형을 가진 경우를 통해 이것을 좀 더 쉽게 보일 수 있다. 금어초(Snapdragon)들은 불완전한 우성의 예를 제공하는데, 빨간색 꽃이 피는 식물을 흰색 꽃이 피는 식물과 교배시키면 분홍색 꽃이 피는 식물이 나온다. 분홍색 꽃이 피는 두 식물을 교배시키면 빨강색 꽃이 피는 식물(동형 빨간색), 분홍색 꽃이 피는 식물(이형), 또는 흰색 꽃이 피는 식물(동형 흰색)이 나올 것이다. 혼합 유전으로 분홍색 꽃이 나오는 것처럼 보이지만 최종적으로는 여전히 세 개의 독특한 표현형이 있음을 주목하라. 분홍색 꽃을 가진 식물과 흰색 꽃을 가진 식물을 교배시키면 분홍색과 흰색 사이의 중간색이 나오는 것이 아니라, 식물들의 절반은 분홍색 꽃을 피우고 절반은 흰색 꽃을 피울 것이다. 여전히 이산적인 유전이 관여하고 있고, 멘델의 법칙들이 여전히 적용된다. 대립 유전자들이 우성을 보이든 불완전한 우성을 보이든 간에 대립 유전자의 빈도에 기초한 유전자형 빈도들의 수학적 관계는 그림 25.6의 묘사와 같이 표현될 수 있다.

25.3.2. 하디-바인베르크 평형의 가정들. 하디-바인베르크 원리는 다음 조건이 적용되는 한 이 집단의 대립 유전자 빈도가 유성 생식에서 일어나는 유전자들의 재조합 때문에 변하지 않을 것이라고 진술한다.

1. 무한한 집단 규모(유전자 부동[genetic drift]이 없다.)
2. 이동이 없다(유전자 이동이 없다).
3. 돌연변이가 없다.

4. 무작위 교배(차등생식이 없다.)

5. 자연선택이 없다(차등선택이 없다.)

이 조건들이 적용되면 개별적인 유기체들이 생식자(난자와 정자)를 만들 때 감수분열하는 동안 무작위로 분리되어 생식자 안으로 들어가고, 수정할 때 무작위로 결합할 것이다. 멘델의 유전법칙을 통해 이해된 바로는 유성 생식 과정이 자손에게서 유전적 변이를 낳을 수 있지만, 그 과정이 그것 자체로 한 집단의 유전인자 구성에 변화를 야기할 수는 없다.

하디-바인베르크 평형 상태에서 집단은 진화하지 않기 때문에 그것은 귀무가설(歸無假說)을 나타낸다. 통계치에 기초해서 추론을 도출할 때 과학자들은 조사되고 있는 요인들 사이에 관계가 없는 경우를 귀무가설로 묘사하고, 조사되고 있는 요인들 사이에 관계가 있는 경우를 대립가설로 묘사한다. 이 경우 귀무가설은 집단의 유전인자 구성에 어떤 변화도 일어나지 않는다는 것이다(섹션 4.7에 등장하는 단순화된 과자 그릇 시험과 비교하라). 위에 묘사된 조건이 적용될 경우, 하디-바인베르크 원리에 따르면 집단

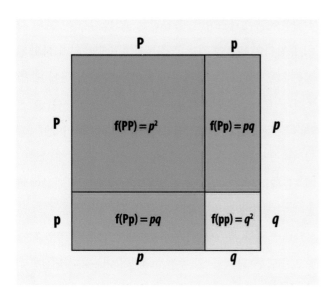

그림 25.6. 하디-바인베르크 평형하의 집단에서 동형 우성(f[PP]), 이형(f[Pp]), 동형 열성(f[pp]) 개체들의 빈도. P 대립 유전자의 비율을 p로 나타내고 p 대립 유전자의 비율을 q로 나타낸 이 그림은 하디-바인베르크 원리의 가정들을 충족하는 집단에서 기대되는 유전형의 비율을 보여준다.

의 유전인자 구성을 변화시키는 요인이 없으므로 진화도 없을 것이다. 귀무가설이 수용되지 않는다는 통계적 증거가 있다면 그런 집단에서 진화가 일어나고 있다는 대립가설이 지지될 것이다. 특정한 유전자에 대한 대립 유전자 빈도로 특징지어지는, 집단의 유전인자 구성이 변할 경우 그것은 하나 이상의 조건이 충족되고 있지 않기 때문일 수도 있다. 따라서 이 원리는 아래에 묘사된 바와 같이 진화의 메커니즘에 대한 추가적인 통찰을 제공한다.

25.3.2.1. 유전자 부동. 유전자 부동(浮動)은 집단의 규모가 작아서 집단의 유전인자 구성에 변화가 생길 확률이 커질 경우에 발생한다. 하디-바인베르크 원리는 집단의 크기가 무한히 커서 변화할 확률이 0인 경우에 적용된다. 큰 집단에서는 유전자 부동으로 말미암아 진화가 일어날 확률이 작다. 이 확률 원리는 동전을 던져서 앞면이 나오는 경우를 통해 예시될 수 있다. 동전을 10번 던져서 10번 모두 앞면이 나오는 것은 있을 법하지는 않지만 불가능하지는 않다. 그 확률은 $1/2^{10}$, 즉 1/1,024이다. 연속적으로 100번의 앞면 또는 1,000번의 앞면이 나올 가능성은 훨씬 작을 것이다. 이처럼 소집단에서는 우연히 집단의 유전인자 구성에 변화가 생길 수 있을 것이고 그것이 유전자 부동이 될 것이다.[2] 집단의 규모가 크면 유전인자 구성에 이런 종류의 변화가 일어날 가능성이 훨씬 작으며 집단의 크기가 무한한 경우에는 이론적으로 변화할 가망이 없다.

집단의 크기가 급격히 작아진 경우 유전자 부동이 변화의 핵심 요인이 될 수 있는데, 그 현상은 **병목 효과**(bottleneck effect)로 알려졌다. 아메리카들소나 북방코끼리물범처럼 집단의 규모가 크게 줄어든 동물들에서 그런 효과가 관찰되었다. 이 종들은 거의 멸종될 지경에 이를 정도로 사냥되어서 유전적 다양성이 대폭 상실되었다. 그

---

2   우연 또는 무작위성은 규칙이 없는 혼란이 아니라 언제나 모종의 형태의 질서가 있다는 것을 상기하라(섹션 6.2.3의 "심화 학습: 무작위성은 법칙과 같다"를 보라).

이후 그 집단들은 원래의 집단들과는 다른 유전인자 구성을 갖게 되었다. 이 집단들에서 나타나는 추가적인 변화는 이 새로운 출발점으로 말미암아 영향을 받을 것이다.

어떤 집단의 일부분이 떨어져 나가 새로운 별도의 집단을 시작할 경우 비슷한 변화가 일어날 수 있는데, 이 현상은 **창시자 효과**(founder effect)로 알려졌다. 이 점은 섬을 점유한 소수의 육서(陸棲) 생물 종 개체에서 명백하게 드러난다. 새로운 집단의 소수의 창시자들은 원래의 모집단의 것과는 다른 유전인자 구성을 지닐 가능성이 있고, 따라서 새로운 집단은 원래의 모집단과는 다른 유전인자 구성을 가지게 될 터인데, 그것은 유전적 부동의 핵심적인 특징이다.

25.3.2.2. 유전자 이동. 유전자 이동(gene flow)은 두 개 이상의 집단 사이에 이동이 있을 때 일어나는데, 그 이동이 다른 집단으로부터 변이를 들여옴으로써 유전인자 구성을 변화시킬 수 있다. 한 집단에서 다른 집단으로 이동하는 개체들과 더불어 유전자들도 이동할 것이기 때문에 이 과정은 유전자 이동으로 불린다. 이것이 한 집단 안에 새로운 유전적 다양성을 가져오고 그 결과 그 집단의 유전인자 구성에 변화를 초래할 수도 있다. 유전자 이동은 서로 좀 더 달라지고 있을 수도 있는 별도의 집단들이 서로 혼합함으로써 그 차이를 줄일 수 있는 메커니즘으로서도 중요하다.

25.3.2.3. 돌연변이. 돌연변이는 한 개체의 유전인자 구성에 일어나는, 상속될 수 있는 변화로 정의된다. DNA는 한 세대에서 다음 세대로 전해지는 유전 정보를 담고 있어서 돌연변이는 DNA에 일어나는 변화로 정의될 수 있다. 돌연변이는 한 집단에 쉽게 새로운 유전적 특질을 들여올 수 있고 그 집단의 유전인자 구성에 변화를 초래할 수 있다. 돌연변이는 새로운 유전적 변이의 원천이 될 수도 있는데, 그 점은 이 장의 뒤에서 좀 더 자세하게 논의될 것이다.

25.3.2.4. 무작위 교배. 무작위 교배(random mating)는 어떤 개체가 어떤 이성 개체와도 교배할 가능성이 똑같음을 의미한다. 우리가 무작위 교배를 동계 교배 같은 비무작위 교배 체계와 비교하면 무작위 교배를 좀 더 잘 이해할 수 있다. 생물들이 체격 같은 요인들에서 차이가 나고 가장 큰 개체들이 다른 큰 개체들과 짝짓는 것을 선호하며 가장 작은 개체들은 다른 작은 개체들과 짝을 짓는다면 그 집단의 유전인자 구성에 변화가 생길 것이고 그 집단은 더 이상 하디-바인베르크 원리를 통해 예측되는 유전자형을 보이지 않을 것이다. 그러면 원래의 종이 좀 더 작은 종과 좀 더 큰 종으로 갈라질 것이다.

25.3.2.5. 자연선택. 마지막으로, 다윈이 생식 성공의 차이에서 기인한다고 묘사한 자연선택하에 있는 집단에서는 선호되는 표현형을 가진 몇몇 개체가 등장할 것이고 다음 세대에서는 이런 개체의 후손이 좀 더 많아질 것이다. 반면에 다른 표현형을 가진 개체들은 후손을 좀 더 적게 남길 것이다. 자연선택에 기인한 다음 세대로의 그러한 생존의 차이가 해당 집단의 유전인자 구성에 급격한 변화를 가져올 수 있다. 그런 변화는 방향성 선택, 안정화 선택, 그리고 분단성(다양화) 선택이라는 자연선택의 유형으로 묘사될 수 있다(그림 25.7을 보라).

방향성 선택은 작은 것부터 큰 것까지 또는 밝은 것부터 어두운 것까지 등의 방식으로 스펙트럼으로 배열된 생물들의 예에서 볼 수 있다. 밝은 개체들이 생식에 덜 성공한다면(즉 그 개체들이 선택에서 불리한 대우를 받는다) 그 집단은 밝은 개체들에 비해 어두운 개체들의 수가 많은 방향으로 변하는 경향이 있을 것이다.

안정화 선택은 극단적인 개체들이 선택에서 불이익을 받는 경우에 볼 수 있다. 새들이 낳은 알의 수는 안정화 선택하에 있는 특질이다. 만일 어느 새가 알을 너무 적게 낳으면 그 새는 다음 세대에 후손을 남기는 데 덜 성공적일 것이다. 그 새가 알을 너무 많이 낳으면 그 새는 후손에게 적절하게 먹이를 공급하지 못할 수도 있고 따라서 새끼들이 자라서 다음 세대를 잇지 못하게 될 수도 있다. 그

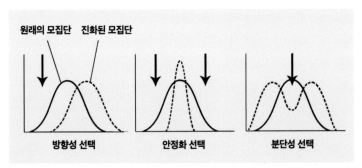

그림 25.7. 자연선택의 유형. 선택이 화살표 쪽에 위치하는 개체들에 불리하게 작용한다.

러나 그 새가 적절한 수의 알을 낳으면 다음 세대에 가장 많은 후손을 남길 기회가 최적화된다.

분단성 선택하에서는 평균적인 특징을 보이는 개체들이 선택에서 불이익을 받고 평균을 상회하거나 하회하는 개체들이 생식할 가능성이 더 크다. 이 시나리오에서는 평균적인 특징을 지닌 개체들이 덜 적합하고 선택에 불이익을 받기 때문에 집단이 두 형태로 갈라지는 경향을 보일 것이다.

자연선택의 유형을 묘사하는 이 그래프들을 보면 우리는 분단성 선택만 다양성을 증가시킬 것이라고 쉽게 결론지을 수 있다. 하나의 집단에서는 그 결론이 옳겠지만, 하나의 종이 지역적으로 고립된 많은 별도의 집단으로 구성될 수도 있으므로 다양한 종류의 방향성 선택이나 안정화 선택이 서로 다른 집단들로 귀결될 수도 있다. 현대의 종합적 진화 이론에서 이해되는 진화에서는 충분한 차이들이 축적될 경우 그로 말미암아 별도의 종들이 생길 수 있다.

이처럼 어느 집단에서 변화가 일어나지 않을—즉 진화가 일어나지 않을—조건들을 정의한 결과 생물학자들은 진화를 가져올 수 있는 몇 가지 요인들을 정의했다. 이런 요인 중에서 유전적 부동, 유전자 이동, 그리고 자연선택은 특히 집단들의 유전인자 구성에 광범위한 변화를 가져올 수 있다. 하지만 유전적 부동에서는 소집단에서 몇몇 대립 유전자들이 다음 세대로 전해지지 못할 가능성이 커짐으로써 대립 유전자들이 상실되어 한 집단의 유전적

다양성이 증가하기보다 감소하는 경향이 있을 것이다. 그러나 대다수 종은 복수의 집단들로 존재하므로 집단마다 다른 경로를 따라 변화할 가능성이 있다. 마찬가지로 유전자 이동은 집단들 사이의 차이를 축소하는 경향이 있을 것이다. 즉 두 집단이 분리된 후 다소 달라진 경우 유전자 이동은 두 집단의 유전자 풀들을 혼합함으로써 이 차이들을 줄이는 경향이 있을 것이다. 그러나 유전적 다양성이 낮은 집단에서는 유전자 이동이 유전적 다양성을 증가시킬 수도 있다. 자연선택 역시 한 집단에서 유전적 다양성을 축소할 수도 있지만, 자연선택은 살아남기 위한 적응력이 있는 특질들의 빈도를 증가시키는 방식으로 작동한다. 이 모든 시나리오에서 어디에선가는 새로운 변화가 일어나야 하는데, 유전이 돌연변이 대립 유전자를 포함한 다양한 대립 유전자들을 후대에 물려줄 방법을 제공한다는 이해는 돌연변이가 새로운 변이를 생성할 수 있는 새로운 수단으로 여겨졌다는 것을 의미한다.

25.4. 현대의 종합적 진화 이론: 돌연변이

돌연변이는 유전 물질에 나타나는 상속될 수 있는 변화다. 1940년대에 DNA가 유전 물질이라는 사실이 발견되고 1953년에 DNA의 구조가 묘사됨에 따라 유전 물질에서 변화가 어떻게 일어날 수 있는지에 대한 새로운 이해의 문이 열렸다. 현재 돌연변이는 DNA에서 일어나는 상속될 수 있는 변화로 이해되기 때문에 우리는 돌연변이를 DNA에 대한 이해에 기초해서 설명할 것이다. 20장에서 언급된 바와 같이 DNA에 들어 있는 코딩 부분이 단백질 생산을 지정하고, DNA가 RNA에 전사되고, 그것이 단백질로 번역된다는 것과 RNA에 들어 있는 뉴클레오타이드 세 개로 구성된 코돈이 그것의 서열에 기초해서 특정한 아미노산을 지정한다는 것을 상기하라. 점 돌연변이로 언급되는 가장 간단한 돌연변이들은 DNA의 어느 한 위치에서 핵 염기들이 변하는 것과 관련이 있다(그림 25.8을

보라). 유전 암호의 퇴화 때문에(20개의 다른 아미노산들을 코딩하는 코돈들이 64개 존재할 수 있음을 상기하라), 한 위치에서 뉴클레오타이드 하나에 변화가 일어나도 그 코돈을 통해서 지정되는 아미노산에 변화가 일어나지 않을 수도 있다. 이는 표현되는 것에 영향을 주지 않는 **침묵 돌연변이**(silent mutation)일 것이다. 둘째, 하나의 뉴클레오타이드에서 다른 뉴클레오타이드로 변화할 때 혹자는 이 위치에 다른 아미노산을 특정할 수도 있는데, 그것은 **미스센스 돌연변이**(missense mutation)가 될 것이다. 문자에서 일어나는 변화가 변하는 코돈에게 종결 코돈을 코딩하게 만든다면 그것은 **넌센스 돌연변이**(nonsense mutation)로 불릴 것이다. 이 유형의 돌연변이는 돌연변이가 일어난 위치에서 단백질 합성을 종결할 것이기 때문에 훨씬 더 심각할 것이다. 이 경우 돌연변이의 심각성은 코딩 서열 내의 위치를 통해 결정될 것이다. 코딩 서열의 시작 부분 근처에서 돌연변이가 발생하면 변이가 끝부분 근처에서 발생하는 경우보다 기능하지 못하는 단백질로 귀결될 가능성이 훨씬 클 것이다.

　소규모 돌연변이들은 하나 이상의 뉴클레오타이드들을 삽입하거나 결실(缺失)할 수도 있다. 뉴클레오타이드 하나가 삽입되거나 결실되면 코돈들의 읽기 프레임에 변화가 일어나 많은 아미노산이 변할 것이다. 뉴클레오타이드 세 개가 삽입되거나 결실되면 격자 이동(frameshift)은 없겠지만 삽입 또는 결실 지점에서 아미노산 하나의 차이가 생길 것이다. **격자이동 돌연변이**는 대개 다른 소규모 돌연변이들보다 큰 영향을 끼친다.

　광범위한 DNA와 관련된 대규모 돌연변이가 일어날 수도 있다. DNA의 한 구간이 결실되거나, 중복되거나, 역위(逆位)되거나 다른 곳으로 전좌(轉座)될 수 있다. 역위에서는 DNA의 한 구획이 제거되고 같은 위치에 역순으로 대체된다. 이는 DNA가 긴 분자라는 사실을 통해 조장되며 저절로 제자리로 돌아갈 수도 있다. 따라서 역위는 DNA가 그런 고리에서 교차하는 곳에서 발생할 수 있다. **전좌**에서는 한 부위에서 제거된 DNA의 구간이 다른 곳에 삽입될 수 있는데, 그것이 삽입이 일어난 곳의 DNA의 기능에 영향을 줄 수도 있다. 이는 감수분열에서 일어나는 교차와 다소 유사하겠지만(그림 25.5를 보라), 상동 염색체의 일부의 교환이 아니라 비상동 염색체와 관련이 있을 것이다. 그리고 두 염색체가 융합되어 염색체 하나가 있던 자리에 하나의 염색체로 자리잡을 수도 있다. 가장 대규모의 유전적 변화는 아마도 세포핵 분열에서 체세포가 염색체들을 분리하지 못함에 따라 하나의 세포핵에서 이배체(2n)가 4배체(4n)로 되는 것 같은, 게놈 전체의 중복일 것이다. 배수성이라는 이 현상에 관해서는 이 장의 뒤에서 좀 더 논의될 것이다.

　돌연변이는 한 종의 개체들 사이의 DNA 서열 비교에서 명백한 변이성을 보이며, 다른 종과 비교할 때는 더 큰 변이성을 보인다(26장을 보라). 보이는 변이의 대다수는 그림 25.8에 묘사된 것처럼 점 돌연변이에 기인한다. 기존 DNA를 복사될 주형으로 삼아 DNA가 합성될 때

출발 DNA	TAC TTC AAT AAG GGA AGT
출발 mRNA:	AUG AAG UUA UUC CCU UCA
출발 단백질:	Met Lys Leu Phe Pro Ser
침묵 돌연변이:	AUG AAG UUG UUC CCU UCA Met Lys Leu Phe Pro Ser
미스센스 돌연변이:	AUG AAG UCA UUC CCU UCA Met Lys Ser Phe Pro Ser
넌센스 돌연변이:	AUG AAG UAA UUC CCU UCA Met Lys Stop
격자이동 돌연변이: (1bp 삽입)	AUG AAG UGU AUU CCC UUC A Met Lys Cys Ile Pro Phe

그림 25.8. 점 돌연변이는 하나의 뉴클레오타이드를 다른 뉴클레오타이드로 대체하거나, 하나 또는 몇 개의 뉴클레오타이드를 삽입하거나 결실하는 것을 포함하는데, 이로 말미암아 다양한 변화가 일어난다.

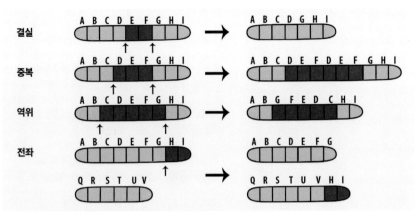

그림 25.9. 염색체 구획들의 재배열을 통해 염색체 돌연변이가 일어날 수 있다. 염색체들은 DNA의 긴 구획으로 구성되는데 각각의 염색체에 많은 유전자가 코딩된다. 이 그림에 등장하는 문자들은 DNA의 구획들을 나타내며 반드시 유전자가 하나인 것은 아니다. 화살표들은 이 돌연변이들에서 절단이 일어나는지 여부를 나타낸다.

그 과정에 관여하는 효소들이 원래의 주형과 매우 가까운 복제품을 제공하는 작업을 한다. 최초의 사본을 만드는 DNA 중합 효소는 10,000개의 염기 중 하나의 염기에서만 실수할 정도로 정확하게 복사할 수 있다. 잘못된 짝을 수선하는 일련의 효소들은 1,000만 개에서 10억 개의 염기 중 하나의 염기에서만 실수할 정도로 정확하다. 비록 다양한 요인에 따라 그 정확성 정도가 달라질 수 있지만 이는 놀랍도록 정확한 과정이다. 대다수 유기체의 게놈들은 수십억 개의 게놈들을 갖고 있고 하나의 유기체에서 DNA 합성이 여러 차례 일어나며, 지구의 모든 유기체에서는 DNA 합성이 훨씬 여러 차례 일어나기 때문에 DNA 합성의 정확성으로 말미암아 게놈 전체적으로 안정성이 높지만, 수없이 많은 합성으로 말미암아 상당한 변이성도 존재한다.

기능의 관점에서는 이런 돌연변이들이 중립적이거나, 해롭거나, 유익한 결과를 끼칠 수 있다. 중립적인 결과는 침묵 돌연변이(그림 25.8을 보라)나 기능에 변화를 가져오지 않는 아미노산의 변화에 기인할 수 있다. 중립적이지 않은 돌연변이들은 종종 기능의 상실을 가져올 수 있는데, 그런 결과는 특히 넌센스 돌연변이나 격자이동 돌연변이 같은 점 돌연변이와 결실 같은 염색체 돌연변이(그림 25.9를 보라)에서 볼 수 있다. 몇몇 기능 상실 돌연변

이는 유전자처럼 보이지만 더 이상 유전자로서 기능하지 않는 DNA 서열인 위(僞)유전자의 존재에서 볼 수 있다. 다른 경우에는 돌연변이들이 기능의 획득이나 변화를 가져오는 것처럼 보인다. 기능 상실 돌연변이나 기능 획득 돌연변이 모두 특정한 유전자에 따라, 그리고 그것이 유기체의 맥락에서 돌연변이하는 특정한 방식에 따라 유익한 영향을 줄 수도 있고 불리한 영향을 줄 수도 있다.

돌연변이를 유익한 돌연변이, 해로운 돌연변이, 중립적인 돌연변이로 분류하는 최선의 기준은 돌연변이가 그 개체의 생식 능력에 주는 영향이다. 생식 잠재력은 돌연변이가 끼칠 수도 있는 다양한 영향을 가장 잘 통합할 터인데, 그 영향은 그 유기체의 게놈과 전반적인 신체, 그리고 심지어 그것의 생태학적 틈새의 측면들에 따라 다를 것이다. 불리한 돌연변이들은 자연선택으로 말미암아 제거되는 경향이 있는 반면에 유익한 돌연변이들은 존속되고 그 집단에 퍼질 가능성이 좀 더 클 것이다. 유기체의 생식 잠재력에 영향을 주지 않는 변이들이 반드시 자연선택을 통해 걸러지는 것은 아니며, 따라서 그런 변이들이 존속되고 시간이 지남에 따라 축적될 수도 있다. 이런 식으로 한 개체에서 시작한 돌연변이가 집단 전체에 확산되고 존속될 수 있다. 이처럼 소규모 돌연변이와 대규모 돌연변이가 진화가 일어나기 위해 필요한 새로운 유전 정보의 원천인 것처럼 보인다. 그런 과정이 하나님의 행동을 배제하거나 하나님의 행동과 모순된다고 단언하기보다, 이 변화들이 어떻게 창조세계의 기능의 완전성(섹션 2.2.2를 보라)과 봉사적 성격(섹션 2.4.3을 보라)의 일부일 수도 있는지를 고려하는 편이 나을 것이다. 개별 종들의 집단들에서 커다란 유전적 다양성이 발견되며 지구상의 많은 생물 종들 사이에서는 훨씬 더 큰 유전적 다양성이 발견된다.

지구상의 생명의 안정성과 회복력에 그런 유전적 다양성이 매우 중요한데, 그 다양성은 돌연변이와 유전자 재조합을 통해 발생할 수 있는 유전적 변이성에서 비롯된다. 집단들에서와 같은 소규모 차원에서는 그런 유전적 다양성이 변이를 제공해서 그 집단이 생존할 수 있게 해준다. 규모가 작아진 집단들은 (섹션 25.3.2.1에서 논의된 병목 효과에서처럼) 유전적 다양성이 작으며 종종 유전적 결함, 질병, 그리고 이 집단을 한층 더 쇠락하게 만들 수도 있는 다른 요인들에 좀 더 취약하다. 특정한 서식지에서 사는 종들의 다양성에서와 같이 좀 더 대규모 차원에서는 포식 관계, 경쟁, 돌연변이 등 이 종들 사이의 상호작용의 다양성이 생물 공동체의 안정성과 회복력을 제공해준다. 다른 종들과의 상호작용에서 일어나는 변화를 포함하여 환경에 변화가 생길 경우, 유전적 다양성을 낳을 수 있는 유전적 변이성 메커니즘이 있으면 생명이 계속 번성할 수 있는 길과 새로운 종들이 만들어질 수단이 제공된다. 더욱이 우리가 유전적 변이를 창조세계가 그것을 통해 성령의 능력의 부여하에서 다양성을 만들어내라는 자신의 소명에 응답하는 수단으로 볼 수도 있다.

25.5. 현대의 종합적 진화 이론: 종과 종의 분화 정의하기

현대의 종합적 진화 이론은 집단의 변화하는 유전인자 구성에 기초한 진화라는 정의와 더불어 소진화와 대진화의 정의도 개발했다. **소진화**는 일반적으로 종이나 종의 하위 수준에서 일어나는 진화로 정의된다. 종의 상위 수준에서, 그리고 생물학적 다양성이라는 거대한 규모로 일어나는 변화인 대진화는 누적된 소진화의 결과인 것으로 추론된다. 이는 섹션 24.3.2.1에서 다뤄진 자연선택에 관한 추론 3에 나타난 다윈의 외삽으로 이어진다.

25.5.1. 종을 정의하기.

소진화와 대진화의 정의는 종의 시작을 중심으로 전개되기 때문에 종에 대한 명확한 정의가 필요했다. 종은 형태의 차이에 기초해서 정의되어 왔

고 따라서 달라 보이는 유기체들은 다른 종으로 분류되었다. 확실히 각각의 종에는 차이가 있으며 따라서 형태적 종은 형상상의 불연속성을 참조할 수 있다. **생물학적 종** 개념은 현대의 종합적 진화 이론의 일부로서 제안된 종의 핵심 정의였다. 이 개념은 교배하여 생식 능력이 있는 후손을 생산할 수 있는 유기체들의 집단으로 정의된다. 우리는 이 종 개념을 사용해서 분기하는 종류들이 상호교배할 수 있는지를 근거로 그것들이 언제 새로운 종이 되는지를 식별할 수 있다. 접합체 형성 전이나 접합체 형성 후 메커니즘으로 말미암아 생식 격리가 발생할 수 있다. 수정이 접합체를 형성하는 것을 방해할 수 있는 접합체 형성 전 생식 격리 메커니즘이 많이 있으며, 접합체 형성 후 격리 메커니즘은 접합체가 생식 능력이 있는 후손으로 발달하는 것을 방해한다. 붉은 성게와 보라 성게는 모두 바다에 자유롭게 알을 낳는데, 한 종류의 정자가 다른 종류의 난자와 융합할 수 없으므로 그것들은 별개의 종이다. 마찬가지로 말과 당나귀는 교배해서 노새를 낳을 수 있지만 그것들은 별개의 종으로 간주된다. 노새는 새끼를 낳을 수 없고 따라서 더 이상 노새 종류를 재생산하지 못하기 때문이다.

종에 대한 이 정의가, 특히 과학 교육에서, 널리 사용되어 왔지만 이 정의가 종에 대한 유용한 묘사를 제공해주지 못하는 경우가 너무 많았고 따라서 대다수 생물학자는 그 정의를 사용할 수 있는 경우가 제한적이라고 생각했다. 생물학자들이 이 개념이 적합하지 않다고 생각하는 예가 다양한 "고리 종"(ring species)에서 관찰된다. 고리 종에서는 종의 한 집단이 인접한 집단과 교배할 수 있고 이 두 번째 집단은 다음 집단과 교배할 수 있다. 그러나 첫 번째 집단은 그들이 교배할 수 있는 집단 이외의 집단과는 교배하지 못한다. 특히 그 집단들 사이에 유전자들이 교배를 통해 이동할 수 있어서 그 집단들이 공통의 유전자 풀을 공유하므로 몇몇 생물학자는 그것들을 하나의 종의 일원으로 여길 것이다. 이런 한계에도 불구하고 생물학적

종 개념은 언제 새로운 종이 식별될 수 있는지를 결정하기 위한 정의를 제공한다.

25.5.2. 종 분화의 방식. 현대의 종합적 진화 이론은 새로운 종의 발달을 의미하는 종 분화에 대해 좀 더 발달된 묘사도 제공했다. **이소적 종 분화와 동소적 종 분화**라는 종 분화의 두 가지 주요 방식이 제안되었다. 집단들이 지리적으로 격리될 때 이소적(allopatric, "다른"을 의미하는 그리스어 *allo*와 "고국"을 의미하는 그리스어 *patris*에서 유래한 단어다) 종 분화가 일어난다. 동소적(sympatric, *sym*은 "함께"를 의미한다) 종 분화에서는 집단들이 지리적으로 격리되지 않는다. 종 분화의 이 방식들을 좀 더 잘 이해하기 위해 몇몇 메커니즘들과 두 방식 모두의 시나리오를 살펴보자.

25.5.2.1. 이소적 종 분화. 이소적 종 분화는 개념적으로 설명하기가 좀 더 간단하며 생물학자들은 그것이 좀 더 중요하다고 여겨왔다. 예컨대 그랜드캐니언의 형성으로 다람쥐의 두 집단이 지리적으로 격리되어 북쪽의 카이밥 다람쥐와 남쪽의 애버트 다람쥐라는 두 종으로 분화했다. 마찬가지로 북아메리카에서 빙하 시대의 빙결로 새들의 동쪽 집단들과 서쪽 집단들이 분리되어 동쪽과 서쪽의 들종다리들과 동쪽과 서쪽의 파랑새들 같은 몇몇 종의 분화가 일어났다고 생각되어왔다. 이 별개의 종들은 종종 비슷해 보이지만 더 이상 빙하라는 지리적 장벽이 이 종들을 격리하지 않고 있음에도 그것들이 더 이상 교배되지 않기 때문에 별개의 생물학적 종을 형성한다. 이소적 종 분화의 또 다른 예는 창시자 집단이 고립된 섬에 상륙해서 그 집단이 유래한 본토의 좀 더 큰 집단으로부터 격리될 때 발생한다. 이 창시자 집단은 본토 집단으로부터 지리적으로 격리될 것이기 때문에 원래의 집단으로부터의 유전자 이동이 없을 것이다. 앞서 언급된 바와 같이 소규모 창시자 집단은 유전적 부동을 통해 본토의 집단과는 다른 유전인자 구성을 지닐 수도 있다. 더욱이 대개 격리된 집단의 환경 조건이 본토 집단의 환경 조건과 다를 것

이고, 따라서 이처럼 다른 지역들에서는 다른 특질들이 선택될 것이다. 이 두 집단이 생식적으로 격리될 정도로 충분히 갈라지면 그것들은 전에는 한 종이었다가 두 종을 형성했다고 일컬어질 것이다.

소규모 창시자 집단이 섬에 상륙하는 예는 이소적 종 분화의 특별한 경우로서 근소적(peripatric, *peri*는 "가까운"을 의미한다) 종 분화로 불린다. 이 경우 그 집단은 같은 종의 다른 집단들과 가까운 곳에 있지만 격리된다. 섬에 소규모 집단이 들어가면 이 집단의 유전인자 구성이 원래의 집단의 유전인자 구성과 다를 가능성이 있다. 그리고 집단의 규모가 작으면 유전적 부동을 통해 변화가 일어날 가능성이 커진다. 여기에 새로운 섬의 환경적 조건이 더해져 창시자들의 후손의 제한된 유전적 변이의 선택을 통해 급격한 변화가 일어날 수 있다. 이는 다윈이 갈라파고스 제도 여행에서 수집한 새들이나 하와이 제도에서 발생하는 많은 초파리 종들처럼, 섬들이 그 섬들에서만 존재하는 많은 종을 보유한다는 관찰과 일치한다.

25.5.2.2. 동소적 종 분화. 동소적 종 분화는 개념적으로 설명하기가 좀 더 어렵지만, 지리적 격리 없이 종 분화로 이어질 수도 있는 몇몇 메커니즘을 묘사함으로써 예시될 수 있다. 예컨대 다양한 종류의 씨앗과 곤충을 먹는 새들처럼 어떤 종이 자신의 환경에서 여러 형태의 먹이를 이용할 경우 특정한 종류의 먹이에 특화된 부리를 가진 새들이 먹이를 좀 더 효율적으로 얻을 수 있을지도 모른다. 특화되지 않은 부리를 가진 새들이 특화된 부리를 가진 새들과 경쟁하기는 좀 더 어려울 것이다. 다른 종류의 먹이에 특화하면 먹이 경쟁이 덜 치열할 수 있고 그것이 더 큰 적합성에 기여할 수도 있다. 따라서 이런 유기체들이 그것들의 생태계에서 역할을 나눔으로써—이는 생물학자들이 **생태적 지위 분할**(niche partitioning)로 부르는 현상이다—먹이 경쟁으로 인한 선택을 통해 몇몇 종이 발생할 수 있다. 생물들이 무작위로 교배하지 않을 경우 동소적 종 분화로 이어지는 또 다른 메커니즘이 일어날 것이

다. 무작위 교배는 하디-바인베르크 평형에 있는 집단에 대한 가정 중 하나인데 그것에 대한 대안은 유기체들이 자신과 좀 더 비슷한 유기체와 교배하는 **동계 교배**일 것이다. 예컨대 한 집단에서 좀 더 큰 개체들이 좀 더 큰 다른 개체와 선택적으로 교배하고 좀 더 작은 개체는 좀 더 작은 다른 개체와 교배할 경우, 좀 더 큰 개체와 좀 더 작은 개체가 평균 크기의 개체들보다 좀 더 적합하다면 이것이 종 분화로 귀결될 수 있다. 크기가 다른 생물들이 그것들의 서식지에서 이용 가능한 자원의 다른 부분에 특화할 수도 있으므로 이 메커니즘은 생태적 지위 분할 개념과 중복될 수도 있다.

열대 아프리카에서 발견되는 새의 한 종류인 검은배 종자까기새(black-bellied seedcrackers)를 사용한 연구에서 가능한 예가 제공되었다. 이 새들에게서 부리가 긴 형태와 부리가 짧은 형태가 관찰되었다. 이 두 형태의 둥지에서 양육되는 어린 새들은 다른 종류의 씨앗에 대한 선호를 보여준다. 부리가 짧은 새들은 주로 어린 새들이 둥지를 떠날 것을 준비할 시기에 풍부한, 씨앗이 부드러운 골풀의 씨앗을 먹인다. 부리가 긴 새들은 주로 씨앗이 단단한 골풀의 씨앗을 먹인다. 이는 분단성 선택(그림 25.7을 보라)의 예인 것처럼 보이며, 향후 생식의 격리가 일어난다면 별도의 종들로 발전할 수도 있을 것이다. 자연선택의 관점에는 부리의 크기가 이 새들의 지속적인 생존을 위한 적합성 정도에 기여하며 동계 교배가 동소적 종 분화로 귀결될 수도 있다.

마지막으로 **배수성**(polyploidy)을 통해 동소적 종 분화가 일어날 수 있다. 배수성은 유기체가 자신의 세포들의 핵들에 여러 세트의 염색체들을 지니고 있는 상태를 일컫는다. 이는 세포들이—일반적으로 난자와 정자처럼 $2n$ 세포들이 $1n$ 새포로 분열할 때와 같이—딸세포 안의 염색체의 수가 반으로 줄어드는 방식으로 분열하는 감수분열 과정에서 발생할 수 있다. 때때로 염색체들이 분리하지 않아서 $2n$개의 염색체를 가진 난자와 정자가 만들어

져 수정할 때 난자와 정자가 융합하면 $4n$개의 염색체를 지닌 접합체가 생성된다. 또한 염색체들의 분리가 봉쇄되어 두 세트의 염색체를 모두 함유하는 딸세포 하나만 있을 경우, 세포들이 두 개의 딸세포 각각 모든 염색체의 사본을 얻는 방식으로 분열할 때 감수분열에서 배수성을 얻는 것이 가능하다(그림 25.10을 보라). $2n$개의 염색체를 가진 정자가 $1n$개의 염색체를 가진 난자와 융합하면 거기서 만들어지는 접합체는 $3n$개의 염색체를 가진 배수체일 것이다. 따라서 배수성 세포들은 $3n$개 이상의 염색체를 가질 것이다. 하지만 3배수체($3n$) 세포들을 가진 생물은 딸세포들이 각각 모세포 염색체들의 절반을 받는 방식으로 쌍을 이루지 않아서 그 생물이 감수분열을 할 수 없을 것이기 때문에 후손을 남기지 못할 것이다. 일반적으로 짝수의 염색체 세트(예컨대 $4n, 6n, 8n$)를 가진 생물들은 감수분열과 정상적인 생식을 할 수 있다.

많은 식물에서 배수성에 대한 증거가 있고 그러한 배수성이 잡종들이 생식 능력을 지니도록 허용하는 것으로 보이기 때문에, 이 메커니즘은 특히 식물들에서 관련성이 있는 것으로 보인다. 두 종이 잡종을 만들 수 있지만 생식할 수 있는 후손을 생산하지 못할 경우, 생식 불능은 대개 염색체들이 감수분열 동안 정확히 나눠질 수 있는 방식으로 쌍을 이루지 못함으로써 야기된다. 감수분열이 없다면 생식을 위한 반수체 생식자를 만들 수 없으며 유성 생식이 정지된다. 그러나 배수성에서 발생하는 것처럼 염색체 수가 두 배로 늘어난 두 개체 사이의 교배를 통해 이러한 생식 불능이 극복될 수 있다. 만일 어떤 유기체가 $4n$개의 염색체를 갖고 있다면 감수분열 후 생성되는 생식자들은 $2n$개의 염색체를 지닐 것이다. 다르지만 비슷한 두 종에서 나온 생식자들이 결합하고 각자 $2n$개의 염색체 보완물을 지닌다면, 거기서 생기는 $4n$개의 잡종 세포핵은 그것이 유래한 부모 세포 각자에게서 온 염색체 쌍들을 지닐 것이다. 더욱이 새로운 이 잡종은 $2n$개의 염색체를 지닌 생식자를 생산할 것이다. 이 생식자들 중 하나가 $2n$

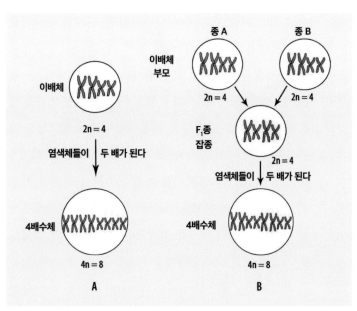

그림 25.10. 세포핵이 분열하는 동안 염색체들의 분리가 일어나지 않아서 발생하는 경우처럼, 세포 안의 염색체 수가 두 배로 될 때 배수성이 생길 수 있다. A는 염색체의 여분의 세트가 같은 부모에 속하는 사례를 보여주며, B는 세포핵에 다른 종들에서 나온 염색체들이 존재하는 사례를 보여준다.

개의 염색체를 지닌 또 다른 유사한 잡종에서 나온 생식자와 융합하면, 거기서 나오는 $4n$개의 염색체를 지닌 유기체는 생식 능력이 있을 것이다. 그러나 $2n$개의 염색체를 가진 생식자가 부모 종 가운데 하나에서 나온 $1n$개의 염색체를 가진 생식자와 융합하면 $3n$개의 염색체를 가진 접합체가 만들어질 것이고 그러면 위에서 언급된 바와 같이 생식 능력이 없는 유기체가 나올 것이다.

생물학적 종 개념에 따르면 $4n$개의 염색체를 가진 잡종은 자신처럼 $4n$개의 염색체를 가진 잡종을 재생산할 수 있지만 그것이 유래한 $2n$개의 염색체를 가진 종과는 생식할 수 없는 새로운 종일 것이다. 이종 교배에 배수성이 수반할 경우 그런 종이 한 세대 안에 생겨날 수도 있다. 이런 사례가 식물계에 편만하며 특히 재배 식물의 경우에 명백한데, 그중 많은 식물이 6배체($6n$) 밀이나 8배체($8n$) 딸기처럼 배수체 잡종이다.

25.6. 진행 중인 진화

실험 연구와 자연적인 집단 연구에서 나온, 진행 중인 진화의 예들은 자연선택이 진화에 기여할 수 있는 방식에 관해 추가로 통찰을 제공했다. 예컨대 어떤 생물학자는 구피들을 여러 종류의 포식자가 있는 연못들 안에 집어넣고 포식에 반응한 구피들의 진화를 연구했다. 수컷 구피는 반점의 크기와 빈도가 다양한데 반점들은 수컷을 잘 띄게 해준다. 좀 더 잘 띄는 수컷은 암컷과 짝짓기할 기회를 좀 더 많이 가진다. 하지만 잘 띄는 수컷들은 포식에서 살아남을 가능성이 작아진다. 온실 안의 인공 연못들과 야생의 자연적인 연못들에서 수행된 실험에서 포식자들이 있는 연못에서 살던 비교적 잘 띄지 않는 수컷들이 포식자가 없는 연못들로 옮겨졌다. 몇 세대 뒤 수컷 구피들의 몸에 난 반점들의 크기와 수가 증가했다.

중부 유럽 검은머리솔새라는 새의 집단들에서 유사한 현상이 관찰되었다. 이 새들은 역사적으로 여름에는 독일 남부와 오스트리아에서 지내고 겨울에는 알프스산맥 남서쪽의 스페인에서 지냈다. 최근에 영국에서 새 모이통이 증가하자, 북서쪽으로 이동해서 영국 제도로 간 몇몇 검은머리솔새가 생존할 수 있었고 이에 따라 이동의 분할이 일어났다. 검은머리솔새의 약 10퍼센트는 북서쪽으로 이동한다. 영국 제도로 날아간 새들의 이동 거리는 좀 더 짧았고 그것들은 알프스산맥을 넘을 필요가 없었다. 약 30세대가 지나자 이 두 집단은 여러 면에서 갈라졌다. 영국 제도로 이동한 새들의 날개는 좀 더 짧고 둥글었는데, 그런 날개는 조작성은 좀 더 나았지만 장거리 여행에는 그다지 적합하지 않았다. 스페인으로 이동한 새들의 날개는 좀 더 길고 뾰족했는데 그런 날개는 장거리 여행에 좀 더 적합했다.

영국으로 이동한 집단의 부리는 좀 더 좁고 좀 더 길었는데 그것은 새 모이통 안의 씨앗들을 먹는 것과 관련이 있을 수도 있다. 이와 대조적으로 스페인으로 날아가 과일을 먹는 새들은 좀 더 넓은 부리를 가졌다. 이는 새로운 종의 시작일 수도 있다. 비록 그 종이 뜰에 모이통을 두는 사람들의 지속적인 호의에 의존할지라도 말이다.

인간의 생애 동안 관찰된 진화의 예들은 대개 종과 그 하위 수준에서 일어나는 소진화다. 더욱이 이소적 종 분화와 동소적 종 분화의 시나리오들은 일반적으로 소진화의 맥락에서 묘사되거나, 기껏해야 되새과나 종려과 같은 한정된 집단 안에서의 진화일 뿐이다. 현대의 종합적 진화 이론에서 상정된 점진주의에서 대진화는 소진화가 누적된 결과로 생각된다. 따라서 다양한 종들이 갈라짐에 따라 그것들은 별도의 속으로 분류될 수 있는 속을 형성하고, 이어서 별도의 과를 형성하는 식으로 진행된다. 종들이 공통 조상을 보이는지 및 진화가 자연선택과 유전적 변이에 대해 작용하는 기타 힘들을 통해 어떻게 일어나는지를 알아보기 위해 우리는 두 가지 종류의 증거를 탐구할 수 있다. 화석 증거는 보존된 과거의 시료를 검토할 수 있게 해준다. 계층적 분류 기법 및 특히 DNA를 사용한 새로운 방법들에 관해 최초의 아이디어를 제공한 형태적 특성과 DNA를 포함한 생물 연구는 생물들 사이에서 볼 수 있는 관계에 많은 빛을 비춰줬다.

심화 학습 후추나방의 흑색증 사례—자연선택, 돌연변이, 그리고 진화를 조사하기

후추나방의 사례는 자연선택이 진행 중인 고전적인 예로서 자연선택과 돌연변이가 어떻게 변화를 가져올 수 있는지를 보여주기 위해 사용되어왔다. 후추나방은 대개 밝은 회색 바탕에 검은 얼룩이 있다. 하지만 영국에서 석탄이 연료로 사용된 지역들에 몸통과 날개가 검정색인 나방들이 나타나 많아졌다(그림 25.11을 보라). 밝은색의 나방들은 이끼로 덮인 나무의 줄기(trunk) 및 가지(branch)들과 잘 섞여서 새들의 포식에 덜 취약하다고 생각되었다. 그런데 석탄 매연이 나무줄기들을 덮고 있던 이끼들을 죽이고 줄기들을 어둡게 만듦에 따라 어두운 나방들은 잘 섞이는 반면 회색 나방들은 현저하게 대조되어 잘 띄기 때문에 어두운 색의 나방들이 좀 더 우세해졌다고 생각되었다. 어두운 날개와 몸통을 지닌 현상은 약 200종의 나방에서 나타났는데, 그것이 산업공해와 관련이 있다고 제안되었기 때문에 산업 색조증(industrial melanism)으로 불렸다. 이 현상은 1950년대에 H. B. D. 케틀웰에 의해 한층 더 조사되었다.[a] 그는 영국의 다양한 지역에서 어두운 나방들과 밝은 나방들을 관찰한 후 어두운 나방들이 특히 석탄 연료가 사용되어 오염이 심한 곳에 풍부함을 보일 수 있었다. 그는 나방들의 날개의 뒤쪽에 작은 페인트 점을 표시한 후 풀어주었다 다시 잡는 실험도 실시했는데, 가벼운 색의 나방이 적게 잡혔다. 이 결과는 새들이 나방의 색에 따라 선별적으로 잡아먹는다는 가설과 일치했다. 하지만 그의 조사는 그가 나방들이 일반적으로 이미 자리를 잡은 때인 낮에 나방들을 풀어주었다는 점과 그것들이 좀 더 많이 자리를 잡는 장소인 가지 근처에 풀어주지 않고 줄기 근처에 풀어주었다는 점에서 결함이 있었다. 더욱이 나방의 집단들에서 이동이 일어나 이처럼 다른 색상 변이의 빈도 패턴에 변화가 생겼을 수도 있다. 이런 결함들에도 불구하고 새들의 포식에 대한 취약성으로 인한 자연선택이 흑색증이 있는 나방들이 좀 더 많이 나타나는 현상에 대한 가장 합리적인 설명으로 보인다.[b] 공기 오염을 정화하라는 법률이 제정되자 흑색증이 있는 나방의 빈도가 떨어졌음이 입증됨으로써 이 가설이 뒷받침되었다.

후추나방에서 흑색증과 관련이 있는 유전자의 변화는 2016년에 보고되었다.[c] 그 돌연변이는 자신을 복제할

그림 25.11. 후추나방. 왼쪽은 전형적인 형태(typica)이고 오른쪽은 검은 형태(carbonaria)다.

수 있고 그것을 DNA의 다른 부분에 삽입할 수 있는 DNA의 한 부분인 전이 인자(transposable element)를 세포 주기 규제에 관여하는 피질(cortex)이라 불리는 유전자의 첫 번째 부분에 삽입하는 것과 관련이 있다. 이것은 연구자들이 예상했던 종류의 유전자가 아니지만, 이 돌연변이가 나방의 날개들과 몸통이 어두워지도록 색상을 점진적으로 변화시키는 방식으로 유전자 생산이 축적되게 만든다는 것이 발견되었다. 그리고 이것은 현대의 종합적 진화 이론의 틀을 구성한 학자들에게 알려지지 않은 유전적 변화와 관련이 있다. 이 기능 획득 돌연변이는 흑색증이 우성 형질임을 보여준 앞선 연구들과도 일치한다. 이 대립 유전자의 사본 하나만 있어도 어두운 변이형의 발현을 유도할 유전자형이 만들어질 것이다.

이 사례는 환경 변화에 대응하여 어떻게 변화가 발생할 수 있는지를 보여주지만, 검은 형태의 나방들은 여전히 원래 형태의 나방들과 같은 종으로 간주되며 그 변화들은 소진화로 여겨진다. 그럼에도 불구하고 이 사례는 인간으로 말미암아 야기된 환경의 변화가 어떻게 진화상의 변화 경로를 바꿀 수 있는지를 보여준다.

[a] H. B. D. Kettlewell, "Selection Experiments on Industrial Melanism in the Lepidoptera," *Heredity* 9 (1955): 323-42; "A Survey of the Frequencies of *Biston betularia* (L.) (Lep.) and Its Melanic Forms in Great Britain," Heredity 12 (1958): 51-72.

[b] 다음 문헌들을 통한 리뷰를 보라. Bruce S. Grant, "Fine Tuning the Peppered Moth Paradigm," *Evolution* 53 (1999): 980-84; and L. M. Cook and I. J. Saccheri, "The Peppered Moth and Industrial Melanism: Evolution of a Natural Selection Case Study," *Heredity* 110 (2013): 207-12.

[c] Arjen E. van't Hof et al., "The Industrial Melanism Mutation in British Peppered Moths Is a Transposable Element," *Nature* 534 (2016): 102-5.

26장

진화에 관한 증거 탐구: 계통 발생과 화석

현대의 종합적 진화 이론은 유전과 유전학의 새로운 이해에 대한 대응으로 발전했다. 새로운 종합으로서 그것은 여전히 진화에 대한 다윈의 원래의 묘사의 다양한 측면을 유지하지만, 진화의 패러다임에 일어난 변화를 대표한다. 앞장에서 언급된 바와 같이 유전을 좀 더 잘 이해하게 됨에 따라 이 새로운 종합이 필요해졌다. 간략하게 복습하자면 현대의 종합적 진화 이론은 집단유전학에 나타난 창조세계의 규칙성과 집단들의 유전인자 구성에 점진적인 변화를 야기하는 자연선택, 유전적 부동, 그리고 유전자 이동 같은 몇몇 요인들에 초점을 맞춘다. 다윈이 원래 제시한 공통 조상과 자연선택 개념이 포함되지만, 현대의 종합적 진화 이론은 20세기 초에 이루어진 유전학에 관한 새로운 발견사항들을 통합한다. 위에 언급된 요인들 외에 돌연변이를 통해 새로운 유전 정보가 생길 수 있고, 똑같은 요인들이 이 새로운 유전 정보에 작용할 수 있다. 전반적으로 진화는 점진적인 변화들(즉 소진화)을 통해 일어나며, 점진적인 변화들이 축적되어 장기간에 걸쳐 큰 변화들(즉 대진화)이 발생한다.

이런 종류의 변화들은 우리가 현생 생물들과 화석들에서 관찰될 수 있는 몇몇 증거를 탐구해보면 좀 더 잘 이해될 수 있다. 이번 장에서 우리는 관찰될 수 있는 몇몇 패턴을 탐구하고, 현대의 종합적 진화 이론에 기초한 이런 관찰 내용에 관한 추론들이 우리로 하여금 생물의 다양성을 이해하도록 도움을 주는 이런 패턴들에 대한 합리적이고 통찰력 있는 설명을 제공하는지를 살펴볼 것이다.

어떤 종이나 종들의 집단의 진화 역사를 **계통발생학**(*phylogeny*)이라 한다. 계통 발생 관계를 나타내는 유용한 방법들 중 하나는 24장에서 간략하게 소개된 바와 같이 그 관계들을 나무로 그리는 것이다. 나무들을 그리기 위해 사용된 증거는 흔히 현존하는(현재 살아 있는) 유기체들에서 취한다. 이 증거는 생물학자들이 유기체들을 다양한 범주 안으로 분류하기 위해 사용하는 것과 동일한 형태적 특징을 묘사함으로써 관찰될 수도 있다. 아니면 이 증거는 한 생물의 단백질들과 핵산들의 서열을 통해 관찰될 수도 있는데, 그 증거는 거기서 추론을 도출할 정보가 풍부한 데이터를 제공한다. 계통수에 표시된 특정한 계통 관계는 그 계통수에 표시된 생물들에게서 진화가 어떻게 일어났었을 수도 있는지에 관한 가설이다. 그 가설은 그 계통수를 만드는 데 사용된 현생 생물들에서 취한 데이터를 통해 잘 뒷받침될 수도 있지만, 이것은 아래에 설명될 특정한 가정들에 기초한다.

현존하는 종들로부터 추론된 진화의 패턴 탐구가 유용하지만 그것은 공통 조상과 새로운 종의 분기에 관한 과거의 사건들을 추론한다. 과거에 일어난 변화들의 직접적인 증거를 탐구하려면 화석들의 특징을 조사하는 것이 유용하다. 화석들의 형태적 특성이 현존하는 유기체들과 비슷한 방식으로 사용될 수 있다. 추가적으로 몇몇 화석에는 DNA나 단백질들이 보존되어 있어서 이 생체분자들에 들어 있는 뉴클레오타이드들이나 아미노산들의 서열로부터 다른 유기체들과 비교할 수 있는, 정보가 풍부한 관측을 할 수 있다.

이 장에서 우리는 계통수가 어떻게 그려지는지, DNA 서열에서 나온 증거가 계통수에서 어떻게 이용되어왔는지, 그리고 화석 증거가 어떻게 우리로 하여금 진화를 통해 예측된 변천을 좀 더 직접적으로 탐구하도록 도와주는지를 배움으로써 진화의 패턴을 탐구할 것이다. 따라서 관찰할 수 있는 형태의 증거와 살아 있는 유기체들의 DNA 서열로부터 우리가 식별할 수 있는 패턴을 살핌으로써 우리는 다음과 같은 두 가지를 할 수 있다. (1) 진화가 일어나고 있는지, 그리고 진화가 어떻게 일어날 수도 있는지를 평가한다. (2) 점진적인 변화가 누적되어서 생물들 사이에 큰 차이를 만들어냈다는 현대의 종합적 진화 이론이 이런 패턴들에 대한 유용한 설명인지를 평가한다.

26.1. 계통수

계통수는 추론된 진화 관계를 보여주는 데 유용한 방법이었다. 24장에 언급된 바와 같이 얼마나 많은 종이 존재하는가를 묘사하는 기본적인 과업은 그것들을 린나이우스가 묘사한 계층적 구조 안에서 분류하는 패러다임을 중심으로 조직화되었다. 다윈은 훗날 이 계층적 패턴을 공통 혈통에 대한 그의 주요 논거로 활용했다. 모든 가지의 첨단에 표시되는 생물에서 시작해서 조상에 관한 재미있는 관계가 그 첨단들 뒤에 놓인 가지에 표시된다. 과학자들의 목표는 어떤 가지의 패턴이 증거에 가장 잘 부합하는지를 결정하는 것인데, 이는 최선의 설명에 이르는 추론의 한 형태다(섹션 4.2.1을 보라). 그런 추론은 공통의 조상을 암시하며 따라서 마디로도 알려진, 가지가 갈라지는 지점마다 특정한 종류의 생물이 존재했다고 추론한다. 어떤 과학자가 유사성 수준이라는 증거에 기초해서 계통수를 제시할 때 그 과학자는 과거에 진화가 어떻게 일어났는지에 관해 증거에 가장 잘 부합하는 것으로 보이는 가설을 제출하는 셈이다. 그것은 실제로 전개되었던 역사적 패턴과 정확히 일치할 수도 있고 그렇지 않을 수도 있으며, 우리가 가장 잘 뒷받침되는 계통수가 실제의 패턴과 얼마나 잘 부합하는지를 추론할 수는 있지만 확실하게 알 수는 없다.

생물학자들은 진화를 통한 공통 혈통을 생물 다양성의 기원에 대한 최선의 설명으로 간주하므로, 그들은 일군의 생물들 가운데 식별된 공통 혈통의 패턴에 근거해서 생물을 분류하는 것이 가장 유용한 방법이라고 생각한다. 이 작업을 수행하는 가장 간단한 방법은 생물들의 특징을 비교해서 어떤 생물들이 서로 가장 유사하고 점진적으로 덜 유사해지는지를 알아보는 것이다.

우리가 현생 생물부터 시작하므로 지금까지 존재했던 생물이 모두 포함되지는 않으리라는 점을 주목하라. 계통수에 현재까지 전해 내려오는 자손을 남기지 않은 멸종된 종을 나타내는 부분이 있다면, 우리가 현재 그 종에 관한 증거는 지니고 있지 못할 것이다. 우리는 그런 생물들과 그것들을 나타내는 계통수의 가지들을 진화의 종점으로 부른다. 화석 기록은 그런 진화의 종점에 대한 많은 예를 제공한다.[1] 다윈은 화석 기록에서 그가 관찰한 내용

---

[1] 신학자인 Colin Gunton은 그런 "종점들"이 창조세계를 새로운 창조에서 그것의 지정된 목적에 이르게 하는 하나님의 의도적인 활동에 반한다는 해석에 관해 우리에게 경고한다. "그러나 성령이 십자가형을 당한 성자 하나님의 성령이라면, 창조세계는 예컨대 심하게 장애를 입은 존재에게 능력을 줌으로써 또는 단순히 그 존재에 대한 사랑의 행위를 통해—소위 좀 더 높은 형태의 존재로의 진화를 통해서 만큼이나 잘—창조세계의 완벽을 향해 나아갈 수 있다.…만일 성령이 예수 그리스도를 죽음에서 일으킨 분의 성령이라면 무엇이 '발전'—창조세계가

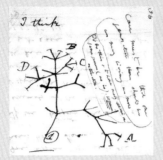

그림 26.1. 다윈의 노트에서 취한 그의 최초의 계통수 묘사.

다윈은 비글호의 항해 동안 많은 관찰 내용과 생각을 기록했다. 1837년에 그는 생물들이 여러 세대의 계통을 통해 변했을 수도 있는 방식에 관해 고려하면서 생물들이 어떻게 연결될 수도 있는지를 나타내는 계통수를 그렸다(그림 26.1을 보라). 이 나무는 계보를 나타내는 이미지들과 유사하다. 그러나 다윈의 계통수는 새로운 종들이 나타나고 몇몇 종들이 멸종되는 것을 나타냈다. 최초의 계통수는 아니었지만,[a] 그것은 다윈이 공통의 혈통과 공통 조상으로부터의 변이를 고려했을 때 사용한 최초의 묘사였다.

다윈의 『종의 기원』에 수록된 유일한 그림은 진화 관계가 나타내질 수도 있는 방식을 보여주는 계통수였다(그림 26.2를 보라). 다윈은 계통수가 나타내는 계통 관계를 다음과 같이 묘사했다.

같은 강(class)의 모든 존재의 유사성이 때때로 큰 나무를 통해 묘사되었다. 나는 이 비유가 대체로 진실을 말한다고 믿는다. 초록색의 싹을 틔우는 잔가지들은 현존하는 종들을 나타낼 수 있다. 과거에 형성된 것들은 멸종된 종들의 오랜 계통을 나타낼 수도 있다. 각각의 성장기에 성장하는 모든 잔가지는 모든 방향으로 가지를 내고 주위의 잔가지들과 큰 가지들을 능가하고 그것들을 죽이려고 시도했다. 종들과 종들의 집단들이 항상 목숨을 건 큰 싸움에서 다른 종들을 정복한 것과 똑같은 방식으로 말이다. 밑동은 큰 가지들로 나뉘었고, 큰 가지들은 점점 더 작은 가지들로 나뉘었으며, 작은 가지들은 나무가 어렸을 때는 잔가지들이었다. 그리고 분지하는 가지들을 통한 과거의 싹과 현재의 싹 사이의 이 연결이 상위 집단들에 소속된 하위 집단들에 포함되는 모든 멸종된 종과 현존하는 종의 분류를 잘 나타낸다. 나무가 어렸을 때 번창했던 많은 잔가지 중에서 단지 두세 개만이 다른 가지들을 견디고 살아남아 큰 가지들로 성장했다. 따라서 오랜 과거의 지질 시대에 살았던 많은 종 중에서 극소수만 변화되어 살아 있는 후손들을 남겼다. 그 나무가 최초로 성장한 큰 가지와 가지들 중 많은 것들이 썩어서 떨어져 나갔다. 그리고 다양한 크기의 떨어져 나간 가지들은 현재는 살아 있는 대표자가 없고 우리에게 화석 상태로만 알려진 목, 과, 속 전체를 나타낼 수도 있다.[b]

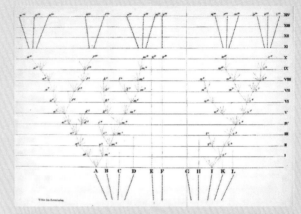

그림 26.2. 다윈이 『종의 기원』(Origin of Species)에 수록한 유일한 그림은 접어서 끼워 넣은 페이지에 수록된 계통수였다. 이 그림은 공통 조상으로부터의 변이 및 공통의 혈통과 멸종의 특성을 보여준다.

다윈의 묘사는 계통수들이 진화의 역사에 대한 묘사로서 어떻게 사용되는지를 능숙하게 묘사한다. 다윈은 가지들의 첨단을 초록색이고 살아 있는 것으로 묘사하는데, 비슷한 방식으로 계통수의 첨단들은 현재 살아 있는 종들을 나타내며 첨단들 아래의 갈색 가지들은 진화상의 변화의 역사적 경로를 보여준다고 생각될 수 있다.

---

[a] David P. Mindell, "The Tree of Life: Metaphor, Model, and Heuristic Device," *Systematic Biology* 62 (2013): 479-89.

[b] Charles R. Darwin, *On the Origin of Species by Means of Natural Selection, Or The Preservation of Favoured Races in the Struggle for Life*, 6th ed. (London: John Murray, 1876), 129-30.

그것의 진정한 운명을 향해 이동하는 것—을 의미하는가라는 문제는 훨씬 더 미결 문제가 된다. 더욱이 창조세계의 목적이 만물이 자기의 창조주와 화해하는 것이라면 어느 특정한 진화상의 '진전'은 그 목적을 실현할 수도 있고 그렇지 않을 수도 있다.…우리는 세상을 그것이 의도된 존재가 될 수 있게 해주는 존재가 우주의 자동적인 전진이 아니라 성령 하나님이라는 입장을 유지해야 한다.…공룡들이 한때 번성했다가 지금은 존재하지 않는 것이 반드시 낭비인가?…만일 사물들에 그것들의 적절한 때와 본질적 가치가 있다면 그것이 반드시 문제는 아

과 그의 진화 이론으로부터의 논리적 추론에 기초해서 그의 묘사에 이 아이디어를 포함시켰다.

26.1.1. 계통수 그리기. 특정한 생물군의 계통수를 구성할 때 가지를 뻗을 수 있는 여러 패턴이 있으며, 그것들 각각은 이 종들이 어떻게 유래했는지에 관한 대안적인 가설이 될 수 있다. 과학자들은 데이터를 조사해서 어느 가설이 증거를 통해 가장 잘 뒷받침되는지를 결정한다. 어느 그룹에서 어떤 종들이 가장 최근의 공통 조상을 지니는지 질문하는 것이 이것을 이해하는 좋은 방법일 것이다. 그 질문에 대한 답변은 각각의 종의 특성들을 조사하고 어느 두 종이 가장 많은 특성을 지녔는지를 살펴봄으로써 주어질 것이다. 이 두 종은 가장 최근의 공통 조상을 공유하므로 자매 종들로 추론될 것이다(기술적으로는 **자매분류군**[sister taxa]이라 한다). 이는 형제자매들이 부모라는 공통 조상을 공유하고 사촌들은 조부모라는 공통 조상을 공유하는 가계도와 유사하다.

이것은 우리가 세 종 사이의 가능한 계통 관계를 고려하면 쉽게 이해될 수 있다. 종 A, B, C는 그림 26.3에 예시된 바와 같은 분지 패턴으로 관련될 수 있다. 첫 번째 패턴에서 A와 B는 A와 C 또는 B와 C보다 좀 더 유사하다고 추론된다. 따라서 종 A와 B는 자매분류군으로 간주되고 A와 C 또는 B와 C보다 좀 더 최근의 공통 조상을 공유할 것이다. 이와 비슷하게 다음 두 그림에서는 각각 종 A와 C 및 종 B와 C가 자매분류군이다. 이 세 계통수는 공통 조상의 다른 패턴들을 보여주는데, 자매분류군에 속한 종들끼리는 그 종들이 제3의 종과 공유하는 조

니다. 균류의 한 종이 수백 만개의 포자를 만들고 그중 소수만 발아하더라도 그것이 반드시 낭비인 것은 아니듯이 말이다. 많은 부분이 무엇이 낭비로 인식되고 무엇이 하나님의 너그러움과 넘치는 관대함과 창의성으로 인식되는지에 의존한다." *The Triune Creator: A Historical and Systematic Study* (Grand Rapids: Eerdmans, 1998), 188-89.

상보다 좀 더 최근의 공통 조상을 공유한다. 네 번째 가능한 계통수는 다분기(polytomy)를 나타내는데, 이 경우 어느 쌍의 종들 사이의 관계도 다른 종과의 관계보다 가깝지 않다. 다분기는 대개 관계가 아직 풀리지 않았지만 추가 증거가 발견되면 풀릴 것으로 간주된다. 이 계통수들 중 어느 것을 받아들일지는 어느 계통수가 각 쌍의 종들 사이의 특성 비교에 기초한 증거와 가장 일치하는지에 근거해서 결정된다.

그 추상적인 개념은 특정한 생물들과 그 생물들의 특성들을 사용해서 어느 계통수가 가장 잘 뒷받침되는가를 결정함으로써 구체적으로 예시될 수 있다. 예컨대 생쥐(A), 사자(B), 그리고 도마뱀붙이(C)를 비교할 때 우리는

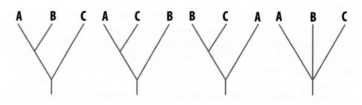

그림 26.3. 세 종(A, B, C) 사이의 관계를 보여줄 수 있는 계통수들로 대표되는 네 개의 대안적 계통 발생 가설. 네 번째 계통수는 관계가 완전히 밝혀지지 않은 다분기를 나타낸다.

각각의 생물이 지닌 특성들을 열거하고 그 생물들 사이의 특성을 비교할 수 있다. 이 세 종류의 동물들은 각각 다리 네 개, 척추, 폐, 턱, 근육, 그리고 신경을 갖고 있다. 도마뱀붙이는 비늘로 덮였고 알을 낳는다. 생쥐는 털로 덮였고 새끼를 낳으며 새끼에게 젖을 먹인다. 사자 역시 털로 덮였고 새끼를 낳으며 새끼에게 젖을 먹인다. 우리는 이 제한적인 데이터를 사용해서 왜 생쥐와 사자가 생쥐와 도마뱀붙이 또는 사자와 도마뱀붙이보다 좀 더 가까운 관계로 여겨지고, A와 B가 자매분류군이고 C는 관계가 좀 더 멀다는 것을 보여주는 가장 왼쪽의 계통수가 이 세 동물 사이의 관계를 가장 잘 나타낼 것으로 여겨지는지를 쉽게 알 수 있을 것이다.

이 비교를 위해 묘사된 특성들은 두 범주로 나뉜다. 이 종들 모두가 공유하는 특성들은 이 동물들을 구별하

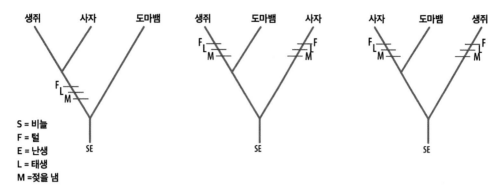

그림 26.4. 생쥐, 사자, 도마뱀붙이 사이의 가상의 관계를 보여주는 계통수들. 공유 파생형질들이 계통수상에 표시되었다. 세 동물 모두의 공통 조상은 비늘을 가졌고 알을 낳았을 것으로 생각된다. 가장 왼쪽의 계통수가 최소의 변화를 추론하므로 단순성 원리를 통해 가장 가능성이 큰 것으로 간주된다.

는 데 유용하지 않았다. 근육과 신경이라는 특성은 거의 모든 동물이 공유한다. 척추는 모든 척추동물에게 공유된다. 네 다리와 척추는 모든 사지동물(다리 네 개가 있는 동물)에게 공유된다. 도마뱀붙이, 생쥐, 그리고 사자는 모두 사지동물이므로 모든 사지동물이 공유하는 특성들은 사지동물 사이에서 다른 종들을 구분하는 데 도움이 되지 않는다. 그 특성들은 **공유 조상형질**(shared ancestral character)들이다. 네 다리를 가지는 특성은 물고기, 상어, 칠성장어처럼 네 다리가 없는 다른 척추동물들과 비교하는 데 유용할 것이고, 그런 비교의 맥락에서 **공유 파생형질**(shared derived character)일 것이다. 마찬가지로 척추가 있다는 특성은 척추가 있는 동물을 척추 없는 동물로부터만 구분할 것이고, 이 세 종의 동물들 모두 척추를 갖고 있으므로 그것들을 구분하는 데는 유용하지 않을 것이다. 털이 있고, 새끼를 낳고, 새끼에게 젖을 먹이는 특성은 포유류를 이런 특성이 없는, 파충류를 포함한, 다른 척추동물로부터 구분하는 공유 파생형질들이다. **파생**형질 또는 **조상** 형질로의 지정이 비교되는 분류군의 맥락에 의존하기는 하지만, 공유 파생형질은 계통 발생 가설을 평가하는 데 유용하지만 공유 조상 형질은 유용하지 않다.

이 예의 공유 파생형질들이 그림 26.4의 가상의 계통수들에 표시되었다. 그 그림에서 엇갈리는 특성들은 비늘(S; scales)과 털(F; fur), 난생(E; egg-laying)과 태생(L; live-bearing), 그리고 젖을 먹임(M; milk)과 젖을 먹이지 않음이다. 이 점은 계통수들의 또 다른 특징을 보여준다. 우리는 계통수의 어디에서 파생형질들이 최초로 나타나는지를 추론할 수 있다. 생쥐, 사자, 도마뱀붙이 이 세 동물은 모두 양막류로 간주된다. 알을 낳는 상태와 비늘의 존재는 파충류와 포유류를 포함하는 모든 양막류 중에서 가장 원시적인 특성으로 간주될 것이다. 따라서 우리는 이 세 동물 종들의 공통 조상이 비늘을 가졌고 알을 낳았음을 보여준다. 다음에 우리는 계통수상에서 난생에서 태생과 모유 수유로의 변화 및 비늘에서 털로의 변화를 표시할 수 있다.[2] 이 점은 첫 번째 계통수는 가해질 필요가 있는 최소의 변화를 보여주는 반면, 두 번째와 세 번째 계통수들은 이 특성들의 획득이나 상실에 관해 좀 더 복잡한 패턴들을 보여준다는 것을 추가로 보여준다. 계통수 선택은 **단순성의 원리**(principle of parsimony)에 기초한다. 즉 경쟁하는 설명들 중에서 가장 단순한 설명이 가장 가능성이 크다고 간주된다.[3] 이 예에서 털, 태생, 수유가 한 지점에서 유도되었다는 아이디어가 같은 특징들이 생쥐와 (큰) 고양이에게서 독립적으로 발생했다는 아이디어보다 발생 가능

---

2 특히 바늘두더지와 오리너구리처럼 털이 있고 젖을 내지만 알을 낳는 몇몇 포유동물이 있다. 따라서 이 세 특성은 별도의 특질이다.

3 Hugh Gauch, *Scientific Method in Brief* (Cambridge: Cambridge University Press, 2012), chap. 10.

성이 훨씬 크다.

종이 세 개만 있을 경우 계통수에 대안적 형태가 세 개만 존재하므로 그것이 쉽게 묘사되기 때문에, 계통수들을 구성하는 이 예들에서 3개의 종만 사용되었다. 종이 네 개이면 대안적 계통수가 15개로 늘어나고, 종이 다섯 개이면 가능한 계통수가 105개가 되며, 종이 아홉 개이면 가능한 계통수 수가 200만 개를 넘어선다. 과학자들은 그들의 계통수에 많은 종을 포함시키므로 계통수들이 그려질 수 있는 많은 대안적인 방법이 존재한다. 그러나 컴퓨터 프로그램들이 변화의 수가 가장 적은 시나리오가 가장 가능성이 큰 시나리오라고 가정하는 단순성 원리(섹션 4.2.1에 묘사된 최선의 설명에 이르는 추론의 또 다른 형태다)를 사용해서 어느 계통수가 가장 잘 뒷받침되는지를 결정함으로써 도움을 줄 수 있다. 단순성 기준을 사용한다고 해서 항상 실제로 일어난 일을 묘사하지는 않을 수도 있지만 그것은 가장 가능성이 큰 해석이며, 대안적인 계통수들 사이 또는 하나의 계통수에서 특정 가지의 분기점들 사이에서 어떤 선택을 해야 할지 결정할 때 그 경로의 확률에 관해 통계적으로 분석될 수 있다.

26.2. DNA 서열에 기초한 계통 발생

DNA에 코딩된 유전 정보의 특징을 분석함으로써 계통 발생에 관한 추가 정보가 얻어졌다. 한 유기체의 유전적 정보 전체를 그 생물의 게놈이라 하는데, 생물학자들은 많은 유기체의 게놈들에 관해 많은 것을 배웠고 게놈 전체의 서열이 해독된 생물의 명단이 급속히 증가하고 있다. 학자들은 DNA 증거를 비교해서 상대적 유사성 정도의 패턴에 기초한 계통 발생 관계를 추론했다. 더욱이 생물의 형태의 증거(즉 형태학)에서는 과학자들이 그 형태의 성격을 분석하기 위해 많은 주관적 결정을 내릴 필요가 있을 수도 있지만, DNA 서열을 통해 제공된 정보는 덜 주관적이며 좀 더 신뢰할 만한 것으로 여겨져왔다. 이 점은 24장에서 묘사된 상동 구조와 상사 구조 개념을 다시

한번 고려함으로써 예시될 수 있다. 두 종의 동물 같은 두 생물이 매우 유사한 특성을 지녔지만 독립적으로 발생했을 수 있다. 수렴 진화(convergent evolution)의 이런 예들은 사실은 이 두 생물이 유사하다는 추론에 이르게 한 특성들이 독립적으로 발생했고 두 생물이 가까운 관계라는 증거를 제공하지 않음에도 불구하고, 때로는 그것들이 유사하다고 추론하기가 쉽다는 것을 의미한다.

DNA가 단백질들을 어떻게 코딩하는지가 발견됨으로써 단백질에 들어 있는 아미노산들의 서열이나 DNA에 들어 있는 뉴클레오타이드 염기들의 서열과 관련된 분자의 특성 비교를 계통수 구축의 토대로 삼을 수 있게 되었다. DNA의 서열과 단백질에 들어 있는 정보 대비 DNA에 들어 있는 좀 더 많은 양의 정보를 신속하게 분석할 수 있는 기술이 개발되어 계통 발생 관계를 연구할 수 있는 강력한 도구가 제공되었다. 분자의 특성들을 통한 계통 관계 결정은 주로 다양한 종들의 특정한 유전자들, 몇몇 유전자들, 또는 게놈 전체를 비교하는 것과 관련이 있다. DNA에 들어있는 안 뉴클레오타이드 A(아데닌), T(티민), C(사이토신)와 G(구아노신)의 서열이 DNA 유전자들의 코딩 영역에 들어 있는 단백질 생산을 위한 단백질 생산을 코딩하며, 이러한 코딩 영역들에 변화가 생기면 어떤 아미노산들이 단백질들 안으로 통합될지에 영향을 줄 수 있고, 그것은 단백질의 기능에 영향을 끼칠 수 있다. 또한 DNA에는 다양한 기능을 하는 비코딩 서열(noncoding sequence)들이 있는데, 그런 위치에 있는 뉴클레오타이드들에 발생하는 변화가 기능에 어떤 변화를 가져오는지는 그다지 명확하지 않다("심화 학습: 코딩 DNA와 비코딩 DNA"를 보라).

DNA 서열에서 일어나는 주요 변이는 점 돌연변이들에서 비롯되고, 이 돌연변이들이 서열에 변화를 가져오며, 장기간에 걸쳐 좀 더 많은 변화가 축적된다고 가정된다(섹션 25.4를 보라). 개별적인 유전자들의 DNA 서열들은 뉴클레오타이드 수백 개에서 수천 개를 갖고 있고

20장에서 설명된 바와 같이 DNA는 RNA를 위해 코딩하고, RNA는 단백질을 위해 코딩한다. 그러나 이런 식으로 단백질을 위해 코딩하는 DNA의 비율에는 큰 차이가 있다. 인간의 게놈에서는 게놈의 약 1.5퍼센트만 단백질을 위해 코딩한다. 인간 및 다른 생물들의 게놈 연구를 통해 이 패턴이 발견되자 몇몇 학자는 DNA의 비코딩 부분에 중요한 기능이 없다고 가정하고 그런 나머지 부분을 정크(쓰레기) DNA로 불렀다. 이것은 몇 가지 면에서 불행한 일이었다. 첫째, 그것을 정크 DNA로 부르다 보니 그것에 주의가 덜 기울여졌고 따라서 그것의 기원과 기능에 대한 과학적 이해가 저해되었을 수도 있다. 둘째, 그런 비코딩 DNA의 많은 기능이 발견되어서 1980년대 초부터 "정크"라는 딱지가 철회되어야 했다(유명한 많은 인쇄물이 여전히 이 딱지를 붙이고 있지만 말이다). 더욱이 정크라는 딱지는 이런 DNA 서열의 시작과 관련된 과정에 목적이 없었다고 가정하는 것처럼 보인다. 그런 DNA 분자들의 목적이 종종 복잡하고 설명하기 어렵지만, 그것들은 여전히 중요하다. 단백질을 코딩하지 않는 DNA의 몇 가지 예를 들어보자.

기능을 하는 RNA를 코딩하는 DNA. 리보솜을 구성하는 리보솜 RNA(rRNA)와 단백질 합성에 관여하는 운반 RNA(tRNA)는 RNA 전사로부터 단백질을 만들지 않고 RNA를 만드는 유전자를 통해 코딩된다. 더욱이 DNA로부터 전사된 완전히 새로운 세트의 RNA들이 유전자 표현을 규제하는 기능을 한다는 것이 발견되었다.

인트론. "사이에 낀 서열"(intervening sequences)의 약자인 인트론들 안에 포함된 서열들이다. 그것들은 전령 RNA(mRNA)를 만들기 위해 전사되지만 인트론들은 전령 RNA가 단백질로 번역되기 전에 전사된 유전 정보에서 절단된다. 보존된 부분들이 엑손(발현된 서열)들이다. 따라서 인트론들은 단백질을 만들기 위한 코딩에 관여하지는 않지만 유전자들의 발현 규율에 관여한다.

규제 요소. DNA의 몇몇 구획은 단백질을 코딩하지 않지만 단백질을 코딩하는 유전자들 근처에 있으며, 이 유전자들이 발현될지 그리고 얼마나 풍부하게 발현될지를 결정하는 데 관여한다. 그런 규제 요소들은 이런 식으로 발생에 관여하는 요소들처럼(섹션 27.4을 보라) 유전자 스위치로서 행동할 수 있다. 이 요소들에는 촉진자(promoter)와 증강자(enhancer)들이 포함되는데 그것들은 유전자의 시작이나 끝, 유전자 내의 인트론 안 또는 유전자에서 먼 곳에 있는 DNA의 일부에 존재할 수 있다.

반복 서열. DNA에서 다양한 종류의 반복 서열이 발견되는데, 인간 게놈의 약 2/3는 그런 서열들로 구성된다. 이 중 많은 것들이 복사해서 자신을 DNA의 다른 위치에 삽입할 수 있는 트랜스포손과 레트로트랜스포손 같은 전이유전인자에서 나온다. 그런 전이유전인자의 삽입은 유전적 변이성의 원천일 수 있다(25장 "심화 학습: 후추나방의 흑색증 사례—자연선택, 돌연변이, 그리고 진화를 조사하기"를 보라).

확실히 비코딩 DNA 서열들은 기능 정도가 다양하다. 따라서 코딩 DNA의 기능이 좀 더 본질적이라고 말할 수도 있을 것이다. 그럼에도 불구하고 몇몇 비코딩 DNA는 그런 코딩 DNA가 언제 그리고 어떻게 발현할지를 조절할 수 있고 따라서 이런 DNA 서열은 그것 자체의 본질적인 역할을 갖고 있다.

전체 게놈들은 일반적으로 수억 개에서 수십억 개의 뉴클레오타이드들을 지니고 있는데, DNA 서열들의 비교는 생물들 사이의 관계 결정에 매우 유용했던 정보가 풍부한 비교를 제공한다. 물론 염기들이 4개에 지나지 않기 때문에 혹자는 두 개의 DNA 서열 사이에 우연히 25퍼센트의 유사성이 존재할 것으로 예상할 수도 있을 것이다. 그러나 유사성이 이 배경보다 점점 더 커지면 서열들이 우연히 유사할 가능성이 점점 더 작아진다. 그런 유사성은 공통 혈통을 통해 공통의 기원을 갖는 것에 의해 설명될 수 있다.

26.2.1. DNA 서열 비교를 위한 유용한 몇몇 기술적 세부 사항.

DNA 서열들을 비교해서 생물들 사이의 유사성 정도를 분간하는 것은 실제로는 좀 더 복잡하지만 개념상으로는 간단하다. 우리가 몇몇 짧은 DNA 서열들과 몇몇 돌연변이의 예들을 비교해보면 단순성과 복잡성을 가늠해 볼 수 있다. 어떤 생물이 다음과 같은 서열을 갖고 있다고 가정하라(DNA는 이중 가닥이며 보완적인 뉴클레오타이드들의 두 번째 가닥이 있을 것이라는 점을 기억하라).

A G G C T C A T C G

이 서열에 다양한 돌연변이가 발생할 수 있다. 만일 (왼쪽부터 오른쪽으로 세어서) 여덟 번째 자리의 T를 C로 바꾸고, 세 번째와 네 번째 위치 사이에 두 개의 뉴클레오타이드(T와 A)를 삽입하면 DNA 서열이 다음과 같이 바뀔 것이다.

A G G T A C T C A C C G

이 서열들을 서로 나란히 두면 우리는 일치하는 것과 일치하지 않는 것을 비교할 수 있을 것이다.

A G G   C T C A T C G
A G G T A C T C A C C G

이 두 서열을 위치 1부터 12까지 염기별로 비교하면 우리는 네 개의 염기들이 똑같고(위치 1, 2, 3과 6번의 염기들) 나머지는 다르다는 것을 발견할 것이다. 그러나 이 평가는 첫 번째 서열에서 두 번째 서열을 얻기 위해 일어난 변화를 과대평가하는 처사일 것이다. 우리는 위치가 같은 염기가 아홉 개 있다고 예상할 것이다. 이 점은 그 서열들을 정렬함으로써 해결할 수 있다. 삽입이나 결실이 일어나면 DNA 서열에 정렬 불량이 생길 터인데 우리는 서열을 다음과 같이 정렬시킴으로써 이 문제를 해결할 수 있다.

A G G   C T C A T C G
A G G T A C T C A C C G

이런 식으로 우리는 두 서열에서 똑같은 뉴클레오타이드를 보이는 아홉 개의 위치가 있고, 뉴클레오타이드 두 개

의 삽입이 일어났으며, T를 C로 대체한 돌연변이가 발생했음을 알 수 있다. 따라서 DNA 서열을 비교할 때 차이를 과대평가하는 것을 피하려면 과학자들이 서열 데이터를 적절히 정렬해야 한다. 이것은 DNA 서열 비교에 포함되어 현실적이고 유용한 서열 비교를 가져오는 기술적 세부 사항의 한 가지 예일 뿐이다.

형태적 특성에 기초해서 가장 가능성이 큰 계통수를 결정하고 DNA 서열로 같은 작업을 한 후, 같은 공통 조상 패턴이 발생하는지 비교해볼 수 있다. 대다수의 경우 그 패턴들은 똑같거나 매우 유사한데, 독립적인 두 가지 방법이 같은 결과를 제시하므로 이는 증거에 기초해서 관찰된 계통도에 대해 한층 더 강력한 뒷받침을 제공한다.[4] 때때로 DNA 서열 정보는 생물들을 어떻게 더 잘 분류할 수 있는지에 관한 추가적인 통찰을 제공한다. 하마의 분류에서 좋은 예를 볼 수 있다.

26.2.2. DNA에 기반한 계통적 추론을 하마에 적용하기. 생물학자들은 현생 하마의 두 종—일반적인 하마(*Hippopotamus amphibius*)와 피그미 하마(*Choeropsis liberiensis*)—과 각각의 많은 아종을 인식한다. 이 두 종들은 별도의 속에 속할 정도로 충분히 다르지만 같은 과에 속할 만큼 충분히 비슷하다. 한동안 다른 어떤 생물들이 하마와 가장 밀접하게 관련되었는지가 불명확했다. 하마는 발가락 크기가 같은 유제동물(ungulates, 즉 우제동물)로 여겨졌는데, 따라서 특히 사슴, 낙타, 돼지, 소 등과 형태적으로 가장 비슷하다고 생각되었다. 하마는 모습이 돼지와 비슷하게 보이지만 물속에서도 살 수 있다. 따라서 몇몇 과학자들은 고래가 좀 더 가까운 관련이 있을 것이라는 가설을 세웠다. 특정한 DNA의 서열에 기초한 증거를 조사한 후 지구상의 생물 중에서 하마는 고래와 가장 최근의 조상을 공유한다는 사

---

4   이는 천문학자들이 사용하는 복수의 독립적인 거리 측정 기법들이 같은 결과로 수렴하는 것과 유사하다(섹션 6.3을 보라).

실이 명백해졌다. 이 분리는 먼 옛날에 발생한 것으로 생각되며, 고래와 하마 사이의 형태상의 큰 차이는 이 두 집단이 공통 조상을 지녔던 때로부터 오랜 시간이 흘렀음을 확인해준다.

이 발견으로 이 동물들이 어떻게 분류되어야 하는지에 관해 큰 변화가 생겼다. 고래들과 돌고래들은 전에는 고래목으로 알려진 포유류 집단(포유강)으로 분류되었다. DNA 증거에 기초한 발견으로 형태학적 증거도 재해석되었고 고래들과 하마들은 경우제목(Cetartiodactyla)으로 분류되게 되었다. 이 목은 이전의 고래목과 우제목을 기초로 재정의되었고, 생물학자들은 이 분류가 이 동물들이 종전에 분류되었던 방식보다 만족스럽다고 생각한다. 따라서 과학자들은 어떤 생물이 하마와 가장 가까운 관련이 있는 것처럼 보이는지를 이해하게 되었을 뿐만 아니라 생물학적 증거에 기초해서 다른 동물들을 재분류할 수도 있었다.

26.2.3. DNA에 기초한 계통학과 생명의 세 영역. 1970년

대에 현재 존재하는 모든 유기체에 존재하는 DNA(작은 리보솜의 하위단위) 서열 비교에서 한 가지 놀라운 사실이 발견되었다. 당시에 생물학자들은 생물들의 세포의 특성에 기초해서 원핵생물과 진핵생물이라는 두 가지 주요 유기체 집단을 인식하고 있었다. 원핵생물은 세포막으로 구분된 세포핵이 없는 단순한 유기체인 세균을 포함한다. 진핵생물들에서 발견되는 세포핵은 해당 유기체의 유전자들을 코딩하는 DNA를 포함하는 구조다. 원핵생물에서 DNA는 대개 원으로 나타나는 DNA 하나의 긴 분자로 구성된 하나의 염색체로 존재한다. 이와 대조적으로 진핵생물들은 세포막으로 구분된 세포핵들을 포함하는 다채로운 생물들을 포함한다. 여기에는 동물, 식물, 균, 그리고 원생생물로 불리는 다른 많은 유기체가 포함된다. 진핵생물들의 세포핵은 다수의 염색체를 포함하는데, 각각의 염색체는 그것에 부착한 다양한 단백질을 가진 DNA의 선형 분자로 구성된다. 세포핵은 이중막으로 구분되어서 세포핵이 세포의 나머지 부분과 분리된다.

원핵생물들과 진핵생물들의 리보솜의 작은 하위 단

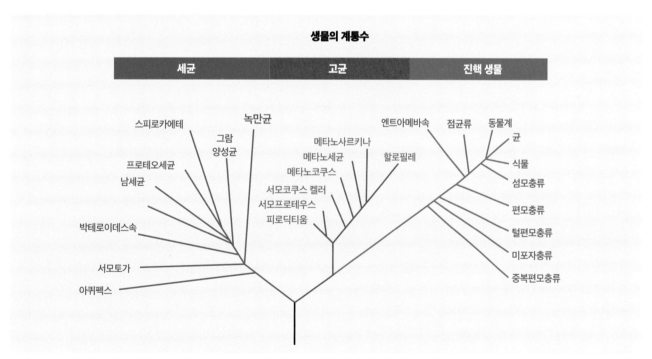

그림 26.5. 생물들 사이의 리보솜 DNA 서열 비교에 근거하여 생물의 세 영역을 보여주는 계통수.

위 유전자의 DNA 서열을 비교하자 놀라운 사실이 발견되었다. 많은 원핵생물이 다른 원핵생물 및 진핵생물들과는 다른 집단을 형성한다는 것이 발견되었다. 이 비교로부터 세 번째 집단이 필요하다는 결정이 내려졌다. 이 세 번째 집단은 처음에는 진정세균(Eubacteria)으로 불린 다른 원핵생물과 대조해서 고균(Archaebacteria)으로 불렸지만, 후에 그 집단들은 그것들의 근본적인 차이를 강조하기 위해 고균(Archaea)과 세균(Bacteria)으로 명명되었다. 따라서 모든 생물은 세균, 고균, 그리고 진핵생물이라는 세 개의 뚜렷한 영역으로 분류될 수 있다(그림 26.5를 보라). 린나이우스 체계의 계(kingdom)보다 높은 분류학상의 집단을 수용하기 위해 "영역"(domain) 개념이 개발되었다. 이 계통수는 고균과 진핵생물 사이의 공통 조상이 그것들과 세균 사이의 공통조상보다 좀 더 최근에 발생했음을 암시한다. 그러나 생물의 이 세 영역 사이의 정확한 관계는 명확하지 않으며 진핵생물들에서 발견되는 특별한 구조들의 기원도 불확실하다. 진핵생물의 기원에 관해서는 27장에서 좀 더 자세하게 논의될 것이다.

26.3. 화석 기록에 나타난 패턴들

화석 기록은 장기간에 걸쳐 일어날 수 있는 변화들을 탐구하기 위한 좀 더 직접적인 방법을 제공한다. 계통수들은 다르지만 관련이 있는 과거의 생물들을 추론하지만, 그것들이 어떤 모습이었는지는 우리에게 말해주지 않는다. 화석 기록이 정확히 해석되면 그 정보를 어느 정도 메울 수 있다. 더욱이 우리는 화석 기록으로부터 현생 생물을 관찰해서는 명백하지 않을 새로운 사항들을 배울 수 있다. 우리가 현대의 종합적인 진화 이론에서 예상하는 바와 같이 종들의 점진적인 출현을 목격하는가? 우리가 소진화들이 축적되어 대진화로 이어짐을 반영하는 중간 형태들의 증거를 발견하는가? 그리고 생물의 주요 집단들을 그것들의 가상의 조상과 분리시키는 중요한 혁신적 구조가 나타나며 주요 집단들 사이의 중간 형태에 대한

증거가 있는가?

화석 기록은 다윈의 진화 이론 개발에 큰 역할을 했다. 그는 화석 기록에서 장기간에 걸친 생물학적 종들의 변화에 대한 증거를 보고서 [종의 다양성이] 공통 조상으로부터의 변이를 통해 유래했다고 생각했다. 그는 화석들의 생물 지리학적 증거가 공통 혈통을 뒷받침한다고 해석했고, 변화의 증거가 생명을 위해 적응한 것이라고 해석했으며, 그 적응은 자연선택 과정을 통해 일어났다고 추론했다. 다윈은 화석 기록이 불완전해서 진화의 패턴에 빠진 고리들이 있다는 것도 알았다. 화석 기록은 언제나 불완전한 기록일 것이라는 점이 주목되어야 한다. 유기체들이 죽으면 그것들의 잔해는 대개 화석으로 보존되기보다는 분해된다. 일반적으로 유기체들이 묻혀서 화석이 되려면 그것들이 분해되어 영원히 형태를 상실하기 전에 뭔가 격변적인 사건이 필요하다. 고생물학자들이 화석들을 발견하기 위해서는 지질학 지식과 상당한 행운이 필요하다. 자연적으로 몸에서 단단한 부분이 생성되는 생물은 단단한 부분이 없는 생물보다 좀 더 쉽게 화석이 된다. 화석 기록은 불완전하며 몸에 단단한 부분이 있는 유기체들을 좀 더 많이 남기지만, 수십만 가지의 화석 종이 있는데 우리는 장기간에 걸쳐 이 화석들에 나타난 변화의 패턴들을 살펴봄으로써 많은 것을 배울 수 있다.[5]

고생물학자들이 지구의 지층들에 보존된 화석들을 기술할 때, 12장과 17장에 묘사된 바와 같이, 그들은 존재하는 화석들에 기초해서 지질학적 기록을 다양한 시기로 나누고 방사성 연대 측정 기법들을 사용하여 나이를 결정한다.[6] 가장 긴 시간을 누대(eon)라 하는데 누대는 대(era), 기(period), 세(epoch), 절(age)을 포함한다(그림

---

5   생물의 크기도 중요할 수 있다. 그물망들이 화석화된 매우 작은 치아들과 뼈들을 믿을 만하게 포착하기에 충분히 정교하지 않아서 화석을 체질하는 사람들이 수십 년 동안 그런 작은 화석들을 놓쳤다. 과학에서 용어의 편견 사용에 관한 간략한 묘사는 섹션 4.2.1에서 논의된 "심화 학습: 오해되는 과학 용어들"을 보라.

6   방사성 연대 측정법에 대한 논의는 15장을 보라.

12.6을 보라). 이 체계에 따르면 우리는 현재 현생누대 신생대 제4기에 있다. "현생"(Phanerozoic)이라는 말은 "가시적인" 생명이 명백한 시기를 가리키기 때문에 현생누대(Phanerozoic Eon)는 다세포 동물들과 식물들의 존재로 특징지어진다. 원생("초기의 생명")누대는 그 전의 시기이고 시생누대와 명왕누대는 각각 그 전의 시기들이다. 이 세 누대들은 종종 일괄해서 선캄브리아 시대로 불리는데 그 이름은 현생누대의 가장 빠른 기인 캄브리아기에 선행하는 시기를 가리킨다.

26.3.1. 장기간에 걸친 변화의 패턴. 위에서 언급된 바와 같이 다양한 지질학적 기, 세, 절의 묘사는 주로 이 시기들에 나타나는 화석들에 기초하는데, 이는 좀 더 단순한 화석에서 좀 더 복잡한 화석으로 진보하는 것처럼 보이는 장기간에 걸친 변화의 패턴을 반영한다. 이것은 섹션 24.1에서 논의된 진화의 두 번째 정의임을 상기하라. 선캄브리아 시대 지층에는 화석들이 아주 적고, 화석의 대다수는 극미 화석들이며, 좀 더 이른 시기 특히 시생 누대 동안에는 세균과 고균 같은 원핵생물과 조화되는 작은 세포를 가진 화석들만 존재한다. 진핵생물이라고 생각되는, 더 큰 세포를 지닌 생물들의 화석들은 원생누대부터의 지층부터 발견된다. 다양한 다세포 동물, 식물, 균류는 원생누대의 말기인 약 8억 년 전에서 6억 5,000만 년 전부터의 지층에서 최초로 출현한다. 따라서 우리는 화석 기록에서 원핵생물에서 단세포 진핵생물로 이동하고 이어서 다세포 진핵생물로 이동하는, 좀 더 단순한 형태에서 좀 더 복잡한 형태로의 발전을 인식할 수 있다. 화석들의 최고의 다양성은 현생누대(약 5억 4,100만 년 전에서 현재까지)에 발견된다. 다윈이 1859년에 『종의 기원』(The Origin of Species)을 쓸 때 선캄브리아 시대 지층의 극미 화석들은 아직 발견되지 않았었지만, 그는 고생대 때 다세포 생물이 갑자기 출현한 증거를 알고 있었다.

장기간에 걸쳐 화석 기록에 나타난 변화의 패턴은 현생누대 동안 다양한 형태의 다세포 생물을 출현시켰다. 이 점은 몇몇 척추동물들의 예를 사용하면 특히 명백하다. 척추동물들의 간단한 분류 목록표에는 먹장어, 칠성장어, 연골 어류, 경골 어류, 양서류, 파충류, 그리고 포유류가 포함될 것이다. 척삭은 있지만 척추는 없는 척삭동물을 대표하는 것처럼 보이는 화석 종인 **하이쿠이크티스**(Haikouichthys)는 약 5억 1,800만 년 전인 캄브리아기 중기에 발견된다. 몇몇 학자는 이 화석 종을 가장 단순한 척추동물 중 하나로 보이는 먹장어들이 공유하는 특성인 두개골을 지닌, 두개동물로 분류한다. 먹장어에는 없는 연골성 척추가 있는, 알려진 최초의 칠성장어는 약 3억 6,000만 년 전인 데본기 말에 보고된다. 현대의 상어, 홍어, 가오리를 포함하는 집단인 연골어류 중 알려진 최초의 화석은 데본기 중간인 약 3억 9,500만 년 전 화석에 보존된 반면 경골어류들은 좀 더 이른 시기인 데본기 초나 실루리아기 말인 약 4억 1,600만 년 전에 등장했다. 이 두 어류 집단에는 이전의 집단에는 없던 턱이 있다.

사지동물(다리가 네 개인 동물)들은 양서류의 형태로 약 3억 6,000만 년 전에 나타난다. 어류로부터 사지동물로의 전이(transition)는 중요한 전이이며 이에 관해서는 아래에서 좀 더 논의될 것이다. 발견된 중간 형태들은 어류와 사지동물의 특성을 모두 지니고 있으므로 어느 화석이 최초의 사지동물인지, 또는 우리가 그러한 특정한 집단의 최초의 형태를 현생 동물들과 구분되는 것으로 인식하는지를 판단하기는 어렵다. 마찬가지로 최초의 파충류를 식별하기는 어렵지만, 확실히 파충류의 특성을 지닌 최초의 화석은 약 3억 4,800만 년 전의 것으로 추정된다. 털을 가진 포유류 비슷한 생물의 최초의 기록은 약 1억 6,500만 년 전의 것이다. 비록 포유류와 비슷한 파충류인 단궁류의 기록은 약 3억 2,000만 년 전으로 거슬러 올라가지만 말이다. 이 예들을 순서대로 모으면 그것들이 최초로 나타난 시기들은 대체로 계통 분류를 통해 식별된 출현 순서와 일치한다. 중요한 예외는 칠성장어의 경우로서 그것은 순서에서 벗어나는 것처럼 보이지만, 이는 칠성장어의 골격이 광물화된 것이 아니라 연골이어서 좀처럼 화석이 되지 않는 데서 따른 빈약한 화석 기록이라는 인위적 해석일지도 모른다. 경골어류들보다 먼저 출현한 것으로 생각되는, 상어와 가오리 같은 연골어류들의 경우에 좀 더 경미한 예외가 발견되는데 이 또한 화석으로서 시료의 보존 가능성에 기인할지도 모른다. 다른 경우에는 종들의 명확한 연속이 존재하고 이 종들은 점진적으로 이전의 형태들에서 나온 특성들을 보유하는 진보를 보이는 것처럼 보인다. 따라서 화석 기록에서 관찰되는 장기간에 걸친 변화의 패턴은 좀 더 단순한 형태에서 좀 더 복잡한 형태로 진보하는 것과 관련된 변화로 보인다.

위에서 논의한 척추동물들의 예는 가장 명백하다. 그러나 시간이 갈수록 좀 더 복잡해지는 변화의 비슷한 패턴이 무척추동물, 식물, 그리고 다른 유기체들에게도 발견된다. 따라서 화석 기록에서 발견되는 역사적 변화는 증거를 통해 견고하게 뒷받침되는 것처럼 보인다.

26.3.2. 주요 집단들 간의 전이. 앞 섹션에서 언급된 바와 같이 주요 집단들 간의 과도기 형태로 해석되어온, 화석 기록상 중간 형태의 증거가 있다. 주요 집단의 최초의 대표자들은 대개 이전 집단과 이후 집단의 특성을 지닌 중간 형태들이기 때문에 화석으로부터 종종 척추동물들의 주요 집단의 최초 대표자들을 식별하기가 어렵다. 이는 진화상의 변화로부터 예상되는 패턴과 일치하는 것으로 보인다. 그런 전이의 세부적인 내용이 화석 기록에 나타난 동물들 사이의 핵심적인 전이의 몇 가지 사례들을 통해 예시될 수 있다.

26.3.2.1. 어류에서 사지동물로의 전이. 다리가 없는 어류로부터 네 다리를 가진 사지동물로의 전이는 고래와 해우(海牛)처럼 바다로 돌아간 몇몇 포유류뿐만 아니라 척추 육상 동물들이 편만해진 계기가 된 중요한 단계다. 많은 화석이 어류와 양서류 사이의 중간적인 특성들을 보여준다. 첫째, 육기어류(lobefinned fishes)라는 특정한 집단의 어류가 관련이 있는데, 육기어류는 현존하는 실러캔

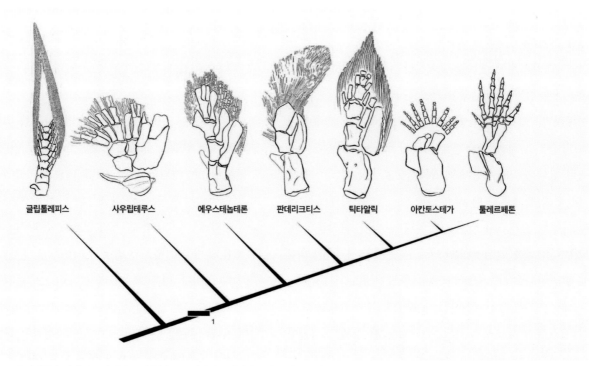

글립톨레피스　　사우립테루스　　에우스테놉테론　　판데리크티스　　틱타알릭　　아칸토스테가　　툴레르페톤

그림 26.6. 육기어류와 사지동물 사이의 중간 형태들로 해석되는 일련의 화석 유기체들의 흉부 지느러미에 들어 있는 뼈들의 배열(Macmillan 출판사의 허락을 받아 수록함).

스(coelacanths)와 폐어(lungfishes)로 대표된다. 실러캔스는 1938년 인도양에서 현생 종이 발견되기 전에 화석 기록으로부터 알려진 어류 종 집단이다. 몇몇 폐어 종들은 아프리카, 남아메리카, 그리고 호주에서 서식한다. 육기어류는 다른 종류의 어류와 달리 지느러미에 추가적인 뼈들과 근육들을 갖고 있는데, 그 점이 그것들이 사지동물의 선구자에 대한 주요 후보들로 간주되는 주요 이유다. 실러캔스와 폐어들의 DNA 서열의 유사성 패턴은 폐어들이 실러캔스들보다 사지동물들과 좀 더 유사하다고 암시한다.

사지의 발달 관점에서 중간 형태로 파악된 몇몇 화석 형태에는 **에우스테놉테론**, **판데리크티스**, **틱타알릭**, **아칸토스테가**, 그리고 **툴레르페톤**이 포함된다(그림 26.6을 보라). 흉부 지느러미(머리에 좀 더 가까운 측면의 지느러미 쌍, 그림 26.6을 보라)에서 발견된 뼈들을 보면 이 모든 예에서 다리 윗부분의 하나의 긴 뼈(상완골) 및 관절 아래의 두 뼈(척골과 요골)와 상동 구조로 보이는 뼈들이 식별된다. 중요한 단계는 발목과 발가락들의 발달이었던 것으로 생각되는데, 양자 모두 그 동물이 땅에서 몸을 일으켜 세울 때 필요했을 것이다.

틱타알릭은 이 시리즈에서 가장 최근에 발견된 화석이다. **틱타알릭**을 발견해서 기술한 연구자들은 어류와 사지동물 사이의 과도적인 것으로 보이는 다른 화석들의 연대 추정을 통해 예측된 절(age)에 속하는 캐나다 극지대의 지층들을 탐색했다. 세 번의 여름 동안 탐색한 끝에 그들은 머리가 평평한 시료 하나를 발견했다. 그것을 시카고 대학교로 가져온 뒤 그들은 그 시료에 지느러미, 비늘, 육기어류와 비슷한 원시 턱, 발목뼈들, 목이 있는 평평한 머리, 그리고 사지동물과 비슷한 확장된 흉곽이 있는 것을 발견했다. 그것은 **판데리크티스**와 **아칸토스테가** 사이의 중간 형태였다(그림 26.6과 26.7을 보라). **틱타알릭**이 사지동물에 이르는 노선에 있는 것으로 생각되지만, 이는 가설상의 추론이라는 점이 기억되어야 한다. **틱타알**

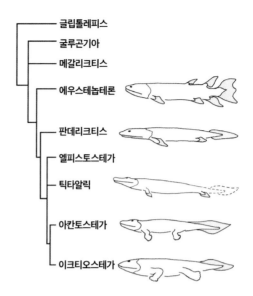

그림 26.7. 114개의 형태적 특성에 기초한 육기어류와 사지동물 사이의 일련의 중간 형태 화석들의 관계(Macmillan 출판사의 허락을 받아 수록함).

릭은 멸종되었고 비슷한 중간적인 특성을 지닌 다른 생물이 현생 사지동물로 이어졌을 수도 있다. 화석 기록은 그런 예들로 가득하다. 즉 **틱타알릭**은 사지동물들의 직접적인 조상이 아니라 친척일 수도 있다. 그러나 이런 화석의 발견은 다리가 없는 어류에서 어떻게 네 다리를 지닌 사지동물로의 전이가 진전되었을 수도 있는지를 보여주며, 틱타알릭이 사지동물의 직접적인 조상일 가능성도 제거되지 않았다.

틱타알릭은 물이나 육지 어느 한쪽에도 최적으로 적합하지 않은 것으로 보이기 때문에 혹자는 이처럼 중간적인 특성을 가진 생물이 얼마나 잘 적응했을지 의문을 제기할지도 모른다. **틱타알릭**의 특성들로 미루어볼 때 그것은 주로 수중 생물이었다. 하지만 다리들을 사용해서 물을 떠날 수 있는 능력은 좀 더 큰 포식성 어류를 피하는 데 유리했을 수도 있고, 그것이 초보적인 다리를 가진 생물에게 재생산의 이점을 부여했을 수도 있다. 따라서 그것이 육상에서 움직이는 데 잘 적응하지 못했을 수도 있지만 수중의 포식자들을 피하기 위해 물을 떠날 수 있다는 이점이 자연선택을 통해 다리들의 진화를 견인하기에 충분한 선택상의 압력이었을 수도 있다. 그러나 선택할 유전적 변이가 필요하므로 자연선택만으로는 충분하지 않다. 마찬가지로 유전적 변이는 이러한 변화들을 충분히 설명하기에는 너무 단순하다. 다리들의 형성을 가져왔을 수도 있는 배아의 발달을 가져왔을 변이들에 대한 이해가 필요하다(발생의 진화에 대한 고려는 섹션 27.4를 보라). 따라서 어류에서 사지동물로 진화하는 중간 형태가 공통 혈통의 한 경로를 암시할 수도 있지만, 이 진화의 순서에서 그 변화들이 어떻게 일어났는지에 관한 메커니즘은 아직 별로 이해되지 않고 있다.

26.3.2.2. 공룡에서 조류로. 생물학자들은 조류를 파충류의 한 집단으로 분류하는데, 이 분류에 대한 증거는 그것들의 형태와 DNA에서 명확하게 드러난다. 조류의 파충류 같은 성격은 두 종류 모두 알을 낳는다는 점과 조류의 깃털이 파충류의 비늘과 같은 종류의 단백질로 만들어지고 같은 분자 경로를 통해 발달한다는 점에서 가장 명백하게 확인될 수 있다.[7] 발견된 다양한 화석들이 공룡들과 새들 사이의 연결을 보여주며, 많은 화석이 두 집단의 특성을 모두 지니고 있다.

조류가 공룡들에서 나왔다는 최초의 화석 증거는 『종의 기원』(*The Origin of Species*)이 출간되고 나서 2년 뒤인 1861년 독일에서 발견된 **아르카이옵테릭스**(*Archaeopteryx*, 시조새)였는데, 그 화석은 1억 5,000만 년 전의 것으로 추정되었다. 이 화석은 조류와 공룡들의 특성을 모두 보인다. 그것은 조류와 마찬가지로 비행에 적응된 깃털들과 날개들을 가졌다. 시조새는 공룡들, 특히 데이노니코사우루스라는 육식성 수각룡 집단처럼 이가 난 턱, 발톱이 있는 발가락, 뼈가 있는 긴 꼬리, 그리고 매우 길게 펼칠 수 있는 두 번째 발가락들을 가졌다. 수각룡들은 잘 알려진

예를 들자면 작은 **콤프소그나투스**와 거대한 **티라노사우루스**를 포함한 두 발로 보행하는 공룡들이다. 시조새는 수각룡들과 다른 특성을 적어도 30개 갖고 있다. 화석 증거에 기초해서 이런 특성들은 약 1,000만 년의 진화를 거쳐 나타났다고 생각된다. 시조새는 『종의 기원』 출간 후 곧바로 발견되었기 때문에 이 화석은 다윈의 진화 이론하에서 예상되는 중간 화석 형태의 예로 자주 거론되었다.

1990년대에 중국에서 발견된 일련의 화석들에는 깃털을 가진 화석들도 많은데 그 화석들은 이 전이에 관해 추가로 빛을 비춰준다. 이 화석들은 깃털이 있는 수각룡부터 몇몇 공룡 같은 특성을 유지한 새들까지 다양한 생물을 포함한다. 이 화석들로부터 우리는 깃털이 시조새보다 적어도 5천만 년 전에 출현했음을 알 수 있다. 이러한 초기의 깃털들은 비행에 적응된 것이 아니었기 때문에 주로 단열 기능을 한 것으로 보인다. 마찬가지로 오늘날의 조류 중에는 비행을 위해 적응된 깃털을 가진 새도 있고, 비행에 이바지하는 공기역학적 형태는 없지만 단열해주는 깃털을 가진 새도 있다. 비행 기능을 하는 깃털들에서 발견되는 공기역학적 특성을 보이지 않는 깃털을 가진 타조나 무익조처럼 날지 못하는 새들과 좀 더 의미 있는 비교가 이루어질 수 있을 것이다. 그리고 멸종된 이 동물들의 몇몇 깃털에는 색소의 화학적 잔류물들이 있는데, 이는 깃털들이 오늘날 살아 있는 새들에게서 보이는 것과 유사한 화려한 과시에 사용되었을 수도 있음을 암시한다. 다른 수각룡 화석들의 조사를 통해 5천만 년이 넘는 기간에 걸쳐 소형화 추세가 발생했고 이 기간에 조류와 관련된 많은 특질이 나타난 것으로 판단되었다. 이 생물들은 나무에서 살았던 것으로 추측된다. 몇몇 생물은 좀 더 큰 앞다리들을 발달시켰는데, 큰 앞다리들과 깃털을 모두 갖고 있던 생물들은 한 나무의 가지에서 다른 나무의 가지로 활주하여 옮겨갈 수 있었을 것이다. 공룡의 앞다리에서 새의 날개로 발달한 것에 관한 좀 더 최근의 연구들은 아래의 글 상자에 수록된 "심화 학습: 다섯 발가락을 가진

---

7   Nicolas Di-Poi and Michael C. Milinkovitch, "The Anatomical Placode in Reptile Scale Morphogenesis Indicates Shared Ancestry Among Skin Appendages in Amniotes," *Science Advances* 2, no. 6 (June 24, 2016): e1600708.

과도기 화석이 없는가?

기독교 진영에서 제기된 진화에 대한 흔한 반대는 과도기 화석의 진정한 예가 없다는 것이다.[a] 일반적으로 과도기 화석의 존재를 부인하기 위한 두 가지 논증 전략이 있다. 첫 번째 전략은 생물학과 고생물학의 문헌을 선택적으로 인용해서 변화의 역사가 없이 완전하게 형성된 생물들의 화석들만 발견된 것처럼 보이게 만드는 것이다. 두 번째 전략은 중간 형태 또는 과도기 형태의 화석들에 존재하는 혼합된 특징들을 경시하는 것이다. 예컨대 시조새에 관한 논의에서 두 전략이 결합된다. 헨리 모리스는 다음과 같이 쓴다. "그러나 동일한 저자(칼 던바)…는 시조새가 부분적인 파충류가 아니라 100퍼센트 새임을 인정한다. 그는 그것은 '…시조새의 깃털들이 뚜렷하게 새로 분류되기 때문'이라고 말한다."

모리스는 더 나아가 다음과 같이 결론짓는다. "따라서 시조새는 파충류에서 새로 옮겨가는 중간 형태의 생물이 아니라 새다. 그것은 치아를 가졌던 멸종된 새다. 그러나 창조주가 치아를 가진 몇몇 새를 창조하지 못했을 이유가 없다."[b] 이 대목에서 모리스는 다음과 같이 행동하고 있는데 이는 과도기 화석들에 대한 모든 젊은 지구 창조론 논의에 전형적이다. (1) 시조새의 깃털들 때문에 그것을 새로 분류하는 문헌을 선택적으로 인용한다. (2) 우리가 위에서 언급한 혼합된 특징을 무시한다. (3) 할당된 분류에 비추어서 화석의 과도기적인 성격을 부인한다. 그들의 견해에서는 화석들이 분류의 어느 한쪽(이 경우 공룡 또는 조류)에 속하는 것으로 식별되기 때문에 과도기적인 화석이 없다. 따라서 진화를 뒷받침하는 과도기적인 화석이 없다고 결론지어진다. 그러나 문헌을 선택적으로 인용하고 시조새의 혼합된 특성들을 무시하는 것은 창조계시(섹션 4.1을 보라)를 무시하고 과학자들의 연구를 왜곡하는 처사다. 더욱이 그것은 신학과 과학의 관계에 대한 성경 우선적 접근법(섹션 4.4를 보라)에 의존한다. 따라서 이런 전략들은 자연이 스스로에 관해 계시하고 있는 진리를 결정하기 위한, 성경적으로나 과학적으로 건전한 방법이 아니다.

[a] Duane T. Gish, *Evolution: The Fossils Say No!* (San Diego: Institute for Creation Research, 1973); Henry Morris, *Scientific Creationism* (El Cajon, CA: Master Books, 2012); Elizabeth Mitchell, "Fossils Fail to Transition from Dinosaur Legs to Bird Wings," Answers in Genesis, October 8, 2013, https://answersin genesis.org/fossils/transitional-fossils/fossils-fail-to-transition-from-dinosaur-legs-to-bird-wings/.

[b] Morris, *Scientific Creationism*, 85.

공룡에서 세 발가락을 가진 새로의 진화"에서 찾아볼 수 있다.

몇몇 학자는 조류가 수각룡에서 유래했다는 가설을 의문시하고, 증거는 조류가 수각룡이나 심지어 공룡 전체보다 먼저 출현한 조룡(archosaur) 집단에서 기원했음을 좀 더 잘 뒷받침한다고 주장해왔다. 이 가설은 조류가 파충류에서 진화했다는 아이디어를 논박하지 않고 특정한 진화의 경로에 의문을 제기한다. 조류가 수각룡의 후손이라면, 조류에 관한 최근의 과학 문헌이나 대중적인 문헌들에서 우리가 흔히 볼 수 있는 것처럼 조류를 공룡이나 공룡의 후손이라고 불러도 무방할 것이다. 대안적인 설명이 옳다면 조류는 공룡들의 직접적인 후손이 아니라 이전 시기의 공통 조상을 공룡들과 공유할 것이다. 과학에서는 자주 그렇듯이 발견사항을 어떻게 해석하는 것이 최선인가에 관해 논란이 있다. 그러나 조류가 파충류로부터 진화했다는 데 대해서는 과학자들 사이에 논란이 없는 것으로 보이며, 그 진화에서 취해진 특정한 경로만이 논란이 되고 있다. 그리고 조류가 수각룡에서 기원했음을 받아들이는 학자들 사이에서도 비행의 발달 경로 및 조류가 날 수 있게 된 많은 해부학적 및 생리적 특성을 이해하기 위한 많은 연구가 수행되고 있다.

26.3.2.3. 좀 더 많은 과도기적인 형태들. 말들이나 고래들의 진화의 역사, 턱이 없는 물고기 비슷한 생물들에서 턱이 있는 생물들로의 전이처럼 다양한 다른 과도기적 형태들이 열거될 수 있다. 또는 포유류의 귀뼈의 발달은 파충류의 턱뼈에서 유래한 것으로 생각될 수 있다. 이것은 척추동물만 다루는데 척추동물은 동물 종의 약 5퍼센트에 불과하다. 무척추동물들과 식물들에 대해서도 추가

적인 과도기 형태의 예들이 열거될 수 있다. 이런 사례들에서 이전의 구조에서 유래한 새로운 구조의 발달이 공통적으로 나타난다. 단세포 생물에서 어떻게 다세포 생물이 발달했는지, 그리고 단순한 유기체들이 어떻게 다양한 구조들을 지닌 복잡한 유기체들로 발달했는지에 대한 이해가 그런 새로운 구조들의 기원을 이해하는 데 중요할 것이다. 그런 형태 이론은 현대의 종합적 진화 이론의 초점이 아니다. 현대의 이론은 유전자에 초점을 맞추는데, 이런 형태들이 어떻게 발생했고 시간이 흐름에 따라 변화했는지를 이해하기 위해서는 배아 발달을 좀 더 잘 이해할 필요가 있다. 화석 기록에 나타난, 과도기 형태로 보이는 많은 예가 존재한다는 사실 외에 우리가 화석 기록에서 무엇을 배울 수 있는가? 우리는 이제 화석 기록에서 볼 수 있는 변화의 속도를 살펴볼 것이다.

26.3.3. 화석 기록을 통해서 본 변화의 속도: 점진적이었는가, 갑작스러웠는가?

26.3.3.1. 단속 평형 이론.　다윈은 진화가 많은 과도기적 형태를 거쳐 점진적으로 일어난다고 기술했다. 현대의 종합적 진화 이론 역시 진화를 점진적 과정으로 묘사한다. 그러나 그것은 화석 기록에 나타난 패턴과 일치하지 않는다. 고생물학자들은 화석 형태들은 대개 다윈에 의해 예측된 점진적인 변화를 보여주는 일련의 형태들이 보존되어 있지 않으며 비교적 갑자기 나타나는 경향이 있음을 관찰했다. 이러한 새로운 화석 형태들은 갑자기 출현한 이후 장기간, 대개 수십만 년에서 수백만 년 동안 거의 또는 전혀 변하지 않고 그 상태로 지속되는 경향이 있다. 1972년에 나일스 엘드레지와 스티븐 J. 굴드가 이 패턴을 **단속 평형**(punctuated equilibrium)으로 불렀다.[8] 따라서 특정한 화석 형태의 등장을 기록할 때, 그 화석의 최초의 등장

8　Niles Eldredge and Stephen J. Gould, "Punctuated Equilibria: An Alternative to Phyletic Gradualism," in *Models in Paleobiology*, ed. Thomas J. M. Schopf (San Francisco: Freeman Cooper, 1972), 82–115.

은 완전히 독특한 형태로 나타났다. 이 형태가 나타나는 지층 바로 전의 지층에서 유사한 형태들이 있을 수는 있지만, 새로운 형태는 그것 및 그것과 가장 가까운 화석 사이의 중간 형태가 없이 독특했다. 그러나 그 새로운 형태 역시 화석 기록에서 오랫동안 지속되었다. 즉 갑작스러운 출현은 멈추지만 그 실체는 한동안 평형 상태에 머문다(그림 26.8에 예시된 것처럼 말이다).

단속 평형의 패턴은 다윈의 진화 이론에서 예상될 수 있는 것과는 딴판이다. 하지만 현대의 종합적 진화 이론을 통해 묘사된 것처럼 그런 변화를 적절하게 설명 가능한 방법들이 있을지도 모른다. 예컨대 진화를 통해 새로운 종이 출현할 때 조상 종과 궁극적으로 풍부해진 새로운 종 사이의 중간 단계의 개체들이 소수만 있었을 수도 있다. 중간 단계들이 있었지만 그것들이 화석 기록에 보존되지 않았거나 아직 발견되지 않았을 수도 있다. 또는 이소적 종 분화(섹션 25.5.2를 보라)가 발생해서 새로운 종이 생겼고, 그 새로운 종이 조상 종이 발견된 지역으로 서식지를 넓혀서 사실은 새로운 종이 좀 더 점진적으로 발달했음에도 불구하고 그 지역에서 "갑자기" 출현한 것처럼 보일 수도 있다. 그럼에도 불구하고 단속 평형의 패턴은 새로운 종이 좀 더 긴 기간에 걸쳐 점진적으로 변화한 것이 아니라 짧은 기간에 큰 변화들을 야기하는 메커니즘을 통해 발생했을 수도 있는 가능성을 제기한다. 그런 발생은 소진화를 통해 누적된 변화와는 다른 대진화 사건으로 불릴 수도 있을 것이다. 따라서 단속 평형은 화석 기록에 나타난 패턴을 묘사하지만, 메커니즘을 묘사하지는 않는다. 하지만 그것은 급격한 변화와 관련된 메커니즘이 관여할지도 모른다는 것을 암시한다. 갑작스럽게 큰 변화를 가져왔을 수도 있는 다양한 과정들이 최근에 인식되었는바, 그것들에 관해서는 27장에서 논의될 것이다.

26.3.3.2. 동물의 급격한 다양화.　캄브리아기 대폭발은 캄브리아기(5억 4100만 년 전-4억 8500만 년 전)의 처음 약 2000만 년 동안 다양한 종류의 동물들이 급격하게 나

타난 것을 묘사하기 위해 사용되는 용어다. 이 시기에 해양에서 살았던 모든 동물은 척추를 갖고 있지 않았다. 종류의 다양성은 여러 종류의 문(phylum)을 대표할 만큼 충분히 다른 신체 구조(body plan)가 발견된 데 반영되어 있다. 오늘날 33개의 현생 동물 문 중에서 2개 문의 최초의 화석들은 캄브리아기 전에 나타나고, 추가로 25개 문이 캄브리아기 동안에 최초로 나타나며, 6개 문은 캄브리아기 후의 다양한 시기에 나타난다.[9] 동물 문의 대다수가 하나의 지질학적 시기에 나타난 것과 더불어 급격한 변화가 일어났다는 추가적인 증거가 있다. 대개 진화는 공통 조상으로부터 별도의 종이 진화됨으로써 발생하는 것으로 여겨진다. 별도의 종이 계속 진화하고 갈라지면 그것들은 별도의 속으로 분류될 만큼 충분히 달라질 수도 있다. 이어서 속이 갈라져서 과가 생기고, 이어서 목, 강, 문이 생긴다. 이 체제는 최하위의 분류 범주부터 최상위로 옮겨가는 상향식 패턴으로 불릴 수 있다.

이와 대조적으로 캄브리아기 대폭발은 하향식 패턴을 나타내는 것처럼 보인다. 캄브리아기에 발견되는 여러 동물문의 최초의 대표자들은 다른 문들에 특징적인 신체 구조를 갖고 있으므로 애초에 문들을 차별화시키는 특성들이 나타난 것처럼 보인다. 이어서 후에 강, 목, 과, 속 및 종 같은 하위 집단이 나타나서 진화를 통해 차별화되었

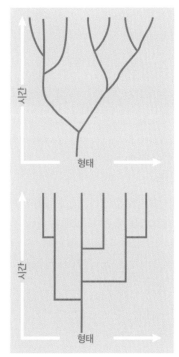

그림 26.8. 종 분화의 속도. 점진적인 수단을 통한 다양화는 위 그림에 묘사되었고 단속 평형 패턴은 아래 그림에 수록되었다. 두 그림 모두에서 시간은 수직 방향으로 과거에서 현재로 진행되며 수평축은 형태의 차이들을 나타낸다. 단속 평형에서 형태의 안정성은 수직선들을 통해서 표시되는 반면에 갑작스러운 출현은 새로운 종과 가장 가까운 화석 형태에서 그려진 수평선을 통해 표시된다.

다. 현대의 종합적 진화 이론은 상향식 패턴을 예측하는 반면에, 이 대목에서는 하향식 패턴이 일어난 것으로 보인다. 하지만 이러한 외관상의 하향식 패턴은 계통수들이 그려지는 방식에 기인한 인위적 해석일 수도 있다. 진화에서 많은 특성이 발달할 수도 있는 반면에 우리는 공유된 특성들에 기초해서 강이나 문 같은 집단들을 정의한다. 따라서 그런 특성이 또 다른 종에서 갈라져 나온 어떤 종에서 나타났을 수 있음에도 불구하고 각각의 문의 특징이 되는 차이들에 기초해서 이들 두 자매 종들이 별도의 문에 속하는 것으로 분류될 수도 있다. 이어서 이 별도의 종들이 한층 더 진화해서 각각의 문에서 다양한 종들을 제공했을 수도 있다. 살아 있는 유기체들이 진화 과정의 결과라면, 생물학자들은 그것들을 살아남아 다양화된 계보 안의 집단들을 통해 묘사하고 분류한다. 주요 집단들을 정의하는 특성들이 화석 기록에 보존되었을 수도 있는, 밀접하게 관련이 있는 두 조상 사이에 나타난다면 무엇이 문을 구성하는가에 관한 후험적 정의는 밀접한 관련이 있는 유기체들에서 나타난 특성들에 기초할 수도 있으며, 따라서 문의 하향식 출현은 이런 식으로 인위적 해석일 수도 있다.

이처럼 급격한 다양화를 폭발로 묘사하는 것은 캄브리아기에 많은 동물을 보인 최초의 대규모 발견을 한 데 따른 인위적 해석일 수도 있다. 1900년대 초 캐나다의 버지스 셰일에서 발견된 화석들은 약 5억 500만 년 전 캄브리아 중기의 것으로 추정되는, 특히 잘 보존된 고운 침전물의 지층에서 나왔다. 이 지층의 고운 침전물은 부드러운 동물의 조직들을 보존했으며, 아마도 1,000만 년에서

---

9 Douglas H. Erwin, Marc Laflamme, Sarah M. Tweedt, Erik A. Sperling, Davide Pisani, and Kevin J. Peterson, "The Cambrian Conundrum: Early Divergence and Later Ecological Success in the Early History of Animals," *Science* 334 (2011): 1091–97.

파충류 조상으로부터 조류의 진화는 그림 26.9에 나타난 바와 같이 날개들과 발가락뼈들의 형태를 살펴보고, 발가락뼈들이 살아 있는 조류에서 어떻게 발달하는지를 조사함으로써 좀 더 깊이 알아볼 수 있다. **갈루스**(닭)를 제외하고 묘사된 모든 시료는 화석에서 나온 것임을 주목하라. 조류는 날개에 세 개의 발가락(그리고 다리에 네 개의 발가락)이 있는 반면에 파충류의 대다수는 앞다리에 다섯 개의 발가락이 있다. **알로사우루스**와 **수안하노사우루스**는 수각룡이며 앞다리에 세 개의 발가락이 있었다. 시조새 역시 앞다리들에 세 개의 발가락들이 있었고, 그것들의 앞다리들은 날개 형태다. 발가락이 세 개인 공룡들의 발가락의 배치는 인간의 손의 엄지, 검지, 중지에 해당하는 I, II, III번 발가락인 것처럼 보인다. 발생생물학자들은 발가락들의

배아 발달에 근거해서 새의 날개에 있는 세 개의 발가락들은 I번과 V번에 해당하는 발가락들이 없어지고 II, III, IV번에 해당하는 발가락들이라고 결론지었다. 수각룡들과 현생 조류 사이의 발가락 사용 패턴의 차이는 공통의 혈통에서 유래했을 가능성이 작을 것이다. 발생생물학자들이 공룡들과 조류 사이의 발가락 발달의 차이를 설명하기 위해 다양한 모형을 제안했는데, 그중에서 두 개의 모형이 그림 26.9에 수록되었다. 틀 이동 모형은 발생상의 틀 이동이 일어나 조류가 날개에 II, III, IV번 발가락을 지니게 되었다고 제안한다. 축 이동 모형은 틀은 동일하게 유지되었지만 발가락 I, II, III번만 발생했다고 제안한다. 타워스와 그의 동료들은 발생하는 병아리의 날개들에서 조류의 발생을 연구해서 축 이동 모형이 증거를 통해 좀 더 잘 뒷받침된다고 결론지었다.[a] 이는 발생에 대한 이해가 유기체들의 구조가 어떻게 생겨났는지, 그리고 그것들의 발생이 진화 과정들을 통해 어떻게 변할 수 있는지를 이해하는 데 어떻게 기여할 수 있는지를 보여 준다.

[a] Matthew Towers et al., "Insights into Bird Wing Evolution and Digit Specification from Polarizing Region Fate Maps," *Nature Communications* 2 (August 2011), article no. 426, doi:10.1038/ncomms1437.

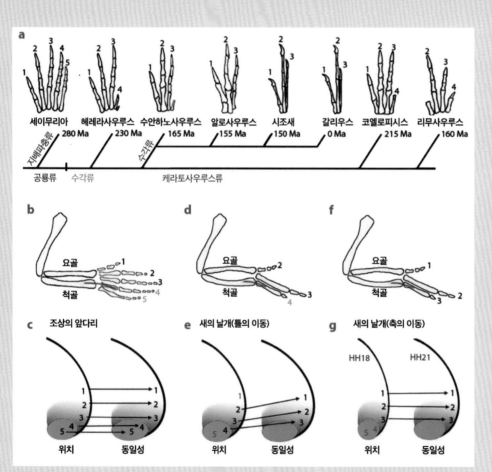

그림 26.9. (a) 다섯 발가락 공룡(세이무리아)에서 네 발가락 공룡(다섯 번째 발가락이 줄어든 헤레라사우루스와 네 번째 발가락이 줄어들고 다섯 번째 발가락이 없는 수안하노사우루스), 세 발가락 공룡 및 조류로 변했다. (b-g) 조상의 다섯 발가락 상태에서 세 발가락을 가진 조류로 발전한 데 대한 두 모형(Macmillan 출판사의 허락을 받아 수록함)

2,000만 년 동안 비교적 갑자기 나타난 것으로 보이는 여러 종류의 동물이 발견되었다. 1980년대에 중국의 쳉지앙에서 유사하게 풍부한 화석들이 발견되었는데 이 화석들 역시 캄브리아 중기인 약 5억 1,500만 년 전의 것으로 추정된다. 그러나 캄브리아기 전후와 캄브리아기로 추정되는 지층들에서 추가로 이뤄진 발견들은 이런 동물의 문들이 훨씬 더 점진적으로 나타난 것으로 해석되었다. 이런 형태들이 1천만 년에서 2천만 년 안에 나타난 것이 아니라 캄브리아기의 5,600만 년 동안 10단계의 화석 발달이 있었다는 증거가 있을 뿐만 아니라(버지스 셰일은 5단계에 속하고 쳉지앙 화석들은 3단계에 속한다), 캄브리아기 전과 후에도 계속적인 발달이 있었다는 증거도 있다. 이는 동물들의 다양화가 1억 년에 걸쳐 훨씬 점진적으로 일어났음을 의미할 수도 있다.[10]

캄브리아기의 지층에서 발견된 동물 화석 시료들은 현대의 문들의 특징인 구조의 존재를 토대로 문들의 관점에서 분류될 수 있지만, 그것들 대다수는 그 문 안에서 강이나 목 같은 하위 차원을 대표하는 현대의 집단들 안에 위치시키기가 어렵다. 예컨대 절지동물(곤충들이나 게들처럼 마디가 있는 다리를 가진 동물)과 비슷하지만 살아 있는 다른 어떤 절지동물 집단과도 비슷하지 않은 동물들이 있다. 그것들은 현대 절지동물의 공통 조상의 친척인 것처럼 보이지만 직접적인 조상은 아닌 것으로 추정된다. 이 구분을 묘사하기 위해 생물학자들은 **크라운 그룹**(crown group)이라는 용어를 사용해서 현존하는 모든 종을 포함시키고, **줄기 그룹**(stem group)이라는 용어를 사용해서 크라운 그룹으로 이어지는 "줄기"에 나타나지만 현존하는 현대의 종들을 만들어내지는 않은 종들을 포함시킨다. 이 개념은 캄브리아기 대폭발 때 나타난 종들이 왜 현대의 문들과 관련이 있는 것처럼 보이는 한편, 오늘날 살

아 있는 그런 문들에 속하는 어떤 종과도 다르게 보이는지를 설명하는 데 유용하다. 마찬가지로 이 개념이 섹션 26.3.2에서 논의된 몇몇 중간 형태의 화석에 적용될 수도 있다. 틱타알릭과 아칸토스테가는 줄기 그룹 또는 육기어류보다는 사지동물과 좀 더 관련이 있는 집단을 대표할지도 모르지만, 그것들이 현존하는 양서류, 파충류, 포유류를 포함하는 사지동물 크라운 그룹에 할당되지는 못할 수도 있다. 이와 유사하게 시조새는 현존하는 조류의 공통 조상으로 이어진 줄기 그룹의 일원으로 간주된다. 시조새는 이런 식으로 현대 조류의 직접적인 조상이 아니라 친척일 수도 있다.

26.3.4. 화석 기록으로부터의 핵심 요점. 지리적 및 시간적인 분포의 복잡성과 화석 기록의 불완전성으로 말미암아 과학자들은 아직 발견되지 않은 증거를 통해 뒤집힐 수도 있는 결론을 내리는 데 주의해야 하고 그런 결론을 의심해야 한다. 따라서 화석의 발견에 기초한 증거가 가리키는 바를 이해하려고 노력하는 것과 특히 새로운 증거가 발견될 때 대안적 설명을 받아들이는 것 사이에 균형이 잡혀야 한다. 그러나 화석 기록에 대한 연구는 과거의 생명에 관한 많은 증거를 제공한다. 그것은 장기간에 걸친 변화의 패턴에서 볼 수 있는 바와 같이 여러 종류의 유기체들의 계통을 보여준다. 그 외에 화석 기록은 다양한 유기체들의 진전을 보여주는데, 그중 몇몇은 과도기로 보이는 중간 형태들을 통해 연결될 수 있다. 새로운 형태들이 출현할 때 이전의 구조들이 형태와 기능 면에서 변화되어서, 이러한 새로운 형태들에서 발견되는 새로운 특성들이 반드시 새로 생긴 것은 아니고 발생 경로의 변화를 통해 생겼을 수도 있다는 증거가 있다. 따라서 유기체들의 발생 메커니즘에 생기는 변화들이 새로운 형태들을 생성하는 방법을 제공할 수도 있으므로 그 메커니즘들에 관해 우리가 좀 더 이해할 필요가 있다. 배아 발생 및 발생상의 변화가 어떻게 진화의 과정에 관련될 수 있는지에 관

---

10 좀 더 자세한 내용이 Ralph Stearley, "The Cambrian Explosion: How Much Bang for the Buck?," *Perspectives on Science and Christian Faith* 65 (December 2013): 245-57에 서술되어 있다.

한 설명은 섹션 27.4에서 다뤄질 것이다.

그리고 발생상의 변화들이 급격한 변화가 일어날 수도 있는 방법도 제공할 수 있는데, 이 점이 단속 평형과 동물의 문들의 급격한 다양화에서 나타나는 패턴을 초래할 수도 있는 메커니즘들을 우리가 좀 더 잘 이해하도록 도움을 줄 수도 있다. 무작위적인 돌연변이들이 유전적인 새로움을 생성하는 메커니즘들과 그러한 유전적 변이 가

운데서의 자연선택이 그러한 급격한 변화를 설명하기에는 부적합할 수도 있는 것처럼 보인다. 하지만 발생 및 그것을 통해 변화가 일어날 수도 있는, 새로 발견된 메커니즘들에 관한 이해는 진화가 어떻게 일어날 수 있는지를 좀 더 잘 설명할 수도 있는데, 이 모든 것은 생물학의 영역에서 창조세계의 기능의 완전성(섹션 2.2.2를 보라)을 좀 더 잘 이해하는 것과 관련이 있다.

27장

확장된 종합적 진화 이론의 발전

우리가 앞 장에서 살펴본 바와 같이 화석 기록에서 나온 몇몇 관찰 내용은 현대의 종합적 진화 이론하에서 예상되는 패턴들에 들어맞지 않는 것으로 보인다. 많은 중간 형태가 있는 점진적인 변화가 관찰되는 것이 아니라 몇몇 집단이 좀 더 갑자기 변했다는 증거가 있다. 화석 기록에서 관찰된 단속 평형은 그런 갑작스러운 변화의 예다. 이 패턴은 현대의 종합적 진화 이론과 일치하는 점진적인 변화의 메커니즘에 이어 진화의 정지가 뒤따라온 결과일 수도 있고, 점진적이지 않은 급격한 변화를 나타내는 것일 수도 있다. 캄브리아기 대폭발은 급격한 변화로 다양한 동물 집단이 출현한 것을 나타내는 듯하다. 비록 이러한 변화가 원래 생각되었던 1천만 년 안에 일어난 것이 아니라 6천만 년 이상에 걸쳐 발생한 듯하지만 말이다. 새로운 신체 구조의 출현은 현대의 종합적 진화 이론에서 묘사된 점진적인 진화 과정에서 예상되는 수준보다 빠른 것으로 보인다. 이러한 유기체들에서 나타나는 새로운 많은 유전자와 기능의 출현이 현대의 종합 이론에서 암시되는 바와 같이 뉴클레오타이드들이 합쳐져 새로운 유전자들이 형성되었다는 식으로 적절히 설명되는지 또는 그런 유전자들이 조상에게서 발달한 유전자에서 수정된 것인지는 훨씬 더 어려운 질문이다.

이 장에서 우리는 최근에 묘사된 진화의 몇몇 패턴들과 메커니즘들을 살펴볼 것이다. 이런 메커니즘들은 주로 돌연변이와 자연선택에 기초한 현대의 종합적 진화 이론으로부터의 메커니즘들과는 다른 것처럼 보인다. 과학자들이 DNA의 서열을 알아내고 발생의 규제와 관련이 있는 대규모 변화들이나 좀 더 온건한 변화들을 통해 어떻게 DNA에 변화가 일어날 수 있는지를 좀 더 잘 이해할 수 있게 됨으로써 이런 몇몇 메커니즘들에 대한 증거가 나왔다. 이런 메커니즘들 중 몇 가지는 다윈의 이론의 요소, 특히 자연선택을 포함하는 것처럼 보이는 반면, 어떤 변이들은 유도되거나 유기체의 필요에 반응하는 것처럼 보이기 때문에 그런 메커니즘들은 비다윈적이라고 불려왔다. 이는 창조세계의 봉사적 성격을 반영하는 것일 수도 있다(섹션 2.4.3을 보라).

이 중 몇몇 메커니즘들은 단지 유전자 같은 개별적인 요소들을 분리시키는 환원주의 접근법이라기보다는 좀 더 시스템적인 접근법을 취한다는 점에서 현대의 종합적 진화 이론에서 제안된 메커니즘들과 질적으로 다른 것처럼 보인다. 시스템적인 접근법에서는 각각의 구성 요소가 좀 더 복잡한 시스템 안에서 상호작용하는데, 그러한 상호작용으로 말미암아 전체적인 효과가 다양한 구성 요소들을 따로 관찰할 때 예상되는 바와 다를 수도 있다. 생물학 분야의 다양한 발견으로부터 이 주제와 기타 여러 주제가 등장했는데 이 장에서는 그중 몇 가지가 설명될 것이다. 이 장에서 묘사되는 주제에는 진핵세포들과 세포소기관들의 기원에서 나타난 공생 발생, 수평적 유전자 이동, 게놈 전체의 중복, 그리고 발생 과정의 진화가 포함된다.

27.1. 공생 발생과 진핵생물의 기원

섹션 26.3에서 설명된 바와 같이 진핵세포들은 특히 세포막으로 분리된 핵과 세포막으로 분리된 세포소기관들이 있다는 점에서 (세균과 고균 안의) 원핵세포들과 구분된다. 생물의 세 영역인 세균, 고균, 진핵생물 사이의 관계를 보여주기 위해 사용된 계통수(그림 26.5를 보라)로는 우리가 진핵생물의 기원과 그것들이 지니는 다양한 특성을 명확하게 이해하기 어렵다. 진핵생물이 세균보다는 고균과 좀 더 유사하다고 추론되지만, 원핵생물과 진핵생물 사이에 중간 형태는 없다. 그러나 최근의 발견 내용들로부터 진핵생물의 기원에 관한 새로운 아이디어들이 발전했다. 이 아이디어들은 공생 발생(symbiogenesis) 과정과 관련이 있는데 그 과정에서는 다양한 종류의 세포들이 밀접한 관계 안에서 같이 살면서(symbiosis = "함께 하는 생명") 새로운 종류의 생명을 생성한다. 두 개의 생명 형태가 이런 식으로 섞이는 것은 생물들의 관계를 계통수로 나타내는 것과는 상충한다. 하지만 세균, 고균, 그리고 진핵생물들의 DNA 서열 비교에 기초한 증거는 학자들이 진핵생물의 기원을 이해하는 데 있어 다른 방법들을 고려하도록 이끌었다. 미토콘드리아와 엽록체라는 진핵 세포소기관들과 진핵생물 전반의 기원을 설명하는 데 공생 발생 과정이 사용되어왔다.

27.1.1. 진핵생물의 기원. 진핵생물에는 원핵생물에 없는 다양한 특징이 있다. 단순성을 위해 우리는 이 섹션에서 세포막으로 분리된 세포핵의 기원에 초점을 맞출 것이다. 몇몇 학자는 세포핵을 둘러싸는 세포막은 세포 경계에 있는 세포막에서 나왔고 따라서 원핵세포—아마도 고균—가 세포막으로 분리된 세포핵을 발생시킴으로써 진핵세포로 발전했다고 제안했다.[1] 주요 대안은 공생 발생인데, 그 가설에 따르면 아마도 세균과 고균이 공생적으로 결합되어 진핵세포핵과 미토콘드리아가 만들어졌을 것이다.[2] 이것은 때때로 "생명의 고리"(ring of life)로도 불리는데, 그곳에서 세균과 고균의 두 영역이 합체해서 진핵세포를 형성한다. 세균과 고균의 현생 종의 게놈 연구를 통해서 점점 많은 증거가 나옴에 따라 이 아이디어가 지지를 받아왔다. 유전적으로 다른 고균들과 보다 진핵생물과 좀 더 유사한 로키아케오타(Lokiarchaeota)라는 고균이 최근에 발견되었는데, 이 발견은 진핵생물의 기원을 묘사하기 위한 추가적인 가능성을 제공하는 것으로 보인다.[3] 따라서 진핵생물의 기원은 대체로 미지의 상태로 남아 있으며, 이런 최근의 발견들은 현재로서는 결정적이라기보다는 제안 수준이다.

27.1.2. 미토콘드리아와 엽록체의 기원. 진핵생물의 출현에 대한 우리의 이해는 여전히 발전 중이지만, 미토콘드리아와 엽록체(또는 좀 더 일반적으로는 색소체)의 기원에 대한 우리의 이해는 좀 더 잘 확립되었다.[4] 1960년대 말에

---

1   이 시나리오는 Thomas Cavalier-Smith, "Origin of the Cell Nucleus, Mitosis and Sex: Roles of Intracellular Coevolution," *Biology Direct* (2010): 5-7에 기술되었다.

2   예컨대 James McInerney, Davide Pisani, and Mary J. O'Connell, "The Ring of Life Hypothesis for Eukaryote Origins Is Supported by Multiple Kinds of Data," *Philosophical Transactions of the Royal Society* B 370 (2015): 20140323을 보라.

3   Anja Spang et al., "Complex Archaea That Bridge the Gap Between Prokaryotes and Eukaryotes," *Nature* 521 (May 14, 2015): 173-79.

4   색소체(plastid)라는 단어가 좀 더 일반적이며 엽록체라는 단어는 녹색조류와 녹색 식물에 한정된다.

미토콘드리아와 색소체는 진핵세포 내의 세포막으로 분리된 세포소기관 이상이다. 그것들은 세포의 물질대사에 요구되고 따라서 생명이 기능하는 데 요구되는 에너지의 포획 및 이용과 관련해서 세포들에 매우 유용한 기능을 한다. 이는 창조세계가 창조세계에 봉사하는 아름다운 예다(섹션 2.4.3을 보라).

미토콘드리아는 호기성 호흡을 통해 세포들의 에너지 발전소 역할을 한다. 세포들이 음식 분자, 특히 당들을 물질대사할 때 에너지가 풍부한 화학 물질에 들어 있는 에너지, 특히 ATP(아데노신 삼인산)를 포획한다. 세포들은 ATP를 에너지를 요구하는 다양한 생명의 반응들을 위한 에너지원으로 사용한다(22장을 보라). 어떤 진핵세포가 포도당 같은 당을 물질대사할 때 산소가 사용되지 않고 미토콘드리아가 참여하지 않으면 그 세포가 포도당 분자 하나에서 ATP 분자 두 개를 생성할 수 있다. 이와 대조적으로 미토콘드리아가 관여해서 당이라는 물질대사에 필요한 물질이 산소와 결합되어 이산화 탄소를 생성하는 경우 포도당 분자 하나에서 추가로 28개의 ATP를 생성할 수 있고 이를 통해 포도당에서 나오는 에너지의 약 32퍼센트가 ATP로 포획된다. 따라서 미토콘드리아는 먹이의 효율적인 사용에 필수적인데, 이 효율성은 창조세계의 기능의 완전성의 일부이고(섹션 2.2.2를 보라) 그것은 복잡한 생명의 발생에 기여한다.

색소체들의 대다수는 빛을 화학 에너지로 포획하는 광합성에서 기능한다. 광합성은 엽록소 같은 색소들이 빛 에너지를 포획하고 물을 분해해서 산소를 발생시키는 것과 관련이 있다.

물을 분해하는 과정은 전자를 가진 수소들도 발생시키는데 그것들은 이산화 탄소와 결합해서 당을 생성한다. 광합성의 전반적인 화학 반응은 호기성 호흡 과정과 반대인데, 양자의 차이는 광합성을 견인하기 위해서는 빛 에너지가 요구되는 반면에 호기성 호흡에서는 에너지가 얻어진다는 점이다. 광합성 과정은 특정한 세균에서 시작되었는데, 광합성을 하는 이런 세균은 다른 유기체들에 의해 소모될 수 있는 먹이의 핵심적인 생산자(즉 물질대사 에너지의 원천)였을 것이다. 광합성을 하는 몇몇 세균은 부산물로 산소를 만들지 않지만(몇몇 세균은 대신 황을 만든다), 색소체의 기원이 된 세포 내 공생 세균은 산소를 만들었을 것이다. 광합성하는 유기체의 대다수는 산소를 만드는데, 이것이 바로 우리 대기에 존재하는 산소의 주요 원천이다. 다음 두 반응의 산물들을 비교해보라.

호기성 호흡: $C_6H_{12}O_6 + 6\,O_2 \rightarrow 6\,CO_2 + 6\,H_2O$

광합성: $6\,CO_2 + 6\,H_2O \rightarrow C_6H_{12}O_6 + 6\,O_2$

호기성 호흡과 광합성의 물질대사 기능이 원핵세포에서는 특화된 세포소기관 없이 발생한다. 하지만 진핵세포에서는 이 기능들이 공생하는 세균들의 진화를 통해 시작된 것으로 보인다. 중요한 이 두 물질대사 기능은 복잡하며 각각의 과정의 여러 단계에서 많은 단백질이 역할을 한다. 이 기능들이 따로 발달한 것이 아니라 진핵세포들이 자신의 세포 안에 세균 세포들을 통합시킴으로써 그 기능들을 유도한 것으로 보인다.

생물학자인 린 마굴리스가 미토콘드리아와 색소체가 세포 내 공생(endosymbiosis) 과정을 통해 발생했다는 아이디어를 주창했다. 미토콘드리아와 색소체는 세포소기관(세포막으로 분리된 하위 세포 구조)이며 진핵세포에서 핵심적인 기능을 하는 구성 요소다(아래의 "심화 학습: 미토콘드리아와 색소체의 기능"을 보라). 미토콘드리아는 호기성 호흡(aerobic respiration)의 화학 작업의 대다수를 수행하는데, 그 호흡에서 우리의 세포 같은 진핵세포들은 당 같은 탄소 기반 화합물로부터 화학 에너지를 얻는다. 미토콘드리아가 없다면 이 세포들은 이런 먹이의 원천으로부터 얻을 수 있는 에너지의 일부만 획득할 수 있을 것이다. 색소체들은 조류와 식물들에서 발생하며 대다수는 광합성을 수행한다. 광합성에서는 빛 에너지가 당이라는 화학 에너지로 저장되는데, 광합성 식물과 조류는 먹이사슬의 토대의 대다수를 제공하므로 광합성은 이 진핵세포들 및 다른 유기체들을 위한 먹이를 제공한다. 이 세포소기관들이 세포 내 공생을 통해 발생했다는 아이디어는 좀 더 일찍 제안되었지만 마굴리스가 1960년대에 이뤄진 몇몇 발견사항에 기초해서 보다 더 충분한 설명을 제공했다.

이 세포소기관들이 세포 내 공생을 통해 유래했다는

마굴리스의 제안에 영감을 제공한 핵심적인 요인은 이 세포소기관들이 몇몇 유전자를 코딩하는 DNA의 원형 분자를 함유한다는 발견이었다. 이런 세포소기관들에 존재하는 원형 DNA의 크기는 세균에 들어 있는 것보다 훨씬 작지만, 이런 DNA는 현생 세균에서 발견되는 것과 비슷하다. 예컨대 인간의 미토콘드리아 DNA는 길이가 약 16,600개의 염기 쌍이고 37개 유전자에 대한 암호가 있는 반면에 약 2만 개의 유전자들을 코딩하는 인간의 세포핵 DNA에는 30억 개의 염기 쌍이 있다. 식물들의 색소체 DNA는 길이가 대개 약 12만-17만개의 염기 쌍이며 약 100개의 유전자들을 코딩한다. 이런 세포소기관들의 게놈들도 대개 1,500개 이상의 유전자들을 코딩하는, 세균에서 발견되는 게놈들보다 훨씬 작다. 이런 세포소기관들이 유전자들을 포함하고 있으므로, 그 소기관들 역시 DNA를 복제하고 DNA를 전사해서 mRNA를 만들고 리보솜들을 사용해서 이 소기관들에서 사용되는 단백질을 만들기 위해 mRNA를 번역하는 데 이용될 수 있는 다른 구성 부분들을 갖고 있다. 그러나 세포소기관들에 들어 있는 유전자들은 이 소기관들이 독립적인 유기체로서 기능하는 데 필요한 단백질의 수보다 훨씬 적다. 이런 세포소기관들에 들어 있는 단백질들의 유전자 대다수는 세포핵 안에서 코딩되고, 전사가 세포핵 안에서 일어나며, 세포핵과 세포소기관의 밖에서 단백질로 번역되고, 마지막 단계에서는 세포막 안으로 단백질을 수입해 그곳에서 단백질이 사용된다. 따라서 미토콘드리아와 색소체들은 그것들을 포함하는 세포들에 의존한다.

미토콘드리아와 색소체의 기원에 대한 현재의 모형은 그림 27.1에 예시된 바와 같이 일련의 세포 내 공생과 관련이 있다. 그 모형은 세포막으로 분리된 세포핵이 있는 진핵세포에서 시작한다. 진핵세포에 미토콘드리아가 편만하므로 세포 내 공생을 통한 미토콘드리아의 발생이 진핵세포의 발생 초기에 일어난 것으로 추론된다. 반면에 색소체는 광합성을 하는 진핵생물(식물과 조류)에만 제한

적으로 분포되어 있고 몇몇 진핵생물은 광합성을 하지 않는 색소체를 갖고 있다는 점을 반영해서 색소체는 좀 더 후에 발생한 것으로 추론된다.

미토콘드리아가 없이 시작된 진핵세포가 호기성 호흡을 수행할 수 있는 세균을 섭취했을 수도 있다. 진핵세포는 섭취한 세균을 소화시켜서 세균의 성분을 자신의 먹이로 분해했을 가능성이 크다. 그러나 섭취한 세균 세포를 소화하지 않은 숙주는 섭취된 세포의 능력을 사용해서 음식 분자들을 좀 더 효율적으로 물질대사할 수 있었을지도 모른다. 숙주 세포가 그렇게 섭취된 세포로부터 어느 정도의 물질대사 에너지를 얻을 수 있었다면 그것은 좀 더 잘 살아남고 좀 더 많은 후손을 만들어냄으로써 그 환경에서 좀 더 오래 존속하는 경향이 있었을 것이다.

시간이 지나면서 섭취된 세포들에 있던 DNA 안의 몇몇 유전자들이 숙주 세포의 세포핵 안으로 이전되고 (즉 섹션 27.2에 묘사된 수평적 유전자 이전) 섭취된 세포는 세포 내 공생체가 아니라 세포소기관이 된 것으로 보인다. 이 대목에서 차이는 미토콘드리아 같은 세포소기관이 더 이상 독자적으로 살 수 없고 그 세포의 일부로 살아야 했을 것이라는 점이다. 미토콘드리아에서 게놈이 축소되어 그것들이 계속 존재하기 위해 세포의 나머지 부분들에 의존할 수밖에 없었을 것이고 미토콘드리아를 통해 제공된 기능들은 세포에게 유익했을 것이다. 거의 모든 진핵생물은 미토콘드리아를 갖고 있으며 미토콘드리아를 갖고 있지 않은 소수의 진핵생물은 그것들의 세포핵에 미토콘드리아가 있는 진핵생물에게서 발견되는 것과 유사한, 세포 내 공생을 하는 세균에게서 온 유전자를 갖고 있다는 증거가 있다. 이로 미루어 보건대 세포 내 공생적인 미토콘드리아의 시작은 진핵생물 역사의 초기에 발생한 것으로 생각된다.

마찬가지로 미토콘드리아가 있는 진핵세포가 광합성을 하는 세균을 섭취하면 그 진핵세포는 세균을 소화하거나 내부공생체로서 세균의 생명을 보존할 수 있었을 것

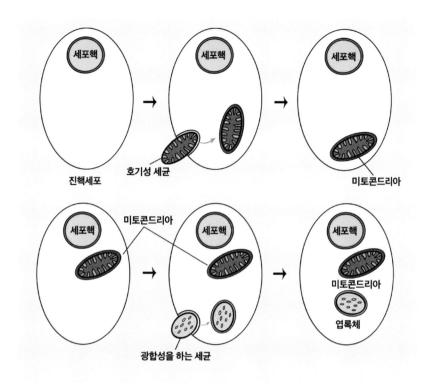

그림 27.1. 미토콘드리아와 색소체를 발생시킨 메커니즘으로서 일련의 세포 내 공생

이다(그림 27.1을 보라). 광합성하는 세포가 존재한다는 것은 이 세포가 햇빛을 포획해서 당을 만듦으로써 자체의 음식 에너지를 만들 수 있음을 의미한다. 이 음식 에너지 중 일부가 숙주 세포로 이전된다면 그 숙주는 이 관계에서 유익을 얻을 것이다. 미트콘드리아의 경우에서와 마찬가지로 그런 내부공생체에서 나온 유전자 중 일부가 숙주의 세포핵으로 이전했다는 증거가 있는데, 그래서 내부공생체가 그것의 독립성을 상실하고 그 세포에 의존하는 세포소기관이 되었을 것이다.

　미토콘드리아와 색소체가 내부공생 관계에서 유래했다는 점은 현재 과학자들에게 널리 인정받고 있다. 몇몇 증거가 이 메커니즘을 뒷받침한다. 첫째, 진핵세포에서 세균, 고균, 진핵생물이 내부공생체로서 살아가는 예들이 있다. 그런 내부공생은 단세포 진핵생물들 사이에 좀 더 편만하지만 동물, 식물, 균류 같은 다세포 진핵생물

에서도 많은 예가 있다.[5] 더욱이 이런 내부공생체들은 그것들의 숙주들에 대해 다양한 정도의 의존성을 보이는데, 몇몇 내부공생체들은 숙주에 매우 의존적이며 숙주를 떠나서는 살 수 없다. 마찬가지로 많은 숙주들 역시 자신의 내부공생체에게 의존하게 되었다. 대다수의 경우에 내부공생체의 유전자가 숙주의 세포핵으로 이전했다는 증거가 있다. 둘째, 미토콘드리아와 색소체들에 안쪽 세포막과 바깥쪽 세포막이 있다는 발견이 세포 내 공생에 대한 증거로 인용되어왔다. 이 설명에 따르면 안쪽 세포막은 세균 내부공생체에서 왔을 것이고 바깥쪽 세포막은 숙주 세포에 의해 세포막 경계의 액낭(sac) 안으로 삼켜지는 것에서 왔을 것이다. 이 과정을 세포 내 공생의 증거로 기술하는 교과서가 많다. 그러나 내부공생체가 아닌 많은 세균이 각각의 세포 주위에 두 개의 세포막을 갖고 있는데, 내부공생은 아마도 이 세포막 배열을 설명하지 못할 것이다.

　셋째, 미토콘드리아와 색소체들은 세균과 크기가 비슷하다. 넷째, 이 세포소기관들은 세균처럼 이분법(binary fission)을 통해 분열한다. 이 형태의 분열에서는 원형의 DNA 염색체가 복제되고 사본 하나가 전체 세포나 세포소기관으로 형성된 각각의 딸로 가며 중앙에서 잘려 두 개가 된다. 다섯째, 히스톤이라는 단백질이 없는 원형 염색체의 존재는 세균에서의 상황과 비슷하다. 이 점은 각

5　예컨대 다음 문헌들을 보라. Jennifer J. Wernegreen, "Genome Evolution in Bacterial Endosymbionts of Insects," *Nature Reviews Genetics* 3 (2002): 850-61; Laila P. Partida-Martinez and Christian Hertweck, "Pathogenic Fungus Harbours Endosymbiotic Bacteria for Toxin Production," *Nature* 437 (2005): 884-88.

각 DNA와 관련된 히스톤 단백질이 있는 선형 DNA 분자로 구성된, 다수의 선형 염색체들을 함유하는 세포핵을 보유하는 진핵세포들과 대조된다. 따라서 DNA에 들어 있는 뉴클레오타이드들의 서열은 선조에게서 나와야 하므로 미토콘드리아와 색소체들은 새로이 만들어질 수 없고 바로 위에서 묘사된 이분법 과정을 사용해서 기존의 미토콘드리아와 색소체로부터 만들어져야 한다. 여섯째, 미토콘드리아와 색소체들은 진핵세포들의 리보솜(단백질 합성에 관련된 세포의 구성 부분)보다는 원핵생물들에서 발견되는 것들과 비슷한 리보솜들을 갖고 있다. 이런 선상의 증거 중 몇몇은 단지 이런 세포소기관들의 기원으로서 세포 내 공생과 조화될 뿐이지만, 뒷부분의 증거들에서 언급된 좀 더 구체적인 특징들은 좀 더 설득력이 있으며 학자들이 확신하면서 최선의 설명에 이르는 추론(섹션 4.2.1을 보라)을 도출할 수 있게 해준다.

가장 설득력이 있는 증거는 미토콘드리아와 색소체에 들어 있는 원형 DNA의 DNA 서열을 다른 유기체들의 DNA 서열과 비교함으로써 나온다. 다양한 진핵 유기체들에서 나온 미토콘드리아의 DNA는 **리케차**라는, 세포 내에서 기생하는 세균의 DNA와 가장 유사하다. 따라서 이 둘은 가장 가까운 공통 조상을 공유한다고 추론될 것이다. 비록 그 사이에 20억 년이라는 진화의 시간이 끼어 있지만 말이다. 마찬가지로 색소체들에서 발견되는 DNA는 해수와 담수 서식지 모두에 풍부한 광합성 세균의 집단인 남세균의 DNA와 가장 비슷하다. DNA 서열을 통해 가장 가깝게 일치하는 유기체를 발견하는 것은 26장에서 논의된 바와 같이 해당 추론에 대한 강력한 증거이며, 미토콘드리아와 색소체들이 특정한 종류의 세균에게서 나온 것이라는 아이디어를 뒷받침하는 가장 강력한 증거를 제공한다. 이와 관련해서 내부공생하는 그런 세균에서 나온 것으로 보이는 유전자들이 숙주 세포의 세포핵에서 발견되는데, 이 점은 내부공생체에서 숙주 세포의 세포핵으로 내부공생적 유전자 전이가 일어났다는 추론을 하게 만든든 증거의 일부다.

세포 내 공생은 이 핵심적인 세포소기관들의 기원에 대해 가능한 설명을 제공하는 외에, 유전자들이 한 유기체로부터 같은 종 안의 유기체들로 한정된 유성 생식의 범위를 넘어 매우 다른 유기체로 이전될 수 있는 경로도 제공한다. 이러한 DNA 이전 흔적은 추론된 세포 내 공생의 모든 사례에서 명백하게 나타나며 이러한 세포소기관들이 세포 내 공생하는 세균으로부터 유래했다는 핵심적인 증거를 제공해왔다. 더욱이 (갈조류, 규조류, 와편모충류, 그리고 유글레나 같은) 몇몇 조류 집단은 색소체가 있는 진핵세포가 세포 내 공생체인 2차 세포 내 공생 사건으로부터 유래했다는 증거가 있다.[6] 이러한 진핵 내부공생체들이 가지고 있는 색소체들은 1차 세포 내 공생 사건을 통해 획득되었을 것이기 때문에 이것은 2차 세포 내 공생이다. 진핵 내부공생체들은 차츰 유전자들을 숙주 세포핵으로 이전했을 것이고 내부공생체의 전체 세포핵의 대부분이 상실되었을 것이다. 2차 세포 내 공생을 지지하는 증거의 많은 부분은 DNA의 유사성과 진핵세포 내 공생체에서 시작함으로써 가장 잘 설명되는 내부공생적 유전자 이전에 대한 증거의 발견에 기초한다. 몇몇 사례에서는 숙주에 완전한 세포핵이 있을 뿐만 아니라 많은 DNA를 지닌 세포핵의 잔여물도 존재한다. 따라서 해수와 담수 모두에서 중요한 1차 먹이 생산자인 종들을 포함하여 몇몇 큰 조류 집단에서 세포 내 공생 사건들이 색소체의 기원에 중요했던 것으로 보인다.

세포 내 공생 이론은 진핵세포들에 호기성 호흡과

---

6   Thomas Cavalier-Smith, "Principles of Protein and Lipid Targeting in Secondary Symbiogenesis: Euglenoid, Dinoflagellate, and Sporozoan Plastid Origins and the Eukaryote Family Tree," *Journal of Eukaryotic Microbiology* 46 (1999): 347-66. 그 후 3차 세포 내 공생도 발견되었는데, 이 사례에서는 색소체들이 2차 세포 내 공생을 통해 색소체를 가진 진핵 내부공생체에서 유래한 색소체를 가졌다. H. S. Yoon et al., "Tertiary Endosymbiosis Driven Genome Evolution in Dinoflagellate Algae," *Molecular Biology and Evolution* 22, no. 5 (May 2005): 1299-1308.

광합성이라는 매우 중요한 기능을 제공한 미토콘드리아와 색소체들의 기원에 관한 그럴 법한 설명을 제공하는 것처럼 보인다. 이런 기능들은 세포들의 조직 수준에서 생태계 및 그 중간의 모든 수준에 이르기까지 생명체들이 기능하는 데 있어 매우 중요하다. 진핵생물들에 이런 기능이 제공되자 동물, 식물 균류, 그리고 기타 진핵생물들이 발생할 수 있게 되었다. 우리는 이것을 복잡한 생명체가 어떻게 작동하는가에 관한 창조세계의 기능의 완전성과 세포 내 공생 과정을 통해 이런 기능들을 제공하는 봉사적 행동에 대한 묘사로 이해할 수 있다. 이것은 이전의 이해 방식에 기초해서는 예상되지 않았겠지만, 창조세계의 기능의 완전성에 관한 가정들에 기초한 증거를 탐구함으로써 발견된 메커니즘이기도 하다. 하나님은 많은 방법으로 이 목적을 달성할 수 있었을 것이고, 창조세계에 관한 과학적 탐구는 우리를 미토콘드리아와 색소체들의 기원 및 그것들의 중요한 기능에 대한 이러한 이해로 이끌었다.

공생 발생 과정은 신속하기도 하고 점진적이기도 하다. 신속성은 다른 두 종의 게놈들을 지닌 세포들이 하나의 종 안으로 결합된 데서 나타난다. 이 점은 특히 현대의 종합적 진화 이론으로부터 예상될 수 있는 돌연변이와 자연선택을 통해 점진적으로 새로운 조직이 발생하는 것과 대조된다. 그러나 유전자들이 장기간에 걸쳐 내부공생체에서 세포핵으로 이전되고 내부공생체가 차츰 그것이 거주하고 있는 세포에 점점 더 의존하게 되므로 이 과정에는 점진적인 부분도 있다. 세포 내 공생하는 유전자의 이전에 관한 증거는 미토콘드리아와 색소체들의 기원에 대한 설명을 제공하는 것 외에, 넓은 경계를 넘어서는 유기체들로부터 나온 유전자들을 도입함으로써 유전적 다양성을 생성하는 메커니즘도 제공한다. 따라서 이런 유기체들은 새로운 구조적 특징을 가져오는 새로운 유전적 특징을 처음부터 새로 만들어낼 필요가 없이 다른 유기체들로부터 유전자들을 빌려오는 방법을 사용한다. 그런 부분들

의 재사용은 DNA에 들어 있는 유전 정보의 코딩과 표현에서 나타나듯이 이런 유기체들의 기능의 완전성 덕분이다. 그 무결성으로 말미암아 DNA가 다른 유기체 안으로 이동할 때 그 DNA가 원래의 세포에서 기능했던 것과 같거나 비슷한 방식으로 기능할 수 있다. 이러한 세포 부분의 재사용은 또한 생명의 수단을 제공하는 창조세계의 봉사적 행동에 대한 증언이기도 하다. 그리고 우리가 다음 섹션에서 살펴보는 바와 같이 생물학자들이 불과 몇십 년 전에 생각했던 것보다 그러한 유전자 차용이 훨씬 널리 퍼져 있다는 증거가 있다.

27.2. 수평적 유전자 이전

한 종의 유전자가 다른 종으로 이전할 때 수평적 유전자 이동(horizontal gene transfer)이 일어난다. 일반적으로 유전자들은 수직적으로, 즉 같은 종 안에서 한 세대에서 다음 세대로 유전된다. 유전자들이 한 개체에서 다른 개체로 직접 이전될 때 수평적 유전자 이동이 발생하는데, 이러한 이동은 같은 종 안에서만 발생하는 것이 아니라 한 종에서 다른 종으로 일어날 수도 있다. 유전자들은 DNA로 구성되어 있고 모든 세포가 DNA안에 정보를 표현할 수 있으므로 이러한 유전 물질의 이전은 새로운 유기체에서 비슷하게 기능할 수 있는 유전 정보의 이전을 일으킨다.

수평적 유전자 이동이 편만하다는 증거는 특정한 유전자 서열을 사용해서 계통수들을 구축할 때 나왔다. 26장에서 서술된 바와 같이 DNA 서열 비교는 종의 계통 발생을 추적하는 유용한 도구였다. 특정한 유전자를 사용한 계통수는 때때로 다른 몇몇 유전자들을 사용하여 유도한 계통수와 다른 결과를 낳았다. 과학자들은 몇몇 유전자들의 서열을 통해 뒷받침되는 계통수들이 다른 몇몇 유전자나 많은 유전자의 서열을 통해 뒷받침되는 계통수와 다르다는 사실에 당혹했다. 예컨대 많은 곤충은 세균 세포 내 공생체를 갖고 있으며 이러한 세포 내 공생체의 몇몇 유전자들은 그것들의 곤충 숙주로 이전되었다. 과학자

들이 그 유전자를 해당 곤충으로부터 분리시켜서 그 유전자의 서열을 분석하고 그 서열을 알려진 다른 유기체들의 서열과 비교하면, 그 곤충의 이 유전자가 다른 곤충들에서 발견되는 유전자들과 비슷한 것이 아니라 세균에서 나온 상동 유전자와 가장 비슷하다는 것을 알 수 있다. 그러나 이 곤충이 지니는 유전자들의 대다수는 다른 곤충들의 유전자들과 비슷해질 것이다. 따라서 수평적 유전자 이동이 일어났다는 추론은 이 패턴에 대한 합리적인 설명으로 볼 수 있다.

그런 패턴에 대한 설명으로서 수평적 유전자 이동에 대한 가능한 대안은 유전자 상실이다. 이 설명에서는 이 유기체들의 공통 조상이 특정한 유기체를 갖고 있었는데 그 유전자가 조상에서는 유지되었지만 두 번째 친척들의 대다수에서는 상실되었다. 따라서 이 유전자의 상실이 여러 번 일어난 것으로 추론되어야 하는데, 그런 변화가 추론되는 횟수가 많을수록 그 설명이 옳을 가능성이 작아진다. 두 유기체 사이의 관계가 먼 경우 유전자가 상실되었다는 가설이 타당성이 있으려면 공통 조상의 다른 후손들에게서 유전자 상실이 여러 차례 발생했어야 하는데, 그런 일은 잘 일어날 법하지 않다. 따라서 그런 경우에는 수평적 유전자 이전 가설이 좀 더 잘 뒷받침되는 것으로 보인다.[7]

하지만 유전자들이 어떻게 한 종에서 다른 종으로 이전되고 두 번째 종 안으로 통합될 수 있는지에 관한 메커니즘이 발견되고 설명되어야 한다. 수평적 유전자 이동은 세균에서 비교적 흔하게 일어난다. 세균은 잘 기술된 몇몇 메커니즘을 통해 다른 유기체들로부터 유전자들을 획득할 수 있다. 모든 유기체가 똑같은 유전자 암호를 공유한다는 사실은 이 유전자들이 새로운 맥락에서 기능하는 것을 말해준다. 첫째, 세균은 자신의 환경에서 DNA를 취해 그것을 **형질전환**(transformation)이라는 과정을 통해서

자신의 게놈 안으로 통합한다. DNA는 같은 종에서 올 수도 있고 다른 종에서 올 수도 있다. 과학자들은 세균의 표면에서 DNA를 결합하여 형질전환을 증진시키는 단백질들을 발견했다. 몇몇 진핵생물에서도 형질전환이 일어난다. 진핵생물에서의 형질전환은 그다지 흔하지 않지만, 그것은 다양한 유기체들 사이에 한 종에서 다른 종으로 유전자를 도입함으로써 유전자 변이의 원천을 제공하는 잠재력을 지니고 있다.

둘째, DNA는 바이러스에서 DNA의 이전과 관련이 있는 **형질도입**(transduction)을 통해 한 세균에서 다른 세균으로 이전될 수 있다. 세균을 전염시키는 바이러스들은 세균 분해 바이러스("세균 포식자")로 불린다. 다른 모든 바이러스와 마찬가지로 세균 분해 바이러스는 숙주 세포의 세포조직을 사용해서 자신의 게놈을 복제하고 필요한 단백질들을 만들어서 새로운 바이러스를 조립한다. 때때로 새로운 바이러스들이 조립될 때 숙주 세균 세포의 몇몇 DNA가 바이러스 안으로 통합된다. 그러고 나서 그 바이러스가 새로운 세균을 감염시킬 때 그 DNA를 새로운 세균으로 가져간다. 바이러스성 DNA 통합은 진핵생물의 세포핵에서도 일어난다.

셋째, 세균은 **접합**(conjugation) 과정을 통해 다른 세균으로부터 DNA를 받을 수 있다. 이 과정에서 한 세균이 다른 세균과 연결되어 하나 이상의 유전자를 포함하는 작은 원형 DNA 분자(플라스미드)를 이전할 수 있다. 이는 세균이 다른 세균에게 항생물질에 대한 내성을 갖는 유전자를 이전해서 항생물질에 내성을 갖는 세균이 급속히 생겨나게 한 중요한 메커니즘으로 보인다.

형질도입과 접합은 형질전환보다 제한적인 수평적 유전자 이동 형태다. 형질전환을 통한 유전자 흡수는 특유하지 않은 반면 형질도입은 바이러스 감염 과정을 통한 것에 국한되고, 접합은 세균 세포들 사이에 친화성이 요구된다. 섹션 25.1에서 설명된 바와 같이 세균과 고균에는 유성 생식에서 일어나는 유전자 재조합이 없으므로 이

---

7   이 결론은 최선의 설명에 이르는 추론의 예다(섹션 4.2.1을 보라).

러한 수평적 유전자 이동이 세균과 고균에서 유전자 변이를 생성하는 수단을 제공한다.

위에서 언급된 바와 같이 수평적 유전자 이동의 증거는 특히 세균과 고균 사이에서 편만하다. 따라서 진핵생물에서 나타나는 유성 생식을 통한 게놈 재결합 능력이 없는 이 유기체들은 수평적 유전자 이동을 통해 상당한 유전자 변이를 만들어낼 수 있다. 세균과 고균으로 구성된 원핵생물은 주로 단세포 생물들이므로 이 세포들 안으로 유전자들이 도입된 것이 어떻게 전체 유기체의 성격을 변화시키는지를 이해하기는 비교적 간단하다. 진핵생물 중에서 수평적 유전자 이동은 특히 단세포 진핵생물 사이에 편만한 것으로 보인다. 단세포의 세포핵은 전체 유기체의 게놈을 포함하고 있고 그것이 다음 세대들로 전해질 것이기 때문이다. 마찬가지로 세포 내 공생을 통한 미토콘드리아와 색소체의 발생은 단세포 진핵생물에서 일어난 것으로 생각된다. 그러나 다세포 진핵생물에서 수평적 유전자 이동은 훨씬 덜 자주 일어난다. 다세포 진핵생물의 특정한 세포들만 다음 세대를 낳은 유성 생식에 관여하므로, 다세포 진핵생물에서 수평적 유전자 이동이 효과적이려면 그러한 이동이 생식 세포에서 일어날 필요가 있다. 난자나 정자 또는 포자가 있는 유기체의 경우 포자 같은, 생애주기의 단세포 단계에서 수평적 유전자 이동이 일어나는 것이 이러한 이동이 일어날 수 있는 한 가지 가능한 경로일 수도 있다. 이러한 한계에도 불구하고 동물, 식물, 균류 및 기타 다세포 진핵생물들의 게놈들과 다른 유기체들의 게놈들의 비교를 통해 수평적 유전자 이동 때문에 존재하는 것처럼 보이는 유전자들의 예가 점점 더 많이 발견되고 있다.

이런 발견들은 수평적 유전자 이동이 생명의 다양한 수준에서 발생했음을 보여준다. 밀접한 관련이 있는 종들 사이에서뿐만 아니라 생명의 세 가지 영역인 세균, 고균, 진핵생물 사이에서도 수평적 유전자 이동이 일어났다는 증거가 있다. 영역의 수준에서는 세 영역의 모든 쌍 사이에서 양방향으로 수평적 유전자 이동이 일어났다는 증거가 있다. 세포 내 공생을 통해 발생한 것으로 보이는 미토콘드리아와 색소체는 세균에서 진핵생물로 수평적 유전자 이동이 일어난 주요 사례를 대표한다. 처음에는 여기에 관여한 세포 내 공생하는 세균의 게놈 전체가 숙주 진핵세포 안으로 취해졌다. 원래 세포 내 공생체로 있던 많은 유전자들이 숙주의 세포핵으로 옮겨갔고 몇몇 유전자는 세포 내 공생체가 세포소기관으로 진화할 때 그것 안에 남아 있는 반면에 대다수 유전자는 상실된 것으로 보인다. 그 결과 진핵세포들에서 발견되는 핵심적인 세포소기관들이 발생했는데 그것들은 이제 세포핵에서 발견되는 유전자들에 의존한다.

수평적 유전자 이동의 발견은 우리가 계통 발생 관계를 묘사하는 방식에 영향을 준다. 계통 발생을 나무로 나타내는 것(섹션 26.1을 보라)은 수직적 유전에 기초한다. 수평적 유전자 이동은 가지들 간에 연결을 덧붙이므로 나무를 사용하는 것보다 생명의 그물을 사용하는 것이 생물들이 어떻게 관련되는지에 관한 좀 더 현실적인 그림을 제공할지도 모른다(그림 27.2를 보라). 그러나 그런 그물을 개념화할 때 우리는 한 세대에서 다음 세대로 수직적으로 유전될 때는 게놈 전체가 상속되지만 수평적으로 이전되는 유전 정보의 양은 대개 훨씬 적다는 점을 깨달을 필요가 있다. 세포 내 공생은 세포 내 공생체의 게놈이 숙주의 게놈과 결합해서 아주 새로운 종류의 유기체를 만드는 예외적인 예다. 비록 일반적으로 세포 내 공생체의 유전자 대다수가 상실되지만 말이다. 수직적 유전의 규모가 좀 더 큰 점에 비추어볼 때 수평적 유전자 이동이 일어날 수도 있는 점이 이해되는 한 계통수는 여전히 진화 관계를 나타내는 데 도움이 된다.

일반적으로 수평적으로 이전되는 DNA의 양은 게놈 전체보다는 훨씬 적지만, 대다수 유기체의 게놈들의 많은 부분이 수평적 유전자 이동을 통한 새로운 유전 정보의 연속적인 축적을 통해 유래한 것으로 생각된다. 그리

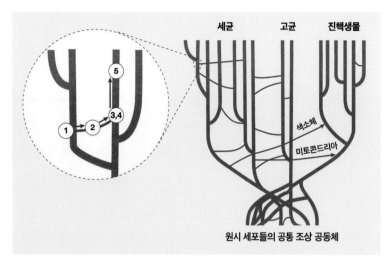

그림 27.2. 수평적 유전자 이동에 입각한 생명의 그물 및 미토콘드리아와 색소체의 세포 내 공생적 기원의 묘사(Macmillan 출판사의 허락을 받아 수록함).

세균 고균 진핵생물

색소체
미토콘드리아

원시 세포들의 공통 조상 공동체

도 증거가 이끄는 곳으로 따라가는 것이 중요함을 보여준다.

27.3. 게놈 전체의 중복

세포 안에 복수의 염색체 세트가 존재하는 배수성은 25장에서 언급된 현대의 종합적 진화 이론 내의 메커니즘에 포함되었다. 배수성은 현대의 종합 이론 안으로 통합된 최신 개념이었으며, 생식할 수 있도록 분리된 종이 한 세대 안에 생겨날 가능성이 있을 정도로 급격한 차이를 보여주는 메커니즘을 대표한다. 그런 메커니즘은 현대의 종합적 진화 이론을 확대해서 이 장에 묘사된 새로운 발견들을 통합해야 하는 이유로 여겨질 수도 있다. 그러나 이 메카니즘은 다윈을 통해 제안되었고 현대의 종합적 진화 이론을 통해 강조된 점진적 과정과는 질적으로 다르다. 이 점이 좀 더 중요한데, 배수성은 유전자 변이를 생성하는 몇몇 추가적인 메커니즘을 제공한다.

배수성은 세포핵에 하나 이상의 전체 염색체 집단의 세트가 추가로 존재하는 것과 관련이 있으므로 그것은 게놈 전체의 중복(whole-genome duplication)으로 불리는, 세포핵 게놈 전체의 중복 형태다. 종전에는 배수성이 상당히 널리 퍼진 현상으로서 꽃이 피는 식물 종의 30-50퍼센트에서 발생하고 동물에게서는 그보다 덜 발생한다고 생각되었다. 그리고 염색체들의 배수체의 수가 잡종으로 하여금 생식력이 있게 만들어 줄 것이기 때문에 배수성이 같은 종 안에서의 게놈 중복으로서나 잡종을 만들 수 있는 가까운 종들의 중복으로서 발생하므로 그 과정의 영향이 제한적이라고 생각되었다. 게놈 서열에서 나온 증거를 포함한 좀 더 최근의 연구는 아마도 진핵생물의 거의 모든 종이 게놈 전체의 중복에 돌릴 수 있는 유전자 과잉의 증거를 보이며, 이 현상이 진화에 이를 수 있는 유전자 변이를 가능케 하는 중요한 메커니즘을 제공했다는 결론으로

고 세균과 고균 사이의 수평적 유전자 이동이 편만했다는 사실로 말미암아 계통을 하나의 모든 생물의 공통 조상(LUCA)으로 추적하기가 복잡해진다. 따라서 몇몇 학자는 하나의 공통 조상보다는 세포들의 조상 공동체를 묘사한다(그림 27.2를 보라).

게놈 연구에서 나온 좀 더 많은 증거가 축적됨에 따라 수평적 유전자 이동이 진화로 귀결될 수도 있는 새로운 유전자 변이의 주요 원천이었음이 명백해졌다. 더욱이 수평적 유전자 이동은 수직적 유전을 통해 가능한 수준을 훨씬 뛰어넘는 유전 정보의 새로운 조합을 가져올 수도 있다. 따라서 우리는 다윈이나 멘델이 상상할 수 있었던 수준을 훨씬 뛰어넘어 진화에 공헌할 수 있는 유전자 변이를 생성하는 메커니즘을 알고 있다. 공생발생에 관해 말하자면, 수평적 유전자 이동은 유전자들이 새로운 세포로 이동하고 그런 세포에서 기능할 수 있게 해주는 메커니즘인데, 이것 역시 창조세계의 기능의 완전성과 이 새로운 기능들을 제공함에 있어서 창조세계의 봉사적 행동에 기초한다. 이 메커니즘은 앞선 연구들, 특히 현대의 종합적 진화 이론의 발달을 고무했던 멘델의 유전학에서는 예측되지 않았다. 이 점은 또한 비록 현재의 이론적 패러다임을 통해서는 예측되지 않는다고 하더라

이어졌다.[8]

게놈 전체의 중복의 결과 모든 세포핵 유전자에 중복된 사본들이 존재하게 된다. 이배수체($2n$)인 세포들은 모든 세포핵 유전자의 사본 두 개를 함유하지만 대다수 진핵세포는 감수분열을 일으켜 사본 하나만을 함유하는 반수체($1n$) 세포들을 발생시킬 것이다. $4n$ 또는 그보다 많은 수($6n, 8n$ 등)의 염색체를 지니는 배수체 세포는 발생의 모든 단계에서 각각의 유전자의 중복된 사본들을 지닐 것이다. 유전자들의 이러한 잉여 사본이 있다는 것은 유전자 사본의 하나에 유전자를 변화시키거나 유전자의 기능을 상실하게 만드는 돌연변이가 발생하더라도 여전히 기능을 발휘하는 사본이 존재하므로 반드시 해롭거나 치명적인 결과로 귀결되지는 않는다는 것을 의미한다. 즉 그런 돌연변이가 자연선택을 통해 집단에서 제거되지 않을 수도 있다. 그 결과 돌연변이가 일어날 수 있는 종류가 훨씬 더 유연해진다. 이 점은 몇몇 유기체, 특히 식물들에서 잘 연구되었는데, 과거 어느 시점에 게놈 전체의 중복이 일어났음이 분명하다. 좀 더 많은 유기체의 게놈 서열이 밝혀짐에 따라 공통 조상에서 갈라져 나온 이후 게놈 전체 중복을 겪은 종과 겪지 않은 종을 비교할 수 있게 되었다. 그런 비교에서 우리는 종종 역위나 전좌를 통해 게놈의 일부가 재배치되는 반면에(그림 25.9를 보라) 몇몇 유전자는 기능을 상실한 듯한 사례를 발견한다. 이런 돌연변이 중 일부는 새로운 기능을 가져온다는 증거도 있다. 유전자 발생과 관련한 게놈 전체 중복, 유전자 상실, 새로운 기능을 가질 가능성의 핵심적인 예가 다음 섹션에서 좀 더 자세하게 논의될 것이다.

마지막으로 게놈 전체의 중복은 종들의 경계를 넘은 유전 정보의 이전을 가져올 수도 있다. 섹션 25.5.2.2에서 설명된 바와 같이 배수성은 유기체들이 이종 교배해서 정상적으로 생식할 수 있는 자손을 형성하게 해줄 수 있는 반면에, 정상적인 수의 염색체를 가진 잡종은 후손을 남길 수 없어서 자신의 유전자를 물려주지 못할 수도 있다. 이 점은 육배체($6n$) 밀이나 팔배체($8n$) 딸기 같은 재배 식물 사이에서 특히 잘 알려졌다. 많은 식물 종은 배수체 식물의 교배를 통해서 만들어졌는데, 잡종들은 부모 종과는 매우 다른 새로운 유전자 조합을 함유하고 있어서 부모 종과 별개의 종으로 기능한다. 따라서 전체 유전자 중복은 적어도 밀접한 관련이 있는 종들에서 유성 생식을 수단으로 삼은 이종 교배를 통해 방대한 수평적 유전자 이동이 일어나게 해줄 수 있다.

27.4. 발생의 진화

1980년대에 발생에 관여하는 핵심적인 유전자들이 발견되어 종종 비공식적으로 "이보디보"(evo-devo)로 불리는 발생의 진화(evolution of development) 탐구가 새롭게 강조되었다.[9] 이보디보는 새로 발견된 발생 유전자들과 발생 과정 및 이 유전자들과 과정들에 일어난 변화들이 유기체의 형태 발생에 어떻게 영향을 줄 수 있는지를 통합하는 학제적 접근법이다. 애석하게도 현대의 종합적 진화 이론은 발생에 관한 내용을 별로 포함하고 있지 않다. 우리가 발생을 이해하면 형태를 좀 더 잘 이해할 수 있는데, 형태의 변화는 진화의 주요 결과일 수 있다. 발생은 어떻게 수정란 하나에서 다양한 생물의 형태가 발생해서 여러 종류의 세포를 가진 다세포 유기체로 발달하고 조직들과 기관들로 조직화하며 신체의 많은 부분이 올바른 위치에 발생하여 기능하는 전체 유기체가 되는지를 인도하는 중요한 과정이다.

형태 또는 외형은 주로 유전자들의 행동을 통해 결정

8   Douglas E. Soltis, Clayton J. Visger, and Pamela S. Soltis, "The Polyploidy Revolution Then... and Now: Stebbins Revisited," *American Journal of Botany* 101 (2014): 1057-78.

9   이보디보에 대한 유익한 과학적 개요 및 역사적 개요는 Scott F. Gilbert, John M. Opitz, and Rudolf A. Raff, "Resynthesizing Evolutionary and Developmental Biology," *Developmental Biology* 173 (1996): 357-72을 보라.

다윈은 발생학으로부터의 몇몇 관찰 내용을 『종의 기원』에서 형태를 비교하는 장에 포함시켰다. 그는 조류, 파충류, 그리고 포유류의 배아 발생에서 유사성이 발견된다고 언급했다. 그는 이 관찰을 루이 아가시의 공으로 돌렸지만, 그 관찰이 척추동물의 배아는 모두 매우 유사한 발생 단계를 거친다고 언급한 카를 폰 베어(1792-876)에게서 왔을 수도 있다.[a] 생물학자이자 철학자였던 에른스트 헤켈은 다윈의 진화 이론에 큰 영향을 받았고 가장 적극적인 진화 옹호자 중 한 사람이 되었다. 그는 발생의 경로를 묘사하는 **개체 발생**(ontogeny)이라는 단어와 진화의 경로에 적용되는 **계통 발생**(phylogeny)이라는 단어를 만들어 냈다. 그는 개체 발생은 계통 발생을 반복한다는 그의 생물 발생 법칙에 표현된 바와 같이 개체 발생과 계통 발생의 원인이 같다고 간주했다.[b] 그는 어류부터 인간에 이르기까지 다양한 척추동물의 배아 발생을 보여주는 그림에서 이 아이디어를 예시하면서 발생의 초기 단계에서는 배아들이 거의 똑같은 것처럼 보이다가 이후 단계에서는 상당한 차이들이 나타난다는 것을 보여준다.[c] 그 과정에서 헤켈은 이 종들의 배아들에서 발견되는 유사성을 강조하고 차이들을 경시했다.

다양한 척추동물의 발생 단계들을 세심하게 관찰한 마이클 리처드슨과 그의 동료들은 여러 척추동물의 배아를 비교할 때 신체의 부분들의 수와 발생 시기에 차이가 있을 뿐만 아니라, 이러한 발생의 단계들에서 크기와 형태에도 큰 차이가 있음을 보여주었다.[d] 발생 단계들의 유사성에 대한 헤켈의 강조로 말

미암아 생물 다양성의 기원에 관한 이해의 진전이 두 가지 면에서 방해를 받았다. 첫째, 그의 아이디어들은 19세기 이상주의와 낭만주의라는 철학적 가정들의 영향을 받아서 발생과 진화를 과학적 관점에서 이해하는 데서 벗어났다. 특히 그는 자신의 철학적 관점을 뒷받침하기 위해 배아의 발생을 잘못 묘사했다. 둘째, 반진화론자와 현재의 지적 설계 옹호론자 등 진화 이론에 비판적인 사람들은 헤켈의 잘못된 그림을 논쟁점으로 삼아 진화 이론이 잘못된 증거에 기초하고 있다고 비판한다. 헤켈의 배아 묘사가 지나치게 단순하며 세부 사항을 잘못 나타냈다는 것은 사실이다. 그러나 발생상의 형태의 유사성이 공통 조상을 암시한다는 전반적인 아이디어는 동물들에게서 발견된 공통적인 발생 과정에 대한 이해를 통해 여전히 뒷받침된다.

[a] Michael K. Richardson et al.,"There Is No Highly Conserved Embryonic State in the Vertebrates: Implications for Current Theories of Evolution and Development," *Anatomy and Embryology* 196 (1997): 91-106.

[b] Scott F. Gilbert, "Ernst Haeckel and the Biogenetic Law," in *Developmental Biology*, 10th ed. (Sunderland, MA: Sinauer Associates, 2013), 섹션 23.2.

[c] Ernst Haeckel, *Anthropogenie: Oder, Entwickelungsgeschichte des Menschen* (Leipzig: Engelmann, 1874).

[d] Richardson et al., "There Is No Highly Conserved Embryonic State."

된다. 따라서 한 유기체의 형태는 해당 유기체의 어떤 유전자들이 어느 부위에, 언제, 어떤 순서로 선택되어 표현되는지에 의존한다. 그러므로 어떤 유기체가 취하는 형태가 결정될 때 공간과 시간상에서 표현되는 이 특수성이 중요할 것이다. 그리고 그 형태는 해당 유기체의 생존과 다음 세대 재생산의 성공에 영향을 줄 것이다. 따라서 발생에 관한 이해는 어떻게 유전형에서 표현형이 발달하는지에 관한 이해에 공헌한다. 표현형은 적합성 관점에서 기능하므로, 발생 과정이 어떻게 유전형에서 표현형으로 이동하는지에 대한 이해는 형질(traits)이 진화에 어떻게 관련될 수도 있는지에 대해 빛을 비춰줄 것이다. 요컨

대 생물의 발생에 관해 좀 더 잘 이해하면 이 생물들의 기능의 완전성을 좀 더 잘 이해할 수 있게 된다.

발생은 다윈의 진화 이론의 중요한 부분이었다. 다윈은 척추동물들 사이의 배아 발생의 유사성을 인식하고 그것을 그가 『종의 기원』에서 진화의 증거로 묘사한 상동 구조의 예로 제시했다. 훗날 19세기에 독일의 박물학자인 에른스트 헤켈(1834-1919)은 그의 "개체 발생은 계통 발생을 반복한다"는 개념에서 다윈의 아이디어에서 한 걸음 더 나아갔다. 즉 발생이 일어날 때 배아의 형태들(개체 발생)은 이 종에 선행한 진화의 다양한 단계(계통 발생)를 보인다. 이 아이디어는 인간의 배아들에 아가미와 꼬리

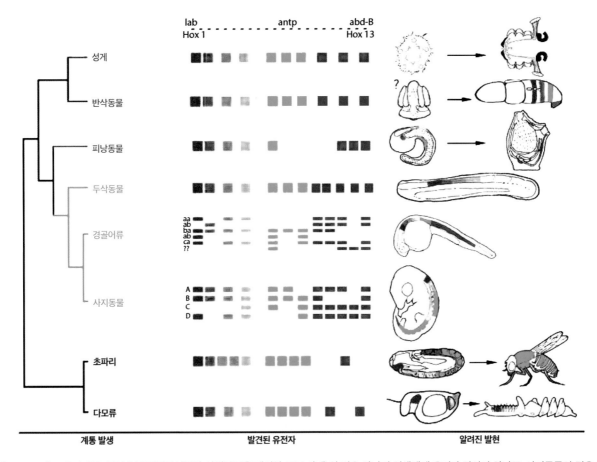

그림 27.3. 혹스 유전자들. 무척추동물(경골어류와 사지동물을 제외한 모든 사례)의 경우 하나의 염색체에 유전자 덩어리 하나로, 사지동물의 경우 네 개의 염색체상에 유전자 덩어리 네 개로, 그리고 경골어류의 경우 여섯 개의 염색체상에 유전자 덩어리 여섯 개로 배열되었다. 비슷한 색상은 상동인 것으로 간주되는 혹스 유전자들을 나타낸다. 발생시 이 유전자들의 발현 패턴이 예시되며, 유전자들이 동물의 머리-꼬리 축을 따라 염색체들이 어떻게 유사한 순서로 배열되는지를 보여준다.

등이 있고 따라서 인간의 배아 발생에 어류, 파충류, 포유류 조상이 반영되어 있다는 관측을 통해 촉진되었다.

이러한 발생상의 특징들이 공유된 조상에 기초한 상동성을 보인다는 아이디어가 추가로 조사될 수도 있지만, 발생하는 배아에서 계통 발생의 종전 국면으로부터의 모든 발생 단계가 발견되지는 않는다. 그러므로 "개체 발생은 계통 발생을 반복한다"는 헤켈의 주장은 증거를 통해 뒷받침되지 않는다. 이 아이디어는 생물학 교과서들에서 오랫동안 사용되었지만, 과학자들은 그것이 발생에 관한 이해를 방해한, 결함이 있는 아이디어였다며 그 아이디어를 폐기했다("심화 학습: 에른스트 헤켈과 배아 발생"을 보라). 대신 과학자들은 유기체들의 유전적 형질에 관해 좀 더

배움에 따라 발생에 관여하는 유전자 세트를 발견했고, 그 결과 동물들 및 다른 유기체들이 어떻게 발생하는지를 좀 더 잘 이해하게 되었다.

식물과 동물을 모두 포함하는 다세포 생물의 발생에서 한 가지 주요 주제는 **모듈 방식**(modularity)이다. 대다수 동물의 신체 형태에서 반복되는 모듈들이 보인다. 이 점은 지렁이들과 그것들의 친척들 같은 환형동물에서 명백한데, 이 동물들에서 각각의 체절(segment)은 중복 모듈을 나타낸다. 이 모듈들은 다른 기능들에 특화될 수도 있다. 그러한 특화는 곤충 같은 절지동물들에게서 현저한데, 곤충들에서는 신체의 체절들이 머리, 가슴, 배의 신체 구역을 구성한다. 이와 유사하게 인간을 포함한 척추동물들은

우리의 척추를 구성하는 다수의 척추에 명확히 반영된, 반복되는 모듈 구조를 보인다. 식물들도 반복되는 모듈 구조에 기초해서 발달하는데, 줄기를 따라 마디와 마디 사이가 있고 마디에서 잎들과 싹들이 나온다. 이 모든 사례에서 세포들은 똑같은 유전자 구성을 가지지만 그 유전자들의 발현은 시공간적으로 제어되어서 조정된 세포, 조직, 기관들의 세트가 만들어져 전체적인 신체 구조로 귀결된다.

발생의 진화에서 두 번째 주제는 **제어스위치**(controlling switch)다. 생물학자들이 발생 유전자들을 규명함에 따라 그들은 몇몇 발생 유전자들은 특정한 맥락에서 발현된다는 것과 이 유전자들이 다른 어떤 유전자들이 특정한 상황에서 다른 여러 유전자들의 발현 여부를 결정한다는 것을 발견했다. 즉 이런 발생 유전자들이 스위치로서 행동해서 다른 유전자들을 켜거나 꺼서 대다수 동물의 머리부터 꼬리까지 또는 식물의 뿌리부터 새싹까지의 축을 따라 유기체의 서로 다른 부분들이 발생하게 된다.

우리는 초파리의 발생을 탐구함으로써 제어 스위치로서의 유전자들을 예시할 수 있다. 초파리는 쉽게 관찰될 수 있는 다양한 돌연변이체를 얻을 수 있고, 이종 교배가 간단하며, 번식 쌍으로부터 제어된 이종 교배의 결과를 보기 위해 다음 세대를 얻기까지 2주밖에 소요되지 않기 때문에 유전학을 연구하기 위해 많이 사용되는 핵심적인 모형 생물이다. 다양한 돌연변이들의 특징을 기술했을 때 몇몇 돌연변이체들은 더듬이가 있어야 할 곳에 다리가 발생하거나 정상적인 초파리는 날개가 한 쌍인데도 두 쌍의 날개가 발생하는 것 같은 비정상적인 발생을 보였다. 이런 종류의 돌연변이는 발생의 이동으로 귀결되어서 완전히 형성된 몸의 부분이 그것이 발생해야 할 곳과 다른 곳에서 나타났다. 이와 관련된 유전자를 **호메오 유전자**(homeotic gene)라 한다. 유전학자들은 이런 유전자들이 최종 형태에서는 매우 큰 차이를 보이지만 하나의 유전자로서 유전되었음을 발견했다.

호메오 유전자들을 연구한 후에 과학자들은 초파리들의 호메오 유전자 각자가 각각의 유전자의 일부인 DNA의 보존된 서열을 함유하고 있음을 발견했다. 이 보존된 서열을 **호메오박스**(homeobox)라 한다. 과학자들은 곧이어 이 목표 서열을 사용해서 모든 동물이 같은 호메오박스를 지닌 호메오 유전자를 갖고 있음을 알아냈고 이 유전자들이 서로에 대해 상동이라고 추론했다. 동물들에서는 이 유전자들이 호메오박스에서 이름을 따온 **혹스 유전자**(Hox gene)로 불린다. 머리와 꼬리가 끝이고 좌우 대칭인 몸을 갖는 초파리와 척추동물 같은 동물들에서 **혹스 유전자**들은 그것들의 염색체가 머리부터 꼬리까지 같은 발현의 순서로 배열된다(그림 27.3을 보라). 그러므로 **혹스 유전자**들은 몸을 따라서 몸의 어느 부분이 발생할지를 특정한다. 초파리에서 정상적인 발생은 머리와 가슴에 각각 세 개의 체절, 그리고 배에 여덟 개의 체절을 만들어낸다. 초파리들이 한 종류의 돌연변이에서는 더듬이가 있어야 할 곳에 다리를 발생시키고(그림 27.4를 보라), 다른 종류의 돌연변이에서는 다리가 있어야 할 곳에 더듬이를 발생시키는(그래서 안테나페디아라는 이름이 나왔다) 혹스 유전자 **안테나페디아**(Antennapedia)가 발견되었다. **울트라바이토락스**(Ultrabithorax)에서는 가슴의 세 번째 체절에 다리의 세 번째 쌍과 더불어 날개의 두 번째 쌍이 생기는데, 원래 그곳은 다리들과 날개들이 발생하는 위쪽 표면에 평균곤(haltere)으로 알려진 작은 구조가 있어야 할 위치다.

즉 하나의 발생 유전자가 다수의 다른 유전자들의 발현을 제어하고 있다. 따라서 이런 유전자들은 마스터 조절자(master regulator) 또는 스위치 역할을 한다. 발생 유전자는 다수의 다른 유전자들의 발현에 영향을 주기 때문에 발생 유전자 하나에 작은 변화만 생겨도 그 유기체에 큰 변화를 가져올 수 있다. 발생 유전자들은 DNA에 붙어서 적절한 DNA 촉진자 서열(DNA promoter sequence)을 가진 유전자들이 시작하는 지점 근처에서 그것들의 발현을 유도하는 단백질인 전사 인자를 코딩함으로써 그렇게 한다

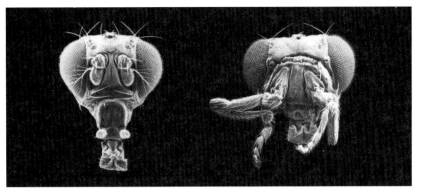

그림 27.4. 정상적인 초파리(왼쪽)는 머리에 작은 더듬이들이 발생한다. 돌연변이 안테나페디아 유전자를 지닌 초파리(오른쪽)는 더듬이들이 발생해야 할 위치에서 다리들이 발생한다.

(26장의 "심화 학습: 코딩 DNA와 비코딩 DNA"를 보라). 이처럼 **혹스** 유전자들은 특정한 유전자들에 스위치를 켜는 단백질들을 생산한다. 이는 정확한 **혹스** 단백질이 특정한 유전자를 활성화할 수 있으려면 활성화되는 유전자들이 그 근처에 올바른 DNA 촉진자 서열을 갖고 있을 필요가 있다는 것을 의미한다. 그리고 이것은 이보디보의 또 다른 측면을 보여준다. 즉 다수의 유전자가 유전자 옆에 올바른 규제 요소를 갖고 있음으로써 조화롭게 규제될 수 있다. 따라서 이 규제 요소를 통해 DNA를 복사하고 삽입하는 것은 이런 식의 발생 규제를 달성하는 세포들의 기계 작용의 일부로 보이는데, 이는 창조세계의 기능의 완전성의 놀라운 예다.

동물들에게서 **혹스** 유전자들이 한층 더 연구됨에 따라 과학자들은 초파리들을 포함한 무척추동물들은 하나의 염색체에 혹스 유전자들의 덩어리(cluster) 하나를 갖고 있고, 대다수 척추동물은 네 개의 별도의 염색체들에 네 개의 덩어리를 갖고 있음을 발견했다(그림 27.3을 보라). 몇몇 어류는 여섯 개 또는 일곱 개의 **혹스** 유전자 덩어리들을 갖고 있다. 따라서 무척추동물에서 척추동물이 유래할 때 두 번의 게놈 전체 중복과 관련이 있는 것처럼 보인다(어류에서는 세 번째 중복이 관련되었고 그 후 한두 개의 덩어리들이 상실되었다). 초파리에 들어 있는 **혹스** 유전자들의 순서를 생쥐에 들어 있는 **혹스** 유전자들의 순서와 비교하면 우리는 각각의 덩어리에서 순서가 유지되는 것을 볼

수 있다. 생쥐들에 들어 있는 **혹스** 유전자들 중 몇몇은 기능을 상실했지만 말이다. 유전자의 기능이 상실된 위치들은 대개 기능을 하는 유전자와 유사한 DNA 서열을 포함하지만, 돌연변이가 발생해 기능이 상실되었다. 이는 섹션 25.4에서 간략하게 묘사된 위(僞)유전자의 한 예다.[10] 이는 게놈 전체 중복으로 말미암아 유전자들이 추가로 복사되고 이후에 몇몇 유전자들의 기능이 상실될 수 있음을 보여준다.

혹스 유전자들은 모든 동물에게서 발견되므로 그것들은 동물들의 유전적 특성이다. 자포동물(해파리, 산호 등) 같은 방사형 대칭 동물들이나 해면처럼 불규칙한 대칭인 동물들에서는 소수의 **혹스** 유전자들만 발견되는 반면에 좌우 대칭인 동물들에서는 이런 덩어리들에 좀 더 많은 유전자가 존재한다. 일련의 **혹스** 유전자들의 발달은 유전자 복제로 말미암아 생기는 것으로 생각된다. 유전자가 복제될 때 (그림 25.9에서처럼) **혹스** 유전자를 포함하는 DNA의 구획이 같은 염색체와 더불어 복제되고, 이어서 두 번째 사본의 서열이 만들어지고 대대로 기능한다. 이러한 결과는 **혹스** 유전자들 사이의 유사성에 대한 합리적인 설명을 제공해주므로 새로운 **혹스** 유전자들을 독립적으로 생성한다는 것보다는 단순한 설명일 것이다.[11]

혹스 유전자들은 발생과 관련된 DNA 결합 단백질(DNA-binding protein) 집단을 코딩하는 유전자 집단으로 묘사된다. 다양한 그룹의 무척추동물과 모든 척추동물을 포함하는 좌우 대칭 동물들의 염색체에서 상동 **혹스** 유전자들의 순서가 보존되었다는 사실은 이 발생 유전자들에 비교적 작은 변화만 있었음을 암시한다. 이 유전자들의

---

10 인간의 위유전자들은 31장에서 좀 더 논의된다.
11 이는 단순성에 호소하는 최선의 설명에 이르는 추론의 또 다른 예다 (섹션 4.2.1을 보라).

발생상의 기능이 매우 중요해서 너무 많은 변화가 일어나지 않도록 제약되었을 수도 있다. 그럼에도 불구하고 이 유전자들이 조금만 변해도 발생에 큰 변화를 가져오는 것으로 보인다. **혹스** 유전자들에 비교적 작은 변화만 일어나 다양한 동물들에게서 상동 유전자들이 인식될 수 있는 것과 더불어, 척추동물들에서는 게놈 전체 중복을 통해 많은 유전자 덩어리들에 대규모 변화가 수반되었다.

혹스 유전자들 외에 다른 발생 유전자들 역시 강한 상동성을 보인다. 발생 유전자가 한 유기체에서 다른 유기체로 이식된 후 다른 유기체에서 유사한 방식으로 기능할 수 있다. 예컨대 초파리의 특정한 발생 유전자에 돌연변이가 일어나면 눈이 없는 초파리가 나온다. 생쥐의 눈 형성에 관여하는 *PAX6* 유전자가 눈이 없는 초파리에 이식되면 새로 발생하는 초파리들에서 눈을 만들어낼 능력이 회복된다. 생쥐 같은 척추동물의 눈과 초파리의 겹눈 사이의 커다란 구조적 차이에 비추어 볼 때 이 점은 특히 놀랄 만하다. 곤충들은 수천 개의 시각 하위단위로 구성된 겹눈을 갖고 있는데 각각의 하위단위가 수정체와 시각 세포를 갖고 있다. 이와 대조적으로 척추동물의 눈은 많은 시각 세포들로 이루어진 망막에 빛을 집중시키는 수정체 하나를 갖고 있다. 따라서 두 종류의 눈은 볼 수 있는 능력을 제공하는 기능을 하지만, 그것들은 공통의 기원을 갖는다기보다 이 기능을 독립적으로 발달시켰을지도 모른다. 이 눈들은 매우 달라서 서로 상동 기관이 아니라 상사 기관으로 여겨진다. 그러나 발생 수준에서는, 생쥐와 초파리처럼 차이가 큰 동물들에서 눈 같은 구조의 발생을 특정하도록 도와주는 유전자들이 존재한다는 사실은 적어도 어느 정도의 기원이 공유되었음을 암시한다. 그러므로 발생 유전자들은 궁극적으로 발생하는 구조들보다 좀 더 깊은 차원에서 상동성을 보이는 것처럼 보인다. 더욱이 이 점은 발생 유전자들이 어떻게 마스터 스위치 역할을 해서 그런 특징들을 발생시키는지를 보여준다. 그러므로 매우 다양한 동물들이 발생 유전자라는 공통적인 도구

상자를 공유하는데, 이는 창조세계의 기능의 완전성의 또 다른 논라운 예다.

발생에 대한 이해는 화석 기록에서 명백한 진화적 변이에 어느 정도 통찰을 제공할 수도 있다. 26장에서 우리는 새로운 구조의 발생은 대개 새롭게 일어나지 않으며 종종 구조들이 목적이 다소 변하거나 전용된다는 것을 보았다. 창출(co-option)에서는 어떤 목적에 봉사했던 구조가 다른 목적에 봉사하기 위해 변할 수 있다. 발생 과정에 대한 이해는 이런 변화들이 어떻게 일어나는지를 탐구하는 데 도움이 될 수 있다. 예컨대 척추동물들 사이에 일어난 한 가지 핵심적인 변천은 턱의 발달이다. 생물학자들은 턱이 없는 척추동물과 턱이 있는 척추동물을 연구해서 턱이 없는 선조들에게 나타났던 아가미 활에서 턱이 발생한 변화에 **혹스** 유전자들이 관여한 것처럼 보인다는 것을 발견했다. 따라서 아가미의 구멍을 지지하기 위해 존재했던 구조가 턱으로 발달했을 수도 있다. 마찬가지로 사지동물들에서 발견되는 다리들의 발달에 **혹스** 유전자들이 관여했는데, 이 다리들은 육기어류에서 발견되는 뼈들의 비대칭적 발생으로부터 발달한 것으로 보인다. 그리고 **혹스** 유전자들은 파충류의 턱에서 발견되는 상동 구조 뼈들을 사용하여 포유동물에서 발견되는 귀 뼈들의 발생을 유도하도록 도와준 것 같다. 이 각각의 사례에서 **혹스** 유전자들은 다양한 방식으로 신체 부위들의 발생을 유도하여 이런 동물들에서 보이는 것 같은 새로운 구조들을 제공한다. 이런 예들은 어떻게 같은 발생 유전자들이 같은 물질을 사용해서 기능이 다른 신체 부위들을 만들어낼 수 있는지를 보여주는데, 이는 창조세계의 기능의 완전성의 멋진 예다.

발생생물학은 우리가 이전의 구조로부터 새로운 구조가 발생한 것을 이해하도록 도움을 주는 것 외에, 다양한 구조와 관련된 부위들의 수와 크기에 나타난 변화들을 이해하도록 도움을 준다. 양서류에서 포유류까지 대다수 사지동물의 부속지(appendage)에 난 다섯 발가락의 발달

은 발생상의 신호들이 공간적으로 배열된 결과다. 발가락 수가 다섯 개 미만이거나 다섯 개를 초과하는 몇몇 유기체를 제외하고 사지동물은 대개 다섯 개의 발가락을 갖고 있는 것처럼 보이는데, 왜 그런지는 명확하지 않지만 발생상의 신호들이 그것에 관한 열쇠다. 여섯 손가락과 발가락을 가지는 인간의 다지증은 이 발생 신호들의 유전적 변경에 기인한다. 마찬가지로 발생 유전자들에 의해 구조들의 크기가 영향을 받을 수도 있는데, 생물학자들은 발생 유전학의 이 발견을 사용해서 포유류의 앞다리들 같은 상동 구조(그림 24.5를 보라)로 대표되는 형태상의 차이를 좀 더 잘 이해하게 되었다. 이처럼 다른 형태들은 다양한 생물이 적응할 수 있게 해주었다. 마찬가지로 어떤 종류의 먹이를 먹을 수 있는지에 영향을 주는, 새들의 부리의 크기 같은 측면에 발생 유전자들이 끼치는 영향이 연구되고 있다. 이 모든 적응은 발생 유전자들을 갖고 있는 생물의 지속적인 존속을 제공하는데, 그 유전자들의 기원은 창조세계의 봉사적 행동의 일부로 이해될 수 있다. 발생 과정 및 그 과정에 관여하는 유전자들에 대해 우리가 점점 더 잘 이해하게 됨에 따라, 이러한 적응이 어떻게 유래했는지, 그리고 창조세계의 기능의 완전성에서 봉사적 행동이 어떻게 발생했는지를 우리가 더 잘 이해하는 데 도움을 받은 것으로 보인다.

그러므로 발생생물학 분야에서의 새로운 발견은 급격한 변화에 대한 추가적인 가능성을 제공할 수도 있는 유전 과정 전체를 우리가 이해할 수 있도록 도움을 주었다. 멘델의 유전학으로 말미암아 유전에 대한 새로운 이해를 통합하는 새로운 종합이 필요해졌듯이, 발생 과정에 관한 이 새로운 발견들은 진화 이론의 추가적인 정교화로 이어지고 있다. 수평적 유전자 이동과 게놈 전체 중복은 자연선택이 그것에 관해 작용할 수 있는 추가적인 유전자 변이를 제공한 반면에, 유기체가 보유한 유전자로부터 그것이 발현되는 것에 발생 경로가 어떻게 관련되는지에 관한 좀 더 나은 이해는 이 유전자들이 어떻게 기능하는지

에 관한 통찰을 제공한다.

27.5. 확장된 종합적 진화 이론

공생 발생, 수평적 유전자 이동, 게놈 전체 중복, 그리고 발생의 진화라는 주제들은 좀 더 최근에 발견된 패턴과 메커니즘들로서 생물의 다양성에 관한 우리의 이해를 변화시키고 있다. 이 중 몇몇 메커니즘은 좀 더 광범위한 유전자 변이를 제공하는데, 그런 변이는 과학자들이 현생생물에서 관찰할 수 있는 장기간에 걸친 변화의 패턴을 설명하는 방식을 변화시키기 시작하고 있다. 이 모든 메커니즘은 유전자 재조합, DNA의 돌연변이, 유전적 부동, 유전자 이동, 그리고 자연선택만을 포함하는 현대의 종합적 메커니즘으로부터 예상될 수 있는 수준보다 훨씬 급격한 변화를 가져올 것이다. 과학자들은 좀 더 최근에 서술된 현상들을 자신의 설명 안으로 통합하면서 유전자 변이가 생성될 수 있는 메커니즘의 범위를 확장한다. 이러한 새로운 발견사항을 설명하기 위한, 다음과 같은 세 가지 대안적인 방법이 있다. (1) 현재의 종합적 진화 이론의 지속적인 부분으로서 이 새로운 발견사항들을 통합한다.[12] (2) 새로운 과정들이 발견되었으므로 현대의 종합적 이론을 확장하지만 그것을 대체하지는 않는다.[13] (3) 현대의 종합적 진화 이론을 대체하기 위한 새로운 패러다임을 개발한다.[14] 이 마지막 선택지는 비다윈적이라는 특징이 있는 반면에, 과학자들 사이의 논쟁은 처음 두 선택지에 집중되

---

12 이 관점의 주요 예가 G. A. Wray et al., "Does Evolutionary Theory Need a Rethink? Counterpoint: No, All Is Well," *Nature* 514 (2014): 161-64에 나타나 있다.

13 K. Laland et al., "Does Evolutionary Theory Need a Rethink? Point: Yes, Urgently," Nature 514 (2014): 161-64에 명확하고 짧게 묘사되었다. Massimo Pigliucci and Gerd B. Müller, eds., *Evolution, the Extended Synthesis* (Cambridge, MA: MIT Press, 2010)에 좀 더 광범위한 논의가 제공되어 있다.

14 이 입장은 James A. Shapiro, *Evolution: A View from the 21st Century* (Upper Saddle River, NJ: FT Press Science, 2011)에서 취한 전반적인 접근법이다. 과학적 패러다임에 관한 고전적인 텍스트는 Thomas Kuhn, *The Structure of Scientific Revolutions*, 3rd ed. (Chicago: University of Chicago Press, 1996이다.

제임스 샤피로는 그의 저서 『진화: 21세기로부터의 견해』 (Evolution: A View from the 21st Century)에서 비다윈적이라고 간주될 수 있는 진화의 몇 가지 메커니즘들을 묘사한다. 그는 다윈이 알거나 예상하지 못했지만 유기체들의 변화를 가져올 수 있는 유전자 변이를 만들어낼 수 있는 네 개의 영역으로서 수평적 유전자 이동, 공생 발생, 게놈 전체 중복, 그리고 게놈 재구조화를 묘사한다. 샤피로는 유용한 유전자 변이의 발생을 진화 과정의 핵심적인 단계로 보고 설사 자연선택이 필요했더라도 그것은 부차적인 역할을 했다고 본다. 그는 미생물 유전학자로서 자신의 연구와 DNA 연구에서 나온 새로운 정보에 대한 탐구를 결합하여 유기체들이 자신의 환경에 적응해서 유전적 변화를 만들어내는 핵심 개념으로서 **자연적 유전 공학**(natural genetic engineering)을 제안한다.[a]

샤피로는 세포 안 또는 밖으로의 DNA 이동, 염색체 분해와 재조합, 이동할 수 있는 유전인자의 사본을 DNA 안으로 삽입하기 등의 다양한 자연적 유전 공학 메커니즘들을 묘사한다. 그 과정에서 추가적인 변화가 일어날 수 있다. 예컨대 삽입된 DNA가 변해서 유전자들의 기능하는 부분(엑손)이 되는 식으로 변하거나, 유전자들이 대안적인 방식으로 접합하여 최종 단백질에서 이 기능들을 포함하거나 제외하거나, 몇몇 단백질들을 새로운 목적에 사용한다. 그는 돌연변이가 유전자 변이를 일으키는 중요한 요인이라고 생각하지만 돌연변이는 DNA를 합성하는 효소가 "잘못된" 뉴클레오타이드를 삽입함으로써 발생한다고 지적한다. 이 효소들은 대체로 DNA를 매우 정확하게 복제해서 평균적으로 100억 개의 뉴클레오타이드 염기 중 한 번의 변이만 발생한다. 세균을 사용한 어느 연구는 세포가 스트레스를 받으면 돌연변이가 10만 개의 염기 중 한 번으로 증가할 수 있음을 보여주었다. 환경적 요인에 대한 이러한 반응성은 스트레스를 주는 상황에 적응할 수 있도록 유전적 변이를 일으키는 하나의 방법으로 해석될 수 있는데, 이는 창조세계가 어떤 식으로 창조세계에 봉사할 수 있는지에 대한 예다. 샤피로에 따르면 진화가 의존할 수 있는 새로운 유전자 변이를 만들어 낼 수 있는 많은 방법이 있으며, 그런 변이는 자신의 환경에 반응하는 통합된 시스템으로서의 세포들과 유기체들의 맥락에서 일어난다. 이것은 한 세대에서 다음 세대로 전달된 DNA에 일어나는 변화에 뿌리를 두고 있다는 점에서 다르기는 하지만, 라마르크의 획득된 변이를 통한 진화(섹션 24.2.2를 보라)와 어느 정도 비슷한 면이 있다.

[a] 따라서 우리는 자연적 유전 공학을 창조세계가 창조세계에 봉사하는 한 형태로 이해할 수 있다(섹션 2.4.3을 보라).

었다. 세 번째 선택지에 관한 내용은 "심화 학습: 제임스 샤피로와 자연적 유전 공학"에서 찾아볼 수 있다.

과학자들에게 채택된 이론 틀은 추가적인 과학 연구를 위한 맥락을 제공한다. 그러므로 과학 연구가 수행되는 방식에서 그런 패러다임의 역할이 고려될 필요가 있다. 현대의 종합적 진화 이론은 상당 기간 동안 진화 이론에서 지배적인 패러다임이었고 이 이론은 증거가 해석되는 방식이나 심지어 어떤 증거가 고려될지에 영향을 주었다. 따라서 패러다임들은 전반적인 설명을 제공하는 데는 유용하지만, 그것들은 어떤 증거가 고려될지 또는 어떤 추론들이 유도될지에 관한 우리의 이해를 제한하거나 확대할 수 있는 창(窓) 역할을 한다. 현대의 종합 이론으로 대표되는 패러다임의 이동이 20세기 초에 이뤄진 유전학 분야의 새로운 발견들에 기초했음을 우리가 기억한다면, 이 장에 수록된 아이디어들로 대표되는 새로운 이해는 우리에게 적어도 진화 이론을 확장하도록 요구하는 것처럼 보인다. 그리고 이것이 우리가 앞 장에서 논의했던 화석 기록 및 분자 계통 발생에서 본 몇몇 패턴을 좀 더 잘 설명할지도 모른다. 우리가 최근에 발견된 새로운 메커니즘들을 사용할 경우 그런 관찰들과 추론들이 좀 더 잘 설명될 수도 있다.

생물학은 종종 살아 있는 생명체를 연구함으로써 예기치 않은 많은 발견에 이르는 놀라운 학문이었다. 이것은 창조세계의 우발적 특징의 일부인데, 과학자들은 그러한 성격에 따라 선입관에 의존하기보다 증거를 탐구해서 창조세계를 이해해야 한다. 그 결과 과학자들이 언제나 특정한 이론 틀에 기초해서 예상되는 바를 발견하는 것은 아니다. 그런 발견들은 이 새로운 발견 내용들을 설명하기 위해 그 이론 틀이 변경될 것을 요구한다.[15] 과학자들은 획기적인 발견으로 간주될 수 있는 발견들을 진지하게 탐구하지만, 일반적으로 (그리고 이상적으로) 자신의 발견 내용을 과대평가하고 증거를 조사하기 위해 주의를 기울인다. 이 장에 묘사된 새로운 발견들은 다른 과학적 발견 사항들과 비슷한 정도로 또는 그보다 더 많이 자세히 조사되었다. 이 중에서 몇몇 발견의 경우 그것을 발견한 과학자들은 이 결과들을 출간의 형태로 다른 사람들에게 소통하기 전에 자신의 발견 내용을 확신할 필요가 있었던, 그 내용에 관한 최초의 회의주의자들이었다. 과학적 간행물들은 동료 과학자들의 검토를 받는데, 동료의 검토는 다음 단계의 과학적 조사를 형성한다. 마지막으로 이 간행물들을 읽는 다른 과학자들, 특히 같은 분야에서 연구하는 과학자들은 논문의 저자들이 사용한 동일한 생물을 사용해서 추가로 검사하거나 다른 생물들에서 비슷한 결과가 발견될 수 있는지 알아볼 수 있다. 이처럼 과학자들이 책무 공동체로 기능하는 방식으로(섹션 4.1을 보라) 자연 현상에 관한 증거를 따라 생물 다양성의 기원에 관한 설명을 개발하는 것이 이상적이다.

진화 과정에 관해 이 장에서 묘사된 새로운 발견들과 묘사될 수도 있었던 다른 발견들(예컨대 "심화 학습: 제임스 샤피로와 자연적 유전 공학"을 보라)은 일반적으로 현대의 종합적 진화 이론의 범위를 넘어선다. 따라서 많은 진화 생물학자가 확장된 종합적 진화 이론의 필요를 언급했다. 이 장에 묘사된 메커니즘들과 기타 메커니즘들을 지지하는 증거들이 축적됨으로써 확장된 종합적 진화 이론에 대한 요구가 나왔다.

이 장은 우리가 적어도 확장된 종합적 진화 이론을 정당화한다고 믿는, 진화에서의 새로운 발전을 묘사하기 시작할 뿐이다. 이러한 새로운 발전들에는 몇 가지 일반적인 특징이 있는데, 생물 다양성의 기원에 나타나는 패턴들을 설명함에 있어 그것들의 중요성을 좀 더 잘 고려할 수 있도록 도와주기 위해 이 대목에서 그 특징들을 요약해보자.

확장된 이러한 메커니즘들의 전반적인 특징 중 하나는 급격한 유전자 변화를 제공한다는 것이다. 그것은 때때로 세포 내 공생이나 수평적 유전자 이동을 통하는 것 같은 새로운 유전자들의 통합과 관련된다. 그런 경우 돌연변이를 통해 이런 유전 정보의 원천을 새로 개발하기보다는 그런 원천이 다른 유기체들로부터 획득된다. 다른 경우에는 발생의 진화의 경우에서처럼 유전자들이 어떻게 활용되는지와 관련이 있는 것처럼 보인다. 그러므로 두 유기체가 매우 비슷한 유전자들을 지닐 수도 있지만 이 유전자들이 다른 시간적 또는 공간적 조직화 패턴을 따라 발현되어서 매우 다른 형태로 귀결될 수도 있다. 이는 한 유기체의 유전자들이 상호작용하는 많은 구성 부분을 지닌 시스템 안에서 행동하기 때문이다. 따라서 현재의 과학자들은 유기체들을 그것들의 유전자로 축소시키는 대신 유전자들이 어떻게 상호작용하는 시스템의 맥락에서 기능하는지를 이해하는 데 좀 더 초점을 맞추고 있다. 대규모 유전자 변화나 유전자들이 이용되는 방식의 변화를 가져올 수 있는 이러한 새로운 메커니즘들을 통해서 급격한 변화가 일어날 수도 있고 때로는 한 세대 안에 큰 변화가 일어나기도 한다.

현재 대두되고 있는 또 다른 주제는 모듈 방식인데, 이 방식에서는 유전자들이 다양한 방식으로 재사용되고 다른 목적에 적용될 수 있다. 어떤 구조를 다른 목적에 적응시키는 것을 창출(exaptation 또는 co-option)이라 한다.[16] 창출의 주요 예가 깃털에서 발생하는데, 깃털은 처음에는

---

15   Kuhn, *Structure of Scientific Revolutions*.

16   Stephen J. Gould and Elisabeth S. Vrba, "Exaptation—A Missing Term in the Science of Forms," *Paleobiology* 8 (Winter 1982): 4-15.

날지 않는 특정한 공룡에서 나타났다. 이런 깃털의 외관상의 목적은 온혈동물들에게 보온을 제공하거나 아마도 추가로 위장이나 과시를 위한 채색의 제공이었을 것이다. 현대의 대다수 조류에서 깃털은 여전히 단열과 채색의 목적을 수행하기는 하지만 주로 비행을 위해 적응되었다. 이 개념은 단백질의 분자 구조부터 신체 부위의 발생 형태에 이르기까지 광범위한 구조들이 어떻게 비슷한 유래를 지녔지만 다양한 기능으로 창출될 수 있는지를 설명하는 데 유용했다.

생물 다양성의 기원에 관한 과학이 진보함에 따라 우리는 이 기원 묘사에 관련된 자연 현상을 좀 더 많이 이해하게 되었지만 그럼에도 아직 완전히 이해하지는 못하고 있다. 다윈의 진화 이론은 장기간에 걸친 변화를 설명하기 위한 공통 혈통의 패턴과 자연선택에 관한 거대한 패러다임 이동을 제공했다. 하지만 계속된 과학적 발견들이 그 이론을 크게 수정했고 아직도 발견할 내용이 많이 남아 있다. 따라서 진화 이론이 모든 것을 설명했다고 말하는 것은 시기상조다. 오히려 한 종에서 다른 종으로 변화한 모든 단계가 완전히 설명된 사례는 없는데, 이는 모든 과학 이론의 경우에도 마찬가지다.[17] 그럼에도 불구하고 발전하고 있는 진화 이론들이 이런 패턴들을 이해하기 위한 유용한 방법을 제공하고 있는 것으로 보인다. 이 지속적인 틀은 자연현상에 기초한 메커니즘을 제공해 우리가 이러한 유기체들에서 관찰하는 바를 설명하도록 도와준다.

섹션 24.1에서 논의되었던 데보라 하스마와 로렌 하스마의 진화의 다섯 가지 정의의 맥락에서 진화 이론의 발전을 고려해보자. 첫째, 소진화는 증거를 통해 강력하게 지지되지만 다양한 종의 유기체들 사이에서 발견되는 강력한 다양성 패턴을 적절하게 설명하지 못하는 것으로 보인다. 둘째, 장기간에 걸친 변화의 패턴은 화석 증거를 통해 지지되지만, 무엇이 그 변화들을 야기하는지는 설명하지 못한다. 셋째, 공통 혈통은 유기체들 사이에서 발견되는 강력한 유사성 패턴들을 설명할 것이고 적어도 생물의 다양성을 이해하는 매우 유용한 방법이다.

우리는 생물 다양성의 기원에 관해 소진화, 장기간에 걸친 변화의 패턴, 그리고 공통 혈통을 통합하는 설명을 제공하는 진화의 네 번째 정의에 초점을 맞춰왔다. 우리는 생물학적 과정, 특히 유전과 발생에 관한 과정들의 발견으로 이 이론이 크게 변화되었음을 살펴보았다. 진화 이론에 필요한 핵심 개념인 유전에 관해 좀 더 자세한 설명을 제공한 멘델의 유전학이 발견됨에 따라 다윈의 진화 이론에서 현대의 종합적 진화 이론으로의 이동이 일어났다. 아직도 발전 중인 확장된 종합 이론은 단지 소진화의 변화들의 축적을 통해서만이 아니라 갑자기 일어날 수도 있는 잠재적인 몇몇 대진화의 메커니즘을 제공한다. 과학자들이 이러한 소진화 과정과 대진화 과정에 관해 무엇을 발견할 것인지, 그리고 그런 과정들이 생물 다양성의 기원에 이르는 데 얼마나 중요한지를 지켜보면 재미있을 것이다.

그러나 이런 과정들은 창조주가 창조세계에 발달시킬 여지를 부여한 창조세계의 기능의 완전성의 반영이라는 것과, 진화 이론이 하나님이 관여하지 않았다거나 존재하지 않는다는 결론을 내릴 것으로 보이는 진화의 다섯 번째 정의인 진화주의로 나아갈 근거가 없다는 것이 명백해 보인다. 이제 우리는 이 중 몇 가지 주제들을 다룰 것이다.

---

17 섹션 4.2.1의 "심화 학습: 오해되는 과학 용어들"을 보라.

28장

생물 다양성의 기원에 관한 성경 및 신학의 관점

본서의 5부에서 우리는 진화 이론이 생물 다양성의 기원에 대한 핵심적인 과학적 설명이라는 것을 살펴보았다. 우리는 또한 새로운 정보가 생물 다양성의 기원에 대한 설명으로서 진화에 대해 많은 변화를 가했다는 점에서 진화 이론의 발전이 과학적 설명의 잠정적 성격을 예시한다는 것도 살펴보았다. 다윈의 원래의 이론은 유전적 특질이 어떻게 유전되는지를 이해하는 데 결함이 있었지만 현대의 종합적 진화 이론은 멘델의 유전학의 새로운 발견들을 통합했다. 그러나 DNA 서열과 기능 연구를 통해 새로운 많은 내용이 발견되었고 유전자들을 그것들의 구조와 발현에 영향을 주는 복잡한 시스템 안에서 살펴보면 유전자들이 좀 더 잘 이해되기 때문에 멘델의 유전학조차도 실재를 지나치게 단순화한 것으로 보인다. 현대의 게놈 연구는 현대의 종합적 진화 이론에서 적절하게 묘사되지 않은 많은 발견으로 이어졌는데, 이는 진화 이론이 설명하는 방식에 또 다른 큰 변화가 필요함을 암시한다. 이 이론이 다윈의 패러다임과 현대의 종합적 패러다임의 많은 부분을 뒷받침하므로 몇몇 학자는 이를 확장된 종합

적 진화 이론으로 부르지만, 공생 발생, 이보디보, 그리고 기타 발전들을 통해 예시된 새로운 발견들은 유전자 변이가 어떻게 발생하고 그것이 어떻게 기능하는지에 관한 새로운 메커니즘을 제공한다(27장을 보라). 예컨대 새로운 DNA 증거에 비추어 볼 때 유기체들 사이의 공통 혈통에 대한 증거는 어느 때보다 강력하지만, 전통적인 계통수는 수평적 유전자 이동으로 말미암아 생명의 그물을 좀 더 많이 이용하는 횡적 연결을 포함할 필요가 있을지도 모른다. 마찬가지로 유전적 부동, 유전자 이동, 그리고 자연선택이 여전히 진화가 어떻게 일어났을 수 있는지를 이해하는 데 어느 정도 유용한 것으로 보이지만, 새로운 발견들은 유전자 변이가 어떻게 발생했을 수 있는지에 관해서뿐만 아니라 유전자 조절이 어떻게 시스템 안에서 상호연결되어 있을 수 있는지에 관해서도 초점을 맞춘다. 따라서 개별적인 유전자보다 시스템에 좀 더 초점을 맞출 필요가 있다.

그 과정에서 우리는 종들의 기원에 대한 과학적 설명에 관해 논의된 속성들과 메커니즘들이 어떻게 그것을 통해 삼위일체 창조주가 일하고 있을 수도 있는, 창조세계의 기능의 완전성(섹션 2.2.2를 보라)과 봉사적 성격(섹션 2.4.3을 보라) 같은 창조 교리의 요소들을 예시할 수도 있는지를 살펴볼 기회를 가졌다. 이 장에서 우리는 본서의 성경적·신학적 주제들이 생물 다양성의 기원에 관한 우리의 이해와 어떻게 교차하는지를 좀 더 깊게 살펴볼 것이다.

28.1. 창조 교리를 통한 진화 이론 평가

진화 이론의 발달을 묘사할 때 우리는 몇몇 사례에서 창조 교리의 다양한 측면이 어떻게 오해되거나 무시되었는지를 살펴보았다. 복습하자면 19장에서 아리스토텔레스가 형상(Form)에 초점을 맞춘 결과 종이 고정되었다는 잘못된 견해가 레이, 린나이우스, 페일리의 자연신학 안으로 통합되었다고 언급된 부분을 상기하라. 또는 유기체가 자체 안에 적합한 형질들을 획득하고 그것들을 다음 세대에 물려주는 변화의 원동력을 지니고 있다는 라마르크의 생기론을 생각해보라. 다윈이 다른 곤충의 애벌레에 기생하는 맵시 말벌의 유충이 숙주 애벌레를 먹는다는 점에서 하나님의 선하심을 우려한 것은 창조세계에 나타난 하나님의 봉사적 행동에 대한 이해의 결여를 보여준다. 좀 더 긍정적으로 말하자면, 우리는 창조세계의 기능의 완전성과 창조세계의 우발성이 생물 다양성의 기원을 설명하기 위한 진화 이론의 발달과 일치한다는 것도 살펴보았다. 양자가 일치하기는 하지만 과학적 묘사가 아직 완전하지 않다는 사실은 배울 것이 여전히 많이 남아 있음을 보여준다. 이 창조세계가 어떻게 기능하는 전체로서 작동하는지, 그리고 창조세계의 부분들이 어떻게 다른 부분들에 봉사하는지에 대한 우리의 지식이 증가한다는 것은 진실한 과학적 묘사가 하나님의 창조 행동과 일치하는 이해를 제공하도록 도움을 줄 수 있음을 의미한다.

그럼에도 불구하고 특히 다윈의 시대 이후 진화 이론은 그리스도인들에게 문젯거리였다. 다윈이 자기가 악하다고 인식한 창조세계의 측면들을 고려하자 하나님은 선하고 자애롭다는 그의 개념에 도전이 되어서 그의 신앙이 흔들렸다. 그 문제는 자연 세계에 대한 그의 관찰만이 아니라 그의 가족의 경험이기도 했다. 그의 딸 애니가 오랫동안 병으로 앓다가 죽자 그는 하나님의 선함을 의심하게 되었다. 더욱이 그리스도인이 아니었던 그의 조부 에라스무스 다윈이 불신앙 때문에 지옥에서 고통을 받을 것이라는 생각이 그를 괴롭혔다. 다윈은 그의 조부를 사랑했고 자기 조부가 훌륭한 학자이자 신사의 예라고 생각했다. 찰스 다윈은 그의 자서전에서 자신을 불가지론자로 묘사한다. 게다가 다윈은 자연신학을 기독교와 결부시켰다. 그가 자신의 이론이 페일리의 자연신학(섹션 24.2.1을 보라)을 지지할 수 없게 만들었다고 생각했을 때 기독교도 타당성을 상실한 것처럼 보였다. 그가 말년에 기독교로 개종했다는 소문들이 있지만 이런 소문들은 역사적 기록의 토대를 갖고 있지 않다.[1]

그러나 많은 목사뿐 아니라 과학계에 종사하는 많은 그리스도인도 다윈의 진화 이론이 받아들여질 수 있고 기독교와 양립할 수 있다고 생각한다.[2] 과학계에 종사하는 그리스도인들이 진화 이론을 수용한 사례는 역사가인 데이비드 리빙스턴의 책『잊혀진 다윈의 옹호자들』(*Darwin's Forgotten Defenders*)에 유용하게 요약 기술되었다. 그 책에서 데이비드는 과학계와 신학계에 종사하는 사람들이 다윈의 이론에 대해 보인 반응은 반대부터 수용까지 광범위했다고 언급한다. 반대의 이유는 대개 다윈의 진화 이론과 설계 논증이 양립하지 않는다는 인식과 관련이 있었다. 그러나 다른 사람들, 특히 하버드 대학교의 식물학자인 아사 그레이와 프린스턴 대학교의 신학자인 B. B. 워필드는 종의 기원에 관한 다윈의 아이디어가 복음주의 기독교와 양립할 수 있다고 생각했다.

24장에서 언급된 바와 같이 진화와 창조는 기원에 관한 하나의 질문에 대한 반대되는 대답들이라기보다는

---

1   Charles Darwin, *The Autobiography of Charles Darwin*, ed. Nora Barlow (New York: W. W. Norton, 1993); B. B. Warfield, "Charles Darwin's Religious Life," in *B. B. Warfield: Evolution, Science and Scripture: Selected Writings*, ed. Mark A. Noll and David N. Livingstone (Grand Rapids: Baker Books, 2000), 68-111.

2   과학계에 종사하는 그리스도인에 관해서는 David N. Livingstone, *Darwin's Forgotten Defenders: The Encounter Between Evangelical Theology and Evolutionary Thought* (Grand Rapids: Eerdmans, 1987)를 보라. 목사들에 관해서는 James R. Moore, *The Post-Darwinian Controversies: A Study of the Protestant Struggle to Come to Terms with Darwin in Great Britain and America, 1870-1900* (Cambridge: Cambridge University Press, 1979)을 보라.

다른 종류의 질문들에 대한 대답들로 간주될 수 있다. 즉 진화는 점진적인 수단을 통한 출현을 위한 자연적인 메커니즘일 것이고 그 반대는 하나님의 개입 및 갑작스러운 출현과 관련된 메커니즘일 것이다. 창조는 피조물의 존재의 시작 바깥에 있는 어떤 것에 의존하는 기원을 묘사하며, 창조세계는 하나님의 행동으로 돌려진다. 그 반대는 존재하는 만물은 스스로 존재하며 그것을 창조한 하나님이 없다고 말한다. 이와 대조적으로 만일 혹자가 24장에서 간략히 묘사된 바와 같이 진화와 창조가 반대가 아니라는 것을 받아들이면, 세상에서 하나님이 하는 일에 관한 다른 문제의 기원 문제들에 관해서도 양립 가능한 설명들이라고 생각할 수도 있을 것이다.

몇몇 학자는 유전자 변이의 무작위적인 성격과 그 변이에 기초한 생존과 생식의 차이(즉 자연선택)가 목적이 결여되었다고 생각했다. 제리 코인과 리처드 도킨스가 옹호하는 것처럼 세상이 목적이 없는 존재라고 이해하는 무목적론적 견해는 확실히 유신론적 입장과 반대가 될 것이다.[3] 하나님의 창조세계는 목적이 있게 만들어졌고 하나님의 의도를 실현한다(섹션 2.5.2를 보라). 그러나 자연선택의 결과인 것처럼 보이는 투쟁과 죽음이 (18장에서 살펴본 것과 같이) 불필요한 낭비인가? 앞 장들에서 우리는 무작위성이 반드시 무언가가 우연히 발생하거나 목적이 없다고 믿게 만들지는 않음을 살펴보았다. 오히려 우리는 변이의 규칙적인 패턴과 운(chance)이 창조세계의 기능의 완전성의 일부이며, 그것이 어떻게 생물들에게 주위의 상황에 적응하기 위한 유연성을 주는지를 살펴보았다.

그리고 죽음을 문제로 보기보다 죽음이 어떻게 생명의 기능성 안에 배어 있는지를 이해하는 것이 좀 더 유익하다. 생물계의 기능은 생물들의 사체가 다른 생물의 먹이가 되고 모든 생태계의 유기체들이 활용할 수 있는 무기물 영양소가 된다는 것에 바탕을 두고 있다. 죽음은 이런 식으로 창조세계의 계속적인 존재와 기능을 가능케 하는 봉사적 행동의 일부다. 이 점은 우리의 먹이가 소비되는 유기체들의 죽음을 통해서 어떻게 공급되는지를 보면 알 수 있다. 마찬가지로 창조세계의 유한성은 재생산을 통한 증식으로 발생한 생물들의 생명이 다른 생물들의 죽음과 그것들의 화학 성분의 순환을 수단으로 삼아서 계속된다는 것을 의미한다. 이런 죽음과 부패가 없다면 생물계의 활력은 기능을 멈출 것이다.

유한한 창조세계의 한가운데서 생물들은 성경에서 하나님이 생물들을 위해 공급한다고 묘사한 것처럼(예컨대 시 104편; 마 6:26) 살아가는 놀라운 방법들을 갖고 있다. 진화 이론은 현생 생물들이 세상에서 번성하기 위해 보유하고 있는 적응의 기원에 대해 불완전하지만 유용한 설명을 제공한다. 생물들의 다양성 및 이 생물들이 지니는 적응의 다양성은 그것들이 여러 방법으로 적응할 수 있었음을 보여준다. 진화 과정에서 우리는 생물들이 유전자 변이를 통해 효과적인 적응의 가능성을 탐색했고 유용한 적응이 지속되었음을 발견하는데, 이 점은 창조된 질서의 우발적 합리성에 빛을 비춰줄 수도 있을 것이다(섹션 2.2.1을 보라).

그리고 다른 목적으로 창출될 수 있는 유용한 적응 패턴이 출현해서 후대로 지속되는 것을 볼 수 있다. 다양한 유전자들의 유용성으로 인해 그런 유전자들이 계속 이어졌던 것처럼 보인다. 따라서 많은 세균에서 발생한 광합성은 다른 세균들에게 유용했다. 이로써 대기 중 산소의 농도가 크게 높아졌다. 광합성을 할 수 있는 능력이 공생 발생에 의한 광합성 색소체의 시작을 통해 수십만 종의 혁신의 효율성과 효용의 증대를 가져왔다. 마찬가지로 동물들에서 발견되는 **혹스** 발생 유전자들은 한 유형의 유전자가 생성되어 중복되고 사본들이 변해서 놀라운 많은 형태의 발생을 결정하는 것을 도왔던, 비교적 보존된 유

3   Noll and Livingstone, *B. B. Warfield*. Mark A. Noll and David N. Livingstone, eds., *Charles Hodge: What Is Darwinism? And Other Writings on Science and Religion* (Grand Rapids: Baker Books, 1994)도 보라.

전자 세트를 만든 패턴을 보여준다.[4] 마찬가지로 아가미 활로부터 턱의 발생, 지느러미 뼈로부터 다리들의 발생 또는 턱뼈로부터 귀의 발생은 하나의 목적을 위해 발생했지만 새로운 방식으로 기능하기 위해 새로운 형태를 취한 동물 유전자들의 예 중 일부만 열거한 것이다. 이런 식의 예는 성령이 창조세계를 통해 창조세계에서 일하는 창의성의 예로 생각될 수 있다.

마지막으로, 다윈의 진화 이론에 나타나는 외관상의 "생존 투쟁"은 생존을 위한 협력적 상호작용으로 이해되는 것이 더 좋다. 이는 다양한 생태적 관계에서 명백하게 나타난다. 이 점은 예컨대 둘 이상의 유기체들이 가까운 협력 관계 안에서 함께 살고 그 과정에서 생명을 증진하는 관계를 형성하는 상리 공생 관계에서 명확하게 볼 수 있다. 나무껍질의 위나 바위 위에서 발견되는 지의류들은 균류 공생자와 조류 공생자로 구성되어 있다. 균류는 조류에 서식지를 제공하고 조류는 균류를 위해 광합성을 통한 영양을 제공한다. 각각은 다른 쪽에 의존하며, 둘 이상의 별도의 종임에도 불구하고 하나의 종으로 인식될 수 있는 혼성 생명 형태를 형성한다. 균류 및 식물과 관련된 또 다른 핵심적인 공생 관계는 균근의 관계다. 균근의 균류는 식물의 뿌리를 감염시키고 뿌리로부터 영양을 획득하며 식물이 무기물 영양소와 물을 좀 더 잘 흡수하도록 촉진함으로써 식물이 좀 더 잘 성장하도록 도와준다. 이 공생 관계는 육지 식물들의 생산력을 높이고 그것은 인간을 포함한 육지 생물들에게 유익을 준다.

이런 종류의 협력을 하는 다른 공생 관계가 많이 존재한다. 현화식물과 곤충 또는 꽃들의 수분(受粉)에 관여하는 다른 동물들 사이에서 약간 다른 종류의 협력을 볼 수 있다. 이 중에서 몇몇 관계는 특정한 종의 난초를 수분하는 특정한 곤충처럼 고도로 특화되어 있다. 그런 종류

의 또 다른 관계는 유카를 수분시키기도 하고 유카의 꽃에 알을 낳기도 하는 유카 나방에서 볼 수 있다. 수분 후 유카의 씨앗이 발달할 때 유카 나방 애벌레가 부화해서 성장하고 유카 씨앗의 일부를 먹는다. 이 관계는 그 식물과 나방 모두의 새로운 세대의 재생산을 돕는다. 때때로 이런 관계가 필수적이어서 그 관계에서 한쪽 파트너가 멸종하면 다른 쪽 파트너도 멸종하게 된다. 생존 경쟁에서 많은 생물들이 협력을 보인다.

전체적으로 볼 때 진화 이론은 포괄적 창조 교리와 일치할 뿐만 아니라 창조 교리의 다음과 같은 많은 특징을 예시할 수도 있다.

- 만일 하나님이 창조세계가 하나님과는 다른 존재로서 그것 자신이 되도록 의도했다면(섹션 2.2.1과 2.5.2를 보라) 우리는 창조세계가 다양한 발달 또는 성장의 역량을 가질 것으로 예상할 것이다. 진화 이론은 계속 발전함에 따라 창조세계가 생물을 내라는 위임(창 1:11, 20, 24)을 성취하고 성령이 성자로 말미암아 유지되는 다수와 다양성을 만들어 낼 수 있게 해주는(섹션 2.4.2를 보라) 창조세계의 역량을 점점 더 많이 강조한다.

- 털의 색상 변화 같이 생존상의 우위를 수여하는 특정한 유전자 변화와 새로운 역량을 제공하는 유전자 조절 네트워크상의 변화는 성부, 성자, 성령이 자신들이 만든 창조세계를 통해 일함에 따라 창조세계가 그것을 통해 창조세계에 봉사하는 수단으로 생각될 수 있다(섹션 2.4.3과 2.4.4를 보라).

- 진화 과정은 3부에서 논의된 지질 과정과 마찬가지로 하나님이 그것을 통해 공간과 시간을 창조하는 수단으로 볼 수 있다(섹션 2.5.3을 보라).

- 그리고 진화 과학에는 어떤 자연 과정에서든 하나님의 인격적 관여를 배제하는 것이 없다(섹션 4.7을 보라). 창조 교리 관점에서 우리는 성부, 성자, 성령이

---

4   Sean B. Carroll, *Endless Forms Most Beautiful: The New Science of Evo Devo* (New York: W. W. Norton, 2006).

어떻게 진화에서 일어나는 모든 일에 인격적으로 관여하는지에 관해 완전히 그리고 충실하게 말할 수 있다(섹션 2.5.1을 보라). 따라서 진화 이론이 창조에 대한 성경의 관점에 대한 대안을 대표한다는 몇몇 주장과 달리, 창조 교리는 우리로 하여금 진화의 메커니즘과 공통 혈통이 삼위일체가 그것들을 통해 창조세계에서 일하는 수단일 수 있음을 알게 해준다. 많은 사람이 특히 진화 이론에 불필요하게 덧붙이는 형이상학적 자연주의는 성경의 창조관에 대한 대안이다(3장과 4장을 보라).[5]

28.2. 창조와 진화에 대한 견해들

그리스도인들은 종종 창조와 진화 사이의 그릇된 이분법을 제시받는데, 이는 22장의 서두에 묘사된 그릇된 양자택일 곤경의 한 형태다. 창조와 진화가 다른 범주의 탐구를 다루는 것으로 이해될 수 있음을 깨달으면 이 두 용어가 반드시 서로 배타적이지는 않다고 결론지을 수 있다. 좀 더 유용한 접근법은 많은 저자가 그랬던 것처럼 일련의 범위를 탐구하는 것이다.[6] 제럴드 라우는 최근에 논리적인 일련의 관점들을 완전히 포함하는 모형 여섯 개를 제시하고 그것들을 분석했다.[7] 그는 두 가지 극단적인 견

해부터 시작해서 중간에 위치하는 몇 가지 견해를 정의하는데, 젊은 지구 창조론부터 자연주의적 진화까지 여섯 가지 모형을 묘사한다. 이 모형들을 정의하면서 라우는 그 견해들이 구별 가능한 몇몇 특징을 지닌 스펙트럼상에 존재함을 인정한다. 24장에 언급되었던 데보라 하스마와 로렌 하스마의 진화에 관한 다섯 가지 정의는 다음을 포함한다. (1) 소진화, (2) 시간의 경과에 따른 변화의 패턴, (3) 공통 조상, (4) 진화 이론, 그리고 (5) 진화주의.[8] 이 정의들은 라우가 제시한 여섯 가지 모형 각각의 함의를 고려하기 위한 유용한 틀을 제공한다.

28.2.1. 젊은 지구 창조 모형. 젊은 지구 창조 모형은 본서의 1-3부에서 간략하게 논의되었다. 요약하자면 그 모형은 창세기 1장의 특정한 문자적인 일치주의(섹션 4.3을 보라) 해석에 일치하도록 창조세계의 만물이 1만 년 이내의 최근에 시작되었다고 제안한다. 젊은 지구 창조 모형은 변화의 메커니즘으로서 소진화와 양립할 수 있지만 진화의 다른 네 가지 정의는 오래된 창조를 요구할 것이기 때문에 그것들과는 양립할 수 없다. 젊은 지구 창조 견해는 특히 시간의 경과에 따른 변화의 패턴이라는 진화의 정의에 묘사된 바와 같이 화석 기록에 암시된 오랜 기간뿐만 아니라 우주론과 지질학에서 나오는 증거와도 충돌한다. 소진화의 수용가능성은 "창조된 종류"를 나타내는 히브리어 **바라민**(baramin)에서 볼 수 있다.[9] **바라민**학(baraminology)의 접근법은 어느 것이 원래 창조된 종류들로 간주될 것인지를 분간하기 위해 노력하며, 몇 가지 생물들은 이종 교배나 다른 증거를 통해 매우 밀접한 관계가 있는 것처럼 보인다는 점을 인정한다. **바라민**들은 소진화를 통해 각각의 **바라민** 안에서 다양한 이종들을 만들었

---

5 Alvin Plantinga, *Where the Conflict Really Lies: Science, Religion, and Naturalism* (New York: Oxford University Press, 2011).

6 창조와 진화에 관한 일련의 범위들을 제시하는 최근의 논문들의 몇 몇 예는 다음 문헌들을 참조하라. J. P. Moreland and John Marks Reynolds, eds., *Three Views on Evolution and Creation* (Grand Rapids: Zondervan, 1999[『창조와 진화에 관한 세 가지 견해』, 한국기독학생회출판부 역간]); Karl W. Giberson and Donald A. Yerxa, *Species of Origins: America's Search for a Creation Story* (Lanham, MD: Rowman & Littlefield, 2002); Deborah B. Haarsma and Loren D. Haarsma, *Origins: Christian Perspectives on Creation, Evolution, and Intelligent Design*, 2nd ed. (Grand Rapids: Faith Alive Christian Resources, 2011); Ken Ham, Hugh Ross, Deborah Haarsma, Stephen C. Meyer, J. B. Stump, and Stanley N. Gundry, *Four Views on Creation, Evolution, and Intelligent Design* (Grand Rapids: Zondervan, 2017[『창조, 진화, 지적 설계에 대한 네 가지 견해』, 부흥과개혁사 역간]).

7 Gerald Rau, *Mapping the Origins Debate: Six Models of the Beginning of Everything* (Downers Grove, IL: InterVarsity Press, 2013[『한눈에 보는 기원 논쟁』, 새물결플러스 역간]).

8 Haarsma and Haarsma, *Origins*.

9 Todd Charles Wood, Kurt P. Wise, Roger Sanders, and N. Doran, "A Refined Baramin Concept," *Occasional Papers of the Baraminology Study Group*, no. 3 (2003): 1-14.

다는 것이다. 그러므로 몇몇 학자들은 동물의 종류에 대한 성경의 용어를 과학적 증거와 관련시키고자 진화의 제한적인 부분을 젊은 지구 창조론 모형의 관점 안으로 통합시켰다. 소진화의 정의에 부합하는 그런 변화는 종들의 경계를 넘지 않으며, 따라서 젊은 지구 창조론에서는 종들을 뛰어넘는 그룹 사이의 공통 조상은 인정되지 않을 것이다.

그러나 창세기 1장은 "종류"에 **민**(min)이라는 히브리어 단어를 사용하는데 그 단어에는 분류의 의미가 없다는 것과 **바라**(bara)의 의미는 물체의 창조를 가리키는지 기능의 창조를 가리키는지 모호하다는 것을 주목하라(섹션 5.2.1을 보라). 더욱이 **바라민** 개념은 26장에서 논의된 바와 같은 공통 조상에 관한 증거로 뒷받침되지 않는 것으로 보인다. 예컨대 개, 늑대, 코요테 및 기타 유사한 동물들을 포함하는 **바라민**과 크고 작은 고양이들을 포함하는 별도의 **바라민**에 관해 말할 수 있을 것이다. 그러나 그런 분류는 고양이들과 늑대들은 육식동물(포유류 중 식육목으로 분류된다)로서 생쥐, 박쥐, 사슴, 고래 등 이 목에 속한 다른 동물들과 관련이 있는 정도보다 서로 좀 더 밀접하게 관련이 있는 것처럼 보인다는 사실을 무시하는 처사일 것이다. 그러므로 생물의 다양성을 구별되게 창조된 **바라민**들로 묘사하는 것은 린나이우스의 범주에서 인식된 유사성과 차이들의 계층(hierachy)을 포함하지 않는다.

28.2.2. 오랜 지구 창조 모형.

오랜 지구 창조 모형은 창조세계의 나이가 오래되었다는 과학적 증거가 그들의 성경 이해와 양립할 수 있다고 믿지만(예컨대 섹션 4.5.1에 언급된 날-시대 해석), 일반적으로 진화는 종들의 기원에 대한 적절한 설명이 아니라는 입장을 취하는 몇몇 그리스도인의 반응의 특징이다. 오랜 지구 창조론자들은 성경, 특히 창세기의 창조 기사들에 대해 일치주의 해석을 취한다. 오랜 지구 창조 옹호자들은 소진화 과정을 긍정할 것이고, 점진적 창조론자들은 화석 기록에서 관찰되는 변화의 역사적 패턴을 긍정할 것이다. 점진적 창조론자들은 제한된 수준의 공통 조상도 인정할 것이다. 이는 이런 모형들의 스펙트럼적인 성격을 상기해준다. 점진적 창조론자에 해당하는 대다수는 공통 조상과 진화 이론을 부정하고 대신 생명의 역사에서 하나님의 개입을 제안할 것이다.[10] 많은 지적 설계 옹호자도 이 범주에 속하며 공통 혈통에 대한 대안으로 설계를 추론한다. 지적 설계는 아래에서 좀 더 자세하게 논의될 것이다. 유기체들의 기원과 다양성에 관한 젊은 지구 창조론의 설명과 마찬가지로 오랜 지구 창조론의 설명도 우리가 본서에서 논의해온 진화에 관한 설명과 현저하게 대조된다.

28.2.3. 인도된 진화 모형.

인도된 진화는 스펙트럼선상에서 진화 모형으로 특징되는 최초의 모형으로서, 이 모형에서는 진화가 하나님에 의해 인도된다. 앞의 두 모형과 달리 이 모형은 창세기의 비일치주의 모형에 근거한다(섹션 4.3을 보라). 이 모형은 공통 조상을 전적으로 수용하고 진화가 하나님의 행동을 통해 인도된다는 제한하에 진화 이론을 받아들일 것이다. 창조세계에서의 신적 행동이 경험적으로 탐지할 수 있는, 매개되지 않은 (직접적인) 개입의 형태인지가 그 스펙트럼의 오랜 지구 창조 쪽이나 인도된 진화 부분의 계획된 창조 쪽을 선호하는 결정 요인이 될 것이다. 설계의 탐지 가능성과 공통 조상의 결합은 마이클 비히 같은 과학자들의 특징으로서 그들이 주장하는 진화의 인도된 측면은 진화 이론의 부적절성과 지적 설계를 암시한다.[11] 따라서 이 모형에서는 공통 조상에 관한 진화는 명백할 수 있지만, 진화는 지적인 원인을 통해 목적을 띠고 인도된다.

10 예컨대 Robert C. Newman, "Progressive Creationism ('Old Earth Creationism')," in Moreland and Reynolds, *Three Views on Creation and Evolution*, 105-33을 보라.

11 Michael J. Behe, *Darwin's Black Box: The Biochemical Challenge to Evolution* (New York: Free Press, 1996); Behe, *The Edge of Evolution: The Search for the Limits of Darwinism* (New York: Free Press, 2008).

28.2.4. 계획된 진화 모형. 계획된 창조 모형은 진화의 메커니즘들이 종의 기원을 설명하기에 적절하다는 것을 받아들이지만 하나님이 그 과정들과 결과들을 계획했다고 본다. 그 모형 역시 창세기에 대한 비일치주의 해석에 근거한다. 따라서 인도된 진화에서와 같은 매개되지 않은 개입이 부과될 필요가 없다. 몇몇 학자는 인도된 진화 모형과 계획된 진화 모형을 진화적 창조 모형으로 지칭할 것이다. 이 대목에서 **창조**는 하나님의 행동의 일차적인 관심사이고 **진화**는 창조세계가 발달하는 메커니즘이다. 이 모형은 소진화부터 진화 이론까지의 진화의 정의와 양립할 수 있지만, 하나님이 만물의 창조주이자 유지자로 간주되기 때문에 진화주의와는 양립할 수 없다. 계획된 진화 모형과 인도된 진화 모형 모두 진화 모형이라는 이름이 붙어서 진화를 통한 기원 과정을 강조한다. 비록 우리가 24장에서 27장까지 묘사한 바와 같이 새로운 발견들이 등장함에 따라 진화의 메커니즘에 대한 우리의 이해가 변할 수도 있지만 말이다. 두 모형 모두 만물의 기원과 계속적인 존재가 창조세계에서의 하나님의 행동에 기인한 것임을 받아들이기 때문에 그것들은 **진화적 창조**라는 말에 나타난 바와 같은 창조 모형들로 칭해질 수 있다.

28.2.5. 비목적론적 진화 모형. 비목적론적인 진화 모형에 따르면 창조하는 하나님이 존재하지만 이 하나님은 창조세계의 지속적인 존재와 작동에 관여하지 않는다. 이 입장은 하나님이 기계처럼 사물들의 태엽을 감아 놓지만 창조세계가 스스로 진행하도록 허용한다는 자연신론과 구분되지 않는다. 이 모형은 진화의 처음 네 개의 정의들과는 양립할 수 있지만 진화주의와는 양립할 수 없다. 이 모형은 종교를 과학에서 분리시키는 두 영역 접근법과도 양립할 수 있다(섹션 4.5.2를 보라). 따라서 이 모형은 성경에 나타난 하나님의 계시와 관계가 없으며 창조 교리가 창조세계에서 창조주의 계속적인 활동을 강조하는 것과 일치하지 않는다. 기독교 정통주의자들은 비목적론적인 창조와 그것의 작동을 항상 반대해왔다.

28.2.6. 자연주의적 진화 모형. 자연주의적 진화 모형은 과학의 진화 묘사를 종의 기원에 관한 합리적 설명으로 받아들이지만, 하나님이 없다고도 주장한다. 이 모형에서는 창조 교리를 사용해서 진화를 이해하는 대신 형이상학적 자연주의를 사용해서 진화를 이해한다. 실제로 많은 과학자가 고의로 하나님을 배제하기보다는 하나님이란 개념이 진화에 관한 논의에서 적실성이 없다고 생각할 것이다. 이는 비목적론적 진화 모형에서 자연주의적 진화 모형까지 사이의 스펙트럼의 연속성에 관해 뭔가를 보여준다. 자연주의적 진화 모형은 진화의 다섯 가지 정의 모두와 양립할 수 있으며, 진화주의와 일치하는 유일한 모형이다. 24장에서 논의된 바와 같이 진화론은 유신론에 정면으로 반할 뿐만 아니라, 자연 세상에 대한 설명으로서 널리 인정된 과학의 정의에 근거할 때 불필요하고 정당화되지 않는다. 젊은 지구 창조론과는 반대쪽 극단을 대표하는 진화주의는 대개 젊은 지구 창조론이 옹호하는 내용을 반대하는 모형이며 진화와 진화주의의 구분을 흐린다.[12]

28.2.7. 모형들에 대한 평가. 처음 네 모형은 역사적 기독교의 범위에 속하는 반면, 마지막 두 모형에서는 하나님이 관여하지 않거나 존재하지 않기 때문에 그 모형들은 기독교 신앙 외부의 모형이다. 네 가지 모형이 성경에 계시되고 역사적 신조들을 통해 정의된 기독교와 양립할 수 있다는 사실은 이 주제의 복잡성을 보여주는데, 우리가 여러 요인이 관련되어 있음을 인식할 때 이 복잡성을 좀 더 잘 이해할 수 있다. 성경 해석이 이런 요인 중에서 가장 중요하다. 예컨대 성경에 대한 일치주의와 비일치주

---

12 이 혼동의 전형적인 예는 Henry Morris, *Scientific Creationism* (El Cajon, CA: Master Books, 2012)으로서 이 책은 원래 1974년에 출간되었다.

의 해석이 처음 두 견해(젊은 지구 창조 모형과 오랜 지구 창조 모형)와 나중의 두 모형(인도된 진화 모형과 계획된 진화 모형)을 구분한다. 우리는 1장과 4장 그리고 5장에서 일치주의 해석보다 비일치주의 해석을 선호하는 몇몇 이유를 제시했다. 가장 중요한 신학적 요인은 창조 교리다. 처음 세 모형은 하나님이 창조세계에서 어떻게 행동하는지에 관해 매개되지 않은 이해—혹자는 이를 개입주의로 부를 것이다—에 의존한다. 계획된 진화 모형은 창조세계에서 신적 행동이 어떻게 이해되는가에 관해 다소 모호하지만, 과학과 신학을 구분하는 것처럼 보인다(아래의 설명을 보라). 그러나 처음 네 가지 모형들은 모두 상호 불일치에도 불구하고 성경 및 창조 교리의 적어도 몇몇 요소들을 진지하게 여긴다는 점을 주목하라. 따라서 복잡하기는 하지만 사안들을 좀 더 적절하게 설명하는 접근법을 취하는 대신 단순한 이분법적 양자택일 접근법을 취하거나, 자신이 취하는 견해와 다른 견해를 취하는 그리스도인들에게 타협자나 바보라는 딱지를 붙이는 것은 도움이 되지 않는다.

라우처럼 일련의 모형들을 제시하면 역사적 정통 안에서 그 상황의 복잡성을 드러내는 데 유익하다. 우리가 신학과 과학의 관계에 관한 모형들에 대해 살펴본 바와 같이(섹션 4.5를 보라), 이 모형들 중에서 어느 모형이 기독교 신앙과 기원에 관한 과학 이론 사이의 관계를 포착하는지에 대한 "기독교의 합의"는 없다. 물론 그렇다고 해서 처음 네 모형이 우리가 구할 수 있는 모든 성경적, 과학적, 역사적 정보에 대해 똑같이 일리가 있다는 뜻은 아니다. 그러나 그 모형들은 기독교 공동체의 논쟁이 초점을 맞춰야 하는 일련의 모형들을 대표한다.

라우는 종교와 과학의 상호작용 방식의 차이에 따라 인도된 진화 모형과 계획된 진화 모형을 구분한다.[13] 그의 정의에서 계획된 진화 모형은 (섹션 4.5.2에서 언급된 두 영역 계열의 모형들에서처럼) 진화와 종교가 보완적이며 다른 설명 방식을 통해 구분되는 별도의 영역이라는 입장을 취한다. 이와 대조적으로 인도된 진화 모형 견해는 과학과 신학을 상호작용하는 영역으로 본다. 그러나 우리에게는 이런 식의 구분은 포괄적 창조 교리에서 묘사된 매개된 행동을 무시하는 것처럼 보인다. 포괄적 창조 교리는 창조세계에서의 하나님의 행동의 많은 부분이 창조세계를 통해 매개됨을 강조한다(섹션 2.4.3을 보라). 하지만 진화 모형은 과학과 신학을 뚜렷이 구분하는 반면에 인도된 진화 모형에는 매개된 신적 행동의 여지가 없는듯하다는 식의 이해는 일관성이 없는 것처럼 보인다. 우리는 자연 과정에 대한 하나님의 개입(인도된 진화 모형) 대 신적 행동의 매개된 방식(계획된 진화 모형)에 대한 추론에 기초하면 이 두 모형이 좀 더 잘 구분될 수도 있다고 제안한다. 포괄적 창조 교리에서는 인도된 진화 모형의 인도된 개입이 불필요하다. 창조세계에서 하나님의 행동은 성자로 말미암아 창조 및 유지되고 성령에 의해 창세기 1장에 나타난 창조세계의 소명을 이행하는 자연 과정을 통해 매개될 수 있다.

28.3. 대안적 설명으로서 지적 설계

지적 설계 입장은 라우의 모형들의 스펙트럼에 포함되지 않았지만 그는 지적 설계 모형이 기원들에 지성이 관여하고 있다는, 탐지할 수 있는 증거를 모색하는 데 의존하는 특징을 갖고 있다고 지적한다. 그러므로 지적 설계 견해는 젊은 지구 창조 모형, 오랜 지구 창조 모형, 인도된 진화 모형과 양립할 수 있는데, 지적 설계 견해의 옹호자 대다수는 오랜 지구 창조 모형을 정의하는 전제들하에서 연구하고 있다. 지적 설계 모형이 종의 기원 및 과학적 설명과 신학적 설명의 관계를 이해하기 위한 유용한 방법을 제공하는지 살펴보자.

우리는 설계가 자연신학의 맥락에서 자연 세상을 이해하기 위한 방법으로 사용되었고, 설계에 대한 윌리엄 페일리의 설명이 널리 영향을 주었음을 살펴보았다(24장을 보라). 설계에 관한 페일리의 정의는 목적이 있는 기능

---

13 Rau, *Mapping the Origins Debate*, 45-48.

과 복잡한 구조의 인식에 기초했는데, 이 인식은 설계에 대한 추론을 통해 가장 잘 설명된다. 실제로 구조와 기능 사이의 관계는 생물학이 어떻게 묘사되고 이해되는지에 관한 근본적인 개념 중 하나다. 창조 교리의 맥락에서 설계에 관해 생각할 수 있는 두 가지 주요 방법이 있다. 첫째, 지적 설계는 창조세계에서의 하나님의 행동에 기초한 신앙의 명제로 여겨질 수 있다. 즉 모든 것이 성자를 통해 만들어졌기 때문에 만물이 목적을 갖고 만들어진다. 그러므로 하나님이 의도적으로 그리고 목적을 갖고서 창조세계를 우발적 합리성과 기능의 완전성의 특정한 형태를 띠도록 만들었다. 이 정의는 2장에 묘사된 포괄적 창조 교리와 완전히 조화된다.

둘째, 지적 설계는 경험적으로 입증될 수 있는, 목적과 의도를 지닌 설계자의 행동을 드러내는 창조세계의 측면으로 여겨질 수도 있다. 이는 윌리엄 뎀스키, 스티븐 메이어, 마이클 비히 등을 통해 묘사된 지적 설계 운동을 규정하는 특징인 듯하다. 지적 설계를 탐지하는 두 가지 주요 방법은 설명상의 여과기(explanatory filter)와 환원 불가능한 복잡성(irreducible complexity)이다.[14] 이 두 가지 방법 모두 경험적으로 입증할 수 있는 방식으로 페일리의 명백한 설계를 정의하려고 한다.

설명상의 여과기는 특정한 현상에 대해 필요성, 운(우연), 그리고 설계라는 세 가지 가능한 설명을 고려한다. 그 현상이 자연의 규칙성으로 묘사될 수 있는, 미리 정해진 패턴을 따르면 그것은 필요성에 의해 존재한다고 추론될 수 있다. 그러한 자연적인 원인이나 규칙성이 없다면 우리는 그 현상이 우연히 일어났을 수 있는지를 살펴볼 수 있다.[15] 그런 현상이 일어날 가능성이 확률의 범위 안에 있으면 운이 적절한 설명일 것이다. 따라서 그것이 가능성이 매우 큰 사건일 필요는 없고 확률의 범위 안에 있기만 하면 된다. 뎀스키는 10^{150}분의 1의 확률을 어떤 일이 우연히 일어날 수 있는 것을 묘사하는 하한선으로 본다.[16] 이것은 확실히 확률의 자연적인 범위에 대한 과대평가인데, 그는 가급적 많은 우연이 고려될 수 있도록 이렇게 높은 장벽을 설치한다. 설명상의 여과기의 의도는 그것을 사용해서 DNA에서 뉴클레오타이드들의 특정한 순서처럼 특히 복잡하고 구체적인 현상의 확률을 결정하는 것이다. DNA의 뉴클레오타이드들에는 필요한 서열이 없으므로, 설명으로서 필요성은 부정될 수 있다. 다음 단계는 특히 이 특정한 서열은 완전히 기능하는 유전자 산출물을 만들어내는 반면에 서열의 변경은 그렇지 않을 경우 그 특정한 서열의 확률 결정일 것이다.[17]

뎀스키는 세균이 그 안에서 살아가는 액체를 통해 그것의 세포를 추진시키는 기능을 하는 세균 편모의 복잡한 작동에 그의 설명상의 여과기를 적용했다.[18] 비히는 세균 편모의 구조를 환원 불가능한 복잡성의 가장 중요한 예로 보았다.[19] 뎀스키에 따르면 환원 불가능한 복잡성은 어떤 시스템이 그 안에서 협력하는 몇몇 필수적인 부분들을 지니는, 특정한 복잡성의 특별한 유형이다. 그런 경우 그 부분들은 독자적으로 기능하지 않을 것이고 모든 부분이 갖춰진 경우에만 기능할 것이다. 자연선택 과정에 근거한 진화는 기능들에 대한 선택에 의존했다. 따라서 이 노선을 따르는 추론은 그런 시스템의 각각의 부분이 다른 부분들과만 기능할 수 있는데 어떻게 자신의 기능을 개발할

다. 우리는 독자들에게 과학적 운 개념은 언제나 법칙과 같으며 통계적 법칙과 일치함을 상기시킨다(섹션 6.2.3을 보라). 이 점을 소홀히 하면 Dembski의 논증에서처럼 확률 판단에 큰 영향을 줄 수 있다.

14 설명상의 여과기를 William A. Dembski, *The Design Inference: Eliminating Chance Through Small Probabilities* (New York: Cambridge University Press, 1998)에서 찾아볼 수 있다. 환원 불가능한 복잡성은 Behe, *Darwin's Black Box*, 특히 9장에 묘사된다.

15 본서에서 운 또는 무작위성은 필요와 대조되지만 다른 면에서는 특정되지 않은(예컨대 법칙이 없거나 원인이 없는) 특질로 여겨질 수 있

16 William A. Dembski, *No Free Lunch: Why Specified Complexity Cannot Be Purchased Without Intelligence* (Lanham, MD: Row-man & Littlefield, 2002).

17 23장에서 다뤄진 논의를 상기하라.

18 Dembski.

19 Behe, *Darwin's Black Box*, 3장.

수 있었겠느냐고 질문한다. 전형적인 세균의 편모는 약 50개의 별도의 단백질이 협력하는데 그중 30개는 그 구조 자체에서 협력하며 다른 20개는 그 구조의 조립에 관여한다. 뎀스키는 무에서 이 구조를 생성하는 것에 기초해서 기능하는 세균 편모를 얻을 확률을 계산했다. 세균에 의해 코딩되는 4천 개가 넘는 단백질 중 50개의 다른 종류들의 단백질을 결합할 수 있는 방법의 수를 고려한 그는 우연을 통해 세균 편모가 생길 확률이 적어도 10^{66}분의 1 또는 아마도 10^{2954}분의 1이라는 있을 법하지 않은 수준일 것으로 계산했는데, 첫 번째 수치는 가능성이 매우 낮으며 두 번째 수치는 위에서 언급된 확률의 범위를 훨씬 벗어난다. 뎀스키는 설명상의 여과기를 적용함으로써 세균 편모가 생기기 위해서는 지적인 원인이 필요하다고 결론지었다.

이 추론은 여러 종류의 별도의 많은 단백질로 구성된 세균의 복잡성 발견에 기초한다는 점을 주목하라. 그러나 우리가 수백 종의 세균 종에서 연구되어온 세균 편모의 다양성을 고려하면 복잡성 정도는 훨씬 더 크다. 과학자들이 이 복잡성을 좀 더 많이 탐구해옴에 따라 세균 편모의 개별적인 구성 부분들은 독자적으로 기능하지 않고 전체의 일부로서만 기능한다는 주장을 평가할 수 있게 되었다.

세균 편모의 배치, 구조, 그리고 기능에는 많은 변이가 있다.[20] 수백 종의 세균들은 자기들의 게놈을 서열화했으며, 따라서 우리는 이 단백질들을 코딩하는 유전자들을 연구함으로써 다양한 세균 종에 들어 있는 여러 종류의 편모 안의 단백질의 다양성을 탐구할 수 있다. 세균의 편모 안에서 기능하는 단백질들을 코딩하는 유전자 대다수가 다른 세균에서는 다른 기능을 가졌다는 것도 명백하다. 세균 편모와 인젝티솜의 비교에서 주요 예를 볼 수 있다.[21] 이 두 세균 구조의 전반적인 기능은 매우 다르다. 세균 편모는 액체를 통해 세균 세포를 이동시키는 기능을 하는 반면에 인젝티솜은 다른 세포들에 구멍을 뚫어서 그 세포 안으로 단백질 독소들을 주입하는 데 관여한다. 그러나 그것들은 세포막을 통해 세포 밖으로 단백질을 운반하는 데 관여하는 유사한 분비 시스템을 갖고 있다는 유사성이 있다. 편모의 경우 긴 꼬리는 세포막 사이를 오가는 유형 III 분비 시스템을 통해 세포 밖으로 내보내진 단백질 하위단위에 의해 만들어진다. 인젝티솜의 경우 세포막을 통해서 및 또 다른 세포에 구멍을 뚫을 수 있는 바늘 같은 구조를 통해 분비된 단백질들이 다른 세포를 죽일 수 있다. 이러한 분비 시스템에 관여하는 단백질들이 매우 유사해서 그것들은 상동 구조로 간주된다. 즉 그것들은 공통의 기원을 가진 증거를 보인다(그림 28.1을 보라). 편모 복합체를 구성하는 스물일곱 개의 단백질과 인젝티솜을 구성하는 열아홉 개의 단백질 중 열두 개가 상동 구조인 것으로 밝혀졌다.[22] 그리고 세균 편모에 들어 있는 다른 단백질들이 다른 세균의 단백질들과 상동 구조인 것처럼 보인다. 세균 편모들은 환원 불가능한 시스템이라기보다는 이동성에 봉사하는 자신의 기능 외에 다른 기능들을 가진 복수의 부분들을 갖고 있다.

설명상의 여과기와 환원 불가능한 복잡성 개념들은 현대의 종합적 진화 이론(신다원주의라고도 한다)이 진화가 인도되지 않은 것으로 인식하는 데 대한 대안으로서 지적 설계를 탐지하기 위해 개발되었다. 세균 편모의 기원이 있을 법하지 않음을 보여주는 뎀스키의 확률 추정치는 단백질들의 조합이 완전히 무작위라는 가정에 근거하는 것처럼 보인다. 그것은 최근의 게놈 연구와 대두되고 있는 확장된 종합적 진화 이론을 낳은 연구로부터 나온 사용, 재사용, 그리고 창출의 증거를 인정하지 않는다.[23] 이 주

---

20 예컨대 Songye Chen et al., "Structural Diversity of Bacterial Flagellar Motors," *EMBO Journal* 30 (2011): 2972-81을 보라.

21 Andreas Diepold and Judith P. Armitage, "Type III Secretion Systems: The Bacterial Flagellum and the Injectisome," *Philosophical Transactions of the Royal Society B* 370 (July 23, 2015): 1-19.

22 Diepold and Armitage.

23 이는 과학적 무작위 개념에 주의를 기울이지 않은 것이 Dembski의 확

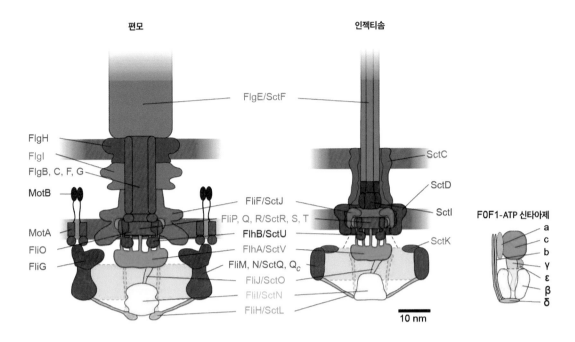

그림 28.1. 세균 편모들과 세균 인젝티솜들의 유사한 구조, 그리고 ATP 신타아제와의 상동 구조.

제는 세균의 편모에 들어 있는 관련 단백질들과 유전자들을 이 단백질들이 지니는 다른 기능들과 비교할 때 명백하며, 진화에 대한 이해(이 주제들을 포함한다)증가는 하나의 설명으로서 지적 설계에 의존하는 것보다 이런 구조들의 기원을 이해하는 데 좀 더 나은 방법을 제공하는 것처럼 보인다. 그럼에도 불구하고 우리가 지적 설계자와 단순한 자연 과정의 작동 사이에서 선택(2장에서 본 그릇된 양자택일)을 강요받아서는 안 된다. 그보다는 우리가 포괄적인 창조 교리 관점에서 인젝티솜과 세균 편모를 발생하게 만든 과정들은 그것을 통해 삼위일체 창조주가 이 세상에서 새로운 다양성을 만들어내기 위해 일했던 수단이었다고 이해할 수 있을 것이다.

28.4. 진화주의의 위협

다윈이 1859년에 『종의 기원』을 출간한 이후 진화 이론은 기독교의 많은 노력의 잘못된 과녁이 되어왔다. 기독교 신앙이 진화로 말미암아 위협받는다는 인식은 실제적

이었다. 신학자인 콜린 건턴은 그것을 다음과 같이 말한다. "[진화의 위협]은 그것이 어떻게든 인간의 출현의 유일한 원인이 비인격적인 진화임을 입증할 경우다."[24] 그것은 자연주의적 진화 모형 또는 비목적론적 진화 모형일 것이고 그것들은 무신론적 모형 또는 자연신적 모형으로서 기독교에 반한다. 그러나 건턴이 계속해서 지적하듯이 "이것이 순전히 과학적 토대 위에서 수행될 수 없다는 것은 명백하다. 어떤 일이 어떻게 하나님의 섭리적 안내를 통해 인도되지 않고 오로지 자연력 덕분에 일어난다고 입증될 수 있겠는가? 우리가 어떤 해석이 좀 더 합리적인지에 관해 결정을 내릴 때 확실히 세계관 문제도 작용하고 있다."[25]

어느 과학 이론 또는 과학적 조사 형태가 하나님이 관여하지 않았다거나 존재하지 않는다고 입증할 방법은 없다(섹션 4.7을 보라). 그런 결론은 과학적 방법을 통해 나올 수 있는 것이 아니라 오직 형이상학적 자연주의의 가

룔 판단에 유해한 영양을 주는 예 중 하나다.

24 Colin Gunton, *The Triune Creator: A Historical and Systematic Study* (Grand Rapids: Eerdmans, 1998), 187.

25 Gunton, 187.

정으로부터만 나올 수 있다(10장을 보라), 유진 C. 스콧도 같은 취지로 다음과 같이 말한다. "어떤 과학자가 '인간은 그를 염두에 두지 않은, 목적이 없고 자연적인 과정의 결과다'(Simpson 1967: 344)라고 말할 때, 그 과학자는 확실히 과학 자체의 방법론 관점에서 말하는 것이 아니라 철학적 자연주의의 관점에서 말하는 것이다."[26] 포괄적 창조 교리는 과학적 방법들은 삼위일체 창조주가 그것을 통해 창조 세계에서 일하고 있을 수 있는 방법에 빛을 비춰줄 뿐이라는 점을 우리가 볼 수 있도록 도와준다. 코인, 도킨스와 기타 무신론자들의 철학적으로 순진한 항의에도 불구하고 과학적 방법들은 결코 하나님의 존재나 창조세계에서 하나님의 활동 같은 세계관 문제들을 결정할 수 없다(본서의 3, 4, 10, 23장을 참조하라).

진화가 문제가 아니다. 테오도시우스 도브잔스키(1900-75)는 다음과 같이 주장한다. "진화 학설이 종교적 신앙과 충돌하는가? 그렇지 않다. 천문학, 지질학, 생물학, 인류학의 기본적인 교과서들이 성경을 오해하는 것은 큰 실수다. 상징들이 그것들이 의미하도록 의도되지 않은 것들을 의미한다고 생각될 때에만 해결될 수 없는 상상의 갈등이 생긴다."[27] 대신 진정한 위협은 우리가 데보라 하스마와 로렌 하스마의 정의를 따라 진화주의로 불러온 것 또는 하지가 "다윈주의는 무엇인가? 그것은 무신론이다"(What is Darwinism? It is Atheism)[28]에서 "다윈주의"로 부른 것이다. 이 형이상학적인 자연주의 세계관이 기독교의 논쟁의 대상이이어야 한다.

그럼에도 불구하고 그리스도인들이 진화주의에 반론을 제기하려는 욕구에서 과학적 이론인 진화 이론과 철학적 세계관인 형이상학적 자연주의 사이를 적절하게 구분하지 않는다. 진화주의는 형이상학적 자연주의가 진화의 이론에 결합함으로써 만들어진다. 확실히 진화주의는 복음의 적이다. 과학자 등이 진화주의에 빠지면 그들이 과학적인 내용이 아니라 철학을 옹호하고 있으며, 진화주의의 철학은 과학적 논증에 기초해서 정당화되지 않는다고 지적하는 것이 도움이 된다. 그것은 빈약하게 전개된 철학이다. 그러나 우리 그리스도인들이 진화주의를 진화로 오해할 때도 마찬가지로,[29] 우리는 우리의 논증이 복음을 공유하는 데 불필요한 장애물을 제기하지 않도록 서로가 적절한 구분을 할 수 있게끔 도와줘야 한다.

그러므로 우리는 진화 이론의 정의가 아직도 다듬어지고 있다는 것과 진화 이론이 취하는 형태가 완전한 과학적 설명을 제공한다는 관점에서 우리가 그 이론에 관해 어떻게 생각하는지에 영향을 주리라는 것을 살펴보았다. 우리는 진화 과정에 관해 과학적 발견사항들이 표현되는 방법이 지나치게 단순화될 경우 오해와 논쟁으로 이어진 몇몇 사례를 살펴보았다. 과학적 아이디어들은 그것들을 묘사하기 위해 사용되는 수사적 또는 은유적 용어들로 말미암아 제약될 수도 있다. 이 점은 다윈의 혼합 유전 개념과 범생설 개념이 멘델의 유전학에서처럼 단순한 별개의 유전자들의 유전으로 대체되고 있는 데서, 그리고 멘델의 유전학에서 별개의 유전 단위로서의 유전자 개념이 유전

26 Eugenie C. Scott, *Evolution vs. Creationism: An Introduction* (Oakland: University of California Press, 2009), 67.

27 Theodosius Dobzhansky, "Nothing in Biology Makes Sense Except in the Light of Evolution," *The American Biology Teacher* 35 (March 1973): 129.

28 Hodge, "What Is Darwinism?," in Noll and Livingstone, *What Is Darwinism?*, 156. 다윈주의라는 말은 원래 Thomas Henry Huxley, "The Origin of Species," *Westminster Review* n.s. 17 (1860): 569에서 다윈의 과학적 진화 이론과 동의어로서 만들어졌다. 그러나 1864년 Huxley는 "Criticisms on 'The Origin of Species,'" *Natural History Review* n.s. 4 (1864): 569에서 다윈주의를 목적론에 대한 부정으로 재정의했다. "다윈주의는 고양이들이 쥐들을 잘 잡기 위해 존재한다고 상상하기는커녕 고양이들이 쥐를 잘 잡기 때문에 존재한다고 생각한다. 즉 쥐를 잡는 것은 고양이들의 존재의 목적이 아니라

조건이다." 이 재정의는 다윈주의를 무신론 및 형이상학적 자연주의와 결부시키는 것으로 이어졌다. 다윈주의라는 용어의 간략한 역사는 Robert C. Bishop, "Darwinism," in *Dictionary of Christianity and Science: The Definitive Reference for the Intersection of Christian Faith and Contemporary Science*, ed. Paul Copan, Tremper Longman III, Christopher L. Reese, and Michael G. Strauss (Grand Rapid: Zondervan, 2017), 154-56을 보라.

29 예컨대 Morris, *Scientific Creationism*.

자 발현의 제어에 좀 더 초점을 맞추는 시스템 접근법으로 수정되고 있는 데서 살펴볼 수 있다. 수평적 유전자 이동과 이종 교배가 계통들이 수렴하게 만들고 있고 좀 더 많은 그물을 형성함에 따라 수평 방향으로 분기하는 계통수를 사용해서 계통 발생을 묘사하는 것은 한 아이디어가 어떤 현상을 이해하도록 도움을 줄 수도 있지만, 그 아이디어가 추가적인 발견을 위한 방향을 설정할 수도 있으

며 예기치 않은 새로운 발견들을 좀 더 잘 설명하기 위해 조정될 필요가 있을지도 모른다는 것을 보여주는 또 다른 예다. 그러므로 과학 이론들이 종의 기원 같은 주제에 관해 생각하기 위한 패러다임들을 명료하게 표현하도록 도움을 줄 수도 있지만, 패러다임들은 창들과 마찬가지로 우리가 좀 더 새로운 발견 사항들을 어떻게 보고 그것들에 관해 어떻게 생각하는지에 어느 정도 제한을 가할 수

간략한 전기 **테오도시우스 도브잔스키**(1900-75)

테오도시우스 도브잔스키는 당시 러시아 제국의 일부였던 우크라이나의 네미리프에서 태어났다. 그는 우크라이나 대학교에서 공부했고 1927년 미국으로 옮겨가서 뉴욕시 소재 컬럼비아 대학교의 교수가 되었다. 도브잔스키는 여생을 미국에서 보냈다. 그는 자신을 평생에 걸친 그리스도인

으로 묘사했고, 그것이 구원과 영생을 이해하고 생물학과 종교 사이의 종합을 만들어내는 가장 좋은 틀이라고 믿었다. 도브잔스키는 러시아 정교회에서 양육받았지만 좀 더 넓은 교리적 이해를 지니고 있었고 세계 교회주의를 믿었던 것으로 보인다.[a] 그는 다음과 같이 주장했다. "기독교는 기본적으로 진화론적이다. 기독교는 역사의 의미는 창조로부터 구원을 거쳐 하나님의 도성으로 진보하는 데 놓여 있다고 단언한다."[b] 도브잔스키는 우주 역사의 목적이 하나님의 왕국의 도래를 통한 구속이라고 생각했고 진화적 진보를 신적 성육신의 한 형태라고 믿었다.[c] 실제로 그가 유전학을 연구한 동기 중 일부는 종교적 확신 때문이었다. 그의 가장 유명한 논문 중 하나인 "진화의 빛에 비추어보지 않는 한 생물학에서 아무것도 말이 되지 않는다"(Nothing in Biology Makes Sense Except in the Light of Evolution)에서 그는 다음과 같이 쓴다.

반진화론자들은 자연선택이 어떻게 작동하는지를 이해하지 못한다. 그들은 존재하는 모든 종이 수천 년 전에 초자연적인 명령을 통해 우리가 오늘날 발견하는 모습대로 생성되었다고 상상한다. 그러나 지구상에 200-300만 종이 살고 있다는 것은 무슨 의미인

가? 자연선택이 진화를 가져오는 주된 요인이라면 종들의 숫자는 이해할 만하다. 자연선택은 미리 정해진 계획에 따라 작동하지 않으며, 종들은 그것들이 필요해서 생겨난 것이 아니라 단지 환경상의 기회와 그것들이 생겨나는 것을 가능하게 한 수단이 있었기 때문에 발생했다. 창조주가 농담하는 기분으로 캘리포니아 유정에 석유 파리(Psilopa petrolei)를 만들고, 카리브해의 특정한 섬들에만 있는 특정한 참게의 몇몇 신체 부위에서만 사는 드로소필라(Drosophila) 초파리 종을 만들었는가? 그러나 창조주가 생물 세계를 변덕을 통해서 만든 것이 아니라 자연선택으로 말미암아 촉진된 진화에 의해서 창조했다면 유기체들의 다양성은 합리적이고 이해할 수 있게 된다. 창조와 진화를 상호 배타적인 대안들이라고 생각하는 것은 잘못이다. 나는 창조론자이면서 진화론자다. 진화는 하나님의 또는 자연의 창조 방법이다. 창조는 기원전 4004년에 일어난 하나의 사건이 아니다. 그것은 약 100억 년 전에 시작되어 지금도 계속되고 있는 과정이다.[d]

[a] Michael Ruse, "Dobzhansky's Worldview," in *The Evolution of Theodosius Dobzhansky: Essays on His Life and Thought in Russia and America*, ed. Mark B. Adams (Princeton, NJ: Princeton University Press, 1994), 239.

[b] Theodosius Dobzhansky, *The Biology of Ultimate Concern* (New York: New American Library, 1967), 112.

[c] Jitse M. van der Meer, "Theodosius Dobzhansky," in *Eminent Lives in Twentieth-Century Science and Religion*, ed. Nicolaas A. Rupke, 2nd rev. ed. (Frankfurt am Main: Peter Lang, 2009), 107.

[d] Theodosius Dobzhansky, "Nothing in Biology Makes Sense Except in the Light of Evolution," *The American Biology Teacher* 35 (March 1973): 127.

도 있다. 그러므로 과학자들이 자연현상을 좀 더 잘 이해하고 설명하기 위해 계속 탐구하는 그들의 노력 안에 우발성 개념을 통합할 필요가 있다. 그런 우발성은 하나님이 만물을 자유를 지닌 존재로 창조한 것을 반영한다(섹션 2.2.1을 보라). 그리스도인들도 창조세계에 대한 우리의 지식의 잠정적인 성격에 비추어 창조 세계에 대한 우리의 지식에 우발성의 여지를 두어야 한다(섹션 3.2.1을 보라).

6부　인간의 기원

29장

인간의 기원: 창세기 2-3장

교회에서 양육된 대다수 독자는 창세기 2장이 창세기 1장의 여섯째 날에 관한 추가적인 세부 사항을 제공한다고 가정한다(재현설). 그러나 우리가 선입관이 없이 성경을 읽는다면 즉시 그 결론을 도출하겠는가? 우리는 창세기 2장과 [창세기 1장의] 여섯째 날 사이의 연결은 텍스트에 기인한다기보다 전통에 기인한다는 점을 지적하고자 한다. 우리는 성경이 주장하는 바를 알기 원한다.

첫 번째 기원 기사(창 1:1-2:3)와 두 번째 기원 기사(창 2:4-25) 사이의 관계에 관한 텍스트상의 단서들을 찾을 때 우리는 해석자들이 그 두 기사가 서로 잘 들어맞지 않는다는 것을 오랫동안 인식해왔다는 점을 인정해야 한다. 창세기 2장은 기원들을 다른 순서로 묘사하며(동물들이 사람 다음에 나온다), 창세기 2장이 참으로 창세기 1장의 여섯째 날을 좀 더 자세하게 묘사할 경우 그 모든 일이 어떻게 하루 안에 이루어질 수 있을지 우리가 의아하게 생각할

정도로 많은 활동(예컨대 아담의 형성, 에덴동산 조성, 동물을 만들기, 동물들의 이름 짓기, 하와를 만들기)을 포함한다. 사실은 창세기 2장이 이 모든 일이 하루 안에 일어났다고 말하지도 않고 그 사건들을 여섯째 날과 관련시키지도 않는다.

29.1. 도입 공식

창세기 1장과 창세기 2장 사이의 관계에 관한 텍스트상의 단서가 그 기사들을 분리시키는 문학상의 도입부에서 발견된다. "이것이 천지가 창조될 때에 하늘과 땅의 내력이니 여호와 하나님이 땅과 하늘을 만드시던 날에…"(창 2:4). "이것이 x의 내력이니"라는 문학적 공식이 창세기에 열 번 더 나온다. 그것은 창세기에서 가장 명백한 구조적 표지들 중 하나다. 창세기에 등장하는 다른 모든 공식에서 "x"는 한 사람의 이름이다. 그 공식은 그 사람의 아들들에 관한 내러티브나 그 사람의 후손의 계보를 도입한다. 즉 그 기사는 그 사람 이후에 무슨 일이 일어나는지, 그 사람으로부터 무슨 일이 전개되는지에 관해 말해주는, 그 사람에 관한 "내력"이다. 창세기 2:4절에 사람의 이름이 등장하지는 않지만 우리는 같은 논리를 사용해서 도입될 섹션이 창세기 1장에 묘사된 천지창조 후에 무슨 일이 일어날지, 그것으로부터 무슨 일이 전개될지에 관해 말할 것이라고 결론지을 수 있다. 이 도입 공식의 성격으로 미루어 볼 때 우리가 창세기 2장을 창세기 1장의 속편으로 이해해야 할 가능성이 있다.

그런 도입 공식 텍스트들 전후의 일반적인 관계를 조사하면 이 점에 관한 증거가 나올 것이다. 표 29.1에서 볼 수 있는 바와 같이 사용된 대다수 도입 공식은 후속 기사로 이동하지만 소수는 그러지 않는다.

표 29.1. 창세기에 등장하는 "이것이 x의 계보(족보)니라"라는 문학적 공식 목록

텍스트	관계	연결
창 5:1	속편/병행	가인 → 셋
창 6:9	속편	홍수 전 상태 → 노아
창 10:1	속편	노아와 아들들 → 민족 목록표
창 11:10	반복적	민족 목록표 → 셈의 후손
창 11:27	속편	셈의 후손 → 데라/아브라함
창 25:12	속편	아브라함 → 이스마엘
창 25:19	반복적	이스마엘 → 이삭/야곱
창 36:1	속편	이삭/야곱 → 에서의 가족
창 36:9	속편	에서의 가족 → 에서의 계보
창 37:2	반복적	에서의 가족 → 야곱의 가족

한 예(창 5:1)는 병행하는 혈통들 사이의 이동으로 보인다. 그러나 창세기 4:25-26은 이미 창세기 4:1-2 후에 아담으로 돌아갔으므로 그 도입부의 이동은 좀 더 협소하게 아담과 그의 후손들 사이의 관계, 즉 속편 관계에 초점을 맞춘다.

이동하는 도입 공식의 예 중 셋(창 11:10; 25:19; 37:2)은 반복적이다. 이 예들 각각에서 이동 전의 섹션은 한 가족을 훗날의 역사 속으로 추적한다. 그리고 나서 그 도입 공식은 독자를 그 가족의 다른 아들(좀 더 중요한 아들)로 데려와 그의 이야기를 말한다. 이렇게 반복하는 경우 도입 공식은 창세기 5:1에서 그랬던 것처럼 병행하는 계보를 분리하지 않으며 도입 후의 텍스트가 독자를 이전 이야기의 중간으로 데려가 그 이야기의 몇몇 부분을 좀 더 자세하게 설명하지도 않는다. 따라서 반복은 있지만 재현은 없다. 나머지 여섯 개의 예들은 속편 기사들을 도입하는데, 여기서도 재현은 없다.

창세기 1장과 창세기 2장 사이에 도입 공식이 사용된 곳으로 돌아오면 우리는—전통적인 독법에서처럼—창세기 2:4에 등장하는 도입 공식이 독자를 앞의 기사로 데려가 좀 더 자세한 설명을 제공한다고 결론짓게 할 선례가 없다는 것을 발견한다. 다른 곳의 공식은 결코 재현을 도입하지 않으며, 앞서 언급된 바와 같이 **톨레도트**(toledot, "기사")라는 단어가 뭔가 전개되는 것을 가리키기 때문에 창세기 2장을 재현으로 간주하면 의미가 잘 통하지 않을 것이고 그것은 반복 예의 "형제" 패턴을 따르지도 않는다. 따라서 알려진 다른 예에 근거해서 판단할 때 창세기 2장이 창세기 1장에 대한 속편일 가능성이 가장 높다. 그것은 아담과 하와가 창세기 1:26-29에서 창조된 사람 중에 있었을 수 있음을 의미하겠지만, 창세기 1장과 창세기 2장의 관계가 아담과 하와가 창세기 1:26-29절의 유일한 지시 대상이라고 주장하지는 않을 것이다. 우리가 아담과 하와가 최초의 사람들 그룹에 있었다고 생각하더라도 창세기 2장은 여섯째 날에 대한 좀 더 자세한 설명이 아닐 것이다. 창세기 2장은 (시간상으로 가까울지라도) 좀 더 후에 일어났을 것이다.

창세기 1-2장에 대한 이러한 독법의 가능성을 고려하면서 우리는 그 해석이 우리가 창세기 4장에서 조우하는 다루기 어려운 오래된 문제들 중 몇 가지를 해결하리라는 점을 알아차리지 않을 수 없다. 창세기 4:14에서 가인은 자기가 하나님의 면전에서 쫓겨났으니 자기를 발견하는 자마다 자기를 죽일 것이라고 하소연한다. 그가 두려워하는 사람들은 누구인가? 창세기 4:17에서 그는 아내가 있고 성을 쌓는다. 이 점 역시 아담과 하와와 가인 외에도 주위에 다른 사람들이 있다고 암시한다.

그러나 이렇게 제안된 해석이 이 문제들에 대한 해결책을 제시하지만 그것은 다른 문제들을 야기한다. 창세기 2:18은 사람이 혼자 산다고 말한다. 창세기 1:26-29이 이미 다른 사람들이 존재한다고 지적할 의도였다면 창세기 2:18은 이상한 언급으로 보인다. 우리는 만일 이미 많은 사람이 존재하고 있다면 창세기 2장에 수록된

"형성 기사"는 무슨 의미인지에 대해서도 의아하게 생각할 것이다. 우리가 그 구절을 살펴볼 때 이 문제들이 다뤄질 것이다.

29.2. 원형의 역할: 흙으로 지어짐

독자들이 아담이 흙으로 지어지는 내러티브를 만나면 그들은 흔히 그 텍스트가 아담의 물리적 기원에 관해 말하고 있고 그 점이 아담을 다른 모든 인간과 구별시킨다고 생각한다. 얼핏 읽으면 그런 인상을 받을 수도 있겠지만, 우리는 그것이 그 텍스트의 의도인지, 그 텍스트가 아담이 어떻게 지어졌는지를 묘사할 때 아담에게 원형의 역할을 부여했는지를 주의 깊게 조사해야 한다.

원형(archetype)은 그가 속하는 집단의 다른 모든 사람이 동일시될 수 있는 사람으로 정의될 수 있다. 그는 전체를 상징한다. 바울은 아담 안에서 모든 사람이 죄를 짓고(롬 5:12) 아담 안에서 모두 죽는다(고전 15:22)고 지적하면서 아담을 원형으로 취급한다. 이 원형 역할은 아담이 역사적 인물임을 배제하지 않는다. 그것은 아담을 한 사람의 개인 이상인 존재, 즉 모든 사람 안에 내재된 원형으로 볼 뿐이다. 따라서 아담은 사실 한 사람의 개인이면서 원형이기도 하므로 우리는 아담이 양자 모두로서 논의될 수 있음을 발견한다. 우리가 텍스트의 초점이 개인으로서 아담인지 원형으로서 아담인지를 알아내는 방법은 아담에 대해서 하는 말이 (역사적 개인으로서) 그에게만 해당하는지 또는 모든 인간에게 해당하는지(따라서 원형으로서 아담에 관해 말하는지)를 분간하는 것이다.

마찬가지로, 그리고 특히 성경이 물질적인 인간의 기원에 관해 주장하는 바를 이해하기 원한다면, 우리는 아담의 형성 기사가 그에게만 해당하는지 아니면 우리 모두에 관한 묘사인지를 결정해야 한다. 그 기사가 아담에게만 해당한다면 그것은 아담의 독특한 기원에 관한 주장이고 그는 이후에 정상적인 방법을 통해 태어난 우리 모두의 조상이 된다.

창세기 2:7은 "하나님이 땅의 흙으로 사람을 지었다"고 말한다. 아담이 지어졌을 때 흙이 재료였다는 것에 관해 중요한 점은 무엇인가? 몇몇 학자들은 이것이 화학적 구성에 적용될지도 모른다고 생각했다. 그러나 이스라엘인들은 우리가 화학으로 분류하는 내용을 알지 못했다. 사람들은 흔히 하나님을 흙으로 인간의 몸을 빚는 장인(匠人)으로 보았다. 그러나 빚는 것과 장인의 솜씨가 요점이었다면 우리는 재료가 빚어질 수 없는 흙이 아니라 빚어질 수 있는 찰흙일 것으로 예상할 것이다. 따라서 화학이나 장인의 솜씨는 흙이 언급되는 이유를 설명하지 못한다.

그러나 그 텍스트는 창세기 3:9에서 설명을 제공한다. "너는 흙이니 흙으로 돌아갈 것이니라." 성경의 저자가 그 텍스트에서 우리에게 아담이 흙으로 지어진 이유를 말해주는 것처럼 보인다. 흙은 필멸성(mortality)과 관련이 있다. 어떤 학자는 로마서 5:12에서 바울이 죄로 말미암아 사망이 들어왔다고 말하는 것에 기초해서 인간이 불멸의 존재로 창조되었다고 추론하므로 이 결론에 반대한다. 그러나 바울의 진술이 불가피하게 인간이 불멸의 존재로 창조되었다는 결론으로 이어지는 것은 아니다. 인간이 불멸의 존재로 창조되었다면 에덴동산에서 그들에게 생명 나무가 필요하지 않았을 것이다. 생명 나무는 인간의 죽을 운명에 대한 해독제를 제공했다. 따라서 인간이 죄를 짓고 생명 나무에 대한 접근을 상실하자(창 3:24), 그들은 자신이 본래 지니고 있던 죽을 운명에 빠졌다. 그런 식으로 바울의 진술은 죄가 생명 나무에 대한 접근을 단절했기 때문에(섹션 3.6을 보라) 죄를 통해 사망이 왔다고 지적한다. 생명은 하나님과의 관계 안에서 발견되기 때문에 우리는 죽을 운명으로 창조되었다. 하나님이 관계를 계획했고 원했기 때문에 우리에게 생명을 의도했는데, 생명은 하나님과의 관계 안에 있는 것으로 정의된다. 우리 스스로의 힘으로는 우리가 죽음을 경험할 것이다.

흙의 의미가 죽을 운명이라면 우리는 이 재료가 아담

개인에게만 해당하는 것이 아니라 성격상 원형적이라는 것을 쉽게 알 수 있다. 우리는 모두 죽을 존재다. 성경은 여러 곳에서 필멸의 보편성을 반영한다. 전도서 3:20은 "다 흙으로 말미암았으므로 다 흙으로 돌아가나니"라고 진술한다. 바울은 고린도전서 15:47-48에서 첫 번째 사람은 지상의 모든 사람과 마찬가지로 흙에서 났다고 말한다. 이 개념은 그리스도가 나기 몇 세기 전에 쓰인, 성경 밖의 최초의 창세기 해석인 집회서 17:32에 표현되는데, 그곳에서 저자는 인간이 흙과 재라고 단언한다.

그러나 인간의 필멸성에 대한 가장 중요한 성경의 묘사는 아마도 시편 103:14일 것이다. 시인은 인간의 약함과 필멸성의 맥락에서 하나님에 관해 다음과 같이 말한다. "이는 그가 우리의 체질을 아시며 우리가 단지 먼지뿐임을 기억하심이로다." 시인이 창세기 2:7의 어휘를 채택해서 모든 인간에게 해당하는 내용을 묘사하므로 우리는 그가 아담을 원형으로 이해한다는 것을 알 수 있다. 그 시인에 따르면 먼지(흙)는 아담뿐만 아니라 모든 인간의 구성 성분이다. 더욱이 우리는 모두 흙으로 만들어졌다는 시인의 단언은 우리가 여성에게서 태어나지 않았다는 뜻이 아니다. 그러므로 흙으로 만들어졌다는 말은 물리적 기원에 관한 말이 아니다. 그것은 아담과 우리의 정체성에 관한 진술이다. 그렇다면 사람을 만드는 것에 관한 이 기사는 원형에 관한 것으로서, 최초의 인간의 물리적 기원을 묘사하는 이야기가 아니라 우리 모두의 정체성에 관한 이야기다.

이런 점들을 살펴보았으니 우리는 고대 근동의 창조 기사들에서 재료들이 언급될 때마다 그 기사들이 인간의 정체성에 관한 원형적 통찰을 제공한다고 해서 놀라지 않아야 한다. 고대 세계에는 그런 기사가 약 10건쯤 있는데 그중 거의 모든 기사가 신이 신의 피, 눈물, 진흙, 침 또는 정액을 사용해서 인간을 빚는 것을 묘사한다. 이 중에서 어느 기사도 생물학적 기원 자체에 관한 기사로 의도되지 않았다. 그보다는 각각의 기사가 인간의 기능적 역할, 신

에 대한 인간의 관계, 그들 주위의 세상에 대한 인간의 관계에 관한 진술을 제공한다. 즉 그 기사들은 인간의 정체성에 관심을 가진다.[1] 창조주인 신이 물레에서 파라오를 빚고 있는 모습을 보여주는 이집트의 부조(浮彫)들도 있지만, 그 신은 (인간으로서) 파라오의 물질적 신체를 빚고 있는 것이 아니라 그 신에 대한 관계에서 (원형적인 왕으로서) 파라오의 **정체성**을 형성하고 있다.

창세기 2:7에서 흙에 대한 언급이 원형으로 여겨진다고 하더라도 하나님이 아담을 "지었다"는 묘사로 말미암아 많은 독자가 그 표현이 물질적 과정을 염두에 둔 것이라고 생각한다. 영어의 독자는 그런 결론을 내리는 것이 논리적이다. 하지만 이 대목에서 사용된 "지었다"라는 히브리어 단위의 용례를 조사해보면 이 단어에 관한 영어 번역어와 히브리어 의미 사이에 차이가 있음이 드러난다. 스가랴 12:1에서 명확한 예가 발견된다. "여호와, 곧 하늘을 펴시며 땅의 터를 세우시며 사람 안에 심령을 지으신 [ytsr] 이." 이 대목에서 "짓다"라는 동사의 직접 목적어는 인간의 영으로서 그것은 물질적인 범주에 속하지 않는다. 이는 "짓는 것"이 반드시 물질적인 행동은 아니라는 점을 보여준다. 히브리어 성경에서 그 단어가 42회 등장하는데, 그것은 다양하게 비물질적인 방식으로 사용된다.[2]

- 하나님이 오래전에 **정한**(NIV 역본은 "계획한"으로 번역했음) 바대로 이루어지고 있는 사건들에 관해 말한다[3](왕하 19:25 // 사 37:26; 다음 구절들을 보

---

1 오늘날에도 이런 식의 원형적 신원 확인이 우리에게 낯설지 않다. 초등학교 2학년인 어떤 소녀가 엄마들이 무엇으로 구성되어 있느냐는 질문을 받았을 때 엄마들은 구름, 천사의 날개, 그리고 끈으로 구성되었다고 답변했다. 이 예에서 (그 소녀에게 진짜 역사적 엄마가 있지만) "엄마"는 원형적이며, 그 소녀가 "엄마"에게 귀속시키는 요소들도 원형적이다. 그 요소들은 "엄마들" 그룹에 속할 자격이 있는 모든 사람에 관해 뭔가를 말한다.

2 창 2장에 3회, 내러티브(왕하 19:25)에 1회, 시편에 7회 등장하며 남은 31회는 예언서들(사 43-46장에서만 16회)에 등장한다.

3 우리가 "하나님이 땅의 흙으로 사람을 계획했다"로 읽으면 창 2장에 대한 우리의 이해가 어떻게 변하겠는지 생각해보라.

라. 사 22:11; 46:11; 렘 18:11).

- 하나님이 마음(heart, 영어에는 "마음"과 "심장"이라는 뜻이 있다—역자 주)을 **지었다**는 말은 피를 펌프질하는 신체 조직을 가리키는 것이 아니라 한 사람의 사고와 성향을 가리킨다(시 33:15).
- 하나님이 **만들었다**(시 74:17).
- 부패한 관리는 칙령들을 통해 백성에게 재난을 **꾸민다**(NIV 번역본은 "가져온다"로 옮긴다. 시 94:20).
- 우리의 날들이 하나님에 의해 **정해진다**(NIV 번역본에서는 "규정된다"로 번역되었다. 시 139:16).
- 이스라엘은 하나님에 의해 **창조된다**(지어진다. 사 43:1, 21; 44:2, 21, 24; 45:11; 렘 10:16; 51:19). 즉 물질적인 존재로서가 아니라 한 민족, 한 국가로서의 정체성이 주어진다.
- 하나님이 빛도 **짓고** 어둠도 창조한다(사 45:7).
- 하나님의 종은 일반적인 인간의 탄생 과정을 통해 태어남에도 불구하고 태에서 **지어진다**(사 49:5; 렘 1:5을 보라).
- 하나님이 메뚜기 떼를 **짓는다**(NIV 번역본은 "준비한다"로 번역한다. 암 7:1); 그는 메뚜기들이 자신의 목적대로 행동하게 한다. 그는 새로운 메뚜기들을 만들어서 자신의 심판의 행위자로 삼지 않는다.

야차르(ytsr)라는 단어가 등장하는 문맥의 절반 이상에서 그 단어들은 물질적인 의미가 아니다. 위에 열거된 많은 경우에서 그 단어는 하나님이 어떻게 현상, 사건, 운명, 그리고 역할들을 정하는지를 전달한다. 이곳에 열거되지 않은 경우의 대다수도 "준비하다", "정하다" 또는 "명하다"로 번역될 수 있다. 따라서 우리는 창세기의 저자가 하나님이 아담을 **"지었다"**(ytsr)고 한 말이 본래적으로 하나님에 의한 아담의 물질적 창조를 염두에 둔 것이 아님을 알 수 있다.

이 해석을 지지하는 마지막 정보는 창세기 2:7에 "흙으로"(from dust)라고 표현된 어구의 전치사(from)가 히브리어에는 나타나지 않는다는 점이다. 문법학자들은 흔히 구문 구조가 "흙"이 형성을 위한 재료로 이해되어야 함을 암시한다고 단언해왔다.[4] 그러나 이 문맥들에서 본래의 정체성과 물질을 구별하기 어렵다. 두 가지 사실이 이 대목에서 물질보다는 정체성이 문제라고 암시한다. (1) 우리가 이미 언급한 다른 구절들이 인간이 흙**에서** 나왔다기보다 흙**이라**고 지적한다. (2) 역시 위에서 언급된 스가랴 12:1은 인간을 짓는 것은 몸이 아니라 영에 관련된다는 정보를 제공한다.[5] 따라서 창세기 2:7에서조차 흙이 물질적인 재료로 명백하게 제시된 것이 아니다.

29.3. 원형적인 역할: 갈빗대

하와를 짓는 기사를 볼 때 우리는 다시금 자동적으로 이것이 하와의 물리적 기원에 관한 기사라고 가정하기를 원하지 않는다. 우리는 이제 원형적인 정체성에 초점을 맞출 가능성에 대해 주의한다. 우리가 창세기 2:21-24에서 가장 먼저 주목하는 점 중 하나는 아담이 하와를 묘사하는 내용이다. "이는 내 뼈 중의 뼈요 살 중의 살이라"(창 2:23). 뼈와 살이 모두 언급되었기 때문에 우리는 즉시 이 대목에서 단순한 갈빗대 이상이 사용되고 있음을 인식할 수 있다. 따라서 우리는 이 대목에서 전통적으로 "갈빗대"로 번역되어온 히브리어 명사(sela')를 조사해볼 필요가 있다. 그러나 그 단어가 성경 텍스트의 다른 곳에서 결코 해부학적인 의미로 사용되지 않기 때문에 우리의 조사는 어려움을 겪게 된다. 그 단어는 많은 경우에 방향(북**쪽**[north side] 또는 남**쪽**)이나 건축(성전의 한**쪽**이나 성전의 다른 **쪽**)의 맥락에서 사용된다. 대다수 맥락에서 "옆구리"(side)가 가

---

4   B. Waltke and M. O'Connor, *Introduction to Biblical Hebrew Syntax* (Winona Lake, IN: Eisenbrauns, 2000), section 10.2.3c, p. 174. 그곳에서 다른 몇 가지 예가 제시된다.

5   히브리식 사고에서 영(ruah)은 인간에게 활기를 부여하기 위해 하나님에 의해 주어진다.

장 적절한 번역이다. 그것은 하와에 관한 아담의 진술도 일리가 있게 만든다. 만일 하나님이 아담의 옆구리들 중 한쪽을 취했다면 아담이 하와가 자기의 살과 뼈임을 발견한 것이 논리적이다. 따라서 그리스어 70인역(최초의 구약성서 번역본), 아람어 타르굼, 그리고 히에로니무스가 번역한 라틴어 역본(불가타)이 대개 사람의 옆구리를 가리키는 단어들을 선택한 것이 놀랄 일이 아니다. 그 단어들이 갈비나 흉곽에도 사용될 수 있기는 하지만 말이다. 초기의 몇몇 랍비 해석자들도 "갈비" 대신 "옆구리"로 해석하는 데 찬성했다.[6]

만일 하와를 만들기 위해 아담의 옆구리들 중 한쪽—즉 그의 절반—이 취해진다면 이는 매우 과격한 수술이다. 그러나 우리는 이스라엘의 청중은 수술이나 마취된 수면을 생각하지 않으리라는 점을 인식해야 한다. 이스라엘인이라면 이 묘사에서 무엇을 듣겠는가? 그 문제를 다루기 위해서는 우리가 "깊은 잠"이 무엇을 의미하는지를 이해할 필요가 있다. 히브리어 성경에서 14회 등장하는 이 단어의 용례 중 몇몇은 깊이 잠들어 임박한 위험조차도 이 상태의 사람을 깨울 수 없음을 가리킨다(삼상 26:12의 사울과 욘 1:5의 요나를 보라). 다른 문맥들에서는 위험이 나타나지 않으며 깊은 잠이 환상의 상태를 도입한다(창 15:12의 아브라함; 단 10:9의 다니엘). 아담이 위험한 상태에 있지 않으므로 창세기 2:21에서 그가 환상 상태에 있다고 이해하는 것이 좀 더 일리가 있다. 그 경우 아담은 자신이 반으로 갈라지고 자기의 절반으로부터 하와가 만들어지는 환상을 본 것이다. 아담이 하와가 지어지는 환상을 보았다는 아이디어는, 실제로 예컨대 교회 역사의 초기에 테르툴리아누스의 저작에 나타난다.[7] 이 해석은

그리스어와 라틴어 번역에도 반영되었다(각각 **엑스타시스**[ekstasis]와 **소포르**[sopor]).

만일 아담이 창세기 2:21에서 환상을 보고 있다면 그 구절은 하와의 물리적 기원에 관한 묘사가 아니다. 이 기사의 원형적 성격은 아담의 환상에서 일어나는 일에 기초해서 모든 인간의 정체성에 관한 진리가 결론지어지는 창세기 2:24에서도 확인된다. 모든 여성은 모든 남성의 절반으로부터 지어진다. 이 점은 개별적인 부부들에게만 해당하는 것이 아니라 인류 전체에 해당한다.

요약하자면 우리는 모든 사람이 흙으로 지어졌음—달리 말하자면 인간이 죽을 운명임—을 보았기 때문에 창세기 2:7은 아담의 독특한 물리적 기원에 관한 묘사가 아니다. 그리고 만일 아담이 하나님이 아담의 옆구리 중 한쪽으로 하와를 만드는 환상을 보았다면 그 텍스트는 (하와 개인적으로든 여성 전체에 대한 원형으로서든) 하와의 물리적 기원에 관해 아무런 주장도 하지 않는다. 오히려 그 텍스트는 모든 인간의 원형으로서 아담과 하와에 관한 주장을 하면서 인간들 사이의 관계와 인간과 하나님 사이의 관계에 관한 존재론적 진리를 드러낸다. 아담과 하와, 또는 그 문제에 관한 한 우리 중 어느 누구의 물리적 기원에 관한 어떤 주장도 이루어지지 않는다.

29.4. 아담과 하와에 관해 중요한 점은 무엇인가?

그 해법을 제안했으니 이제 두 번째 창조 기사의 의미를 분간할 필요가 있다. 그 기사가 인간의 물질적 시작을 제시하는 것이 아니라면 아담과 하와를 창세기 1장의 기사에서 여섯째 날에 나타난 사람들과 동일시할 이유가 없다. 하지만 그들은 확실히 특별한 주의를 기울이도록 선정되었다.

우리는 창세기의 독자들에게 하나님이 설계한 인간의 정체성(존재론)과 아담과 하와가 어떻게 신성한 공간에서 제사장들이 되도록 선택되었는지에 관한 특별한 계시가 주어졌다고 제안한다. 우리는 앞서 창세기 1장이 하

---

6 예컨대 기원후 3-4세기의 창세기 라바에 등장하는 나흐마니의 아들 사무엘.

7 A. Louth, ed., *Genesis*, Ancient Christian Commentary on Scripture: Old Testament 1 (Downers Grove, IL: InterVarsity Press, 2001), 66-67.

나님이 어떻게 세상이 인간을 위한 특별한 공간으로 기능하도록 세상에 질서를 부여했는지에 관한 기사로 읽혀야 한다고 제안했다. 이어서 창세기 2장은 사람들이 하나님의 신성한 공간—이 대목에서는 에덴동산으로 대표된다—에서 어떻게 기능해야 하는지를 보여줌으로써 그 아이디어를 다듬는다.

동산은 고대의 세계관에서는 신성한 공간에 대한 익숙한 환경이다. 고대 근동의 도상(iconography)에서는 신이 임재하는 신성한 공간에서 풍요로운 물이 흘러나오는 그림이 흔하다. 그것은 이 대목에서는 동산을 적시는 물(창 2:10-14)에 반영되어 있으며, 에스겔서 47장에 묘사된 야웨의 종말론적 성전 환상과 시편과 예언서들 도처의 언급들에도 반영되어 있다. 고대 근동에서 동산들은 신의 임재에 기인한 풍요의 증거로서 신성한 공간에 접하여 조성되었다. 이곳들은 채소밭이나 곡물 밭이 아니었다. 그곳들은 아름답게 조경된 공원이었다. 동산들은 신에게 봉헌된 과일을 공급했다. 왕들 역시 왕궁 옆에 동산을 조성해서 그곳에서 방문객들을 영접하여 그들에게 신들이 자기를 통해 그 땅에 풍요를 공급함으로써 자신을 얼마나 총애하는지를 과시했다.

이 배경에 비추어서 우리는 에덴동산이 단순히 사람들에게 음식을 제공하기 위한 아름다운 녹지가 아니라는 점을 알 수 있다. 에덴동산에 그런 기능도 있었지만 말이다. 에덴동산에는 하나님이 그곳에 거한다는 사실을 반영하는 신성한 공간이라는 훨씬 중요한 목적이 있다. 창세기 1장에서 우리는 하나님이 거주하기 위해 우주에 와서 그것을 신성한 공간으로 바꾸었음을 배웠다(5장을 보라).[8] 창세기 2장에서 우리는 그 신성한 공간의 중심이 될 곳인 에덴동산에 관해 배운다. 하지만 에덴동산이 어떤 점에서는 고대 세계의 신성한 공간 개념에 부합하지만

중요한 몇몇 특징도 있다. 예컨대 고대 근동에서는 동산의 산물이 거주하는 신을 위한 음식을 제공한 반면에, 에덴동산은 하나님이 사람을 위한 음식을 제공하기 위해 조성했다.

고대의 문헌들에 등장하는 다른 동산들과 병행하지 않는 에덴동산의 또 다른 측면은 동산 중앙에 있는 특별한 두 나무, 즉 생명 나무와 선악을 알게 하는 나무(지혜의 나무)다.[9] 이 나무들이 문자적인 나무들인지 아니면 상징적/비유적 나무들인지에 관해 역사적으로 많은 해석이 있었다. 어떤 차원에서는 그 나무들이 문자적인 나무이든 아니든 간에 우리는 그 나무들의 의미가 무엇인지를 알기 때문에 단순히 그 나무들이 성경이 그것들에 관해 생각하는 것이라고 말할 수 있다(그것이 무엇인지 우리가 확실히 알 수는 없지만 말이다). 요점은 생명과 지혜의 근원이 하나님 안에서 발견된다는 것이다. 우리는 하나님의 현존에서 생명을 발견하며(신 30:11-20), 야웨를 경외하는 것이 지혜의 시작이다(잠 1:7; 욥 28:28). 하나님이 생명과 지혜가 자신에게서 나온다는 사실을 보여주기 위한 수단으로 과일 나무들을 수여하기로 작정했다면 우리는 그런 일이 불가능하다고 말할 수 없다. 가령 하나님이 삼손의 힘을 그의 머리카락과 연결하기로 작정했지만, 물론 삼손의 힘은 그의 머리카락 자체에서 온 것이 아니라 궁극적으로 하나님에게서 나왔다. 그 나무들이 문자적이든 비유적이든 간에 기본 요점은 동일하다. 생명은 하나님의 현존에서 얻어지고 지혜는 스스로 취할 어떤 것이 아니라 하나님의 선물이다.

에덴동산을 신성한 공간으로 이해하고 하나님의 현존(그리고 하나님과의 관계에서 발견되는 모든 것)이 주된 요점임을 알게 되면 우리는 창세기 2장에 수록된 기사가 인간의 기원에 관한 내용이 아님을 이해하기 시작한다. 하나님은 아담에게 그가 필멸의 존재임을 계시하지만, 하

---

8 좀 더 자세한 논의는 John H. Walton, *Genesis*, NIV Application Commentary (Grand Rapids: Zondervan, 2001), 180-83을 보라.

9 이 등식에 대해서는 Walton, 170-72을 보라.

나님과의 관계가 아담의 필멸성에 대한 구제책인 생명을 줄 수 있는 장소인 신성한 공간인 동산을 세운다. 하나님은 아담을 이 신성한 공간에 두고 그에게 그곳에서 봉사하도록 위임한다. 봉사하고(경작하고) 지킨다는 용어는 조경이나 농업의 책임이라기보다는 제사장의 책무를 나타낸다.[10] 아담이 당시에 존재했던 다른 사람들로부터 선택되었든 또는 향후의 모든 인류를 대신해 선택되었든 간에 하나님은 이 신성한 역할을 위해 아담을 선택했다. 이른 시기의 해석 중에서 「희년서」는 아담이 에덴을 떠날 때 분향한다고 묘사하는데, 이는 아담이 제사장 역할을 했고 에덴동산이 신성한 공간이었음을 반영한 것이다.[11]

그렇다면 아담의 역할은 고대 세계의 제사장들의 역할에 비추어 이해되어야 한다. 우리는 성경을 읽을 때 흔히 제사장들을 제의 전문가이자 사람들을 야웨의 길과 율법으로 인도하는 사람으로 생각한다. 그것은 사실이지만 이런 임무들은 좀 더 넓은 그림에 부합한다. 제사장의 주된 임무는 신성한 공간의 보존에 있었다. 그들은 다음과 같이 함으로써 신성한 공간을 보존했다.

- 신성한 공간이 사람들에게 요구하는 내용(예컨대 신성한 공간 각각의 구역의 정결 기준, 신성한 공간에 대한 적절한 태도 등)에 관해 그들을 지도하여 그 공간의 신성함이 유지되게 한다.
- 적절한 방식으로, 적절한 시기에, 그리고 적절한 선물로 제사를 드려서 신성함이 보존되게 한다.
- 신성한 공간과 그 안에 있는 신성한 물건들을 지켜서 그것들의 신성함이 보존되게 한다.
- 신성하지 않은 것의 접근을 막아서 그것이 신성한 공간의 신성함을 훼손하거나 타락시키지 못하게 한다.
- 신성한 공간의 유익이 사람들에게 활용될 수 있게 하고(그럼으로써 신성한 공간을 확장하고) 사람들의 선물이 신에게 전달되게 하는 매개자 역할을 한다.

따라서 신성한 공간은 제사장들을 통해 봉사를 받지만, 그 공간은 제사장들이나 그들의 봉사를 위해 존재하지 않는다. 그것은 하나님의 명백한 현존 때문에 존재한다. 하나님은 제사장들의 활동을 통해 신성하다고 지정된 공간에 거처를 정하지 않는다. 그 장소는 하나님이 그곳에 거할 때, 그리고 하나님이 그곳에 거하므로 신성한 장소가 된다. 아담은 이 신성한 공간의 신성함을 보존하는 일에 관여하는 제사장으로서 그곳에 접근할 수 있었다. 질서가 하나님으로부터 나오기 때문에 신성한 공간은 질서의 중심이기도 하다. 사람들이 "정복하고 다스릴" 것이라는 아이디어는 그들이 하나님의 부섭정으로서(즉 하나님의 형상을 따라. 본서의 32장을 보라) 하나님 아래서 질서를 보존하고 확대하는 역할을 계속할 것으로 예상한다.[12] 아담에게 생명(의 나무)에 대한 접근권은 주어졌지만 지혜(의 나무)에 대한 접근권은 유보되었는데, 그것은 아마도 아담이 먼저 하나님의 지도하에서 성장하고 성숙할 필요가 있었기 때문일 것이다.

아담에게 큰 임무가 주어지고 하나님은 사람이 혼자 사는 것이 좋지 않다고 생각한다. 이 진술이 다른 사람이 존재하지 않는다는 암시는 아니며 우리가 이 말이 고독대 동료 관계 또는 배우자를 발견하는 것과 관련이 있다고 가정해서도 안 된다. 그런 것들은 이 맥락에서 문제가 아니다. 그것보다는 그 임무가 아담 혼자서 감당하기에는 너무 벅차다. 그는 동료가 필요하다. 아담이 동물들의 이

---

10   좀 더 자세한 논의는 Walton, 172-74, 185-87을 보라.

11   J. VanderKam, "Adam's Incense Offering (Jubilees 3:27)," in *Meghillot: Studies in the Dead Sea Scrolls V-VI—A Festschrift for Devorah Dimant*, ed. Moshe Bar-Asher and Emanuel Tov (Jerusalem: Bialik Institute, 2007), 141-156을 보라.

12   고대 세계에는 어떤 존재(신 또는 인간)가 다양한 동물—종종 가장 다루기 어렵다고 여겨지는 동물—을 정복하는 모습을 보여주는 "동물들의 정복"이라는 도상 모티프가 있다. 이는 "혼돈에서 질서로"의 모티프인데 창세기는 이 대목에서 그것에 대한 자체의 형태를 보여준다.

름을 짓고 동물들의 역할과 성격을 파악했을 때 그는 어떤 동물도 자기에게 주어진 임무에서 동료가 되기에 적합하지 않음을 발견했다.

그러므로 창세기 2장의 기사는 여성이 단지 또 다른 생물에 불과한 존재가 아니라 남성과 비슷하고—사실은 남성의 다른 절반으로서 그의 본질을 공유한다(존재론적으로 동등하다)—따라서 그의 동료로 적합하다고 말한다. 여성은 신성한 공간을 보존, 보호, 확대해야 할 남성의 과제에 합류했다. 고대 세계에서는 여성이 제사장 역할을 하는 것이 유별나지 않았다. 하지만 이 구절에 비추어 볼 때 남성들만 제사장으로 봉사한 이스라엘이 그 현상에 대한 예외라는 사실이 이상해 보인다. 특히 창세기 내러티브가 모세 같은 이스라엘의 권위 있는 인물을 통해 이스라엘인들에게 전달된 것으로 이해될 경우에 말이다.[13]

고대 세계에서 여성 제사장들이 때때로 신성한 공간의 관리에 관여했지만, 여성들이 이 역할을 한 것으로 알려진 예들은 대개 기원전 2,000년대 말과 기원전 1,000년대 초의 것이다.[14] 성경에는 신성한 공간에서 봉사하는 여성들이 등장하지만(출 38:8; 삼상 2:22) 그들이 여제사장은 아니며, 그들이 실제로 어떤 역할을 했는지에 관해 다양한 해석이 있다. 차츰 고대 때 성적인 역할이나 마술적인 역할이 신성한 공간에서 봉사하는 여성과 관련되었다. 좀 더 넓은 문화적 변화의 결과 이스라엘의 관행에서는 그들의 이웃과 자신들 사이에 구분을 확립하고 이 신성한 경내에서 성적인 제의가 발생하는 것을 방지하기

위해 여성의 제사장 역할이 금지되었을 수도 있다.[15] 이스라엘에 여성 제사장이 없었던 데 대해 우리가 어떤 설명을 제시하든 간에 창세기 2장의 기사는 여성을 신성한 공간에서 봉사하는 남성의 동료로 묘사한다.

우리는 앞에서 아담과 하와가 원형적인 대표자라고 말했다. 이 대목에서 우리는 그들이 제사장적인 대표자이기도 하다는 것을 발견한다. 그러나 이 두 유형의 대표는 서로 구분되어야 한다. 원형적인 대표에서는 그들의 개체성이 그들의 원형적인 중요성 안으로 가라앉는다. 제사장적인 대표에서는 그들은 어떤 그룹을 위해 봉사하는 개인들이다. 그러나 그들이 제사장의 역할을 지니는 결과로 인해 그들의 행동은 그들이 대표하는 전체 그룹에 대한 함의를 갖는다.

우리가 창세기 1장에 등장하는 사람들과 창세기 2장에 등장하는 아담과 하와를 구분했기 때문에, 우리는 뒤로 돌아가서 창세기 1장이 사람들에 관해 뭐라고 말하는지를 상기할 필요가 있다. 창세기 1장은 하나님이 사람을 어떻게 만들었는지 또는 그가 어떤 메커니즘을 사용했는지에 관한 정보를 전혀 제공하지 않는다. 사람의 창조가 즉각적이었는지 또는 오랜 과정을 통한 것이는지에 관한 어떤 암시도 없다. 그 텍스트는 오직 하나님이 사람을 자신의 형상대로 만들었다고 주장할 뿐이다.

하나님의 형상은 복잡한 신학적 개념을 나타낸다. 그것은 하나님과 별개로 일어날 수 있는 신경의 발달이나 물질적인 발달이 아니라 하나님으로부터의 선물이다. 같은 아이디어가 고대 근동에 존재하는데, 그곳에서는 신의 형상이 지상에서 만들어지기는 하지만 하늘에서 탄생한 것으로 여겨졌다. 우리가 32장에서 하나님의 형상을 하나님이 선물로 주었고 하나님이 지탱하는 특별한 관계에 기반하는 것으로 특징짓지만, 우리는 지나치게 단순화할 위험을 무릅쓰고 그것이 인간의 네 가지 중요한 측면과 밀

---

13 신성한 공간에서 여성의 역할에 관한 논의는 P. Bird, "The Place of Women in the Israelite Cultus," in *Ancient Israelite Religion*, ed. P. D. Miller, P. D. Hanson, and S. D. MacBride (Philadelphia: Fortress, 1987), 397-419, 특히 405-8에 수록된 요약을 보라.

14 H. J. Marsman, *Women in Ugarit and Israel: Their Social and Religious Position in the Context of the Ancient Near East* (Leiden: Brill, 2003), 490-91. 고바빌로니아 시기(기원전 1000년대 전반) 후에는 이 역할들이 거의 사라졌다. 같은 시기 이집트(중왕국)에서도 여성 제사장의 역할 감소가 명백하다. 학자들은 제사장직이 전문화함에 따라 여성 제사장의 역할이 감소했다고 제안한다.

15 Marsman, 544-47.

접한 관련이 있는 것으로 여겨져야 한다고 제안한다. 하나님의 형상은 다음 사항들과 관련이 있다.

1. 예컨대 정복하고 다스리라는 책임에서 발견되는, 하나님이 인간에게 준 **역할과 기능**(창 1:28).[16]
2. 하나님이 인간에게 수여한 **정체성**(즉 하나님의 형상은 정의상 인간이 획득할 수 있는 뭔가가 아니다. 마치 "좀 더" 인간이 되듯이 말이다. 오히려 그것은 우리 인간이 하나님의 선물로서 가지는 어떤 것이다).
3. 우리가 세상에서 하나님의 현존을 대표해서 하나님의 **대리자**로서 봉사하는 방식(아시리아의 왕들이 정복된 도시들이나 중요한 국경들에 둘 자신의 형상을 만들 때, 그들은 자기가 사실상 그곳에 계속 현존한다는 것을 전달했다).
4. 신과 인간 사이의 **관계들**.

하나님의 형상이 구현되지만 그것은 생리적이거나 해부학적인 것이 아니다. 이 관계는 부모와 자식 사이의 관계란 관점에서 가장 잘 표현된다.[17] 남성과 여성이 하나님의 형상대로 만들어진 것처럼, 창세기 5:3에서 아담은 "자기의 모양 곧 자기의 형상을 따라" 셋을 낳았다.

하나님의 형상으로서 인간의 이 네 가지 측면들은 개인들에게만 해당하는 것이 아니라, 집단적인 종으로서 인류에게도 해당한다. 그리고 이 점이 좀 더 중요하다. 모든 사람이 나이, 육체적 장애 유무, 도덕적 행위, 인종, 또는 성별에 무관하게 하나님의 형상대로 지어졌음을 긍정하는 것이 필수적이다. 하나님의 형상이 다른 사람에게서보다 더 강력하게 나타나는 사람은 없다. 그것은 우리 모두에게 하나님의 특별한 선물을 받은 창조물로서 존엄성을 부여한다. 그리고 우리는 하나님의 청지기로서 세상에서 하나님의 일을 하고, 하나님이 시작한 질서를 가져오는 과정에서 그의 조력자가 되라는 임무를 부여받는다. 많은 학자가 하나님이 어느 한순간에 자신의 형상을 수여했다고 생각하지만, 몇몇 학자는 인간의 기원에 오랜 과정이 있었다는 견해가 채택된다면 하나님이 자신의 형상도 장기간에 걸쳐 수여했다는 대안이 그럴 법하다고 생각한다. 어느 경우든 우리가 하나님의 형상을 화석 기록, 인간과 다른 생물들 사이의 신경상의 차이 또는 인간에게 독특한 능력에서 식별하리라고 기대할 이유가 없다(32장을 보라).

우리는 창세기 1장이 인간의 기원 기사를 제공하며 그 과정에서 과학이 물리적 기원에 관해 말하는 내용과 모순되는 정보를 제시하지 않는다는 것을 살펴보았다. 따라서 과학과 성경은 인간의 물질적인 기원에 관해 경쟁하는 주장을 펼치지 않는다. 과학적 탐구는 그 과정에 하나님이 관여한 것을 다룰 수 없는 반면에, 성경은 하나님의 역할이 가장 중요한 측면이라고 주장한다(본서의 1부를 보라). 그러므로 인간의 기원에 대한 성경의 견해가 주장하는 가장 중요한 점은 하나님이 우리를 우리가 만들어진 **재료**보다 더 중요한 존재로 만들었다는 것이다. 우리는 하나님이 우리를 만든 물질적 과정을 뛰어넘는 중요성을 지니고 있다.

창세기 2장은 인간의 물리적 기원에 대한 설명을 제공하는 것이 아니라 인간의 정체성과 두 명의 개인이 신성한 공간에서 제사장으로 봉사하는 역할에 관해 진술한다. 그러므로 창세기 2장을 창세기 1장의 속편으로 읽는 데 문제가 없다. 창세기 2장은 창세기 1장을 재현해서 창세기 1:26-29에 언급된 사람들이 누구였는지를 말하는 것이 아니다. 오히려 창세기 2장은 시간이 좀 더 흐른 뒤

---

16 이것이 착취할 인가를 주지는 않는다. 우리는 하나님을 대신한 관리인들이다. "정복하다"로 번역된 히브리어 단어(*kbsh*)는 어떤 사람 또는 어떤 사물을 통제하에 두는 것을 가리킨다. "다스리다"로 번역된 히브리어 단어(*rdh*)는 창 1:16-18에 사용된 단어와 다르다. 그 단어는 본질적으로 수여되었거나 인정된 권위를 행사하는 것을 가리킨다. 추가 논의는 Walton, *Genesis*, 히브리어는 132, 그리고 몇몇 실제적인 문제는 139-45을 보라.

17 C. McDowell, *The "Image of God" in Eden: The Creation of Mankind in Genesis 2:5-3:24 in Light of the* mis pi pit pi *and* wpt-r *Rituals of Mesopotamia and Ancient Egypt* (Winona Lake, IN: Eisenbrauns, 2015).

의 내러티브로 옮겨가서 또 다른 중요한 사건에 대해 말한다. 실제 인물이었다고 말할 수 있는 창세기 2장의 등장인물들은 하나님과 같아지려는 유혹에 굴복해 하나님의 명령에 불순종하여 금지된 나무의 열매를 먹고, 자기들이 제사장적으로 대표했던 인류에게 죄의 책임을 들여온 사람들이다. 그들은 하나님만이 지혜의 원천이자 중심 역할을 하게 하는 대신 그들 스스로 그 역할을 하려는 욕구에서 스스로 지혜를 취하여 하나님과 같이 되려고 한다. 그들은 인류를 대표해서 그 선택을 했고 모든 인간이 그들의 결정에 대해 책임지게 되었다. 유해 쓰레기가 환경을 오염시키는 것처럼 죄가 퍼졌고 모든 사람이 그 영향을 받았다. 따라서 우리 모두 죄 중에서 잉태된다(시 51:5). 세상에 무질서가 풀려났다. 따라서 질서를 유지하는 과정이 교란되어 만물이 신음한다. 인간은 계속해서 상당한 무질서를 보이고 죄와 무질서에 지배되는 세상을 대처하게 되었다. 아담과 하와의 타락이 신성한 공간과 그것이 제공

심화 학습   신약성서와 인간의 기원

신약성서의 텍스트들이 짧을 수는 있지만 그 텍스트들이 인류의 기원 문제에 관해 어떤 통찰을 제공하는가? 아담과 하와에 관한 신약성서의 언급은 종종 그들을 원형으로 다루며 항상 그들을 역사적 인물로 다루지만, 신약성서 역시 아담과 하와에 결부된 인류의 기원에 관해 별로 말하지 않는다.

사도행전 17:26. 바울이 아레오바고에서 "알지 못하는 신"에 관해 아테네인들과 맞섰을 때 그의 주된 요점은 이 창조주 하나님은 의존적이지 않다는 것이었다. 만물과 모든 사람이 하나님께 그(것)들의 존재를 의존하지만, 하나님은 그의 존재를 누구에게도 의존하지 않는다(행 17:24-25). 이어서 바울은 창조에서 역사로 옮겨 "그가 인류의 모든 족속을 한 혈통으로 만들었다"고 말한다(행 17:26). 확실히 바울은 하나님의 행동을 조직적인 관점에서 말한다.

바울이 모든 사람이 아니라 모든 민족(*ethnos*)을 지칭하므로 우리는 바울이 왜 그렇게 연결하는지를 알아내기 위해 구약성서를 살펴보아야 한다. 우리는 창세기 10:32을 주목한다. "홍수 후에 이들(노아의 아들들)에게서 그 땅의 백성들(70인역: *ethnos*)이 나뉘었더라." 그러므로 우리는 바울이 사도행전 17:26에서 모든 인류의 조상으로서 아담이 아니라 노아에 관해 말하고 있을 수 있다고 결론지을 것이다.[a]

로마서 5:12-14. 이 텍스트에서 생물학적인 물리적 기원이 초점이 아니라 죄와 사망이 초점이다. 이런 구절들은 우리에게 아담과 하와를 실제 인물들이며 그들을 통해 죄가 세상에 들어온 장본인들이라고 믿을 이유를 제공한다. 고린도전서에서는 죄가 한 사람을 통해서 왔고 해결책도 한 사람을 통해서 왔다고 지적하는 진술이 있다. 그러나 이 구절들 중 어느 것도 물리적 인간의 기원에 관해서는 어떤 주장도 하지 않는다. 아담에 관해 우리 모두 생물학적으로 그로부터 유래한 인물이라는 어떤 진술도 등장하지 않는다.

고린도전서 15:45. 아담이 "최초의" 인간으로 불린다는 사실은 그리스도를 "마지막" 아담으로 부르는 것과 관련하여 이해되어야 한다. 그 점에 비춰보면 그리스도가 마지막 생물학적 인간의 표본이 아니기 때문에 "처음"이라는 말이 사용되었다는 것이 바울이 아담을 최초의 생물학적 인간의 표본으로 주장했다는 증거는 아니다. 바울은 최초의 원형과 최후의 원형에 대해 말하고 있다. 이 점은 바울이 그 구절의 나머지 부분에서 자연적인 것과 영적인 것을 계속 비교하는 데서 확인된다. 인간의 본질을 그리스도의 천상적 본질과 비교하기 위해 흙에서 난 아담의 원형적 요소가 특별히 언급된다. 바울은 모든 사람의 아담에 대한 유전적 관계나 물리적 기원에 대해 어떤 주장도 하지 않는다. 그는 단지 우리가 인간 원형의 "흙의" 본질을 공유한다고 주장할 뿐이다.

요컨대 신약성서는 역사의 어느 한 시점에 죄와 사망이 인간의 실재 안으로 들어왔고 구원이 필요해졌다고 지적한다. 그리고 아담과 하와가 진정한 과거에 이 진정한 사건에서 진정한 사람이었던 주요 당사자들이었다는 것이 명백하다.

---

[a] 노아에 관해서도 이 구절은 제한적으로만 주장한다. 바울이 주장하는 요점은 우리 인간에게는 공통적으로 하나님에 대한 갈증이 있으며, 우리는 모두 참으로 그의 자손이라는 것이다(확실히 생물학적/유전적 진술이 아니다). 우리의 공통성이 하나님께 대한 유전적 관련을 요구하지 않듯이 그것이 노아에 대한 유전적 관련을 요구하지 않는다. 그러므로 이 구절은 물리적 기원에 관한 진술이 아니다.

하는 생명에 대한 접근의 상실을 가져와서 우리가 우리의
필멸성에 머무르도록 운명지었다.

30장

인간의 기원: 자연 인류학으로부터의 증거

인간을 연구하는 과학자로는 생물학자, 심리학자, 사회학자, 그리고 인류학자가 있는데 인간의 역사를 연구하는 고고학자와 역사가도 그 범주에 포함될 수 있을 것이다. 실로 모든 사회 과학이 다른 많은 수준(개인, 가족, 문화, 정치, 경제, 지리 등)에서 세상에 대한 인간의 관여를 이해하는 데 매진한다. 신학자들 역시 인간의 상태와 하나님의 형상대로 창조된 인간의 의미를 숙고한다. 인간의 기원에 대한 과학적 연구는 위에 언급된 모든 분야 및 지질학과 지질학의 도구들 사이의 협력을 포함한다. 이 분야들의 상대적인 공헌은 시기에 따라 변했지만 말이다. 일반적으로 인간의 기원에 관한 과학적 연구는 고인류학(古人類學)으로 불린다.

골격과 행태상의 특징에 엄격하게 의존한 19세기 생물학자들은 침팬지들이 다른 어떤 동물보다 인간과 유사하다는 것을 이해했다. 다윈과 그의 동시대인들은 종들의 진화적 기원에 대한 설명으로서 선택을 적용하여(본서의 24장을 보라) 인간, 침팬지들, 다른 유인원들 사이의 가능한 조상 관계에 관해 추측했다. 1856년에 독일 네안데르 계곡의 펠트호퍼 동굴에서 인간과 비슷한 고대 생물의 뼈들이 발견되었다. 네안데르탈인의 표본은 현생인류와는 달리 낮고 뒤로 들어간 이마, 뚜렷한 눈두덩, 전반적으로 좀 더 굵은 뼈를 갖고 있었다.[1] 다른 유사한 발견들이 유럽, 서아시아, 그리고 레반트 전역에서 뒤를 이었다. 그 생물은 인간과 같은 종으로서 좀 더 이전에 멸종한 아종(亞種)인 **호모 사피엔스 네안데르탈렌시스**로 분류되었다.[2] 아담과 하와에 관한 성경의 기사를 염두에 두고서 과학자들과 신학자들은 네안데르탈인 같은 고대 생물들을 "아담 이전의 사람"(pre-adamites)으로 불렀다.[3] 19세기 후반이 되자 대다수 과학자와 성경학자(복음주의 진영으로 간주될 수 있는 학자 포함)가 지구의 장구한 역사(deep history)는 다른 지형과 생물들을 통해 구분되는, 많은 "아담 전의 세계들"을 포함한다는 창조의 고대성을 받아들였음을 상기하라(12장을 보라).[4]

---

1   골격들을 조사한 몇몇 과학자들은 이 개체들이 변형시키는 병을 앓은 현생인류들이라는 주장을 제시했다.

2   몇몇 자연 인류학자는 네안데르탈인들을 별도의 종인 **호모 네안데르탈렌시스**로 분류한다. 우리는 이 문제를 이 장의 뒤에서 다룰 것이다.

3   David N. Livingstone, *Adam's Ancestors: Race, Religion and the Politics of Human Origins* (Baltimore: Johns Hopkins University Press, 2008), 109-36.

4   Martin J. S. Rudwick, *Worlds Before Adam: The Reconstruction of Geohistory in the Age of Reform* (Chicago: University of Chicago Press,

네안데르탈인이 발견된 이후 몇십 년 동안 인간의 다른 조상들을 발견하기 위해 경쟁한 과학자들은 유라시아에 초점을 맞췄다. 다윈이 인간이 아프리카에서 출현했을지도 모른다고 제안했음에도 불구하고 대다수 과학자는 아프리카 대륙을 무시하고 인간의 기원에서 좀 더 일반적으로 "빠진 고리들"로 알려지게 된 것을 찾아다녔다. 그들이 왜 아프리카를 탐색하지 않았는가? 불행하게도 당시의 서구 과학자들이 갖고 있던 문화적·국수주의적 편견이 인간이 어디에서 유래했을지에 관한 그들의 예상을 형성했다. 그들 중 많은 학자가 아프리카인들이 열등한 인종을 대표한다고 생각했고 따라서 그들에게는 현생인류가 유라시아가 아닌 곳에서 출현했다는 것은 상상할 수 없는 일이었다. 주의를 촉구하는 이 이야기는 우리에게 인간의 기원에 대한 해석에 문화적 편견이 깔려 있을 수 있음을 상기시켜 준다.[5]

동아프리카 지구대—탄자니아, 케냐 그리고 에티오피아를 가로지른다—특히 탄자니아의 올두바이 협곡에서 많은 원시 석기들이 발견되자 결국 아프리카가 초기 인간들과 그들의 조상들을 발견하기 위한 과학 탐험 여행의 초점이 되었다. 가장 유명한 초기 고인류학자들인 루이스 리키와 메리 리키 부부를 통한 발굴이 1930년대에 시작되었고 그 작업은 그들의 아들 리처드를 통해 21세기까지 계속되었다. 그들의 발견들과 다른 많은 국제적 팀들을 통한 발견들을 통해 호미닌(사람족)들의 화석 잔해들이 많이 축적되었다. 호미닌은 고인류학자들이 현생인류와 가장 가까운 근연 관계라고 생각하는 모든 생물의 분류학상의 족(tribe)이다.

골격 형태는 15장에서 묘사된 연대 측정 기법을 사용해서 조정된 시간 틀과 더불어(그림 15.8을 보라) 호미닌들 사이의 진화 관계에 대한 중요한 물리적 증거를 제공

한다. 때때로 새로운 종의 지정으로 이어지는 새로운 표본의 발견들은 쉽게 뉴스의 주요 제목이 되고, 자주 공중파 TV와 과학을 주제로 하는 유선 TV 네트워크의 다큐멘터리 주제가 된다. 20세기 말에 과학자들이 현생 영장류(primate)—유인원(ape), 침팬지, 그리고 인간—의 화학적 표지와 유전적 특질을 비교하자 이 그룹들 사이의 진화 관계에 대한 추가적 증거가 제공되었다. 2003년에 인간의 전체 게놈(약 25,000개의 단백질 코딩 유전자로 구성된 약 30억 개의 염기로 이루어졌다)의 서열이 분석되었다. 2010년까지는 뼈에서 추출된 유전자 물질로부터 네안데르탈인의 전체 게놈의 서열이 분석되었다. 이제 현존하는 호미닌과 멸종한 호미닌의 다양한 게놈 정보가 인간의 기원 및 초기 인간이 **호모**(Homo) 속의 멸종된 종들과 혼혈된 것에 관한 놀라운 많은 결론의 근거를 제공하고 있다(31장을 보라).

이 장은 골격, 도구, 그리고 고인류학자들이 화석 기록에 나타난 초기 인간과 기타 호미닌들의 초기 역사를 해석하기 위해 발견하고 사용한 기타 인공물들의 물리적 증거에 초점을 맞춘다. 분자생물학과 게놈 연구에서 나온 증거는 31장에서 다뤄진다. 본서의 1-5부에서와 마찬가지로 제안된 진화 관계는 성령을 통해 능력을 부여받고 성자를 통해 감독된 창조세계의 봉사적 성격(섹션 2.4.3)과 창조세계의 기능의 완전성(섹션 2.2.2)의 예일 것이라는 점을 명심하라.

30.1. 분류학상 인간의 분류

인간은 점진적으로 동물, 척삭동물, 포유류, 영장류, 유인원, 호미니드, 그리고 호미닌으로 분류된다. 이 각각의 그룹(그리고 좀 더 많은 그룹이 언급될 수 있다)은 린나이우스를 통해 묘사된 분류의 계층적 성격을 강조한다(섹션 24.3.3.4를 보라). 그리고 이 계층적 성격은 계통 발생(즉 진화의 역사)을 반영한다고 생각된다. 따라서 두 종이 속 같이 좀 더 낮은 분류군을 공유하면 최근의 공통 조상을 공

2008), 641.

5   Rudwick, 169-200.

유한다고 추론되는 반면에, 그 종들이 과나 목 같이 좀 더 높은 분류군을 공유하면 그것들이 덜 최근의 공통 조상을 공유한다고 추론된다(26장을 보라). 표 30.1에 린나이우스의 분류 범주 및 생물들의 다양성을 좀 더 나타내기 위한 추가 범주가 제시되어 있다. 이는 린나이우스의 계층적 분류 아이디어가 유용했지만, 린나이우스 체계는 그룹의 수가 제한되어서 우리가 보고 있는 다양성을 고려하기에 적합하지 않아 하위 그룹이 필요해졌다는 것을 보여준다.

표 30.1. 호모 사피엔스 사피엔스의 생물학적 분류

분류군 계층	이름	보편적인 이름
계	동물계(Animalia)	동물
문	척삭동물문(Chordata)	척삭동물
강	포유강(Mammalia)	포유류
목	영장목(Primates)	영장류
상과	사람상과(Hominoidea)	호미노이드(Hominoids)
과	사람과(Hominidae)	호미니드(Hominids)
아과	사람아과(Homininae)	호미나인(hominines)
족	사람족(Hominini)	호미닌(Hominins)
아족	사람아족(Hominina)	호미난(Hominans)
속	호모 속(*Homo*)	
종	호모 사피엔스 (*Homo sapiens*)	
아종	호모 사피엔스 사피엔스 (*Homo sapiens sapiens*)	인간

사람상과(hominoidea) 내에서 **호모**속 이상의 분류군 수준

의 계층이 그림 30.1에 묘사되었다. 이 상과는 모든 현생 유인원(ape)과 인간을 포함한다. 이 장은 특히 인간 및 별도의 속으로 분류되는 **오스트랄로피테쿠스**와 **파란트로푸스** 같은 두 발 보행 화석 영장류에 관심을 기울인다. 사람속은 사람아족에 속하는 반면 몇몇 과학자는 **오스트랄로피테쿠스**와 **파란트로푸스**를 오스트랄로피테키나 아족에 할당한다. 이 두 발 보행 동물들은 일반적으로 사람속과 함께 사람족에 속한다고 간주되므로 우리는 그것들을 호미닌으로 부를 수 있다. 한 수준 위로 올라간 사람아과는 이들 외에 (침팬지속의 두 종인) 침팬지와 보노보를 포함하고, 사람과는 고릴라와 오랑우탄도 포함한다. 우리가 현재 인정된 이 용어들을 사용해서 특정한 그룹들, 특히 호미닌들을 지칭하기 위해 이 정의들이 제시되었다. 전에는 사람과가 사람속만을 포함하는 것으로 생각되었지만, 이제 사람과는 몇몇 현생 유인원 속과 화석 호미닌들을 포함하는 것으로 생각된다. 이전의 문헌들에서는 두 발 보행하는 호미닌들이 사람과로 언급되었는데, 이름이 변경된 사실을 알면 이 용어들이 현재 및 과거의 문헌들에서 어떻게 사용되는지를 이해하는 데 유용하다.

30.2. 영장류, 유인원, 인간의 특질

영장류는 원원류(原猿類. 여우원숭이, 늘보원숭이, 안경원숭이)와 유인원류(원숭이, 유인원, 그리고 인간)를 포함하는 태반

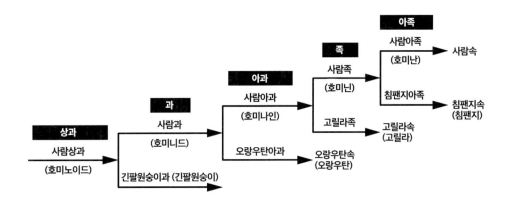

그림 30.1. 사람상과와 인간 및 기타 현저한 생물 구성원들의 하위 범주의 계통 분류.

포유류다. 최초의 영장류(또는 영장류를 닮은 포유류)는 백악기 말의 대량 멸종 직후인 고제3기(6,600만 년-2,300만 년 전) 초기의 화석 기록에 나타난다. 단편적인 화석의 증거에 따르면 그것들은 작고 다람쥐 같은 동물로서 나무에서 살았던 것으로 보인다. 최초의 영장류는 원원류였는데 그것들은 에오세(5,600만 년-3,400만 년 전) 동안에 다양화되었다. 유인원류는 아마도 원원류의 한 속에서 출현해서 올리고세(3400만 년-2300만 년 전) 동안에 다양화되었다.

다음과 같은 몇 가지 특질이 영장류를 다른 동물과 구분시킨다.

- **K-선택**. 영장류는 다른 동물들보다 새끼를 적게 낳아서 새끼들에게 더 좀 더 많은 노력을 투자할 수 있다. K-선택되는 집단들은 그것들의 환경이 지탱 가능한 역량에 비슷한 개체 수를 유지한다. 영장류는 자손을 적게 낳고, 출생 사이의 기간이 길며, 성체가 되기 전에 오랫동안 집중적인 돌봄을 받는다. 이와 대조적으로 r-선택되는 동물들은 그것들의 환경이 지탱할 수 있는 능력 수준보다 많은 새끼를 낳고 새끼들을 오랫동안 돌보지도 않는다.
- **높은 지적 수준**. 영장류는 다른 동물들보다 신체 대비 두뇌 크기의 비율이 높다.
- **먹이의 유연성과 다재다능**. 엄격하게 육식성이거나 초식성 먹이에 덜 특화된 치아에서 볼 수 있는 바와 같이 영장류의 먹이는 다른 동물들의 먹이보다 덜 제한적이다(잡식성).
- **잡는 능력**. 영장류는 붙잡는 손가락과 반대 방향의 엄지 및 붙잡는 손가락을 갖고 있다.
- **양손으로 번갈아 매달리며 갈 수 있음**. 많은 영장류는 팔로 매달려 숲속의 가지에서 가지로 이동할 수 있다.
- **강화된 촉감**. 영장류들은 쿠션을 댄 손발가락과 손발바닥의 살갗에 피부의 융기(즉 손발가락 지문)를 갖고 있으며 영장류의 손발톱은 굴곡지고 뾰족한 대신 평평하고 무디다.
- **향상된 시력**. 영장류의 색상 인식과 두 눈의 입체상(이는 깊이에 대한 인식을 향상시킨다)은 땅 위의 나무들에서 신속하게 움직일 수 있게 해준다.
- **감소된 후각**. 시각에 좀 더 많이 의존하므로 영장류의 후각은 덜 중요하다.
- **사회적 복잡성**. 영장류의 근본적인 사회적 행동에는 소리를 통한 의사소통과 털 단장이 포함된다.

유인원은 사람상과(hominoid) 영장류로서 상대적인 신체의 크기를 반영하여 두 그룹으로 나뉜다. 소형 유인원은 동남아시아에서 발견되는 긴팔원숭이와 큰긴팔원숭이를 포함한다. 대형 유인원은 아프리카의 침팬지와 동남아시아의 오랑우탄을 포함한다. 유인원들은 원숭이(monkey)들보다 크고, 몸에 꼬리가 없으며, 좀 더 짧고 좀 더 안정적인 요추가 있고, 나무에서 나무로의 이동과 급식을 촉진하는 어깨 관절이 있다. 사람과(hominid)의 좀 더 낮은 어금니들에는 다섯 개의 교두(cusp)가 있다(원숭이들의 어금니에는 네 개의 교두가 있다). 유인원들의 치아는 일반적으로 육식이나 초식에 특화되지 않았고 잡식성 식사에 적합하다. 유인원들은 오랜 잉태 기간(출생 전 발달 기간)에 이어 오랜 기간의 어미-자식 관계가 뒤따르는데, 이 관계는 성체 수컷들과도 관련된다. 유인원들은 공동체 안에서 다른 개체들과 평생 관계를 맺는다.

유인원들은 두뇌가 크고 매우 영리한 동물들이지만, 인지 능력은 뇌의 주요부 안으로 접힌 주름의 수에서 알 수 있듯이 뇌의 복잡성의 함수이기도 하다(그림 30.2를 보라). 고릴라의 **두개용량**(우리가 뇌의 부피에 대해 사용할 용어)은 340-752세제곱센티미터(cc)다.[6] 침팬지와 오랑우탄의

---

6   달리 표시되지 않는 한 이 장에서 제시되는 모든 두개용량은 Russell H. Tuttle, *Apes and Human Evolution* (Cambridge, MA: Harvard University Press, 2014), 357에 수록된 표 10.1에서 취한 것이다.

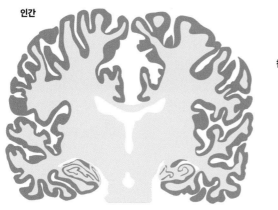 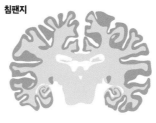

인간   침팬지   붉은털원숭이

그림 30.2. 인간, 침팬지, 원숭이의 뇌 비교. 인간의 뇌가 좀 더 크고 좀 더 주름져 있는데, 그것은 인지 기능과 관련이 있다. 각각의 평균적인 두개용량은 인간 1,350cc, 침팬지 380cc, 붉은털원숭이 88cc다.

두개용량은 275~500세제곱센티미터다. 사람상과의 인지 능력이 향상되었다는 증거에는 도구의 사용과 정교한 의 사소통이 포함된다. 유인원들은 막대기와 나뭇가지들을 이용해서 (흰개미) 굴에서 곤충들을 파내거나, 털을 단장 하거나, 깊은 물을 걸어서 건널 때 자기의 몸을 지탱한다. 의사소통은 발성과 다양한 얼굴 표정, 몸짓, 자세를 통해 이뤄진다. 과학자들은 고릴라들과 침팬지들에게 인간의 기호 언어를 가르쳤는데, 몇몇 경우 그것들이 돌보던 새 끼들이 인간의 기호 언어를 모방했다.

인간은 계속 발전하고 있는 기술, 문화적 혁신, 다른 환경에 대한 적응성에서 입증되듯이 다른 모든 영장류보 다 뛰어난 인지 능력을 지닌 사람족의 사람상과 영장류 다. 인간의 평균적인 두개용량은 약 1,350세제곱센티미 터다. 인간은 언어와 쓰기를 포함한 복잡한 상징 시스템 을 이용하여 소통한다. 다른 동물들도 먹이 사냥이나 어 린 새끼들을 위한 먹이 수집에서 협력할 수도 있지만, 인 간은 독특하게 가족의 모든 구성원이 정규적으로 같은 시 간에 모여 음식을 나눈다.

사람상과가 때때로 두 발로 이동하기도 하지만, 인간 의 직립 자세와 두 발 보행은 습관적이다. 그렇게 하기 위 해서는 근육과 골격에 특별한 적응이 일어나서 안정적인 균형의 중심과 한 걸음씩 걸을 수 있는 능력이 개발되어

야 한다(그림 30.3의 a와 a'를 보라). 척추는 **대후두공**(*foramen magnum*)이라는 구멍을 통해 두개골에 연결되어 있는데, 인간의 대후두공은 유인원류의 대후두공보다 낮은 곳에 위치하고 땅에 평행이어서 머리가 척추와 정렬되어 똑바 른 자세를 취할 수 있게 해준다(그림 30.3의 b와 b'를 보라). S 자 형태인 인간의 척추는 유연성을 제공하고 몸의 무게 중심을 골반 위로 유지하는 독특한 허리(하부 기둥) 곡선과 가슴(상부 기둥) 곡선을 제공한다. 인간의 골반은 유인원류 의 골반보다 짧고 좀 더 사발 모양이어서 내부 기관들을 지탱하고 몸의 무게 중심이 골반 위로 유지되게 해주는 골반강(basin)을 만든다(그림 30.3의 c와 c'를 보라). 골반 아래 에 있는 인간의 다리는 유인원의 다리보다 길고 안쪽으로 휘어져 있으며(외반각), 무릎이 변화되어서 완전히 펴진 다. 인간의 발가락들은 정렬을 이루고 있으며 발의 다른 뼈들은 호를 이룬다(그림 30.3의 d와 d'를 보라).

두 발 보행의 이점은 땅에서의 신속한 움직임과 음 식, 자녀, 기타 물체를 먼 거리로 옮길 수 있는 능력을 포 함한다. 불이익도 있다. 인간의 골반의 수직적인 위치와 좁은 산도는 출산을 어렵고 고통스럽게 만들었다. 인간의 머리가 좀 더 큰 두뇌를 수용하기 위해 다른 동물의 머리 보다 몸에 비해 크다는 점도 출산에 도움이 되지 않는다. 어떤 연구는 초산하는 인간 산모의 진통이 평균적으로 아

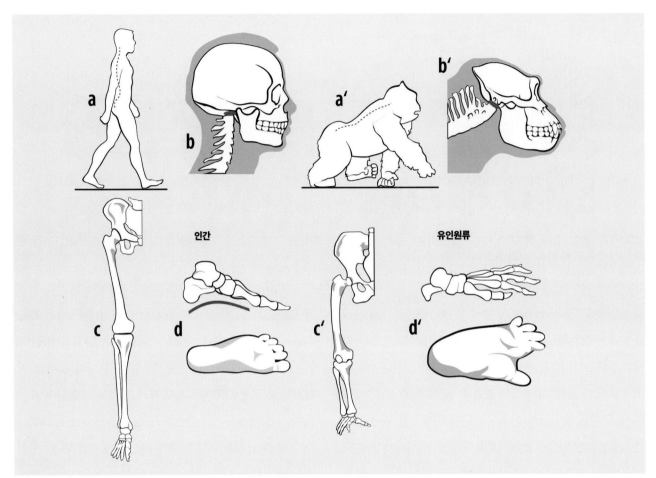

그림 30.3. 인간과 유인원류의 이동 및 골격의 특징. 인간은 두 발로 이동하는 반면(a) 유인원은 네 발, 손가락 관절 보행을 한다(a'). 인간은 두개골 아래의 대후두공(빨강색 타원)과 수직적인 척추를 가진 반면(b) 유인원은 두개골의 뒤에 있는 후두공 및 수평에 약간 미치지 않는 척추를 갖고 있다(b'). 인간의 골반과 하지 구조(c)도 유인원의 구조(c')와 비교된다. 인간의 발은 호 모양이고 발가락이 길고 날씬한 반면(d) 유인원의 발은 넓고 발가락들이 분리되었다(d').

홉 시간 계속됨을 보여주었다.[7] 유인원과 원숭이들의 산통 시간은 두 시간 미만이다. 따라서 인간의 아기들은 다른 동물들보다 발달 초기에 탄생한다(탄생한 지 몇 분 뒤에 일어나 뛰는 송아지를 생각해보라). 두 발 보행을 위해 나무 위의 생활도 희생되었다.

인간의 두개골, 턱, 그리고 치아 형태는 음식물을 잘라내는 데보다 씹는 데 유리하다. 이것을 비연마 저작(nonhoning chewing)이라 한다. 동물들에서 연마 저작(honing chewing)은 긴 곡선의 송곳니를 아래턱의 전구치(앞어금니)들에 대고 반복적으로 가는 행동과 관련이 있다. 인간의 송곳니들은 무디고 턱에 있는 다른 치아들과 크기가 비슷하며 송곳니와 다른 치아들 사이에 틈이 없는데, 이 점은 다른 사람상과에서도 명백하다.

고인류학자들은 화석 호미닌(사람족)에서 살펴봐야 할 세 가지 중요한 골격의 특징이 두뇌의 크기, 치아의 패턴, 그리고 발달하는 두 발 보행임을 오래전에 인식했다. 20세기 중반에 고인류학자들이 아프리카 지구대 지역에서 원시 호미닌의 골격 잔해를 발견하기 전에 그곳에서 풍부한 석기들이 나온다는 사실이 알려져 있었다. 따라서 다음 질문이 중요하고 계속 적실성이 있다. 이러한 골격 및 형태상의 특징들이 사람족의 초기 문화의 표지인 석기

---

7   Leah L. Albers, "The Duration of Labor in Healthy Women," *Journal of Perinatology* 23 (1999): 465-75.

들과 어떤 관계가 있는가?

30.3. 신제3기 호미노이드와 오스트랄로피테쿠스계 호미닌

신제3기(2300만 년-260만 년 전)의 세계는 17장에서 간략하게 묘사된, 지구의 역사상 몇 개의 막간 중 하나다(섹션 17.13을 보라). 제3기 동안 이동하는 지각판들이 대륙들을 지구상에서 현재의 위치로 옮겼다. 그에 앞선 고제3기 동안 인도 대륙과 아시아 대륙 사이의 충돌로 히말라야산맥과 티베트 고원이 융기했다. 거대한 산맥이 대기의 순환 패턴을 돌려서 그 산맥의 남쪽 측면에 몬순 장맛비가 강해지게 만들었다. 산들에서 침식된 물질의 화학적 풍화가 강해졌고 화학적 풍화 과정에서 대기 중의 온실 이산화 탄소가 제거되었기 때문에 대기가 냉각되는 효과가 있었다. 서반구와 남반구에서 움직이는 대륙들이 해로를 여닫았고 해양 순환 패턴을 변경했다. 신제3기 동안 마이오세 초기에 짧은 기간의 온화한 기후가 있은 뒤 세계는 오랜 냉각 국면에 들어갔다. 남극 대륙에 대륙빙이 형성되기 시작했고 고제3기 동안 아프리카와 유라시아의 많은 부분을 덮었던 열대와 아열대 우림은 축소되고 사바나(넓은 초원)로 대체되었다. 기후와 환경상의 이러한 변화는 호미노이드의 출현과 상응한다. 마이오세(2300만 년-530만 년 전) 동안 호미노이데아상과(호미노이드)가 출현해서 다양화되었다. 플라이오세(530만 년-260만 년) 동안 호미니니족(호미닌)의 최초의 구성원들이 출현해 다양화되었다.

30.3.1. 마이오세 호미노이드. 호미노이드(사람상과) 화석들은 아프리카의 동부와 남부, 유럽 서부와 남부, 사우디아라비아, 아시아 남부, 그리고 중국의 마이오세 지층에 분포되어 있다. 그들은 체격이 큰 다양한 종을 대표하는데, 현대 세계에서 존재하는 종보다 많았다. 마이오세 호미노이드 분류군은 아프리카에서 확산한 형태의 발달과 이동을 반영한다. 가장 초기의 호미노이드에는 **프로콘술**(*Proconsul*)속이 포함되는데 그것은 꼬리 달린 원숭이와 좀

더 비슷한 골격의 외양을 지녔지만 그것의 치아는 독특한 호미노이드의 치아와 비슷하다. **프로콘술**과 다른 아프리카 호미노이드들은 2,300만 년 전에서 1,400만 년 전에 살았다. **드리오피테쿠스**(*Dryopithecus*)를 포함한 유럽의 호미노이드들은 1,600만 년 전에서 1,100만 년 전에 살았다. 1,500만 년 전에서 500만 년 전 사이에 터키, 파키스탄 북부와 인도 그리고 중국 등 아시아에서 호미노이드의 최대의 다양화가 이루어졌다. **시바피테쿠스**(*Sivapithecus*)속의 오목한 얼굴, 넓은 광대뼈, 튀어나온 윗턱, 중앙의 큰 앞니는 현대의 오랑우탄과 비교된다.

마이오세 말기의 몇몇 화석들은 아마도 최초기의 고릴라족과 호미닌(사람족)을 대표할 것이다. 차드에서 발견되었고 700만 년 전에 살았던 것으로 추정되는 **사헬란트로푸스**(*Sahelanthropus*)속은 침팬지와 호미닌의 공통 조상일 수도 있지만, 호미닌들이 아프리카의 유인원에서 분기한 시기로 생각되는 때부터 존재했다. **오로린 투게넨시스**(*Orrorin tugenensis*)는 620만 년 전에서 580만 년 전 사이에 살았던 동부 아프리카의 호미닌일 수도 있다.[8] 고인류학자들은 다섯 개체에서 나온 13-20개의 뼈들에 기초해서 **오로린**이 직립 보행할 수 있었다고(두 발 동물이라고) 믿는다. 마이오세에 이은 플라이오세 시기인 약 440만 년 전에 또 다른 초기 호미닌일 수 있는 **아르디피테쿠스 라미두스**(*Ardipithecus ramidus*)가 출현했다. 1994년에 에티오피아에서 **아르디피테쿠스 라미두스** 여성의 부분적인 골격이 발견되었는데 발견된 뼈에는 두개골, 손, 발, 사지, 그리고 골반의 많은 부분이 포함되었다. 그 물체는 부서지기 쉬웠고 처리하는 데 시간이 오래 소요되어서 2009년까지 발표되지 않았는데, 그 후 이에 관한 유선 TV 다큐멘터리

---

8   Martin Pickford and Brigitte Senut, "'Millennium Ancestor,' a 6-Million-Year-Old Bipedal Hominid from Kenya: Recent Discoveries Push Back Human Origins by 1.5 Million Years," *South African Journal of Science* 97 (2001): 22.

가 제작되었다.[9] **아르디피테쿠스 라미두스**의 조상일 수도 있는 **아르디피테쿠스 카다바**(*Ardipithecus kadabba*)의 조각들이 마이오세 말기 지층(560만 년 전)에서 발견되었다.

30.3.2. 플라이오세-플라이스토세 선오스트랄로피테쿠스계와 오스트랄로피테쿠스계. 마이오세 말과 플라이오세 (약 700만 년 전에서 440만 년 전)에 출현한 초기 호미닌은 선 (先)오스트랄로피테쿠스계로 불린다. **아르디피테쿠스 라미두스**는 가장 유명한 선오스트랄로피테쿠스계인데 위에 묘사된 부분적인 여성 골격(그림 30.4를 보라)을 포함하여 많은 개체에서 나온 100개가 넘는 표본이 있다. **아르디피테쿠스 라미두스**의 신장은 약 120센티미터였고 체중은 약 50킬로그램이었다. 이 생물은 아마도 현대의 침팬지와 닮았는데 좀 더 자세가 똑바르고 확실히 두 발로 걸었을 것이다. 그것의 두개용량은 300-350세제곱센티미터 사이였다. 뼈들을 포함하는 지층들은 화석화된 나무 조각, 씨앗, 동물 화석과 삼림 지대 환경의 토양(고토양) 특질들도 함유한다. 치아의 크기, 특화의 결여, 그리고 법랑질의 두께는 식물, 고기, 과일을 먹는 잡식성 행태와 일치한다.

오스트랄로피테쿠스계는 아프리카에서 출현한 다른 호미닌 그룹을 대표하는데, 420만 년-120만 년 전에 살았던 **오스트랄로피테쿠스**(*Australopithecus*)와 **파란트로푸스** (*Paranthropus*) 속의 많은 종이 발견되었다. 오스트랄로피테쿠스계 화석은 아프리카에 제한된 것으로 보인다. 그들의 골격은 두 발 이동에 적응한 것처럼 보인다. 두껍게 법랑질로 덮힌 어금니들이 특징인 그들의 큰 치아는 아마도 그들로 하여금 질긴 섬유질 식물을 씹을 수 있게 해주었을 것이다. 오스트랄로피테쿠스계의 평균 두개용량은 종별로 445-508세제곱센티미터에 달했다. 모든 오스트랄로피테쿠스계 종은 몸의 크기에 관해 상당한 성적 이형성

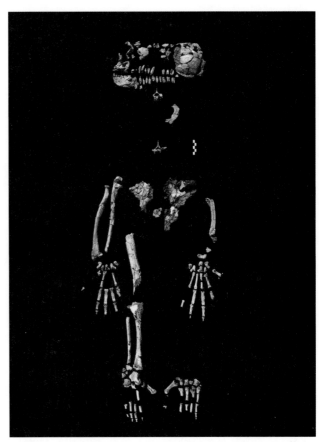

그림 30.4 에티오피아 아파르 지구대의 마이오세 퇴적물에서 발견된 **아르디피테쿠스 라미두스**의 ARA-VP-6/500 골격.

(남녀의 차이)을 보였는데 남성이 여성보다 35퍼센트 크다. 아프리카 동부에서 발견된 **오스트랄로피테쿠스 아나멘시스**(*Australopithecus anamensis*, 420만 년-390만 년 전)는 오스트랄로피테쿠스계들의 초기 조상일지도 모른다.[10]

오스트랄로피테쿠스 아파렌시스(*Australopithecus afarensis*, 385만 년-295만 년 전)는 1973년에 에티오피아에서 발견되었다.[11] 1년 뒤 고인류학자인 도널드 조핸슨이 세상에 루시로 알려지게 된 다소 완전한 골격(AL 288-1)을 발굴했다(그림 30.5). **오스트랄로피테쿠스 아파렌시스**는 현대의 개

9 Tim D. White et al., "*Ardipithecus ramidus* and the Paleobiology of Early Hominids," *Science* 326 (2009): 75-86; *Discovering Ardi*, Primary Pictures (2009), distributed by Discovery Channel.

10 Carol Ward, Meave Leakey, and Alan Walker, "The New Hominid Species *Australopithecus anamensis*," *Evolutionary Anthropology* 7 (1999): 197-205.

11 Donald C. Johanson, Tim D. White, and Yves Coppens, "A New Species of the Genus *Australopithecus* (Primates: Hominidae) from the Pliocene of Eastern Africa," *Kirtlandia* 28 (1978): 2-14.

고인류학 연구에 대한 몇몇 비판자들은 호미닌의 독특한 종을 식별하거나 행태적 특질을 추론하는 데 사용되는 화석 개체들의 뼈의 수가 작은 것을 비웃는다. 예컨대 우리는 위에서 **오로린 투게넨시스**가 아프리카 동부에서 수집된 다섯 개체의 열세 개에서 스무 개의 뼈들을 사용해 식별되었고 그 종의 두 발 보행이 그 뼈들로부터 추론될 수 있다고 보고했다. 인간의 성체에는 206개의 뼈가 있다. 그러나 인간의 골격의 대칭성 때문에 그중에서 많은 뼈들이 대칭으로 쌍을 이룬다. 두개골과 심지어 척추 뼈조차 두개용량과 자세에 대한 귀중한 단서를 제공한다. 20개의 뼈만 있어도 그것들로부터 좀 더 완전한 골격과 심지어 행태상의 특질들도 추론될 수 있는 상당한 양의 정보가 제공될 것이다. 발견된 개별적인 화석 표본들의 수도 상당하지만 고인류학의 비판자들은 종종 이 점을 과소평가한다. 화석 호미닌 표본의 전반적인 수집이 해마다 증가하고 있지만 우리는 본서를 집필하는 현재 알려진 다양한 종의 표본들의 수를 보고할 것이다.

코원숭이와 크기가 비슷하다. 여성의 키는 평균 105센티미터였고 체중은 약 29킬로그램이었다. 남성의 키는 평균 150센티미터였고 체중은 약 42킬로그램이었다. 그것의 두개골 모양은 유인원과 비슷했고 턱과 눈두덩이 많이 돌출되었으며(긴 턱으로 인해 입 부위가 길어졌다), 두개용량은 387-550세제곱센티미터였다. 굽은 지골(긴 손가락 뼈)들은 나무에 오르는 데 도움이 되었을 것이다. 1978년과 1979년에 탄자니아의 라에톨리에서 메리 리키의 탐험대를 통해 발굴된 화산재 퇴적물(**오스트랄로피테쿠스 아파렌시스**의 뼈들도 함유한다)에 보존된 일련의 발자국 발견으로 습관적인 두 발 보행이 확인되었다(그림 30.5, 우측을 보라). 치아의 크기와 마모는 그 생물들이 자기들의 삼림 거주지에서 부드러운 열매와 기타 식물들을 먹었음을 암시한다. 300개가 넘는 **오스트랄로피테쿠스 아파렌시스** 개체들의 뼈들이 수집되었다.

오스트랄로피테쿠스 아파렌시스를 포함하는 지층을 덮고 있는 좀 더 젊은 플라이오세-플라이스토세 지층에서 더 많은 오스트랄로피테쿠스계 종들이 발견되었는데, 이는 300만-120만 년 전에 호미닌들이 다양화된 것을 반영한다. 이 시기에 세 개의 독특한 그룹이 출현했고 많은 종이 동시에 또는 겹치는 시기에 존재했다. 그 그룹들은 **오스트랄로피테쿠스** 속의 연속적인 종, 새로운 속인 **파란트로푸스**의 종, 그리고 또 다른 새로운 속인 **호모**의 종을 포함한다.

오스트랄로피테쿠스 아프리카누스(*Australopithecus africanus*, 300만 년-200만 년 전)는 그것보다 오래된 조상일 수 있는 **오스트랄로피테쿠스 아파렌시스**가 발견되기 10년 전인 1924년에 발견되었다.[12] 그 발견물은 "타웅 아이"로 불린 소년의 두개골이었다. 그 후 남아프리카공화국의 네 곳에서 수십 개 개체의 뼈 수백 개가 발견되었다. **오스트랄로피테쿠스 아프리카누스**는 좀 더 이른 시기의 오스트랄로피테쿠스계보다 약간 큰 체격과 두개용량을 가졌고, 효율적인 두 발 보행 생물이었다. 그들의 두개골은 좀 더 평평하고, 광대뼈는 섬세하며, 이마는 둥글고 높으며 눈두덩은 낮아졌다(그림 30.6을 보라). 치아의 마모 및 같은 지역에서 발견된 화석 식물들은 **오스트랄로피테쿠스 아프리카누스**가 아마도 현대 침팬지의 먹이와 비슷한 과일, 식물과 뿌리, 견과들과 씨앗, 그리고 곤충들과 새의 알들을 먹었음을 암시한다. 그들이 도구를 사용했다거나 석기 도구를 만들었다는 증거는 없다.

오스트랄로피테쿠스 세디바(*Australopithecus sediba*, 195만-178만 년 전)는 2008년에 남아프리카공화국의 말라파 동굴에서 리 베르거에 의해 발견되었다.[13] 그 동굴은

---

12 Raymond A. Dart, "*Australopithecus africanus*: The Man-Ape of South Africa," *Nature* 115 (1925): 195-99.

13 Lee R. Berger et al., "Australopithecus sediba: A New Species of

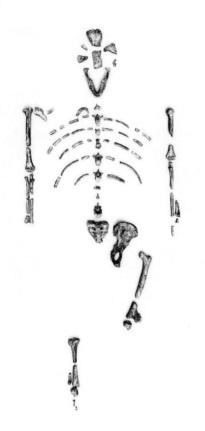

그림 30.5. 왼쪽: 재구성된 **오스트랄로피테쿠스 아파렌시스** 골격. 키가 약 106센티미터였던 루시 표본의 뼈들이 강조되었다. 오른쪽: 라에톨리에 소재한 호미닌이 걸어 다니던 장소 S. 2015년에 발견되었고 336만 년 전의 것으로 연대가 추정되었다.

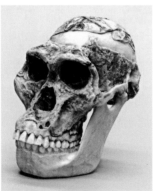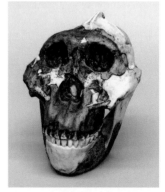

그림 30.6. (왼쪽부터 오른쪽으로) **오스크랄로피테쿠스 아파렌시스, 오스트랄로피테쿠스 아프리카누스**, 그리고 **파란트로푸스 보이세이**의 두개골 재구성(원래 화석의 주물)

완전한 골격들을 많이 포함하고 있으며, 지금도 계속 발굴되고 있다. 이 종은 **오스트랄로피테쿠스 아프리카누스**와

Homo-Like Australopith from South Africa," Science 328 (2010): 195-204.

비슷하면서도 **호모** 속의 초기 종들과 비교되는 두개골, 손, 그리고 치아의 특질을 보이기 때문에 중요하다. 오스트랄로피테쿠스계는 175만 년 전 이후의 화석 기록에서 사라진다.

오스트랄로피테쿠스계의 다른 그룹이 200만 년-

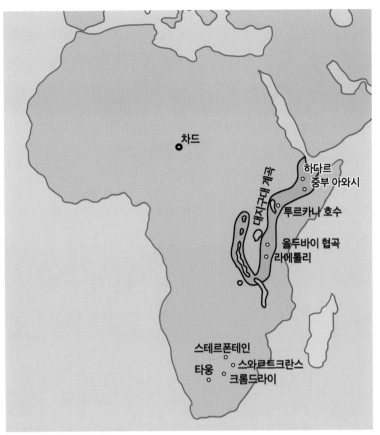

그림 30.7. 동아프리카 지구대에서 **호모**속의 초기 종이 발견된 장소들.

30.4. 호모 속과 현대 인류의 출현

호모 속의 최초의 종의 화석은 남아프리카공화국 동부와 탄자니아 올두바이 협곡에 위치한 동아프리카 지구대 계곡의 동쪽 지선, 케냐의 동부 투르카나, 그리고 에티오피아의 하다르에서 발견되었다(그림 30.7을 보라). 1960년대 초에 발견된, 200만 년 전의 것으로 추정되는 두개골 조각과 치아는 오스트랄로피테쿠스계보다 큰 두개용량을 지닌 호미닌에 속하는 것처럼 보인다. 흩어진 이 조각들은 단순한 석기들 및 도구 생산의 부산물인 얇은 조각들과 더불어 발견되었다. 주로 올두바이 협곡에서 연구한 리키의 연구팀은 그 물질들이 **호모 하빌리스**(*Homo habilis*, 라틴어로 "재능 있는, 솜씨 좋은, 정신적으로 기량이 있고 활발한"이라는 뜻이다)라는 **호모** 속의 초기 종에 속한다고 간주했다.[14]

이후의 **호모 하빌리스** 발견들로 당대의 오스트랄로피테쿠스계와 신체의 비율은 비슷하지만(즉 작은 체격과 긴 팔) 좀 더 작은 어금니들과 좀 더 큰 두뇌(평균 609세제곱센티미터)를 지닌 생물이 드러났다. **호모 하빌리스**의 손의 구조 역시 좀 더 발달했는데 이는 도구 생산과 사용을 위한 물체 조작 능력을 암시한다. 최초의 석기들은 동아프리카에서 약 260만 년 전에 출현했는데 이는 발견된 가장 오래된 **호모 하빌리스**보다 20만 년 앞선 것이다. 동물 뼈의 잘린 자국과 파손은 **호모 하빌리스**가 고기와 골수를 먹었음을 암시하지만(거의 확실히 사냥했다기보다는 죽은 짐승을 먹었을 것이다), 그들의 음식은 분명히 과일 및 몇몇 단단한 식물과 견과도 포함했을 것이다. 그들이 존재했던 시기는 화석 기록으로부터 240만-140만 년 전

120만 년 전 사이에 나타났다. 그들은 독특하고 넓은 광대뼈, 큰 어금니, 두툼한 눈두덩, 뚜렷한 시상면이 있는 큰 두개골, 그리고 평균 약 520세제곱센티미터의 두개용량 때문에 건장한 오스트랄로피테쿠스계로 불린다(그림 30.6을 보라). 이런 적응은 매우 질긴 섬유질 식물을 씹기 위한 무거운 근육 조직을 뒷받침했다. 그들은 원래 **오스트랄로피테쿠스** 속의 종으로 분류되었지만, 고인류학자들은 이제 그들을 **파란트로푸스** 속으로 분류한다. 그들 중 두 종인 **파란트로푸스 보이세이**(*Paranthropus boisei*)와 **파란트로푸스 로부스투스**(*Paranthropus robustus*)는 오스트랄로피테쿠스계가 마지막으로 나타난 시기 훨씬 뒤까지 존재했고 확실히 우리가 속한 **호모** 속의 초기 종들과도 공존했다. 그러나 **파란트로푸스**의 현대의 후손은 없다.

---

14 L. S. B. Leakey, P. V. Tobias, and J. R. Napier, "A New Species of the Genus Homo from Olduvai Gorge," *Nature* 202 (1964): 7-9.

그림 30.8. 왼쪽부터 **호모 하빌리스**, **호모 에렉투스**, 그리고 **호모 에르가스테르**의 두개골 재구성(원래 화석의 주형).

으로 추정되었다(그림 30.8을 보라).

호모 루돌펜시스(*Homo Rudolfensis*, 190만-180만 년 전)는 **호모 하빌리스**와 동시대에 살았지만, 소수의 잔해 및 단 하나의 상태가 좋은 두개골로부터만 알려졌다. 그 두개골이 그 종을 대표한다면 그것은 놀랍게도 788.5세제곱센티미터의 두개용량을 지녔을 수도 있다. 몇몇 고인류학자는 **호모 루돌펜시스**를 후기 오스트랄로피테쿠스계로 분류한다.

호모 에렉투스(*Homo erectus*, 189만-7만 년 전)는 후기 오스트랄로피테쿠스계, **호모 하빌리스** 및 몇몇 종의 다른 **호모 사피엔스**와 동시대에 살았다. **호모 에르가스테르**(*Homo ergaster*, 190만-140만 년 전)는 **호모 에렉투스**의 초기 아프리카 변종일 수도 있다. **호모 에렉투스**는 두개용량이 훨씬 커서 초기 화석에서는 850세제곱센티미터이고 말기에는 1,100세제곱센티미터였다는 점에서 독특하다(그림 30.8을 보라). 그들은 동시대의 호미닌들보다 컸는데 키는 145-185센티미터였고 체중은 40-85킬로그램 또는 그 이상이었다. 남성은 여성보다 체격이 약 35퍼센트 컸다. **호모 에렉투스**의 신체 비율들은 현생인류들에 좀 더 가까웠고 이전의 호미닌들보다 팔이 짧고 다리가 길었다. 그러나 전반적인 **호모 에렉투스**의 골격은 현대의 **호모 사피엔스**보다 건장했고 그것의 두개골은 시상융기(용골), 튀어나온 눈두덩, 목덜미 원환체(두개골의 뒷부분에서 받쳐주는 목근육으로 튀어나온 뼈)의 특징을 보였다. **호모 에렉투스**

는 아프리카에서 최초로 출현해서 아마도 20만 년 이내에 서유럽과 동유럽, 중국, 인도네시아로 이주했을 것이다. 지리적 팽창에 대한 명확한 이유는 없지만 그것은 높은 지능 및 다양한 기후 조건들과 지상의 환경에 대한 적응력을 암시한다. 그것은 아마도 사냥을 한 최초의 호미닌이었을 것이다.

호모 에렉투스는 거의 완전한 골격을 포함한 수백 개의 표본을 통해 잘 대표된다. 1891년에 외젠 뒤부아가 인도네시아에서 독특한 두개골 상부 조각을 발견했다. 그는 그것을 자바인으로도 알려진 새로운 종 **피테칸트로푸스 에렉투스**(Pithecanthropus erectus)로 지정했다. 이후의 발견들로 말미암아 그 종은 **호모 에렉투스**로 재지정되었다. 1923년에서 1937년 사이에 중국의 베이징 근처(저우커우뎬 동굴)에서 또 다른 유명한 **호모 에렉투스** 두개골, 골격뼈와 도구 세트가 발견되었다. 베이징인으로 알려진 이 유해들은 제2차 세계대전 이전의 저명한 고인류학자들을 통해 연구되고 묘사되었다. 그러나 원래의 표본은 일본군이 중국을 침공하기 전에 그것들을 미국으로 보내려던 과정에서 상실되었다. 그 표본의 주형들이 보존되었고 그 지역에서의 좀 더 최근의 발견들에서 또 다른 개체 40개가 추가되었다.[15]

---

15 몇몇 학자들이 그 표본이 허위라고 주장했기 때문에 베이징인은 논쟁의 여지가 있다. 이 사례에서 좀 더 최근의 발견들이 베이징인을 **호모 에렉투스**로 식별하는 데 신임을 부여한다. 또 다른 악명 높은 표본은

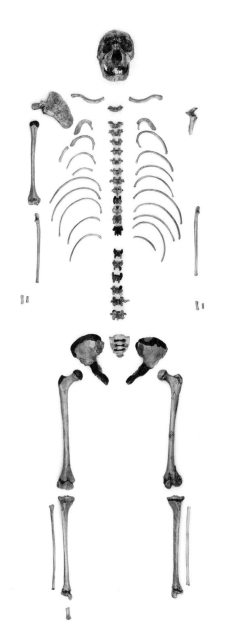

그림 30.9. 호모 에렉투스 또는 호모 에르가스테르를 대표하는 나리오코토메 소년 골격.

1984년 케냐의 투르가나 호수 서쪽 기슭 부근에서 **호모 에렉투스**(또는 **호모 에르가스테르**)의 좀 더 완전한 골격 중 하나가 발견되었다(그림 30.9). 나리오코토메 소년으로 알려진 그 골격은 160만 년 전에 살았던 젊은 남성(약 8세

였을 수도 있다)의 것이었다.[16] 그는 키가 165센티미터였고 체중이 48킬로그램이었다. 척추 부상과 턱의 질병이 그가 어린 나이에 사망한 데 기여했을지도 모른다는 증거가 있다. 그 골격을 연구한 해부학자들은 **호모 에렉투스**의 성장 패턴과 신체의 비율이 현생인류와는 달랐을 것으로 결론 지었다.

호미닌들의 문화적 기록은 지질 시대의 기간과 흡사한 시대들로 나눠진다. 시대들은 약 260만 년 전에 만들어진 도구들이 최초로 출현함으로써 시작된 특정한 문화적 발전의 간격을 묘사한다. 구석기 시대(260만-1만 년 전)는 본질적으로 빙하기로도 알려진 플라이스토세와 겹친다. 구석기 시대의 하위 구분은 발견된 인공물들의 변하는 성격에 기초한다. 전기 구석기 시대(Lower Paleolithic Period)는 두 개의 중요한 도구 산업을 포함한다. 가장 원시적인 도구들은 한 돌을 다른 돌에 대고 쳐서 만든 간단한 자르개(chopper)나 망치였다. 망치로 충격을 가해서 만들어진 돌 조각의 날카로운 가장자리는 자르기와 긁기에 사용될 수 있었다. **호모 하빌리스**가 아마도 **올두바이** 문화 또는 집단(260만-170만 년 전)의 특징인 이 단순한 도구 세트들을 만들었을 것이다. 후에 전기 구석기 시대 동안에 호미닌들은 손도끼, 긁개(scraper), 자르개를 포함한 좀 더 정교한 도구들을 개발했다. 특히 **아슐**의 기술은 석핵(石核) 주위의 조각들을 떼어냄으로써 돌을 유용한 도구로 다듬는 것과 관련되었다. 이런 **아슐**의 도구들(170만-2만 년 전)은 **호모 하빌리스**에게서 유래했을 수도 있지만 **호모 에렉투스**들이 아프리카로부터 이주하는 동안 이 도구들을 완벽하게 했다(그림 30.10을 보라).

플라이스토세의 세계 기후는 북반구의 북아메리카와 그린랜드-북유럽 및 시베리아 그리고 남반구의 남극 대륙 지역에서 일어난 4회 또는 5회의 주요 대륙빙 팽창

영국의 자갈 채취장에서 발견된 필트다운인이다. 그 발견은 현대 인간의 유럽 기원설을 촉진했지만, 그 표본은 유인원과 인간의 유해들의 조합으로 구성한 날조로 판명되었다.

---

16 Frank Brown et al., "Early Homo Erectus Skeleton from West Lake Turkana, Kenya," *Nature* 316 (1985): 788-92.

그림 30.10. 왼쪽부터 올두바이, 아슐, 무스티에 손도끼의 예. 형태와 도구를 만들기 위해 필요한 타격의 수에 나타난 디자인과 솜씨의 점진적인 정교화를 보여준다.

과 수축으로 말미암아 변화가 매우 컸다. 남극에서 남위 40-50도까지, 그리고 북극에서 북위 60-40도까지 수만 년에 걸쳐 눈이 쌓임에 따라 거대한 대륙빙과 해빙(海氷)이 형성되었다. 빙하기 동안에는 해수면이 현재 수준보다 120미터까지 낮아져 해안선들을 멀리 대륙붕 쪽으로 밀어냈다. 대륙빙의 전진과 해수면 변화가 호미닌들의 이동 통로를 여닫았다. 빙하기-간빙기 사이클과 관련된 기후 변화는 빙하가 된 지역과 먼 곳에서조차 대륙들의 거주지 분포에도 영향을 주었다.

아프리카에서는 빙하기의 건조한 기후와 간빙기의 습한 상태가 번갈아 나타났다. 간빙기 동안 중서부 아프리카에는 삼림이 발달한 반면 북부, 동부, 남부 아프리카의 사막 지역에는 사바나(초원)가 조성되었다. 호미닌들 및 다른 동물들은 빙하가 진전하는 시기에는 대륙빙 확장을 피해 이동할 수 밖에 없었지만, 간빙기 동안에는 북쪽과 서쪽으로 자유롭게 이동할 수 있었다. 낮은 해수면은 해수면이 높았던 시기에는 격리되어 있던 열대 지방과 아열대 지방의 전역으로 이동할 수 있는 "육상의 다리"를 만들었다.

호모 안테세소르(*Homo antecessor*)는 처음에는 1990년대 중반에 스페인 북부의 아타푸에르카 산맥에서 발견

된 여섯 개체의 뼈들을 통해 대표된 호미닌 종이다.[17] 그 지역에서 이뤄진 후속 발견들로 그들의 점유 기간이 120만-80만 년 전으로 특정되었다. 그것의 두개골과 치아는 **호모 에렉투스** 및 훗날의 **호모 사피엔스** 종들과 특질을 공유한다. 그것의 평균 두개용량은 1,218세제곱센티미터이고 상위 두개용량은 **호모 사피엔스**의 두개용량 범위와 겹친다. **호모 안테세소르** 뼈들의 도살 패턴은 인육을 먹는 관행이 있었음을 암시한다.[18] 약 70만 년 전에 아프리카에서 새로운 **호모** 종이 출현했다. **호모 하이델베르겐시스**(*Homo heidelbergensis*)는 **호모 에렉투스**보다 약간 크고, 두개골은 눈두덩은 억세지만 치아와 아래쪽은 현대 인간의 것처럼 좀 더 작다는 특징을 보인다(그림 30.11을 보라). 그 종의 두개용량은 평균 1,268세제곱센티미터다(범위는 1,165-1,740세제곱센티미터). **호모 하이델베르겐시스**는 아프리카에서 최초로 출현해서 60만 년 전 무렵에 유럽으로 이동했다. 두개골들과 뒷머리뼈들이 아프리카 남부와 동부(잠비아, 에티오피아), 그리고 서유럽(스페인, 독일, 그리스, 영국, 프랑스)에서 발견되었다. 그들은 아슐 석기들을 만들었고 긴 나무 창을 사용해서 큰 사냥감을 사냥했다. 호미닌들이 불을 통제하며 사용한 예의 최초의 기록은 이스라엘 북부의 게셰르 베노트 야아코브에 살았던 **호모 하이델베르겐시스**와 관련이 있다.[19] 40만-30만 년 전의 많은 호미닌의 거처에서 불이 습관적으로 사용되었음이 명백하다. 레반트에서 최초로 불을 통제하며 사용했음이 발견되었다는 사실은 불을 사용하는 기술이 **호모 하이델베르겐시스**가 아프리카로부터 이동한 전제 조건이 아니었음을 암시한다. 이 종은 약 20만 년 전에 화석 기록에서 사라진다.

---

17 J. M. Bermúdez de Castro et al., "A Hominid from the Lower Pleistocene of Atapuerca, Spain: Possible Ancestor to Neandertals and Modern Humans," *Science* 276 (1997): 1392-95.

18 Palmira Saladié et al., "Intergroup Cannibalism in the Euro pean Early Pleistocene: The Range Expansion and Imbalance of Power Hypotheses," *Journal of Human Evolution* 63 (2012): 682-95.

19 Naama Goren-Inbar et al., "Evidence of Hominin Control of Fire at Gesher Benot Ya'aqov, Israel," *Science* 30 (2004): 725-27.

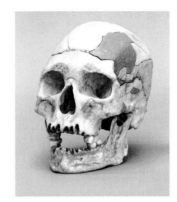

그림 30.11. 왼쪽부터 **호모 하이델베르겐시스**, **호모 네안데르탈렌시스**, 그리고 **호모 사피엔스**의 두개골 재구성.

호모 네안데르탈렌시스(*Homo neaderthalensis*)는 40만-4만 년 전에 유럽, 중동, 그리고 중앙아시아에 살았다. 과학자들은 19세기 중반에 최초로 발견된 두개골들과 두개골 파편들에 경악했다. 그들은 그 뼈들의 주인공들이 아마도 현생인류와 가장 가까운 친척인, 멸종한 사람 속에 속했음을 알아차렸다.[20] **호모 네안데르탈렌시스**는 현생인류보다 작고 단단한 몸을 지녔다. 이전 시기의 호미닌들의 뚜렷하고 강건한 눈두덩에 비해 네안데르탈인들의 눈두덩은 안구 위로 활 모양을 그렸다. 네안데르탈인은 얼굴이 좀 더 튀어나왔고, 뺨이 홀쭉하며, 큰 콧구멍으로 춥고 건조한 플라이스토세 공기를 축축하게 만들기 위한 넓고 평평한 코를 뒷받침했다는 특징을 보인다(그림 30.11을 보라). 1,172-1,740세제곱센티미터인 그들의 두개용량은 실제로 현대 인간의 두개용량을 초과한다. 네안데르탈인은 붉은 고기를 많이 먹은 것 외에 딱딱한 식물들을 채집해서 먹었다.

네안데르탈인의 두뇌가 커서 그들이 앞선 호미닌들에 비해 상당한 기술적·문화적 발전을 이룬 것으로 보인다. 중기 구석기 시대와 관련이 있는 그들의 **무스티에** 도구 문화는 좀 더 발전했다. 그들은 하나의 석핵에서 떼어낸 조각들로 여러 도구를 만들 수 있는 능력을 지녔다(그림 30.10을 보라). 그들이 만든 도구에는 도끼, 칼날, 화살촉, (가죽에 구멍을 뚫기 위한) 송곳, 그리고 창들이 포함되었다. 공통적인 네안데르탈인의 뼈 부상은 신기하게도 로데오 경기자들에서 발견되는 부상과 비슷한데, 이런 부상은 아마도 사냥이나 다른 육체 활동 중에 격렬하게 동물들을 상대하느라 생겼을 것이다.[21]

그들의 화살촉들은 찌르는 창에 장착되어서 그들이 사냥감에 가까이 접근할 것이 요구되었다(투창은 후기 구석기 시대에야 나타났다). 네안데르탈인들은 큰 동물(대개 사슴들)을 사냥해서 고기를 먹었을 뿐만 아니라 동물의 가죽을 벗겨서 옷과 거처의 덮개를 만들었다. 작은 조각상들과 심지어 망인을 위한 헌화를 포함한 의도적인 매장에 상징적인 행동이 명백하게 나타난다.

네안데르탈인의 유적지에서 나온 골격 유해들과 인공물들은 그들의 사회적 행동과 문화에 대한 통찰을 제공한다. 이라크의 샤니다르 동굴에서 나온 특정한 남성 골격은 네안데르탈인에게 전형적이었던 기대 수명 35-45년을 살았던 것처럼 보인다. 그것의 두개골에는 부상이 있는데 아마도 그 부상으로 말미암아 그의 왼쪽 눈 시력이 상실되고 뇌 손상으로 그의 몸 오른쪽의 뼈 발달이 영향을 받았을 것이다. 다리뼈 역시 골절이 치유되었다는

20 William King, "The Reputed Fossil Man of the Neanderthal," *Quarterly Review of Science* 1 (1864): 88-97.

21 E. Trinkaus, "Neanderthals, Early Modern Humans, and Rodeo Riders," *Journal of Archaeological Science* 39 (2012): 3691-93.

증거를 보여준다.

그가 "노년"까지 생존한 것은 그가 속한 사회 집단의 다른 사람들의 돌봄 때문이었을 가능성이 매우 높다. 이런 수준의 돌봄은 앞선 시기의 호미닌들에게서는 명백하지 않다. 하지만 뼈가 부러지고 도살된 개인들과 개인 그룹은 네안데르탈인들이 인육을 먹었다는 증거다.[22]

호모 네안데르탈렌시스는 유럽과 중앙아시아(우즈베키스탄)의 빙하기의 혹독한 조건에서 살아남았다. 대륙빙들이 그 지역 전역에서 남쪽으로 전진함에 따라 네안데르탈인 그룹은 그 전에 지중해 북쪽과 서쪽 해안으로 퇴각해야 했을 것이다. 이스라엘 카르멜산에 있는 타분동굴은 아슐 도구 문화의 인공물들을 포함하는 퇴적물 위에 놓인, 많은 무스티에 인공물들과 여성 네안데르탈인 골격을 포함하는 퇴적물들을 포함한다(그림 30.12를 보라).[23] 그 동굴에서 통제된 불이 사용된 증거가 35,000년 이후의 퇴적물에서 발견된다.

우리의 종인 **호모 사피엔스**(Homo sapiens)는 20만 년 전에 최초로 출현했다. 에티오피아 남부의 오모 키비시 지층에서 두개골 조각들과 도구들이 발견되었다. 그 뼈들을 포함하는 퇴적물은 ^{40}Ar/^{39}Ar 방사성 연대 측정 방법(14장을 보라)을 사용하여 19만 5천 ± 5천 년 전의 것으로 판명되었다. 이는 발견된 최초의 해부학적 현생인류 유해를 대표한다.[24] 네안데르탈인의 두개골과 비교하면 이들 초기의 **호모 사피엔스**는 얼굴이 덜 튀어나왔고, 이마가 수직이며, 눈두덩이는 좀 더 작고 호 모양이며, 뺨이 뚜렷하다(그림 30.11을 보라). **호모 사피엔스**의 평균 두개용량은 약 1,457세제곱센티미터다.[25] 그들의 몸은 네안데르탈인들보다 좀 더 날씬한데, 이는 아마도 좀 더 더운 아프리카의 기후와 관련이 있을 것이다. 그곳에서는 열을 발산하는 것이 유리했을 것이다. **호모 사피엔스**가 아프리카에서 최초로 출현한 이후 궁극적으로 4만 년 전까지 구대륙 전역에 퍼진 초기 인간의 유해에서 골격의 특질에 많은 이형이 있음이 명백하다. 초기의 골격들은 현대 인간에는 없는, 앞선 시기의 호미닌인 **호모 에렉투스**와 **호모 하이델베르겐시스**의 몇몇 특질을 보유한다.

오모 키비시 유적지의 도구들은 **준비된 핵심** 기술(prepared core technique)을 활용한 중석기 시대의 기술을 대표한다.[26] 하나의 석핵에서 떼낸 얇은 조각들로부터 뾰족한 것들, 긁개 같은 여러 도구가 만들어질 수 있었다(그 전의 기술들은 하나의 석핵에서 직접 하나의 도구를 만드는 것과 관련이 있었다). 중기 석기 시대 도구들 덕분에 창이나 화살의 발사를 통한 크고 작은 사냥감의 사냥, 짐승 가죽 준비, 꿰매기, 나무를 조각하기, 그리고 음식 준비 등 다양한 일들이 가능해졌다.

초기 **호모 사피엔스**가 세계적으로 퍼진 속도는 놀랄 만하다. 그들은 11만 5천 년 전 무렵 아프리카에서 레반트 지역으로 이동했다. 이스라엘의 중요한 두 곳에서 30개 이상의 개체들이 발견되었다. 스쿨동굴에서 나온 유해들의 연대 측정 결과는 **호모 사피엔스**가 인근의 카르멜산 타분동굴을 점유했던 네안데르탈인과 동시대에 살았음을 암시한다. 호모 사피엔스는 7만 년 전에는 아마도 해안선 경로를 따라 인도 아대륙에 이르렀다. 6만 년 전에 이동 경로가 갈라져 그들이 북쪽으로는 중국 서부에 이르

22 Alban Defleur et al., "Neanderthal Cannibalism at Moula-Guercy, Arde'che, France," *Science* 286 (1999): 128-31.

23 Arthur J. Jelinek et al., "New Excavations at the Tabun Cave, Mount Carmel, Israel, 1967-1972: A Preliminary Report," *Paléorient Année* 1 (1973): 151-83; Arthur J. Jelinek, "The Tabun Cave and Paleolithic Man in the Levant," *Science* 216 (1982): 1369-75.

24 Ian McDougall, Francis H. Brown, and John G. Fleagle, "Stratigraphic Placement and Age of Modern Humans from Kibish, Ethiopia," *Nature* 433 (2005): 733-36.

25 Steven R. Leigh, "Cranial Capacity Evolution in Homo erectus and Early Homo sapiens," *American Journal of Physical Anthropology* 87 (1992): 1-13.

26 John J. Shea, "The Middle Stone Age Archaeology of the Lower Omo Valley Kibish Formation: Excavations, Lithic Assemblages, and Inferred Patterns of Early Homo sapiens Behavior," *Journal of Human Evolution* 55 (2008): 448-85.

그림 30.12. 이스라엘 카르멜산의 타분 동굴은 아슐 도구 문화에서 무스티에 도구 문화에 이르기까지 46만 년 동안 **호모 에렉투스**와 **호모 네안데르탈렌시스**가 연속적으로 점령한 증거를 포함한다.

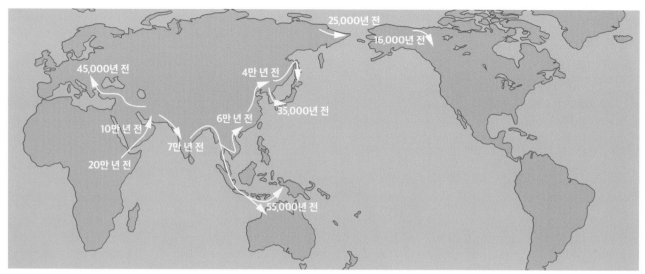

그림 30.13. 초기 인간의 이동 경로와 시기.

렀고 남쪽으로는 동남 아시아 및 인도네시아 열도를 따라 5만 5천 년 전에 보르네오와 호주에 이르렀다. 호모 사피엔스는 4만 년 전 이후 유럽 중부와 서부에 퍼졌다. 대체로 같은 시기에 그룹들이 시베리아와 북서 태평양의 해안들과 섬들(한국과 일본)로 이동했다.

마지막으로, 현대의 **호모 사피엔스**는 약 2만 2천 년 전 이후 베링 해협을 건너 북아메리카로 건너가 16,500년 전에서 1만 5천 년 전 사이에 북아메리카와 이어서 남아메리카를 점유했다(그림 30.13을 보라).[27] 이 이동 경로 시나리오는 고고학적 증거로 뒷받침되지만, 그것은 전 세계 토착민들의 유전자 구성이라는 독립적인 증거에도 기초한다. 유전자 분석으로 현대의 아시아인, 멜라네시아인, 그리고 유럽인들이 네안데르탈인 DNA의 잔재를 지니고 있음이 드러났는데 이는 **호모 사피엔스**와 네안데르탈인 사이에 제한적인 혼혈이 있었음을 암시한다. 이와 대조적으로 현대 아프리카인들은 네안데르탈인 DNA의 잔재를 지니지 않았다(31장을 보라).

약 4만 년 전부터 시작된 후기 구석기 시대에 인간의 문화, 기술, 행태에 중대한 진전이 이루어졌다. 정착지의 흔적들이 좀 더 크고, 인간이 그곳을 더 오래 점유했다는 증거가 있다. 좀 더 정교한 석기들, 사냥 방법, 그리고 공동체 구성원의 개체들 사이의 협동과 관련된 음식 준비로 수렵-채취의 생활 양식이 실행되었다. 의복은 복잡하게 꿰맨 가죽들과 조개껍질 및 동물 뼈 목걸이 같은 장식품을 포함했다. 수백 킬로미터 떨어진 공동체 간의 물물 교환이 있었는데 이는 교역망들이 널리 퍼졌음을 암시한다. 어렸을 때 오랫동안 쇠약하게 만드는 부상을 당했거나 병에 걸린 성인들에게 장기간의 돌봄이 제공된 것으로 보인다. 뼈나 나무에 새겨진 작은 동물과 여성(비너스) 상들과 가루로 만든 유색의 광물들로 그린 큰 동물들의 동굴 그림에 상징적인 표현이 나타났다(그림 30.14를 보라). 몇몇 동물은 가공의 생물로 보이는데, 이는 정령숭배와 마법적인 종교적 신앙을 암시한다. 의도적인 매장 자세로 죽음이 기념되었고 무덤들은 상징적인 그림들과 재화들로 장식되었는데, 이는 영적인 제의와 실천에 대한 또 다른 암시다. 후기 구석기 시대가 시작된 약 1만 년이라는 놀라우리만큼 비교적 짧은 기간에 출현한 추상적 사고에 관한

27 Ted Goebel, Michael R. Waters, and Dennis H. O'Rourke, "The Late Pleistocene Dispersal of Modern Humans in the Americas," *Science* 319 (2008): 1497–1502.

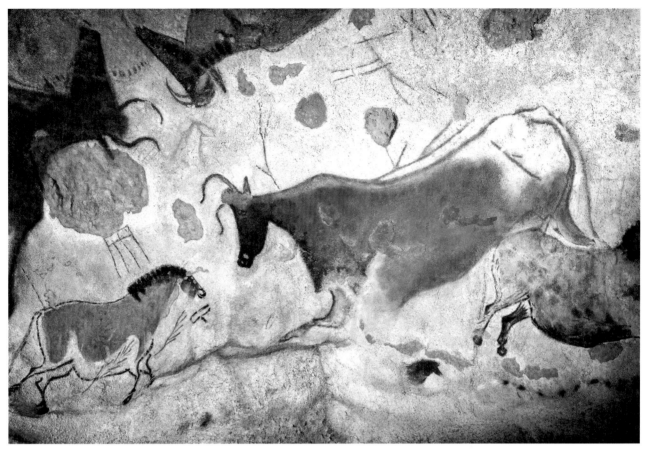

그림 30.14. 프랑스 남서부 라스코 동굴에 있는, 크로마뇽인 화가(약 17,000년 전)에게 돌려지는 말과 암소 그림. 이 그림은 1963년 그 동굴의 공개가 중지된 후 그 옆에 전시된 원본의 복제품이다.

이 증거는 후기 구석기 문화 혁명으로 알려졌다.[28]

후기 구석기 시대의 시작은 화석 기록에서 네안데르탈인이 마지막으로 출현한 시기와 일치한다. 그러나 최근의 발견들은 **호모 사피엔스**가 모든 대륙으로 확장을 계속할 때조차 격리된 지역에서 **호모** 속의 다른 호미닌들이 존재했음을 보여준다. 약 4만 년 전에 형성된 것으로 추정되는 시베리아 알타이산맥의 데니소바 동굴의 퇴적물에서 젊은 여성의 손가락뼈 하나와 성인 남성 두 명의 치아들이 발견되었다. 그들은 현생인류보다 튼튼해서 네안데르탈인과 연결되었음을 암시한다. 게놈 분석 결과 이 데니소바인들과 네안데르탈인들은 공통 조상을 공유한다는 것과 현대 인간들이 데노소바인들의 게놈의 흔적을 소유한다는 것이 밝혀졌다(섹션 31.2.3을 보라).

호모 플로레시엔시스(Homo floresiensis)는 인도네시아 자바섬의 동쪽 플로레스섬에서 발견되었다. 거의 완전한 여성의 골격 하나와 다른 많은 개체로부터의 뼈들과 치아들은 매우 작은 키(약 1미터)와 작은 두개용량(380세제곱센티미터)을 지닌 호미닌을 드러냈다. 대중매체(그리고 심지어 몇몇 과학자)는 이 작은 호미닌들을 **호빗**(hobbit)으로 불렀다. 그들은 석기를 사용했고 그들이 살던 지역의 파충류 종들과 지금은 멸종한 작은 코끼리 **스테고돈**(Stegodon)을 사냥했다. 유해들과 퇴적물의 연대를 측정한 결과 그들은 95,000-74,000년 전부터 12,000년 전까지 플로레스섬

28 Ofer Bar-Yosef, "The Upper Paleolithic Revolution," *Annual Review of Anthropology* 31 (2002): 363-93. 반대 견해는 Sally McBrearty and Alison S. Brooks, "The Revolution That Wasn't: A New Interpretation of the Origin of Modern Human Behavior," *Journal of Human Evolution* 39 (2000): 453-563을 보라.

에서 거주했던 것으로 보인다.[29]

약 1만 년 전 신석기 시대의 시작은 인간의 발전에서 다음번의 진보를 나타낸다. 예리코(여리고)의 발굴에서 입증되듯이 인간은 레반트에서부터 농업에 종사했으며, 동물들과 곡물을 포함한 농작물을 길들이기 시작했다. 6,500년 전에는 도기가 만들어졌다. 다른 유적지들은 신석기 문화와 기술이 소아시아, 북아프리카와 메소포타미아로 확산되었음을 보여준다. 그 후의 혁신들은 천 짜기, 바퀴의 사용, 초보적인 수학, 쓰기와 천문학을 포함한다.

신석기 시대는 유럽, 시베리아, 그리고 북아메리카의 북부 지역에서 마지막 대륙빙이 퇴각하고 나서

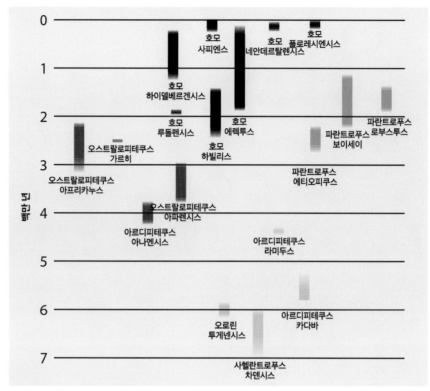

그림 30.15. 호미닌들의 생존 시기 범위.

시작되었다. 몇몇 고인류학자는 약 12,000년 전의 짧은 한랭기인 영거 드라이아스기가 인간이 농업을 영위하고 다른 신석기 혁신을 개발하도록 동기를 부여했을 것으로 생각한다.

그리고 그들이 말한 대로 나중 이야기는 우리가 알고 있는 바다.

30.5. 범위와 관계

우리는 연속적이고 겹치는 범위의 종들 사이에 존재했을 수도 있는 가능한 진화 관계를 고려함으로써 고대 호미닌들과 초기 인간들에 대한 물리적 증거의 개관을 마치고자 한다. 이 생물들의 작은 집단 규모와 그들의 유해를 보

존하기 위해 요구되는 독특한 지질학적·환경적 조건으로 말미암아 화석 기록이 불완전하므로 이러한 잠재적인 관계들은 사변적이다(섹션 26.3을 보라). 확실히 이미 묘사된 종들의 표본은 좀 더 많으며, 아직 발견되지 않은 새로운 호미닌 종들이 틈을 메울 것이다. 골격 해부학은 특질들이 한 종에서 다른 종으로 어떻게 획득되고 상실되는지를 보여주지만, 이 추세들은 공통 조상만을 암시하고 직접적인 조상은 암시하지 않는다. 다행스럽게도 게놈 연구들이 진화 관계에 관한 좀 더 명확한 정보를 제공하고 있다(본서의 31장을 보라).

500만 년이 넘는 호미닌의 역사의 대부분의 기간에 복수의 호미닌 종이 공존했다(그림 30.15를 보라). 종들은 수십만 년을 생존했는데 **호모 에렉투스**가 약 100만 년 넘게 생존해서 가장 오래 생존한 종으로 보인다. 우리는 골격의 특질과 몸의 크기, 도구 제작과 예술적 표현처럼 화석 기록에서 명백히 드러나는 점진적인 많은 발전을 살펴

29 Fernanda Neubauer, "A Brief Overview of the Last 10 Years of Major Late Pleistocene Discoveries in the Old World: *Homo floresiensis*, Neanderthal, and Denisovan," *Journal of Anthropology* (2014): 1-7, doi:10.1155/2014/581689.

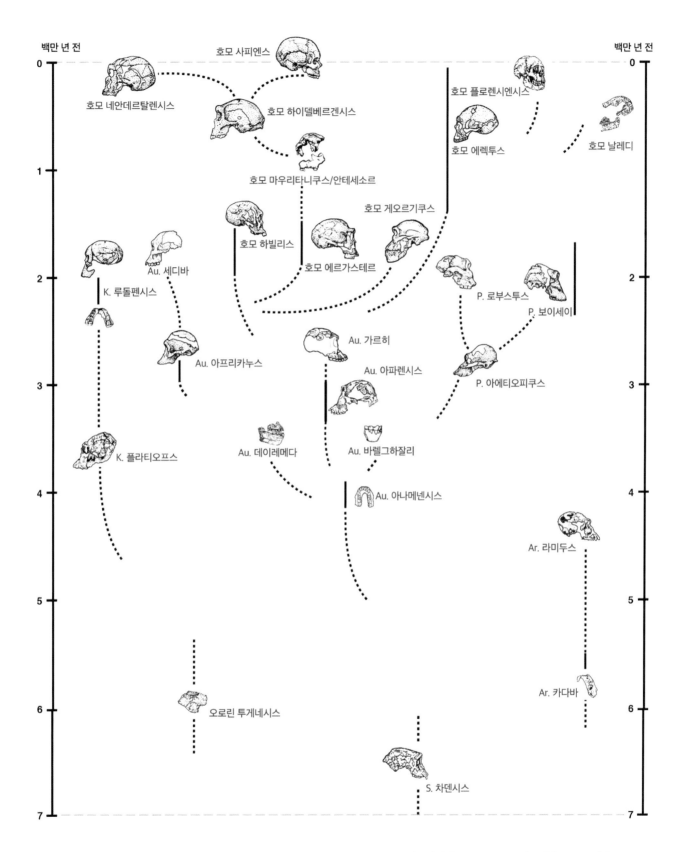

그림 30.16. 고인류학자 이안 태터샐이 제안한 "고도로 잠정적인" 호미닌의 계통 발생. *Ar*, **아르디피테쿠스**; *Au*, **오스트랄로피테쿠스**; *K*, **케냔트로푸스**; *P*, **파란트로푸스**; *S*, **사헬란트로푸스**.

보았는데, 이 모든 특징은 창조세계의 봉사적 성격과 자연의 기능의 완전성을 반영한다. 두뇌의 크기는 출현하고 있는 호미닌들 사이의 발전의 연속성에 관한 양적 척도다. 지난 5천만 년 동안 연속적인 호미노이드와 호미닌 종들에서 두개용량은 점진적으로 증가해왔다. 오스트랄로피테쿠스계의 두개용량은 현대 침팬지의 두개용량 범위와 겹치고 그 범위를 넘어 확대된다. 연속적인 **호모** 종들의 두개용량은 서로 겹치며 중단이나 극적인 변화가 없이 꾸준히 커진다.

대다수 고인류학자는 종들 사이의 직접적인 계보에 대한 명확한 해석을 꺼린다. 계보를 밝히려는 시도를 종이 위에 표시하자면 불명확한 많은 점선이 있다(그림 30.16을 보라). 알려진 종들 간의 진화의 추이는 발견되지 않은 종들과 함께 묻혔을 가능성이 있다.[30] **호모 하빌리스**를 포함한 초기 호모 종들이 **오스트랄로피테쿠스 아프리카누스**나 **오스트랄로피테쿠스 세디바**와 동시대에 살았던 오스트랄로피테쿠스계로부터 출현했을 수도 있다. **호모 에렉투스**를 **호모 하빌리스**의 자손으로 해석하는 것이 논리적일 수도 있지만, 골격의 특질은 **호모 에렉투스**가 **호모 사피엔스**의 직접적인 조상임을 지지하지 않는다. 게놈의 증거는 제한된 혼혈을 암시하지만(섹션 31.2.3을 보라) 네안데르탈인들도 **호모 사피엔스**의 직접적인 조상이 아니다. 아마도 **호모 안테세소르, 호모 하이델베르겐시스**, 그리고 **호모 네안데르탈렌시스**의 연속에 좀 더 가까운 진화상의 관련이 있었을 것이다. **호모 하이델베르겐시스**나 **호모 안테세소르**와 **호모 사피엔스** 사이에 어느 정도의 조상 관계가 있을 수도 있다.[31]

인간의 기원 문제에 관한 또 다른 각도는 **호모 사피엔스**가 어떻게 아프리카에서 출현하여 전 세계에 거주하게 되었는지와 관련이 있다. **다지역 진화 모형**(multi-regional evolution model)은 아프리카, 아시아, 유럽에 분포되어 있던 고대의 **호모** 집단들이 플라이스토세 후기까지 독립적으로 **호모 사피엔스**로 진화했다고 주장한다. 고대의 **호모** 종들은 이전 시기에 아프리카로부터 이동한 **호모 에렉투스**와 **호모 하이델베르겐시스**를 포함했을 수도 있다. 다지역 진화 모형의 몇몇 지지자들은 이 모형이 세계의 다른 지역들에 거주하는 사람들 사이의 인종적 차이를 설명한다고 믿는다. 그러나 게놈 연구는 전 세계의 사람들 사이에 호모 사피엔스를 아종이나 인종으로 나눌 가치가 있을 만큼의 명확한 유전자 차이가 없음을 보여준다.[32] 고인류학자들 사이에 대체 모형에 대한 좀 더 많은 합의가 형성되고 있다. 대체 모형에서는 해부학적으로 현대의 아프리카 **호모 사피엔스**들이 아프리카를 떠나 그들의 이동 중에 조우한 **호모 에렉투스**, 네안데르탈인, 데니소바인, 그리고 호빗을 포함한 이전의 모든 **호모** 집단을 대체했다(섹션 31.4를 보라). 언어 연구 역시 대체 모형을 지지하는 것으로 보인다. 알려진 인간의 모든 언어 사이에 존재하는 식별할 수 있는 연결 관계는 현대의 모든 집단에 좀 더 최근의 공통 조상이 존재함을 암시하기 때문이다. 다지역 진화 모형에서처럼 고대의 집단들이 언어가 형성되기 전에 분포했을 경우에는 언어의 연결 관계가 예상되지 않을 것이다.[33]

인간들은 경쟁에서 이김으로써 그리고 어쩌면 잔인한 제거를 통해 좀 더 오래된 집단 대신 들어섰을 수도 있다. 게놈 연구들은 인간들과 좀 더 이른 시기의 집단들 사이에 제한적인 혼혈이 있었음을 암시한다(섹션 31.2.3을 보라).

30 예컨대 Lee R. Berger et al., "*Homo naledi*, a New Species of the Genus *Homo* from the Dinaledi Chamber, South Africa," *eLife* (2015): e09560, doi:10.7554/eLife.09560과 이 발견물들 및 그것들의 해석에 관한 논쟁을 보라.
31 Tuttle, *Apes and Human Evolution*, 171-85.
32 Alan R. Templeton, "Human Races: A Genetic and Evolutionary Perspective," *American Anthropologist* 100 (1999): 632-50. 여러 인간 종이 있다는 아이디어는 파란만장한 과거를 지니고 있다. Livingstone, *Adam's Ancestors*, 7-8장을 보라.
33 Merritt Ruhlen, *On the Origin of Languages: Studies in Linguistic Taxonomy* (Stanford, CA: Stanford University Press, 1994), 356.

30.6. 어느 집단이 아담과 하와였는가?

자연인류학으로부터의 증거는 골격적으로나 해부학적으로 현생인류는 적어도 20만 년 전에 아프리카 대륙에서 유래해서 2만 년 전까지는 모든 대륙으로 이동했음을 밝혀준다. 레반트와 메소포타미아에서 약 1만 년 전까지는 인간의 문화와 기술에서 중요한 발전이 이루어지지 않았다. 매장 관습은 최초의 **호모 사피엔스**들에게 그리고 아마도 그 전의 네안데르탈인들에게 모종의 영적 인식이 있었음을 암시한다. 성경이 묘사하는 아담과 하와가 **호모 사피엔스** 종 외의 다른 종이라고 상상하기 어렵다. 그것은 그렇다고 치고 고대의 인간들 및 적어도 약 4만 년 전까지 지구를 공유하던 다른 호미닌들의 게놈 연구로부터 우리 인간 조상들에 관해 우리가 배우는 것이 훨씬 많다. 우리는 인간의 이야기의 이 부분을 31장에서 살펴보고 이어서 32장에서 이 모든 내용을 창조 교리에 비추어 고려할 것이다.

31장

인간의 기원: 게놈의 증거

앞 장에서 우리는 화석 증거가 유인원과 인간 사이의 중간적인 특징을 지니는 일련의 호미닌 화석들이 공통 조상으로부터의 진화적 발전을 나타내는 중간 형태일 수도 있다고 암시한다는 것을 살펴보았다. 두 발 보행의 발달과 좀 더 큰 두개용량은 인간과 가장 비슷해 보이는 화석들에서 볼 수 있는 많은 추세 중 두 가지다. 특히 최근 수십 년 동안 새로운 화석들이 발견됨에 따라 이 새로운 발견들을 통합하기 위해 특정한 진화 경로에 관한 몇몇 아이디어들이 변경되었다. 그러나 좀 더 새로운 이 발견들은 인간이 다른 호미닌들로부터 발생했다는 주장과 전체 과정이 복잡하고 결코 완전하게 이해될 수 없는 것처럼 보인다는 주장도 강화했다. 진화의 경로를 추적하기가 어렵고 진화 과정을 통해 언제 특정한 "종"에 도달했는지를 결정하기는 훨씬 더 어렵기 때문에 이 복잡성은 놀랄 일이 아니다. 그러나 우리가 인간 및 다른 영장류의 전체 게놈(즉 세포들에 포함된 DNA의 전체 보완물)의 서열 정보를 갖게 해준 현대의 DNA 혁명 덕분에 우리는 새로운 몇몇 통

찰을 얻을 뿐만 아니라 화석 기록에서 도출한 몇몇 추론을 검증할 수도 있다.

인간 게놈 프로젝트는 인간의 게놈에 들어 있는 32억 개 염기쌍 전체의 서열을 밝히기 위해 1990년에 시작된 중요한 국제 연구 사업이다. 2001년 게놈의 초안이 발표되었고 2003년 완성된 게놈이 발표되었다. 이 프로젝트를 통해 자극된 기술 혁신이 많은 유기체에 적용되었고 DNA 서열 분석 방법의 추가적인 발전으로 게놈의 해독이 훨씬 더 빨라져서 게놈 서열이 밝혀진 종의 목록이 급격히 늘어났다. 더욱이 우리는 인간 집단 내의 다양성을 좀 더 잘 이해하기 위해 더 많은 인간 게놈들의 서열을 밝힐 수 있었다. 유기체들의 게놈들은 (26장에서 살펴본 바와 같이) 과거에 일어났던 것으로 보이는 변화의 기록을 포함하는데, 이 기록 중 몇몇은 다른 유기체들의 DNA 서열과 비교함으로써 추론될 수 있다. 인간의 게놈에 들어 있는 뉴클레오타이드들의 서열을 다른 유기체들의 서열과 비교하고 인간들 사이의 차이 및 인간과 유인원 사이의 차이를 비교함으로써, 인간의 기원과 관련하여 우리는 그 진화 역사의 몇몇 측면을 좀 더 잘 이해하게 되었다. 이 장에서 우리는 이 게놈 증거로부터 인간의 기원에 관해 우리가 인식할 수 있는 몇몇 내용을 알아볼 것이다. 유전자 및 유전자 변화와 관련된 이 모든 과정이 창조세계의 기능의 완전성(섹션 2.2.2를 보라)과 하나님이 그것을 통해 창조세계에서 일하고 있을 수 있는 가능한 수단들을 대표

한다는 것을 명심하라(섹션 2.4.3을 보라).

31.1. 인간과 다른 동물들이 공통 조상을 공유한다는 증거가 있는가?

지구상에 인간과 같은 다른 동물은 없다. 그러나 우리의 독특성에도 불구하고 동물, 척추동물, 포유류, 그리고 영장류라는 생물의 계층적 분류 체계에서 일반적인 집단(동물계)에서 좀 더 구체적인 집단(영장목)으로 옮겨갈수록 우리가 점점 더 많은 특성을 공유한다는 점이 명백하다. 영장목 안에서는 인간이 대형 유인원과 가장 비슷한데 그중에서도 침팬지와 가장 비슷하다는 것이 오랫동안 알려졌고, 이 점은 30장에 제시된 분류에서 인식된다. DNA 서열 분석이 26장에서 묘사된 바와 같이 가장 그럴듯한 계통수를 분간하는 데 유용했듯이, 인간과 유인원의 DNA 서열 파악은 그 유사성의 정도를 밝히는 데 도움이 되었다.

진화의 틀에서, DNA는 변화를 유지한 채로 대대로 전해진다. 따라서 생물들의 DNA는 이러한 변화의 몇몇 역사적 기록을 포함할 것이고, 인간들 사이 및 밀접한 관련이 있는 유기체들과의 비교를 통해 그 변화가 추론될 수 있다. 인간의 기원의 경우 이러한 추론 도출은 인간 게놈의 완전한 서열 파악과 그에 이은 전 세계의 다양한 민족 그룹을 대표하는 많은 개인의 게놈 서열 분석을 통해 촉진되었다. 인간의 게놈이 서열이 파악된 침팬지, 보노보, 고릴라, 오랑우탄 및 다른 영장류의 게놈들과 비교되었다. 더욱이 최근에 DNA 기술의 발전으로 40만 년 이상 전의 호미닌 화석의 DNA를 분석할 수 있게 되었다.[1] 새로운 화석이 발견되면, 최근의 말 화석 사례에서처럼 그

기록이 훨씬 뒤로 확대될 수도 있다.[2] 말들의 뼈에서 서열이 분석된 DNA는 70만 년 전의 것으로 추정되었다.

따라서 비교가 이루어질 수 있는 풍부한 데이터가 있다. 이런 비교를 할 때 인간과 영장류, 특히 침팬지 사이의 차이와 유사성을 모두 조사할 필요가 있다. 그러기 위해 우리는 염색체, DNA 서열, 그리고 위유전자를 조사할 것이다. 주된 목표는 인간과 다른 동물들이 공통 조상을 공유하는지에 관한 증거를 조사하는 것이다. 우리는 현생 동물 종 가운데 인간과 가장 최근의 공통 조상을 공유한다고 여겨지는 침팬지에 초점을 맞출 것이다.

31.1.1. 염색체 비교. 인간의 게놈 서열을 알기 전에도 우리는 인간의 염색체와 유인원의 염색체의 수 및 각각의 염색체의 형태와 크기를 비교할 수 있었다. 인간의 세포에는 46개의 염색체가 있고 그 염색체들은 스물두 쌍의 상염색체와 한 쌍의 성염색체를 지니고 있는데 성염색체는 여성에게서는 X 염색체가 두 개이고 남성에게서는 X 염색체와 Y 염색체가 하나씩 있다. 대형 유인원(침팬지, 보노보, 고릴라, 그리고 오랑우탄)에게는 인간의 성염색체와 대등한 성염색체를 포함해서 48개의 염색체가 있다. 염색체 수의 차이는 한 쌍의 염색체 상실에 기인한 것이 아니다. 그런 일이 일어나면 거의 언제나 그 유기체의 세포들에 치명적일 것이다. 이 염색체들의 길이와 유사한 착색 패턴 그리고 발견되는 서열을 비교할 때 두 개의 침팬지 염색체들이 하나의 인간 염색체와 매우 유사하다는 것이 명백한데, 이는 인간에 이르는 과정에서 염색체 융합이 있었음을 암시한다(그림 31.1을 보라).[3] 인간의 2번 염색

---

1 Matthias Meyer et al., "Nuclear DNA Sequences from the Middle Pleistocene Sima de los Huesos Hominins," *Nature* 531 (March 24, 2016): 504-7은 지금까지 가장 고대의 호미닌들의 세포핵 DNA 서열들에 관해 보고한다.

2 Ludovic Orlando et al., "Recalibrating *Equus* Evolution Using the Genome Sequence of an Early Middle Pleistocene Horse," *Nature* 499 (July 4, 2013): 74-78.

3 사실 침팬지 염색체 두 개가 융합해서 인간의 2번 염색체를 만든 것처럼 보인다는 점이 발견된 후 침팬지의 이 두 염색체들은 염색체 2A와 2B로 명명되어서 침팬지의 염색체들에 이름을 붙일 때 인간의 염색체 번호에 우선권이 부여되었다.

체에 들어 있는 DNA의 서열 역시 이 융합에 대한 증거를 제공한다. 염색체들의 끝은 말단 소립(telomere)으로 알려진 특별한 서열을 지니며, 말단 소립 서열들은 이 염색체를 만들기 위해 융합이 일어날 곳에서 발견된다. 이는 일반적으로 염색체들의 끝에서 발견되는 말단 소립 서열들이 이 염색체의 안쪽 부분에서 발견되는 이유에 대한 합리적인 설명을 제공한다. 또한 각각의 염색체는 **동원체**(centromere) 하나를 갖고 있는데, 동원체는 세포핵이 분열하여 두 세포에서 두 개의 별도의 세포핵을 형성할 때 염색체가 미세소관(microtubule)으로 알려진 세포 구조에 부착하는 곳이다. 인간의 2번 염색체에는 기능하는 동원체 한 개 및 동원체와 매우 비슷한 서열을 가졌지만 더 이상 동원체로 기능하지 않는 또 다른 영역이 있으며, 이 서열은 침팬지들에게서 보이는 것과 유사한 두 개의 염색체들의 융합에서 예상되는 지역에 존재한다. 사실 염색체 하나에 동원체가 두 개 있으면 세포핵 분열에 오류가 일어날 것이기 때문에 동원체들 중 하나의 기능 상실은 염색체 융합이 계속되기 위해 필요한 단계다.

게다가 염색체 융합이 발견된 인간의 몇몇 예도 있었다. 최근의 예로는 중국에 사는 어떤 사람의 염색체 수가 46개가 아니라 44개로 보고되었다.[4] 이 사람의 염색체들을 조사해보니 14번 염색체와 15번 염색체가 융합한 것이 명백했다. 이 사람의 가족의 제한된 정보에 근거해서 판단할 때 이 융합은 그 사람의 증조부 때 일어났을 가능성이 가장 컸고 그렇다면 그 증조부의 각각의 세포의 세포핵에 염색체가 45개 있었을 것이다. 사촌 사이였던 이 사람의 부모들은 각각 융합된 염색체의 사본 하나를 물려받았고, 그 사람은 각각의 부모로부터 융합된 염색체의 사본 하나씩을 상속받았다. 그 사람은 정상적으로 46개의 염색체를 가진 여성과 결혼했는데, 이는 그들의 모든 자녀가 융합된 염색체의 사본 하나를 이어받으리라는 것을 의미한다. 이 자녀들은 비정상적인 염색체 세트를 받을 가능성이 크기 때문에 재생산 성공률이 낮을 것이다. 이 사람은 그의 전체 게놈에 기초할 때는 유전적으로 다른 인간들과 매우 유사하지만, 가지고 있는 염색체 수가 달라서 재생산 면에서는 다소 격리되어 있다. 만일 그가 똑같이 융합된 염색체 쌍을 가진 여성과 결혼한다면 그 결혼에서 태어나는 자녀들은 그 사람처럼 융합된 염색체들 두 개의 사본을 가질 것이고 따라서 정상적으로 발달할 수 있을 것이다. 인간의 진화 역사에서 발생한 것으로 추론되는 유전자 융합은 한 개체에서 일어났을 가능성이 가장 크고, 그 개체가 속했던 인간 또는 호미닌 전체가 융합된 유전자를 포함하게 되기까지는 여러 세대가 소요되었을 것이다.

융합된 염색체의 존재 외에도, 인간과 침팬지의 염색체들의 유전자 순서도 매우 유사하다. 염색체에서 공유된 유전자 순서는 **신터니**(synteny, "같은 띠 위에"를 의미한다)로 알려졌는데, 특히 이 유전자들이 이 특정한 방식으로 순서를 정할 기능상의 이유가 없는데도 신터니를 공유하는 것은 공통 조상에 대한 강력한 증거다. 신터니는 또한 역위가 발생한 영역을 탐지하는 데도 도움이 된다. 인간의 염색체들을 침팬지의 염색체들과 비교할 때 아홉 개의 염색체 간 역위가 관찰된다(그림 25.9를 보라). 역위된 부분에서는 염색체에서 반대 방향으로 동일한 순서를 보일 것이다. DNA 끈이 두 위치에서 부러지고 부러진 DNA 조각이 거꾸로 된 위치로 다시 붙으면 역위가 일어날 수 있다. 세포들은 DNA에서 일어나는 그런 끊김을 만들고 그것을 고치는 메커니즘을 갖고 있다. 인간과 침팬지의 염색체들을 비교할 때 역위가 아홉 번만 발생한다는 관찰을 통해 그런 일이 비교적 드물게 발생한다는 점이 암시된다. 화석 증거와 유전자 증거의 결합은 인간과 침팬지의 마지막 공통 조상이 약 600만 년 전에 살았을 것으로 암시한다.

4   Bo Wang et al., "Case Report: Potential Speciation in Humans Involving Robertsonian Translocations," *Biomedical Research* 24 (2013): 171–74.

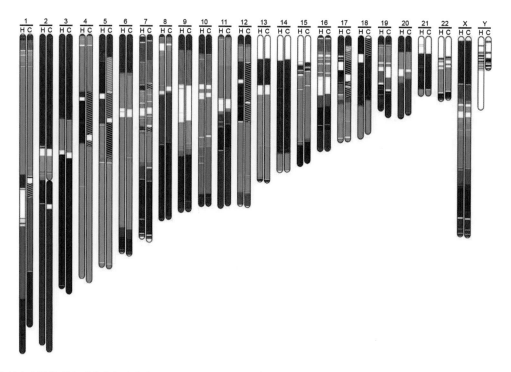

그림 31.1. 인간(H)과 침팬지(C) 염색체의 병렬 비교. 색상이 같은 지역은 유사한 서열을 갖는다. 흰색 지역들은 서열이 밝혀지지 않았거나 조화되지 않는다. 순서가 바뀐 지역은 평행선의 음영으로 표시되었다. 인간의 2번 염색체 옆에 침팬지의 염색체 두 개가 머리를 맞대고 배열되어서 추론된 융합이 일어났을 곳을 보여줌을 주목하라. 그리고 Y 염색체들 사이의 큰 차이도 주목하라.

31.1.2. 인간과 유인원의 게놈 비교. 2003년 인간의 게놈 발표와 2006년 침팬지의 게놈 발표 그리고 그 후의 보노보, 고릴라, 오랑우탄의 게놈 발표 덕분에 과학자들은 이 유기체들의 DNA를 좀 더 자세하게 비교할 수 있게 되었다.[5] 침팬지들은 인간과 가장 최근의 공통 조상을 공유하는 것으로 추론되었기 때문에 인간과 침팬지 사이의 비교가 가장 큰 흥미를 끌었다. 이 게놈들 사이의 가장 유용한 비교는 인간과 침팬지의 특징이 생기게 하도록 기능한 부분들 사이의 유사성과 차이점을 묘사할 것이다. 그러나

그것은 특히 본서의 범위에 비추어 볼 때 매우 복잡한 비교일 것이다. 그러기보다는 간단한 비교만으로도 흥미로운 유사성과 차이점들을 드러낼 수 있음을 인식하면서 전반적인 유사성을 살펴보기로 하자.

전반적인 유사성을 묘사할 때조차 단순하게 해주는 가정들을 적용할 필요가 있을 것이다. 이 서열들에서 넓은 범위의 반복성 DNA를 어떻게 다룰지가 하나의 예가 될 것이다. 반복성 DNA에서 유사한 DNA 서열이 여러 번 반복되며, 하나의 서열이 존재할 수도 있는 횟수는—특히 종 사이에서—변화가 매우 크다. 어떤 종에서는 10개의 염기로 구성된 반복성 서열이 스무 번 존재하고 다른 종에서는 같은 서열이 열 번 존재할 경우, 그 변화가 개별적인 염기들을 추가함으로써 발생한 것이 아니라 반복성 서열을 복사함으로써 발생했을 것으로 추론되는데도 첫 번째 종에 뉴클레오타이드가 100개 더 많다고 말하는 것은 과대평가일 것이다. 그런 과대평가는 이 종

5   Chimpanzee Sequencing and Analysis Consortium, "Initial Sequence of the Chimpanzee Genome and Comparison with the Human Genome," *Nature* 437 (September 1, 2005): 69-87; Aylwyn Scally et al., "Insights into Hominid Evolution from the Gorilla Genome Sequence," *Nature* 483 (March 8, 2012): 169-75; Kay I. Prüfer, "The Bonobo Genome Compared with the Chimpanzee and Human Genomes," *Nature* 486 (June 28, 2012): 527-31; Devin P. Locke et al., "Comparative and Demographic Analysis of Orangutan Genomes," *Nature* 469 (January 27, 2011): 529-33.

인간 게놈의 1.5퍼센트만 엑손들에 들어 있는 단백질을 위해 직접 코딩하고 또 다른 24퍼센트는 인트론들에 들어 있는 단백질을 위해 코딩한다(섹션 31.1의 "심화 학습: 유전자에 들어 있는 엑손과 인트론"을 보라). 인간 게놈의 대다수는 같은 서열의 많은 사본을 갖는 DNA인 반복성 DNA로 구성된다. 몇몇 반복성 DNA는 짧은 서열이 거듭해서 반복되는 연쇄 반복으로 구성된다. 산재한 반복성 DNA가 좀 더 많은데, 이 경우에는 같은 서열이 반복되지만 대체로 다른 사본과 인접하지 않는다. 몇몇 과학자는 반복성 DNA에 명백한 기능이 없는 것으로 간주되었기에 그것을 정크 DNA로 불렀다(26장의 "심화 학습: 코딩 DNA와 비코딩 DNA"를 보라). 그런 묘사는 근거 없는 결론이기 때문에 유익하지 않다. 다행스럽게도 과학자들은 인간에게 있는 다양한 종류의 비코딩 DNA들의 기능적 측면을 계속 탐구해왔다. DNA 요소 백과사전(ENCODE, Encyclopedia of DNA Elements)이 수행한 최근의 연구는 인간 게놈의 80퍼센트가 생화학적 기능을 수행한다는 것을 보여주었다.[a] 인간의 게놈에서 DNA의 약 45퍼센트는 전이 인자의 형태로 산재된 반복성 DNA로 구성된다. 대다수의 다른 포유류에서 비슷한 비율이 발견된다.[b] 전이 인자(트랜스포손으로도 불린다)들은 게놈 안에서 위치를 이동할 수 있는 DNA의 서열들이다. 몇몇 종류는 중복적인 사본을 만들어서 그것을 DNA의 비교적 특수하지 않은 위치에 삽입한다. 이 중복들이 만들어짐에 따라 게놈들이 더 커지고 반복성 DNA의 양이 늘어난다. 인간에 들어 있는 가장 보편적인 전이 인자는 알루(Alu) 시네(SINE; short interspersed nuclear element, 흩어져 있는 짧은 세포핵 요소)인데, 인간의 몸에는 300개의 염기쌍으로 된 이 요소 사본 약 100만 개가 있으며 그것은 인간 게놈의 약 10퍼센트를 구성한다. 인간의 알루 요소들의 위치를 침팬지들에게서 발견되는 것과 비교한 결과 알루 요소 삽입의

약 7,000개(1퍼센트 미만)가 인간에 독특하다는 것이 발견되었다. 따라서 이런 비교들은 인간 게놈과 침팬지 게놈 사이의 높은 정도의 유사성에 관한 다른 DNA 비교들과 일치한다.[c] 알루 요소들과 추가적인 SINE들이 인간 게놈의 13퍼센트를 구성한다. 추가로, 흩어져 있는 긴 세포핵 요소(long interspersed nuclear element, LINE)들이 인간 게놈의 21퍼센트를 구성한다. 다른 유형의 전이 인자들이 게놈의 45퍼센트를 차지하는 이 요소들과 균형을 이룬다.

전이 인자들의 삽입은 게놈을 좀 더 크게 만들 뿐만 아니라 다양한 유전적 효과를 끼칠 수도 있다. 그런 삽입은 어느 유전자의 기능을 방해할 수 있으며, 인간의 몇몇 유전병은 전이 인자의 삽입으로 말미암아 야기된다. 다른 삽입들은 유전자들의 발현 방식에 차이를 일으킬 수도 있다. 그리고 몇몇 엑손은 삽입된 전이 인자에서 생긴 변화에 기인한다고 보이는 데서 알 수 있듯이 유전적 혁신의 원천이 될 수도 있다.[d] 제임스 샤피로(27장의 "심화 학습: 제임스 샤피로와 자연적 유전 공학"을 보라)는 전이 인자들을 게놈 재구성과 유전적 혁신의 주요 원천으로 여긴다.[e]

[a] The ENCODE Project Consortium, "An Integrated Encyclopedia of DNA Elements in the Human Genome," *Nature* 489 (September 6, 2012): 57–74.

[b] Richard Cordaux and Mark A. Batzer, "The Impact of Retrotransposons on Human Genome Evolution," *Nature Reviews Genetics* 10 (October 2009): 691–703.

[c] The Chimpanzee Sequencing and Analysis Consortium, "Initial Sequence of the Chimpanzee Genome and Comparison with the Human Genome," *Nature* 437 (September 2005): 69–87.

[d] Cordaux and Batzer, "Impact of Retrotransposons."

[e] James A. Shapiro, *Evolution: A View from the 21st Century* (Upper Saddle River, NJ: FT Press Science, 2011).

들의 유의미한 비교를 제공하지 않을 것이다. 그러한 연쇄 반복(tandem repetition) 외에도 인간들과 다른 유기체들의 게놈들에는 산재한 많은 반복성 DNA 요소들이 있다(좀 더 자세한 내용은 "심화 학습: 반복성 DNA와 게놈에 들어 있는 전이 인자"를 보라). 따라서 아래에서 설명할 비교는 반복성 DNA의 존재나 부재를 과대평가하지 않도록 이루어진다.

우리는 발견된 다양한 차이를 묘사함으로써 이런 비교를 할 수 있다. 첫째, 직접 단백질을 코딩하는 서열들을 비교할 경우(이런 서열들은 인간과 침팬지의 게놈의 1.5퍼센트에 지나지 않지만 그것들의 기능 면에서 매우 중요하다) 인간의 게놈과 침팬지의 게놈 사이에 99.4퍼센트의 유사성이 있다.

이 DNA 서열들은 DNA에 들어 있는 뉴클레오타이드 세 개가 유전적 암호에 따라 아미노산 한 개를 코딩하는 방식으로 단백질에 들어 있는 아미노산을 코딩한다는 것을 기억하라(본서의 20장을 보라). DNA의 이 부분을 통해 코딩되는 단백질들의 해독과 비교를 통해 인간과 침팬지의 단백질의 29퍼센트가 같은 서열을 지녔다는 것과 이 두 종의 단백질들 사이의 두 아미노산의 평균적인 차이가 발견되었다. 둘째, 단일 뉴클레오타이드의 차이 3,500만 개가 있는데 이는 침팬지와 인간 사이의 1.23퍼센트 차이에 해당한다. 이 수는 비코딩 DNA에서의 차이 외에 앞서 언급된 코딩 단백질에서의 차이도 포함할 것이다. 500만 개의 추가적인 삽입이나 삭제—하나 이상의 뉴클레오타이드가 삽입 또는 삭제될 수 있다—를 더하면 두 종 사이에 추가로 3-4퍼센트의 차이가 추정된다. 단일 뉴클레오타이드 차이와 삽입/삭제 사건으로 구성된 4,000만 개의 변화가 일어나 전체적으로 인간과 침팬지의 DNA 사이에 대략 95-96퍼센트의 유사성이 있다.

단일 뉴클레오타이드 차이들이 추정을 위한 가장 단순한 토대를 제공하므로 우리는 이것을 이용해서 추가 비교를 할 수 있다. 인간 개체들 사이의 차이는 대개 0.1퍼센트 미만인 반면에, 인간과 침팬지 사이의 차이는 약 1.2퍼센트이고, 인간과 고릴라 사이의 차이는 약 1.6퍼센트이며, 인간과 오랑우탄 사이의 차이는 약 3.4퍼센트다. 침팬지의 가까운 친척인 보노보의 게놈은 보노보와 인간 사이의 차이가 침팬지와 인간 사이의 차이와 같은 수준(1.2퍼센트)이고 보노보와 침팬지 사이의 차이는 0.4퍼센트임을 보여준다. 이 관측은 보노보와 침팬지가 약 200만 년 전에 공통 조상을 공유하는 반면 이 두 종이 인간과 약 600만 년 전에 공통 조상을 공유하는 것처럼 보인다는 이해와 일치한다.

인간과 침팬지 게놈 사이의 높은 수준의 유사성과 대조적으로 구조와 기능 면에서는 인간과 침팬지 사이에 큰 차이가 있다. 발생 과정의 진화(이보디보)에 관한 섹션

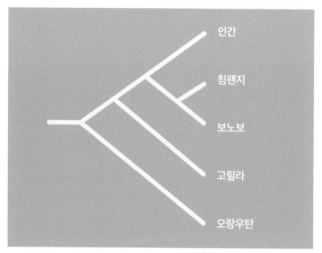

그림 31.2. DNA 서열의 유사성으로부터 추론된 대형 유인원들의 계통 발생 관계. 형태상의 특질 같은 다른 비교 수단을 통해서도 똑같은 계통수가 뒷받침될 것이다.

27.4에서 묘사된 바와 같이 이 대목에서 중요한 고려사항은 유전자들의 유사성이나 차이가 아니라 유전자들이 이용되어 발생을 가져오는 방식이다. 인간과 침팬지 사이의 약 4,000만 개의 유전적 차이의 의의에는 아직 발견할 것이 많이 남아 있는 것처럼 보인다. 그러나 이런 변화의 영향에 관해 좀 더 알려진다고 하더라도 인간이 되는 데는 유전적인 부분들의 합계 이상이 존재한다는 것을 우리가 발견할 가능성이 크다(이 점에 관해서는 32장에서 좀 더 탐구될 것이다).

26장에서 묘사된 바와 같이 DNA 서열 비교는 진화 관계를 분간하는 데 유용하다. 앞 섹션에서 묘사된 DNA의 전반적인 유사성은 그림 31.2에 묘사된 것과 같은 계통수로 귀결될 것이다. 이 그림은 진화 이론에 따르면 흔히 오해되듯이 인간이 침팬지에서 진화한 것이 아니라 인간과 침팬지가 공통 조상으로부터 진화했다는 점도 상기해준다. 그리고 인간의 기원은 명백히 아프리카에서 발생했고, 인간은 침팬지/보노보와 가장 가까운 공통 조상을 공유하며 그다음으로 가장 최근의 공통 조상은 고릴라와 공유하는데 그것들은 모두 아프리카 유인원이다.

31.1.3. 인간과 유인원의 위유전자 비교. DNA의 전반적

인 유사성을 살피는 것 외에 위유전자의 유전은 인간의 기원에 관해 배울 수 있는 또 다른 방법을 제공한다. 위유전자는 단백질이나 RNA를 코딩하는 유전자와 매우 유사하게 보이는 비코딩 DNA의 서열이지만(26장을 보라) 그 DNA에 의해 코딩된 단백질 산물을 만들기 위해 전사나 번역을 통해 발현되지는 않는다. 그런 위유전자들은 발현되는 유전자와 같은 방식으로 기능하지 않으며, 따라서 공통 계보를 통한 그것들의 기원에 관한 증거는 그것들이 공통적으로 존재하는 이유가 기능에 토대를 둔 것인지에 관한 고려로 말미암아 영향을 받지 않기 때문에 위유전자의 발생 패턴은 특히 흥미롭다. 인간의 게놈에는 2만 개의 위유전자가 있는 것으로 추정되는데 이 숫자는 인간의 게놈에서 코딩되는 것으로 추정되는 유전자의 대략적인 수보다 약간 작은 수치다. 그러나 이 위유전자들의 대다수는 가공 처리된 위유전자들이다. 이는 그것들이 전사된 RNA가 삽입되어 다시 DNA로 전환됨으로써 유도되었고 따라서 유전자의 코딩 부분을 모두 갖고 있지만 그 유전자가 발현되게 해주는 인근의 부분을 갖고 있지 않다는 뜻이다. 다른 많은 위유전자들은 중복된, 가공처리되지 않은 위유전자들이다. 이 경우 유전자 중복이나 배수성이 게놈의 중복된 사본들을 만들고(섹션 27.3을 보라) 중복된 유전자 하나는 기능이 억제되는 반면 그것의 사본은 계속 기능할 수 있다.

우리는 단일 위유전자를 살펴봄으로써 공통 조상에 관한 증거를 좀 더 노골적으로 비교할 수 있다. 단일 위유전자의 경우 그 유전자가 게놈에서 한 번만 나타나지만, 더 이상 기능하지 않고 따라서 위유전자로서만 존재한다. 그런 단일 위유전자들은 흔적 유전자로 불릴 수 있다. 그런 유전자의 DNA 서열은 기능하는 유전자들의 서열과 매우 유사하지만 돌연변이로 말미암아 그것의 유전자로서의 기능이 상실되었다. 이는 정의 면에서 다윈이 관찰하고 공통 조상에 대한 증거로 사용한 흔적 구조와 유사하다(24장을 보라). 위유전자들이 일반적으로 RNA 간섭

에 관여하는 작은 RNA를 위한 코딩 같은 다른 방식으로 기능할 수도 있다. 하지만 그것들은 더 이상 특정한 단백질을 코딩하고 발현하는 서열로서 기능하지 않는다. 단일 위유전자들과 관련된 몇 가지 사례를 고려해보자.

영장류에서 발견되는 굴로노락톤옥시다아제(*GULO*)는 단일 위유전자의 예다. 많은 포유류는 완전히 기능하는 굴로 유전자를 갖고 있는데 이 유전자는 아스코르브산(비타민 C)을 만드는 효소로 기능하는 단백질을 코딩한다. 하지만 대다수 영장류를 포함한 몇몇 포유류는 아스코르브산을 만들 수 없고 음식물에서 그것을 얻어야 한다. 이런 동물들은 대개 음식물에서 충분한 아스코르브산을 얻기 때문에 그것을 만들지 않아도 살 수 있다. 굴로 위유전자의 존재는 이 영장류들의 조상들이 아마도 기능하는 굴로 유전자를 지녔으리라는 것을 암시한다. 굴로 위유전자는 기니피그들과 몇몇 박쥐에서도 존재한다. 영장류의 굴로 위유전자는 열두 개의 엑손(유전자의 발현되는 부분) 중 일곱 개가 없는 반면 기니피그에서 발견되는 위유전자는 최대 세 개의 엑손이 없다(그림 31.3을 보라). 영장류 유형의 굴로 위유전자는 안경원숭이, 원숭이, 유인원, 인간에게서 발견된다. 여우원숭이, 로리스 원숭이, 포토처럼 다른 영장류보다 좀 더 이른 시기의 공통 조상에서 갈라져 나온 것으로 간주되는 기초적인 영장류는 기능하는 굴로

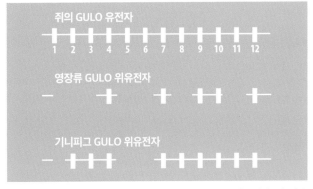

그림 31.3. 포유류들에서 나타나는 *GULO* 유전자와 위유전자. 쥐 같은 설치류는 열두 개의 엑손이 있는, 기능하는 *GULO* 유전자를 갖고 있다. 빠진 엑손들과 빠진 유전자 지역을 통해 볼 수 있는 바와 같이 영장류와 기니피그는 다른 종류의 위유전자를 갖고 있다. 기초적인 영장류를 제외한 영장류의 많은 종은 같은 종류의 위유전자를 공유한다.

굴로 유전자와 그것의 위유전자들의 존재의 예(그림 31.3)는 진핵 생물의 유전자의 구조를 26장의 "심화 학습: 코딩 DNA와 비코딩 DNA"에서 간략하게 묘사된 바와 같이 엑손(발현된 서열)과 인트론(사이에 낀 서열) 보유 관점에서 보여준다. 엑손들은 단백질들 안의 아미노산들의 서열을 위해 코딩하는 반면에, 인트론들은 전사되어 mRNA를 만들고 이어서 RNA가 번역되어 단백질을 만들기 전에 인트론들이 제거된다. 단백질을 코딩하는 DNA 서열을 좀 더 작은 이러한 단위들로 해체하면 좀 더 많은 양의 유전자 변이가 생성될 수 있다는 증거가 있다. 단백질들은 대개 기능들이 다른 몇 개의 영역을 갖고 있다. 하나의 영역은 대개 하나의 엑손을 통해 코딩된다. 따라서 어느 단백질의 몇몇 영역을 코딩하는 DNA 부분은 대개 독특한 엑손들 위에 존재한다. 이는 몇 가지 방식으로 변이성을 제공한다. 첫째, (이 장의 "심화 학습: 반복성 DNA와 게놈에 들어 있는 전이 인자"에서 묘사된 바와 같이 전이 인자를 포함한 다양한 방식으로 DNA가 해체 및 재결합될 수 있다. 이런 식으로 여러 종류의 단백질 영역을 코딩하는 엑손들을 결합해서 새로운 종류의 단백질을 완전히 새롭게 생성하지 않고서도 제공할 수 있다.

둘째, 유전자들에서 전사된 RNA에서는 인트론들과 몇몇 엑손들을 접합할 수 있다.[a] 따라서 하나의 유전자로부터 여러 종류의 단백질을 만들 수 있을 것이다. 예컨대 유전자 하나가 **굴로**의 예에서처럼 엑손을 열두 개 갖고 있다면 전사된 RNA는 인트론들만 접합하고 열두 개의 엑손들이 모두 존재하도록 처리될 수도 있을 것이다. 또는 그 엑손들의 하나 이상도 접합해서 약간 다른 mRNA를 만들어 약간 다른 단백질을 코딩할 수도 있을 것이다. 그런 단백질이 기능하지 않을 수도 있고, 그런 기능 상실이 유기체의 생존력을 감소시킨다면 이 특질을 지닌 유기체가 계속 생존하거나 후손을 남기지 않을 개연성이 있다. 하지만 그런 단백질 조합이 그 세포에 더 나은 기능을 가져온다면 이 특질이 지속될 것이다. 이런 식으로 하나의 유전자가 복수의 종류의 단백질을 코딩할 수 있는데, 복수의 엑손을 지닌 인간 게놈의 약 95퍼센트가 대안적인 접합을 보이는 것으로 추정된다. 이는 인간 게놈에 의해 만들어지는 훨씬 많은 단백질 종류에 비해 유전자들의 수가 적다(약 2만 개)는 것도 설명한다. 다른 엑손들을 사용한 대안적인 RNA 접합은 추가적인 기능을 제공할 뿐만 아니라 DNA를 통해 코딩되는 유전 정보의 발현에서 추가적인 혁신도 가능케 한다.

그런 변이성은 생물의 엄청난 다양성을 만들어내게 위해 성령을 통해 능력이 부여된(섹션 2.4.2를 보라) 창조세계의 봉사적 성격의 표현으로 여겨질 수 있다(섹션 2.4.3을 보라).

---

[a]　Douglas L. Black, "Mechanisms of Alternative Pre-Messenger RNA Splicing," *Annual Review of Biochemistry* 72 (July 2003): 291–336.

유전자 사본들을 갖고 있으며 스스로 비타민 C를 만들 수 있다. 독립적인 방법을 통해 이 동물들의 특정한 위치가 빠진 위유전자가 출현할 가능성이 매우 작기 때문에 위유전자를 사용한 이 비교는 특히 설득력이 있다. 그러한 위유전자가 공통 조상을 통해 유래했다는 설명이 이 유사성에 대한 가장 단순한 설명으로 보이며 이는 최선의 설명에 이르는 추론의 한 예다(섹션 4.2.1을 보라).

후각 수용체를 코딩하는 유전자 계열을 조사해보면 좀 더 풍부한 이야기가 출현한다. 이 유전자들은 우리에게 후각을 주는 다양한 화학 물질과 반응하는 여러 단백질들을 코딩한다. 따라서 후각에 대한 우리의 인식은 어떤 특정한 후각 수용체가 활성화되는가에 의존한다. 포유류에는 1,000개가 넘는 후각 수용체를 위한 유전자가 존재한다. 인간에게서는 이 유전자들 중 약 60퍼센트가 위유전자인 반면에 생쥐에게서는 약 20퍼센트가 위유전자다. 이는 인간은 생쥐 같은 다른 대다수 포유류만큼 많은 냄새를 구분하지 못한다는 뜻이다. 많은 유전자를 비교함으로써 위유전자의 존재 패턴이 다른 영장류들과 공통 조상을 공유한다는 사실과 일치하는지를 한층 더 탐구할 수 있다.

이러한 위유전자 50개를 살펴본 한 연구는 이 종들의 계통수에서 기대될만한 것과 조화되는 위유전자의 존재 패턴을 발견했다.[6] 즉 이런 위유전자들의 존재 패턴은 공통 조상에게서 유래했을 경우에 기대될 만한 것과 조화된다. 특히 이 유전자들 중 열다섯 개는 침팬지, 고릴라, 오랑우탄, 또는 붉은털원숭이에게서는 위유전자가 아니고 인간에게서 독특한 위유전자다. 고릴라, 오랑우탄, 또는 붉은털원숭이에게서는 발견되지 않지만 침팬지에게 독특한 위유전자 네 개가 있고, 인간과 침팬지 모두에게서 발견되는 위유전자 세 개가 있다. 마찬가지로 고릴라에게는 다섯 개의 독특한 위유전자가 있고 인간, 침팬지, 고릴라에게는 오랑우탄이나 붉은털원숭이에게서 발견되지 않는 또 다른 위유전자 세 개가 있다.

마지막으로, 오랑우탄에게는 11개의 독특한 위유전자들이 있고, 붉은털원숭이에게는 없지만 인간, 침팬지, 고릴라와 오랑우탄이 공유하는 위유전자가 하나 있다. 달리 말하자면 침팬지와 고릴라 모두에게서 발견된 특정한 위유전자는 인간에게서도 존재했다. 마찬가지로 고릴라와 오랑우탄 모두에게서 발견된 특정한 위유전자도 침팬지와 인간 모두에게서 존재했다. 인간이 침팬지 및 고릴라와 공통 조상을 공유하거나 고릴라 및 오랑우탄과 공통 조상을 공유한다면 이는 그림 31.2에서 묘사된 공통 조상의 패턴으로부터 예측될 위유전자의 존재 또는 부재의 패턴이다. 이 위유전자 패턴은 이 영장류들 사이에 공통 계보의 특정한 패턴이 있다는 추론을 강화한다.

31.2. 게놈 데이터를 사용한 인간의 조상 추적

게놈 데이터 역시 우리가 인간의 조상에 관한 추가적인 세부내용을 알 수 있게 해준다. 우리의 게놈에 들어 있는 DNA는 몇몇 변화와 더불어 대대로 전해졌기 때문에 우리는 유사성과 차이를 탐구함으로써 몇몇 세부내용을 고려할 수 있다. 게놈의 DNA의 대대수는 염색체에서 운반

6   Yoav Gilad et al., "Human Specific Loss of Olfactory Receptor Genes," *Proceedings of the National Academy of Sciences* 100 (2003): 3324-27.

되는데 그것은 상동 염색체의 쌍 사이의 교배를 통한 감수분열 동안 재조합을 경험한다(그림 25.5를 보라). 따라서 이 염색체들을 사용하여 세대에서 세대로의 DNA 유전을 추적하는 것은 유용성이 떨어진다. 이와 대조적으로 미토콘드리아에서 발견되는 DNA와 남성에게서 발견되는 Y 염색체상의 DNA는 재조합을 경험하지 않으므로 그것들은 점 돌연변이로부터 유래하는 약간의 적은 변화만을 지닌 채 세대에서 세대로 전해진다. 그러므로 DNA의 이 원천은 인간의 조상에 관한 추가 정보를 제공한다. 재조합이 없을 경우 DNA에 나타난 변화는 돌연변이에 기인하는 것으로 돌려질 수 있다. 가장 큰 차이를 찾아봄으로써 가장 최근의 공통 조상의 연대를 추론할 수 있다. 또한 인간 및 다른 호미닌들의 화석들로부터 완전한 DNA가 복구되어 과학자들이 인간의 조상에 관해 훨씬 많은 것을 배우게 되었다.

31.2.1. 미토콘드리아 DNA의 모계 유전. 인간의 모든 세포(실로, 거의 모든 진핵세포)는 미토콘드리아를 포함하고 있으며, 각각의 미토콘드리아는 세포 분열 동안 세포에서 세포로 유전된 DNA의 고리를 포함한다(미토콘드리아의 기원과 기능에 관해서는 27장을 보라). 유성 생식에서 난자의 미토콘드리아는 다음 세대에 존속하지만 정자의 미토콘드리아는 거의 존속하지 않는다. 그러므로 인간의 생식에서 미토콘드리아는 모친으로부터 자녀에게 전달되며 딸들만 그들의 미토콘드리아를 다음 세대에 전할 수 있다. 어떤 가계에서 딸들이 태어나고 그들이 좀 더 많은 딸을 낳는다면 미토콘드리아가 대대로 유전될 것이다. 이 선이 끊어지면 그 특정한 미토콘드리아 게놈은 전해지지 않을 것이다. 미토콘드리아 DNA의 모계 유전 패턴 덕분에 미토콘드리아 DNA의 DNA 서열 사이의 유사성 패턴을 탐구함으로써 인간의 기원을 추적할 수 있다. 이런 식으로 살아 있는 인간에게 존재하는 모든 미토콘드리아를 가장 최근의 공통 조상(most recent common ancestor, MRCA)으로

불리는 한 명의 여성 조상으로 추적할 수 있다.

재조합은 일어나지 않기 때문에 미토콘드리아의 DNA에서 관찰되는 유전적 변이는 돌연변이를 통해 발생할 것이다. 이와 관련해서 (그림 25.8에 묘사된 침묵 돌연변이, 미스센스 돌연변이, 넌센스 돌연변이에서처럼) 염기 하나가 다른 염기로 대체되는 대체 돌연변이들이 특히 유용하다. 미토콘드리아 DNA 서열 사이의 가장 큰 서열상의 차이를 발견하고 이러한 돌연변이의 평균 비율을 결정함으로써 관찰된 차이를 얻는 데 필요한 시간을 추정할 수 있다. 하지만 돌연변이율은 서열의 위치에 따라 변하므로 아래에 보고된 추정 시간의 범위가 넓은 데서 볼 수 있듯이 이런 추정에는 상당한 불확실성이 존재한다.

미토콘드리아 DNA를 비교해서 다양한 인간 집단들 안의 차이나 다른 집단들의 구성원들 사이의 차이를 관찰할 수 있다. 이 경우 우리는 다양한 집단들 사이의 차이를 탐구해서 인간의 가장 최근의 공통 조상을 알아내기 원한다. 우리가 미토콘드리아 DNA를 한 명의 여성 조상—몇몇 학자는 그것을 미토콘드리아 이브로 부른다—에게 추적할 수 있지만, 이 점은 이 한 명의 여성 조상이 존재했던 유일한 인간이었다거나 그녀가 존재했던 최초의 인간이었다고 결론지을 충분한 증거를 제공하지는 않는다. 오히려 섹션 31.3에서 간략하게 묘사된 추가적인 유전 데이터는 염색체상에서 운반되는 유전적 다양성에 기초할 때 이 미토콘드리아상의 최초의 공통 조상 당시에 많은 인간이 살았음을 암시한다. 하지만 미토콘드리아 DNA에 나타난 차이의 패턴을 탐구함으로써 인간의 조상에 관해 많은 것을 배울 수 있다.

세계 여러 지역의 여러 민족 출신 사람들의 미토콘드리아의 서열을 밝힘으로써 중부 아프리카와 동부 아프리카의 조상을 둔 사람들은 다른 집단 출신의 사람들보다 미토콘드리아 DNA에서 가장 큰 차이를 보인다는 것이 발견되었다. 따라서 미토콘드리아의 MRCA는 아프리카 출신임이 추론된다. 이 추론은 **호모 사피엔스**의 기원이

아프리카라는 화석 기록과 일치한다. 미토콘드리아 DNA가 한 명의 여성(MRCA)에게서 나왔다고 가정할 경우, 발생하는 변이는 돌연변이의 축적을 통해 발생하는 것으로 추론될 것이고 그 MRCA가 존재했던 시기가 추정될 수 있을 것이다. 이 시기는 사용된 특정한 일련의 데이터에 따라 그리고 사용된 특정한 비교 방법에 따라 10만-20만 년 전으로 추정된다. 2013년에 발표는 연구는 99,000-148,000년 전을 제시한다.[7]

좀 더 최근의 접근법은 **호모 사피엔스** 화석으로부터 입수한 미토콘드리아 DNA 서열을 통합했다.[8] 이 접근법은 700-4만 년 전에 달하는 견고한 방사성 측정 연대를 지닌 화석들에서 나온 미토콘드리아 DNA 서열을 사용해서 DNA 서열에 나타난 변화에 대해 좀 더 직접적인 관찰을 제공하므로 특히 흥미롭다. MRCA에 대한 미토콘드리아 DNA 추정 시기는 15만 7천 년 전이었고 이에 대한 95퍼센트 신뢰구간은 12만-19만 7천 년 전이었다. 이는 미토콘드리아 MRCA에 대한 다른 추정 시기들과 일치한다.

가장 최근의 미토콘드리아 공통 조상의 추론이 우리에게 최초의 유일한 공통 조상에 관해 말해주지 않는다면 그것은 우리에게 무엇을 말해주는가? 첫째, 그것은 인간의 시작이 아프리카에서 일어났음을 암시하며 화석 증거와 일치하는 독립적인 증거를 제공한다. 둘째, 추정된 시기 역시 화석 증거와 일치한다. 비록 앞서 언급된 바와 같이 미토콘드리아 DNA의 MRCA가 최초의 인간 종보다 후에 발생했을 수도 있지만 말이다. 셋째, 그것은 또한 현생인류가 아프리카에서 출현해서 **호모 에렉투스**와 **호모 네안데르탈렌시스** 등 앞서 아프리카에서 출현해서 다른

---

7   G. David Poznik et al., "Sequencing Y Chromosomes Resolves Discrepancy in Time to Common Ancestor of Males Versus Females," *Science* 341 (2013): 562-65.

8   Qiaomei Fu et al., "A Revised Timescale for Human Evolution Based on Ancient Mitochondrial Genomes," *Current Biology* 23 (April 8, 2013): 553-59.

지역으로 이동한 종들을 대체했다는 주장을 강하게 지지한다. 그러나 미토콘드리아 MRCA의 추론은 한 명의 여성 조상을 추론하기에는 충분치 않다. 이 주장을 탐구하기 위해서는 우리가 섹션 31.3에 설명된 집단유전학에서 나온 증거 같은 추가적인 형태의 유전적 증거를 살펴보아야 할 것이다.

31.2.2. Y 염색체 DNA의 부계 유전. 미토콘드리아 DNA의 모계 유전과 유사하게 Y 염색체들은 부친에게서 아들로 유전된다. 특정한 Y 염색체의 부계 유전은 부친으로부터 아들로의 유전이 이어지는 한 계속되겠지만 어떤 남성에게 아들이 없다면 끊어질 것이다. 다른 염색체들과 달리 Y 염색체는 감수분열하는 동안 교차(cross over)하지 않는데 이로 인해 Y 염색체 사용이 복잡해질 것이다. 지속되는 이 패턴은 Y 염색체에 일어나는 DNA 서열 변이를 사용해서—미토콘드리아 DNA에 사용된 것과 비슷한 방식으로—세계의 다양한 인간 집단을 대표하는 많은 개인의 Y 염색체 DNA 서열을 비교함으로써 인간의 유전을 MRCA에 추적하는 데 도움이 된다. 더욱이 Y 염색체에는 미토콘드리아에 존재하는 것보다 훨씬 많은 DNA가 있으며 따라서 이런 비교를 위해 사용할 수 있는 정보가 더 많다.

미토콘드리아 MRCA가 미토콘드리아 이브로 불리듯이 Y 염색체 비교를 사용한 MRCA는 Y 염색체 아담으로 불렸다. Y 염색체 유전의 MRCA에 관한 현재의 추론은 그가 미토콘드리아 MRCA와 동일한 넓은 시간대, 즉 10만-20만 년 전에 아프리카에 존재했던 것으로 본다. 좀 더 이른 시기에 발표된 Y 염색체 MRCA의 추정 연대는 5만-11만 5천 년 전으로 미토콘드리아 DNA를 사용해서 얻은 시기보다 다소 이르다. 좀 더 최근의 연구에서 추가적인 Y 염색체 서열 및 동등한 기법을 사용한 결과 Y 염색체 MRCA는 12만-15만 6천 년 전으로 추정되었고 미토콘드리아 MRCA는 9만 9천-14만 8천 년 전으로 추정되었다.[9]

DNA의 위치마다 돌연변이율이 달라서 그 시기들에는 여전히 큰 불확실성이 있다. 이 분야의 연구는 아직도 추가적인 이해를 필요로 한다. 하지만 Y 염색체 MRCA의 시기를 계속 가다듬은 결과 미토콘드리아 MRCA에서 발견된 시기와 유사한 시기가 추정되었다. 그리고 아프리카 출신이라는 지리적 기원도 유사하다. 미토콘드리아 DNA에서 발견된 것과 마찬가지로 Y 염색체에 근거한 MRCA 추론도 당시에 남성 한 명만 존재했다고 결론짓기에는 충분치 않으며, 단지 모든(또는 적어도 대다수) 남성이 자신의 Y 염색체를 한 명의 남성 조상에게서 물려받았음이 암시될 뿐이다. 인간들에게서 발견된 게놈의 다른 부분에서 나타나는 유전자 변이의 양은 한 명의 여성 조상 및 한 명의 남성 조상의 존재와 일치하지 않는다. 이에 관해서는 섹션 31.3.1에서 추가로 살펴볼 것이다.

31.2.3. 화석 DNA 증거. DNA 서열과 관련된 연구는 살아 있는 표본에 한정되지 않는다. 화석들이 DNA의 서열을 파악할 수 있을 정도로 충분한 무결성을 지니는 경우가 있다. 우리는 몇몇 화석에서 나온 미토콘드리아 DNA, 네안데르탈인과 데니소바인으로 불린 새로운 호미닌 그룹의 화석에서 나온 세포핵 DNA의 서열을 파악할 수 있었다.

화석 기록에서 네안데르탈인이 **호모 사피엔스**와 가장 가까운 관련이 있는 호미닌인 것처럼 보이기 때문에 몇몇 네안데르탈인 화석의 DNA 서열은 특별한 관심의 대상이었다. 2010년에 발표된 네안데르탈인의 게놈은 그것이 침팬지의 게놈보다 인간의 게놈과 훨씬 더 유사했지만 현생 인류 안에서 보이는 0.1퍼센트의 차이보다는 좀 더 다르다는 것을 드러냈다.[10] 따라서 DNA 증거는 네안

9   Poznik et al., "Sequencing Y Chromosomes."

10 Richard E. Green et al., "A Draft Sequence of the Neanderthal Genome," *Science* 328 (2010): 710-22.

데르탈인과 침팬지의 공통 조상보다 네안데르탈인과 인간의 공통 조상이 훨씬 더 최근에 존재했다고 암시하는 형태상의 증거와 일치한다. 그것은 또한 네안데르탈인이 현생인류와 많은 유사성을 보임에도 불구하고 현생인류와는 다르다는 점도 보여준다.

한 가지 중요한 질문은 현생 인류의 조상들이 네안데르탈인들과 혼혈한 증거가 있는지였다. DNA가 매우 유사하지만 네안데르탈인의 DNA에는 독특한 양상을 보여주는 충분한 위치들이 존재하므로 이 질문이 조사될 수 있다. 유라시아 계통의 사람들은 그들의 게놈에 1-4퍼센트의 네안데르탈인 DNA를 지닌 반면 사하라사막 이남의 아프리카 계통 사람들은 네알데르탈인의 DNA를 지니지 않았음이 발견되었다. 이 패턴에 대한 명백한 설명은 아프리카에서 이동한 인간들이 유럽과 아시아에 퍼지기 전에 네안데르탈인들과 혼혈된 반면 아프리카에 머문 인간들은 그러지 않았다는 것이다. 이 혼혈은 제한적이었음이 분명하지만 네안데르탈인의 DNA가 유라시안 계통의 모든 인간에게서 발생할 정도로 충분히 유의미했다.

좀 더 최근의 화석 게놈 증거는 이 시나리오를 지지한다. 2015년에 발표된, 네안데르탈인과 좀 더 유사한 형태적 특성들을 보이는 **호모 사피엔스** 화석에서 나온 DNA 서열 연구는 이 개체가 약 6-9퍼센트의 네안데르탈인 DNA를 갖고 있음을 발견했다.[11] 그리고 네안데르탈인의 DNA의 길이는 현생인류들에게서 발견되는 것보다 훨씬 길었다. 감수분열 때 일어나는 교차의 결과(그림 25.5를 보라) DNA의 그런 부분들이 염색체상에 존재할 것이고, 여러 세대에 걸친 생식 과정에서 재조합된 결과 DNA의 이 부분이 점진적으로 작아졌을 것이다. 3만 7천-4만 2천 년 전의 것으로 추정되는 화석에서 나온 이 DNA는 혼혈이 여섯 세대 안에 일어났음을 암시한다(즉 그 화석 인간의 5대

조가 네안데르탈인이었다).

시베리아의 데니소바 동굴에서 발견된 호미닌 화석들은 4만 1천 년 전의 것으로 추정되는 손가락뼈, 발가락뼈, 치아 표본을 포함했다. 이 표본은 이 호미닌의 두개골 형태 같은 형태적 특질을 파악하기에는 충분치 않았지만 과학자들은 이 화석들에서 손상되지 않은 DNA를 얻을 수 있었고 그것을 분석한 결과는 그렇지 않았을 경우 예상되었던 내용과 크게 달랐다. 이 호미닌의 DNA 서열을 다른 종들의 DNA 서열과 비교해보니 이 호미닌은 네안데르탈인과 좀 더 관련이 있으면서도 그것과는 달랐다. 공식적인 과학적 이름이 부여되지 않았기 때문에 이 호미닌은 데니소바인으로 불리게 되었다. 데니소바인의 DNA를 현대인의 DNA와 비교한 결과 동남아시아와 오세아니아 섬들에 거주하는 멜라네시아인에게서 네안데르탈인에게 특수한 DNA 외에 데니소바인의 DNA가 6퍼센트까지 발견되었다. 동아시아인과 아메리카 원주민에게서 비슷한 양의 데니소바인의 DNA가 발견되었다. 따라서 그 증거는 네안데르탈인과 혼혈했던 몇몇 인간이 훗날 데니소바인과 혼혈했음을 암시한다. 본서의 5부에서 묘사된 바와 같이 진화를 통한 어느 종의 기원은 복잡한 현상일 수도 있는데 인간의 기원도 예외가 아닌 것처럼 보인다.

네안데르탈인의 DNA와 데니소바안인의 DNA의 서열을 파악한 결과 한 가지 흥미로운 세부내용이 추가로 밝혀졌다. 두 종의 DNA 서열은 인간의 2번 염색체를 만든 융합이 이미 일어났다는 증거를 보여준다. 같은 수의 염색체를 가진 것이 데니소바인, 네안데르탈인, 그리고 현대 인간의 조상들 사이의 혼혈이 성공하는 데 이바지했을 것이다.

스페인의 시마 데 로스 우에소스에서 발견된 약 43만 년 전의 호미닌 화석에서 나온 DNA 분석 결과 이 화석들이 데니소바인의 것과 비슷한 미토콘드리아 DNA를 가졌고 네안데르탈인의 것과 좀 더 비슷한 세포핵

---

11 Qiaomei Fu et al., "An Early Modern Human from Romania with a Recent Neanderthal Ancestor," *Nature* 524 (August 13, 2015): 216-19.

DNA를 가졌음이 드러났다.[12] 그 호미닌의 세포핵 DNA 서열이 다른 네안데르탈인들의 세포핵 DNA 서열과 좀 더 비슷하다는 사실은 이 시기에는 이미 네안데르탈인과 데니소바인 사이의 분화가 일어났음을 암시한다. 데니소바인의 미토콘드리아가 발견된 점은 이 두 종류의 호미닌들이 상호 혼혈했음을 암시한다. 데니소바인의 화석들이 시베리아에서 발견되었고 그들의 DNA가 오세아니아와 동아시아에서 발견되었는데 이 장소들이 스페인에서 매우 멀기 때문에 이 호미닌 화석들이 현생인류를 포함한 좀 더 최근의 호미닌들과 어떻게 관련되는지를 이해하기 위해서는 추가 증거가 필요하다.

우리는 고대 인간들과 다른 호미닌들의 화석들에 들어 있는 DNA에 대한 이러한 최근의 발견 내용에 이어, 인간의 기원에 관해 추가로 통찰을 제공할 수 있는 추가적인 발견이 이루어지리라고 기대할 수 있다. DNA 증거는 이미 인간의 기원 이야기의 몇몇 부분들에 빛을 비춰준 한편으로 새로운 많은 질문을 제기해왔다. 예컨대 데니소바인의 발견은 예상되지 않았지만, 현대 인간의 기원에서 그러한 추가적인 복잡성이 일어났을 수도 있다는 개념은 예상치 못한 것이 아니었다. 현대 인간의 조상, 네안데르탈인, 그리고 데니소바인 사이의 혼혈의 증거는 확고한 것으로 보이지만, 그 혼혈에서 유래한 DNA의 양과 그런 혼혈에서 유래한 DNA를 지닌 인간 집단이 어느 정도나 되는지가 추가로 분석되고 있다. 화석 DNA의 서열 파악에서 이 진전을 이룬 기법이 좀 더 많은 표본에 적용됨에 따라 인간의 기원에 관한 유전적인 이야기가 좀 더 명확해질 가능성이 있다. 비록 그것이 좀 더 많은 복잡성을 드러낼 수도 있지만 말이다.

31.3. 인간 집단의 유전적 특질

인간 게놈 프로젝트를 마치고 나서 얼마 후 과학자들은 인간의 유전적 다양성에 관해 좀 더 배우기 위해 1,000명의 인간 게놈 서열을 분석하기 시작했다.[13] 열네 개의 다양한 집단을 대표하는 1,092명의 인간 게놈들로부터 이 과학자들은 3,800만 개의 단일 뉴클레오타이드 다형성(polymorphism), 140만 개의 짧은 삽입과 삭제, 그리고 14,000개의 좀 더 긴 삭제를 발견했다. 이 증거는 인간들 사이에서 발견되는 높은 수준의 유전적 차이를 보여주며, 각각의 개인은 유전적으로 독특하다는 주장을 지지한다.

그러나 이 다양성의 와중에서도 인간은 놀라울 정도로 유사성을 보인다. 현재 지구상에 거주하는 70억 명이 넘는 사람들 사이의 유전적 다양성의 양은 현재 존재하는 침팬지 수십만 마리에게서 발견되는 것보다 적다. 침팬지와 다른 종이지만 유사한 것으로 생각되는 보노보를 고려하지 않고서도 다양한 침팬지 집단들 사이에 충분한 차이가 있어서 침팬지의 아종들이 인식될 수 있다. 그러나 인간들 사이에서는 독특한 종이 없다. 즉 모든 인간은 **호모 사피엔스**로 분류될 수 있다. 더욱이 인종 개념은 유전적으로 결정되지 않는다. 인간 게놈들 사이의 수백만 개의 차이 중 특정한 인종과 명료하게 연결되는 DNA 서열상의 위치는 없다. 인종과 관련하여 몇몇 유전 표지의 발생에 확률적 차이는 있지만 절대적인 차이는 없다. 인간 종의 단일성은 우리의 유전적 특질에 대한 우리의 이해를 통해 확고하게 뒷받침된다.[14]

---

12 Meyer et al., "Nuclear DNA Sequences from the Middle Pleistocene Sima de los Huesos Hominins."

13 1000 Genomes Project Consortium, "An Integrated Map of Genetic Variation from 1,092 Human Genomes," *Nature* 491 (November 1, 2012): 56-65; 1000 Genomes Project Consortium, "A Global Reference for Human Genetic Variation," *Nature* 526 (October 1, 2015): 68-74.

14 흥미롭게도 이런 과학적 결과들은 신학적 인류학과 일치한다. Benjamin B. Warfield, "On the Antiquity and the Unity of the Human Race," *Princeton Theological Review* 9 (January 1911): 1-25을 보라. 18세기와 19세기에 제기되었던 인종별로 다른 기원의 문제(다원발생설)는 신학적인 문제라기보다는 고도로 정치적인 문제였다. David N. Livingstone, *Adam's Ancestors: Race, Religion and the Politics of Human*

31.3.1. 과거의 인구 규모 추정. 현재의 인구가 생기게 한 사람들이 과거에 얼마나 많이 살았는지를 추정하는 데 오늘날의 인간들에게 존재하는 다양성과 단일성 척도를 제공해주는 것과 동일한 유전자 데이터가 사용될 수 있다. 핵심적인 개념은 유효 집단 크기(effective population size)다. 그것은 기본적으로 그 집단의 유전적 특질에 기초한 집단의 규모에 대한 이론적인 묘사로서, 이후 세대가 생겨나게 한 개체들의 수를 나타낸다. 조상 집단에 속한 몇몇 개체들은 사망이나 몇몇 다른 요인으로 말미암아 재생산을 하지 못했을 수도 있어서 묘사되고 있는 집단에 유전자를 기여하지 않았을 것이기 때문에, 유효 집단 크기는 인구 조사 집단의 크기(즉 고려 대상 집단에 속한 실제 사람의 수)보다 적을 것이다. 특히 본서의 범위에 비추어 볼 때 이런 추정을 하기 위해 사용되는 방법들을 설명하기란 비교적 어렵다. 이런 추정치 두 개에 대한 훌륭한 요약이 데니스 베네마를 통해 제공되었다.[15]

전반적으로 이런 방법들은 인간의 인구는 한 번 이상의 병목 사건(bottleneck event)을 경험한 후 유효 집단 크기가 약 1,000명이 되었음을 암시한다. 가장 최근의 이런 연구 중 하나는 유효 집단 크기가 약 5만 년 전에 병목 사건이 있었을 때 아프리카 출신의 인간들에 대해 대략 5,700명이었고, 2만-4만 년 전에 병목 사건이 있었을 때 비아프리카 인간들이 대략 1,200명이었음을 보여주었다.[16] 따라서 병목 사건이 한 번만 있었던 것이 아니라 다른 시기에 살았던 별도의 집단들에 여러 번의 병목 사건이 있었을 수도 있다. 사용된 데이터는 우리가 섹션 31.2.1과 31.2.2에서 살펴본 미토콘드리아 DNA와 Y 염색체만이 아니라 전체 게놈에 기초했다. 이런 큰 집단 크기는 인간의 게놈들에서 발견되는 유전적 다양성이 한 명의 여성 조상이나 남성 조상에게서 유래했을 수 없는 이유들 중 하나를 제공한다.

다양한 집단유전학 방법이 인간의 유효 집단 크기가 약 1만 명이라는 비슷한 추정치를 제시한다. 독립적인 방법들이 비슷한 결과를 제공한다는 사실은 이 추정치에 관해 다소의 추가적인 신빙성을 제공한다(이는 최선의 설명에 이르는 추론이다). 하지만 이러한 유효 집단 크기의 추정은 인간의 기원에 관한 좀 더 복잡한 실재에 대한 과도한 단순화일지도 모른다는 점이 기억되어야 한다. 실제로 최소의 고대 인간 집단을 나타내는 인구 조사 집단의 크기가 여러 번 1만 명을 초과했을 수도 있다는 점도 기억되어야 한다. 인간의 역사에서 나타난 한 번 이상의 인구 병목 사건에 대한 이 증거가 **호모 사피엔스** 종이 비교적 단일성을 보이는 데 대한 적절한 설명을 제공할 수도 있지만, 적어도 수천 명이었을 수도 있는 인간 집단으로부터 유래한 유전적 다양성에 대한 증거도 존재한다.

31.4. 인간의 기원 시나리오

인간 게놈에서 추론된 인간의 기원에 관한 전반적인 이야기는 화석 기록에서 추론된 내용에 어느 정도 빛을 비춰준다. 그것은 인간이 약 20만 년 전에 아프리카에서 기원했다는 화석 증거를 강력하게 확인한다. 이 유전자 데이터를 화석 기록에서 나온 정보(30장을 보라)와 결합하면 다음과 같은 시나리오가 도출된다.

호모 에렉투스는 약 2백만 년 전에 아프리카에서 유래해서 아프리카를 벗어나 아시아로 이동했다. 그러나 아프리카 밖에서 살았던 이들은 모두 죽었고 현생인류에게 유전자를 물려주지는 않은 것으로 보인다. 아프리카에서 나온 두 번째 이동은 약 60만 년 전의 **호모 하이델베르겐시스**나 심지어 그보다 더 전의 **호모 안테세소르**와 관련이 있을지도 모른다. 이 종들은 유럽과 아시아에서 살았던

Origins(Baltimore: Johns Hopkins University Press, 2008)를 보라.

15 Dennis Venema, "Genesis and the Genome: Genomics Evidence for Human-Ape Common Ancestry and Ancestral Hominid Population Sizes," *Perspectives on Science and Christian Faith* 62 (September 2010): 166-78.

16 Heng Li and Richard Durbin, "Inference of Human Population History from Individual Whole-Genome Sequences," *Nature* 475 (July 2011): 493-97.

네안데르탈인과 데니소바인에게 유전자를 물려주었을 수도 있다. 몇몇 **호모 사피엔스**가 아프리카에서 약 5만-6만 년 전 또는 그보다 전에 아프리카 밖으로 이동했고 다른 이들은 아프리카에 머무른 것으로 보인다. 아프리카에서 나와 이동한 **호모 사피엔스**는 이 이동의 초기에 근동에서 네안데르탈인과 혼혈했고, 그 집단은 이어서 유라시아 전역과 아메리카로 퍼졌다. 그리고 현재 아시아와 오세아니아에서 사는 집단 및 아메리카 원주민 집단의 일부가 데니소바인과 혼혈했다.

호모 에렉투스가 아프리카에서 유래하여 유럽과 아시아로 퍼진 것처럼 보인다는 발견으로 인류학자들은 **호모 사피엔스**의 진화에 관해 두 가지 중요 모형을 고려하게 되었다(이 점에 관해서는 섹션 30.5에서 간략하게 언급되었다). **다지역 진화 모형**은 이 **호모 에렉투스** 집단들이 그들이 살았던 지역에서 **호모 사피엔스**로 진화했고 이 지역들에 살았던 집단들 사이에 다소의 유전자 교류가 일어났다는 가설을 세운다. **대체 모형**은 현대의 **호모 사피엔스**가 아프리카에서 나와서 유라시아에 존재했을 수도 있는 이전 시기의 호미닌들을 대체했다는데 기초한다. 화석 증거는 대체 모형을 지지하는 것처럼 보였고, MRCA에 관한 초기의 증거는 대체 모형에 대한 좀 더 설득력이 있는 뒷받침을 제공한 반면 다지역 진화 모형은 양립할 수 없음을 보였다. 하지만 **호모 사피엔스**와 네안데르탈인 그리고 데니소바인 사이에 혼혈이 있었다는 좀 더 최근의 증거는 **호모 사피엔스**가 다른 호미닌들을 대체했지만 어느 정도의 혼혈이 있었다는 혼합 모형을 암시한다. 이 모형은 고인류학자들이 예상치 못했던 것이었지만 이 유기체들의 게놈들을 조사함으로써 얻어진 증거를 통해 강력하게 뒷받침되었다.

우리는 인간의 기원 이야기를 지나치게 단순화하지 않도록 조심해야 한다. **호모 사피엔스**가 아프리카에서 여러 번 이동했을 수도 있고, 네안데르탈인과 데니소바인 외에도 현생인류 집단의 유전자에 기여한 다른 호미닌들이 존재했을 수가 있다. 우리가 모든 이야기를 알 수 있을 것이라는 가능성이 크지 않을지라도 이런 발견 내용은 많은 것을 밝혀주는 동시에 놀랍기도 하다. 우리 자신의 게놈을 연구할 수 있는 능력—이것은 창조세계의 기능의 완전성에 대한 한 가지 예다—은 대대로 유전되어온 유전물질을 직접 탐구할 수 있는 방법을 제공했는데, 이 장은 그중 몇몇 핵심 내용을 상세하게 설명했다. 화석들과 그 안에 들어 있는 DNA를 발견하여 추가적인 정보를 제공할 수 있는 능력 덕분에 우리는 오랜 과거의 증거를 탐구할 수 있었다. 발견이 계속되면 우리의 기원에 관해 좀 더 많은 통찰이 제공될 것이다.

32장

하나님의 형상에 관한 성경 및 신학의 관점

앞의 두 장은 본서의 다른 부분들에서는 시도하지 않았던 방식으로 인간의 기원을 직접 다뤘다. 그 내용이 도발적이라고 생각하는 독자도 있을 것이고 그것이 흥미를 자극한다고 생각하는 독자도 있을 것이다. 우리는 영장류와 인간 사이의 공통 조상 가설을 지지하는, 다음과 같은 독립적인 몇 가지 증거를 살펴보았다.

- 과거 6백만 년 동안의 화석 증거
- 상동관계 또는 해부학적 유사성
- 생물 지리학적 분포
- 발생생물학
- 유전학

유전학 내에서는 공통 조상을 지지하는 여러 갈래의 독립적인 증거가 있다. 그리고 현대 인간의 유전적 다양성은 모든 인간이 한 쌍의 개체들로부터 유래했다고 가정하는 예측들과 일치하지 않는다. 우리가 보유하고 있는 현재의 최상의 데이터와 모형들은 인간의 조상 집단이 결코 약 1만 명보다 적지 않았을 가능성이 있다고 암시한다. 몇몇 추정치는 5천-6천 명에 지나지 않지만 대다수 추정치는 1만 명에 가깝다. 즉 과학자들은 **호모 사피엔스** 집단이 수천 명보다 적었던 적이 결코 없었다는 것이 증거에 대한 최선의 설명(섹션 4.2.1을 보라)이라고 본다.

이 증거가 인간이 영장류와 공통 조상을 공유한다는 것을 증명하는가? 아니다. 4장에서 논의된 바와 같이 과학적 방법은 사안들을 증명하도록 고안된 것이 아니라 추론에 사용될 수 있는 증거를 모으도록 고안되었다(섹션 4.2.1을 보라). 인간이 영장류와 공통 조상을 공유한다는 추론은 귀추법적 추론(abductive inference)이다. 그것은 과학자들이 현재 인간과 영장류에 대해 가지고 있는 데이터 전체에 대한 최선의 설명이고, 과학자들이 생물의 다양성을 이해하기 위해 현재 보유하고 있는 최선의 이론 틀이다.

인간의 기원에 관한 그런 결론은 아담과 하와에 관해, 그리고 하나님의 형상 담지자로서 인간은 누구인가에 관해 많은 그리스도인이 지니고 있는 믿음 및 이해에 도전한다. 이 장은 특히 하나님의 형상으로 창조된 인간의 지위에 대해 우리가 성경적으로 및 신학적으로 어떻게 반응할 수 있는지를 다룬다.

32.1. 가능한 몇 가지 반응

한 가지 반응 방법은 이러한 과학적 논의와 추론들을 부인하는 것이다. 많은 그리스도인이 단순히 이렇게 한다. 그들은 현재의 과학적 결과들이 철저하게 반기독교적인 형이상학적 편견에 의해 형성되어 오도된 것이라며 그것들을 무시한다. 그러므로 그들에 따르면 현재의 과학은 대체될 필요가 있다. 인간의 기원에 관한 과학적 논의에 대한 부인은 흔히 성경 우선적 접근법을 통해 주도된다(섹션 4.4를 보라). 그런 견해에서는 "세속 과학"을 부인하는 과학적 주장을 펼칠 수 있는 성경의 진술들이 취해진다. 그러나 이런 식의 반응은 심각한 문제가 있는 성경 해석 방법인 일치주의를 전제함을 주목하라(본서의 1장과 섹션 4.3-4.5를 보라). 그렇다고 해서 우리가 종종 듣는 바와 같이 "과학이 옳으니 성경은 틀렸다"는 뜻이 아니다. 그보다는 우리의 해석 방법이 세심한 주의를 필요로 한다는 뜻이다.

가능한 두 번째 반응은 인간의 기원에 관한 과학의 논의와 토론을 무분별하게 받아들이는 것이다. 당대의 과학적 결과를 무비판적으로 수용하는 것은 과학 우선 접근법을 반영한다(섹션 4.4를 보라). 이 접근법에서는 하나님이 과학적 조사를 통해 매개된 창조세계를 통해 창조세계에 관해 말했으므로 과학이 성경보다 중요시된다. 그렇게 과학을 우선시하는 태도는 종종 관여하지 않는 하나님(자연신론)이나 우주와 같은 시공간을 가지는 하나님(예컨대 범신론)을 낳는다. 물론 궁극적인 과학 우선 접근법은 과학 만능주의다. 거기서는 과학 외에 권위가 있는 음성이 없다(섹션 3.5.2를 보라). 그러나 과학 우선 접근법 역시 일치주의를 전제하며, 따라서 상당한 결함을 지니고 있다.

세 번째 가능한 반응은 인간의 기원에 관한 과학의 논의와 추론을 신학적으로 해석 및 숙고하는 것이다. 이런 식의 반응은 여러 형태를 취할 수 있는데, 예컨대 성경이나 과학 어느 것도 우선시하지 않고 그것들을 인간의 기원에 관한 유익한 대화 상대로 볼 수 있다(즉 부분적 견해 모형처럼 말이다. 섹션 4.5.3을 보라). 이 접근법의 아이디어는 신학을 통해 매개된 성경에 대한 우리의 최상의 이해와 과학 탐구를 통해 매개된 창조세계에 대한 우리의 최상의 이해가 서로 대화하도록 하는 것이다.

32.2. 창조 교리와 인간의 기원

과학과 종교에 관한 문헌에서 성경 우선 접근법과 과학 우선 접근법이 많이 논의되지만, 2장에서 논의된 창조 교리에 의존해서 우리는 세 번째 선택지를 탐구할 것이다. 먼저 유전적 변이성을 고려해보라. 번식에 있어서 그런 변이성은 유기체들에게 변하는 환경에 적응하고, 생태학적 틈새에 좀 더 깊이 스며들거나 새로운 틈새로 이동할 수 있는 수단을 제공함으로써 창조세계에 봉사한다. 그러므로 이는 신학적으로 창조세계가 창조세계에 봉사하는 하나의 형태로 여겨질 수 있다. 더욱이 우리는 이런 변이들이 우리가 지구에서 관찰해온 믿을 수 없을 정도로 다양한 유기체들이 생겨나는 데 중요했다고 추론한다. 그처럼 놀라운 다양한 창조세계는 창조물을 통한 성령의 창조 사역이자 창조세계가 그것에 대한 성부의 소명(예컨대 창 1:24)을 실현하는 과정으로 여겨질 수도 있다.

진화생물학자들이 연구하는 진화 과정이 하나님이 인간을 창조한 수단이라면, 창조세계의 기능의 완전성(섹션 2.2)을 통해 진화가 가능해졌을 것이다. 그렇다면 인간은 성령이 창조세계에게 각각의 단계를 취하도록 능력과 에너지를 부여한(잠 16:33에서 제비뽑기의 결과가 야웨께 있듯이 각각의 유전적 변이는 야웨의 손에 달려 있다), 창조세계에서의 하나님의 참을성 있는 행동의 결과일 것이다(섹션 2.5.3을 보라). 고대 공통 조상의 게놈과 특정한 생태학적 틈새와 환경 변화가 성자의 감독 아래 인간의 발생에 봉사하거나 그것을 촉진했을 수도 있다. 섹션 29.2에서 우리는 우리가 흙으로 만들어졌다는 언급은 단지 우리의 물질적 기원에 관한 언급이 아니라 일차적으로 우리의 필멸성에 대한 성경의 언급이라는 것을 설명했다. 그것은 또한 인간이 창조세계 안의 다른 모든 것과 마찬가지임을 지적한다(즉 창조세계의 모든 것이 소멸할 운명이다. 창 3:19; 시 103:14; 104:29-30; 고전 15:47-48). 이 모든 것은 인간이 특별한 신적 목적을 위해(예컨대 시 8:6-8) 성자의 감독과 성령의 능력 부여하에서 다른 모든 동물과 유사한 과정을 통해 창조되었다는 것과 일치한다.

32.3. 아담과 하와에 관한 초기 기독교의 견해

공통 조상이 있었는지 그리고 그것이 어떻게 발생했는지는 증거에 결정적으로 의존하는 과학적 질문이다. 공통 조상이 창조 교리와 일치하는지 또는 그것을 예시하는지는 별도의 질문인데, 우리는 그 질문들에 대해 긍정적으로 답변할 수 있다고 생각한다. 하나님이 인간을 창조세계에서 발생하는 과정들을 통해서 창조했다면 이는 어떤 시기에 지구에 여러 인간이 있었으리라는 것을 암시한다. 이것은 과학자들이 화석 기록과 유전자 기록에서 보는 내용이다(본서의 30장과 31장을 보라). 그렇다면 아담과 하와는 어떻게 되는가? 그들과 나머지 인간들은 어떤 관계인가? 우리가 앞서 설명한 바와 같이 아담과 하와는 확실히 원형적이고 대표적인 역할을 가졌고 이는 그들이 역사적 인물이라는 인식과 일치한다(29장을 보라). 성경은 아담과 하와가 모든 인간의 생물학적 조상일 것을 요구하지 않으며 아마도 살아 있는 모든 사람의 조상일 것만 요구할 것이다(예컨대 섹션 31.2.2를 보라).

뒤돌아보면 우리는 그런 이해가 기독교의 사고에 새로운 것이 아님을 알 수 있다. 초기 기독교 목회자-신학자들은 아담과 하와가 인류의 나머지와 어떤 관계인지에 대해 다양한 견해를 보였다.

- 모든 인간의 생물학적 조상
- 유대인들만의 생물학적 조상

- 하나님의 백성의 영적 조상[1]
- 모든 인간의 역사적 대표이지만 생물학적 조상은 아님
- 모든 인간의 "비유적" 대표자[2]

아담과 하와에 관한 초기 기독교의 사고에 대한 충분한 분석은 본서가 다루는 범위를 넘어선다.[3] 그러나 거의 모든 초기 기독교 저자들은 아담과 하와가 **계보상으로** 최초의 인간이었다는 데 동의했지만, 많은 저자가 아담과 하와가—우리의 현대 용어를 사용하자면—모든 인간의 생물학적 또는 유전적 조상인지에 관해 훨씬 덜 명시적이거나 심지어 그 문제에 관해 별로 관심이 없었다. 아담과 하와가 모든 인간의 조상인가라는 문제는 교회사에서 훨씬 후에야 중요한 관심사가 되었다. 예컨대 니사의 그레고리오스(330년경-395년경)는 아담과 하와를 계보상의 인간의 시작으로 보았지만 그들이 인간의 유일한 조상들이었는지에 관해 초점을 맞추지 않았다. 오히려 그는 창세기의 앞 장들의 보편적인 교훈들에 초점을 맞췄다.

이 대목에서 우리는 중요한 차이를 명심해야 한다. 현대 문화는 계보를 조상들의 계통을 순차적으로 추적하기 위해 사용하지만, 고대 근동 같은 고대 문화들은 계보를 순차적인 순서로 사용한 것이 아니라 조상들의 **상대적 중요성**을 숙고하는 데 사용했다. 계보를 이렇게 다루는 예 하나가 마태복음의 계보가 예수를 아브라함에 연결하는 데서 발견된다. 아브라함과 다윗 사이에 열네 세대, 다윗과 바빌로니아 유배 사이에 열네 세대, 그리고 그 유배와 예수 사이에 열네 세대가 존재하도록 조상들이 선택된다.

---

1   역사를 통틀어 모든 그리스도인을 포함하는 신자들의 조상으로서 아브라함이 이에 대한 병행일 것이다(롬 4:1-12).

2   이 대목에서 초점은 거의 전적으로 원형으로서 아담과 하와에 맞춰진다.

3   훌륭한 개론서는 Peter Bouteneff, *Beginnings: Ancient Christian Readings of the Biblical Creation Narratives* (Grand Rapids: Baker Academic, 2008)를 보라.

마태복음의 계보의 요점은 아브라함에서 예수에 이르는 자손의 순차적 순서를 추적하는 것이 아니다. 오히려 그 계보는 하나님의 백성의 조상인 아브라함에 대한 예수의 관계와 예수가 메시야로서 다윗의 계보를 성취하는 것의 중요성을 보여준다.

성경과 관련해서, 아담과 하와를 계보상으로 다루는 것은 반드시 생물학적 또는 유전적 조상에 관한 주장을 한다기보다는 그들을 창세기 1장 끝에 묘사된 하나님의 축복에서 그들이 중요한 역할을 한다는 관점에서 다루는 것이다. 생물학적 조상과 유전적 조상은 성경의 저자들에게 존재하지 않았던 개념이며, 따라서 계보에 관한 구약성서와 신약성서의 주장들은 생물학적 또는 유전적 조상에 관한 주장일 수 없다. 성경의 저자들은 그들이 생물학적 또는 유전적 조상과는 다른 방식으로 이해한 계보상의 조상에 관한 주장을 하고 있음이 분명하다. 성경의 저자들에게 있어서 계보의 주장은 하나님의 계획과 목적에서 조상들의 중요성에 관한 것이다.

추가적인 주의사항으로서, 초기 기독교 저자들의 다층적인 해석 관행에 비추어 볼 때(섹션 4.2.3을 보라) 이들 중 몇몇 저자는 아담과 하와를 해석 층에 따라 (예컨대 모든 인간의 영적 부모**이자** 모든 남성과 모든 여성의 대표로) 다르게 해석했다는 점을 주목할 필요가 있다. 사실상 거의 모든 초기 기독교 저자들은 아담을 그리스도의 모형으로 보았다. 마지막으로, 모든 인간에 대한 아담과 하와의 관계는 결코 교회 공회의의 주제인 적이 없었다. 모든 인간에 대한 아담과 하와의 유전적 조상 관계는 지구의 나이와 마찬가지로 아우구스티누스 때까지는 초기 목회자-신학자들에게 신학적으로 중요한 문제가 아니었다. 그리스도가 어떻게 모든 것을 섭리적으로 변화시켰는지가 신학적으로 중요했다.

32.4. 역사적 아담과 하와에 대한 몇몇 가능성

우리가 이전 장들에 서술된 인간의 기원 과학에서 살펴본

내용에 비추어볼 때 창세기에 묘사된 역할을 했던 역사적 인물로서 아담과 하와가 배제되는지가 이 시대의 한 가지 중요한 관심사다. 이 섹션에서 우리는 성경을 진지하게 받아들이는 그리스도인들이 옹호해온 역사적 아담과 하와에 대한 몇몇 선택지를 간략하게 논의할 것이다. 각각의 선택지는 장점과 약점을 갖고 있으며, 과학적 조사에서 얻을 수 있는 연대에 대한 언급은 제외하고 처음 몇 세기의 기독교 사상가들의 저술에서 각각의 선택지의 이형들이 발견된다. 이 대목에서 우리는 다음과 같은 선택지들을 고려할 것이다.[4]

• 최근의 조상: 아담과 하와는 약 1만 년 전에 새로 그리고 다른 모든 동물과 별도로 특별히 창조되었다. 그들은 최초의 인간들이었고 다른 모든 인간은 아담과 하와에게서 난 생물학적 자손들이다. 아담과 하와의 죄가 모든 인간의 타락으로 이어졌다.

• 최근의 대표자: 약 20만-15만 년 전에 하나님이 점진적인 창조를 통해서나,[5] 창조세계의 과정을 통해(예컨대 봉사적으로 매개된 행동을 통해. 섹션 2.4.3을 보라) 일함으로써 인간을 새로 창조했다. 약 1만 년 전에 하나님이 한 쌍의 인간 아담과 하와를 선택해서 창세기 2-3장에서 논의된 인간의 대표 역할을 하게 했다. 그들이 죄를 짓기로 한 선택으로 말미암아 타락한 인간으로서 그들의 지위가 모든 인간에 적용되게 되었다.[6]

---

4 Deborah B. Haarsma and Loren D. Haarsma, *Origins: Christian Perspectives on Creation, Evolution, and Intelligent Design*, rev. ed. (Grand Rapids: Faith Alive Christian Resources, 2011), 230-31과 비교하라.

5 점진적으로 창조했다는 견해는 지구가 오래되었다고 생각한다. 이 견해에서 몇몇 생명 형태는 자연 과정을 통해 창조되지만, 하나님이 때때로 (또는 자주) 자연 질서에 특별히 개입해서 새로운 유기체를 발생시킨다.

6 많은 초기 기독교 사상가들이 유지했던 이 선택지의 한 가지 이형은 비록 아담과 하와가 죄를 지은 최초의 인간이기는 하지만 그들의 타락한 지위가 모든 인간에게 적용되지는 않았다는 견해다. 이 견해에 따르면 각 사람은 그들이 자의로 죄를 짓기로 선택할 때 타락한다. 아담

- 고대의 조상들 중 한 쌍: 하나님이 점진적인 창조를 통해서나, 창조세계의 과정을 통해 일함으로써 인간전의 **호미니드**들을 창조했다. 약 20만-15만 년 전에 하나님이 매개되지 않은 방식으로[7] 이 **호미니드**들 중 한 쌍을 최초의 인간이 되게 해서 아담과 하와를 창조했다. 모든 인간은 생물학적으로 그들의 자손이다.
- 고대의 대표자들 그룹: 약 20만-15만 년 전에 하나님이 점진적인 창조를 통해서나, 창조세계의 과정을 통해 일함으로써 인간들을 창조했다. 약 1만 년 전에 하나님이 특정한 그룹에게 신적인 존재로서 자신을 계시했는데, 아담과 하와는 이 그룹의 원형적인 구성원이었고 아마도 그들의 지도자들이었다. 하나님의 계시가 주어진 점에 비추어 죄를 짓기로 한 선택이 타락한 인간으로서 이 그룹의 지위가 모든 인간에게 적용되게 만들었다.

아담과 하와를 인간의 생물학적 조상으로 보는 견해가 최근의 교회사의 많은 기간 동안 지지자 측면에서 우위를 점하기는 했지만, 이 중 어느 것이 "옳은"지에 대해서는—심지어 복음주의자들 사이에서조차—기독교의 의견 일치가 존재하지 않는다. 이 견해들 모두 관련 성경 텍스트와 일치하는 부분과 긴장하는 부분을 갖고 있으며, 각각의 견해를 옹호하는 자들이 다양한 성경 해석을 사용해 왔다. 아담과 하와를 모든 인간의 최근의 생물학적 조상으로 보는 첫 번째 가능성이 최근 수백 년 동안 그리스도인들 사이에서 가장 많은 관심과 지지를 받았다. 다른 한편으로 그것은 인간의 기원에 관한 우리의 최상의 과학적 이해와 관련시키기가 가장 어려운 선택지이며, 종종 본서에서 논의된 현대의 과학적 기원 이론들에 대한 많은 거부를 주도하는 선택지다.

위에서 묘사된 바와 같이 다른 세 가지 선택지들은 인간의 기원에서 자연 과정이 중요한 역할을 하는 것에 관해 개방적이지만, **결코 성자와 성령의 밀접한 관여를 희생하면서 그렇게 하지는 않는다**. 그럼에도 불구하고 이 세 가지 선택지들은 원죄, 타락 전의 죽음, 영혼(soul)의 지위, 그리고 하나님의 형상에 관한 믿음과 관련해서 많은 그리스도인에게 가장 큰 문제들을 제기한다. 다른 몇몇 문제들은 본서의 다른 부분들에서 간략히 논의되었지만(예컨대 섹션 3.6에서 논의된 타락 전의 죽음, 29장에서 논의된 타락 전의 인간의 필멸성), 이 장에서 우리는 인간의 기원에 관한 당대의 과학에 비추어서 하나님의 형상에 초점을 맞춘다. 아마도 하나님의 형상으로서의 인간에 대한 가장 절박한 도전은 삼위일체가 창조세계의 과정을 통해 일해서 인간을 창조했을 가능성에서 오는 것으로 느껴질 것이다. 따라서 우리는 우리의 논의의 많은 부분을 이 점에 집중할 것이다. 이 논의의 목적은 아담과 하와의 역사성에 관해 특정한 가능성을 옹호하는 것이 아니다. 오히려 하나님의 형상이 무엇을 의미하는지를 분명하게 하고 인간의 기원에 관한 현대의 과학적 발전이 그 형상을 위협하지 못함을 보여주는 것이 이 논의의 목적이다.

32.5. 하나님의 형상: 서론

많은 그리스도인은, 아담과 하와의 역사성에 대한 우려와 더불어, 진화와 공통 계통이 인간이 하나님의 형상으로 창조되었다는 생각을 훼손하지나 않을까 두려워한다.[8] 역사적으로, 많은 그리스도인이 신적 형상은 합리성, 자유 또는 창의성 같은 특징들로 구성된다고 생각했다. 그런 능력들을 **하나님의 형상**의 후보로 파악한 논거는 우리

과 하와는 이와 관련해서 우리 모두에 대해 전형적이어서 모든 인간을 대표한다.

7　즉 창조세계를 통한 봉사적 매개 형태(섹션 2.4.3)와 관련이 없이.

8　이 장의 나머지 부분 중 일부는 다음 문헌에서 취한 것이다. Robert C. Bishop, "What Does It Mean to Be Human?," parts 1 and 2, BioLogos, July 19-20, 2012, https://biologos.org/blogs/archive/what-does-it-mean-to-be-human-a-response-to-bruce-little-part-1 and https://biologos.org/blogs/archive/what-does-it-mean-to-be-human-a-response-to-bruce-little-part-2.

를 나머지 동물들과 구분시키고 우리를 어느 정도 하나님 "같이" 만드는 인간의 몇몇 특징이 있음이 분명하다는 것이었다. 아무튼 창세기 1:26-27은 인간과 창조세계의 나머지를 구분한다. 그러므로 인간과 나머지 동물을 구분하는 특성이 인간에게 있는 신적 형상임이 분명하다는 것이다. 이 견해는 그 형상에 필수적인, 인간이 지니는 모종의 필요한 속성이 있다고 가정하므로 **본질적 속성 견해**(essential property view)로 불린다.

이 제안이 매력적이기는 하지만 하나님의 형상을 이성이나 다른 능력들과 동일시하는 것의 문제 하나는 그것들이 충분히 독특해 보이지 않는다는 것이다. 차츰 인간이 이성 같은 독특하게 구분되는 능력을 통해 나머지 동물들과 구분되지 않는다는 증거가 축적되었다. 대신 창조세계는 능력의 연속체로 보이는데 아마도 인간이 그중에서 가장 세련된 형태의 능력을 지녔을 것이다. 예컨대 범고래와 돌고래는 놀라운 추론 능력과 학습 능력을 보이며, 상황이 달라지면 사냥 및 다른 사회적 행동을 적응시킨다. 더욱이 인간의 뇌는 영장류의 뇌와 많은 구조를 공유한다. 심지어 태중에서 인간의 두뇌 발달에 책임이 있는 규제 유전자들이 어류에서 포유류에 이르기까지 모든 척추동물의 뇌의 발달에 책임이 있다.[9] 신적 형상이 모든 창조세계에서 뭔가 독특한 것이려면 인간에게 창조세계의 다른 곳에서는 발견되지 않는 본질적인 속성, 즉 **정도의 차이가 아니라 종류의 차이**가 있어야 할 것이다. 그러나 우리는 그런 속성에 대한 설득력 있는 후보를 갖고 있지 않다.

신적 형상을 그런 능력들에 근거를 두게 하는 것의 또 다른 문제는, 이것들이 전통적으로 인간이라는 존재가 무엇을 의미하는가를 정의하는 능력들이라고 생각되었다는 것이다.[10] 그 경우에는 하나님의 형상이 인간이라는

존재가 무엇을 의미하는가와 완전히 동일시될 위험이 있다. 그러나 창세기 1:26-27에는 하나님의 형상대로 만들어졌다는 것이 단순히 인간이라는 것을 의미한다는 암시가 전혀 없다. 만일 어떤 암시가 있다면 이 동일시는 인간의 능력이 어떻게 하나님의 속성과 유사한가에 관한 질문들을 제기할 것이다. 대신 인간이라는 존재가 무엇을 의미하든 간에 인간이 **하나님의 은혜로 말미암아** 신적 형상이 되는 것이지, 신적 형상이 인간의 모종의 능력과 동일한 것이 아니라는 점이 성경의 요점이다. 실제로 성경 텍스트는 결코 그런 어떤 능력도 적시하지 않는다. 대신 **우리**가 성경 텍스트에 뭔가 빠진 내용이 있기라도 하듯이 채워 넣는다.

하나님의 형상에 관한 본질주의가 성경의 증언과 어느 정도 조화되는 해석일 수도 있지만, 성경의 전체 범위와 우리가 창조계시로부터 배운 내용들에 비추어 볼 때 어느 정도 조화되는 해석이 하나님의 형상을 이해하는 최선의 방법인 것은 아니다. 본질주의는 일반적으로 지난 몇 세기 동안 많은 압력을 받아왔다.[11] 다윈의 진화 이론과 인간이 다른 모든 생물과의 공통 조상으로부터 변화 과정을 통해 발생했다는 개념이 많은 사람에게 최후의 일격을 가했다.[12] 만일 성경이 **하나님의 형상**에 대해 본

에 관한 악명 높은 질문들을 제기한다(예컨대 아프리카에 남은 호미닌들이 네안데르탈인이나 데니소바인[또는 다른 호미닌들]과 갈라진 시점인가 아니면 아프리카를 떠난 인간, 네안데르탈인, 데니소바인들 사이에 혼혈이 있었던 시점인가? 본서의 30장과 31장을 보라). 이것이 하나님의 형상과 인간이라는 존재가 무엇을 의미하는지를 구분하는 중요한 이유 중 하나다.

11 방금 개괄한 이유로 압력을 받았다. 그러나 Bishop, "What Does It Mean to Be Human?," part 1도 보라.

12 모종의 형태의 본질주의가 진화와 양립할 수 있는가에 관한 중요한 문제가 있다. 이는 매우 중요한 문제인데 몇몇 학자는 긍정적으로 답변될 수 있다고 생각했다. 우리는 단지 본질주의는 종들의 분석에 잘 통하지 않는다고만 언급할 것이다(예컨대 Marc Ereshefsky, "Species," in *Stanford Encyclopedia of Philosophy*, rev. August 29, 2017, http://plato.stanford.edu/entries/species). Ernst Mayr 등은 역사적으로 본질주의는 진화 이론들에 장애물이었다고 주장했다. 플라톤과 아리스토텔레스 이래로 서구의 전통은 종들은 고정되었고 본질적인 속성을 지닌, 변하지 않는 사물이라는 것을 당연하게 여겼다. 그런 본질주의가 **민**(min)—창 1장에서 "종류"로 번역된 히브리어 단어—이 변하지

---

9 진화적 견해에서는 이 유사성은 놀라운 현상이라기보다는 예측되는 현상이다.

10 이 점은 인간에 이르는 계보상에 있는 생물들이 언제 **인간**이 되었는가

질-속성 이해를 요구한다면 이것이 우리의 최상의 과학적 이해와 어떻게 조화되는지를 보이기 위해 많은 일이 수행되어야 할 것이다.[13]

32.6. 하나님의 형상: 성육신

다행히도 신적 형상의 본질-속성 개념에 대한 대안을 추구할 성경적·신학적 이유들이 있다(예컨대 창조 교리). 가령 우리는 성육신에서 단서를 찾기 시작한다. 결국 예수는 원형적인 인간이자 하나님의 형상의 충만함이다(롬 8:29; 골 1:15; 히 1:3).[14] 복음서 기사에서 한 가지 주목할 점은 예수가 합리성, 자유, 창의성 또는 인간을 하나님의 형상으로 만드는, 인간의 다른 능력의 이례적인 힘을 행사하는 것으로 묘사되지 않는다는 것이다.[15] 대신 예수에 관해 가장 주목할 점은 그가 몸의 형태를 부여받은 사람으로서 언제나 성령을 통해 능력을 부여받아 성부와 완벽한 관계 안에서 살았다는 것이다. 그리고 예수는 다른 사람들과의 관계 및 모든 창조세계와의 관계에서 성령을 통해 유지되었다.

성경에 묘사된 예수의 인간으로서의 삶을 관찰한 내용에 기초할 때 **하나님의 형상**은 하나님이 부여한 특별한 종류의 **관계성**인 것으로 보인다.[16]

- 창조되고 몸의 형태를 부여받은 사람으로서 성부와의 관계 안에 있다.
- 이 관계에서 완벽하게 하는 성령을 통해 유지되거나 지탱된다.
- 다른 사람들 및 모든 창조세계와 관계를 맺도록 능력을 부여받는다.[17]

신적 형상에는 성부에게서 나와 예수께로 가는 지향성 또는 방향성이 있다. 그리고 하나님의 목적을 통해 정의된 운명을 향해 나아가는 것이 예수를 통해 예시된 신적 형상의 핵심적인 특징인 것으로 보인다. 이 목적은 왕국—신성한 공간—을 보존하고 창조세계 전체에 확장하라는 원래의 창조 명령과 연결된다(29장을 보라). 우리는 예수가 그의 사역 전체를 통해 이 일을 했다는 것을 안다. 따라서 그 형상은 창조세계에서 인간으로서 우리의 역할과 다소 관련이 있다.

섹션 2.4.3의 "심화 학습: 성령의 능력 부여의 예로서 성육신"을 상기하라. 예수의 생애와 사역을 볼 때 우리는 성부가 그를 세상에 보낼 때 되라고 요구한 존재가 되기 위해 성령을 통해 능력을 부여받은 완벽한 인간 예수를 본다. 그는 성령으로 말미암아 마리아의 태에서 육신으로 잉태되어 몸이 형성되었고, 성령을 통해 매일의 생활과 십자가 처형 및 그 이후까지 그의 인간의 몸으로 유지되었다. 예수는 성령의 힘을 통해 겸손하고 순종하는 삶을 살았다. 그는 성부가 자신에게 준 것만을 행하고 말했다. 이것은 예수가 완전히 그리고 전심으로 성부를 따를 수 있게 해준 성령을 통해 성취되었다. 예수의 모든 기적은 성령의 능력을 통해 실행되었다. 예수는 성령의 사역으로 말미암아 다시 살아났다. 요컨대 예수는 성령으로

않는 성격을 지닌 또는 "자연적인 종류"로서의 고정된 종을 가리킨다는 기독교의 해석을 형성했다. 이는 **민**에 대한 고대 히브리어의 이해에는 낯선 의미이며 창 1장에 대한 일치주의 접근법을 반영한다(섹션 4.3을 보라).

13 때때로 그리스도인들은 하나님의 형상을 영혼과 동일시했다. "살아 있는 영"(*nephesh chayah*)이 무엇이든 간에 그것은 신적 형상이 아니다. 이 형상은 하나님이 살아 있는 영에게 부여한 어떤 것이다.

14 "아담의 인성은 그리스도 안에 있는 진정한 인성의 **잠정적인 사본**이다." Karl Barth, *Christ and Adam: Man and Humanity in Romans 5*, trans. T. A. Smail (New York: Collier, 1962), 46-47, 강조는 원저자의 것임.

15 예수에게는 특별한 지식이나 통찰이 있는 것처럼 보이지만, 복음서 기사들은 결코 이것을 신적 형상으로 부르지 않는다.

16 고대 근동으로부터의 증거에 기초해서 **하나님의 형상**에 관한 이 견해를 지지하는 다른 선상의 논거는 Catherine McDowell, *The Image of God in the Garden of Eden: The Creation of Humankind in Genesis 2:5-3:24 in Light of* mis pi pit pi *and* wpt-r *Rituals of Mesopotamia and Ancient Egypt* (Winona Lake, IN: Eisenbrauns, 2015)를 보라.

17 관계는 사람이라는 존재가 무엇을 의미하는지를 구성하는 강력한 요소다. Colin Gunton, *The One, the Three and the Many: God, Creation and the Culture of Modernity* (Cambridge: Cambridge University Press, 1993)를 보라.

말미암아 완벽해졌고, 성령을 통해 성부의 목적에 봉사했으며, 성령에 의해 살고 죽고 다시 살아났다.

성령을 통해 유지된 예수와 성부 사이의 이 관계는 **구원하는 관계가 아님**을 주목하라. 예수는 구원이 필요하지 않았다. 예수가 자신과 성부 사이의 관계 이상을 반영한다는 점도 주목하라. 우리는 예수와 다른 사람들 사이의 관계(예컨대 한 여성에게서 태어난 것은 말할 것도 없고 사람들과 말하고, 그들과 식사하고, 그들에게 사역했다) 및 예수와 창조세계의 나머지 사이의 관계(예컨대 병 고침과 폭풍 및 바다를 잔잔케 함)도 본다. 이 대목에서 성부에 대한 관계가 일차적이고 다른 관계들은 그 일차적인 관계 안에서 형태를 취한다. 그의 생애와 죽음과 부활에서 예수는 능력을 부여받아 하나님께 대해 인간들과 모든 창조세계를 대표하고, 모든 창조세계에 대해 하나님을 대표하는 제사장 역할을 했다. 아담과 하와는 원래 이 제사장 역할을 하도록 임명되었지만 실패했다. 그 역할이 그 형상이 **아니었음**을 주목하라. 아담과 하와가 그 역할에서 기대에 미치지 못했음에도 불구하고 성령이 관계를 유지했기 때문에 그들은 여전히 신적 형상 담지자였다.

우리는 예수와 성령 사이에 있었던 능력을 주는 이런 종류의 관계를 훨씬 약하고 불완전하게 반영한다. 죄로 말미암아 훼손되기는 했지만 타락한 인간은 우리가 성부에 대해 가지고 있는 일차적인 관계를 상실하지 않았다(예컨대 하나님의 형상 담지가 창 9:6에서 노아와 그의 자녀들에게 재확인된다). 성령이 여전히 모든 사람과 성부 사이의 특별한 형상 관계를 유지한다.[18]

하나님의 형상이 성령을 통해 주어진 성부, 타인, 창조세계와의 특별한 관계라면 신적 형상은 인간을 나머지 동물들과 완전히 구분시키는 내재적이고 본질적인 특질

들에 토대를 두지 않는다. 인간의 기원에 관한 상세한 이야기가 어떻게 밝혀지든 간에 그 형상은 창세기가 지적하는 바와 같이 인간이 시작될 때 부여되었을 것이다. 우리는 창세기 1:24-31과 2:7을 많은 초기 기독교 신학자들이 이해했던 것처럼 이해할 수 있다. 즉 그 텍스트는 우리의 통일성과 나머지 창조세계에 대한 연결 및 우리와 하나님 사이의 특별한 관계가 **하나님의 형상**을 구성한다는 것을 알려주는 기사로서, 하나님의 왕국에서 하나님의 축복 아래 성직자로서 우리의 역할을 개시한다. 따라서 성부, 성자, 성령이 진화 과정을 통해 인간을 창조했다면 우리는 여전히 독특하게 하나님의 형상이면서도 모든 창조세계와 연속성 및 연결을 지닐 것이다. 신학적으로 볼 때 진화는 창세기에서 하나님에 의해 주어진 독특한 관계를 위협하지 않는다.[19]

이 대목에서 초기 기독교의 재현(recapitulation) 개념이 도움이 된다. 우리는 재현을 대체로 어떤 것을 원점으로 돌려놓거나 충분히 요약하는 것으로 생각할 수 있다. 성육신에서 예수는 원래 의도되었던 인간의 이야기를 반복 또는 요약해서 인류에게 의도되었던 완벽을 예시한다. 두 번째 아담으로서 예수는 첫 번째 아담의 운명을 드러내는 동시에 그 운명을 위해 필요한 구속을 확보한다. 건튼이 다음과 같이 말하는 것처럼 말이다.

그 구속이 첫째 아담이 실패한 것을 성령을 통해 자신의 위격 안에서 성취하는 둘째 아담에 의해 시공간 안으로부터 시작된다. 같은 성령에 의해 우주적으로 올바른 방향이 가능해진다. 그렇다면 예수를 통한 인간의 이야기의 재현은 회복과 완성 모두의 의미에서 완벽에 이르는 수단이다. 하나님은 예수의 생애, 죽음, 부활과 승천을 통해 창조 프로

---

18 마찬가지로 우리와 다른 사람들 사이의 관계 및 우리와 창조세계의 나머지 부분 사이의 관계도 죄로 말미암아 왜곡되었다(예컨대 우리는 다른 사람들과 지구를 우리 자신의 필요와 욕구를 충족시키기 위한 "자원"으로 사용하는 경향이 있다).

19 진화가 (예컨대 본서의 2장에 묘사된 그릇된 곤경에서처럼) 모종의 형이상학적 자연주의 형태하에서 하나님에 대한 대체로 간주될 경우에만 인간의 진화적 발달이 신적 형상을 위협한다. 하지만 이 견해는 확실히 과학적 견해가 아니라 형이상학적 견해다(10장과 28장을 보라).

젝트를 재개한다.[20]

이는 인간성과 **하나님의 형상** 사이에 중요한 연결 관계가 있음을 의미한다. 그리고 이 연결은 우리의 물리적 몸을 포함한다. 결국 예수는 육신을 입고 이 땅에 왔고 이제는 영광스럽게 된 몸을 갖고 있다. 이는 또한 "둘째 아담"이 첫째 아담과 우리의 궁극적인 운명인 참된 아담—성부가 의도한 인간성의 충만함—임을 의미한다.

인간의 몸을 입는 것이 하나님의 형상을 구성하지는 않지만, 성육신은 신적 형상과 인간의 몸을 입는 것 사이에 연결 관계가 있음을 보이는 것 외에 **관계성**이 이 형상에 중요하다는 점도 보여준다. 예수는 세상에 인간인 인격체로 왔다. 그리고 인격체가 된다는 것은 주로 다른 인격체들과의 관계를 통해서 구성된다. 우리는 이 점을 삼위일체의 본질에서 볼 수 있다. 우리가 삼위 하나님을 어느 정도 희미하게 반영한다면 다른 인격체들에 대한 관계는 인격체로서의 우리의 존재에 매우 중요하다.[21] 이 점은 우리에게 신학적으로 매우 풍부한, **하나님의 형상**에 대한 다른 관점을 제공한다.

> 하나님과 같은 모양(likeness)은 인간은 인격체인 반면 창조세계의 나머지는 그렇지 않다는 사실로 구성된다. 우리는 어떤 면에서는, 특히 인격체들과 상호 구성적인 관계를 맺고 있다는 점에서 삼위일체의 위격들과 유사하다. 우리가 누구이고 어떤 존재인가는 하나님에 대한 우리의 관계에서 나오는 것이 아니라, 우리를 만들었고 계속 만들고 있는 다른 사람들에 대한 관계에서 나온다. 성부, 성자, 성령이 하나님의 존재를 구성하듯이 창조된 인격체들은 그들이 참으로 인격적인 한…상호 구성적인 관계 안에서 살아가는 것으로 특징지어진다. 그것은 우리가 하나님의 형상

> 을 주로 개인주의적인 방식으로 해석하기를 거절해야 함을 의미한다.…하나님이 개인이 아니라 교제 안에 있는 존재로서 밀접하게 상호 관련된 세 분의 위격이듯이, 남성과 여성으로 존재하는 인간은 공동체 안에서 살도록 창조되었다. 그리고 그것은 아마도 우리가 무엇을 바라봐야 하는지에 대한 단서를 제공할 것이다. 그 형상이 아무리 손상되었을지라도 공동체 안에서 존재하는 인간이라는 요소는 여전히 우리의 존재를 구성한다.…그러므로 하나님의 형상을 지니고 있다는 것은 그렇게 지음을 받은 다른 사람들과 필연적인 관계 안에 있다는 것이다.[22]

따라서 창조와 성육신은 성령을 통해 유지되는 성부에 대한 특별한 관계로서의 하나님의 형상의 핵심에 매우 중요하다. 그리고 인간의 독특성의 중심에 관계성이 놓여 있다. 고대 이스라엘인들은 예배 시에 창세기 텍스트가 읽히는 것을 들을 때 그 형상에 관해 일부만을 이해했을 뿐이다. 특별계시의 점진적인 성격을 통해 우리는 성육신에서 예시된 그 형상의 성격에 관해 좀 더 잘 이해할 수 있다. 우리가 여기서 간략하게 요약한 **하나님의 형상**에 대한 관계적 설명이 전체 이야기는 아니지만, 우리는 본질-속성 설명은 성경의 텍스트, 특히 성육신에 관해 확실히 훨씬 더 초라하게 설명한다고 생각한다. 인간의 기원에 관한 궁극적인 이야기가 어떤 내용으로 밝혀지든 간에 진화적 설명은 인간이 삼위일체에 의해 창조되었고 하나님의 형상이라는 선물을 부여받았다는 내용과 일치한다는 점이 쉽게 이해될 수 있다.

32.6.1. 형상과 모양

그리스도인들이 신적 형상에 대한 본질-속성 개념을 추구하는 경향이 있는 한 가지 이유는 마치 하나님의 형상이 인간성의 표지이기라도 하듯이 인간으로서 우리를 구

---

20 Colin Gunton, *The Triune Creator: A Historical and Systematic Study* (Grand Rapids: Eerdmans, 1998), 202.

21 Gunton, *One, the Three, and the Many.*

22 Gunton, 208.

분시키는 요소와 하나님의 형상을 우리가 혼동하는 경향이 있기 때문이다. 우리가 인간성과 **하나님의 형상**이 완전히 분리된 것이라고 생각하지 말아야 하지만—성육신은 양자가 관련이 있다고 암시한다—양자를 합치지도 말아야 한다. 몇몇 초기 기독교 사상가들이 그랬던 것처럼 그리스의 철학적 분석하에서 인간성과 하나님의 형상을 합치기(예컨대 합리성, 자유 의지, 창의성 등에 호소하기) 쉽다.

하나님의 형상과 인간의 특질을 합치는 오랜 경향과 더불어, 인간이 창조세계의 나머지와 분리된 존재라는 이해를 강조하는 오랜 경향이 있었다. 왜 우리가—특히 서구 문화에서—인간을 창조세계의 나머지와 분리된 존재로 이해하기 위해 수백 년 동안 그런 노력을 기울였는가? 그 이유 중 일부는 인간의 독특성이 종종 창조세계의 나머지와 비교한 우리의 독특성에 토대를 두었거나 그것의 표지로 여겨졌기 때문일 수도 있다. 하지만 우리는, 그렇게 분리시키려고 하는 동기의 일부는 우리가 창조세계의 나머지와 구분된 존재가 아닌 것으로 드러날 경우 인간이 느끼는 모종의 깊은 존재론적 위협에 기인한다고 생각한다. 창조세계와의 연속성이 마치 인간으로서 우리의 가치를 감소시키기라도 하는 것처럼 말이다. 우리가 현대 서양에서의 경향처럼 인격체에 대해 개인주의적인 개념을 채택한다면 우리는 모종의 본질-속성 관점에서 우리가 분리된 존재임을 부각할 수밖에 없을 것이다. 이는 인격체로서 우리의 개체성을 뿌리내리기 위해 우리가 기울여온 노력과 병행한다. 그러나 개인주의적인 인격체 개념에는 큰 문제가 있다.[23] 좀 더 깊은 동기로는, 우주의 중심으로서 우리를 구분시키려는 우리의 죄악된 교만이 이러한 분리에 대한 욕구를 활성화할 가능성이 있다.[24] 데카르트와 계몽주의 일반은 인간의 이성과 의지라는, 하나님을 배제하는 두 개의 명확한 예를 제공한다.[25]

그러나 창세기의 창조 기사 텍스트에 면밀한 주의를 기울이면 우리는 인간이 창조세계의 나머지와 많은 연속성을 공유함을 알 수 있다. (1) 인간은 여섯째 날에 가축과 기는 것 그리고 들짐승들과 함께 다뤄진다. (2)우리는 창조세계의 나머지와 마찬가지로 흙으로 만들어졌고 필멸의 존재다(섹션 29.2를 보라). (3) 창세기의 처음 두 장이 아담과 하와를 창조한 과정을 다른 생물들에는 사용되지 않은 독특한 과정으로 묘사한다고 해석하는 근거들은 의심스럽다.[26] 창세기 2:7의 흙에 대한 언급이 원형적으로 이해될 경우 하나님이 인간을 창조한 과정에는 다른 생물들을 창조한 과정과 다른 점이 아무것도 없다. 중요한 구별은 우리에게는 생명의 선물의 일부로서 하나님의 형상이 주어졌다는 것이다. (4) 마지막으로, 인간은 창조세계의 나머지 모두와 마찬가지로 **피조물**이다. 창세기 2:7에서 사람에게 적용된 "생령"이라는 언어는 창세기 1장에서 모든 생물에게 적용된 것과 같은 언어다. 그 텍스트의 이 마지막 측면은 매우 중요함에도 종종 간과된다. 창조 교리의 출발점은 창조주/창조물의 구분이었음을 기억하라(섹션 2.2.1). 창조물—삼위 하나님께 창조된 존재—은 창조주와 특별한 관계를 맺는다. 우리는 하나님에 대한 이 형태의 관계를 창조세계의 다른 모든 것과 공유한다. 그 텍스트들에서 우리를 창조세계의 나머지와 구분시키

23　철학적 이유 및 신학적 이유는 다음 문헌들을 보라. Gunton, *One, the Three, and the Many*; Robert C. Bishop, "Psychology and Revelation," *Research in the Social Scientific Study of Religion* 23 (2012): 239-67.

24　만일 우리가 자신이 우주의 중심이 되기를 추구한다면 자신이 하나님, 다른 사람들, 그리고 창조세계에 대한 관계를 통해 구성된다는 점을 받아들이기가 매우 어렵다.

25　이 점에 관해서도 Gunton, *One, the Three, and the Many*를 보라.

26　사실 하나님이 인간 및 다른 생물들을 창조하는 데 사용한 메커니즘에 대한 아무런 언급이 없다(본서의 5장과 29장을 보라). 창조 교리로부터 우리는 하나님이 수단들을 통해 창조를 성취했음을 알지만(섹션 2.4를 보라), 창조 교리가 수단 역할을 한 특정한 과정을 말하지는 않는다. 우리는 주로 두 가지 이유로 종종 인간이 다른 생물들과 다른 방식으로 창조되었다고 생각하게 된다. 첫째, 우리는 수백 년 동안 창 1-3장을 물질적 창조 기사 특히 인간의 창조 기사로 읽는 경향이 있었다. 둘째, 하나님의 형상으로 창조되었다는 언어(창 1:26)와 흙으로 만들어지고 하나님에 의해 생기(생명의 숨)가 불어 넣어졌다는 언어(창 2:7)를 아담의 창조 과정에 관한 하나의 역사적 과정으로 융합하는 경향이 있었다. 이러한 융합이 창세기 텍스트에 대한 최선의 독법이 아닐 수도 있는 이유들은 본서의 29장을 보라.

는 요소는 우리에게 **하나님의 형상**과 소명이 주어졌다는 것이다(29장과 30장을 보라). 우리는 성육신에 비추어 볼 때 이는 예수가 성령을 통해 우리에게 하나님을 대표하고 하나님께 우리를 대표함으로써 예시된 독특한 관계라고 주장했다. 더욱이 인간에게는 창조세계에서 하나님을 대신할 특별한 역할 또는 기능이 주어졌다(이것은 또 다른 형태의 관계임을 주목하라). 독특한 창조 과정이 아니라, 이 독특한 관계들이 인간을 창조세계의 나머지와 구분하는 텍스트상의 열쇠들이다.[27]

성경이 우리와 창조세계의 나머지를 강조하는 것을 받아들여야 할 매우 중요한 이유가 있는데, 이 점은 4장에서 논의된 앎의 방식과 연결되어 있다. 우리의 창조가 창조세계의 나머지와 연속성이 있다면 이 연속성은 아는 자로서 우리의 능력과 창조세계에 대한 우리의 지식으로 이어진다. 우리는 우리와 비슷한 창조세계에 거주한다. 따라서 우리는 창조세계에 대해 표면상의 외관만이 아니라 참된 지식을 가질 수 있다. 우리는 우리와 같지 않고 우리의 외부에 있는 세상으로부터 단절된 것이 아니다. 우리가 아는 방식은 자연과 "접촉을 유지"한다.[28] 즉 인간은 창조계시에 적합하도록 창조되었다.

특히 하나님 나라를 온 지구에 확장하는 예수의 사역을 수행할 인간의 역할(즉 창 1장에 나타난 창조의 축복을 이행하는 것)에 비추어볼 때 이성, 자유 의지, 창의성, 책임 등의 능력이 중요한 역할을 하게 된다. 형상과 모양을 뚜렷이 구분하려고 하는 것은 현명치 않을 수도 있지만(창 1장에 묘사된 "형상"과 "모양"은 성경의 시에서처럼 서로를 상세히 설명한다), 이 단어들에서 의미의 다른 측면들을 끌어내는 것

이 유용할 수도 있다.

"형상"이라는 언어가 모든 인간이 지닌, 성령을 통해 유지되는 하나님에 대한 특별한 관계를 강조하며 그 관계에서 우리가 서로와의 친교를 통해 하나님을 대표한다고 생각하라. 고대 근동에서 우상이 신을 대표했듯이, 그리고 예수가 "[하나님의] 본체의 형상"이듯이(히 1:3), 인간은 성령이 유지하는 특별한 관계를 통해 지구에서 하나님의 현존을 대표한다. 그렇다면 "모양"이라는 단어는 **하나님과의 관계 안에서 그리고 세상에 봉사하도록 살기 위한** 이성, 책임, 거룩 등의 능력을 강조하기 위해 사용되었을지도 모른다. 우리는 일상의 삶에서 삼위일체, 다른 사람들, 그리고 창조세계에 대한 관계에서 이 능력들을 좀 더 풍부하게 행사함으로써 그리스도와 같은 모양의 삶을 살 때 하나님을 좀 더 완전하게 반영하거나 모방한다(예컨대 레 20:26; 롬 8:29; 12:1-2; 고후 3:18; 엡 4:24; 골 3:10). 즉 우리는 점점 더 그리스도와 같은 모양으로 자라간다. 지향성, 자유 의지, 창의성, 그리고 역사적으로 형상과 동일시된 다른 측면들은 우리가 하나님을 대신하는 부섭정의 기능을 수행하기 위해 인간이 지니는 능력들로 생각되는 것이 더 좋다.[29] 예수는 성육신에서 성령의 능력 부여와 에너지 제공을 통해 이 부섭정 기능을 완전히 그리고 완벽하게 행사했다.

고대 근동은 모두 신의 형상을 신의 본질의 물리적 현현(顯現), 즉 신이 그것을 통해 자신이 선택한 목적을 달성하는 수단으로 보았는데, 그것은 본질적으로 그 신과 그 신을 나타내는 것 사이의 관계다.[30] 이 점은 형상에 대한 서구의 접근법이 본질적인 능력에 초점을 맞춰온 것과 대조된다. 이 대목에서 제안된 형상/모양 측면을 따를 때 형상은 아마도 특별한 기능과 목적을 수반하는 특별한 관계로 생각되는 것이 가장 좋을 것이다. 모양은 형상의 담

---

27 성경 전체의 요지는 삼위일체가 만물의 창조에 관여한다는 것이다(만물이 성자를 통해 창조되었다: 섹션 2.4.2). 다시 말하거니와 성경의 창조 기사에는 어떤 특별한 과정도 논의되지 않는다. 비록 모든 창조 사건에서 신적 개입이 언급되지만 말이다(섹션 2.4와 2.5).

28 관련 논의와 주장은 Colin Gunton, Enlightenment and Alienation: An Essay Towards a Trinitarian Theology (London: Marshall, Morgan and Scott, 1985)를 보라.

29 John H. Walton, *Genesis*, New International Version Application Commentary (Grand Rapids: Zondervan, 2001), 131.

30 Walton, 130-31.

지자가 지구에서 하나님의 대표로서 이런 기능들과 목적들을 수행하는 데 필요한 능력의 물리적 표현이다. 그리고 예수의 인성은 우리가 그것으로부터 성령의 능력을 통해, 하나님이 창조세계의 만물을 회복하는 수단인 우리의 능력을 행사하는 법을 배우는 궁극적인 모형이다.[31] 예수는 아담이 실패한 곳에서 창조의 축복을 완수하며 우리는 그 축복에 참여하도록 부름을 받는다.[32]

신적 형상을 구성하는 것으로 여겨지는 모종의 본질적 능력(들)에 초점을 맞추면 인간이 **하나님의 형상**을 지녔다는 것이 무엇을 의미하는지에 혼란을 가져올 수 있을 뿐만 아니라 다른 문제들도 발생할 수 있음을 주목하라. 무뇌증을 지니고 태어난 아기들, 혼수상태에 빠진 사람, 알츠하이머병이나 치매를 앓고 있는 사람, 또는 **하나님의 형상**으로 "여겨지는" 것으로 상정되는 능력(들)을 결여한 사람은 어떻게 되는가? 본질적 능력을 강조하는 견해들은 이런 질문들을 다루기 위해 분투해왔다. 하지만 성령을 통해 유지되는 특별한 관계에는 인간의 능력 상실이나 결핍으로 말미암아 영향을 받는 것이 없다. 따라서 이런 상실이나 결핍으로 고통당하는 사람들 역시 하나님의 형상으로 지음을 받았는가라는 질문이 없다.

32.7. 하나님의 두 책과 하나님의 형상

현재의 인간의 기원 연구에 신적 형상의 담지자로서 인간을 배제하는 요소가 있는가? 이 장에서 우리는 기원에 관한 과학적 조사에 하나님의 이 선물을 위협할 수 있

는 것이 아무것도 나타나지 않았다고 주장했다. 그러므로 성자의 감독하에서 진화가 인류의 기원에 일정한 역할을 했다면 성경에 나타난 하나님의 신학은 방해받지 않는다. 이와는 대조적으로 만일 우리가 과학만능주의—과학적 방법이 조사할 수 있는 것만이 진짜라는 입장(섹션 3.5.2)—와 모종의 형태의 물질주의적 자연주의를 가정할 경우 하나님이 없다고 가정되기 때문에 진화가 **하나님의 형상**을 배제하는 것으로 **해석될** 수 있다. 그러나 이것은 확실히 형이상학과 세계관에 의존해서 진화를 과학 이론 자체가 가지 않는 곳으로 데려가는 처사다(섹션 28.4를 보라). 하나님의 형상으로서 인간에 대한 진정한 위협은 진화 같은 과학 이론에서 오는 것이 아니라 좀 더 깊은 형이상학적 가정들에서 온다.

인간이 하나님의 형상으로 창조되었다는 것을 우리가 어떻게 아는가? 우리가 이것을 망원경을 통해 하늘을 바라봄으로써 또는 인간의 DNA를 연구함으로써 알았는가? 물론 그렇지 않다. 하나님의 형상은 별들이나 DNA에 쓰이지 않았다. 자연의 책은 우리에게 우리의 능력, 우리와 창조세계 사이의 관계, 그리고 우리가 우리의 능력을 어떻게 사용해서 하나님의 선한 창조세계를 오용하거나 돌볼 수 있는지에 관한 통찰을 줄 수 있다.

우리는 성경이라는 하나님의 책을 통해 인간이 신적 형상의 담지자라는 지식을 발견한다. 이 증언이 없으면 우리는 우리가 성령이 유지하는 관계 안에서 삼위일체 창조주를 대표하고 반영하는, 지상의 신적 형성의 담지자라는 사실을 알지 못했을 것이다. 이는 인간에게는 과학적으로 탐지될 수 없는 매우 중요한 뭔가가 있음을 의미한다. 그리스도인들에게는 이것이 놀라운 사실이 아니다. 과학만능주의와 달리 기독교는 지식을 얻는 방법은 자연과학이 제공하는 것보다 많음을 인식한다(본서의 3장과 4장을 보라). 그러나 과학적 지식과 과학적인 앎의 방법에만 초점을 맞추는 사람은 하나님의 두 책을 모두 공부하는 우리가 보유하고 있는 것과 동일한 지식에 접근하리라고

---

31 Richard Middleton, *New Heaven and New Earth* (Grand Rapids: Baker Academic, 2014[『새 하늘과 새 땅』, 새물결플러스 역간]). **하나님의 형상**에 대해 관련이 있는 견해는 Marc Cortez, "Idols, Images, and a Spirit-ed Anthropology: A Pneumatological Account of the Imago Dei," in *Third Article Theology: A Pneumatological Dogmatics*, ed. Myk Habets (Philadelphia: Fortress, 2016), 267-82을 보라.

32 인격이 아닌 창조물이 완전히 그것이 의도된 존재가 되기 위해서는 인격을 필요로 하는데, 그것은 확실히 성자 및 성령과 관련이 있다. 그러나 그것은 우리와도 관계가 있다. 이것이 창조 축복의 요점이다. 비인격적인 창조물은 결코 우리와 별개로 완성되도록 의도되지 않았다(롬 8:19-21).

기대될 수 없다.

섹션 3.1에서 소개된 지식의 정의를 상기하라. "우리가 무엇에 관해 생각하거나 말하거나 그것을 처리할 때 그것이 참으로 사고와 경험의 적절한 토대에 근거할 경우 우리에게 무엇에 관한 지식이 있다." 자연의 책과 성경 책의 연구는 지식에 이르는 수단들이며, 각각의 책은 사고와 경험의 적절한 토대를 갖고 있다. 지식의 이 두 수단이 서로 대화하면 우리는 인간이라는 존재에 대해 좀 더 완전한 그림을 얻을 수 있다. 우리는 하나님이 우리를 우리를 만든 재료 이상의 존재로 만들었다는 것을 배운다(우리가 어떤 재료로 만들어진 것으로 판명되든 간에 말이다). 우리는 우리와 창조세계 사이의 관계뿐만 아니라 우리와 하나님 사이의 관계도 고려할 수 있다. 이는 과학과 신학 사이의 관계에 대한 하나의 접근방법으로서 부분적 견해 모형이 우리를 위해 제공할 수 있는 것에 관한 한 가지 예다(섹션 4.5.3을 보라).

결론적 후기

33장

새 창조, 창조세계를 돌봄 그리고 과학 교육에 관한 성경 및 신학의 관점

본서에서 우리는 의도적으로 과학과 신학이 경쟁하거나 서로를 대체하려고 하지 않는다는 관점을 취한다. 양자가 경쟁한다는 관점이 종교계와 무신론 진영에 널리 퍼져 있지만, 그 견해는 과학 연구와 신학 연구 사이의 긍정적인 오랜 관계와 일치하지 않는다.[1] 우리는 틈새의 하나님 견

해—이 견해에서는 자연에서 어떤 것이 어떻게 작동하는가에 관한 우리의 지식에 존재하는 현재의 틈이 하나님으로 채워진다—를 채택하지 않는다. 경쟁 견해와 틈새의 하나님 견해는 모두 문제가 있는 일치주의를 전제한다(섹션 4.3을 보라). 우리는 과학 탐구가 신학과 완전히 별개의 영역이라는 견해도 취하지 않았다(섹션 4.5.2의 두 영역 틀을 보라). 그 견해는 과학과 신학 사이에 아무 관계도 없다고 전제한다.

오히려 우리는 현재의 기원 과학을 설명하고 이런 과학적 설명에 대한 성경적·신학적 관점을 제공했다. 우리는 적절하게 해석된 하나님의 두 책으로부터 우리가 사는 세상에 관한 통찰을 끌어냈다(본서의 1부를 보라). 그런 프로젝트는 좋은 신학과 적실성 있는 과학에 대한 이해를 요구한다. 우리는 신학에 관해서는 주로 창조 교리에 초점을 맞췄다(2장을 보라). 포괄적인 창조 교리가 없이는 기원에 관한 과학 이론에 대한 균형 잡힌 관점을 가지기가 어려우며, 그것에 관해 잘 생각하기는 훨씬 더 어렵다.

1   James R. Moore, *The Post-Darwinian Controversies: A Study of the Protestant Struggle to Come to Terms with Darwin in Great Britain and America, 1870-1900* (Cambridge: Cambridge University Press, 1981); James Turner, *Without God, Without Creed: The Origins of Unbelief in America* (Baltimore: Johns Hopkins University Press, 1985); Amos Funkenstein, *Theology and the Scientific Imagination from the Middle Ages to the Seventeenth Century* (Princeton, NJ: Princeton University Press, 1986); David C. Lindberg and Ronald N. Numbers, *God and Nature: Historical Essays on the Encounter Between Christianity and Science* (Berkeley: University of California Press, 1986); John Hedley Brooke, *Science and Religion* (Cambridge: Cambridge University Press, 1991); John Hedley Brooke and Geoffrey Cantor, *Reconstructing Nature: The Engagement of Science and Religion* (Edinburgh: T&T Clark, 1998); Richard G. Olson, *Science and Religion, 1450-1900*

(Baltimore: Johns Hopkins University Press, 2006); David D. Lindberg, *The Beginnings of Western Science: The European Scientific Tradition in Philosophical, Religious, and Institutional Context, Prehistory to AD 1450*, 2nd rev. ed. (Chicago: University of Chicago Press, 2007); Ronald L. Numbers, *Galileo Goes to Jail and Other Myths About Science and Religion* (Cambridge, MA: Harvard University Press, 2009[『과학과 종교는 적인가 동지인가』, 뜨인돌출판사 역간]); Peter Harrison, *The Fall of Man and the Foundations of Science* (Cambridge: Cambridge University Press, 2009).

이 교리는 현시대의 과학적 발전들과 그 발전들이 하나님께 적대적이거나 성경 텍스트에 대한 역사적으로 정통적인 해석에 반하지 않는다는 것을 이해하기 위한 유용한 지침임이 드러났다. 포괄적인 창조 교리에는 추가적인 함의도 있는데 우리는 이 후기에서 이 함의들을 간략히 탐구하고자 한다(섹션 2.2.1, 2.5.2, 2.5.3을 보라). 우리는 그리스도 안의 새 창조부터 시작해서 창조세계를 돌봄, 과학 교육, 그리고 그리스도인과 비그리스도인이 어떻게 과학에 관해 대화할 것인가라는 주제로 이동할 것이다.

33.1. 새 창조

창조 교리는 하나님이 창조세계에게 그리스도 안에서 완전해질 자유를 부여했고, 하나님이 창조세계의 기능의 완전성을 가치 있게 여기기 때문에 현재의 창조된 질서와 새 창조 사이에 어느 정도 연속성이 있으리라는 것을 암시한다(2장을 보라).

아마도 현재의 창조세계에서 사망과 관련이 있는 모든 과정이 어떻게 될 것인가보다 더 커 보이는 과학적 질문은 없을 것이다. 확실히 현재의 질서가 존재하는 모든 것이라고 전제하기는 하지만, 줄스 하워드의 때때로 터무니없을 정도로 익살스러운 책『지구에서의 죽음: 진화와 필멸성에서의 모험』(*Death on Earth: Adventures in Evolution and Mortality*)은 부지불식 간에 죽음이 현재의 창조세계에 실제로 어떻게 봉사하는지에 관한 많은 통찰을 제공한다(예컨대 중요한 영양을 토양으로 돌려보냄으로써 봉사한다).[2] 다른 한편으로 요한계시록 22장에 묘사된 요한의 새 창조 환상에서 생명 나무가 존재한다는 것은 죽음 및 죽음과 관련된 과정들이 변화되거나 유의미하게 완화될 것임을 암시한다. 하나님의 풍성한 생명("심화 학습: 하나님의 삼위일체적 생명"을 보라)이 우리가 현재 이해하지 못하는 방식으로

죽음을 극복한다.

창조세계에 대한 삼위일체적 이해에서 우리는 창조 교리와 구속 교리가 서로를 밝혀주고 지지하는 것을 알 수 있다. 창조와 구속은 밀접하게 얽혀 있어서 어느 한쪽이 없이는 다른 쪽이 잘 이해될 수 없다. 동시에 구속이 창조를 삼켜서 창조가 구속 안으로 상실되거나, 창조가 구속을 삼켜서 구속이 창조 안으로 상실되지도 않는다. 2장의 주제로 돌아가자면, 그분을 통해 만물이 창조된—그리고 계속 창조하고 있는—하나님의 아들은 처녀 마리아를 통해 태어났고 그의 지상 생애와 죽음 그리고 부활이 만물의 구속과 갱신을 개시하고 도장을 찍은 인간이 된, 성육신한 존재다. 창조와 구속은 십자가의 수치를 겪었지만 성부의 계획에 따라 성령을 통해 부활한 예수 안에서 밀접하게 연결된다. 그리스도를 통해 창조된 모든 것—물질적 실재, 영적 실재, 유기체, 사람, 문화—이 성자 안에서의 새 창조에서 모든 것이 완성될 때 그것의 궁극적인 목적을 발견한다. 완성의 이쪽에서는 사회적, 정치적, 경제적 삶의 많은 부분이 불완전하고 방향이 없는 것처럼 보인다. 그러나 우리는 아브라함처럼 창조와 구속 사역이 새 창조에서 완성될 것이라는 하나님의 약속을 신뢰한다(창 12장; 빌 1:6; 계 21:5, 24-26).

본서의 2장은 포괄적인 창조 교리에 삼위일체적 사고가 중요함을 강조했다. 새 창조는 삼위일체적 창조 교리를 유지하는 것이 얼마나 중요한지에 대한 예를 제공한다. 예를 들어 창조에서 성령의 사역이 무시되면(예컨대 성령의 역할을 인간의 영적 생활에만 관여하는 것으로만 격하하기) 창조를 계획하는 성부와 그분을 통해 만물이 창조되는 성자만 남고, 삼위일체 중 창조세계를 완벽하게 해서 그것을 그리스도 안에서 완전해지도록 만드는 위격이 없을 것이다. 그렇게 되면 우리는 자연에 관해 하나님이 유지자로서 외에는 더 이상 아무 관계가 없는 실제적인 자연신론을 지니게 될 것이고 자연에 대해 추가적인 어떤 희망도 없을 것이다. 창조세계는 구속되는 존재가 아니라 구

---

2   Jules Howard, *Death on Earth: Adventures in Evolution and Mortality* (London: Bloomsbury Sigma, 2016).

원받은("천국에 가는") 존재가 될 것이다. 그 결과 만물의 창조자-구속자로서 성자에 대한 성경의 증언이 빠지게 될 것이다.

목적론상으로 볼 때 삼위 하나님은 성부께 영광을 돌리기 위해 성령을 통해 그리스도 안에 있는 새 창조로서 그것을 완성하기 위해 창조세계 안에서 일한다. 창세기 1장에서 우리는 인간이 처음부터 창조세계가 새 창조를 향해 나아가는 데 참여하도록 부름받았음을 본다. 세상은 현재의 부서지고 불완전한 상태에도 불구하고 성령을 통해 성자로 말미암아 살아있으며, 성부는 새 창조에서 세상이 그리스도 안에서 온전해지고 완성되도록 예정했다. 물론 우리는 그 완성이 어떤 모습일지 명확히 알 수 없으며 그 완성에서 우리의 역할이 무엇일지 생각해내기란 어렵다. 우리는 성경에 나타난 하나님의 약속들로부터 예수 그리스도의 삶과 죽음과 부활을 통해 온 창조세계가 새로워진다는 것을 알 수 있다. 또한 우리는 그리스도의 부활에서 그 새 창조가 어떤 모습일지에 대한 그림을 갖고 있다. 우리의 몸과 똑같은 유한한 물질로 만들어진 예수의 몸이 부활해서 성령에 의해 새 창조의 부활의 몸으로 변화되었는데, 이 몸은 예수가 영원히 지닐 몸이다. 현재의 세상은 궁극적인 실재가 아니고 새 창조가 궁극적인 실재다!

그리고 창조세계가 새로운 창조를 향해 나아가는 것은 하나님 안에 있는 생명을 향한 이동인데, 그것은 그리스도 안에서 완성을 향해 나아가는 이동이다. 인간의 죄를 통해서 들어온 타락이 이 이동과 이 목적을 방해했다. 하지만 아무것도 하나님의 계획과 목적을 좌절시킬 수 없기 때문에(예컨대 욥 42:2; 골 1:18-20) 그것을 영원히 방해하지는 못했다. 성육신은 창조세계가 하나님 안에서의 생명을 향한 이동으로 복귀한 출발점이며, 부활은 성령을 통한 새 창조의 완성에 관해 무언가를 보여준다.

하나님의 삼위일체적 생명—성부, 성자, 성령이 서로에게 생명의 충만함과 동일성을 준다—과 삼위일체적 사랑의 넘쳐흐름으로 말미암아 하나님 외의, 즉 창조세계의 생명이 있다.[3] 창조세계는 하나님의 생명에 참여하며, 이것이 예수가 요한복음 10장에서 말한 풍성한 삶이다. 성령으로 말미암아 그리스도 안에서 창조세계의 생명이 완전해지고 완성되어 성부께 영광을 돌릴 때 새 창조에서 그 생명의 약속이 성취된다.

현재의 창조세계는 우리에게 봉사하므로 우리의 변성과 성화에 중요하지만, 그리스도 안에 있는 새 창조는 우리의 궁극적인 목적지다. 우리는 종종 이에 관해 생각하지 않지만, 예수와 더불어 "나라가 임하시오며 뜻이 하늘에서 이루어진 것 같이 땅에서도 이루어지이다"라는 기도에 참가할 때(마 6:10) 우리는 새 창조를 요청한다. 포괄적인 창조 교리는 또한 우리로 하여금 새 창조는 하나님이 창조세계 그 자체에 대해 부여하는 가치를 깨닫도록 도움을 준다.

33.1.1. 새 창조, 목적론, 그리고 섭리. 그리스도인들은 때때로 우리의 궁극적인 위치가 그리스도와 함께 하늘에 있다고 가르쳤다. 이와 대조적으로 요한계시록은 우리의 궁극적인 위치가 그리스도와 함께 새 창조에 있음을 분명히 밝힌다.[4] 그리스도인들은 때때로 구원이 우리의 "육신"(flesh)으로부터의 구원이라고 가르쳤다. 마치 이것이 우리의 몸과 창조세계의 물질성으로부터의 해방을 의미하듯이 말이다. 그리스어 단어 **사르크스**(sarx)는 종종 바울이 우리가 성령의 힘과 인도하에서 살지 않는 한 우리를 지배하는, 하나님께 적대적인 힘을 가리키는 데 사용하는 "육신"으로 번역된다(롬 8장). 신약성서에 등장하는 구속은 우리의 몸과 물질성으로부터의 구속이 아니라, 그리스

---

3 Colin Gunton, *The One, the Three and the Many: God, Creation and the Culture of Modernity* (Cambridge: Cambridge University Press, 1993); Gunton, *The Promise of Trinitarian Theology*, 2nd ed. (London: T&T Clark, 1997).

4 예컨대 Richard Middleton, *A New Heaven and New Earth* (Grand Rapids: Baker Academic, 2014)을 보라.

언어의 부적절성과 우리의 유한성 때문에 하나님의 생명을 묘사하려고 할 때 우리가 언제나 조심스럽게 진행해야 하지만, 신학자들은 신적 생명의 삼위일체적 성격을 분명하게 표현하려고 노력해왔다. 삼위의 세 위격은 서로를 통해 생명을 갖는다. 그리고 그들은 서로 안에서 그리고 서로에게 참여함으로써 정체성을 유지한다. 이는 성부, 성자, 성령이 서로를 함께 구성하고 함께 결합해서 서로 그들이 누구이며 어떤 존재인지를 결정한다는 것을 의미한다. 성부는 영원히, 완전히 그리고 자유롭게 성자에게 자신을 주며 성자는 영원히, 완전히 그리고 자유롭게 성부에게 자신을 준다. 이처럼 영원히 완전하고 자유롭게 서로를 주는 것이 성령의 생명이며 그는 영원히, 완전하게 그리고 자유롭게 성부와 성자에게서 받는 한편 영원히, 완전하게 그리고 자유롭게 성부와 성자에게 자신을 준다. 성부는 성자와 성령 덕분에 그의 존재로서의 성부일 수 있고, 성자는 성부와 성령 덕분에 그의 존재로서의 성자일 수 있으며, 성령은 성부와 성자 덕분에 그의 존재로서의 성령일 수 있다. 성부와 성자와 성령은 공동체로 존재하는 한 하나님이며 이 공동체로 존재하는 것이 생명과 사랑을 구성한다. 삼위 하나님이 생명이고 사랑이기 때문에 예수는 창조주이자 구속자이며, 성령의 완벽하게 함을 통해 그리스도 안에서 새 창조가 되는 창조세계에 생명을 준다.[a] 하나님의 삼위일체적 생명은 풍성한 생명이다(요 10:10).

---

[a] Colin Gunton, *The One, the Three and the Many: God, Creation and the Culture of Modernity* (Cambridge: Cambridge University Press, 1993); *The Promise of Trinitarian Theology*, 2nd ed. (London: T&T Clark, 1997); Robert W. Jenson, *The Triune God*, vol. 1 of *Systematic Theology* (New York: Oxford University Press, 1997); Thomas F. Torrance, *The Trinitarian Faith*, 2nd ed. (London T&T Clark, 1997); Jonathan R. Wilson, *God's Good World: Reclaiming the Doctrine of Creation* (Grand Rapids: Baker Academic, 2013).

도 안에서 모든 것이 새롭게 되는(계 21:5) 새 창조를 향한 모든 움직임을 망치는, 하나님께 적대적인 이 힘으로부터의 구속이다.

창조—새 창조—의 목적을 요약할 수 있는 성경의 단어 하나가 있다면 그것은 **샬롬**(*shalom*)이다. 이 단어는 평화, 온전함, 그리고 복지를 표현한다. 샬롬은 인간만을 위한 상태가 아니라 창조세계의 모든 것을 위한 상태다. 삼위일체 창조주가 이 프로젝트에 온전함을 가져온다. 창세기부터 이스라엘의 역사, 예언서들과 복음서들 및 신약성서의 서신서들, 그리고 요한계시록까지 샬롬—폭력, 전쟁, 다툼, 두려움 또는 무질서를 낳는 따른 어떤 것도 부재로 특징지어지는 온전함—이 구속의 예상된 결말이다. 그리고 온전함은 그리스도의 성육신과 부활에서 사안들을 바로잡고 온전함을 확보하는 데서 가장 잘 예시된다. 성경은 우리에게 창조세계를 위한 하나님의 샬롬에 참여하고, 성령을 통해 그리스도 안에 있는 새 창조에서 궁극적으로 실현될 하나님이 계획한 온전함을 위해 일하라고 촉구한다.

확실히 폭력, 고통, 그리고 파괴는 창조세계의 현재의 실재다. 현재의 사안의 특징으로서—가장 강한 자의 생존이나 니체의 권력에의 의지 같은—갈등, 잔인함, 그리고 죽음에 초점을 맞추는 기사들은 그것 자체에 관한 한 틀리지 않았다. 이 기사들은 현재의 **우발적인** 상태의 뭔가를 반영하므로 그 기사들에는 어느 정도 진리가 존재한다. 그럼에도 불구하고 그 기사들은 우리가 포괄적인 창조 교리에서 발견하는 하나님의 계획, 목적, 그리고 사역을 빠뜨리기 때문에 창조세계의 목적을 놓친다. 가령 우리의 창조주이자 구속자가 사안들의 현재의 질서에서 그것을 통해 일하고 있는 창조세계의 봉사적 성격(섹션 2.4.3을 보라)을 놓치는데, 이것은 우리가 간과하는 경향이 있는 하나님의 섭리의 눈부신 사역이다. 우리는 창조세계의 목적이 새 창조임을 알기 때문에 섹션 8.1의 과학적 종말론과 대조적으로 부패와 파괴가 아니라 온전함이 창조세계의 결말임을 안다. 이 점은 우리에게 소망을 줄 뿐만 아니라 우리가 본서에서 조사한 분야의 과학자들의 연구를 새로운 눈으로 볼 수 있도록 우리를 도와준다.

예를 들어 우리가 본서의 2장에서 본 내용과 창세기 1장에 등장하는 물과 땅에게 생명을 만들어내라는 성경의 요구로부터 유기체의 진화적 발전과 비슷한 뭔가가 예상될 수 있다. 하지만 **그리스도인들은 결코 진화적 발전을 목적론과 혼동하지 않아야 한다.** 성령이 창조세계를 그리스도 안의 새 창조라는 목적지를 향해 움직이시는 것이지, (본서의 5부에서 논의된) 유기체들의 진화적 다양성이 그렇게 하는 것이 아니다. 우리는 그것이 새로운 종의 발달이든 한 종의 멸종이든 간에 특정한 진화 사건이 새 창조를 향한 이동을 대표하는지 알 수 없다. 창조세계는 아직 그리스도 안에서 완전히 새로워지지 않았다. 따라서 궁극적인 메커니즘들이 무엇으로 드러나든 간에 우리는 창조의 과정으로서의 진화에 파괴적인 측면도 존재하리라고 예상할 수 있을 것이다. 그러나 하나님의 은혜로 창조세계는 지구상 생명의 역사의 특징이었던 죽음과 멸종에서조차 창조세계에 봉사한다. 그러므로 진화 과학이 지구상의 생명의 역사와 역학에 관해 무엇을 밝히든 간에, 그것은 유기체들의 속성과 과정에 초점을 맞추고 새 창조에서 그것들의 목적에 초점을 맞추지 않기 때문에 결코 우리에게 창조세계에 관한 모든 이야기를 제공하지는 못할 것이다(섹션 4.7을 보라). 그 목적은 우리의 창조주-구속자로부터만 올 수 있다. 제리 코인과 리처드 도킨스처럼 과학만능주의(섹션 3.5.2를 보라)에 빠진 무신론자들이 뭐라고 말하든 간에, 진화는 자연의 결말이나 궁극의 목적이 아니고 창조와 구속이라는 좀 더 큰 양탄자에서 몇몇 가닥만을 대표한다.

또 다른 예를 들자면, 닐 디그래스 타이슨은 우주에는 우리를 죽이려고 하는 것처럼 보이는 힘들이 있으며, 따라서 우주는 자애로운 하나님의 작품으로 보이지 않는다고 주장한 것으로 유명하다.[5] 이것이 지금까지 존재했고 앞으로 존재할 모든 것인 양 우리가 현재 상태에만 초점을 맞추면 궁극적으로 죽음이 지배하는 것으로 보이기 때문에 타이슨의 말에는 어느 정도 진리가 들어 있다. 하지만 이 대목에서 다음과 같은 두드러진 질문도 있다. 죽음을 지향하는 우주가 어떻게 생명을 발생시켰는가? 타이슨은 수십억 년 전에 빅뱅에서 우주가 어떻게 폭발했는지에 관한 이야기(8장을 보라)를 제시할 가능성이 있으며, 어느 정도는 이 기사가 어떻게 죽음으로 이끄는 과정이 생겨났는가에 관해 약간의 기본적인 사실을 설명한다. 그러나 성경의 관점에서 보자면 그것은 우주의 기원에 대한 도덕적 조건을 설명하지 않는다. 물질과 법칙만 있다면 의미와 고통, 선과 악이 있는 우주가 존재하지 않아야 하는데 왜 그런 우주가 존재하는가? 특히 우리가 왜 과학 연구, 예술 표현, 공정한 정치경제 시스템, 그리고 지혜를 가치 있게 여기는가?(그리고 우리가 우리의 정치경제 시스템에서의 목격하는 불의에 대해 왜 화를 내는가?)[6] 더욱이 타이슨의 견해는 창조세계가 심지어 죽음과 파괴로 이어지는 과정의 한복판에서도 창조세계에 얼마나 풍성하게 봉사하는지를 빠뜨린다. 가령 타이슨의 견해는 창조세계의 생명을 지지하는 성격(9-10장을 보라)을 경시한다. 그의 설명은 성령을 통해 성자 안에서의 새 창조에 대한 소망과 비슷한 요소를 제공하지도 않는다. 다시 말하거니와 우리는 창조세계 안에서 새 창조로 이르는 경로를 명확히 가리키는 특정한 과정이나 운동을 볼 수 없다. 새 창조의 목적은 창조세계 안에서 그리고 그것을 통한 성부, 성자, 성령의 사역 안에서 발견된다. 우리가 과학이 말할 수 있는 것에만

---

5   David Freeman, "Neil deGrasse Tyson Talks God, Aliens, and Multiverses," *Huffpost*, October 5, 2015, www.huffingtonpost.com/entry/neil-degrasse-tyson-talks-god-aliens-and-multiverses_us_561297abe4b0dd85030c97fc; Big Think, "Neil deGrasse Tyson (Caught on Camera): The Universe Is Trying to Kill You," June 26, 2013, www.youtube.com/watch?v=Fw62e4SDHHo.

6   우리는 3장, 특히 섹션 3.5에서 사실은 생명과 세상에 대한 "과학만의" 접근법이 없음을 살펴보았다.

초점을 맞추면 이 방법들이 창조세계의 목적이나 의미란 측면에는 눈을 감기 때문에(섹션 4.7을 보라) 그 목적과 의미를 놓칠 뿐만 아니라, 그리스도 안에서 만물을 자신에게 화해시키는 하나님의 사역도 보지 못하게 된다.[7]

요컨대 목적론은 창조세계의 사물들 또는 심지어 창조세계 전체에 토대를 두지 않는다. 오히려 목적론은 우리의 창조주-구속자의 섭리―성자를 통한 창조, 예수의 성육신과 십자가 처형 및 부활, 그리고 그 안에서 만물의 완성―에서 발견된다. 그리스도론적인 목적론 견해는 만물이 유한하고 국지적인 목적을 지니는 아리스토텔레스의 목적론과 비교된다. 성경적으로 볼 때 목적은 그를 통해서 만물이 창조되고 그 안에서 만물이 통일성을 발견하는 그리스도 안에서, 그리고 만물에게 성부의 소명을 이행할 힘을 주는 성령을 통한 성부의 좋은 선물이다. 창조주/창조물의 구분(섹션 2.2.1을 보라)은 목적론이 창조세계에 고유한 것이 아니라 하나님 안에서 고유하다고 암시한다.

이 신학적 관점은 왜 17세기 자연철학이 목적론에 초점을 맞추는 데서 벗어나 창조세계의 속성과 과정에 초점을 맞춘 것이 중요했는지를 우리가 알 수 있도록 해준다. 목적론을 창조세계의 사물들 안에 내재한 것으로 잘못 위치시킴으로써 **창조세계로서의** 창조세계를 연구하는 방법들이 발달하지 않았다. 우리가 본서에서 논의해온 정교한 형태의 새로운 방법들은 창조세계를 그것 자체의 관점에서 대할 수 있었는데, 거기서 목적은 창조세계의 사물들에 고유한 것이 아니라 하나님의 계획과 약속들에 뿌리를 두었다. 창조세계의 기능의 완전성은 하나님의 목적을 달성하기에 적절하지만 성부, 성자, 성령의 사역을 떠나서는 그렇지 않다. 우리가 스스로는 구속을 성취하거나

성화와 영화에 이르지 못하듯이 창조세계 역시 그 자체로는 결코 새로운 창조를 달성할 수 없다.

33.1.2. 새 창조의 몇몇 함의들. 포괄적인 창조 교리와 그리스도 안의 새 창조의 목적은 창조세계의 구속에 관해 우리가 어떻게 생각해야 하는가에 대한 함의를 가진다. 우리의 창조주-구속자가 만물―창조된 물질적, 영적인 모든 실재―을 새롭게 만들고 있다(계 21:5). 여기에는 우리 인간의 몸이 포함된다. 따라서 구원은 우리의 영 또는 영혼이 물질적인 세상에서 구원받는 것을 의미하지 않는다. 그것은 영지주의의 한 형태다. 오히려 구속은 구원이 우리의 몸에까지 확대된다는 것을 의미한다. 전인―몸과 영혼―이 구속된다. 구속은 몸을 지닌 구속이 될 것이다.

예수의 몸의 부활은 우리에게 몸을 수반한 구속을 희미하게 보여준다. 하지만 우리의 몸은 우리의 구속자-창조자의 사역에 참여하므로 우리의 현재의 삶에 대한 함의도 있다. 창세기 1-2장에서 우리는 모든 인간이 몸을 지닌 존재로 창조되었음을 본다. 복음서들과 바울 및 베드로의 증언은 예수가 몸을 지닌 상태로 부활했다고 말한다. 몸을 지니는 것은 하나님께 중요하다. 그것은 우리에게도 중요하다. 우리는 우리의 몸을 잘 보살펴야 하고, 우리의 몸을 통해 예배한다는 것과, 예수의 구속은 우리의 몸을 통해 일어난다는 것과, 교회와 사회에 대한 봉사의 행동은 몸을 통한 행동이라는 것을 인식해야 한다.

본서에서 논의된 창조 교리와 유사성이 있는 책에서 신학자 조너선 윌슨은 이 점을 멋지게 요약한다.

성부, 성자, 성령의 생명 안에 기초를 두고 삼위 하나님의 사역을 통해 구속받은 세상의 목적을 이해할 때, 우리는 왜 오직 삼위 하나님만이 하나님이나 창조세계가 자신이 아닌 다른 어떤 것이 됨이 없이 우주가 하나님이 주는 생명 안에서 주어진 목적에서 자유롭게 벗어나고서도 그 생명으로 되돌아올 수 있는 선물과 축복으로서의 우주를 만들

7　사회적 탐구와 역사적 탐구에 대한 유사한 함의들이 있다. 예컨대 자본주의와 자유민주주의의 부상이 반드시 새 창조로의 이동을 나타내지는 않는다. 사회 제도 안에서 나타나는 성령의 사역은 새 창조를 향한 이동이다.

수 있는지도 설명할 수 있을 것이다.[8]

자연 과학 연구와 신학 연구의 목적과 초점의 차이에 관해 4장에서 제기된 요점으로 돌아가 보자. 창조 및 새 창조에서 창조세계의 구속에 관해 고려하지 않고서도 별들과 지구의 지질학적 구조를 연구하고 생명의 화학 구조를 조사하고 세상의 생물들 사이의 관계를 탐구할 수 있다. 그러나 창조와 구속이 삼위일체 창조주의 새 창조의 목적과 얽혀 있다는 성경적 이해가 없이는 과학자들이 그렇게 많이 배우고 있는 것들의 목적을 우리가 이해할 수 없다. 창조계시(4장을 보라)는 우리에게 창조세계의 속성들과 과정들에 관해 많은 것을 말해주지만, 우리가 과학자들이 발견하는 모든 것이 우리의 창조주-구속자의 사역에서 어떤 위치를 차지하는지를 알려면 성경의 계시가 필요하다.

그리고 포괄적인 창조 교리와 더불어 새 창조의 목적은 창조세계에 대한 과학적 지식이 창조세계에 존재하는 모든 것이 아니라는 것을 추가로 증언한다. 과학은 창조세계의 이야기에 이바지하지만 그 이야기를 완성하지는 못한다. 우리가 완전한 이야기를 알려면 하나님의 두 책이 모두 필요하다. 우리의 창조주-구속자의 "큰 이야기"와 새로운 창조는 우리로 하여금 과학 연구를 종종 부지 중에 삼위일체 창조주의 하인 역할을 하고 하나님께 영광을 돌리는 창조세계의 경외와 경이의 끝이 없어 보이는 원천으로서 창조세계—그리고 창조세계를 돌봄—에 관한 지식의 중요한 원천으로 볼 수 있게 해 준다.

마지막으로 인간의 죄가 창조세계의 만물에 타락을 가져왔듯이(섹션 3.6을 보라), 인간의 구속은 창조세계의 만물에 구속을 가져온다(롬 8:20-23). 우리의 삶과 운명은 창조세계 전체와 밀접하게 연계되어 있다. 성경을 제외하면

그 복잡한 관계는 들소가 거의 멸종한 것과 인간이 야기한 지구 온난화 등 우리가 최근의 역사에서 목격해온 환경 위기—창조세계의 위기—에서 가장 명백하게 드러난다. 우리가 우리의 창조주-구속자 안에 중심을 둔 창조와 구속의 성경적 관계를 이해하면 이는 새로운 윤리 또는 하나님의 창조세계의 모든 것을 향한 삶의 방식을 만들어낸다. 미덕의 윤리나 의무론적 윤리 즉 의무에 중점을 둔 윤리 같은 윤리 체계 연구에 많은 통찰력이 있기는 하지만, 하나님이 새롭게 창조하려고 한다는 성경적 깨달음이 우리의 삶의 방식과 그런 윤리 체계에 대한 비평을 형성해야 한다.[9]

궁극적으로 우리가 하는 모든 일은 하나님의 새 창조 프로젝트에 기여하거나(생명을 추구한다) 그것에 반대한다(죽음을 추구한다). 우리는 우리의 창조주-구속자의 새 창조 사역을 증거하거나(생명을 추구한다) 그 사역을 가린다(죽음을 추구한다). 기독교 윤리 또는 삶의 방식은 단지 선함과 옳은 일을 행함에 관한 것이 아니다. 그것은 좀 더 넓게 하나님의 프로젝트가 선함과 옳은 일을 행함을 형성하는가에 관한 것이다. 그것은 그리스도 안에 있는 생명을 추구하는 것을 의미한다. 그리고 그리스도 안에 있는 생명을 추구한다는 것은 새 창조를 겨냥하고 있는 현재의 창조된 질서 안에서 그 생명을 추구하는 것을 의미한다.

33.2. 창조세계를 돌봄

"기독교 서적"은 아니지만 『생명의 요람으로서 지구: 환경의 기원, 진화와 미래』(*The Earth as a Cradle for Life: The Origin, Evolution and Future of the Environment*)는 우리가 본서에서 살펴본 내용에 관해 뭔가 중요한 점을 포착한다. 생명의 요람으로서 지구는 창조된 우리의 지구를 통해 생

---

8   Jonathan R. Wilson, *God's Good World: Reclaiming the Doctrine of Creation* (Grand Rapids: Baker Academic, 2013), 35.

9   그리고 창조세계의 위기를 야기한 정치·경제 체계에 대한 비평도 형성해야 한다. 예컨대 Glenn Tinder, *The Political Meaning of Christianity: The Prophetic Stance; An Interpretation* (New York: HarperCollins, 1991)을 보라.

명을 지지하고 생명에 자양분을 주는 생명에 대한 긍정을 암시한다.[10] 우리는 우주론, 지질학, 화학, 그리고 생물학에서 창조세계의 봉사적 성격을 살펴보았는데 거기서 성부, 성자, 성령이 삼위일체적 생명에 참여하는 창조세계에 밀접하게 관여한다. 포괄적인 창조 교리는 우리에게 창조세계의 모든 것을 하나님의 소유이고, 비록 불완전하지만 "매우 좋게" 출발한 프로젝트이며, 성령을 통한 그리스도 안의 새 창조에서 완성될 대상으로 보도록 요구한다.

창조세계를 돌볼 인간의 책임이 성경의 내러티브 전체에 명백히 드러난다. 창세기 1장에서 하나님은 인간을 자신의 형상으로 만들고, 그들에게 축복하고, 그들에게 지구에 질서를 가져오라고 요구하면서 일종의 지배권을 부여했다. 이 지배권은 언제나 그리스도의 만물에 대한 주권에 복속했다. 이 점이 창세기 2:15에 반영되어 있다. 거기서 사람이 "그것을 경작하며 지키도록" 동산에 두어지는데,[11] 여기서 사용된 단어는 "섬기다"와 "유지하다"로 번역될 수 있으며 이 구절은 신성한 공간에서 사람의 제사장 역할을 묘사한다(본서의 29장을 보라). 성경의 이 진리들은 지금 여기서 하나님의 창조세계와 프로젝트에 대한 우리의 책임을 설명한다. 우리가 본서에서 탐구한 과학은 창조세계의 질서, 아름다움, 그리고 힘에 대해 빛을 비춰주었고 우리의 창조주-구속자의 사랑과 지혜를 증언한다. 특히 생명과학들은 창조세계의 모든 것이 편안하지는 않음을 보여준다. 그것들은 오염과 우리와 창조세계 사이의 타락한 상호작용—창조세계를 우리 외에는 다른 어떤 신에 의해 만들어졌거나 어떤 신에게도 속하지 않은 자연으로 다루는—의 특징인 다른 형태의 변질로 인해 창조세계가 얼마나 몸살을 앓고 있는지 드러낸다. 그리스도인이 이런 타락한 상호작용에 참여하는 한 우리는 그만큼 창조주-구속자가 아니라 우리 자신을 증거한다. 그런 타락한 상호작용은 생명이 아니라 죄와 파괴—죄의 특질—로 인도한다. 좌절과 부패에 대한 신랄한 예시(롬 8:20-21)에서 보듯이 우리 자신의 소비를 통해 우리와 창조세계가 소모된다.

지난 몇십 년 동안 창조세계를 돌봄에 관한 논문들과 책들이 폭발적으로 증가했다.[12] 이 대목에서 우리의 목표는 이 모든 자료를 요약하는 것이 아니고 포괄적인 창조 교리와 새 창조가 그리스도인의 사고와 행동에 대해서 갖는 몇 가지 큰 함의에 초점을 맞추는 것이다. 우리는 피조성(createdness) 개념부터 시작한다.

33.2.1. 피조성. 우리가 포괄적인 창조 교리와 성령을 통한 그리스도 안의 새 창조로서 창조세계의 완성을 더 많이 이해할수록, 우리의 창조주-구속자가 만물의 회복을 위해 행하는 일에 충실한 피조성의 윤리가 생성된다. 우리가 본서에서 살펴본 많은 과학이 우리가 창조세계의 여

---

10 Frank D. Stacey and Jane H. Hodgkinson, *The Earth as a Cradle for Life: The Origin, Evolution and Future of the Environment* (Singapore: World Scientific, 2013).

11 Robert Alter, *The Five Books of Moses: A Translation with Commentary* (New York: W. W. Norton, 2004), 21.

12 예컨대 다음 문헌들을 보라. Loren Wilkinson, *Earthkeeping in the Nineties: Stewardship of Creation* (Grand Rapids: Eerdmans, 1991); Jürgen Moltmann, *God in Creation: An Ecological Doctrine of Creation* (London: SCM Press, 2000); Norman Wirzba, *The Paradise of God: Renewing Religion in an Ecological Age* (Oxford: Oxford University Press, 2003); Calvin B. Dewitt, *Earth-Wise: A Biblical Response to Environmental Issues*, 2nd ed. (Grand Rapids: Faith Alive Christian Resources, 2007); Sandra Richter, "Environmental Law in Deuteronomy: One Lens on a Biblical Theology of Creation Care," *Bulletin for Biblical Research* 20, no. 3 (2010): 355-76; Steven Bouma-Prediger, *For the Beauty of the Earth: A Christian Vision for Creation Care*, 2nd ed. (Grand Rapids: Baker Academic, 2010); Richard Bauckham, *Living with Other Creatures: Green Exegesis and Theology* (Waco, TX: Baylor University Press, 2011); Jonathan Moo and Robert S. White, *Let Creation Rejoice: Biblical Hope and the Ecological Crisis* (Downers Grove, IL: InterVarsity Press, 2014); Colin Bell and Robert S. White, eds., *Creation Care and the Gospel: Reconsidering the Mission of the Church* (Peabody, MA: Hendrickson, 2016); Douglas J. Moo and Jonathan A. Moo, *Creation Care: A Biblical Theology of the Natural World* (Grand Rapids: Zondervan, 2018).

러 위기를 긍정적으로 다루도록 도움을 줄 수 있다. 그러나 지금 여기서 우리의 행동에 전체적인 방향성을 제공하는 것은 하나님의 창조에서 새 창조로 이어지는 프로젝트다. 물론 우리는 새 창조가 어떤 모습일지 알지 못한다. 따라서 우리의 특정한 행동이 하나님의 프로젝트에 어떻게 이바지할지를 파악하기란 어렵다. 그러나 우리의 사고와 행동을 형성할 수 있는 몇 가지 기본적인 질문이 있다. 첫째, 특정한 행동이 우리의 창조주-구속자에게 새 창조를 향하는 창조세계의 찬미의 제사를 드리는가? 아니면 그 사고와 행동이 자신을 반영하는 행동으로서 죄에 붙잡힌, 생명의 길을 추구하지 않는 사망과 파괴의 길인가?

기본적인 두 번째 질문은 다음과 같다: 그 사고와 행동이 성령을 통해 그리스도 안의 새 창조 안으로 변화되고 있는 선물로서 창조세계에 관한 진리와 일치하거나 그 진리를 드러내는가? 아니면 그 사고나 행동이 우리의 욕구가 생명의 길이 아니라 죽음과 파괴의 길로 향하고 있는, 우리의 자기중심적인 경향에 관한 무언가와 일치하거나 그것을 드러내는가?

구체적인 상황에서 답변하기에는 벅찬 기본적인 이 두 질문은 마태복음 22:36-40을 패턴으로 삼아 우리로 하여금 우리의 창조주-구속자에게 영광을 돌리고 창조세계의 모든 것을 우리 자신처럼 사랑하는 것을 지향하게 만든다. 우리는 창조물이다. 우리는 창조되었다. 그러므로 창조된 세계를 향한 우리의 윤리, 우리의 생활 방식은 **피조성**으로 특징지어져야 한다.

이것은 새로운 창조세계를 향한 하나님의 목적이 창조세계를 돌봄에 대한 함의를 지닌다고 말하는 신학적인 방식이다. 가령 우리는 도구적(환경이 생명을 위해 필요한 생태 서비스를 제공한다) 또는 실용적(환경을 돌보는 것이 인간의 번성을 촉진한다) 근거에서 창조세계를 돌보는 것을 지지하는 주장을 흔히 읽을 수 있다. 이런 주장 자체는 틀리지 않았다. 그런 주장은 단지 신학적인 빛에 비추어볼 때 부족할 뿐이다. 좀 더 깊이 살펴보면 **창조세계에 대한 하나님의 구속의 목적에 비추어 모든 창조물을 보살피는 것이 우리 인간의 피조성과 소명의 일부이기 때문에** 우리는 창조세계를 돌보는 일에 참여한다. 우리가 살펴본 바와 같이 창조된 모든 것은 그리스도 안의 새 창조에서 자신의 목적을 갖는다. 우리는 삼위일체 하나님의 은혜롭고 자애로운 행동으로 말미암은 피조성에 창조된 다른 모든 것과 함께 참여한다.

윌슨은 이것을 다음과 같이 표현한다.

> 모든 창조세계에 관심을 기울이지 않고 그것을 기뻐하지 않는 한, 우리는 아직 우리가 성부, 성자, 성령 하나님을 기뻐함으로써 사는 창조물임을 배우지 않은 것이다. 우리가 창조물임을 배우고 그것을 기뻐하지 않는 한, 우리는 타자들(others)이 창조물임을 인식하지 못할 위험이 있다. 우리는 새 창조에서 그(것)들의 참된 목적을 부인하고 그(것)들을 우리 자신의 필요를 채우는 데 유용한 존재로 다룰 것이다.[13]

이 대목에서 윌슨이 말하는 타자들은 다른 사람들만을 가리키는 것이 아니라 창조세계의 "다른" 모든 것들이다. 타자를 도구적으로 대하는 중심에 피조성을 무시하는 태도가 놓여 있다. 건튼은 이 점을 다음과 같이 제시한다:

> 서로에게서 및 세상으로부터 떨어져 있고 타자를 외부의 존재로 그리고 단순한 객체로 다루는 것을 의미한다. 핵심 단어는 **"도구적"**이다. 우리는 타자를 도구, 즉 우리의 의지를 실현하는 단순한 수단으로 사용하고 우리의 존재에 모종의 방식으로 필수적인 존재로 여기지 않는다. 그것의 중심에는 세상은 정확히 우리가 선택하는 대로 존재한다는 견해인 기술자주의적인 태도가 놓여 있다.[14]

---

13 Wilson, *God's Good World*, 44.
14 Gunton, *One, the Three and the Many*, 14.

우리 자신의 피조성과 지상에 있는 그리스도의 몸인 교회의 피조성을 더 많이 이해할수록 우리는 만물의 피조성을 더 잘 이해할 입장에 놓인다. 이 점은 창조세계에 대한 우리의 반응에 함의를 지닌다. 한 가지 함의는 우리가 창조세계의 제한되고 유한한 창조물로서의 성격을 공유한다는 것이다. 하나님은 전능하지만 우리는 창조세계에 대해 전능하지 않다. 창조세계에 대해 우리는 우리의 죄성이 부추기는 경향이 있는, 창조세계에 대한 일종의 신으로서 반응하지 말고 동료 창조물로서 반응해야 한다. 창조세계 안에서 행동하고 집사로서 창조세계를 다스릴 우리의 능력은 하나님이 창조세계에 부여한 선물이며 모든 창조세계의 봉사적 성격의 중요한 부분이라고 생각되어야 한다(섹션 2.4.3을 보라). 우리는 창조세계가 창조세계에 봉사하도록 하나님이 선택한 수단 중 하나다. 또 다른 함의는 하나님이 창조세계의 피조성에 신실하므로(섹션 2.2.1을 보라), 우리가 성령의 힘을 통해 그 피조성에 대한 충실함을 반영해야 한다는 것이다. 우리 자신을 포함하여 창조세계의 모든 것은 하나님의 프로젝트이며 창조세계의 나머지에 대한 우리의 반응은 이 점을 반영해야 한다. 밀접한 관련이 있는 함의는 창조세계에서의 우리의 행동—창조세계에 대한 우리의 반응—이 우리의 창조주-구속자의 새 창조 목적에 조율되어야 한다는 것인데, 이 반응은 성경에 적셔지고 기도하는 지혜와 분별을 요구한다. 크리스토퍼 슈뵈벨이 주장하듯이 "기도의 실천은 피조성의 구성적 측면을 관계적으로 실행하는 것이고 따라서 그것은 인간의 행동이 하나님의 창조 행위 안에서 기원과 규범과 목적을 발견하도록 한다."[15]

2장의 서두에 논의된 양자택일의 곤경은 두 가지 측면에서 우리가 하나님의 창조세계에 접근하는 윤리와 직접적인 관계가 있다. 가령 혹자가 자연 안에서의 하나님의 행동은 자연 질서를 통해 매개되지 않았거나 자연 질서와는 완전히 별개로 일어난다고 생각할 수 있다(양자택일 곤경의 첫 번째 선택지). 그럴 경우 하나님을 우리의 잘못된 행동으로부터 창조세계를 구할 초자연적인 영웅으로 보거나, 자연에 가해진 잘못을 바로잡을 힘을 가진 유일한 존재로 보는 윤리적 경향이 있을 것이다. 이 윤리는 "하나님은 지구가 온난화로 말미암아 손상되도록 허용하지 않을 것이다" 또는 "인간은 기후에 극적인 영향을 줄 힘이 없다. 하나님만이 그 힘을 갖고 있다" 같은 진술로 표현될 것이다. 그런 윤리는 그리스도의 추종자들 편에서 창조세계에 대한 무관심이나 무기력으로 이어진다. 이는 생명이 아니라 죽음에 참여하는 처사다.

대신 혹자가 자연에서 일어나는 모든 사건은 하나님으로부터 어떤 영향도 받지 않는 자연적인 과정들과 행동들의 결과라고 생각할 수 있다(양자택일 곤경의 두 번째 선택지). 그러면 마치 인간이 일어나는 모든 것에 대한 주권자이기라도 하듯이 인간을 생태적 손상과 위험을 피하기 위한 유일한 희망으로 보는 윤리적 경향이 있다. 이 견해에서는 우리가 하나님을 한쪽에 제쳐두고 창조세계를 향한 도구적 행동으로 빠져들 수 있다. 즉 우리가 우리 모두에게 영향을 줄 기후재앙을 피하기 위한 가장 효과적인 수단을 찾아내야 한다. 이 견해는 인간적인 측면에만 초점을 맞추며, 따라서 하나님의 생명에 참여하지 않는다.

포괄적인 창조 교리에 기초한 피조성의 윤리는 그릇된 이 두 선택지 사이에서 제3의 길로 나가게 한다. 우리 자신을 모든 창조세계의 봉사적 성격에 참여하는 창조 질서의 일부로 보면 그리스도의 추종자들인 우리가 무기력한 자나 도구적 군주가 아니라 섬기는 자로서 자연과 관계를 맺을 수 있는 공간이 열린다. 더욱이 우리는 성령 하나님이 우리를 통해 창조세계에 치유를 가져오는 사역을 하고 있을 뿐만 아니라 자연을 그리스도 안의 새 창조 안에 있는 자연의 궁극적인 목적으로 데려가는 데 참여하고

---

15 Christoph Schwöbel, "God, Creation and the Christian Community: The Dogmatic Basis of a Christian Ethic of Createdness," in *The Doctrine of Creation: Essays in Dogmatics, History and Philosophy*, ed. Colin Gunton (Edinburgh: T&T Clark, 1997), 175.

있다는 것도 알 수 있다. 우리가 하나님의 형상으로 창조되었다는 개념은 우리가 자연의 나머지와 마찬가지로 창조된 존재이지만 창조세계의 나머지에 대해 하나님의 대표자임을 의미하므로 이 대목에서 **하나님의 형상**이 적실성이 있다. 심원하게 짜인, 창조세계가 창조세계에 봉사하는 패턴에서 인간은 이 패턴을 완전하게 표현한다. 당신이 그렇게 표현하길 원한다면, 인간에게는 봉사 중의 봉사가 주어졌다. 우리가 성령을 통해 창조세계가 성자 안에서 성부께 부름을 받은 존재가 되게 하는 일에 참여함으로써 하나님의 창조세계에 대한 그 봉사를 실행할 때 우리는 삼위일체 창조주께 찬미의 제사를 드린다.

33.2.2. 피조성, 새 창조, 그리고 창조세계를 돌봄. 회심과 성령의 거주 사역에서 일어나는 변화를 바울은 새로운 피조물(창조세계)이라고 부른다(고후 5:17). 이는 요한계시록 21장에서 요한이 하나님이 만물을 새롭게 한다고 말하는 대목의 새로움의 느낌을 준다(요 21:5).[16] 새로운 창조세계는 현재의 창조세계와 똑같지는 않지만 그것과 연속성이 있다. 신자들이 믿지 않던 이전의 자아와 똑같지는 않지만 그 자아와 연속성이 있으며 새 창조에서 영화된 자아와 연속성을 가지게 되는 것과 비슷하게 말이다. 또한 부활하고 영화된 예수의 몸이 완성된 물질이 어떤 모습일지를 어렴풋이 보여준다. 다시금 새 창조에서 완성된 물질은 현재의 물질과 똑같지는 않지만 그것과 연속성이 있을 것이다(예컨대 부활한 예수는 생선을 요리해서 먹었다. 도마는 예수의 못 자국이 난 손들과 창에 찔린 옆구리를 만졌다). 성화가 완료되고 신자들이 완전해져서 성부께 영광을 돌릴 때 우리의 이전 자아들은 "지나갈" 것이다. 마찬가지로 성령의 완전케 하는 사역이 끝날 때 이전 창조세계는 "지나가고" 새로운 창조세계가 있을 것이다(계 21:4).

특히 현재의 불완전한 창조세계에 편만한 악과 부정

의가 더는 없을 것이다(계 21:3-5). 구약성서의 예언서들에서 반복되는 주제 중 하나는 정의가 땅이 생명에 봉사할 능력과 연결된다는 것이다.[17] 가령 살인과 땅 사이의 연결(예컨대 민 35장) 또는 땅의 안식년과 정의 그리고 하나님의 백성을 위한 금식 간의 연결(예컨대 레 25장; 대하 7:14; 36:15-23; 사 58장), 또는 사회 정의, 우상숭배, 그리고 땅의 평안 사이의 연결(예컨대 호 4:1-3; 욜 2장; 렘 2:7)을 고려해 보라. 예언자들이 종종 강조했듯이 강자가 약자에 대해 저지른 부정의는 하나님의 명령을 위반하고 땅을 오용한 것이었고, 사람들 및 창조세계의 나머지의 복지가 얽혀 있었다. 지난 수백 년 동안 우리의 현대적 사고방식이 우리로 하여금 인간의 특질이 창조세계의 모든 것과 얼마나 깊이 연결되었는지를 보지 못하게 만들어서 우리가 이 상호 연결 관계를 보지 못하는 경향이 있다.[18] 더욱이 우리는 창조세계를 단순한 자연—그것의 작동이 대체로 정의 같은 특질과 무관한 닫힌계—으로 보는 타고난 과학적 태도를 통해 훈련되었다. 이것은 성경의 견해가 아니다. 안식과 금식은 생명의 실천이며 우리가 하나님이 은혜롭게 준 생명에 참여하는 길이다. 부정의는 다른 사람에게 범해졌든 창조세계의 다른 측면들에게 범해졌든 간에 생명의 길이 아니라 죽음의 길에 참여하는 것이다. 그러므로 여러 형태의 부정의는 창조세계를 향한 하나님의 목적에 대한 반대를 조장한다.

부정의가 사람에 관련된 것이고 부정의가 사람들의 복지에 얼마나 파괴적인지를 알면 우리는 종종 부정의와 사망의 증진 사이의 이 연결 측면을 파악한다. 당신은 성경이 창조세계에 대한 부정의와 창조세계의 복지가 파괴

---

16 요한이 예수가 만물을 새롭게 한다고 말하지 않는다는 것을 주목하라.

17 Laurie J. Braaten, "Earth Community in Joel: A Call to Identify with the Rest of Creation," in *Exploring Ecological Hermeneutics*, ed. Norman C. Habel and Peter Trudinger (Leiden: Brill, 2008), 63-74; Hilary Marlow, *Biblical Prophets and Contemporary Environmental Ethics: Re-reading Amos, Hosea and First Isaiah* (Oxford: Oxford University Press, 2009).

18 Gunton, *One, the Three and the Many*, 특히 1장.

된 것을 똑같이 연결한다는 사실에 놀랄 수도 있을 것이다.[19] 이 점 역시 새 창조를 겨냥한 피조성의 윤리의 일부인데, 이는 세상이 단지 스스로 유지되고 스스로 포함되는 실체로서의 단순한 자연이 아니라 창조세계라는 함의를 가진다. 그리고 그것은 마치 우리가 환경을 회복하기 위해서는 과학적 성취와 기술적 성취만 필요하고 환경이 하나님과 별도로 작동하는 시스템이기라도 한 것처럼 단순한 "그 환경"이 아니다. 오히려 창조된 존재인 창조세계는 성령을 통해 하나님의 생명에 참여하며, 우리와 얽혀 있고, 창조주-구속자를 통해 구속되기로 예정되어 있다(롬 8장). 그러나 우리의 타락으로 인해 창조주 및 창조세계의 나머지와 우리 사이의 관계가 손상되었고, 부정의는 그 결과다. 우리는 창조세계가 새 창조에서 절정에 이르는 그리스도 안의 생명을 향해 움직일 수 있게 해주기보다는 자아중심성과 탐욕으로 채색된 자신의 목적을 위해 창조세계를 착취하는 경향이 있다. 우리는 창조세계와 새 창조의 공동상속인으로서 행동하기보다는 창조세계에 대한 신들처럼 행동한다. 이것은 피조성의 윤리의 정반대다.

우리가 부정의와 창조세계 간의 연결을 놓치는 이유 중 일부는 우리가 자신의 피조성을 잊기 때문인데 이는 타락한 존재로서 우리의 자아중심성을 반영한다. 감사하게도 신적 사랑이 우리를 그런 자아중심성에서 해방한다. 우리는 새 창조에서 죄가 완전히 추방되리라는 것을 알지만 현재의 창조세계의 위기에서 우리를 둘러싸고 있는 망가진 세상은 어떻게 될 것인가? 창조세계의 모든 것에 대한 하나님의 구속하는 사랑을 포괄적인 창조교리의 맥락에서 보면 우리는 창조세계의 위기에 어떻게 좀 더 잘 접근할 수 있는지 이해할 수 있도록 우리를 도와줄 수 있는 피조성과 새 창조의 윤리를 지향하게 된다.

우리는 종종 창세기 1:29 같은 구절을 마치 창조세계가 우리에게 외부의 존재인 단순한 원자재인 것처럼 객관화하여 읽는다. "하나님이 이르시되 '내가 온 지면의 씨 맺는 모든 채소와 씨 가진 열매 맺는 모든 나무를 너희에게 주노니 너희의 먹을 거리가 되리라.'"[20] 그러나 전체 문맥에서 그 구절을 읽으면 우리는 이 구절이 창조세계에 대한 우리의 관계에, 그것에 대한 우리의 의존성에 관해 뭔가 깊은 것을 표현한다는 것을 알 수 있다. 이 구절을 창세기 1:30과 비교하라. "'또 땅의 모든 짐승과 하늘의 모든 새와 생명이 있어 땅에 기는 모든 것에게는 내가 모든 푸른 풀을 먹을 거리로 주노라' 하시니 그대로 되니라."[21] 창세기 1:29과 창세기 1:30은 모든 생물이 음식물 섭취를 창조된 세상에 의존하는 것을 표현하는 정확한 병행 구절이다. 이것은 창조세계가 창조세계에 봉사하는 중요한 방식 중 하나이며(섹션 2.4.3을 보라), 창조세계에서 작동하는 하나님의 사랑이다. 인간이 부섭정이기는 하지만, 우리는 동시에 그곳에 대해 신성한 공간을 확대하라고 부름받은 창조세계에 의존한다(섹션 29.4를 보라).

서구 사회에서 우리는 종종 그런 구절들이 우리를 창조세계에 대해 자율적이라고 묘사한다고 해석하는데, 이는 부지 중에 창조세계에 대한 우리의 관계를 해석하는 데 개인주의와 자율성이라는 우리의 문화적 이상을 개입시키는 처사다.[22] 건턴이 이 점을 표현하는 방식을 되풀이할 가치가 있다.

불관여는 서로에게서 및 세상으로부터 떨어져 있고 타자를 외부의 존재로 그리고 단순한 객체로 다루는 것을 의미한다. 핵심 단어는 **도구적**이다. 우리는 타자를 도구, 즉 우리의 의지를 실현하는 단순한 수단으로 사용하고 우리의 존재에 모종의 방식으로 필수적인 존재로 여기지 않는

---

19 Marlow, *Biblical Prophets and Contemporary Environmental Ethics*.

20 Alter, *Five Books of Moses*, 19.

21 Alter, 19.

22 Robert C. Bishop, *The Philosophy of the Social Sciences* (London: Continuum, 2007), 4-5장.

다. 그것의 중심에는 세상은 정확히 우리가 선택하는 대로 존재한다는 견해인 기술자주의적인 태도가 놓여 있다.[23]

이처럼 우리는 창조세계에 대한 우리의 의존성과 창조세계에 대한 우리의 일반적인 책임 및 특히 신성한 공간을 확대할 책임을 놓치는 경향이 있다. 식사할 때나 옷을 입을 때 또는 집 안으로 들어갈 때마다 우리는 불가피하게 창조세계에 대한 우리의 의존성 및 창조세계가 창조세계에 봉사하는 성경적 패턴에 관여한다. 현대 서구 사회들의 기본적인 입장은 음식, 옷, 집들을 경제적 가치를 지니는 상품으로 생각한다. 이와 대조적으로 성경의 견해는 이 모든 것이 자애로운 성부에게서 온 좋은 선물이자 우리가 창조세계를 통해 하나님께 의존한다는 사실의 표현이라고 본다(예컨대 마 6:25-33).

그리스도인들은 종종 창세기 1장의 이 구절들을 우리와 창조세계 사이의 구별을 강조하는 것으로 읽어서 대개 창세기 내러티브가 우리와 창조세계의 연속성에 얼마나 초점을 맞추는지를 놓친다(섹션 32.6.1을 보라). 예컨대 우리는 창세기 1장을 읽을 때 창세기 1:29-30이 우리와 창조세계의 구분만이 아니라 우리와 모든 창조물의 유사성을 어떻게 묘사하는지를 놓친다. 우리는 이 역할을 위해 하나님에 의해 선택되고 그 일을 할 채비가 갖춰진 유일한 창조물이기 때문에, 우리가 모든 창조세계를 위한 하나님의 샬롬에 참여하기의 일환으로서 하나님의 형상 담지자이며 신성한 공간을 확대하라는 제사장의 소명을 받았다는 점에서 우리는 독특하다(창 29장, 32장을 보라). 다른 어떤 창조물도 우리에게 요구된 일을 할 수 없다. 그럼에도 불구하고 우리는 모든 창조물과 똑같은 물질로 지음을 받았고 창조세계에 의존한다는 점에서 창조물들과 동일하다. 존재론적으로 말하자면 우리는 다른 창조물들과 **피조성**을 공유한다. 성경의 견해는 서구 사회가 인간 및

자연에 대한 우리의 관계를 보는 방식(우위와 도구성 관점의 견해)에 반한다.[24]

창조 교리가 강조하듯이 삼위일체 창조주의 목적 중 하나가 창조세계가 그것 자체가 되고 그리스도 안에서 완성되는 것이라면(섹션 2.5.2), 이 목적의 실현에 참여하는 것이 신적 형상의 담지자로서 인간의 책임 중 일부다. 물론 그렇다고 해서 우리가 식사나 옷 만들기나 집 짓기를 중단한다는 뜻은 아니다. 그것은 우리가 창조세계와 이런 식으로 관련을 맺을 때 우리가 이런 활동이 어떻게 예배 행위, 복음 전도, 그리고 하나님을 찬양하는 일에 도움이 될지를 이해하려고 한다는 뜻이다. 이 모든 것—만물—이 그리스도 안에서 화해하는데(골 1:20), 우리의 창조주-구속자의 그 화해 사역에 참여하는 것이 가장 일반적인 우리의 소명이다. 창조세계를 선물로 보기, 신성한 공간을 확대할 우리의 사명, 그것 자체를 위해 하나님께 사랑받는 창조된 세상, 그리고 그리스도와 함께 조정자로 참여하기 등은 현대 시장 경제 체제가 우리에게 압박하는 모든 것의 상품화 풍조에 맞서는 예배와 감사의 실천을 요구한다. 우리는 부지 중에 창조세계를 향해 자기중심적이고 소비주의적인 습관을 배양하는 대신 감사, 예배, 복음 전도, 그리고 하나님의 창조세계의 모든 것에 대한 섬김의 습관을 배양하도록 요구된다. "당신 주위의 세상이 여러분을 세상 자체의 틀 안에 집어넣도록 허용하지 말고 하나님이 여러분의 마음을 안으로부터 다시 형성하게 하십시오"(롬 12:2, 필립스 성경을 번역함).

나아가 예배는 우리가 삼위일체 하나님께 찬송을 돌리는 것보다 광범위하다. 창조세계의 모든 것이 이 예배에 참여한다(시 19:1-4; 66:1-4; 148편; 계 4-5장). 불완전한 상태에 있는 현재의 창조세계와 새 창조에서의 궁극적인 창조세계 모두 하나님께 중요하며, 양자 모두 예배에 참여한다. 우리가 모든 일에 하나님께 대한 찬미의 제사

23 Gunton, One, *the Three and the Many*, 14.

24 Gunton.

로서 접근할 때 우리는 좀 더 인간다워진다. 창조세계는 하나님께 대한 찬미의 행위로서 우리에게 봉사한다(섹션 2.4.3). 우리가 창조된 세상의 회복에 참여할 때 우리는 창조세계가 하나님을 좀 더 완전하게 찬양하고 성령을 통해 성자 안에서 완성을 향해 이동할 수 있게 해준다.

포괄적인 창조 교리와 피조성의 윤리의 한 가지 결론은 우리가 우리를 둘러싼 환경 안에서 살 때 그 환경이 우리 외부의 존재인 것처럼 살지 않는다는 것이다. 우리는 창조세계의 일부이며 그것을 통해서 산다. 환경 보호 운동 또는 환경에 대한 관심은 우리에게 필요하지만 외부적인 것으로 범위가 좁혀진다. 예컨대 경제학 문헌에서 자연에 대한 가치 평가는 순전히 도구적인 관점에서 전개되는데, 거기서 경제적으로 효율적인 환경 보호가 옹호된다. 자연의 가치는 제공된 생태계의 서비스와 우리의 경제적 복지에 대한 그것들의 기여 측면에서 화폐 가치로 평가된다. 환경을 구하는 것이나 돌보는 것은 창조세계를 그것 자체로 가치가 있고 신적 프로젝트로 보는 성경의 관점(2장을 보라)이 아니라, 환경과 그것이 제공하는 서비스를 우리의 경제적 사고의 중심에 두는 것에 해당한다.[25] 그러므로 환경 보호에 대한 토대로 생태계의 서비스를 강조하는 것은 우리의 자아 중심성을 벗어나지 않는, 지나치게 협소하고 도구적이며 시장만을 중시하는 견해다.

이와 대조적으로 피조성의 완전한 윤리에서 창조세계를 돌보는 것은 우리가 그것의 일부이고 그리스도가 구속하고 있으며 성령이 완성하고 있는 것에 대한 돌봄이다. 창조세계의 돌봄은 우리가 삼위일체 창조주와 관련을 맺는 방식의 일부이고, 비그리스도인들이 무시하고 너무도 많은 그리스도인이 잊어버리는 실재에 대한 그리스도인의 증언—하나님은 구속의 하나님일 뿐만 아니라 구속의 하나님이기도 하다!—의 일부다. 현대의 환경 보호 운동에는 가치 있는 요소가 많다. 그럼에도 불구하고 포괄적인 창조 교리와 우리가 그리스도의 창조세계에서 **하나님의 형상**이라는 사실은 우리를 좌파나 우파의 정치적 또는 경제적 이데올로기에 신세를 지는 것이 아니라 하나님의 만물의 구속(롬 8:18-23)에 초점을 맞춘 사고와 행동으로 이끌어서 우리의 창조주-구속자를 증거하게 한다.

구속은 카를 뢰닝이 다음과 같이 말하듯이 포괄적이다.

성경의 증거를 축소함으로써 하나님의 백성 및 교회와 함께 하는 하나님의 역사가 창조세계의 완성에 참여한다는 사실과 창조세계에 영향을 주지 않는 구원은 없다는 사실이 뒷전으로 밀려났다. 이와 대조적으로 우리는 오늘날 세상이 그 자체로 그리고 바로 하나님의 창조세계로서 하나님이 원하고 하나님이 사랑하는 대상이라는 것을 강조할 수 있으며, 그것을 강조해야 한다. 그리고 이스라엘 밖과 교회 밖의 사람들과 종교들의 세상은 단지 구원이 없는 공허가 아니다. 이것을 성경 자체의 관점에서 서술하자면 창세기 1-9장에 개괄된 창조의 신학은 단지 구원 역사의 서막이 아니라 하나님에 대한 성경 전체의 증언을 유지하고, 보급하고, 포용한다.…신구약 모두의 창조 신학적 진술들은 세상에서의 하나님의 모든 활동의 깊은 측면을 거론한다.[26]

이 세상에서 그리스도에 대한 우리의 증언은 단지 천국에 가도록 영혼을 구원하는 것에 관한 것만이 아니다. 그것은 하나님의 창조와 완성의 사역 전체에 관한 것이고 그 위대한 사역에서 사람들의 구체적인 운명에 관한 것이다. 포괄적인 창조 교리와 새 창조에서 하나님의 목적이란 관점에서 볼 때, 우리가 본서에서 논의한 과학들은 이 사역

---

25 예컨대 Helm, *Natural Capital: Valuing the Planet* (New Haven, CT: Yale University Press, 2014)을 보라

26 Karl Löning, *To Begin with, God Created…: Biblical Theologies of Creation*, trans. Omar Kaste, ed. Eric Zenger (Collegeville, MN: Liturgical Press, 2000), 3-4.

에 참여하는 우리의 창조주-구속자에 대한 찬미의 제사다. 이 맥락에서 우리의 과학 지식은 하나님 나라와 창조 세계에 대한 우리의 섬김에 가장 알맞게 사용된다.

33.3. 과학 교육

포괄적인 창조 교리는 우리가 그리스도인으로서 과학 교육에 관해 잘 생각하도록 도와줄 수 있다. 우리의 교육 기관들에서 기원 과학에 관해 가르치기 위한 가장 적절한 방법은 무엇인가? 좀 더 구체적으로는 진화 이론이 어떻게 가르쳐져야 하는가? 물론 이 질문에 대한 답은 이 교육이 공립학교의 맥락에서 이뤄질 것인지 아니면 성경적 기독교의 관점을 구현하는 사립학교의 맥락에서 이뤄질 것인지에 큰 영향을 받을 것이다. 하지만 두 경우 모두 목표는 견실한 과학 이론을 포착하도록 과학적인 기원 이론을 가르치는 것이어야 한다. 이러한 과학 이론들에는 종종 과학의 범위를 초과하는 주장인, 하나님의 역할을 부인하는 자연주의의 선포가 부가된다(예컨대 10장과 28장을 보라). 공립학교에서든 기독교 학교에서든 신앙인들은 하나님의 역할이나 존재를 부인하는 데 반대할 것이다. 진화와 기독교 신앙 사이에 존재하는 것으로 생각되는 이런 갈등들이 지난 세기 동안 미국의 공립학교에서 이 질문에 접근하는 방식에 큰 역할을 했다. 존재한다고 인식된 많은 갈등으로 인해 과학의 가르침을 규제하는 법률들이 통과되었고 이런 법률 중 몇몇은 법원에서 다퉈져 패소했다. 우리는 이 질문에 대한 일련의 접근법들을 탐구할 것이다. 우리는 이 대목에서 대체로 이 주제가 미국 공교육의 최근의 역사에서 다뤄진 순서를 따를 것이다.

33.3.1. 진화 교육의 금지.
진화가 자신의 신앙과 충돌한다고 생각하는 그리스도인들에게 가장 명백한 해법은 진화를 가르치지 못하게 하는 법률의 제정일 수도 있다. 그런 접근법은 가장 심한 접근법이겠지만 그런 접근법의 옹호자들에게는 가장 효과적인 것으로 보일 수도 있다. 이

접근법은 테네시주의 버틀러법(Butler Act)처럼 주법(state act)에 의해 진화를 가르치지 못하도록 제정된 법률들에서 예시된다. 버틀러법은 1925년 스콥스 원숭이 재판으로 불리는 재판에서 존 스콥스 교사의 재판과 유죄 선고를 가져왔다.[27] 그러나 이 사례는 난제들로 가득하며 이 난제들의 대다수로 말미암아 이 사례는 법률로 진화를 가르치지 못하도록 금지한 데 대한 좋은 모형이 아니다. 버틀러법의 승인은 일련의 정치적 책략의 결과였는데, 그 과정에서 그 법률에 서명한 주지사는 그것이 시행될 가능성이 작다고 생각했다. 존 스콥스 교사는 사실은 교실에서 실제로 진화를 가르친 것을 기억하지 못했지만 자기가 이 법을 어겼다고 증언하도록 설득되었다. 오히려 그는 이 법에 도전하기를 원한 사람들의 지원을 받아 시험 사례를 제공하기 위해 피고가 되었다. 그 재판 자체가 대중의 이목을 끄는 주요 사건이 되었고, 피고측 변호사 클래런스 대로우가 피고인 좁 스콥스에게 유죄를 인정하라고 요청하자 스콥스는 그렇게 했다. 그러고 나서 대로우와 스콥스 측은 이 법의 합헌성에 문제를 제기하기 위해 그 결정을 테네시주 최고법원에 상고했다. 그 상고로 그 법이 철회되지는 않았지만 기술적인 사유로 스콥스의 유죄가 뒤집혔다.[28]

버틀러법은 시행되었고 진화는 1967년 그 법이 폐지될 때까지 테네시주의 학교들에서 대체로 가르쳐지지 않았다. 1928년에 아칸소주에서 시민들의 주도로 공립학교와 대학교에서 인간의 진화를 가르치는 것을 금하는 유사한 규정이 법률로 제정되었다. 이 법은 1968년 **에퍼슨 대 아칸소** 사건에서 미국 대법원에 위헌법률 심사가 청구되

---

27 인간이 "원숭이들"에게서 나왔다는 데 초점을 맞춤으로써 이 사건이 스콥스 원숭이 재판으로 불리게 되었다. 진화 이론이 인간이 원숭이에게서 나왔다고 주장한다고 말하면 오도하는 것이다. 오히려 유인원(원숭이가 아니다)과 인간이 공통 조상을 공유하며, 침팬지와 인간이 가장 가까운 관계에 있다(31장을 보라).

28 좀 더 충분한 설명은 Edward J. Larson, *Summer for the Gods: The Scopes Trial and America's Continuing Debate over Science and Religion* (New York: Basic Books, 1997)을 보라.

었는데, 그 법은 수정헌법 제1조에 규정된 종교의 자유에 관한 조항을 위반했다는 이유로 위헌이라고 선언되었다. 이 판례를 기초로 공립학교에서 진화를 가르치는 것을 금하는 법률들은 위헌으로 선언되었다. 그러나 공교육에서 종교적 입장을 확립하는 헌법상의 문제 외에 그런 법률들은 진화가 성경적 기독교 신앙과 충돌한다는 생각을 반영한다. 우리가 본서의 5부에서 보여준 바와 같이 포괄적인 창조 교리로 시작할 경우 진화와 기독교 신앙 사이에 명백한 충돌이 없다. 더욱이 진화를 가르치지 못하게 하는 접근법은 이해보다는 무지를 향하는 길이다. 즉 학생들이 과학 분야에서 제대로 교육을 받지 못할 것이다.

33.3.2. 균형 잡힌 대우.

균형 잡힌 대우 접근법은 학교에서 진화론과 창조가 나란히 가르쳐져야 한다고 말한다. 따라서 어느 쪽도 가르치지 않을 수 있지만 진화가 가르쳐진다면 창조론도 가르쳐져야 한다. 이 접근법은 얼핏 보기에는 공정해 보이며, 공정하다는 외관이 세속적인 과학의 관점 외에 기독교의 관점도 포함되어야 한다고 생각하는 많은 그리스도인에게 매력적이었다. 이 접근법은 1980년대 초 아칸소주와 루이지애나주의 "창조 과학과 진화 과학의 공정한 대우법"(Balanced Treatment for Creation-Science and Evolution-Science Act)을 포함한 몇몇 주 법률들의 토대였다. 아칸소주의 법은 1982년에 **맥린 대 아칸소 교육위원회** 사건에서 수정헌법 제1조에 규정된 종교의 자유 위반을 이유로 위헌이라고 선언되었다. 루이지애나주의 법도 도전을 받았고 이에 관한 **에드워즈 대 아귈라드** 사건이 미국의 대법원에서 심리되었다. 1987년 대법원 결정은 이런 식의 균형 잡힌 대우가 학교에서 종교적 입장—창조론—을 확립할 것이기 때문에 그런 법률은 수정헌법 제1조 위반이라고 판시했다. 그러나 이 결정에서 종교적 입장의 확립 금지보다 더 중요한 점은 그 결정이 견실한 과학—이는 우리가 29장에서 살펴본 바와 같이 포괄적인 창조 교리와 일치한다—을 가르치는 입장도 강화

했다는 것이다.[29]

33.3.3. 진화는 하나의 이론일 뿐이다.

이 접근법은 진화 이론이 "단지 하나의 이론"일 뿐이기 때문에 그것에 대해 의문을 제기하는 데 의존하며 종의 기원에 대한 사실적인 설명으로서 진화의 확실성에 도전한다. 몇몇 학군에서 그런 접근법이 채택되었다. 조지아주의 코브 카운티 교육청에서 생물학 교과서에 다음과 같이 진술하는 스티커를 붙이게 한 조치는 이에 관한 특히 명확한 사례다. "이 교과서는 진화에 관한 내용을 포함하고 있다. 진화는 사실이 아니라 생물들의 기원에 관한 이론이다. 이 교재는 열린 마음으로 접근되고, 주의 깊게 연구되고, 비판적으로 고려되어야 한다." 이런 스티커 사용은 연방 법원에 제소되었고 2005년에 위헌으로 결정되었다. 항소심에서 그 결정이 뒤집혀서 재심리하도록 하급심에 반려되었지만, 판결이 내려지기 전에 법원 밖에서 해결되었다. 그 해결의 일부로서 그 학군은 그 스티커들을 제거하기로 동의했다.

그 스티커의 진술에 포함된 주의 깊은 연구와 비판적 평가라는 목표는 학습에 유용한데 이 목표들에 관해서는 아래에서 논의될 것이다. 그럼에도 불구하고 그 스티커의 의도가 진화 이론의 타당성에 의문을 제기하려는 것이었음이 명백한데, 과학 교육에 대한 이런 접근법에는 두 가지 주요 문제가 있다. 첫째, "진화는 사실이 아니라 이론이다"라는 진술은 과학 이론들의 성격에 관한 그릇된 이해를 보여준다. "심화 학습: 오해되는 과학 용어들"(섹션 4.2.1)에서 논의된 사실과 이론의 혼동을 상기하라. 일상의 맥락에서 우리는 **이론**이라는 단어를 근거 없는 추측에 대해 사용하고 **사실**이라는 단어는 이런 추측 중 하나가 확립되었을 때 사용한다. 이와 대조적으로 과학 이론은

---

29   Kenneth Miller는 *Only a Theory: Evolution and the Battle for America's Soul* (New York: Penguin, 2008)에서 지적 설계 형태의 균형 잡힌 대우 논증은 진리의 희생하에 공정성의 가치를 증진한다고 설득력 있게 주장했다.

관찰에 근거한 설명이며, 따라서 과학의 맥락에서 이론은 사변이나 추측 이상의 것으로 간주된다. 과학 이론이 "자연 세상의 몇몇 영역을 이해하기 위해 사용되는 체계적인 지식체(사실, 전제, 가설 등)"로 정의된 것을 상기하라(섹션 4.2.1). 이론들은 과학자들을 통해 가정된 잠정적인 설명들이지만, 데이터에 근거한 견고한 설명들이기도 하다. 하지만 그 이론에 부합하지 않는 관찰들이 발견되면, 그 이론의 수정이 관찰 내용들을 수용하고 일관성 있는 논리적 설명을 제고할 수 있을 경우 이론이 원칙이 있는 방식으로 수정될 수 있다(4장을 보라). 그러나 우리가 본서에서 강조해온 바와 같이 과학 이론들에 이처럼 잠정적인 성격이 있다고 해서 그 이론들이 쉽게 경시되어야 한다는 뜻은 아니다. 과학 이론들은 우리로 하여금 하나님의 창조 세계가 어떻게 작동하는지를 이해하게끔 해주는, 관찰된 사실들에 대한 잠정적인 설명들이다.

둘째, 다루어지는 주제에서 진화가 제외되면 진화를 탐구하기도 전에 그것이 문제가 있다고 규정하는 셈이기에 진화에 관해 학생들을 가르치는 책무가 훼손된다. 증거를 주의 깊게 고려하기보다 진화에 관해 읽는 내용을 의심하는 이유로서 그런 메시지를 제시하는 학생들이 있다. 다시 말하거니와 이런 태도는 학습과 이해보다는 무지를 초래할 것이다. 이 점이 좀 더 중요할 수도 있는데, 그런 스티커들은 진화가 참으로 과학적이지는 않다고 소통할 것이다.

33.3.4. 진화 교육의 회피.

진화를 가르치기를 피하는 것이 몇몇 주들에서 취한 조치들의 토대였는데 그중에서 가장 주목할 만한 것은 1999년 캔자스주 교육위원회의 조치일 것이다. 그 결정은 진화를 가르치는 것을 금지한 것이 아니라 진화를 주의 교육 표준에 포함하지 않았다. 이것은 표준화된 시험에서 진화가 출제되지 않는다는 것을 의미했다. 이 조치는 과학 교사들이 자신의 교육 계획에 진화 이론을 포함할 유인의 많은 부분을 제거했다. 이 대목에서 주된 문제는 그것이 교육이 아니라 무지를 조장한다는 것이다. 그것은 교육을 통한 과학의 소양을 강화한다는 이상을 훼손한다. 이 조치는 법원에서 해결되지 않고, 진화를 교육 표준에서 제외한 핵심적인 위원들이 재선되지 못함으로써 뒤집혔다. 새로 선출된 위원회는 주의 교육 표준에 진화를 회복시켰다.

33.3.5. 과학적 대안으로서 지적 설계.

지적 설계는 대개 인도되지 않은 진화에 대한 대안으로 제시된다(28장을 보라). 지적 설계 옹호자들은 종종 다윈주의와 신다윈주의가 명백한 목적을 지니고 있고 따라서 법칙이 없는 혼란으로 생각된 우연의 결과라기보다 의도된 것처럼 보이는 복잡한 현상을 설명하기에 부적절하다고 비판한다. 이 사고방식은 설계를 인격적인 창조주께 돌리기를 원하는 몇몇 신앙인들에게 매력적이다. 그 결과 많은 그리스도인이 지적 설계를 진화에 대한 대안으로 고려하는 것을 옹호해 왔다. 1990년대와 2000년대 초에 지방과 주의 교육위원회들과 주의 입법부들에서 지적 설계를 과학적 대안의 하나로 제공되는 것을 허용하는 법률을 제정하기 위해 많은 노력이 이루어졌다. 균형 잡힌 대우 접근법이 일반적으로 젊은 지구 창조 견해를 활용한 반면 지적 설계 견해는 창조세계의 나이를 명시하지 않는다는 점을 제외하고 위에 묘사된 균형 잡힌 대우 접근법과 비슷하다.[30] 그 견해는 진화에 관해 아무것도 가르치지 않는 것의 약점도 피한다.

이 접근법은 2004년 11월 도버 지역 학군(Dover Area School District)에서 시행되었다. 도버 학군에서 승인된 정책은 9학년 생물 수업에서 교사들이 학생들에게 다음 진술을 읽어주도록 요구했다.

---

30 대다수 지적 설계 옹호자들은 과학적 증거를 통해 제시된 지구와 우주의 오래된 나이를 받아들인다.

펜실베이니아주 학업 표준(Pennsylvania Academic Standards)은 학생들이 다윈의 진화 이론에 관해 배우고 궁극적으로 진화론이 시험 범위에 포함되는 표준화된 시험을 치를 것을 요구한다.

다윈의 이론은 이론이기 때문에 새로운 증거가 발견되면 계속 검증되어야 한다. 이론은 사실이 아니다. 이론에는 그것에 관해 증거가 없는 틈새들이 존재한다. 이론은 광범위한 관찰을 통합하는, 잘 검증된 설명으로 정의된다.

지적 설계는 생명의 기원에 관해 다윈의 견해와는 다른 설명이다. 지적 설계가 실제로 어떤 내용인지 이해하는 데 관심이 있는 학생들은 참고서적『판다와 사람』(Of Pandas and People)을 볼 수 있다.

어느 이론에 대해서도 학생들은 열린 마음을 지니도록 권장된다. 학교는 생명의 기원에 관한 논의를 학생들 개인과 그들의 가족에게 맡겨둔다. 표준을 통해 견인되는 학군으로서 학교 수업은 학생들이 표준에 기반한 평가에서 우수한 성적을 거두도록 준비시키는 데 초점을 맞춘다.[31]

과학 교사들이 수업에서 이 진술을 읽기를 거부해서 학교의 행정직 직원들이 그 진술을 학생들에게 읽어줬다. 훗날 학생 중 한 명의 부모들이 그 학군을 법원에 제소해서 이 접근법의 합법성을 시험했다. 이 사건 담당 판사는 2005년 12월에 지적 설계가 창조론의 한 형태이며 따라서 공립학교에서 그것이 가르쳐지도록 요구하는 것은 적절치 않다고 결정했다. 이 사건은 도버 학군으로 제한되었지만 그것은 공교육에서 진화에 대한 대안으로서 지적 설계를 포함시키려는 추가적인 시도를 금지하는 선례를 확립했다.

지적 설계가 경쟁하는 과학 이론의 하나인지 여부가 문제시된다. 현재 지적 설계는 기원에 대한 과학적 설명

을 제시하지는 않고 살아 있는 유기체들에서 및 우주 전체적으로 목적을 띤, 복잡한 현상들이 나타나는 데 대한 인도된 지적 원인을 가정하므로 이론 수준에 도달하지 못했다(섹션 28.3을 보라). 이것이 유용한 철학적 견해인지 그리고 세상에서 설계가 지적인 원인에 의해 야기된 것임을 경험적으로 보일 수 있을 만큼 명백한지가 문제다. 28장에서 논의된 바와 같이 신앙의 명제로서 지적 설계는 협소한 창조 교리의 본질적인 결과인 것처럼 보이지만 경험적으로 검증될 수 있는 과학적 개념으로서 지적 설계는 창조세계를 해석하는 방법으로서 과학 자체와 일치하지 않는다.

또한 도버 진술문이 과학 이론에 관해 몇 가지를 혼동하고 있음을 주목하라. 예컨대 다음 진술을 보라. "다윈의 이론은 이론이기 때문에 새로운 증거가 발견됨에 따라 계속 검증되고 있다." 과학 이론들은 항상 검증되고 다듬어지며(섹션 4.2.1을 보라), 이 점에서 진화 이론도 다른 어떤 과학 이론과 다르지 않다. 그러나 그 진술은 마치 진화 이론이 다른 모든 이론과 다르기라도 한 것처럼 진화 이론을 가려낸다. "이론은 사실이 아니다"라는 말은 (우리가 섹션 33.3.3에서 보았듯이) "이론"이 "증명"되고 나면 "사실"로 바뀌는 일상적인 맥락에서의 이론을 전제한다. 그리고 비록 "이론에는 그것에 관해 증거가 없는 틈새들이 존재한다"는 말은 환원 불가능한 복잡성에 관한 지적 설계의 문제가 있는 주장을 위한 문을 열지만(섹션 28.3을 보라), 모든 과학 이론은 진행 중인 완료되지 않은 연구다. 이 점에서 진화 이론에 관해 주목할 만한 점이 전혀 없다. 도버 진술문은 [진화 과학과 창조 과학에] 같은 시간을 배정하는 접근법 및 코브 카운티 스티커들과 비슷하게 학생들의 과학 이론에 대한 이해를 훼손한다.

33.3.6. 논쟁을 가르치기. 위의 접근법들 중 몇몇은 "논쟁을 가르치기", 즉 진화 이론을 탐구하되 이 이론의 세부 내용들이 논쟁 중인 영역을 고려하자는 아이디어를 포함

---

31 Kitzmiller et al. v. Dover Area School District, 4:04-cv-2688-JEJ (December 20, 2005), www.pamd.uscourts.gov/sites/pamd/files/opinions/04v2688d.pdf.

했다. 이 접근법은 2001년 아동 낙오 방지법(No Child Left Behind Act)에 대해 펜실베이니아주의 공화당 상원 의원 릭 샌토럼이 발의한 수정안에 집약적으로 표현되었다.[32] 이 수정안은 법률에서 떼어져 컨퍼런스의 보고서에 수록되었고 따라서 제정된 최종적인 법률의 일부가 아니었다. 그 수정안의 최종본은 다음과 같다.

> 컨퍼런스 참여자들은 양질의 과학 교육이 학생들이 데이터와 검증할 수 있는 과학 이론들을 과학의 이름으로 이루어지는 종교적 주장들이나 철학적 주장들과 구분할 수 있도록 준비시켜야 한다. (생물학적 진화처럼) 논쟁을 야기할 수도 있는 주제들이 가르쳐질 경우 교과 과정은 학생들이 존재하는 모든 과학적 견해들과 그런 주제들이 왜 논쟁을 야기할 수 있는지, 그리고 과학적 발견들이 사회에 어떻게 심대한 영향을 줄 수 있는지를 이해할 수 있도록 도움을 줘야 한다.

이 수정안에 수록된 언어는 과학 교육 일반에 어떻게 접근할지에 관한 몇몇 유용한 아이디어들을 반영한다. 하지만 생물학적 진화를 논쟁을 일으키는 주제의 예로 제시함으로써 그 수정안은 또한 특정한 이슈를 겨냥하고 학교에서 진화를 가르치는 것을 가려낸다. 진화에 관한 과학적 논쟁들이 있지만 이 논쟁들은 전반적인 이론에 관한 것이 아니라 진화의 메커니즘이나 경로를 설명하는 다양한 방법들을 대표한다(예컨대 27장을 보라). 위에 제시된 바와 같이 이 수정안은 과학적 이유가 아닌 이유로 진화 이론을 뒤엎기를 바라는 사람들에게만 호소하는 것처럼 보인다.

"논쟁을 가르치기" 접근법은 학문의 자유법으로 불릴 수 있는 다양한 주들의 입법부에서 대두된 다양한 법률들에서도 명백히 드러난다. 이 법들 중 몇몇은 "이론일

뿐이다"라는 말을 상기시키는 언어를 지니고 있다. 다른 법률들은 대안의 제공을 좀 더 지향하는 것처럼 보인다. 하지만 도버 사건에 관한 결정을 통해 정해진 판례로 말미암아 지적 설계는 대체로 언급되지 않는다. 이 모든 이형들에서 이 접근법에서 다루는 "논쟁들"은 거의 언제나 실제적인 과학적 문제가 아니라 진화에 대한 반대자들의 의견 불일치임이 밝혀진다. 진화 외에도 세계적인 기후 변화가 종종 "논쟁적인 이슈"로 언급된다.

33.3.7. 진화를 과학으로 가르치기.
이 접근법은 미국 과학자 연합회(American Scientific Affiliation, ASA)에서 1991년에 통과된 다음 결의안에 깔끔하게 묘사된다.[33] ASA는 과학 분야에 종사하는 그리스도인들의 단체다. 그 결의안의 텍스트는 다음과 같다.

> 위에 진술된 고려사항들을 토대로, 그리고 회원들의 견해에 관한 투표 후에 **미국 과학자 연합회**의 **집행위원회**는 공립학교 교사, 행정 관리 직원, 학교 운영 위원회, 초등학교나 중학교 과학 교과서 또는 교육 자료 생산자들에게 다음과 같은 **결의문**을 제시한다.
> 이는 과학에서 및 과학 교육에서 탁월성과 온전성을 증진하는 것이 우리의 공통적인 바람이기 때문이고,
> 또한 진화 개념이 정치적, 철학적, 또는 종교적 관점과 부적절하게 얽힘으로써 만들어진 소모적인 논쟁을 종식시키는 것이 우리 공통의 바람이기 때문이다.
> 우리는 과학 교육에서 진화와 진화 이론이라는 용어들이 정의되고 일관성 있게 과학적인 방식으로 사용될 것을 **강력히 촉구하며**,
> 우리는 나아가 학교 수업을 과학 외의 신념으로부터 지키는 한편 수업이 좀 더 재미있는 것이 되기 위해 진화생물

---

32 *Congressional Record Proceedings of the 107th Congress*, 1st ed., vol. 47, no. 82 (June 13, 2001).

33 American Scientific Affiliation, "A Voice for Evolution *as Science*," *Perspectives on Science and Christian Faith* 44 (December 1992): 252.

학을 포함하여 모든 과학적인 주제에 관한 교육은 다음 사항들을 포함할 것을 **강력히 촉구한다.** (1) 잘 확립된 과학적 데이터와 결론의 강력한 제시, (2) 증거와 추론 사이의 명확한 구분, 그리고 (3) 해결되지 않은 문제들과 답이 정해지지 않은 문제들에 관한 솔직한 논의.

이 결의안의 장점은 이론이라는 용어의 적절한 사용, 진화를 명확하게 정의하기, 증거와 추론을 구분하기, 빈약하게 묘사되었거나 답변되지 않은 문제들인 영역을 인정하기 등을 포함하여 과학의 성격을 인식하는 데 놓여 있다. 이 결의안은 지적 설계를 과학적 대안으로 제안하는 것처럼 정의를 통해 과학을 약화시키거나,[34] 과학을 모든 문제에 대한 대답으로 취급하는(과학만능주의) 접근법과 대조된다. 이 결의안은 논쟁을 가르친다는 아이디어를 통합하지만, 그 주제를 양극화시켜 그 과정에서 세상에 관한 이해 탐구가 상실되는 경향이 있는 것으로 인식된 종교적 논쟁과 정치적 논쟁을 피하는 한편 자연을 이해하는 하나의 방법으로서의 과학의 맥락에서 그렇게 한다. 이 결의안은 또한 대체로 우리가 본서에서 취한 접근법을 묘사한다. 이 접근법은 창조 교리에 의존해서 과학과 신학 사이의 관계를 이해하고 과학을 하나님의 창조세계에 대한 우리의 이해에 대한 견고한 기여자로 보고자 한다.

33.3.8. 신학적 관점. 마지막 접근법을 제외하고 조사된 모든 접근법은 진화 이론, 그 배후에 놓인 실제 과학, 그리고 생물학자들이 추구하고 있는 미해결 문제들을 이해하는 데 초점을 맞추기보다 진화에 대한 대안들에 초점을 맞춘다는 공통점이 있다. 이는 진화 교육에 대한 이 접근법들이 과학적 이슈들보다는 그 이론에 관한 종교적·철학적 관심으로 말미암아 동기가 부여되었기 때문일 가능성이 있다. 본서에 나타난 우리의 접근법 역시 종교적

---

34 Miller, *Only a Theory.*

으로 동기가 부여되었지만 협소한 창조 교리가 아니라 포괄적인 창조 교리로 시작한다는 차이가 있다. 우리는 포괄적인 창조 교리가 진화 같은 당대의 과학 이론들을 진지하게 다루고 이 이론들이 어떻게 창조세계의 속성들과 과정들을 보여줄 수 있는지를 이해하기 위해 노력하도록 동기를 부여한다고 주장했다. 미국 과학자 연합회의 결의안과 일치하는 이 접근법은 사립학교와 기독교 학교들이 그들의 학생들로 하여금 하나님의 위대한 두 책(4장을 보라) 모두를 이해하도록 도와주기 위해 취할 수 있는 접근법이다.

33.4. 어떻게 생산적인 과학적 대화를 할 것인가?
서구의 많은 사회에서 사람들은 기독교와 현대 과학 사이에서 상당한 긴장을 느낀다. 이 주제들에 관한 토론과 논쟁들이 빛을 비추기보다는 열을 발생시키는 경향이 있다(예컨대 섹션 33.3.1-6에 묘사된 접근법들은 그런 열을 발생시키는 경향이 있다)는 사실을 한탄하기 쉽다. 본서를 마무리하면서 우리는 과학과 관련해 어떻게 생산적인 대화를 할 것인가에 관해 몇 가지 조언과 격려를 제공하고자 한다.

33.4.1. 그리스도인들과의 대화. 첫째, 우리는 좋은 신학으로 시작하는 것의 중요성을 강조하고자 한다. 과학적 이슈에 초점을 맞추는 경향이 있지만, 과학이 친구인지 적인지 확신하지 못하는 그리스도인이 많고, 과학자들이 말하는 것은 무엇이든 의심하는 그리스도인들도 있다. 과학 이론과 증거가 당신에게 아무리 설득력이 있다고 보일지라도 그런 주제로 시작하는 것은 많은 그리스도인에게 고려할 가치가 없는 생각이다. 우리의 경험상 포괄적인 창조 교리(2장을 보라) 같은 신학으로 시작하면 두렵거나 논쟁이 있는 주제로 시작하는 것을 피할 수 있다. 대신 우리는 우리가 신뢰를 공유하는 지점에서 논의하기 위한 기독교의 맥락을 짤 수 있고 과학적 이슈를 하나님의 창조세계와 창조된 세상에 관한 우리의 탐구라는 적절한 시

각 안에 위치시킬 수 있다. 좋은 신학은 우리의 대화가 본서에서 논의된 기원 과학의 어떤 내용도 하나님의 존재나 창조된 세상에서 그리고 그것을 통한 하나님의 주권적 사역에 아무런 위협도 가하지 못한다는 점에 초점을 맞추도록 도와줄 수 있다.

솔직히 많은 그리스도인이 기원 과학에 대한 탐구가 그들을 기독교 신앙에서 멀어지게 할 것이라고 두려워한다. 따라서 건전한 성경 해석 원칙과 신학에 기초한 포괄적인 창조 교리로 시작하는 것이 도움이 된다. 신앙의 토대가 유지되거나 심지어 강화되고 나면 과학 연구는 두려워할 대상이 아니라 하나님의 창조세계가 어떻게 작동하는지를 좀 더 정교하게 보여주는 것으로서 치하할 대상임을 보여주는 것이 도움이 될 수 있다. 본서의 저자들을 포함하여 과학 분야에서 일하는 대다수 그리스도인은 신학적 교리로서 및 과학적 설명으로서 창조세계에 대해 좀 더 깊이 이해하면 좀 더 견고한 믿음과 창조주 및 창조세계 모두에 대한 좀 더 만족스러운 이해로 나아갈 수 있다고 증언한다.

둘째, 똑같이 중요한 요소로서 생산적인 대화를 위해서는 건전한 성경 해석 원칙(1장을 보라)에 대한 공유된 헌신이 요구된다. 기독교 진영에서 과학적인 결과들을 둘러싸고 벌어지는 많은 논쟁은 특히 창세기의 앞 장들에 관한 성경 해석상의 차이에서 비롯된다. 따라서 우리의 해석 원칙들을 조사하고 그 원칙들이 과학에 대한 우리의 태도와 접근법에서 수행하는 역할을 이해할 필요가 있다. 이 점이 가장 중요한데, 우리는 하나님이 저자에게 부여한 권위와의 연결을 유지하는 방식으로 해석하는 데 전념해야 한다. 이는 우리가 텍스트를 벗어나 과학을 구축하거나 과학을 텍스트 안으로 들여올 수 없음을 의미한다. (오늘날 매우 흔한) 두 전략 모두 궁극적으로 텍스트에 인간 저자의 권위 있는 소통에서 나오지 않은 의미를 공급할 것이기 때문이다.

셋째, 좋은 신학과 건전한 해석 원칙에 비추어 볼 때 가령 진화와 창조 사이 또는 빅뱅과 창조 사이에서 선택을 강요하는 것은 실제로 "당신은 걸어서 학교에 가는가 아니면 도시락을 가지고 다니는가?" 또는 "버펄로까지는 버스로 가는 것보다 먼가?"처럼 잘못 형성된 질문을 추구하는 것과 비슷하다는 것을 깨달을 필요가 있다. "진화와 창조 중 어느 것이 옳은가?" 같은 질문이 위의 넌센스 질문들 같은 재미를 일으키지 않을 수도 있지만, 그 질문은 똑같이 부적절하게 제기되었다. 확실히 걸어서 학교에 가고 도시락을 가져갈 수도 있다. 버펄로까지의 거리는 그곳에 가는 데 사용되는 교통수단과는 아무 관계가 없다. 마찬가지로 빅뱅은 우주의 기원에 관한 현재의 과학적 묘사이지만 그것이 옳은지 그른지는 본질적으로 하나님이 만물의 주권적 창조주라는 신학적 진술의 타당성에 아무런 영향을 주지 않는다. 창조와 진화는 같은 질문에 대한 대안적인 답변들이 아니다.

33.4.2. 비그리스도인들과의 대화. 우리가 비그리스도인들과 상호작용할 때 다음과 같은 여러 장애물을 만난다.

- 사람들이 새로운 믿음에 저항할 수 있다.
- 우리가 그리스도인들이 믿는 것을 설명함에 있어서 어려움에 직면할 수 있다
- 생활방식의 문제가 장애가 될 수 있다.

기독교에 어느 정도 관심을 보이는 비신자들이 흔히 그리스도인들은 분명히 원시적인 과학을 채택하고 우리가 본서에서 묘사해온 주류 과학의 많은 국면을 부정한다고 생각한다. 우리가 명심해야 할 전략 중 하나는 그들이 상상할지도 모르는 그런 장애물을 제거하는 것이다. 비그리스도인들이 그들이 설득력이 있다고 생각하는 지적 개념들을 포기하지 않아도 된다는 것을 알게 되면 대화의 문이 열릴지도 모른다. 무슨 대가를 치르더라도 우리는 관련이 없는 장애물로써 복음을 방해하는 것을 피해야 한다.

예컨대 비그리스도인들은 종종 성경이 현대의 과학적 이해와 양립하지 않는다는 가정하에 과학 문제와 관련한 대화를 시작한다. 본서에서 우리는 이 가정이 근거가 없음을 보여주기 위해 노력했다. 우리가 비그리스도인들과 대화할 때 발견한 가장 유익한 방법 중 하나는 대화를 시작할 때 성경을 진지하게 받아들이는 그리스도인들이 기독교와 과학에 관해 다양한 견해를 지니고 있다는 사실을 강조하는 것이다.[35] 비그리스도인들이 기독교와 과학의 관계에 관해 성경을 진지하게 받아들이는 여러 선택지가 있음을 깨닫도록 도와주면 그들이 느끼는 긴장이 줄어드는 데 도움이 될 뿐만 아니라 잘못 상상된 과학적 인습에서 자유로운 방식으로 복음을 나누기 위한 문이 열릴 수도 있다.

종종 비그리스도인들은 어떤 일이 어떻게 일어났는지 과학적으로 설명할 수 있으면 하나님이 배제된다고 생각하면서 과학과 종교에 관한 대화에 임한다. 예를 들어 과학자들이 지구가 어떻게 형성되었는지에 대해 설명할 수 있으면(11장을 보라) 하나님이 필요치 않다는 것이다. 비그리스도인은 과학이 기원들에 관해 점점 더 많이 설명하고 있는 것처럼 보이므로 말하자면 하나님이 할 일이 없다고 생각할 수 있을 것이다. 여분의 하나님은 불필요한 하나님이고 따라서 존재하지 않는 하나님이라는 식으로 추론이 이어진다. 그러나 우리는 이런 식의 사고는 삼위일체 하나님이 과학이 연구하고 설명하는 원인과 같은 종류라고 가정한다는 것을 알 수 있다. 우리가 비그리스도인이 하나님은 우리의 물리적 원인과 전혀 같지 않다는 것(창조주/창조물의 구분, 섹션 2.2.1을 보라)과 삼위일체 하나님이 자연 과정을 통해 일한다는 것(섹션 2.4.3을 보라)을 알도록 더 많이 도와줄수록—우리가 본서에서 보여주기 위해 노력해온 것처럼—비그리스도인들이 하나님에 관해 진지하게 생각하는 것에 대한 이 장애물이 더 많이 제거된다. 그리고 이 사고는 섹션 10.2와 섹션 10.3에서 논의된 다른 종류의 실존과 존재 문제와도 관련이 있을 수 있다. 우주에는 과학이 탐구하도록 설계된 것 이상이 존재한다(섹션 4.7을 보라).

과학만 중요하다는 것과 모든 종류의 신앙은 "어둠 속의 휘파람"이라는 무신론적 사고를 받아들인 비그리스도인과 대화하기 위해서는 좀 더 광범위한 변증이 요구된다. 당신 또는 사려 깊은 사람이 제기할 궁극적인 질문은—당신뿐만 아니라 모든 것의—존재의 의미와 관련이 있다. 이 세상이 참으로 우연일 뿐이고 셰익스피어의 말로 "백치가 지껄인 이야기"라면[36] 어떤 것에도 궁극적인 가치가 없으며 그 대상에는 우리 인간이 우리의 미술, 음악, 문학…그리고 과학에서 경험하는 진리와 아름다움의 모든 느낌이 포함된다. 그러나 우리가 이 장에서 상세하게 설명하고 있는 바와 같이 목적—이 광대한 우주를 위한 목적—이 있고 삼위일체 하나님이 창조세계에서 그 목적을 성취하고 있는 중이라면, 그것이 과학과 신앙 간의 대화의 주제 중 일부여야 한다. 우리가 우리의 비그리스도인 친구에게 기원 과학이 제기한 질문들에 관한 좀 더 넓은 이 관점을 공유하는 것이 매우 중요하다.

마지막으로 생각할 점으로서, 그리스도인들을 통한 좋은 과학 연구를 지적하고 우리가 성경이 과학에 반한다는 갈등 접근법을 거절한다는 증언이 수반되면(섹션 4.3-4.5를 보라) 비그리스도인이 과학 분야에 종사하든 그렇지 않든 간에 그들에게 우리의 일반적인 신빙성을 제고하는 데 도움이 될 수 있다

종교와 과학이 갈등을 빚는다는 인식으로 말미암아

35 예컨대 다음 문헌들을 보라. R. A. Torrey et al., eds., *The Fundamentals: A Testimony to the Truth*, 12 vols. (Chicago: Testimony Publishing Company, 1910?1915); James R. Moore, *The Post-Darwinian Controversies: A Study of the Protestant Struggle to Come to Terms with Darwin in Great Britain and America, 1870-1900* (Cambridge: Cambridge University Press, 1979); Ronald L. Numbers, *The Creationists: From Scientific Creationism to Intelligent Design*, expanded ed. (Cambridge, MA: Harvard University Press, 2006).

36 William Shakespeare, *Macbeth*, Act 5, Scene 5.

특히 과학계에 종사하는 비그리스도인 사이에서 기독교의 신빙성이 훼손되었다. 그리스도인과 비그리스도인 모두 이 오해에 이바지해왔다. 그러므로 그런 과학자들과 과학적인 마음을 지닌 일반인이 기독교를 고려하기까지 하려면 그 오해가 다뤄질 필요가 있다. 양자가 갈등 관계에 있다는 가정으로 말미암아 과학자들과 일반 대중 사이의 틈이 벌어지고 있는 것처럼 보인다. 그러한 경향의 한 가지 결과로서 많은 일반 대중이 중요한 주제들에서 증거에 기반한 과학적 설명을 의심한다. 과학자들은 일반 대중의 과학적 소양이 낮은 데 대해 당황하고 좌절하는데, 종종 이런 차이들은 종교적 이데올로기에 기초한 것처럼 보인다. 따라서 많은 과학자가 종교와 과학이 갈등을 빚는 것처럼 보이기 때문에 종교를 거절하는 경향이 있다. 그러나 이런 태도는 외관상의 갈등에 나타난 분열을 심화시킬 뿐이다. 이와 비슷하게 대중은 과학자들 대다수가 무신론자들이며 그들의 발견사항들은 무신론 철학을 통해 인도된다고 가정한다. 과학자 리처드 도킨스가 쓴 『만들어진 신』(*The God Delusion*) 같은 책은 갈등 견해의 양 진영의 가정들을 강화할 뿐이다.

하지만 우리가 좀 더 면밀하게 조사해보면 많은 과학자가 유지하고 있는 갈등 관점이 무너진다. 엘리트 대학교들에서 일하는 자연 과학자들과 사회 과학자들을 대상으로 과학과 종교 사이의 관계에 대한 그들의 견해를 조사한 사회학자 일레인 하워드 에클런드의 연구에서 이에 대한 유용한 예가 발견된다.[37] 그녀는 과학자 1,700명을 대상으로 한 설문 조사와 그들 중 275명을 대상으로 한 일대일 대화로부터 이 과학자들의 태도와 믿음을 탐구해서 훨씬 더 미묘하고 복잡한 이해를 제공할 수 있었다. 그녀는 이 과학자들이 미국의 일반인들보다 덜 종교적이라는 것을 보여주었지만 그들이 많은 사람이 생각하는 것보다 훨씬 더 종교와 영적인 믿음에 관여하고 있다는 것도 발견했다.

예컨대 과학자들의 53퍼센트는 종교와 관련을 맺지 않았는데 이 조사를 할 당시(2005-2008년) 미국인 인구의 16퍼센트만 종교와 관련을 맺지 않았다. 그리고 과학자들의 34퍼센트는 하나님을 믿지 않는 반면 일반 대중의 2퍼센트가 하나님을 믿지 않았다. 그리고 자신이 복음주의적인 그리스도인이라고 밝힌 사람은 조사된 과학자들 중에서는 2퍼센트에 지나지 않는 반면 미국인 인구에서는 28퍼센트였다. 자신이 무신론자라고 주장하는 과학자가 소수파라는 것과 선정된 엘리트 대학교의 과학자들에게만 질문하지 않고 과학자 일반에게 질문했더라면 이 비율이 더 낮으리라는 것을 주목하는 것이 유용하다. 에클런드는 그녀의 인터뷰들에서 몇몇 과학자들이 과학이 종교를 극복해야 한다는 견해를 지지한다는 것을 발견했는데, 이는 갈등 견해의 결과다. 하지만 다른 과학자들은 과학에 대한 관계에서 종교의 유용한 자리를 발견했다. 종교를 말살하는 데 관심이 없지만 종교에 관심이 없거나 종교가 소용이 없다고 생각하는 과학자도 있었다. 이런 발견사항이 우리가 기독교 신앙에 관해 과학자들 및 과학적인 마음이 있는 일반인들과 대화하는 데 어떻게 도움이 될 수 있는가?

에클런드가 강조한 하나의 유용한 패턴이 "경계 개척자"로서 행동하는 과학자들, 과학과 종교 양쪽에 성공적으로 관여하는 사람들을 통해 예시된다.[38] 이 개척자들 중 몇몇은 기독교의 옹호자로서 그렇게 하는 반면 다른 과학자들은 자신의 신앙을 명시하지 않으면서 종교의 언어를 사용한다. 종교의 유용한 자리를 허용하는 과학자들은 종교와 과학 사이의 생산적인 관여가 어떤 모습일지를 정의하는 것을 도와주기 위해 그런 경계 개척자들을 살펴볼 수 있다. 몇몇 과학자에게는 이것이 어떻게 자신

---

37   Elaine Howard Ecklund, *Science vs. Religion: What Do Scientists Really Believe?* (Oxford: Oxford University Press, 2010).

38   Ecklund, 7장.

의 과학적 이해를 자신의 종교적 또는 영적 자극이나 열망과 연결할지에 대한 개인적인 이해를 좀 더 잘 발달시키는 방법일 수도 있다. 자신의 연구를 종교적 관점을 가지고 있는 사람들을 소외시키지 않는 방식으로 일반 대중에게 어떻게 알릴지, 또는 자기의 종교적 헌신이 과학 수업에서 배우는 내용과 갈등 관계에 있다는 인식을 갖고서 수업을 들으러 오는 학생들을 어떻게 다룰지를 좀 더 잘 알고 싶은 과학자들도 있을 것이다. 본서에서 우리는 창조계시와 성경의 계시 모두의 반영으로서 증거에 기반한 과학적 발견들에 신임장을 주는, 독특한 성경적 기독교의 관점에서 그 경계에 관여하고자 노력했다. 우리는 이 노력이 과학과 기독교 신앙에 대한 최선의 이해에 기반을 두고 이 경계들에 관여하기 위한 유용한 모형을 제공하기를 희망한다.

과학이 종교 일반, 특히 기독교를 극복해야 한다는 견해를 갖고 있는 과학자들과 과학적인 마음을 지닌 일반인들에게는 좀 더 개인적인 접근법이 도움이 될 수도 있다. 과학만능주의의 이 갈등 견해는 종종 성경 우선 접근법(섹션 4.4를 보라)을 갖는 그리스도인들의 견해에 대한 반작용이기 때문에 과학자들과 과학적인 마음을 지닌 일반인들에게 헌신된 그리스도인이면서 부분적 영역 견해(섹션 4.5.3를 보라)를 지니고 있는 동료들이 있으면 도움이 될 것이다. 그런 동료 관계에서 과학계에 종사하는 그

리스도인이 호기심, 창의성, 견고한 학문을 적용하는 능숙한 과학자로서의 학자적 미덕을 보이는 한편 자신의 과학적 노력을 뒷받침하는 기독교 신앙을 가질 수 있을 것이다. 에클런드가 조사한 과학자들 중 2퍼센트만이 복음주의적인 그리스도인이었다는 사실에 비추어 볼 때, 대다수 과학자가 과학적 총명함과 기독교 신앙의 이러한 결합을 알지 못할 수도 있다. 하지만 그들의 과학적 소명을 가능케 해주는 기독교 신앙을 가진 존경받는 동료—더 낫게는, 협력자—가 있다면 믿지 않는 과학자가 기독교가 반드시 과학을 거절하지는 않는다는 것을 알 수 있는 기회가 생길 것이다. 더욱이 그런 동료 관계는 대개 함께 일하는 직업적인 측면을 넘어 함께 교제하고 서로의 필요를 돌보는 개인적인 측면으로 나아간다.

포괄적인 창조 교리(2장을 보라)에 기반한 견해처럼, 과학과 기독교 신앙에 대한 발전되고 미묘한 견해는 과학 분야에서 그리스도인들이 수행해야 하는 증언의 중요한 가지 요소다. 그러므로 우리는 좀 더 많은 그리스도인이 과학자가 될 것과, 이 그리스도인들이 과학이 하나님의 창조세계를 더 잘 이해하기 위한 길이라는 이해를 포용하고 그 견해를 믿지 않는 과학 분야의 동료들과 공유할 것을 희망한다. 그리고 우리는 본서를 읽는 모든 사람이 과학적인 마음을 지닌 그들의 비그리스도인 친구들과 동료들에게 사랑스러운 증인이 될 수 있게 되기를 희망한다.

가수분해(hydrolysis): 어떤 물질이 물과 반응하여 다른 반응물로 분해되는 것과 관련된 반응.

가스 거인(gas giant): 작은 암석 핵에 대부분 수소와 헬륨 가스로 구성된 거대한 행성(지구 부피의 10-1000배). 가스 거인들인 목성, 토성, 천왕성, 해왕성은 우리 태양계의 바깥 부분을 차지한다.

감수분열(meiosis): 상동 염색체가 먼저 제1 감수분열에서 염색체의 처음 숫자의 절반으로 감소하고(배수체에서 반수체로 됨) 자매 염색분체가 제2 감수분열에서 4개의 반수체 세포핵을 지니는 4개의 세포를 만들어내는 세포의 핵분열.

개체군(population): 특정 지역을 점유하고 있는 동일한 종들의 생물 집단.

거리-광도 관계(distance-luminosity relation): 측정된 광도 = (고유 광도)/(광원으로부터의 거리)2

거울상 이성질체 과잉(enantiomeric excess; ee): 손대칭성 물질의 표본에서 두 형태 중 하나가 50퍼센트를 초과하여 존재하는 상태.

거주 가능 영역(habitable zone): 어떤 태양계에서 행성이 생명에 유리한 조건(일반적으로 물이 고체, 액체, 기체 상태로 존재할 수도 있다)을 갖출 수 있는, 태양(별)으로부터의 거리.

겉보기 광도(apparent brightness): 먼 곳에서 광도계를 통해 측정된 광원의 광도.

게놈(genome): 유기체의 세포 안에 들어 있는 모든 DNA. 핵, 미토콘드리아, 색소체에 있는 DNA를 포함한다.

게놈 전체 중복(whole-genome duplication): 한 유기체의 세포핵 게놈이 중복되어 그것이 다수체가 되는 현상.

격변설(catastrophism): 지질학 역사에서 지구 전체 또는 우주적 규모의 특정한 사건들이 이례적인(격변적인) 과정을 통해 일어났다고 이해하기 위해 사용되는 해석 틀. 미지의 힘이나 초자연적인 힘의 존재가 요구된다.

계통 발생(phylogeny): 어떤 종들이 가장 가까운 관련이 있는가와 같은, 어떤 종 또는 집단의 진화 역사. 종종 계통수를 사용하여 나타낸다.

고균(고균, archaea): 고대의 계보를 가진 것으로 믿어지는, 단세포 원핵 생물계.

고대 근동(ancient Near East): 이집트, 레반트, 메소포타미아(수메르, 바빌로니아, 아시리아 등) 문명.

고생대(Paleozoic Era): 지질 시대에서 5억 4천 1백만 년 전부터 2억 5천 2백만 년 전까지에 해당하는 시대로서 현생누대에 속한다.

고인류학(paleoanthropology): 주로 골격과 물질문화의 증거 연구를 통해 인간의 기원 연구에 전념하는 인류학(그리고 고고학)의 하위 분야.

고전 시대(classical period): 고대 그리스 문명과 로마 문명.

고철질(mafic): 실리카의 무게 비중이 45-55퍼센트로서 철, 마그네슘, 칼슘이 풍부한 광물로 구성된 마그마와 암석의 화학적 성질을 일컫는다. 전형적인 고철질 암석은 현무암과 반려암을 포함한다.

공생 발생(symbiogenesis): 공생하는 생물의 결합을 통한 기원 과정. 내부 공생과 내부 공생 이론을 보라.

공유 조상 형질(shared primitive characteristic): 몇몇 종들과 그 종들의 조상들이 공유하는 형질.

공유 파생 형질(shared derived characteristic): 몇몇 종들이 공유하지만 그 종들의 조상들은 공유하지 않는 형질.

공통 혈통(common descent): 여러 종류의 생물이 공통 조상을 공유한다는 개념.

과학만능주의(scientism): 오직 과학적 방법만이 참된 지식을 낳을 수 있다는 믿음.

관성 질량(inertial mass): 어떤 객체에 가해진 힘을 그 객체의 가속도로 나눈 값.

광물(mineral): 자연적으로 발생하는, 특정한 화학 구성의 결정성 고체.

광자(photon): 정확한 에너지에 해당하는 정확한 파장을 갖고 있는 빛의 입자.

광자가영양생물(photoautotroph): 빛을 사용해서 무기물로부터 자신의 영양물질을 합성할 수 있는 생물. 예: 광합성을 사용하는 현존하는 생물들.

광학 활동(optical activity): 손대칭성 분자가 편광면의 빛을 회전시킬 수 있는 능력.

광합성(photosynthesis): 조류(algae)와 식물들에서 태양에서 오는 에너지를 사용하여 이산화 탄소와 물을 탄수화물과 산소로 바꾸는 생화학 과정.

교질(colloid): 두 번째 물질에 분산되어 있는 한 물질의 대형 분자들이나 극히 미소한 입자들로 구성된 균질적이고 투명하지 않은 물질. 입자들은 가라앉지 않으며 일반적인 여과를 통해 분리될 수 없고 부유물에서처럼 원심분리기로 분리될 수 없다.

교차(crossing over): 감수분열에서 염색체들의 일부가 교차해서 하나의 상동 염색체에서 다른 염색체로 염색체의 일부를 교환하여 새로운 대립 유전자 조합을 만들 수 있다.

구획화(compartmentalization): 생명의 기원에서 세포 형성의 시작.

규산염(silicate): 4면체로 배열된 규소 및 산소 원자를 함유하는 광물 그룹으로서 대개 알루미늄, 철, 마그네슘, 칼슘, 나트륨, 칼륨 같은 다른 원소들과 통합된다.

규장질(felsic): 나트륨과 칼륨이 풍부한 장석이나 석영 같이 실리카 무게가 65-75퍼센트로 구성된 마그마와 암석의 화합물을 일컫는다. 전형적인 규장질 암석에는 유문암과 화강암이 포함된다.

극호열균(hyperthermophile): 80℃가 넘는 온도에서 잘 자라는 유기체.

글리코사이드 결합(glycosidic bond): 뉴클레오타이드들에서 당, 리보스, 그리고 핵염기 사이의 결합.

금속 단백질(metalloprotein): 그 안에서 촉매 현상이 활발하게 일어나는 장소가 금속 원자(들)와 관련이 있는 단백질.

기(period, 지질학에서): 암석 체계와 화석의 집단을 통해 구분되는, 특정한 기간의 지질학적 시간의 하위 구분.

기능의 완전성(functional integrity): 동물은 그것 자체일 수 있는 능력과 그것 자체의 구성 부분들을 창조할 수 있는 인과관계상의 능력을 모두 지니고 있어서 동물이 성부가 성령을 통해 성자 안에서 달성하고자 하는 바를 달성할 수 있다.

기반암(basement, 지질학에서): 좀 더 젊은 퇴적암으로 덮여 있거나 지표면에 노출된, 일반적으로 특정 지역에서 가장 오래된 것으로 알려진 화성암과 변성암.

남세균(cyanobacteria): 광합성을 할 수 있는 미생물로서 초기 지구의 대기에서 이산화 탄소를 산소로 전환했다.

내생적(endogenous): 내부의(또는 지구상의) 기원을 갖는.

논리적 부정(logical negation): 과학적 가설의 정반대로 원래의 가설의 맥락과 무관하다. 가설의 내용뿐만 아니라 전체를 부인한다. 맥락상의 부정을 보라.

누대(eon): 여러 대(era)로 구성된, 지질 시대의 가장 긴 단위.

뉴클레오타이드(nucleotide): RNA와 DNA 안의 단량체. 당 리보스, 핵염기, 인산염으로 구성된다.

단량체(monomer): 중합 물질에서 반복되는 분자 단위.

단속 평형(punctuated equilibrium): 화석 기록에서 보이는, 일정한 기간 동안 안정적으로 유지되다가 갑자기 새로운 종이 출현하는 패턴.

단순성의 원리(parsimony): 가장 단순한 설명이 가장 그럴 법한 경향이 있다는 원칙. 단순성의 원리는 가장 적은 진화상의 변화에 기초해서 가장 그럴 법한 계통수(系統樹)를 추론하는 데 사용된다.

대(era): 누대(eon)의 하위 구분. 특정 기(period)들로 구성된 지질 시대의 특정한 기간. 예컨대 중생대는 트라이아스기, 쥐라기,

백악기로 구성되어 있다.

대륙괴(craton): 시생누대와 원생누대에 형성된 가장 고대의 대륙 지각의 잔존물. 일반적으로 10억 년보다 전에 형성되었고 대개 더 젊은 지각에 둘러싸인 대륙 내부에 위치한다.

대립 유전자(allele): 유전자의 교대 형태. 예를 들어 꽃 색깔의 유전 암호를 결정하는 유전자에서 어떤 대립 유전자는 흰색 꽃의 암호를 결정하고 다른 대립 유전자는 보라색 꽃의 암호를 결정한다.

대륙 이동(continental drift): 지질 역사 전체를 거쳐 일어난 지상에서의 명백한 대륙들의 이동. 사실 대륙들은 세계적인 판구조 체계에서 좀 더 넓은 암석판들의 일부로서 주위의 대양 지각과 함께 움직인다.

대진화(macroevolution): 고전적으로 속의 상위 차원의 진화로 정의된다. 소진화를 통해 축적된 변화나 단기간에 큰 변화를 일으킬 수 있는 과정을 가리킬 수도 있다.

도플러 이동(Doppler shift): (파장의 이동) / (파원의 파장) = (파원의 시선 속도) / (빛의 속도).

돌연변이(mutation): 유기체의 DNA에서 발생하는, 유전될 수 있는 변화.

동계 교배(assortative mating): 무작위적이지 않고 더 유사한 표현형을 가진 유기체들이 서로 교배하는 경향이 있는 교배.

동소적 종 분화(sympatric speciation): 지역적으로 함께하는 종 분화.

동위원소(isotope): 예컨대 탄소 원자가 정의상 6개의 양성자를 갖지만 6, 7 또는 8개의 중성자를 가질 수 있는 것처럼 중성자 수가 다른 원자. 안정적인 동위원소들은 핵이 붕괴하지 않는다. 방사성 동위원소들은 방사성 붕괴의 산물이다.

동일과정설(uniformitarianism): 지질의 역사에서 일어난 사건들을 현재 알려진 자연 과정으로 말미암아 그리고 동일한 강도로 발생한 것으로 이해하는 데 사용되는 해석 틀(현재 알려진 과정과 동일한 강도로 발생했다는 가정은 현실주의와 대비되는데 현실주의에서는 자연의 격변적인 활동이 인정된다).

동형 접합(homozygous): 이배성 세포에서 특정 유전자의 두 사본에 존재하는 한 종류의 대립 유전자를 갖는 유전 상태.

동화 작용(anabolism): 유기체에 의한, 작은 분자로부터 거대 분자의 합성. 에너지 소모를 요구한다.

두개용량(cranial capacity): 뇌로 채워진 두개골 안의 부피. 일반적으로 세제곱센티미터(cm³)로 나타낸다.

두 발 보행(bipedal): 두 발로 움직이는 생물의 움직임을 묘사한다.

등가 원리(equivalence principle): 관성 질량이 중력 질량과 같음.

라세미 혼합물(racemic): "왼손잡이" 분자와 "오른손잡이" 분자의 동일한 분량으로 구성된 혼합물.

리보솜(ribosome): RNA와 단백질로 구성된 현대 세포에서의 복잡한

구조로서 그곳에서 단백질이 합성된다.

리보자임(ribozyme): 생화학 반응을 촉진시킬 수 있는 능력을 가진 분자.

맥락상의 부정(contextual negation): 일련의 가설들이 어떤 실험의 탐구의 맥락을 형성하는 동일한 일련의 전제를 공유한다. 대안적인 가설들의 내용만 부정된다.

맨틀(mantle): 지각 아래에서 지구의 핵 쪽으로 약 2,890킬로미터에 이르는 지구 내부의 거대한 부분. 조밀하고 초고철질의 광물로 구성된다.

메타노겐(methanogen): 물질대사의 결과로 메탄을 생기게 하는 미생물.

멘델의 유전원칙(Mendelian genetics): 그레고어 멘델이 유성 생식을 통한 유전 형질의 패턴을 표현하기 위해 개발한 이론 틀. 이 패턴들은 성염색체에서 전달되지 않는 단일 유전자 특성에 적용된다.

멸종(extinction): 지구상에서 한 생물 또는 생물들의 집단의 존재가 완전히 제거되는 것. 대량 멸절은 지질 역사에서 단기간에 지상에서 생명의 풍부함과 다양성이 급격히 감소하는 것과 관련이 있다.

무생물로부터의 발생(abiogenesis): 무기물 또는 무생물부터의 생명의 기원.

물질대사(metabolism): 유기체 안에서 생명을 유지하기 위해 발생하는 화학 과정.

미토콘드리아(mitochondrion): 진핵세포 안에서 음식을 물질대사함으로써 에너지를 얻는 것과 관련된, 막으로 싸인 소기관. 미토콘드리아(미토콘드리온의 복수)는 사실상 모든 진핵생물에서 발견된다.

미행성체(planetesimal): 초기 태양계에서 별 주위를 도는 원반이 식음에 따라 그 안에 있던 광물들이 응축하고 응결되어 소행성 크기의 천체를 형성한 암석 덩어리.

반감기(half-life): 원래의 집단에서 방사성 원자의 절반이 붕괴하는 데 소요되는 시간.

반수체(haploid): 핵에서 세포가 하나의 염색체 집합(1n)을 갖는 상태.

방법론적 자연주의(methodological naturalism): 창조의 특성과 과정을 연구하기 위한 과학적 탐구를 과학 자체의 관점으로 제한하는 입장.

방사붕괴에 의한(radiogenic): 방사성 붕괴의 산물인, 원자의 동위원소.

방사성(radioactivity): 불안정한 원자핵이 붕괴하는 동안 특정한 원자 하위 입자나 전자기파의 배출.

방사성 핵종(radionuclides): 방사성 원자.

방향족(aromatic): 고리 구조에서 단일/이중 결합 배열의 교대를 갖는 유기 화합물군. 방향성은 특별한 안정성을 부여하며 고리 원자들이 평면 배열된다.

배수성(polyploid): 세포핵에 세 쌍 이상의 염색체를 가진 상태.

배수체(diploid): 두 세트의(2n) 염색체를 지닌 세포 핵에 존재하는 상태.

별 주위 원반(circumstellar disk): 행성의 형성에 이바지하는 별의 궤도를 도는 평평하고 회전하는 가스와 암석 물질의 원반(태양 주위 원반으로도 알려졌다).

범종설(panspermia): 문자적으로는 "모든 곳으로부터의 씨들"이라는 뜻. 지구상의 생명은 외계에서 기원해서 도착하자마자 발아할 수 있는 형태로 이곳에 옮겨졌다는 이론.

병목 효과(bottleneck effect): 개체군이 작아짐에 따른 유전자 다양성의 상실.

부정합(unconformity): 직접 연속적으로 퇴적되지 않고 퇴적되지 않거나 침식된 기간으로 말미암아 분리된 퇴적암층 사이의 표면의 접촉.

분류학(taxonomy): 생물의 체계적 분류에 관련된, 생명과학(생물학과 고생물학)의 하위분야.

분자운(molecular cloud): 가스, 광물, 유기 화합물을 형성할 수 있을 만큼 충분한 크기와 밀도의 성간 공간을 차지하는 성운으로서, 추가로 행성 시스템을 갖춘 별을 포함하여 별로 발전할 수도 있다.

분지(basin, 지질학에서): 장기간의 침강으로 두꺼운 퇴적암이 쌓일 수 있었던, 지각의 우묵한 지역.

분화(differentiation): 행성의 형성 초기에 밀도가 다른 물질들이 핵, 맨틀, 지각 같은 별개의 구성 층으로 분리되는 것과 관련된 과정.

붕괴상수(decay constant): 주어진 방사성 원자가 단위 시간당 진술된 시간 안에 붕괴할 확률을 진술하는 값.

비일치주의(nonconcordism): 성경 텍스트와 과학적 진술 간의 상관관계나 병행이 필요치 않으며 성경 텍스트들이 명확한 과학적 함의를 지니고 있다고 기대할 수 없다는 해석 틀.

빅뱅(Big Bang): 우리 우주의 시작으로서 이때 시공의 폭발로 우주의 물질-에너지가 모든 방향으로 균일하게 확장해서 공간이 창조되었다.

사문암 형성 작용(serpentinization): 열 및 물과 관련된 지질학적 과정으로서 이 과정에서 실리카를 함유한 암석이 산화되고(물 양성자들이 H_2를 형성함으로 말미암은 Fe^{2+}의 혐기성 산화) 물과 가수분해하여 사문암으로 알려진 광물이 된다.

사장석(plagioclase): 알루미늄, 규소, 산소 및 다양한 양의 나트륨과 칼슘으로 구성된, 암석을 형성하는 보편적인 광물.

산화(oxidation): 산화-환원 반응에서 원소가 전자를 잃는(또는 산화의 수를 증가시키는) 부분.

산화-환원(redox, oxidation-reduction의 줄인 말): 두 물질 사이에 전자의 이전이 일어나는 반응들을 일컫는다.

상동 구조(homologous structures): 공통의 계통을 통한 공통의 기원을 공유하므로 유사한 것으로 생각되는 생물학적 특성. 그런 특성들은 전통적으로 형태론 관점에서 정의되었지만 현재는 상동 유전자를 포함한다. 상사 구조(analogous structures)와 비교하라.

상동 염색체(homologous chromosomes): 배수 염색체에서 발견되는 같은 종류의 염색체로서 다른 대립 유전자를 운반할 수도 있다. 각각의 상동 염색체는 해당 유기체의 각각의 부모로부터 발생한다.

상사 구조(analogous structures): 박쥐와 새의 날개 및 곤충의 날개같이 공통의 기능을 지니고 있지만 다른 진화적 기원을 갖고 있는 것으로 생각되는 생물학적 특성. 상동 구조(homologous structures)와 비교하라.

색소체(plastid): 광합성을 하는 몇몇 진핵생물 안에 있는, 막으로 경계가 정해진 세포소기관. 엽록체를 보라.

생물 지리학(biogeography): 지리적 위치에 따른 생물 분포 패턴.

생식 세포(germ cells): 체세포로부터 구분되고 다음 세대의 재생산을 위해 생식자를 낳는 세포들.

석영(quartz): 실리카와 산소로 이루어진, 암석을 형성하는 보편적인 광물. 강 모래와 해안 모래, 사암의 전형적인 성분.

선캄브리아기(Precambrian): 지구의 기원부터 캄브리아기까지에 대해 비공식적이지만 흔히 사용되는 용어(45억 6천만 년 전부터 5억 4천 1백만 년 전까지).

섭입(subduction): 해양의 지각판이 해구의 위쪽 맨틀 아래로 내려가는 과정. 섭입대는 암석권과 상부의 맨틀이 하강하는 지각판에 점유된 지역으로서 깊은 지진 및 화산대에 공급되는 마그마 생성과 관련이 있다.

성운 가설(nebular hypothesis): 우리 태양계가 분자운이 평평하고 회전하는 원반과 충돌한 데서 발전했다는 가설로서, 그 충돌에서 우리 태양과 행성들이 형성되었다.

세균(bacteria): 세균역에 속하는 원핵생물. [영어에서] 단수는 박테리움이다.

세포 내 공생(endosymbiosis): 공생자가 숙주 세포의 안에 사는 공생(함께 살기).

세포 내 공생 이론(endosymbiotic theory): 미토콘드리아와 엽록체들이 내부 공생하는 세균에서 유래했다는 설명.

세포소기관(organelle): 세포핵, 미토콘드리아, 엽록체 같이 특정한 기능에 특화된 세포의 한 부분.

소수성(hydrophobic): 문자적으로는 "물을 싫어하는"이라는 뜻이다. 물로부터 반발당하며 따라서 물에 녹지 않는 물질을 묘사한다.

소진화(microevolution): 속의 수준이나 그 아래에서의 생물학적 진화.

손대칭성(chiral, 카이랄성): 거울상(mirror images)이 서로 겹쳐지지 않는 분자들의 특성. 그런 분자들은 인간의 손과 같은 대칭 특성을 갖고 있다.

수소 결합(hydrogen bond): 산소 원자나 질소 원자 같은 원자에 붙은 수소 원자와 또 다른 산소나 질소 원자 사이의 (공유 결합이나 이온 결합에 비해) 상대적으로 약한 결합.

수정(crystal): 고도로 정돈되고 모든 방향으로 확장하는 3차원 배열로 배열된 원자들로 구성된 고체 물질.

수평적 유전자 이전(horizontal gene transfer): 세대에서 세대로의 수직적 계승을 통한 유전 정보 이전이 아니라 개체에서 개체로의 이전. 이런 이전은 다른 종류의 개체들 사이에서 일어날 수 있다.

순상지(shield): 캐나다 순상지 같이 대륙에 노출된 대륙괴의 기반암 지역.

스트로마톨라이트(stromatolite): 해양의 조간대(intertidal)와 조하대(subtidal) 환경에서 살았던, 대체로 돗자리, 반구체 또는 기둥 모양의 섬유상 남세균으로 만들어진 화석.

시공(spacetime): 아인슈타인의 특수상대성 이론을 통해 밝혀진, 시간과 공간이 하나의 실체 안으로 뒤얽힌 것.

시생누대(Archean Eon): 40억 년 전에서 25억 년 전까지의 지질학적 시기로서 지구상의 가장 오래된 암석에 상응하는 시기이고 이 시기에 최초의 대륙들이 출현했다. 시생누대의 생명체는 미생물에 국한되었다.

시스템(system): (층서학에서) 특정한 지질학적 시기 동안 퇴적된 암석들.

시퀀스 공간(sequence space): 단백질 같은 복잡한 생물학적 중합체의 가능한 모든 형태를 수집한 이론적 개념으로서, 사슬의 모든 위치에서 단량체의 신원을 바꿈으로써 얻어진다.

신생대(Cenozoic Era): 현재부터 6600만 년 전까지의 지질학적 시간의 시대로서 현생누대에 속한다. 신생대는 종종 포유류의 시기로 불린다.

심성암체(pluton): 마그마가 깊은 지각 안으로 관입하여 형성된 거대한 화성암 덩어리. 이 단어의 형용사는 이 방식으로 형성된 암석 종류를 가리킨다.

아미노산(amino acid): 아미노기(-NH2)와 카르복시기(-COOH)를 모두 포함하는 유기화합물. 아미노기와 카르복시기가 동일한 탄소에 붙어 있으면 그 화합물을 알파 아미노산이라 한다. 알파 아미노산들은 단백질들에서의 단위체들이다.

아세토겐(acetogens): 신진대사의 산물로서 초산(또는 아세테이트)을 생기게 하는 미생물.

안티코돈(anticodon): 전령 RNA에서의 코돈에 대해 상보적(相補的)인, 운반 RNA에 들어 있는 세 개의 뉴클레오타이드 그룹.

암석(rock): 광물의 집합체(비록 석탄 같은 몇몇 암석은 풍부한 유기 지질 물질을 함유하고 있지만 말이다).

암석권(lithosphere): 지구의 무른 바깥쪽 층으로서 지각과 맨틀의 가장 위쪽 지대로 구성되며 평균 깊이는 지표면 아래 100킬로미터까지다.

양친매성(amphiphilic): 친수성(hydrophilic)과 친유성(lipophilic)을 모두 갖는 화합물을 묘사하는 용어.

엑손(exon): 유전자 안에서 RNA 사본이 만들어지기 위해 DNA가 복사되고 남아서 변화되어 단백질을 만드는 부분.

역위(inversion): 염색체의 한 부분이 그 염색체 내에서 방향이 바뀌는 염색체 돌연변이의 일종.

연약권(asthenosphere): 암석권 밑에 위치한 지구의 상부 맨틀층으로서 암석들이 온도와 압력을 받아 연성 행동이 촉진된다(즉 암석이 압력하에서 유체로서 매우 천천히 움직인다).

열성 형질(recessive trait): 열성 대립 유전자가 동형 접합일 경우에만 발현되는 형질.

염색체(chromosome): 많은 유전자를 코딩하는, DNA의 긴 분자. 진핵생물의 경우처럼 선형일 수도 있고 원핵생물의 경우처럼 원형일 수도 있다.

엽록체(chloroplast): 녹조류와 식물에서 발견되는 것과 같은, 녹색 색소를 지닌 색소체.

오랜 지구 창조론(Old-Earth creationism, OEC): 신적 창조주(하나님)를 믿지만 기원, 특히 오래된 우주와 지구의 기원에 관한 많은 과학적 설명을 받아들이는 창조론의 한 형태. OEC는 대개 모종의 점진적 창조에 호소하는데, 창조에서 하나님은 우주와 생명의 역사에서 창조의 특별한 행동에 자발적으로 개입한다(창조가 자연 과정과 관련되지 않는다).

오스트랄로피테쿠스계(australopith): 오스트랄로피테쿠스 아파렌시스와 오스트랄로피테쿠스 아프리카누스를 포함하는 오스트랄로피테쿠스속에 속하는 화석 인간 그룹에 대한 비공식적인 이름. 오스트랄로피테쿠스계는 420만 년 전부터 190만 년 전 사이에 살았다.

왓슨-크릭 결합(Watson-Crick pairing): DNA 안이나 DNA와 mRNA 사이 또는 mRNA와 tRNA 사이에서 보완적인 염기들 사이의 연결.

외생적인(exogenous): 외부적인(또는 지구 밖의) 기원을 갖는.

우발적 합리성(contingent rationality): 창조물은 계속적인 존재를 성자의 유지하는 의지에 의존한다. 더욱이 하나님은 창조물이 지니는 특정한 특성을 자유롭게 그리고 자애롭게 선택했다.

우성(dominant trait): 그 대립 유전자에 대해 동형 접합체든 이형 접합체든 우월한 대립 유전자를 갖고서 한 생물에서 나타나는 특성.

우주 배경 복사(cosmic microwave background radiation): 우주의 역사에서 38만 년 무렵에 물질 반사로부터 자유로워진 광자.

우주 생물학(astrobiology): 지구상과 우주에서의 생명 연구에 관련된 생물학의 분파.

우주 원리(cosmological principle): 우주는 균질적이고(거리 척도가 증가할 때 물질의 밀도가 모든 곳에서 동일하게 측정되는 것 같은 성질) 등방적이다(거리 척도가 증가할 때 물질의 밀도가 모든 방향에서 동일하게 관측되는 것 같은 성질).

원생누대(Proterozoic Eon): 24억 년 전부터 5억 4천 1백만 년 전까지의 지질학적 시대의 누대로서 이 시기에 대륙들이 성장하고 대기가 환원성에서 산화성으로 변했다. 이 시기에 진핵세포와 다세포 생물이 출현했다.

원시 세포(protocell): 생명의 기원 이론에서 원시 세포는 생명이 시작될 때 매우 단순화된, 현대의 세포의 선구자를 가리킨다.

원시 행성(planetary embryo): 초기 태양계에서 미행성체(微行星體)의 충돌로 말미암아 태양 궤도를 도는 거대한 암석 덩어리로서, 궁극적으로 융합되어 현재의 크기가 되었다. 금성과 지구의 직경의 약 절반인 화성과 가장 큰 소행성들은 초기 태양계에서 전형적인 원시 행성의 크기를 대표한다고 생각된다.

원핵생물(prokaryote): 막으로 둘러싸인 세포핵이 없는 단세포 생물.

위(僞)**유전자**(pseudogene): DNA에서 유전자를 닮았지만 유전자 기능을 하지 않고 대개 복사되지 않는 부분.

유기 영양 생물(heterotroph): 자신의 양분을 복잡한 유기물을 소비해서 얻는 유기체. 현존하는 유기체들에서 이 물질들은 일반적으로 살아 있는 다른 원천으로부터 획득된다. 생명의 기원 이론에서 복잡한 유기물은 "원시 수프"로 존재했을 것이다.

유사 분열(mitosis): 복제된 염색체가 유전적으로 동일한 세포핵으로 분리되는 세포 핵분열. 진핵생물의 세포에서 세포 분열의 일부다.

유전자(gene): 단백질이나 RNA 분자를 코딩하여 유전의 기본 단위로 기능하는 DNA의 스펙트럼.

유전자 부동(genetic drift): 무작위의 소규모 집단에서 나타나는 대립 유전자의 변화.

유전자 이동(gene flow): 이주를 통해 한 집단에서 다른 집단으로 유전자 정보가 이동하는 것.

유전자형(genotype): 한 유기체의 특정한 유전자의 대립 유전자 관점에서의 유전적 구성.

이소성(異所性) **종 분화**(allopatric speciation): 지리적으로 고립된 동안의 종 분화.

이형 발생(heterogenesis): 역사적으로, 전에는 살아 있었던 무생물로부터 생명체 형태로 발전한 것과 관련된 자연 발생의 이형.

이형접합(heterozygous): 이배성 세포에서 특정 유전자의 두 사본에 존재하는 두 종류의 대립 유전자를 갖는 유전 상태.

이화 작용(catabolism, 분해대사): 생물에서 복잡한 분자들이 분해되어 더 간단한 분자를 형성하는 현상. 에너지 방출이 수반된다.

인류 원리(anthropic principle, 약한 버전): 우주를 관측할 수 있는, 탄소 기반의 지적 생명 형태로서의 우리의 존재는 우주가 생명을 위해 미세하게 조정되었음을 암시한다.

인위적 선택(artificial selection): 특정 개체군에서 인간에 의한 선택. 인간이 사용하기 위한 다양한 동식물 종의 개발 같은, 그 개체군 내에서의 변화를 가져온다.

인트론(intron): 유전자 안에서 RNA 사본을 만들기 위해 DNA가 복사되지만 그것이 단백질을 만들기 위해 해석되기 전에 사본에서 제거되는 부분.

일반계시(general revelation, 자연 계시): 자연을 통해 드러난, 하나님에 관한 일반 지식.

일치주의(concordism): 성경 텍스트와 과학적 진술 사이에 상관관계가 있다는 것과 성경 텍스트에 과학적 중요성이 있다는 것, 또는 우리가 성경 텍스트와 과학적 진술 사이에 밀접한 유사성을 발견할 것으로 기대해야 한다는 것을 전제로 하는 해석 틀.

자가 영양 생물(autotroph): 빛 에너지나 화학 에너지를 사용해서 무기물로부터 자신의 영양물질을 합성할 수 있는 생물

자가 촉매(autocatalysis): 반응의 생성물이 그 반응 자체를 촉진시키는 촉매 역할을 함으로써 생성물 생산율이 기하급수적으로 높아지는 촉매 형태.

자연발생(spontaneous generation): 무생물로부터 생물로의 갑작스러운 형질 전환.

자연선택(natural selection): 그 집단의 진화를 가져올 수도 있는, 한 집단의 개체들 가운데서 발생하는 차별적인 생식상의 성공.

자연신학(natural theology): 자연 연구에 기초한, 하나님에 관한 지식 추구.

자유 에너지(free energy[G]): 자유롭게 일할 수 있는 에너지. 화학 에너지의 척도를 나타내며, 화학적 평형에서 최소치인 물리적 위치 에너지(potential energy)와 유사한 개념이다.

자철광(magnetite): 강한 자성을 지닌 산화철 광물로 그 분자식은 Fe3O4다.

적철광(hematite): Fe2O3의 구성을 갖는 일반적인 산화철 광물.

적합성(fitness): 자연선택과 관련해서 적합성은 유전자가 다음 세대에 공헌한 양이다.

전자기 스펙트럼(electromagnetic spectrum): 파장의 함수로서의 전자기 방사의 강도.

절대(고유) 광도(absolute [intrinsic] luminosity): 하나의 원천이 그 표면에서 초당 방출하는 빛의 양.

젊은 지구 창조론(Young-Earth creationism, YEC): 신적 창조자(하나님)와 6,000년에서 10,000년 전 사이의 젊은 지구 창조를 믿는 창조론의 한 형태. YEC는 대개 우주와 생명의 역사의 모든 지점에서 창조의 특별한 행동에서 (자연 과정과 관련되는 것이 아니라) 신적 개입이 있었다고 주장한다. 비록 몇몇 버전은 고도로 제한된 범위에서 몇몇 종의 분화를 인정하지만 말이다.

점진주의(gradualism): 지질학에서 서서히 작용하는 자연 과정 개념. 점진주의는 종종 동일과정설과 섞여서 서서히 작용하는 과정을 강조하고 일화적이거나 격변적인 자연 과정을 배제한다.

정상 우주론(Steady State models): 우주에서 에너지가 계속 생성되어서 우주가 항상 존재해왔다(시간적으로 언제나 똑같게 보이고 우주가 팽창할 때 공간적으로 어디서나 똑같게 보인다)는 우주 모형.

조산 운동(orogeny): 판구조 과정과 관련된, 산을 만드는 사건이나 에피소드. 대개 대륙판 충돌(예컨대 인도판과 아시아판의 충돌에 기인한 히말라야산맥 형성)이나 지속적인 침강과 화산 활동(예컨대 아메리카 대륙 서부의 코르디예라산맥)과 관련이 있다. 계속 이어지는 산맥들은 종종 조산 운동 지대로 불린다.

종(species): 생물 분류의 기본 단위. 일종의 생물.

종 형성(speciation): 전에 존재하던 종으로부터 하나 이상의 새로운 종이 발전하는 과정.

주기-광도 관계(period-luminosity relation): 별들이 가장 밝은 광도에서 가장 희미한 광도로 바뀌었다가 다시 가장 밝은 광도로 돌아가는 규칙적인 사이클에 걸리는 시간과 별들의 고유 광도 사이의 상관관계.

주파수(frequency): 파동의 초당 마루 또는 진동의 횟수. 수학적으로는 주파수 = (파동 속도)/(파장)이다.

주파수-에너지 관계(frequency-energy relation): 광자 에너지 = (플랑크 상수) × (광자 주파수).

주형 합성(template synthesis): 단량체가 DNA나 또 다른 RNA 같은 다른 중합체 가닥과 보완적으로 쌍을 이룸으로써 RNA 같은 중합체가 형성되는 현상.

중력 질량(gravitational mass): 어떤 객체의 무게를 중력 가속도로 나눈 값.

중생대(Mesozoic Era): 지질 시대에서 2억 5천 2백만 년 전부터 6천 6백만 년 전까지에 해당하는 시대로서 현생누대에 속하며 종종 공룡의 시대로 불린다.

중합체(polymer): 대개 긴 사슬로 배열된, 반복되는 단위로 구성된 화합물.

지각(crust): 대체로 밀도가 낮은 규산염 광물로 구성된 지구의 가장 바깥쪽 층.

지구 중심 우주론(geocentric cosmology): 이 우주론에서는 지구가 우주의 중심에 있고 다른 모든 것은 그 주위를 돈다.

지구형 행성(terrestrial planet): 주로 암석 물질과 얇은 가스 대기로 구성된 행성. 지구형 행성인 수성, 목성, 화성이 우리 태양계의 안쪽 부분을 차지한다.

지진파(seismic waves): 지진이나 폭발 동안 에너지를 방출한 뒤 지구를 이동하는 파동.

지질(lipid, 脂質): 물에 녹지 않는 지방산 또는 파생 화합물. 양친매성 지질의 경우 그 분자의 머리는 물에 녹는 반면 꼬리는 녹지 않는 경향이 있다.

지질 기둥(geologic column): 지질 역사를 거쳐 형성된 지구상의 암석과 화석의 스펙트럼에 관한 일반 용어.

지질 시대(geologic period): 암석 체계와 화석 집단을 통해 구분되는, 특정한 길이의 지질학적 시간의 하위 구분.

지형(terrane): 지각판 충돌로 만들어진, 지각에서 독특한 암석의 한 덩이 또는 조각.

진핵생물(eukaryote): 세포들 안에 막으로 경계가 쳐진 핵을 갖고 있는 생물. 식물, 동물, 균류가 포함된다.

진화주의(evolutionism): 하나님이 행동하거나 존재할 여지가 없을 정도로 진화가 자연적인 관점에서 종의 기원에 관해 많은 것을 설명한다는 철학적 견해.

질량-에너지 관계(mass-energy relation): 에너지 = (질량) × (빛의 속도)^2.

집단유전학(population genetics): 개체군들의 유전적 성질에 관한 연구.

창시자 효과(founder effect): 소집단의 창시자에 의한 새로운 거주지의 식민지 건설로서 대개 유전적 표류를 초래한다.

창조 계시(creation revelation): 창조물을 통해 계시된 창조에 관한 구체적이고 상세한 지식.

창조론(creationism): 기원들(즉, 우주, 지구, 생명, 인간)을 신의 창조의 산물로 이해하기 위한 해석 틀. 몇몇 이형은 (초자연적인 개입을 통한) 특별한 창조를 옹호하고 자연 과정을 통한 창조를 부인한다(젊은 지구 창조론).

창조주/창조물 구분(Creator/creature distinction): 하나님의 무한하고 영원한 존재는 창조된 모든 창조물의 존재와 질적으로 구분된다.

체세포(somatic cells): 생식 세포인 생식자를 낳는 세포를 제외하고 생물 신체의 모든 세포.

초고철질(ultramafic): 철과 마그네슘 광물이 풍부하여 무게 기준으로 45퍼센트 미만의 실리카로 구성된 마그마와 암석의 화학적 성질을 가리킨다.

초대륙(supercontinent): 로디니아(약 10억 년 전)나 판게아(약 3억 5천만 년 전) 같이 판구조 활동을 통해 수렴된 여러 대륙으로 구성된 땅 덩어리.

촉매(catalyst): 반응 과정에서 자신은 변화를 겪지 않으면서 반응 속도를 높이는 분자.

층서 시스템(stratigraphic system): 지질학적 시간의 특정한 시기에 퇴적된 암석들.

층서학(stratigraphy): 암석층(대개 퇴적암)에 관한 연구.

친수성(hydrophilic): 문자적으로는 "물을 좋아하는"이라는 뜻이다. 물에 끌리고 따라서 물에 녹는 물질을 묘사한다.

침강(subsidence): 지각이 아래 쪽으로 움직이는 현상. 일련의 두꺼운 퇴적암이 쌓이게 해 준다. 융기의 반대다.

캄브리아기 대폭발(Cambrian explosion): 캄브리아기의 화석 기록에서 다양한 종류의 동물이 출현한 것을 묘사하는 표현.

코돈(codon): DNA나 꿈 분자에서 함께 한 단위의 유전자 암호를 형성하는 세 개의 뉴클레오타이드의 스펙트럼.

탄산염 광물(carbonate minerals): 방해석(calcite)이나 백운암(dolomite) 같이 대개 칼슘 및 마그네슘과 결합된 탄소와 산소로 구성된다. 석회암과 고회암(dolostone)이 탄산염 광물로 불리는 전형적인 암석이다

태양 중심 우주론(heliocentric cosmology): 이 우주론에서는 태양이 우주의 중심에 있고 다른 모든 것은 그 주위를 돈다.

태양질량(solar mass): 천문학자들이 별이나 블랙홀 같은 천체의 질량을 묘사하기 위해 사용하는 태양의 질량 관점에서의 질량 단위.

트랜스포존(transposon, 전이 인자[transposable element]로도 알려져 있다): 한 유기체의 게놈에서 하나의 위치에서 다른 위치로 이동할 수 있는 DNA 서열. 트랜스포존은 그 과정에서 종종 자신을 복제한다.

특별계시(special revelation, specific revelation): 하나님, 구속, 메시아 예수에 관한 상세한 지식.

파동 진폭(wave amplitude): 마루의 최고점(또는 골의 최저점)에서 측정된 파동의 강도.

파장(wavelength): 파동의 마루에서 마루(또는 골에서 골)까지 측정된 일관성 있는 거리. 수식으로 표현하면 다음과 같다. 파장 = (파동 속도) / (주파수).

판구조론(plate tectonics): 전지구적 규모의 지구 암석권 지각판의 창조, 이동, 파괴 과정을 설명하기 위한 통합적인 이론.

평형(equilibrium): 화학에서 이 용어는 한 체계가 최소 "자유 에너지"(G) 상태에 도달해서 더 이상 변화의 추동력이 없는 상태를 묘사한다. 일반적으로 평형은 반응들이 반대 방향으로 계속 일어나지만, 동일한 비율로 일어나서 결과적으로 변화가 없다는 의미에서 역동적인 평형이다.

폴리펩타이드(polypeptide): 연쇄적으로 결합하여 단백질 분자의 일부나 전부를 형성하는 다수의 아미노산 찌꺼기로 이루어진 선형 유기 중합체.

표준 촉광(standard candle): 양초처럼 알려진 절대 광도를 산출하는 빛의 원천.

표현형(phenotype): 한 유기체 내의 수만 개에서 수십만 개의 유전자의 다양한 대립 유전자를 통해 코딩된, 꽃의 색깔이나 혈액형 같은 특정한 성질에 있는 유기체의 유전자형의 표현.

퓨린(purines): 핵염기 아데닌과 구아닌을 포함하는 질소 함유 유기화합물의 한 부류.

피리미딘(pyrimidines): 핵염기 사이토신, 유라실, 티민을 포함하는 질소 함유 유기화합물의 한 부류.

피막 형성(encapsulation): 유기체의 성분을 하나의 세포막 안에 억류하는 것. 구획화(compartmentalization)의 동의어.

피셔 트롭쉬 과정(Fischer-Tropsch process): 긴 원자 연쇄를 가진 탄화수소를 상업적으로 합성하기 위해 사용되는 과정. 생명의 기원을 다루는 과학에서 몇몇 학자는 유사한 과정이 발생해서 지질 이중층 세포막의 시작 물질을 제공했다고 믿는다.

하디-바인베르크 평형(Hardy-Weinberg equilibrium): 특정한 조건이 충족되면 한 집단의 유전자 구성이 변하지 않음(즉 그 집단은 진화의 증거를 보이지 않음)을 보여주는 수학적 묘사.

해침(transgression): 해수면이 높아지는 동안 해안과 해안 퇴적물이 육지 쪽으로 이동하는 현상.

해퇴(regression): 해수면이 낮아지는 동안 해안과 해안 퇴적물이 바다 쪽으로 이동하는 현상.

핵(core): 대체로 철 및 니켈로 구성된, 지구 중심에 위치한 반경 약 3,481킬로미터의 구역. 반경 1,221킬로미터의 내핵은 고체다. 2,260킬로미터 두께의 외핵은 매우 밀도가 높은 액체다.

핵 염기(nucleobase): RNA와 DNA 안의 단량체인 뉴클레오타이드의 한 부분을 구성하는, 질소를 함유하는 분자 단위.

허블의 법칙(Hubble's law): 은하의 후퇴 속도 = H0 × (지구로부터의 거리).

현실주의(actualism): (지질학에서) 지질학 역사에서의 사건들을 알려진 자연 과정에 의해 일어나는 것으로 이해하기 위해 사용되는 해석 틀. 동일과정설의 여러 이형(version)에서는 격변적인 설명이 의심되거나 배제되는 반면 현실주의에서는 자연의 격변적인 과정이 받아들여진다.

현생(extant): 오늘날 지구상에 살고 있는 생물 또는 생물들의 집단.

현생누대(Phanerozoic Eon): 5억 4천 1백만 년 전부터 현재 사이의 지질학적 시간의 누대

형이상학적 자연주의(metaphysical naturalism): 신이나 영적 영역은 없고 오직 물질적 실재만 존재한다는 형이상학적 명제.

호메오박스(homeobox): 특정한 호메오 유전자에서 발견된 60개의 아미노산 단백질 서열을 코딩하는 180개의 기본적인 DNA 쌍들의 특정한 서열.

호메오 돌연변이(homeotic mutation): 호메오 유전자에서 발생하는 돌연변이로, 잘못된 곳에 정상적인 구조를 형성한다.

호메오 유전자(homeotic gene): 해당 유기체가 발달하는 형태를 결정하는 주된 규제자로 활동하는 유전자.

호미니드(hominid): 사람과(hominidae)로 분류되는 종으로서 현대 인간과 대형 유인원(침팬지, 고릴라와 오랑우탄) 및 추가로 화석 연구에서 알려진 멸종된 종을 포함한다.

호미닌(hominin): 사람족(hominini)으로 분류되는 족으로서 현대 인간 및 화석 기록에서 알려진 멸종된 두 발 동물의 형태를 포함한다.

홍수 지질학(flood geology): 화석을 포함하고 있는 대부분의 퇴적암과 주요 지형의 기원을 그것들이 성경에 수록된 노아 홍수 기사에 따른 재앙적인 세계적 홍수 동안 및 그 직후 형성되었다고 이해하는 해석 틀.

화석(fossil): 바위에 남은 생물의 유해로서 신체의 일부(껍데기, 뼈 등) 또는 발자국이나 굴 같은 흔적을 나타낼 수 있다.

화쇄암(pyroclastic): 격렬한 화산 분화 동안 생성된 다양한 크기의 뜨거운 암석 입자.

화학 삼투 작용(chemiosmosis): 수소 이온이 높은 에너지에서 낮은 에너지로 막을 통과하여 이동해서 생산된 에너지를 ATP 형태로 저장하는 것.

화학적 자가 영양 생물(chemoautotrophs): 화합물을 에너지원으로 사용해서 무기물로부터 영양물질을 합성할 수 있는 생물.

환원(reduction): 산화-환원 반응에서 한 원소가 전자를 얻는(또는 산화수가 감소하는) 부분.

효소(enzyme): 촉매로 작용함으로써 생화학 반응을 활성화하는 단백질.

휘발성(volatile): 쉽게 증발하는 경향이 있는 물질을 묘사한다.

흑체 복사(blackbody radiation): 방출되는 원천을 완벽하게 반사하는 복사

흔적 구조(vestigial structures): 날지 않는 새의 날개처럼 공통의 유전을 통해 공통 기원을 공유하는 것으로 보이지만 그 과정에서 기능이 상실된 생물학적 특성.

D-리보스(D-ribose): 현존하는 생물이 핵산을 형성하는 데 보편적으로 사용되는 5탄당. DNA의 경우 산소 원자 하나가 제거되어 그 중합체를 가리키는 데 디옥시(deoxy-)라는 용어가 사용된다.

X 염색체(X chromosome): 성 염색체의 하나. 포유류에서 암컷에게는 두 개의 X 염색체가 있는 반면 수컷에게는 한 개의 X 염색체와 한 개의 Y 염색체가 있다.

Y 염색체(Y chromosome): 성 염색체의 하나. 포유류에서 수컷에게는 한 개의 X 염색체와 한 개의 Y 염색체가 있다.

4.1. Courtesy of NASA Earth Observatory and the National Geothermal Data System, respectively.

6.1. Courtesy of European Space Agency and NASA.

6.2, 6.7, 6.8, 6.9, 7.6, 7.7, 8.5. Illustrations by Timothy Wilkinson.

6.3. Courtesy of NASA, European Space Agency, and A. Feild (STScI).

6.4, 6.12, 7.1, 7.2, 7.3, 7.4, 7.5, 8.1, 8.3, 9.2, 20.19. Illustrations by Jonathan Walton.

6.5. Illustration by Jonathan Walton, based on image courtesy of STScI/JHU/NASA.

6.6. Images courtesy of NRAO/AUI; NASA/JPL-Caltech/R. Gehrz (University of Minnesota); NASA, ESA, J. Hester and A. Loll (Arizona State University); NASA/Swift/E. Hoversten, PSU; NASA/CXC/SAO/F. Seward et al.; NASA/DOE/Fermi LAT/R. Buehler.

6.10, 6.11, 7.8, 9.1, 11.1. Courtesy of NASA.

6.13. Illustration by Jonathan Walton, based on Jeffrey Bennett, Megan O. Donahue, Nicholas Schneider, and Mark Voit, *Cosmic Perspective*, 2nd ed. (Boston: Addison Wesley, 2002), chap. 19.

6.14. Courtesy of W. Li and A. V. Filippenko (University of California, Berkeley); NASA, ESA, The Hubble Heritage Team (STScI/AURA), and A. Riess (STScI).

6.15. Adapted from figure 1 in Saul Perlmutter, "Supernovae, Dark Energy, and the Accelerating Universe," *Physics Today*, April 2003 / Lawrence Berkeley National Laboratory.

6.16. Courtesy of NASA, ESA, A. Riess (STScI and JHU), and D. Jones and S. Rodney (JHU).

6.17. Illustration by Timothy Wilkinson, with images from NASA and the European Space Agency.

7.9. C. Pilachowski, M. Corbin / National Optical Astronomy Observatory/Association of Universities for Research in Astronomy/National Science Foundation.

7.10. Figure 1 in Edwin Hubble, "A Relation Between Distance and Radial Velocity Among Extra-Galactic Nebulae," *Proceedings of the National Academy of Sciences of the United States of America* 15, no. 3 (1929): 172.

8.2. Illustration by Jonathan Walton, based on a figure by Alfred T. Kamajian in "Information in the Holographic Universe," *Scientific American*, January 2006; used by permission.

8.4, 8.6, 8.7. Courtesy of NASA/WMAP Science Team. 8.8, 8.9. Copyright ESA and the Planck Collaboration.

8.10. Illustration by Jonathan Walton; data from European Space Agency/Planck.

9.3. Illustration by Jonathan Walton, based on image courtesy of NASA/Goddard Space Flight Center.

9.4. Courtesy of European Southern Observatory.

11.2. Courtesy of NASA/JSC, photo S72-18192.

11.3. Courtesy of NASA, ESA, M. Robberto (STScI/ESA), the HST Orion Treasury Project Team, and L. Ricci (ESO) / Astronomy Picture of the Day.

11.4. Courtesy of Chris Burrows (STScI), the WFPC2 Science Team, and NASA/ESA.

11.5. Courtesy of ALMA (ESO/NAOJ/NRAO).

11.6. Courtesy of NASA, ESA, Paul Kalas (Space Telescope Science Institute), WFPC2, HST.

11.7. Courtesy of NASA/JPL-Caltech/MSSS.

11.8, 11.9. Courtesy of the Lunar and Planetary Science Institute.

11.10. Photos of iron and stony-iron from Wheaton College Collection; chondrite and achondrite used by permission of Randy L. Korotev, Washington Universit.

11.11. Illustration redrawn from data in J. E. Ross and L. H. Aller, "The Chemical Composition of the Sun," *Science* 191 (1976): 1223-29.

11.12. Courtesy of NASA Jet Propulsion Laboratory.

11.13. Courtesy of Lunar and Planetary Institute and NASA/JSC.

11.14. Reprinted by permission from Macmillan Publishers Ltd: D. J. Stevenson, "A Planetary Perspective on the Deep Earth," *Nature* 451 (2008): 261-65.

12.1. Vincent van Gogh (1853?1890), Ravine, 1889, oil on canvas. Photograph ©2016 Museum of Fine Arts, Boston. Bequest of Keith McLeod, 52.1524. Used by permission.

12.2. Photo by Tom Bean. Used by permission.

12.3. Courtesy of the US Geological Survey, image collection, Object ID: USGS-575016.

12.4. Photo by Marli Miller Photography. Used by permission.

12.5. Image from Sabine Baring-Gould, *Cambridge County Geographies—Cornwall* (Cambridge: Cambridge University Press, 1910). Wikimedia Commons.

12.6. Dates from J. D. Walker, J. W. Geissman, S. A. Bowring, and L. E. Babcock, compilers, 2012, Geologic Time Scale v. 4.0: Geological Society of America, doi:10.1130/2012. CTS004R3C; fossil life diversity curve from John Phillips, *Life on the Earth: Its Origin and Succession* (London: Macmillan, 1860), 66.

12.7. Google Earth/LANDSAT (NASA/U. S. Geological Survey). 12.8, 14.1, 18.1. Photos and illustrations by Stephen O.

Moshier.

14.2-14.20, 15.1, 15.2, 15.5, 16.7, 17.29, 19.2, 19.6, 22.12, 30.7. Photos and illustrations by Joshua Olsen.

15.3. Illustration by Joshua Olsen; adapted from George W. Wetherill, "Of Time and the Moon," *Science* 173 (1971): 383-92. Reprinted with permission from AAAS.

15.4. Illustration by Joshua Olsen; adapted from D. W. Rankin, T. W. Stearn, J. C. Reed Jr., and M. F. Newell, "Zircon Ages of Felsic Volcanic Rocks in the Upper Precambrian of the Blue Ridge, Appalachian Mountains," *Science* 166 (1969): 743. Reprinted with permission from AAAS.

15.6. Illustration by Joshua Olsen; adapted from D. A. Papanastassiou, G. J. Wasserburg, and D. S. Burnett, "RbSr Ages of Lunar Rocks from the Sea of Tranquillity," *Earth and Planetary Science Letters* 8, no. 1 (1970): 19, with permission from Elsevier.

15.7. Google Map street view.

15.8. From Ian McDougall, "K-Ar and ^{40}Ar/^{39}Ar Dating of the Hominid-Bearing Pliocene-Pleistocene Sequence at Koobi Fora, Lake Turkana, Northern Kenya," *Geological Society of America Bulletin* 96 (1985): 159-75.

15.9. Courtesy of G. Davidson and K. Wolgemuth, "Christian Geologists on Noah's Flood: Biblical and Scientific Shortcomings of Flood Geology," BioLogos Foundation, 2010, http://biologos.org/uploads/projects/davidson_wolgemuth_scholarly_essay.pdf.

16.1, 16.2, 16.5, 16.8, 17.1, 17.4, 17.31, 30.1. Illustrations by Stephen O. Moshier and Joshua Olsen.

16.3. Illustration by Joshua Olsen; bottom map based on Karl E. Karlstrom et al., "Long-Lived (1.8?1.0 Ga) Convergent Orogen in Southern Laurentia, Its Extensions to Australia and Baltica, and Implications for Refining Rodinia," *Precambrian Research* 111 (2001): 5-30, with permission from Elsevier.

16.4. Redrawn by Joshua Olsen from (top) L. L. Sloss, "The Midcontinent Province: United States," *D-NAG Special Publication* 1 (Boulder, CO: Geological Society of America, 1982), 36; (bottom) A. W. Bally, *The Geology of North America—An Overview* (Boulder, CO: Geological Society of America, 1989), 404; courtesy of GSA.

16.6. Cross section developed from NOAA seafloor data plotted by Joshua Olsen using GIS software.

16.9. Courtesy of NOAA, from R. Dieter Müller et al., "Age, Spreading Rates and Spreading Asymmetry of the World's Ocean Crust," *Geochemistry, Geophysics, Geosystems* 9 (2008): 1-19, Q04006.

16.10. Courtesy of USGS; image by José F. Vigil and Robert I. Tilling, from Tom Simkin et al., *This Dynamic Planet: World Map of Volcanoes, Earthquakes, Impact Craters, and Plate Tectonics*, 3rd ed. (Washington, DC: United States Geological Survey, 2006).

16.11. Illustration by Joshua Olsen; motion direction and velocity data from Jet Propulsion Laboratory, California Institute of Technology, and NASA.

16.12. Top and middle figures illustrated by Stephen O. Moshier and Joshua Olsen; age data from Valérie Clouard and Alain Bonneville, "Ages of Seamounts, Islands, and Plateaus on the Pacific Plate," in *Plates, Plumes, and Paradigms*, ed. Gillian R. Foulger et al., Geological Society of America Special Paper 388 (Boulder, CO: Geological Society of America, 2005), 79, figure 8. Graph (bottom) reproduced from David A. Clague and G. Brent Dalrymple, "Tectonics, Geochronology and Origin of the Hawaiian-Emperor Volcanic Chain," in *The Geology of North America* (Boulder, CO: Geological Society of America, 1989), 200.

17.2. Redrawn by Stephen O. Moshier and Joshua Olsen from K. D. Card and K. Howard Poulsen, "Geology and Mineral Deposits of the Superior Province of the Canadian Shield," in *Geology of the Precambrian Superior and Grenville Provinces and Precambrian Fossils in North America*, ed. S. B. Lucas and M. R. St-Onge (Boulder, CO: Geological Society of America, 1998), 17; courtesy of GSA.

17.3. Courtesy of Steve Dutch.

17.5, 17.16, 17.22, 17.28. Wheaton College collection. Photos by Joshua Olsen and Stephen O. Moshier.

17.6. Above: Wheaton College collection; right: courtesy of Andrew Kulpecz.

17.7. Redrawn by Joshua Olsen from figure 8.10 in D. R. Prothero and R. H. Dott Jr., *Evolution of the Earth*, 8th ed. (New York: McGraw-Hill, 2010), 158. Copyright McGraw-Hill Education; used by permission.

17.8, 17.10, 17.17, 17.23, 17.27, 17.30. Redrawn by Joshua Olsen based on C. R. Scotese, seafloor spreading and LIPS animations, PALEOMAP Project, 1998, www.scotese.com.

17.9. Illustration concept courtesy of Tim Helble, drawn by Joshua Olsen. Photo courtesy of Gregg Davidson.

17.11. Redrawn by Joshua Olsen from figure 10.4 in D. R. Prothero and R. H. Dott Jr., *Evolution of the Earth*, 8th ed. (New York: McGraw-Hill, 2010), 209. Copyright McGraw-Hill Education; used by permission.

17.12, 17.15, 30.3. Maps and illustrations by Stephen O. Moshier and Jonathan Walton.

17.13. Illustration by Stephen O. Moshier and Joshua Olsen. First and second-order curves from P. R. Vail, R. M. Mitchum Jr., and S. Thompson III, "Seismic Stratigraphy and Global Changes of Sea Level, Part 4: Global Cycles of Relative Changes of Sea Level," in *Seismic Stratigraphy—Applications to Hydrocarbon Exploration*, ed. Charles E. Payton, American Association of Petroleum Geologists Memoir 26 (Tulsa, OK: American Association of Petroleum Geologists, 1977), 84, figure 1. Third-order curve from B. U. Haq and S. R. Schutter, "A Chronology of Paleozoic Sea-Level Changes," *Science* 322 (2008): 65, fig. 1; reprinted with permission from AAAS.

17.14. Figures (A) and (B) redrawn by Joshua Olsen from Robert V. Demicco, "Platform and Off-Platform Carbonates of the Upper Cambrian of Western Maryland, U.S.A.," *Sedimentology* 32 (1985): 1-22; used by permission of John Wiley and Sons. Photo (C) by Stephen O. Moshier.

17.18. Photo courtesy of USGS, from Gail P. Thelin and Richard J. Pike, "Landforms of the Conterminous United States—A Digital Shaded-Relief Portrayal," *Miscellaneous Investigations Series Map* I-2206 (United States Geological Survey, 1991). Illustration redrawn by Joshua Olsen, based on Frederick A. Cook et al., "Thin-Skinned Tectonics in the Crystalline Southern Appalachians—COCORP Seismic-Reflection Profiling of the Blue Ridge and Piedmont," *Geology* 7 (1979): 563-67.

17.19. Courtesy of US Geological Survey, modified and redrawn by Joshua Olsen.

17.20. Map by Stephen O. Moshier and Jonathan Walton, based on paleogeographic concepts in Stephen F. Greb et al., "Desmoinesian Coal Beds of the Eastern Interior and Surrounding Basins: The Largest Tropical Peat Mires in Earth History," in *Extreme Depositional Environments: Mega End Members in Geologic Time*, ed. Marjorie A. Chan and Allen W. Archer, Geological Society of America Special Papers 370 (Boulder, CO: Geological Society of America, 2003), 127-50.

17.21. Redrawn by Joshua Olsen, based on Stephen. E. Greb, D. A. Williams, and A. D. Williamson, "Geology and Stratigraphy of the Western Kentucky Coal Field," *Kentucky Geological Survey Bulletin* 2 (1992): 77.

17.24. Map by Stephen O. Moshier and Jonathan Walton; illustration by Stephen O. Moshier and Joshua Olsen. 17.25, 17.26. Courtesy of National Park Service.

17.32. Wheaton College collection. Photo by Les Barker.

19.1. Courtesy of Joshua Olsen, adapted with permission from Brian Odom, faculty.wcas.northwestern.edu.

19.3, 19.7, 19.8, 19.9, 19.10, 20.1, 20.4, 20.5, 20.6, 20.8, 20.9, 20.10, 20.11, 20.12, 20.13, 20.14, 20.15, 20.16, 20.18, 20.20, 21.1, 21.2, 22.2, 22.5, 22.10, 22.13, 22.14, 23.1, 23.2, 23.3. Courtesy of Larry Funck.

19.4 Courtesy of Iris Fry, *The Emergence of Life on Earth* (New Brunswick, NJ: Rutgers University Press, 2000), 77.

20.2. From David Wacey et al., "Taphonomy of Very Ancient Microfossils from the ~3400Ma Strelley Pool Formation and 1900Ma Gunflint Formation: New Insights Using a Focused Ion Beam," *Precambrian Research* 220-221 (2012): 234-50; with permission from Elsevier.

20.3. Illustration by Joshua Olsen; adapted with permission from School Work Helper, schoolworkhelper.net.

20.7. Illustration by Joshua Olsen, adapted from James D. Watson, *Molecular Biology of the Gene*, 3rd ed. (New York: Pearson, 1976). Printed and electronically reproduced by permission of Pearson Education, Inc., New York, New York.

20.17. Illustration by Joshua Olsen, adapted with permission from James P. Ferris, "From Building Blocks to the Polymers of Life," in *Life's Origin: The Beginnings of Biological Evolution*, ed. J. William Schopf (Berkeley:

University of California Press, 2002), 122.

21.1. Table courtesy of Biology Department, Kenyon College.

22.1. Illustration by Joshua Olsen, adapted with permission from Leslie E. Orgel, "The Origin of Biological Information," in *Life's Origin: The Beginnings of Biological Evolution*, ed. J. William Schopf (Berkeley: University of California Press, 2002), 150.

22.3. Illustration by Joshua Olsen, adapted courtesy of Robert M. Hazen from *Genesis: The Scientific Quest for Life's Origin* (Washington, DC: Joseph Henry, 2005).

22.4. Illustration by Joshua Olsen, adapted from Stuart Kauffman, *Investigations* (Oxford: Oxford University Press, 2000), figure 2.9, by permission of Oxford University Press USA.

22.6. Adapted with permission from J. William Schopf, ed., *Life's Origin: The Beginnings of Biological Evolution* (Berkeley: University of California Press, 2002).

22.7. Illustration by Joshua Olsen, adapted from Karl O. Stetter, "Hyperthermophilic Procaryotes," *Federation of European Microbiological Societies Microbiology Reviews* 18 (1996): 149-58, by permission of Oxford Journals.

22.8. Adapted by Larry Funck with permission from Robert M. Hazen, *Genesis: The Scientific Quest for Life's Origin* (Washington: Joseph Henry, 2005).

22.9. Reproduced with permission from William Martin and Michael J. Russell, "On the Origin of Cells: A Hypothesis for the Evolutionary Transition from Abiotic Geochemistry to Chemoautotrophic Prokaryotes, and from Prokaryotes to Nucleated Cells," *Philosophical Transactions of the Royal Society B* 358 (2003): 59-85.

22.11. Illustration by Joshua Olsen; adapted with permission from Keiichi Fukuyama et al., "Atomic Resolution Structures of Oxidized (4fe-4s) Ferredoxin from Bacillus Thermoproteolyticus in Two Crystal Forms: Systematic Distortion of (4fe-4s) Cluster in the Protein," *Journal of Molecular Biology* 315 (2002): 1155.

24.1, 24.2, 24.3, 25.1, 25.2, 25.3, 25.4, 25.5, 25.6, 25.7, 25.8, 25.9, 25.10, 26.3, 26.4, 26.8, 27.1, 31.2. Courtesy of Joy Lark.

24.4. From W. B. Tegetmeier and Harrison Weir, *Pigeons: Their Structure, Varieties, Habits, and Management*, illustrated by Harrison Weir (London: G. Routledge and Sons, 1868), plates IX and XIII; digital scan available at http://dx.doi.org/10.5962/bhl.title.61355.

24.5. Lukaves / iStock Photo.

25.11. Courtesy of Olaf Leillinger.

26.1. Reproduced by kind permission of the Syndics of Cambridge University Library, Tree_of_Life.tif (DAR.121, p. 36).

26.2. From Charles Darwin, *On the Origin of Species by Means of Natural Selection* (London: John Murray, 1859). Image from the Biodiversity Heritage Library, digitized by Harvard University Botany Libraries.

26.5. Courtesy of Eric Gaba, NASA Astrobiology Institute.

26.6. Reprinted by permission from Macmillan Publishers Ltd: Neil H. Shubin, Edward B. Daeschler, and Farish A. Jenkins Jr., "The Pectoral Fin of *Tiktaalik roseae* and the Origin of the Tetrapod Limb," *Nature* 440 (April 6, 2006): 764-71.

26.7. Reprinted by permission from Macmillan Publishers Ltd: Edward B. Daeschler, Neil H. Shubin, and Farish A. Jenkins Jr., "A Devonian Tetrapod-like Fish and the Evolution of the Tetrapod Body Plan," *Nature* 440 (April 6, 2006): 757-63.

26.9. Reprinted by permission from Macmillan Publishers Ltd: Matthew Towers et al., "Insights into Bird Wing Evolution and Digit Specification from Polarizing Region Fate Maps," *Nature Communications* 2 (August 2011), doi:10.1038/ncomms1437.

27.2. Reprinted by permission from Macmillan Publishers Ltd: Barth F. Smets and Tamar Barkay, "Horizontal Gene Transfer: Perspectives at a Crossroads of Scientific Disciplines," *Nature Reviews Microbiology* 3 (2005): 675-78.

27.3. Reprinted by permission from Springer Nature: B. J. Swalla, "Building Divergent Body Plans with Similar Genetic Pathways," *Heredity* 97 (2006): 235-43; adapted by Joy Lark.

27.4. Courtesy of F. R. Turner, Indiana University.

28.1. From Andreas Diepold and Judith P. Armitage, "Type III Secretion Systems: The Bacterial Flagellum and the Injectisome," *Philosophical Transactions of the Royal Society B* 370 (July 23, 2015): 1-19; adapted by Joy Lark. Used by permission.

30.2. Illustration by Jonathan Walton, based on images from Javier DeFelipe, "The Evolution of the Brain, the Human Nature of Cortical Circuits, and Intellectual Creativity," *Frontiers in Neuroanatomy* 5 (2011): 1-17.

30.4. From Tim D. White et al., "Ardipithecus ramidus and the Paleobiology of Early Hominids," *Science*, October 2, 2009. Reprinted with permission from AAAS.

30.5. Left: used by permission of Bone Clones Inc.; right: courtesy of Fidelis T. Masao et al., "New Footprints from Laetoli (Tanzania) Provide Evidence for Marked Body Size Variation in Early Hominins," *eLife* 5:e19568 (2016): 29.

30.6, 30.8, 30.9, 30.11. Used by permission of Bone Clones Inc.

30.10. Field Museum of Natural History, Chicago, cat. nos. 193732, 219953, 180699. Photos by Stephen O. Moshier.

30.12. Courtesy of Stephen O. Moshier and Zachary S. Moshier.

30.13. Redrawn by Joshua Olsen, based on map from Stanyon Roscoe, Sazzini Marco, and Luiselli Donata, "Timing the First Human Migration into Eastern Asia," *Journal of Biology* 8 (2009): 18.1-18.4, courtesy of BioMed Central, CC BY 4.0.

30.14. Used by permission of Philippe Psaila/Science Photo Library.

30.15. Redrawn by Joshua Olsen based on image courtesy of Smithsonian Institution NMNH.

30.16. Courtesy of Ian Tattersall.

31.1. Courtesy of Diogo Pratas et al., "An Alignment-Free Method to Find and Visualise Rearrangements Between Pairs of DNA Sequences," *Scientific Reports* 5 (2015), article no. 10203; adapted by Joy Lark.

간략한 전기 이미지 출처

Henrietta Swan Leavitt: Unknown artist, before 1921 / Wikimedia Commons.

Arthur Eddington: Library of Congress, Prints & Photographs Division, LC-B2-6358-11.

Robert Millikan: Nobel foundation, 1923 / Wikimedia Commons.

Adam Sedgwick: Taken from J. W. Clark and T. M. Hughes, *The Life and Letters of the Reverend Adam Sedgwick*, vol. 2 (Cambridge University Press, 1890) / Wikimedia Commons.

John Ray: Unknown artist, ca. 1685-1690 / Wikimedia Commons.

William Paley: William Beechey, 1808 / Wikimedia Commons.

Theodosius Dobzhansky: Unknown artist, 1943 / Wikimedia Commons.

기원 이론

기원 이론

현대 과학과 신학이 말하는 우주와 생명의 시작에 관한 이야기

Copyright © 새물결플러스 **2023**

1쇄 발행 2023년 2월 15일

지은이	로버트 C. 비숍, 래리 L. 펑크, 레이먼드 J. 루이스, 스티븐 O. 모시어, 존 H. 월튼
옮긴이	노동래
펴낸이	김요한
펴낸곳	새물결플러스

편 집	왕희광 정인철 노재현 정혜인 이형일 나유영 노동래
디자인	박인미 황진주
마케팅	박성민 이원혁
총 무	김명화 이성순
영 상	최정호 곽상원
아카데미	차상희

홈페이지	www.holywaveplus.com
이메일	hwpbooks@hwpbooks.com
출판등록	2008년 8월 21일 제2008-24호
주 소	(우) 04118 서울시 마포구 마포대로19길 33
전 화	02) 2652-3161
팩 스	02) 2652-3191

ISBN 979-11-6129-249-6 03230

책값은 뒤표지에 있습니다.